Tratado de Licitações e Contratos Administrativos

Lei nº 14.133/2021

Tomo I
Arts. 1º ao 52

Coleção Jacoby Fernandes de Direito Administrativo, v. 3

Ana Luiza Jacoby Fernandes
Jorge Ulisses Jacoby Fernandes
Murilo Jacoby Fernandes

TRATADO DE LICITAÇÕES E CONTRATOS ADMINISTRATIVOS

LEI Nº 14.133/2021

TOMO I
ARTS. 1º AO 52

1ª edição
Belo Horizonte

2024

© 2024 Editora Fórum

Coordenação Editorial (revisão): Ludmilla Couto
Colaboração editorial: Daiana Líbia
Capa: Walter Santos

Dados Internacionais de Catalogação na Publicação (CIP) de acordo com ISBD

J17t   Jacoby Fernandes, Ana Luiza

Tratado de Licitações e Contratos Administrativos: Lei nº 14.133/2021. Arts. 1º ao 52 / Ana Luiza Jacoby Fernandes; Jorge Ulisses Jacoby Fernandes; Murilo Jacoby Fernandes. Belo Horizonte: Fórum, 2024. (Coleção Jacoby Fernandes de Direito Administrativo, v. 3, t. 1).

1054 p. 17x24 cm
v. 3, t. 1
(Coleção Jacoby Fernandes de Direito Administrativo, v. 3)
ISBN da Coleção: 978-65-5518-214-9
ISBN 978-65-5518-583-6

1. Direito administrativo. 2. Licitações. 3. Contratos administrativos. I. Jacoby Fernandes, Jorge Ulisses. II. Jacoby Fernandes, Murilo. III. Título.

CDD: 342
CDU: 342.2

Ficha catalográfica elaborada por Lissandra Ruas Lima – CRB/6 – 2851

Informação bibliográfica deste livro, conforme a NBR 6023:2018 da Associação Brasileira de Normas Técnicas (ABNT):

JACOBY FERNANDES, Ana Luiza; JACOBY FERNANDES, Jorge Ulisses; JACOBY FERNANDES, Murilo. *Tratado de Licitações e Contratos Administrativos*: Lei nº 14.133/2021. Arts. 1º ao 52. Belo Horizonte: Fórum, 2024. 1054 p. ISBN 978-65-5518-583-6. (Coleção Jacoby Fernandes de Direito Administrativo, v. 3, t. 1).

Proibida a reprodução total ou parcial desta obra, por qualquer meio eletrônico, inclusive por processos xerográficos, sem autorização expressa do editor, em especial das notas e índice de assuntos.

Sumário

Sumário 5
Apresentação 29
Mensagem dos autores 31
Prefácio 37
Ementa da Lei nº 14.133/2021 41
Comparando a ementa atual com a ementa da lei anterior 43
A consolidação de normas como dever legal 44
Título I - Disposições Preliminares 47
Capítulo I - Do âmbito de Aplicação desta Lei 47
1. Art. 1º, *caput* 47
1.1 Normas gerais – como a Constituição trata esse tema 49
1.2 O sentido de "normas gerais" do inciso XXVII do art. 22 ... 50
1.3 Questões específicas – delegação por Lei Complementar Federal 53
1.4 Questões específicas – competência exclusiva de Lei Complementar Federal – desequiparação 53
1.5 Competência legislativa sobre Direito Administrativo e processo administrativo 53
1.6 Jurisprudência que ainda pode servir à interpretação 54
1.7 Conclusão parcial – limite à competência legislativa dos Estados, Distrito Federal e Municípios 55
1.8 Poderes Legislativo e Judiciário 56
1.9 Atividade fim e atividade administrativa dos Poderes Legislativo e Judiciário .. 56
1.10 Conselhos dos autores 57
1.11 Tribunal de Contas – normas aplicáveis 57
1.12 Ministério Público, Advocacia-Geral da União e Defensoria Pública – normas aplicáveis 58
1.13 Fundos especiais 58
1.14 Demais entidades controladas direta ou indiretamente pela Administração Pública 59
1.15 Empresas estatais e contratações regidas pela Lei nº 13.303/2016 61
1.16 Crimes em licitações e contratos - Empresas estatais 62
1.17 Regulamentação específica a ser editada por Ministro de Estado 63
1.17.1 Conselho dos autores 63
1.18 Validade de cláusulas de acordos internacionais e controle 65
1.19 Jurisprudência que ainda pode servir à interpretação 66

1.20 Doação sem encargo 66
1.21 Agência estrangeira da qual o Brasil não faz parte 67
1.22 Como a Constituição Federal trata o tema 68
1.23 Condições para admissão das cláusulas do acordo - procedimento 69
1.24 Inobservância do procedimento 70
1.25 Declaração de invalidade da cláusula 70
1.26 Conexões com a Lei de Responsabilidade Fiscal 71
1.27 Competência e complexidade 72
1.28 A Lei de Responsabilidade Fiscal 72
2. Art. 2º, caput, inc. I 73
2.1 Alienação 75
2.2 Concessão de Direito Real de Uso 76
2.2.1 Evolução legislativa 77
2.2.2 Tratamento jurídico na nova Lei 78
2.3 Cessão de Uso 78
2.4 Compras sob encomenda e pagamento antecipado 80
2.5 Noções gerais 81
2.5.1 A Administração como locadora 81
2.5.2 A Administração como locatária - inquilina 82
2.5.3 A Administração na condição de locatária – inquilina – contratação direta 82
2.6 Locação – Prazo 83
2.7 Locação sob medida – *built to Suit* 84
2.8 Locação sob medida – Correspondência na Lei do RDC 85
2.9 Concessão e Permissão de uso 86
2.10 Concessão e Permissão de serviços públicos 87
2.11 Permissão e precariedade 89
2.12 Concessão e Permissão de uso de bem público 90
2.13 Concessão de uso de bem público 91
2.14 Permissão de uso de bem público 92
2.15 Autorização de uso 93
2.16 Autorização de serviços 94
2.17 Autorização de Uso – Gestão municipal 95
2.18 Autorização de uso como cláusula de outro contrato 95
2.19 Prestação de serviços 97

2.20 Serviços técnicos profissionais especializados 97
2.21 Inclusão de serviços de arquitetura e abrangência do dispositivo 98
2.22 Bens de TI e de comunicação 99
2.23 Compra de bens ou locação de equipamentos 100
3. Art. 3º, caput, inc. I 103
3.1 Caput – natureza jurídica exemplificativa ou taxativa 103
3.2 Operações de crédito, obtenção de financiamento e garantia da dívida 104
3.3 Gestão de dívida pública 105
3.4 A gestão é atividade típica da Administração 105
3.5 Normas específicas 106
3.5.1 Dispositivos correspondentes: 106
4. Art. 4º, caput 109
4.1 Artigos mencionados no dispositivo legal 109
4.2 Micro e Pequena Empresa e a Licitação 110
4.3 Conflito entre Lei Complementar e Lei Ordinária – situação dos §§ 1º e 2º e a LC nº 123 111
4.4 Micro e Pequena Empresa – limite de valor na participação 112
4.5 Participação de ME/EPP em item com valor superior ao limite admitido 113
4.6 Estimativa de preço não divulgada – direito de impugnar o valor 114
4.7 Do agrupamento de itens e lotes 115
4.8 Do Sistema de Registro de Preços e o uso de lotes 116
4.9 Valor estimado total para obras e serviços de engenharia 117
4.10 Item de licitação exclusivo para ME/EPP – Inaplicabilidade 117
4.11 Soma dos valores dos contratos firmados no ano-calendário 118
4.12 Declaração de observância desse limite na licitação 120
4.13 Valor estimado e alterações supervenientes 121
Capítulo II – Dos Princípios 123
5. Art. 5º, caput 123
5.1 Noções Gerais 123
5.2 Princípio da Legalidade 126
5.2.1 Somente o que a lei autoriza – expressa ou implicitamente 127
5.2.2 Legalidade e interpretação da Lei nº 13.655/2018 127
5.3 Princípio da Impessoalidade 128
5.4 Princípios da Moralidade e da Probidade Administrativa 130

5.5 Princípio da Publicidade e da Transparência 134
5.6 Princípio da Eficiência e da Eficácia 136
5.7 Princípio do Interesse Público 137
5.8 Princípio da Igualdade 140
5.9 Princípio do Planejamento 143
5.10 Princípio da Segregação de Funções 145
5.11 Princípio da Motivação 146
5.12 Princípio da Vinculação ao Edital 148
5.13 Princípio do Julgamento Objetivo 150
5.14 Princípio da Segurança Jurídica 152
5.15 Princípio da Razoabilidade 153
5.16 Princípio da Competitividade 155
5.17 Princípio da Proporcionalidade 156
5.18 Princípio da Celeridade 158
5.19 Princípio da Economicidade 160
5.20 Princípio do Desenvolvimento Nacional Sustentável 161
5.21 Disposições do Decreto-Lei nº 4.657, de 4 de setembro de 1942 (Lei de Introdução às Normas do Direito Brasileiro) 162
Capítulo III – Das Definições 165
6. Art. 6º, caput 165
6.1 Conceitos na Legislação 165
6.2 Organização e ausência de conceitos 165
6.3 Órgão – pessoa jurídica 166
6.4 Sanções perante órgão 167
6.5 Entidade – pessoa jurídica 168
6.6 Administração Pública Direta e Indireta 169
6.7 Extensão e autonomia 169
6.8 Administração como equivalente a órgão ou entidade 171
6.9 Agente público: indivíduo 171
6.10 Mandato, cargo, emprego ou função 172
6.11 Formas de Investidura 174
6.12 Autoridade e poder de decisão 175
6.13 Matriz de responsabilidade e atividades acessórias 176
6.14 Pessoa jurídica x entidade 176

6.15 Signatário e ausência de contrato formal 177
6.16 Quando a Administração pública figura em ambos os lados 177
6.17 Cláusulas exorbitantes quando as partes do contrato são entes públicos....... 178
6.18 Pessoa física... 180
6.19 Consórcio... 181
6.20 Abrangência do conceito de licitante.. 182
6.21 Intenção de participar e legitimidade para impugnar............................... 183
6.22 Entrega imediata: 30 dias da ordem de fornecimento 183
6.23 Conceito de serviços 185
6.24 Serviço útil e interesse da Administração... 185
6.25 Obras – mudanças no conceito... 186
6.26 Bens e serviços comuns – linguagem de mercado................................... 187
6.27 Necessidade de justificativa prévia 189
6.28 Serviços e fornecimento contínuo.. 190
6.29 Boa prática: normativo definindo o que é contínuo 191
6.30 Serviços contínuos com regime de dedicação exclusiva de mão de obra........ 192
6.31 Pressupostos.. 193
6.32 Requisitos...193
6.33 Vedações à celebração de contrato de terceirização 194
6.34 O prazo indeterminado nos contratos por escopo................................... 195
6.35 Prorrogação do contrato por escopo.. 196
6.36 Extinção do contrato por escopo 197
6.37 Serviços técnicos especializados: conceito... 198
6.38 Rol taxativo ou exemplificativo... 199
6.39 Regras específicas 200
6.40 Inexigibilidade de licitação: necessidade de notória especialização 201
6.41 Obra de arte 207
6.42 Bens de valor histórico 208
6.43 Comentários.. 209
6.44 Como esse dispositivo pode contribuir para mudar o cenário?..................... 210
6.45 Relação de serviços 211
6.46 Notória especialização 212
6.47 Estudo Técnico Preliminar.. 215
6.48 Serviços comuns e especiais de engenharia... 216

6.49 Majoração do valor de obra de grande vulto 220
6.50 Seguro Garantia majorado 221
6.51 Termo de referência para bens e serviços 223
6.52 Anteprojeto obrigatório para contratação integrada 225
6.53 Projeto básico 227
6.54 Plano de licitação e gestão da obra 228
6.55 Orçamento 229
6.56 Decreto nº 7.983/2013 230
6.57 Vedação ao projeto executivo concomitante 232
6.58 Matriz de risco: noções 234
6.59 Empreitada por preço unitário: noções 237
6.60 Empreitada por preço global: noções 238
6.61 Empreitada integral ou *turn key* 239
6.62 Tarefa: noções gerais 240
6.63 Contratação integrada: projeto básico e executivo à cargo do particular 245
6.64 Ampliação do uso do regime de contratação e execução 246
6.65 Contratação semi-integrada e a possibilidade alteração de projeto básico 249
6.66 Ampliação do uso do regime de contratação e execução 250
6.67 Contratação associada: inovação 251
6.68 Licitação internacional - diferenças 253
6.69 Adesão a acordos internacionais 254
6.70 Serviço nacional 256
6.71 Produtos manufaturados nacionais – noções gerais 258
6.72 Análise de efetividade da margem de preferência 260
6.73 O acordo de compra governamentais (GPA) e as margens de preferência 261
6.74 Concorrência: abrangência 262
6.75 Alterações no procedimento da concorrência 263
6.76 Premiação 264
6.77 Remuneração 264
6.78 Supressão de bens penhorados 266
6.79 Conceito e características do pregão 267
6.80 Diálogo competitivo: inovação 269
6.81 Diálogo competitivo e PMI 270
6.82 Permissivo legal para credenciamento 270

6.83 Pré-qualificação como procedimento que zela pela eficiência 273
6.84 Pré-qualificação permanente 274
6.85 Conceito de Sistema de Registro de Preços 275
6.86 Inovações: contratação direta e obras e serviços de engenharia 276
6.87 Documento vinculativo 277
6.88 Obrigacional 277
6.89 Conteúdo 278
6.90 Abrangência do conceito de órgão gerenciador 279
6.91 Órgão participante: noções gerais 280
6.92 Carona: noções gerais 280
6.93 Comissão de contratação: exceção 281
6.94 Catálogo eletrônico de padronização de compras 286
6.95 Certificação de sítio eletrônico oficial 290
6.95.1 Portal Nacional de Contratações Públicas 291
6.96 Noções de contrato de eficiência 292
6.97 Recomendações práticas 294
6.98 Noções de seguro-garantia 296
6.99 Marco legal da Ciência, Tecnologia e Inovação 298
6.100 Sobrepreço e ilegalidade 300
6.101 Recomendação dos autores 300
6.102 Superfaturamento: necessidade de dano 302
6.103 Instrumentos para garantir o equilíbrio econômico-financeiro do contrato 305
6.104 A efetividade do reajustamento em sentido estrito: noções 305
6.105 Instrumentos para garantir o equilíbrio econômico-financeiro do contrato..309
6.106 Repactuação e reajuste em sentido estrito 309
6.107 Repactuação: noções gerais 309
6.108 Necessidade de detalhamento de custos para repactuação 310
6.109 Acordo, Convenção ou Dissídio Coletivo de Trabalho 310
6.110 Agente de Contratação: inovação 312
Capítulo IV – Dos Agentes Públicos 315
7. Art. 7º, caput 315
7.1 Constitucionalidade – análise 316
7.2 Autoridade máxima do órgão ou entidade 316
7.3 Gestão por competência: diferenciação 319

7.4 Qualificação e capacitação 322
7.5 Relação entre cônjuges ou companheiros ou vínculos de parentesco, na linha reta, colateral ou por afinidade, até o terceiro grau 327
7.6 Relação técnica, comercial, econômica, financeira, trabalhista e civil............. 330
7.7 Relação com licitantes ou contratados habituais da Administração................ 331
7.8 Segregação e coordenação 335
8. Art. 8º, caput 339
8.1. Constitucionalidade – análise 340
8.2 Vigência 341
8.3 Agente de Contratação: cargo ou função? 341
8.4 Terminologia e autoridade nomeante 341
8.5 Segregação de funções 343
8.6 Remuneração 343
8.7 Custos e economia no processo de licitação 345
8.8 Recomendações – relações do Agente de Contratação e equipe de apoio 347
8.9 Responsabilização do Agente de Contratação 348
8.10. Comissão permanente ou especial 351
8.11 Pregoeiro 354
9. Art. 9º, caput, inc. I, a, b, c 357
9.1. Ampliação das vedações 357
9.2. Contratação direta 358
9.3. Vedações permitidas 358
10. Art. 10, caput, § 1º, inc. I, II, § 2º 369
10.1. A defesa de agente público pela Advocacia Pública 370
10.1.1 Esferas administrativa, controladora ou judicial 370
10.1.2 Constitucionalidade 370
10.1.3 Efeitos 371
10.1.4 Condenação do servidor 372
10.1.5 Exceções 373
Título II – Das Licitações 375
Capítulo I – Do Processo Licitatório 375
11. Art. 11, caput, inc. I 375
11.1. Processo ou procedimento – terminologia adequada 376
11.2 Assegurar a contratação mais vantajosa 377
11.3. Do paradigma da vantagem e do menor preço 378

11.4. Do ciclo de vida útil 378
11.4.1 Da comparação de preços com ciclo de vida útil 378
11.4.2 Do ciclo de vida e do menor dispêndio 379
11.4.3 Do ciclo de vida útil, da modalidade de licitação e da contratação integrada 379
11.5. Justa competição 381
11.6 Governança nas contratações 388
11.7 Efetividade, eficácia e eficiência 390
12. Art. 12, caput, inc. I 391
12.1. Forma escrita, documentar e provar o ato 392
12.2. Assinatura do responsável 393
12.3. Exceções - ressalva 395
12.4. Exigências meramente formais 396
12.5. Roteiro para compreensão 397
12.6. Impugnação de edital 398
12.7. Impropriedades formais 398
12.8. A Lei nº 13.726/2018 400
12.8.1 Dúvida de autenticidade 400
12.9 Balizamento jurídico nos meios eletrônicos e digitalização 401
12.10 Digitalização na Administração Pública Federal 402
12.11 Uso de *software* e cumprimento das regras de licenciamento 402
12.12 Abusos na digitalização e aplicação de *software* 402
12.13 Uso de robôs por particulares para lançar proposta 403
12.14 Ferramentas de integração e de gestão 403
12.15 Armazenamento 403
13. Art. 13, caput, parágrafo único, inc. I, II 409
13.1. Regra e exceção na forma da lei 412
13.2. Publicidade diferida 413
13.3. Violação do sigilo da proposta – crime 413
13.4. Publicidade diferida - orçamento da Administração 414
13.5. Operacionalização do sigilo diferido 415
14. Art. 14, caput, inc. I 417
14.1. Interpretação restritiva 417
14.2. Condição para a restrição 417
14.3. Autor e responsável técnico 417

14.4. Restrição ao autor do anteprojeto 418
14.5. Pessoa Jurídica 419
14.6. Participação indireta 419
14.7. Restrição ao autor do anteprojeto – empresa 420
14.8. Empresa em consórcio 420
14.9. Empresa da qual autor do projeto seja dirigente, gerente, controlador ou acionista detentor de mais de 5% 420
14.10. Consórcio e SPE 424
14.11. Concorrendo entre si 425
14.12. Desenvolvimento dos arranjos produtivos 425
14.13. Extensão do dispositivo 426
14.14. Condenação que veda a participação – condições e tempo 426
14.15. Tipos de ações que tem efeitos de vedar a participação 427
15. Art. 15, caput 433
15.1. Desistência do compromisso ou ocorrência de fato superveniente 436
15.2. Prazo para formalização do consórcio 436
16. Art. 16, caput 443
17. Art. 17, caput, inc. I, II, III, IV, V, VI, VII 451
17.1. Licitação é etapa da despesa pública 452
17.2. Inversão de fases 452
17.3. Inversão de fases e "desinversão" 453
17.4. Motivação para inversão de fases 454
17.5. Inversão de fases – regulamento 455
17.6. Detalhes sobre a gravação para ter validade 456
17.7. Direito do interessado obter a gravação 457
17.8. Observações para a prática de realização de sessão presencial 457
17.9. Vistoria do local 458
17.10. Desvantagem para a administração 459
17.11. Boa Prática 459
17.12. Diferenças de conceitos 462
17.13. auxílio de terceiros para análise de amostra e prova de conceito 463
17.14. Dificuldades operacionais dos meios eletrônicos 464
17.15. Tutorial e interoperabilidade dos sistemas 464
17.16. Diferença com o § 3º 466

Lei nº 14.133/2021

17.17. Limites aos órgãos certificadores 466
17.18. Edição de normas 467
17.19. Práticas abusivas – desatendimento a normas de certificação 467
Capítulo II – Da Fase Preparatória 469
18. Art. 18, caput 469
18.1 Planejamento aderente ao Plano de Contratações Anual 469
18.2 Instituição sem Plano de Contratações Anual 470
18.3 Planejamento aderente às leis orçamentárias 470
18.4 Planejamento aderente às considerações mercadológicas 471
18.5 Obrigatoriedade do Estudo Técnico Preliminar – ETP 472
18.6 Estudo Técnico Preliminar – ETP na legislação anterior 473
18.7 Fundamentação do ETP – proporcionalidade no detalhamento 473
18.8 Inovação – demonstração do interesse público 475
18.9 Boa prática – padronização de edital 479
18.10. Boas Práticas – segregação de informações no edital, contrato, TR e PB... 481
18.11. Boa prática – onde inserir a motivação 485
18.12. Boa Prática – prevenção de responsabilidade – segregação de funções 486
18.13. Conteúdo do ETP 491
  18.13.1. Obrigatoriedade na Contratação Direta 491
  18.13.2. Necessidade da contratação 491
18.14. Previsão no Plano de Contratações Anual e harmonização com o planejamento 493
18.15. Requisitos da contratação 493
18.16. Estimativa de quantidades 494
18.17. Levantamento de mercado 495
  18.17.1. Boa prática 495
18.18. Estimativa do valor da contratação 496
  18.18.1. Boas práticas 496
18.19. Solução como um todo 497
18.20. Parcelamento 498
18.21. Economicidade e aproveitamento dos recursos 498
18.22. Providências que antecedem a assinatura do contrato 499
  18.22.1. Recursos para capacitação 500
  18.22.2 Assinatura do contrato - antecedência 500

18.23. Contratações correlatas e/ou interdependentes 500
18.24. Impactos ambientais 501
18.25. Adequação da solução proposta ao problema 502
18.26. Dispensa de elementos pelo § 2º 502
18.27. ETP para obras e serviços de engenharia 503
19. Art. 19, caput, inc. I, II, III, IV, V 505
19.1. Centralização de procedimentos 507
19.2. Catálogo eletrônico 507
19.2.1. Normatização federal de catálogo eletrônico 508
19.2.2. Conceito de catálogo eletrônico 508
19.3. Sistema informatizado 509
19.4. Atividades de administração e manutenção de materiais, de obras e serviços na nova lei de licitações 510
19.5. Da distinção conceitual entre ociosidade e improdutividade 512
19.6. Conceito estritamente definido com amparo na tabela SINAPI 513
19.7. Modelos de editais, contratos, TR 513
19.8. Tecnologia – obras e serviços de engenharia 513
19.9. Uso e não uso do catálogo eletrônico 514
19.10. BIM – antes da Lei nº 14.133/2021 516
19.10.1. BIM – origem e compreensão da modelagem 516
19.10.2. Vantagens do sistema BIM 518
19.10.3. BIM e improdutividade 518
19.10.4. Críticas ao sistema BIM 519
20. Art. 20, caput, 1º, 2º e 3º 521
20.1. Processos de interpretação 521
20.2. Itens de Consumo 523
20.2.1. Item de consumo e as normas pertinentes – explicação necessária 523
20.2.2. Qualidade comum 524
20.2.3. Normas de especificações do produto e do processo produtivo 525
20.3. Artigos de Luxo 525
20.4. Regulamento do art. 20 527
21. Art. 21, caput, parágrafo único 529
21.1. Ato discricionário 529
21.2. Norma anterior - diferenças 529
21.3. Audiência Pública 529

21.4. Consulta Pública 530
21.5. Consulta ou audiência pública 530
21.6. Registro da audiência e da consulta pública 530
21.7. Data de divulgação 531
21.8. Forma presencial ou eletrônica 531
21.9. Recomendação dos autores 532
22. Art. 22, caput 533
22.1. Matriz de risco na LLCA 534
22.2. Ato discricionário – poder-dever 535
22.3. Taxa de riscos 537
22.4. Alocação eficiente dos riscos 539
22.5. Responsabilidade 540
22.6. Afastar a ocorrência do sinistro e mitigar efeitos 541
22.7. Boas Práticas 541
22.8. Principais hipóteses previstas na matriz de risco 542
22.9. Caso em que é obrigatória a matriz de risco 545
22.10. Riscos decorrentes de projeto básico elaborado pela contratada ... 546
23. Art. 23, caput 547
23.1. Utilidade da estimativa de preços 547
23.2. Preço de mercado – impossibilidade de balizar preços 547
23.3. Parâmetros gerais de pesquisa 549
23.4. Preço de mercado e preço praticado no âmbito da Administração Pública . 549
23.5. Cenário – Construção Civil e Produtividade em Obras 564
23.6. Cenário em Obras Públicas 564
23.7. Tecnologia como fator essencial ao desenvolvimento do setor 565
23.8. Segurança do Trabalho, Riscos e Produtividade 565
23.9. Estruturação de Custos (Tabela SINAPI - Produtividade, Improdutividade, Ociosidade) 566
23.10. SINAPI 567
23.11. Composições no SINAPI 568
23.12. Modelagem BIM – influência na pesquisa de preços 572
23.13. Vantagens para a Utilização do BIM 573
23.14. Impacto do BIM na engenharia e nos custos 574
23.15. BIM X Improdutividade 575

23.16. Serviços de Engenharia - Manutenção Predial 576
24. Art. 24, caput, inc. I, II e parágrafo único 579
24.1. Precedentes 580
24.2. Motivação para o sigilo 580
24.3. Vedação ao sigilo 581
24.4. Revelação do sigilo 581
24.5. Transferência do sigilo 582
24.6. Análise do dispositivo vetado e limite ao que deve ser sigiloso 583
24.7. Sigilo devassado 584
25. Art. 25, caput 585
25.1. Boa prática na redação de edital 587
25.2. Efeito jurídico da norma posta no edital e nos anexos 587
25.3. Objeto da licitação 588
25.4. Regras relativas à convocação 589
25.5. Julgamento 590
25.6. Recursos 590
25.7. Penalidades da licitação 591
25.8. Legalidade e constitucionalidade do dispositivo – art. 25, § 2º 592
25.9. Aplicação prática do art. 25, § 2º 594
25.10. Direito de acesso aos anexos do edital 595
25.11. Implantação de programa de integridade 596
25.12. Indução à implantação de programa de integridade 597
25.13. Procuração para atuar em licenciamento e desapropriação 598
25.14. Regime de desapropriação direta e indireta 599
25.15. Sistema Nacional do Meio Ambiente (SISNAMA) 600
25.16. Reajuste independente de duração do contrato 602
25.17. Marco inicial da contagem do reajuste do contrato 603
25.18. Regulamento como condição para a efetividade do art. 25, § 9º, inc. II 605
25.19. Critério de seleção dos beneficiários das políticas públicas 605
25.20. Política Nacional de Enfrentamento à Violência contra as Mulheres 605
25.21. Política Nacional de Trabalho no âmbito do Sistema Prisional - PNAT 606
25.22. Recomendações práticas – impessoalidade – sigilo 607
25.22.1. Sensibilização e conscientização 607
25.22.2. Vítimas de violência doméstica 607

25.22.3. Presos e egressos do sistema prisional 608
25.22.4. Estímulo à capacitação 608
26. Art. 26, caput, inc. I, II 609
26.1 Direito de preferência na Constituição Federal 609
26.1.1. Direito de preferência nas licitações internacionais 610
26.1.2. O ideário do direito de preferência – custo e vantagem indiretos 610
26.1.3. Controle do fato gerador do direito de preferência 611
26.2 Normas de outros entes federativos – constitucionalidade 611
26.2.1. Inaplicabilidade de precedentes – regime federativo 612
26.2.2. Razões de veto ao § 3º e § 4º do art. 27 613
26.3. Objetos que podem ser licitados com margem de preferência 614
26.4. Margem de preferência – percentuais máximos 615
26.5 Desenvolvimento e inovação tecnológica no País 618
26.6 Vedação à aplicação de margem de preferência – incapacidade do mercado. 619
26.7 Vedação à aplicação de margem de preferência em caso de empate - Lei nº 8.248/1991 620
26.8 Medidas de compensação 621
26.9 Tecnologia de informação e comunicação estratégicos para o Brasil 623
26.10 Lei nº 8.248/1991 – art. 3º 623
26.11 Contratação direta sem licitação 624
27. Art. 27, caput 627
27.1. Divulgação da relação de empresas favorecidas 627
28. Art. 28, caput, inc. I, II, III, IV, V, §§ 1º, 2º 629
28.1. Modalidades licitatórias 629
28.2. Procedimentos auxiliares para as modalidades 632
28.3. Vedação à criação de modalidades 632
29. Art. 29, caput, parágrafo único 633
29.1. Noções 634
29.2. Das principais inovações quanto à concorrência e ao pregão 635
29.3. Dos efeitos da revogação da lei do pregão para as estatais 635
29.4. Os procedimentos das fases na licitação: rito ordinário 636
29.5. Do modo de disputa – aberto e fechado 637
29.6. Objeto das modalidades e os critérios de adjudicação 637
29.7. Jurisprudência anterior – análise da pertinência 638
29.8. Do modo eletrônico a ser adotado como padrão 640

29.9. A similaridade nas duas modalidades e sua aplicação na prática 640
30. Art. 30, caput, inc. I, II, III, parágrafo único 643
30.1. Das noções da modalidade licitatória Concurso 645
30.2. Do objeto que exija do executor profissão regulamentada 646
30.3. Procedimentos para execução da escolha 646
30.4. Objetivos distintos – incentivo ou obtenção de trabalho 646
30.5. Comissão julgadora – trabalho pronto ou esboço do que será realizado 647
30.6. Usando o concurso de forma a motivar a participação 648
30.7. Precedentes de jurisprudência – restrições – flexibilização durante a pandemia 649
30.8. Do prazo da apresentação das propostas e dos trabalhos 650
30.9. Dos projetos – cessão dos direitos e o fator de incentivo 650
30.10. Prevenção e resolução de controvérsias 651
31. Art. 31, caput, § 1º 653
31.1. Leiloeiro oficial – profissão regulamentada 654
31.2. Decreto com força de lei 655
31.3. Exercício da profissão de leiloeiro por servidor público - controvérsia 656
31.3.1. Precedentes de jurisprudência 658
31.4. Seleção de leiloeiro oficial na Lei nº 14.133/2021 660
31.5. Credenciamento ou pregão? 661
31.6. Vedação à participação de leiloeiro 661
31.7. Critério de julgamento e remuneração do pregoeiro 662
31.8. Compra e venda de imóvel 663
31.9. Regulamento 663
31.10. O Direito de Preferência dos museus nas alienações de bens 664
31.11. Ampla participação e restrições da Lei nº 14.133/2021 670
31.12. Homologação do leilão 671
32. Art. 32, caput, inc. I, a, b, c 673
33. Art. 33, caput, inc. I, II, III, IV, V, VI 677
33.1. Análise crítica 680
33.2. Dos critérios de julgamento 681
33.2.1. Modalidade de licitação e critério de julgamento 681
33.3. Do julgamento objetivo – uma conquista democrática 682
34. Art. 34, caput, §§ 1º, 2º 685

34.1. Os critérios de julgamento – precisão da linguagem 687
34.2. Garantia de qualidade 687
34.3. Menor dispêndio – garantia de melhor qualidade 688
34.3.1. Conceito de menor dispêndio 689
34.3.2. Análise crítica 690
34.4. Critério maior desconto 691
34.4.1. Utilização do critério de maior desconto no registro de preços 691
34.5. O preço global no maior desconto 692
35. Art. 35, caput, parágrafo único 693
35.1. Noções 695
35.2. Motivação 696
35.3. Prêmio ou remuneração 696
35.4. Possibilidade de o edital prever prêmio e remuneração? 696
35.5. Uso do critério melhor técnica ou melhor conteúdo artístico 697
35.6. Boa prática 698
35.7. Regulamentação estadual 699
36. Art. 36, caput, § 1º, I, II, III, IV, V 701
36.1. Noções 703
36.2. Aplicabilidade da técnica e preço 704
36.2.1. Critério restrito à modalidade concorrência 705
36.2.2. Quais fatores podem ser usados no critério técnica e preço 705
36.2.3. Onde inserir a justificativa do uso dos fatores? 706
36.2.4. Permissão legal para uso do critério técnica e preço 706
36.3. Art. 36, § 1º, inc. I - serviços de natureza predominantemente intelectual .. 707
36.4. Art. 36, § 1º, inc. II - serviços dependentes de tecnologia sofisticada e de domínio restrito 708
36.5. Art. 36, § 1º, inc. III - serviço de tecnologia da informação e comunicação . 708
36.6. Art. 36, § 1º, inc. IV - obras e serviços especiais de engenharia 709
36.7. Art. 36, § 1º, inc. V - objetos que admitam soluções específicas e alternativas e variações de execução 709
36.8. Da justificativa para aplicação do critério de julgamento 711
36.9. Da ponderação e do desempenho pretérito 712
36.10. Art. 36, § 2º - ponderação dos fatores técnica e preço 715
36.11. Art. 36, § 3º - desempenho pretérito 715
36.11.1. Desempenho anterior na inciativa privada 716

36.11.2. PNCP	718
36.11.3. Desempenho anterior e execução satisfatória	718
36.11.4. Boa prática na Força Aérea	719
37. Art. 37, caput, inc. I, II, III	**721**
37.1. Regras procedimentais	722
37.2. A composição da banca	724
37.3. Dos critérios quanto ao valor estimado	726
37.4. Jurisprudência anterior	727
38. Art. 38, caput	**729**
38.1. Da vinculação da proposta à execução do contrato	730
38.1.1. Da diferença do art. 38 para o art. 67, § 6º	730
38.1.2. Da contratação direta por inexigibilidade de licitação	731
38.2. Da substituição do profissional ou equipe	731
38.2.1. Da vedação à substituição	731
38.2.2. Da possibilidade de substituição	732
38.3. Das diversas possibilidades de vinculação do profissional ao licitante	733
38.4. Do dever de motivar a exigência de qualificação profissional	734
38.5. Da qualificação técnica de consórcio	734
38.6. Da licitação restrita aos detentores de qualificação técnica específica	734
38.7. Do potencial subcontratado	734
39. Art. 39, caput, § 1º, inc. I, a, b, inc. II	**737**
39.1. Noções	738
39.1.1. Restrições no Direito Financeiro	739
39.2. Da correlação do maior retorno econômico e os contratos de eficiência	740
39.3. Da proposta com maior retorno econômico	741
39.3.1. Critério de julgamento – uma ou duas propostas?	741
39.3.2. Critério de julgamento	741
39.3.3. Modalidade de licitação e inversão de fases	742
39.3.4. Proposta de trabalho	742
39.3.5. Custos do contratado na proposta de trabalho – solução prática para o futuro	743
39.3.6. Indicação da economia	745
39.4. Ganho econômico associado ao período	**745**
39.5.1. Do parâmetro prazo	747
39.5.2. Do parâmetro da despesa de custeio – variáveis previsíveis	749
39.5.3. Art. 39, § 2º - do parâmetro para mensuração da economia gerada	750
39.5.4. Art. 39, § 2º - aplicação prática – assessoramento especializado	751

Lei nº 14.133/2021

39.6. O resultado da economia 751
39.7. Noções 753
39.7.1. Economia a menor do que a prevista 754
39.7.2. Da economia igual a zero 755
39.7.3. Do saldo negativo 756
39.7.4. Outros danos 757
39.8. Ganho superior ao previsto pelo próprio licitante 757
40. Art. 40, caput, inc. I, II, III, IV, V, a, b, c 759
40.1. Planejamento de compras e consumo anual 760
40.1.1. Planejamento no Brasil 761
40.1.2. Condições de aquisição e pagamento semelhantes às do setor privado 761
40.1.2.1. Condições que acrescem qualidade 762
40.1.2.2. Condições de pagamento 762
40.1.3. Pagamento antecipado antes da Lei nº 14.133/2021 762
40.1.3.1. Pagamento antecipado nas empresas estatais 764
40.1.3.2. Pagamento antecipado na previsão da Lei nº 14.133/2021 764
40.1.3.3. Aplicação prática para antecipação de pagamento 764
40.1.4. Do uso do sistema de registro de preços 766
40.1.5. Da estimativa de consumo e do fornecimento contínuo 766
40.1.5.1. Fornecimento contínuo 767
40.1.5.2. Plano de Contratações Anual 769
40.1.5.3. Como estimar consumo anual 769
40.1.5.4. Outsourcing 770
40.2. Guarda e armazenamento 771
40.3. Princípio da padronização 774
40.3.1. Do sentido geral do princípio da padronização 774
40.3.2. Catálogo eletrônico de padronização 775
40.3.3. Princípio do parcelamento 775
40.3.4. Princípio da responsabilidade fiscal 776
40.4. Catálogo eletrônico de padronização e especificação do bem 778
40.4.1. Locais e condições de entrega 779
40.4.2. Da garantia, assistência técnica e manutenção do produto 780
40.5. Art. 40, § 2º, inc. I, II, III – parcelamento - procedimento 781
40.5.1. Do parcelamento em lotes – mercado local – ampliação da competição 781
41. Art. 41, caput, inc. I, II, III, IV e parágrafo único 787
41.1. Antecedentes históricos - qualidade do produto antes da Lei nº 14.133/2021 790

41.2. Diretrizes para compreender o art. 41 792
41.3. Cláusula genérica ou específica? 793
41.4. Indicação de marca 793
41.5. Da exigência da amostra ou prova de conceito 795
41.5.1. Prova de conceito – publicidade e contraditório 797
41.5.2. Quem será convocado para a prova de conceito ou oferta de amostra 797
41.6. Vedação a contratação de marca ou produto específico 798
41.7. Carta de solidariedade 799
41.8. Conclusão 801
42. Art. 42, caput, inc. I, II, III, IV 803
42.1. Da prova de qualidade de produto similar 804
42.2. Da certificação de qualidade 807
42.3. Do protótipo - padrão de aceitabilidade 808
42.4. Conclusão 810
43. Art. 43, caput, inc. I, II, III 811
43.1. Padronização – dever ou boa prática? 813
43.2. Procedimentos de padronização – determinações legais 813
43.3. Boas práticas no processo de padronização 814
43.3.1. Processo de padronização sem formalismo 815
43.3.2. Pesquisa de outros produtos 815
43.3.3. Inexigibilidade de licitação 815
43.4. Parecer técnico 815
43.5. Aproveitamento de processos padronização 817
43.6. Contratações de *software* 818
43.7. Material de uso das Forças Armadas 820
44. Art. 44, caput 821
44.1. Noções 823
44.2. Despesa pública 824
44.3. Comparar custos e benefícios de cada opção 824
44.3.1. Fatores não considerados nos modelos ortodoxos 825
44.3.2. Diretrizes úteis 826
44.3.3. TáxiGov 826
44.3.4. Outsourcing de impressão 827
44.3.5. Locação de imóveis 827
44.3.6. Securitização, leasing e built to suit 827

44.3.7. Prazo de locação 828
45. Art. 45, caput, I, II, III, IV, V, VI 829
45.1. Noções 831
45.1.1. Como instruir um processo para aplicação do art. 45 832
45.1.2. Recomendação para juntar subsídios para futura instrução processual 834
45.1.3. Boa prática – responsabilidade social 834
45.1.4. PBQP-H 835
45.2. Direitos de terceira geração e políticas públicas 836
45.3. Resíduos sólidos 836
45.4. Licenciamento ambiental 837
45.4.1. Boa prática – roteiro 838
45.4.2. Atraso no licenciamento 839
45.5. Redução do consumo de energia e de recursos naturais 840
45.5.1. Selo PROCEL 840
45.6. Impacto de vizinhança 842
45.7. Patrimônio histórico, cultural, arqueológico e imaterial 843
45.8. Acessibilidade para pessoas com deficiência ou com mobilidade reduzida ... 844
45.8.1. Legislação pertinente 844
45.9. Em conclusão, uma análise de efetividade 846
46. Art. 46, caput, inc. I, II, III, IV, V, VI, VII 847
46.1. Regime de execução – execução indireta e terceirização 849
46.2. Conceito legal das espécies de regime de execução indireta. 850
46.3. História dos regimes 851
46.4. Planilha de custos unitários 851
46.5. Projeto executivo – regra geral – obrigação 853
46.6. Recomendação prática 854
46.7. Projeto básico e anteprojeto 855
46.8. Recomendação prática 856
46.9. Precedentes de jurisprudência que ainda são válidos 856
46.10. Projeto básico – execução - avaliação 857
46.11. Responsabilidade e riscos pelos erros do projeto básico 858
46.12. Projeto básico e estudo técnico preliminar - ETP 859
46.13. Exemplo para melhor compreensão 860
46.14. Apoio jurídico 860
46.15. Riscos de preço e avaliação do bem 861

46.16. Análise dos incisos do § 4º 861
46.17. § 4º, inc. I – fase do procedimento expropriatório 862
46.18. § 4º, inc. II - a responsabilidade pelo pagamento das indenizações devidas 863
46.19. § 4º, inc. III - estimativa do valor de indenização a ser pago a título inclusive de custos correlatos 863
46.20. § 4º, inc. IV - distribuição objetiva de riscos entre as partes 863
46.21. § 4º, inc. V - registro de imissão provisória na posse e o registro de propriedade dos bens 864
46.22. Alteração no projeto básico na contratação semi-integrada 865
46.23. Erros no projeto básico na contratação semi-integrada 866
46.24. Motivos para o contratado propor alteração no projeto básico 866
47. Art. 47, caput, inc. I e II 873
47.1. Princípios e diretrizes 873
47.2. Princípio da padronização aplicado aos serviços 874
47.3. Parcelamento e responsabilidade técnica 875
47.4. Parcelamento e custo da gestão de partes 876
47.5. Parcelamento e ampliação da competição e concentração de mercado 876
47.6. Gestão com tecnologia 877
47.7. Normas sobre contratação de TI na esfera federal 878
47.8. Produtividade, improdutividade e ociosidade 879
47.8.1. Ociosidade e improdutividade 879
47.8.2. Medição por postos de trabalho ou resultados 879
47.9. Súmula nº 269 do TCU 880
47.10. IN nº 05/2017 – Serviços terceirizados 880
47.11. Residente ou distante 881
47.12. Usina de asfalto 882
47.13. Competência para requisitar serviços 882
47.14. Gestão do contrato 882
48. Art. 48, caput 885
48.1. Indicações nominais 886
49. Art. 49, caput, inc. I e II, parágrafo único 895
49.1. Noções 896
49.2. Requisitos e recomendações 896
49.3. Distinção de outros institutos afins 897

49.3.1. Parcelamento e execução concomitante 897
49.4. Credenciamento 897
49.5. Exemplos 898
49.6. Dever de contratação simultânea ou faculdade – "poderá" 899
50. Art. 50, caput, inc. I, II, III, IV, V, VI 901
50.1. Noções 901
50.2. Origem 902
50.3. Aplicação do art. 121, § 2º e § 3º 904
50.4. Entendimento dos autores 904
50.5. Abrangência 905
50.6. Inovações 906
50.6.1. Exigência por amostragem 906
50.6.2. Limitação às exigências – numerus clausus 906
50.6.3. Direitos oriundos de convenções coletivas 906
50.6.4. Limites à concessão de direitos por via de convenção coletiva 907
50.6.5. Regime e normas específicas de terceirização no serviço público 907
50.7. Matriz de risco 907
51. Art. 51, caput 909
52. Art. 52, caput, §§ 1º, 2º, 3º, 4º, 5º, 6º 913
52.1. Noções 916
52.2. Licitar ou não licitar 916
52.3. Licitação internacional - diferenças 917
52.4. Adesão a acordos internacionais 918
ÍNDICE DE ASSUNTOS 923

Apresentação

Com muita alegria, recebi o honroso convite do amigo irmão Jacoby para fazer a apresentação de sua nova e grande obra: o Tratado de Licitações e Contratos Administrativos. Este novo trabalho veio muito bem acompanhado com Murilo Jacoby e Ana Luiza Jacoby, jovens juristas com ampla formação acadêmica e experiência na matéria, que aceitaram o desafio de construir uma obra que já nasce como um clássico de referência obrigatória para todas as pessoas que lidam com a contratação pública no Brasil.

O primeiro volume do periódico Fórum Administrativo publicou, em 2001, um artigo do Professor Jacoby. Se àquela época já era referência no assunto, hoje soma mais de 40 anos de bem-sucedida carreira dedicada ao Direito. Foi também em 2003 autor do primeiro livro publicado pela Fórum: Tribunal de Contas do Brasil, hoje best-seller com várias edições e reimpressões, e que na época foi lançado na Embaixada do Brasil em Lisboa. Registro histórico feito para expressar a nossa profunda gratidão ao trabalho do autor que todo editor gostaria de ter, Professor Jacoby, e que – agora melhor ainda – faz Escola dentro de casa com sucessores, além dos milhares de alunos e discípulos pelo Brasil!

Há 22 anos a Fórum se dedica a publicar assuntos voltados a licitações e contratos no Brasil visando contribuir para uma melhor contratação pública – hoje responsável por 12% do PIB, ou seja, cerca de dois trilhões de reais. É muita potência econômica, sabendo que o investimento estatal gera emprego, renda e mais crescimento econômico. Porém, a legislação é complexa e extensa, e com a Lei nº 14.133/21 isto só aumenta, pois a Lei é 54% maior e ainda mais complexa.

Qual a solução? Ampliar nosso conhecimento sobre o assunto com a luz da boa doutrina, estudar mais, visando alcançar maior conhecimento e experiência possível.

Viajo há décadas pelo Brasil e verifico in loco muita insegurança em relação ao tema. Ouso dizer que o nosso maior inimigo é a ignorância, pois ela traz a escuridão que inviabiliza o verdadeiro interesse público.

Vivemos um momento histórico. Nos próximos dias vamos nos despedir, após 30 anos, da Lei nº 8.666/93 e conviver com a nova Lei nº 14.133/21. Precisamos estudar para criar a infraestrutura intelectual, para criar a infraestrutura necessária para nosso desenvolvimento de um país a construir. Eis aqui uma bela oportunidade!

Vamos explorar todas as possibilidades da nova lei para melhorar, e ela traz várias ferramentas para isso.

Quando o Professor Jacoby entregou-me os originais do primeiro tomo, eu disse que, pela extensão da obra – mais de mil páginas neste primeiro, de quatro tomos – não se tratava de um "comentário à lei" e sim de um Tratado, batizando-o, assim, de Tratado de Licitações e Contratos Administrativos. Sonho antigo! Aliás, diz o poeta mineiro Márcio Borges: "sonhos não envelhecem". Sonho de mais de 20 anos que agora se realiza em um momento fundamental para as pessoas que lidam com este tema.

Neste primeiro volume são comentados os artigos 1º ao 52. No próximo tomo serão abordados os artigos 53 ao 71. Planejamos quatro volumes para o Tratado sobre a Lei nº 14.133/21, e depois seguiremos com outras leis necessárias ao pleno entendimento de toda temática contendo Concessões, Parcerias Público Privadas e mais, pois a única certeza que temos na contratação pública é a mudança, e este é um tema permanente e extremamente necessário.

O Tratado será uma ferramenta muito útil, fundamental para enfrentar problemas e trazer as melhores soluções para a administração pública e seus parceiros privados (empresas contratadas que buscam apenas receber por excelentes serviços prestados), atender, enfim, o verdadeiro interesse público de todos nós que escolhemos o nosso querido Brasil para viver!

Tenham todos uma boa companhia com os Prof. Jacoby, o Prof. Murilo Jacoby e Profa. Ana Jacoby, com o orgulho e a gratidão do editor e de milhares de pessoas apreciadoras de um bom livro. Que este Tratado seja um bom guia para boas práticas em uma contratação rápida e segura para quem contrata e para os contratados, pois quem ganha é o Brasil.

Boa leitura!

Luís Cláudio Rodrigues Ferreira
Presidente e Editor da Editora Fórum

Mensagem dos autores

Certamente há o compromisso dos autores de comentar a lei toda, mas a convocação para auxiliar a vencer novos desafios da Advocacia Administrativa, emitir pareceres sobre a nova Lei de Licitações, regulamentar e, ainda mais para Murilo Jacoby que se devota a capacitar pessoas da Administração Pública e da iniciativa privada. O estudo para o doutorado da jovem Ana Luiza também consome tempo de redação, com o pai e o irmão. Essas atividades vêm sendo priorizadas.

Nesse cenário, acreditamos que a maior mudança esperada pela sociedade não é com o início da vigência e com a aplicação da lei, mas com a mudança dos intérpretes. É difícil exigir a melhor interpretação da lei quando de forma cogente profissionais sem formação jurídica usurpam a função de interpretar. E, sem formação jurídica, ignoram o dever de garantir a melhor interpretação do texto da lei, como legítima vontade do povo assentada pelos seus legítimos representantes no texto da lei[1]. Sem formação jurídica se autorizam a eleger uma interpretação que consideram a melhor para controlar e coibir a corrupção como única e aplicam sanções aos que "ousam" interpretar diferente. Assim agindo ignoram os princípios da segregação entre administrar e controlar, constituindo um contingente de "engenheiros de obra pronta", ensejando o que se denominou de "apagão das canetas" e "infantilização" da Administração Pública. Não precisamos ir tão longe na contundência desse vocabulário se os postulados da nossa ciência fossem respeitados. Em obra sobre o controle já expusemos que no Brasil, há quase 50 anos temos o "princípio da aderência à diretrizes e normas" que obriga o controlador a tolerar interpretações divergentes, amparadas em parecer jurídico. Também em outros países o respeito aos que aplicam a lei podem ser traduzidos em princípios como o da deferência e outros com nomenclatura semelhante.

Na vigência da Lei nº 8.666/1993, assistiu-se à interpretação contra expresso texto da lei e, por exemplo, impedindo o tratamento isonômico entre licitante que devem visitar previamente à produção da proposta, o local da execução, passando a exigir que as visitas ocorram em momentos diferentes para que os licitantes não se encontrem e com isso, imaginam esses intérpretes, evitam condições para formação de cartel. Em outro momento, autorizam o licitante a produzir a proposta sem que o responsável técnico integre o quadro permanente. Com essa tese passou-se a admitir que qualquer um copie a planilhe de custo e se aventurem no processo licitatório, sem contribuir para correção de eventuais equívocos. Somente três ou quatro tribunais de contas do Brasil fiscalizam a ordem de pagamento e o cumprimento de prazos de pagamentos criando um controle contra o empresário.

---

[1] CONSTITUIÇÃO DA REPÚBLICA FEDERATIVA DO BRASIL DE 1988. Art. 1º. [...] Parágrafo único. Todo o poder emana do povo, que o exerce por meio de representantes eleitos ou diretamente, nos termos desta Constituição.

Mesmo tendo a Lei nº 8.666/1993 obrigado o cumprimento das normas da ABNT e do INMETRO, servidores foram punidos por fazerem essa exigência em edital, sob o argumento que essas normas restringem a efetividade do princípio da isonomia. Com isso, agravou o cenário em que produtos sem qualidade, que não podem ser comercializados, podem ser vendidos para órgãos públicos. A vedação é expressa e consta do Código de Defesa do Consumidor.

A mudança dos intérpretes é necessária, pois sem essa mudança pode inutilizar os avanços da nova lei. Para exemplificar essa necessidade, basta referir que em auditório tem se visto expressões como "a nova lei não mais exige singularidade na contratação de notórios especialistas, mas eu vou continuar exigindo" ou "na minha obra continuo exigindo". Acreditávamos que a vivência num estado democrático de Direito "havia ensinado aos que ensinam" que o princípio da legalidade obriga o cumprimento da lei e não a vontade de um intérprete.

É chegado o momento da mudança e essa só ocorrerá se nossos intérpretes mudarem para compreender a sabedoria que ecoa dos nossos legítimos representes do estado democrático de Direito. E ecoa na mudança da lei de improbidade, da nova lei da segurança jurídica e, agora, com a nova lei de licitações e contratos administrativos. Quem segue parecer jurídico não pode ser responsabilizado por dolo; não há improbidade sem dolo; não há punição por violar formalidades, quando a violação não acarreta danos; quem pratica ato sem danos e viola formalidade há de receber uma capacitação adequada, ordenada pelo controlador. Quem segue estritamente parecer jurídico há de ter direito de defesa da tese que o parecer sustenta.

Nesse novo cenário, deve-se encorajar os que enfrentam os desafios do único ramo do Direito Administrativo que em quase todos os atos internos e externos paira o risco de penalização com reclusão. É outra mudança que devemos buscar: excluir tipos penas específicos, pois as condutas reprováveis e puníveis já estão no código penal: apropriação indébita, corrupção ativa e passiva, advocacia administrativa, lesão ao erário, abuso de autoridade. De *lege ferenda,* ou em outras palavras: que havemos de ter esperança de que ocorram sem tardança.

Esclarecido o que contém esta obra e a legítima expectativa dos novos operadores do Direito, é preciso registrar um ponto em particular. Esta obra, Tomo I, do Tratado de Licitações e Contratos Administrativos, nasce marcada por muitos sentimentos de gratidão.

O primeiro, a gratidão à Deus pela oportunidade que concedeu a uma família de viver o ideário de ajudar o próximo e ter uma marca de união entre seus membros nesse ideário. Se o trabalho de escrita é solitário, a oportunidade de estudar juntos e ter interlocutores devotados à melhor aplicação do Direito na prática, é uma benção.

O segundo, também de gratidão, é para com os amigos que apoiaram, a começar pela Editora Fórum, personificada em seu fundador, Luís Cláudio e sua filha Maria Amélia, que com competência terminam a obra dando-lhe apresentação e uma imagem agradável, tanto na versão escrita como na edição on-line. Páginas costuradas com esmero que resistem ao uso, tantas vezes descuidado. Aqui um repositório confiável em relação aos genéricos "portais de busca" que muitas vezes levam a versão de plágio ou fonte sem credibilidade. Antes da obra chegar ao nosso estimado editor trabalharam com os autores outros valiosos colaboradores: Daiana Líbia, Luiz Carlos Quintella Neto, Ludmilla Alves Couto, Ana Carolina de Azevedo, Augusto César Nogueira de Souza e Matheus Brandão pela colaboração na elaboração do minucioso índice remissivo.

O terceiro, também de gratidão, mas ainda mais perto do coração, é com nossos familiares e amigos, de quem tomamos o enriquecedor tempo de convívio, suavizado pela terna compreensão. A compreensão de que essa subtração é positivamente multiplicada pela oportunidade de esclarecer e ensinar, sinceramente devotada a ajudar as centenas de leitores que nem conhecemos pessoalmente, mas aos quais nos irmanamos numa fraternidade de operadores de Direito com o ideário de melhorar as licitações e contratos administrativos e com isso bem servir à sociedade e ao país.

Encerramos a apresentação desta obra com a expectativa de voltar a escrita para contribuir com nossos leitores e amigos operadores do tema, a bem aplicar essa nova lei.

Que a leitura e a pesquisa sejam proveitosas, exitosas e agradáveis.

Professores Jacoby Fernandes, Jorge Ulisses, Ana Luiza e Murilo.

"Não é o quanto fazemos, mas quanto amor colocamos naquilo que fazemos".
(autor desconhecido)

Prefácio

Aprioristicamente quero destacar a minha alegria e indisfarçável orgulho em prefaciar o Tomo I da obra "Tratado de Licitações e Contratos Administrativos", que se concentra nos artigos 1º a 52 da Lei nº 14.133, de 1º de abril de 2021, de autoria dos Professores Jacoby Fernandes. A complexidade do ordenamento jurídico em tela, a necessidade de uma visão sistêmica das licitações e contratos face ao direito ao desenvolvimento e a relevância do tema na administração pública justificam, com certeza, a publicação do tratado.

A complexidade da Lei nº 14.133 pode ser constatada desde a sua gênese no Congresso Nacional, especificamente, no Senado Federal quando, em 28 de maio de 2013, com o Ato do Presidente do Senado Federal no 19, se cria a Comissão Temporária de Modernização da Lei de Licitações e Contratos (Lei nº 8.666/1993). Autuado como PLS nº 559/2013, percorreu três comissões permanentes (Constituição e Justiça, Assuntos Econômicos e Serviços de Infraestrutura), além de Comissão Especial de Desenvolvimento Nacional, na qual foi apresentado em 09/11/2016, através do relatório do Senador Fernando Bezerra, substitutivo ao texto inicial proposto. A apreciação do Plenário do Senado resultou no recebimento de 56 emendas, sendo que, na sessão de 13/12/2016, foi aprovado o texto final e encaminhado, em fevereiro de 2017, para deliberação na Câmara dos Deputados, onde se transformou no PL nº 6.814/2017.

A minha experiência pessoal, como parlamentar na Assembleia Legislativa de Minas Gerais em seis legislaturas, mostra que quando um projeto de lei atravessa a sessão legislativa a sua complexidade é incontestável.

No presente caso, a tramitação na Câmara dos Deputados foi retumbante! Como a matéria envolvia a competência de mais de três comissões permanentes, a solução regimental foi a criação de Comissão Especial, formalizada em 27 de fevereiro de 2018, tendo como Presidente o Deputado Augusto Coutinho e relator o Deputado João Arruda, de Pernambuco e Paraná, respectivamente. Houve o apensamento do PL nº 1.292/95, mais antigo e que tinha conexão com a temática. Finalmente em 05 de dezembro de 2018 a Comissão Especial aprovou o relatório do Deputado João Arruda, em substituição ao oriundo do Senado. A matéria somente seria apreciada na legislatura seguinte. E com grande destaque e participação, senão vejamos: na sessão de 14/05/2019 inicia-se a discussão do PL nº 1.292/95 (o mais antigo, lembram?) que recebe 117 emendas de plenário até a sessão de 06/04/2019, o que leva a designação do Deputado Augusto Coutinho como relator *ad hoc*. Nas sessões de 10, 11 e 17/09/2019, foi aprovado o texto definitivo do substitutivo do projeto pela Câmara dos Deputados em 10 de outubro de 2019. Seguindo o rito procedimental, a matéria volta ao Senado Federal, que em tempos de pandemia do Covid-19, delibera pela inclusão da matéria na Ordem do Dia de 10/12/2020, sendo indicado como relator o Senador Antonio Anastasia, conhecedor profundo do tema (e, atualmente, Ministro do Tribunal de Contas da União), que propôs nova sistematização e, finalmente em 10/03/21, o Plenário do Senado aprovou a redação final do PL nº 4.2453/2020 que após a sanção presidencial foi promulgado como a Lei nº 14.133/2021. A saga ainda não estava completa, pois ocorreram 28 vetos presidenciais. Finalmente, na sessão de 1º de junho de 2021, o Congresso Nacional, rejeitou, por maioria absoluta dos votos dos Senadores e Deputados, os vetos apostos ao parágrafo 2º do art. 37, ao parágrafo 1º do art. 54, ao parágrafo 4º do art. 115 e ao parágrafo 2º do art. 175. Assim a promulgação do diploma legal ocorre em 11/06/2021 com a certidão de nascimento da Nova Lei de Licitações e Contratos.

Resolvi percorrer a técnica da legística para que o leitor possa compreender o trabalho hercúleo dos Professores Jacoby Fernandes para nos oferecer a presente leitura. A tramitação legislativa consumiu 8 anos e 14 dias para a sua conclusão, enquanto a empreitada para a consecução da presente obra se deu em interregno inferior a 2 anos e nos contempla com mais de 907 páginas, abrangendo mais de 53 tópicos e abrangência detalhada de hermenêutica e praticidade, chegando ao requinte de desfilar de modo corajoso os "conselhos dos autores".

A minha experiência, por mais de uma década, como Conselheiro do Tribunal de Contas do Estado de Minas Gerais me permite inferir, sem nenhuma dúvida, que a obra vai atender os anseios do experiente leitor que se situe como gestor público enfrentando o cotidiano das aquisições públicas e contratos, o jovem leitor que precisa se atualizar de forma acadêmica em seus cursos de graduação e pós-graduação sensu latu ou restrito e também aqueles que perfilam nas vertentes do controle interno ou controle externo. É obra de consulta que une o manancial teórico com situações práticas do dia a dia, apresentada em tópicos de rápido manuseio a partir de índice remissivo e distribuição temática muito bem elaborada e sistematizada, estratégia essencial a um tratado com tal abrangência.

Até aqui me referi aos autores como Professores Jacoby Fernandes, tal como assinam a apresentação do livro. Hora de desvendar esse trio singular! Vou me socorrer com as palavras de Paulo Cesar de Araújo, especialista em música popular brasileira e que se notabilizou no cenário jurídico com o seu embate judicial com Roberto Carlos (o réu e o rei) - que abriu caminho para a histórica decisão do Supremo Tribunal Federal a favor da liberação de biografias não autorizadas no país. Em sua obra "Roberto Carlos: Outra Vez volume 1" (Editora Record, 1ª Edição 2021), o autor identifica que o artista é singular porque foi moldado ao longo dos anos cinquenta por três estilos: brega (no sentido substantivo, um estilo musical, representado pela latinidade de bolero, tango e guarânia), *rock'n'roll* (Elvis Presley) e bossa nova (João Gilberto). De forma semelhante, podemos dizer do trio de autores desta obra magna.

Jorge Ulisses Jacoby Fernandes é destemido. Percorreu caminhos tão distintos como advogado da Empresa de Correios e Telégrafos, Juiz do Trabalho do TRT (10ª Região), Procurador-Geral do Ministério Público junto ao TCDF, Conselheiro do Tribunal de Contas do Distrito Federal, mas seu coração e sua mente o levaram para a advocacia e o magistério, tornando-se educador e construtor de um Brasil melhor através da sua incansável luta pela qualificação dos que se ocupam da administração pública do nosso país, sendo defensor intransigente da justiça no mais amplo ideário kantiano.

Murilo Queiroz Melo Jacoby Fernandes é atuante. Advogado de relevância nacional, professor de destaque no cenário pedagógico brasileiro, em especial nas competências administrativas, soube se tornar em consultor de nível internacional e dar um dinamismo impressionante com a sua sólida formação intelectual e qualidade técnica inquestionável a serviço da modernização.

Ana Luiza Jacoby Fernandes é especial. Advogada da nova geração, alia a capacidade gerencial à primorosa vida acadêmica, sendo a responsável por organizar, planejar, orientar o uso dos recursos financeiros, físicos, tecnológicos e humanos de um dos maiores escritórios de advocacia do Brasil, Jacoby Fernandes e Reolon Advogados Associados. É reconhecida pela sua liderança e compromisso com a visão de futuro e inovação.

Aí está a singularidade dos autores de mesmo sobrenome, do mesmo núcleo familiar que não apenas se complementam, mas como nos ensina Ludwig von *Bertalanffy* em sua Teoria Geral dos Sistemas, assumem na totalidade mais do que a soma das partes e o presente trabalho, em cada detalhe do comentário, nos mostra essa riqueza na unidade da diversidade, quer seja geracional, quer seja no gênero.

Em apertada síntese, constato que a descrição acima está acorde com o Professor Joaquim Salgado que, em sua obra "*Sacra Scientia*: a metafísica", assevera que a formação histórica do homem percorre a vereda que inclui o *homo moralis* (o lado ético da ação), o *homo faber* (o lado *poiético* do fazer) e alcança no mundo hodierno o *homo juridicus* (o sujeito de direito universal no Estado Democrático de Direito).

É esse o sentido real das licitações e dos contratos administrativos: as compras públicas não são mais meros processos, mas se inserem em cenário mais amplo que inclui instrumentos para a implementação de políticas públicas, alcançando tópicos tais como sustentabilidade e isonomia, sustentabilidade e vantajosidade, sempre com fulcro na cidadania.

Finalizando, posso afirmar que a *"raison d´etre"* da obra prefaciada dialoga com a biografia dos autores, com a necessidade editorial de alcance do tema e, principalmente, com a visão estratégica e desenvolvimentista de compreender a aquisição pública e a contratação, não apenas como meros atos administrativos, mas ações fundadas e compromissadas com o objetivo constitucional do desenvolvimento nacional sustentável e inclusivo.

Boa leitura e bom proveito!

Sebastião Helvecio Ramos de Castro
Vice-presidente do Instituto Rui Barbosa

Os comentários desta obra iniciam-se pela ementa da própria lei. Ignorada nos textos acadêmicos, parece útil compreender o objeto da lei, sintetizado nas palavras do próprio legislador.

Ementa da Lei nº 14.133/2021

Lei de Licitações e Contratos Administrativos.

Dispositivos correspondentes na Lei nº 8.666/1993:

Regulamenta o art. 37, inciso XXI, da Constituição Federal, institui normas para licitações e contratos da Administração Pública e dá outras providências.

Dispositivos correlatos na Lei nº 10.520/2002 (Institui o Pregão):

Institui, no âmbito da União, Estados, Distrito Federal e Municípios, nos termos do art. 37, inciso XXI, da Constituição Federal, modalidade de licitação denominada pregão, para aquisição de bens e serviços comuns, e dá outras providências.

Dispositivos correlatos na Lei nº 12.462/2011 (Institui o RDC):

Institui o Regime Diferenciado de Contratações Públicas - RDC; altera a Lei nº 10.683, de 28 de maio de 2003, que dispõe sobre a organização da Presidência da República e dos Ministérios, a legislação da Agência Nacional de Aviação Civil (Anac) e a legislação da Empresa Brasileira de Infraestrutura Aeroportuária (Infraero); cria a Secretaria de Aviação Civil, cargos de Ministro de Estado, cargos em comissão e cargos de Controlador de Tráfego Aéreo; autoriza a contratação de controladores de tráfego aéreo temporários; altera as Leis nºs 11.182, de 27 de setembro de 2005, 5.862, de 12 de dezembro de 1972, 8.399, de 7 de janeiro de 1992, 11.526, de 4 de outubro de 2007, 11.458, de 19 de março de 2007, e 12.350, de 20 de dezembro de 2010, e a Medida Provisória nº 2.185-35, de 24 de agosto de 2001; e revoga dispositivos da Lei nº 9.649, de 27 de maio de 1998.

Dispositivos correlatos na Lei nº 13.303/2016 (Dispõe sobre o estatuto jurídico das Estatais):

Dispõe sobre o estatuto jurídico da empresa pública, da sociedade de economia mista e de suas subsidiárias, no âmbito da União, dos Estados, do Distrito Federal e dos Municípios.

Dispositivos transcritos em razão de remissão, na Constituição Federal:

Art. 22. Compete privativamente à União legislar sobre: [...]

XXVII - normas gerais de licitação e contratação, em todas as modalidades, para as administrações públicas diretas, autárquicas e fundacionais da União, Estados, Distrito Federal e Municípios, obedecido o disposto no art. 37, XXI, e para as empresas públicas e sociedades de economia mista, nos termos do art. 173, § 1º, III; (Redação dada pela Emenda Constitucional nº 19, de 1998)

Art. 173. Ressalvados os casos previstos nesta Constituição, a exploração direta de atividade econômica pelo Estado só será permitida quando necessária aos imperativos da segurança nacional ou a relevante interesse coletivo, conforme definidos em lei. [...]

§ 1º A lei estabelecerá o estatuto jurídico da empresa pública, da sociedade de economia mista e de suas subsidiárias que explorem atividade econômica de produção ou comercialização de bens ou de prestação de serviços, dispondo sobre: (Redação dada pela Emenda Constitucional nº 19, de 1998) [...]

III - licitação e contratação de obras, serviços, compras e alienações, observados os princípios da administração pública; (Incluído pela Emenda Constitucional nº 19, de 1998).

É importante observar que esta lei foi mais precisa e objetiva em relação às leis anteriores ao dispor em sua ementa "Lei de Licitações e Contratos Administrativos".

A lei anterior regulamentava o disposto no art. 37, inc. XXI da Constituição da República Federativa do Brasil de 1988 – CRFB/1988 e esta nova lei não mais pode declarar que regulamenta esse dispositivo.

Explicando: para editar uma norma, é necessário previsão na Constituição da República Federativa do Brasil de 1988, direta ou implicitamente. A União Federal tem competência para editar norma com base no art. 22, inc. XXVII, mas esse foi alterado pela redação dada pela Emenda Constitucional nº 19, de 1998, passando a prever dois regimes distintos, sendo um para as Administrações Públicas diretas, autárquicas e fundacionais da União, Estados, Distrito Federal e Municípios, e outro regime jurídico para as empresas públicas e sociedades de economia mista.

Note que na redação atual, a parte final do disposto no art. 22, inc. XXVII, faz referência ao art. 173, § 1º da Constituição da República Federativa do Brasil de 1988, que trata, no inciso III, das normas sobre licitações e contratos para empresas estatais.²

Aqui há uma sutileza que tem passado despercebida: o art. 22, inc. XXI, prevê a competência da União para editar o regime jurídico das empresas estatais e sociedades de economia mista, mas ao remeter essa competência ao art. 173, § 1º da Constituição da República Federativa do Brasil de 1988 cria um hiato, ou um vazio, pois esse dispositivo se refere apenas às estatais que exploram atividade econômica e não às prestadoras de serviço público. Como ficariam, então, as empresas públicas e sociedades de economia mista em que a atividade econômica não é um fim, mas meio para sustentar uma atividade em regime de monopólio? O Supremo Tribunal Federal, interpretando a Constituição, permitiu que a essas fosse dado tratamento diferenciado das demais empresas estatais que exploram atividade econômica, como obrigar os credores, em processos judiciais, a se sujeitarem ao regime do precatório para preservar os bens e direitos necessários à execução do regime de monopólio.³

Essa questão – abranger ou não empresas estatais em regime de monopólio, foi resolvida quando da edição das normas gerais para a empresa pública, a sociedade de economia mista e suas subsidiárias, no âmbito da União, dos Estados,

---

² O tema é ainda mais complexo. A Constituição da República Federativa do Brasil de 1988, na redação original, não fazia distinção direta de estatuto para empresas estatais. A emenda Constitucional nº 19 passou a prever a edição de norma específica, mas essa previsão só ocorreu após a edição da Lei nº 8.666/1993. Tem-se assim, regendo as licitações e contratos das empresas estatais, quatro períodos de tempo distintos: 1º - após a Constituição de 1988, antes da lei 8.666; após a Constituição de 1988 e após a Lei nº 8.666/1993; após a Emenda Constitucional nº 19 e antes da Lei nº 13.303/2016 e após a Emenda Constitucional nº 19 e após a Lei nº 13.303/2016. Para compreender melhor, consulte notas ao § 1º do art. 1º, adiante.
³ STF. RE 220906/DF, Relator Ministro Maurício Corrêa, Tribunal Pleno, julgamento em 16.11.2000, DJe 14.11.2002. STF. ADI 1642/MG, Relator Ministro Eros Grau, Tribunal Pleno, julgamento em 03.4.2008, DJe 18.9.2008. RE 852302-AgR/AL, Relator Ministro Dias Toffoli, Segunda Turma, julgamento em 15.12.2015, DJe 26.02.2016. STF. ADPF 437/CE. Relatora: Ministra Rosa Weber, Tribunal Pleno, julgamento em 17.09.2020.

do Distrito Federal e dos Municípios, pois **todas** foram inseridas na Lei nº 13.303/2016, popularmente conhecida como Lei de Responsabilidade das Estatais – LRE. Note o que dispõe o primeiro artigo dessa lei das estatais, na parte que apresentamos o texto em negrito: "Art. 1º. Esta Lei dispõe sobre o estatuto jurídico da empresa pública, da sociedade de economia mista e de suas subsidiárias, abrangendo toda e qualquer empresa pública e sociedade de economia mista da União, dos Estados, do Distrito Federal e dos Municípios que explore atividade econômica de produção ou comercialização de bens ou de prestação de serviços, **ainda que a atividade econômica esteja sujeita ao regime de monopólio da União,** ou seja, de prestação de serviços públicos".

Por esse motivo, a nova Lei de Licitações trata apenas das normas gerais para a Administração direta, autárquica e fundacional, da União, dos Estados, do Distrito Federal e dos Municípios, e aos fundos especiais por eles administrados, estabelecendo textualmente no art. 1º, § 1º: "Não são abrangidas por esta Lei as empresas públicas, sociedades de economia mista e suas subsidiárias regidas pela Lei nº 13.303, de 30 de junho de 2016 – Lei de Responsabilidade das Estatais, ressalvado o disposto o art. 182 desta Lei". O tema versado nos arts. 1º e 182, será detalhado nos respectivos comentários desses artigos.

Assim, na *novatio legis* a lei excluiu do seu âmbito de incidência as sociedades de economia mista e as empresas públicas, salvo no que se refere às infrações penais, conforme sedimentada doutrina.

Observe também o Enunciado 17, da 1ª Jornada de Direito Administrativo do Conselho da Justiça Federal – CJF: "Os contratos celebrados pelas empresas estatais, regidos pela Lei nº 13.303/2016, não possuem aplicação subsidiária da Lei nº 8.666/1993. Em casos de lacuna contratual, aplicam-se as disposições daquela Lei e as regras e os princípios de direito privado".

Comparando a ementa atual com a ementa da lei anterior

A ementa da Lei nº 8.666/1993, definiu a pretensão de regulamentar, como mencionado, o art. 37, inc. XXI, da Constituição da República Federativa do Brasil de 1988, que dispõe:

> Art. 37 [...]
>
> XXI – ressalvados os casos especificados na legislação, as obras, serviços, compras e alienações serão contratados mediante processo de licitação pública que assegure igualdade de condições a todos os concorrentes, com cláusulas que estabeleçam obrigações de pagamento, mantidas as condições efetivas da proposta, nos termos da lei, o qual somente permitirá as

exigências de qualificação técnica e econômica indispensáveis à garantia do cumprimento das obrigações.

Ocorre que esse dispositivo, conforme boa técnica de hermenêutica, **não** exige regulamentação infralegal, já definindo em si o balizamento a ser seguido pela Administração Pública. Alguns traduziam esse balizamento como um conjunto de princípios: princípio da licitação, princípio do equilíbrio econômico-financeiro e outros. Juridicamente, seja entendendo como balizamento, seja reconhecendo-se como conjunto de princípios, a importância do inciso estava em subjugar o gestor público a um ideário mais consistente no trato da despesa pública, erigido a partir da isonomia.

Ao tempo da edição da Lei nº 8.666/1993, ainda não vigorava a Emenda Constitucional nº 19, que impôs a alteração do art. 173 da Constituição. Portanto, editar norma para reger a Administração Direta e a Indireta – abrangendo as empresas estatais, instituindo regime jurídico único mostrava-se sustentável em termos jurídicos.

A interpretação mais precisa do art. 37, inc. XXI leva à conclusão de que esse dispositivo não exige e nem exigia regulamentação. Diferentemente, o artigo 22, inc. XXVII, a esse tempo, previa competência privativa para a União no dever de regulamentação, para todos os entes da Administração Pública.

Em síntese, tanto a ementa da Lei nº 13.303/2016 – Lei das Estatais – como esta lei revelam um aprimoramento, uma melhor técnica legislativa. As ementas, mais precisas dessas normas, revelam isso.

A consolidação de normas como dever legal

O Brasil, seus servidores públicos e os operadores do direito, no âmbito privado, continuarão a ter dificuldades na aplicação das leis deste tema. É que continuará em vigor um conjunto de normas esparsas que regulam partes do tema. A proposta destes autores foi o cumprimento da Lei Complementar nº 95, que define o dever de consolidar normas.[4] Ao tempo da promulgação desta lei, o país contava com mais de 500 normas envolvendo o tema licitações e contratos.

Aqui é importante registrar duas iniciativas: o Portal da Legislação no sítio eletrônico do planalto[5] que há décadas vem contribuindo com a publicidade das normas, facilitando a consulta. No passado, apresentava pequenas divergências com

---

[4] Dispõe sobre a elaboração, a redação, a alteração e a consolidação das leis, conforme determina o parágrafo único do art. 59 da Constituição da República Federativa do Brasil de 1988, e estabelece normas para a consolidação dos atos normativos que menciona.

[5] Disponível em: http://www4.planalto.gov.br/legislacao/

o texto publicado, como ocorreu com a Lei nº 8.666/1993, trocando vírgulas e ponto e vírgulas. Com as normas mais recentes isso não acontece. É um trabalho de grande valia para sociedade o amplo acesso as leis.

Outro importante instrumento é o Interlegis.[6] O desenvolvimento dessa integração dos poderes legislativos do Brasil poderá permitir a sociedade uma evolução, realizando o sonho do Senador Ronaldo Cunha Lima, de permitir a todos o acesso a todas as leis do Brasil, com ferramentas de busca automatizadas.

---

[6] O Interlegis é o programa do Senado Federal que objetiva fortalecer o Poder Legislativo estimulando a modernização e a integração das Casas Legislativas. Realiza sua missão principalmente por meio de transferência de tecnologia e ações de capacitação.

Título I - Disposições Preliminares

Capítulo I – Do Âmbito de Aplicação desta Lei

1. Art. 1º, *caput*

> Art. 1º Esta Lei estabelece normas gerais de licitação e contratação para as Administrações Públicas diretas, autárquicas e fundacionais da União, dos Estados, do Distrito Federal e dos Municípios, e abrange:

Dispositivos correspondentes na Lei nº 8.666/1993:

Regulamenta o art. 37, inciso XXI, da Constituição Federal, institui normas para licitações e contratos da Administração Pública e dá outras providências.

Art. 1º. Esta Lei estabelece normas gerais sobre licitações e contratos administrativos pertinentes a obras, serviços, inclusive de publicidade, compras, alienações e locações no âmbito dos Poderes da União, dos Estados, do Distrito Federal e dos Municípios.

Parágrafo único. Subordinam-se ao regime desta Lei, além dos órgãos da Administração direta, os fundos especiais, as autarquias, as fundações públicas, as empresas públicas, as sociedades de economia mista e demais entidades controladas direta ou indiretamente pela União, Estados, Distrito Federal e Municípios.

Dispositivos correlatos na Lei nº 12.462/2011 (Institui o RDC):

Institui o Regime Diferenciado de Contratações Públicas - RDC; altera a Lei nº 10.683, de 28 de maio de 2003, que dispõe sobre a organização da Presidência da República e dos Ministérios, a legislação da Agência Nacional de Aviação Civil (Anac) e a legislação da Empresa Brasileira de Infraestrutura Aeroportuária (Infraero); cria a Secretaria de Aviação Civil, cargos de Ministro de Estado, cargos em comissão e cargos de Controlador de Tráfego Aéreo; autoriza a contratação de controladores de tráfego aéreo temporários; altera as Leis nºs 11.182, de 27 de setembro de 2005, 5.862, de 12 de dezembro de 1972, 8.399, de 7 de janeiro de 1992, 11.526, de 4 de outubro de 2007, 11.458, de 19 de março de 2007, e 12.350, de 20 de dezembro de 2010, e a Medida Provisória nº 2.185-35, de 24 de agosto de 2001; e revoga dispositivos da Lei nº 9.649, de 27 de maio de 1998.

Não definiu o âmbito de aplicação subjetivo, mas apenas objetivo. Note:

Art. 1º. É instituído o Regime Diferenciado de Contratações Públicas (RDC), aplicável exclusivamente às licitações e contratos necessários à realização: (Vide Lei nº 14.133, de 2021) Vigência

I - dos Jogos Olímpicos e Paraolímpicos de 2016, constantes da Carteira de Projetos Olímpicos a ser definida pela Autoridade Pública Olímpica (APO); e

II - da Copa das Confederações da Federação Internacional de Futebol Associação - Fifa 2013 e da Copa do Mundo Fifa 2014, definidos pelo Grupo Executivo - Gecopa 2014 do Comitê Gestor instituído para definir, aprovar e supervisionar as ações previstas no Plano Estratégico das Ações do Governo Brasileiro para a realização da Copa do Mundo Fifa 2014 - CGCOPA 2014, restringindo-se, no caso de obras públicas, às constantes da matriz de responsabilidades celebrada entre a União, Estados, Distrito Federal e Municípios;

III - de obras de infraestrutura e de contratação de serviços para os aeroportos das capitais dos Estados da Federação distantes até 350 km (trezentos e cinquenta quilômetros) das cidades sedes dos mundiais referidos nos incisos I e II.

IV - das ações integrantes do Programa de Aceleração do Crescimento (PAC) (Incluído pela Lei nº 12.688, de 2012)

V - das obras e serviços de engenharia no âmbito do Sistema Único de Saúde - SUS. (Incluído pela Lei nº 12.745, de 2012)

VI - das obras e serviços de engenharia para construção, ampliação e reforma de estabelecimentos penais e unidades de atendimento socioeducativo. (Incluído pela Medida Provisória nº 630, de 2013)

VI - das obras e serviços de engenharia para construção, ampliação e reforma de estabelecimentos penais e unidades de atendimento socioeducativo. (Incluído pela Lei nº 12.980, de 2014)

VI - das obras e serviços de engenharia para construção, ampliação e reforma de estabelecimentos penais e unidades de atendimento socioeducativo; e (Redação dada pela Medida Provisória nº 678, de 2015)

VII - ações no âmbito da Segurança Pública. (Incluído pela Medida Provisória nº 678, de 2015)

VI - das obras e serviços de engenharia para construção, ampliação e reforma e administração de estabelecimentos penais e de unidades de atendimento socioeducativo; (Incluído pela Lei nº 13.190, de 2015)

VII - das ações no âmbito da segurança pública; (Incluído pela Lei nº 13.190, de 2015)

VIII - das obras e serviços de engenharia, relacionadas a melhorias na mobilidade urbana ou ampliação de infraestrutura logística; e   (Incluído pela Lei nº 13.190, de 2015)

IX - dos contratos a que se refere o art. 47-A. (Incluído pela Lei nº 13.190, de 2015)

X - das ações em órgãos e entidades dedicados à ciência, à tecnologia e à inovação. (Incluído pela Lei nº 13.243, de 2016)

Dispositivos correlatos na Lei nº 10.520/2002 (Institui o pregão):

Institui, no âmbito da União, Estados, Distrito Federal e Municípios, nos termos do art. 37, inciso XXI, da Constituição Federal, modalidade de licitação denominada pregão, para aquisição de bens e serviços comuns, e dá outras providências.

Não definiu o âmbito de aplicação subjetivo, mas apenas objetivo. Note:

Art. 1º. Para aquisição de bens e serviços comuns, poderá ser adotada a licitação na modalidade de pregão, que será regida por esta Lei.

Parágrafo único. Consideram-se bens e serviços comuns, para os fins e efeitos deste artigo, aqueles cujos padrões de desempenho e qualidade possam ser objetivamente definidos pelo edital, por meio de especificações usuais no mercado.

Dispositivos transcritos em razão de remissão, na Constituição Federal de 1988:

Art. 22. Compete privativamente à União legislar sobre:

XXI - normas gerais de organização, efetivos, material bélico, garantias, convocação, mobilização, inatividades e pensões das polícias militares e dos corpos de bombeiros militares; (Redação dada pela Emenda Constitucional nº 103, de 2019)

XXVII - normas gerais de licitação e contratação, em todas as modalidades, para as administrações públicas diretas, autárquicas e fundacionais da União, Estados, Distrito Federal e Municípios, obedecido o disposto no art. 37, XXI, e para as empresas públicas e sociedades de economia mista, nos termos do art. 173, § 1º, III; (Redação dada pela Emenda Constitucional nº 19, de 1998) [...]

Parágrafo único. Lei complementar poderá autorizar os Estados a legislar sobre questões específicas das matérias relacionadas neste artigo.

Art. 24. Compete à União, aos Estados e ao Distrito Federal legislar concorrentemente sobre: [...]

§ 1º No âmbito da legislação concorrente, a competência da União limitar-se-á a estabelecer normas gerais. (Vide Lei nº 13.874, de 2019)

> § 2º A competência da União para legislar sobre normas gerais não exclui a competência suplementar dos Estados. (Vide Lei nº 13.874, de 2019)
>
> **Art. 37.** A administração pública direta e indireta de qualquer dos Poderes da União, dos Estados, do Distrito Federal e dos Municípios obedecerá aos princípios de legalidade, impessoalidade, moralidade, publicidade e eficiência e, também, ao seguinte: (Redação dada pela Emenda Constitucional nº 19, de 321998): [...]
>
> XXI - ressalvados os casos especificados na legislação, as obras, serviços, compras e alienações serão contratados mediante processo de licitação pública que assegure igualdade de condições a todos os concorrentes, com cláusulas que estabeleçam obrigações de pagamento, mantidas as condições efetivas da proposta, nos termos da lei, o qual somente permitirá as exigências de qualificação técnica e econômica indispensáveis à garantia do cumprimento das obrigações.

1.1 Normas gerais – como a Constituição trata esse tema

É importante ter presente a comparação entre o artigo 22, inc. XXVII e o parágrafo único com o art. 24, § 2º da própria Constituição da República Federativa do Brasil de 1988 (CRFB). Essa comparação é apenas para que se compreenda adequadamente o que é "norma geral". Alguns aspectos devem ser destacados.[7]

Em primeiro plano, cabe asserir que a expressão "normas gerais", utilizada no art. 22, tem significado próprio e bastante diferente do mesmo termo utilizado nos quatro parágrafos do art. 24 da CRFB/1988, que versam sobre a competência concorrente.

Alguns autores interpretam a expressão "normas gerais", que está no inc. XXVII do art. 22, em coerência com o § 2º do art. 24. O erro está no fato de que a expressão do inc. XXVII do art. 22 deve ser interpretada como determina o parágrafo único do próprio art. 22. A falta dessa distinção tem ensejado equívocos de alguns intérpretes que sustentam a tese de que a competência da União para editar normas sobre licitação e contratação não exclui a competência dos Estados, Municípios e Distrito Federal, em uma alusão indireta e, em alguns casos, direta ao conteúdo do § 2º do art. 24 da CRFB/1988.

Outros vêm insistindo que a expressão "normas gerais" usada no inciso XXVII do art. 22 deveria ter poucos dispositivos e ser bastante concisa, tal como dispõe o § 1º do art. 24. Incorrem esses hermeneutas no erro de interpretar o parágrafo único do art. 22 em conformidade com os parágrafos do art. 24, inadmissível no caso. É

---

[7] Assim dispõe a Constituição da República Federativa do Brasil de 1988: "Art. 22. Compete privativamente à União legislar sobre: [...] XXVII - normas gerais de licitação e contratação, em todas as modalidades, para as administrações públicas diretas, autárquicas e fundacionais da União, Estados, Distrito Federal e Municípios, obedecido o disposto no art. 37, XXI, e para as empresas públicas e sociedades de economia mista, nos termos do art. 173, § 1º, III; (Redação dada pela Emenda Constitucional nº 19, de 1998) [...] Parágrafo único. Lei complementar poderá autorizar os Estados a legislar sobre questões específicas das matérias relacionadas neste artigo; [...] Art. 24. Compete à União, aos Estados e ao Distrito Federal legislar concorrentemente sobre: [...] § 2º A competência da União para legislar sobre normas gerais não exclui a competência suplementar dos Estados."

que o art. 22 tem regramento próprio: dispõe sobre competência privativa, portanto sensivelmente diverso dos dois artigos que o sucedem na Constituição.

A competência privativa da União, nos termos elencados no art. 22, inadmite, em regra, competência legislativa **concorrente** de outras esferas de governo. Só mediante lei complementar da União é que os Estados poderão legislar e essa legislação há de ater-se a "questões específicas". Essa regra é uma condição suspensiva, imposta no parágrafo único do art. 22, que demonstra, à toda evidência, que a competência dos Estados-membros, Municípios e Distrito Federal para legislar sobre os assuntos desse artigo não é regra, mas exceção.[8]

Há, porém, um detalhe que assume relevância para o regime federativo e deve ser acrescido para melhor compreensão. É preciso atentar que há dois incisos no art. 22, em que a competência privativa da União se exerce com a elaboração de "normas gerais". A localização dos incisos XXI e XXVII, no conjunto do art. 22 demonstra que o Constituinte quis dar tratamento diferenciado dos assuntos relacionados nos arts. 23 e 24. Se nesse extenso elenco de temas, dois são limitados à edição de normas gerais, implicitamente autorizam o detalhamento dos **procedimentos**, sem ser necessário norma que trate de "questões específicas".

1.2 O sentido de "normas gerais" do inciso XXVII do art. 22

Definida com precisão os limites dessa competência das distintas esferas de governo, é necessário resolver questionamentos sobre os conceitos jurídicos possíveis de serem atribuídos à expressão "normas gerais".[9]

Propugna uma corrente de pensamento que ser "geral" é da própria natureza da norma jurídica. Assim, se a lei insiste no pleonasmo, a faz "para deixar patente sua deliberação no sentido de que essa competência se restrinja, realmente, àquelas

---

[8] a) neste sentido deliberou o TJDFT: "[...] O Distrito Federal – conquanto disponha de competência supletiva para, na ausência de legislação federal, legislar sobre licitação – não pode ampliar os casos de dispensa e inexigibilidade da licitação, vez que as exceções à regra da obrigatoriedade da licitação são fixadas na lei federal". DISTRITO FEDERAL. Tribunal de Justiça do Distrito Federal e Territórios. Processo nº 4711297/DF. Acórdão nº 109.703 - 4ª Turma Cível. Relator: Desembargador Jair Soares Diário da Justiça [da] República Federativa do Brasil, Brasília, DF, 11 nov. 1998. b) No trato deste assunto, noutro processo, o TJDFT decidiu que: "no caso das normas gerais, citadas pela Lei de Licitações e Contratos da Administração Pública, não afasta, porém, a competência residual do Distrito Federal para legislar sobre essa matéria, no que a lei geral não for contrária, de modo que não há se falar em excesso legislativo por parte do Distrito Federal." DISTRITO FEDERAL. Tribunal de Justiça do Distrito Federal e Territórios. Processo nº 7423/1997. Diário da Justiça [da] República Federativa do Brasil, Brasília, DF, 20 maio 1998.

[9] Sobre o conceito de normas gerais, o autor serve-se da monografia de Raimundo de Menezes Vieira, assessor legislativo do Senado Federal, publicada pela Gráfica do Senado Federal em 1993.

normas cujo caráter de generalidade excluísse, de toda norma, as minúcias, os pormenores, a abrangência a qualquer aspecto particular".[10]

Sem opor-se radicalmente a essa tese, há muito tempo a doutrina esclarecia, amparada em Baleeiro e Sá Filho, que:

> Casos haverá em que a regulamentação do detalhe estará na própria essência da norma geral, a fim de assegurar a observância do princípio no próprio funcionamento do instituto jurídico por ele regulado. Em suma, a norma geral não é necessariamente regra de conceituação apenas, mas também regra de atuação.[11]

A melhor exegese do inciso XXVII do art. 22, da Constituição da República Federativa do Brasil de 1988 é aquela que assegura à expressão "normas gerais", conteúdo diverso do que é utilizado segundo o art. 24 da CRFB.

Ocorre que, diferentemente, das outras hipóteses do art. 22, a competência da União no âmbito das licitações é para dispor sobre "normas gerais". Somente em dois incisos, nesse inciso XXVII e no inciso XXI, a norma textualmente coloca a expressão "normas gerais". É evidente, portanto, que se em dois dispositivos a Constituição limitou a competência da União para dispor sobre normas gerais, deixou para as demais unidades federadas legislarem o complemento das normas gerais sem, contudo, admitir que insiram em suas normas "questões específicas".

Foi desse modo que procedeu a nova Lei de Licitações, seguindo a equação jurídica delineada ao tempo da Lei nº 8.666/1993. Aliás, expandindo sua aplicabilidade, definiu em vários dispositivos, que a legislação das demais esferas de governo definissem procedimentos próprios.

A inserção de "questões específicas", como visto, porém, dificulta para quem quer licitar ou contratar, quando atua no âmbito nacional, pois terá o trabalho de conhecer e aplicar normas diferenciadas na federação, inibindo a ampla competitividade nacional e criando redutos, em forma de "feudos". Nos casos em que a norma geral permite diferenças locais essas foram estabelecidas de modo uniforme.

É fato notório que a nova lei, seguindo o exagero minudente da lei anterior desceu a nível de detalhes tão exaustivos que chega a referir até a estrutura administrativa necessária para operar e executar a lei, como se fosse juridicamente possível isso. Numa insensibilidade extraordinária, define a partir da norma geral uma pretensão de esgotar o tema, como se todas as unidades federadas tivessem o

---

[10] ATALIBA, Geraldo. **Normas Gerais de Direito Financeiro**. Revista de Direito Administrativo, out/dez/1965. São Paulo: NDJ, p. 82.
[11] SOUZA, Rubens G. **Normas Gerais de Direito Financeiro**. Revista Forense, n. 155, ano 51, Rio de Janeiro: Forense, 1954, p. 23.

mesmo porte, o mesmo organograma, servidores com igual capacitação. E, mais do que isso, infere, irrazoavelmente, que o mercado fornecedor também tem a mesma qualificação do mercado federal que disputa valores elevadíssimos. Há, portanto, inconstitucionalidades na lei, como será detalhado ao longo desta obra.

Para finalizar essa compreensão, transcreve-se aqui o elenco do que deve ser norma geral sobre licitação e contratos do professor Victor Aguiar Jardim de Amorim[12] para ilustrar a questão, embora, como explicamos acima, o entendimento dos autores não seja coincidente.

O QUE SERIA "NORMA GERAL" NA LEI Nº 14.133/2021?

- princípios e as diretrizes gerais estabelecidas nos arts. 1º a 5º e 11;
- definição das modalidades de licitação, tendo em vista expressa previsão no inciso XXVII do art. 22 da CF;
- estabelecimento dos tipos de licitação (critérios de julgamento) no art. 33;
- critérios de preferência e de tratamento diferenciado prevista no art. 60[25];
- requisitos máximos de habilitação fixadas nos arts. 66 a 69[26];
- garantia de qualquer cidadão em impugnar o ato convocatório e solicitar esclarecimentos (art. 164);
- previsão dos atos decisórios passíveis de interposição de recurso administrativo contida no inciso I do art. 165;
- prazos mínimos para a interposição dos recursos[27];
- taxatividade dos casos de dispensa de licitação (art. 75).

Para facilitar a compreensão do que será desenvolvido nessa obra não se consideram normas gerais a que se referem a quadro de pessoal do ente federativo como ocorre no art. 8º; também não se considera norma geral aa aferição do conhecimento pelo agente público por entidades oficiais restritivamente, pois não é possível que a lei de licitações obrigue a ter escolas de governo em todas as unidades federadas. Também não é norma geral disposições a que se referem a meio ambiente ou critérios de desempate. Importante notar que a aplicação de políticas públicas no processo licitatório pode sim ser entendido como normas gerais, a exemplo do favorecimento a pequena e microempresa.

---

[12] AMORIM, Victor Aguiar Jardim de. Licitações e contratos administrativos: teoria e jurisprudência. 4ª Edição: 2021.

1.3 Questões específicas – delegação por Lei Complementar Federal

A Constituição da República Federativa do Brasil de 1988 ao estabelecer, no parágrafo único do art. 22, a competência para Lei Complementar da União autorizar os Estados a legislar sobre questões específicas das matérias relacionadas neste artigo inc. XXVII trouxe um diferencial ainda não percebido. Em tese, seria possível a União delegar a determinado estado a regulamentação de norma geral sobre uma competência específica.

Um exemplo pensado foi delegar ao Estado do Amazonas as compras públicas de produtos produzidos por indígenas. Seria possível, assim, o Estado do Amazonas regulamentar para o país inteiro uma norma geral delegada por lei complementar sobre licitação para aquisição de produtos indígenas.

Nessa interpretação, tanto "questões específicas" determinadas, quanto questões específicas de amplitude geral – como segurança envolvendo contratos de insumos tecnológicos para combate ao terrorismo, podem pela especificidade merecer tratamento do Congresso Nacional já previsto na Constituição Federal.

1.4 Questões específicas – competência exclusiva de Lei Complementar Federal – desequiparação

Somente a lei federal poderá, em âmbito geral, estabelecer desequiparações entre os concorrentes e assim restringir o direito de participar de licitações em condições de igualdade. Ao direito estadual (ou municipal) somente será legítimo inovar neste particular se tiver como objetivo estabelecer condições específicas, nomeadamente quando relacionadas a uma classe de objetos a serem contratados ou a peculiares circunstâncias de interesse local.[13]

1.5 Competência legislativa sobre Direito Administrativo e processo administrativo

É preciso compreender que a competência privativa da União se limita ao tema licitação e contratos administrativos. Tanto um, quanto o outro tema, operacionalizam-se por meio de processo administrativo e essa é uma matéria que a Constituição não definiu competência para legislar. Nem poderia, porque esse ramo do Direito e o processo administrativo estão direta e intimamente ligados à natureza da administração de cada ente federado. É impossível a União definir a tramitação de

---

[13] BRASIL. Supremo Tribunal Federal. Ação Direta de Inconstitucionalidade nº 3735. Julgado em 08 set. 2016, Acórdão Eletrônico DJe-168 divulgado em 31 jul. 2017 publicado em 01 ago.2017. Relator: ministro Teori Zavascki.

um processo, porque isso implica conhecer a estrutura, o organograma, o fluxo de processos, as unidades operantes, a carreira de servidores. É lei própria da União, lei própria do Estado e lei própria do Município que deve definir o rito processual, os atores envolvidos, os prazos e como são operacionalizadas as garantias do cidadão frente àqueles que são súditos da vontade do povo e da sociedade cristalizada nas leis. A norma federal pode tratar de garantias, direitos e deveres das partes do processo.

Daí se percebe que a norma geral também não pode disciplinar o patrimônio dos demais entes federados, erro também cometido na edição da Lei nº 8.666/1993. A esse tempo, coube ao Supremo Tribunal Federal no julgamento da referida ADIn 927-RS definir e conter a validade da lei da União na legislação sobre alienação dos seus próprios bens.

1.6 Jurisprudência que ainda pode servir à interpretação

Invasão de competência legislativa pelo Tribunal de Contas

Permanece a posição exarada pelo STF no sentido de que não se pode criar novas exigências no âmbito de licitações e contratos, não contidas na Lei, por meio de legislação infralegal, confira a decisão do STF: "1. O art. 22, XXVII, da Constituição Federal dispõe ser da União, privativamente, a legislação sobre normas gerais de licitação e contratação. 2. A Lei federal nº 8.666/93 autoriza o controle prévio quando houver solicitação do Tribunal de Contas para a remessa de cópia do edital de licitação já publicado. 3. A exigência feita por atos normativos do Tribunal sobre a remessa prévia do edital, sem nenhuma solicitação, invade a competência legislativa distribuída pela Constituição Federal, já exercida pela Lei federal nº 8.666/93, que não contém essa exigência. 4. Recurso extraordinário provido para conceder a ordem de segurança."

Fonte: STF. RE nº 547063. Relator: Ministro Menezes Direito. DJ 12 dez. 2008.

Comentário: Impressiona aos estudiosos do Direito que os Tribunais de Contas insistam em ter controle prévio do ato, quando esse sistema caiu na Constituição de 1946. O controle é posterior ao ato, não anterior. O Tribunal de Contas não participa do ato, não pode assessorar, não decide.

Invasão de competência legislativa dos entes federados pela União

No julgamento de Ação Direta de Inconstitucionalidade, o STF considerou que a União federal ao legislar sobre doação, venda, permuta de bens dos demais entes federados invadiu a competência.[14]

Invasão às normas gerais restringindo a competição

O Supremo Tribunal Federal – STF, no ano de 2017, julgou a Ação Direta de Inconstitucionalidade que versava sobre lei estadual do Mato Grosso do Sul, que

---

[14] BRASIL. Supremo Tribunal Federal. Processo nº 0001538-74.1993.1.00.0000. Ação Direta de Inconstitucionalidade nº 927. Relator: ministro Celso de Mello.

inseriu a Certidão de Violação aos Direitos do Consumidor, no rol de documentos exigidos para a habilitação em procedimentos licitatórios.

Sobre o tema, o STF entendeu que a lei estadual se arvorou na condição de intérprete primeiro do direito constitucional de acesso a licitações e criou uma presunção legal, de sentido e alcance amplíssimos, conforme a qual a existência de registros desabonadores nos cadastros públicos de proteção do consumidor é motivo suficiente para justificar o impedimento de contratar com a Administração local.

A Corte Suprema lecionou, no julgamento da ação, que a igualdade de condições dos concorrentes em licitações, embora seja enaltecida pela Constituição da República Federativa do Brasil de 1988 – art. 37, inc. XXI –, pode ser relativizada por duas vias: pela lei, mediante o estabelecimento de condições de diferenciação exigíveis em abstrato; e pela autoridade responsável pela condução do processo licitatório, que poderá estabelecer elementos de distinção circunstanciais, de qualificação técnica e econômica, sempre vinculados à garantia de cumprimento de obrigações específicas.

Ao final, declarou a lei inconstitucional por entender que a Lei Estadual nº 3.041/05 se dissociou dos termos gerais do ordenamento nacional de licitações e contratos e, com isso, usurpou a competência privativa da União de dispor sobre normas gerais na matéria.

1.7 Conclusão parcial – limite à competência legislativa dos Estados, Distrito Federal e Municípios.

Portanto, a primeira conclusão, é que todas as unidades federadas, podem definir:

   a) **procedimentos**, repetidas as normas gerais sobre licitação e contrato;
   b) **competência** dos órgãos que efetuarão os atos administrativos previstos nas normas gerais;
   c) **prazos** não previstos nas normas gerais;
   d) **forma dos atos administrativos**, observadas as normas gerais;
   e) **limitação ao poder discricionário** permitido na norma geral;
   f) **ampliar os elencos exemplificativos** que forem definidos nas normas gerais.

Advindo a Lei Complementar, podem "questões específicas" do ente federado ser distintas em cada unidade federada. Não advindo essa norma, há uma isonomia entre os entes federados na seleção dos futuros contratados e no tratamento a ser dispensado ao contratado. Esse fato, é importante para que a empresa não tenha preocupações para conhecer detalhes diferenciados que inibem a ampla competição.

Art. 1º, I

> Art. 1º Esta Lei estabelece normas gerais de licitação e contratação para as Administrações Públicas diretas, autárquicas e fundacionais da União, dos Estados, do Distrito Federal e dos Municípios, e abrange:
>
> I - os órgãos dos Poderes Legislativo e Judiciário da União, dos Estados e do Distrito Federal e os órgãos do Poder Legislativo dos Municípios, quando no desempenho de função administrativa.

Dispositivos correspondentes na Lei nº 8.666/1993:

Art. 1º. Esta Lei estabelece normas gerais sobre licitações e contratos administrativos pertinentes a obras, serviços, inclusive de publicidade, compras, alienações e locações no âmbito dos Poderes da União, dos Estados, do Distrito Federal e dos Municípios. [...]

Art. 117. As obras, serviços, compras e alienações realizados pelos órgãos dos Poderes Legislativo e Judiciário e do Tribunal de Contas regem-se pelas normas desta Lei, no que couber, nas três esferas administrativas.

1.8 Poderes Legislativo e Judiciário

A Constituição não indicou a necessidade de tratamento diferenciado para as demais funções do Estado, funções legislativa e judiciária, razão por que a lei abrange também todos os poderes de todos os entes federados. Seria inconcebível pretender excluir poderes da regra da aplicação de recursos públicos.

1.9 Atividade fim e atividade administrativa dos Poderes Legislativo e Judiciário

A lei anterior estabeleceu que as normas gerais aplicavam-se "no que couber" aos Poderes Legislativo e Judiciário e aos Tribunais de Contas,[15] deixando ao intérprete a difícil missão de estabelecer as fronteiras da abrangência da norma.

Esta nova lei, resolvendo a polêmica e a insegurança jurídica e melhorando o regramento anterior, determinou que as funções administrativas do poder judiciário e do poder legislativo estão submetidas à Lei de Licitações da norma.

Essa nossa sugestão, que foi incorporada pela lei, visou permitir certa flexibilidade para a atividade fim desses órgãos. Não pode, por exemplo, deixar-se

---

[15] BRASIL. **Lei nº 8.666/1993**: "Art. 117. As obras, serviços, compras e alienações realizados pelos órgãos dos Poderes Legislativo e Judiciário e do Tribunal de Contas regem-se pelas normas desta Lei, no que couber, nas três esferas administrativas."

de aplicar a nova lei à atividade administrativa, como compra de materiais de expediente e execução de obras. É possível, porém, distinguir agora atividade que só interessa ao judiciário, como ocorre com a alienação de bens em processo de execução judicial. Este pode não seguir o rito de alienações previsto nesta Lei de Licitações. Alguns tribunais já vinham experimentando venda por hasta pública, na forma eletrônica, sendo eventualmente questionados a respeito.

A distinção da atividade-fim se faz por exclusão da atividade meramente administrativa. Mas, não só. Objetos da atividade administrativa, como papel, computador, mesmo que aplicados a atividade fim, devem seguir o rito da Lei nº 14.133/2021. Note, portanto, que é a conjugação de dois fatores que permite afastar a regência dessa Lei: o objeto e a finalidade a que se destina.

1.10 Conselhos dos autores

Para dar segurança e melhorar o processo decisório uniformizando a interpretação em cada órgão, sugere-se aos titulares dos respectivos poderes que editem norma definindo quais os objetos e funções que não estão abrangidos pela função administrativa. A regulamentação, feita com parcimônia, evitará que pela via interpretativa os órgãos de controle criem conflitos visando ampliar a aplicação da nova Lei. Sugere-se ainda que, referida lista seja revista periodicamente, devido a dinâmica de que se reveste a atividade fim da instituição.

1.11 Tribunal de Contas – normas aplicáveis

Observe que também os órgãos desses poderes, legislativo e judiciário, tiveram tratamento que permite a distinção da atividade-fim e atividade administrativa. Assim, o Conselho Nacional de Justiça – CNJ e o INTERLEGIS, por exemplo, podem ter esse tratamento.

Também os Tribunais de Contas podem usufruir dessa regra. Tribunal de Contas não é poder. Na mais clássica lição, Tribunal de Contas é órgão, mas indubitavelmente órgão vinculado ao legislativo, posto de permeio entre os poderes e não subordinado a qualquer deles.[16]

---

[16] NUNES, José de Castro. **Teoria e prática do Poder Judiciário**. Imprensa: Rio de Janeiro, Revista Forense, 1943.

1.12 Ministério Público, Advocacia-Geral da União e Defensoria Pública – normas aplicáveis

Ao Ministério Público, a Advocacia-Geral da União, Procuradorias dos Estados e Municípios e Defensoria Pública, não foi destacado nem dispensado tratamento semelhante aos poderes legislativo e judiciário. Aplica-se a lei em todas as suas atividades. Não há mesmo motivo para qualquer distinção na aplicação de recursos, mesmo nas atividades que desempenham além da administrativa.

Art. 1º inc. II

> Art. 1º Esta Lei estabelece normas gerais de licitação e contratação para as Administrações Públicas diretas, autárquicas e fundacionais da União, dos Estados, do Distrito Federal e dos Municípios, e abrange: [...]
>
> II - os fundos especiais e as demais entidades controladas direta ou indiretamente pela Administração Pública.[17]

Dispositivos correspondentes na Lei nº 8.666/1993:

Art. 1º. Esta Lei estabelece normas gerais sobre licitações e contratos administrativos pertinentes a obras, serviços, inclusive de publicidade, compras, alienações e locações no âmbito dos Poderes da União, dos Estados, do Distrito Federal e dos Municípios.

Parágrafo único. Subordinam-se ao regime desta Lei, além dos órgãos da Administração direta, os fundos especiais, as autarquias, as fundações públicas, as empresas públicas, as sociedades de economia mista e demais entidades controladas direta ou indiretamente pela União, Estados, Distrito Federal e Municípios. (grifos não constam do original)

1.13 Fundos especiais

Os fundos especiais são unidades gestoras independentes, sem personalidade jurídica[18], normalmente apenas para fins contábeis. Foram criados para gerir recursos públicos específicos, destacados do orçamento, devendo ter gestores nomeados. Os gestores, por sua vez, nomeiam ordenadores de despesas e ambos, gestor e ordenador, são inscritos como responsáveis no Rol de Responsáveis dos Tribunais de Contas e, portanto, sujeitos ao julgamento das contas por essas instituições.

Os fundos somente podem ser criados por lei e os recursos públicos destinados aos mesmos integram o orçamento[19]. Os fundos previstos na Constituição Federal mais conhecidos são o Fundo de Participação dos Municípios, Fundo de

---

[17] Adiante é comentado especificamente esse inciso.
[18] Excepcionalmente, é possível que lei atribua personalidade jurídica a determinado fundo, como pontuado por Ronny Charles, que cita, como exemplo, o Fundo Nacional de Desenvolvimento do Ensino, o qual, não obstante recebe a nomenclatura de "fundo", possui natureza jurídica de autarquia (TORRES, Ronny Charles Lopes de. **Leis de Licitações Públicas Comentadas**. 12. Ed. São Paulo: JusPODIVM, 2021. p. 59).
[19] Conforme art. 167, inc. IX, e art. 165, § 5º, inc. I da Constituição Federal de 1988.

Participação dos Estados e o Fundo Nacional de Desenvolvimento da Educação Básica - FUNDEB.

A aplicação dos recursos públicos oriundos dos fundos está sujeita integralmente a aplicação da Lei de Licitações e Contratos.

1.14 Demais entidades controladas direta ou indiretamente pela Administração Pública

Nesse ponto, a lei criou uma possibilidade para expandir a intepretação e alcançar entidade não prevista expressamente. Juridicamente, a expressão "controlada" possui mais de uma acepção, insegurança que se amplia quando o controle é direto ou indireto. Sobre o termo "controlada", a doutrina do direito societário ou empresarial e mesmo a doutrina administrativista tratam do tema.

No campo das normas constitucionais, explicita-se que a Constituição da República Federativa do Brasil de 1988 imputa comandos específicos dirigidos às sociedades controladas direta ou indiretamente pelo Poder Público[20], contudo, também não as conceitua, deixando essa tarefa a cargo de lei especial.

O Código Civil vigente prevê e conceitua a figura da sociedade controlada da seguinte forma:

> Art. 1.098. É controlada:
> I - a sociedade de cujo capital outra sociedade possua a maioria dos votos nas deliberações dos quotistas ou da assembleia geral [sic] e o poder de eleger a maioria dos administradores;
> II - a sociedade cujo controle, referido no inciso antecedente, esteja em poder

---

[20] Assim dispõe a Constituição Federal de 1988: "Art. 37 [...] XVII- a proibição de acumular estende-se a empregos e funções e abrange autarquias, fundações, empresas públicas, sociedades de economia mista, suas subsidiárias, e sociedades controladas, direta ou indiretamente, pelo poder público; [...]; Art. 52 Compete privativamente ao Senado Federal: [...] VII - dispor sobre limites globais e condições para as operações de crédito externo e interno da União, dos Estados, do Distrito Federal e dos Municípios, de suas autarquias e demais entidades controladas pelo Poder Público federal; [...] Art. 163. Lei complementar disporá sobre: [...] II - dívida pública externa e interna, incluída a das autarquias, fundações e demais entidades controladas pelo Poder Público; [...] Art. 164 [...] § 3°- As disponibilidades de caixa da União serão depositadas no banco central; as dos Estados, do Distrito Federal, dos Municípios e dos órgãos ou entidades do Poder Público e das empresas por ele controladas, em instituições financeiras oficiais, ressalvados os casos previstos em lei. [...]; Art. 202. O regime de previdência privada, de caráter complementar [...]; § 4° A Lei Complementar disciplinará a relação entre a União, Estados, Distrito Federal ou Municípios, inclusive suas autarquias, fundações, sociedades de economia mista e empresas controladas direta ou indiretamente, enquanto patrocinadoras de entidades fechadas de previdência privada, e suas respectivas entidades fechadas de previdência privada. Ato das disposições constitucionais transitórias [...] Art. 44. As atuais empresas brasileiras titulares de [...]; § 1° - ressalvadas as disposições de interesse nacional previstas no texto constitucional, as empresas brasileiras ficarão dispensadas do cumprimento do disposto no art. 176, § 1°, desde que, no prazo de até quatro anos da data da promulgação da constituição, tenham o produto de sua lavra e beneficiamento destinado a industrialização no território nacional, em seus próprios estabelecimentos ou em empresa industrial controladora ou controlada."

de outra, mediante ações ou quotas possuídas por sociedades ou sociedades por esta já controladas.

Segue, no mesmo sentido, o conceito de sociedade controlada disciplinado na Lei das S.A., *in verbis*:

> Art. 243. [...]
>
> § 2º Considera-se controlada a sociedade na qual a controladora, diretamente ou através de outras controladas, é titular de direitos de sócio que lhe assegurem, de modo permanente, preponderância nas deliberações sociais: o poder de eleger a maioria dos administradores. (grifos não constam do original)

Sumariamente, pode-se concluir que a lei definiu a sociedade controlada como aquela em que outra "pessoa" é a detentora do poder de conduzir os negócios da companhia e de tomar ou interferir em suas decisões. Controlador seria aquele que, efetivamente e de modo permanente, exerce o poder de direção da sociedade controlada, não sendo o controlador, necessariamente, o acionista majoritário.

Fundamental, para a compreensão da caracterização de uma determinada sociedade como controlada, é a análise do poder de controle dessa companhia. Dessa forma, o dispositivo, acima transcrito, tem de ser analisado em conjunto com os comandos contidos na Lei sobre as Sociedades por Ações, nº 6.404/1976, que estabelece a seguinte premissa:

> Art. 116. Entende-se por acionista controlador a pessoa, natural ou jurídica, ou o grupo de pessoas vinculadas por acordo de voto, ou sob controle comum, que:
>
> a) é titular de direitos de sócio que lhe assegurem, de modo permanente, a maioria dos votos nas deliberações da assembleia geral [sic] e o poder de eleger a maioria dos administradores da companhia; e
>
> b) usa efetivamente seu poder para dirigir as atividades sociais e orientar o funcionamento dos órgãos da companhia.

Se configuraria acionista controlador o atendimento dos requisitos **cumulativos:** a preponderância nas assembleias e o poder de eleger a maioria dos administradores.[21] Não basta um ou outro requisito; o artigo 116 da Lei nº 6.404/1976 impõe ambos como necessários para a configuração do acionista controlador.

Por fim, exige-se o uso efetivo de seu poder de comando, para dirigir a sociedade, determinando os rumos que esta irá seguir.

---

[21] Esse é o entendimento do Professor TOMAZETTE, Marlon. Curso de direito empresarial: Teoria Geral e Direito Societário. volume 1, 3. ed. São Paulo: Atlas, 2011. Em sentido contrário: CARVALHOSA, Modesto. Comentários à lei de sociedades anônimas. São Paulo: Saraiva, 1997, v. 2, p. 431-432.

Ao ensejo deve ser lembrado que a Lei nº 13.303, de 30 de junho de 2016, dispõe sobre o estatuto jurídico da empresa pública, da sociedade de economia mista e de suas subsidiárias, no âmbito da União, dos Estados, do Distrito Federal e dos Municípios tem natureza de norma especial e, portanto, as sociedades empresariais reguladas por este diploma seguem as normas sobre licitação dessa norma específica. Para que não houvesse dúvidas, a lei expressamente dispôs a respeito no § 1º, que segue.

Art. 1º, § 1º

Art. 1º Esta Lei estabelece normas gerais de licitação e contratação para as Administrações Públicas diretas, autárquicas e fundacionais da União, dos Estados, do Distrito Federal e dos Municípios, e abrange: [...]

§ 1º Não são abrangidas por esta Lei as empresas públicas, as sociedades de economia mista e as suas subsidiárias, regidas pela Lei nº 13.303, de 30 de junho de 2016, ressalvado o disposto o art. 178 desta Lei.

Dispositivos correspondentes na Lei nº 8.666/1993:

Art. 1º. Esta Lei estabelece normas gerais sobre licitações e contratos administrativos pertinentes a obras, serviços, inclusive de publicidade, compras, alienações e locações no âmbito dos Poderes da União, dos Estados, do Distrito Federal e dos Municípios.

Parágrafo único. Subordinam-se ao regime desta Lei, além dos órgãos da Administração direta, os fundos especiais, as autarquias, as fundações públicas, as empresas públicas, as sociedades de economia mista e demais entidades controladas direta ou indiretamente pela União, Estados, Distrito Federal e Municípios.

1.15 Empresas estatais e contratações regidas pela Lei nº 13.303/2016

O art. 1º, § 1º declara excluídas da abrangência da nova lei as empresas públicas e sociedades de economia mista, que integram o gênero empresas estatais. Com essa redação, a empresa controlada por essas e a SPE poderia ficar na regência da lei geral, pela interpretação lógica.

O texto, entretanto, refere-se a contratações regidas pela Lei nº 13.303/2016. Portanto, aqui define-se a exclusão do objeto: "todas as contratações regidas por essa lei estão excluídas". Remete o intérprete àquela norma jurídica.

Importante lembrar que uma estatal pode ser parte num contrato com o poder público, regido por esta lei, enquanto a estatal continua regida pela lei específica.

Quando o poder público contrata uma estatal, vários princípios do direito público e do direito privado incidem na contratação. Se a estatal atua exercendo atividade econômica em regime de monopólio, é porque a Constituição permite essa atuação. Em tal cenário, a estatal, em caráter excepcional, detém prerrogativas públicas. Prerrogativas essas que hão de ser as mínimas necessárias, sem jamais poder desbordar dos limites mínimos para atender conveniências. Assim, quando a Polícia Federal, regida por esta lei, contrata a empresa de correios, a ECT, regida pela Lei de Responsabilidade das Estatais, é o Correio quem detém o poder de alterar unilateralmente o contrato, pois exerce atividade em regime de monopólio por definição constitucional. Pode a ECT alterar o horário de coleta de correspondência, o valor da tarifa etc.

Agora, com precisão, a Lei excluiu esse contrato, eliminando insegurança jurídica que de longa data frequentava os tribunais judiciários em litígio sobre prerrogativas.

Deve ser observado o prazo de vigência, estabelecido nos dois diplomas. Isso porque a Lei das Estatais aqui referida determinou regra específica para sua vigência, assim como esta nova lei. [22]

1.16 Crimes em licitações e contratos - Empresas estatais

A ressalva fica por conta do art. 178 que trata dos crimes em licitações e contratos. É que a LLCA alterou o Código Penal, para dispor sobre os crimes em licitações e a norma tem aplicação em todo território nacional, trata-se de redundância do art. 178 afirmar que se aplica também às empresas estatais, a parte criminal.

Art. 1º, § 2º

Art. 1º Esta Lei estabelece normas gerais de licitação e contratação para as Administrações Públicas diretas, autárquicas e fundacionais da União, dos Estados, do Distrito Federal e dos Municípios, e abrange: [...]
§ 2º As contratações realizadas no âmbito das repartições públicas sediadas no exterior obedecerão às peculiaridades locais e aos princípios básicos estabelecidos nesta Lei, na forma de regulamentação específica a ser editada por ministro de Estado.

Dispositivos correspondentes na Lei nº 8.666/1993:

---

[22] Lei nº 13.303/2016: "Art. 91. A empresa pública e a sociedade de economia mista constituídas anteriormente à vigência desta Lei deverão, no prazo de 24 (vinte e quatro) meses, promover as adaptações necessárias à adequação ao disposto nesta Lei.§ 1º A sociedade de economia mista que tiver capital fechado na data de entrada em vigor desta Lei poderá, observado o prazo estabelecido no caput, ser transformada em empresa pública, mediante resgate, pela empresa, da totalidade das ações de titularidade de acionistas privados, com base no valor de patrimônio líquido constante do último balanço aprovado pela assembleia-geral.§ 2º (VETADO).§ 3º Permanecem regidos pela legislação anterior procedimentos licitatórios e contratos iniciados ou celebrados até o final do prazo previsto no caput."

> **Art. 123.** Em suas licitações e contratações administrativas, as repartições sediadas no exterior observarão as peculiaridades locais e os princípios básicos desta Lei, na forma de regulamentação específica.

1.17 Regulamentação específica a ser editada por Ministro de Estado

O novo dispositivo repete a regra da Lei nº 8.666/1993, mas acrescenta a possibilidade de regulamentação por ministro de Estado, que no caso deve ser o Ministro das Relações Exteriores.

Essa sugestão de acréscimo visou indicar com precisão a autoridade competente para reconhecer a necessidade de tratamento diferenciado e dar maior flexibilidade à prática de atos. Aliás, também facilitou a interpretação por deixar muito próxima as regras que dispõe sobre a aplicação e a não aplicação da lei.

A diretriz que sustentou a sugestão foi aproximar o órgão encarregado da regulamentação e controle primário de autoridade que executa o ato. Aqui, é preciso esclarecer que a expressão "controle primário", refere-se aquele exercido pelo agente hierarquicamente superior imediato.

Além disso, a prática da atividade de chancelaria demonstra que, embora seja possível definir regras aplicáveis à todas as chancelarias, cada unidade no exterior tem peculiaridades que podem ser objeto de exceção na regulamentação.

Como há previsão para obedecer "às peculiaridades locais", a regulamentação pode ser geral, para todas as chancelarias ou por blocos de peculiaridades e até para cada unidade sediada no exterior. Esse âmbito de regulamentação fica a critério exclusivo do próprio Ministro de Estado.

1.17.1 Conselho dos autores

Como a autoridade competente para a edição da norma foi definida como sendo o próprio ministro, o ato normativo pertinente será Portaria ou Instrução Normativa. Como ato normativo, deve ser publicado na imprensa oficial, nacional. Não há qualquer necessidade de publicar em outros países.

A norma pode prever, para melhor garantir a impessoalidade e proteger o ordenador de despesas em solo estrangeiro, a criação de órgão interno com poder deliberativo para administrar exceções. Para garantir a celeridade recomenda-se o uso de ferramentas de comunicação a distância e deliberação coletiva por votação justificada.

Pode esse órgão ser composto por especialistas e notáveis, mesmo que não integrantes do serviço público, observada a legislação sobre conflito de interesses.

Art. 1º, § 3º, inc. I, II, a, b, c, d,

> Art. 1º Esta Lei estabelece normas gerais de licitação e contratação para as Administrações Públicas diretas, autárquicas e fundacionais da União, dos Estados, do Distrito Federal e dos Municípios, e abrange: [...]
>
> § 3º Nas licitações e contratações que envolvam recursos provenientes de empréstimo ou doação oriundos de agência oficial de cooperação estrangeira ou de organismo financeiro de que o Brasil seja parte, podem ser admitidas:
>
> I - condições decorrentes de acordos internacionais aprovados pelo Congresso Nacional e ratificados pelo Presidente da República;
>
> II - condições peculiares à seleção e à contratação constantes de normas e procedimentos das agências ou dos organismos, desde que:
>
> a) sejam exigidas para a obtenção do empréstimo ou doação;
>
> b) não conflitem com os princípios constitucionais em vigor;
>
> c) sejam indicadas no respectivo contrato de empréstimo ou doação e tenham sido objeto de parecer favorável do órgão jurídico do contratante do financiamento previamente à celebração do referido contrato;
>
> d) (VETADO).

Dispositivos correspondentes na Lei nº 8.666/1993:

Art. 42. Nas concorrências de âmbito internacional, o edital deverá ajustar-se às diretrizes da política monetária e do comércio exterior e atender às exigências dos órgãos competentes. [...]

§ 5º. Para a realização de obras, prestação de serviços ou aquisição de bens com recursos provenientes de financiamento ou doação oriundos de agência oficial de cooperação estrangeira ou organismo financeiro multilateral de que o Brasil seja parte, poderão ser admitidas, na respectiva licitação, as condições decorrentes de acordos, protocolos, convenções ou tratados internacionais aprovados pelo Congresso Nacional, bem como as normas e procedimentos daquelas entidades, inclusive quanto ao critério de seleção da proposta mais vantajosa para a administração, o qual poderá contemplar, além do preço, outros fatores de avaliação, desde que por elas exigidos para a obtenção do financiamento ou da doação, e que também não conflitem com o princípio do julgamento objetivo e sejam objeto de despacho motivado do órgão executor do contrato, despacho esse ratificado pela autoridade imediatamente superior. (grifos não constam do original)

Dispositivo vetado e razões do Veto nº 13/2021 (Nova Lei de Licitações):

"d) sejam objeto de despacho motivado pela autoridade superior da administração do financiamento."

Razões do veto

"A propositura legislativa estabelece que nas licitações e contratações que envolvam recursos provenientes de empréstimo ou doação oriundos de agência oficial de cooperação estrangeira ou de organismo financeiro do qual o Brasil seja parte poderão ser admitidas condições peculiares à seleção e à contratação constantes de normas e procedimentos das agências ou dos organismos, desde que, dentre outras condições, haja despacho motivado pela autoridade superior da administração do financiamento. Todavia, e em que pese a boa intenção do legislador, a medida contraria o interesse público, uma vez que a exigência do despacho motivado deve ser da autoridade superior do órgão executor do programa ou projeto e não do órgão que representa o mutuário tão somente para fins do contrato financeiro externo."

1.18 Validade de cláusulas de acordos internacionais e controle

A nova norma melhora a redação anterior. O amontoado de orações intercaladas num só período, que constava do art. 42, § 5º, da Lei nº 8.666/1993 dificultava a compreensão.

Com a nova redação não mais se discute se é possível ou não a aplicação dos regulamentos, por exemplo, do Banco Mundial. Se o país opta por receber recursos de organismos multilaterais, não pode, depois de receber os recursos, pretender impor a lei nacional na seleção.

Deve-se ficar atento que, como regra, esses regulamentos preveem vantagem na disputa aos países signatários dos acordos de formação do organismo multilateral e possuem critérios de seleção menos burocráticos e até menos "transparentes", mas nem por isso, menos eficazes.

O dever de acatar as disposições dos regulamentos, que sempre constam expressamente do termo de acordo, tem fundamento jurídico e lógico. Jurídico na medida em que o compromisso assumido não pode ser alterado durante a execução; aplicação da regra milenar do princípio *pacta sunt servanda*[23]; em termos de lógica, não pode o país depois de assumir o compromisso, deixar de executar a regra à qual se submeteu sob o argumento de que tal ou qual disposição fere o ordenamento jurídico, em exame posterior do órgão de controle.

Os organismos internacionais são constituídos por um conjunto de países que definem regras próprias para fronteiras de comércio e favorecimentos e preferencias. A finalidade de dar tratamento igual aos fornecedores de todos os países signatários, sem preferência para empresários do país que vai licitar, decorre do argumento de que a riqueza dos organismos multilaterais é oriunda da contribuição de impostos e recursos de todos os países que formam o organismo multilateral.

No passado, os órgãos de controle chegaram a impedir a aplicação de regras do acordo, após recebimento dos recursos, sob o argumento de que seria incompatível com o ordenamento jurídico.

A ação do controle, seja do Ministério Público, seja do Tribunal de Contas, deve se voltar a perfeito equilíbrio no sentido de preservar as relações constituídas,

---

[23] Em tradução do latim literal "Servo quem assume pacto", ou quem assina o contrato se submete, se escraviza ao que combinou/contratou. É o alicerce da construção de toda teoria dos contratos que significa o dever de cumprir a obrigação que assumiu no contrato.

fazendo prevalecer a correta aplicação dos recursos, orientando os agentes e punindo em casos de má-fé ou recalcitrância no descumprimento da lei.

Não se mostra legítima qualquer atuação que vise impedir o cumprimento de ajustes, após avaliados pelo Congresso Nacional e firmados por autoridades brasileiras. O ajustamento pode e deve ser feito, inclusive com recomendação às autoridades do Congresso que internalizaram o acordo. A atuação sobre o servidor que dá cumprimento às cláusulas ajustadas não pode ser considerada legítima ou mesmo eficaz.

1.19 Jurisprudência que ainda pode servir à interpretação

Exigências mais rigorosas para qualificação
Para realização de obras custeadas com recursos de organismo financeiro internacional poderão ser efetuadas exigências de qualificação econômico-financeira e de qualificação técnica mais rigorosas que as contidas na Lei nº 8.666/1993, desde que não conflitem com o princípio do julgamento objetivo e de que sejam compatíveis com a dimensão e complexidade do objeto a ser executado.
TCU. Processo nº 037.183/2011-7. Acórdão nº 324/2012-Plenário. Relator: ministro Raimundo Carreiro.

1.20 Doação sem encargo

O dispositivo somente abrange as licitações **com** encargos. As doações **sem** encargos, quando feitas sob a forma de recursos financeiros não estão abrangidas pela norma, pelo fato de ingressarem como recursos nos cofres da entidade e, assim, imediatamente assumem a condição de recursos públicos. Em consequência, a aplicação é feita com a observância das regras do direito financeiro pertinentes e da integral aplicação desta lei, se a pessoa jurídica ou ente estiver subjugado a essa regulamentação.

Por exemplo: se um organismo internacional doar recursos ao Município de Brumadinho/MG para fortalecer as finanças municipais, o caso não está sujeito ao procedimento desse dispositivo. O valor será recebido e incorporado aos cofres municipais, pois se trata de doação **sem** encargo.

Se os valores recebidos, porém, estiverem com uso vinculado, como seria o caso de atender as vítimas do desastre ocorrido haveria, condição específica a ser atendida e deve ser seguido o procedimento de instauração do processo indicado nesse dispositivo.

Às vezes, o encargo desvirtua o interesse público, definindo uma relação jurídica promíscua, como a doação que obriga a contratar a manutenção da marca do fabricante, por isso, essencial o cumprimento das disposições desta Lei.

1.21 Agência estrangeira da qual o Brasil não faz parte

A norma definiu que suas disposições se aplicam "nas licitações e contratações que envolvam recursos provenientes de empréstimo ou doação oriundos de agência oficial de cooperação estrangeira ou organismo financeiro de que o Brasil seja parte".

A lei considerou a possibilidade de que o país possa interferir criando situações de equivalência, como ocorre com os critérios de desempate em uma competição. Como regra, ora favorece a empresa estrangeira em solo nacional, ora favorece a empresa nacional em solo estrangeiro.

Se o Brasil não faz parte da agência ou organismo, os recursos obtidos pelo país, seja por empréstimo ou doação, não seguem esse dispositivo, mas se subjugam integralmente ao que for definido pelo Senado Federal ou pelo Congresso Nacional.

Art. 1º, § 4º

> Art. 1º Esta Lei estabelece normas gerais de licitação e contratação para as Administrações Públicas diretas, autárquicas e fundacionais da União, dos Estados, do Distrito Federal e dos Municípios, e abrange: [...]
>
> § 4º A documentação encaminhada ao Senado Federal para autorização do empréstimo de que trata o § 3º deste artigo deverá fazer referência às condições contratuais que incidam na hipótese do referido parágrafo.

Dispositivos correspondentes na Lei nº 8.666/1993:

Art. 42. Nas concorrências de âmbito internacional, o edital deverá ajustar-se às diretrizes da política monetária e do comércio exterior e atender às exigências dos órgãos competentes. [...]

§ 5º Para a realização de obras, prestação de serviços ou aquisição de bens com recursos provenientes de financiamento ou doação oriundos de agência oficial de cooperação estrangeira ou organismo financeiro multilateral de que o Brasil seja parte, poderão ser admitidas, na respectiva licitação, as condições decorrentes de acordos, protocolos, convenções ou tratados internacionais aprovados pelo Congresso Nacional, bem como as normas e procedimentos daquelas entidades, inclusive quanto ao critério de seleção da proposta mais vantajosa para a administração, o qual poderá contemplar, além do preço, outros fatores de avaliação, desde que por elas exigidos para a obtenção do financiamento ou da doação, e que também não conflitem com o princípio do julgamento objetivo e sejam objeto de despacho motivado do órgão executor do contrato, despacho esse ratificado pela autoridade imediatamente superior. (grifos não constam do original).

Dispositivos transcritos em razão de remissão, na Constituição Federal de 1988:

Art. 49. É da competência exclusiva do Congresso Nacional:

I - resolver definitivamente sobre tratados, acordos ou atos internacionais que acarretem encargos ou compromissos gravosos ao patrimônio nacional;

Art. 84. Compete privativamente ao Presidente da República: [...]

VIII - celebrar tratados, convenções e atos internacionais, sujeitos a referendo do Congresso Nacional;
Dispositivos transcritos em razão de remissão, na Lei de Responsabilidade Fiscal:

Art. 25. Para efeito desta Lei Complementar, entende-se por transferência voluntária a entrega de recursos correntes ou de capital a outro ente da Federação, a título de cooperação, auxílio ou assistência financeira, que não decorra de determinação constitucional, legal ou os destinados ao Sistema Único de Saúde.

§ 1º São exigências para a realização de transferência voluntária, além das estabelecidas na lei de diretrizes orçamentárias: [...]

IV - comprovação, por parte do beneficiário, de:

a) que se acha em dia quanto ao pagamento de tributos, empréstimos e financiamentos devidos ao ente transferidor, bem como quanto à prestação de contas de recursos anteriormente dele recebidos;

Art. 28. Salvo mediante lei específica, não poderão ser utilizados recursos públicos, inclusive de operações de crédito, para socorrer instituições do Sistema Financeiro Nacional, ainda que mediante a concessão de empréstimos de recuperação ou financiamentos para mudança de controle acionário.

§ 1º A prevenção de insolvência e outros riscos ficará a cargo de fundos, e outros mecanismos, constituídos pelas instituições do Sistema Financeiro Nacional, na forma da lei.

§ 2º O disposto no caput não proíbe o Banco Central do Brasil de conceder às instituições financeiras operações de redesconto e de empréstimos de prazo inferior a trezentos e sessenta dias.

Art. 49. As contas apresentadas pelo Chefe do Poder Executivo ficarão disponíveis, durante todo o exercício, no respectivo Poder Legislativo e no órgão técnico responsável pela sua elaboração, para consulta e apreciação pelos cidadãos e instituições da sociedade.

Parágrafo único. A prestação de contas da União conterá demonstrativos do Tesouro Nacional e das agências financeiras oficiais de fomento, incluído o Banco Nacional de Desenvolvimento Econômico e Social, especificando os empréstimos e financiamentos concedidos com recursos oriundos dos orçamentos fiscal e da seguridade social e, no caso das agências financeiras, avaliação circunstanciada do impacto fiscal de suas atividades no exercício.

1.22 Como a Constituição Federal trata o tema

É importante harmonizar a regra do art. 1º, § 3º da Lei de Licitações com o que consta do § 4º do mesmo dispositivo.

Pela Constituição Federal, compete privativamente ao Senado Federal autorizar operações externas de natureza financeira, de interesse da União, dos Estados, do Distrito Federal, dos Territórios e dos Municípios. O país equilibrou o sistema federativo, típico nacional, definindo para o poder legislativo da União a autorização para operações financeiras externas, tanto para recebimento como para entrega de recursos.

Poderia ocorrer de as condições de empréstimo não serem compatíveis com o ideário nacional e com os princípios e garantias fundamentais, razão pela qual o tema ficou ao prudente arbítrio do Senado Federal, órgão legislativo que representa os estados federados, dando equilíbrio entre estes. O dispositivo torna absolutamente transparente as condições impostas porque obriga que sejam inseridas no contrato e previamente examinadas pelo órgão jurídico. É inovação que não constava da lei anterior.

Desse modo, a praxe de impor condições na fase da autorização do empréstimo e o tomador declarar-se surpreendido no momento da aplicação dos recursos, não mais ocorre. Note-se o detalhamento do procedimento imposto nos incisos.

Em termos de aplicação da Constituição Federal, o dispositivo definiu que o acordo ou contrato são aprovados pelo Congresso Nacional e ratificados pelo Presidente da República – fundamentos de validade no art. 49, inciso I, e art. 84, inc. VIII da Constituição Federal.

Parece ter havido uma impropriedade, pois o presidente pode firmar acordo e o Congresso atuar em exame posterior.[24]

No parágrafo seguinte, o § 4º, definiu a norma que os documentos referentes a aprovação do empréstimo devem fazer referência às condições contratuais.

1.23 Condições para admissão das cláusulas do acordo - procedimento

Os incisos do art. 1º, § 3º da LLCA definem as condições para admitir a prevalência de cláusulas do acordo ou contrato firmado com agência ou organismo internacional em relação às disposições desta lei.

Define, porém, pontos de controle a ser exercido, no inciso I, pela aferição política do Congresso Nacional, ratificados pelo Presidente da República. Ou, na letra da Constituição Federal, art. 84, inc. VIII, firmados pelo Presidente da República, *ad referendum* do Congresso Nacional. Há nesse ponto, procedimento equivalente a uma lei, em relação aos agentes participantes.

No inciso II, determina providências que envolvem o contratante nacional do financiamento. Aqui a norma detalhou procedimento para que essas cláusulas diferenciadoras tivessem rigoroso exame e transparência. Definiu o exame prévio pelo órgão jurídico; na alínea "c" do inciso II, obrigou que essas cláusulas fossem exigidas pelo concedente e, portanto, inegociáveis que não conflitassem com os princípios nacionais e tivessem despacho de aprovação pela máxima autoridade responsável pela administração do financiamento.

---

[24] Assim dispõe a **Constituição Federal de 1988:** "Art. 84. Compete privativamente ao Presidente da República:[...] VIII - celebrar tratados, convenções e atos internacionais, sujeitos a referendo do Congresso Nacional;"

1.24 Inobservância do procedimento

Nesse dispositivo, a norma não definiu efeitos sancionadores para a inobservância do dispositivo. Seguem, portanto, as regras gerais de controle e sanção.

Dependendo da gravidade dos efeitos, as infrações podem ter efeitos disciplinares – na esfera federal, puníveis pela Lei nº 8.112/1990; efeitos na Lei Anticorrupção (Lei nº 12. 846/2013), com Processo de Apuração e Responsabilidade – PAR, puníveis pela Lei nº 12.462, de 4 de agosto de 2011 e Decreto nº 8.024, de 4 de junho de 2013, efeitos danosos ao erário, puníveis na esfera federal em faltas apuradas por processo de tomada de contas especial, prevista no art. 8º da Lei nº 8.443/1992; efeitos na probidade administrativa, puníveis pela Lei nº 8.429/1992, e crime de responsabilidade puníveis na forma da Constituição Federal e Lei nº 1.079/1950 e Decreto-lei nº 201/1967. Na apuração e na sanção devem ser respeitadas as garantias constitucionais e a Lei nº 13.655/2018.[25]

1.25 Declaração de invalidade da cláusula

Havendo declaração de invalidade da cláusula, não pode o procedimento limitar-se a invalidar a cláusula e punir servidores que no escalão inferior deram cumprimento ao que estava no acordo ou contrato. Deve ser avaliado como será rescindido o acordo ou contrato, ou será negociada a cláusula.

Após o advento da Lei nº 13.655/2018 não mais cabe aplicar o princípio "*fiat justitia, pereat mundus*[26]". Segundo esse princípio, aquele que julga pode ignorar os efeitos sociais e culturais da sua decisão, limitando-se a aplicar a justiça no caso concreto. Na análise e controle desse parágrafo há de se considerar o que foi realizado, o que foi contratado e a imagem do país em relação às operações de crédito

---

[25] Victor Amorim: Após dispor acerca do perfil da responsabilidade em relação aos agentes de contratação, é preciso pontuar a distinção conceitual entre "responsabilidade" e "responsabilização" sob a perspectiva dos gestores públicos atuantes na área de licitações e contratos administrativos. [...] A rigor, é "responsável" pelo ato administrativo o agente público que tem competência decisória determinante para a formação do ato. Se tal ato apresenta vício insanável e acarreta prejuízo ao erário e/ou a terceiros, surge a potencialidade de "responsabilização" desse agente cuja atuação foi decisiva para a consecução do ato viciado, a fim de lhe ser imputada determinada sanção de ordem administrativa, civil e/ou penal. Ocorre, todavia, que a responsabilização não é uma consequência inexorável da responsabilidade pela edição do ato, de modo que, não necessariamente, será o autor do ato responsabilizado por eventual vício dele decorrente. Consoante preconiza o art. 28 do LINDB, para que haja a responsabilização na esfera administrativa e civil, é essencial que seja caracterizado o elemento subjetivo do agente público, ou seja, o dolo ou o erro grosseiro. [**Capítulo 3, Tópico 4, Autor: Victor Aguiar Jardim de Amorim. 1ª edição: 2017 / 2ª edição: 2018 / 3ª edição: 2020 / 4ª edição: 2021. ISBN: 978-85-7018-866-3. Editora: Senado Federal (DF) do Livro**].

[26] Em vernáculo: Que o mundo pereça, mas faça-se a justiça.

externo. Por isso, cogitar-se ordenar a devolução dos valores recebidos não é desarrazoado.

A Lei nº 13.655/2018, que foi mutilada no ato de sanção por pressão de propaganda enganosa, ordena ponderar valores sociais nos julgamentos e aquilatar os efeitos de cada decisão, em plena coerência com a jurisprudência de todos os tribunais superiores brasileiros, inclusive do Tribunal de Contas da União.

Ao ensejo revela-se irrazoável punir qualquer servidor que aplica as regras de um contrato padrão de organismo internacional, cujos recursos foram disponibilizados por Acordo Internacional. Como agora definiu a lei, cabe ao Congresso avaliar todas as circunstâncias do Acordo e não a um servidor que promove a licitação, opor-se a cláusulas padrão do organismo internacional.

1.26 Conexões com a Lei de Responsabilidade Fiscal

Sobre a questão de empréstimos, é necessário lembrar que o endividamento nacional foi tratado na Lei de Responsabilidade Fiscal, em vários dispositivos, a exemplo dos arts. 49, 28 e 25, § 1º, inc. IV, alínea "a".

> **Jurisprudência que ainda pode servir à interpretação**
>
> *Licitação com recursos de organismo internacional – critérios – ausência de lesividade – descabimento de ação popular*
>
> Nesse sentido, oportuno trazer o seguinte precedente judicial:
>
> TRF/1ªR. decidiu: "1. Não comprovada lesão à moralidade jurídica porque o edital se ajusta ao regramento da Lei das Licitações (8.666/93) e ao contrato de financiamento com organismo internacional (BIRD), cujas condições - aceitas pela Soberania brasileira, uma vez que a operação obteve o beneplácito do Senado Federal nos termos do art. 52, VIII, da Constituição Federal - comportam-se nos limites do §5º do art. 42 daquele Estatuto, não há falar em lesão ao princípios norteadores da Administração Pública tais quais insertos no art. 37, da Carta. 2. Testificada a ausência de lesividade ao patrimônio jurídico, não prospera a ação popular."
>
> Fonte: TRF/1ª Região. 3ª Turma Suplementar. REO nº 95.01.10436-2/TO. DJ, 14 out. 2002. p. 490.

Art. 1º, § 5º

> Art. 1º Esta Lei estabelece normas gerais de licitação e contratação para as Administrações Públicas diretas, autárquicas e fundacionais da União, dos Estados, do Distrito Federal e dos Municípios, e abrange: [...]
>
> § 5º As contratações relativas à gestão, direta e indireta, das reservas internacionais do País, inclusive as de serviços conexos ou acessórios a essa atividade, serão disciplinadas em ato normativo próprio do Banco Central do Brasil, assegurada a observância dos princípios estabelecidos no *caput* do art. 37 da Constituição Federal.

> Dispositivo correspondente na Lei nº 8.666/1993: não há.

1.27 Competência e complexidade

A competência para gerir as reservas internacionais, bem com as contratações relacionadas a essa gestão pelo Banco Central do Brasil – BCB está disciplinada na Lei nº 4.595, de 31 de dezembro de 1964. Ao permitir que o BCB edite normativo próprio acerca das contratações relacionadas a gestão das reservas internacionais, possibilita uma maior flexibilidade e aderência às normas internacionais que envolvem o mercado financeiro internacional.

1.28 A Lei de Responsabilidade Fiscal

Os atos e contratos do BCB não seguem o disciplinamento da LLCA. Opção da lei e do governo brasileiro que se encontram em várias normas. Na atualidade, vários dispositivos da Lei de Responsabilidade Fiscal também dão tratamento diferenciado às relações do Banco Central. [27]

---

[27] Por exemplo, na Lei Complementar 101, LRF: "Art. 26. A destinação de recursos para, direta ou indiretamente, cobrir necessidades de pessoas físicas ou déficits de pessoas jurídicas deverá ser autorizada por lei específica, atender às condições estabelecidas na lei de diretrizes orçamentárias e estar prevista no orçamento ou em seus créditos adicionais. § 1º O disposto no caput aplica-se a toda a administração indireta, inclusive fundações públicas e empresas estatais, exceto, no exercício de suas atribuições precípuas, as instituições financeiras e o Banco Central do Brasil."

2. Art. 2º, caput, inc. I

> Art. 2º Esta Lei aplica-se a:
> I - alienação e concessão de direito real de uso de bens;

Dispositivos correspondentes na Lei nº 8.666/1993:

Art. 2º. As obras, serviços, inclusive de publicidade, compras, alienações, concessões, permissões e locações da Administração Pública, quando contratadas com terceiros, serão necessariamente precedidas de licitação, ressalvadas as hipóteses previstas nesta Lei. (grifos não constam do original)

Dispositivos correlatos na Lei nº 10.257/2001(Estatuto das Cidades):

Art. 22. Em caso de alienação do terreno, ou do direito de superfície, o superficiário e o proprietário, respectivamente, terão direito de preferência, em igualdade de condições à oferta de terceiros.

Dispositivos pertinentes na Lei nº 14.133/2021, além do art. 2:

Art. 76. A alienação de bens da Administração Pública, subordinada à existência de interesse público devidamente justificado, será precedida de avaliação e obedecerá às seguintes normas:

I - tratando-se de bens imóveis, inclusive os pertencentes às autarquias e às fundações, exigirá autorização legislativa e dependerá de licitação na modalidade leilão, dispensada a realização de licitação nos casos de:

a) dação em pagamento;

b) doação, permitida exclusivamente para outro órgão ou entidade da Administração Pública, de qualquer esfera de governo, ressalvado o disposto nas alíneas "f", "g" e "h" deste inciso;

c) permuta por outros imóveis que atendam aos requisitos relacionados às finalidades precípuas da Administração, desde que a diferença apurada não ultrapasse a metade do valor do imóvel que será ofertado pela União, segundo avaliação prévia, e ocorra a torna de valores, sempre que for o caso;

d) investidura;

e) venda a outro órgão ou entidade da Administração Pública de qualquer esfera de governo;

f) alienação gratuita ou onerosa, aforamento, concessão de direito real de uso, locação e permissão de uso de bens imóveis residenciais construídos, destinados ou efetivamente usados em programas de habitação ou de regularização fundiária de interesse social desenvolvidos por órgão ou entidade da Administração Pública;

g) alienação gratuita ou onerosa, aforamento, concessão de direito real de uso, locação e permissão de uso de bens imóveis comerciais de âmbito local, com área de até 250 m² (duzentos e cinquenta metros quadrados) e destinados a programas de regularização fundiária de interesse social desenvolvidos por órgão ou entidade da Administração Pública;

h) alienação e concessão de direito real de uso, gratuita ou onerosa, de terras públicas rurais da União e do Instituto Nacional de Colonização e Reforma Agrária (Incra) onde incidam ocupações até o limite de que trata o § 1º do art. 6º da Lei nº 11.952, de 25 de junho de 2009, para fins de regularização fundiária, atendidos os requisitos legais;

i) legitimação de posse de que trata o art. 29 da Lei nº 6.383, de 7 de dezembro de 1976, mediante iniciativa e deliberação dos órgãos da Administração Pública competentes;

j) legitimação fundiária e legitimação de posse de que trata a Lei nº 13.465, de 11 de julho de 2017;

II - tratando-se de bens móveis, dependerá de licitação na modalidade leilão, dispensada a realização de licitação nos casos de:

a) doação, permitida exclusivamente para fins e uso de interesse social, após avaliação de oportunidade e conveniência socioeconômica em relação à escolha de outra forma de alienação;

b) permuta, permitida exclusivamente entre órgãos ou entidades da Administração Pública;

c) venda de ações, que poderão ser negociadas em bolsa, observada a legislação específica;

d) venda de títulos, observada a legislação pertinente;

e) venda de bens produzidos ou comercializados por entidades da Administração Pública, em virtude de suas finalidades;

f) venda de materiais e equipamentos sem utilização previsível por quem deles dispõe para outros órgãos ou entidades da Administração Pública.

§ 1º A alienação de bens imóveis da Administração Pública cuja aquisição tenha sido derivada de procedimentos judiciais ou de dação em pagamento dispensará autorização legislativa e exigirá apenas avaliação prévia e licitação na modalidade leilão.

§ 2º Os imóveis doados com base na alínea "b" do inciso I do caput deste artigo, cessadas as razões que justificaram sua doação, serão revertidos ao patrimônio da pessoa jurídica doadora, vedada sua alienação pelo beneficiário.

§ 3º A Administração poderá conceder título de propriedade ou de direito real de uso de imóvel, admitida a dispensa de licitação, quando o uso destina-se a:

I - outro órgão ou entidade da Administração Pública, qualquer que seja a localização do imóvel;

II - pessoa natural que, nos termos de lei, regulamento ou ato normativo do órgão competente, haja implementado os requisitos mínimos de cultura, de ocupação mansa e pacífica e de exploração direta sobre área rural, observado o limite de que trata o § 1º do art. 6º da Lei nº 11.952, de 25 de junho de 2009.

§ 4º A aplicação do disposto no inciso II do § 3º deste artigo será dispensada de autorização legislativa e submeter-se-á aos seguintes condicionamentos:

I - aplicação exclusiva às áreas em que a detenção por particular seja comprovadamente anterior a 1º de dezembro de 2004;

II - submissão aos demais requisitos e impedimentos do regime legal e administrativo de destinação e de regularização fundiária de terras públicas;

III - vedação de concessão para exploração não contemplada na lei agrária, nas leis de destinação de terras públicas ou nas normas legais ou administrativas de zoneamento ecológico-econômico;

IV - previsão de extinção automática da concessão, dispensada notificação, em caso de declaração de utilidade pública, de necessidade pública ou de interesse social;

V - aplicação exclusiva a imóvel situado em zona rural e não sujeito a vedação, impedimento ou inconveniente à exploração mediante atividade agropecuária;

VI - limitação a áreas de que trata o § 1º do art. 6º da Lei nº 11.952, de 25 de junho de 2009, vedada a dispensa de licitação para áreas superiores;

VII - acúmulo com o quantitativo de área decorrente do caso previsto na alínea "i" do inciso I do caput deste artigo até o limite previsto no inciso VI deste parágrafo.

§ 5º Entende-se por investidura, para os fins desta Lei, a:

I - alienação, ao proprietário de imóvel lindeiro, de área remanescente ou resultante de obra pública que se tornar inaproveitável isoladamente, por preço que não seja inferior ao da avaliação nem superior a 50% (cinquenta por cento) do valor máximo permitido para dispensa de licitação de bens e serviços previsto nesta Lei;\II - alienação, ao legítimo possuidor direto ou, na falta dele, ao poder público, de imóvel para fins residenciais construído em núcleo urbano anexo a usina hidrelétrica, desde que considerado dispensável na fase de operação da usina e que não integre a categoria de bens reversíveis ao final da concessão.

§ 6º A doação com encargo será licitada e de seu instrumento constarão, obrigatoriamente, os encargos, o prazo de seu cumprimento e a cláusula de reversão, sob pena de nulidade do ato, dispensada a licitação em caso de interesse público devidamente justificado.

§ 7º Na hipótese do § 6º deste artigo, caso o donatário necessite oferecer o imóvel em garantia de financiamento, a cláusula de reversão e as demais obrigações serão garantidas por hipoteca em segundo grau em favor do doador.

2.1 Alienação

Alienar é transferir para outrem o domínio ou a propriedade. A Lei ao tratar de alienação cuidou tanto da transferência do domínio, juridicamente a posse, como da transferência de propriedade.

A alienação de bens públicos e a concessão de direito real de uso de bens são tratadas especificamente no art. 76 da LLCA, onde são definidas regras para esse ato administrativo. Aqui a lei antecipa e informa: esta lei aplica-se às alienações.

Há nesse ponto amplo equívoco da doutrina e da jurisprudência, quanto à competência da União em definir normas gerais sobre alienação e subjugar os demais entes federados.

A Constituição define a competência da União para legislar sobre licitações, no art. 22, inc. XXVII, e no art. 37, define que as alienações deverão ser precedidas de licitação. Daí construiu-se a tese de que a licitação é obrigatória para alienações e que esta, deve ser regulada, apenas na lei editada pela União que define normas gerais.[28]

Ofende o pacto federativo, um ente federativo legislar sobre o que outro ente da federação deve fazer com os bens que constitucionalmente lhe pertencem. Assim, a regra estadual, distrital ou municipal que permite a dispensa e a inexigibilidade de licitação tem amparo constitucional. Poderá ser declarada inconstitucional se violar outros princípios como, por exemplo, uma lei de efeitos concretos, violando o princípio da impessoalidade, doando terra para determinada pessoa.

Poderia se argumentar que é a própria Constituição que impõe o dever de licitar, no art. 37, inc. XXI, e que, conforme o *caput* desse dispositivo, os incisos abrangem todas as esferas de governo. Essa premissa não resiste ao fato de que o inciso inicia declarando que "lei" pode abrir exceção e, no caso de bens da propriedade de Estados, Municípios e Distrito Federal, cabe ao proprietário legislar sobre o uso, e sobre o procedimento para sua alienação, seja por licitação ou por contratação direta.

---

[28] Assim dispõe a Constituição Federal de 1988: Art. 22. Compete privativamente à União legislar sobre: [...] XXVII - normas gerais de licitação e contratação [...] União, Estados, Distrito Federal e Municípios [...] [...] Art. 37. A administração pública direta e indireta de qualquer dos Poderes da União, dos Estados, do Distrito Federal e dos Municípios obedecerá aos princípios de legalidade, impessoalidade, moralidade, publicidade e eficiência e, também, o seguinte: [...] XXI - ressalvados os casos especificados na legislação, as obras, serviços, compras e alienações serão contratados mediante processo de licitação pública [...]

Em decorrência dessa interpretação equivocada, municípios deixaram de aplicar os institutos do Estatuto das Cidades; de serem donos dos espaços urbanos e gerenciar soluções; ao contrário, se veem paralisados por ações promovidas pelo Ministério Público que pretende que a todas as alienações apliquem a lei geral de licitação editada pela União, o princípio da isonomia de forma absoluta, sem direito de preferência quando, até o Estatuto das Cidades já o prevê, como transcrito acima.

Institutos jurídicos que facilmente resolveriam grandes problemas deixam de ser aplicados. Seria o caso, por exemplo, de aplicar o direito de preferência para permitir a regularização fundiária urbana, concessões para antigos proprietários de bancas de jornais e revistas. O uso de áreas em espaços públicos por comunidades organizadas deixou de ocorrer e, com isso, acabam por contribuir para a instabilidade social.

Inclusive, deixa-se de definir, com segurança jurídica, espaços que poderiam ser utilizados pelo município para agregar incentivo ao desenvolvimento – instalação e fábricas, indústrias, terminais intermodais privados, geradores de empregos e receitas. Esses espaços poderiam ser objeto de legislação específica, estadual, municipal ou distrital, facilitando as autoridades locais, gerenciar os espaços urbanos e regularizando ocupações. Nessa nova Lei, essas amplas possibilidades ficaram mais facilitadas.

No encerramento deste subitem, esclarecemos que o entendimento do STF, em relação à lei anterior, é coincidente com o aqui defendido, pois a nova Lei de Licitações repetiu a invasão de competência ao legislar sobre o patrimônio das demais esferas de governo – Estados, Distrito Federal e Municípios.[29] Esse entendimento do STF, será mais bem esclarecido nos comentários ao art. 76, mas antecipando está consolidado na ADIN-927-3-RS, publicado no DJU de 11.10.1993.

2.2 Concessão de Direito Real de Uso

O instituto da concessão de direito real de uso também está submetido à regulamentação desta lei.

As considerações expendidas sobre o direito de as demais esferas editarem normas próprias sobre alienação servem integralmente na aplicação do instituto da concessão de direito real de uso.

Para adequada compreensão é, portanto, necessário esclarecer o que se segue.

---

[29] Ao tempo do fechamento desta edição, os autores, por intermédio do Professor Jacoby Fernandes, tinham merecido a atenção da Comissão do Federalismo da OAB Nacional, presidida pelo eminente Ophir Cavalcanti, e obtiveram a decisão da OAB Nacional de ingressar com Ação Direta de Inconstitucionalidade contra o art. 76.

A concessão de direito real de uso é o contrato pelo qual a Administração transfere o uso remunerado ou gratuito de terreno público à particular, como direito real resolúvel, para que dele se utilize em fins específicos de urbanização, industrialização, edificação, cultivo[30] ou qualquer outra exploração de interesse social. Esse conceito tem origem no Decreto-Lei nº 271, de 28 de fevereiro de 1967, que criou o instituto no mundo jurídico. A expressão direito real tem relação com a palavra em latim *res*, que indica coisa. Portanto, é um direito que se consolida no objeto e não nas pessoas que estão envolvidas na relação jurídica.

Importa notar que o direito real de uso é transferível por ato *inter vivos* ou *mortis causa*, e, no caso de pessoa jurídica, por contrato. Também é resolúvel, isto é, terminativo, pelo desvio de finalidade, podendo ter termo ou prazo prefixado. No âmbito do Direito Administrativo os contratos, em regra, não admitem a transferência, o que acaba por retirar um dos benefícios do instituto na prática. Se a aplicação desse instituto é importante para preservar a finalidade que a Administração Pública determinar, o dever do concedente deveria se limitar a verificar o cumprimento da finalidade e às condições de habilitação na transferência. Ficaria assim garantida a impessoalidade na gestão do imóvel.

2.2.1 Evolução legislativa

Sobre o assunto, o art. 15 do Decreto-Lei nº 2.300/1986 estabelecia que a Administração deveria preferir a concessão de direito real de uso à venda ou doação e, no art. 88, determinou que os imóveis da União continuassem a reger-se pelo Decreto-Lei nº 9.760, de 5 de setembro de 1946. Esse diploma legal, conforme o seu art. 64, prevê o instituto da enfiteuse ou aforamento, que será utilizado quando coexistirem a conveniência de radicar-se o indivíduo ao solo e o de manter-se o vínculo de propriedade alheia.

A enfiteuse é perpétua e é um instituto típico do Direito Civil, impróprio ao Direito Administrativo e amplamente condenado pela doutrina.

Já a Lei nº 8.666/1993 determinou que os contratos relativos a imóveis do patrimônio da União continuam a reger-se pelo Decreto-Lei precitado, com suas alterações, repetindo o Decreto-Lei nº 2.300/1986, sem, contudo, dispor sobre a preferência do instituto do direito real de uso sobre a venda ou doação.

---

[30] O arrendamento de imóvel rural da União não se vincula ao prazo mínimo de 3 anos previsto no Estatuto da Terra, podendo a Administração, agindo com potestade pública, rescindi-lo a qualquer tempo. BRASIL. Tribunal Regional Federal da 4ª Região. Processo Ac. nº 9448089-4 - 4ª Turma. Relator: Juiz Dirceu de A. Soares. Diário da Justiça [da] República Federativa do Brasil de 31 mar. 1999, p. 298.

O Estatuto da Cidade (Lei nº 10.257/2001), que também tratou do instituto, nos seus arts. 4º e 48, prevendo a sua adoção como instrumento jurídico para implementar a política urbana, especialmente na vertente de moradia popular.

2.2.2 Tratamento jurídico na nova Lei

A nova Lei de Licitações estabelece no art. 76 que a concessão de direito real de uso de bens imóveis deve ser precedida de licitação na modalidade leilão, permitindo, entretanto, hipóteses de dispensa do procedimento licitatório, notadamente para programas de regularização fundiária nos limites ali fixados. Não mais exige que seja preferida pelo gestor público.

Acerca da necessidade de autorização legislativa, também a dispensou para casos específicos, conforme art. 76, §4º.

Desde logo, observa-se razoável uniformidade na doutrina quanto ao fato de que o contratado, no caso, é o particular, não havendo registro do uso do instituto entre órgão ou entidades da Administração Pública. Isso porque, em que pese o art. 73, §3º, tratar da concessão de uso para outros órgãos, entendemos que, na verdade, trata de cessão de uso – instituto que abordaremos no tópico seguinte.

Utilizando a concessão de direito real de uso, fica o concedente com a garantia da finalidade do uso, segundo for definido no contrato, já que o seu direito segue a coisa, - objeto concedido - independentemente de quem figura como proprietário.[31]

A inclusão desse instituto no mesmo dispositivo que trata das alienações conduz à conclusão de que, para efeitos desta Lei, a concessão de direito real de uso sobre bens imóveis é formalizada tal como a alienação de bem público.

A principal diferença entre a concessão de direito real de uso e a concessão de uso é que a primeira, como visto, abrange finalidades específicas que atendem ao interesse social. A busca pela adequação da legislação ao cumprimento da função social da propriedade, princípio de ordem econômica com status constitucional, é uma ação que propicia meios legítimos de tentativa no combate à redução das desigualdades sociais, pela promoção da cidadania e dignidade da pessoa humana, fundamento da República Federativa do Brasil. Abordaremos essa questão mais adiante.

2.3 Cessão de Uso

A Cessão de Uso, instituto típico do direito público, previsto na esfera federal, pelo Decreto-lei nº 9.760/46, arts. 64, §3º, 125 e 126, complementado pelo

---

[31] Sobre transferência da concessão de direito real de uso ver subitem anterior 2.2.

Decreto-lei nº 178/67, é ato de outorga de bens dominicais que, segundo referidos diplomas legais, se faz mediante termo ou contrato. No termo ou contrato devem ser especificadas as condições em que o uso, sempre gratuito e por prazo certo, será exercido pelos Estados, Municípios, entidades educacionais, culturais ou com finalidades sociais, bem como por particulares, neste caso somente quando o imóvel se destinar a aproveitamento econômico de interesse nacional.

Como categoria específica e própria para a transferência, gratuita e por tempo certo ou indeterminado, de posse de um bem público de uma entidade ou órgão para outro, que dele necessite e que se proponha a utilizá-lo nos termos convencionados.

Pela sua natureza, inexige certame licitatório e, portanto, não se aplica esta Lei, em virtude da impossibilidade de competição entre entes públicos, dispensando também a anuência legislativa quando ocorre entre órgãos e entidades da mesma esfera governamental. É formalizada mediante simples termo e anotação cadastral, por constituir-se mero ato e não contrato.

Trata-se, tão-somente, de transferência de posse do imóvel, permanecendo sempre a Administração proprietária, com o domínio do bem para retomá-lo a qualquer momento ou recebê-lo ao término do prazo de cessão e por isso dispensa registros externos, mas não a publicação na imprensa oficial, quando se tratar de bem cedido a entes de outra esfera governamental.

Art. 2º, inc. II

> Art. 2º Esta Lei se aplica a: [...]
> II - compra, inclusive por encomenda;

Dispositivos correspondentes na Lei nº 8.666/1993:
Art. 2º. As obras, serviços, inclusive de publicidade, compras, alienações, concessões, permissões e locações da Administração Pública, quando contratadas com terceiros, serão necessariamente precedidas de licitação, ressalvadas as hipóteses previstas nesta Lei. (grifos não constam do original)

Dispositivos pertinentes na Lei nº 14.133/2021, **além do art. 2º:**
Art. 96. A critério da autoridade competente, em cada caso, poderá ser exigida, mediante previsão no edital, prestação de garantia nas contratações de obras, serviços e fornecimentos.
§ 1º Caberá ao contratado optar por uma das seguintes modalidades de garantia:
I - caução em dinheiro ou em títulos da dívida pública emitidos sob a forma escritural, mediante registro em sistema centralizado de liquidação e de custódia autorizado pelo Banco Central do Brasil, e avaliados por seus valores econômicos, conforme definido pelo Ministério da Economia;
II - seguro-garantia;
III - fiança bancária emitida por banco ou instituição financeira devidamente autorizada a operar no País pelo Banco Central do Brasil.

> **Art. 145.** Não será permitido pagamento antecipado, parcial ou total, relativo a parcelas contratuais vinculadas ao fornecimento de bens, à execução de obras ou à prestação de serviços. [...]
>
> § 2º A Administração poderá exigir a prestação de garantia adicional como condição para o pagamento antecipado.

2.4 Compras sob encomenda e pagamento antecipado

A inserção de compras decorre do próprio comando inserido no art. 37, inc. XXI, da Constituição Federal.

O detalhe acrescido foi ordenar que também para a compra, sob encomenda, se aplica esta lei. O detalhe que fez merecer destaque é que na compra sob encomenda frequentemente ocorre pagamento antecipado, em relação às compras ordinárias, feitas de forma integral. Na compra por encomenda é habitual o pagamento antes da entrega, inclusive, em alguns casos, o pagamento integral. Casos frequentes são a compra de elevadores e escadas rolantes.

Devem ser licitados, mas em condições diferenciadas de pagamento. Para preservar a isonomia, é indispensável que o pagamento antecipado seja previsto no edital; para proteção do erário, sempre que possível, deve o contratado oferecer garantia adicional nos termos do § 2º do art. 145.

A propósito dessa garantia, agora há possibilidade de inovar e aceitar outras formas de garantia, além das previstas no art. 96. Essa possibilidade decorre do fato de que esse dispositivo trata genericamente da garantia contratual. Ora, a garantia "adicional" por pagamento antecipada é garantia financeira e pode ser efetivada como as regras gerais desse ramo. Assim, por exemplo, um pequeno empreendedor pode oferecer como garantia a hipoteca da sede de sua empresa; outro pode garantir com créditos recebíveis.

A nova lei manteve a redação da regra geral: vedar o pagamento antecipado, permitindo a antecipação de pagamento, somente em casos específicos, que abordaremos nos comentários ao art. 145.

Renato Fenili e Andrea Ache destacam que a expressão "por encomenda" não é reproduzida em nenhum outro trecho da Lei nº 14.133/21.

> **Jurisprudência que ainda pode servir à interpretação**
>
> *Contrato Administrativo – pagamento antecipado - requisitos*
>
> A antecipação de pagamento somente deve ser admitida em situações excepcionais em que ficar devidamente demonstrado o interesse público e houver previsão editalícia, sendo necessário exigir do contratado as devidas garantias que assegurem o pleno cumprimento do objeto, a fim de evitar expor a Administração a riscos decorrentes de eventual inexecução contratual.
>
> Acórdão 554/2017 - Plenário| Relator: VITAL DO RÊGO.

Lei nº 14.133/2021 Art. 2º

Art. 2º, inc. III

> Art. 2º Esta Lei se aplica a: [...]
>
> III - locação;

Dispositivos correspondentes na Lei nº 8.666/1993:

Art. 2º. As obras, serviços, inclusive de publicidade, compras, alienações, concessões, permissões e locações da Administração Pública, quando contratadas com terceiros, serão necessariamente precedidas de licitação, ressalvadas as hipóteses previstas nesta Lei. (grifos não constam do original)

Dispositivo transcrito em razão de remissão, na Lei nº 10.406/2002 (Código Civil):

Art. 1.369. O proprietário pode conceder a outrem o direito de construir ou de plantar em seu terreno, por tempo determinado, mediante escritura pública devidamente registrada no Cartório de Registro de Imóveis

Parágrafo único. O direito de superfície não autoriza obra no subsolo, salvo se for inerente ao objeto da concessão.

Dispositivo transcrito em razão de remissão, na Lei nº 12.462/2011 (Institui o RDC):

Art. 47-A. A administração pública poderá firmar contratos de locação de bens móveis e imóveis, nos quais o locador realiza prévia aquisição, construção ou reforma substancial, com ou sem aparelhamento de bens, por si mesmo ou por terceiros, do bem especificado pela administração. (Incluído pela Lei nº 13.190, de 2015)   (Vide Lei nº 14.133, de 2021)   Vigência

§ 1º A contratação referida no caput sujeita-se à mesma disciplina de dispensa e inexigibilidade de licitação aplicável às locações comuns. (Incluído pela Lei nº 13.190, de 2015)

§ 2º A contratação referida no caput poderá prever a reversão dos bens à administração pública ao final da locação, desde que estabelecida no contrato.   (Incluído pela Lei nº 13.190, de 2015)

§ 3º O valor da locação a que se refere o caput não poderá exceder, ao mês, 1% (um por cento) do valor do bem locado. (Incluído pela Lei nº 13.190, de 2015)

2.5 Noções gerais

As considerações expendidas sobre o direito de as demais esferas editarem normas próprias sobre alienação e concessão de direito real de uso também servem integralmente aos institutos da locação, tratados neste inciso.

Note que a lei, ao inserir apenas a palavra locação deu margem a interpretação da situação, em que a Administração é locatária, como locadora, o que leva a um equívoco.

2.5.1 A Administração como locadora

O uso de bens públicos, por particular ou outros órgãos públicos, obedece a regramento diferenciado em relação aos bens de particulares.

Portanto, na condição de gestora de seus próprios bens a Administração pode aplicar os institutos privados de locação seguindo o que dispõe a Lei Geral de

Locação, mas também pode aplicar os institutos típicos do direito administrativo como a concessão de uso e permissão de uso.

2.5.2 A Administração como locatária - inquilina

Pode, contudo, a Administração estar na condição de inquilina de imóvel privado, situação em que atuará na condição equivalente a qualquer particular, sem privilégios. A LLCA não definiu prerrogativas em favor da Administração; nem poderia. Definiu, contudo, deveres para o Administrador Público ou o Ordenador de Despesas para acautelar-se na assunção de obrigações. É assim que, no art. 51, dispôs: "Ressalvado o disposto no inciso V do caput do art. 74 desta Lei, a locação de imóveis deverá ser precedida de licitação e avaliação prévia do bem, do seu estado de conservação, dos custos de adaptações e do prazo de amortização dos investimentos necessários." Para compreensão mais detalhada, leia os comentários a esse dispositivo, a seguir e também o livro Contratação Direta sem Licitação dos autores.[32]

2.5.3 A Administração na condição de locatária – inquilina – contratação direta

A nova Lei mantém coerência com a Lei nº 8.666/1993 e continua admitindo a possibilidade de contratação direta, sem licitação, para a locação de imóvel para uso da Administração, quando as condições de uso e localização condicionem a escolha.[33] Foi acolhida a sugestão de inserir essa hipótese de contratação direta, agora entre os casos de inexigibilidade e não mais de dispensa; também foi acolhida a proposta de exclusão da expressão que exigia que o imóvel a ser locado fosse "destinado ao atendimento das finalidades precípuas da administração". Esse limitador impedia a contratação sem licitação para finalidades administrativas acessórias, mas igualmente importantes, além de levar o gestor para limbo das expressões de indetermináveis ou subjetivas, ficando refém de intérpretes diversos.

Para saber mais, consulte o livro[34] Contratação Direta sem Licitação, na nova Lei de Licitações.

Jurisprudência que ainda pode servir à interpretação

---

[32] JACOBY FERNANDES, Ana Luiza; JACOBY FERNANDES, Jorge Ulisses; JACOBY FERNANDES, Murilo. Contratação Direta sem Licitação na Nova Lei de licitações: Lei nº 14.133/2021. 11. Ed. Belo Horizonte: Fórum, 2021.

[33] Lei nº 14.133/2021: Art. 74, inciso V– aquisição ou locação de imóvel cujas características de instalações e localização tornem necessária sua escolha.

[34] JACOBY FERNANDES, Ana Luiza; JACOBY FERNANDES, Jorge Ulisses; JACOBY FERNANDES, Murilo. Contratação Direta sem Licitação na Nova Lei de licitações: Lei nº 14.133/2021. 11. Ed. Belo Horizonte: Fórum, 2021.

> *Locação de imóveis – licitação – dispensa*
>
> Antes da locação de imóvel de terceiros, a Administração deve realizar os seguintes procedimentos: i) solicitar a manifestação da SPU quanto à existência, ou não, de imóvel disponível do patrimônio da União; ii) verificar as possibilidades de uso de imóvel estadual ou municipal, de compartilhar o uso com outro órgão da administração pública ou mesmo do uso do imóvel atual, mediante ampliação, desde que atenda às necessidades de localização e instalação para a prestação dos serviços públicos. Caso essas opções não sejam viáveis, a locação de imóvel privado deverá estar justificada em suas condicionantes da escolha do imóvel e a compatibilidade do preço com o valor de mercado, segundo avaliação prévia, nos termos do art. 24, inciso X, da Lei 8.666/1993.
> Acórdão 3935/2012 - Segunda Câmara | Relator: ANDRÉ DE CARVALHO
>
> Note que embora seja uma boa recomendação, revela uma nítida pretensão de legislar sobre o tema.

2.6 Locação – Prazo

Sobre prazo de locação, quando a Administração é locadora, segue-se a regra geral da Lei do Inquilinato. Sobre a situação de locatária, ao tempo da vigência da Lei nº 8.666/1993, a Advocacia Geral da União editou orientação dispondo que segue o prazo comum da lei de locação, não se limitando a sessenta meses. A Orientação continua válida porque, como fez aquela lei, esta repete a regra de que o limite de prazo não se aplica aos casos em que a Administração é inquilina/locatária.[35]

A nova Lei admite a possibilidade de flexibilizar ainda mais os prazos ao definir que as partes contratantes podem ajustar "prazo de amortização dos investimentos". Com essa nova diretriz, acolhida pela lei, o gestor passa a ter ferramentas para melhor escolher o imóvel necessário e negociar adaptações imprescindíveis, lembrando da regra básica: servidor tem direito a conforto e não a luxo, pois os recursos são públicos e recolhidos compulsoriamente do cidadão; o serviço público deve atender o cidadão.[36]

---

[35] Orientação Normativa AGU nº 6, de 01/04/09: A vigência do contrato de locação de imóveis, no qual a administração pública é locatária, rege-se pelo art. 51 da lei nº 8.245, de 1991, não estando sujeita ao limite máximo de sessenta meses, estipulado pelo inc. II do art. 57, da Lei nº 8.666, de 1993.

[36] Lei nº 14.133/2021: Art. 74. É inexigível a licitação quando inviável a competição, em especial nos casos de: V - aquisição ou locação de imóvel cujas características de instalações e de localização tornem necessária sua escolha. § 5º Nas contratações com fundamento no inciso V do caput deste artigo, devem ser observados os seguintes requisitos: I - avaliação prévia do bem, do seu estado de conservação, dos custos de adaptações, quando imprescindíveis às necessidades de utilização, e do prazo de amortização dos investimentos; II - certificação da inexistência de imóveis públicos vagos e disponíveis que atendam ao objeto; III - justificativas que demonstrem a singularidade do imóvel a ser comprado ou locado pela Administração e que evidenciem vantagem para ela.

2.7 Locação sob medida – *built to Suit*

A LLCA não trata da locação sob medida ou *built to suit*, mas parece possível a Administração servir-se desse modelo. A locação sob medida é uma espécie do contrato de locação que tem por objeto a obrigação do proprietário do imóvel, locador, construir ou contratar com terceiro particular a construção, reforma ou *retrofit*[37] de um edifício, para atender as funcionalidades que o inquilino, locatário, indicar, garantindo no contrato a certeza de um prazo determinado e longo, apto a suportar as amortizações do investimento e retorno atrativo do capital investido pelo locador.

Não há impedimento que o contrato preveja a manutenção integral e operação do edifício, com serviços de condomínio e facilidades pagas por demanda. Aliás, inserir no objeto a manutenção e operação é uma forma de melhor proteger o interesse público, pois obriga o edificante a utilizar insumos melhores para reduzir o custo da manutenção.

Nesse cenário, pode ser incluída a manutenção e a operação, pelo próprio construtor. A regra do parcelamento do objeto não é superior ao dever de buscar a melhor proposta para a Administração. Aplicar recursos públicos não é fazer caridade; é ser eficiente.

Para saber mais, consulte notas ao art. 51.

Jurisprudência que ainda pode servir à interpretação

A jurisprudência, compatível com a nova Lei, admite o uso pela Administração Pública do *built to suit*. Nesse sentido: o Acórdão 1.301/2013, do Plenário do Tribunal de Contas da União, em sede de consulta. Cabe, a propósito lembrar, que ao responder consulta a tese passa a ter efeitos vinculante para o Tribunal de Contas que, a partir de então, não pode decidir de modo diferente. Na prática tem força de importante precedente de jurisprudência, embora não vincule o gestor.

É evidente que o valor do aluguel não será compatível com o de mercado, pois deverá remunerar o construtor ou proprietário, pelo custo do investimento realizado. Não pode, no entanto, deixar de ser vantajoso para a Administração. Por isso, na justificativa do preço aceito, deve o ordenador de despesas se preocupar em comparar o preço da locação de imóvel pronto, acrescido do custo para sua adaptação. Sugere-se, como boa prática, que sempre que possível contrate um engenheiro-avaliador ou empresa especializada.

---

[37] *Retrofit* é um verbo do idioma inglês, cuja tradução literal seria "reformar, equipar, modernizar, remodelar, renovar". Foi incorporado na linguagem informal, no ramo de engenharia para designar o processo de modernização de algum equipamento já considerado ultrapassado ou fora de norma.

Nesse mesmo sentido é a posição do Tribunal de Contas do Mato Grosso[38] e do Tribunal de Contas do Mato Grosso do Sul[39], também respondendo consulta.

Interessante destacar entendimento uniforme da jurisprudência no sentido de que se o imóvel for da Administração Pública, o contrato de *built to suit* deve ser licitado, com o particular que construirá sobre a propriedade pública, concedendo-lhe o direito de superfície, nos termos dispostos no art. 1.369 do Código Civil.

2.8 Locação sob medida – Correspondência na Lei do RDC

A Lei nº 12.744/2012, norma de caráter nacional, acrescentou o art. 54-A à Lei do Inquilinato (Lei 8.245/91), permitindo esse tipo de contrato.

A propósito, cabe lembrar que a Lei Federal nº 12.462/2011, que instituiu o Regime Diferenciado de Contratação, teve o art. 47-A introduzido pela Lei Federal nº 13.190/2015, para permitir a hipótese específica de contratação sob demanda built to suit para a Administração Pública Federal.

Como a nova lei revoga a Lei Federal nº 12.462/2011 e não incorporou esse dispositivo alterado, perdeu-se uma oportunidade de aperfeiçoar o instituto. O *built to suit* pode ser utilizado, por não ser incompatível com a nova Lei e com amparo na jurisprudência erigida ao tempo da Lei nº 8.666/1993. Também outro fundamento valida a sua utilização: é que se trata de espécie do gênero locação e o gênero foi admitido pela LLCA, no dispositivo em comento.

Art. 2º, inc. IV

> Art. 2º Esta Lei se aplica a: [...]
> IV - concessão e permissão de uso de bens públicos;

Dispositivos correspondentes na Lei nº 8.666/1993:
Art. 2º. As obras, serviços, inclusive de publicidade, compras, alienações, **concessões, permissões** e locações da Administração Pública, quando contratadas com terceiros, serão necessariamente precedidas de licitação, ressalvadas as hipóteses previstas nesta Lei. (grifos não constam do original) [...]

Art. 124. Aplicam-se às licitações e aos contratos para permissão ou concessão de serviços públicos os dispositivos desta Lei que não conflitem com a legislação específica sobre o assunto.

Dispositivo transcrito em razão de remissão, na Constituição Federal de 1988:
Art. 175. Incumbe ao Poder Público, na forma da lei, diretamente ou sob regime de concessão ou permissão, sempre através de licitação, a prestação de serviços públicos.

---

[38] Processo nº 5.865-3/2016. Interessada :Secretaria de Estado de Fazenda de Mato Grosso. Assunto: Consulta. Relator: Conselheiro Substituto Luiz Henrique Lima. Sessão de Julgamento: 30-8-2016 – Tribunal Pleno. Resolução de consulta nº 23/2016 – TP.

[39] Tribunal de Contas do Estado de Mato Grosso do Sul (TCE/MS). Sessão do 15/04/2015. Voto do Conselheiro Iran Coelho. Processo nº TC 4638/2015.

Parágrafo único. A lei disporá sobre:

I - o regime das empresas concessionárias e permissionárias de serviços públicos, o caráter especial de seu contrato e de sua prorrogação, bem como as condições de caducidade, fiscalização e rescisão da concessão ou permissão;

II - os direitos dos usuários;

III - política tarifária;

IV - a obrigação de manter serviço adequado.

Dispositivos pertinentes na Lei nº 14.133/2021, além do art. 2º:

Art. 25. O edital deverá conter o objeto da licitação e as regras relativas à convocação, ao julgamento, à habilitação, aos recursos e às penalidades da licitação, à fiscalização e à gestão do contrato, à entrega do objeto e às condições de pagamento. [...]

Art. 90. A Administração convocará regularmente o licitante vencedor para assinar o termo de contrato ou para aceitar ou retirar o instrumento equivalente, dentro do prazo e nas condições estabelecidas no edital de licitação, sob pena de decair o direito à contratação, sem prejuízo das sanções previstas nesta Lei. [...]

Art. 109. A Administração poderá estabelecer a vigência por prazo indeterminado nos contratos em que seja usuária de serviço público oferecido em regime de monopólio, desde que comprovada, a cada exercício financeiro, a existência de créditos orçamentários vinculados à contratação. [...]

Art. 186. Aplicam-se as disposições desta Lei subsidiariamente à Lei nº 8.987, de 13 de fevereiro de 1995, à Lei nº 11.079, de 30 de dezembro de 2004, e à Lei nº 12.232, de 29 de abril de 2010.

2.9 Concessão e Permissão de uso

A concessão, permissão e autorização são institutos que servem ao Direito Administrativo, tanto para transferir ao particular a execução de serviços públicos como o direito de uso de bens públicos.

Com nova redação, a Lei de Licitações passou a ser aplicada aos casos de concessão e permissão de uso. Ao incluir a expressão "de uso", o dispositivo traz consigo importantes mudanças sobre o tema.

É que concessões e permissões são instrumentos que possuem grande divergência na doutrina e jurisprudência que, muitas vezes, acabam sendo usados indistintamente, outros até equivocadamente.

Concessões e permissões são muitas vezes tratadas apenas em relação ao gênero de outorga de serviços públicos, deixando de lado, as concessões e permissões de uso de bem público.

Sobre essa questão merece nossa transcrição os comentários, ainda atuais, do Professor Ivan Barbosa Rigolin:

> Se a permissão for de fato a prima pobre da concessão, então do mesmo modo a permissão de uso de bem público é a prima pobre da permissão de serviço público. Tão desvalida e destratada que muita vez nem sequer se sabe que existe... [...]. A confusão entre concessão de serviço e concessão de uso,

de tão freqüente, chega a ser de fazer corar as pedras. Fala-se de concessão e de permissão como se existisse apenas uma modalidade de cada instituto, e quando se formula a pergunta: - concessão de quê?; - permissão de quê?, o mundo desaba. E só então a autoridade interlocutora trava conhecimento da concessão de uso, e da permissão de uso.[40]

Certo, portanto, que a nova legislação faz remissão direta a "concessão e permissão de uso", passa-se à análise dos institutos da concessão e permissão.

Em nosso ordenamento jurídico existem, ao menos duas espécies de permissão: de serviços públicos e de bens públicos; as concessões comportam três espécies: concessão de direito real de uso, de delegação de serviços públicos (que pode ou não incluir obra) e a concessão de bem público.

Esta lei se aplica: à concessão de direito real de uso, conforme verificamos no item 2.2. deste capítulo e às concessões e permissões de uso.

Quanto às concessões e permissões de serviços públicos, esta Lei tem aplicação subsidiária na forma do art. 186, isso porque o diploma específico que disciplina esses instrumentos é a Lei nº 8.987/1995.

Para uma melhor compreensão sobre o tema, vamos abordar a concessão e permissão de serviços públicos e, em seguida, as concessões e permissões de bens públicos.

2.10 Concessão e Permissão de serviços públicos

A Constituição Federal, em seu art. 175 determina que os serviços públicos poderão ser prestados pelo regime de concessão e permissão, sempre através de licitação.

Ao tratar os dois instrumentos na mesma acepção, a Constituição Federal emprestou à permissão a contratualidade, antes própria, apenas, da concessão, equiparando-os quanto à natureza jurídica. Isso porque tanto a CRFB, quanto a Lei nº 8.987/1995 que disciplinam o tema, dispõem sobre a natureza contratual dos dois instrumentos: o dispositivo constitucional determina que a Lei disporá sobre o caráter especial de seu contrato (inc. I do art. 175).

Ao omitir do conceito de permissão de serviços públicos a expressão "prazo determinado" poderia levar a crer que as permissões de serviços públicos não necessitam de prazo fixo ou que possam ter caráter perpétuo. Esse argumento, ao nosso ver, não merece prosperar.

---

[40] Concessão, Permissão, Autorização, Cessão e Doação. Quais São as Diferenças? Fórum de Contratação e Gestão Pública - FCGP Belo Horizonte, n. 35, ano 3, Novembro 2004. Disponível em: <http://www.bidforum.com.br/PDI0006.aspx?pdiCntd=9478>. Acesso em: 15 mar. 2021.

Isso porque, além dos comandos constitucionais e da legislação específica, a aplicação subsidiária da lei de licitações demonstra que a única hipótese de vigência por prazo indeterminado, disposta na Lei, refere-se aos contratos em que a Administração seja usuária de serviço público oferecido em regime de monopólio, conforme o art. 109.

Soma-se a isso que, em se tratando de *res publica*, não é permitido que a Administração o disponha em caráter permanente – estabelecendo um vínculo "perpétuo" com particular específico, ressalvados os casos expressamente previstos para tal, em procedimento próprio.

A Lei nº 8.987/1995, ainda dispôs que no ato que justifica a conveniência da outorga de concessão ou permissão deve estar caracterizado o prazo, objeto e área (art. 5º) e que para as permissões aplica-se o disposto na Lei, quanto às concessões (p.ú. do art. 40 e art. 42).

Percebe-se claramente que ambos devem ter prazo e contrato. Equiparam-se quanto à natureza porque para a doutrina e à jurisprudência era precisamente a desnecessidade de contrato e o caráter precário, isto é, sem prazo, da permissão que a diferenciava da concessão.

O Supremo Tribunal Federal, ao julgar a Ação Direta de Inconstitucionalidade n.º 1.491/1998, afastou qualquer distinção conceitual entre permissão e concessão, ao conferir àquela o caráter contratual próprio desta.

Ademais, para ambos os instrumentos é necessário autorização legislativa[41].

A Lei nº 8.987/1995, no entanto, em seu art. 40, dispôs que as permissões serão formalizadas mediante contrato denominado de "contratado por adesão. Ocorre que, conforme ensinamentos da professora Maria Sylvia Zanella Di Pietro a referência é inócua e absurda, porque todos os contratos administrativos o são[42],

---

[41] Lei nº 9.074/1995: Art. 2º. É vedado à União, aos Estados, ao Distrito Federal e aos Municípios executarem obras e serviços públicos por meio de concessão e permissão de serviço público, sem lei que lhes autorize e fixe os termos, dispensada a lei autorizativa nos casos de saneamento básico e limpeza urbana e nos já referidos na Constituição Federal, nas Constituições Estaduais e nas Leis Orgânicas do Distrito Federal e Municípios, observado, em qualquer caso, os termos da Lei no 8.987, de 1995. § 1º A contratação dos serviços e obras públicas resultantes dos processos iniciados com base na Lei no 8.987, de 1995, entre a data de sua publicação e a da presente Lei, fica dispensada de lei autorizativa. § 2º Independe de concessão, permissão ou autorização o transporte de cargas pelos meios rodoviário e aquaviário. (Redação dada pela Lei no 9.432, de 1997) § 3º Independe de concessão ou permissão o transporte: I - aquaviário, de passageiros, que não seja realizado entre portos organizados; II - rodoviário e aquaviário de pessoas, realizado por operadoras de turismo no exercício dessa atividade; III - de pessoas, em caráter privativo de organizações públicas ou privadas, ainda que em forma regular. § 4º A outorga para exploração indireta de ferrovias em regime de direito privado será exercida mediante autorização, na forma da legislação específica. (Incluído pela Lei nº 14.273, de 2021) Vigência
[42] DI PIETRO, Maria Sylvia Zanella. Parcerias na Administração Pública. 5. ed. São Paulo: Atlas, 2005. p.149. Nesse sentido é a posição de Helly Lopes Meirelles, Clóvis Beviláqua, Washington de Barros Monteiro, Sílvio Rodrigues e Cunha Gonçalves. Entende em sentido contrário: Cármen Lúcia Antunes Rocha

basta verificar que a minuta de contrato é elemento obrigatório do edital - elaborado pela Administração - vide art. 25, onde convoca-se o licitante vencedor para assiná-lo - vide art. 90.

Ao conceituar os institutos a legislação específica dispôs que a concessão deve ocorrer na modalidade de concorrência ou diálogo competitivo[43] e com prazo determinado à pessoa jurídica ou consórcio; já a permissão, delegada a título precário à pessoa física ou jurídica[44].

Passaremos a análise da precariedade.

2.11 Permissão e precariedade

Ao estabelecer a necessidade de contrato, fixando-lhe prazo - o que entendemos necessário pelos motivos expostos acima, o conceito de permissão como ato precário é colocado em risco uma vez que o permissionário pode se tornar titular de direito subjetivo oponível à Administração, consistente no direito à prestação do serviço permitido pelo prazo convencionado, sob pena de responder a Administração Pública por perdas e danos, conforme nos explica a professora Maria Sylvia Zanella Di Pietro[45].

Destaca-se que na já citada Ação Direta de Inconstitucionalidade n.º 1.491/1998, o Ministro Relator, Carlos Velloso ao tratar da precariedade disposta no conceito de permissão do art. 2º, IV, dispôs que esta há de ser entendida, no contexto, como imprecisão técnica ou em termos que não desfigure a natureza contratual do instituto afirmada na Constituição e reafirmada na própria lei.

O próprio conceito de precariedade, conforme nos ensinou J. Cretella Júnior[46] há mais de quarenta anos, compreendido como a possibilidade de a Administração revogar a qualquer tempo a permissão comporta sopesamentos. O autor afirma que existem graus de precariedade, havendo uma precariedade muito precária, uma precariedade mais ou menos precária e uma precariedade bem pouco precária.

É que qualquer tipo de outorga de utilização privativa do bem público é revogável, a qualquer tempo, em virtude mesmo do traço de precariedade, inerente a todos os institutos autorizativos, permissivos ou concessivos.

---

[43] Vide art. 179.
[44] Art. 2º da Lei nº 8.987/1995.
[45] DI PIETRO, Maria Sylvia Zanella. Parcerias na Administração Pública. 5. ed. São Paulo: Atlas, 2005. p.147.
[46] REGIME JURIDICO DAS PERMISSÕES DE USO NO BRASIL J. CRETELA JÚNIOR * http://bibliotecadigital.fgv.br/ojs/index.php/rda/article/view/34429/33234

Na tentativa de não desvirtuar a precariedade da permissão, a doutrina denominou de "permissão qualificada" a permissão oriunda de contrato. Para essas, haveria o direito a indenização. A jurisprudência, em igual tentativa, tem exposto que se trata de uma precariedade mais tênue e também, tem concedido o direito à indenização[47].

Já no tocante à indenização não disposta em contrato, em deferência ao princípio da vedação ao enriquecimento ilícito, quando se demonstra que foram realizados benfeitorias e investimentos que não são passíveis de retirada pelo particular. Assim, esse investimento era necessário e havendo revogação antes do prazo pactuado, cabe à Administração motivar o ato para não mascarar possível desvio de finalidade em prejuízo do permissionário. Sendo recomendável, inclusive, processo administrativo com oportunidade de recurso pelo permissionário à luz dos princípios da ampla defesa e do contraditório.

A jurisprudência admite que, caso o contrato ou termo de permissão preveja condicionantes para sua revogação, estas devem ser respeitas[48].

Fato é que, ao nosso ver, todo esforço doutrinário para criar diferenças entre os institutos advém da falta de clareza da lei, inclusive o primário, ao dispor sobre este tema.

Somando, na prática, esforços para diferenciar os institutos, temos recomendado o uso da concessão para prazos longos – trinta anos, por exemplo ou com grandes investimentos, e a permissão para prazos curtos, cinco anos, por exemplo. Em decorrência dessa sutil diferença, associa-se à concessão para os casos em que há necessidade de investimentos de elevado valor, porque o retorno do investimento se amortiza em longo prazo, e a permissão para necessidades de investimento menor.

2.12 Concessão e Permissão de uso de bem público

Transferindo essa diferença de serviço público para o uso de bens públicos, a concessão e a permissão são espécies de contrato entre o poder público e o particular ou outro órgão público em que o poder concedente ou permitente transfere o direito de uso do bem, reservando-se à concessão para os casos de maior investimento e período mais longo.

---

[47] STJ - AREsp: 1570690 SP 2019/0251448-9. Relatora: Ministra ASSUSETE MAGALHÃES, Data de Publicação: DJ 07/10/2019.
[48] STJ. AgRg no REsp 1.317.052/CE. Rel. Ministro HERMAN BENJAMIN, SEGUNDA TURMA, DJe de 09/05/2013.

Ambos os institutos, assim como a concessão de direito real de uso[49], estão submetidos às disposições desta nova lei e, portanto, se exige licitação e prazo determinado.

Importante mencionar que por muito tempo existiu divergência sobre este posicionamento[50] que entendemos superada pela inclusão textual da expressão "de uso".

Nosso posicionamento também está sustentado no art. 37, inc. XXI da CF, na medida em que a licitação é o instrumento que assegura a realização dos princípios da moralidade administrativa e do tratamento isonômico, exceto logicamente se houver inviabilidade de competição, conforme prevê o art. 74.

A principal razão para isso parece ser o fato de que, em matéria de uso de bens públicos, não há uma competência legislativa reservada à União.

Isso porque o emprego, a afetação e a disposição dos bens públicos são tidos como parte da autonomia do ente federado, havendo decisões do Supremo Tribunal Federal afastando até mesmo a aplicação, a outros entes da federação, de normas gerais de licitação quando atinentes à gestão de bens públicos, conforme decidido na ADI MC nº 927/1993[51].

2.13 Concessão de uso de bem público

Como foi exposto no subitem 2.2. deste capítulo, a concessão de direito de uso trata-se de verdadeiro instrumento de políticas públicas urbanas. Hely Lopes Meirelles ao diferenciar concessão de uso e concessão de direito real, ensina que:

> Concessão de uso - é o contrato administrativo pelo qual o Poder Público atribui a utilização exclusiva de um bem de seu domínio a particular, para que o explore segundo sua destinação específica.
>
> [...]
>
> Concessão de direito real de uso - é o contrato pelo qual a Administração transfere o uso remunerado ou gratuito de terreno público a particular, como direito real resolúvel, para que dele se utilize em fins específicos de urbanização, industrialização, edificação, cultivo ou qualquer outra exploração de interesse social[52].

---

[49] Sobre concessão de direito real de uso, consulte comentários ao inc. I do art. 2º.
[50] Maria Sylvia Di Pietro admite que a licitação não é regra necessária, fazendo-se mister apenas nos casos de Permissão com prazo determinado doutrina tradicional, nomeadamente Meirelles, Gasparini e Marrara ENTENDEM SER POSSÍVEL, Floreano Marques DE Azevedo Neto e Alexandre de Aragão.
[51] Nesta obra comentamos a referida ADI em várias passagens. Consulte o índice remissivo alfabético no final.
[52] MEIRELLES, Hely Lopes. Direito administrativo brasileiro. 26 ed., Atualizada, São Paulo, Malheiros, 2001, p. 485/490.

É possível considerar a concessão de uso, como gênero e a Concessão de direito real de uso, Concessão de uso e a Cessão de uso, como espécies.

A concessão de direito real de uso refere-se à terras e possui uma **destinação específica**, ao passo que o objeto da concessão de uso é sempre o uso privativo de um bem público e a cessão, quando envolve apenas órgãos públicos.

A expressão jurídica "bem" abarca várias espécies, pode ser imóvel, móvel ou intangível, este último é o caso da concessão de uso de potencial hidráulico, bem público – art. 20, inc. VIII, da CRFB, que não se confunde com o bem imóvel onde ele se situa e pode ser objeto de exploração autônoma para geração de energia elétrica (art. 13 da Lei nº 9.074/1995).

Na concessão de uso, o bem concedido já existe anteriormente à concessão, não sendo produzido ou requalificado pelo concessionário, diferentemente do que ocorre na concessão de obra. Tampouco há, nessa modalidade, a prestação de um serviço público – comodidade individualmente fruível, não sendo o bem um mero acessório à concessão de uma atividade, ao contrário do que ocorre na concessão de serviço público.

Cumpre salientar que, diferentemente da concessão de serviço público, a Lei não dispõe sobre qual modalidade licitatória é cabível para uso do bem, entendendo que cabe ao agente da contratação verificar o instrumento mais adequado.[53]

Embora do ponto de vista doutrinário seja possível estabelecer critérios tais como o volume de investimentos envolvidos e a destinação do bem, para diferenciar a concessão de uso e a permissão de uso, de forma a permitir uma definição quanto à utilização de um ou outro instituto em cada caso, o caráter contratual de ambos os instrumentos e a exigência de prévia licitação os aproximam de tal forma a não justificar a necessidade de um enquadramento rígido segundo os moldes doutrinários, de tal forma que os dois institutos podem ser utilizados indistintamente para a outorga do uso de bens públicos.

2.14 Permissão de uso de bem público

Hipóteses específicas de permissão de uso de bem público são abordadas no art. 76 da LLCA. A propósito, trata-se de situações com destinação própria, ao passo que é cabível a permissão de uso para outras hipóteses.

A permissão de uso implica na utilização privativa pelo particular do bem, em imóvel certo e determinado, ou por tempo determinado, que pode até ser definido em horas, dias, meses ou anos. O interesse público é mediato, ou indireto, e a

---

[53] O TCU já recomendou o uso do pregão para concessão de uso, vide Acórdão nº 289/2015-TCU-Plenário.

atividade do particular pode ser remunerada ou não, pelos que fruírem da atividade. Se assemelha à um serviço de utilidade pública e, portanto, compatível com a ocupação de espaços públicos por feiras livres, bancas de jornais e revistas, e a exploração de atividade econômica em quiosques e similares e outras instalações particulares convenientes em logradouros públicos.

Ao incluí-la nesta Lei aduz que a licitação é o meio de seleção dos permissionários e que deve ser formalizada, inclusive com prazo certo. Acerca da modalidade do procedimento licitatório, a Lei é silente sendo altamente recomendável o uso dos instrumentos auxiliares de pré-qualificação ou credenciamento e, na forma do art. 76, sem licitação.

Se não houver interesse para a coletividade, mas tão-somente para o particular, o uso não deve ser permitido nem concedido, mas simplesmente autorizado em caráter precaríssimo.

Continua fora da abrangência da regra geral de licitação a "autorização de uso".

2.15 Autorização de uso

A autorização de uso é ato administrativo unilateral, precário e discricionário, mediante o qual a Administração autoriza o uso do bem pelo particular.

a) unilateral porque, embora seja, na maioria das vezes, requerido pelo particular, este não participa da vontade da Administração, que impõe todas as condições de uso;

b) precário porque não gera qualquer direito para o usuário, além das condições definidas pela Administração. Se a Administração previr direitos como prazo de uso,[54] indenização por benfeitorias, o ato será irregular e a autoridade deve ser responsabilizada. Admite-se, no entanto, a fixação de prazo, quando extremamente exíguo (alguns dias), e pode-se impor deveres de manutenção para o usuário tais como respeitar a sinalização, horários de ruídos etc.; e

c) discricionário porque, embora a doutrina tradicionalmente coloque essa característica, não é razoável a prática que tem sido verificada de ofensa ao

---

[54] Contrariando esse entendimento, e em atitude totalmente ilegal, a Câmara Legislativa do DF editou a Lei Distrital nº 1.319, de 26 de dezembro de 1996, convertendo os contratos de direito real de uso, concessão de uso ou autorização de uso de imóveis de propriedade do DF, concedidos a entidades religiosas ou de prestação de serviços de relevante interesse social em concessão de direito real de uso pelo prazo de duração das atividades do contratante, com garantia da inexigibilidade de licitação. Diário Oficial [do] Distrito Federal, Brasília, DF, 21 jan. 1997, p. 443.

princípio da impessoalidade, haja vista que aquele poder – discricionário – submete-se a esse princípio.

Para harmonizá-los, sempre que houver mais de um interessado, deve a Administração decidir por critérios objetivos e justificá-los no processo, à luz da moderna teoria da motivação dos atos administrativos. Se, por exemplo, dois circos querem usar determinada área, a Administração pode pedir a relação dos espetáculos que querem apresentar, período de permanência prevista, equipamentos que possui, e decidir pelo de maior porte.

Exemplos de autorização de uso: o uso de auditório, uso de espaço para circo, espetáculos, shows etc.

Recomenda-se o seu uso para ocupação temporária, transitória, de duração efêmera.

2.16 Autorização de serviços

No tocante à autorização para serviços, diferentemente da autorização de bens públicos, não é necessário que seja temporária, efêmera ou transitória. Isso porque trata-se de serviços privados, conforme abordaremos a seguir.

A Constituição Federal em seu art. 175 dispôs que somente é permitida a delegação de serviços públicos por meio de permissão ou concessão. É permitida a autorização para serviços, no entanto, quando a atividade apresentar características predominantemente privadas, quando então, já não será serviço público.

Os que entendem ser possível a autorização para serviços[55], utilizam como fundamento o art. 21 incisos XI e XII[56]. Diversamente, porém, entendemos que para esses serviços a autorização é cabível quando no interesse exclusivo do particular que devem ser executados em regime de livre concorrência. Dada a amplitude dos serviços descritos nos referidos incisos, haverá àqueles que não se consubstanciam como público.

---

[55] Pode-se citar como exemplo dos que entendem neste sentido: Diogo de Figueiredo Moreira Neto, Gustavo Binenbojm.
[56] Constituição Federal: Art. 21. Compete à União: [...] XI - explorar, diretamente ou mediante autorização, concessão ou permissão, os serviços de telecomunicações, nos termos da lei, que disporá sobre a organização dos serviços, a criação de um órgão regulador e outros aspectos institucionais; Redação dada pela Emenda Constitucional nº 8, de 15/08/95. XII - explorar, diretamente ou mediante autorização, concessão ou permissão: a) os serviços de radiodifusão sonora, e de sons e imagens; (Redação dada pela Emenda Constitucional nº 8, de 15/08/95; b) os serviços e instalações de energia elétrica e o aproveitamento energético dos cursos de água, em articulação com os Estados onde se situam os potenciais hidroenergéticos; c) a navegação aérea, aeroespacial e a infra-estrutura aeroportuária; d) os serviços de transporte ferroviário e aquaviário entre portos brasileiros e fronteiras nacionais, ou que transponham os limites de Estado ou Território; e) os serviços de transporte rodoviário interestadual e internacional de passageiros; f) os portos marítimos, fluviais e lacustres;

Vale lembrar que Lei específica pode estabelecer regras mais restritivas como é o caso do art. 136, §2º da Lei nº 9.472/1997, que determina que as autorizações para prestação de serviços de telecomunicações no regime privado ocorreram mediante procedimento licitatório.

Outro exemplo de serviços autorizados foi disciplinado pela Lei nº 12.815/2013[57] que define que os serviços de instalação portuária de pequeno porte, de turismo e terminal privado serão exploradas mediante autorização.

> **Jurisprudência que ainda pode servir à interpretação**
>
> *Autorização de uso – precariedade*
> O STJ reafirmou o entendimento acerca da precariedade da autorização de uso, em sede de agravo, e que, portanto, depende da conveniência e oportunidade da Administração para sua concessão e, assim, pode ser revogada a qualquer tempo, por razões de interesse público, motivo pelo qual não há que se falar em violação ao postulado do *nemo postest venire contra factum proprium* caso seja revogada antes de seu termo final, caso exista.[58]

2.17 Autorização de Uso – Gestão municipal

É importante esclarecer que a autorização de uso, por ser sem licitação, pode ser instrumento importante na gestão de espaços públicos do Município. Regularizar feiras de produtos para pequena e microempresas, áreas para floriculturas, locatários de banheiros públicos em imóveis residenciais que queiram explorar mediante receita. Há uma infinita possibilidade de melhorar cidades com esse instituto.

A vantagem para o poder público é que não se vincula a prazo: a principal caraterística do instituto de autorização de uso é ser precário, sem obrigação e prazos pelo poder público.

2.18 Autorização de uso como cláusula de outro contrato

Considere a particular situação em que a Administração Pública tenha espaço para instalar um refeitório para seus servidores. A maioria dos gestores licita o espaço e passa a ter dificuldades na gestão.

Na década de 1990, sugerimos que fosse licitado o serviço e, por cláusula contratual, fosse autorizado o uso das instalações, com ou sem equipamentos.

---

[57] Lei nº 12.815/2013: Art. 8º: Serão exploradas mediante autorização, precedida de chamada ou anúncio públicos e, quando for o caso, processo seletivo público, as instalações portuárias localizadas fora da área do porto organizado, compreendendo as seguintes modalidades: I - terminal de uso privado; II - estação de transbordo de carga; III - instalação portuária pública de pequeno porte; IV - instalação portuária de turismo.
[58] Tribunal: STJ Processo: AgInt no AREsp nº1205672 / DF Relator: Min. Francisco Falcão Órgão Julgador: 2ª Turma. Data do Julgamento:10/04/2018 Data de Publicação:13/04/2018 Tipo: Acórdão.

A autorização de uso é mais apropriada porque não terá prazo; o prazo é do serviço comum de elaboração e fornecimento de refeições. Nessa época, sugerimos a pesquisa periódica de opinião sobre os atributos da alimentação e do serviço, procedimento esse que rapidamente se difundiu e mais tarde foi incorporada em norma.[59]

Art. 2º, inc. V

> Art. 2º Esta Lei se aplica a: [...]
>
> V - prestação de serviços, inclusive os técnico-profissionais especializados;

Dispositivos correspondentes na Lei nº 8.666/1993:

Art. 2º. As obras, serviços, inclusive de publicidade, compras, alienações, concessões, permissões e locações da Administração Pública, quando contratadas com terceiros, serão necessariamente precedidas de licitação, ressalvadas as hipóteses previstas nesta Lei. *(grifos não constam do original)* [...]

Art. 13. Para os fins desta Lei, consideram-se serviços técnicos profissionais especializados os trabalhos relativos a:

I - estudos técnicos, planejamentos e projetos básicos ou executivos;

II - pareceres, perícias e avaliações em geral;

III - assessorias ou consultorias técnicas e auditorias financeiras;

III - assessorias ou consultorias técnicas e auditorias financeiras ou tributárias; (Redação dada pela Lei nº 8.883, de 1994)

IV - fiscalização, supervisão ou gerenciamento de obras ou serviços;

V - patrocínio ou defesa de causas judiciais ou administrativas;

VI - treinamento e aperfeiçoamento de pessoal;

VII - restauração de obras de arte e bens de valor histórico.

VIII - (Vetado). (Incluído pela Lei nº 8.883, de 1994)

§ 1º Ressalvados os casos de inexigibilidade de licitação, os contratos para a prestação de serviços técnicos profissionais especializados deverão, preferencialmente, ser celebrados mediante a realização de concurso, com estipulação prévia de prêmio ou remuneração.

§ 2º Aos serviços técnicos previstos neste artigo aplica-se, no que couber, o disposto no art. 111 desta Lei.

§ 3º A empresa de prestação de serviços técnicos especializados que apresente relação de integrantes de seu corpo técnico em procedimento licitatório ou como elemento de justificação de dispensa ou inexigibilidade de licitação, ficará obrigada a garantir que os referidos integrantes realizem pessoal e diretamente os serviços objeto do contrato.

---

[59] Instrução Normativa nº 5, de 25 de maio de 2017. Dispõe sobre as regras e diretrizes do procedimento de contratação de serviços sob o regime de execução indireta no âmbito da Administração Pública Federal direta, autárquica e fundacional

2.19 Prestação de serviços

A inserção de prestação de serviços decorre do próprio comando inserido no art. 37, inc. XXI, da Constituição Federal.

2.20 Serviços técnicos profissionais especializados

A lei aqui enfatiza que os serviços da espécie "técnicos profissionais especializados" também são regulados afastando as discussões sobre o cabimento da regulação. A discussão não pode de fato ser no nível, no dever ou não de regulamentar, mas, se são ou não licitáveis.

Esses serviços são compreendidos como os prestados por quem, além da habilitação técnica e profissional - exigida para os serviços técnicos profissionais em geral - aprofundou-se nos estudos, no exercício da profissão, na pesquisa científica, ou através de cursos de pós-graduação ou de estágios de aperfeiçoamento - tornando-se especializado.

O que chama a atenção aqui é que a legislação anterior elencava exemplos de serviços técnicos especializados que agora são descritos como serviços técnicos profissionais especializados de natureza predominantemente intelectual – vide inc. XVIII do art. 6º - e assim passam a ser denominados ao longo de toda a lei. Ao qualificar um grupo de serviços como de natureza intelectual a lei visou dispensar a esses um tratamento diferenciado. Obviamente há outros de natureza intelectual.

Numa atecnia notável a lei repete integralmente o conteúdo do inciso XVIII do art. 6º e do art. 74, inc. III.

Art. 2º, inc. VI

Art. 2º Esta Lei se aplica a: [...]
VI - obras e serviços de arquitetura e engenharia;

Dispositivos correspondentes na Lei nº 8.666/1993:

Art. 2º. As obras, serviços, inclusive de publicidade, compras, alienações, concessões, permissões e locações da Administração Pública, quando contratadas com terceiros, serão necessariamente precedidas de licitação, ressalvadas as hipóteses previstas nesta Lei.

Dispositivos correspondentes na Lei nº 9.579/2012 (Institui o Código de Licitações e Contratos do Estado do Maranhão):

Art. 2º. Aplica-se o disposto neste Código: [...]

VII - às obras e serviços de engenharia.

2.21 Inclusão de serviços de arquitetura e abrangência do dispositivo

A inserção de obras e serviços decorre do próprio comando inserido no art. 37, inc. XXI, da Constituição Federal.

A lei, mantendo a redação da norma anterior, destacou o tipo de serviço de engenharia, acrescentando agora, arquitetura.

Não há motivo jurídico para excluir da abrangência da norma, embora existam motivos para em várias situações licitar por técnica e preço ou aceitar a inexigibilidade de licitação.

A sistemática exigência, por exemplo, de licitar "inteligência" pelo menor preço, inclusive por pregão, com disputa apenas de preço fez as empresas de projeto trocarem a mão de obra especializada e experiente, por mão de obra mais barata e, aos poucos, a inteligência estratégica nacional foi se perdendo.

Agora, com erros graves e falta de planejamento o país paga a conta de erros em projetos, obras paralisadas e falta de fiscalização adequada.

Esta nova lei tenta corrigir isso, inserindo a alínea h, no art. 6º, inciso XVIII, e no art. 74, inc. III, o seguinte: "h) controles de qualidade e tecnológico, análises, testes e ensaios de campo e laboratoriais, instrumentação e monitoramento de parâmetros específicos de obras e do meio ambiente e demais serviços de engenharia que se enquadrem na definição deste inciso". Com isso, poderá melhorar a qualidade da execução das obras, retirando da licitação esse serviço, quando contratado com empresas de notória especialização.

Mais: o Congresso Nacional derrubou o veto ao § 2º do art. 37, reintroduzindo na lei o seguinte comando que diferencia o tipo de julgamento da licitação para o setor:

> Art. 37 O julgamento por melhor técnica ou por técnica e preço deverá ser realizado por:
>
> § 2º Ressalvados os casos de inexigibilidade de licitação, na licitação para contratação dos serviços técnicos especializados de natureza predominantemente intelectual previstos nas alíneas "a", "d" e "h" do inciso XVIII do caput do art. 6º desta Lei cujo valor estimado da contratação seja superior a R$ 300.000,00 (trezentos mil reais), o julgamento será por:
>
> I - melhor técnica; ou
>
> II - técnica e preço, na proporção de 70% (setenta por cento) de valoração da proposta técnica.

Para saber mais, inclusive a distinção entre obras e serviços de arquitetura e engenharia e bens e serviços comuns, consulte notas ao art. 6º, inc. XXXVIII.

Note que houve a introdução, às mudanças da nova lei, em parte do dispositivo, que por meio do Código de Licitações e Contratos do Estado do Maranhão, produzido pelos autores desta obra, já vinha sendo inovado.

Art. 2º, inc. VII

Art. 2º Esta Lei se aplica a: [...]
VII - contratações de tecnologia da informação e de comunicação.

Dispositivos correspondentes na Lei nº 8.666/1993:

Art. 3º. [...]

§ 12. Nas contratações destinadas à implantação, manutenção e ao aperfeiçoamento dos sistemas de tecnologia de informação e comunicação, considerados estratégicos em ato do Poder Executivo federal, a licitação poderá ser restrita a bens e serviços com tecnologia desenvolvida no País e produzidos de acordo com o processo produtivo básico de que trata a Lei no 10.176, de 11 de janeiro de 2001.

2.22 Bens de TI e de comunicação

A inserção de compras e locação decorre do próprio comando inserido no art. 37, inc. XXI, da Constituição Federal.

A lei aqui enfatiza um tipo específico de bens e de serviços, os destinados à tecnologia da informação - TI e à comunicação.

Novamente, a ênfase deve-se ao interesse de determinados segmentos de retirar da abrangência da lei esses tipos de bens. Igualmente ao raciocínio exposto, no item precedente, esse tipo de bens e de serviços está sujeito à regulação pela lei, podendo ser discutido no caso concreto se são ou não licitáveis.

Sobre a aplicação normativa específica às contratações de TI e comunicação, vale destacar que a Lei nº 8.248/1991 estabelecia, em seu art. 3º, critérios de preferência para as licitações da Administração Pública Federal de bens e serviços de informática e automação. Considerando a redação legal, a doutrina e jurisprudência majoritária entendiam que a preferência apenas ocorreria na hipótese de empate no procedimento de contratação (§ 2º do art. 3º).[60]

Considerando que a LLCA estabelece rito próprio e específico para o desempate no processo licitatório, previsto no art. 60, e as regras de eficácia da Lei no tempo, expressamente dispostas no § 2º do art. 2º da LINDB[61], resta derrogado

---

[60] Lei nº 8.248/1991. Art. 3º, § 2º Para o exercício desta preferência, levar-se-ão em conta condições equivalentes de prazo de entrega, suporte de serviços, qualidade, padronização, compatibilidade e especificação de desempenho e preço".
[61] BRASIL. Decreto-Lei nº 4.657, de 04 de setembro de 1942. Lei de Introdução às Normas do Direito Brasileiro. Disponível em: http://www.planalto.gov.br/ccivil_03/decreto-lei/Del4657compilado.htm. Acesso em: 14 fev. 2019.

o dispositivo da Lei nº 8.248/1991 no tocante a preferência para as contratações de informática e automação, no tocante aos critérios de desempate.

No âmbito federal, com vistas a regular o disposto na Lei nº 8.666/1993, art. 3º, §2º, alguns decretos[62] e tecnologia da informação e comunicação, certamente serão revogados por incompatibilidade com o novo diploma, após decorrido o prazo de vigência da Lei nº 8.666/1993 – vide art. 193.

Caso a doutrina específica viabilize um método interpretativo no sentido de ampliar a aplicação da preferência prevista na Lei nº 8.248/1991, em compatibilidade com os princípios legais e constitucionais, seria possível a sua aplicação quando não se tratar de critério desempate.

Dispositivos correlatos

Na esfera federal a Instrução Normativa nº 1, de 04 de abril de 2019 trata do processo de contratação de soluções de Tecnologia da Informação e Comunicação – TIC pelos órgãos e entidades integrantes do Sistema de Administração dos Recursos de Tecnologia da Informação – SISP do Poder Executivo Federal.

Certamente, será editada nova IN com o objetivo de adequar as remissões à Lei nº 8.666/1993 à nova norma.

Além das cautelas na preparação e realização dos procedimentos licitatórios para soluções de TI, o gestor público deve estar atento às cláusulas contratuais a serem firmadas entre os pactuantes.

2.23 Compra de bens ou locação de equipamentos

Importante lembrar que a nova lei incorporou sugestão de que a compra ou locação de bem e contratação de serviços deverá ser precedida de análise de economicidade e de estudo comparativo de viabilidade entre as opções.[63]

No Distrito Federal, é obrigatória a realização e juntada aos autos, de estudo técnico prévio à contratação, comparando compra com locação, conforme Decisão do Tribunal de Contas do Distrito Federal – TCDF nº 2517/2002, reiterada até o fechamento desta edição. É evidente que não se pode pela via interpretativa legislar, motivo pelo qual a decisão não tem efeito vinculante. Pode um Tribunal de Contas informar a todos o critério que utilizará para avaliar os atos, permitindo pela transparência prévia, que o controlado procure se antecipar e utilize o mesmo critério ao decidir, juntando prova aos autos.

---

[62] Decreto nº 8.184/2014; Decreto nº 8.185/2014; Decreto nº 8.186/2014 e Decreto nº 8.194/2014.

[63] Ver nesta lei, comentários ao art. 44, que dispõe: "Quando houver a possibilidade de compra ou de locação de bens, a aquisição deverá ser precedida de análise de economicidade e de estudo comparativo de viabilidade entre as opções."

O TCDF fixou por meio da Decisão Normativa nº 01/2011 uma metodologia para análise dos estudos de viabilidade da opção de locação frente à opção de aquisição de bens. A norma prevê:

> Art. 4º O referido estudo consistirá na elaboração de dois fluxos de caixa, sendo um para a OPÇÃO DA AQUISIÇÃO e outro para a OPÇÃO DA LOCAÇÃO, baseados em regime de capitalização mensal a juros compostos.
>
> § 1º A elaboração dos fluxos de caixa referidos no caput deverá observar a equivalência de condições gerais de fornecimento e manutenção entre as duas opções, em razão dos reflexos financeiros decorrentes de tais condições.
>
> § 2º O tempo de duração dos fluxos de caixa deverá ser:
>
> I – o mesmo para as duas opções (aquisição e locação);
>
> II – expresso em meses;
>
> III – estimado com base nos valores de tempo de vida útil estabelecidos pelos normativos da Secretaria da Receita Federal, em especial a Instrução Normativa SRF nº 162, de 31 de dezembro de 1998, e alterações posteriores, bem como a Instrução Normativa SRF nº 4, de 30 de janeiro de 1985, e alterações posteriores;
>
> IV – referencial para o prazo de vigência contratual a ser estabelecido no edital de licitação e no contrato decorrente.

A norma adota o Método do Valor Presente Líquido – VPL para orientar na realização do estudo.

Jurisprudência que ainda pode servir à interpretação

Locação x aquisição de computadores: estudo de viabilidade

Em auditoria realizada no Ministério da Fazenda com o objetivo de examinar a legalidade e a legitimidade de contratos de locação de computadores e de serviços de impressão, firmados pela Subsecretaria de Planejamento, Orçamento e Administração (SPOA/MF), o TCU recomendou que a locação de computadores deve ser precedida de estudos de viabilidade que comprovem sua vantagem para a Administração quando comparada com a aquisição. A opção pela locação foi considerada opção antieconômica/desvantajosa em detrimento de sua aquisição. A equipe de auditoria consignou que o total desembolsado com o contrato fora superior ao valor da aquisição dos computadores, utilizando-se preço médio obtido em pesquisa abrangendo várias aquisições realizadas pela Administração Pública.

Acórdão 2686/2016. Plenário. Relator Ministro Bruno Dantas. No mesmo sentido: Acórdão 3.091/2014-TCU-Plenário

3. Art. 3º, caput, inc. I

> Art. 3º Não se subordinam ao regime desta Lei:
>
> I - contratos que tenham por objeto operação de crédito, interno ou externo, e gestão de dívida pública, incluídas as contratações de agente financeiro e a concessão de garantia relacionadas a esses contratos;

Dispositivos correspondentes na Lei nº 8.666/1993:

Art. 62. [...]

§ 3º Aplica-se o disposto nos arts. 55 e 58 a 61 desta Lei e demais normas gerais, no que couber:

I - aos contratos de seguro, de financiamento, de locação em que o Poder Público seja locatário, e aos demais cujo conteúdo seja regido, predominantemente, por norma de direito privado;

Art. 121. [...]

Parágrafo único. Os contratos relativos a imóveis do patrimônio da União continuam a reger-se pelas disposições do Decreto-lei no 9.760, de 5 de setembro de 1946, com suas alterações, e os relativos a operações de crédito interno ou externo celebrados pela União ou a concessão de garantia do Tesouro Nacional continuam regidos pela legislação pertinente, aplicando-se esta Lei, no que couber.

Dispositivos correspondentes na Lei nº 9.579/2012 (Institui o Código de Licitações e Contratos do Estado do Maranhão):

Art. 2º. Aplica-se o disposto neste Código: [...]

§ 1º Não se subordinam ao regime deste Código, continuando sujeitas à legislação específica:

IV - as operações de crédito interno ou externo celebradas pelo Estado ou que dependam da concessão de garantia do Tesouro Estadual;

Dispositivo transcrito em razão de remissão, na Constituição Federal de 1988:

Art. 70. A fiscalização contábil, financeira, orçamentária, operacional e patrimonial da União e das entidades da administração direta e indireta, quanto à legalidade, legitimidade, economicidade, aplicação das subvenções e renúncia de receitas, será exercida pelo Congresso Nacional, mediante controle externo, e pelo sistema de controle interno de cada Poder.

Parágrafo único. Prestará contas qualquer pessoa física ou jurídica, pública ou privada, que utilize, arrecade, guarde, gerencie ou administre dinheiros, bens e valores públicos ou pelos quais a União responda, ou que, em nome desta, assuma obrigações de natureza pecuniária. (Redação dada pela Emenda Constitucional nº 19, de 1998)

Art. 71. O controle externo, a cargo do Congresso Nacional, será exercido com o auxílio do Tribunal de Contas da União, ao qual compete: [...]

3.1 Caput – natureza jurídica exemplificativa ou taxativa

A propósito do tema, há discussão na doutrina sobre o dispositivo ter natureza jurídica exemplificativa ou taxativa. A discussão não parece proceder pois o inciso generaliza o comando ao aceitar que qualquer lei ordinária, venha a excluir a aplicação desta Lei aos contratos.

3.2 Operações de crédito, obtenção de financiamento e garantia da dívida

Na Lei nº 8.666/1993, dois dispositivos se integravam: o que constava do art. 121, parágrafo único, ordenando que continuassem regidos pela legislação pertinente, aplicando-se aquela Lei, no que coubesse, e outro que constava do art. 62, § 3º, inc. I, que dispunha sobre contrato de financiamento, definindo que também não se aplicava a Lei nº 8.666/1993, mas aplicava-se no que coubesse os artigos referente a cláusulas obrigatórias – art. 55, cláusulas que permitiam alteração unilateral pela Administração, - art. 58, nulidade nos contratos – art. 59, forma e publicidade dos contratos prazos – art. 60 e 61.

A sugestão, acatada pela lei, para deixar claro, no artigo que regula a abrangência, posicionou melhor o dispositivo e facilita a compreensão. Controle sim, submissão à lei geral de licitações e contratos, não. Essa diretiva é justificável até porque o mercado privado financeiro não se submete aos procedimentos da Administração para seleção do contratado; também não se subjuga à possibilidade de alteração unilateral do contrato. O regime de direito público é incompatível com a dinamicidade desse mercado e das suas negociações[64]. Quem precisa de recursos financeiros privados não pode impor cláusulas exorbitantes mesmo que com o objetivo de proteger o interesse público.

A questão referente ao controle, sobre esses tipos de contratos, não foi impedida ou limitada, mas é tratada em normas próprias. Primeiro, ao se definir a competência dos Tribunais de Contas, pela Constituição Federal: inteligência dos arts. 70 e 71. Segundo, na Lei de Responsabilidade Fiscal e Lei Complementar nº 101/2000. Terceiro, na Lei do colarinho branco[65], Lei anticorrupção[66], Lei de improbidade[67] e outras.

Perceba que, no Código de Licitações do Maranhão, transcrito acima, novamente já vinha sendo introduzido pequenas mudanças que hoje estamos presenciando na Nova Lei de Licitações.

---

[64] Nesse sentido: TORRES, Ronnny Charles Lopes de. Leis de Licitações Públicas Comentadas. 12. Ed. São Paulo: Juspodivm, 2021. p. 68
[65] Lei nº 7.492, de 16 de junho de 1986. Define os crimes contra o sistema financeiro nacional, e dá outras providências.
[66] Lei nº 12.846, de 1º de agosto de 2013. Dispõe sobre a responsabilização administrativa e civil de pessoas jurídicas pela prática de atos contra a administração pública, nacional ou estrangeira, e dá outras providências.
[67] Lei nº 8.429, de 2 de junho de 1992. Dispõe sobre as sanções aplicáveis em virtude da prática de atos de improbidade administrativa, de que trata o § 4º do art. 37 da Constituição Federal; e dá outras providências. (Redação dada pela Lei nº 14.230, de 2021) alterada pela Lei nº 14.230/2021.

3.3 Gestão de dívida pública

Em que consiste o contrato que tem por objeto a gestão da dívida pública?

Esse objeto, ainda tem outro que foi acrescido como "incluídas as contratações de agente financeiro e de concessão de garantia relacionadas a esses contratos".

A dívida pública é tema que exige tratamento diferenciado. Não só todas as cautelas ao contrair a obrigação devem ser acompanhadas, como haver renegociação periódica, pois o crédito muda as condições na execução. Nessa seara, há um equilíbrio entre o dever de cumprir o pactuado, *pacta sunt servanda*, sob pena de perder o crédito futuro, como uma sensibilidade para renegociar, que editada pelo mercado. Como ocorre na iniciativa privada, em que as vezes é melhor quitar uma dívida, obtendo o desconto e contrair nova dívida com juros menores. Por esse motivo, a contratação de especialista para auxiliar o gestor pode se revelar econômica.

3.4 A gestão é atividade típica da Administração

É necessário, porém, esclarecer que, tal como um cidadão, com mais recursos financeiros, zeloso e responsável pelas próprias finanças que recorre ao gerente do banco para analisar e definir aplicações financeiras e obter empréstimos, a Administração Pública, por meio dos seus agentes pode contratar atividade de auxílio à gestão.

Essa contratação de atividades de auxílio, por sua vez, não se enquadra como gestão e, portanto, devem se subordinar ao regime desta Lei.

Com esse escopo, contratar *call center* de cobrança de tributos e taxas, escritório de cobrança de dívida ativa, multas, recuperação de crédito de recurso repartidos pelo governo federal, via fundos como FNDE, FPM e FPE, gestão de folha de pagamento e outros, são atividades que podem ser terceirizadas, na forma desta Lei. O requisito de que o controle e a fiscalização continuem a cargo dos agentes públicos, inclusive, torna evidente sua diferenciação da atividade de gestão, que não se subordina à LLCA.

Outras vezes, a recuperação de créditos que o próprio município não conhecia possuir tem gerado receitas importantes. Por isso, mostra-se censurável que após obter o crédito, o contrato venha a ser questionado; às vezes o esforço em identificar o crédito é o mérito do contratado.

Tanto para essa atividade, como *call center* de cobrança, deve haver cláusula específica no contrato exigindo que a transferência de sigilo fiscal tenha garantia específica para preservar a privacidade do devedor e do contribuinte. Note que essa privacidade, quando o crédito é público, é mesmo mitigada, pois a inscrição em dívida ativa já torna pública a inadimplência.

Art. 3º, inc. II

> Art. 3º Não se subordinam ao regime desta Lei: [...]
> II - contratações sujeitas a normas previstas em legislação própria.

Dispositivo correlato na Lei nº 8.666/1993:

Art. 124. Aplicam-se às licitações e aos contratos para permissão ou concessão de serviços públicos os dispositivos desta Lei que não conflitem com a legislação específica sobre o assunto.

3.5 Normas específicas

A regra no ordenamento jurídico vigente é que um assunto seja tratado em uma só lei. Assim, a Lei Complementar nº 95, de 26 de fevereiro de 1998, regulamentada pelo Decreto nº 4.176, de 28 de março de 2002 e, posteriormente revogada pelo Decreto nº 9.191/2017 definem normas e procedimentos para a elaboração de atos normativos.

Na prática, porém, há uma questão que não está definida adequadamente e se refere ao gênero ser licitação e contrato, ou esse, ser espécie de outro gênero. Assim, por exemplo, as normas sobre publicidade e propaganda contratadas por órgãos da Administração Direta e Indireta continuam reguladas nessa lei, sob o argumento de que licitação é procedimento de seleção, daquele assunto e que contrato de publicidade e propaganda é um instrumento de formalização daquele mesmo assunto.

Conquanto exista razoável lógica nesse entendimento, parece mais indicado que licitação e contrato sejam dois gêneros e, por esse motivo, seja concentrador de normas pertinentes. O argumento principal é o fato de que esses procedimentos são realizados por servidores, designados, como regra pelo mesmo ordenador de despesas.

O procedimento da seleção e a formalização de contrato pode, na prática, seguir um procedimento geral, especialmente agora que a nova lei, além das modalidades, determinou outra série de procedimentos que alargaram a possibilidade de atender peculiaridades dos projetos básicos e termos de referência.

3.5.1 Dispositivos correspondentes:

Entre as normas que continuam em vigor disciplinando licitações e contratos destacam-se:

a) Lei nº 12.232, de 29 de abril de 2010. Dispõe sobre as normas gerais para licitação e contratação pela administração pública de serviços de publicidade prestados por intermédio de agências de propaganda e dá outras providências;

b) Lei nº 11.079, de 30 de dezembro de 2004. Institui normas gerais para licitação e contratação de parceria público-privada no âmbito da administração pública;

c) Lei nº 13.334, de 13 de setembro de 2016. Cria o Programa de Parcerias de Investimentos – PPI; altera a Lei nº 10.683, de 28 de maio de 2003; e dá outras providências;

d) Lei nº 8.987, de 13 de fevereiro de 1995. Dispõe sobre o regime de concessão e permissão da prestação de serviços públicos previsto no art. 175 da Constituição Federal, e dá outras providências; e

e) Lei nº 13.303, de 30 de junho de 2016. Lei das Estatais.

4. Art. 4º, caput

> Art. 4º Aplicam-se às licitações e contratos disciplinados por esta Lei as disposições constantes dos arts. 42 a 49 da Lei Complementar nº 123, de 14 de dezembro de 2006.

Dispositivos correspondentes na Lei nº 8.666/1993:

Art. 3º. A licitação destina-se a garantir a observância do princípio constitucional da isonomia, a seleção da proposta mais vantajosa para a administração e a promoção do desenvolvimento nacional sustentável e será processada e julgada em estrita conformidade com os princípios básicos da legalidade, da impessoalidade, da moralidade, da igualdade, da publicidade, da probidade administrativa, da vinculação ao instrumento convocatório, do julgamento objetivo e dos que lhes são correlatos. [...]

§ 14. As preferências definidas neste artigo e nas demais normas de licitação e contratos devem privilegiar o tratamento diferenciado e favorecido às microempresas e empresas de pequeno porte na forma da lei. (Incluído pela Lei Complementar nº 147, de 2014)

4.1 Artigos mencionados no dispositivo legal

A Lei Complementar nº 123, de 14 de dezembro de 2006, assim dispõe:

> Art. 42. Nas licitações públicas, a comprovação de regularidade fiscal e trabalhista das microempresas e das empresas de pequeno porte somente será exigida para efeito de assinatura do contrato. (Redação dada pela Lei Complementar nº 155, de 2016) [...]
>
> Art. 49. Não se aplica o disposto nos arts. 47 e 48 desta Lei Complementar quando:
>
> I - (Revogado); (Redação dada pela Lei Complementar nº 147, de 2014)
>
> II - não houver um mínimo de 3 (três) fornecedores competitivos enquadrados como microempresas ou empresas de pequeno porte sediados local ou regionalmente e capazes de cumprir as exigências estabelecidas no instrumento convocatório;
>
> III - o tratamento diferenciado e simplificado para as microempresas e empresas de pequeno porte não for vantajoso para a administração pública ou representar prejuízo ao conjunto ou complexo do objeto a ser contratado;
>
> IV - a licitação for dispensável ou inexigível, nos termos dos arts. 24 e 25 da Lei nº 8.666, de 21 de junho de 1993, excetuando-se as dispensas tratadas pelos incisos I e II do art. 24 da mesma Lei, nas quais a compra deverá ser feita preferencialmente de microempresas e empresas de pequeno porte, aplicando-se o disposto no inciso I do art. 48. (Redação dada pela Lei Complementar nº 147, de 2014)[68]

Consulte ainda:

---

[68] Consulte ainda: a) o art. 26, § 5º, desta Lei sobre manifestação de interesse privado com startups; b) o art. 139, § 1º, inc. II sobre preferência nos pagamentos devidos pela Administração Pública; c) o art. 58, § 2º, sobre o critério de desempate, em favor da micro e pequena empresa.

a) Constituição Federal, Art. 146. Cabe à lei complementar: [...] III - estabelecer normas gerais em matéria de legislação tributária, especialmente sobre: [...] d) definição de tratamento diferenciado e favorecido para as microempresas e para as empresas de pequeno porte, inclusive regimes especiais ou simplificados no caso do imposto previsto no art. 155, II, das contribuições previstas no art. 195, I e §§ 12 e 13, e da contribuição a que se refere o art. 239. (Incluído pela Emenda Constitucional nº 42, de 19.12.2003);

b) Constituição Federal, Art. 179. A União, os Estados, o Distrito Federal e os Municípios dispensarão às microempresas e às empresas de pequeno porte, assim definidas em lei, tratamento jurídico diferenciado, visando a incentivá-las pela simplificação de suas obrigações administrativas, tributárias, previdenciárias e creditícias, ou pela eliminação ou redução destas por meio de lei;

c) o art. 81, § 4º, desta Lei, sobre manifestação de interesse privado com startups;

d) o art. 141, § 1º, inc. II, desta Lei, sobre preferência nos pagamentos devidos pela Administração Pública;

e) o art. 60, § 2º, desta Lei, sobre o critério de desempate, em favor da micro e pequena empresa; e

f) artigos específicos da Lei Complementar nº 123, sobre enquadramento e desenquadramento nas espécies de pequena e microempresa.

4.2 Micro e Pequena Empresa e a Licitação

O dispositivo remete a aplicação da Lei Complementar nº 123, já alterada pela Lei Complementar nº 147 e 155. Melhor seria, sem dúvida transpor para esta lei, excluindo-se da Lei Complementar nº 123, as disposições correspondentes e sistematizá-las de forma adequada e compreensível. Mais uma vez, deixa-se de observar a Lei Complementar nº 95.

Especialmente tendo em vista que a temática reservada à lei complementar se limita ao tratamento diferenciado, no tocante à legislação tributária, conforme art. 146 da Constituição Federal. Benefícios relativos ao processo licitatório dispensam o tratamento por lei complementar.

Houve, no entanto, evolução nos parágrafos seguintes, corrigindo-se algumas das distorções de correntes da aplicação da Lei Complementar nº 123 ao sistema de licitação.

4.3 Conflito entre Lei Complementar e Lei Ordinária - situação dos §§ 1º e 2º e a LC nº 123

A regra disposta nos §§ 1º e 2º deste art. 4º, a seguir anotada, implica alteração da Lei Complementar nº 123. Pode se afirmar que não há conflito ou vedação constitucional nessa alteração.

Explicando melhor a validade da norma.

Há muito tempo, o Direito pátrio definiu que a lei complementar não se sobrepõe a lei ordinária. A hierarquia entre normas foi resolvida pela definição do âmbito da aplicação estabelecido pela Constituição Federal. Assim, a lei ordinária não pode disciplinar matéria que a Constituição Federal reservou para a regência de uma lei complementar. Neste caso, se a lei ordinária invadir a matéria reservada pela Constituição Federal para a regência da lei complementar será inconstitucional e pode ser invalidade por qualquer dos meios previstos em Direito. Diferentemente, porém, quando a lei complementar reger tema reservado para a lei ordinária, não será inconstitucional, mas terá força de lei ordinária e, portanto, pode ser alterada por qualquer lei ordinária que tenha vigência posterior.

Desse modo, aplicando-se no caso específico esse entendimento, pode-se concluir que como esses dispositivos da Lei Complementar nº 123[69] atuaram regendo a lei de licitações e contratos e como esses temas não foram reservados pela Constituição Federal para regência da lei complementar, esta lei ordinária pode alterar as disposições daquela lei complementar.

Art. 4º, § 1º, inc. I

> Art. 4º Aplicam-se às licitações e contratos disciplinados por esta Lei as disposições constantes dos arts. 42 a 49 da Lei Complementar nº 123, de 14 de dezembro de 2006.
>
> § 1º As disposições a que se refere o *caput* deste artigo não são aplicadas:
>
> I - no caso de licitação para aquisição de bens ou contratação de serviços em geral, ao item cujo valor estimado for superior à receita bruta máxima admitida para fins de enquadramento como empresa de pequeno porte;

Dispositivos correspondentes na Lei nº 8.666/1993: não há.

---

[69] Arts. 47 a 49 da Lei Complementar nº 123/2006.

4.4 Micro e Pequena Empresa – limite de valor na participação

Uma das ocorrências frequentes, muito propaladas, era o risco de participação de micro e pequena empresa – ME/EPP em licitações, com valor estimado muito alto, acarretando o risco de a Administração Pública firmar contratos com grandes probabilidades de inexecução, seja por preço inexequível, seja por falta de capacidade técnica da ME/EPP. Microempresas recém-criadas competindo e vencendo licitações, às vezes por aventura inconsequente.

Essa preocupação, contudo, era superável pelo fato de a Administração Pública poder exigir qualificação técnica e econômica correspondente ao objeto pretendido na licitação e, desse modo, afastar os competidores que não tivessem condições para execução. Infelizmente, a inserção de qualificação técnica e econômica mais restritiva era frequentemente coibida pelos órgãos do controle, que tentavam de forma absoluta e, às vezes, exagerada fazer prevalecer o princípio da isonomia. Muitas vezes, a causa dessas decisões dos controladores decorria de falta de motivação adequada por parte do controlado para justificar o afastamento do princípio da isonomia. Sem justificativa, a restrição não é válida.

Outra crítica trazida, era sobre a "injustiça" de uma microempresa ou empresa de pequeno porte vencer uma licitação, utilizando benefícios exclusivos, quando o contrato decorrente resultará no seu desenquadramento.

Tal raciocínio também não deve prosperar, pois o objetivo da Lei de beneficiar as microempresas e empresas de pequeno porte consiste, sem sombra de dúvida, em buscar a estabilidade e crescimento dessas empresas. Desse modo, o fato dos benefícios trazidos na Lei transformarem a empresa de pequeno porte em uma média empresa não pode ser alvo de crítica.

De todo modo, o fato é que o dispositivo foi agora categórico e estabeleceu que a ME/EPP só poderá participar, usufruindo os benefícios previstos nos arts. 42 a 49 da Lei Complementar nº 123, se o valor estimado para o item for inferior ao limite correspondente à "receita bruta máxima admitida para fins de enquadramento como empresa de pequeno porte".

Quando da redação deste livro, a receita bruta máxima admitida para fins de enquadramento como empresa de pequeno porte é de R$ 4.800.000,00 (quatro milhões e oitocentos mil reais), conforme inciso II do art. 3º da Lei Complementar nº 123.

Adiante, indicam-se as situações em que o limite é o valor da licitação ou o item da licitação.

Portanto, a pequena empresa e a microempresa ficaram igualadas na aplicação desse limite.

Necessário destacar, ainda, que, pelo texto legal, não se aplicam **nenhum** dos benefícios da Lei Complementar nº 123, inclusive o desempate ficto e prazos diferenciados para comprovação a regularidade fiscal e trabalhista.

> **Jurisprudência que ainda pode servir à interpretação**
>
> *Adjudicação por item*
> Sobre a adjudicação por item e não por preço global, o TCU tem entendimento que deva ser aplicável obrigatoriamente à luz do princípio do parcelamento quando objeto seja divisível, desde que não haja prejuízo para o conjunto ou complexo ou perda de economia de escala, tendo em vista o objetivo de propiciar a ampla participação de licitantes que, embora não dispondo de capacidade para a execução, fornecimento ou aquisição da totalidade do objeto, possam fazê-lo com relação a itens ou unidades autônomas, devendo as exigências de habilitação adequar-se a essa divisibilidade.
> Súmula nº 247, Tribunal de Contas da União.
>
> **Comentário** à súmula: houve aqui um jogo de palavras que acabou criando por via de interpretação uma nova norma. Censurável, portanto.
> A lei determina o parcelamento sempre que for técnica e economicamente viável. Sendo viável, a finalidade do parcelamento será a ampliação da competitividade e do mercado.

4.5 Participação de ME/EPP em item com valor superior ao limite admitido

No inciso I, o limite é o valor estimado **do item da licitação** e não da licitação. Se o item da licitação tem valor superior ao limite, o licitante não pode ter benefícios de ME/EPP; a lei proíbe a aplicação da Lei Complementar nº 123.

Outro ponto de destaque, é de que o dispositivo deve ser aplicado para aquisição de bens e contratações de serviços em geral, ficando as licitações para obras e serviços de engenharia a serem tratadas no inciso II.

O inciso I define que o limitador à participação de ME/EPP não é o valor da proposta, mas o valor estimado pela Administração Pública para o item.

Com essa norma, se o valor estimado **para o item** foi, por exemplo, de R$ 10.000.000,00 a pequena e a microempresa podem participar, mas sem usufruir dos benefícios dados à ME/EPP.

É preciso compreender, portanto, que o critério a ser utilizado é o valor estimado e não o valor ofertado pelos licitantes. Desse modo, não há diferença do procedimento quando a fase de proposta precede ou sucede a fase da habilitação.

Caso a microempresa ou empresa de pequeno (ME/EPP) porte interessada em participar do certame se veja prejudicada em decorrência de uma superestimativa de preço, que resulte na inaplicabilidade dos benefícios da Lei Complementar nº 123, caberia ao interessado impugnar o edital demonstrando que a estimativa de preço está excessivamente elevada.

Para tanto, sugere-se que o licitante traga na sua impugnação valores praticados por outros entes, de forma a contribuir para a correção da estimativa pela Administração Pública.

4.6 Estimativa de preço não divulgada – direito de impugnar o valor

Como pontuado no item anterior, havendo valor estimado publicado, qualquer licitante, inclusive ME/EPP pode impugnar o valor demonstrando que, por exemplo, é exequível valor inferior ao estimado pela Administração Pública.

Em hipóteses específicas, todavia, admite-se a não divulgação de preços estimados.

Consulte, a propósito, o art. 24 desta lei que trata da possibilidade de não divulgar o preço estimado.

Nesta hipótese, é evidente que há um conflito de interesses não resolvido nesta lei. De um lado a Administração Pública tem legítimo interesse em não divulgar preços estimados, não só pela eventual dificuldade e incerteza da estimativa, quanto pela existência da fase de negociação. Isso porque, presume-se que, havendo negociação ou lances, a divulgação do preço estimado contribui para o desestímulo a competição, em especial, em nichos de mercado muito especializados. Outro lado desse conflito, é o do licitante da pequena e microempresa que tem direito ao benefício da Lei Complementar nº 123 e pode se ver prejudicado frente a uma estimativa incorreta de preços.

Surge dessa análise, dois cenários possíveis para adequação dos normativos legais.

Primeiro, a possibilidade de a Administração Pública, apesar de não divulgar o preço, na forma de Lei, expressamente informar no Edital sobre a aplicação ou não do benefício da Lei Complementar nº 123. Neste cenário, a Administração não divulgaria o preço, mas apenas que sua estimativa estaria acima, ou abaixo do limite para aplicação do benefício.[70]

---

[70] Quando da redação deste livro, a receita bruta máxima admitida para fins de enquadramento como empresa de pequeno porte é de R$ 4.800.000,00 (quatro milhões e oitocentos mil reais), conforme inciso II do art. 3º da Lei Complementar nº 123.

Outro cenário, seria a previsão editalícia de que, frente a esse cenário excepcional, a aplicação ou não do benefício da Lei Complementar nº 123, seria aferido a partir do valor da proposta do licitante, e não do valor estimado do item ou da licitação. Desse modo, caso o licitante entenda viável a apresentação de uma proposta abaixo do valor de R$ 4,8 milhões, para determinado item, ser-lhe-ia aplicado o benefício. Caso sua proposta fosse acima, não teria o benefício. Tal cenário, em nossa visão, permite uma adequação mais eficiente ao objetivo da Lei.

Não sendo adotado nenhum dos cenários, cabe à microempresa ou empresa de pequeno porte, impugnar o edital aduzindo a supressão injustificada ao benefício da Lei Complementar nº 123.

De igual modo, caso afastado o benefício em questão, por meio da metodologia prevista no primeiro cenário, e verificando, o licitante interessado, que o seu valor para o item ou licitação, conforme o caso, é inferior ao limite legal, caberia a impugnação ao Edital. Neste caso, deveria o impugnante trazer dados, preços e propostas, que permitam ao órgão identificar que sua estimativa, ainda que sigilosa, estaria supervalorizada.

Veja que, neste caso, o gestor público que restringe direito, com base em informação sigilosa, tem um risco maior de ser responsabilizado pelos órgãos de controle, posto que a informação dotada de sigilo prejudica a ampla defesa dos direitos do licitante.

4.7 Do agrupamento de itens e lotes

Questão não tratada pela Lei, reside na situação em que haja o agrupamento de itens em lotes (ou grupos).[71] Ou seja, em licitação para aquisição de bens ou contratações de serviços em geral se a Administração decidir por agrupar itens em um único lote (ou grupo).

O efeito dessa decisão, que deve considerar as regras afetas ao parcelamento, tratadas nos § 2º e § 3º do art. 40 desta Lei, resultam no fato de que o licitante vencedor será aquele que ofertar o menor preço para o lote.

Nesse caso, para atingir o objeto da Lei, o entendimento aplicável deve ser que, tanto para o inciso I, quanto para o inciso II do art. 4º, o limite deverá considerar o lote como um todo, e não os itens individualmente. Isso porque, é

---

[71] É necessário destacar que não há uniforme de nomenclatura para o agrupamento de itens, sendo que a Doutrina majoritária utiliza a expressão "lotes", enquanto o sistema de licitação federal (conhecido como Comprasnet) adota a terminologia de "grupos". Mantendo a uniformidade com obras anteriores, os autores decidiram pela nomenclatura "lote".

possível a divisão de itens em lotes, quanto seu agrupamento. De todo modo, passa-se a ter, como menor unidade disputável, o lote.

Tal entendimento decorre do raciocínio de que se o objetivo da Lei foi afastar a aplicação dos benefícios da Lei Complementar nº 123 àquelas situações em que o licitante, ao vencer o objeto, obrigatoriamente deixaria de se enquadrar como ME/EPP; e, considerando que o menor quantitativo possível a ser adjudicado ao licitante, é o total do lote, o valor do lote deve ser o paradigma para análise do limite para afastar a aplicação do benefício.

4.8 Do Sistema de Registro de Preços e o uso de lotes

Outra questão que também passou ao largo da Lei, foi a questão do Sistema de Registro de Preços.

Considerando o objetivo da Lei foi, conforme trazido no item anterior, afastar a aplicação dos benefícios da Lei Complementar nº 123 àquelas situações em que o licitante, ao vencer o objeto, obrigatoriamente deixaria de se enquadrar como ME/EPP, no caso do SRP o raciocínio não encontra guarida.

Isso porque, no SRP não há obrigação da Administração Pública adquirir a totalidade dos itens registrados. Ou seja, uma empresa de pequeno porte que se sagra vencedora de um item de 10 milhões de reais, pode, ao final da Ata de Registro de Preços, vender apenas 1 milhão de reais, ou mesmo nada.

Infelizmente a temática de licitações e contratos carece de estudos que permitam avaliar qual é a média de uso de Ata de Registro de Preços e outros dados que nos permitam inferir a probabilidade de uma empresa terá de, sendo a detentora da ARP, vender quantitativo que a desenquadre da situação de EPP.

Nesse sentido, a melhor intepretação para o caso carece de informações que permitam buscar o objetivo da norma.

Enquanto isso, a interpretação literal nos parece a mais segura: mesmo no caso de SRP, se o valor do item supera o limite de R$ 48.000.000,00, deve-se afastar o benefício da Lei Complementar nº 123.

Quanto ao SRP sem quantitativo máximo, figura inovadora prevista no § 3º do art.8 desta Lei, sugere-se utilizar como referência a indicação do valor máximo da despesa, prevista no §4º do mesmo artigo.

Ao gestor preocupado com as ME/EPP locais e impacto sobre suas licitações de registro de preços, sugere-se:

a) avaliar a estimativa concreta da demanda e sua confiabilidade a permitir identificar se no caso concreto a intenção do legislador seria alcançada;

b) na ausência de dados confiáveis, evitar que superem o limite de R$ 4.800.000,00, subdividindo os itens em lotes ou utilizando outros critérios relevantes.

Art. 4º, § 1º, inc. II

> Art. 4º Aplicam-se às licitações e contratos disciplinados por esta Lei as disposições constantes dos arts. 42 a 49 da Lei Complementar nº 123, de 14 de dezembro de 2006.
>
> § 1º As disposições a que se refere o caput não serão aplicadas: [...]
>
> II - no caso de contratação de obras e serviços de engenharia, às licitações cujo valor estimado for superior à receita bruta máxima admitida para fins de enquadramento como empresa de pequeno porte.

Dispositivos correspondentes na Lei nº 8.666/1993: não há.

Atente para os comentários ao inciso anterior para as diversas situações que podem ocorrer.

4.9 Valor estimado total para obras e serviços de engenharia

O inciso II, diferentemente do inciso I, trata do limite do valor estimado da licitação; no inciso I, o valor estimado do item da licitação.

Portanto, na aplicação do inciso II, **em caso de licitação de obras e serviços de engenharia**, se o objeto for único, e o valor estimado for superior R$ 4.800.000,00, não se aplicam às licitações e contratos disciplinados por esta Lei as disposições constantes dos arts. 42 a 49 da Lei Complementar nº 123. Também não se aplicam se for uma licitação de obras e serviços de engenharia com vários itens e a soma dos valores estimados desses itens for superior a R$ 4.800.000,00

Vale lembrar que, conforme disposto no §3º deste dispositivo, se o contrato tem vigência superior a um ano, o limite de valor é anual.

4.10 Item de licitação exclusivo para ME/EPP – Inaplicabilidade

O inciso teve o efeito reflexo de afastar a incidência do inciso I, do art. 48 da Lei Complementar nº 123, nas licitações de valor superior ao limite, mesmo que o item tenha valor de até R$ 80.000,00.

Esse inciso estabelece que:

> Art. 48. Para o cumprimento do disposto no art. 47 desta Lei Complementar, a administração pública:
>
> I - deverá realizar processo licitatório destinado exclusivamente à

participação de microempresas e empresas de pequeno porte nos itens de contratação cujo valor seja de até R$ 80.000,00 (oitenta mil reais);[72]

Com a vigência desta nova lei geral de licitação, se o valor da licitação **de obras e serviços de engenharia** for superior a R$ 4.800.000,00 a regra do art. 48, inc. I, não mais se aplica. Ou seja, a licitação de valor estimado superior a esse valor, não precisa ter itens exclusivos para pequena e microempresa, mesmo que individualmente sejam inferiores a R$ 80.000,00.

Sobre esse aparente conflito, consulte o subitem 4.2. antecedente.

Acima de R$ 4.800.000,00 também não se aplicam os demais direitos e favorecimentos da Lei Complementar nº 123. Portanto, também não se aplica o direito de saneamento, previsto nos arts. 42 e 43, o benefício do empate ficto, previsto nos arts. 44 e 45, a possibilidade de o edital prever a subcontratação compulsória, prevista no art. 48, inc. II, e, também não se aplica, o dever de o edital separa "cota reservada".

Art. 4º, § 2º

> Art. 4º Aplicam-se às licitações e contratos disciplinados por esta Lei as disposições constantes dos arts. 42 a 49 da Lei Complementar nº 123, de 14 de dezembro de 2006. [...]
>
> § 2º A obtenção de benefícios a que se refere o *caput* deste artigo fica limitada às microempresas e às empresas de pequeno porte que, no ano-calendário de realização da licitação, ainda não tenham celebrado contratos com a Administração Pública cujos valores somados extrapolem a receita bruta máxima admitida para fins de enquadramento como empresa de pequeno porte, devendo o órgão ou entidade exigir do licitante declaração de observância desse limite na licitação.

Dispositivos correspondentes na Lei nº 8.666/1993:

Art. 3º. [...] § 14. As preferências definidas neste artigo e nas demais normas de licitação e contratos devem privilegiar o tratamento diferenciado e favorecido às microempresas e empresas de pequeno porte na forma da lei

Art. 5º-A. As normas de licitações e contratos devem privilegiar o tratamento diferenciado e favorecido às microempresas e empresas de pequeno porte na forma da lei.

4.11 Soma dos valores dos contratos firmados no ano-calendário

Esse segundo limitador à fruição dos benefícios da Lei Complementar nº 123 é aferível pela simples soma dos valores dos contratos firmados no ano-calendário. Se for superior a receita bruta máxima admitida para fins de enquadramento como

---

[72] Redação dada pela Lei Complementar nº 147, de 2014.

empresa de pequeno porte não poderá a pequena e microempresa valer-se dos benefícios assegurados pela Lei Complementar nº 123.

A Lei pretendeu coibir a conduta de pequena ou microempresa recém-formada vencer licitações e obter várias contratações sem condições de executá-las, seja por falta de experiência, seja por falta de recursos financeiros para suportar os cronogramas de pagamento. A preocupação foi impedir que pela perda da capacidade operativa a pequena ou microempresa utilizasse dos benefícios da Lei Complementar nº 123 para firmar muitos contratos num só ano. Vários empresários desconhecem que podem perder os benefícios do regime SIMPLES Nacional durante o ano-calendário.

Essa empresa que firma contratos no valor superior a R$ 4.800.000,00, que é precisamente a receita bruta máxima admitida para fins de enquadramento como empresa de pequeno porte, já passaria, de imediato, a não usufruir dos benefícios da <u>Lei Complementar nº 123</u>, nas licitações.

Como observa Ronny Charles[73], há uma divergência entre a Lei Complementar nº 123 e esta lei. Isso porque a LC nº 123 se refere à faturamento, enquanto o § 2º do art. 4º, da lei nº 14.133/2021, se refere a valor dos contratos firmados. Na prática, portanto, a nova lei de licitações foi mais restritiva. Tecnicamente há conflito de leis que deve ser resolvido pela ciência jurídica. Dois postulados servem à solução do conflito: a lei posterior revoga a anterior, situação em que prevaleceria a lei de licitações; a lei especial prevalece sobre a lei geral, situação em que prevaleceria a LC nº 123. Numa interpretação que visa favorecer a pequeno e microempresa deve ser considerado o faturamento e não os contratos firmados, como pretende a LC nº 123. Numa interpretação que vise evitar contratações ruinosas para a administração pública e também ruinosas para empresários que não conhecem os riscos elevados ao fluxo de caixa decorrente de cronogramas prolongados de pagamento, deve prevalecer a nova lei de licitações. Embora os autores sejam tenaz defensores do ideário que favorece a pequena e a microempresa, neste caso a prudência, inclusive em favor dessas empresas, recomenda a prevalência da nova lei de licitações.

Desse contexto, tem-se dois pontos relevantes:

a) primeiro, a Lei estabelece o critério de celebrar contratos acima de R$ 4,8 milhões e não de ter faturamento superior a esse valor;

b) segundo, que a ocorrência é imediata, o que exigirá maior controle e organização dessas empresas.

---

[73] TORRES, Ronny Charles Lopes de. Leis de licitações públicas. 12ª ed. São Paulo: Ed. Juspodivm, 2021, p. 61.

Com o dispositivo agora estabelecido, a ME/EPP que já tiver "crescido", ou seja, já existir legítimas e razoáveis expectativas que a empresa se desenquadrará no próximo exercício fiscal, não poderá utilizar mais o benefício da Lei Complementar nº 123.

4.12 Declaração de observância desse limite na licitação

A norma determina que o órgão deve exigir declaração de atendimento desse requisito, para fruição dos direitos previstos na Lei Complementar nº 123.

As boas práticas do ideário da desburocratização recomendam reduzir as exigências, serviços e encargos para o cidadão. Neste caso, porém, a declaração é o menos burocrático dos meios de prova.

O autor Ronny Charles Lopes de Torres, entretanto, vislumbra que a regra poderá possuir uma aplicação problemática, ponderando que:

> [...] a disposição acabará transferindo para os responsáveis pela licitação um dever de fiscalização relacionado a matéria que foge a sua competência. Imaginar que a exigência de declaração resolverá a questão demonstra, no mínimo, inocência ou desconhecimento da realidade prática das licitações.[74]

É fato que a exigência de declaração do licitante não é impeditivo infalível à participação de MEs e EPPs que não atendam ao requisito legal. Cremos, entretanto, que é o meio mais eficiente para tanto, e, muito embora não possa garantir que todos os licitantes que pleiteiam os direitos da Lei Complementar nº 123 realmente atendem aos requisitos para tanto, certamente servirá de um desestímulo aos de má-fé, uma vez que aquele que firma a declaração assume a responsabilidade administrativa, cível e, mesmo, criminal, do seu conteúdo, inclusive existindo na Lei sanção específica para tal ocorrência.[75]

Art. 4º, § 3º

> Art. 4º Aplicam-se às licitações e contratos disciplinados por esta Lei as disposições constantes dos arts. 42 a 49 da Lei Complementar nº 123, de 14 de dezembro de 2006. [...]
>
> § 3º Nas contratações com prazo de vigência superior a 1 (um) ano, será considerado o valor anual do contrato na aplicação dos limites previstos nos §§ 1º e 2º deste artigo.

---

[74] TORRES, Ronny Charles Lopes de. Leis de Licitações Públicas Comentadas. 12. Ed. São Paulo: Juspodivm, 2021. p. 71.
[75] BRASIL. Lei nº 14.133, de 1º de abril de 2021: "Art. 155. O licitante ou o contratado será responsabilizado administrativamente pelas seguintes infrações: [...] inciso VIII - apresentar declaração ou documentação falsa exigida para o certame ou prestar declaração falsa durante a licitação ou a execução do contrato."

Dispositivos correspondentes na Lei nº 8.666/1993: não há.

O dispositivo trata de decorrência lógica das restrições da Lei Complementar nº 123/2006, na medida em que a restrição de valor corresponde a de receita bruta anual, também deve-se aplicar a restrição ao valor anual da contratação.

4.13 Valor estimado e alterações supervenientes

O valor anual do contrato para fins deste dispositivo deve ser considerado como o valor estimado da contratação.

Isso significa que, para efeito dos incisos I e II do art. 4º, havendo alterações supervenientes no curso da contratação que majorem o valor para acima dos limites anuais de R$ 4.800.000,00 por item, nas licitações para bens e serviços em geral, e R$ 4.800.000,00 da licitação, nas licitações para obras e serviços de engenharia, não há infringência ao comando legal.

Por outro lado, para efeitos do § 2º do art. 4º, a soma dos contratos celebrados deve considerar o valor correspondente aos aditivos já formalizados. Afinal, existindo a formalização do aditivo com o novo valor, absolutamente possível e razoável esperar que a empresa tenha controle dessas informações.

Esse raciocínio inclusive, ressalva a responsabilidade do empresário que solicitou a aplicação do reajuste, repactuação ou reequilíbrio, que o fará ultrapassar o limite estabelecido, mas que ainda não foi analisado e, portanto, poderá preencher a declaração de forma verídica.

Jurisprudência que ainda serve à interpretação

Serviços de natureza continuada - ME/EPP

O TCU firmou entendimento de que, no caso de serviços de natureza continuada, o valor de R$ 80.000,00, de que trata o inciso I do art. 48, da Lei Complementar nº 123/2006, refere-se a um exercício financeiro, razão pela qual, à luz da Lei nº 8.666/1993, considerando que este tipo de contrato pode ser prorrogado por até 60 meses, o valor total da contratação pode alcançar R$ 400.000,00 ao final desse período, desde que observado o limite por exercício financeiro (R$ 80.000,00)". (Grifamos.) (TCU, Acórdão nº 1.932/2016 – Plenário)

Comentário: jurisprudência coerente com o § 3º do art. 4º, em exame.

Capítulo II – Dos Princípios

5. Art. 5º, caput

> **Art. 5º, caput**
>
> Art. 5º Na aplicação desta Lei, serão observados os princípios da legalidade, da impessoalidade, da moralidade, da publicidade, da eficiência, do interesse público, da probidade administrativa, da igualdade, do planejamento, da transparência, da eficácia, da segregação de funções, da motivação, da vinculação ao edital, do julgamento objetivo, da segurança jurídica, da razoabilidade, da competitividade, da proporcionalidade, da celeridade, da economicidade e do desenvolvimento nacional sustentável, assim como as disposições do Decreto-Lei nº 4.657, de 4 de setembro de 1942 (Lei de Introdução às Normas do Direito Brasileiro).

Dispositivos correspondentes na Lei nº 8.666/1993:
Art. 3º. A licitação destina-se a garantir a observância do princípio constitucional da isonomia, a seleção da proposta mais vantajosa para a administração e a promoção do desenvolvimento nacional sustentável e será processada e julgada em estrita conformidade com os princípios básicos da legalidade, da impessoalidade, da moralidade, da igualdade, da publicidade, da probidade administrativa, da vinculação ao instrumento convocatório, do julgamento objetivo e dos que lhes são correlatos. (Redação dada pela Lei nº 12.349/2010).

5.1 Noções Gerais

Juridicamente um princípio expressa um preceito[76], uma lição, que serve de base para o processo de interpretação, estando escrito ou não, na norma que se interpreta. O estudioso e o intérprete de uma lei ou de um ramo do Direito percebem esse preceito na base de todo o sistema que estão interpretando. É por meio do conhecimento e aplicação de princípios que se percebe a coerência de um sistema jurídico.

No Brasil, para garantir uma coerência na aplicação de um determinado conjunto de normas, a lei passou a inserir na própria norma o conjunto de princípios que deve guiar o intérprete. Apesar de haver censuras a esse modo de legislar, é fato que o Direito assume caráter mais científico. Com isso, todos que interpretam uma lei ou um ramo do Direito devem buscar atender aos princípios.

---

[76] Segundo o dicionário Houaiss, princípio é: **1.** o primeiro momento da existência (de algo), ou de uma ação ou processo; começo, início. Exs.: p. da vida na Terra no p. do casamento. **2.** o que serve de base a alguma coisa; causa primeira, raiz, razão. **3.** ditame moral; regra, lei, preceito (tb.us. no pl.). Exs.: foi educado sob p. rígidos não cede por uma questão de p. **4.** proposição elementar e fundamental que serve de base a uma ordem de conhecimentos. Ex.: princípios da física, da matemática **4.1.** Rubrica: física. lei de caráter geral com papel fundamental no desenvolvimento de uma teoria e da qual outras leis podem ser derivadas. **5.** proposição lógica fundamental sobre a qual se apoia o raciocínio. Ex.: partir de um p. falso. **6. Rubrica:** filosofia. fonte ou causa de uma ação. **7. Rubrica:** filosofia. proposição filosófica que serve de fundamento a uma dedução.

J. J. Gomes Canotilho assevera que um ordenamento constituído exclusivamente de regras seria de limitada racionalidade prática, exigindo uma disciplina legal de todas as situações, importando na ausência de espaço livre para a complementação e desenvolvimento do sistema.[77]

Um parêntese: o estudo jurídico mais consistente, observando as linhas ortodoxas do Direito não considera princípio alguns daqueles indicados no dispositivo, de modo que entendem em alguns casos se tratar de regras ou postulados normativos.

O elenco de princípios apresentados representa avanços em relação à anterior. Evita a repetição, não utiliza o termo isonomia, optando pelo termo igualdade, acrescenta o princípio da segregação de funções. Portanto, a licitação passa a ser instrumento da eficiência e não mais instrumento para garantir uma isonomia com prejuízo a outros princípios.

Infelizmente observa-se que a Lei de Licitações tem sido com muita frequência examinada, decidida e aplicada por profissionais que não tiveram formação jurídica para aplicar os princípios na interpretação. Desconsideram o processo de interpretação sistêmica e acabam isolando um dispositivo ou um princípio. Isso aconteceu na busca "cega" de obter a proposta mais vantajosa.

Por isso, antes de examinar os princípios cabe ainda uma explicação e uma advertência de Carlos Maximiliano:

> Consiste o Processo Sistemático em comparar o dispositivo sujeito a exegese, com outros do mesmo repositório ou de leis diversas, mas referentes ao mesmo objeto. [...] Não se encontra um princípio isolado, em ciência alguma; acha-se cada um em conexão íntima com os outros. O Direito objetivo não é um conglomerado caótico de preceitos; constitui vasta unidade, organismo regular, sistema, conjunto harmônico de normas coordenadas, em interdependência metódica, embora fixada cada uma no seu lugar próprio. De princípios jurídicos mais ou menos gerais deduzem corolários; uns e outros se condicionam e restringem reciprocamente, embora se desenvolvam de modo que constituem elementos autônomos operando em campos diversos. A verdade inteira resulta do contexto, e não de uma parte truncada, quiçá defeituosa, mal redigida; examine-se a norma na íntegra, e mais ainda: o Direito todo, referente ao assunto.[78].

Numa apertada síntese, três pontos devem ser adequadamente compreendidos:

---

[77] CANOTILHO, Gomes. Direito Constitucional. 6. ed. Coimbra: Almedina, 1996, p. 563.
[78] MAXIMILIANO, Carlos. Hermenêutica e aplicação do direito. 9. ed. Rio de Janeiro: Forense, 1980. p. 128 a 131.

a) princípio é um orientador para o intérprete das normas; o pensamento ao interpretar uma norma, deve ser sempre visando alinhar a intenção que se tem da leitura com o objetivo que está no princípio que, em abstrato, teria guiado o legislador na escolha das palavras; numa lógica jurídica simplificada, se o legislador e o intérprete seguem os mesmos princípios alcançarão a mesma compreensão do texto;

b) em razão da premissa anterior assentada, se o intérprete conclui que aplicando um princípio possa contradizer o texto literal da lei, deve ter extrema cautela, porque o princípio fundamental do Direito é que as normas guardam coerência com a hierarquia vertical e com os princípios; somente em casos excepcionalíssimos, pode intérprete pretender afastar o império da lei; em ocorrendo tal situação para preservar o estado democrático de Direito deve ser arguida a inconstitucionalidade da norma, na forma admitida pela Constituição e com extrema urgência; não pode, um país, desenvolver-se se admitido for que qualquer um e todos tenham o direito de interpretar todas as normas e cumpri-las ou deixar de cumpri-las por um processo de interpretação; é absolutamente ilógico, destituído de qualquer possibilidade de convencimento racional, uma interpretação *contra legem* amparada em princípio; e

c) não se pode, num Estado Democrático de Direito, processar ou punir alguém por violação a princípios, pela elevadíssima carga subjetiva que ostenta. Está entre os direitos fundamentais da República Federativa do Brasil que ninguém é obrigado a fazer ou deixar de fazer algo, senão em virtude lei. É a passagem pelo poder legislativo, com todos os defeitos que possam existir no parlamento, que legitima o Estado Democrático.

Na história do Brasil, há lamentável registro da pretensão de qualificar como lei alguns princípios e punir o descumprimento. Foi o que ocorreu com a Lei de Improbidade Administrativa que tutelou princípios e pretendeu punir a desobediência aos mesmos. Os operadores do Direito mais qualificados e, portanto, mais imunes à pretensão do espetáculo de linchamento público de acusados, e todos que frequentam o poder judiciário puderam perceber o volume de ações improcedentes e as "trapalhadas" jurídicas sem precedentes na história. O desastre da insegurança jurídica, a colocação de pessoas de bem na condição de réus tratados como infratores, a infantilização[79] da Administração, o espetáculo do processo penal[80], o desserviço à imagem nacional no exterior, todos têm reflexos muito

---

[79] DANTAS, Bruno. O risco de 'infantilizar' a gestão pública. Jornal O Globo. Disponível em: https://oglobo.globo.com/opiniao/o-risco-de-infantilizar-gestao-publica-22258401. Acesso em: 14 fev. 2019.
[80] CASARA, Rubens. Processo Penal do Espetáculo. Disponível em: https://jacobyfernandesreolon.adv.br/noticias/processo-penal-do-espetaculo/. Acesso em: 14 fev. 2019.

negativos. É necessário esclarecer e melhorar a técnica legislativa. É necessário cumprir a Constituição cidadã que consagrou como primeiro princípio da Administração Pública, o dever de todos os agentes públicos, todos, sem exceção, abrangendo especialmente Magistrados e Ministério Público, a subjugarem suas vontades e caprichos ao império da Lei, que é sobretudo a vontade do povo, externada pelos seus legítimos representantes.

Por isso, é importante que a Constituição tenha legitimado vários atores, inclusive Ministério Público e Tribunal de Contas, com o poder de iniciativas de propor leis, pois com frequência enfrentam o desafio de normas mal elaboradas dificultando a aplicação e pretendem corrigir pela via interpretativa, abalando o sistema jurídico. Por outro lado, nunca na história deste país tantas pessoas foram legitimadas a propor ação visando declarar a constitucionalidade ou inconstitucionalidade de lei.

Também por esse motivo, a nova lei significou a possibilidade de avanço, na medida em que delimitou poderes e permite recriar todo um processo de interpretação, escoimado dos vícios de interpretação *contralegem* construído em mais de vinte anos de vigência da legislação anterior.

5.2 Princípio da Legalidade

A legalidade para os agentes da Administração é ao mesmo tempo uma garantia de proteção e um dever.

Proteção frente aos interesses menores que, por vezes, certos setores tentam impingir; proteção, também, frente aos órgãos de controle interno e externo, pois o afastamento da norma implica sempre um julgamento discricionário-valorativo das circunstâncias envolvidas. Dever, porque **a vontade do administrador não pode colocar-se acima da vontade do povo**, cristalizada na lei, aprovado pelos legítimos representantes do povo. Antes disso, é escravo e curador da lei.

A seu turno, assinala o professor Celso Ribeiro Bastos, em dois parágrafos merecedores de registro, que:

> Os administrativistas são concordes em reconhecer que tal princípio ganha no direito público uma significação especial. Embora o primado da lei (e nele obviamente há de se compreender a própria Constituição) vigore tanto no que diz respeito aos comportamentos privados quanto aos das autoridades administrativas, o grau de adstrição desse atuar ao referencial da lei é muito diverso. No que diz respeito às pessoas privadas, o objetivo da lei é o de prestigiar, tanto quanto possível, à vontade dos diversos atores da cena privatística, envolvendo diretamente os interesses da pessoa humana. Admitindo-se ser a liberdade individual um dos valores fundamentais do Estado de Direito, segue-se inexoravelmente que o papel da lei apenas há de

cifrar-se à sua contenção tão-somente nos casos em que essa liberdade possa ganhar uma feição incompatível com o interesse coletivo... Essa liberdade, aliás, é procurada como fonte de criatividade, de iniciativa e de impulso em todas as modalidades da vida social.

Já quando se trata de analisar o modo de atuar das autoridades administrativas, não se pode fazer aplicação do mesmo princípio, segundo o qual tudo o que não for proibido é permitido. É que, com relação à Administração, não há princípio de liberdade nenhum a ser obedecido. É ela criada pela Constituição e pelas leis como mero instrumento de atuação e aplicação do ordenamento jurídico. Assim sendo, cumprirá melhor o seu papel quanto mais atrelada estiver à própria lei, cuja vontade deve sempre prevalecer[81].

5.2.1 Somente o que a lei autoriza – expressa ou implicitamente

Acrescenta o festejado mestre que "de tudo ressalta que a Administração não tem fins próprios, mas há de buscá-los na lei, assim como, em regra, não desfruta de liberdade, escrava que é da ordem jurídica."

Lúcia Valle Figueiredo lembra que:

> Giannini, ao abordar o princípio da legalidade, diz que a concepção doutrinária do século passado era muito rigorosa. Nos provimentos administrativos as normas deveriam regular cada um de seus elementos. Porém, hoje o princípio da legalidade atenuou-se, requerendo-se que a norma discipline os tratamentos evidentes do provimento, admitindo-se que possa fazê-lo ainda que de modo implícito[82]

5.2.2 Legalidade e interpretação da Lei nº 13.655/2018

O princípio da legalidade passou a ter novos contornos, associando de um lado o dever de cumprir a lei e de outro o dever de interpretar a lei, conforme novas balizas.

Se o objetivo da lei era encorajar a tomada de decisões e inserir luzes no chamado "apagão das canetas", no final do art. 5º apresentou esse cenário.

Finalmente, o princípio da legalidade encontrou o equilíbrio para sustentar a segurança jurídica. Especialmente quanto ao gestor público, com o advento da Lei nº 13.655/2018, também trazida à análise nesse dispositivo.

A lei é veiculada por palavras e as palavras admitem mais de uma intepretação. A finalidade do ato praticado pelo agente público é sempre o interesse público, mas

---

[81] BASTOS, Celso Ribeiro; MARTINS, Ives Gandra. Comentários à Constituição do Brasil. 3º volume, tomo III. São Paulo: Saraiva, 1988, p. 23-27.
[82] FIGUEIREDO, Lúcia Valle. Curso de Direito Administrativo. 2. ed. São Paulo: Malheiros, 1995, p. 40.

a exteriorização dessa finalidade está na lei. Atender ao princípio da legalidade muitas vezes é apenas encontrar o procedimento certo e apropriado para alcançar a finalidade definida na lei como interesse público.

Tomando como exemplo, uma contratação cotidiana no serviço público: a manutenção da saúde básica. A finalidade é o interesse público da saúde pública; a lei ordena a entrega de determinados medicamentos gratuitos à população. O meio de atender a lei é comprando; a seleção do vendedor se faz como regra pelo procedimento da licitação. Se a necessidade a ser atendida não é compatível com o prazo do procedimento, a própria lei autoriza a não seguir esse procedimento; autoriza a comprar por emergência, que tem rito processual muito mais célere. Agora considere que um novo gestor assume um hospital sem medicamentos e não tem recursos pessoais e financeiros. Nesse caso, a atividade pública está contida e a omissão desse agente não lhe pode ser imputada. É frequente, porém, que o agente se disponha a superar os fatos e pratique sucessivos atos ilegais, sem amparo em lei, para atender o objetivo final. Nesse caso, porém, a conduta encontra limite na própria lei: somente a omissão de socorro é punível e a omissão é avaliada no contexto dos recursos disponibilizados.

A Lei nº 13.655/2018[83] veio definir com mais clareza o limite da legalidade recuperando a boa jurisprudência então vigente. A dificuldade de interpretação vivenciada pelo agente público na tomada de decisão e os efeitos da aplicação da lei agora devem ser considerados pelos julgadores e controladores no momento do julgamento. É evidente que tal subjugação se impõe aos membros do Ministério Público que antes de ingressarem com ações devem proceder ao mesmo exame para que não proliferem ações abusivas.

Consulte no final dos comentários deste art. 5º, a análise dos dispositivos do referido Decreto-lei que podem e devem auxiliar na interpretação da legalidade.

5.3 Princípio da Impessoalidade

O princípio da impessoalidade, como o próprio nome indica, veda que a ação da Administração vise determinada pessoa; a conduta não pode ser em razão das pessoas envolvidas, porque acima delas paira, sobranceiro, o interesse público, não o interesse pertinente à determinada religião, localidade, grupo de empresários[84.]

---

[83] Confira a exposição do Professor Jorge Ulisses Jacoby Fernandes durante o Diálogo Público para discussão do PL nº 7.448/2017, que deu origem à Lei nº 13.655/2018: https://youtu.be/X8EdwNshr3A?list=PLEeHNSDIs-dOyQDfJtxGZehDSU3wHE0VED&t=18120

[84] BRASIL. **Lei nº 9.784, de 29 de janeiro de 1999.** Regula o processo administrativo no âmbito da Administração Pública Federal. Diário Oficial [da] República Federativa do Brasil, Brasília, DF, 01 fev. 1999. "Art. 2º Parágrafo

No magistério sempre oportuno do eminente Carlos Pinto Coelho Motta, aplicando o princípio da impessoalidade, veda-se ao administrador público:

> qualquer tratamento discriminatório na licitação, como, por exemplo, preferências em razão do recolhimento ou não de tributos; do local de residência dos licitantes; ou ainda, em caso de empates, pela "escolha" discricionária de alguma das propostas[85].

Na feliz síntese de Anschütz, "as leis devem ser executadas sem olhar as pessoas"[86].

Em outro viés, Hely Lopes Meirelles entendeu que:

> o princípio da impessoalidade, referido na Constituição de 1988 (art. 37, caput), nada mais é que o clássico princípio da finalidade, o qual impõe ao administrador público que só pratique o ato para o seu fim legal. E o fim legal é unicamente aquele que a norma de direito indica expressa ou virtualmente como objetivo do ato, de forma impessoal[87].

Como um dos elementos do ato administrativo, a finalidade, uma vez desvirtuada, gerará a invalidade – nulidade – daquele[88].

O conteúdo mínimo do dever de impessoalidade traduz na vedação a tratamento pessoal aos administrados, a ponto de causar discriminação entre eles, favorecendo alguns em detrimento de outros, um dever correlato ao princípio de igualdade. A preservação do direito de igualdade também decorre do dever de impessoalidade, é o que nos ensina Ana Paula de Oliveira.[89]

No âmbito das licitações, o princípio da impessoalidade é aplicado com o fim de se evitar dois comportamentos irregulares: antes da licitação e depois do

---

único. Nos processos administrativos serão observados, entre outros, os critérios de: III - objetividade no atendimento do interesse público, vedada a promoção pessoal de agentes ou autoridades."

[85] MOTTA, Carlos Pinto Coelho. Eficácia nas licitações e contratos. 12. ed. Belo Horizonte: Del Rey, 2011, p. 109.

[86] Apud K. Hesse. Grundüge, p. 167.

[87] MEIRELLES, Hely Lopes. Direito administrativo brasileiro. 15. ed. São Paulo: Revista dos Tribunais, 1990, p. 81.

[88] 1. É no mesmo sentido a Lei da Ação Popular: "Art. 2º. Parágrafo único. Para a conceituação dos casos de nulidade observar-se-ão as seguintes normas: e) o desvio de finalidade se verifica quando o agente pratica o ato visando a fim diverso daquele previsto, explícita ou implicitamente, na regra de competência." - BRASIL. Lei nº 4.717, de 29 de junho 1965. Regula a ação popular. Diário Oficial [da] República Federativa do Brasil, Brasília, DF, 8 abr. 1974.

2. Há, ainda, o art. 4º da Lei de Improbidade Administrativa: "Art. 4º Os agentes públicos de qualquer nível ou hierarquia são obrigados a velar pela estrita observância dos princípios de legalidade, impessoalidade, moralidade e publicidade no trato dos assuntos que lhe são afetos." - BRASIL. Lei nº 8.429, de 2 de junho de 1992. Dispõe sobre as sanções aplicáveis aos agentes públicos nos casos de enriquecimento ilícito no exercício de mandato, cargo, emprego ou função na administração pública direta, indireta ou fundacional e dá outras providências. Diário Oficial [da] República Federativa do Brasil, Rio de Janeiro, RJ, 3 jun. 1992.

[89] AVILA, Ana Paula Oliveira. O princípio da impessoalidade da Administração Pública. Rio de Janeiro: Renovar, 2004, Cap. 3, Deveres dedutíveis do princípio da impessoalidade, p. 47.

resultado. O direcionamento do julgamento da licitação deve ser evitado pela abstenção de privilégios ou qualificações que venham a favorecer possíveis "vencedores" da disputa por motivos alheios aos determinados em lei.

Por vezes, o gestor indica determinada qualificação como necessária e durante a licitação verifica que a restrição à competição decorrente da exigência dessa qualificação foi de tal ordem que somente um ou dois atenderam à convocação. Em outros casos, muitos atendem, mas poucos participam. A conduta reprovável não é restringir a competição, mas restringir imotivadamente. A motivação de favorecer alguém, viola a impessoalidade; a motivação de favorecer o interesse público se harmoniza com a impessoalidade. Por exemplo, a busca por qualidade superior para maximizar a utilidade dos recursos públicos é um dever e é compatível com o interesse público. Assim, quando se exigem prazos de garantia mais alongados favorecendo certo grupo de empresários a norma é indistinta para todos e compatível com o interesse público.

Há, porém outra violação ao princípio da impessoalidade: após o julgamento, a Administração atua para revogar ou anular a licitação. Há casos em que como o licitante "esperado" perdeu a competição, a Administração anulou duas vezes a licitação. Por isso, é compreensível que a lei defina que a anulação e a revogação da licitação devem observar um procedimento, inclusive com o contraditório assegurado aos diretamente envolvidos. [90]

5.4 Princípios da Moralidade e da Probidade Administrativa

A nova Lei de Licitações inclui a moralidade, assim como estabelecido no at. 37 da Constituição Federal, no rol de princípios a serem observados durante as licitações. Neste ponto, cabe um comentário prévio.

---

[90] Art. 71. Encerradas as fases de julgamento e habilitação, e exauridos os recursos administrativos, o processo licitatório será encaminhado à autoridade superior, que poderá:
I - determinar o retorno dos autos para saneamento de irregularidades;
II - **revogar** a licitação por motivo de conveniência e oportunidade;
III - proceder à **anulação** da licitação, de ofício ou mediante provocação de terceiros, sempre que presente ilegalidade insanável;
IV - adjudicar o objeto e homologar a licitação.
§ 1º Ao pronunciar a nulidade, a autoridade indicará expressamente os atos com vícios insanáveis, tornando sem efeito todos os subsequentes que deles dependam, e dará ensejo à apuração de responsabilidade de quem lhes tenha dado causa.
§ 2º O motivo determinante para a revogação do processo licitatório deverá ser resultante de fato superveniente devidamente comprovado.
§ 3º Nos casos de anulação e revogação, deverá ser assegurada a prévia manifestação dos interessados.
§ 4º O disposto neste artigo será aplicado, no que couber, à contratação direta e aos procedimentos auxiliares da licitação.

Salienta o prestigiado Mariense Escobar que "os princípios da moralidade e da probidade administrativa, que nos parecem de conteúdo semelhante, decorrem de uma regra moral que deve embasar toda ação administrativa"[91]. Com razão o citado mestre, pois as teorias que procuraram diferenciá-los quedaram-se na doutrina pátria[92]. A conduta administrativa deve pautar-se, permanentemente, visando ao atendimento dos valores cultivados na mais elevada órbita de valores morais da sociedade[93].

No tocante a moralidade, existem ainda os que entendem não se tratar de um princípio autônomo – pois não é possível exemplificar situação que ofende tão somente este princípio sem ofender a isonomia à exemplo de Antônio Carlos Cintra do Amaral e o Professor Ricardo Marcondes[94].

A discussão sobre qual enquadramento no ordenamento jurídico como disposto alhures, não nos é relevante na medida em que o diploma legal dispôs como princípio – buscando ser fonte norteadora da conduta. Ademais como denota o brilhante Professor Marcio Cammarosano[95], a própria constituição cuidou de colocá-lo como tal.

É nas lições do referido Professor que nos valemos da compreensão de que a moralidade administrativa "não pode ser tida como coincidente da moralidade comum – mas sim de uma moral jurídica, entendida como 'o conjunto de regras de conduta tiradas da disciplina interior da Administração'".[96]

A conduta administrativa deve pautar-se, permanentemente, visando ao atendimento dos valores cultivados na mais elevada órbita de valores morais da sociedade.

---

[91] ESCOBAR, João Carlos Mariense. Licitação: teoria e prática. 2. ed. rev. e ampl. Porto Alegre: Livraria do Advogado, 1993, p. 19.
[92] No julgamento no STF, o Ministro Marco Aurélio, analisando procedimento licitatório – consultoria de serviço não especializado – e concluindo pela imprescindibilidade da exposição dos motivos que justificariam a dispensa da licitação, suscitou que "o agente não só tem que ser honesto e probo, mas tem que mostrar que possui tal qualidade. Como a mulher de César" – BRASIL. Supremo Tribunal Federal. RE nº 160.381/SP. Relator: Ministro Marco Aurélio. Disponível em: <http://www.stf.jus.br>. Acesso em: 24 abr. 2009.
[93] Com razão acrescenta Mariense Escobar na mesma obra e página citada anteriormente: "decepciona constatar o quanto nossas estruturas administrativas se encontram deformadas pelo desempenho de agentes absolutamente inaptos ao exercício ético e responsável das funções públicas".
[94] MARTINS, Ricardo Marcondes. Princípio da moralidade administrativa. In: ADRI, Renata Porto; PIRES, Luis Manuel Fonseca; ZOCKUN, Mauricio (coord.). Corrupção, ética e moralidade administrativa. Belo Horizonte: Fórum, 2008, p. 305-334.
[95] CAMMAROSANO, Marcio. O Princípio Constitucional da Moralidade Administrativa. Belo Horizonte: Fórum, 2006, Cap. 7. 8, 9, 10 e conclusão, p. 92.
[96] Helly Lopes Meirelles apud CAMMAROSANO, Marcio. O Princípio Constitucional da Moralidade Administrativa. Belo Horizonte: Fórum, 2006, Cap. 7. 8, 9, 10 e conclusão, p. 67.

Entre as normas que mais se destacam na tutela do princípio da moralidade, cabe registrar:

a) a Lei nº 8.429/1992, conhecida como Lei de Improbidade, alterada pela Lei nº 14.230/2021, que nos arts. 9º, 10 e 11 estabelece várias condutas tipificadas como irregulares;

b) o Decreto nº 1.171/1994, que instituiu o Código de Ética do servidor público federal, sem dúvida a mais bela norma do direito nacional;

c) a Lei nº 9.784/1999 que dispõe sobre o processo administrativo estabelecendo que serão observados "os critérios de atuação segundo padrões éticos de probidade, decoro e boa-fé"; e

d) a Lei nº 12.813/2013, que dispõe sobre o conflito de interesses no exercício de cargo ou emprego do Poder Executivo federal e impedimentos posteriores ao exercício do cargo ou emprego.

Em artigo publicado na "Revista de Direito Administrativo e Constitucional – Ed. Fórum", o Desembargador Rogério Gesta Leal discute as imbricações necessárias que há entre a moralidade administrativa, enquanto vetor axiológico de gestão da coisa pública. Demonstra que implica aí sua natureza filosófica e política –, e probidade administrativa, na dimensão mais deontológica do agir da máquina e dos agentes públicos na condição de gestores. O autor destaca:

> Observa-se, dessa forma, que o conceito de moralidade é determinante de regras de conduta, ou seja, traça linhas de comportamentos para o administrador, fazendo com que este, ao realizar seus atos, observe, além dos elementos constitutivos próprios de cada um, a eficácia e eficiência dos mesmos, de forma transparente, no plano dos compromissos e vinculações político-jurídicas já existentes.[97]

Leal recorre a autores renomados para tratar da probidade na direção do agir instrumental dos poderes públicos instituídos. Assim, destaca a lição de José Afonso da Silva para pontuar:

> A probidade administrativa consiste no dever de o "funcionário servir a Administração com honestidade, procedendo no exercício de suas funções, sem aproveitar os poderes ou facilidades delas decorrentes em proveito pessoal ou de outrem a quem queira favorecer"[98]

---

[97] Imbricações necessárias entre moralidade administrativa e probidade administrativa. Rodrigo Gesta Leal. http://www.revistaaec.com/index.php/revistaaec/article/view/104
[98] Apud SILVA. Curso de direito constitucional positivo, p. 653. Ver igualmente a abordagem mais ampliada que faz FREITAS. O controle dos atos administrativos e os princípios jurídicos fundamentais, p. 187-188

Há ainda muito a se debater na doutrina sobre as relações existentes entre moralidade e probidade. Por ora, importante reconhecer a importância de uma conduta ética e em consonância com os princípios que regem a Administração.

Ao ensejo cabe lembrar que a civilização evoluiu mais de 400 anos para separar o direito da moral, dando contornos científicos à ciência jurídica, evitando condenações pelo pensamento subjetivo de alguns poucos. Foi assim, que países evoluídos, como o nosso, erigiu um direito fundamental: ninguém será obrigado a fazer ou deixar de fazer, senão em virtude lei. E, mais: não há crime sem lei anterior que o defina e, aliás, defina com precisão o tipo penal. Por isso, há necessidade de muita cautela em pretender acusar alguém por violação a esse ou outro princípio.

O princípio da moralidade, contudo, tem relevância na motivação dos atos pelos gestores. É importante que o gestor indique na motivação o ideário de interesse público de sua atuação conforme o dever de "ser servidor público" e a necessidade coletiva que sua atuação busca satisfazer. A motivação reforçando o princípio da moralidade enobrece o texto.

Jurisprudência que ainda pode servir à interpretação

Parentesco com agente público
Viola os princípios da igualdade e da moralidade a participação de licitante que possua quaisquer relações de parentesco com agente público que detenha poder de influência na decisão de contratação.
TCU. Processo nº 008.608/2006-7. Acórdão nº 1620/2013-Plenário. Relator: ministro José Múcio Monteiro.
Esse tema, parentesco, e outro, nepotismo, estão regulados em vários artigos da Lei nº14.133/2021, em especial:
- art. 7º, inciso III – que trata da designação de agentes públicos para o desempenho das funções essenciais à execução da Lei nº 14.133/2021;
- art. 14 – que obriga inserir no edital vedação á empresas e pessoas participar de disputa em licitação ou em execução de contrato, direta ou indiretamente, que tenha vínculos com agentes públicos nomeados para funções que o dispositivo indica;
- art. 48 - que obriga inserir no edital vedação à contratação de empresa de terceirização que tenha vínculos ou empregados com vínculos com agentes públicos nomeados para funções que o dispositivo indica;
- art. 122, § 3º - que obriga inserir no edital vedação á subcontratação de empresas com vínculos com agentes públicos nomeados para funções que o dispositivo indica;

5.5 Princípio da Publicidade e da Transparência

A doutrina pátria, mesmo antes da atual Constituição Federal, consagrava o princípio da publicidade como um dos basilares do Direito Administrativo.[99]

A transparência e a publicidade são muitas vezes postas como sinônimos pela doutrina e jurisprudência. É necessário, no entanto, compreender que o princípio da transparência é muito mais amplo que o da publicidade, pois abrange não só a necessidade de dar publicidade, mas a necessidade de permitir o conhecimento do que ocorre no âmbito da Administração Pública, e praticar atos em linguagem clara e acessível a toda a sociedade interessada. Dessa forma, o princípio da transparência é um instrumento para chamar a sociedade para participar dos rumos do Estado. Por isso, recomenda-se que em nome desse princípio também se permita acesso à motivação da decisão tomada e todos os atos, salvo as exceções normativas.

A propósito do princípio da publicidade, ensina o professor Fernando Canhadas[100], que a correta compreensão do termo na acepção jurídica é precisamente divulgar, praticar uma ação comissiva, uma conduta positiva, portanto, que terá por objeto a notificação, a intimação ou de qualquer outra forma a ciência a um determinado indivíduo ou mesmo a uma série indeterminada de pessoas acerca do conteúdo da informação. Nessa hipótese, a Administração age de ofício, independentemente de solicitação, seja porque há conveniência ou exigência legal.

Um ponto importante a destacar que o princípio da transparência não seria necessário se fosse bem compreendido o princípio da publicidade, como tratado na doutrina nacional. Estudiosos que aprendem a lição estrangeira antes da nacional, acabaram por dar autonomia a esse princípio, já contido na publicidade. Note a lição mais antiga sobre essas acepções, mas também muito atual, do saudoso professor Hely Lopes Meirelles, ao acentuar que:

> [...] publicidade, como princípio da Administração Pública, abrange toda atuação estatal, não só sob o aspecto de divulgação oficial de seus atos, como também de propiciação de conhecimento de conduta interna de seus agentes. Essa publicidade atinge, assim, os atos concluídos e em formação, os processos em andamento, os pareceres dos órgãos técnicos e jurídicos, os despachos intermediários e finais, as atas de julgamento das licitações e os contratos com quaisquer interessados, bem como os comprovantes de

---

[99] Não elencam o princípio da publicidade como informativo do processo administrativo: Hely Lopes Meirelles, Lúcia Valle Figueiredo, Sebastião Lessa, José Armando da Costa e Celso Ribeiro Bastos, entre outros; enquanto que Diógenes Gasparini e Maria Sylvia Zanella di Pietro, entre outros, sustentam que seja a publicidade um dos vetores.
[100] CANHADAS, Fernando Augusto Martins. O Direito de Acesso à Informação Pública: o princípio da transparência administrativa, Curitiba: Appris, 2018. Pg. 147.

despesas e as prestações de contas submetidas aos órgãos competentes. Tudo isso é papel ou documento público que pode ser examinado na repartição por qualquer interessado e dele obter certidão ou fotocópia autenticada para fins constitucionais.[101]

Verifica-se que, num primeiro momento, a publicidade está relacionada com o dever de comunicar ao público em geral e, num segundo, permitir ao interessado que conheça um ato do processo administrativo.

É necessário trazer uma visão prática sobre os princípios aqui tratados. Qual é o sentido da expressão publicidade que deve orientar o administrador em cada caso? Deve publicar o quê? Quando o ato é válido com o simples conhecimento do interessado? Quando é indispensável publicar na imprensa oficial?

Numa síntese: a aplicação do princípio da publicidade pode ser tomada ora como divulgação de informação, ora como dar ciência ao interessado. Após o advento da Lei nº 12.527/2011, formalizou-se uma terceira acepção: direito de acesso à informação. Essa última difere-se da primeira pela iniciativa. Na primeira acepção, o órgão público *sponte sua*, isto é, por sua própria iniciativa, informa à sociedade; nessa última, a informação é oferecida a qualquer do povo, sem necessidade de demonstrar interesse ou motivar o ato que pede informação sobre o processo.

Na linha de consideração desse magistério, a publicidade é obrigatória quando o ato tem alcance externo, isto é, seus efeitos ultrapassam o recesso das repartições. O primado da segurança das relações jurídicas impõe que as partes conheçam previamente a condição que as submete e o respectivo ampara legal.

O dever de publicar o ato na imprensa oficial se dá quando ocorre uma das seguintes hipóteses:

a) o ato implica realização de despesa ou renúncia de receita. A atuação estatal, num regime democrático de direito, tem na correta aplicação do erário ponto angular, impondo-se a publicação para permitir o controle do Estado pelo cidadão; ou

b) o ato diz respeito a toda coletividade, ensejando a possibilidade de um controle "por qualquer do povo", hipótese em que, pelo fundamento jurídico de que todos são interessados, todos são legitimados ao exercício do direito de ação e devem ser alcançados pela publicidade. As leis, os atos de desapropriação, os atos de regulamentação de ocupação do solo, de registro de comércio, por exemplo, devem necessariamente ser publicados.

---

[101] MEIRELLES, Hely Lopes. Direito Administrativo Brasileiro. 2. ed. atual. São Paulo: Revista dos Tribunais, 1986, p. 86. Grifos não são do original.

No tocante a transparência, nos utilizando novamente das lições de Fernando Canhadas[102,] sua aplicação deve se dar na maior medida possível, diante do caso concreto, levando-se em consideração as potenciais restrições relativas às hipóteses de sigilo exigidas por força de determinados interesses públicos e privados privilegiados constitucionalmente, abrangendo toda e qualquer informação produzida ou detida pela Administração Pública ou por quem lhe faça as vezes.

Com a possibilidade de publicação na rede mundial de computadores, internet, praticamente sem custos, e com a audaciosa pretensão de implantação e uso do Portal Nacional de Contratações Públicas[103], a Administração Pública experimentará uma dimensão de produtividade, transparência e controle social jamais visto. A esperança na efetivação desse princípio é inevitável.

5.6 Princípio da Eficiência e da Eficácia

A nova Lei de Licitações incluiu estes dois princípios no rol daqueles elencados para guiar as licitações e contratações.

O princípio da eficiência é previsto no texto constitucional desde a Emenda Constitucional nº 19/1998, que complementou o art. 37 determinando que a eficiência foi mais um guia das ações da administração pública. O princípio da eficácia, por sua vez, surge com a nova lei, mas não é necessariamente uma inovação no ordenamento jurídico.

Para bem entender o contexto, recorre-se à lição do Dr. Carlos Pinto Coelho Mota[104], que tratou da temática da eficácia nas licitações públicas. Preliminarmente, o autor recorre à Ciência da Administração para, de modo simplificado, distinguir os dois conceitos: Eficiência, assim, estaria relacionado a "fazer as coisas bem feitas; resolver problemas; cumprir com seu dever; reduzir custos". Eficácia, por sua vez, refere-se a "fazer bem as coisas certas; produzir alternativas criativas; obter resultados; aumentar lucros".

Buscando a adaptação dos conceitos ao universo do Direito Administrativo, Carlos Mota, ainda esclarece:

> O Decreto 5.233, de 6/10/04 (estabeleceu normas para a gestão do Plano Plurianual da União 2004/2007, Leis 10.933/04 e 11.450/07), em seu anexo, conceitua os termos eficiência e eficácia. Eficácia: "é a medida do grau de atingimento das metas fixadas para um determinado objeto, atividade ou programa em relação ao previsto". Eficiência "é a medida da relação entre os

---

[102] Op.cit. pg. 192.
[103] Consulte art. 174 a 176 da Lei nº 14.133/2021.
[104] MOTTA, Carlos Pinto Coelho. Eficácia nas Licitações e Contratos. 10. ed. Belo Horizonte: Del Rey, 2005.p. 13.

recursos efetivamente utilizados para a realização de uma meta para um projeto, atividade ou programa frente a padrões estabelecidos".

Os órgãos de controle externo, conforme preceitua o texto constitucional - art. 71, inciso IV - possuem competência para "realizar, por iniciativa própria, da Câmara dos Deputados, do Senado Federal, de Comissão técnica ou de inquérito, inspeções e auditorias de natureza contábil, financeira, orçamentária, operacional e patrimonial, nas unidades administrativas dos Poderes Legislativo, Executivo e Judiciário, e demais entidades referidas no inciso II". Nessa tarefa, as Cortes de Contas avaliam a correta aplicação dos recursos transferidos às unidades administrativas nos objetos pactuados.

Ao realizar esta ação, os órgãos de controle verificam a atuação dos gestores tanto analisando a eficiência, quanto a eficácia. Em relação a este último, o órgão verificador observará se tudo o que foi previsto no plano de trabalho foi cumprido satisfatoriamente, atingindo os resultados previstos inicialmente.

Carlos Mota destaca, ainda que, ao longo dos anos e do desenvolvimento dos processos internos de fiscalização e de auditoria, principalmente em razão do progresso da informática, vem melhorando o controle da atividade administrativa, o que promove uma busca maior pela eficácia. O autor, entretanto, aponta com notável assertividade, que tais setores não apresentarão verdadeira evolução se não houver reforço à carreira profissional e à capacitação dos servidores. E conclui: "a eficácia de um sistema reside principalmente nos recursos humanos que nele atuam".

Novamente, ao ensejo, registra-se aqui a auspiciosa pretensão da implantação do Portal Nacional das Contratações Públicas, pelo art. 174 a 176 da LLCA, como instrumentos úteis a efetividade desses princípios.

5.7 Princípio do Interesse Público

A lei dispôs que o interesse público é um princípio a ser observado nas licitações e contratações da Administração Pública, isso é extremamente interessante porque a lei cuidou de não incluir a expressão "supremacia" o que é amplamente difundido na doutrina clássica.[105]

Numa adaptação da consagrada lição de hermenêutica de que "a lei não contém palavras inúteis[106]", é possível afirmar que a supressão representa escolha do legislador em suprimir a palavra supremacia, atualizando no texto legal, o que já vem

---

[105] Credita-se ao Professor Celso Antônio Bandeira de Mello o conceito mais difundido do princípio da supremacia do interesse público.
[106] Do latim *"verba cum effectu sunt accipienda"*.

sendo esclarecido pela doutrina mais atual. Aliás, cumpre mencionar que não consta em nosso ordenamento jurídico, pelo menos, de maneira expressa o amplamente enraizado "princípio da supremacia do interesse público".

Nas últimas décadas, especialmente impulsionados pelo trabalho do Professor Humberto Ávila[107] tido como um dos primeiros a apresentar esse posicionamento, o interesse público vem ganhando uma nova característica, que se deve a três motivos principais: a conotação abstrata de supremacia do interesse público, a compreensão de que supremacia e princípio não convergem na medida em que princípios comportam sopesamentos, e a própria concepção de que "supremacia do interesse público sob o particular" parece colocá-los em lados opostos.

Sobre este último motivo, é nítido e a própria norma objeto desse estudo demonstra que a Administração Pública vem caminhando para um processo de "horizontalidade", isto é, deixando de lado o conceito absolutista, o ideário de que o Estado é mais importante do que os indivíduos para fazer valer a Constituição Federal que assegura direitos fundamentais do indivíduo e não do Estado. Com essa nova perspectiva, o Direito Administrativo assume o rumo definitivo dos princípios republicanos, o verdadeiro fundamento da República Federativa do Brasil.

Nesta senda o professor Humberto Ávila[108] disserta que, se houvesse alguma regra abstrata e relativa de prevalência seria em favor dos interesses privados em vez dos públicos à luz da Constituição Federal, precisamente para igualar juridicamente o cidadão ou Estado.

Em que pese haver críticas e elogios a essa concepção e que, uma parcela relevante da doutrina entende que o princípio da supremacia do interesse público foi mal interpretado, fato é que na lei utiliza-se apenas "interesse público" como princípio.

Cumpre salientar ainda que o interesse público aqui compreendido é o interesse da coletividade, denominado de interesse primário, e não o interesse exclusivo da Administração Pública, também denominado de interesse público secundário. Desse modo, como interesse da coletividade público não é algo antagônico aos interesses dos indivíduos, sobre este tema interessante trazer as lições de Daniel Wunder Hachem: "O interesse público constitui ao mesmo tempo fundamento e limite do poder estatal: se de um lado ele permite que as autoridades públicas ampliem o seu poder de outro ele consubstancia um limite a esse poder,

---

[107] ÁVILA, Humberto Bergman. Repensando o "Princípio da Supremacia do Interesse Público sobre o Particular". In: SARMENTO, Daniel (Org.). Interesses públicos versus interesses privados: desconstruindo o Princípio da Supremacia do Interesse Público. 2. tiragem. Rio de Janeiro: Lumen Juris, 2007. p. 86.
[108] Ibidem. p. 165.

uma vez que lhes impede de agir para além da medida exigida pelo interesse público."[109]

Essa explicação ganha especial relevo sobre o tema licitações e contratos, uma vez que temos, em regra dois atores: a Administração Pública como contratante e o ente privado como contrato envolvidos num processo que tem a pretensão de satisfazer o interesse da coletividade.

Compreendido como exposto acima, o princípio do interesse público deve ser observado nessa relação – o que deve significar que as vezes prevalecerá os interesses do sujeito privado e as vezes o da Administração ou o ideal: que ambos os interesses sejam compatibilizados e harmonizados; privado e Administração ganhem porque se observou o interesse de toda a coletividade.

Numa aplicação prática para melhor compreensão: quando a lei, infelizmente, manteve a redação de que a "Administração Pública poderá revogar a licitação por motivo de conveniência e oportunidade" deve ser compreendido como motivo de conveniência e oportunidade com relação ao interesse público e não às suas próprias convicções, e desde que haja motivo superveniente devidamente comprovado e pertinente.

Vale lembrar que é inerente ao interesse público que a licitação ocorrida com a observância desta Lei enseja a contratação. Revogar licitações que não são mais "oportunas ou convenientes", especialmente depois de revelada a empresa vencedora, sem que haja motivo extremamente relevante e superveniente implica em ofensa ao princípio da impessoalidade, do planejamento e segurança jurídica, além de dispêndio de recursos públicos atentando contra o princípio da economicidade. Pode revelar que os agentes públicos atuaram, no caso, para satisfazer interesse secundário da Administração Público, antagônico ao interesse público primário, ou até que visaram satisfazer interesse pessoal.

Jurisprudência que ainda pode servir à interpretação

Ampla defesa e contraditório ao ato de revogação do certame

A revogação de certame, apesar de ser uma prerrogativa, não pode ocorrer sem qualquer tipo de limitação, razão pela qual o ordenamento jurídico estabelece, em substância, os seguintes requisitos para tanto: a) fato superveniente que tenha transfigurado o procedimento em inconveniente ou inoportuno; b) motivação; e c) contraditório e ampla defesa prévios.

Constatada a ocorrência de fato superveniente capaz de suportar o desfazimento do processo licitatório por inconveniência e/ou inoportunidade, a Administração deve comunicar aos licitantes a intenção de revogação, oferecendo-lhes direito ao contraditório e à ampla defesa prévios, em prazo razoável, para que defendam a licitação deflagrada e/ou demonstrem que não

---

[109]HACHEM, Daniel Wunder. Princípio constitucional da supremacia do interesse público. Belo Horizonte: Fórum, 2011, p. 135.

cabe o pretendido desfazimento, tudo antes de ocorrer a decisão da Administração de forma motivada.

Fonte: Acórdão 455/2017-Plenário. No mesmo sentido: acórdãos 1.725/18 - Plenário e 4.467/2019 - 2ª Câmara).

5.8 Princípio da Igualdade

Na lei foi retirada da versão final deste dispositivo, a isonomia como princípio a ser observado nas licitações, no entanto, em outros dispositivos (art. 88, §4º da Lei nº 14.133/2021) voltou a colocá-lo como princípio.

No Direito, a isonomia é estritamente vinculada à lei, porque a igualdade se estabelece ou não, segundo os ditames da norma, mas não se exaure na dimensão da legalidade. A isonomia é compreendida como a igualdade formal; se a igualdade pressupõe um tratamento amplo igualitário, a isonomia aplica-se especificamente à interpretação de normas.

Preliminarmente, cabe registrar que, ao contrário do que à primeira vista possa parecer, a isonomia não é uma garantia de igualdade absoluta, mas apenas se estabelece em função de determinado objeto ou sujeito de uma dada relação jurídica, ao qual é denominada igualdade formal.

Quando se afirma que "todos os cidadãos são iguais perante a lei", como ensina Canotilho, significa, tradicionalmente, "a exigência de igualdade na aplicação da lei".[110]

Em outras palavras: na licitação, afastar licitante pela qualificação técnica deve ter amparo em lei; na seleção do objeto, o afastamento pode provir de norma infralegal que discipline a categoria de objetos, como ocorre com a aplicação das normas da ABNT e do INMETRO.

Como dito anteriormente, o princípio da igualdade, contudo, não se exaure na aplicação igualitária da lei. Pode ocorrer, e não raro acontece, da violação ao princípio provir da própria norma. Castanheira Neves explica que "a igualdade perante a lei oferecerá uma garantia bem insuficiente se não for acompanhada de uma igualdade na própria lei, isto é, exigida ao próprio legislador, relativamente ao conteúdo da lei".

---

[110] CANOTILHO, Gomes. Direito Constitucional. 6. ed. Coimbra: Almedina, 1996, p. 563.

Tal ocorria, por exemplo, quando um decreto do Distrito Federal previa que só poderiam participar da licitação os que não constassem da "lista negra" do PROCON/Distrito Federal.[111]

Na esfera federal, nada obstante o extraordinário avanço que representou a instituição do SICAF[112] para os órgãos vinculados ao SISG, por meio da Instrução Normativa nº 5 do antigo Ministério da Administração e Reforma do Estado[113], o fato é que o subitem 1.3 dessa norma restringiu a participação em licitação apenas aos que estão cadastrados no SICAF[114] considerando que com exceção do convite, todas as outras modalidades seriam acessíveis aos licitantes que demonstrassem possuir a habilitação exigida pela lei[115]. Aplicando o princípio da isonomia, decidiu-se que o subitem não deveria prevalecer. A decisão, contudo, não foi a melhor. Com essa interpretação ignorou-se o teor da mesma lei, que determinava só poderem participar da concorrência os que "na fase preliminar da licitação". A expressão entre aspas poderia ter sido entendida permitindo que fosse a inscrição no SIAFI. Preferiram os órgãos de controle, como dito, desconsiderar a expressão entre aspas e desobrigar a prévia inscrição.

---

[111] 1. DISTRITO FEDERAL. Decreto nº 14.641 de 23 de março de 1993. Institui a Certidão Negativa de Violação dos Direitos do Consumidor e introduz alteração no Decreto nº 10.996, de 26 de janeiro de 1988. Diário Oficial do Distrito Federal, Brasília, DF, 24 mar. 1993. À época, no desempenho das funções de Procurador do Ministério Público, representamos ao TCDF visando restringir a aplicação da norma. A violação à isonomia, no caso, concretizar-se-ia em desfavor dos empresários do Distrito Federal, uma vez que os inidôneos dos outros Estados não seriam atingidos.
DISTRITO FEDERAL. Tribunal de Contas. Representação nº 005/1995-JUJF. Processo nº 5.377/1995. Relator: Conselheiro José Milton Ferreira. Brasília, 27 de dezembro de 1995. Disponível em: http://www.tc.df.gov.br. Acesso em: 12 dez. 2014. A representação foi acolhida pelo TCDF.

[112] Normas que regulamentam o SICAF:
1. BRASIL. Ministério do Planejamento, Orçamento e Gestão. Secretaria de Logística e Tecnologia da Informação. Instrução Normativa nº 2, de 11 de outubro de 2010. Estabelece normas para o funcionamento do Sistema de Cadastramento Unificado de Fornecedores - SICAF no âmbito dos órgãos e entidades integrantes do Sistema de Serviços Gerais - SISG. Disponível em: http://www.comprasnet.gov.br. Acesso em: 12 dez. 2014.
2. BRASIL. Ministério do Planejamento, Orçamento e Gestão. Secretaria de Logística e Tecnologia da Informação. Portaria Normativa nº 27, de 10 de novembro de 2010. Dispõe sobre os procedimentos a serem observados pelos inscritos no Sistema de Cadastramento Unificado de Fornecedores - SICAF e os órgãos integrantes do Sistema de Serviços Gerais - SISG, quando da utilização do SICAF, após sua reestruturação. Disponível em: http://www.comprasnet.gov.br. Acesso em: 12 dez. 2014.
3. BRASIL. Decreto nº 3.722, de 09 de janeiro de 2001. Regulamenta o art. 34 da Lei nº 8.666, de 21 de junho de 1993, e dispõe sobre o Sistema de Cadastramento Unificado de Fornecedores - SICAF. Diário Oficial da União [da] República Federativa do Brasil, Brasília, DF, 10 jan. 2001.

[113] Atualmente Ministério do Planejamento, Orçamento e Gestão – MPOG.

[114] Essa restrição não existe mais, pois não está contida no texto da IN/MPOG nº 02/2010, que revogou a IN nº 05/1995.

[115] BRASIL. Tribunal de Contas da União. Processo TC nº 013.387/1997-9. Decisão nº 98/1999 – Plenário. Relator: Ministro Benjamim Zymler. Diário Oficial da União [da] República Federativa do Brasil, Brasília, DF, 8 abr. 1999.

No mesmo diapasão, foi exatamente o argumento da isonomia que levou o Tribunal de Contas da União e o Superior Tribunal de Justiça a considerarem inaplicável a exigência contida no art. 69 da Lei nº 5.194/1966, que estabelecia para a regularidade e a participação em licitação que o atestado de responsabilidade técnica, expedido pelo CREA, fosse visado pelo respectivo Conselho onde se realizasse a licitação[116]. Ou seja, mesmo desigualados por lei, os controladores fizeram prevalecer a isonomia. Analise esse fato e essas decisões: curiosamente esse dispositivo nunca foi formalmente considerado inconstitucional, nem em controle difuso, nem em controle abstrato, e continua vigendo. Juridicamente as decisões serviram a insegurança jurídica e tornar ainda mais complexa a aplicação do direito. A norma continua vigendo, mas se for aplicada, implicará em reprimenda ao aplicador. Melhor teria sido que ao decidirem desse modo, o TCU e o STJ informassem o fato à Procuradoria Geral da República para que arguissem formalmente a inconstitucionalidade perante o STF.

Outra aplicação da igualdade material encontra-se disposta no art. 170, inciso IX, da Constituição Federal de 1988, ao dispor do tratamento favorecido às empresas de pequeno porte constituídas sob as leis brasileiras que tenham sede e administração no país. O referido dispositivo foi regulamentado pela Lei Complementar nº 123[117], que elencou alguns "privilégios" no que tange às aquisições públicas os quais passam-se a listar os principais:

a) a comprovação da regularidade fiscal somente será exigida para efeito de assinatura do contrato – art. 42;

b) havendo alguma restrição na comprovação da regularidade fiscal, será assegurado o prazo de 5 (cinco) dias úteis, cujo termo inicial corresponderá ao momento em que o proponente for declarado o vencedor do certame, prorrogável por igual período, a critério da administração pública, para a regularização da documentação, pagamento ou parcelamento do débito e emissão de eventuais certidões negativas ou positivas com efeito de certidão negativa – art. 43, § 1º;

---

[116] Consultar: BRASIL. Tribunal de Contas da União. Processo TC nº 005.519/1992-6. Decisão nº 434/1993 – Plenário. Relator: Ministro Olavo Drummond. Diário Oficial [da] República Federativa do Brasil, Brasília, DF, 13 out. 1993. Seção 1, p. 15284; Superior Tribunal de Justiça. Processo REsp nº 11.937. Relator: Ministro Américo Luz. Diário da Justiça [da] República Federativa do Brasil, Brasília, DF, 25 nov. 1991. Seção 1, p. 17032; MOTTA, Carlos Pinto Coelho. Eficácia nas licitações e contratos. 12. ed. Belo Horizonte: Del Rey, 2011, p. 424.
[117] BRASIL. Lei Complementar nº 123, de 14 de dezembro de 2006. Institui o Estatuto Nacional da Microempresa e da Empresa de Pequeno Porte Diário Oficial da União [da] República Federativa do Brasil, Brasília, DF, 14 dez. 2006.

c) nas licitações será assegurada, como critério de desempate, preferência de contratação para as microempresas e empresas de pequeno porte – art. 44; e

d) os itens do edital cujo valor seja inferior a R$ 80.000,00 deverão ser destinados exclusivamente à participação de microempresas e empresas de pequeno porte – art. 47 e 48, inciso I. Na vigência inicial da Lei Complementar nº 123, era permitida a restrição para pequenas e microempresas nas licitações até esse valor ou itens até esse valor; agora, pela mudança introduzida pela Lei Complementar nº 147, o edital deve restringir a participação das grandes empresas nos itens até esse valor[118].

Sobre a aplicação dessas leis complementares, recomendamos cautela, pois há conflito entre os seus termos e a Lei nº 14.133/2021. Para conhecer melhor o assunto, consulte os comentários ao art. 4º.

5.9 Princípio do Planejamento

O planejamento, como princípio jurídico, não é usual em nossa doutrina, no entanto, o Decreto-Lei nº 200/1967 ao tratar das atividades da Administração Pública Federal, em seu art. 6º já o coloca na categoria de princípio. A Constituição Federal, em seu art.174 faz remissão ao planejamento como uma das funções do Estado.

Esse e alguns outros "princípios" elencados no art. 5º de fato não integram outros ramos do Direito Administrativo. É necessário, porém, ampliar os horizontes para melhor compreensão. Note: os outros ramos do direito têm relação menos intensa com outras ciências. Por exemplo, o direito penal tem relação com a psicologia, com a medicina, com a política pública da segurança. O Direito Administrativo, como ramo específico do Direito destinado a regular a relação entre a Administração Pública e os cidadãos, para efetivar os serviços públicos e as políticas

---

[118] BRASIL. Tribunal de Contas da União. Acórdão nº 2957/2011- Plenário. Diário Oficial da União [da] República Federativa do Brasil, Brasília, DF, 18 nov. 2011. Seção 1. p. 154. TCU determinou em caráter normativo: " 9.2.1. nos editais de licitação em que for conferido o tratamento diferenciado previsto no inciso I do artigo 48 da Lei Complementar nº 123, de 14 de dezembro de 2006, e no art. 6º do Decreto nº 6.204, de 5 de setembro de 2007, não se deve restringir o universo de participantes às empresas sediadas no estado em que estiver localizado o órgão ou a entidade licitante; 9.2.2. as licitações processadas por meio do Sistema de Registro de Preços, cujo valor estimado seja igual ou inferior a R$ 80.000,00, podem ser destinadas à contratação exclusiva de Microempresas e Empresas de Pequeno Porte, competindo ao órgão que gerencia a Ata de Registro de Preços autorizar a adesão à referida ata, desde que cumpridas as condições estabelecidas no art. 8º do Decreto nº 3.931, de 2001, e respeitado, no somatório de todas as contratações, aí incluídas tanto as realizadas pelos patrocinadores da ata quanto as promovidas pelos aderentes, o limite máximo de R$ 80.000,00 em cada item da licitação ."

públicas determinados pela Constituição Federal, acaba se apropriando de conceitos de gestão, governança, *compliance*[119], economia e de outras ciências.

O planejamento de fato é um princípio jurídico da Ciência da Administração, pois:

a) permeia todo os atos da licitação e do contrato e com menos intensidade todos os institutos do Direito Administrativo;

b) fundamenta a legislação tratando de ser um guia na interpretação, como ocorre quando se declara que a licitação deve se amparar nos estudos técnicos preliminares; esses estudos devem servir ao planejamento do termo de referência e do projeto básico; e

c) as regras do edital vinculam a Administração Pública, entre outras causas de planejamento e efeitos desse.

Esse princípio tem relação íntima com o princípio da eficiência, uma vez que é amplamente difundido na ciência da administração que para gerir com eficiência é necessário planejamento. Por conseguinte, em razão dessa afinidade entre os referidos princípios que não deve, como pontuado por Ronny Charles Lopes de Torres, "prestigiar um planejamento meramente formal, que amplia custos transacionais, sem produzir resultados significativos no aperfeiçoamento da pretensão contratual ou definição do objeto da licitação"[120].

Sobre o tema, o professor e conselheiro do Tribunal de Contas do Estado do Maranhão, José de Ribamar Caldas Furtado[121], assevera que o planejamento público é condição para a boa administração pública, *in verbis*:

> Como instrumento para se chegar ao equilíbrio das contas públicas, que na realidade foi o grande mote da Lei de Responsabilidade Fiscal, o novo regime impõe o planejamento na gestão dos recursos públicos. Aliás, é incrível que neste País se tenha que publicar uma lei para exigir o planejamento na administração pública. Afinal, os idealizadores da Escola Científica da Administração -Taylor e Fayol -, no Século XIX, já apregoavam o

---

[119] Compliance é uma palavra utilizada no idioma inglês e, portanto, pelas normas brasileiras deveria ser grafada em itálico, até que a Academia Brasileira de Letras - ABL incluísse a palavra no VOLP, Vocabulário Ortográfico da Língua Portuguesa. Ocorre que o legislativo utilizou o termo em Lei. Assim, o legislativo usurpando a competência que deferiu para a ABL inseriu a expressão no idioma nacional, sem observância das regras do vernáculo, obrigando o leitor a pronunciar compliance ignorando a grafia no idioma português.

[120] TORRES, Ronnny Charles Lopes de. Leis de Licitações Públicas Comentadas. 12. Ed. São Paulo: Juspodivm, 2021. p. 84.

[121] FURTADO, José de Ribamar Caldas. Planejamento das contratações públicas: questões controvertidas sobre a Lei de Responsabilidade Fiscal. In: FÓRUM NACIONAL DE LICITAÇÕES E CONTRATOS, 20-21 jun. 2013, Manaus. Vídeos dos trabalhos apresentados. Belo Horizonte: Fórum, 2013. Video on demand (42 min), son., color. Filmagem: Intercâmbio Promoções e Comércio Ltda. Antônio Pereira. Edição: Anderson Guerra Produções Culturais.

planejamento como etapa primeira e necessária para uma boa administração.

É também inerente à governança pública e amplamente recomendado pelos Tribunais de Contas, inclusive, o Tribunal tem firme posição de que nos casos de dispensa em razão de emergência ou calamidade pública, quando decorridas por falta de planejamento, implicam em apuração de responsabilidade. É dispensável referir jurisprudência anterior, porque esse entendimento agora está definido em lei. Para saber mais, consulte os comentários ao art. 75, inciso VII e respectivo § 6º.

5.10 Princípio da Segregação de Funções

Vigora na Administração Pública um princípio por vezes olvidado que é o da segregação das funções. Assim, não se deve concentrar atividades de execução e de controle em um mesmo agente, ressalvado é claro a autocorreção, autotutela administrativa.

No âmbito das licitações, quem elabora a norma - edital é a lei interna da licitação, não deve ser também responsável por interpretá-la. O princípio também não é uma novidade no âmbito dos procedimentos licitatórios. A Lei nº 8.666/1993, ao conceituar a comissão de licitação como "comissão, permanente ou especial, criada pela Administração com a função de receber, examinar e julgar todos os documentos e procedimentos relativos às licitações e ao cadastramento de licitantes", instituía instância específica para tais ações, diferenciada daquele responsável pela elaboração do edital. Antes mesmo da publicação desta Lei, outras normas federais já utilizavam textualmente o princípio da segregação das funções para orientar a gestão pública. A Instrução Normativa nº 05, de 26 de maio de 2017, que trata da contratação de serviços terceirizados pela Administração Pública Federal, em dois momentos, traz a previsão:

> Art. 31. O órgão ou entidade não poderá contratar o mesmo prestador para realizar serviços de execução, de subsídios ou assistência à fiscalização ou supervisão relativos ao mesmo objeto, assegurando a necessária segregação das funções. [...]
>
> Art. 50. Exceto nos casos previstos no art. 74 da Lei n.º 8.666, de 1993, ao realizar o recebimento dos serviços, o órgão ou entidade deve observar o princípio da segregação das funções e orientar-se pelas seguintes diretrizes:
>
> A segregação das funções, além de especializar a atuação do agente público, promove o natural controle das ações, servindo, inclusive, de elemento dificultador para a realização de atos de corrupção.

O princípio é fundamental para apuração de responsabilidade. Muitas vezes, a instrução do processo apuratório de responsabilidade é conduzido por quem não tem formação jurídica, e acaba indicando como responsável agente que não tem competência para a prática de um ato, deixando de aferir a culpa e o dolo de quem juridicamente possui competência definida nas normas. Com isso, muitas decisões de órgãos de controle acabam anuladas no judiciário.

Para uma boa gestão, e até para a construção de manuais e regulamentos, deve ser definida com precisão a competência de cada órgão e os limites dessa competência. Desse modo, cada agente, integrante de cada órgão sabe precisamente o que deve fazer e o que é da competência de outros agentes públicos.

Jurisprudência que ainda pode servir à interpretação

Violação ao princípio da segregação de funções

Viola o princípio da segregação de funções o exame dos aspectos legais que envolvem licitações e contratos efetuado por instância diretamente subordinada à área responsável pela contratação.
TCU. Processo nº 005.415/2013-6. Acórdão nº 1682/2013 – Plenário. Relator: ministro Raimundo Carreiro

Solicitação de compra efetuada por comissão de licitação infringe o princípio de segregação de funções, que requer que a pessoa responsável pela solicitação não participe da condução do processo licitatório.
TCU. Processo nº 008.526/2012-5. Acórdão nº 4227/2017-Primeira Câmara. Relator: ministro Walton Alencar.

A segregação de funções, princípio básico de controle interno que consiste na separação de atribuições ou responsabilidades entre diferentes pessoas, deve possibilitar o controle das etapas do processo de pregão por setores distintos e impedir que a mesma pessoa seja responsável por mais de uma atividade sensível ao mesmo tempo.
TCU. Processo nº 019.804/2014-8. Acórdão nº 2829/2015 – Plenário. Relator: ministro Bruno Dantas.

5.11 Princípio da Motivação

O dever de motivar as decisões administrativas foi consagrado na Constituição Federal e passou a constituir garantia dos jurisdicionados em relação aos processos administrativos desse poder. No âmbito judicial, a falta de motivação sempre implicou em nulidade da decisão.

O princípio está presente na Lei nº 9.784/1999, que regula o processo administrativo no âmbito da Administração Pública Federal. A lei destaca que "A Administração Pública obedecerá, dentre outros, aos princípios da legalidade, finalidade, motivação, razoabilidade, proporcionalidade, moralidade, ampla defesa, contraditório, segurança jurídica, interesse público e eficiência.

Ademais, destaca que nos processos administrativos serão observados, entre outros, os critérios de indicação dos pressupostos de fato e de direito que determinarem a decisão. O art. 50, da lei mencionada, dispõe ainda que, os atos administrativos deverão ser motivados, com indicação dos fatos e dos fundamentos jurídicos, quando dispensem ou declarem a inexigibilidade de processo licitatório; decidam recursos administrativos; importem anulação, revogação, suspensão ou convalidação de ato administrativo, entre outras hipóteses.

Ainda complementa: "a motivação deve ser explícita, clara e congruente, podendo consistir em declaração de concordância com fundamentos de anteriores pareceres, informações, decisões ou propostas, que, neste caso, serão parte integrante do ato".

Em obra de referência, Alexandre Santos de Aragão preceitua:

> A motivação há de ser suficiente, não podendo ser tratada como mera formalidade. A dispensa de licitação não pode, por exemplo, ser motivada apenas com a referência a "com base no processo n. x" ou "em razão de interesse coletivo", devendo aludir às circunstâncias legais e fáticas que a legitimam. Não se exigem, contudo, elementos desnecessários para a motivação, podendo a autoridade emitente do ato remeter a outros atos administrativos, pareceres, laudos, etc.[122]

A Lei nº 13.655/2018 tornou esse princípio ainda mais evidente para todos aqueles que atuam com os processos administrativos. O texto preceitua:

> Art. 20. Nas esferas administrativa, controladora e judicial, não se decidirá com base em valores jurídicos abstratos sem que sejam consideradas as consequências práticas da decisão.
>
> Parágrafo único. A motivação demonstrará a necessidade e a adequação da medida imposta ou da invalidação de ato, contrato, ajuste, processo ou norma administrativa, inclusive em face das possíveis alternativas.

Por meio da motivação, o agente público vincula a sua atuação ao ato praticado, demonstrando que não o praticou esquivando-se do dever de observância à legalidade e à moralidade do ato administrativo. Uma garantia tanto para o agente público, quanto para os administrados que sofrerão os efeitos daquele ato emanado pela Administração. Acerca da necessidade motivação quando a lei expressamente a prever é obrigatória sob pena de anular o ato, já nos casos em que não há previsão expressa, nos filiamos a boa doutrina que:

> todo o ato administrativo que produza efeitos jurídicos desfavoráveis a direitos ou interesses individuais de seu destinatário deve ser obrigatoriamente fundamentado[123].

---

[122] ARAGÃO, Alexandre Santos de. Curso de Direito Administrativo – 2 ed. rev., atual. e ampl. Rio de Janeiro: Forense, 2013.
[123] Nesse sentido: BANDEIRA DE MELLO, Celso Antônio. Discricionariedade administrativa e controle jurisdicional, p. 103; FIGUEIREDO, Lúcia Valle. Curso de direito administrativo, p. 53; ZAINAGHI, Diana Helena de Cássia Guedes Mármora. O princípio da motivação no processo administrativo – Lei 9.784/1999. Ato administrativo e devido processo legal, pp. 124-125.

Logo, os atos administrativos que estabelecem deveres jurídicos ou aplicam sanções – os atos administrativos restritivos – devem ser fundamentados. José Carlos Vieira de Andrade assegura que:

> os atos administrativos que outorgam direitos ou concretizam interesses dos administrados – os atos administrativos ampliativos – também devem ser fundamentados quando envolverem diretamente direitos difusos e coletivos.[124]

É também conexo ao princípio da publicidade, conforme nos ensina Gordillo[125] na medida em que o administrado tem o direito de conhecer os elementos fáticos e jurídicos que amparam os atos administrativos, tanto os que atingem diretamente seus direitos individuais como aqueles que envolvem direitos difusos e coletivos.

Por meio do exame da fundamentação do ato administrativo, naturalmente se viabiliza um melhor controle de sua juridicidade, aspecto essencial ao Estado Democrático de Direito.

5.12 Princípio da Vinculação ao Edital

É cediço na jurisprudência que o edital de licitação faz lei entre as partes.

O termo técnico-jurídico vinculação[126] guarda relação com a acepção vulgar de sua origem etimológica, significando o ato ou o efeito de ligar-se por vínculo.[127] A Administração, segundo esse princípio, deve prender-se à linha que traçou para a realização do certame, ficando adstrita às regras que estabeleceu.

---

[124] ANDRADE, José Carlos Vieira. O dever da fundamentação expressa de actos administrativos, pp. 65-80.
[125] GORDILLO, Agustín. Tratado de derecho administrativo, t. 3, p. 17.
[126] O TCU já entendeu que o princípio da vinculação ao edital deve ser observado não apenas na fase de licitação, mas também no momento da contratação. Na hipótese, entendeu-se que a Administração não pode inserir nas minutas de contratos cláusulas que contrariam ou que não estejam dispostas no edital, *in verbis*: "98. Dessa forma, considerando: i) a discrepância, quanto às condições e prazos de reembolso, entre o previsto nos subitens 15.2, 15.3 e 15.4 do Termo de Referência e o estabelecido na Cláusula Terceira, item II, alíneas "g" e "h", da Minuta de Contrato; ii) a desarmonia entre os argumentos apresentados pelo MinC nos Pareceres 338/2005-CJ/MinC, de 14/04/2005, e 401/2005-CJ/MinC, apresentado no dia 29/04/2005, o que revela a falta de clareza do edital não apenas para as licitantes, mas para o próprio órgão; e iii) que tais fatos podem ter levado empresas a desistirem do certame ou a fornecerem propostas equivocadas por erros de interpretação, prejudicando o caráter competitivo da licitação e a busca pela proposta mais vantajosa para a Administração, reforça-se a proposta de anulação do Pregão de Registro de Preços 2/2005 e sugere-se ainda determinação para que o órgão observe o princípio da vinculação ao instrumento convocatório, em face de violação aos artigos 3º e 54, § 1º, da Lei 8.666/93". BRASIL. Tribunal de Contas da União. Processo TC nº 009.240/2007-5. Acórdão nº 668/2008 – Plenário. Relator: Ministro Guilherme Palmeira. Diário Oficial da União [da] República Federativa do Brasil, Brasília, DF, 18 abr. 2008.
[127] HOUAISS, Antônio. VILLAR, Mauro de Sales. Dicionário de língua portuguesa. Rio de Janeiro: Objetiva, 2009, p. 1946.

Exemplificando: em licitação promovida pelo Ministério Público Militar para a construção de garagem, exigiu-se que a proposta fosse assinada por profissional habilitado, ao invés de ser exigido que o fosse por representante credenciado, como é usual. Nesse caso particular, na avaliação das propostas, a Administração fica vinculada à verificação do cumprimento dessa obrigação. Note que a lei não define e que embora não usual pode o edital disciplinar a respeito. A utilidade dessa exigência está no fato da responsabilidade técnica da proposta, não só na certeza de uma planilha de custos, quanto à própria capacidade de o licitante executar o que propõe. A exigência da assinatura do responsável técnico aumenta a segurança e a certeza da execução do que é proposto.

Como os princípios que estruturam determinado sistema estão intimamente relacionados, não se pode, no caso, olvidar a estreita relação entre o princípio em tela e o do julgamento objetivo. A avaliação dos documentos e da proposta deve ser feita objetivamente, segundo a regra posta no edital[128].

Jessé Torres, um dos juristas de escol, formador de pensamento sobre o tema, ensina que:

> [...] o princípio da vinculação ao instrumento convocatório faz do edital ou do convite a lei interna de cada licitação, impondo-se a observância de suas regras à Administração Pública e aos licitantes, estes em face dela e em face uns dos outros, nada podendo ser exigido, aceito ou permitido além ou aquém de suas cláusulas e condições; o art. 41 da Lei nº 8.666/1993 ilustra a extensão do princípio ao declarar que 'A Administração não pode descumprir as normas e condições do edital, ao qual se acha estritamente vinculada' reconhecendo, no § 1º, a qualquer cidadão, legitimidade 'para impugnar edital de licitação por irregularidade na aplicação desta Lei'.[129]

---

[128] BRASIL. Tribunal de Contas da União. Acórdão nº 668/2008 – Plenário. Relator: Ministro Guilherme Palmeira. Diário Oficial da União [da] República Federativa do Brasil, Brasília, DF, 16 abr. 2008. No referido julgado o Plenário do TCU entendeu que o princípio da vinculação ao edital deve ser observado não apenas na fase de licitação, mas também no momento da contratação. Na hipótese, entendeu-se que a administração não pode inserir nas minutas de contratos cláusulas que contrariam ou que não estejam dispostas no edital, in verbis: "98. Dessa forma, considerando: i) a discrepância, quanto às condições e prazos de reembolso, entre o previsto nos subitens 15.2, 15.3 e 15.4 do Termo de Referência e o estabelecido na Cláusula Terceira, item II, alíneas "g" e "h", da Minuta de Contrato; ii) a desarmonia entre os argumentos apresentados pelo MinC nos Pareceres 338/2005-CJ/MinC, de 14/04/2005, e 401/2005-CJ/MinC, apresentado no dia 29/04/2005, o que revela a falta de clareza do edital não apenas para as licitantes, mas para o próprio órgão; e iii) que tais fatos podem ter levado empresas a desistirem do certame ou a fornecerem propostas equivocadas por erros de interpretação, prejudicando o caráter competitivo da licitação e a busca pela proposta mais vantajosa para a Administração, reforça-se a proposta de anulação do Pregão de Registro de Preços 2/2005 e sugere-se ainda determinação para que o órgão observe o princípio da vinculação ao instrumento convocatório, em face de violação aos artigos 3º e 54, § 1º, da Lei 8.666/93".
[129] 1. TORRES, Jessé. Comentários à Lei das Licitações e Contratações da Administração Pública: Lei nº 8.666/93, redação da Lei nº 8.883/94. Rio de Janeiro: Renovar, 1994, p. 31.

Assim como estabelecido na Lei nº 8.666/1993, esse princípio segue vivo no ordenamento jurídico com a Lei nº 14.133/2021.

Note que de um lado a Administração se vincula ao edital, e a lei exige que o licitante se vincule a proposta que apresentar no certame. No Brasil, tentou-se exigir que o edital não impugnado seja lei para os licitantes[130], mas julgadores decidiram aceitar a discussão sobre a validade de cláusulas de edital, mesmo que não impugnados pelo licitante. Com isso, a jurisprudência admite discutir cláusulas do edital, mesmo após a apresentação da proposta. Nessa situação, apenas a Administração está vinculada ao edital.

Jurisprudência que ainda pode servir à interpretação

O Tribunal de Contas da União – TCU, em julgado de 2015, destacou a abrangência do princípio:

Insere-se na esfera de discricionariedade da Administração a eleição das exigências editalícias consideradas necessárias e adequadas em relação ao objeto licitado, com a devida fundamentação técnica. Entretanto, em respeito ao princípio da vinculação ao instrumento convocatório, é inadmissível que a Administração deixe de aplicar exigências previstas no próprio edital que tenha formulado.

TCU. Processo nº 004.540/2015-8. Acórdão nº 2730/2015 – Plenário. Relator: ministro Bruno Dantas

5.13 Princípio do Julgamento Objetivo

Julgar objetivamente uma licitação significa afastar a incidência de características subjetivas dos avaliadores e dos avaliados.

Pelo direito positivo pátrio, o juiz possui uma liberdade definida em seus contornos um pouco mais ampla do que a imposta à comissão de licitação, porque,

---

2. Cabe lembrar, inclusive, que a "Lei do Edital" só se concretiza como regedora do certame se houver concordância tácita de todos os que irão participar da licitação. Nesse sentido já sentenciou o Tribunal de Contas da União, que o licitante que não impugnar o edital perante a Administração decairá do direito de fazê-lo perante o TCU, nos termos do art. 41, § 1º, da Lei nº 8.666/1993. Para mais detalhes, consultar: JACOBY FERNANDES, Jorge Ulisses. Impugnação ao edital de licitação. Informativo de Licitação e Contratos. Curitiba: Zênite, n. 38 p. 282.

[130] Lei nº 8.666/1993: Art. 41. A Administração não pode descumprir as normas e condições do edital, ao qual se acha estritamente vinculada.
[...] § 2º Decairá do direito de impugnar os termos do edital de licitação perante a administração o licitante que não o fizer até o segundo dia útil que anteceder a abertura dos envelopes de habilitação em concorrência, a abertura dos envelopes com as propostas em convite, tomada de preços ou concurso, ou a realização de leilão, as falhas ou irregularidades que viciariam esse edital, hipótese em que tal comunicação não terá efeito de recurso. (Redação dada pela Lei nº 8.883, de 1994)

na ausência de lei, deverá decidir o caso de acordo com a analogia, os costumes e os princípios gerais de Direito.[131]

O agente de contratação deverá seguir as normas definidas na lei e no ato convocatório. O julgamento objetivo, como ministramos em nossos cursos, é aferível num exercício proposto em teoria, pela simples substituição fictícia do julgador por outro, de tal modo que o procedimento estará correto se, da substituição feita em tese, resultar o mesmo julgamento. Como exercício, em licitações complexas, às vezes pode ser realizado o julgamento pela comissão e, em outra sala, o julgamento pelos suplentes da mesma comissão, em caráter oficioso, apenas como forma de exercitá-los e avaliar o rigor da objetividade do julgamento. Alguns órgãos adotaram esse procedimento, em licitações muito relevantes, tendo como objetivo secundário a qualificação de substitutos para a comissão. Em fase posterior, a autoridade que preside o processo de julgamento confronta o resultado, avaliando-se a conformidade entre os dois "julgamentos". Quanto maior o número de coincidências, maior a aderência ao princípio do julgamento objetivo.

Sidney Bittencourt, jurista dedicado ao ensinamento prático das licitações, assinala que "tal princípio atrela a Administração aos critérios de aferição previamente definidos no ato convocatório, com o objetivo de evitar que o julgamento seja realizado segundo critérios desconhecidos dos licitantes".[132]

Mesmo nas licitações do tipo técnica e preço e, inclusive, melhor técnica, se o edital tiver sido elaborado segundo os ditames legais, o licitante, num exercício de autoavaliação da proposta, poderá aferir com bastante aproximação a nota da proposta técnica que ser-lhe-á atribuída. A surpresa do julgamento evidencia a aleatoriedade, a discricionariedade e a desconformidade com o julgamento objetivo e não pode ser tolerada na ordem jurídica. Como já foi dito, a única surpresa que o licitante num procedimento correto pode ter é a proposta dos demais licitantes.

Necessário destacar que, inclusive, a figura do orçamento sigiloso, se elaborado adequadamente não deve representar uma surpresa para o licitante. Infelizmente, na prática, identificamos a dificuldade de se realizar estimativas precisas, o que acaba, de fato, por surpreender o licitante.

A aplicação prática do princípio não vai ao ponto de pretender que o agente da contratação ou a comissão torne-se um autômato examinador de papéis. A lei

---

[131] BRASIL. Decreto-Lei nº 4.657, de 4 de setembro de 1942. Lei de Introdução ao Código Civil Brasileiro. Diário Oficial [da] República Federativa do Brasil, Brasília, DF, 9 set. 1942 (conf. o art. 4º); Lei nº 5.869, de 11 de janeiro de 1973. Institui o Código de Processo Civil. Diário Oficial [da] República Federativa do Brasil, Brasília, DF, 17 jan. 1973 (Conf. os arts. 126 e 131).
[132] BITTENCOURT, Sidney. Licitação passo a passo. 2. ed. Rio de Janeiro: Lumen Juris, 1997, p. 12.

concede o poder de diligenciar,[133] esse poder é limitado apenas à impossibilidade de incluir documento ou informação que deveria constar originalmente da proposta.

> **Jurisprudência que ainda pode servir à interpretação**
>
> *Critérios objetivos para exigência de amostra*
>
> Em caso de exigência de amostra, o edital de licitação deve estabelecer critérios objetivos, detalhadamente especificados, para apresentação e avaliação do produto que a Administração deseja adquirir. Além disso, as decisões relativas às amostras apresentadas devem ser devidamente motivadas, a fim de atender aos princípios do julgamento objetivo e da igualdade entre os licitantes.
> TCU. Processo nº 034.597/2017-4. Acórdão nº 529/2018-Plenário. Relator: ministro Bruno Dantas.
>
> *Impossibilidade de apresentação de proposta alternativa*
>
> É irregular a inclusão de cláusula editalícia que possibilita ao licitante vencedor a apresentação de proposta alternativa àquela que foi selecionada ao final do certame, por violação dos princípios da vinculação ao instrumento convocatório e do julgamento objetivo.
> TCU. Processo nº 031.616/2008-4. Acórdão nº 237/2009-Plenário. Relator: ministro Benjamin Zymler.

5.14 Princípio da Segurança Jurídica

Certamente este foi o princípio que mais preocupou o legislador, pois sem segurança jurídica não há contrato, não há vinculação ao edital, não há investimentos.

A garantia aos participantes do certame licitatório de um regramento que assegure certeza e previsibilidade da atuação estatal, circunstância que gera confiança e certeza jurídica pelos interessados, são os elementos necessários para configurar a segurança jurídica.

Antes compreendido, apenas à luz da Constituição Federal, passou a ser colocado expressamente na nova Lei de Licitações passando a obrigar o agente da contratação e todos que operam e controlam o tema.

Ocorre que por vários motivos, as normas não são cumpridas e o Judiciário brasileiro não consegue dar efetividade em coibir violações; os contratos e editais não são cumpridos e também as autoridades administrativas não assumem compromisso em assegurar o cumprimento e, quando assumem, não há garantia de continuidade, devido a pessoalidade com que encarnam os órgãos de poder. Agrava

---

[133] BRASIL. Lei de Licitações e Contratos Administrativos e outras normas pertinentes. Organização dos textos e índice por J. U. Jacoby Fernandes. 15. ed. rev. e atual. Belo Horizonte: Fórum, 2014. Art. 43, § 3º.

ainda o fato de que após a realização do objeto a própria equação econômico-financeira é alterada por ação de órgãos de controle.

Determinada obra de engenharia foi licitada utilizando preços balizados pelo sistema CUB; a lei de diretrizes orçamentárias, então vigente, estabelecia esse parâmetro; o termo de convênio ente o Ministério do Turismo, bem como, o estado federado incorporou esse balizamento; o edital exigiu as propostas com base nesse balizamento; o contrato foi firmado com esse mesmo balizamento; as medições e pagamentos. Durante a execução, a obra foi auditada cinco vezes pelo TCU. Após dois anos de concluída, foi aberto processo exigindo a aplicação do preço com balizamento na tabela SINAPI. Somente em grau de recurso, com divergência em plenário, é que foi possível reverter essa pretensão.

Certamente que um episódio como esse, colhido ao correr da pena, não é representativo sob o aspecto estatístico; não é uma amostra representativa. Muito menos, depreciativo de instituições. Mas é fato que mesmo isolado revela fato grave.

Aliás sobre este tema a LINDB tem comando expressa no sentido:

> Art. 24. A revisão, nas esferas administrativa, controladora ou judicial, quanto à validade de ato, contrato, ajuste, processo ou norma administrativa cuja produção já se houver completado levará em conta as orientações gerais da época, sendo vedado que, com base em mudança posterior de orientação geral, se declarem inválidas situações plenamente constituídas.

5.15 Princípio da Razoabilidade

O princípio da razoabilidade é por vezes colocado junto ao princípio da proporcionalidade. Para parte da doutrina o princípio da razoabilidade comporta em seu núcleo a proporcionalidade.[134]

Em que pese essas variações, a razoabilidade como princípio do regime jurídico-administrativo, avançou para abarcar toda a função administrativa mediante utilização pontual e justificada da ponderação. Não por acaso o STF, no exercício da jurisdição constitucional nos últimos anos, tem lhe dedicado significativo espaço na argumentação e validação das decisões judiciais, em que está em pauta a atividade da Administração Pública. Sobre o tema o Professor José Roberto Pimenta de Oliveira conceitua:

> O princípio da razoabilidade significa, no contexto jurídico-sistemático da persecução do interesse público, a exigência de justificada e adequada ponderação administrativa, aberta nos exatos limites em que a regra de competência habilitadora autorizar, dos princípios, valores, interesses, bens

---

[134] Celso Antônio Bandeira de Mello entende que a proporcionalidade é uma faceta da razoabilidade e que ambos advêm da mesma matriz constitucional.

ou direitos consagrados no ordenamento jurídico, observadas as valorações positivadas em todos os seus escalões normativos, impondo aos agentes administrativos que maximizem a proteção jurídica dispensada para cada qual, segundo o peso, importância ou preponderância que venham adquirir e ostentar em cada caso objeto de decisão.[135]

A razoabilidade passa a constituir normativa informadora da função administrativa, em sua integralidade, por requerimento constitucional. Relacionado ao processo de licitações públicas já pode ser observado, ainda que de modo implícito, no texto constitucional, quando este define:

> Art. 37. A administração pública direta e indireta de qualquer dos Poderes da União, dos Estados, do Distrito Federal e dos Municípios obedecerá aos princípios de legalidade, impessoalidade, moralidade, publicidade e eficiência e, também, ao seguinte:[...][136]
>
> XXI - ressalvados os casos especificados na legislação, as obras, serviços, compras e alienações serão contratados mediante processo de licitação pública que assegure igualdade de condições a todos os concorrentes, com cláusulas que estabeleçam obrigações de pagamento, mantidas as condições efetivas da proposta, nos termos da lei, o qual somente permitirá as exigências de qualificação técnica e econômica indispensáveis à garantia do cumprimento das obrigações.

Ao tratar da qualificação técnica, a lei constituinte foi cautelosa ao pontuar que as exigências só devem ser determinadas quando indispensáveis à garantia do cumprimento das obrigações. Violar este comando comprometeria, por exemplo, a igualdade no procedimento licitatório.

Nesse sentido, não só na construção do edital, mas também no julgamento das propostas, é preciso que se observe a razoabilidade nas decisões, a fim de que o procedimento licitatório cumpra o seu objetivo central da seleção da proposta mais vantajosa para a Administração Pública. A razoabilidade deve ser observada tanto nas questões materiais, quanto nos atos formais, conforme se infere dos julgados do TCU:

> É irregular a prática de atos da sessão pública do pregão eletrônico fora do horário de expediente, por ofender o princípio da razoabilidade (art. 5º do Decreto 5.450/2005 e art. 2º da Lei 9.784/1999).[137]

No pregão eletrônico, desde a sessão inicial de lances até o resultado final do certame, o pregoeiro deverá sempre avisar previamente, via sistema (chat), a

---

[135] OLIVEIRA, José Roberto Pimenta Oliveira. Os princípios da razoabilidade e da proporcionalidade como normas conformadoras e limitadoras da atuação da Administração Púbica, in Tratado de Direito Administrativo, São Paulo: Saraiva, 2013, p. 192.
[136] Redação dada pela Emenda Constitucional nº 19, de 1998.
[137] TCU. Processo nº 036.606/2016-2. Acórdão nº 592/2017 - Plenário. Relator: ministra Ana Arraes

suspensão temporária dos trabalhos, bem como a data e o horário previstos de reabertura da sessão para o seu prosseguimento, em observância aos princípios da publicidade e da razoabilidade.[138]

O princípio da razoabilidade, assim, funciona como verdadeira baliza para as ações dos agentes públicos que atuam durante todo o procedimento licitatório na tomada de suas decisões. Ainda que haja certo grau de discricionariedade na essência de sua utilização, a interrelação deste com os demais princípios aqui tratados permitirá ao agente público tomar a melhor decisão no caso concreto.

> **Jurisprudência que ainda pode servir à interpretação**
> *Correção de proposta*
> Admite-se, em respeito ao princípio da razoabilidade, a correção de proposta vencedora de pregão, em que haja o detalhamento de encargos trabalhistas obrigatórios sem que tenha havido cotação, desde que não acarrete alteração do valor final da proposta ou prejuízo à Administração e aos demais licitantes.
> TCU. Processo nº 030.774/2011-0. Acórdão nº 10604/2011-Segunda Câmara. Relator: ministro André de Carvalho

5.16 Princípio da Competitividade

A nova Lei de Licitações passou a trazer de modo expresso o princípio da competitividade. Na Lei nº 8.666/1993 a competitividade era um fato a ser buscado pelo processo licitatório; não um princípio. Alguns autores, porém, tendiam a considerar como princípio implícito decorrente da lei "proibir cláusulas ou condições que comprometam o caráter competitivo da licitação"[139] Outro autor, de grande prestígio no passado, chegou a considerar que referido princípio: "tão essencial na matéria que, se num procedimento licitatório, por obra de conluios, faltar a competição (ou oposição) entre concorrentes, falecerá a própria licitação, inexistência o instituto mesmo".[140]

Nasceu assim, uma doutrina que pretendia obrigar o gestor público a repetir o certame, se aparecesse apenas um licitante. Ignoravam o interesse público e a urgência da licitação para atender uma necessidade, ignoravam o esforço do licitante em elaborar a proposta e induziam a formação de cartel. Houve um caso em que diante da presença de um só concorrente, o presidente da Comissão adiou a abertura, esclarecendo que se na nova data continuasse apenas um licitante, revogaria a licitação. É evidente que o licitante "buscou" competidores para sua proposta.

---

[138] TCU. Processo nº 023.837/2016-0. Acórdão nº 2842/2016 – Plenário. Relator: ministro Bruno Dantas.
[139] DI PIETRO, Maria Sylvia Zanella. Direito administrativo. 33. ed. São Paulo: Atlas, 2020, p. 85.
[140] MUKAI, Toshio. O Estatuto Jurídico das Licitações e Contratos Administrativos, Ed. Saraiva, Sp, 1998, p. 16.

Percebam que a lição de fazer do fato um princípio e desse princípio o mais importante não é compatível com uma lógica mínima razoável. Com frequência essa lição é causa de má compreensão. Tentando dar um sentido na "aplicação desse princípio", recomendamos que sejam oportunizadas condições efetivas de competitividade aos participantes e que a seleção decorra dessa pretensão de competitividade.

As cláusulas do edital devem ser redigidas de forma a oportunizar a competição; a atuação dos responsáveis pela condução do processo seletivo da licitação deve ter igual diretriz: estimular a competição. Mas tais condutas estão balizadas pelo princípio da legalidade e da razoabilidade.

Não se pode, a pretexto de dar cumprimento a esse princípio, pretender punir um servidor ou um licitante, quando se lança um certame e não aparece mais que um competidor. Se comparece um possível licitante na hora correta, oferece uma proposta válida e preenche as condições de habilitação não se pode depreciar aquele que atendeu a convocação. É óbvio que ao homologar a licitação, o ordenador de despesas deve acautelar-se para verificar se as regras da convocação foram atendidas e se o preço está no balizamento definido pelo edital.

Não há justificativa para anular o certame ou punir qualquer pessoa, como já ocorreu, em decorrência da ausência de competição.

É o dever de assegurar a oportunidade e a efetividade das condições de competição que está tutelado pelo princípio. Não há o dever de a Administração prostar-se de joelhos, pedindo que compareçam a um certame, ou sugerir que o licitante traga proposta de cobertura.

5.17 Princípio da Proporcionalidade

No tocante ao denominado princípio da proporcionalidade, a doutrina diverge bastante sobre a qual categoria normativa a proporcionalidade se enquadra.

Alexy, um dos maiores estudiosos sobre o tema "princípios" na atualidade, criou uma teoria própria acerca da classificação das normas no ordenamento jurídico[141], que foi recepcionada por uma parte relevante da doutrina[142]. Nesta classificação, a proporcionalidade não pode ser princípio, uma vez que não tem como produzir efeitos em variadas medidas, já que é aplicado de forma constante,

---

[141] ALEXY, Robert. Teoría de los Derechos Fundamentales. Madrid: Centro de Estúdios Políticos y Constitucionales, 2002. p.30.
[142] Segundo Paula Gorzoni, o livro Teoria dos direitos fundamentais é um dos mais citados e estudados atualmente no Brasil no campo das ciências jurídicas. Não só pesquisadores, mas também advogados e juízes utilizam a teoria de Alexy para embasar pareceres, petições e decisões. O constante uso das ideias do jurista alemão inclusive pelos ministros do Supremo Tribunal Federal motivou estudos recentes sobre o assunto.

sem variações – o que vai na contramão da sua definição de princípios. Por esse motivo, Virgílio Afonso defende que na teoria dos princípios proposta por Alexy, a proporcionalidade se assemelha mais a uma regra dada a sua aplicação por subsunção.[143]

Humberto Bergmann Ávila entende que a proporcionalidade trata-se de verdadeiro postulado normativo uma vez que não permite afastamento, guia toda a estrutura principal de normas cuja função é estabelecer uma medida entre bens jurídicos concretamente relacionados[144]. A Administração Pública deve sempre atuar de forma proporcional. A lei, no entanto, decidiu alocar a proporcionalidade na categoria de princípio.

Independente da classificação a doutrina[145] decompõe a proporcionalidade em três elementos principais: adequação, necessidade e proporcionalidade em sentido estrito[146].

De forma extremamente resumida, a medida é proporcional se passa nos três testes, conforme nos ensina Canotilho[147]:

a) adequação: a medida adotada para a realização do interesse público deve ser apropriada à prossecução do fim ou fins a ele subjacentes, ainda que não atinja por completo o fim;

b) necessidade: a medida é necessária caso a realização do fim perseguido não possa ser alcançada, com a mesma intensidade, por outra medida que implique em menos desvantagens possíveis para o Administrado;

c) proporcionalidade em sentido estrito: consiste em um sopesamento entre a intensidade da restrição ao direito atingido e a importância da realização do direito que com ele colide e que fundamenta a adoção da medida restritiva.

Esses elementos são importantes guias para definir os critérios para a participação no certame licitatório, por exemplo, quando criamos cláusulas que restrinjam a competitividade devemos nos atentar se passa nos três testes. É nesse

---

[143] Sobre o tema, consulte: SILVA, Luis Virgílio Afonso. A Proporcionalidade e o Razoável. Revista dos Tribunais. São Paulo, ano 91, v. 798, abr. 2002. p. 23-50,
[144] ÁVILA, Humberto Bergmann. A distinção entre princípios e regras e a redefinição do dever de proporcionalidade, RDA 215.1999. pág. 153.
[145] Credita-se a doutrina alemã essa concepção, filiam-se a ela: tanto Ávila, como Virgílio Afonso, os mestres Celso Antônio, Bernal Pulido, Canotilho e ainda, o Ministro Gilmar Mendes.
[146] Certamente o mais aprofundado estudo sobre a proporcionalidade é do mestre BERNAL PULIDO, Carlos in El princípio de proporcionalidad y los derechos fundamentales. Madrid: Centro de Estudios Politicos y Constitucionales, 2007, Cap. 6.11- La estructura de los subprincipios de la proporcionalidad. Itens 3 e 4: El principia de proporcionalidad en sentido estricto; la desproporcion por protección deficiente. P. 763 a 811.
[147] CANOTILHO, Gomes. Direito Constitucional. 6. ed. Coimbra: Almedina, 1996, p. 563.

sentido que deve ser interpretada a determinação do TCU de que: "as exigências na fase de habilitação devem guardar proporcionalidade com o objeto licitado, de sorte a proteger a Administração Pública de interessados inexperientes ou incapazes para prestar o serviço desejado."[148]

No mesmo sentido:

> As exigências de atributos técnicos inseridas no edital devem ser absolutamente relevantes e proporcionais ao fim que se busca atingir com a realização da licitação, isto é, pertinentes para o específico objeto que se intenta contratar. Para se legitimar determinada restrição em processo licitatório, deve ser apresentada a devida justificativa técnica e/ou econômica para tal.

O princípio clama por uma ação moderada, condizente com as boas práticas e justa para todos os envolvidos no procedimento licitatório.

Jurisprudência anterior compatível com o novo ordenamento jurídico

Exigências editalícias

As exigências de atributos técnicos inseridas no edital devem ser absolutamente relevantes e proporcionais ao fim que se busca atingir com a realização da licitação, isto é, pertinentes para o específico objeto que se intenta contratar. Para se legitimar determinada restrição em processo licitatório, deve ser apresentada a devida justificativa técnica e/ou econômica para tal.

TCU. Processo nº 030.216/2013-3. Acórdão nº 445/2014-Plenário. Relator: ministro José Jorge

5.18 Princípio da Celeridade

Celeridade também não é um princípio jurídico. Para os que tem entendimento diferente, o princípio da celeridade decorre do texto constitucional e condensa em si um direito individual de todo o cidadão de ver o seu direito respeitado e obter do poder público uma solução rápida e adequada à sua demanda. A Constituição prevê:

> Art. 5º Todos são iguais perante a lei, sem distinção de qualquer natureza, garantindo-se aos brasileiros e aos estrangeiros residentes no País a inviolabilidade do direito à vida, à liberdade, à igualdade, à segurança e à propriedade, nos termos seguintes: [...]
>
> LXXVIII - a todos, no âmbito judicial e administrativo, são assegurados a razoável duração do processo e os meios que garantam a celeridade de sua tramitação. (Incluído pela Emenda Constitucional nº 45, de 2004).

É certo que a morosidade no âmbito judicial e, não raramente, no âmbito administrativo pode gerar sérios prejuízos aos cidadãos. No âmbito dos

---

[148] TCU. Processo nº 029.436/2014-1. Acórdão nº 7329/2014 – Segunda Câmara. Relator: ministro André de Carvalho.

procedimentos licitatórios não é distinto. O atraso nas licitações é capaz de provocar gastos indevidos, custos desnecessários e desabastecimento de insumos para a comunidade. Assim tratou o TCU:

> O convite deve ser repetido quando não houver três propostas válidas, salvo se limitações de mercado ou manifesto desinteresse de participantes, devidamente comprovados, indicarem que a repetição acarretará custos administrativos desnecessários, atrasos na obtenção do produto desejado ou prejuízos ao ente público.[149]

O agente público deve sempre ter em mente que os procedimentos licitatórios devem ter um tempo razoável, evitando-se sempre atrasos desnecessários que prejudiquem à sociedade e atentem contra o interesse público.

Valorizando a celeridade, a nova Lei preocupou-se em instituir prazos para diversas etapas do procedimento licitatório. Infelizmente, não erigiu consequências na inobservância. A evolução do Direito tem sido tão auspiciosa que existem normas ferindo direitos diante da omissão da Administração. Assim vem ocorrendo em outros países e, em alguns casos, impondo o dever de apurar responsabilidade pela omissão ou letargia.

Essas normas já influenciaram o Brasil, em pelo menos duas ocasiões:

> LEI Nº 13.874, DE 20 DE SETEMBRO DE 2019
>
> Art. 3º São direitos de toda pessoa, natural ou jurídica, essenciais para o desenvolvimento e o crescimento econômicos do País, observado o disposto no parágrafo único do art. 170 da Constituição Federal: [...]
>
> IX - ter a garantia de que, nas solicitações de atos públicos de liberação da atividade econômica que se sujeitam ao disposto nesta Lei, apresentados todos os elementos necessários à instrução do processo, o particular será cientificado expressa e imediatamente do prazo máximo estipulado para a análise de seu pedido e de que, transcorrido o prazo fixado, o silêncio da autoridade competente importará aprovação tácita para todos os efeitos, ressalvadas as hipóteses expressamente vedadas em lei; (Vide Decreto nº 10.178, de 2019) Vigência
>
> DECRETO Nº 9.406, DE 12 DE JUNHO DE 2018
>
> Art. 8º Será considerada livre a área que não se enquadre em quaisquer das seguintes hipóteses: [...]
>
> IV - área objeto de requerimento anterior de registro de licença, ou vinculada a licença, cujo registro seja requerido no prazo de trinta dias, contado da data de sua expedição;

---

[149] TCU. Processo nº 013.488/2006-8. Acórdão nº 292/2008 - Plenário. Relator: ministro Aroldo Cedraz

5.19 Princípio da Economicidade

A economicidade, como princípio administrativo, não nasceu na legislação pátria com a Constituição Federal de 1988: é um dos dispositivos mais famosos do Decreto-Lei nº 200/1967, contando com mais de cinquenta anos de existência e que, a propósito, não foi o pioneiro no tema:

> Art. 14. O trabalho administrativo será racionalizado mediante simplificação de processos e supressão de controles que se evidenciarem como puramente formais ou cujo custo seja evidentemente superior ao risco.[150]

A doutrina estrangeira registra,[151] mas recusa-se a adotá-lo como princípio do direito, recomendando cognominá-lo de "norma fundamental de economicidade" ou preceito de otimização, considerando que este não diz o que tem que ser otimizado, mas apenas que deve ser.

A legislação pátria, entretanto, decidiu incluí-lo textualmente na Lei nº 14.133, de 1º de abril de 2021, no Art. 5º.

O princípio da economicidade, ao lado da eficácia e da eficiência, vem ganhando peso no direito administrativo moderno. Na prática, diz respeito ao aspecto econômico da eficiência *stricto sensu*, e refere-se à otimização dos recursos financeiros, à adequação da relação custo x benefício, a fim de minimizar os custos financeiros para certo resultado almejado e combater o desperdício.

O princípio da economicidade atua também de outro modo nas licitações. É na fase de descrição do produto, pois ao definir o produto que satisfaz a necessidade da Administração não pode pensar só no mais barato, mas deve considerar a expectativa de uso. Assim, deve considerar e economicidade na execução, conservação e operação do produto e a durabilidade.

É desse modo que evitará a contratação do produto barato na compra e oneroso no uso, como o caso da impressora vendida pelo preço mais inferior ao cartucho de tinta. Nessa situação, o gestor deve usar meios para que os recursos públicos sejam utilizados na compra de produto mais econômico, embora na proposta se apresentem de menor valor.

Uma sugestão que no passado foi apresentada para a proposta de impressora é o uso de fórmula que multiplicasse o valor da impressora, pelo preço estimado de

---

[150] BRASIL. Decreto-Lei nº 200, de 25 de fevereiro de 1967. Dispõe sobre organização da Administração Federal, estabelece diretrizes para a reforma administrativa e dá outras providências. Diário Oficial [da] República Federativa do Brasil, Brasília, DF, 27 mar. 1967.

[151] Capitaneada pela monumental obra alemã Wirtschaftlichkeit als Rechtsprinzip, cujo título se traduz "Economicidade como princípio jurídico": ARMIM, Hans Herbert Von. Wirtschaftlichkeit als Rechtsprinzip. Berlin: Duncker & Humblot, 1988, p. 36-37.

10 ou 20 cartuchos da mesma marca, obtido previamente no mercado, de modo que a equação resulte mais vantajosa para quem tem preço de cartucho mais barato. Se a regra e a fórmula forem inseridas no edital, como critério de julgamento, a licitação será válida. O mesmo raciocínio valeria para quaisquer produtos com exigências de suprimentos.

Esse é um exemplo que na rotina administrativa atual não mais é aplicado, pois a licitação para impressão passou a ser feita pelo sistema *outsourcing* em que ao invés de licitar a compra da impressora, a compra da tinta, o serviço de manutenção, licita-se um objeto único, facilitando a gestão. Note: suprimisse três processos licitatório, por um só integrado.

A economicidade na fase da descrição do produto foi muito aperfeiçoada, na nova Lei de Licitações, visando encorajar o abandono do mais barato e reconceituar o "menor preço", conforme se observa no art. 6º, inc. XXIII, alínea "c", art. 11, inc. I, art. 18, inc. VIII, art. 34, § 1º.

Jurisprudência anterior compatível com o novo ordenamento jurídico
Demonstração de preços razoáveis
A celebração de contrato por inexigibilidade de licitação não dispensa a necessidade de especificação precisa do produto a ser adquirido, incluindo os prazos de execução de cada etapa do objeto, e deve ser precedida de justificativa de preços, a partir de orçamento detalhado que contenha demonstração de que os valores apresentados sejam razoáveis e atendam aos princípios da eficiência e economicidade.
TCU. Processo nº 011.326/2006-0. Acórdão nº 10057/2011-Primeira Câmara. Relator: ministro José Múcio.

5.20 Princípio do Desenvolvimento Nacional Sustentável

O princípio do desenvolvimento sustentável foi introduzido em 2010, na Lei nº 8.666/1993 e decorre dos artigos 170, VI, e 225, parágrafo 1º, V, da Constituição Federal, bem como da Lei nº 6.938/1981, quando aborda os objetivos da Política Nacional do Meio Ambiente, em seus artigos 4º e 5º.

O desenvolvimento sustentável, em linhas gerais, significa poder atender às necessidades da geração atual sem comprometer o direito de as gerações futuras atenderem suas próprias necessidades, isso significa que também este princípio visa concretizar o princípio do interesse público compreendido nas futuras gerações da coletividade.

Com efeito, o impacto das contratações celebradas pela Administração Pública, tendo em vista a variedade de bens, serviços e obras contratados pelo Poder Público e o volume de recursos envolvidos, levou a lei a reconhecer a importância das licitações públicas para a promoção do mercado interno, que passam a ser empregadas como instrumento de fomento do setor privado com objetivo de garantir o desenvolvimento nacional sustentável.

Sobre a inclusão do referido princípio merece destaque a seguinte lição do TCU[152]:

> A nova finalidade fixada para a licitação representa novo propósito para o contrato administrativo. Este deixa de ser apenas instrumento para o atendimento da necessidade de um bem ou serviço que motivou a realização da licitação para constituir, também, instrumento da atividade de fomento estatal, voltado, dessa forma, não só para os interesses imediatos da Administração contratante como também para interesses mediatos, ligados às carências e ao desenvolvimento do setor privado.

Di Pietro explica que não fere a isonomia as restrições que visem o desenvolvimento sustentável[153]:

> Ainda outra exceção à regra da isonomia diz respeito às normas que permitem exigências, no instrumento convocatório, que favoreçam o desenvolvimento sustentável, em consonância com o princípio da licitação sustentável; tais exigências são compatíveis com os princípios da isonomia e da razoabilidade, já que as cláusulas discriminatórias, no caso, têm por objetivo a proteção do meio ambiente, com fundamento em preceitos constitucionais, contidos especialmente nos artigos 170, VI, e 225, § 1º, V.[154]

Imperioso relembrar que, conforme exposto alhures, o princípio do desenvolvimento sustentável como os demais princípios já expostos, comporta sopesamentos. O objetivo do referido princípio é que, assim como os demais, destine-se a ser um critério de observância na licitação, um fim almejado pelo procedimento licitatório.

5.21 Disposições do Decreto-Lei nº 4.657, de 4 de setembro de 1942 (Lei de Introdução às Normas do Direito Brasileiro)

No final do art. 5º, textualmente está ordenado, a todos observar: "as disposições do Decreto-Lei nº 4.657, de 4 de setembro de 1942 (Lei de Introdução às Normas do Direito Brasileiro)."

A Lei impõe o cumprimento da Lei de Introdução às Normas do Direito Brasileiro - LINDB na interpretação e aplicação da Lei de Licitações e Contratos.

---

[152] Acórdão nº 1317/2013, relator Ministro Aroldo Cedraz.
[153] DI PIETRO, Maria Sylvia Zanella. Direito administrativo. 33. ed. São Paulo: Atlas, 2020, p. 375.
[154] DI PIETRO, Maria Sylvia Zanella. Direito administrativo. 33. ed. São Paulo: Atlas, 2020, p. 384.

Em que pese, em tese, a desnecessidade do referido dispositivo, pois a Lei aplicar-se-ia de toda a forma às licitações e contratos, fez bem a Lei ao não transcrever dispositivos da LINDB, significando que a referida Lei se aplica integralmente no âmbito das licitações e contratações.

Importante lembrar que essa norma - Decreto-Lei nº 4.657, de 4 de setembro de 1942, deve ser interpretada como uma regra geral e com as inovações advindas da Lei nº 13.655/2018.

A principal crítica no tocante à Lei diz respeito à sua "obviedade" e ao caráter genérico, com pouca efetividade prática e que não trouxe inovações. Essas críticas não merecem prosperar, pois a nova norma coloca parâmetros de estabilidade e previsibilidade nas relações com a Administração Pública.

No tocante a aplicação da referida norma, as licitações e contratos destacam-se os referidos dispositivos:

a) art. 4º: determina que quando a lei for omissa, o juiz decidirá o caso de acordo com a analogia, os costumes e os princípios gerais de direito reforçando a necessidade de observância aos princípios;

b) art. 20: determina que não se decidirá com base em valores jurídicos abstratos sem que sejam consideradas as consequências práticas da decisão;

c) art. 21: determina que a decisão que decretar a invalidação de ato, contrato, ajuste, processo ou norma administrativa deverá indicar de modo expresso suas consequências jurídicas e administrativas;

d) art. 22 - determina que na interpretação de normas sobre gestão pública, serão considerados os obstáculos e as dificuldades reais do gestor e de que, na aplicação de sanções, serão consideradas a natureza e a gravidade da infração cometida, os danos que dela provierem para a administração pública, as circunstâncias agravantes ou atenuantes e os antecedentes do agente;

e) art. 23 - a decisão que estabelecer interpretação ou orientação nova sobre norma de conteúdo indeterminado, impondo novo dever ou novo condicionamento de direito, deverá prever regime de transição;

f) art. 26 - que trata da possibilidade de celebrar acordo para eliminar irregularidade, incerteza jurídica ou situação contenciosa;

g) art. 27 – aborda a possibilidade de compensação por benefícios indevidos ou prejuízos anormais ou injustos resultantes do processo ou da conduta dos envolvidos;

h) art. 28 - determina que o agente público só responderá pessoalmente por suas decisões ou opiniões técnicas em caso de dolo ou erro grosseiro;

i) art. 29 - trata da possibilidade de prévia consulta quando da edição de atos normativos; e

j) art. 30 - determina que as autoridades públicas devem atuar para aumentar a segurança jurídica na aplicação das normas, inclusive por meio de regulamentos, súmulas administrativas e respostas a consulta.

Percebe-se que tratam de poderosos instrumentos para aperfeiçoar a gestão pública.

Mais importante do que uma simples lei, é o dever que impõe a todos os intérpretes, da Administração Pública, do judiciário e do controle.

Tem-se aí uma pretensão da Lei que pode mudar a forma como são tratados agentes públicos, licitantes e contratados.

Capítulo III – Das Definições

6. Art. 6º, caput

> Art. 6º Para os fins desta Lei, consideram-se:

Dispositivo correspondente na Lei nº 8.666/1993:
Art. 6º. Para os fins desta Lei, considera-se:

6.1 Conceitos na Legislação

Duas observações quanto a esse dispositivo.

A primeira é sobre a lei apresentar conceitos. Conforme destacamos no livro "Contratação Direta sem Licitação – Ed. Fórum – 11ª ed."[155], há uma regra fundamental na ciência do direito, segundo a qual não compete à lei conceituar ou definir, devendo essa tarefa ser desenvolvida pela doutrina.

Na época da Lei nº 8.666/1993, entretanto, alguns conceitos transladados da melhor doutrina foram bastante aplaudidos, como foi o caso da "notória especialização," conceituada no § 1º do art. 25, mas outros, nem tanto. Se a lei violou esse postulado do Direito, é forçoso reconhecer que teve um motivo bastante nobre, consistente em almejar um diploma legal didático, que dispensasse o recurso a dicionários de termos jurídicos e pudesse ser seguido nos mais diversos rincões do País.

A maior vantagem que se percebe com o conceito firmado pela própria lei é a possibilidade de interpretar conforme desejado pela lei economizando-se tempo e conseguindo-se maior segurança jurídica no processo hermenêutico[156]. A LLCA repetiu a lei anterior, estabelecendo conceitos ao longo dos 60 incisos e curiosamente no mesmo art. 6º.

Em alguns casos, evidencia-se a atecnia; a lei repetiu o conceito como fez no art. 6º, inc. XVIII, conceituando serviço técnico especializado de natureza predominantemente intelectual, que está repetido no art. 74, inc. III, e de notório especialista, que está no art. 6º, inc. XIX e no art. 74, § 3º.

6.2 Organização e ausência de conceitos

A segunda informação a ser considerada é que por mais de uma vez foi sugerido na lei colocar as expressões conceituadas em ordem alfabética, para facilitar

---

[155] JACOBY FERNANDES, Ana Luiza; JACOBY FERNANDES, Jorge Ulisses; JACOBY FERNANDES, Murilo. Contratação Direta sem Licitação na Nova Lei de licitações: Lei nº 14.133/2021. 11. Ed. Belo Horizonte: Fórum, 2021.
[156] Hermenêutica: (her.me.nêu.ti.ca): sf. 1. Dir. Interpretação de textos legais para aplicação à particularidade dos casos. Fonte: http://www.aulete.com.br/hermen%C3%AAutica, consulta às 16h30 do dia 28.02.2017.

a consulta pelos intérpretes. A pretensão não foi acolhida, mas por falta de argumento lógico para a rejeição continuaremos renovando a sugestão.

Outro ponto a ser destacado é que infelizmente a lei, depois de conceituar termos, acabou utilizando outros com o mesmo sentido, mas que não conceituou.

Art. 6º, inc. I

> Art. 6º Para os fins desta Lei, consideram-se:
>
> I - órgão: unidade de atuação integrante da estrutura da Administração Pública;

Dispositivos correspondentes na Lei nº 8.666/1993:

Art. 6º. Para os fins desta Lei, considera-se: [...]

XII - Administração - órgão, entidade ou unidade administrativa pela qual a Administração Pública opera e atua concretamente;

Dispositivos correspondentes na Lei nº 9.784/1999:

Art. 1º. [...] § 2º Para os fins desta Lei, consideram-se:

I - órgão - a unidade de atuação integrante da estrutura da Administração direta e da estrutura da Administração indireta;

Como se observa, o conceito foi retirado em sua exata transcrição da Lei nº 9.784/1999.

6.3 Órgão – pessoa jurídica

Órgão é parte da pessoa jurídica com competência e função própria. O termo foi transladado da linguagem comum para o Direito Administrativo e corresponde a analogia na relação entre pessoa e órgão do corpo humano. A pessoa tem personalidade jurídica e os órgãos têm competência e funções próprias, agrupados segundo determinadas regras de funcionamento e razoável autonomia de funcionamento da pessoa física com um comando central. Assim, o órgão da pessoa jurídica é uma estrutura razoavelmente autônoma, integrada à pessoa jurídica, com função própria. Essa simetria que leva à compreensão fácil, no sentido definido pela lei foi apropriada com o acréscimo de "atuar". No caso, há que ser compreendido que atua praticando atos previstos na lei.

Como no Brasil não temos uma lei orgânica da Administração Pública nacional, as leis precisam indicar os atores do processo pela função que exercem e, em cada caso, dar um título ao órgão. Não há uniformidade nas nomenclaturas dos órgãos, ensejando alguma confusão.

Assim, por exemplo, usa "órgão ou entidade gerenciadora", "órgão ou entidade participante"; em outros casos prefere nominar a função do órgão, como por exemplo "órgãos responsáveis pelo planejamento"; em outros casos, a lei nomina o órgão, mesmo sabendo que muitas vezes a norma local pode atribuir outro nome, como no caso de "comissão de licitação".

Há órgão público quando por lei se define uma unidade administrativa, atribuindo-se parcela de competência da pessoa jurídica. Desse modo, quando se afirma em lei, que o órgão pode editar normas, como faz a Lei nº 8.666/1993, no art. 115, cria-se a possibilidade de diversas unidades, no âmbito da pessoa jurídica, editarem normas próprias. Aliás, a competência para editar normas de âmbito interno é decorrente das cinco competências do superior hierárquico: dar ordens e editar normas com essas ordens, para que assumindo o caráter geral, no âmbito interno sejam uniformemente cumpridas.

Tal ocorreria se num tribunal a Comissão de Licitação propusesse a edição de uma norma; o departamento hierarquicamente superior à Comissão editasse norma; a diretoria hierarquicamente superior ao departamento editasse norma; a Presidência ou o Plenário, que também são órgãos, editassem normas. Como se observa, todos detêm competência que, funcionalmente, justifica a edição de norma; todos podem, pelos canais de comunicação existentes, encaminhar a norma para publicação na imprensa oficial.

As normas que organizam a unidade administrativa têm um nível de detalhismo maior que as que atingem o âmbito externo. Para essa segunda espécie, é necessário observar os limites da lei, não se pode inovar, apenas regular. Já as primeiras, por serem muito mais detalhadas e dirigidas à público técnico, as restrições legais não possuem impacto tão significante na medida em que os órgãos gozam de autonomia para disciplinar sua organização administrativa. Como se percebe, ambas são limitadas por lei, mas o particular só se obriga nos termos da lei, enquanto os servidores se obrigam a disciplina e subordinação.

6.4 Sanções perante órgão

Esse conceito de órgão assume, particular atenção na aplicação da Lei nº 8.666/1993 porque as penalidades de suspensão e declaração de inidoneidade são, ou eram, aplicadas impedindo a participação em licitação perante o órgão ou perante a Administração Pública como um todo, respectivamente. Na vigência da nova lei, essa questão está solucionada e as penalidades que implicam impedimento são extensíveis a todos os órgãos e as entidades da Administração Pública.

Há ainda que se considerar o fato de que alguns órgãos têm estrutura e autonomia oriundos da Constituição Federal ou de leis orgânicas, como é o caso do Ministério Público, Defensoria Pública, Tribunal de Contas. Com rigor científico, inclusive, os poderes são órgãos da pessoa jurídica. O fato de terem autonomia não os transforma em pessoa jurídica. Esse fato acarreta efeitos complexos na seara processual, especialmente, quanto à legitimidade.

Art. 6º, inc. II

Art. 6º Para os fins desta Lei, consideram-se: [...]
II - entidade: unidade de atuação dotada de personalidade jurídica;

Dispositivo correspondente na Lei nº 9.784/1999:
Art. 1º. [...]
§ 2º Para os fins desta Lei, consideram-se: [...]
II - entidade - a unidade de atuação dotada de personalidade jurídica;

O conceito foi retirado em sua exata transcrição da Lei nº 9.784/1999.

6.5 Entidade – pessoa jurídica

Preferiu a lei, desde a Lei nº 8.666/1993 utilizar o termo "entidade" como equivalente à pessoa jurídica. Melhor teria sido manter a expressão pessoa jurídica e assim permitir a facilidade de compreensão aos que não são especialistas em Direito Administrativo.

São exemplos de entidade: União, Estados, Municípios, Distrito Federal e respectivas, autarquias, fundações públicas. Apenas essas referidas integram a Administração Pública estrito senso. Outras espécies de pessoa jurídica, podem estar ou não sob controle público e podem ter atos regulados ou não por esta Lei, mas apenas aquelas se referem a Administração Pública direta, conceito referido no inciso seguinte.

A utilidade deste inciso é apenas de comunicação. Explicando: juridicamente há outros termos que definem com maior precisão de que se trata o sujeito ou o objeto da oração. Contudo, a expressão entidade pode ser utilizada como um gênero, em alguns casos até para referir entidade privada.

Na lei geral anterior, o termo foi utilizado mais de 60 vezes.

Para compreensão das anotações feitas nesta obra, entidade será um gênero, abrangendo pessoa jurídica da Administração Pública e pessoa jurídica de direito privado.

Art. 6º, inc. III

Art. 6º Para os fins desta Lei, consideram-se: [...]
III - Administração Pública: administração direta e indireta da União, dos Estados, do Distrito Federal e dos Municípios, inclusive as entidades com personalidade

jurídica de direito privado sob controle do poder público e as fundações por ele instituídas ou mantidas;

> **Dispositivo correspondente na Lei nº 8.666/1993:**
> Art. 6º. [...]
> XI - Administração Pública - a Administração direta e indireta da União, dos Estados, do Distrito Federal e dos Municípios, abrangendo inclusive as entidades com personalidade jurídica de direito privado sob controle do poder público e das fundações por ele instituídas ou mantidas;

A lei parte de um conceito ortodoxo da legislação brasileira, estatuído no Decreto-lei nº 200, de 25 de fevereiro de 1967, que dispôs sobre a organização da Administração Federal.[157]

6.6 Administração Pública Direta e Indireta

Falta ao Brasil uma lei geral sobre a Administração Pública. Em decorrência, frequentes questões práticas ficam sem resposta, como por exemplo:

Os poderes integram a Administração Direta; devem ser aplicadas as leis que tratam da Administração direta aos tribunais do poder judiciário? E ao poder legislativo?

Os órgãos autônomos, que não tem personalidade jurídica, como Ministério Público, Tribunal de Contas e defensoria fazem parte da Administração direta?

Orçamento, concurso e licitação são obrigatórios para esses outros órgãos?

Como se percebe facilmente, são questões extremamente importantes e que demonstram a necessidade de definir com precisão a quem se aplica quais normas. A opção da lei brasileira tem sido casuísta, permitindo que poder judiciário e legislativo tenham tal ordem de autonomia administrativa, que chegam a criar pessoas jurídicas. Para o ordenamento jurídico, órgão criar pessoas jurídicas, inclusive sob a forma de fundações e até estatais não é correto; é teratológico.

6.7 Extensão e autonomia

A opção da nova lei foi definir aqui o termo entidade, Administração Pública, e criar regras peculiares para os poderes e órgãos autônomos. Assim, cabe ao intérprete, em cada dispositivo assegurar-se da extensão ou não da regra posta aos destinatários específicos.

---

[157] Assim dispõe o Decreto-Lei nº 200, de 25 de fevereiro de 1967: "Art. 4º A Administração Federal compreende: I - A Administração Direta, que se constitui dos serviços integrados na estrutura administrativa da Presidência da República e dos Ministérios. II - A Administração Indireta, que compreende as seguintes categorias de entidades, dotadas de personalidade jurídica própria: a) Autarquias. b) Empresas Públicas; c) Sociedades de Economia Mista; d) fundações públicas. (Incluído pela Lei nº 7.596, de 1987)."

Um breve parênteses sobre o tema, em homenagem aos que cultuam o Direito Administrativo como uma ciência lógica.

A propósito, a autonomia para o desempenho das funções não poderia tornar exigível a autonomia administrativa, como ocorreu e vem ocorrendo, proliferando o temido "crescimento desmesurado da máquina administrativa"[158], com a criação de funções administrativas descentralizadas por poderes e órgão autônomos, edifícios, mobiliário e instalações para fazer exatamente o mesmo que faz a administração do poder executivo. Caberia a esse prover integralmente e com dignidade funcional o pessoal, máquinas, equipamentos e instalações de todos os poderes e outros órgãos para desempenho das funções do poder público.

O pretexto de que as peculiaridades de objetos e contratos justificam essa necessidade de apartar estrutura administrativa não procede. Essas peculiaridades haveriam de ser atendidas nos projetos e termos de referência elaborados pelo órgão licitador a partir da necessidade posta pelo órgão requisitante.

O cidadão-contribuinte paga essa estrutura onerosa e incompatível com a realidade nacional e, lamentavelmente, muito ineficiente.

A única opção compatível com o ordenamento jurídico seria voltar a ter uma estrutura de apoio única, profissionalizada e capaz de gerar contratos eficientes, com matriz de responsabilidade, acordo de nível de serviços e métricas de qualidade.

A lei deu um importante passo nessa direção ao determinar:

> Art. 181. Os entes federativos instituirão centrais de compras, com o objetivo de realizar compras em grande escala, para atender a diversos órgãos e entidades sob sua competência e atingir as finalidades desta Lei.

Art. 6º, inc. IV

Art. 6º Para os fins desta Lei, consideram-se: [...]
IV - Administração: órgão ou entidade por meio da qual a Administração Pública atua;

Dispositivo correspondente na Lei nº 8.666/1993:

Art. 6º. [...]

XII - Administração - órgão, entidade ou unidade administrativa pela qual a Administração Pública opera e atua concretamente;

---

[158] Assim dispõe o Decreto-Lei nº 200, de 25 de fevereiro de 1967: "Art. 10. [...] § 7º Para melhor desincumbir-se das tarefas de planejamento, coordenação, supervisão e contrôle e com o objetivo de impedir o crescimento desmesurado da máquina administrativa, a Administração procurará desobrigar-se da realização material de tarefas executivas, recorrendo, sempre que possível, à execução indireta, mediante contrato, desde que exista, na área, iniciativa privada suficientemente desenvolvida e capacitada a desempenhar os encargos de execução."

6.8 Administração como equivalente a órgão ou entidade

A Lei, ao lado de criar conceitos que possam ser utilizados no próprio texto, para definir sujeitos e objetos indiretos, preferiu criar várias espécies. Novamente, incorrendo no mesmo erro da legislação anterior, preferiu criar o conceito de Administração, como equivalente a órgão público ou entidade pública.

Enquanto o conceito de Administração Pública abrange um gênero que engloba órgãos e entidades da Administração Pública, o conceito de Administração é apenas equivalente a um órgão ou entidade pública específica.

Art. 6º, inc. V

> Art. 6º Para os fins desta Lei, consideram-se: [...]
>
> V - agente público: indivíduo que, em virtude de eleição, nomeação, designação, contratação ou qualquer outra forma de investidura ou vínculo, exerce mandato, cargo, emprego ou função em pessoa jurídica integrante da Administração Pública;

Dispositivo correlato na Lei nº 8.666/1993:
Art. 84. Considera-se servidor público, para os fins desta Lei, aquele que exerce, mesmo que transitoriamente ou sem remuneração, cargo, função ou emprego público.

6.9 Agente público: indivíduo

A lei aqui conceitua a partir do termo "indivíduo" ao invés de usar o termo pessoa física, consagrado pelo Direito. Foi, porém, didática, colocando ao lado da expressão investidura, vários exemplos de causa de investidura - eleição, nomeação, designação, contratação, melhorando a compreensão do texto.

A expressão "agente público" como gênero é a mais adequada e compatível com a doutrina atual, pois abrange toda a pessoa física que desempenha função pública. É o conceito mais amplo que se pode conceber aos que servem ao Poder Público.

Nesse sentido, Hely Lopes Meirelles afirma que:

> Agentes públicos são todas as pessoas incumbidas, definitiva ou transitoriamente, do exercício de alguma função estatal. [...] os agentes públicos integram cinco espécies: a) agentes políticos; b) agentes administrativos; c) agentes honoríficos; d) agentes delegados; e e) agentes credenciados. [159]

---

[159] MEIRELLES, Hely Lopes. Direito administrativo brasileiro, p. 75.

Celso Antônio ensina que são dois os requisitos para a caracterização do agente público: um de ordem objetiva, isto é, a natureza estatal da atividade desempenhada; outro, de ordem subjetiva: a investidura nela.[160]

6.10 Mandato, cargo, emprego ou função

Nas lições do referido autor qualquer indivíduo "que desempenhe funções estatais, enquanto as exercita, é um agente público". A função nesta senda, possui caráter genérico: todo cargo público ou emprego público tem função, mas pode haver função sem cargo e sem emprego.

Os cargos públicos podem ser de provimento efetivo e de provimento precário, também denominados de cargos em comissão, - previstos no art. 37, V, da CFRB que se destinam apenas às atribuições de direção, chefia e assessoramento. Ao lado do cargo público e de emprego público, há a função autônoma, que na forma da Constituição atual se refere a função temporária - exercida por servidores temporários na forma do art. 37, inciso IX da CFRB.

São abrangidos pela função autônoma ainda os particulares que em colaboração com a Administração exercem função pública, são exemplos destes: os notários e registradores, os concessionários e permissionários, os requisitados para prestar atividade pública à exemplo dos mesários e ainda, os contratados para representar o Estado à exemplo de advogados.

Os servidores públicos são compreendidos em duas espécies: os titulares de cargos públicos e os empregados públicos. Aqui, apenas a título de curiosidade, cumpre informar que o termo "funcionário público" foi abolido quando da revogação da Lei nº 1.711/1952 que dispunha sobre o Estatuto dos Funcionários Públicos, desde o advento da Lei nº 8.112/1990 são chamados de servidores públicos.

Na forma da Constituição Federal, a investidura em cargo ou emprego público depende de aprovação prévia em concurso público de provas ou de provas e títulos, de acordo com a natureza e a complexidade do cargo ou emprego, na forma prevista em lei, ressalvadas as nomeações para cargo em comissão declarado em lei de livre nomeação e exoneração; a própria Constituição dispõe sobre as ressalvas a este comando, citando, à título de exemplo, os Ministros dos Tribunais Superiores e Tribunal de Contas da União, dos Tribunais do Judiciário e Tribunais de Contas que não precedem de cargos providos por concurso.

---

[160] MELLO, Celso Antônio Bandeira de. Curso de Direito Administrativo. 24ª ed. São Paulo: Malheiros, 2019, pag. 253.

Cargo público é a expressão utilizada, segundo Hely Lopes Meirelles, para definir o "lugar instituído na organização do serviço público com denominação própria, atribuições e responsabilidades específicas" [161].

A Lei nº 8.112/1990, que disciplina regime jurídico dos servidores públicos civis da União, das autarquias e das fundações públicas federais e dá base para as normas de servidores estatutários das outras esferas (municipais, estaduais e distrital), assim conceitua o que vem a ser cargo público:

> Conjunto de atribuições e responsabilidades previstas na estrutura organizacional que devem ser cometidas a um servidor. (...) Os cargos públicos, acessíveis a todos os brasileiros, são criados por lei, com denominação própria e vencimento pago pelos cofres públicos".

Os cargos públicos, de um modo geral, podem ser de provimento efetivo ou em comissão, com regime jurídico estatutário geral ou peculiar definidos em lei, integrantes da Administração Direta, autarquias e fundações públicas com personalidade jurídica de Direito Público.

Emprego público é aquele ocupado por empregado público no caso de empresas públicas e sociedades de economia mista.

Cada ente da federação deve, em lei, indicar o regime jurídico que adota: estatutário ou celetista em cada pessoa jurídica.

Isso decorre de medida cautelar deferida no julgamento da ADI (2.135/DF (2/8/2007) que suspendeu a eficácia do art. 39 dada pela EC nº 19/98, a qual havia extinguido a exigência de adoção do denominado regime jurídico único. A decisão tem efeitos *ex nunc*, isto, é, toda a legislação editada durante a vigência do artigo continua válida, assim como as respectivas contratações de pessoal.

Como a Lei nº 8.112/1990 que dispõe sobre o regime estatutário aplica-se a Administração, direta, autárquica e fundacional e o dispositivo em vigor determina um regime único, entende-se que está vedado o regime celetista para estes entes federais.

Assim como o ocupante de um cargo público de caráter efetivo, também o provimento de emprego exige prévio concurso público, porém seu vínculo com a administração pública não será legal, ou estatutário, mas sim contratual, sendo regido pela CLT.

O mandato é conceituado pelo Código Civil:

> Art. 1.288 – Opera-se o mandato, quando alguém recebe de outrem poderes, para, em seu nome, praticar atos, ou administrar interesses. A procuração é o instrumento do mandato.

---

[161] Ibidem, p. 77

Se assemelha a uma procuração ou a uma delegação. O mandato, previsto na lei pode ser esse conceituado, mas em regra, será o eletivo. Os que possuem mandato eletivo são investidos em cargo e exercem funções relativas ao cargo para o qual foi eleito.

O exemplo mais tradicional de mandato eletivo é o disposto na Constituição Federal para os governantes do povo derivado do voto popular. Os poderes recebidos são do povo, seu titular soberano, que elege representantes para cumprir mandatos eletivos por tempo pré-determinado. No entanto, exercem mandato também: os presidentes de Tribunais e os procuradores-gerais do Ministério Público.

Cumpre salientar que os agentes políticos podem ser investidos em cargos, funções, mandatos ou cargo em comissões por nomeação, eleição, designação ou delegação para o exercício de atribuições constitucionais.

6.11 Formas de Investidura

A forma de investidura tem relação com a nova lei, porque nos arts. 7º e 8º trata de exigências decorrentes de investidura para ocupar a função de Agente de Contratação, estendendo a exigência a órgão jurídico e órgão de controle interno. É provável que esses artigos venham a ter a constitucionalidade questionada, pois a pretexto de legislar sobre licitação e contratos, o Congresso Nacional invadiu os limites do sistema federativo e legislou sobre requisitos dos agentes para o desempenho de funções relevantes em licitação e contratos.

Antes de adentrar nas formas de investidura, imperioso trazer relevante ensinamento doutrinário, do Professor Márcio Cammarosano acerca da distinção entre investidura e provimento:

> O provimento diz respeito ao cargo, enquanto a investidura é concernente a pessoa o cargo é provido, alguém é investido. A distinção decorre, portanto, do ângulo de observação: se tenho em vista o cargo, refiro-me ao provimento; se a pessoa que o titulariza, refiro-me à investidura.[162]

Portanto, a pessoa é investida, ao passo que o cargo é provido. Acerca das modalidades de provimento, portanto, a nomeação aplica-se aos cargos públicos efetivos ou em comissão - visto que eleição é condição para ocupar cargos, aplicados aos casos de mandato público - ao passo que a designação ocorre para as funções públicas específicas. A propósito, o Decreto nº 9.794/2019 dispõe sobre os atos de nomeação e designação no âmbito federal:

> Art. 6º Fica delegada competência aos Ministros de Estado, no âmbito de seus órgãos e de suas entidades vinculadas, para:

---

[162] Cammarosano, Márcio. Provimento de Cargos Públicos no direito brasileiro, Ed: RT, 1984, pp.25-26.

I - nomeações para provimento de cargos efetivos em decorrência de habilitação em concurso público; e

II - nomeação para provimento de cargos em comissão e designação para ocupação de funções de confiança não especificadas no art. 4º.

As contratações ocorrem para os servidores temporários, empregados públicos e para os particulares que exercem função pública, tratados no tópico anterior.

Há formas de investidura, como aproveitamento, mas esse assunto foge ao foco deste trabalho.

Art. 6º, inc. VI

Art. 6º Para os fins desta Lei, consideram-se: [...]
VI - autoridade: agente público dotado de poder de decisão;

Dispositivos correspondentes na Lei nº 9.784/1999:
Art. 1º. Esta Lei estabelece normas básicas sobre o processo administrativo no âmbito da Administração Federal direta e indireta, visando, em especial, à proteção dos direitos dos administrados e ao melhor cumprimento dos fins da Administração.
[...]§ 2º Para os fins desta Lei, consideram-se: [...]
III - autoridade - o servidor ou agente público dotado de poder de decisão.

6.12 Autoridade e poder de decisão

A expressão não constava da lei geral anterior e fez bem a nova lei ao acolher a redação constante da Lei nº 9.784/1999. Ao associar o conceito de autoridade ao poder de decisão foi destacada a principal caraterística para instrução e prática de atos administrativos. Deve-se compreender decisão como ato de relevância, pois todo ato carrega consigo decidir entre várias escolhas. A decisão aqui tratada é a que implica a própria existência do processo regular.

Um conjunto de atos encadeados, ligados entre si, com uma finalidade específica somente tem desenvolvimento com uma ou várias decisões pertinentes e coerentes entre si.

No processo licitatório, são praticados vários atos decisórios; a decisão de comprar, a decisão de licitar ou a decisão de fazer a contratação direta sem licitação; contratar, pagar, receber, punir, prorrogar o contrato. Esses exemplos revelam que o processo tem várias decisões relevantes, à qual se associam decisões instrumentais, acessórias em relação à principal.

Tomando por exemplo, a decisão de comprar um equipamento, como um veículo. É a decisão principal à qual se segue, outra série de decisões como: elaborar ou não o documento de formalização de demanda, aprovar o termo de referência, a decisão de licitar, a decisão de homologar a licitação, a decisão de formalizar o contrato, a decisão de receber o objeto, a decisão de pagar.

6.13 Matriz de responsabilidade e atividades acessórias

No processo, porém, há outra série de atos que não são classificados como atos de decisão, mas atos necessários de instrução, como por exemplo, elaborar o termo de referência, fazer pesquisa de mercado.

A distinção feita agora pela lei facilita a definição de uma matriz de responsabilidade do processo de licitação e contratação, os pontos de controle e a estruturação administrativa de apoio da autoridade.

Reconhecer, na lei e nas normas, a autoridade que decide e trabalhar coma segregação de funções representa uma mudança técnica de alta qualidade na gestão e no controle.

Art. 6º, inc. VII

Art. 6º Para os fins desta Lei, consideram-se: [...]
VII - contratante: pessoa jurídica integrante da Administração Pública responsável pela contratação;

Dispositivo correspondente na Lei nº 8.666/1993:
Art. 6º. [...] XIV - Contratante - é o órgão ou entidade signatária do instrumento contratual;

6.14 Pessoa jurídica x entidade

A lei alterou o conceito, no que evoluiu para melhor compreensão.

O conceito anterior associava o termo a quem praticava o único ato de assinar o contrato; o novo conceito define como contratante a pessoa jurídica, no âmbito da Administração Pública, que é responsável pela contratação. O destaque para o atributo "responsável" acentua o reforço a autoridade.

Tenta com isso associar a legitimidade processual ao conceito de contratante, por vezes confundido, pela proliferação de títulos de órgãos. Essa confusão afeta a definição de competência dos órgãos do poder judiciário.

Desse modo, a médio prazo, ter-se-á ganhos de precisão de linguagem, pois ao invés de constar como contratante, por exemplo, a diretoria de farmácia, passará a constar de forma completa no contrato: o Município de São Paulo, por meio da Secretaria de Saúde e da diretoria de farmácia. Outro exemplo: a União federal, por meio do Tribunal de Contas da União. Até para definir a competência de uma autoridade coatora em ação de mandado de segurança não mais haverá dúvida.

Importante destacar que para o conceito só pode ser contratante a pessoa jurídica, fato que retorna o conceito de contrato às suas origens, com autonomia de vontade do contratante.

Art. 6º, inc. VIII

> Art. 6º Para os fins desta Lei, consideram-se: [...]
> VIII - contratado: pessoa física ou jurídica, ou consórcio de pessoas jurídicas, signatária de contrato com a Administração;

Dispositivo correspondente na Lei nº 8.666/1993:
Art. 6º. [...] XV - Contratado - a pessoa física ou jurídica signatária de contrato com a Administração Pública;

A participação de pessoas físicas em licitações, no âmbito da Administração Pública Federal direta, autárquica e fundacional é regulamentada através da Instrução Normativa SEGES/ME nº 116, de 21 de dezembro de 2021[163] e considera como pessoa física, nos termos do art. 2º, "todo o trabalhador autônomo, sem qualquer vínculo de subordinação para fins de execução do objeto da contratação pública, incluindo os profissionais liberais não enquadrados como sociedade empresária ou empresário individual, nos termos das legislações específicas, que participa ou manifesta a intenção de participar de processo de contratação pública, sendo equiparado a fornecedor ou ao prestador de serviço que, em atendimento à solicitação da Administração, oferece proposta".

6.15 Signatário e ausência de contrato formal

É preciso para compreensão um registro: o conceito equivocadamente restringe a condição de contratado ao fato da assinatura, usando o termo signatário. Situações há em que o ordenamento jurídico reconhece contrato verbais, com efeitos válidos no mundo jurídico. Em outras situações, o contrato é substituído por outros instrumentos como nota de empenho, autorização de fornecimento e adesão a ata de registro de preço.

6.16 Quando a Administração pública figura em ambos os lados

O conceito de contratado inserido na nova lei, muito semelhante ao que constava da Lei nº 8.666/1993, apresenta ainda imperfeições:

---

[163] BRASIL, Secretaria de Gestão do Ministério da Economia. Portaria SEGES/ME nº 116, de 21 de dezembro de 2021. Estabelece procedimentos para a participação de pessoa física nas contratações públicas de que trata a Lei nº 14.133, de 1º de abril de 2021, no âmbito da Administração Pública federal direta, autárquica e fundacional.

a) ignora a possibilidade de haver contrato entre pessoas jurídicas da própria Administração Pública, como ocorre por exemplo no contrato entre a Empresa Brasileira de Correios e Telégrafos – ECT e a Polícia Federal, no caso, União federal; e

b) não auxilia a compreensão da situação peculiar em que a Administração Pública é usuária de serviço público. Nessa situação a condição de contratante deveria ser usada para a parte que detém a supremacia dos poderes públicos e pode, por exemplo, utilizar-se de cláusulas exorbitantes para desempenhar o serviço. No caso, a ECT é que pode determinar o horário de coleta de correspondência, inclusive decidir se será realizada todos os dias ou não. Desse modo, no referido contrato, o contratante é a ECT e o contratado é a Polícia Federal, que se subjuga as regras do serviço impostas unilateralmente pela ECT.

Haverá casos, porém, em que nenhuma das partes detém as prerrogativas de poder público, como ocorre nos contratos de natureza privada firmados pela Administração Pública, como é o caso de contrato de financiamento. Nessa situação, por costume, utiliza-se o termo contratante para a Administração Pública e contratado para a pessoa jurídica de direito privado.

6.17 Cláusulas exorbitantes quando as partes do contrato são entes públicos

Quando o ajuste envolve um particular em um órgão ou entidade vinculado à Administração Pública, a questão não permite dúvidas: o particular é o contratado e a Administração contratante. Quando, porém, em um polo da relação contratual está, por exemplo, o Tribunal de Contas da União – TCU e do outro a Empresa Brasileira de Correios e Telégrafos – ECT a situação merece mais detido exame.

A precisa lição advém do fato de que a Lei de Licitações e Contratos estabelece que o contratante poderá servir-se de cláusulas exorbitantes do direito privado para melhor resguardar o interesse público. Cláusulas exorbitantes são as que inexistem no direito privado e permitem ao Poder Público alterar as condições de execução do contrato, independentemente da anuência do contratado, para melhor resguardar o interesse público, podendo, inclusive, suspender sua execução. Constitui uma viga-mestra do Direito Administrativo contratual, que só é compreensível na sua inteireza quando se tem em linha de consideração que a outra viga-mestra é a garantia do equilíbrio econômico-financeiro assegurada ao contratado.[164] Enquanto

---

[164] "O direito do particular, *in casu*, é restrito à composição de eventuais prejuízos que a alteração ou a rescisão

no contrato administrativo o particular obriga-se a aceitar a alteração do objeto ou até a sua supressão sumária por parte da Administração, possibilidade inexistente no direito comum, por outro lado encontra no Poder Público uma garantia que não se vislumbra também no direito privado, qual seja, a de que não sofrerá ruína em decorrência do poder de império da Administração.

Se somente o contratante pode se valer das cláusulas exorbitantes, quando nos dois polos da relação contratual encontram-se entidades vinculadas à Administração Pública, é necessário verificar qual está detendo em relação ao objeto do contrato o Poder de Estado: ou como denominam alguns autores, o "poder de império". É a própria lei que equaciona a questão ao dispor, no art. 62, § 3º, II, que se aplicam as normas da Lei nº 8.666/1993, no que couber, aos contratos em que a Administração Pública for usuária de serviço público. E assim é porque o executor do serviço público, no desempenho de sua função, está executando uma atividade de interesse público predominante. No caso exemplificado, se o TCU contrata a ECT para prestar serviços de transporte e distribuição de correspondência, deverá sujeitar-se às condições do serviço estabelecidas pela ECT, que é a titular do serviço público, no caso. O direito de uso de cláusulas exorbitantes estará ao lado da ECT, que poderá, inclusive, alterar o horário e dias de recolhimento dos malotes, data de vencimento da fatura etc. O contrato-padrão ao qual se sujeitará o TCU poderá inclusive prever multas moratórias, porque não é correto, por exemplo, que toda a coletividade seja prejudicada na prestação dos serviços dos Correios porque os órgãos públicos são inadimplentes contumazes.[165]

Quando a Administração é usuária de serviço público, submete-se às condições-padrão impostas pelo prestador do serviço; quem se submete é o contratado, que não detém poder de império; quem continua dispondo das prerrogativas de Estado, titular do serviço público, é o contratante.

A Administração poderá comprar, vender, prestar ou tomar serviços, pouco importa, pois se o órgão ou entidade está integrado à Administração Pública, esses

---

unilateral do ajuste lhe causar. O mandado de segurança não pode servir de substituto de ação ordinária de cobrança por ausência de ilegalidade ou abuso de poder e não havendo direito líquido e certo a ser amparado por esta via, denega-se a segurança". DISTRITO FEDERAL. Tribunal de Justiça do Distrito Federal e Territórios. Processo MS nº 688996/DF. Acórdão nº 91.047. Relator: Desembargador Nívio Gonçalves. Diário da Justiça [da] República Federativa do Brasil, Brasília, DF, 12 mar. 1997. Seção 3, p. 3.729.

[165] Em sentido contrário, inadmitindo, como regra, multa contra a Administração, salvo expressa previsão em lei, o TCU vinha decidindo reiteradamente. Processo TC nº 003.319/1997-0. Decisão nº 305/1997 - Plenário. Relator: Ministro Iram Saraiva. Diário Oficial da União [da] República Federativa do Brasil, Brasília, DF, 28 nov. 1997. Seção 1, p. 12179. Com base, entretanto, em julgamento do STF, o TCU vem admitindo a cobrança de multa quando a Administração é contratante e, no caso, figura simplesmente como usuária, sem possibilidade de exercer seu poder de imperii. BRASIL. Tribunal de Contas da União. Processo TC nº 014.714/1996-5. Decisão nº 686/1999 - Plenário. Relator: Ministro Bento José Bugarin. Diário Oficial [da] República Federativa do Brasil, Brasília, DF, 08 nov. 1999. Seção 1, p. 38.

serão denominados contratantes. Se ambas as partes estão integradas à Administração Pública, será denominado aquele que possuir o poder de império ou não estiver na condição de mero usuário do serviço.

Esses conceitos renovam-se aqui para estabelecer a noção básica elementar de que as entidades da Administração podem ocupar qualquer dos polos da relação contratual, mas apenas uma é, no estrito âmbito da legalidade, a "contratante" e a outra "contratada," sendo que à primeira cabe a utilização de cláusulas exorbitantes, como regra.

Com a concessão e permissão de serviços públicos, e a privatização de empresas estatais, essa noção assume dimensões ainda não totalmente previstas. É fato, porém, que os conceitos e a aplicação do termo contratante não serão alterados.

6.18 Pessoa física

Também pode ser contratado, pessoa física. A lei deixa evidente a permissão do poder público contratar pessoas físicas, tanto diante de uma qualificação diferenciada, como o notório especialista que pode ser pessoas física ou jurídica, como prestador de serviço que seja prestador de serviço.

A questão da qualificação econômico-financeira, requisitos fiscais, contratação direta e edital serão tratados nos comentários aos respectivos artigos. Aqui cumpre destacar que em âmbito federal, está em vigo a Instrução Normativa SEGES/ME Nº 116, de 21 de dezembro de 2021 que estabelece procedimentos para a participação de pessoa física nas contratações públicas de que trata a Lei nº 14.133, de 1º de abril de 2021, no âmbito da Administração Pública federal direta, autárquica e fundacional.

Dentre as regulamentações dispostas na IN estão disciplinadas regras específicas acerca da qualificação econômico-financeira, certidões e requisitos fiscais para participarem de licitações (art. 5º).

Além disso, a IN conceitua a pessoa física para fins do normativo, como:
> [...] todo o trabalhador autônomo, sem qualquer vínculo de subordinação para fins de execução do objeto da contratação pública, incluindo os profissionais liberais não enquadrados como sociedade empresária ou empresário individual, nos termos das legislações específicas, que participa ou manifesta a intenção de participar de processo de contratação pública, sendo equiparado a fornecedor ou ao prestador de serviço que, em atendimento à solicitação da Administração, oferece proposta[166].

---

[166] Art. 2º da Instrução Normativa Seges/ME nº 116, de 21 de dezembro de 2021.

Importante considerar que a pessoa física, pode assumir contornos jurídicos como MEI – microempreendedor individual. A compra de produtos de pessoa física excetuando-se a condição de MEI, é possível nos casos de objetos de propriedade individual, como objetos históricos.

6.19 Consórcio

Juridicamente, consórcio não é pessoa jurídica, ou seja, não detém personalidade jurídica própria. Os integrantes do consórcio continuam respondendo por meio das pessoas jurídicas que atuam. A personalidade jurídica das contraentes não se confunde com o consórcio.

O consórcio forma-se a partir de um contrato entre as empresas consorciadas. O consórcio não tem capacidade patrimonial, pois seus bens pertencem a um ou mais de seus sócios. O Direito reconhece a validade do contrato que forma consórcio, mas não atribui personalidade jurídica própria. Em outras palavras, o consórcio não é uma empresa, nem pessoa jurídica.

A Lei nº 6.404/1976 define o tema:

> Art. 278. As companhias e quaisquer outras sociedades, sob o mesmo controle ou não, podem constituir consórcio para executar determinado empreendimento, observado o disposto neste Capítulo.
>
> § 1º O consórcio não tem personalidade jurídica e as consorciadas somente se obrigam nas condições previstas no respectivo contrato, respondendo cada uma por suas obrigações, sem presunção de solidariedade.

As relações do consórcio são regulamentadas pela Lei nº 6.404/1976, a lei das sociedades por ações.

O consórcio não tem como finalidade constituir uma nova pessoa jurídica, como regra, mas pode nascer já com a possibilidade definida no contrato. Alguns consórcios já preveem, por exemplo, que se o consórcio vencer a licitação formará uma Sociedade de Propósito Específico - SPE. No consórcio, cada empresa terá função específica definida no contrato de formação e a finalidade costuma ser transitória.

Sobre a participação de consórcio em licitação, consulte os comentários ao art. 15.

O contrato até aqui tratado é o consórcio privado ou mercantil. Também existe o consórcio entre pessoas jurídicas de direito público que é tratado na Lei Federal nº 11.107, de 6 de abril de 2005.

A lei abrange a União, os Estados, o Distrito Federal e os Municípios na contratação de consórcios públicos para a realização de objetivos de interesse comum. Nessa lei, recomenda-se a transitoriedade do consórcio, determinando que seja constituída associação pública ou pessoa jurídica de direito privado.

Art. 6º, inc. IX

> Art. 6º Para os fins desta Lei, consideram-se: [...]
>
> IX - licitante: pessoa física ou jurídica, ou consórcio de pessoas jurídicas, que participa ou manifesta a intenção de participar de processo licitatório, sendo-lhe equiparável, para os fins desta Lei, o fornecedor ou o prestador de serviço que, em atendimento à solicitação da Administração, oferece proposta;

Dispositivos correspondentes na Lei nº 8.666/1993: não há.

6.20 Abrangência do conceito de licitante

O conceito abrange:

a) quem participa do processo licitatório;

b) quem manifesta a intenção de participar;

c) quem vem a ofertar proposta, sem processo licitatório, visando a contratação direta;

d) quem vem a ofertar proposta, sem processo licitatório, em solicitação da Administração para fins de estimativa de preços.

O conceito resolve antiga polêmica que existiu na aplicação da Lei nº 8.666/1993 que deu o direito de impugnar o edital ao licitante, sem exigir desse, nenhuma qualificação. Presumia-se a condição de licitante. Agora a lei exige um ato ou uma ação do licitante, para que seja qualificado como tal.

Por outro lado, evidencia-se que o objetivo foi ampliar o conceito que na legislação anterior ficava restrito a quem oferecia a proposta. Por vezes, o edital restringia indevidamente a habilitação e a condição de licitante não era permitida o que restringia direitos, obrigando, portanto, o interessado, a vencer a premissa de comprovar que retirando-se determinada restrição, teria condições de participar da licitação. A intenção de ampliar permite questionar edital, seus anexos, melhorando o controle social.

Note que a impugnação, faz presumir "a intenção de participar", não sendo necessário que o impugnante demonstre qualificação técnica ou econômica para esse fim.

6.21 Intenção de participar e legitimidade para impugnar

Com a previsão de "intenção de participar", acabam tendo direito de impugnar termos de referência e projetos básico, por exemplo, aqueles que terão a condição de serem contratados sem licitação.

Como a intenção de participar é presumida pela prática de outro ato, como impugnar, é possível verificar a condição daquele que oferece estimativa de preços. A lei declara que é licitante quem oferece "proposta", e tecnicamente não é proposta quem oferece estimativa de preços, prevista no art. 23, § 1º, inc. IV. Portanto, poder-se-ia afirmar que é possível estender ao que atende o pedido da Administração e oferece preços para compor a estimativa, embora tecnicamente não seja licitante. Na prática, há inequívoca possibilidade de ampliar os direitos para os que se autodenominarem "licitantes". Restringir direitos de participação é viável nas etapas subsequentes do processo licitatório, como após a fase de habilitação.

Art. 6º, inc. X

> Art. 6º Para os fins desta Lei, consideram-se: [...]
> X - compra: aquisição remunerada de bens para fornecimento de uma só vez ou parceladamente, considerada imediata aquela com prazo de entrega de até 30 (trinta) dias da ordem de fornecimento.

Dispositivos correspondentes na Lei nº 8.666/1993:
Art. 6º. [...] III - Compra - toda aquisição remunerada de bens para fornecimento de uma só vez ou parceladamente;
Art. 40. [...] § 4º Nas compras para entrega imediata, assim entendidas aquelas com prazo de entrega até trinta dias da data prevista para apresentação da proposta, poderão ser dispensadas.

O conceito de compra repete a lei anterior ao possibilitar o fornecimento de uma só vez ou parcelado, sobre este último consulte comentários ao art. 40, alínea b.

6.22 Entrega imediata: 30 dias da ordem de fornecimento

A inovação do dispositivo fica por conta da definição de que a contagem do prazo de trinta dias inicia-se da data da ordem de fornecimento. A legislação anterior, ao estipular que a data se inicia da apresentação da proposta inviabilizava a utilidade do conceito, pois o procedimento previsto engloba uma série de outras ações posteriores como análise da proposta, habilitação, recurso, adjudicação e homologação, algumas sem prazo certo de conclusão.

Agora a contagem passa a ser a partir da ordem de fornecimento do objeto.

Sobre o instrumento escolhido cumpre destacar que, o TCU já vinha admitindo a contagem do prazo da emissão da nota de empenho:

> [...] 9.1.2 a "entrega imediata" referida no art. 62, § 4º, da Lei 8.666/1993 deve ser entendida como aquela que ocorrer em até trinta dias a partir do pedido formal de fornecimento feito pela Administração, que deve ocorrer por meio da emissão da nota de empenho, desde que a proposta esteja válida na ocasião da solicitação[167].

Essa questão assume relevo porque, em regra, a nota de empenho poderia substituir a ordem de fornecimento pois, ao contrário desta última, a nota de empenho é obrigatória[168]. Poderia a lei em consonância com o art. 95 ter incluído "outro instrumento hábil, como carta contrato, nota de empenho de despesa, autorização de compra".

Quando no caso da elaboração dos dois documentos: nota de empenho e ordem de fornecimento, fez bem ao preferir a contagem por este último, uma vez que a ordem de fornecimento é elaborada, em regra, posterior à emissão da nota de empenho.

Isso decorre da inteligência dos arts. 58 à 70 da Lei nº 4.320/1964, de modo que o empenho deva ser prévio ou contemporâneo à contratação

art. 6º, inc. XI

Art. 6º Para os fins desta Lei, consideram-se: [...]
XI - serviço: atividade ou conjunto de atividades destinadas a obter determinada utilidade, intelectual ou material, de interesse da Administração;

Dispositivo correspondente na Lei nº 8.666/1993:
Art. 6º. Para os fins desta Lei, considera-se: [...]
II - Serviço - toda atividade destinada a obter determinada utilidade de interesse para a Administração, tais como: demolição, conserto, instalação, montagem, operação, conservação, reparação, adaptação, manutenção, transporte, locação de bens, publicidade, seguro ou trabalhos técnico-profissionais;

O inciso alterou a redação anterior que exemplificava serviços na parte de engenharia. O conceito mais conciso é juridicamente dispensável, pois não agrega valor.

---

[167] Acórdão nº 1234/2018 – Plenário. Relator: ministro José Mucio Monteiro.
[168] Ressalvado os casos dispensados em legislação específica na forma do art. 60 da Lei nº 4.320/64. À exemplo do Decreto-Lei nº 1875/1981, que em seu artigo 4º estabelece os casos em que pode ser dispensada a nota de empenho para municípios com população inferior a 50.000 (cinqüenta mil) habitantes.

6.23 Conceito de serviços

A partir das concepções das ciências econômicas, Dimária Silva e Meirelles propõe o seguinte conceito para serviços:

> Serviço é trabalho em processo, e não o resultado da ação do trabalho; por esta razão elementar, não se produz um serviço, e sim se presta um serviço, dessa hipótese, derivam-se três postulados:
>
> 1) Serviço é trabalho na sua acepção ampla e fundamental, podendo ser realizado não só através dos recursos humanos (trabalho humano) como também através das máquinas e equipamentos (trabalho mecânico).
>
> 2) Serviço é trabalho em processo, ou seja, serviço é trabalho na concepção dinâmica do termo, trabalho em ação.
>
> 3) Todo serviço é realização de trabalho, mas nem toda realização de trabalho é serviço, ou seja, não existe uma relação biunívoca entre serviço e trabalho.[169]

Já na concepção do marketing, segundo Kotler essas características podem ser descritas como:

> a) intangibilidade dos serviços: significa que eles não podem ser vistos, provados, sentidos, ouvidos ou cheirados antes da compra.
>
> b) inseparabilidade dos serviços: significa que eles não podem ser separados de seus fornecedores, sejam eles pessoas ou equipamentos.
>
> c) variabilidade dos serviços: significa que a qualidade deles depende de quem os fornece, bem como de quando, onde e como são fornecidos.
>
> d) perecibilidade dos serviços: significa que eles não podem ser armazenados para venda ou uso posterior.[170]

Por fim, Heleno Taveira Torres ao tratar da incidência de ISS conceitua a prestação de serviços como:

> "uma obrigação de fazer, um negócio jurídico pelo qual uma parte se obrigue a realizar um 'fazer', a prestar um serviço, mediante o pagamento de contraprestação."[171]

6.24 Serviço útil e interesse da Administração

O conceito disposto na Lei apresenta pleonasmo, pois todas as contratações visam ser úteis à Administração, seja intelectual ou material. Traz ainda erro, pois

---

[169] MEIRELLES, Dimária Silva e. O conceito de serviço. Rev. Econ. Polit., São Paulo, v. 26, n. 1, p. 119-136, Mar. 2006. Disponível em: <http://www.scielo.br/scielo.php?script=sci_arttext&pid=S0101-31572006000100007&lng=en&nrm=iso>. Acesso em: 20 Mar. 2021.

[170] KOTLER, Philip. Marketing de serviços profissionais: estratégias inovadoras para impulsionar sua atividade, sua imagem e seus lucros. São Paulo: Manole, 2002.

[171] TÔRRES, Heleno Taveira. Conceito de Estabelecimento Como critério de Solução de Conflitos no ISS.

os serviços podem visar atender interesse da Administração ou de particulares, como ocorre quando se contratam serviços para atender determinada parcela da coletividade.

> **Art. 6º, inc. XII**
>
> Art. 6º Para os fins desta Lei, consideram-se: [...]
>
> XII - obra: toda atividade estabelecida, por força de lei, como privativa das profissões de arquiteto e engenheiro que implica intervenção no meio ambiente por meio de um conjunto harmônico de ações que, agregadas, formam um todo que inova o espaço físico da natureza ou acarreta alteração substancial das características originais de bem imóvel;

Dispositivo correspondente na Lei nº 8.666/1993:
Art. 6º. [...] I - Obra - toda construção, reforma, fabricação, recuperação ou ampliação, realizada por execução direta ou indireta;

6.25 Obras – mudanças no conceito

O inciso apresenta alteração em relação à redação anterior excluindo as palavras "fabricação" e "imóvel", criando nova dimensão a ideia de obras. Pela primeira supressão, a fabricação pode ser serviço, como ocorre com a fabricação de máquinas e equipamentos que agora podem ser considerados como compra sob encomenda. Ao excluir a qualificadora "imóvel" também ampliou o conceito, pois a reforma, recuperação e a ampliação poderão incidir sobre bens móveis ou imóveis e, nesse caso, ficará no gênero "obra". Na prática, esse inciso agrega valor jurídico para a aplicação de outro dispositivo.

Explica-se. A alteração do contrato, no caso específico de reforma, pode admitir o acréscimo de até 50%. Quando a lei anterior colocava reforma no conceito de serviço de engenharia, impedia aplicação do limite às obras. Além disso, o agrupamento no mesmo conceito de substantivos equivalentes a reforma como "demolição, conserto, instalação, montagem, operação, conservação, reparação, adaptação, manutenção" transformava a possibilidade de alterar percentuais numa questão semântica. Assim, ao tempo da Lei nº 8.666/1993 se o objeto fosse detalhado nas expressões referidas não seria possível aditivar em 50% o contrato.

Nesse sentido a nova norma simplifica e, na prática, recomenda-se o uso do substantivo reforma.[172]

---

[172] BRASIL. Lei nº 14.133, de 1º de abril de 2021: "Art. 125. Nas alterações unilaterais a que se refere o inciso I do caput do art. 124 desta Lei, o contratado será obrigado a aceitar, nas mesmas condições contratuais, acréscimos ou supressões de até 25% (vinte e cinco por cento) do valor inicial atualizado do contrato que se fizerem nas

art. 6º, inc. XIII

> Art. 6º Para os fins desta Lei, consideram-se: [...]
>
> XIII - bens e serviços comuns: aqueles cujos padrões de desempenho e qualidade podem ser objetivamente definidos pelo edital, por meio de especificações usuais de mercado;

Dispositivo correspondente na Lei nº 10.520/2002:
Art. 1º. [...] Parágrafo único. Consideram-se bens e serviços comuns, para os fins e efeitos deste artigo, aqueles cujos padrões de desempenho e qualidade possam ser objetivamente definidos pelo edital, por meio de especificações usuais no mercado.

6.26 Bens e serviços comuns – linguagem de mercado

O dispositivo cópia norma idêntica que constava do art. 1º da Lei nº 10.520/2002, que instituiu o pregão.

Na leitura do inciso XXXVIII, adiante a modalidade pregão é obrigatória para contratações deste tipo.

O conceito de bens e serviços comuns é:

a) genérico, abrangendo qualquer tipo de objeto seja manufaturado, ou industrializado, ou com funcionamento mecânico, elétrico, eletrônico, nacional, importado, de elevado preço, ou pronto ou sob encomenda. Também abrange qualquer tipo de serviço profissional, técnico ou especializado;

b) dinâmico, pois depende de o mercado ser capaz de identificar especificações usuais; e

c) relativo, pois depende do conhecimento do mercado e grau de capacidade técnica dos seus agentes para identificar o objeto.

O próprio Tribunal de Contas da União – TCU, em relevante lição do Ministro Valmir Campelo, assentou que é relativamente discricionária a classificação de um bem ou serviço como comum.[173]

---

obras, nos serviços ou nas compras, e, no caso de reforma de edifício ou de equipamento, o limite para os acréscimos será de 50% (cinquenta por cento)."

[173] BRASIL. Tribunal de Contas da União. Processo TC nº 013.896/2004-5. Acórdão nº 817/2005 – 1ª Câmara. Relator: Ministro Valmir Campelo. Diário Oficial da União [da] República Federativa do Brasil, Brasília, DF, 09 maio 2005, Seção 1, p. 180.

O que define se um bem ou serviço pode ser considerado ou não comum é a possibilidade de definir o padrão de desempenho ou a qualidade, segundo especificações usuais no mercado.[174]

Como a norma se refere à qualidade, é fácil inferir que mesmo em se tratando de bem ou serviço comum, pode a Administração definir características que restringem a competição, desde que tenha por objetivo assegurar a qualidade ou o melhor desempenho e que essas restrições sejam facilmente compreendidas no mercado e que, sejam justificadas nos autos do processo.[175]

É, portanto, a linguagem do mercado que define a possibilidade de indicar padrão de desempenho e qualidade.

Ao ensejo, é importante observar que a concorrência teve substancial alteração diante do art. 17, § 1º, que permite genericamente a inversão das fases de habilitação e de julgamento de propostas.[176]

Art. 6º, inc. XIV

> Art. 6º Para os fins desta Lei, consideram-se: [...]
>
> XIV - bens e serviços especiais: aqueles que, por sua alta heterogeneidade ou complexidade, não podem ser descritos na forma do inciso XIII do *caput* deste artigo, exigida justificativa prévia do contratante;
>
> **Dispositivo correspondente no Decreto nº 10.024/2019, de aplicação federal, que regulamenta o pregão eletrônico:**
>
> Art. 3º. Para fins do disposto neste Decreto, considera-se: [...] III - bens e serviços especiais - bens que, por sua alta heterogeneidade ou complexidade técnica, não podem ser considerados bens e serviços comuns, nos termos do inciso II;

---

[174] O TCU recomendou ao TJDFT que se abstivesse de utilizar pregão para bens e serviços que indubitavelmente se mostrassem de natureza incomum, face ao comando do art. 1º e parágrafo único da Lei nº 10.520/2002: BRASIL. Tribunal de Contas da União. Processo TC nº 022.022/2005-5. Acórdão nº 555/2008 - Plenário. Relator: Ministro Augusto Sherman Cavalcanti. Diário Oficial da União [da] República Federativa do Brasil, Brasília, DF, 04 abr. 2008, Seção 1.

[175] BRASIL. Lei nº 10.520, de 17 de julho de 2002. Institui, no âmbito da União, Estados, Distrito Federal e Municípios, nos termos do art. 37, inciso XXI, da Constituição Federal, modalidade de licitação denominada pregão, para aquisição de bens e serviços comuns, e dá outras providências. Diário Oficial da União [da] República Federativa do Brasil, Brasília, DF, 18 jul. 2002. "Art. 3º A fase preparatória do pregão observará o seguinte: III - dos autos do procedimento constarão a justificativa das definições referidas no inciso I deste artigo e os indispensáveis elementos técnicos sobre os quais estiverem apoiados, bem como o orçamento, elaborado pelo órgão ou entidade promotora da licitação, dos bens ou serviços a serem licitados."

[176] BRASIL. Lei nº 14.133, de 1º de abril de 2021: "Art. 17. O processo de licitação observará as seguintes fases, em sequência: I - preparatória; II - de divulgação do edital de licitação; III - de apresentação de propostas e lances, quando for o caso; IV - de julgamento; V - de habilitação; VI - recursal; VII - de homologação. § 1º A fase referida no inciso V do caput deste artigo **poderá, mediante ato motivado com explicitação dos benefícios decorrentes, anteceder as fases referidas nos incisos III e IV** do caput deste artigo, desde que expressamente previsto no edital de licitação."

6.27 Necessidade de justificativa prévia

O inciso tenta dar completude a ordem jurídica definindo num sistema alternativo ou que é comum e o que é especial, ou não comum. Desse modo, ou é definido por características usuais no mercado ou é diferente, complexo, heterogêneo.

O dispositivo deixa claro que nesse caso, a diferença agregada à descrição do objeto deve ser justificada.

Essa justificativa, porém, não ficou livre para o gestor, devendo considerar os elementos que tratam:

a) do planejamento de compras, referido no art. 35 desta mesma lei;

b) do conteúdo do anteprojeto, conceituado no art. 6º, inciso XXII, e referido em muitos dispositivos desta lei; e

c) do conteúdo do projeto, conceituado no art. 6º, inc. XXIII, e referido em muitos dispositivos desta lei.

Isso significa que a validade da justificativa se faz com amparo em lei e outras normas, sempre de modo impessoal.

Andrea Ache e Renato Fenilli chamam atenção ao aspecto da temporalidade implícito a esta denominação: "Um bem especial, hoje, pode não o ser no futuro[177]" e citam como exemplo os insumos de informática como o "pen drive" que, há trinta anos não poderia ser considerado como um bem "comum". Aqui importante valer-se do art. 24 da LINDB – que determina a obrigação de levar "em conta as orientações gerais da época"[178].

Não sendo comum, ou seja, estando na categoria de especial abre-se a possibilidade de licitar sem exigir-se o menor preço, inclusive com o uso da modalidade concorrência, conforme art. 6º, inciso XXXVIII e o julgamento por técnica e preço, conforme art. 36, § 1º, inciso III.

Ao ensejo, é imperioso repetir aqui, o que foi dito no final dos comentários ao inciso anterior: é importante observar que também a concorrência teve substancial alteração diante do art. 17, § 1º, que permite genericamente a inversão das fases de habilitação e de julgamento de propostas. Aliás, agora a concorrência tem a fase de proposta antes da fase habilitação.

Art. 6º, inc. XV

---

[177] ACHE, Andrea. FENILI, Renato. A lei de licitações e contratos: visão sistêmica. Das licitações: planejamento e seleção do fornecedor. Arts. 1-71. 1ª ed. Guarulhos, SP: Format Comunicação Gráfica e Editora, 2022. p. 86.
178 Decreto-Lei nº 4.657, de 4 de setembro de 1942. Art. 24.

> Art. 6º Para os fins desta Lei, consideram-se: [...]
>
> XV - serviços e fornecimentos contínuos: serviços contratados e compras realizadas pela Administração Pública para a manutenção da atividade administrativa, decorrentes de necessidades permanentes ou prolongadas;

Dispositivos correlatos na Lei nº 8.666/1993:

Art. 57. A duração dos contratos regidos por esta Lei ficará adstrita à vigência dos respectivos créditos orçamentários, exceto quanto aos relativos: [...]

II - à prestação de serviços a serem executados de forma contínua, que poderão ter a sua duração prorrogada por iguais e sucessivos períodos com vistas à obtenção de preços e condições mais vantajosas para a administração, limitada a sessenta meses; (Redação dada pela Lei nº 9.648, de 1998).

6.28 Serviços e fornecimento contínuo

Na Lei nº 8.666/1993 a expressão "serviços contínuos" causou bastante controvérsia. Se enquadrado nessa espécie permitia a norma que a vigência do contrato ultrapassasse a vigência do crédito anual e fosse estendida até sessenta meses.

Ao tempo da Lei nº 8.666/1993, o então Ministério da Administração, acolhendo nossa sugestão, enviou proposta de medida provisória para alterar o conceito do art. 57, inc. II, dessa lei, permitindo que o contrato fosse além do crédito orçamentário não só para serviços **contínuos**, mas também para fornecimentos **contínuos**. Referida proposta de Medida Provisória não chegou a ser editada, pois a Constituição foi emendada para restringir o uso de Medida Provisória, coincidentemente após a aceitação de nossa proposta pelo Ministério da Administração.

Os serviços de natureza contínua, nos termos da IN SEGES/MP nº 5/2017, foram conceituados como "aqueles cuja interrupção possa comprometer a prestação de um serviço público ou o cumprimento da missão constitucional" (art. 15). Caracterizam-se como tal quando correspondem a necessidades permanentes da Administração. Em decorrência dessa característica básica, a necessidade da contratação desses serviços estende-se por mais de um exercício financeiro de forma contínua. A expressão "comprometer a prestação de serviço" acolheu doutrina obtusa que inseriu no conceito elemento essencial inexistente na lei. Serviço contínuo é serviço executado de forma contínua; nada além. Essa pequenez do conceito doutrinária deixava de fora a manutenção de jardins, como obras de Burle Marx.

No caso, a lei definiu que os serviços destinados à manutenção da Administração Pública têm natureza continuada e é evidente que a Lei

Lei nº 14.133/2021 — Art. 6º

Orçamentária deve prever os créditos necessários a essa espécie de serviço. A boa inovação é que o mesmo entendimento foi estendido aos fornecimentos contínuos.

O fornecimento de mão de obra, como o próprio nome sugere, é estruturado em torno dos profissionais que são disponibilizados para o contratante e por este gerenciados, ao passo que a prestação de serviços tem como foco central a atividade realizada pelo contratado.

O fornecimento contínuo corresponde a compra de produto que é feita de forma continuada. Por exemplo: nas empresas de saneamento é comum a compra de cloro gasoso por sessenta meses, garantindo preços menores pelo fornecedor. Agora também material de expediente, podem ser adquiridos por prazos mais longos.

6.29 Boa prática: normativo definindo o que é contínuo

Sobre o assunto, cabe observar, em coerência com o entendimento da lei anterior que cada órgão deve editar norma própria definindo o que é contínuo para seu âmbito de atuação. De fato, a continuidade de um serviço depende da função de cada órgão. Tome, por exemplo, a realização de eventos, expressão que abrange seminário, convenção, congresso, palestra. O Ministério da Saúde realiza milhares de eventos por ano, enquanto um tribunal pode ter apenas um evento. Assim, para aquele a quantidade de contratações exige uma formatação diferente da que ocorre nesse órgão; não se poderia exigir para aquele uma licitação para cada evento. Outras vezes, é o tempo de execução que se protrai gerando a continuidade. Em caso específico, por exemplo, as provas do ENEM à cargo da autarquia INEP. Entre o planejamento e a execução cada ENEM consome quase dois anos e esse evento ocorre todos os anos. Assim, a continuidade abrange o planejamento e a execução, sobrepondo-se atividades no tempo. A edição de norma própria sobre o assunto, refletirá no Plano Anual de Contratação.

Sobre o prazo do contrato e o direito e dever de prorrogação dos serviços e fornecimentos contínuos consulte os arts. 106 e 107 desta lei.

Art. 6º, inc. XVI, a, b, c

> Art. 6º Para os fins desta Lei, consideram-se: [...]
> XVI - serviços contínuos com regime de dedicação exclusiva de mão de obra: aqueles cujo modelo de execução contratual exige, entre outros requisitos, que:
> a) os empregados do contratado fiquem à disposição nas dependências do contratante para a prestação dos serviços;

b) o contratado não compartilhe os recursos humanos e materiais disponíveis de uma contratação para execução simultânea de outros contratos;

c) o contratado possibilite a fiscalização pelo contratante quanto à distribuição, controle e supervisão dos recursos humanos alocados aos seus contratos;

> Dispositivos correspondentes na Instrução Normativa nº 5/2017 do Ministério do Planejamento, Desenvolvimento e Gestão (atual Ministério da Economia):
>
> Art. 17. Os serviços com regime de dedicação exclusiva de mão de obra são aqueles em que o modelo de execução contratual exija, dentre outros requisitos, que:
>
> I - os empregados da contratada fiquem à disposição nas dependências da contratante para a prestação dos serviços;
>
> II - a contratada não compartilhe os recursos humanos e materiais disponíveis de uma contratação para execução simultânea de outros contratos; e
>
> III - a contratada possibilite a fiscalização pela contratante quanto à distribuição, controle e supervisão dos recursos humanos alocados aos seus contratos.
>
> Parágrafo único. Os serviços de que trata o caput poderão ser prestados fora das dependências do órgão ou entidade, desde que não seja nas dependências da contratada e presentes os requisitos dos incisos II e III. (aplicação federal)

6.30 Serviços contínuos com regime de dedicação exclusiva de mão de obra

São serviços nos quais há cessão de mão-de-obra pela Contratada, ou seja, se faz necessário que o Contratado mantenha, em período integral e de forma exclusiva, empregados à disposição da Administração, para que executem tarefas de interesse da Administração. Como contínuos, deve ser demonstrada que a execução se faz continuamente, todos os dias, ou em períodos não ininterruptos.

É denominado como "terceirização", uma forma de reorganização administrativa, por meio da qual a execução de determinadas atividades do órgão ou entidade é transferida a uma empresa contratada para esse fim (execução indireta). O tema é regulado, em âmbito federal, pelo Decreto nº 9.507/2018.

Para saber mais sobre os limites da terceirização de mão de obra, consulte a necessidade de concurso público, conforme o inciso II do art. 37, da Constituição Federal de 1988. Em síntese, o maior problema para a compreensão da terceirização é a falta de instrumentos jurídicos que definam com precisão o que deve ser o quadro de pessoal e o que deve ser terceirizado. Por isso temos recomendado que a Administração, antes de elaborar o plano de cargos, elabore o plano de terceirização de mão-de-obra. Só integrarão as atividades dos cargos, as atividades que não estiverem no plano de terceirização de mão-de-obra. Um guia importante para orientar a seleção das atividades está no art. 10, § 7º do Decreto-lei nº 200 de 1967.

6.31 Pressupostos

Credita-se ao art. 10, § 7º, do ainda em vigor, Decreto-lei nº 200/1967, onde se lê que:

> Para melhor desincumbir-se das tarefas de planejamento, coordenação, supervisão e controle e com o objetivo de impedir o crescimento desmesurado da máquina administrativa, a Administração procurará desobrigar-se da realização material de tarefas executivas, recorrendo, sempre que possível, à execução indireta, mediante contrato, desde que exista, na área, iniciativa privada suficientemente desenvolvida e capacitada a desempenhar os encargos de execução.[179]

Da leitura desses dispositivos, pode-se concluir que o objeto passível de contratação é apenas a realização material de certas atividades (tarefas executivas), mantendo-se sob o domínio exclusivo da Administração as tarefas de gestão, estratégica e tática dessas atividades, a saber: planejamento, coordenação, supervisão e controle.

Outros pressupostos são a inexistência da categoria no quadro de pessoal do órgão ou entidade, salvo expressa disposição legal em contrário; ou tratar-se de cargo.

Essa categoria diferenciada de execução não altera o assunto duração de contratos, exceto pelo prazo de mobilização que há de ser compatível com o esforço necessário ao recrutamento, seleção e treinamento de pessoal. Portanto, embora não interfira na determinação do prazo do contrato, exige definição de prazo para mobilização adequada de forma a assegurar a competitividade.

6.32 Requisitos

O primeiro requisito impõe que os empregados do contratado fiquem à disposição, isto é, cumprindo ou aguardando ordens, nas dependências da contratante para a prestação dos serviços.

Essa disponibilidade é que justifica o pagamento pelo tempo. Se não ficam à disposição, não é serviço contínuo, mas eventual. Se os empregados podem ficar no estabelecimento do empregador, não é serviço contínuo.

Na prática, porém, essa distinção não mais interfere no tempo de vigência do contrato; interfere sim na responsabilidade fiscal e trabalhista; interfere no dever que decorre da alínea "c", a seguir.

---

[179] BRASIL. Decreto-Lei nº 200, de 25 de fevereiro de 1967. Disponível em: www.planalto.gov.br. Acesso em: 02 jul. 2017.

O segundo requisito é a vedação a que os empregados sejam compartilhados. Se forem compartilhados com vários tomadores de serviço a Administração terá mitigada a responsabilidade por fiscalizar o cumprimento das obrigações trabalhistas e os encargos sociais.

Pelo risco decorrente, os serviços contínuos com dedicação exclusiva de mão-de-obra merecem tratamento diferenciado.

O terceiro requisito é o direito e o dever da Administração de fiscalizar a distribuição, controle e supervisão dos recursos humanos alocados aos seus contratos.

A alínea "c" trata da fiscalização pela Administração dos recursos humanos alocados. Isso decorre do fato de ser uma contratação de serviços por parte da Administração. É uma autêntica cláusula exorbitante em favor da Administração para que possa ter o devido cuidado e respeito aos direitos humanos e trabalhistas para com aqueles que convertem sua mão de obra no serviço pretendido, principalmente, no âmbito dos contratos com dedicação exclusiva de mão de obra, no qual o empregado da contratada está à sua inteira disposição – na forma da alínea "a".

Nesse sentido, nessas contratações de serviços contínuos com regime de dedicação exclusiva de mão de obra, a Lei prevê que a Administração responderá solidariamente pelos encargos previdenciários e subsidiariamente pelos encargos trabalhistas se comprovada falha na fiscalização do cumprimento das obrigações do contratado.

Consulte os comentários ao art. 121 e o verbete "terceirização".

6.33 Vedações à celebração de contrato de terceirização

De acordo com a IN SEGES/MP nº 5/2017, é vedada a contratação de atividades que: envolvam a tomada de decisão ou posicionamento institucional nas áreas de planejamento, coordenação, supervisão e controle; sejam consideradas estratégicas para o órgão ou entidade, cuja terceirização possa colocar em risco o controle de processos e de conhecimentos e tecnologias; sejam relacionadas ao poder de polícia, de regulação, de outorga de serviços públicos e de aplicação de sanção; e sejam inerentes às categorias funcionais abrangidas pelo plano de cargos do órgão ou entidade, salvo expressa disposição legal em contrário ou quando se tratar de cargo extinto, total ou parcialmente, no âmbito do quadro geral de pessoal.[180]

---

[180] Art. 9 da IN no 05/2017.

Observa-se, pois, que as atividades passíveis de terceirização não englobam aquelas relativas ao exercício das funções de planejamento, coordenação, supervisão e controle. Ademais, salvo disposição legal expressa, não podem ser terceirizadas atividades que são atribuídas a cargos ou categorias existentes no quadro de pessoal do órgão ou entidade contratante que não estejam extintos total ou parcialmente[181].

Art. 6º, inc. XVII

> Art. 6º Para os fins desta Lei, consideram-se: [...]
>
> XVII - serviços não contínuos ou contratados por escopo: aqueles que impõem ao contratado o dever de realizar a prestação de um serviço específico em período predeterminado, podendo ser prorrogado, desde que justificadamente, pelo prazo necessário à conclusão do objeto;

Dispositivo correspondente na Instrução Normativa nº 5/2017 do Ministério do Planejamento, Desenvolvimento e Gestão (atual Ministério da Economia):

Art. 16. Os serviços considerados não continuados ou contratados por escopo são aqueles que impõem aos contratados o dever de realizar a prestação de um serviço específico em um período predeterminado, podendo ser prorrogado, desde que justificadamente, pelo prazo necessário à conclusão do objeto, observadas as hipóteses previstas no § 1º do art. 57 da Lei nº 8.666, de 1993.

O conceito aqui exposto é idêntico ao disposto na IN nº 05/2017 que tem aplicação federal.

6.34 O prazo indeterminado nos contratos por escopo

Parte da doutrina resistia à subsistência do contrato serviços por escopo após a vigência da Lei nº 8.666/1993. Explica-se: essa norma enquadrou todos os contratos ao tempo, como fator determinante da vigência, e vedou o contrato por prazo indeterminado.

Tecnicamente, o debate partia de premissa equivocada, pois contrato por escopo não é por prazo indeterminado, **mas sujeito à condição**. Explicando melhor: os contratos podem ter sua duração sujeita a termo ou condição. Termo certo é

---

[181] Transcreve-se, a seguir, trecho do Acórdão no 1.069/2011-TCU-Plenário (relator Ministro Ubiratan Aguiar) que, ao tratar de uma questão específica (análise de prestação de contas de convênios), distingue, de forma clara, as atividades que podem ou não ser terceirizadas: "as atribuições inerentes ao acompanhamento e à análise técnica e financeira das prestações de contas apresentadas em virtude de convênios, ajustes ou instrumentos congêneres, que tenham por fim a transferência voluntária de recursos da União para a execução de políticas públicas, constituem atividade precípua e finalística da Administração e, em consequência, não podem ser objeto de terceirização. Já as atividades de apoio ao acompanhamento e à análise das referidas prestações de contas podem ser objeto de terceirização quando forem, nitidamente, acessórias ou instrumentais e não requererem qualquer juízo de valor acerca das contas, além de não estarem abrangidas pelo plano de cargos do órgão ou entidade, salvo expressa disposição legal em contrário ou quando se tratarem de atribuições de cargo extinto, total ou parcialmente". BRASIL. Tribunal de Contas da União. Disponível em: www.tcu.gov.br. Acesso em: 23 jun. 2017.

prazo, ou condição, que é evento futuro. Indeterminada é a vigência que não se pode determinar no início da vigência.

Com a fixação deste conceito, resta claro então que os contratos administrativos, via de regra, possuem sua vigência atrelada ao prazo ou a conclusão do objeto: prazo certo ou por escopo. A exceção fica por conta do art. 109 que trata da possibilidade de vigência, por prazo indeterminado, nos contratos em que seja usuária de serviço público oferecido em regime de monopólio, o qual abordaremos mais adiante.

Acerca dos prazos nestes contratos, em que pese não haver comando neste sentido, entendemos que é uma boa prática que se estipule prazo também para o início da prestação do serviço, bem como cronograma de execução de modo que a Administração possa controlar sua execução.

6.35 Prorrogação do contrato por escopo

Como exposto acima, o contrato por escopo tem duração sujeita à condição, porém a norma dispõe que deva ser estipulado um período pré-determinado para o cumprimento da obrigação.

Este prazo deve ser fixado de acordo com a estimativa de tempo para a conclusão do objeto. Não ocorrendo a conclusão no prazo estipulado pode ser prorrogado, desde que justificadamente. Nesse sentido dispõe a nova lei:

> Art. 111. Na contratação que prever a conclusão de escopo predefinido, o prazo de vigência será **automaticamente** prorrogado quando seu objeto não for concluído no período firmado no contrato.

Essa justificava, que agora é muito simplificada, diante do termo "automaticamente" deverá ser formalizada e cabe ao contratado informar em tempo hábil, isto é, antes do fim do prazo estabelecido, a necessidade de prorrogação, devidamente motivada. Igual dever, cabe ao gestor do contrato, nomeado pela Administração, na forma do art. 117.

Cabe a Administração neste ato verificar se a necessidade de prorrogação se deu por culpa do contratado, hipótese que enseja infração, vide inciso VII, art. 155.

Para a prorrogação é necessário ainda, que o projeto esteja contemplado pelo Plano Plurianual por força do art. 167, §1º da Constituição Federal.

Quanto ao efetivo prazo de duração do contrato, nos filiamos ao pensamento do ilustre Professor Ronny Charles no sentido de que:

> o contrato extingue-se apenas com a entrega da obra/produto, sendo que o prazo legal de 60 meses não incide sobre os contratos por escopo.

Impõe à parte o dever de realizar uma conduta específica e definida, independentemente do tempo necessário à sua consecução, desde que por fatores alheios e absolutamente justificáveis.[182]

Sobre a questão, o TCDF teve oportunidade de analisar um contrato de serviço de advocacia onde a sua vigência está relacionada com a duração da ação judicial que o motivou e considerou que "interrompê-lo antes do trânsito em julgado da lide é atentar contra a confiança do contratante, a eficácia e a economicidade do ajuste[183].

Em que pese não haver a necessidade da previsão de prorrogação em contrato, pois o próprio conceito a permite, para melhor associar o desenvolvimento do contrato aos recursos orçamentários, é uma boa prática estabelecer prazo. Aliás, esse entendimento decorre do próprio art. 111 que trata da prorrogação automática de prazo; se há prorrogação, há prazo.

6.36 Extinção do contrato por escopo

Como referido anteriormente, a extinção contratual na pactuação por escopo verifica-se quando concluído o objeto, uma vez que a finalidade de tal contratação é a realização do escopo contratado.

Nessa forma de contratação poderá não ocorrer a extinção mesmo que extrapolado o prazo de execução anteriormente estipulado, pois como já aludido, essa somente ocorrerá quando concluído seu objeto.

A razão pela qual a extinção ocorre com a realização do objeto é decorrente do anseio da Administração em realizar o interesse público que emerge da contratação. A boa-fé do Contratado que continuou a executar o contrato e informou em tempo hábil a Administração sobre a impossibilidade de concluí-lo dentro do prazo estipulado deve ser, também, sopesada nessa hipótese, uma vez que está a privilegiar, dentre outros, a segurança jurídica necessária às avenças travadas entre os particulares e a Administração.

Portanto, não se vislumbra coerente a extinção da avença sem que a finalidade do contrato, ou melhor, o objeto buscado pela Administração seja concluído. Considerar a extinção antes da conclusão do escopo, redundaria em prejuízo para a Administração e não atenderia a boa-fé do Contratado e a necessária segurança jurídica das contratações administrativas.

---

[182] TORRES, Ronny Charles Lopes de. Leis de Licitações Públicas Comentadas. 11. ed. rev., ampl. e atual. Salvador: jusPODIVM, 2021.p. 790.
[183] BRASIL. Tribunal de Contas do Distrito Federal. Processo nº 342/1998. Conselheira do TCDF: Marli Vinhadeli. Sessão de 07 out. 1999. Disponível em: http://www.tc.df.gov.br/dga/sedoc/Votos.pdf.

Art. 6º, inc. XVIII

> Art. 6º Para os fins desta Lei, consideram-se: [...]
>
> XVIII - serviços técnicos especializados de natureza predominantemente intelectual: aqueles realizados em trabalhos relativos a:

Dispositivo correspondente na Lei nº 8.666/1993:
Art. 13. Para os fins desta Lei, consideram-se serviços técnicos profissionais especializados os trabalhos relativos a:

O inciso XVIII e todas as alíneas estão integralmente repetidos no art. 74, inciso III, desta mesma lei. Lamentável a técnica.

Observe que, novamente, a lei não conceituou o serviço técnico especializado de natureza predominantemente intelectual. Em que pese estar no capítulo das definições, limitou-se a elencar suas hipóteses.

A alteração em relação a norma anterior reside no fato de que os serviços antes considerados como "técnicos especializados" são agora de "natureza predominantemente intelectual", sobre este assunto consulte comentários ao art. 2º, inciso V e ao art. 74, inciso III.

6.37 Serviços técnicos especializados: conceito

O saudoso mestre Hely Lopes Meirelles, com lapidar clareza, asseriu:

> Serviços técnicos profissionais são os que exigem habilitação legal para sua execução. Essa habilitação varia desde o simples registro do profissional ou firma na repartição competente até o diploma de curso superior oficialmente reconhecido. O que caracteriza o serviço técnico é a privatividade de sua execução por profissional habilitado, seja ele um mero artífice, um técnico de grau médio ou um diplomado em escola superior.
>
> Já os serviços técnicos profissionais especializados: são os prestados por quem, além da habilitação técnica e profissional - exigida para os serviços técnicos profissionais em geral - aprofundou-se nos estudos, no exercício da profissão, na pesquisa científica, ou através de cursos de pós-graduação ou de estágios de aperfeiçoamento.

Quando a norma criou a classificação "natureza predominantemente intelectual" acrescentou uma adjetivação que afasta o trabalho predominantemente braçal ou de mero artífice. Todos os trabalhos humanos exigem o esforço intelectual, até mesmo os repetitivos braçais. Quando a lei acrescentou "predominantemente", indicou um grau superior da necessidade de atividade intelectual para a execução. Portanto, acresceu um elemento subjetivo para aferição, relativo à intensidade. Serviço técnico profissional é um dado objetivo, decorrente de qualificação legal; especializado, também.

Há uma coerência nessa evolução legislativa: na medida em que a lei destaca esse serviço pelo atributo de maior uso do intelecto, da inteligência para a execução, acentua precisamente o que vai diferir um serviço do outro. Tomando, por exemplo, o magistério, pela lei colocado como serviço de treinamento. É precisamente o atributo "predominantemente intelectual" que faz a diferença entre um prestador de serviço e outros. Um ensina e os treinandos aprendem; outro não consegue nem ensinar ou os treinandos não aprendem. Há um conjunto de muitas probabilidades de causas, mas a "magia" de ensinar e aprender, não depende de qualificação objetiva. Sabe-se que muitas vezes doutores em pedagogia ou na atividade fim de uma ciência, tem dificuldade em ensinar na prática. O doutor tem uma prova objetiva de sua superior qualificação, mas não é o elemento objetivo, isoladamente, que garante que é "adequado à plena satisfação do objeto do contrato", como consta do conceito de notória especialização no inciso XIX do art. 6º e identicamente no art. 74, § 3º.

Por isso, é compreensível o esforço do legislador de diferenciar um conjunto de serviços e introduzir um elemento subjetivo que fica ao prudente arbítrio do gestor público. Certamente, poderia ser levantadas as objeções recorrentes sobre o "apagão das canetas", o receio do gestor em aplicar a norma em decorrência de frequentes invasões no processo decisório pela instância controladora.

Sobre esse argumento, cabe lembrar que o momento atual não é uma continuidade da legislação da década de 1990. Trata-se de uma Lei de Licitações nova, promulgada num novo contexto jurídico. Essa nova Lei de Licitações definiu no art. 169 como devem os órgãos de controle classificar os fatos irregulares e como devem decidir, e esse cenário está num novo ordenamento jurídico onde se destacam a nova Lei de Introdução ao Direito, a Lei nº 13.655, de 25 de abril de 2018, e a nova Lei de Abuso de Autoridade, Lei nº 13.869, de 5 de setembro de 2019, a nova redação dada pela lei de Improbidade, Lei nº 14.230, de 25 de outubro de 2021.

Por isso, o gestor tem condições de melhor aplicar alguns conceitos subjetivos, mesmo que um ou outro ator não concorde com o mesmo entendimento. A razoabilidade do acerto admite algumas divergências. Note, que a lei retirou expressões que constavam na contratação de notórios especialistas, como será visto adiante, "objeto singular", "indiscutivelmente o mais indicado".

6.38 Rol taxativo ou exemplificativo

Outro aspecto relevante constitui-se na seguinte questão: poderá ser objeto da inexigibilidade com fundamento nesse inciso a contratação de serviços técnicos não enumerados nas alíneas?

A resposta seria negativa, pois o conceito integra a norma que abre exceção ao dever de licitar e, de acordo com os princípios elementares de hermenêutica, esse tipo de norma deve ser interpretado restritivamente.

Ocorre que esse entendimento não pode prevalecer. Cita-se como fundamento desse entendimento contrário à regra geral o fato de, por exemplo, na alínea "h" o legislador ter tratado de controle de qualidade da obra, referindo meios de controle. Assim, o desenvolvimento de outros meios de controle não poderia ser classificado como serviços predominantemente intelectuais e, até, por consequência não poderem ser contratados por inexigibilidade de licitação.

Além desse exemplo há outro aspecto muito próprio de uma civilização jovem como é a nacional. A linguagem atravessa contínuos processos de aprimoramento. Cita-se um exemplo do Direito Administrativo: o Decreto-lei nº 200/1967 tratou da reforma administrativa; em 1995, o Brasil tratou do mesmo tema, com o título de Reforma do Aparelho do Estado. Na sequência vieram outras expressões, como reengenharia, governança e similares termos. Exigir a precisão vernacular e vedar serviços similares ou simplesmente "renomeados" seria obstruir a evolução de entendimentos que ocorre com qualquer norma. A filosofia do Direito e a hermenêutica explicam que mesmo com norma estática o fenômeno social da interpretação corrige a imobilidade e a paralisia do texto legal. Essa permissão somente não é admitida no direito sancionador, porque a reserva legal é um imperativo que decorre dos direitos fundamentais garantidos pela Constituição. Nos outros ramos, com moderação e sabedoria é permitida a evolução do próprio intérprete, sem evolução legislativa na mesma cadência.

6.39 Regras específicas

Os serviços técnicos especializados de natureza predominantemente intelectual:

a) possuem regras específicas para sua licitação, não podendo ser licitados pela modalidade do pregão – art. 29, parágrafo único;

b) terão critério de julgamento específico – art. 36, §1º, inciso I;

c) poderão ser contratados com notórios especialistas por inexigibilidade de licitação – art. 74, inciso III;

d) quando não se tratar de inexigibilidade de licitação, devem ser contratados preferencialmente mediante concurso, com estipulação prévia de prêmio ou remuneração, art. 6º, inciso XXXIX; e

e) quando o valor estimado da contratação for superior a R$ 359.436,08 (trezentos e cinquenta e nove mil quatrocentos e trinta e seis reais e oito centavos)[184], o julgamento será por melhor técnica; ou técnica e preço, na proporção de 70% (setenta por cento) de valoração da proposta técnica, art. 37, § 2º, o qual foi promulgado após derrubada de veto presidencial.

Todas essas questões serão abordadas nos comentários aos dispositivos citados.

6.40 Inexigibilidade de licitação: necessidade de notória especialização

Seguindo inovação trazida pela Lei das Estatais, nesta nova lei não é mais necessário que o serviço seja caracterizado como "singular" como requisito à contratação direta.

Assim, para que seja inexigível a licitação dos serviços técnicos especializado de natureza predominantemente intelectual é necessário, na forma do art. 74 que sejam contratados com profissionais ou empresas de notória especialização.

Consulte os comentários ao art. 74, inc. III e respectivo § 3º na obra Contratação Direta Sem Licitação, 11ª edição[185].

Art. 6º, inc. XVIII, a

> Art. 6º Para os fins desta Lei, consideram-se: [...]
> XVIII - serviços técnicos especializados de natureza predominantemente intelectual: aqueles realizados em trabalhos relativos a:
> a) estudos técnicos, planejamentos, projetos básicos e projetos executivos;

Dispositivos correspondentes na Lei nº 8.666/1993:
Art. 13. [...] I - estudos técnicos, planejamentos e projetos básicos ou executivos;

O legislador, mantendo redação da Lei nº 8.666/1993, incluiu na mesma alínea quatro elementos associados à fase de planejamento da licitação.

O dispositivo tem utilidade para resolver antigo problema das licitações, regidas pela lei geral, e de concessão e permissão de serviços públicos, regida por lei especial.

O estudo técnico preliminar, projetos básicos e projetos executivos podem agora ser contratados com mais facilidade, superando um dos maiores desafios da lei brasileira que é uma percepção errada que foi criada segundo a qual os atos internos da licitação devem ser realizados pelos integrantes do quadro permanente

---

[184] Decreto nº 11.871, de 29 de dezembro de 2023.
[185] JACOBY FERNANDES, Ana Luiza; JACOBY FERNANDES, Jorge Ulisses; JACOBY FERNANDES, Murilo. Contratação Direta sem Licitação na Nova Lei de licitações: Lei nº 14.133/2021. 11. Ed. Belo Horizonte: Fórum, 2021.

da Administração. Quando se pretendia licitar, os órgãos de controle, com afronta ao art. 46 da Lei nº 8.666/1993 passaram a recomendar o uso do pregão, como se esses estudos e produtos pudessem ser licitados pelo menor preço.

De fato, haverá mais facilidade, agora, porque essa relação inteira do inciso foi inserida no art. 74, inc. III[186], deixando evidente que se esses serviços forem necessários e houver profissional de notória especialização, no campo dessa especialidade, poderá ser inexigível a licitação. A aplicação do conceito de notória especialização e a retirada do adjetivo singular do objeto, revelam inequivocamente a pretensão de facilitar essas contratações. E é importante lembrar que a pretexto de assegurar a isonomia, houve muita aventura com dinheiro público e mais de 400.000 obras inacabadas. É republicano que se dê maior liberdade para o gestor público utilizar bem os recursos públicos.

Importante lembrar que:

a) a elaboração e peças de planejamento pode contar com o auxílio de terceirizados; o processo decisório, não;

b) no desempenho da função terceirizada, o Agente de Contratação pode determinar a motivação das escolhas, ainda que técnicas, pois ao acolher o trabalho estará introduzindo na órbita pública o trabalho e se não estiver motivado, deverá motivar as escolhas; estando motivada, poderá limitar-se a ratificar os fundamentos;

c) o pagamento dos serviços deverá ser precedido de análise do cumprimento do contrato e da utilidade do trabalho para que o planejamento se consuma; também deverá avaliar a qualidade da execução, não só para fornecimento de atestados em favor do contratado, como para cumprir o que dispõe o art. 36, § 3º, da lei 14.133/2021, exige avaliação do contratado;

d) a empresa que participa da etapa de planejamento do objeto deve estar ciente das futuras restrições oriundas da lei de conflito de interesses – art. 14 da própria LLCA; e

e) à luz do art. 82, § 6º, pode a Administração registrar preços dos prestadores de serviço, mesmo que notórios especialistas, para atendimento por demanda, facilitando a aplicação do procedimento.

Art. 6º, inc. XVIII, b

Art. 6º Para os fins desta Lei, consideram-se: [...]

---

[186] Consulte os comentários na obra Contratação Direta Sem Licitação, 11ª edição.

> XVIII - serviços técnicos especializados de natureza predominantemente intelectual: aqueles realizados em trabalhos relativos a: [...]
> b) pareceres, perícias e avaliações em geral;

Dispositivos correspondentes na Lei nº 8.666/1993:
Art. 13. [...] II - pareceres, perícias e avaliações em geral;

O valor técnico desses serviços, especialmente desses, está na reputação de quem o realiza. Por isso, renova-se aqui as lições expostas no comentário ao inciso XVIII e a alínea "a", antecedente. Além da qualificação técnica, o conceito do profissional no campo da especialidade pode representar uma garantia maior para a Administração vez que é improvável que alguém que vive da reputação, esteja disposto a trocá-la por vil moeda, inviabilizando contratações futuras.

Neste caso, é possível e até frequente que o pagamento seja dividido em duas parcelas, uma para o profissional estudar o caso e outra para apresentar o produto que pode ser um parecer, um laudo pericial ou um laudo de avaliação.

É fundamental que ao contratar o profissional ou empresa a Administração defina, numa reunião antecedente à contratação, a metodologia de execução, prazo, direitos autorais de futura aplicação do produto da contratação, para que tenha um objeto que sirva com precisão à utilidade pretendida.

O dispositivo autoriza a contratação de parecer, perícia[187] e avaliação para qualquer área do conhecimento científico, das diversas especializações profissionais. Parecer contábeis, de engenharia, de medicina e inclusive jurídico. Note que a legislação que regula a profissão limitará a realização do produto ao profissional de categoria específica, definindo em lei que essa atividade é desenvolvida com exclusividade pelo profissional habilitado para aquela determinada ciência.

Há uma particular situação em que a Administração precisa pagar perito que não é contratado por sua livre escolha: é a perícia judicial ou, em outras palavras, perícia que é realizada no curso de processo judicial. Essa situação é regulada pelos códigos de processo e normas regimentais dos tribunais, inclusive sobre o critério que o juiz utiliza para escolher o profissional e os critérios para definir a responsabilidade pelo serviço do perito escolhido pelo juiz. Pode ocorrer de a Administração ser incumbida pelo magistrado de pagar o perito escolhido pelo mesmo e, ainda, no mesmo processo, a Administração pretender contratar um profissional para acompanhar o trabalho do perito, denominado na legislação anterior de "assistente do perito". Este, sim, será escolhido pela Administração, e, com frequência, por notória especialização, porque não haverá tempo para licitar.

---

[187] Sobre perícias judiciais recomenda-se a leitura da obra: MORAIS, Antonio Carlos; MORAIS, Carlo Rogério. O Perito e a Justiça. 2. Ed - Terezina: Zênite Gráfica, 2021. 440 p.il.

Ainda mais, porque, como visto nos comentários ao caput deste inciso, inciso XVIII, a licitação, se fosse possível, seria por técnica e preço.

Se a situação é frequente, recomenda-se o registro de preços de um ou vários notórios especialistas, conforme autoriza o art. 82, § 6º.

A respeito dos serviços jurídicos, na obra "Contratação Direta Sem Licitação, 11ª edição" nos comentários ao art. 74, inc. III, é exposta a situação dos limites à terceirização.

Consulte também os comentários a aliena "a" e "c" deste artigo.

Art. 6º, inc. XVIII, c

Art. 6º Para os fins desta Lei, consideram-se: [...]
XVIII - serviços técnicos especializados de natureza predominantemente intelectual: aqueles realizados em trabalhos relativos a: [...]
c) assessorias e consultorias técnicas e auditorias financeiras e tributária;

Dispositivos correspondentes na Lei nº 8.666/1993:
Art. 13. [...] III - assessorias ou consultorias técnicas e auditorias financeiras ou tributárias;

Repete-se aqui: o valor técnico desses serviços, especialmente desses, está na reputação de quem o realiza. Por isso, renova-se aqui o pedido ao leitor de aproveitar as lições expostas no comentário ao inciso XVIII e a alínea "a" e "b", antecedentes.

A diferença entre a alínea "c", em comento, e a antecedente "b" está numa sútil definição de responsabilidade. No parecer, na perícia e na avaliação, há uma precisa responsabilidade do autor do produto contratado, havendo uma presunção de que foram elaborados a partir do direito ao livre convencimento.

Na função de assessoria e consultoria, o elemento responsabilidade é menos acentuado para o profissional que o produz e mais acentuado para o profissional que acolhe a assessoria e consultoria. Há situações especiais em que o assessor ou consultor não assina o documento, ficando a integral responsabilidade para quem assina. É o caso do judiciário, nos tribunais, em que assessores produzem votos e redigem acórdãos, mas não assinam. A autoria é apropriada pelo desembargador ou ministro.

Na atividade administrativa, o mesmo ocorre com alguma frequência, mas, neste caso, é possível que a Administração estruture, em acatamento ao princípio da segregação de funções, que o profissional elabore e assine a peça e o setor ou autoridade contratante receba esse trabalho, decidindo a respeito. Nessa situação, o gestor acolherá ou rejeitará, em decisão fundamentada, o produto do trabalho do assessor ou consultor, ficando a responsabilidade definida para cada ator que atua no processo.

Pode ser aproveitada, neste caso, a sugestão de registrar preços de profissionais de notória especialização para contratação por demanda, se houver contratação frequente ou for previsível.

A respeito do assessoramento e consultoria jurídica, na obra "Contratação Direta Sem Licitação, 11ª edição" nos comentários ao art. 74, inc. III[188], é exposta a situação dos limites à terceirização.

Art. 6º, inc. XVIII, d

> Art. 6º Para os fins desta Lei, consideram-se: [...]
> XVIII - serviços técnicos especializados de natureza predominantemente intelectual: aqueles realizados em trabalhos relativos a: [...]
> d) fiscalização, supervisão e gerenciamento de obras e serviços;

Dispositivos correspondentes na Lei nº 8.666/1993:
Art. 13. [...] IV - fiscalização, supervisão ou gerenciamento de obras ou serviços;

Assinado o contrato, deve a Administração nomear um fiscal, que em alguns órgãos é também denominado de gestor. Essa obrigação decorre de lei, em dispositivo previsto tanto na lei geral anterior, como na atual.

Como regra, são nomeadas pessoas sem formação adequada, sem prévia qualificação e, mais importante, são abandonadas no cumprimento dessa função. Decorre desse cenário, a irregular aplicação de recursos públicos na execução dos contratos em desconformidade entre o previsto e o realizado.

Por lei, porém, esse cenário não deveria ocorrer. Em dispositivos com redação coincidente entre a legislação anterior e a atual[189], a ordem é: o agente é especialmente designado, deve fazer registros das ocorrências, pode advertir o contratado, deve levar ao conhecimento de seus superiores os fatos que ultrapassem o limite de sua competência para decidir e, o mais importante: pode a Administração contratar empresa ou profissional para assistir ou subsidiar esse agente das informações pertinentes a execução.

Note que certamente há recursos disponíveis para esses contratos, pois a licitação somente é realizada após a declaração do gestor de que há dotação orçamentária disponíveis e em valor igual ao estimado. Em seguida, o objeto somente é adjudicado para o licitante que oferece proposta de preços inferior ao

---

[188] JACOBY FERNANDES, Ana Luiza; JACOBY FERNANDES, Jorge Ulisses; JACOBY FERNANDES, Murilo. Contratação Direta sem Licitação na Nova Lei de Licitações: Lei nº 14.133/2021. 11. Ed. Belo Horizonte: Fórum, 2021.
[189] Queira confrontar: art. 67 da Lei nº 8.666/1993 e art. 117 da Lei nº 14.133/2021.

valor da dotação. Como regra, portanto, há uma diferença entre valor estimado e adjudicado que pode servir para remunerar o auxiliar do fiscal.

Em prática que reiteradamente temos apresentado, é que a partir de um certo valor, todos os contratos tenham empresa especializada no objeto, e que para auxiliar em todos os contratos de terceirização seja contratada empresa para verificar CTPS< GFIP, seguridade social, obrigações trabalhistas. Para essa tarefa, verificação e documentação basta uma empresa.

O dispositivo facilita a contratação desse serviço técnico profissional especializado, na medida em que o classifica como "de natureza predominantemente intelectual". Para a contratação por inexigibilidade, satisfeito o primeiro requisito, poderão ser atendidos os demais previstos no art. 74, inc. III.

Art. 6º, inc. XVIII, e

Art. 6º Para os fins desta Lei, consideram-se: [...]
XVIII - serviços técnicos especializados de natureza predominantemente intelectual: aqueles realizados em trabalhos relativos a: [...]
e) patrocínio ou defesa de causas judiciais e administrativas;

Dispositivos correspondentes na Lei nº 8.666/1993:
Art. 13. [...] V - patrocínio ou defesa de causas judiciais ou administrativas;

Nos comentários ao art. 74, inc. III[190], é tratada a reserva constitucional, em favor da Advocacia Geral da União e das Procuradorias Gerais dos estados federados para execução da advocacia consultiva e contenciosa. Também é esclarecida a terceirização de serviço jurídico no âmbito municipal e quando pode haver exceções para a União e estados federados.

Importante lembrar:

a) nos casos em que a Administração considerar satisfeitos os requisitos para a inexigibilidade de licitação, deverá justificar o preço com o auxílio do futuro contratado, conforme art. 23, § 5º, da Lei nº 14.133/2021;

b) os serviços que envolvem processo administrativo ou judicial não podem ter prazo estabelecido pela Administração; são contratos típicos por escopo, previstos no art. 111, da Lei nº 14.133/2021.

Art. 6º, inc. XVIII, f

Art. 6º Para os fins desta Lei, consideram-se: [...]

---

[190] JACOBY FERNANDES, Ana Luiza; JACOBY FERNANDES, Jorge Ulisses; JACOBY FERNANDES, Murilo. Contratação Direta sem Licitação na Nova Lei de licitações: Lei nº 14.133/2021. 11. Ed. Belo Horizonte: Fórum, 2021.

> XVIII - serviços técnicos especializados de natureza predominantemente intelectual: aqueles realizados em trabalhos relativos a: [...]
>
> f) treinamento e aperfeiçoamento de pessoal;

Dispositivos correspondentes na Lei nº 8.666/1993:
Art. 13. [...] VI - treinamento e aperfeiçoamento de pessoal;

Nos comentários ao art. 74, inc. III[191], é tratada a contratação de treinamento como serviços considerados inexigíveis a licitação.

Qualquer que seja o nome que se dê para o serviço (treinamento, aperfeiçoamento, desenvolvimento, capacitação, ensino é enquadrado na lei como "serviços técnicos especializados de natureza predominantemente intelectual".

Estão incluídos nesse contexto a contratação de professores, instrutores e conferencistas quando chamados por via direta (pessoa física); contratação de cursos de extensão (curta ou longa duração), de graduação ou de pós-graduação na forma *in company*; inscrição em cursos de extensão, de graduação ou de pós-graduação abertos a terceiros na forma presencial ou no sistema EAD.

Na despesa podem estar abrangidos os custos dos materiais didáticos, deslocamento, instalações, aparelhamento, equipe técnica, certificações.

Ao ensejo também cabe lembrar que é possível o registro de preços, por inexigibilidade de licitação, na forma prevista no art. 82, § 6º.

Art. 6º, inc. XVIII, g

> Art. 6º Para os fins desta Lei, consideram-se: [...]
>
> XVIII - serviços técnicos especializados de natureza predominantemente intelectual: aqueles realizados em trabalhos relativos a: [...]
>
> g) restauração de obras de arte e de bens de valor histórico;

Dispositivos correspondentes na Lei nº 8.666/1993:
Art. 13. [...] VII - restauração de obras de arte e bens de valor histórico.

6.41 Obra de arte

"Obra de arte" é uma expressão de significado bastante amplo, capaz de sustentar o produto da atividade criativa humana que, embora em seu conteúdo

---

[191] Consulte os comentários na obra Contratação Direta Sem Licitação, 11ª edição.

vernacular esteja associada à produção de sensações agradáveis ou de estado de espírito de caráter estético, nem sempre, na atualidade, a isso correspondem[192.]

Tanto poderá ser adquirida uma escultura quanto um quadro de pintura, um objeto de porcelana, um monumento, enfim, um bem com características próprias de trabalhos humanos, descartando-se do elenco a aquisição de imóveis.

Em termos práticos, vislumbra-se certa confusão, ainda, entre objetos de arte e objetos de decoração. A originalidade e singularidade de um objeto podem ser critérios distintivos, mas, com certeza, só as circunstâncias poderão permitir enfrentar adequadamente a questão.

6.42 Bens de valor histórico

O "objeto histórico", por sua vez, poderá consistir, também, numa obra de arte ou não. É um bem que, pela característica pretérita a ele imprimida, assumiu certa singularidade, como, v.g., "a caneta com a qual a Princesa Isabel sancionou a lei que aboliu a escravatura". Não é necessário que o bem tenha sido tombado pelo patrimônio histórico, bastando a autenticidade comprovada.[193]

Há, porém, duas considerações importantes sobre o objeto a ser adquirido:

a) o interesse público; e

b) a autenticidade certificada.

Conquanto o primeiro não esteja previsto expressamente na lei, constitui ponto basilar de toda atividade administrativa.

Estabelece a Constituição Federal, no art. 23, III, que é da competência comum da União, dos Estados, do Distrito Federal e dos Municípios "proteger os documentos, as obras e outros bens de valor histórico, artístico e cultural [...]" e, em continuidade, "impedir a evasão, a destruição e a descaracterização de obras de arte e de outros bens de valor histórico, artístico ou cultural", repetindo, para os municípios, enfaticamente, a mesma competência, no art. 30, IX.

Ao lado dessas disposições está o interesse público de que os edifícios públicos não sejam povoados com obras de arte, em detrimento da austeridade que um País em fase de desenvolvimento deve ostentar, para fazer frente às grandes prioridades sociais. Aliás, há muito tempo Martinho Lutero sentenciava que:

> [...] a prosperidade de um País não depende da abundância das suas rendas,

---

[192] JACOBY FERNANDES, Ana Luiza; JACOBY FERNANDES, Jorge Ulisses; JACOBY FERNANDES, Murilo. Contratação Direta sem Licitação na Nova Lei de licitações: Lei nº 14.133/2021. 11. Ed. Belo Horizonte: Fórum, 2021, p. 228.

[193] SOUTO, Marcos Juruena Villela. Licitações & contratos administrativos. Rio de Janeiro: Esplanada/ADCOAS, 1998, p. 157.

nem da importância de suas fortalezas, nem da beleza de seus edifícios públicos; consiste no número dos seus cidadãos cultos, nos seus homens de educação, ilustração e caráter. Nisso é que está o seu verdadeiro interesse, a sua principal força, o seu real poder.[194]

Art. 6º, inc. XVIII, h

> Art. 6º Para os fins desta Lei, consideram-se: [...]
>
> XVIII - serviços técnicos especializados de natureza predominantemente intelectual: aqueles realizados em trabalhos relativos a: [...]
>
> h) controles de qualidade e tecnológico, análises, testes e ensaios de campo e laboratoriais, instrumentação e monitoramento de parâmetros específicos de obras e do meio ambiente e demais serviços de engenharia que se enquadrem na definição deste inciso;

Dispositivos correspondentes na Lei nº 8.666/1993: não há

Trata-se de inovação da nova Lei de Licitações definindo a qualificação de serviços que são essenciais para garantir a qualidade de obras e do meio ambiente e demais serviços de engenharia.

6.43 Comentários

O país tomou rumos errados na legislação: o primeiro, impondo a Administração o dever de planejar e precificar as obras, sem contar com um corpo técnico previamente qualificado para projetos de grande envergadura. O provimento de cargos por concurso público para essa área, por diversas razões não trouxe mão de obra com conhecimento de ponta, de alta tecnologia. Segundo, somente após décadas de improvisos os parâmetros da responsabilidade fiscal viraram lei. No Brasil, a construção da sede de um Tribunal iniciou-se com despesas de custeio. Para completar esse cenário, encantados pela redução de custo com o pregão, os órgãos de controle passaram a obrigar essa modalidade para licitar projetos, controle de qualidade e até obras, ignorando o texto do art. 46 da Lei nº 8.666/1993. Por fim, a falta de controle sobre os órgãos repassadores de recursos, na distribuição discricionária e política, permitiu a descontinuidade das obras.

Se é correta a lição de JAHRREISS, de que "legislar é fazer experiências com o destino humano", é necessário ter esperança no novo cenário que a Lei nº 14.133/2021 inaugura.

---

[194] SMILES, Samuel. O caráter. Tradução Ana Luiza Melo Jacoby Fernandes e Murilo Jacoby Fernandes. Apresentação Jorge Ulisses Jacoby Fernandes. 2ª ed. Belo Horizonte? Fórum, 2018, p. 27.

O cenário resultante desses desacertos pode ser bem compreendido no seguinte texto: "No momento em que o Congresso Nacional analisa a proposta de Orçamento Geral da União (OGU) para 2020, um preocupante e conhecido tema dos brasileiros, as obras inacabadas, volta à tona. Segundo o Tribunal de Contas da União (TCU) existem cerca de 14 mil obras inconclusas em todo o país. A Comissão Parlamentar de Obras Inacabadas da Câmara dos Deputados lançou um livro, em outubro, apontando que seria preciso desembolsar perto de R$ 40 bilhões pelos Executivos federal, estaduais e municipais para que fossem concluídas."[195]

6.44 Como esse dispositivo pode contribuir para mudar o cenário?

Primeiro, definindo no amplo rol dos conceitos do art. 6º, que para a aplicação desta lei, esses serviços são "serviços técnicos especializados de natureza predominantemente intelectual". É imperativo que decorre de lei.

Segundo, estabelecendo que se esses serviços forem contratados com profissionais ou empresas de notória especialização, a licitação será inexigível, conforme art. 74, inc. III e § 3º.

Terceiro, não mais exigindo que o objeto seja singular, pois o legislador tirou esse requisito que existia na Lei nº 8.666/1993. Queira confrontar o art. 25, inc. II da Lei nº 8.666/1993 com o art. 74, inc. III da Lei nº 14.133/2021; agora é suficiente que o serviço esteja nesse rol, para satisfazer o primeiro passo da regularidade da contratação direta;

Quarto, impondo que o serviço cujo valor estimado da contratação seja superior a R$ 300.000,00, não for contratado por inexigibilidade, a licitação adotará o julgamento deverá utilizar o critério técnica e preço, conforme o art. 36, § 2º.

Quinto, vedando que para esse serviço a fase de preço preceda a fase de qualificação, fazendo com que no procedimento somente seja comparáveis as propostas de preços dos que tem habilitação técnica para realizar o objeto, conforme art. 29, parágrafo único.

Sexto, admitindo o registro de preços para serviços que seja inexigível a licitação, conforme art. 82, § 6º, de modo a facilitar contratações por demanda.

---

[195] BRASIL. Rede Brasil Atual (RBA). Mais de 14 mil obras inacabadas afetam economias da União, estados e municípios. 2019. Disponível em https://www.redebrasilatual.com.br/politica/2019/11/obras-inacabadas-no-brasil/. Acesso em: 15 mai. 2023.

6.45 Relação de serviços

A relação dos serviços de natureza predominantemente intelectual confunde a atividade com os meios para execução da atividade. De fato, controles de qualidade é a atividade; o controle tecnológico, espécie, e "análises, testes e ensaios de campo e laboratoriais, instrumentação e monitoramento de parâmetros específicos de obras e do meio ambiente e demais serviços de engenharia" são meios disponíveis para o controle de qualidade.

Dispensada a crítica à precisão vernacular, é fato que o dispositivo comunica muito bem a pretensão de arrolar serviços que fazem diferença para que as obras e serviços de engenharia tenham qualidade.

O seguinte trecho esclarece o desenvolvimento do controle tecnológico de obras no Brasil:

> A construção civil no Brasil em termos de qualidade, tem seu padrão de desempenho considerado baixo. Para uma indústria de tanta importância o padrão de desempenho poderia ser enormemente melhorado, dando maior importância ao controle de qualidade realizados nas obras.
>
> Segundo Pozzobon (2003) o controle de qualidade na indústria da construção resume-se ao engenheiro residente ou mestre de obra, e muitas vezes alguns ensaios tecnológicos são realizados pelo fornecedor de algum insumo e não pelos responsáveis da obra.
>
> O controle tecnológico é um controle realizado para certificar que as características dos materiais estejam de acordo com as indicadas no projeto.[196]
>
> Também ajudam a identificar e corrigir problemas que venham a ocorrer de não conformidade com o projeto."

Note, portanto, que o controle tecnológico não é a panaceia de todos os males, pois se o projeto for inconsistente e inviável o controle tecnológico atestará a conformidade da execução inconsistente e inviável.

---

[196] Disponível em https://repositorio.ufmg.br/bitstream/1843/BUBD-AGUPU2/1/monografia_priscila.pdf. "ESTUDO DO CONTROLE TECNOLÓGICO DOS COMPONENTES DA ALVENARIA ESTRUTURAL EM UMA OBRA DE BETIM/MG "Autor(a): Priscila Salvador Santos. Orientador(a): Prof. Dalmo Lúcio Mendes Figueiredo. Na referida obra, citam-se as seguintes normas da ABNT, ASSOCIAÇÃO BRASILEIRA DE NORMAS TÉCNICAS: NBR 5738: Procedimento para Moldagem e Cura de Corpos de Prova. Rio de Janeiro, 2015. NBR 5739: Concreto - Ensaio de Compressão de Corpos de Prova Cilíndricos. Rio de Janeiro, 2007. NBR 6136: Blocos vazados de concreto simples para alvenaria estrutural – Especificação. Rio de Janeiro, 2014 Versão corrigida 2014. NBR 8215: Prismas de blocos vazados de concreto simples para alvenaria estrutural – Preparo e ensaio à compressão. Rio de Janeiro, 1983. NBR 8798: Execução e controle de obras em alvenaria estrutural de blocos vazados de concreto –Procedimento. Rio de Janeiro, 1985. NBR 12.118: Blocos Vazados de Concreto Simples para Alvenaria- Método de Ensaio. Rio de Janeiro, 2014. NBR 13279: Argamassa para Assentamento de Paredes - Resistencia a Compressão. Rio de Janeiro, 2005. NBR 15961-2: Alvenaria Estrutural – Blocos de Concreto - Parte 2: Execução e Controle de Obras. Rio de Janeiro, 2011.

O legislador, porém, como visto tratou da etapa do planejamento e agora, na mesma relação desse inciso do controle de qualidade, destacando o controle tecnológico, como espécie do controle de qualidade. Observados os cinco esclarecimentos enumerados no subitem anterior, verifica-se que o gestor tem ferramentas suficientes para mudar o cenário.

Usando a lição de JAHRREISS, há esperanças de que a legislação conscientemente aplicada represente uma experiência para o destino humano, exitosa.

Art. 6º, inc. XIX

Art. 6º Para os fins desta Lei, consideram-se: [...]
XIX - notória especialização: qualidade de profissional ou de empresa cujo conceito, no campo de sua especialidade, decorrente de desempenho anterior, estudos, experiência, publicações, organização, aparelhamento, equipe técnica ou outros requisitos relacionados com suas atividades, permite inferir que o seu trabalho é essencial e reconhecidamente adequado à plena satisfação do objeto do contrato;

Dispositivos correspondentes na Lei nº 8.666/1993:

Art. 25. É inexigível a licitação quando houver inviabilidade de competição, em especial: [...]

§ 1º Considera-se de notória especialização o profissional ou empresa cujo conceito no campo de sua especialidade, decorrente de desempenho anterior, estudos, experiências, publicações, organização, aparelhamento, equipe técnica, ou de outros requisitos relacionados com suas atividades, permita inferir que o seu trabalho é essencial e indiscutivelmente o mais adequado à plena satisfação do objeto do contrato.

6.46 Notória especialização

Este tema é desenvolvido em obra específica destes autores[197].

Numa síntese, apropriada a esta obra, cabe registrar que a nova Lei trouxe relevante mudança no conceito de notória especialização, posto que, na Lei nº 8.666/1993: trocou a palavra "indiscutivelmente" por "reconhecidamente". Essa relevância é melhor compreendida quando se observa que também foi excluída a expressão "singular" na definição de objeto inexigível a licitação.

A reputação da notoriedade só precisa alcançar os profissionais que se dedicam a uma atividade, sendo absolutamente dispensável ou impertinente a fama comum, que a imprensa não especializada incentiva.

A Lei repetiu a definição de notória especialização no §3º do art. 74. O art. 74 que trata das hipóteses de inexigibilidade de licitação, determina que os serviços

---

[197] JACOBY FERNANDES, Ana Luiza; JACOBY FERNANDES, Jorge Ulisses; JACOBY FERNANDES, Murilo. Contratação Direta sem Licitação na Nova Lei de licitações: Lei nº 14.133/2021. 11. Ed. Belo Horizonte: Fórum, 2021.

devem estar arrolados entre os previstos no inciso anterior, que são serviços técnicos profissionais de natureza predominantemente intelectual e que seja notória sua especialização.

Ao estabelecer parâmetros a serem utilizados para aferição da notoriedade, com a finalidade de reduzir a margem de discricionariedade e subjetivismo, a lei refere-se ao conceito do profissional ou empresa, para depois estabelecer que essa notoriedade deve advir de:

a) desempenho anterior, pouco importando se foi realizado para a Administração pública ou privada;

b) estudos, publicados ou não, que tenham chegado ao conhecimento da comunidade da área da atividade, abrange aqui cursos de especialização, de pós-graduação, mestrado, doutorado;

c) experiências em andamento ou já concluídas com determinado grau de êxito, capazes de constituir uma referência no meio científico;

d) publicações, próprias do autor ou incluídas em outros meios de divulgação técnica, revistas especializadas, internet, periódicos oficiais ou não;

e) organização, termo que se emprega como designativo da forma de constituição da entidade e seu funcionamento, mas que, considerada individualmente, não caracteriza a inviabilidade de competição;

f) aparelhamento, significando a posse do equipamento e instrumental necessário ao desempenho da função que, pelo tipo, qualidade ou quantidade, coloque o profissional entre os mais destacados do ramo de atividade;

g) equipe técnica, conjunto de profissionais vinculados à empresa que se pretende notória especialista, ou mesmo ao profissional, pessoa física, firma individual.

Pode a notoriedade ser aferida pelo nível de conhecimento e reputação dos profissionais ou esse fator constituir um dos elementos da aferição de um conjunto de fatores. Em seminário promovido na cidade do Recife pelo Ministério Público junto ao Tribunal de Contas daquele Estado, foi questionado se uma empresa recém-constituída poderia pretender ser contratada com inexigibilidade de licitação, por possuir em seus quadros um profissional de notória especialização. A resposta é afirmativa, porque nesse caso as qualidades do agente agregam-se à instituição à qual serve, ensejando uma aferição direta do profissional que a empresa oferece.

Desse modo, o gestor do contrato representante da Administração deverá verificar, no caso de inexigibilidade, se os agentes arrolados como integrantes da equipe técnica estão efetivamente ocupando-se da execução do serviço, ou supervisionando diretamente à execução. Essa exigência está expressa, de forma muito rigorosa no art. 74, que é "vedada a subcontratação de empresas ou a atuação de profissionais distintos daqueles que tenham justificado a inexigibilidade." Rigorosa, porque é comum a subcontratação de parte de objeto, como ocorre com conferencistas que contratam por sua conta o suporte de imagem e som. O que se não admite é a subcontratação do serviço que constitui o serviço-núcleo justificador da notoriedade.

h) outros requisitos relacionados com suas atividades.

Deixa aqui a lei uma margem à discricionariedade do Administrador Público para aferir outros elementos não arrolados, mas suficientes para demonstrar a notoriedade do profissional ou empresa.

Impende salientar que, no momento de firmar a sua convicção, deve o agente público ter em conta que deverá evidenciar esses meios de aferição para que a sua discricionariedade não seja considerada, mais tarde, arbítrio. Ademais, sempre tem-se recomendado que o responsável pelo processo decisório tenha a preocupação de evidenciar os motivos de sua deliberação, até porque, como o controle é feito posteriormente à prática dos atos, em muitos casos poderá ocorrer que os elementos de convicção sejam infirmados pela ação do tempo.

Observe-se, contudo, que esses outros requisitos devem guardar proporção de equivalência com os arrolados anteriormente, motivo pelo qual não podem, por exemplo, ser considerados elogios, artigos de simples referência, cartas de apresentação, tempo de constituição de estabelecimento, luxo das instalações.

Como já informado, na obra Contratação Direta Sem Licitação, 11ª edição, este tema é mais desenvolvido, em especial, nos comentários ao art.74, inc. III[198].

Art. 6º, inc. XX

Art. 6º Para os fins desta Lei, consideram-se: [...]

XX - estudo técnico preliminar: documento constitutivo da primeira etapa do planejamento de uma contratação que caracteriza o interesse público envolvido e a sua melhor solução e dá base ao anteprojeto, ao termo de referência ou ao projeto básico a serem elaborados caso se conclua pela viabilidade da contratação;

Dispositivos correspondentes na Lei nº 8.666/1993:

Art. 6º. [...]

IX - Projeto Básico: conjunto de elementos necessários e suficientes, com nível de precisão adequado, para caracterizar a obra ou serviço, ou complexo de obras ou serviços objeto da licitação, elaborado com base

---

[198] JACOBY FERNANDES, Ana Luiza; JACOBY FERNANDES, Jorge Ulisses; JACOBY FERNANDES, Murilo. Contratação Direta sem Licitação na Nova Lei de licitações: Lei nº 14.133/2021. 11. Ed. Belo Horizonte: Fórum, 2021.

Lei nº 14.133/2021 — Art. 6º

nas indicações dos **estudos técnicos preliminares**, que assegurem a viabilidade técnica e o adequado tratamento do impacto ambiental do empreendimento, e que possibilite a avaliação do custo da obra e a definição dos métodos e do prazo de execução, devendo conter os seguintes elementos: (...)

Decreto nº 10.024, de 20 de setembro de 2019:

Regulamenta a licitação, na modalidade pregão, na forma eletrônica, para a aquisição de bens e a contratação de serviços comuns, incluídos os serviços comuns de engenharia, e dispõe sobre o uso da dispensa eletrônica, no âmbito da administração pública federal.

Art. 3º. [...]

IV - estudo técnico preliminar - documento constitutivo da **primeira** etapa do planejamento de uma contratação, que caracteriza o interesse público envolvido e a melhor solução ao problema a ser resolvido e que, na hipótese de conclusão pela viabilidade da contratação, fundamenta o termo de referência;

6.47 Estudo Técnico Preliminar

O Estudo Técnico Preliminar caracteriza-se como a **primeira** etapa da fase preparatória para a instrução do processo licitatório. É por meio desse documento que a Administração demonstra a necessidade do objeto da contratação, analisa a viabilidade técnica e constrói o arcabouço básico para a elaboração do Termo de Referência ou Projeto Básico. Nesse momento, é comum que o gestor tenha diante de si várias possibilidades para atender o interesse público e analise todas, ao alcance do seu conhecimento, direcionando-se para uma determinada solução. Por vezes é difícil inserir no texto da motivação essas circunstâncias e todas as possibilidades, mas se possível, deve o gestor ter este trabalho de modo a que o "processo fale por si mesmo".

Em regra, esse documento é obrigatório, pois é a partir dele, que se verifica a viabilidade da contratação. No entanto, a Lei permitiu sua dispensa para os casos previstos no §3º do art. 18. De fato, há viabilidade de dispensa para compra de bens e serviços habituais, incluídos no Plano de Contratação Anual, pois não faz sentido a realização de estudo de necessidade do que é conhecido.

Note que esse instrumento de planejamento é seguido por outros que conforme o caso serão: termo de referência, projeto básico e projeto executivo. Mas, é também antecedido de outro: documento de formalização a demanda.

Foi publicada, no DOU do dia 9 de agosto de 2022, a Instrução Normativa SEGES nº 58, de 08 de agosto de 2022, que dispõe sobre a elaboração dos Estudos Técnicos Preliminares - ETP, para a aquisição de bens e a contratação de serviços e obras, no âmbito da administração pública federal direta, autárquica e fundacional, e sobre o Sistema ETP digital.

A definição foi literalmente repetida na IN publicada.

Nos comentários ao art. 18, apresentam-se as informações mínimas que deverão estar contidas nos estudos técnicos preliminares.

Art. 6º, inc. XXI, a, b

> Art. 6º Para os fins desta Lei, consideram-se: [...]
>
> XXI - serviço de engenharia: toda atividade ou conjunto de atividades destinadas a obter determinada utilidade, intelectual ou material, de interesse para a Administração e que, não enquadradas no conceito de obra a que se refere o inciso XII do *caput* deste artigo, são estabelecidas, por força de lei, como privativas das profissões de arquiteto e engenheiro ou de técnicos especializados, que compreendem:
>
> a) serviço comum de engenharia: todo serviço de engenharia que tem por objeto ações, objetivamente padronizáveis em termos de desempenho e qualidade, de manutenção, de adequação e de adaptação de bens móveis e imóveis, com preservação das características originais dos bens;
>
> b) serviço especial de engenharia: aquele que, por sua alta heterogeneidade ou complexidade, não pode se enquadrar na definição constante da alínea "a" deste inciso;

Dispositivos correspondentes na Lei nº 10.520/2002:

Art. 1º. Para aquisição de bens e serviços comuns, poderá ser adotada a licitação na modalidade de pregão, que será regida por esta Lei.

Parágrafo único. Consideram-se bens e serviços comuns, para os fins e efeitos deste artigo, aqueles cujos padrões de desempenho e qualidade possam ser objetivamente definidos pelo edital, por meio de especificações usuais no mercado.

Consulte o Manual Instrumento de Padronização de Obras e Serviços de Engenharia elaborado pela AGU e pelo Ministério da Gestão e da Inovação em Serviços Públicos. Assessoramento personalizado.

6.48 Serviços comuns e especiais de engenharia

A Lei inova ao diferenciar o que é serviço comum de engenharia de serviço especial de engenharia. Abrange também os serviços de arquitetura, em homenagem à precedência histórica daquela profissão sobre esta.

Além disso determina que os serviços de engenharia, para os fins desta Lei, são aqueles estabelecidas, por força de lei, como privativas da profissão de arquiteto, engenheiro ou técnicos especializados.

A Lei nº 5.194, de 24 de dezembro de 1966 é a lei que regula as profissões de engenheiro e engenheiro-agrônomo e reserva atividades e atribuições privativas dos referidos profissionais. Na mesma linha, a Lei nº 12.378, de 31 de dezembro de 2010, regular a profissão do Arquiteto e define atribuições privativas.

Serve ao processo decisório a Resolução nº 218, de 29 de junho de 1973[199] do CONFEA que definiu que obras e serviços de engenharia, em regra, são todos aqueles em que seja imprescindível a presença de um profissional habilitado nesta área para sua plena execução.

Do texto dessa norma extrai-se o seguinte:

Art. 2º - Trata da competência do ARQUITETO OU ENGENHEIRO ARQUITETO;

Art. 3º - Trata da competência do ENGENHEIRO AERONÁUTICO:

Art. 4º - Trata da competência do ENGENHEIRO AGRIMENSOR:

Art. 5º - Trata da competência do ENGENHEIRO AGRÔNOMO:

Art. 6º - Trata da competência do ENGENHEIRO CARTÓGRAFO ou ao ENGENHEIRO DE GEODÉSIA E TOPOGRAFIA ou ao ENGENHEIRO GEÓGRAFO:

Art. 7º - Trata da competência do ENGENHEIRO CIVIL ou ao ENGENHEIRO DE FORTIFICAÇÃO e CONSTRUÇÃO:

Art. 8º - Trata da competência do ENGENHEIRO ELETRICISTA ou ao ENGENHEIRO ELETRICISTA, MODALIDADE ELETROTÉCNICA:

Art. 9º - Trata da competência do ENGENHEIRO ELETRÔNICO ou ao ENGENHEIRO ELETRICISTA, MODALIDADE ELETRÔNICA ou ao ENGENHEIRO DE COMUNICAÇÃO:

Art. 10 - Trata da competência do ENGENHEIRO FLORESTAL:

Art. 11 - Trata da competência do ENGENHEIRO GEÓLOGO ou GEÓLOGO:

Art. 12 - Trata da competência do ENGENHEIRO MECÂNICO ou ao ENGENHEIRO MECÂNICO E DE AUTOMÓVEIS ou ao ENGENHEIRO MECÂNICO E DE ARMAMENTO ou ao ENGENHEIRO DE AUTOMÓVEIS ou ao ENGENHEIRO INDUSTRIAL MODALIDADE MECÂNICA:

Art. 13 - Trata da competência do ENGENHEIRO METALURGISTA ou ao ENGENHEIRO INDUSTRIAL E DE METALURGIA ou ENGENHEIRO INDUSTRIAL MODALIDADE METALURGIA:

Art. 14 - Trata da competência do ENGENHEIRO DE MINAS:

Art. 15 - Trata da competência do ENGENHEIRO NAVAL:

Art. 16 - Trata da competência do ENGENHEIRO DE PETRÓLEO:

Art. 17 - Trata da competência do ENGENHEIRO QUÍMICO ou ao ENGENHEIRO INDUSTRIAL MODALIDADE QUÍMICA:

Art. 18 - Trata da competência do ENGENHEIRO SANITARISTA:

Art. 19 - Trata da competência do ENGENHEIRO TECNÓLOGO DE

---

[199] Brasil. CONFEA. Normativos. Disponível em https://normativos.confea.org.br/downloads/0218-73.pdf. Acesso em 28 de março de 2021.

ALIMENTOS:

Art. 20 - Trata da competência do ENGENHEIRO TÊXTIL:

Art. 21 - Trata da competência do URBANISTA:

Art. 22 - Trata da competência do ENGENHEIRO DE OPERAÇÃO:

Art. 23 - Trata da competência do TÉCNICO DE NÍVEL SUPERIOR ou TECNÓLOGO:

O art. 24, dessa Resolução foi revogado pela Resolução 1.057, de 31 de julho de 2014. Esse dispositivo da norma foi revogada parcialmente sob os seguintes argumentos:

- o artigo 24 da Resolução n° 218, de 1973, estabelecia as competências do técnico de grau médio circunscritas ao âmbito das respectivas modalidades profissionais;

- o princípio estabelecido pelo art. 25 da Resolução n° 218, de 1973, no sentido de que nenhum profissional poderá desempenhar atividades além daquelas que lhe competem, pelas características de seu currículo escolar;

- o Conselho Federal decidiu adotar os mesmos princípios para concessão de atribuições profissionais de modo a atuar com isonomia e equidade para fins da fiscalização de seu exercício profissional;

- a concessão de atribuições e competências profissionais não devem ser generalizadas ou definidas somente pela nomenclatura de uma dada formação, mas sim pela análise curricular, a fim de evitar a subversão no desempenho de atividades nos diversos níveis de formação dos profissionais vinculados ao Sistema CONFEA/CREA;

- nesse cenário também somou à decisão Recomendação n° 01/2013 do Ministério Público Federal, no sentido de requerer ao CONFEA revogar as disposições da Resolução n° 262, de 1979, da Resolução n° 278, de 1983 e da Resolução n° 218, de 1973 que limitam o exercício das atribuições dos técnicos de nível médio previstas na Lei n° 5.524 de 1968 e no Decreto n° 90.922 de 1985.

Continua em vigor, o art. 25 da Resolução n° 218, que estabelece que "nenhum profissional poderá desempenhar atividades além daquelas que lhe competem, pelas características de seu currículo escolar, consideradas em cada caso, apenas, as disciplinas que contribuem para a graduação profissional, salvo outras que lhe sejam acrescidas em curso de pós-graduação, na mesma modalidade."

Havendo dúvidas na qualificação técnica, pode o gestor servir-se do parágrafo único, desse mesmo art. 25, que define: "Serão discriminadas no registro profissional as atividades constantes desta Resolução."

Portanto, quando a lei conceitua os serviços de engenharia e faz a distinção dessas duas espécies não está diretamente associando atividades, pois são discriminadas pelo CONFEA e estarão sujeitas à fiscalização do sistema CONFEA.

Aqui, um conselho prático dos autores: ao firmar contrato para execução de serviços de engenharia, comunique ao respectivo órgão integrante do sistema CONFEA, requerendo que proceda, ao seu prudente arbítrio, e à título de colaboração, a fiscalização da atividade desenvolvida pelos profissionais vinculados a esse Conselho, que estejam disponibilizados para execução do objeto e se, o fizer, recomenda-se ao gestor que junte o laudo de visitação e fiscalização ao processo[200].

A Resolução nº 1.116/2019 do Conselho Federal de Engenharia e Agronomia[201] estabelece que todos os serviços de engenharia são de natureza predominantemente intelectual, que "não podem ser definidos a partir de especificações usuais de mercado". Sobre este tema merece destaque o artigo produzido pelo Professor Victor Amorim[202] e o parecer da Consultoria-Geral da União emitido pelo Advogado da União, Ronny Charles[203].

A nova lei determina que são comuns os "objetivamente padronizáveis em termos de desempenho e qualidade, de manutenção", portanto, são os serviços padronizáveis pouco importando sua complexidade.

O objetivo de diferenciar os serviços de engenharia comum dos especiais é auxiliar o agente na escolha da modalidade licitatória adequada, pois os serviços comuns de engenharia podem ser licitados pela modalidade pregão.

---

[200] Importante notar que a nova lei de licitações deu especial relevo aos registros dos fatos incidentais na execução do contrato. Note: **Lei nº 14.133, de 1º de abril de 2021:** "Art. 36. § 3º O desempenho pretérito na execução de contratos com a Administração Pública deverá ser considerado na pontuação técnica, observado o disposto nos §§ 3º e 4º do art. 88 desta Lei e em regulamento. Art. 60. Em caso de empate entre duas ou mais propostas, serão utilizados os seguintes critérios de desempate, nesta ordem: II - avaliação do desempenho contratual prévio dos licitantes, para a qual deverão preferencialmente ser utilizados registros cadastrais para efeito de atesto de cumprimento de obrigações previstos nesta Lei; Art. 88. § 4º A anotação do cumprimento de obrigações pelo contratado, de que trata o § 3º deste artigo, será condicionada à implantação e à regulamentação do cadastro de atesto de cumprimento de obrigações, apto à realização do registro de forma objetiva, em atendimento aos princípios da impessoalidade, da igualdade, da isonomia, da publicidade e da transparência, de modo a possibilitar a implementação de medidas de incentivo aos licitantes que possuírem ótimo desempenho anotado em seu registro cadastral."

[201] BRASIL. CONFEA. Disponível em https://normativos.confea.org.br/ementas/visualiza.asp?idEmenta=67764&idTiposEmentas=5&Numero=1116&AnoIni=&AnoFim=&PalavraChave=&buscarem=conteudo&vigente=. Acesso em 28 de março de 2021.

[202] AMORIM, Victor. A Resolução CONFEA nº 1.116/2019 e a problemática do enquadramento de serviços de engenharia como "comuns" para fins de adoção da modalidade pregão. Disponível em: https://jus.com.br/artigos/86297/a-resolucao-confea-n-1-116-2019-e-a-problematica-do-enquadramento-de-servicos-de-engenharia-como-comuns-para-fins-de-adocao-da-modalidade-pregao. Acesso em 28 de março de 2021.

[203] BRASIL. PARECER n. 00051/2019/DECOR/CGU/AGU elaborado em 11 de junho de 2019. Disponível em: https://ronnycharles.com.br/wp-content/uploads/2019/07/Parecer-051-2019-DECOR-Ana%CC%81lise-da-Res-1116-2019-CONFEA.pdf. Acesso em 28 de março de 2021.

Art. 6º, inc. XXII

> Art. 6º Para os fins desta Lei, consideram-se: [...]
> XXII - obras, serviços e fornecimentos de grande vulto: aqueles cujo valor estimado supera R$ 200.000.000,00 (duzentos milhões de reais);

Dispositivos correspondentes na Lei nº 8.666/1993:
Art. 6º. Para os fins desta Lei, considera-se: [...]
V - Obras, serviços e compras de grande vulto - aquelas cujo valor estimado seja superior a 25 (vinte e cinco) vezes o limite estabelecido na alínea "c" do inciso I do art. 23 desta Lei;
Art. 23, inciso I. [...] c) concorrência: acima de R$ 1.500.000,00 (um milhão e quinhentos mil reais); Redação dada pela Lei nº 9.648, de 1998. Conforme Decreto nº 9.412, de 2018, o valor referido deve ser: c) na modalidade concorrência - acima de R$ 3.300.000,00 (três milhões e trezentos mil reais).
Portanto, 25 vezes o valor de R$ 3.300.000,00 é igual a R$ 82.500.000,00.

6.49 Majoração do valor de obra de grande vulto

A nova Lei de Licitações altera o valor considerado como de "grande vulto" de R$ 82.500.000,00 (oitenta e dois milhões e quinhentos mil reais) para R$ 200.000.000,00 (duzentos milhões de reais). O que chama atenção nessa alteração é que o valor estipulado como "grande vulto" não está em consonância com outras importantes normas que delimitam o tema, a exemplo da Lei nº 13.971/2019 que instituiu o Plano Plurianual da União para os anos de 2020-2023. Nessa norma são considerados como "grande vulto" projetos de investimentos com valor superior a R$ R$ 100.000.000,00 (cem milhões de reais) e 50.000.000,00 (cinquenta milhões de reais).[204]

Para esses objetos existe uma série de requisitos orçamentários como: conta de crédito orçamentário específico, registro centralizado, prévio atesto da viabilidade técnica e socioeconômica, estimativas de custos e informações sobre a execução física e financeira.[205]

---

[204] Art. 8º Entende-se por projeto de investimento de grande vulto aquele cujo valor seja superior a:
I - R$ 100.000.000,00 (cem milhões de reais), se financiado com recursos do orçamento de investimentos das estatais independentes, sob responsabilidade de empresa de capital aberto ou sua subsidiária; ou
II - R$ 50.000.000,00 (cinquenta milhões de reais), se financiado com recursos dos orçamentos fiscais ou da seguridade social, ou com recursos do orçamento de investimentos de empresa estatal que não se enquadre no disposto no inciso anterior.
[205] Art. 8º Entende-se por projeto de investimento de grande vulto aquele cujo valor seja superior a:
§ 1º Os projetos de investimentos de grande vulto somente poderão ser executados à conta de crédito orçamentário específico.
§ 2º A partir de 2021, os novos projetos de investimentos de grande vulto somente poderão ser iniciados se constarem do registro centralizado a que alude o § 15 do art. 165 da Constituição Federal, mediante prévio atesto da viabilidade técnica e socioeconômica, nos termos do que dispuser regulamento do Poder Executivo.

Importante destacar que o Decreto nº 11.871/2023 atualizou os valores estabelecidos na Nova Lei de Licitações.

Assim, em cumprimento ao art. 182 da lei "O Poder Executivo federal atualizará, a cada dia 1º de janeiro, pelo Índice Nacional de Preços ao Consumidor Amplo Especial (IPCA-E) ou por índice que venha a substituí-lo, os valores fixados por esta Lei, os quais serão divulgados no PNCP", o Governo Federal publicou o referido decreto, no Diário Oficial da União - DOU, no dia 29.12.2023, para entrar em vigor dia 01.01.2024.

Desse modo, o valor de obras, serviços e fornecimentos de grande vulto foi alterado de 228.833.309,04 (duzentos e vinte e oito milhões oitocentos e trinta e três mil trezentos e nove reais e quatro centavos) para R$ 239.624.058,14 (duzentos e trinta e nove milhões seiscentos e vinte e quatro mil cinquenta e oito reais e quatorze centavos).

6.50 Seguro Garantia majorado

No tocante a este dispositivo, também foram estabelecidos requisitos específicos, tais como: a possibilidade de seguro-garantia em até 10% do valor inicial do contrato e, no caso específico de obras e serviços de engenharia, de até 30% do valor inicial do contrato, com cláusula de retomada da obra pela seguradora.

Ainda no tocante a obras e serviços de grande vulto, o edital obrigatoriamente contemplará matriz de alocação de riscos entre o contratante e o contratado, bem como deverá prever a obrigatoriedade de implantação de programa de integridade pelo licitante vencedor, no prazo de seis meses, contado da celebração do contrato, incluindo neste último, fornecimento também.

Art. 6º, inc. XXIII, a, b, c, d, e, f, g, h, i, j

Art. 6º Para os fins desta Lei, consideram-se: [...]

XXIII - termo de referência: documento necessário para a contratação de bens e serviços, que deve conter os seguintes parâmetros e elementos descritivos:

a) definição do objeto, incluídos sua natureza, os quantitativos, o prazo do contrato e, se for o caso, a possibilidade de sua prorrogação;

b) fundamentação da contratação, que consiste na referência aos estudos técnicos preliminares correspondentes ou, quando não for possível divulgar esses estudos, no extrato das partes que não contiverem informações sigilosas;

c) descrição da solução como um todo, considerado todo o ciclo de vida do objeto;

d) requisitos da contratação;

e) modelo de execução do objeto, que consiste na definição de como o contrato deverá produzir os resultados pretendidos desde o seu início até o seu encerramento;

f) modelo de gestão do contrato, que descreve como a execução do objeto será acompanhada e fiscalizada pelo órgão ou entidade;

g) critérios de medição e de pagamento;

h) forma e critérios de seleção do fornecedor;

i) estimativas do valor da contratação, acompanhadas dos preços unitários referenciais, das memórias de cálculo e dos documentos que lhe dão suporte, com os parâmetros utilizados para a obtenção dos preços e para os respectivos cálculos, que devem constar de documento separado e classificado;

j) adequação orçamentária;

Dispositivos correlatos na Lei nº 8.666/1993:

Art. 6. [...] IX - Projeto Básico: conjunto de elementos necessários e suficientes, com nível de precisão adequado, para caracterizar a obra ou serviço, ou complexo de obras ou serviços objeto da licitação, elaborado com base nas indicações dos estudos técnicos preliminares, que assegurem a viabilidade técnica e o adequado tratamento do impacto ambiental do empreendimento, e que possibilite a avaliação do custo da obra e a definição dos métodos e do prazo de execução, devendo conter os seguintes elementos: [...]

Dispositivos correspondentes no Decreto nº 5.450, de 31 de maio de 2005, que regulamenta a Lei nº 10.520, de 17 de julho de 2002:

Art. 9º. Na fase preparatória do pregão, na forma eletrônica, será observado o seguinte: I - elaboração de termo de referência pelo órgão requisitante, com indicação do objeto de forma precisa, suficiente e clara, vedadas especificações que, por excessivas, irrelevantes ou desnecessárias, limitem ou frustrem a competição ou sua realização; [...] § 2º O termo de referência é o documento que deverá conter elementos capazes de propiciar avaliação do custo pela administração diante de orçamento detalhado, definição dos métodos, estratégia de suprimento, valor estimado em planilhas de acordo com o preço de mercado, cronograma físico-financeiro, se for o caso, critério de aceitação do objeto, deveres do contratado e do contratante, procedimentos de fiscalização e gerenciamento do contrato, prazo de execução e sanções, de forma clara, concisa e objetiva.

Dispositivos correspondentes no Decreto nº 10.024, de 20 de setembro de 2019, que também regulamenta a Lei nº 10.520, de 17 de julho de 2002:

Art. 3º. Para fins do disposto neste Decreto, considera-se: [...]

XI - termo de referência - documento elaborado com base nos estudos técnicos preliminares, que deverá conter:

a) os elementos que embasam a avaliação do custo pela administração pública, a partir dos padrões de desempenho e qualidade estabelecidos e das condições de entrega do objeto, com as seguintes informações:

1. a definição do objeto contratual e dos métodos para a sua execução, vedadas especificações excessivas, irrelevantes ou desnecessárias, que limitem ou frustrem a competição ou a realização do certame;

2. o valor estimado do objeto da licitação demonstrado em planilhas, de acordo com o preço de mercado; e

3. o cronograma físico-financeiro, se necessário;

b) o critério de aceitação do objeto;

c) os deveres do contratado e do contratante;

d) a relação dos documentos essenciais à verificação da qualificação técnica e econômico-financeira, se necessária;

e) os procedimentos de fiscalização e gerenciamento do contrato ou da ata de registro de preços;

f) o prazo para execução do contrato; e

g) as sanções previstas de forma objetiva, suficiente e clara.

6.51 Termo de referência para bens e serviços

Em regra, o termo de referência é para bens e serviços ao passo que o projeto básico para obras e serviços. A Lei dispôs que a escolha pelo instrumento mais adequado é discricionária, utilizando a expressão "conforme o caso".

Em que pese a Lei não diferenciar quais serviços são objeto do termo de referência e quais devem ser utilizados para o projeto básico, é recomendável que este documento seja utilizado para os serviços considerados comuns, visto que, quando comparado ao projeto básico, o segundo trata-se de documento com um grau de complexidade e aprofundamento maior. Essa recomendação decorre também dos motivos históricos, pois a Lei nº 8.666/1993 não definiu o instrumento de especificação e detalhamento da compra; determinou apenas que para obras e serviços fosse utilizado o projeto básico.

Ao contrário de normativos anteriores, a nova Lei elenca os elementos essenciais para a elaboração do termo de referência.

No art. 40, a norma acrescenta o que um termo de referência para compras deve conter, observe:

> [...] § 1º O termo de referência deverá conter os elementos previstos no inciso XXIII do caput do art. 6º desta Lei, além das seguintes informações:
>
> I - especificação do produto, preferencialmente conforme catálogo eletrônico de padronização, observados os requisitos de qualidade, rendimento, compatibilidade, durabilidade e segurança;
>
> II - indicação dos locais de entrega dos produtos e das regras para recebimentos provisório e definitivo, quando for o caso;

Em orientação para os trabalhos práticos, sugere-se a criação de formulário, abrindo após cada alínea espaço para preenchimento, pelo órgão a quem incumbir o detalhamento do objeto. Em outras palavras: em acatamento ao princípio da segregação das funções, previsto no art. 7º e 8º, devem os órgãos definir quem elabora o "documento de formalização da demanda" e o "termo de referência". Sugere-se que o primeiro seja elaborado por todos os órgãos que tenham competência para pedir ou requisitar compra, serviço ou obra; o segundo e o terceiro, por unidade integrante de unidade de logística que tenha competência proceder a especificação do objeto de forma técnica, apurada.

Para ambos, requisitante e especificador a instituição de formulário é importante para comunicar com precisão os elementos mínimos exigidos pela lei e para padronizar a informação evitando buscas de informações em ofícios produzidos ao talante de cada servidor.

Como será visto nos comentários ao art. 6º, inc. XXIV, os "estudos técnicos preliminares" são mais apropriados e apenas recomendado quando for exigido o projeto básico e não para termos de referência.

Art. 6º, inc. XXIV, a, b, c, d, e, f, g, h, i, j

Art. 6º Para os fins desta Lei, consideram-se: [...]

XXIV - anteprojeto: peça técnica com todos os subsídios necessários à elaboração do projeto básico, que deve conter, no mínimo, os seguintes elementos:

a) demonstração e justificativa do programa de necessidades, avaliação de demanda do público-alvo, motivação técnico-econômico-social do empreendimento, visão global dos investimentos e definições relacionadas ao nível de serviço desejado;

b) condições de solidez, de segurança e de durabilidade;

c) prazo de entrega;

d) estética do projeto arquitetônico, traçado geométrico e/ou projeto da área de influência, quando cabível;

e) parâmetros de adequação ao interesse público, de economia na utilização, de facilidade na execução, de impacto ambiental e de acessibilidade;

f) proposta de concepção da obra ou do serviço de engenharia;

g) projetos anteriores ou estudos preliminares que embasaram a concepção proposta;

h) levantamento topográfico e cadastral;

i) pareceres de sondagem;

j) memorial descritivo dos elementos da edificação, dos componentes construtivos e dos materiais de construção, de forma a estabelecer padrões mínimos para a contratação;

Dispositivos correspondentes na Lei nº 12.462/2011:

Art. 9º. Nas licitações de obras e serviços de engenharia, no âmbito do RDC, poderá ser utilizada a contratação integrada, desde que técnica e economicamente justificada e cujo objeto envolva, pelo menos, uma das seguintes condições:[...]

§ 2º No caso de contratação integrada:

I - o instrumento convocatório deverá conter anteprojeto de engenharia que contemple os documentos técnicos destinados a possibilitar a caracterização da obra ou serviço, incluindo:

6.52 Anteprojeto obrigatório para contratação integrada

A possibilidade de aliar a expertise do setor privado ao público, concedendo àquele a oportunidade de elaborar o projeto básico, o executivo e, ainda, executar a obra, somente é admitida se a Administração souber o que pretende.

Assim, o RDC trouxe uma nova figura para a legislação: o anteprojeto de engenharia. A partir desse conjunto de elementos e informações, inclusive com a previsão da estética do projeto arquitetônico, o particular continuará o desenvolvimento do planejamento.

Esse conjunto de informações, denominado de anteprojeto, constituirá a premissa do planejamento pelo particular. A alteração dessas premissas motiva a justa revisão do contrato; os erros ou ausência de previsão de situações pelo particular, sem alteração dessas premissas, não justificam que a Administração altere o contrato em favor do particular. Portanto, a importância desse documento está na elaboração de matriz de risco[206], na repartição e responsabilidades, nos futuros *"claims"*[207] e pedidos de reequilíbrio econômico-financeiro do contrato.

A Lei só torna obrigatória a elaboração do anteprojeto nos casos de contratação integrada.

Dispõe ainda que, o órgão definirá a metodologia para sua elaboração.

Art. 6º, inc. XXV, a, b, c, d,

> Art. 6º Para os fins desta Lei, consideram-se: [...]
> XXV - projeto básico: conjunto de elementos necessários e suficientes, com nível de precisão adequado para definir e dimensionar a obra ou o serviço, ou o complexo de obras ou de serviços objeto da licitação, elaborado com base nas indicações dos

---

[206] Q. cfr. art. 6º,
XXVII - matriz de riscos: cláusula contratual definidora de riscos e de responsabilidades entre as partes e caracterizadora do equilíbrio econômico-financeiro inicial do contrato, em termos de ônus financeiro decorrente de eventos supervenientes à contratação, contendo, no mínimo, as seguintes informações: [...]
b) no caso de obrigações de resultado, estabelecimento das frações do objeto com relação às quais haverá liberdade para os contratados inovarem em soluções metodológicas ou tecnológicas, em termos de modificação das soluções previamente delineadas no **anteprojeto** ou no projeto básico;
c) no caso de obrigações de meio, estabelecimento preciso das frações do objeto com relação às quais não haverá liberdade para os contratados inovarem em soluções metodológicas ou tecnológicas, devendo haver obrigação de aderência entre a execução e a solução predefinida no **anteprojeto** ou no projeto básico, consideradas as características do regime de execução no caso de obras e serviços de engenharia;
[207] *Claim*: pleito. Está ligado a reivindicações que poderão gerar aditivos contratuais ou termos de ajustes ao contrato – TAC.

estudos técnicos preliminares, que assegure a viabilidade técnica e o adequado tratamento do impacto ambiental do empreendimento e que possibilite a avaliação do custo da obra e a definição dos métodos e do prazo de execução, devendo conter os seguintes elementos:

a) levantamentos topográficos e cadastrais, sondagens e ensaios geotécnicos, ensaios e análises laboratoriais, estudos socioambientais e demais dados e levantamentos necessários para execução da solução escolhida;

b) soluções técnicas globais e localizadas, suficientemente detalhadas, de forma a evitar, por ocasião da elaboração do projeto executivo e da realização das obras e montagem, a necessidade de reformulações ou variantes quanto à qualidade, ao preço e ao prazo inicialmente definidos;

c) identificação dos tipos de serviços a executar e dos materiais e equipamentos a incorporar à obra, bem como das suas especificações, de modo a assegurar os melhores resultados para o empreendimento e a segurança executiva na utilização do objeto, para os fins a que se destina, considerados os riscos e os perigos identificáveis, sem frustrar o caráter competitivo para a sua execução;

d) informações que possibilitem o estudo e a definição de métodos construtivos, de instalações provisórias e de condições organizacionais para a obra, sem frustrar o caráter competitivo para a sua execução;

Dispositivos correspondentes na Lei nº 8.666/1993:

Art. 6º. [...] IX - Projeto Básico - conjunto de elementos necessários e suficientes, com nível de precisão adequado, para caracterizar a obra ou serviço, ou complexo de obras ou serviços objeto da licitação, elaborado com base nas indicações dos estudos técnicos preliminares, que assegurem a viabilidade técnica e o adequado tratamento do impacto ambiental do empreendimento, e que possibilite a avaliação do custo da obra e a definição dos métodos e do prazo de execução, devendo conter os seguintes elementos:

Art. 7º. [...] § 2º [...] I - houver projeto básico aprovado pela autoridade competente e disponível para exame dos interessados em participar do processo licitatório;

Art. 12. Nos projetos básicos e projetos executivos de obras e serviços serão considerados principalmente os seguintes requisitos: [...] VII - impacto ambiental.

Dispositivos correspondentes na Lei nº 12.462/2011:

Art. 2º. Na aplicação do RDC, deverão ser observadas as seguintes definições:[...]

IV - projeto básico: conjunto de elementos necessários e suficientes, com nível de precisão adequado, para, observado o disposto no parágrafo único deste artigo:

a) caracterizar a obra ou serviço de engenharia, ou complexo de obras ou serviços objeto da licitação, com base nas indicações dos estudos técnicos preliminares;

b) assegurar a viabilidade técnica e o adequado tratamento do impacto ambiental do empreendimento; e

c) possibilitar a avaliação do custo da obra ou serviço e a definição dos métodos e do prazo de execução;

6.53 Projeto básico

É consabido o esforço que os órgãos de controle vêm realizando para que a etapa de planejamento se aprimore, com vistas a evitar suas reformulações durante a execução. De outro lado, também se assiste a dificuldade extrema de vários órgãos em conseguir elaborar um projeto básico que atenda a todos os requisitos legais.

A Lei permite agora, textualmente que se contrate a elaboração de projetos básicos e executivos. A regra, no Brasil, no regime da Lei nº 8.666/1993, é que deveriam ser licitados pelos tipos de licitação técnica e preço ou melhor técnica, nas modalidades de concorrência ou concurso. Nos termos expostos na obra Contratação Direta sem Licitação, 11ª edição, é certo que houve uma flexibilidade para a contratação via inexigibilidade, fato que deve refletir na qualidade das contratações dessa terceirização e até na frequência.

O conceito de projeto básico foi sutilmente alterado para se aproximar da Resolução do CONFEA nº 361/1991 que também conceitua o referido instrumento. O Instituto Brasileiro de Auditoria de Obras Públicas – IBRAOP, objetivando uniformizar o entendimento sobre o tema, emitiu a Orientação Técnica OT – IBR 001/2006.

Oportuno lembrar que a Lei nº 8.666/1993 dedicou extensa explanação de requisitos para o projeto básico. Da mesma forma, a nova lei condicionou o projeto básico a uma série de elementos.

Repetimos aqui a lição dada nos comentários ao inciso XXIII, nesta obra.

Em orientação para os trabalhos práticos, sugere-se a criação de formulário, abrindo após cada alínea espaço para preenchimento, pelo órgão a quem incumbir o detalhamento do objeto. Em outras palavras: em acatamento ao princípio da segregação das funções, previsto no art. 7º e 8º, devem os órgãos definir quem elabora o "documento de formalização da demanda" e o "termo de referência". Sugere-se que o primeiro seja elaborado por todos os órgãos tenham competência para pedir ou requisitar compra, serviço ou obra; o segundo e o terceiro, por unidade integrante de unidade de logística que tenha competência proceder a especificação do objeto de forma técnica, apurada.

Para ambos, requisitante e especificador a instituição de formulário é importante para comunicar com precisão os elementos mínimos exigidos pela lei e para padronizar a informação evitando buscas de informações em ofícios produzidos ao talante de cada servidor.

Como visto nos comentários ao art. 6º, inc. XXIV, os "estudos técnicos preliminares" são mais apropriados e apenas recomendado quando for exigido o projeto básico e não para termos de referência.

Art. 6º, inc. XXV, e

> Art. 6º Para os fins desta Lei, consideram-se: [...]
>
> XXV - projeto básico: conjunto de elementos necessários e suficientes, com nível de precisão adequado para definir e dimensionar a obra ou o serviço, ou o complexo de obras ou de serviços objeto da licitação, elaborado com base nas indicações dos estudos técnicos preliminares, que assegure a viabilidade técnica e o adequado tratamento do impacto ambiental do empreendimento e que possibilite a avaliação do custo da obra e a definição dos métodos e do prazo de execução, devendo conter os seguintes elementos: [...]
>
> e) subsídios para montagem do plano de licitação e gestão da obra, compreendidos a sua programação, a estratégia de suprimentos, as normas de fiscalização e outros dados necessários em cada caso;

Dispositivos correspondentes na Lei nº 8.666/1993: não há.

6.54 Plano de licitação e gestão da obra

Esse documento, previsto também na Lei nº 8.666/1993 constitui peça fundamental para o sucesso da obra. Note que no mesmo plano terá o detalhamento da licitação e também da gestão da obra.

É frequente nas organizações a segregação da licitação e da execução da obra, sem coordenação entre as partes. Um fato recorrente demonstra os efeitos nocivos da falta de coordenação: uma obra que deve ser realizada em área com chuvas sazonais em períodos previsíveis, é planejada para a execução numa época de estiagem, também nominada de "janela hidrológica". A licitação atrasa e a obra é iniciada na época das chuvas. O contratado tem custos acrescidos; os órgãos de controle consideram chuvas como fatos previsíveis. Tem-se aí mais um problema de falta de coordenação.

Se fosse aplicado esse instrumento, o "Plano de licitação e gestão da obra" o problema seria previsto e mereceria tratamento prévio com diretrizes seguranças para sua ocorrência.

Art. 6º, inc. XXV, f

> Art. 6º Para os fins desta Lei, consideram-se: [...]
>
> XXV - projeto básico: conjunto de elementos necessários e suficientes, com nível de precisão adequado para definir e dimensionar a obra ou o serviço, ou o complexo

de obras ou de serviços objeto da licitação, elaborado com base nas indicações dos estudos técnicos preliminares, que assegure a viabilidade técnica e o adequado tratamento do impacto ambiental do empreendimento e que possibilite a avaliação do custo da obra e a definição dos métodos e do prazo de execução, devendo conter os seguintes elementos: [...]

f) orçamento detalhado do custo global da obra, fundamentado em quantitativos de serviços e fornecimentos propriamente avaliados, obrigatório exclusivamente para os regimes de execução previstos nos incisos I, II, III, IV e VII do *caput* do art. 46 desta Lei.

> **Dispositivos correspondentes na Lei nº 8.666/1993:**
> Art. 6º. [...] IX [...]
> f) orçamento detalhado do custo global da obra, fundamentado em quantitativos de serviços e fornecimentos propriamente avaliados;
> Art. 7º. [...] § 2º [...]
> II - existir orçamento detalhado em planilhas que expressem a composição de todos os seus custos unitários;

6.55 Orçamento

O orçamento tem como objetivo servir de paradigma para a Administração fixar os critérios de aceitabilidade de preços – total e unitários – no edital, sendo a principal referência para a análise das propostas das empresas participantes na fase externa do certame licitatório.

Na elaboração do orçamento detalhado de uma obra, é preciso:

- conhecer os serviços necessários para a exata execução da obra, que constam dos projetos, memoriais descritivos e especificações técnicas;
- levantar com precisão os quantitativos desses serviços;
- calcular o custo unitário dos serviços;
- calcular o custo direto da obra;
- estimar as despesas indiretas e a remuneração da construtora.

Os custos diretos e a taxa de Benefício e Despesas Indiretas (BDI), a qual engloba os custos indiretos e o lucro, compõem o preço final estimado para a obra. A ausência ou o cálculo incorreto de um deles poderá reduzir a remuneração esperada pela empresa que vier a ser contratada ou levar ao desperdício de recursos públicos.

O tema está regulado agora na Lei nº 14.133/2021, art. 23, § 2º, com teor bem próximo ao que consta do Decreto nº 7.983/2013.

Recomendação muito importante ao leito: nos comentários ao art. 19, consulte o uso de ferramentas integradas de controle que afetam diretamente a redução e custos em contrato de manutenção, como o Point Service. No art. 23, consulte a composição de preços na base SINAPI, a avaliação de tempos de produtividade, improdutividade e ociosidade. Na atualidade não é possível estruturar uma planilha de custos sem esse conhecimento.

6.56 Decreto nº 7.983/2013

A partir de 2013, a Lei nº 12.919 (LDO 2014) não mais estabeleceu a origem dos valores. A definição ficou a cargo do Decreto nº 7.983/2013 que estabelece, em seus artigos 3º e 4º, que os valores dos custos unitários deverão ser obtidos do Sinapi ou do Sicro15:

> Art. 3º O custo global de referência de obras e serviços de engenharia, exceto os serviços e obras de infraestrutura de transporte, será obtido a partir das composições dos custos unitários previstas no projeto que integra o edital de licitação, menores ou iguais à mediana de seus correspondentes nos custos unitários de referência do Sistema Nacional de Pesquisa de Custos e Índices da Construção Civil – Sinapi, excetuados os itens caracterizados como montagem industrial ou que não possam ser considerados como de construção civil.
>
> Art. 4º O custo global de referência dos serviços e obras de infraestrutura de transportes será obtido a partir das composições dos custos unitários previstas no projeto que integra o edital de licitação, menores ou iguais aos seus correspondentes nos custos unitários de referência do Sistema de Custos Referenciais de Obras – Sicro, cuja manutenção e divulgação caberá ao Departamento Nacional de Infraestrutura de Transportes - DNIT, excetuados os itens caracterizados como montagem industrial ou que não possam ser considerados como de infraestrutura de transportes.

Em caso de inviabilidade da definição dos custos consoante o disposto nos artigos 3º e 4º do Decreto nº 7.983 de 2013, a estimativa de custo global poderá ser apurada por meio da utilização de dados contidos em tabela de referência formalmente aprovada por órgãos ou entidades da administração pública federal,[20] em publicações técnicas especializadas, em sistema específico instituído para o setor ou em pesquisa de mercado.

É importante lembrar que as fontes de consulta devem ser indicadas na memória de cálculo do orçamento, fazendo parte da documentação do processo licitatório.

O Decreto também determina que, somente em condições especiais, pode-se adotar custos unitários superiores aos do sistema de referência. Nesses casos, um profissional habilitado deve justificar os valores e elaborar relatório técnico circunstanciado, o qual deve ser aprovado pela autoridade competente.

No que tange à mão de obra, deve-se destacar a necessidade da inclusão, nos seus custos, dos encargos sociais (ou leis sociais), os quais devem ser calculados em função das especificidades do local de execução dos serviços. É fundamental esclarecer que devem ser usadas duas taxas de encargos sociais: uma para empregados horistas e outra para mensalistas, pois diferentemente dos primeiros, os mensalistas têm encargos sociais que incidem diretamente sobre a remuneração mensal. Com isso, não há necessidade de considerar alguns itens que já estão incluídos na folha de pagamento da empresa.

Os encargos sociais nos orçamentos da construção civil[17] podem ser consultados. Destaca-se, ainda, que os demonstrativos das composições analíticas dos encargos sociais devem constar da documentação do processo licitatório. Todos esses aspectos relativos aos custos unitários dos serviços já foram abordados em diversas determinações feitas pelo TCU a órgãos públicos. Um exemplo disso pode ser encontrado no item 9.4.4 do Acórdão nº 644/2007 do Pleno do Tribunal.

Art. 6º, inc. XXVI

> Art. 6º Para os fins desta Lei, consideram-se: [...]
>
> XXVI - projeto executivo: conjunto de elementos necessários e suficientes à execução completa da obra, com o detalhamento das soluções previstas no projeto básico, a identificação de serviços, de materiais e de equipamentos a serem incorporados à obra, bem como suas especificações técnicas, de acordo com as normas técnicas pertinentes;

Dispositivos correspondentes na Lei nº 8.666/1993:

Art. 6º. [...] X - Projeto Executivo - o conjunto dos elementos necessários e suficientes à execução completa da obra, de acordo com as normas pertinentes da Associação Brasileira de Normas Técnicas - ABNT;

Art. 7º. [...] II - projeto executivo;

§ 1º A execução de cada etapa será obrigatoriamente precedida da conclusão e aprovação, pela autoridade competente, dos trabalhos relativos às etapas anteriores, à exceção do projeto executivo, o qual poderá ser desenvolvido concomitantemente com a execução das obras e serviços, desde que também autorizado pela Administração.

Art. 40. O edital conterá no preâmbulo o número de ordem em série anual, o nome da repartição interessada e de seu setor, a modalidade, o regime de execução e o tipo da licitação, a menção de que será regida por esta Lei, o local, dia e hora para recebimento da documentação e proposta, bem como para início da abertura dos envelopes, e indicará, obrigatoriamente, o seguinte: [...]

§ 2º Constituem anexos do edital, dele fazendo parte integrante: [...]

I - o projeto básico e/ou executivo, com todas as suas partes, desenhos, especificações e outros complementos;

Dispositivos correspondentes na Lei nº 12.462/2011:

> **Art. 2º.** Na aplicação do RDC, deverão ser observadas as seguintes definições:[...]
>
> V - projeto executivo: conjunto dos elementos necessários e suficientes à execução completa da obra, de acordo com as normas técnicas pertinentes; e

O projeto executivo constitui a etapa seguinte a elaboração do projeto básico podendo ser elaborado pela Administração, pelo contratado ou por terceiros, a depender do regime de execução.

Repetindo o que foi exposto em relação ao projeto básico: a Lei permite agora, textualmente que se contrate a elaboração de projetos básicos e executivos. A regra, no Brasil, no regime da Lei nº 8.666/1993, é que deveriam ser licitados pelos tipos de licitação técnica e preço ou melhor técnica, nas modalidades de concorrência ou concurso. Nos termos expostos na obra Contratação Direta sem Licitação, 11ª edição, é certo que houve uma flexibilidade para a contratação via inexigibilidade, fato que deve refletir na qualidade das contratações dessa terceirização e até na frequência.

6.57 Vedação ao projeto executivo concomitante

A nova Lei aperfeiçoa o conceito oriundo da Lei do RDC para exigir a inclusão de novas informações no projeto executivo, nomeadamente: "detalhamento das soluções previstas no projeto básico, identificação de serviços, materiais e equipamentos a incorporar à obra"

A grande inovação no tocante aos projetos executivos, no entanto, é que a possibilidade de se elaborar o projeto executivo "concomitantemente com a execução das obras e serviços" foi suprimida do texto legal. Agora, no tocante a obras e serviços de engenharia, a elaboração do projeto executivo anterior é obrigatória.

Art. 6º, inc. XXVII, a, b, c

> Art. 6º Para os fins desta Lei, consideram-se: [...]
>
> XXVII - matriz de riscos: cláusula contratual definidora de riscos e de responsabilidades entre as partes e caracterizadora do equilíbrio econômico-financeiro inicial do contrato, em termos de ônus financeiro decorrente de eventos supervenientes à contratação, contendo, no mínimo, as seguintes informações:
>
> a) listagem de possíveis eventos supervenientes à assinatura do contrato que possam causar impacto em seu equilíbrio econômico-financeiro e previsão de eventual necessidade de prolação de termo aditivo por ocasião de sua ocorrência;
>
> b) no caso de obrigações de resultado, estabelecimento das frações do objeto com relação às quais haverá liberdade para os contratados inovarem em soluções

metodológicas ou tecnológicas, em termos de modificação das soluções previamente delineadas no anteprojeto ou no projeto básico;

c) no caso de obrigações de meio, estabelecimento preciso das frações do objeto com relação às quais não haverá liberdade para os contratados inovarem em soluções metodológicas ou tecnológicas, devendo haver obrigação de aderência entre a execução e a solução predefinida no anteprojeto ou no projeto básico, consideradas as características do regime de execução no caso de obras e serviços de engenharia;

Dispositivo correspondentes na Lei nº 12.462/2011:

Art. 9º. Nas licitações de obras e serviços de engenharia, no âmbito do RDC, poderá ser utilizada a contratação integrada, desde que técnica e economicamente justificada e cujo objeto envolva, pelo menos, uma das seguintes condições:[...]

§ 5º Se o anteprojeto contemplar matriz de alocação de riscos entre a administração pública e o contratado, o valor estimado da contratação poderá considerar taxa de risco compatível com o objeto da licitação e as contingências atribuídas ao contratado, de acordo com metodologia predefinida pela entidade contratante

Dispositivo incorporou a definição disposta na Lei das Estatais 13.303/2016:

Art. 42. Na licitação e na contratação de obras e serviços por empresas públicas e sociedades de economia mista, serão observadas as seguintes definições: (Vide Lei nº 14.002, de 2020) [...]

X - matriz de riscos: cláusula contratual definidora de riscos e responsabilidades entre as partes e caracterizadora do equilíbrio econômico-financeiro inicial do contrato, em termos de ônus financeiro decorrente de eventos supervenientes à contratação, contendo, no mínimo, as seguintes informações:

a) listagem de possíveis eventos supervenientes à assinatura do contrato, impactantes no equilíbrio econômico-financeiro da avença, e previsão de eventual necessidade de prolação de termo aditivo quando de sua ocorrência;

b) estabelecimento preciso das frações do objeto em que haverá liberdade das contratadas para inovar em soluções metodológicas ou tecnológicas, em obrigações de resultado, em termos de modificação das soluções previamente delineadas no anteprojeto ou no projeto básico da licitação;

c) estabelecimento preciso das frações do objeto em que não haverá liberdade das contratadas para inovar em soluções metodológicas ou tecnológicas, em obrigações de meio, devendo haver obrigação de identidade entre a execução e a solução pré-definida no anteprojeto ou no projeto básico da licitação.

Dispositivos pertinentes na Lei nº 14.133/2021, além do art. 6º:

Art. 22. O edital **poderá** contemplar matriz de alocação de riscos entre o contratante e o contratado, hipótese em que o cálculo do valor estimado da contratação poderá considerar taxa de risco compatível com o objeto da licitação e com os riscos atribuídos ao contratado, de acordo com metodologia predefinida pelo ente federativo.

§ 1º A matriz de que trata o caput deste artigo deverá promover a alocação eficiente dos riscos de cada contrato e estabelecer a responsabilidade que caiba a cada parte contratante, bem como os mecanismos que afastem a ocorrência do sinistro e mitiguem os seus efeitos, caso este ocorra durante a execução contratual.

§ 2º O contrato **deverá** refletir a alocação realizada pela matriz de riscos, especialmente quanto:

I - às hipóteses de alteração para o restabelecimento da equação econômico-financeira do contrato nos casos em que o sinistro seja considerado na matriz de riscos como causa de desequilíbrio não suportada pela parte que pretenda o restabelecimento;

II - à possibilidade de resolução quando o sinistro majorar excessivamente ou impedir a continuidade da execução contratual;

> III - à contratação de seguros obrigatórios previamente definidos no contrato, integrado o custo de contratação ao preço ofertado.
>
> 3º Quando a contratação se referir a obras e serviços de grande vulto ou forem adotados os regimes de contratação integrada e semi-integrada, o edital obrigatoriamente contemplará matriz de alocação de riscos entre o contratante e o contratado.
>
> § 4º Nas contratações integradas ou semi-integradas, os riscos decorrentes de fatos supervenientes à contratação associados à escolha da solução de projeto básico pelo contratado deverão ser alocados como de sua responsabilidade na matriz de riscos.

6.58 Matriz de risco: noções

A matriz de risco, pela nova Lei, passa a ser obrigatória. Infelizmente o legislador, em mais uma atecnica, define no caput dos arts. 40 e 103, uma faculdade, com o uso da expressão "poderá", no art. 92, inc. IX, uma incerteza, pela expressão, "quando for o caso" e no § 2º, uma imposição compulsória, pelo uso da expressão "deverá".

Importante registrar que a nova Lei de Licitações expressamente prevê para os regimes de contratação integrada, semi-integrada e no caso de obras e serviços de grande vulto, a obrigatoriedade de cláusula contratual, definindo os principais riscos a que o objeto contratado estará sujeito durante sua execução e a divisão de responsabilidades quanto a eles, entre contratante e contratado. Para os demais casos, somente pela análise em conjunto com o § 2º do art. 40 é que se percebe não se tratar de faculdade, mas uma obrigatoriedade, que somente diante da baixa complexidade e valor do contrato pode ser uma faculdade. E essa faculdade, em termos de interpretação, ou hermenêutica jurídica, se admite pela expressão "quando for o caso", inserida no art. 92, inc. IX.

A matriz de risco já era contemplada de maneira superficial no Regime RDC e na Lei das PPPs, Lei nº 11.079, de 30 de dezembro de 2004. Trata-se efetivamente de uma mudança de paradigmas no que se refere ao equilíbrio econômico-financeiro do contrato.

A principal vantagem desse instrumento está no fato de que os riscos advindos dos contratos deixam de ser analisados e decididos casuisticamente, com indefinições de prazos para decisão, demorados procedimentos, com insegurança para todos. Agora, na matriz de risco devem ser previstos atos e fatos e, se possível definido o procedimento para tratamento do risco ou formas e custos de evitá-los. Divide-se pela doutrina tradicional em álea ordinária e extraordinária, onde o primeiro é considerado como os riscos inerentes a atividade econômica e o segundo, em fatos imprevisíveis, caso fortuito ou de força maior e os fatos previsíveis mais de consequências incalculáveis.

Na prática, no entanto, o conceito do que seriam fatos previsíveis inerentes a atividade são muito discutíveis, especialmente quando o contratado não prevê nos seus custos a ocorrência do determinado fato. Como o conceito advindo da Constituição, é de que devem ser mantidas as condições efetivas da proposta, a questão enseja discussões decorrentes da responsabilidade de previsão. Esse aspecto pode ser superado, a parir de duas diretrizes: se a Administração teve proveito da atuação do contratado e esse teve despesa ou prejuízo, há de haver a recomposição do prejuízo em razão da garantia constitucional que assegura o reequilíbrio econômico-financeiro do contrato. A imprevisão do contrato não pode exonerar o dever de pagamento, salvo em caso de dolo, ou seja, o contrato cria ardilmente um evento que onera o contrato, na expectativa de obter vantagem. A imprevisão dolosa implica em possibilidade de não haver ressarcimento e ainda multa e outras sanções. Como regra, a imprevisão culposa, embora possa ser punida, não pode implicar no dever de ressarcir.

O intuito da matriz de riscos ao obrigar a Administração estabelecer claramente as circunstâncias que poderão ser invocadas pelos contratados para obter o reequilíbrio econômico-financeiro do contrato, evita litígios e torna mais célere o processo de reequilíbrio. Visa, portanto, segurança jurídica.

A incorporação da gestão de riscos tem sido um avanço importante da Administração Pública nos últimos anos. A partir da publicação da Instrução Normativa Conjunta nº 01/2016, pelo Ministério do Planejamento e pela Controladoria-Geral da União, o tema vem crescendo em relevância e atenção e tornando mais fácil a aplicação.

Percebe-se, portanto, uma preocupação de identificar, a priori, riscos que podem vir a acometer o processo de licitação ou a gestão contratual e deixar clara a divisão de responsabilidades entre contratante e contratado, evitando, assim, disputas e tentativas de imputação à outra parte quando da sua materialização. Ademais, a escorreita matriz de riscos é o elemento central à ulterior mitigação de aditivos contratuais, uma das principais celeumas das obras licitadas com fulcro na atual Lei de Licitações e Contratos.

Trata-se de um documento anexo ao instrumento convocatório, que em regra, não há negociação entre as partes, pois a matriz é elaborada na etapa interna, estando sujeita à impugnação pelos licitantes caso encontrem falhas ou equívocos.

A questão que surge na elaboração da matriz de riscos é a dificuldade de prever riscos que pela própria palavra, são "imprevisíveis" e ainda, o perigo para o contratado de assumir riscos e ônus maiores que a natureza humana permita presumir ou sequer imaginar.

Deve-se evitar que seja prevista na matriz de risco termos residuais e genéricos que determinem que todos os fatos supervenientes, que não estejam discriminados em sua listagem, sejam atribuídos ao contratado. Trata-se de previsão que cria um dever impossível de ser contingenciado e precificado por qualquer sujeito que pretenda assumir o contrato. Pode gerar situação de onerosidade excessiva e impossibilidade gravíssima de execução contratual.

Com relação às informações descritas nas alíneas "b" e "c" do art. 6º, inc. XXVII, a matriz de riscos serve também para indicar sobre quais frações do objeto a contratada terá a liberdade e quais não terá liberdade de inovar em soluções metodológicas e tecnológicas e da mesma forma, deve alocar a responsabilidade sobre quem elaborou o projeto ou a quem o modificou.

Todavia, a fim de que possa ser validamente implementada a restrição instituída pelo art. 133, vedando-se a alteração dos valores, exsurge para a Administração o dever de explicitar com clareza, já no instrumento convocatório, os riscos futuros inerentes ao contrato, distribuindo os ônus cabíveis a ela própria assim como para o futuro contratado. Nesse sentido, caberá à Administração elaborar uma matriz de riscos na qual deverão ser definidos, mediante avaliação técnica, os riscos intrínsecos ao contrato, decorrentes da natureza da execução do objeto, os quais deverão ser suportados pelo particular.

Ao definir a repartição de riscos, a Administração deve ter em mente que os riscos alocados ao contratado implicarão em aumento do valor do contrato, inclusive porque como a Lei veda a celebração de aditivos diante da ocorrência de eventos alocados, na matriz de riscos, como de responsabilidade da contratada essa deve integrá-los ao preço ofertado.

Note que a elaboração da matriz de riscos exige critérios. Muitas vezes pode ser mais econômico a Administração decidir que determinado risco tem probabilidade baixíssima de ocorrência, mas se vier a ocorrer terá elevado impacto com altos custos para o contratado. Nessa particular hipótese, o valor da proposta pode privilegiar os aventureiros. Melhor é, então, repartir o risco do custo entre a Administração e o contratado ou a Administração aceitar o risco, deixando claro que, na ocorrência, aceitará a cláusula de reequilíbrio.

Assim, considerando que a matriz de risco é produto do processo de gestão de riscos e, nos termos do art. 169, as contratações públicas deverão submeter-se, dentre outras regras, "a práticas contínuas e permanentes de gestão de riscos", convém que a matriz de risco seja utilizada de forma mais ampla, não se restringindo apenas às contratações integradas, semi-integradas ou de grande vulto. Como visto, o próprio § 2º do art. 40.

De sua parte, o Tribunal de Contas da União considera ser imprescindível a necessidade de evitar dúvidas durante a execução contratual, mediante o uso de uma matriz de riscos detalhada, capaz de alocar os riscos inerentes aos empreendimentos para cada um dos contratantes. Essa matriz é documento necessário à transparência, isonomia e segurança jurídica dessas contratações[208].

Jurisprudência anterior compatível com o novo ordenamento jurídico

Riscos a serem considerados na matriz de risco

No Acórdão nº 2.622/2013, Pleno, o TCU descreveu um rol de riscos a serem considerados: riscos de engenharia (ou riscos de execução); riscos normais ou comuns de projetos de engenharia; riscos de erros de projeto de engenharia; riscos de fatos da administração; e riscos associados à álea extraordinária/extracontratual. Caso exista a matriz de risco, o licitante pode incluir, como itens de custo de suas propostas, os riscos e contingências envolvidos na execução do objeto licitado, "[...] estimando seus percentuais de acordo com a natureza dos serviços a serem prestados e com a sua experiência pregressa. Esses riscos poderiam ser indicados de forma genérica, mas a [...] optou por fazê-lo por intermédio de rubricas específicas.".

Art. 6º, inc. XXVIII

Art. 6º Para os fins desta Lei, consideram-se: [...]

XXVIII - empreitada por preço unitário: contratação da execução da obra ou do serviço por preço certo de unidades determinadas;

Dispositivos correspondentes na Lei nº 8.666/1993:

Art. 6º. [...] VIII [...] b) empreitada por preço unitário - quando se contrata a execução da obra ou do serviço por preço certo de unidades determinadas;

Dispositivos correspondentes na Lei nº 12.462/2011:

Art. 2º. Na aplicação do RDC, deverão ser observadas as seguintes definições:[...]

III - empreitada por preço unitário: quando se contrata a execução da obra ou do serviço por preço certo de unidades determinadas;

6.59 Empreitada por preço unitário: noções

O Código Civil disciplina o regime de empreitada em âmbito privado nos arts. 610 a 625. Neste diapasão, o conceito de "empreitada" é que o contratado é responsável pela execução do objeto contratual como um todo.

---

[208] BRASIL. Tribunal de Contas da União (Plenário). Processo TC nº 045.461/2012-0. **Acórdão nº 1.465/2013.** Nas licitações realizadas mediante o regime de contratação integrada, previsto no art. 9º da Lei 12.462/2011 (RDC), é recomendável inserir 'matriz de riscos' no instrumento convocatório e na minuta contratual, de modo a tornar o certame mais transparente e isonômico, assim como a conferir maior segurança jurídica ao contrato. Recorrente: Congresso Nacional. Recorrido: Rui Jorge Ernesto Pinto Fraxe. Relator: José Mucio Monteiro, 12 de junho de 2013. Disponível em: https://pesquisa.apps.tcu.gov.br/. Acesso em: 08 ago. 2019.

A empreitada por preço unitário é utilizada quando não é possível definir antecipadamente as quantidades demandáveis ao longo da execução do contrato; quando os objetos, por sua natureza, possuam imprecisão inerente de quantitativos em seus itens orçamentários, por isso se contrata a obra ou o serviço por preço certo de unidades determinadas.

A remuneração nesse regime é feita em função das unidades executadas de serviços, conforme previamente definido na planilha orçamentária da obra. Nesse caso, o acompanhamento do empreendimento se torna mais complexo, pois ao longo da execução do contrato, haverá ajustes em quantitativos e exige rigor nas mediações dos serviços.

A remuneração final assegurada ao particular, numa empreitada por preços unitários, não guardará vínculo necessário com a estimativa inicial resultante do somatório dos preços unitários - precisamente porque haverá variação dos quantitativos.

Art. 6º, inc. XXIX

> Art. 6º Para os fins desta Lei, consideram-se: [...]
> XXIX - empreitada por preço global: contratação da execução da obra ou do serviço por preço certo e total;

Dispositivos correspondentes na Lei nº 8.666/1993:
Art. 6º. [...] VIII [...] a) empreitada por preço global - quando se contrata a execução da obra ou do serviço por preço certo e total;
Dispositivos correspondentes na Lei nº 12.462/2011:
Art. 2º. Na aplicação do RDC, deverão ser observadas as seguintes definições:[...]
II - empreitada por preço global: quando se contrata a execução da obra ou do serviço por preço certo e total;

6.60 Empreitada por preço global: noções

A empreitada por preço global é adequada quando existem informações precisas sobre o objeto a ser executado, quando for possível definir, com boa margem de precisão, os quantitativos contratados.

Havendo predeterminação dos encargos, das atividades, dos materiais, das circunstâncias pertinentes ao objeto, e a descrição da obra ou do serviço com elevado grau de precisão. A partir dessa certeza, torna-se possível formular uma proposta global pelo contrato. Para atingir essa precisão é necessário que os projetos elaborados tenham um elevado grau de detalhamento. A determinação legal de licitar com projeto executivo dirige-se a essa certeza.

Quanto menos precisa e exata a configuração do objeto a ser executado, menos viável é a utilização de uma empreitada por preço global. Havendo apenas um projeto básico, o particular não disporá de informações suficientes para estimar o valor global da sua remuneração. Não existe previsibilidade do custo quando o projeto ainda se encontra em aberto.

O entendimento do TCU[209] é de que mesmo no caso de empreitada por preço global, não exclui a necessidade de controle dos preços de cada item, sendo necessário prever o preço unitário.

Art. 6º, inc. XXX

Art. 6º Para os fins desta Lei, consideram-se: [...]

XXX - empreitada integral: contratação de empreendimento em sua integralidade, compreendida a totalidade das etapas de obras, serviços e instalações necessárias, sob inteira responsabilidade do contratado até sua entrega ao contratante em condições de entrada em operação, com características adequadas às finalidades para as quais foi contratado e atendidos os requisitos técnicos e legais para sua utilização com segurança estrutural e operacional;

Dispositivos correspondentes na Lei nº 8.666/1993:
Art. 6º. [...] VIII [...] e) empreitada integral - quando se contrata um empreendimento em sua integralidade, compreendendo todas as etapas das obras, serviços e instalações necessárias, sob inteira responsabilidade da contratada até a sua entrega ao contratante em condições de entrada em operação, atendidos os requisitos técnicos e legais para sua utilização em condições de segurança estrutural e operacional e com as características adequadas às finalidades para que foi contratada;

Dispositivos correspondentes na Lei nº 12.462/2011:
Art. 2º. Na aplicação do RDC, deverão ser observadas as seguintes definições:
I - empreitada integral: quando se contrata um empreendimento em sua integralidade, compreendendo a totalidade das etapas de obras, serviços e instalações necessárias, sob inteira responsabilidade da contratada até a sua entrega ao contratante em condições de entrada em operação, atendidos os requisitos técnicos e legais para sua utilização em condições de segurança estrutural e operacional e com as características adequadas às finalidades para a qual foi contratada;

6.61 Empreitada integral ou *turn key*

Designado como empreitada integral ou *turn key*, é o tipo de execução de contrato em que se contrata um empreendimento em sua integralidade, compreendendo todas as etapas das obras, serviços e instalações necessárias, sob inteira responsabilidade da contratada até a sua entrega ao contratante em condições de entrada em operação, atendidos os requisitos técnicos e legais para sua utilização em condições de segurança estrutural e operacional e com as

---

[209] Decisão 253/2002 – Plenário. Ministro-Relator Marcos Vinicius Vilaça.

características adequadas às finalidades para que foi contratada. A palavra-chave para distinguir esse tipo de execução é a obrigação de executar e finalizar a obra, estando apta a entrar em operação. Essa é a palavra-chave: operação.

Casos há em que a integração das partes, habitualmente subcontratadas, justifica e recomenda a empreitada integral. Tome o exemplo da construção de um aeroporto: integrar vários contratos, vigilância eletrônica, elevadores e escadas rolantes, construção de pista, mobiliário, edifício pode justificar o afastamento do dever de parcelar a obra por especialidade. De certo modo, a integração é o oposto do parcelamento. Na nova lei, o custo do gerenciamento das partes é também um fator importante para definir entre parcelamento e integração.

Empreitada integral é o regime utilizado quando é necessário receber o empreendimento, normalmente de alta complexidade, em condição de operação imediata.

Jurisprudência que ainda pode servir à interpretação

Empreitada integral – projetos vultuosos e complexos

No informativo 280 do TCU, a Corte de Contas expôs entendimento de que o regime de empreitada integral previsto no art. 6º, inciso VIII, alínea e, da Lei 8.666/1993 deve ser considerado na condução de projetos de vulto e complexos, em que a perfeita integração entre obras, equipamentos e instalações se mostre essencial para o pleno funcionamento do empreendimento, a exemplo de obras em hidrelétricas. A adoção desse regime em obra pública fora dessas circunstâncias pode ferir o princípio do parcelamento, ao incluir no escopo a ser executado por empresa de construção civil itens que poderiam ser objeto de contratação à parte, como equipamentos e mobiliário.

Art. 6º, inc. XXXI

Art. 6º Para os fins desta Lei, consideram-se: [...]

XXXI - contratação por tarefa: regime de contratação de mão de obra para pequenos trabalhos por preço certo, com ou sem fornecimento de materiais;

Dispositivos correspondentes na Lei nº 8.666/1993:

Art. 6º. [...] VIII [...] d) tarefa - quando se ajusta mão-de-obra para pequenos trabalhos por preço certo, com ou sem fornecimento de materiais;

Dispositivos correspondentes na Lei nº 12.462/2011:

Art. 2º. Na aplicação do RDC, deverão ser observadas as seguintes definições: [...] VI - tarefa: quando se ajusta mão de obra para pequenos trabalhos por preço certo, com ou sem fornecimento de materiais.

6.62 Tarefa: noções gerais

A tarefa é o regime de execução adotada quando se contrata mão de obra para pequenos trabalhos por preço certo, com ou sem fornecimento de materiais.

É usual a utilização da tarefa para os casos de atuação não empresarial - ou seja, em que não se requer uma organização permanente e estável dos fatores da produção, segundo padrões de racionalidade econômica. Assim, a contratação por tarefa costuma ocorrer naqueles casos em que o prestador do serviço atua individualmente, sem o concurso de equipamentos sofisticados, com remuneração de valor reduzido.

Um dos usos desse regime de execução é a contratação e manutenção por registro de preços. Registram-se os preços de todas as intervenções de manutenção e operação do edifício e contrata-se empresa para a execução, remunerando sob demanda.

Jurisprudência que ainda pode servir à interpretação
Responsabilidade do contrato na contratação por tarefa
"Ao contrário do que indicado formalmente no contrato, cuidou-se de contrato de execução de tarefa, tendo-se ajustado, na realidade, preço para o emprego de mão de obra para realização de pequenos trabalhos sem fornecimento de materiais, os quais foram adquiridos diretamente pela prefeitura. Se a empresa realizou apenas as tarefas que lhe foram determinadas, não se pode, a meu ver, dela exigir responsabilidade solidária pelo não atingimento dos objetivos do convênio. Ressalto que, conforme revelado no trecho do parecer transcrito retro, a compra de material, realizada pela prefeitura, ora foi insuficiente, ora exagerada, o que de fato poderia influir na qualidade dos serviços executados pela empresa."
TCU. Acórdão 753/2011. Segunda Câmara:

Art. 6º, inc. XXXII

Art. 6º Para os fins desta Lei, consideram-se: [...]

XXXII - contratação integrada: regime de contratação de obras e serviços de engenharia em que o contratado é responsável por elaborar e desenvolver os projetos básico e executivo, executar obras e serviços de engenharia, fornecer bens ou prestar serviços especiais e realizar montagem, teste, pré-operação e as demais operações necessárias e suficientes para a entrega final do objeto;

Dispositivos correlatos na Lei nº 12.462/2011 (RDC):
Art. 2º. Na aplicação do RDC, deverão ser observadas as seguintes definições: [...]

IV - projeto básico: conjunto de elementos necessários e suficientes, com nível de precisão adequado, para, observado o disposto no parágrafo único deste artigo:

a) caracterizar a obra ou serviço de engenharia, ou complexo de obras ou serviços objeto da licitação, com base nas indicações dos estudos técnicos preliminares;

b) assegurar a viabilidade técnica e o adequado tratamento do impacto ambiental do empreendimento; e

c) possibilitar a avaliação do custo da obra ou serviço e a definição dos métodos e do prazo de execução;

Parágrafo único. O projeto básico referido no inciso IV do caput deste artigo deverá conter, no mínimo, sem frustrar o caráter competitivo do procedimento licitatório, os seguintes elementos: [...]

V - subsídios para montagem do plano de licitação e gestão da obra, compreendendo a sua programação, a estratégia de suprimentos, as normas de fiscalização e outros dados necessários em cada caso, exceto, em relação à respectiva licitação, na hipótese de **contratação integrada**;

Art. 8º Na execução indireta de obras e serviços de engenharia, são admitidos os seguintes regimes: [...]

V - contratação integrada.

Art. 9º. Nas licitações de obras e serviços de engenharia, no âmbito do RDC, poderá ser utilizada a contratação integrada, **desde que** técnica e economicamente justificada e cujo objeto envolva, pelo menos, uma das seguintes condições: (Redação dada pela Lei nº 12.980, de 2014)

I - inovação tecnológica ou técnica; (Incluído pela Lei nº 12.980, de 2014)

II - possibilidade de execução com diferentes metodologias; ou (Incluído pela Lei nº 12.980, de 2014) III - possibilidade de execução com tecnologias de domínio restrito no mercado. (Incluído pela Lei nº 12.980, de 2014)

§ 1º A contratação integrada compreende a elaboração e o desenvolvimento dos projetos básico e executivo, a execução de obras e serviços de engenharia, a montagem, a realização de testes, a pré-operação e todas as demais operações necessárias e suficientes para a entrega final do objeto.

§ 2º No caso de contratação integrada:

I - o instrumento convocatório deverá conter anteprojeto de engenharia que contemple os documentos técnicos destinados a possibilitar a caracterização da obra ou serviço, incluindo:

a) a demonstração e a justificativa do programa de necessidades, a visão global dos investimentos e as definições quanto ao nível de serviço desejado;

b) as condições de solidez, segurança, durabilidade e prazo de entrega, observado o disposto no caput e no § 1º do art. 6º desta Lei;

c) a estética do projeto arquitetônico; e

d) os parâmetros de adequação ao interesse público, à economia na utilização, à facilidade na execução, aos impactos ambientais e à acessibilidade;

II - o valor estimado da contratação será calculado com base nos valores praticados pelo mercado, nos valores pagos pela administração pública em serviços e obras similares ou na avaliação do custo global da obra, aferida mediante orçamento sintético ou metodologia expedita ou paramétrica. (Redação dada pela Lei nº 12.980, de 2014)

§ 3º Caso seja permitida no anteprojeto de engenharia a apresentação de projetos com metodologias diferenciadas de execução, o instrumento convocatório estabelecerá critérios objetivos para avaliação e julgamento das propostas.

§ 4º Nas hipóteses em que for adotada a contratação integrada, é vedada a celebração de termos aditivos aos contratos firmados, exceto nos seguintes casos:

I - para recomposição do equilíbrio econômico-financeiro decorrente de caso fortuito ou força maior; e

II - por necessidade de alteração do projeto ou das especificações para melhor adequação técnica aos objetivos da contratação, a pedido da administração pública, desde que não decorrentes de erros ou omissões por parte do contratado, observados os limites previstos no § 1º do art. 65 da Lei nº 8.666, de 21 de junho de 1993.

§ 5º Se o anteprojeto contemplar matriz de alocação de riscos entre a administração pública e o contratado, o valor estimado da contratação poderá considerar taxa de risco compatível com o objeto da licitação e as contingências atribuídas ao contratado, de acordo com metodologia predefinida pela entidade contratante. (Incluído pela Lei nº 13.190, de 2015)

Dispositivos correlatos na Lei das Estatais nº 13.303/2016:

Art. 39. Os procedimentos licitatórios, a pré-qualificação e os contratos disciplinados por esta Lei serão divulgados em portal específico mantido pela empresa pública ou sociedade de economia mista na internet, devendo ser adotados os seguintes prazos mínimos para apresentação de propostas ou lances, contados a partir da divulgação do instrumento convocatório:

III - no mínimo 45 (quarenta e cinco) dias úteis para licitação em que se adote como critério de julgamento a melhor técnica ou a melhor combinação de técnica e preço, bem como para licitação em que haja contratação semi-integrada ou integrada. [...]

Art. 42. Na licitação e na contratação de obras e serviços por empresas públicas e sociedades de economia mista, serão observadas as seguintes definições: (Vide Lei nº 14.002, de 2020) [...]

VI - contratação integrada: contratação que envolve a elaboração e o desenvolvimento dos projetos básico e executivo, a execução de obras e serviços de engenharia, a montagem, a realização de testes, a pré-operação e as demais operações necessárias e suficientes para a entrega final do objeto, de acordo com o estabelecido nos §§ 1º, 2º e 3º deste artigo;

§ 1º As contratações semi-integradas e integradas referidas, respectivamente, nos incisos V e VI do caput deste artigo restringir-se-ão a obras e serviços de engenharia e observarão os seguintes requisitos:

I - o instrumento convocatório deverá conter:

a) anteprojeto de engenharia, no caso de contratação integrada, com elementos técnicos que permitam a caracterização da obra ou do serviço e a elaboração e comparação, de forma isonômica, das propostas a serem ofertadas pelos particulares;

b) projeto básico, nos casos de empreitada por preço unitário, de empreitada por preço global, de empreitada integral e de contratação semi-integrada, nos termos definidos neste artigo;

c) documento técnico, com definição precisa das frações do empreendimento em que haverá liberdade de as contratadas inovarem em soluções metodológicas ou tecnológicas, seja em termos de modificação das soluções previamente delineadas no anteprojeto ou no projeto básico da licitação, seja em termos de detalhamento dos sistemas e procedimentos construtivos previstos nessas peças técnicas;

d) matriz de riscos

II - o valor estimado do objeto a ser licitado será calculado com base em valores de mercado, em valores pagos pela administração pública em serviços e obras similares ou em avaliação do custo global da obra, aferido mediante orçamento sintético ou metodologia expedita ou paramétrica;

III - o critério de julgamento a ser adotado será o de menor preço ou de melhor combinação de técnica e preço, pontuando-se na avaliação técnica as vantagens e os benefícios que eventualmente forem oferecidos para cada produto ou solução;

IV - na contratação semi-integrada, o projeto básico poderá ser alterado, desde que demonstrada a superioridade das inovações em termos de redução de custos, de aumento da qualidade, de redução do prazo de execução e de facilidade de manutenção ou operação.

§ 2º No caso dos orçamentos das contratações integradas:

I - sempre que o anteprojeto da licitação, por seus elementos mínimos, assim o permitir, as estimativas de preço devem se basear em orçamento tão detalhado quanto possível, devendo a utilização de estimativas paramétricas e a avaliação aproximada baseada em outras obras similares ser realizadas somente nas frações do empreendimento não suficientemente detalhadas no anteprojeto da licitação, exigindo-se das contratadas, no mínimo, o mesmo nível de detalhamento em seus demonstrativos de formação de preços;

II - quando utilizada metodologia expedita ou paramétrica para abalizar o valor do empreendimento ou de fração dele, consideradas as disposições do inciso I, entre 2 (duas) ou mais técnicas estimativas possíveis, deve ser utilizada nas estimativas de preço-base a que viabilize a maior precisão orçamentária, exigindo-se das licitantes, no mínimo, o mesmo nível de detalhamento na motivação dos respectivos preços ofertados.

§ 3º Nas contratações integradas ou semi-integradas, os riscos decorrentes de fatos supervenientes à contratação associados à escolha da solução de projeto básico pela contratante deverão ser alocados como de sua responsabilidade na matriz de riscos. [...]

§ 5º Para fins do previsto na parte final do § 4º, não será admitida, por parte da empresa pública ou da sociedade de economia mista, como justificativa para a adoção da modalidade de contratação integrada, a ausência de projeto básico.

Art. 43. Os contratos destinados à execução de obras e serviços de engenharia admitirão os seguintes regimes: (Vide Lei nº 14.002, de 2020)

VI - contratação integrada, quando a obra ou o serviço de engenharia for de natureza predominantemente intelectual e de inovação tecnológica do objeto licitado ou puder ser executado com diferentes metodologias ou tecnologias de domínio restrito no mercado.

Dispositivos correlatos na Lei nº 14.133/2021:

Art. 46. Na execução indireta de obras e serviços de engenharia, são admitidos os seguintes regimes:

V - contratação integrada;

VI - contratação semi-integrada;

§ 1º É vedada a realização de obras e serviços de engenharia sem projeto executivo, ressalvada a hipótese prevista no § 3º do art. 18 desta Lei.

§ 2º A Administração é dispensada da elaboração de projeto básico nos casos de contratação integrada, hipótese em que deverá ser elaborado anteprojeto de acordo com metodologia definida em ato do órgão competente, observados os requisitos estabelecidos no inciso XXIV do art. 6º desta Lei.

§ 3º Na contratação integrada, após a elaboração do projeto básico pelo contratado, o conjunto de desenhos, especificações, memoriais e cronograma físico-financeiro deverá ser submetido à aprovação da Administração, que avaliará sua adequação em relação aos parâmetros definidos no edital e conformidade com as normas técnicas, vedadas alterações que reduzam a qualidade ou a vida útil do empreendimento e mantida a responsabilidade integral do contratado pelos riscos associados ao projeto básico.

Art. 55. Os prazos mínimos para apresentação de propostas e lances, contados a partir da data de divulgação do edital de licitação, são de:

II - no caso de serviços e obras:

c) 60 (sessenta) dias úteis, quando o regime de execução for de contratação integrada; [...]

Art. 56. [...] § 5º Nas licitações de obras ou serviços de engenharia, após o julgamento, o licitante vencedor deverá reelaborar e apresentar à Administração, por meio eletrônico, as planilhas com indicação dos quantitativos e dos custos unitários, bem como com detalhamento das Bonificações e Despesas Indiretas (BDI) e dos Encargos Sociais (ES), com os respectivos valores adequados ao valor final da proposta vencedora, admitida a utilização dos preços unitários, no caso de empreitada por preço global, empreitada integral, contratação semi-integrada e contratação integrada, exclusivamente para eventuais adequações indispensáveis no cronograma físico-financeiro e para balizar excepcional aditamento posterior do contrato. [...]

Art. 171. Na fiscalização de controle será observado o seguinte: [...] III - definição de objetivos, nos regimes de empreitada por preço global, empreitada integral, contratação semi-integrada e contratação integrada, atendidos os requisitos técnicos, legais, orçamentários e financeiros, de acordo com as finalidades da contratação, devendo, ainda, ser perquirida a conformidade do preço global com os parâmetros de mercado para o objeto contratado, considerada inclusive a dimensão geográfica.

6.63 Contratação integrada: projeto básico e executivo à cargo do particular

A contratação integrada consiste no regime de execução no qual cabe ao contratado a elaboração do projeto executivo e também do projeto básico. Se a Administração tiver o projeto básico e pretender transferir para o futuro contratado a execução do projeto executivo, a contratação será no regime semi-integrado. É o dever de desenvolver ou não o projeto básico que distingue a contratação integrada ou semi-integrada, respectivamente.

Essa forma de contratação foi inicialmente instituída para as situações em que a Administração Pública não tivesse condições, por seu próprio esforço, de desenvolver o projeto básico e o projeto executivo.

A versão inicial desse regime de execução foi inicialmente inserida no RDC, onde se exigiam, como se observa acima, alguns requisitos que a lei inseriu antecedidos da expressão "desde que". Posteriormente a lei das estatais criou um novo regime, a "contratação semi-integrada"

Como se sabe, um dos principais pontos de fragilidade nas contratações públicas é a ocorrência de aditivos para alteração de projetos, os quais, em regra, decorrem na verdade de erros de projeto. No regime da Lei nº 8.666/1993, havia no cenário nacional um desprestígio à contratação de projetistas, acabando por essa atividade ser executada por agentes públicos, em regra, sem a adequada formação e expertise no objeto, ou terceirizada pelo menor preço.

A ideia de trazer ao particular o ônus de elaborar o projeto merece ser louvada, pois permite ao contratado contribuir com sua expertise na melhor solução, considerando o espectro do custo x benefício. Mister realçar que a contratação integrada não prescinde da elaboração de um anteprojeto, pela Administração, que apresente todos os elementos de contorno necessários e fundamentais à elaboração do projeto básico. Aliás, também é imprescindível os demais documentos da fase de planejamento, iniciando-se pelo documento de formalização de demanda.

É uma metodologia com vistas a conferir mais agilidade à contratação e reduzir os riscos de projetos mal elaborados. Também evita frequentes pontos de corrupção, como a situação em que a Administração precisa de uma solução, mas não possui profissionais aptos a formalizá-la com a técnica necessária e pede a um particular que elabore o projeto e informalmente transfira a Administração, para que se aposse da autoria, ficando o particular com informações privilegiadas para a posterior competição.

6.64 Ampliação do uso do regime de contratação e execução

Importante observar que sob a regência da nova lei, não mais se exige que a Administração demonstre não possuir condições de elaborar o projeto básico e o executivo, podendo no poder discricionário que possui preferir a terceirização desse trabalho. Não há outros requisitos na lei que reduzam o poder discricionário ou impeçam o uso desse regime de execução, mesmo quando a Administração possui quadros para essa atividade, o que aliás, é raro.

No nascedouro desse regime de execução, os requisitos para admitir como regular a utilização pela Administração era disposto na lei do RDC, com a redação dada pela Lei nº 12.980/2014:

> Art. 9º Nas licitações de obras e serviços de engenharia, no âmbito do RDC, poderá ser utilizada a contratação integrada, desde que técnica e economicamente justificada e cujo objeto envolva, pelo menos, uma das **seguintes condições**:
>
> I - inovação tecnológica ou técnica;
>
> II - possibilidade de execução com diferentes metodologias; ou
>
> III - possibilidade de execução com tecnologias de domínio restrito no mercado.

É provável, portanto, que agora esse regime seja muito mais aplicado.

Cabe aqui repetir: na redação do projeto de lei semi-integrada somente poderão ser aplicadas a contratações que superem o valor de R$ 10 milhões.[210] Essa

---

[210] "§ 7º Os regimes de contratação integrada e semi-integrada somente poderão ser aplicados nas licitações para a contratação de obras, serviços e fornecimentos cujos valores superem aquele previsto para os contratos de que trata a Lei nº 11.079, de 30 de dezembro de 2004.

§ 8º O limite de que trata o § 7º deste artigo não se aplicará à contratação integrada ou semi-integrada destinada a viabilizar projetos de ciência, tecnologia e inovação e de ensino técnico ou superior."

Razões dos vetos

"A propositura legislativa estabelece que os regimes de contratação integrada e semi-integrada somente poderão ser aplicados nas licitações para a contratação de obras, serviços e fornecimentos cujos valores superem aquele previsto para os contratos de que trata a Lei nº 11.079, de 30 de dezembro de 2004.

Entretanto, e em que pese o mérito da proposta, a medida contraria o interesse público na medida que restringe a utilização dos regimes de contratação integrada e semi-integrada para obras, serviços e fornecimentos de pequeno e médio valor, em prejuízo à eficiência na Administração, além do potencial aumento de custos com a realização de posteriores aditivos contratuais.

Outrossim, considerando o conceito estabelecido no art. 6º, incisos XXXII e XXXIII, do Projeto de Lei, para os regimes de execução em questão vê-se o risco de que tecnologias diferenciadas fiquem impossibilitadas de serem internalizadas em obras de médio e menor porte, tais como: obras de estabelecimentos penais e de unidades de atendimento socioeducativo, no âmbito da segurança pública, melhorias na mobilidade urbana ou ampliação de

exigência foi vetada pelo presidente da República, com fundamento no interesse público. De fato, com razão, pois não faz sentido impedir que órgãos com orçamentos menores e naturalmente com recursos menos qualificados no quadro de pessoal seja impedido de utilizar esses regimes de execução.

Reafirma-se, portanto, que a LLCA ampliou a possibilidade de uso da contratação integrada e semi-integrada, retirando requisitos que vinculariam a decisão, e, portanto, ampliou a discricionariedade no uso dessa ferramenta.

Jurisprudência que ainda pode servir à interpretação

Contratação integrada: maior liberdade

Acórdão nº 1.388/2016-Plenário, do Tribunal de Contas da União: Trata-se de licitações em que há maior liberdade para as contratadas inovarem e buscarem a metodologia construtiva mais adequada à execução do objeto. Essa maior liberdade poderá redundar que os licitantes vislumbrem alternativas com menores custos do que aquela que eventualmente teria sido fixada no projeto básico. Esses menores custos, em um ambiente competitivo, deverão repercutir em propostas mais vantajosas para a Administração, privilegiando o princípio da economicidade. Ou seja, os impactos econômicos propiciados pelas maiores incertezas acerca do orçamento da obra quando da licitação podem ser contrabalanceadas pela possibilidade de o contratado buscar melhores soluções quando da execução contratual.

Art. 6º, inc. XXXIII

Art. 6º Para os fins desta Lei, consideram-se: [...]

XXXIII - contratação semi-integrada: regime de contratação de obras e serviços de engenharia em que o contratado é responsável por elaborar e desenvolver o projeto executivo, executar obras e serviços de engenharia, fornecer bens ou prestar serviços especiais e realizar montagem, teste, pré-operação e as demais operações necessárias e suficientes para a entrega final do objeto;

Dispositivos correspondentes na Lei das Estatais nº 13.303/2016:

Art. 39. Os procedimentos licitatórios, a pré-qualificação e os contratos disciplinados por esta Lei serão divulgados em portal específico mantido pela empresa pública ou sociedade de economia mista na internet, devendo ser adotados os seguintes prazos mínimos para apresentação de propostas ou lances, contados a partir da divulgação do instrumento convocatório:

III - no mínimo 45 (quarenta e cinco) dias úteis para licitação em que se adote como critério de julgamento a melhor técnica ou a melhor combinação de técnica e preço, bem como para licitação em que haja contratação semi-integrada ou integrada.

Art. 42. Na licitação e na contratação de obras e serviços por empresas públicas e sociedades de economia mista, serão observadas as seguintes definições: (Vide Lei nº 14.002, de 2020) [...]

V - contratação semi-integrada: contratação que envolve a elaboração e o desenvolvimento do projeto executivo, a execução de obras e serviços de engenharia, a montagem, a realização de testes, a pré-operação

infraestrutura logística, SUS e PAC.
Por fim, tem-se que o dispositivo impacta negativamente em diversas políticas públicas sociais que hoje utilizam a contratação integrada como meio mais efetivo para a realização dos fins traçados no planejamento estatal."

e as demais operações necessárias e suficientes para a entrega final do objeto, de acordo com o estabelecido nos §§ 1º e 3º deste artigo;

§ 1º As contratações semi-integradas e integradas referidas, respectivamente, nos incisos V e VI do caput deste artigo restringir-se-ão a obras e serviços de engenharia e observarão os seguintes requisitos:

I - o instrumento convocatório deverá conter:

a) anteprojeto de engenharia, no caso de contratação integrada, com elementos técnicos que permitam a caracterização da obra ou do serviço e a elaboração e comparação, de forma isonômica, das propostas a serem ofertadas pelos particulares;

b) projeto básico, nos casos de empreitada por preço unitário, de empreitada por preço global, de empreitada integral e de contratação semi-integrada, nos termos definidos neste artigo;

c) documento técnico, com definição precisa das frações do empreendimento em que haverá liberdade de as contratadas inovarem em soluções metodológicas ou tecnológicas, seja em termos de modificação das soluções previamente delineadas no anteprojeto ou no projeto básico da licitação, seja em termos de detalhamento dos sistemas e procedimentos construtivos previstos nessas peças técnicas;

d) matriz de riscos;

II - o valor estimado do objeto a ser licitado será calculado com base em valores de mercado, em valores pagos pela administração pública em serviços e obras similares ou em avaliação do custo global da obra, aferido mediante orçamento sintético ou metodologia expedita ou paramétrica;

III - o critério de julgamento a ser adotado será o de menor preço ou de melhor combinação de técnica e preço, pontuando-se na avaliação técnica as vantagens e os benefícios que eventualmente forem oferecidos para cada produto ou solução;

IV - na contratação semi-integrada, o projeto básico poderá ser alterado, desde que demonstrada a superioridade das inovações em termos de redução de custos, de aumento da qualidade, de redução do prazo de execução e de facilidade de manutenção ou operação.§ 3º Nas contratações integradas ou semi-integradas, os riscos decorrentes de fatos supervenientes à contratação associados à escolha da solução de projeto básico pela contratante deverão ser alocados como de sua responsabilidade na matriz de riscos. [...]

§ 3º Nas contratações integradas ou semi-integradas, os riscos decorrentes de fatos supervenientes à contratação associados à escolha da solução de projeto básico pela contratante deverão ser alocados como de sua responsabilidade na matriz de riscos.

§ 4º No caso de licitação de obras e serviços de engenharia, as empresas públicas e as sociedades de economia mista abrangidas por esta Lei deverão utilizar a contratação semi-integrada, prevista no inciso V do caput, cabendo a elas a elaboração ou a contratação do projeto básico antes da licitação de que trata este parágrafo, podendo ser utilizadas outras modalidades previstas nos incisos do caput deste artigo, desde que essa opção seja devidamente justificada.

§ 5º Para fins do previsto na parte final do § 4º, não será admitida, por parte da empresa pública ou da sociedade de economia mista, como justificativa para a adoção da modalidade de contratação integrada, a ausência de projeto básico.

Art. 43. Os contratos destinados à execução de obras e serviços de engenharia admitirão os seguintes regimes: [...] V - contratação semi-integrada, quando for possível definir previamente no projeto básico as quantidades dos serviços a serem posteriormente executados na fase contratual, em obra ou serviço de engenharia que possa ser executado com diferentes metodologias ou tecnologias;

Dispositivos pertinentes na Lei nº 14.133/2021, além do art. 6º:

Art. 46. Na execução indireta de obras e serviços de engenharia, são admitidos os seguintes regimes: [...]

VI - contratação semi-integrada;

> § 5º Na contratação semi-integrada, mediante prévia autorização da Administração, o projeto básico poderá ser alterado, desde que demonstrada a superioridade das inovações propostas pelo contratado em termos de redução de custos, de aumento da qualidade, de redução do prazo de execução ou de facilidade de manutenção ou operação, assumindo o contratado a responsabilidade integral pelos riscos associados à alteração do projeto básico.
>
> **Art. 55.** Os prazos mínimos para apresentação de propostas e lances, contados a partir da data de divulgação do edital de licitação, são de: [...]
>
> II - no caso de serviços e obras: [...]
>
> d) 35 (trinta e cinco) dias úteis, quando o regime de execução for o de contratação semi-integrada ou nas hipóteses não abrangidas pelas alíneas "a", "b" e "c" deste inciso;
>
> **Art. 56.** [...] § 5º Nas licitações de obras ou serviços de engenharia, após o julgamento, o licitante vencedor deverá reelaborar e apresentar à Administração, por meio eletrônico, as planilhas com indicação dos quantitativos e dos custos unitários, bem como com detalhamento das Bonificações e Despesas Indiretas (BDI) e dos Encargos Sociais (ES), com os respectivos valores adequados ao valor final da proposta vencedora, admitida a utilização dos preços unitários, no caso de empreitada por preço global, empreitada integral, contratação semi-integrada e contratação integrada, exclusivamente para eventuais adequações indispensáveis no cronograma físico-financeiro e para balizar excepcional aditamento posterior do contrato.
>
> **Art. 171.** Na fiscalização de controle será observado o seguinte: [...] III - definição de objetivos, nos regimes de empreitada por preço global, empreitada integral, contratação semi-integrada e contratação integrada, atendidos os requisitos técnicos, legais, orçamentários e financeiros, de acordo com as finalidades da contratação, devendo, ainda, ser perquirida a conformidade do preço global com os parâmetros de mercado para o objeto contratado, considerada inclusive a dimensão geográfica.

6.65 Contratação semi-integrada e a possibilidade alteração de projeto básico

Diferentemente do regime de execução contratação integrada, a contratação semi-integrada não foi inaugurada pela Lei do RDC, mas pela Lei das Estatais. É o regime utilizado quando for possível a Administração definir no projeto básico, os quantitativos contratados, em obra ou serviço de engenharia que possa ser executado com diferentes metodologias ou tecnologias.

A contratação semi-integrada é muito similar a contratação integrada, vista no dispositivo anterior. Basicamente, a única diferença reside no fato de que nesta o projeto básico é elaborado ou contratado pela Administração.

O projeto executivo é de responsabilidade do contratado, bem como, toda execução da obra ou serviço. A crítica a esta modalidade reside no fato de que o projeto executivo é decorrente do projeto básico, que muitas vezes apresenta falhas.

Há aqui, um ponto em particular, que merece destaque: é a admissibilidade pelo legislador de o contratado vir a propor a Administração a alteração no projeto básico apresentado pela Administração anexo ao edital, para introduzir ganhos de produtividade ou novas metodologias, necessárias a melhor viabilidade do projeto básico que terá a incumbência de desenvolver.

Essa é a interpretação que decorre do seguinte dispositivo da nova lei:

> § 5º Na contratação semi-integrada, mediante prévia autorização da Administração, o projeto básico poderá ser alterado, desde que demonstrada a superioridade das inovações propostas pelo contratado em termos de redução de custos, de aumento da qualidade, de redução do prazo de execução ou de facilidade de manutenção ou operação, assumindo o contratado a responsabilidade integral pelos riscos associados à alteração do projeto básico.

A previsão legal deve merecer cautela na aplicação pois a competição na licitação ocorreu à vista de informações do projeto básico. Admitir a alteração, pode ferir a isonomia que sustenta a licitação. A cautela para prestigiar o princípio da isonomia não pode, porém, ser qualificada como superior à possibilidade de a Administrar obter do contratado as vantagens referidas no § 5º, transcrito.

A conclusão, portanto, se coloca pela possibilidade de alterar o projeto na contratação semi-integrada, desde haja autorização prévia e seja demonstrada que as inovações trazem benefícios em relação à redução de custos, prazos, aumento de qualidade, com a manutenção da responsabilidade integral do contratado em relação aos ricos referentes à alteração conforme art. 46, § 5 da nova Lei.

6.66 Ampliação do uso do regime de contratação e execução

Cabe aqui repetir: na redação original da LLCA, tanto a contratação integrada quanto a semi-integrada somente poderão ser aplicadas às contratações que superem o valor de R$ 10 milhões.[211] Essa exigência foi vetada pelo presidente da República,

---

[211] "§ 7º Os regimes de contratação integrada e semi-integrada somente poderão ser aplicados nas licitações para a contratação de obras, serviços e fornecimentos cujos valores superem aquele previsto para os contratos de que trata a Lei nº 11.079, de 30 de dezembro de 2004.
§ 8º O limite de que trata o § 7º deste artigo não se aplicará à contratação integrada ou semi-integrada destinada a viabilizar projetos de ciência, tecnologia e inovação e de ensino técnico ou superior."
Razões dos vetos
"A propositura legislativa estabelece que os regimes de contratação integrada e semi-integrada somente poderão ser aplicados nas licitações para a contratação de obras, serviços e fornecimentos cujos valores superem aquele previsto para os contratos de que trata a Lei nº 11.079, de 30 de dezembro de 2004.
Entretanto, e em que pese o mérito da proposta, a medida contraria o interesse público na medida que restringe a utilização dos regimes de contratação integrada e semi-integrada para obras, serviços e fornecimentos de pequeno e médio valor, em prejuízo à eficiência na Administração, além do potencial aumento de custos com a realização de posteriores aditivos contratuais.
Outrossim, considerando o conceito estabelecido no art. 6º, incisos XXXII e XXXIII, do Projeto de Lei, para os regimes de execução em questão vê-se o risco de que tecnologias diferenciadas fiquem impossibilitadas de serem internalizadas em obras de médio e menor porte, tais como: obras de estabelecimentos penais e de unidades de atendimento socioeducativo, no âmbito da segurança pública, melhorias na mobilidade urbana ou ampliação de infraestrutura logística, SUS e PAC.
Por fim, tem-se que o dispositivo impacta negativamente em diversas políticas públicas sociais que hoje utilizam a contratação integrada como meio mais efetivo para a realização dos fins traçados no planejamento estatal."

com fundamento no interesse público. De fato, com razão, pois não faz sentido impedir que órgãos com orçamentos menores e naturalmente com recursos menos qualificados no quadro de pessoal seja impedido de utilizar esses regimes de execução.

Reafirma-se, portanto, que a LLCA ampliou a possibilidade de uso da contratação integrada e semi-integrada, retirando requisitos que vinculariam a decisão, e, portanto, ampliou a discricionariedade no uso dessa ferramenta.

Art. 6º, inc. XXXIV

> Art. 6º Para os fins desta Lei, consideram-se: [...]
>
> XXXIV – fornecimento e prestação de serviço associado: regime de contratação em que, além do fornecimento do objeto, o contratado responsabiliza-se por sua operação, manutenção ou ambas, por tempo determinado;

Dispositivos correspondentes na Lei nº 8.666/1993: não há

6.67 Contratação associada: inovação

A contratação de fornecimento e prestação de serviço associado é uma inovação da LLCA.

É um regime de execução para o caso de obras e serviços, mas foi destacado para os serviços de engenharia, conforme depreende-se do art. 46. Nesse caso, possibilita que na mesma licitação para fornecimento e prestação de serviço seja incluída sua manutenção e/ou operação por até cinco anos.

O conceito, porém, permite a expansão para várias necessidades da Administração, como lavanderia hospitalar, *outsourcing*, manutenção jardins. Enfim, é um elenco infindável e que agora fica melhor estruturado.

Sobre lavanderia hospitalar, em algumas localidades, tem representado ganhos expressivos de recursos e melhoria na qualidade da gestão hospitalar. Trata-se de um modelo em que a Administração disponibiliza área para instalação e lavanderia, estabelecendo como obrigações do contratado instalar a área, comprar maquinário, comprar enxoval para cama e vestuário de pacientes, médicos e auxiliares, lavar, esterilizar, manter a segregação de roupas, tendo parte de remuneração para indenizar despesas de investimento e parte variável, cobrando por quilo lavado e esterilizado. Experiência interessante agregou ao serviço vestir e desvestir médicos, pacientes e auxiliares. Com isso, a quantidade de roupas e enxovais é substancialmente reduzido. Comparando-se o número de aquisições, à conta da Administração, como o particular compra produto de melhor qualidade e fica responsável pela lavagem e controle de uso, o consumo do material chega a ser 1/10 do valor gasto pelo poder público.[212]

Com a previsão legal expressa, serviços e engenharia, envolvendo manutenção e fornecimento serão melhor estruturados e unificada a gestão, ficando o próprio responsável pela manutenção encarregado da compra de produtos.

Estes contratos terão sua vigência máxima definida pela soma dos prazos relativos a amortização do custo inicial, ou do fornecimento inicial, com aqueles relativos aos dos serviços de operação e manutenção, limitados a cinco anos da data de recebimento do objeto inicial.

Ao se unir ao contrato de execução da obra ou serviço de engenharia a possibilidade de manutenção e operação do objeto, é possível enxergar um aumento da eficácia da qualidade da construção, suas condições de solidez e segurança, reforçando a responsabilidade do empreiteiro, na linha do que já prevê a Lei nº 8.666/1993.

A utilidade da ferramenta é evidente para os regimes preferenciais de execução de obras e serviços de engenharia, em especial a contratação integrada e a empreitada integral, que compreendem todas as etapas de construção, montagem, testes, até a entrada em operação do objeto contratado, com sua integral funcionalidade.

Desta forma, assegura-se a qualidade das obras e serviços entregues à Administração e sua correta operação e manutenção. A mesma empresa fornecedora que possuir a expertise para instalação e manutenção poderá participar de licitações para esse objeto.

Com esse dispositivo, é possível verificar que a regra do "parcelamento" exageradamente exigida pelos órgãos de controle, com prejuízo à economicidade e eficiência, encontra nesse dispositivo mais uma possibilidade de equilíbrio na aplicação.

---

[212] BRASIL. ONEST. Disponível em http://www.dev.onest.work/hugo/dona-gentileza/. Acesso em 30 de março de 2022.
(07.03.2017) – Realizado em uma parceria entre o Instituto Gerir com a Grifort Lavanderia Hospitalar, o Projeto Dona Gentileza realiza um trabalho diferenciado para as pessoas hospitalizadas no Hospital de Urgências de Goiânia (HUGO).
O Zé Peteté, carrinho que leva as roupas limpas e o Zé Pretelino que leva as roupas sujas, acompanham o atendimento das camareiras em todos os andares do hospital. Juntos, realizam um trabalho que vai muito além da limpeza dos leitos e da troca das roupas de cama. Sempre maquiadas e com o sorriso no rosto, elas se tornam amigas e oferecem carinho aos pacientes que estão em recuperação.
Constantemente treinadas, as Donas Gentilezas são preparadas para entender os dramas vividos de acordo com a complexidade de cada paciente, e é com esta inovação de atendimento que fazem o serviço de saúde prestado ser referência em humanização.
Veja também: http://santacasacg.org.br/noticia/pacientes-da-santa-casa-passam-a-contar-com-a-dona-gentileza#.

Art. 6º, inc. XXXV

> Art. 6º Para os fins desta Lei, consideram-se: [...]
>
> XXXV - licitação internacional: licitação processada em território nacional na qual é admitida a participação de licitantes estrangeiros, com a possibilidade de cotação de preços em moeda estrangeira, ou licitação na qual o objeto contratual pode ou deve ser executado no todo ou em parte em território estrangeiro;

Dispositivos correspondentes na Lei nº 8.666/1993: não há.

6.68 Licitação internacional - diferenças

A licitação internacional é tratada na Lei nº 8.666/1993 de forma dispersa. Um dos pontos mais criticados era faltar um conceito mais preciso. Por isso, ao elaborar o Código de Licitações e Contratos do Estado do Maranhão, introduzimos um conceito didático que traz a compreensão prática do que é licitação internacional. Agora esse conceito foi transferido para a esfera federal, pela Lei nº 14.133/2021.

A nova Lei dispõe sobre os procedimentos e condições em dispositivo próprio, conforme art. 52.

Com esta definição a licitação internacional tem duas distintas acepções:

a) na qual se admite a participação de licitantes estrangeiros, e se pode também permitir que apresente o valor da proposta em moeda estrangeira; e

b) na qual o objeto contratual pode ou deve ser executado no todo ou em parte em território estrangeiro.

Perceba que a Lei não exigiu a divulgação do edital no exterior, portanto, limitando-se a entender por licitação internacional as hipóteses supracitadas. O fator determinante não reside na abertura da licitação a estrangeiros, mas na sua adaptação à participação de estrangeiros.

Vale registrar que desde a revogação do art. 171, da Constituição[213] que permitia o tratamento diferenciado a empresas brasileiras, toda e qualquer licitação está, a princípio, aberta a brasileiros e a estrangeiros estabelecidos no Brasil. Na primeira acepção do conceito, a empresa estrangeira participará sem necessidade de representante em solo nacional. A adequação é, portanto, o principal fator que a diferencia.

---

[213] Revogada pela Emenda Constitucional nº 6, de 15 de agosto de 1995.

Aos licitantes estrangeiros deverá ser assegurada as mesmas condições do licitante nacional, ressalvada a hipótese de margem de preferência e a documentação para a qualificação que poderá ser distinta para adequar-se às normas internacionais, conforme art. 67 desta Lei.

A possibilidade de cotação em moeda estrangeira é também um aspecto que a diferencia das licitações nacionais, uma vez que estas devem ser processadas em moeda nacional.

A escolha pela licitação internacional é exercício discricionário da Administração, mas deve ser motivada, como qualquer ato administrativo decisório.

6.69 Adesão a acordos internacionais

Cumpre salientar que, o governo brasileiro apresentou oferta para adesão ao Acordo sobre Contratações Governamentais (GPA, na sigla em inglês) da Organização Mundial do Comércio (OMC).

Os bens, serviços e obras públicas abrangidos pelo acordo iriam adaptar-se às suas normas, inclusive para possibilitar a participação de empresas estrangeiras, o que acarretaria sempre haver a licitação internacional para efeitos do disposto na alínea "a".

No dia 30 de maio de 2023 o Brasil comunicou aos membros do Acordo de Contratações Governamentais da OMC que retirou a oferta de acesso a mercados apresentada pelo país no processo de adesão àquele acordo[214].

A Lei ainda permite a dispensa de licitação para o caso de acordos internacionais, conforme art. 75, inc. IV, alínea "b".

Art. 6º, inc. XXXVI

Art. 6º Para os fins desta Lei, consideram-se: [...]

XXXVI - serviço nacional: serviço prestado em território nacional, nas condições estabelecidas pelo Poder Executivo federal;

Dispositivos correspondentes na Lei nº 8.666/1993:

Art. 6º. [...]

XVIII - serviços nacionais - serviços prestados no País, nas condições estabelecidas pelo Poder Executivo federal;

Dispositivos correspondentes no Decreto nº 7.546/2011:

Art. 2º. Para os fins deste Decreto, considera-se: [...]

---

[214] Retirada da oferta do Brasil para acessão ao Acordo de Contratações Governamentais da OMC – Ministério das Relações Exteriores (www.gov.br)

V - Serviço nacional - serviço prestado no País, nos termos, limites e condições estabelecidos nos atos do Poder Executivo que estipulem a margem de preferência por serviço ou grupo de serviços;

Dispositivos pertinentes na Lei nº 14.133/2021, além do art. 6º:

Art. 26. No processo de licitação, poderá ser estabelecida margem de preferência para:

I - bens manufaturados e serviços nacionais que atendam a normas técnicas brasileiras;

II - bens reciclados, recicláveis ou biodegradáveis, conforme regulamento.

§ 1º A margem de preferência de que trata o caput deste artigo:

I - será definida em decisão fundamentada do Poder Executivo federal, no caso do inciso I do caput deste artigo;

II - poderá ser de até 10% (dez por cento) sobre o preço dos bens e serviços que não se enquadrem no disposto nos incisos I ou II do caput deste artigo;

III - poderá ser estendida a bens manufaturados e serviços originários de Estados Partes do Mercado Comum do Sul (Mercosul), desde que haja reciprocidade com o País prevista em acordo internacional aprovado pelo Congresso Nacional e ratificado pelo Presidente da República.

§ 2º Para os bens manufaturados nacionais e serviços nacionais resultantes de desenvolvimento e inovação tecnológica no País, definidos conforme regulamento do Poder Executivo federal, a margem de preferência a que se refere o caput deste artigo poderá ser de até 20% (vinte por cento).

§ 3º (VETADO).

§ 4º (VETADO).

§ 5º A margem de preferência não se aplica aos bens manufaturados nacionais e aos serviços nacionais se a capacidade de produção desses bens ou de prestação desses serviços no País for inferior:

I - à quantidade a ser adquirida ou contratada; ou

II - aos quantitativos fixados em razão do parcelamento do objeto, quando for o caso.

§ 6º Os editais de licitação para a contratação de bens, serviços e obras poderão, mediante prévia justificativa da autoridade competente, exigir que o contratado promova, em favor de órgão ou entidade integrante da Administração Pública ou daqueles por ela indicados a partir de processo isonômico, medidas de compensação comercial, industrial ou tecnológica ou acesso a condições vantajosas de financiamento, cumulativamente ou não, na forma estabelecida pelo Poder Executivo federal.

§ 7º Nas contratações destinadas à implantação, à manutenção e ao aperfeiçoamento dos sistemas de tecnologia de informação e comunicação considerados estratégicos em ato do Poder Executivo federal, a licitação poderá ser restrita a bens e serviços com tecnologia desenvolvida no País produzidos de acordo com o processo produtivo básico de que trata a Lei nº 10.176, de 11 de janeiro de 2001.

Art. 52. [...]

§ 6º Observados os termos desta Lei, o edital não poderá prever condições de habilitação, classificação e julgamento que constituam barreiras de acesso ao licitante estrangeiro, admitida a previsão de margem de preferência para bens produzidos no País e serviços nacionais que atendam às normas técnicas brasileiras, na forma definida no art. 26 desta Lei.

6.70 Serviço nacional

Importante repetir o que exposto em comentário a outro dispositivo: desde a revogação do art. 171, da Constituição Federal[215] que permitia o tratamento diferenciado a empresas brasileiras, toda e qualquer licitação está, a princípio, aberta a brasileiros e a estrangeiros estabelecidos no Brasil.

Em razão dessa revogação, toda e qualquer distinção deve ser analisada com prudência, notadamente em tempos em que o país estuda aderir a regras de organismos internacionais, inclusive a OMC.

Na Lei nº 8.666/1993 havia preferência em favor da empresa brasileira, mas em razão da revogação do art. 171 da Constituição Federal, a doutrina indicou a perda de amparo constitucional para a distinção. Veio, porém, outra, que distingue, em favor do licitante, o produto produzido em solo nacional.

Assim, a distinção conceitual de serviços nacionais foi introduzida na Lei nº 8.666/1993 pela Lei nº 12.349/2010. Além de introduzi-los textualmente na Lei, o legislador concedeu margem de preferência, na forma do art. 26. Em outro dispositivo, definiu que ressalvados os casos do art. 26, "o edital não poderá prever condições de habilitação, classificação e julgamento que constituam barreiras de acesso ao licitante estrangeiro".

O conceito não traz aplicação prática, necessitando de regulamentação infralegal conforme prevê o próprio art. 26.

Cita-se apenas a título exemplificativo, pois já não se vislumbra mais sua aplicabilidade[216], o Decreto nº 7.888, de 15 de janeiro de 2013 que estabelece a exigência no âmbito do Programa de Aceleração do Crescimento (PAC) de que os serviços de engenharia e arquitetura, planejamento urbano e paisagismos devam ser serviços nacionais. A portaria que trata do tema, dispõe acerca dos critérios para considerar serviços como nacionais, vejamos:[217]

> [...] II - Serviços nacionais significam serviços cuja prestação seja executada no País por brasileiro nato ou naturalizado ou por pessoa jurídica constituída em conformidade com os artigos 1.126 a 1.133 da Lei nº 10.406, de 10 de janeiro de 2002.
>
> III - Em relação aos serviços nacionais, detalhados na Seção B do anexo único da Portaria Interministerial nº 95, de 3 de abril de 2013:
>
> a) A responsabilidade técnica do serviço deverá ser atribuída a profissionais brasileiros natos ou naturalizados, legalmente habilitados para o exercício

---

[215] Revogada pela Emenda Constitucional nº 6, de 15 de agosto de 1995.
[216] O PAC deixou de receber novos projetos em 2018.
[217] Portaria nº 131, de 30 de abril de 2013 do extinto Ministério do Desenvolvimento, Indústria E Comércio Exterior.

profissional no território brasileiro.

b) A equipe técnica responsável, compreendida pelo conjunto de engenheiros, arquitetos e urbanistas legalmente habilitados para o exercício profissional no território brasileiro que participa da concepção e desenvolvimento do serviço nacional, deverá ser constituída por, no mínimo, 50% de profissionais brasileiros natos ou naturalizados.

c) É permitida a subcontratação, de até 20% do valor contratado, de estrangeiros com direito a residência no País ou de não residentes, e de empresas domiciliadas no exterior ou de sociedades estrangeiras autorizadas a funcionar no País.

Cumpre salientar que as normas infralegais que tratam da matéria, sempre associam os serviços nacionais aos produtos manufaturados nacionais e pouco tratam deste primeiro. Os decretos que previam margem de preferência, até ao tempo do fechamento desta edição, versavam unicamente sobre produtos.

Consulte também o inc. XXXVII deste artigo que trata sobre os produtos manufaturados nacionais.

Art. 6º, inc. XXXVII

> Art. 6º Para os fins desta Lei, consideram-se: [...]
>
> XXXVII - produto manufaturado nacional: produto manufaturado produzido no território nacional de acordo com o processo produtivo básico ou com as regras de origem estabelecidas pelo Poder Executivo federal;

Dispositivos correspondentes na Lei nº 8.666/1993:

Art. 6º. [...]

XVII - produtos manufaturados nacionais - produtos manufaturados, produzidos no território nacional de acordo com o processo produtivo básico ou com as regras de origem estabelecidas pelo Poder Executivo federal;

Dispositivos correspondentes no Decreto nº 7.546/2011:

Art. 2º. Para os fins deste Decreto, considera-se: [...]

IV - Produto manufaturado nacional - produto que tenha sido submetido a qualquer operação que modifique a sua natureza, a natureza de seus insumos, a sua finalidade ou o aperfeiçoe para o consumo, produzido no território nacional de acordo com o processo produtivo básico definido nas Leis nºs 8.387, de 30 de dezembro de 1991, e 8.248, de 23 de outubro de 1991, ou com as regras de origem estabelecidas pelo Poder Executivo federal, tendo como padrão mínimo as regras de origem do Mercosul;

Dispositivos pertinentes na Lei nº 14.133/2021, além do art. 6º:

Art. 26. No processo de licitação, poderá ser estabelecida margem de preferência para:

I - bens manufaturados e serviços nacionais que atendam a normas técnicas brasileiras;

II - bens reciclados, recicláveis ou biodegradáveis, conforme regulamento.

§ 1º A margem de preferência de que trata o caput deste artigo:

I - será definida em decisão fundamentada do Poder Executivo federal, no caso do inciso I do caput deste artigo;

II - poderá ser de até 10% (dez por cento) sobre o preço dos bens e serviços que não se enquadrem no disposto nos incisos I ou II do caput deste artigo;

III - poderá ser estendida a bens manufaturados e serviços originários de Estados Partes do Mercado Comum do Sul (Mercosul), desde que haja reciprocidade com o País prevista em acordo internacional aprovado pelo Congresso Nacional e ratificado pelo Presidente da República.

§ 2º Para os bens manufaturados nacionais e serviços nacionais resultantes de desenvolvimento e inovação tecnológica no País, definidos conforme regulamento do Poder Executivo federal, a margem de preferência a que se refere o caput deste artigo poderá ser de até 20% (vinte por cento).

§ 3º (VETADO).

§ 4º (VETADO).

§ 5º A margem de preferência não se aplica aos bens manufaturados nacionais e aos serviços nacionais se a capacidade de produção desses bens ou de prestação desses serviços no País for inferior:

I - à quantidade a ser adquirida ou contratada; ou

II - aos quantitativos fixados em razão do parcelamento do objeto, quando for o caso.

§ 6º Os editais de licitação para a contratação de bens, serviços e obras poderão, mediante prévia justificativa da autoridade competente, exigir que o contratado promova, em favor de órgão ou entidade integrante da Administração Pública ou daqueles por ela indicados a partir de processo isonômico, medidas de compensação comercial, industrial ou tecnológica ou acesso a condições vantajosas de financiamento, cumulativamente ou não, na forma estabelecida pelo Poder Executivo federal.

§ 7º Nas contratações destinadas à implantação, à manutenção e ao aperfeiçoamento dos sistemas de tecnologia de informação e comunicação considerados estratégicos em ato do Poder Executivo federal, a licitação poderá ser restrita a bens e serviços com tecnologia desenvolvida no País produzidos de acordo com o processo produtivo básico de que trata a Lei nº 10.176, de 11 de janeiro de 2001.

Art. 52. [...]

§ 6º Observados os termos desta Lei, o edital não poderá prever condições de habilitação, classificação e julgamento que constituam barreiras de acesso ao licitante estrangeiro, admitida a previsão de margem de preferência para bens produzidos no País e serviços nacionais que atendam às normas técnicas brasileiras, na forma definida no art. 26 desta Lei.

6.71 Produtos manufaturados nacionais – noções gerais

Importante repetir mais uma vez o que expomos em comentário a outro dispositivo: desde a revogação do art. 171, da Constituição Federal[218] que permitia o tratamento diferenciado a empresas brasileiras, toda e qualquer licitação está, a princípio, aberta a brasileiros e a estrangeiros estabelecidos no Brasil.

Em razão dessa revogação, toda e qualquer distinção deve ser analisada com prudência, notadamente em tempos em que o país estuda aderir a regras de organismos internacionais, inclusive a OMC.

---

[218] Revogada pela Emenda Constitucional nº 6, de 15 de agosto de 1995.

Na Lei nº 8.666/1993 havia preferência em favor da empresa brasileira, mas em razão da revogação do art. 171 da Constituição, a doutrina indicou a perda de amparo constitucional para a distinção. Veio, porém, outra, que distingue, em favor do licitante, o produto produzido em solo nacional.

O conceito de produtos manufaturados produzidos em solo nacional foi introduzido na Lei nº 8.666/1993 pela Lei nº 12.349/2010. Além de introduzi-los textualmente na Lei, o legislador concedeu margem de preferência para produtos manufaturados que atendam a normas técnicas brasileiras.

É que como instrumento da atividade de fomento estatal, as licitações são utilizadas também, para a promoção do mercado interno, que passam a ser instrumento de fomento do setor privado interno. O estímulo à produção doméstica de bens e serviços constitui importante diretriz de política pública, verificada em diversos outros países, como China, Estados Unidos e Colômbia.[219]

A referida Lei foi regulamentada de forma geral pelo Decreto nº 7.546/2011, que conceitua o produto manufaturado nacional como:

> produto que tenha sido submetido a qualquer operação que modifique a sua natureza, a natureza de seus insumos, a sua finalidade ou o aperfeiçoe para o consumo, produzido no território nacional de acordo com dois critérios (a) com o processo produtivo básico definido nas Leis nos 8.387, de 30 de dezembro de 1991, e 8.248, de 23 de outubro de 1991, ou (b) com as regras de origem estabelecidas pelo Poder Executivo federal, tendo como padrão mínimo as regras de origem do Mercosul.

O processo produtivo básico (PPB) é um conjunto mínimo de operações que caracteriza a efetiva industrialização de um produto, não é um benefício, mas uma contrapartida, exigida pelo Governo, para a fruição dos incentivos da Lei. Um incentivo fiscal, por exemplo, pode estimular a competição e a capacitação técnica de empresas brasileiras que produzem bens de informática, automação e

---

[219] 4. Com efeito, observa-se que a orientação do poder de compra do Estado para estimular a produção doméstica de bens e serviços constitui importante diretriz de política pública. São ilustrativas, nesse sentido, as diretrizes adotadas nos Estados Unidos, consubstanciadas no "BUY American Act", em vigor desde 1933, que estabeleceram preferência a produtos manufaturados no país, desde que aliados à qualidade satisfatória, provisão em quantidade suficiente e disponibilidade comercial em bases razoáveis. No período recente, merecem registro as ações contidas na denominada "American Recovery na Reinvestment Act", implementada em 2009. A China contempla norma similar, conforme disposições da Lei nº 68, de 29 de junho de 2002, que estipulada orientações para a concessão de preferência a bens e serviços chineses em compras governamentais, ressalvada a hipótese de indisponibilidade no país. Na América Latina, cabe registrar a política adotada pela Colômbia, que instituiu, nos termos da Lei nº 816, de 2003, uma margem de preferência entre 10% e 20% para bens ou serviços nacionais, com vistas a apoiar a indústria nacional por meio da contratação pública. A Argentina também outorgou, por meio da Lei nº 25.551, de 28 de novembro de 2001, preferência aos provedores de bens e serviços de origem nacional, sempre que os preços forem iguais ou inferiores aos estrangeiros, acrescidos de 7% em ofertas realizadas por micro e pequenas empresas e de 5% para outras empresas. (mensagem 140) quando encaminhou a então Medida Provisória 495 de 2010, para apreciação do Congresso Nacional

telecomunicações, além das empresas fabricantes localizadas na Zona Franca de Manaus.

Já o regime de origem das compras governamentais são as normas definidas pelo Ministério do Desenvolvimento, Indústria e Comércio Exterior, por meio da Portaria MDIC nº 279, de 18.11.2011 para que uma mercadoria seja considerada como "produto manufaturado nacional" para efeitos de aplicação da margem de preferência nas compras governamentais. São considerados originários os produtos totalmente obtidos ou os produtos que cumpram os requisitos específicos de origem dispostos no Anexo I da Portaria.[220]

A nova Lei admite, ainda, a possibilidade de os Estados, Distrito Federal preverem margem de preferência aos bens manufaturados nacionais produzidos em seus territórios.

Poderá ser estendida a margem de preferência a bens manufaturados e serviços originários de Estados Partes do Mercado Comum do Sul (Mercosul), desde que haja reciprocidade com o País prevista em acordo internacional aprovado pelo Congresso Nacional e ratificado pelo Presidente da República.

Sobre os procedimentos para aplicação da margem de preferência, consulte o art. 26.

6.72 Análise de efetividade da margem de preferência

A nova Lei afastou, corretamente, o prazo e critérios para verificação da margem de preferência de produto ou serviço[221]. Correto, porque ao nosso ver não é matéria de licitações e contratos. É uma análise de gestão de políticas públicas.

Isso não significa que o prazo e critérios de aferição da efetividade da preferência não devam existir e sim que devam ser regulamentados em normativo específico sobre o tema.

---

[220] Conceitos retirados do sítio eletrônico da Secretaria de Desenvolvimento e Competitividade Industrial. Disponível em: https://www.gov.br/produtividade-e-comercio-exterior/pt-br/assuntos/mdic/competitividade-industrial/margem-de-preferencia-nas-compras-publicas/perguntas-frequentes. Acesso em 21 abril 2021.
[221] Art. 3º. §6ºA margem de preferência de que trata o § 5o será estabelecida com base em estudos revistos periodicamente, em prazo não superior a 5 (cinco) anos, que levem em consideração: (Incluído pela Lei nº 12.349, de 2010) (Vide Decreto nº 7.546, de 2011) (Vide Decreto nº 7.709, de 2012) (Vide Decreto nº 7.713, de 2012) (Vide Decreto nº 7.756, de 2012)
I - geração de emprego e renda; (Incluído pela Lei nº 12.349, de 2010)
II - efeito na arrecadação de tributos federais, estaduais e municipais; (Incluído pela Lei nº 12.349, de 2010)
III - desenvolvimento e inovação tecnológica realizados no País; (Incluído pela Lei nº 12.349, de 2010)
IV - custo adicional dos produtos e serviços; e (Incluído pela Lei nº 12.349, de 2010)
V - em suas revisões, análise retrospectiva de resultados.

As margens de preferência devem ser provisórias. Os decretos que criem margens de preferência devem ter prazo determinado e nicho específico, cabendo ao Executivo analisar estudos periódicos sobre os efeitos dessa margem de preferência em relação à política pública pretendida.

Sobre a efetividade das margens de preferência, recomenda-se a leitura do artigo de opinião de André Rosilho e André de Castro O. P. Braga[222] onde se analisa o relatório de "Avaliação de Impacto das Margens de Preferência nas Compras Governamentais "[223] elaborado em 2015 pela Secretaria de Política Econômica do Ministério da Fazenda. Os referidos autores verificam a baixa efetividade das margens de preferência analisadas e trazem reflexões sobre essa política de fomento.

A propósito, ao tempo do fechamento desta edição, não havia nenhum decreto que estabelecesse margem de preferência em vigor.

6.73 O acordo de compra governamentais (GPA) e as margens de preferência

O governo brasileiro havia apresentado oferta para adesão ao Acordo sobre Contratações Governamentais (GPA, na sigla em inglês) da Organização Mundial do Comércio (OMC).

Porém, no dia 30 de maio de 2023 o Brasil comunicou aos membros do Acordo de Contratações Governamentais da OMC que retirou a oferta de acesso a mercados apresentada pelo país no processo de adesão àquele acordo.

O acordo é guiado pela regra da não discriminação, isto é, aos licitantes estrangeiros e brasileiros deve ser dado igual tratamento. Assim, na contratação pública de bens e serviços por um país signatário, os bens e serviços oriundos dos demais estados celebrantes do Acordo da OMC não receberiam tratamento menos favorável do que os nacionais. O que poderia afastar a aplicação da margem de preferência aqui disposta para os casos em que o acordo se aplicar.

Poderia assim, o Brasil, à exemplo do Japão e dos Estados Unidos[224], restringir a aplicação parcial do acordo, resguardando a margem de preferência.

---

[222] ROSILHO, André; BRAGA, André de Castro O. P. Está na hora de repensar o modelo de margens de preferência em licitações. Disponível em: http://www.conjur.com.br/2016-ago-29/hora-repensar-modelomargens-preferencia-licitacoes. Acesso em 21 abril 2021.
[223] Avaliação de Impacto das Margens de Preferência nas Compras Governamentais Secretaria de Política Econômica – Ministério da Fazenda. Relatório Final. 15 de dezembro de 2015. Disponível em: https://www.conjur.com.br/dl/avaliacao-impacto-compras-governamentais.pdf. Acesso em 21 abril 2021.
[224] Fabiano Figueiredo de Araújo explica essa questão em sua dissertação: As margens de preferência em licitações públicas: o uso da contratação governamental como instrumento de regulação e as falhas regulatórias, Centro Universitário de Brasília – Uniceub. Programa de mestrado em direito, 2016.

Art. 6º, inc. XXXVIII

> Art. 6º Para os fins desta Lei, consideram-se: [...]
>
> XXXVIII - concorrência: modalidade de licitação para contratação de bens e serviços especiais e de obras e serviços comuns e especiais de engenharia, cujo critério de julgamento poderá ser:
>
> a) menor preço;
>
> b) melhor técnica ou conteúdo artístico;
>
> c) técnica e preço;
>
> d) maior retorno econômico;
>
> e) maior desconto;

Dispositivos correspondentes na Lei nº 8.666/1993:

Art. 21. Os avisos contendo os resumos dos editais das concorrências, das tomadas de preços, dos concursos e dos leilões, embora realizados no local da repartição interessada, deverão ser publicados com antecedência, no mínimo, por uma vez: [...]

§ 2º O prazo mínimo até o recebimento das propostas ou da realização do evento será: [...]

b) concorrência, quando o contrato a ser celebrado contemplar o regime de empreitada integral ou quando a licitação for do tipo "melhor técnica" ou "técnica e preço"[...]

Art. 22. São modalidades de licitação:

§ 1º Concorrência é a modalidade de licitação entre quaisquer interessados que, na fase inicial de habilitação preliminar, comprovem possuir os requisitos mínimos de qualificação exigidos no edital para execução de seu objeto.

6.74 Concorrência: abrangência

Na Lei nº 8.666/1993, a concorrência era a modalidade utilizada para objetos de maior valor. Para compras e serviços acima de R$ 650.000,00 e obras e serviços de engenharia acima de R$ 1.500.000,00 (um milhão e quinhentos mil reais).

Com a supressão das modalidades de menor valor, tomada de preços e convite, a concorrência não está mais atrelada a valores, e sim ao objeto da licitação.

Deve ser utilizada para contratação de bens e serviços especiais e de obras e serviços comuns e especiais de engenharia. Isso porque o pregão é a modalidade obrigatória para compras e serviços comuns. No entanto, a lei possibilitou o uso do pregão para os serviços comuns de engenharia – conceituados alínea "a" do inciso XXI, deste art. 6º.

Cabe então, no caso de serviços comuns de engenharia, a Administração escolher a modalidade. Para os serviços e compras especiais e obras e serviços especiais de engenharia, a modalidade mais adequada é, portanto, a concorrência.

6.75 Alterações no procedimento da concorrência

A concorrência e o pregão passam a seguir o mesmo rito procedimental, inclusive em relação a possibilidade de inversão de fases, que antes só ocorria no pregão.

O que diferencia o pregão da concorrência, além do objeto, é que na concorrência, as propostas podem ser julgadas com base nos critérios de menor preço, maior desconto, melhor técnica ou conteúdo artístico, técnica e preço e maior retorno econômico ao passo que no pregão são aplicáveis apenas os critérios de menor preço ou de maior desconto.

As vezes pode haver dúvidas se o pregão é a modalidade admitida, mas se o dispositivo exigir "melhor técnica ou conteúdo artístico", "técnica e preço" ou "maior retorno econômico", a concorrência é a modalidade aplicável, ressalvado o caso de concurso, que admite também o critério "melhor técnica ou conteúdo artístico".

Os critérios de julgamento serão abordados nos comentários ao art. 33.

Art. 6º, inc. XXXIX

> Art. 6º Para os fins desta Lei, consideram-se: [...]
>
> XXXIX - concurso: modalidade de licitação para escolha de trabalho técnico, científico ou artístico, cujo critério de julgamento será o de melhor técnica ou conteúdo artístico, e para concessão de prêmio ou remuneração ao vencedor;

Dispositivos correspondentes na Lei nº 8.666/1993:

Art. 13. Para os fins desta Lei, consideram-se serviços técnicos profissionais especializados os trabalhos relativos a: [...]

VIII - (Vetado) [...]

§ 1º Ressalvados os casos de inexigibilidade de licitação, os contratos para a prestação de serviços técnicos profissionais especializados deverão, preferencialmente, ser celebrados mediante a realização de concurso, com estipulação prévia de prêmio ou remuneração. [...]

Art. 22. São modalidades de licitação: [...]

§ 4º Concurso é a modalidade de licitação entre quaisquer interessados para escolha de trabalho técnico, científico ou artístico, mediante a instituição de prêmios ou remuneração aos vencedores, conforme critérios constantes de edital publicado na imprensa oficial com antecedência mínima de 45 (quarenta e cinco) dias.

O concurso é uma modalidade de licitação que objetiva a contratação de trabalho predominantemente intelectual, técnico, científico ou artístico. Por isso, a regra é o prêmio, pago de uma só vez, pois ao tempo do julgamento, como regra, o trabalho já está realizado, cabendo apenas a premiação.

6.76 Premiação

O intuito da premiação é prover uma contrapartida pela atividade desempenhada e difere de outras formas de pagamento pois não há uma avaliação econômica, por isso a denominação "prêmio". A noção primitiva do termo prêmio, parcialmente coincidente com a consagrada na linguagem coloquial, diz respeito a uma recompensa que não guarda rigorosa correspondência sinalagmática, podendo ser até muito maior do que o esforço despendido. Haveria essa correspondência se houvesse equivalência de valor entre o esforço e o valor entregue ao vencedor.

6.77 Remuneração

Boa parte da doutrina entende que no caso do concurso não cabe atividade de execução posterior ao julgamento. Mas, de fato é possível que o edital preveja execução que se protraia no tempo, como é o caso, por exemplo, do trabalho selecionado – como um esboço de anteprojeto – implicar a realização posterior do serviço, tal como foi feito na construção de Brasília. Nessa situação, pela primeira parte é atribuído prêmio e, para a segunda, uma remuneração.

Em consonância com o exposto e, à luz do art. 30, parágrafo único, é possível admitir que a Administração promova a escolha de um serviço técnico-profissional especializado mediante concurso em que a seleção ocorreria sob essa modalidade, mas a execução poderia ser posterior. Exemplo ocorreria para a contratação de uma perícia para avaliar os riscos de vazamento em uma usina nuclear ou fiscalização de uma obra, hipóteses em que, preliminarmente, se obtém o candidato ou empresa mais apto e aparelhado para a execução do pretendido contrato, que vence e recebe prêmio pela metodologia oferecida. É preciso, porém, que prêmio, remuneração e valores fiquem definidos no regulamento do concurso.

A vantagem em conceder prêmio e remuneração no mesmo concurso é que a Administração motiva a participação de muitos e pode premiar muitos, apenas por apresentarem ideias. Motiva a participação e o desenvolvimento do profissionalismo. Pode inclusive associar a remuneração a algum parâmetro de mercado.

Art. 6º, inc. XL

Art. 6º Para os fins desta Lei, consideram-se: [...]

XL – leilão: modalidade de licitação para alienação de bens imóveis ou de bens móveis inservíveis ou legalmente apreendidos a quem oferecer o maior lance;

Dispositivos correspondentes na Lei nº 8.666/1993:

Art. 18. Na concorrência para a venda de bens imóveis, a fase de habilitação limitar-se-á à comprovação do recolhimento de quantia correspondente a 5% (cinco por cento) da avaliação. [...]

Art. 21. Os avisos contendo os resumos dos editais das concorrências, das tomadas de preços, dos concursos e dos leilões, embora realizados no local da repartição interessada, deverão ser publicados com antecedência, no mínimo, por uma vez: [...]

III - quinze dias para a tomada de preços, nos casos não especificados na alínea "b" do inciso anterior, ou leilão; [...]

Art. 22. São modalidades de licitação: [...]

§ 5º Leilão é a modalidade de licitação entre quaisquer interessados para a venda de bens móveis inservíveis para a administração ou de produtos legalmente apreendidos ou penhorados, ou para a alienação de bens imóveis prevista no art. 19, a quem oferecer o maior lance, igual ou superior ao valor da avaliação. [...]

Dispositivos pertinentes na Lei nº 14.133/2021, além do art. 6º:

Art. 76. A alienação de bens da Administração Pública, subordinada à existência de interesse público devidamente justificado, será precedida de avaliação e obedecerá às seguintes normas:

I - tratando-se de bens imóveis, inclusive os pertencentes às autarquias e às fundações, exigirá autorização legislativa e dependerá de licitação na modalidade leilão, dispensada a realização de licitação nos casos de:[...]

II - tratando-se de bens móveis, dependerá de licitação na modalidade leilão, dispensada a realização de licitação nos casos de: [...]

a) doação, permitida exclusivamente para fins e uso de interesse social, após avaliação de oportunidade e conveniência socioeconômica em relação à escolha de outra forma de alienação;

b) permuta, permitida exclusivamente entre órgãos ou entidades da Administração Pública;

c) venda de ações, que poderão ser negociadas em bolsa, observada a legislação específica;

d) venda de títulos, observada a legislação pertinente;

e) venda de bens produzidos ou comercializados por entidades da Administração Pública, em virtude de suas finalidades;

f) venda de materiais e equipamentos sem utilização previsível por quem deles dispõe para outros órgãos ou entidades da Administração Pública.

O leilão é uma modalidade de licitação que a Administração poderá utilizar para alienar bens:

a) móveis inservíveis para seu próprio uso;

b) móveis legalmente apreendidos; ou

c) imóveis cuja aquisição haja derivado de procedimentos judiciais ou de dação em pagamento.

O leilão, na dicção da lei, é uma modalidade facultativa para alienação de móveis que pode ser substituída por concorrência.

Importante frisar, ainda que, a restrição ao uso de bens móveis, não está referenciado no art. 76, inciso II, da lei. No art. 6º, inciso XL, que nos traz o conceito de leilão, limita essa modalidade aos bens móveis apreendidos e inservíveis, já no artigo 76, generaliza-se o seu uso.

6.78 Supressão de bens penhorados

A lei suprimiu os "bens penhorados" corretamente ao nosso ver, uma vez que que o bem penhorado na forma dos arts. 659 e seguintes do Código de Processo Civil não pode ser alienado extrajudicialmente.

Um bem penhorado não pode ser alienado extrajudicialmente, porque quando o Poder Judiciário determina a penhora de um bem, seja em processo cautelar, seja em processo de execução, estará apenas reservando bens que, posteriormente, serão vendidos em hasta pública, e o produto arrecadado entregue ao credor conforme decisão do Juiz. A simples determinação para que um bem seja penhorado não transfere a propriedade e, sem ser proprietária, a Administração não pode alienar ou vender bem que não lhe pertence.

Agora fica claro, portanto, que não poderá a Administração promover o leilão como modalidade de licitação nesta hipótese.

Pela facilidade da modalidade "pregão" no passado, já houve aplicação do pregão reverso, que nada mais é do que um leilão. A propósito também vem sendo comum a terceirização dessa atividade para profissionais do setor.

Art. 6º, inc. XLI

Art. 6º Para os fins desta Lei, consideram-se: [...]

XLI - pregão: modalidade de licitação obrigatória para aquisição de bens e serviços comuns, cujo critério de julgamento poderá ser o de menor preço ou o de maior desconto;

Dispositivos correspondentes da Lei 10.520/2002:

Art. 1º. Para aquisição de bens e serviços comuns, poderá ser adotada a licitação na modalidade de pregão, que será regida por esta Lei.

Parágrafo único. Consideram-se bens e serviços comuns, para os fins e efeitos deste artigo, aqueles cujos padrões de desempenho e qualidade possam ser objetivamente definidos pelo edital, por meio de especificações usuais no mercado.

Dispositivos correlatos no Decreto nº 7.174/2010:

Art. 8º. O exercício do direito de preferência disposto neste Decreto será concedido após o encerramento da fase de apresentação das propostas ou lances, observando-se os seguintes procedimentos, sucessivamente: [...]

§ 3º. Para o exercício do direito de preferência, os fornecedores dos bens e serviços de informática e automação deverão apresentar, junto com a documentação necessária à habilitação, declaração, sob as penas da lei, de que atendem aos requisitos legais para a qualificação como microempresa ou empresa de pequeno porte, se for o caso, bem como a comprovação de que atendem aos requisitos estabelecidos nos incisos I, II e III do art. 5º.

§ 4º. Nas licitações na modalidade de pregão, a declaração a que se refere o § 3º deverá ser apresentada no momento da apresentação da proposta.

Art. 9º. Para a contratação de bens e serviços de informática e automação, deverão ser adotados os tipos de licitação "menor preço" ou "técnica e preço", conforme disciplinado neste Decreto, ressalvadas as hipóteses de dispensa ou inexigibilidade previstas na legislação.

§ 1º A licitação do tipo menor preço será exclusiva para a aquisição de bens e serviços de informática e automação considerados comuns, na forma do parágrafo único do art. 1º da Lei nº 10.520, de 2002, e deverá ser realizada na modalidade de pregão, preferencialmente na forma eletrônica, conforme determina o art. 4º do Decreto no 5.450, de 31 de maio de 2005.

Obs.: esse Decreto 5.450 foi revogado pelo Decreto seguinte, mas pode ser entendido que a remissão não é alterada, pois nesse particular a norma nova mantem a mesma coerência.

Dispositivos correlatos no Decreto nº 10.024/2019:

Art. 1º. Este Decreto regulamenta a licitação, na modalidade de pregão, na forma eletrônica, para a aquisição de bens e a contratação de serviços comuns, incluídos os serviços comuns de engenharia, e dispõe sobre o uso da dispensa eletrônica, no âmbito da administração pública federal.

§ 1º A utilização da modalidade de pregão, na forma eletrônica, pelos órgãos da administração pública federal direta, pelas autarquias, pelas fundações e pelos fundos especiais é obrigatória.

§ 2º As empresas públicas, as sociedades de economia mista e suas subsidiárias, nos termos do regulamento interno de que trata o art. 40 da Lei nº 13.303, de 30 de junho de 2016, poderão adotar, no que couber, as disposições deste Decreto, inclusive o disposto no Capítulo XVII, observados os limites de que trata o art. 29 da referida Lei.

§ 3º Para a aquisição de bens e a contratação de serviços comuns pelos entes federativos, com a utilização de recursos da União decorrentes de transferências voluntárias, tais como convênios e contratos de repasse, a utilização da modalidade de pregão, na forma eletrônica, ou da dispensa eletrônica será obrigatória, exceto nos casos em que a lei ou a regulamentação específica que dispuser sobre a modalidade de transferência discipline de forma diversa as contratações com os recursos do repasse.

§ 4º Será admitida, excepcionalmente, mediante prévia justificativa da autoridade competente, a utilização da forma de pregão presencial nas licitações de que trata o caput ou a não adoção do sistema de dispensa eletrônica, desde que fique comprovada a inviabilidade técnica ou a desvantagem para a administração na realização da forma eletrônica.

A legislação consolidou as leis que tratam de RDC, pregão e licitações em um só diploma. Dessa forma, o pregão passará agora a ser disciplinado por este diploma legal, após o decurso do prazo do art. 191 da LLCA. Daí porque se compreende que o legislador cuidou de conceituar a modalidade de licitação.

6.79 Conceito e características do pregão

Em livro específico sobre o tema[225] tivemos a oportunidade de dissertar sobre o conceito do pregão; trata-se, portanto, de modalidade de licitação pública[226] e pode ser conceituado como o procedimento administrativo por meio do qual a Administração Pública, garantindo a isonomia, seleciona fornecedor ou prestador de serviço, visando à execução de objeto comum no mercado, permitindo aos

---

[225] Pregão e SRP - livro
[226] Carlos Pinto Coelho Motta atribui a origem do pregão às Ordenações Filipinas de 1592, como uma das primeiras práticas de licitações públicas.

licitantes, em sessão pública presencial ou virtual, reduzir o valor da proposta por meio de lances sucessivos.

O pregão apresenta as seguintes características:

a) limitação do uso a compras e serviços comuns;

b) possibilidade de o licitante reduzir o valor da proposta durante a sessão;

c) inversão das fases de julgamento da habilitação e da proposta; e

d) redução dos recursos a apenas um, que deve ser apresentado no final do certame.

A inovação é em relação ao critério de julgamento "maior desconto" que foi introduzido em nosso ordenamento pelo Decreto nº 10.024/2019, o qual regulamenta o pregão eletrônico. Para a escolha deste critério de julgamento o preço estimado ou o máximo aceitável deverá constar do edital da licitação. Consulte os comentários ao art. 24.

Art. 6º, inc. XLII

> Art. 6º Para os fins desta Lei, consideram-se: [...]
>
> XLII - diálogo competitivo: modalidade de licitação para contratação de obras, serviços e compras em que a Administração Pública realiza diálogos com licitantes previamente selecionados mediante critérios objetivos, com o intuito de desenvolver uma ou mais alternativas capazes de atender às suas necessidades, devendo os licitantes apresentar proposta final após o encerramento dos diálogos;

Dispositivos correspondentes na Lei nº 8.666/1993: não há.

Dispositivos pertinentes na Lei nº 14.133/2021, além do art. 6º:

Art. 28. São modalidades de licitação: [...]

V - diálogo competitivo.

Art. 32. A modalidade diálogo competitivo é restrita a contratações em que a Administração:

I - vise a contratar objeto que envolva as seguintes condições:

a) inovação tecnológica ou técnica;

b) impossibilidade de o órgão ou entidade ter sua necessidade satisfeita sem a adaptação de soluções disponíveis no mercado; e

c) impossibilidade de as especificações técnicas serem definidas com precisão suficiente pela Administração;

II - verifique a necessidade de definir e identificar os meios e as alternativas que possam satisfazer suas necessidades, com destaque para os seguintes aspectos:

a) a solução técnica mais adequada;

b) os requisitos técnicos aptos a concretizar a solução já definida;

c) a estrutura jurídica ou financeira do contrato;

III - (VETADO).

§ 1º Na modalidade diálogo competitivo, serão observadas as seguintes disposições:

I - a Administração apresentará, por ocasião da divulgação do edital em sítio eletrônico oficial, suas necessidades e as exigências já definidas e estabelecerá prazo mínimo de 25 (vinte e cinco) dias úteis para manifestação de interesse na participação da licitação;

II - os critérios empregados para pré-seleção dos licitantes deverão ser previstos em edital, e serão admitidos todos os interessados que preencherem os requisitos objetivos estabelecidos;

III - a divulgação de informações de modo discriminatório que possa implicar vantagem para algum licitante será vedada;

IV - a Administração não poderá revelar a outros licitantes as soluções propostas ou as informações sigilosas comunicadas por um licitante sem o seu consentimento;

V - a fase de diálogo poderá ser mantida até que a Administração, em decisão fundamentada, identifique a solução ou as soluções que atendam às suas necessidades;

VI - as reuniões com os licitantes pré-selecionados serão registradas em ata e gravadas mediante utilização de recursos tecnológicos de áudio e vídeo;

VII - o edital poderá prever a realização de fases sucessivas, caso em que cada fase poderá restringir as soluções ou as propostas a serem discutidas;

VIII - a Administração deverá, ao declarar que o diálogo foi concluído, juntar aos autos do processo licitatório os registros e as gravações da fase de diálogo, iniciar a fase competitiva com a divulgação de edital contendo a especificação da solução que atenda às suas necessidades e os critérios objetivos a serem utilizados para seleção da proposta mais vantajosa e abrir prazo, não inferior a 60 (sessenta) dias úteis, para todos os licitantes pré-selecionados na forma do inciso II deste parágrafo apresentarem suas propostas, que deverão conter os elementos necessários para a realização do projeto;

IX - a Administração poderá solicitar esclarecimentos ou ajustes às propostas apresentadas, desde que não impliquem discriminação nem distorçam a concorrência entre as propostas;

X - a Administração definirá a proposta vencedora de acordo com critérios divulgados no início da fase competitiva, assegurada a contratação mais vantajosa como resultado;

XI - o diálogo competitivo será conduzido por comissão de contratação composta de pelo menos 3 (três) servidores efetivos ou empregados públicos pertencentes aos quadros permanentes da Administração, admitida a contratação de profissionais para assessoramento técnico da comissão;

XII - (VETADO).

§ 2º Os profissionais contratados para os fins do inciso XI do § 1º deste artigo assinarão termo de confidencialidade e abster-se-ão de atividades que possam configurar conflito de interesses.

6.80 Diálogo competitivo: inovação

O diálogo competitivo é uma inovação deste diploma legal. Trata-se de procedimento utilizado amplamente na Europa e visa, como o próprio nome estabelece, buscar o diálogo com licitantes afim de que seja definido o melhor meio para que a Administração supra sua necessidade. É, portanto, restrito a situações em que a Administração necessite da expertise do mercado para identificar as soluções existentes e, então, definir as especificidades do que irá contratar.

Abordaremos essa modalidade de licitação com profundidade nos comentários ao art. 32.

6.81 Diálogo competitivo e PMI

O diálogo competitivo e o procedimento de manifestação de interesse – previsto no art. 81 - se assemelham por serem formas de buscar no mercado expertise para auxiliar a Administração Pública. No entanto, o diálogo competitivo é uma modalidade de licitação ao passo que o PMI é um instrumento auxiliar, isso significa que no PMI não existe, em regra, uma obrigatoriedade de licitar pois é aberto um chamamento público para as empresas apresentarem soluções, ao passo que no diálogo, os licitantes participantes apresentam propostas e, em regra, a Administração deve selecionar uma proposta.

Art. 6º, inc. XLIII

Art. 6º Para os fins desta Lei, consideram-se: [...]
XLIII - credenciamento: processo administrativo de chamamento público em que a Administração Pública convoca interessados em prestar serviços ou fornecer bens para que, preenchidos os requisitos necessários, se credenciem no órgão ou na entidade para executar o objeto quando convocados;

Dispositivos correspondentes na Lei nº 8.666/1993: não há.

6.82 Permissivo legal para credenciamento

A figura do credenciamento não estava expressamente prevista ou permitida em lei, mas foi construída pela doutrina e incorporado pela jurisprudência, sendo amplamente admitido no caso de compra de passagens aéreas[227], rede de profissionais de saúde e para transporte escolar. Atualmente, a Instrução Normativa nº 5, de 26 de maio de 2017 do Ministério do Planejamento, Desenvolvimento e Gestão aborda as diretrizes para a utilização do credenciamento na Administração Pública Federal.

O respaldo jurídico para possibilitar a utilização desse instrumento advém da interpretação do *caput* do art. 25 da Lei nº 8.666/1993, ao estabelece ser "inexigível" a licitação quando houver a "inviabilidade de competição". Como a legislação anterior utiliza da expressão "em especial" para tratar das hipóteses de inexigibilidade de licitação é uníssono o entendimento de que trata-se de rol exemplificativo. Nasceu assim, a ideia de que é inviável a competição e inexigível a

---

[227] Instrução Normativa nº 3, de 11 de fevereiro de 2015.

licitação se a Administração credenciar todos os possíveis contratados e distribuir a demanda entre os credenciados.

Essa explicação é especialmente relevante pois a LLCA manteve a expressão "em especial" permanecendo, desta forma, o entendimento exposto.

A nova lei dispõe expressamente sobre a figura do credenciamento, bem como, o entendimento de que para esses casos é inexigível a licitação, questão que será abordada detalhadamente nos comentários ao art. 74.

O credenciamento é, portanto, processo administrativo de chamamento público onde a Administração convoca todos os profissionais de determinado setor, dispondo-se a contratar todos os que tiverem interesse e que satisfaçam os requisitos estabelecidos, ela própria fixando o valor que se dispõe a pagar, os possíveis licitantes não competirão, no estrito sentido da palavra, inviabilizando a competição, uma vez que a todos foi assegurada a contratação.

Uma de suas características fundamentais é que todos os selecionados sejam, eventualmente, contratados, embora demandados em quantidades diferentes;

São serviços ou fornecimentos em que as diferenças pessoais do selecionado têm pouca relevância para o interesse público, dado os níveis técnicos da atividade, já bastante regulamentada ou de fácil verificação.

É necessário também, que a fixação dos valores previamente pela Administração implica o dever inafastável de comprovar e demonstrar, nos autos, a vantagem ou igualdade dos valores definidos em relação à licitação convencional ou preços de mercado. Essa justificativa será objeto de futuro exame perante as esferas de controle, nos termos da lei.

A Lei inova ao tratar o instituto do "credenciamento" como procedimento auxiliar da licitação e prever as hipóteses de sua utilização.

Art. 6º, inc. XLIV

> Art. 6º Para os fins desta Lei, consideram-se: [...]
>
> XLIV - pré-qualificação: procedimento seletivo prévio à licitação, convocado por meio de edital, destinado à análise das condições de habilitação, total ou parcial, dos interessados ou do objeto;

Dispositivos correspondentes na Lei nº 8.666/1993:

Art. 114. O sistema instituído nesta Lei não impede a pré-qualificação de licitantes nas concorrências, a ser procedida sempre que o objeto da licitação recomende análise mais detida da qualificação técnica dos interessados.

Dispositivo correspondentes na Lei nº 12.462/2011:

Art. 30. Considera-se pré-qualificação permanente o procedimento anterior à licitação destinado a identificar:

I - fornecedores que reúnam condições de habilitação exigidas para o fornecimento de bem ou a execução de serviço ou obra nos prazos, locais e condições previamente estabelecidos; e

II - bens que atendam às exigências técnicas e de qualidade da administração pública.

§ 1º O procedimento de pré-qualificação ficará permanentemente aberto para a inscrição dos eventuais interessados.

§ 2º A administração pública poderá realizar licitação restrita aos pré-qualificados, nas condições estabelecidas em regulamento.

§ 3º A pré-qualificação poderá ser efetuada nos grupos ou segmentos, segundo as especialidades dos fornecedores.

§ 4º A pré-qualificação poderá ser parcial ou total, contendo alguns ou todos os requisitos de habilitação ou técnicos necessários à contratação, assegurada, em qualquer hipótese, a igualdade de condições entre os concorrentes.

§ 5º A pré-qualificação terá validade de 1 (um) ano, no máximo, podendo ser atualizada a qualquer tempo.

Dispositivo pertinentes na Lei nº 14.133/2021, além do art. 6º:

Art. 41. No caso de licitação que envolva o fornecimento de bens, a Administração poderá excepcionalmente: [...]

II - exigir amostra ou prova de conceito do bem no procedimento de pré-qualificação permanente, na fase de julgamento das propostas ou de lances, ou no período de vigência do contrato ou da ata de registro de preços, desde que previsto no edital da licitação e justificada a necessidade de sua apresentação;

Art. 78. São procedimentos auxiliares das licitações e das contratações regidas por esta Lei:

[...] II - pré-qualificação;

Art. 80. A pré-qualificação é o procedimento técnico-administrativo para selecionar previamente:

I - licitantes que reúnam condições de habilitação para participar de futura licitação ou de licitação vinculada a programas de obras ou de serviços objetivamente definidos;

II - bens que atendam às exigências técnicas ou de qualidade estabelecidas pela Administração.

§ 1º Na pré-qualificação observar-se-á o seguinte:

I - quando aberta a licitantes, poderão ser dispensados os documentos que já constarem do registro cadastral;

II - quando aberta a bens, poderá ser exigida a comprovação de qualidade.

§ 2º O procedimento de pré-qualificação ficará permanentemente aberto para a inscrição de interessados.

§ 3º Quanto ao procedimento de pré-qualificação, constarão do edital:

I - as informações mínimas necessárias para definição do objeto;

II - a modalidade, a forma da futura licitação e os critérios de julgamento.

§ 4º A apresentação de documentos far-se-á perante órgão ou comissão indicada pela Administração, que deverá examiná-los no prazo máximo de 10 (dez) dias úteis e determinar correção ou reapresentação de documentos, quando for o caso, com vistas à ampliação da competição.

§ 5º Os bens e os serviços pré-qualificados deverão integrar o catálogo de bens e serviços da Administração.

§ 6º A pré-qualificação poderá ser realizada em grupos ou segmentos, segundo as especialidades dos fornecedores.

§ 7º A pré-qualificação poderá ser parcial ou total, com alguns ou todos os requisitos técnicos ou de habilitação necessários à contratação, assegurada, em qualquer hipótese, a igualdade de condições entre os concorrentes.

§ 8º Quanto ao prazo, a pré-qualificação terá validade:

I - de 1 (um) ano, no máximo, e poderá ser atualizada a qualquer tempo;

II - não superior ao prazo de validade dos documentos apresentados pelos interessados.

§ 9º Os licitantes e os bens pré-qualificados serão obrigatoriamente divulgados e mantidos à disposição do público.

§ 10. A licitação que se seguir ao procedimento da pré-qualificação poderá ser restrita a licitantes ou bens pré-qualificados.

Art. 165. Dos atos da Administração decorrentes da aplicação desta Lei cabem:

I - recurso, no prazo de 3 (três) dias úteis, contado da data de intimação ou de lavratura da ata, em face de:

a) ato que defira ou indefira pedido de pré-qualificação de interessado ou de inscrição em registro cadastral, sua alteração ou cancelamento;

Art. 174. É criado o Portal Nacional de Contratações Públicas (PNCP), sítio eletrônico oficial destinado à: [...]

§ 2º O PNCP conterá, entre outras, as seguintes informações acerca das contratações: [...]

III - editais de credenciamento e de pré-qualificação, avisos de contratação direta e editais de licitação e respectivos anexos;

6.83 Pré-qualificação como procedimento que zela pela eficiência

A pré-qualificação é um instituto que, embora previsto pela Lei de Licitações, foi muito pouco utilizado durante muito tempo. Na doutrina, envidamos muitos esforços para a compreensão e divulgação dessa ferramenta que pode reduzir os prazos da contratação e dar muita transparência na gestão pública.

A jurisprudência dos Tribunais de Contas prestigiou os gestores que souberam aplicá-la; quase duas décadas depois da edição da Lei nº 8.666/1993, somente com a edição do RDC, sigla do Regime Diferenciado de Contratação, é que a pré-qualificação foi adequadamente tratada pelo legislador.

Tem a vantagem de antecipar a fase mais complexa da licitação, que é a habilitação, em que são frequentes os recursos e ações judiciais e acelera o processo de licitação, pois quando a licitação for realizada, o universo dos licitantes será restrito aos que efetivamente têm condições de licitar e já foram habilitados.

Pode-se afirmar que a pré-qualificação consiste em selecionar, por meio de edital específico, antes da licitação, os licitantes que possuírem a habilitação:

a) técnica;

b) técnica e financeira-econômica; ou

c) habilitação completa, para uma futura e eventual licitação.

A inovação importante é que passou a ser admitida a pré-qualificação de objetos, permitindo decidir previamente a qualidade de objetos a serem licitados. Nessa situação recomenda a lei que "os bens e os serviços pré-qualificados deverão integrar o catálogo de bens e serviços da Administração".

Mister observar que o legislador abarcou a possibilidade de uso da pré-qualificação permanente prevista no RDC, vide inc. II, art. 41, mas não se ocupou de incluí-la no conceito.

Serão abordadas as questões procedimentais nos comentários ao art. 79.

6.84 Pré-qualificação permanente

Normas de diversas instituições foram progressivamente incorporando o procedimento da pré-qualificação, até que por meio do Regime Diferenciado de Contratação – RDC foi incorporado ao direito positivo instituto jurídico denominado "pré-qualificação permanente" muito próximo ao credenciamento.

Releva notar que o disciplinamento feito por lei ocorreu precisamente como a doutrina dispunha, preferindo o legislador a nomenclatura de pré-qualificação permanente como equivalente a credenciamento aberto.

A pré-qualificação, no RDC, foi prevista para ser um instituto permanente, pois o procedimento não fica limitado a determinada data ou objeto, o que na prática facilita muito o trabalho evitando as demoradas etapas de exame de qualificação técnica e econômico-financeira.

Essa possibilidade de pré-qualificação permanente é muito útil para as instituições que fazem licitação frequente para determinados objetos. Por exemplo, uma instituição de saúde que licita a construção de postos de atendimento e hospitais pode fazer a pré-qualificação permanente, deixando aberta a qualquer tempo a oportunidade de inscrição de empresas permanentemente aberta num cadastro de pré-qualificação. Como não há data de encerramento para cada objeto, denomina-se permanente, ou seja, permanentemente aberto à inscrição.

Art. 6º, inc. XLV

Art. 6º Para os fins desta Lei, consideram-se: [...]

XLV - sistema de registro de preços: conjunto de procedimentos para realização, mediante contratação direta ou licitação nas modalidades pregão ou concorrência, de registro formal de preços relativos a prestação de serviços, a obras e a aquisição e locação de bens para contratações futuras;

Dispositivos correspondentes na Lei nº 8.666/1993:

> **Art. 15.** [...] § 3º O sistema de registro de preços será regulamentado por decreto, atendidas as peculiaridades regionais, observadas as seguintes condições: I - seleção feita mediante concorrência;
>
> **Dispositivos correspondentes no Decreto nº 7.892/2013 que regulamenta o Sistema de Registro de Preços em âmbito federal:**
>
> **Art. 2º.** Para os efeitos deste Decreto, são adotadas as seguintes definições:
>
> [...]I - Sistema de Registro de Preços - conjunto de procedimentos para registro formal de preços relativos à prestação de serviços e aquisição de bens, para contratações futuras;

6.85 Conceito de Sistema de Registro de Preços

Nos incisos XLV, XLVI, XLVII, XLVIII e XLIX o legislador trata do Sistema de Registro de Preços - SRP, do instrumento de formalização das obrigações, da ata de registro de preços, dos três atores envolvidos no processo de SRP, do órgão gerenciador, do órgão participante e do órgão não-participante.

Em livro específico sobre o tema[228] tivemos oportunidade de construir o seguinte conceito de Sistema de Registro de Preços:

> Sistema de Registro de Preços é um procedimento especial de licitação que se efetiva por meio de uma concorrência ou pregão *sui generis*, selecionando a proposta mais vantajosa, com observância do princípio da isonomia, para eventual e futura contratação pela Administração.

Em um primeiro momento, importante se faz não perder de vista o seguinte foco: o SRP trata-se de procedimento administrativo licitatório propriamente dito e, como tal, caracterizado como uma sequência de atos administrativos cujos moldes peculiares o tornam próprio aos casos de eventual contratação de serviços e/ou aquisição de bens de necessidade frequente e cotidiana da Administração Pública em todas as suas esferas. Desde o Decreto nº 3.931/2001, o Brasil seguindo praxe exitosa no exterior passou a admitir que um órgão registre preços e todos os órgãos interessados no mesmo produto possam adquirir do mesmo fornecedor que venceu a licitação. Nasceu nesse Decreto a figura do órgão gerenciador e participante e órgão não-participante que adere ao procedimento após concluída a licitação.

Infelizmente há na Administração pessoas que pretendem uma hipertrofia do tema licitação, as quais passaram a declarar sem nenhum amparo jurídico que o registro de preços é ilegal e, também, a possibilidade de comprar do licitante vencedor do preço registrado também é ilegal; que adquirir bens e serviços registrados é dispensar a licitação. O resultado dessa percepção é o retorno ao modelo em que cada órgão constitui uma comissão de licitação e licita só sua necessidade. Atualmente o Decreto nº 7.892/2013, acolhendo insistentes

---

[228] JACOBY FERNANDES, Jorge Ulisses. Sistema de Registro de Preço e Pregão Presencial e Eletrônico. 6. Ed. Ver.atual. e ampl. Belo Horizonte: Fórum, 2015. p. 30-38.

recomendações do TCU, limitou a quantidade de compra dos órgãos não-participantes.

Observe que na definição do conceito, o legislador preferiu a utilização do plural "conjunto de procedimentos," claramente em conflito com o art. 78 que o trata como "procedimento auxiliar".

Ao colocá-lo como procedimento auxiliar, torna ainda mais evidente não se tratar de mais uma modalidade de licitação, até porque o dispositivo traz as modalidades que deverão ser aplicadas ao próprio sistema.

A Administração pode firmar um compromisso com os licitantes vencedores: se precisar do produto, adquirirá daquele que ofereceu a proposta mais vantajosa, condicionando esse compromisso a determinado lapso de tempo. De um lado, a Administração tem a garantia de que não está obrigada a contratar; de outro, o licitante tem a certeza de que o compromisso não é eterno.

Será indispensável indicar com precisão o objeto pretendido pela Administração para que a avaliação da proposta seja feita entre as que, atendendo aos requisitos do edital, ofereçam o menor preço ou maior desconto. Por isso, a proposta vencedora é a mais vantajosa para a Administração, exatamente como é do conceito de licitação.

Ratificando o entendimento, o ilustre Professor José Anacleto Aduche Santos assevera que "a lógica do sistema é a de que há compromisso do fornecedor em relação à proposta formulada na licitação, sem que, contudo, haja obrigação de contratar por parte da Administração Pública." [229]

Ainda na esfera das obrigações, o sistema admite a flexibilidade necessária para que, caso o licitante vencedor não possa sustentar a sua proposta em virtude de fato superveniente, decorrente de força maior ou caso fortuito, fique desobrigado do compromisso, contanto que formalize seu interesse na forma prevista no próprio Sistema de Registro de Preços antes do pedido do objeto pela Administração.

6.86 Inovações: contratação direta e obras e serviços de engenharia

Na nova regulamentação do Sistema de Registro de Preços passou a ser possível preceder de licitação ou dispensar ou inexigir a licitação, conforme art. 82, § 6º. A característica principal e diferenciadora desse procedimento, sui generis, é que não obriga a Administração Pública a promover as contratações.

Art. 6º, inc. XLVI

---

[229] SANTOS, José Anacleto Abduch. Parecer intitulado "O sistema de registro de registro de preços para contratação de serviços e obras", veiculado na RJML nº 07, de junho/ 2008.

> Art. 6º Para os fins desta Lei, consideram-se: [...]
>
> XLVI - ata de registro de preços: documento vinculativo e obrigacional, com característica de compromisso para futura contratação, no qual são registrados o objeto, os preços, os fornecedores, os órgãos participantes e as condições a serem praticadas, conforme as disposições contidas no edital da licitação, no aviso ou instrumento de contratação direta e nas propostas apresentadas;

Dispositivos correspondentes no Decreto nº 7.892/2013 que regulamenta o Sistema de Registro de Preços no âmbito federal:

Art. 2º. Para os efeitos deste Decreto, são adotadas as seguintes definições: [...]

II - ata de registro de preços - documento vinculativo, obrigacional, com característica de compromisso para futura contratação, em que se registram os preços, fornecedores, órgãos participantes e condições a serem praticadas, conforme as disposições contidas no instrumento convocatório e propostas apresentadas;

A ata de registro de preços é um instrumento jurídico que tem finalidade própria e distinta dos demais elementos do Sistema de Registro de Preços. Também não deve ser confundida com ata de licitação.

A definição esclarece a natureza jurídica da ata de registro de preços e disciplina o seu conteúdo, a ata é, portanto, um documento vinculativo, obrigacional, com característica de compromisso para futura contratação.

6.87 Documento vinculativo

A expressão "documento vinculativo" revela que a ata de registro de preços vincula as partes: Administração Pública e fornecedor ou prestador de serviços. Vincular, do latim *vinculus*, traduz-se na acepção de laço, liame, ligação.[230] Juridicamente, tem o mesmo sentido de relação jurídica, significando que as partes se relacionarão, nos termos definidos na ata.

6.88 Obrigacional

A expressão "obrigacional, com característica de compromisso para futura contratação" significa, sob o aspecto jurídico, que as partes definem pela ata de registro de preços o compromisso, o dever, a obrigação, nos termos em que ajustam. É, assim, uma manifestação de vontade válida, embora encontre nítidos contornos de pré-contrato de adesão. As partes assumem a obrigação, definindo nela os termos mais relevantes, como preço, prazo, quantidade, qualidade, visando assinar contrato ou instrumento equivalente no futuro.

---

[230] SILVA, De Plácido e. Vocabulário Jurídico. 16. ed. Rio de Janeiro: Forense, 1999, p. 866.

6.89 Conteúdo

A Lei, expressamente, exige que conste da ata os preços, fornecedores, órgãos participantes e condições a serem praticadas, nos termos definidos no edital e propostas.

Acerca da expressão fornecedores, embora devesse ser restrita aos contratados que fornecem bens, a norma a emprega como equivalente também a prestadores de serviços e locadores de bens.

No registro dos órgãos participantes, na ata de registro de preços o órgão gerenciador indica os que manifestaram, na época oportuna, o interesse em adquirir pelo SRP. A Lei, no mesmo art. 6º, inc. XLIX, mantendo regra introduzida na norma anterior, permite a contratação pelo SRP de órgão que, no momento inicial, não manifestou interesse, desde que o órgão gerenciador concorde com seu ingresso no sistema e que não acarrete prejuízo aos demais órgãos participantes, nem ao regular compromisso assumido pelos fornecedores. Como a adesão é posterior, não é registrado na ata de registro de preços.

Também deve constar da ata de registro de preços as condições a serem praticadas. Essas condições dizem respeito à marca, tipo, local de entrega, elementos fundamentais para garantir a qualidade do procedimento, e que justificam o preço, e a vantagem da proposta vencedora e das demais propostas registradas.

Art. 6º, inc. XLVII

Art. 6º Para os fins desta Lei, consideram-se: [...]
XLVII - órgão ou entidade gerenciadora: órgão ou entidade da Administração Pública responsável pela condução do conjunto de procedimentos para registro de preços e pelo gerenciamento da ata de registro de preços dele decorrente;

Dispositivos correspondentes no Decreto nº 7.892/2013 que regulamenta o Sistema de Registro de Preços no âmbito federal:

Art. 2º. Para os efeitos deste Decreto, são adotadas as seguintes definições:

[...]III - órgão gerenciador - órgão ou entidade da administração pública federal responsável pela condução do conjunto de procedimentos para registro de preços e gerenciamento da ata de registro de preços dele decorrente.

6.90 Abrangência do conceito de órgão gerenciador

O órgão[231] gerenciador é o responsável pela "condução do conjunto de procedimentos do certame para registro de preços e gerenciamento da ata de registro de preços".

Pode ser compreendido como órgão gerenciador a entidade, isto é, a pessoa jurídica à qual se vincula o órgão que está promovendo a licitação, ou a unidade orgânica da Administração Pública com atribuições próprias – sobre essa questão consulte os comentários as definições de órgão e entidade – incisos I e II deste artigo.

Surge daí a dúvida: quem será considerado órgão gerenciador se, por exemplo, um Ministério, vinculado à Presidência da República, que é um órgão, institui uma "Comissão especial de Sistema de Registro de Preços", que também é um órgão? O órgão gerenciador será a comissão, uma Secretaria do Ministério ao qual se vincula a comissão, o próprio Ministério ou, ainda, a União?

A dúvida assume relevo porque, para fins de mandado de segurança, será o órgão gerenciador a autoridade coatora, isto é, o sujeito passivo da ação.[232] Também é importante, porque a penalidade de suspensão do direito de licitar e contratar se restringe ao "órgão". Nas pessoas jurídicas em que o gerenciador licita para todos, ao aplicar a penalidade referida todos os órgãos vinculados a esse órgão gerenciador não poderão mais aceitar como licitante ou futuro contratado os que foram punidos pelo gerenciador.

Art. 6º, inc. XLVIII

> Art. 6º Para os fins desta Lei, consideram-se: [...]
>
> XLVIII - órgão ou entidade participante: órgão ou entidade da Administração Pública que participa dos procedimentos iniciais da contratação para registro de preços e integra a ata de registro de preços;

Dispositivos correspondentes no Decreto nº 7.892/2013 que regulamenta o Sistema de Registro de Preços na esfera federal:

Art. 2º. Para os efeitos deste Decreto, são adotadas as seguintes definições: [...]

---

[231] Sobre conceito de órgão, para o Direito Administrativo, consulte: MEIRELES, Hely Lopes. Direito Administrativo Brasileiro. 37 ed. São Paulo: Malheiros, 2011. p. 68-69.

[232] 1. BRASIL. Lei nº 12.016, de 7 de agosto de 2009. Disciplina o mandado de segurança individual e coletivo e dá outras providências. Diário Oficial da União [da] República Federativa do Brasil, Brasília, DF, 10 ago. 2009. "Art. 1º § 1º Equiparam-se às autoridades, para os efeitos desta Lei, os representantes ou órgãos de partidos políticos e os administradores de entidades autárquicas, bem como os dirigentes de pessoas jurídicas ou as pessoas naturais no exercício de atribuições do poder público, somente no que disser respeito a essas atribuições."
2. Sobre autoridade coatora dispõe a Súmula nº 510 do STF: "Praticado o ato por autoridade, no exercício de competência delegada, contra ela cabe o mandado de segurança ou a medida judicial." BRASIL. Supremo Tribunal Federal. Súmula nº 510. Diário da Justiça [da] República Federativa do Brasil, Brasília, DF, 12 dez. 1969.

> IV - órgão participante - órgão ou entidade da administração pública que participa dos procedimentos iniciais do Sistema de Registro de Preços e integra a ata de registro de preços;

A Lei adota conceituação bastante similar ao decreto que regulamenta o Sistema de Registro de Preços.

6.91 Órgão participante: noções gerais

O órgão participante é aquele que se vincula ao registro de preços desde a fase preparatória do processo licitatório. Para isso, todavia, deverá informar o seu interesse em participar, a estimativa do consumo, a expectativa do cronograma de consumo e as especificações do objeto. Posteriormente, confirmará se a descrição do objeto definido pelo órgão gerenciador corresponde ao que pretende.

Art. 6º, inc. XLIX

> Art. 6º Para os fins desta Lei, consideram-se: [...]
>
> XLIX - órgão ou entidade não participante: órgão ou entidade da Administração Pública que não participa dos procedimentos iniciais da licitação para registro de preços e não integra a ata de registro de preços;

> **Dispositivos correspondentes no Decreto nº 7.892/2013 que regulamenta o Sistema de Registro de Preços:**
>
> Art. 2º. Para os efeitos deste Decreto, são adotadas as seguintes definições: [...]
>
> V - órgão não participante - órgão ou entidade da administração pública que, não tendo participado dos procedimentos iniciais da licitação, atendidos os requisitos desta norma, faz adesão à ata de registro de preços.

6.92 Carona: noções gerais

A Lei permite a qualquer órgão e entidade que não tenha assumido a posição formal de órgão participante, na época própria, a utilização da ata de registro de preços. A esse órgão passou denominar de "não-participante" ou "carona".

De forma geral, esse uso, porém, não se dá de forma plena, como ocorre com os órgãos participantes, tendo em vista que a admissão fica sujeita a requisitos específicos na forma do §2º do art. 85.

Além de requisitos específicos, a lei estipula vedações e limites que serão abordados no art. 85. Por esse motivo, é de todo conveniente que, ao tomar conhecimento da implantação de SRP, os órgãos e entidades assumam desde logo a posição de órgão participante, evitando a condição de superveniente. Além de dispensar os requisitos e limites dispostos neste diploma, a inclusão das expectativas de consumo pode auxiliar a reduzir o preço pelo acréscimo da demanda.

Art. 6º, inc. L

> Art. 6º Para os fins desta Lei, consideram-se: [...]
>
> L - comissão de contratação: conjunto de agentes públicos indicados pela Administração, em caráter permanente ou especial, com a função de receber, examinar e julgar documentos relativos às licitações e aos procedimentos auxiliares;

Dispositivos correspondentes na Lei nº 8.666/1993:
Art. 6º. [...] XVI - Comissão - comissão, permanente ou especial, criada pela Administração com a função de receber, examinar e julgar todos os documentos e procedimentos relativos às licitações e ao cadastramento de licitantes.

6.93 Comissão de contratação: exceção

Diferentemente da Lei nº 8.666/1993, a comissão passa a ser exceção e não regra – conforme abordaremos ao tratar do Agente de Contratação (art. 8º) - é obrigatória para o caso do diálogo competitivo e facultativa em licitação que envolva bens ou serviços especiais. Denominada agora como "comissão de contratação" a Lei estabelece que deverá ser formada por, no mínimo, 3 (três) membros. Para a comissão aplicam-se os mesmos critérios de escolha e vedações do Agente de Contratação.

Sobre a composição da comissão, consulte comentários ao art. 7º.

Vale ressaltar que a comissão de licitação não atua na execução contratual, por aplicação do princípio da segregação de funções. As atribuições de receber o objeto e fiscalizar a execução contratual devem ser confiadas a agentes ou comissões, devidamente qualificados e com conhecimentos específicos relacionados à natureza do objeto. Há a necessidade de regulamentar as atribuições da Comissão, em norma interna.

Art. 6º, inc. LI

> Art. 6º Para os fins desta Lei, consideram-se: [...]
>
> LI - catálogo eletrônico de padronização de compras, serviços e obras: sistema informatizado, de gerenciamento centralizado e com indicação de preços, destinado a permitir a padronização de itens a serem adquiridos pela Administração Pública e que estarão disponíveis para a licitação;

Dispositivos correspondentes na Lei nº 12.462/2011:
Art. 33. O catálogo eletrônico de padronização de compras, serviços e obras consiste em sistema informatizado, de gerenciamento centralizado, destinado a permitir a padronização dos itens a serem adquiridos pela administração pública que estarão disponíveis para a realização de licitação.

Dispositivos correspondentes da Lei nº 13.303/2006:
Art. 63. São procedimentos auxiliares das licitações regidas por esta Lei: (Vide Lei nº 14.002, de 2020)

IV - catálogo eletrônico de padronização.

Art. 67. O catálogo eletrônico de padronização de compras, serviços e obras consiste em sistema informatizado, de gerenciamento centralizado, destinado a permitir a padronização dos itens a serem adquiridos pela empresa pública ou sociedade de economia mista que estarão disponíveis para a realização de licitação. (Vide Lei nº 14.002, de 2020)

Parágrafo único. O catálogo referido no caput poderá ser utilizado em licitações cujo critério de julgamento seja o menor preço ou o maior desconto e conterá toda a documentação e todos os procedimentos da fase interna da licitação, assim como as especificações dos respectivos objetos, conforme disposto em regulamento.

Dispositivos pertinentes na Lei nº 14.133/2021, além do art. 6º:

Art. 19. Os órgãos da Administração com competências regulamentares relativas às atividades de administração de materiais, de obras e serviços e de licitações e contratos deverão:

II - criar catálogo eletrônico de padronização de compras, serviços e obras, admitida a adoção do catálogo do Poder Executivo federal por todos os entes federativos

§ 1º O catálogo referido no inciso II do caput deste artigo poderá ser utilizado em licitações cujo critério de julgamento seja o de menor preço ou o de maior desconto e conterá toda a documentação e os procedimentos próprios da fase interna de licitações, assim como as especificações dos respectivos objetos, conforme disposto em regulamento.

§ 2º A não utilização do catálogo eletrônico de padronização de que trata o inciso II do caput ou dos modelos de minutas de que trata o inciso IV do caput deste artigo deverá ser justificada por escrito e anexada ao respectivo processo licitatório.

Art. 40. O planejamento de compras deverá considerar a expectativa de consumo anual e observar o seguinte:

§ 1º O termo de referência deverá conter os elementos previstos no inciso XXIII do caput do art. 6º desta Lei, além das seguintes informações:

I - especificação do produto, preferencialmente conforme catálogo eletrônico de padronização, observados os requisitos de qualidade, rendimento, compatibilidade, durabilidade e segurança;

Art. 80. A pré-qualificação é o procedimento técnico-administrativo para selecionar previamente: [...]

II - bens que atendam às exigências técnicas ou de qualidade estabelecidas pela Administração. [...]

§ 5º Os bens e os serviços pré-qualificados deverão integrar o catálogo de bens e serviços da Administração. [...]

Art. 174. É criado o Portal Nacional de Contratações Públicas (PNCP), sítio eletrônico oficial destinado à:

§ 2º O PNCP conterá, entre outras, as seguintes informações acerca das contratações: [...]

II - catálogos eletrônicos de padronização;

Publicado em 04/02/2022 09h20 Atualizado em 21/02/2022 18h32

PORTARIA SEGES/ME Nº 938, DE 2 DE FEVEREIRO DE 2022

Institui o catálogo eletrônico de padronização de compras, serviços e obras, no âmbito da Administração Pública federal direta, autárquica e fundacional, em atendimento ao disposto no inciso II do art. 19 da Lei nº 14.133, de 1º de abril de 2021.

O SECRETÁRIO DE GESTÃO SUBSTITUTO DA SECRETARIA ESPECIAL DE DESBUROCRATIZAÇÃO, GESTÃO E GOVERNO DIGITAL DO MINISTÉRIO DA ECONOMIA, no uso das atribuições que lhe conferem o Decreto nº 9.745, de 8 de abril de 2019, e o Decreto nº 1.094,

Lei nº 14.133/2021   Art. 6º

de 23 de março de 1994, e tendo em vista o disposto no art. 19 da Lei nº 14.133, de 1º de abril de 2021, resolve:

CAPÍTULO I
DISPOSIÇÕES GERAIS

Objeto e âmbito de aplicação

Art. 1º. Esta Portaria institui o catálogo eletrônico de padronização de compras, serviços e obras, no âmbito da Administração Pública federal direta, autárquica e fundacional, em atendimento ao disposto no inciso II do art. 19 da Lei nº 14.133, de 1º de abril de 2021.

Parágrafo único. O catálogo eletrônico de padronização constitui ferramenta informatizada, disponibilizada e gerenciada pela Secretaria de Gestão da Secretaria Especial de Desburocratização, Gestão e Governo Digital do Ministério da Economia, com indicação de preços, destinado a permitir a padronização de itens a serem contratados pela Administração e que estarão disponíveis para a licitação ou para contratação direta.

Art. 2º. Os órgãos e entidades da Administração Pública estadual, distrital ou municipal, direta ou indireta, quando executarem recursos da União decorrentes de transferências voluntárias, deverão observar as regras desta Portaria.

Art. 3º. É admitida a adoção do catálogo de que trata o caput do art. 1º por todos os entes federativos, conforme dispõe o inciso II do art. 19 da Lei nº 14.133, de 2021.

CAPÍTULO II
PADRONIZAÇÃO

Procedimento

Art. 4º. No processo de padronização do catálogo eletrônico de compras, serviços e obras, deverão ser observados:

I - a compatibilidade, na estrutura do Poder Executivo federal, de especificações estéticas, técnicas ou de desempenho;

II - os ganhos econômicos e de qualidade advindos;

III - o potencial de centralização de contratações de itens padronizados; e

IV - o não comprometimento, restrição ou frustração do caráter competitivo da contratação, ressalvada a situação excepcional de a padronização levar a fornecedor exclusivo, nos termos do inciso III do § 3º do art. 40 da Lei nº 14.133, de 2021.

Art. 5º. O processo de padronização observará as seguintes etapas sucessivas, no mínimo:

I - emissão de parecer técnico sobre o item, considerados especificações técnicas e estéticas, desempenho, análise de contratações anteriores, custo e condições de manutenção e garantia, se couber;

II - convocação, pelo órgão ou entidade com competência para a padronização do item, com antecedência mínima de 8 (oito) dias úteis, de audiência pública à distância, via internet, para a apresentação da proposta de padronização;

III - submissão das minutas documentais de que tratam os incisos I, II, IV, e V do art. 6º, que compõem a proposta de item padronizado, à consulta pública, via internet, pelo prazo mínimo de 10 dias úteis, a contar da data de realização da audiência de que trata o inciso II deste artigo;

IV - compilação e tratamento, pelo órgão ou entidade responsável pela padronização do item, das sugestões submetidas formalmente pelos interessados por ocasião da consulta pública de que trata o inciso III;

V - despacho motivado da autoridade superior, com a decisão sobre a adoção do padrão;

VI - aprovação das minutas documentais de que trata o inciso III pela Secretaria de Gestão da Secretaria Especial de Desburocratização, Gestão e Governo Digital do Ministério da Economia, em atenção ao disposto no inciso IV do art. 19 da Lei nº 14.133, de 2021;

VII - publicação, no sítio oficial do órgão ou entidade responsável pela padronização, sobre o resultado do processo, observado os requisitos estabelecidos no inciso III do art. 43 da Lei nº 14.133, de 2021; e

VIII - publicação no Portal Nacional de Contratações Públicas do item padronizado.

§ 1º O parecer técnico de que trata o inciso I do caput deverá ser elaborado por comissão de padronização, formada por, no mínimo, 3 (três) membros, sendo a maioria servidores efetivos ou empregados públicos do quadro permanente, permitida a contratação de terceiros para assisti-los e subsidiá-los.

§ 2º No caso de projeto de obra ou de serviço de engenharia, o parecer técnico é de competência privativa das profissões de engenheiro ou de arquiteto, conforme o caso.

Documentos e funcionalidades

Art. 6º. O catálogo eletrônico de padronização conterá os seguintes documentos e funcionalidades da fase preparatória de licitações:

I - anteprojeto, termo de referência ou projeto básico;

II - matriz de alocação de riscos, se couber;

III - conexão com o painel para consulta de preços, o banco de preços em saúde e a base nacional de notas fiscais eletrônicas, de forma a otimizar a determinação do valor estimado da contratação, observadas a potencial economia de escala e as peculiaridades do local de execução do objeto;

IV - minuta de edital ou de aviso ou instrumento de contratação direta; e

V - minuta de contrato e de ata de registro de preços, se couber.

§ 1º As minutas documentais que compõem o catálogo eletrônico de padronização deverão empregar linguagem simples, de forma clara e compreensiva à Administração e ao mercado.

§ 2º Os órgãos ou entidades com competência para a padronização do item serão estabelecidas pela Secretaria de Gestão da Secretaria Especial de Desburocratização, Gestão e Governo Digital do Ministério da Economia, considerando a política e a atividade fim desenvolvidas, e divulgados no Portal de Compras do Governo Federal e no Portal Nacional de Contratações Públicas.

Categorias

Art. 7º. O catálogo será estruturado nas seguintes categorias:

I - catálogo de compras, para bens móveis em geral;

II - catálogo de serviços, para serviços em geral; e

III - catálogo de obras e de serviços de engenharia, para projetos em geral ou serviços comuns de engenharia, de menores complexidades técnicas e operacionais.

CAPÍTULO III

REVISÃO

Revisão

Art. 8º. O órgão ou entidade competente poderá revisar o item já padronizado:

I - de ofício, sempre que entender conveniente e oportuna a revisão; ou

II - a requerimento de terceiro, após análise de viabilidade pela comissão de padronização.

§ 1º No caso do inciso II, o interessado deverá formalizar o pedido ao órgão ou entidade competente por aquele item padronizado que pretenda revisão, acompanhado de justificativa técnica, nos termos do inciso I do art. 4º.

§ 2º A decisão que deferir ou indeferir o requerimento de que trata o inciso II será proferida no prazo de até 30 (trinta) dias do pedido.

Art. 9º. Da revisão de que trata o art. 8º, poderão resultar:

I - a decisão de que o padrão vigente se mantém;

II - a alteração do padrão; ou

III - a revogação do padrão, sem que novo item seja padronizado.

CAPÍTULO IV
UTILIZAÇÃO DO CATÁLOGO

Licitação e contratação direta

Art. 10. O catálogo eletrônico de padronização será utilizado em licitações cujo critério de julgamento seja o de menor preço ou o de maior desconto, bem como nas contratações diretas de que tratam os incisos I do art. 74 e os incisos I e II do art. 75 da Lei nº 14.133, de 2021.

Parágrafo único. A não utilização do catálogo eletrônico de padronização é situação excepcional, devendo ser justificada por escrito e anexada ao respectivo processo de contratação.

Art. 11. No emprego das minutas que compõem o catálogo eletrônico de padronização, apenas os campos informacionais indispensáveis à precisa caracterização da contratação poderão ser editados ou complementados, tais como:

I - quantitativos do objeto;

II - prazo de execução;

III - possibilidade de prorrogação, se couber;

IV - estimativa do valor da contratação ou orçamento detalhado do custo global da obra; e

V - informação sobre a adequação orçamentária.

Parágrafo único. Em todos os casos, é vedada a alteração da especificação do objeto.

CAPÍTULO V
DISPOSIÇÕES FINAIS

Orientações Gerais

Art. 12. As informações sobre o catálogo eletrônico de padronização serão disponibilizadas no Portal Nacional de Contratações Públicas.

Art. 13. A Secretaria de Gestão da Secretaria Especial de Desburocratização, Gestão e Governo Digital do Ministério da Economia poderá:

I - expedir normas complementares necessárias para a execução desta Portaria; e

II - estabelecer, por meio de orientações ou manuais, informações adicionais para fins de operacionalização do catálogo eletrônico de padronização.

Vigência

Art. 14. Esta Portaria entra em vigor em 2º de fevereiro de 2022.

6.94 Catálogo eletrônico de padronização de compras

Ao contrário do que o sentido literal da expressão levaria a compreender, o catálogo eletrônico de padronização, no governo federal, não é um catálogo de materiais e serviços padronizados.

Essa expressão foi tomada para significar um conjunto de documento que inclusive contém, como determina o art. 19, § 1º desta Lei "toda a documentação e os procedimentos próprios da fase interna de licitações, assim como as especificações dos respectivos objetos, conforme disposto em regulamento."

Tanto é assim que ao contrário do Termo de Referência conter o catálogo eletrônico aquele é contido nesse, inclusive com o edital, conforme dispõe a Portaria SEGES/ME nº 938, de 2 de fevereiro de 2022:

> Art. 6º. O catálogo eletrônico de padronização conterá os seguintes documentos e funcionalidades da fase preparatória de licitações:
>
> I - anteprojeto, termo de referência ou projeto básico;
>
> II - matriz de alocação de riscos, se couber;
>
> III - conexão com o painel para consulta de preços, o banco de preços em saúde e a base nacional de notas fiscais eletrônicas, de forma a otimizar a determinação do valor estimado da contratação, observadas a potencial economia de escala e as peculiaridades do local de execução do objeto;
>
> IV - minuta de edital ou de aviso ou instrumento de contratação direta;
>
> V - minuta de contrato e de ata de registro de preços, se couber."

Soma-se a esse conceito o que dispõe o § 5º do art. 80 que estabelece que "os bens e os serviços pré-qualificados deverão integrar o catálogo de bens e serviços da Administração".

No § 2º do art. 19, a Lei estabelece que a "não utilização do catálogo eletrônico de padronização de que trata o inciso II do caput ou dos modelos de minutas de que trata o inciso IV do caput deste artigo deverá ser justificada por escrito e anexada ao respectivo processo licitatório."

Como o Portal Nacional de Contratações Públicas conterá também o catálogo eletrônico já se pode antever que o sentido literal do termo será aplicado em confronto com a ideia que está no art. 19.

Superada a questão terminológica, em consonância com o princípio da padronização, a Lei prevê a necessidade de criação do catálogo eletrônico de padronização de compras, serviços e obras pelos órgãos da Administração ou a possibilidade de adoção do catálogo do Poder Executivo Federal por todos os entes federativos.

Há muito defendido pela doutrina, a utilização de catálogo para padronização de compras, serviços e obras já é realidade em diversos órgãos da Administração. Um catálogo padronizado pode garantir maior qualidade, agilidade e precisão no processo de suprimento de materiais, resultando em eficiência e eficácia. Sobretudo, evita as interferências nas especificações, às vezes conduzidas por caprichos pessoais e arbitrários de gestores.

Ao acrescer a indicação do preço ao catálogo, a lei facilita a pesquisa de preços que, na forma da Instrução Normativa nº 73, de 5 de agosto de 2020 da Secretaria Especial de Desburocratização, Gestão e Governo Digital do Ministério Economia estipula como parâmetro para a pesquisa, a utilização de painel de preços, banco de dados e outros instrumentos similares.

Na esfera federal, o banco de dados do SIASG – Sistema Integrado de Administração de Serviços Gerais teve a pretensão de atender à função da ampla pesquisa, com seu Sistema de catálogo de materiais e serviços que cataloga materiais e de serviços tendo como base primária os procedimentos adotados no "Federal *Supply Classification*". O Sistema estabelece uma linguagem única e propicia a definição de padrões determinados de qualidade e produtividade para os materiais e serviços especificados nas compras da Administração Pública Federal. Na prática, no Brasil acumulou-se um banco de dados sem nenhuma padronização e na atualidade está distante de ser um catálogo de materiais confiável.

Outro exemplo é o COMPRASNET, sistema "on-line" de acesso a serviços do SIASG, inclusive por meio da internet, no site www.comprasnet.gov.br. Oferece consulta a convites, tomada de preços e concorrências realizados pela Administração Federal, que pode ser facilmente realizada por qualquer interessado. O COMPRASNET oferece, ainda, vários outros serviços e facilidades, como a consulta ao cadastro de fornecedores do Governo, que reduzem custos e tornam mais transparentes e competitivas as licitações.

Outra inovação da Lei que será abordada nos comentários ao art. 19 é a de que a opção por não utilizar o catálogo deve ser justificada no processo licitatório.

Art. 6º, inc. LII

Art. 6º Para os fins desta Lei, consideram-se: [...]
LII - sítio eletrônico oficial: sítio na internet, certificado digitalmente por autoridade certificadora, no qual o ente federativo divulga de forma centralizada as informações e os serviços de governo digital dos seus órgãos e entidades;

Dispositivos correspondentes na Lei nº 8.666/1993: não há.
Dispositivos pertinentes na Lei nº 14.133/2021, além do art. 6º:
Art. 12. [...]

§ 1º O plano de contratações anual de que trata o inciso VII do caput deste artigo deverá ser divulgado e mantido à disposição do público em sítio eletrônico oficial e será observado pelo ente federativo na realização de licitações e na execução dos contratos.

Art. 25. [...]

§ 3º Todos os elementos do edital, incluídos minuta de contrato, termos de referência, anteprojeto, projetos e outros anexos, deverão ser divulgados em sítio eletrônico oficial na mesma data de divulgação do edital, sem necessidade de registro ou de identificação para acesso.

Art. 27. Será divulgada, em sítio eletrônico oficial, a cada exercício financeiro, a relação de empresas favorecidas em decorrência do disposto no art. 26 desta Lei, com indicação do volume de recursos destinados a cada uma delas.

Art. 31. [...]

§ 2º O leilão será precedido da divulgação do edital em sítio eletrônico oficial, que conterá:

§ 3º Além da divulgação no sítio eletrônico oficial, o edital do leilão será afixado em local de ampla circulação de pessoas na sede da Administração e poderá, ainda, ser divulgado por outros meios necessários para ampliar a publicidade e a competitividade da licitação.

Art. 32. [...]

§ 1º Na modalidade diálogo competitivo, serão observadas as seguintes disposições:

I - a Administração apresentará, por ocasião da divulgação do edital em sítio eletrônico oficial, suas necessidades e as exigências já definidas e estabelecerá prazo mínimo de 25 (vinte e cinco) dias úteis para manifestação de interesse na participação da licitação;

Art. 43. O processo de padronização deverá conter: [...]

III - síntese da justificativa e descrição sucinta do padrão definido, divulgadas em sítio eletrônico oficial. [...]

§ 1º É permitida a padronização com base em processo de outro órgão ou entidade de nível federativo igual ou superior ao do órgão adquirente, devendo o ato que decidir pela adesão a outra padronização ser devidamente motivado, com indicação da necessidade da Administração e dos riscos decorrentes dessa decisão, e divulgado em sítio eletrônico oficial.

Atenção para o dispositivo que foi vetado e reintroduzido após a derrubada do veto:

Art. 54. A publicidade do edital de licitação será realizada mediante divulgação e manutenção do inteiro teor do ato convocatório e de seus anexos no Portal Nacional de Contratações Públicas (PNCP).

§ 1º (VETADO). Veto derrubado pelo Congresso Nacional,

§ 1º Sem prejuízo do disposto no caput, é obrigatória a publicação de extrato do edital no Diário Oficial da União, do Estado, do Distrito Federal ou do Município, ou, no caso de consórcio público, do ente de maior nível entre eles, bem como em jornal diário de grande circulação. (Promulgação partes vetadas)

§ 2º É facultada a divulgação adicional e a manutenção do inteiro teor do edital e de seus anexos em sítio eletrônico oficial do ente federativo do órgão ou entidade responsável pela licitação ou, no caso de consórcio público, do ente de maior nível entre eles, admitida, ainda, a divulgação direta a interessados devidamente cadastrados para esse fim.

Art. 72. [...]

Parágrafo único. O ato que autoriza a contratação direta ou o extrato decorrente do contrato deverá ser divulgado e mantido à disposição do público em sítio eletrônico oficial.

Art. 75. É dispensável a licitação:

I - para contratação que envolva valores inferiores a R$ 100.000,00 (cem mil reais), no caso de obras e serviços de engenharia ou de serviços de manutenção de veículos automotores;

Lei nº 14.133/2021　　　　　　　　　　　　　　　　　　　　　　　　Art. 6º

II - para contratação que envolva valores inferiores a R$ 50.000,00 (cinquenta mil reais), no caso de outros serviços e compras;

§ 3º As contratações de que tratam os incisos I e II do caput deste artigo serão preferencialmente precedidas de divulgação de aviso em sítio eletrônico oficial, pelo prazo mínimo de 3 (três) dias úteis, com a especificação do objeto pretendido e com a manifestação de interesse da Administração em obter propostas adicionais de eventuais interessados, devendo ser selecionada a proposta mais vantajosa.

Art. 79. O credenciamento poderá ser usado nas seguintes hipóteses de contratação:

Parágrafo único. Os procedimentos de credenciamento serão definidos em regulamento, observadas as seguintes regras:

I - a Administração deverá divulgar e manter à disposição do público, em sítio eletrônico oficial, edital de chamamento de interessados, de modo a permitir o cadastramento permanente de novos interessados;

Art. 88. Ao requerer, a qualquer tempo, inscrição no cadastro ou a sua atualização, o interessado fornecerá os elementos necessários exigidos para habilitação previstos nesta Lei.

§ 1º O inscrito, considerada sua área de atuação, será classificado por categorias, subdivididas em grupos, segundo a qualificação técnica e econômico-financeira avaliada, de acordo com regras objetivas divulgadas em sítio eletrônico oficial.

Art. 91. Os contratos e seus aditamentos terão forma escrita e serão juntados ao processo que tiver dado origem à contratação, divulgados e mantidos à disposição do público em sítio eletrônico oficial.

§ 2º Contratos relativos a direitos reais sobre imóveis serão formalizados por escritura pública lavrada em notas de tabelião, cujo teor deverá ser divulgado e mantido à disposição do público em sítio eletrônico oficial.

Art. 94. A divulgação no Portal Nacional de Contratações Públicas (PNCP) é condição indispensável para a eficácia do contrato e de seus aditamentos e deverá ocorrer nos seguintes prazos, contados da data de sua assinatura:

I - 20 (vinte) dias úteis, no caso de licitação;

II - 10 (dez) dias úteis, no caso de contratação direta.

§ 3º No caso de obras, a Administração divulgará em sítio eletrônico oficial, em até 25 (vinte e cinco) dias úteis após a assinatura do contrato, os quantitativos e os preços unitários e totais que contratar e, em até 45 (quarenta e cinco) dias úteis após a conclusão do contrato, os quantitativos executados e os preços praticados.

Art. 115. [...]

§ 5º Em caso de impedimento, ordem de paralisação ou suspensão do contrato, o cronograma de execução será prorrogado automaticamente pelo tempo correspondente, anotadas tais circunstâncias mediante simples apostila.

§ 6º Nas contratações de obras, verificada a ocorrência do disposto no § 5º deste artigo por mais de 1 (um) mês, a Administração deverá divulgar, em sítio eletrônico oficial e em placa a ser afixada em local da obra de fácil visualização pelos cidadãos, aviso público de obra paralisada, com o motivo e o responsável pela inexecução temporária do objeto do contrato e a data prevista para o reinício da sua execução.

Art. 164. Qualquer pessoa é parte legítima para impugnar edital de licitação por irregularidade na aplicação desta Lei ou para solicitar esclarecimento sobre os seus termos, devendo protocolar o pedido até 3 (três) dias úteis antes da data de abertura do certame.

Parágrafo único. A resposta à impugnação ou ao pedido de esclarecimento será divulgada em sítio eletrônico oficial no prazo de até 3 (três) dias úteis, limitado ao último dia útil anterior à data da abertura do certame.

Atenção: para a importância do PNCP

Art. 174. É criado o Portal Nacional de Contratações Públicas (PNCP), sítio eletrônico oficial destinado à:

I - divulgação centralizada e obrigatória dos atos exigidos por esta Lei;

II - realização facultativa das contratações pelos órgãos e entidades dos Poderes Executivo, Legislativo e Judiciário de todos os entes federativos.

Art. 175. Sem prejuízo do disposto no art. 174 desta Lei, os entes federativos poderão instituir sítio eletrônico oficial para divulgação complementar e realização das respectivas contratações.

§ 1º Desde que mantida a integração com o PNCP, as contratações poderão ser realizadas por meio de sistema eletrônico fornecido por pessoa jurídica de direito privado, na forma de regulamento.

Art. 176. Os Municípios com até 20.000 (vinte mil) habitantes terão o prazo de 6 (seis) anos, contado da data de publicação desta Lei, para cumprimento:[...]

III - das regras relativas à divulgação em sítio eletrônico oficial.

Parágrafo único. Enquanto não adotarem o PNCP, os Municípios a que se refere o caput deste artigo deverão:

I - publicar, em diário oficial, as informações que esta Lei exige que sejam divulgadas em sítio eletrônico oficial, admitida a publicação de extrato;

O sítio eletrônico oficial certificado digitalmente é uma inovação da Lei. O objetivo é assegurar que esse será o canal de comunicação oficial do órgão e guarda relevância neste diploma legal pois exigisse a publicação nesse veículo de vários documentos, a exemplo: edital e seus anexos, relação de empresas favorecidas pela margem de preferência, processos de credenciamento e padronização, contratações diretas, entre outros.

6.95 Certificação de sítio eletrônico oficial

É necessário atentar-se que a partir de agora exige-se a certificação por autoridade certificadora, isto é a ICP-BRASIL na pessoa de suas autoridades certificadoras credenciadas.

No âmbito federal, já existem regras de unificação dos canais digitais do Governo federal[233] e procedimento de registro de endereços de sítios eletrônicos na internet e de aplicativos móveis do Governo Federal[234], no entanto, não faz parte do procedimento a certificação por autoridade certificadora.

---

[233] Decreto nº 9.756, de 11 de abril de 2019 que institui o portal único "gov.br" e dispõe sobre as regras de unificação dos canais digitais do Governo federal.

[234] Portaria nº 39, de 9 de julho de 2019 do Ministério da Economia, Secretaria Especial de Desburocratização, Gestão e Governo Digital; Secretaria de Governo Digital. Dispõe sobre procedimentos para a **UNIFICAÇÃO** dos canais digitais e define regras para o procedimento de registro de endereços de sítios eletrônicos na internet e de aplicativos móveis do Governo Federal.

6.95.1 Portal Nacional de Contratações Públicas

A Lei deixa evidente a pretensão de centralizar num só lugar todas as contratações, licitações e contratações diretas do Brasil. Para o mercado fornecedor da Administração Pública e para o controle social, se possível, isso representaria uma mudança de cenários, nunca antes vividos.

No ano de 2.000 tivemos a iniciativa de inserir na segunda medida provisória que tratava da nova modalidade de pregão o seguinte texto, oferecido como sugestão do Francisco de Ávila de Bessa, que na época servia à presidência da República: "IV - cópias do edital e do respectivo aviso serão colocadas à disposição de qualquer pessoa para consulta e divulgadas na forma da Lei nº 9.755, de 16 de dezembro de 1998;". A sugestão foi aceita e hoje consta da Lei do Pregão. Essa Lei chama a atenção pelo prestígio que pretendia dar ao TCU, como órgão centralizador da informação nacional. Não foi acatada e o dispositivo inserido na Lei do Pregão, nunca foi cumprido.[235]

Em princípio, a Lei incentiva e permite que os entes federativos instituam sítio eletrônico oficial para divulgação complementar e realização das respectivas contratações. Também permite que "mantida a integração com o PNCP, as contratações poderão ser realizadas por meio de sistema eletrônico fornecido por pessoa jurídica de direito privado, na forma de regulamento."

---

[235] Lei nº 9.755, de 16 de dezembro de 1998.
Dispõe sobre a criação de "homepage" na "Internet", pelo Tribunal de Contas da União, para divulgação dos dados e informações que especifica, e dá outras providências.
Art. 1º O Tribunal de Contas da União criará homepage na rede de computadores Internet, com o título "contas públicas", para divulgação dos seguintes dados e informações:
I - os montantes de cada um dos tributos arrecadados pela União, pelos Estados, pelo Distrito Federal e pelos Municípios, os recursos por eles recebidos, os valores de origem tributária entregues e a entregar e a expressão numérica dos critérios de rateio (caput do art. 162 da Constituição Federal);
II - os relatórios resumidos da execução orçamentária da União, dos Estados, do Distrito Federal e dos Municípios (§ 3º do art. 165 da Constituição Federal);
III - o balanço consolidado das contas da União, dos Estados, do Distrito Federal e dos Municípios, suas autarquias e outras entidades, bem como um quadro estruturalmente idêntico, baseado em dados orçamentários (art. 111 da Lei no 4.320, de 17 de março de 1964);
IV - os orçamentos do exercício da União, dos Estados, do Distrito Federal e dos Municípios e os respectivos balanços do exercício anterior (art. 112 da Lei nº 4.320, de 1964);
V - os resumos dos instrumentos de contrato ou de seus aditivos e as comunicações ratificadas pela autoridade superior (caput do art. 26, parágrafo único do art. 61, § 3º do art. 62, arts. 116, 117, 119, 123 e 124 da Lei nº 8.666, de 21 de junho de 1993);
VI - as relações mensais de todas as compras feitas pela Administração direta ou indireta (art. 16 da Lei nº 8.666, de 1993).
§ 1º Os dados referidos no inciso I deverão estar disponíveis na homepage até o último dia do segundo mês subseqüente ao da arrecadação. [...]
Inacreditavelmente houve interesse em declarar a referida lei inconstitucional - conforme ADIN nº 2198/2000. O STF rechaçou essa preensão.

Consulte também outras doutrinas da Editora Fórum, inclusive do professor Victor Amorim.[236] Também consulte o artigo da professora Monique Rocha Furtado.[237]

Art. 6º, inc. LIII

> Art. 6º Para os fins desta Lei, consideram-se: [...]
>
> LIII - contrato de eficiência- : contrato cujo objeto é a prestação de serviços, que pode incluir a realização de obras e o fornecimento de bens, com o objetivo de proporcionar economia ao contratante, na forma de redução de despesas correntes, remunerado o contratado com base em percentual da economia gerada;

Dispositivos correspondentes na Lei nº 12.462/2011:

Art. 23. [...]

§ 1º O contrato de eficiência terá por objeto a prestação de serviços, que pode incluir a realização de obras e o fornecimento de bens, com o objetivo de proporcionar economia ao contratante, na forma de redução de despesas correntes, sendo o contratado remunerado com base em percentual da economia gerada.

Dispositivos pertinentes na Lei nº 14.133/2021, além do art. 6º:

Art. 39. O julgamento por maior retorno econômico, utilizado exclusivamente para a celebração de contrato de eficiência, considerará a maior economia para a Administração, e a remuneração deverá ser fixada em percentual que incidirá de forma proporcional à economia efetivamente obtida na execução do contrato. [...]

§ 4º Nos casos em que não for gerada a economia prevista no contrato de eficiência:

I - a diferença entre a economia contratada e a efetivamente obtida será descontada da remuneração do contratado;

II - se a diferença entre a economia contratada e a efetivamente obtida for superior ao limite máximo estabelecido no contrato, o contratado sujeitar-se-á, ainda, a outras sanções cabíveis.

Art. 110. Na contratação que gere receita e no contrato de eficiência que gere economia para a Administração, os prazos serão de:

I - até 10 (dez) anos, nos contratos sem investimento;

II - até 35 (trinta e cinco) anos, nos contratos com investimento, assim considerados aqueles que impliquem a elaboração de benfeitorias permanentes, realizadas exclusivamente a expensas do contratado, que serão revertidas ao patrimônio da Administração Pública ao término do contrato.

6.96 Noções de contrato de eficiência

A Lei estabelece textualmente a possibilidade de utilização de contratos de eficiência, que deverão ter critério de julgamento de maior retorno econômico. Contrato de eficiência não é um conceito novo, este tipo de contrato já foi utilizado

---

[236] https://www.editoraforum.com.br/noticias/tudo-o-que-voce-precisa-saber-sobre-o-portal-nacional-de-contratacoes-publicas/

[237] http://www.novaleilicitacao.com.br/2021/05/13/portal-nacional-de-contratacoes-publicas-uma-nova-logica-juridica-gerencial-e-economica-para-a-lei-de-licitacoes-e-contratos/

por uma construção doutrinária na época da Lei nº 8.666/1993, e foi normatizado pela primeira vez no Regime Diferenciado de Contratação – RDC.

O contrato de eficiência consiste em uma contratação onde o particular promove melhorias em alguma atividade da Administração Pública, para aumentar a eficiência e tem sua remuneração vinculada ao benefício econômico que essa melhoria traz. É normalmente utilizado como eficientização energética ou, mais recentemente, como sustentabilidade, escopo bem mais amplo que o primeiro. Também pode ser parte de um contrato de *retrofit* de prédios públicos.

Muitas dessas empresas se associam e formam instituições que contribuem com oferta de soluções para a iniciativa privada e para o poder público.[238]

Em outros dispositivos a Lei regulou os efeitos de alcançar ou não a proposta de eficiência e definiu o prazo dos contratos com e sem investimentos.

Segundo dados da ABESCO, com amparo em estudo publicado pelo Instituto Acende Brasil[239], sobre a evolução das tarifas de energia elétrica e a formulação das políticas públicas, o Brasil ocupa a 37ª posição entre os 110 países com a energia mais cara do mundo. O Brasil ficou à frente de países como a Argentina, China, Índia e México (US$ 0,08), Coréia do Sul (US$ 0,11), Estados Unidos (US$ 0,14) e da maioria dos países em desenvolvimento. Isso implica em perda de competitividade dos nossos produtos industrializados para nossos vizinhos da América Latina, como Argentina e México."

A PROCEL vem realizando estudos e divulgando casos de sucesso no tema. Dois podem aqui ser referidos[240]:

> A Vicunha Têxtil, localizada em Pacajus (CE), produz um mix de artigos de tecido índigo em regime de trabalho ininterrupto. A partir do estabelecimento de uma política de produção, conjugada com o respeito ao meio ambiente, a empresa adotou uma série de medidas visando o uso eficiente e racional da energia que resultaram em uma economia de 7.279 MWh/ano.
>
> [...]
>
> A SABESP - Companhia de Saneamento Básico do Estado de São Paulo, atua no serviço público de saneamento básico em 368 municípios do Estado de São Paulo e é responsável por aproximadamente 2% do consumo de energia elétrica do Estado. Foram adotadas medidas de eficiência energética no sistema de bombeamento do setor Santana. Como conseqüência houve uma significativa redução da demanda e do consumo de energia elétrica e

---

[238] Consulte a propósito: http://www.abesco.com.br/pt/programas-do-governo/
[239] Consulte a propósito: https://acendebrasil.com.br/
[240] Acesso em http://www.procelinfo.com.br/main.asp?Team=%7BADA5FF68%2D8ACD%2D4E33%2D81DF%2D413F0C48516B%7D

uma economia mensal de aproximadamente 28 mil reais. Além disso, o volume médio de água foi reduzido em 487.180 m3/mês, representando uma recuperação (redução de vazamentos) de cerca de 146 mil reais mensais.

6.97 Recomendações práticas

A questão da eficientização é a dificuldade de elaborar o projeto básico, pois na Administração Pública não se conhece a potencialidade do setor. Ou seja, não se tem resposta sobre qual o limite que pode ser eficientizado determinada despesa pública, se deve ou não ser parcelado o objeto – energia, águas, temperatura ambiental, vias de acesso, custos de reprografia. Por outro lado, há riscos de que no mercado atuem aventureiros, fazendo experimentações no âmbito público, sem responsabilidade pelo fracasso de suas propostas de eficientização.

Por esse motivo, tendo acompanhado processos de licitação, recomenda-se que a definição do objeto seja feita, por um dos seguintes meios:

a) Diálogo competitivo;

b) Concurso de projetos com prêmio e remuneração;

c) Licitação de técnica e preço.

As recomendações para uso das alíneas "b" e "c", podem e devem ser antecedidas de uma audiência pública.

Também é possível chamar empresas de notória especialização para elaborar os projetos. Essa possibilidade foi colocada por último, pois há risco de em realização de especialização, a empresa limitar a eficientização a um setor, energético, por exemplo. A especialização em um setor, como o parcelamento, tem vantagens e desvantagens.

Após o projeto, pode-se contratar, com as novas regras de eficientização que foram transcritas no início deste comentário e estão nos arts. 39 e 110 da nova lei.

Art. 6º, inc. LIV

Art. 6º Para os fins desta Lei, consideram-se: [...]

LIV - seguro-garantia: seguro que garante o fiel cumprimento das obrigações assumidas pelo contratado;

Dispositivos correspondentes na Lei nº 8.666/1993:

Art. 6º. [...] VI - Seguro-Garantia - o seguro que garante o fiel cumprimento das obrigações assumidas por empresas em licitações e contratos;

Dispositivos pertinentes na Lei nº 14.133/2021, além do art. 6º:

Art. 58. Poderá ser exigida, no momento da apresentação da proposta, a comprovação do recolhimento de quantia a título de garantia de proposta, como requisito de pré-habilitação.

Lei nº 14.133/2021 — Art. 6º

§ 1º A garantia de proposta não poderá ser superior a 1% (um por cento) do valor estimado para a contratação.

§ 2º A garantia de proposta será devolvida aos licitantes no prazo de 10 (dez) dias úteis, contado da assinatura do contrato ou da data em que for declarada fracassada a licitação.

§ 3º Implicará execução do valor integral da garantia de proposta a recusa em assinar o contrato ou a não apresentação dos documentos para a contratação.

§ 4º A garantia de proposta poderá ser prestada nas modalidades de que trata o § 1º do art. 96 desta Lei.

Art. 96. A critério da autoridade competente, em cada caso, poderá ser exigida, mediante previsão no edital, prestação de garantia nas contratações de obras, serviços e fornecimentos.

§ 1º Caberá ao contratado optar por uma das seguintes modalidades de garantia: [...]

II - seguro-garantia; [...]

Art. 97. O seguro-garantia tem por objetivo garantir o fiel cumprimento das obrigações assumidas pelo contratado perante à Administração, inclusive as multas, os prejuízos e as indenizações decorrentes de inadimplemento, observadas as seguintes regras nas contratações regidas por esta Lei:

I - o prazo de vigência da apólice será igual ou superior ao prazo estabelecido no contrato principal e deverá acompanhar as modificações referentes à vigência deste mediante a emissão do respectivo endosso pela seguradora;

II - o seguro-garantia continuará em vigor mesmo se o contratado não tiver pago o prêmio nas datas convencionadas.

Parágrafo único. Nos contratos de execução continuada ou de fornecimento contínuo de bens e serviços, será permitida a substituição da apólice de seguro-garantia na data de renovação ou de aniversário, desde que mantidas as mesmas condições e coberturas da apólice vigente e desde que nenhum período fique descoberto, ressalvado o disposto no § 2º do art. 96 desta Lei. [...]

Art. 99. Nas contratações de obras e serviços de engenharia de grande vulto, poderá ser exigida a prestação de garantia, na modalidade seguro-garantia, com cláusula de retomada prevista no art. 102 desta Lei, em percentual equivalente a até 30% (trinta por cento) do valor inicial do contrato. [...]

Art. 102. Na contratação de obras e serviços de engenharia, o edital poderá exigir a prestação da garantia na modalidade seguro-garantia e prever a obrigação de a seguradora, em caso de inadimplemento pelo contratado, assumir a execução e concluir o objeto do contrato, hipótese em que:

I - a seguradora deverá firmar o contrato, inclusive os aditivos, como interveniente anuente e poderá:

a) ter livre acesso às instalações em que for executado o contrato principal;

b) acompanhar a execução do contrato principal;

c) ter acesso a auditoria técnica e contábil;

d) requerer esclarecimentos ao responsável técnico pela obra ou pelo fornecimento;

II - a emissão de empenho em nome da seguradora, ou a quem ela indicar para a conclusão do contrato, será autorizada desde que demonstrada sua regularidade fiscal;

III - a seguradora poderá subcontratar a conclusão do contrato, total ou parcialmente.

Parágrafo único. Na hipótese de inadimplemento do contratado, serão observadas as seguintes disposições:

I - caso a seguradora execute e conclua o objeto do contrato, estará isenta da obrigação de pagar a importância segurada indicada na apólice;

II - caso a seguradora não assuma a execução do contrato, pagará a integralidade da importância segurada indicada na apólice.

6.98 Noções de seguro-garantia

A legislação anterior tratava do seguro-garantia de maneira superficial. A nova Lei passa a dedicar capítulo específico sobre a exigência de prestação de garantia além de majorar a porcentagem do seguro que antes era limitada a 10%. Queira confrontar art. 96.

Em síntese: o seguro-garantia pode servir para assegurar a Administração que o licitante vai assinar o contrato, nos termos da proposta que apresentou, ou o contratado vai executar o contrato como assinou.

Vale lembrar que se trata de uma das modalidades de garantia, tendo a Lei admitido que além do seguro-garantia, o interessado, licitante ou contratado, escolha caução em dinheiro ou, ainda, a fiança bancária como modalidades de garantia. Assim, como regra **geral**, a escolha da modalidade fica à livre escolha do contratado ou licitante. Não mais existe a possibilidade de usar títulos da dívida pública.

Como regra **específica**, porém, agora, na nova Lei, a Administração pode exigir especificamente a modalidade seguro-garantia do contrato, quando o objeto se tratar de obras e serviços de engenharia, na forma do art. 102, acima transcrito.

A garantia para a fase da licitação, está regida pelo art. 58, que permite ao licitante escolher entre as modalidades de garantia previstas no § 1º, do art. 96, aquela que melhor lhe aprouver. Para essa fase, a escolha é do contratado.

No contrato, o seguro garantia tem agora duas possibilidades: uma, já conhecida, o dever de a seguradora pagar até um determinado percentual do empreendimento, pela inexecução total ou parcial do contratado segurado; a outra, agora inovada, assumir a execução do objeto. Nessa segunda situação, a seguradora é juridicamente interveniente na relação contratual, onde o tomador do serviço de seguro paga um prêmio para a seguradora assegurar o cumprimento das obrigações contratuais. Durante muito tempo, no Brasil, essa possibilidade foi afastada sob o argumento de que restringe a competição; que dever-se-ia prestigiar a isonomia. Agora, assumiu a sua função de equilibrar princípios, em conformidade com a Constituição Federal. Eficiência, redução de riscos e isonomia.

A propósito de garantia, o legislador aceitou a sugestão que apresentamos no sentido de depositar, como garantia de pagamento, o valor de cada etapa previamente. O dispositivo, no entanto, foi vetado por sugestão dos Ministérios de Infraestrutura, da Economia e da Controladoria-Geral da União.[241] A evolução do

---

[241] Razões do veto:

Direito Administrativo exige uma postura inovadora. Não faz nenhum sentido que em pleno século XXI se permita a alguns gestores se apropriarem do poder da Administração Pública, como se o país estivesse nos sombrios séculos da tirania, contratando quem bem entenderem e pagando quando e como quiserem. O regime republicano, como a monarquia democrática, exige o múnus público dos que se dispõem à condição e servidor público e esse múnus é incompatível com gerir o interesse público, como egoisticamente próprio, subjugando o particular.

O Direito Administrativo, no Brasil, precisa evoluir.

Art. 6º, inc. LV

> Art. 6º Para os fins desta Lei, consideram-se: [...]
>
> LV - produtos para pesquisa e desenvolvimento: bens, insumos, serviços e obras necessários para atividade de pesquisa científica e tecnológica, desenvolvimento de tecnologia ou inovação tecnológica, discriminados em projeto de pesquisa;

Dispositivos correspondentes na Lei nº 8.666/1993:

Art. 6º. [...] XX - produtos para pesquisa e desenvolvimento - bens, insumos, serviços e obras necessários para atividade de pesquisa científica e tecnológica, desenvolvimento de tecnologia ou inovação tecnológica, discriminados em projeto de pesquisa aprovado pela instituição contratante.

Dispositivos correlatos na Lei nº 12.462/2011:

Ouvidos, os Ministérios de Infraestrutura, da Economia e a Controladoria-Geral da União manifestaram-se pelo veto aos seguintes dispositivos:

§ 2º e § 3º do art. 115

"§ 2º Nas contratações de obras, a expedição da ordem de serviço para execução de cada etapa será obrigatoriamente precedida de depósito em conta vinculada dos recursos financeiros necessários para custear as despesas correspondentes à etapa a ser executada.

§ 3º São absolutamente impenhoráveis os valores depositados na conta vinculada a que se refere o § 2º deste artigo."

Parágrafo único da art. 142

"Parágrafo único. Nas contratações de obras, observar-se-á o disposto no § 2º do art. 115 desta Lei."

Razões dos vetos

"A propositura legislativa estabelece que nas contratações de obras, a expedição da ordem de serviço para execução de cada etapa será obrigatoriamente precedida de depósito em conta vinculada dos recursos financeiros necessários para custear as despesas correspondentes à etapa a ser executada.

Entretanto, e em que pese o mérito da proposta, a medida contraria o interesse público, tendo em vista que a obrigatoriedade de depósito em conta vinculada como requisito para expedição de ordem de serviço na execução de obras contribuirá para aumentar significativamente o empoçamento de recursos, inviabilizando remanejamentos financeiros que possam se mostrar necessários ou mesmo para atender demandas urgentes e inesperadas.

Ademais, tem-se que a existência de financeiro não deve ser exigência para a ordem de início do contrato, mas apenas a previsão orçamentária, caracterizada pela conhecida nota de empenho.

Por fim, tal medida infringe princípios e normas de direito financeiro, como o art. 56 da Lei nº 4.320, de 1964, que exige a observância do princípio de unidade de tesouraria e veda qualquer fragmentação para criação de caixas especiais, como seriam as contas vinculadas, para a realização de antecipação de pagamentos por parte da Administração, que depositaria o valor da etapa da obra de forma antecipada, antes do cumprimento da obrigação por parte do contratado."

> Art. 1º. É instituído o Regime Diferenciado de Contratações Públicas (RDC), aplicável exclusivamente às licitações e contratos necessários à realização:[...]
>
> X - das ações em órgãos e entidades dedicados à ciência, à tecnologia e à inovação. (Incluído pela Lei nº 13.243, de 2016)
>
> § 1º O RDC tem por objetivos:[...]
>
> III - incentivar a inovação tecnológica; e
>
> **Dispositivos pertinentes na Lei nº 14.133/2021, além do art. 6º:**
>
> Art. 70. A documentação referida neste Capítulo poderá ser:
>
> I - apresentada em original, por cópia ou por qualquer outro meio expressamente admitido pela Administração;
>
> II - substituída por registro cadastral emitido por órgão ou entidade pública, desde que previsto no edital e que o registro tenha sido feito em obediência ao disposto nesta Lei;
>
> III - dispensada, total ou parcialmente, nas contratações para entrega imediata, nas contratações em valores inferiores a 1/4 (um quarto) do limite para dispensa de licitação para compras em geral e nas **contratações de produto para pesquisa e desenvolvimento até o valor de R$ 300.000,00 (trezentos mil reais)**.
>
> Valor atualizado para R$ 359.436,08 (trezentos e cinquenta e nove mil quatrocentos e trinta e seis reais e oito centavos), conforme Decreto nº 11.871 de 2023.
>
> Art. 75. É dispensável a licitação: [...]
>
> IV - para contratação que tenha por objeto: [...]
>
> c) produtos para pesquisa e desenvolvimento, limitada a contratação, no caso de obras e serviços de engenharia, ao valor de R$ 300.000,00 (trezentos mil reais);
>
> Valor atualizado para R$ 359.436,08 (trezentos e cinquenta e nove mil quatrocentos e trinta e seis reais e oito centavos), conforme Decreto nº 11.871 de 2023.
>
> Art. 93. Nas contratações de projetos ou de serviços técnicos especializados, inclusive daqueles que contemplem o desenvolvimento de programas e aplicações de internet para computadores, máquinas, equipamentos e dispositivos de tratamento e de comunicação da informação (software) - e a respectiva documentação técnica associada -, o autor deverá ceder todos os direitos patrimoniais a eles relativos para a Administração Pública, hipótese em que poderão ser livremente utilizados e alterados por ela em outras ocasiões, sem necessidade de nova autorização de seu autor. [..]
>
> § 2º É facultado à Administração Pública deixar de exigir a cessão de direitos a que se refere o caput deste artigo quando o objeto da contratação envolver atividade de **pesquisa e desenvolvimento de caráter científico, tecnológico ou de inovação**, considerados os princípios e os mecanismos instituídos pela Lei nº 10.973, de 2 de dezembro de 2004.

6.99 Marco legal da Ciência, Tecnologia e Inovação

A inclusão de produtos para pesquisa e desenvolvimento advém da Lei nº 13.243/2016 denominada de Marco Legal da Ciência, Tecnologia e Inovação. A referida lei busca, entre outros, estimular a inovação em matéria de ciência e tecnologia por meio da cooperação entre os setores público e privado.

À época também foi acrescida as possibilidades de uso do RDC para os produtos dessa categoria. Como bem explicita a Lei, os produtos compreendem tanto bens, como insumos, serviços e obras e necessitam estar discriminados em projeto de pesquisa. Sobre este último, vale ressaltar que os projetos de pesquisa devem ser aprovados pela Instituição contratante.

Além de dispensar a licitação para a contratação desses produtos, até o valor de R$ 343.249,96, conforme art. 75, acima transcrito, a lei tentou simplificar a burocracia das contratações. É óbvio que desburocratizar deveria ser um permanente dever e aplicável a todas as áreas da Administração Pública, mas no caso em específico do cientista essa é ainda mais necessária. É que referidos profissionais não contratam instituição ou profissional para desincumbir-se da burocracia e acabam concentrando área complexa, como documentação e prestação de contas, que não dominam.

Art. 6º, inc. LVI

> Art. 6º Para os fins desta Lei, consideram-se: [...]
>
> LVI - sobrepreço: preço orçado para licitação ou contratado em valor expressivamente superior aos preços referenciais de mercado, seja de apenas 1 (um) item, se a licitação ou a contratação for por preços unitários de serviço, seja do valor global do objeto, se a licitação ou a contratação for por tarefa, empreitada por preço global ou empreitada integral, semi-integrada ou integrada;

Dispositivos correspondentes na Lei nº 13.303/2016 (Lei das Estatais):

Art. 31. [...]

§ 1º Para os fins do disposto no *caput*, considera-se que há:

I - sobrepreço quando os preços orçados para a licitação ou os preços contratados são expressivamente superiores aos preços referenciais de mercado, podendo referir-se ao valor unitário de um item, se a licitação ou a contratação for por preços unitários de serviço, ou ao valor global do objeto, se a licitação ou a contratação for por preço global ou por empreitada;

Dispositivos pertinentes na Lei nº 14.133/2021, além do art. 6º:

DO PROCESSO LICITATÓRIO

Art. 11. O processo licitatório tem por objetivos: [...]

III - evitar contratações com **sobrepreço** ou com preços manifestamente inexequíveis e superfaturamento na execução dos contratos;

Art. 59. [...]

§ 3º No caso de obras e serviços de engenharia e arquitetura, para efeito de avaliação da exequibilidade e de **sobrepreço**, serão considerados o preço global, os quantitativos e os preços unitários tidos como relevantes, observado o critério de aceitabilidade de preços unitário e global a ser fixado no edital, conforme as especificidades do mercado correspondente.

6.100 Sobrepreço e ilegalidade

A Lei conceituou sobrepreço de forma bastante similar ao disposto na Lei das Estatais, acrescentando apenas os regimes de tarefa, a empreitada em empreitada por preço global, empreitada integral, semi-integrada ou integrada.

O sobrepreço ocorre quando o valor é excessivamente superior aos preços de referenciais de mercado. O critério adotado é deveras complexo, uma vez que é somente um dos parâmetros de pesquisa de preços: a verificação do preço do mercado, sendo admitida a utilização de catálogos, contratações de outros órgãos, além da questão das especificidades do produto/serviço que podem influenciar no valor.

Diferentemente do superfaturamento, o sobrepreço *per se* não implica uma ilegalidade. A Lei admite ainda a possibilidade de sanar o "sobrepreço". A propósito, inclusive, após o julgamento da proposta na forma do art. 61, também é permitido negociar preços que, após a contratação, se tornaram superiores aos praticados no mercado.

6.101 Recomendação dos autores

É recomendável a discriminação do preço por item na proposta, pois viabiliza o exame de futuros pleitos de reajustes contratuais e a aferição do equilíbrio econômico-financeiro do contrato se este for afetado por eventos imprevisíveis. Essa atuação poderá evitar, na apresentação de necessários acréscimos contratuais, especialmente em obras e serviços, o chamado "jogo de planilha", que invariavelmente leva a possíveis aditamentos ao contrato e superfaturamento do objeto contratado.

É também recomendável que os eventos que podem afetar os preços e por via reflexa o equilíbrio econômico-financeiro do contrato sejam previstos e integrados na matriz de risco.

Ao ensejo, não se pode olvidar que muitas vezes o "preço de mercado" não pode ser parâmetro para a Administração Pública. O particular não paga por nota de empenho, não tem atesto de faturas, prazo maior para pagamento. Certa vez, um grupo de servidores reclamava de várias acusações de contratações com sobrepreço apontadas pelo Tribunal de Contas do estado do Ceará. Tentavam justificar com a informação de que era o menor preço encontrado nas licitações. Quando questionados sobre o prazo de pagamento, informaram que era sempre superior a seis meses. Conclusão: quem paga mal, sabe que o fornecedor inclui no preço o risco de calote ou pagamentos.

De outro lado, muitas vezes é a qualidade do produto que interfere e o desassocia do preço de mercado. Pão vitaminado, lei vitaminado, maior prazo de garantia e assistência técnica, atendimento a normas da ABNT e INMETRO. Cada particular fixa o preço do seu produto, segundo a estrutura de custos e oportunidades do mercado. Se o preço médio atende, o comprador tem que entender que terá a qualidade média do mercado.

Art. 6º, inc. LVII, a, b, c, d

> Art. 6º Para os fins desta Lei, consideram-se: [...]
>
> LVII - superfaturamento: dano provocado ao patrimônio da Administração, caracterizado, entre outras situações, por:
>
> a) medição de quantidades superiores às efetivamente executadas ou fornecidas;
>
> b) deficiência na execução de obras e de serviços de engenharia que resulte em diminuição da sua qualidade, vida útil ou segurança;
>
> c) alterações no orçamento de obras e de serviços de engenharia que causem desequilíbrio econômico-financeiro do contrato em favor do contratado;
>
> d) outras alterações de cláusulas financeiras que gerem recebimentos contratuais antecipados, distorção do cronograma físico-financeiro, prorrogação injustificada do prazo contratual com custos adicionais para a Administração ou reajuste irregular de preços.

Dispositivos correspondentes na Lei nº 8.666/1993:

Art. 25. É inexigível a licitação quando houver inviabilidade de competição, em especial: [...]

§ 2º Na hipótese deste artigo e em qualquer dos casos de dispensa, se comprovado superfaturamento, respondem solidariamente pelo dano causado à Fazenda Pública o fornecedor ou o prestador de serviços e o agente público responsável, sem prejuízo de outras sanções legais cabíveis.

Dispositivos correspondentes na Lei nº 13.303/2016 (Lei das Estatais):

Art. 31. [...]

§ 1º Para os fins do disposto no caput, considera-se que há:

II - superfaturamento quando houver dano ao patrimônio da empresa pública ou da sociedade de economia mista caracterizado, por exemplo:

a) pela medição de quantidades superiores às efetivamente executadas ou fornecidas;

b) pela deficiência na execução de obras e serviços de engenharia que resulte em diminuição da qualidade, da vida útil ou da segurança;

c) por alterações no orçamento de obras e de serviços de engenharia que causem o desequilíbrio econômico-financeiro do contrato em favor do contratado;

d) por outras alterações de cláusulas financeiras que gerem recebimentos contratuais antecipados, distorção do cronograma físico-financeiro, prorrogação injustificada do prazo contratual com custos adicionais para a empresa pública ou a sociedade de economia mista ou reajuste irregular de preços.

6.102 Superfaturamento: necessidade de dano

O superfaturamento se assemelha ao sobrepreço pois ambos se referem ao preço pago pela Administração. O sobrepreço é definido na fase da licitação, enquanto o superfaturamento é definido na execução do contrato. O preço excessivo de um produto pode ser justificável pelo simples fato de um fornecedor ou prestador de serviço cobrar pelo seu produto preço superior ao de mercado, seja pela grife, seja pela qualidade ou outro atributo. Pode, inclusive, ser irregular como ocorre se uma determinada empresa praticar preços diferenciado para o cliente Administração Pública.

Como visto nos comentários anteriores, mesmo essa conduta pode ser justificável como elevação de preços para fornecer para um órgão da Administração Pública que sistematicamente protrai por mais de seis meses todos os seus pagamentos. Se o sobrepreço é condenável é porque há outras razões, associadas à fase interna da licitação, como exigir além da necessária qualidade ou adotar atitude que vem a ser conhecida no mercado fornecedor como mau pagador.

O superfaturamento é avaliado quando, na execução do contrato, fatura-se valor além do valor devido, entrega-se produto ao preço certo do produto licitado, mas com qualidade inferior, e mais portanto mais barato. Realiza-se obras com deficiência com diminuição da qualidade ou da vida útil ou comprometimento da segurança futura do empreendimento ou serviço. Também prevê a lei que a origem do superfaturamento seja atribuível a um agente da Administração que realize "alterações no orçamento de obras e de serviços de engenharia que causem o desequilíbrio econômico-financeiro do contrato em favor do contratado". Assim, alteração do orçamento unilateral deve merecer cautelas.

Por fim, a Lei trata de "outras alterações de cláusulas financeiras que gerem recebimentos contratuais antecipados", como ocorre com atestar faturas de serviços ainda não realizados resultando no recebimento antes da execução. Também, agora, foi classificado como superfaturamento ordenar a alteração do cronograma físico-financeiro, prorrogando sem justificativa o prazo contratual e gerando custos adicionais para a Administração ou até reajuste irregular de preços.

Note que no superfaturamento há danos ao patrimônio da Administração. O superfaturamento nesse sentido, não decorre do sobrepreço mas da forma de execução do objeto do contrato. Portanto, o superfaturamento se materializa com o dano ao erário, com a liquidação e o pagamento de serviços não executados ou executados com preços muito inferiores.

Como se observa, a lei, em mais uma atecnia, inclui na categoria de superfaturamento situações de fato que a rigor não tem relação com "superfaturamento" na acepção estrita do termo. Superfaturado é a qualidade de algo, bem ou serviço, ao qual foi atribuído ou pago um preço muito superior àquele que seria justo e correto em relação ao mercado específico no qual se insere o objeto.

As situações de superfaturamento previstas nas letras a e b versam sobre fraude na execução contratual. Já as situações previstas como de superfaturamento nas letras c e d podem ou não caracterizar uma fraude de execução contratual. Apenas constituirão ilícito se, e na medida em que não tiverem fundamento jurídico, técnico ou econômico-financeiro que legitime alterações de orçamento, de prazos, ou de cronograma físico-financeiro.

Havendo indícios de superfaturamento, deverá ser apurada a infração e, havendo dolo, a responsabilização. A propósito, cabe lembrar que conforme art. 169, § 3º, as irregularidades referentes a aplicação desta lei devem ser separadas em dois grupos, segundo causem ou não danos ao erário, com consequências bem definidas para cada grupo.[242]

Art. 6º, inc. LVIII

Art. 6º Para os fins desta Lei, consideram-se: [...]

LVIII - reajustamento em sentido estrito: forma de manutenção do equilíbrio econômico-financeiro de contrato consistente na aplicação do índice de correção monetária previsto no contrato, que deve retratar a variação efetiva do custo de produção, admitida a adoção de índices específicos ou setoriais;

Dispositivos correspondentes na IN nº 05/2017 da SEGES: [...]

Art. 61. O reajuste em sentido estrito, como espécie de reajuste contratual, consiste na aplicação de índice de correção monetária previsto no contrato, que deverá retratar a variação efetiva do custo de produção, admitida a adoção de índices específicos ou setoriais.

Dispositivos correlatos na Lei nº 8.666/1993:

Art. 40. O edital conterá no preâmbulo o número de ordem em série anual, o nome da repartição interessada e de seu setor, a modalidade, o regime de execução e o tipo da licitação, a menção de que será regida por esta Lei, o local, dia e hora para recebimento da documentação e proposta, bem como para início da abertura dos envelopes, e indicará, obrigatoriamente, o seguinte:[...]

---

[242] § 3º Os integrantes das linhas de defesa a que se referem os incisos I, II e III do caput deste artigo observarão o seguinte:
I - quando constatarem simples impropriedade formal, adotarão medidas para o seu saneamento e para a mitigação de riscos de sua nova ocorrência, preferencialmente com o aperfeiçoamento dos controles preventivos e com a capacitação dos agentes públicos responsáveis;
II - quando constatarem irregularidade que configure dano à Administração, sem prejuízo das medidas previstas no inciso I deste § 3º, adotarão as providências necessárias para a apuração das infrações administrativas, observadas a segregação de funções e a necessidade de individualização das condutas, bem como remeterão ao Ministério Público competente cópias dos documentos cabíveis para a apuração dos ilícitos de sua competência.

XI - critério de reajuste, que deverá retratar a variação efetiva do custo de produção, admitida a adoção de índices específicos ou setoriais, desde a data prevista para apresentação da proposta, ou do orçamento a que essa proposta se referir, até a data do adimplemento de cada parcela;

Dispositivos pertinentes na Lei nº 14.133/2021, além do art. 6º:

Art. 6º. LVII - superfaturamento: dano provocado ao patrimônio da Administração, caracterizado, entre outras situações, por: [...]

d) outras alterações de cláusulas financeiras que gerem recebimentos contratuais antecipados, distorção do cronograma físico-financeiro, prorrogação injustificada do prazo contratual com custos adicionais para a Administração ou **reajuste** irregular de preços; [...]

Art. 25. [...]

§ 8º Nas licitações de serviços contínuos, observado o interregno mínimo de 1 (um) ano, o critério de reajustamento será por:

I - reajustamento em sentido estrito, quando não houver regime de dedicação exclusiva de mão de obra ou predominância de mão de obra, mediante previsão de índices específicos ou setoriais; [...]

Art. 92. São necessárias em todo contrato cláusulas que estabeleçam: [..]

V - o preço e as condições de pagamento, os critérios, a data-base e a periodicidade do **reajustamento** de preços e os critérios de atualização monetária entre a data do adimplemento das obrigações e a do efetivo pagamento; [...]

§ 3º Independentemente do prazo de duração, o contrato deverá conter cláusula que estabeleça o índice de **reajustamento** de preço, com data-base vinculada à data do orçamento estimado, e poderá ser estabelecido mais de um índice específico ou setorial, em conformidade com a realidade de mercado dos respectivos insumos.

§ 4º Nos contratos de serviços contínuos, observado o interregno mínimo de 1 (um) ano, o critério de reajustamento de preços será por:

I - **reajustamento** em sentido estrito, quando não houver regime de dedicação exclusiva de mão de obra ou predominância de mão de obra, mediante previsão de índices específicos ou setoriais; [...]

Art. 129. Nas alterações contratuais para supressão de obras, bens ou serviços, se o contratado já houver adquirido os materiais e os colocado no local dos trabalhos, estes deverão ser pagos pela Administração pelos custos de aquisição regularmente comprovados e monetariamente **reajustados**, podendo caber indenização por outros danos eventualmente decorrentes da supressão, desde que regularmente comprovados. [...]

Art. 135. Os preços dos contratos para serviços contínuos com regime de dedicação exclusiva de mão de obra ou com predominância de mão de obra serão repactuados para manutenção do equilíbrio econômico-financeiro, mediante demonstração analítica da variação dos custos contratuais, com data vinculada: [...]

§ 4º A repactuação poderá ser dividida em tantas parcelas quantas forem necessárias, observado o princípio da anualidade do **reajuste** de preços da contratação, podendo ser realizada em momentos distintos para discutir a variação de custos que tenham sua anualidade resultante em datas diferenciadas, como os decorrentes de mão de obra e os decorrentes dos insumos necessários à execução dos serviços. [...]

Art. 136. Registros que não caracterizam alteração do contrato podem ser realizados por simples apostila, dispensada a celebração de termo aditivo, como nas seguintes situações:

I - variação do valor contratual para fazer face ao **reajuste** ou à repactuação de preços previstos no próprio contrato;

6.103 Instrumentos para garantir o equilíbrio econômico-financeiro do contrato

O Brasil garante na Constituição Federal o equilíbrio econômico-financeiro da proposta. Outros países, em normas infralegais garantem o equilíbrio econômico-financeiro do contrato. Portanto, a garantia constitucional brasileira, define como marco antecedente o evento que deve indicar o preciso momento em que se firma a equação econômico-financeira que deve ser mantida durante toda a vigência do contrato. É inconstitucional protrair, retardar, o equilíbrio para a época da assinatura do contrato.

A proposta tem data certa e definida pela Administração: ou a Administração obriga todos os licitantes a apresentarem a proposta em data certa, ou obriga a indicarem outra data como, por exemplo, a data da convenção coletiva que define o salário base da categoria que reporta ao serviço num contrato de terceirização.

A partir dessa data, há quatro instrumentos distintos que podem ser utilizados para efetivar essa garantia, cada qual com finalidade distinta: reajuste, que visa recompor o poder aquisitivo da moeda ou os custos dos insumos setoriais incidentes em um contrato; a repactuação, que visa preservar os custos da mão-de-obra incidente num contrato, a revisão, que é destinada a ajustar o preço, em função de aumento ou diminuição e tributos ou encargos, e o reequilíbrio, para alterar preço do contrato, em decorrência de fatos imprevistos ou imprevisíveis que alteram substancialmente os custos do contrato. Tem prazo certo para ocorrer a repactuação e o reajuste.

6.104 A efetividade do reajustamento em sentido estrito: noções

O legislador foi preciso ao esclarecer que o reajustamento é uma forma de manutenção do equilíbrio econômico-financeiro do contrato, ao lado da repactuação, reequilíbrio, estrito censo, e revisão.

A indexação dos preços ajustados por um determinado índice a ser utilizado - em regra setorial -, que reflita a variação dos custos da execução do objeto contratado deve estar prevista em edital e contrato e opera-se automaticamente.

A sua concessão não demanda a prévia comprovação e cabe a Administração aplicá-la, formalizando por simples apostilamento, sem necessidade de formalização por aditivo de contrato.

O estabelecimento dos critérios de reajuste dos preços é obrigatório tanto no edital quanto no instrumento contratual e, agora, obrigatório, mesmo em contratos com prazo de duração inferior a um ano. Essa inovação, que acolhe boa jurisprudência, permite indexar o contrato que tinha inicialmente prazo inferior a um ano e vem a ser prorrogado.

O princípio da anualidade do reajuste de preços da contratação, que é disposto mais adiante neste diploma, determina que o prazo mínimo para reajuste não pode ser inferior a 12 (doze) meses, tendo por *dies a quo* a data prevista para a apresentação da proposta ou do orçamento a que esta se referir. Esse prazo, mínimo de um ano, decorre da legislação que instituiu no Brasil o plano real, mudando o sistema monetário do país.[243]

Pode o contratado renunciar ao direito ao reajuste de preços por se tratar de natureza patrimonial e disponível, desde que realizada de forma expressa e inequívoca, preferencialmente por meio de disposição específica no termo aditivo de prorrogação contratual a ser firmado entre as partes. O que se não admite é a Administração deixar de cumprir o dever de reajustar o contrato e servir-se da "própria torpeza" omissiva para negar o reajuste.

É possível, porém, negociar na data do reajuste preços inferiores, se a Administração verificar que houve redução de preços de mercado. Há, obviamente diferença, entre substancial alteração de preços de mercado e o pedido de preços, formulado por um agente da Administração, para empresa concorrente do contratado e que perdeu a licitação. É evidente que essa apresentará preço inferior, visando obrigar a rescisão e ser aberta nova licitação. Por isso, deve a Administração não dirigir pedido de proposta a quem não é licitante. A estimativa de preços, se o gestor entender necessária, deve ser realizada com fundamento no art. 23, evitando-se aplicação do inc. IV do respectivo § 1º.

Jurisprudência que ainda pode servir à interpretação
Em outro acórdão, o TCU já determinou:
[...] ao [...] que, por meio de ato normativo próprio contemplando parâmetros objetivos, oriente todas as unidades de sua estrutura organizacional responsáveis pela análise e processamento dos requerimentos fundados na IS-DG 2/2015, no exame do caso concreto, quando do recebimento dos pleitos, quanto à necessidade de: 9.2.1. demonstrar o impacto acentuado nos contratos em andamento em razão dos aumentos imprevisíveis nos preços dos insumos betuminosos, ocorridos no final de 2014, especialmente quanto às seguintes situações que apontam para a inaplicabilidade dos critérios previstos no referido normativo em função do não atendimento

---

[243] Lei nº 9.069, de 29 de junho de 1995. Dispõe sobre o Plano Real, o Sistema Monetário Nacional, estabelece as regras e condições de emissão do REAL e os critérios para conversão das obrigações para o REAL, e dá outras providências.
Art. 28. Nos contratos celebrados ou convertidos em REAL com cláusula de correção monetária por índices de preço ou por índice que reflita a variação ponderada dos custos dos insumos utilizados, a periodicidade de aplicação dessas cláusulas será anual.
§ 1º É nula de pleno direito e não surtirá nenhum efeito cláusula de correção monetária cuja periodicidade seja inferior a um ano.

dos pressupostos da teoria da imprevisão, bem como das disposições contidas no art. 65, inciso II, alínea "d", da Lei 8.666/1993.2

Outro ponto que merece realce é que o TCU também se manifestou sobre a necessidade de comprovação do desequilíbrio por meio de documentos, conforme Acórdão nº 1.529/2006 - Plenário:

9.2.2.4. avalie a realização do reajuste anual do contrato levando em conta a possibilidade de, para os itens em que não houver variação de preços expressa em índices setoriais conhecidos, utilizar documentos apresentados pelas empresas os quais comprovem, como coloca o princípio da legalidade, inscrito no caput do art. 37 da Constituição Federal, a efetiva variação de custos de produção de cada um dos itens que compõem os contratos, consoante determinado pelo art. 40, inciso XI, da Lei nº 8.666/1993, devendo, para isso, estabelecer que os preços orçados tenham abertos os itens de suas composições [...]3?

Art. 6º, inc. LIX

Art. 6º Para os fins desta Lei, consideram-se: [...]

LIX - repactuação: forma de manutenção do equilíbrio econômico-financeiro de contrato utilizada para serviços contínuos com regime de dedicação exclusiva de mão de obra ou predominância de mão de obra, por meio da análise da variação dos custos contratuais, devendo estar prevista no edital com data vinculada à apresentação das propostas, para os custos decorrentes do mercado, e com data vinculada ao acordo, à convenção coletiva ou ao dissídio coletivo ao qual o orçamento esteja vinculado, para os custos decorrentes da mão de obra;

Dispositivos correspondentes na IN nº 05/2017 da SEGES:

Art. 37. A repactuação de preços, como espécie de reajuste contratual, deverá ser utilizada nas contratações de serviços continuados com dedicação exclusiva de mão de obra, desde que seja observado o interregno mínimo de um ano das datas dos orçamentos aos quais a proposta se referir, conforme estabelece o art. 5º do Decreto nº 2.271, de 1997.

Dispositivos correlatos na Lei nº 8.666/1993:

Art. 40. O edital conterá no preâmbulo o número de ordem em série anual, o nome da repartição interessada e de seu setor, a modalidade, o regime de execução e o tipo da licitação, a menção de que será regida por esta Lei, o local, dia e hora para recebimento da documentação e proposta, bem como para início da abertura dos envelopes, e indicará, obrigatoriamente, o seguinte:[...]

XI - critério de reajuste, que deverá retratar a variação efetiva do custo de produção, admitida a adoção de índices específicos ou setoriais, desde a data prevista para apresentação da proposta, ou do orçamento a que essa proposta se referir, até a data do adimplemento de cada parcela;

Dispositivos da Lei nº 14.133/2021, além do art. 6º:

Art. 25. [...]

§ 8º Nas licitações de serviços contínuos, observado o interregno mínimo de 1 (um) ano, o critério de reajustamento será por: [...]

II - repactuação, quando houver regime de dedicação exclusiva de mão de obra ou predominância de mão de obra, mediante demonstração analítica da variação dos custos. § 8º Nas licitações de serviços contínuos, observado o interregno mínimo de 1 (um) ano, o critério de reajustamento será por: [...]

Art. 92. São necessárias em todo contrato cláusulas que estabeleçam: [..]

X - o prazo para resposta ao pedido de repactuação de preços, quando for o caso; [...]

§ 4º Nos contratos de serviços contínuos, observado o interregno mínimo de 1 (um) ano, o critério de reajustamento de preços será por:

I - reajustamento em sentido estrito, quando não houver regime de dedicação exclusiva de mão de obra ou predominância de mão de obra, mediante previsão de índices específicos ou setoriais;

II - repactuação, quando houver regime de dedicação exclusiva de mão de obra ou predominância de mão de obra, mediante demonstração analítica da variação dos custos. [...]

§ 6º Nos contratos para serviços contínuos com regime de dedicação exclusiva de mão de obra ou com predominância de mão de obra, o prazo para resposta ao pedido de repactuação de preços será preferencialmente de 1 (um) mês, contado da data do fornecimento da documentação prevista no § 6º do art. 135 desta Lei. [...]

Art. 129. Nas alterações contratuais para supressão de obras, bens ou serviços, se o contratado já houver adquirido os materiais e os colocado no local dos trabalhos, estes deverão ser pagos pela Administração pelos custos de aquisição regularmente comprovados e monetariamente reajustados, podendo caber indenização por outros danos eventualmente decorrentes da supressão, desde que regularmente comprovados. [...]

Art. 135. Os preços dos contratos para serviços contínuos com regime de dedicação exclusiva de mão de obra ou com predominância de mão de obra serão repactuados para manutenção do equilíbrio econômico-financeiro, mediante demonstração analítica da variação dos custos contratuais, com data vinculada:

I - à da apresentação da proposta, para custos decorrentes do mercado;

II - ao acordo, à convenção coletiva ou ao dissídio coletivo ao qual a proposta esteja vinculada, para os custos de mão de obra.

§ 1º A Administração não se vinculará às disposições contidas em acordos, convenções ou dissídios coletivos de trabalho que tratem de matéria não trabalhista, de pagamento de participação dos trabalhadores nos lucros ou resultados do contratado, ou que estabeleçam direitos não previstos em lei, como valores ou índices obrigatórios de encargos sociais ou previdenciários, bem como de preços para os insumos relacionados ao exercício da atividade.

§ 2º É vedado a órgão ou entidade contratante vincular-se às disposições previstas nos acordos, convenções ou dissídios coletivos de trabalho que tratem de obrigações e direitos que somente se aplicam aos contratos com a Administração Pública.

§ 3º A repactuação deverá observar o interregno mínimo de 1 (um) ano, contado da data da apresentação da proposta ou da data da última repactuação.

§ 4º A repactuação poderá ser dividida em tantas parcelas quantas forem necessárias, observado o princípio da anualidade do reajuste de preços da contratação, podendo ser realizada em momentos distintos para discutir a variação de custos que tenham sua anualidade resultante em datas diferenciadas, como os decorrentes de mão de obra e os decorrentes dos insumos necessários à execução dos serviços.

§ 5º Quando a contratação envolver mais de uma categoria profissional, a repactuação a que se refere o inciso II do caput deste artigo poderá ser dividida em tantos quantos forem os acordos, convenções ou dissídios coletivos de trabalho das categorias envolvidas na contratação.

§ 6º A repactuação será precedida de solicitação do contratado, acompanhada de demonstração analítica da variação dos custos, por meio de apresentação da planilha de custos e formação de preços, ou do novo acordo, convenção ou sentença normativa que fundamenta a repactuação. [...]

Art. 136. Registros que não caracterizam alteração do contrato podem ser realizados por simples apostila, dispensada a celebração de termo aditivo, como nas seguintes situações:

> I - variação do valor contratual para fazer face ao reajuste ou à repactuação de preços previstos no próprio contrato;

6.105 Instrumentos para garantir o equilíbrio econômico-financeiro do contrato

É necessário repetir aqui: o Brasil garante na Constituição Federal o equilíbrio econômico-financeiro da proposta. Outros países, em normas infralegais garantem o equilíbrio econômico-financeiro do contrato. Portanto, a garantia constitucional brasileira, define como marco antecedente o evento que deve indicar o preciso momento em que se firma a equação econômico-financeira que deve ser mantida durante toda a vigência do contrato. É inconstitucional protrair, retardar, o equilíbrio para a época da assinatura do contrato.

A proposta tem data certa e definida pela Administração: ou a Administração obriga todos os licitantes a apresentarem a proposta em data certa, ou obriga a indicarem outra data, como por exemplo, a data da convenção coletiva que define o salário base da categoria que reposta o serviço num contrato de terceirização.

A partir dessa data, há quatro instrumentos distintos que podem ser utilizados para efetivar essa garantia, cada qual com finalidade distinta: reajuste, que visa recompor o poder aquisitivo da moeda ou os custos dos insumos setoriais incidentes em um contrato; a repactuação, que visa preservar os custos da mão-de-obra incidente num contrato, a revisão, que é destinada a ajustar o preço, em função de aumento ou diminuição e tributos ou encargos, e o reequilíbrio, para alterar preço do contrato, em decorrência de fatos imprevistos ou imprevisíveis que alteram substancialmente os custos do contrato. Tem prazo certo para ocorrer a repactuação e o reajuste.

6.106 Repactuação e reajuste em sentido estrito

Ambos são formas de preservar a garantia constitucional do equilíbrio econômico-financeiro do contrato. A repactuação, em sentido estrito, como o reajuste tem data certa, deve ser realizado periodicamente, mediante a simples aplicação de um índice de preço, ou demonstração analítica que deve, sempre que possível, refletir os custos setoriais, conforme prevê o art. 136.

6.107 Repactuação: noções gerais

As repactuações serão precedidas de solicitação da contratada, acompanhada de demonstração analítica da alteração dos custos, por meio de apresentação da planilha de custos e formação de preços ou do novo Acordo, Convenção ou Dissídio

Coletivo de Trabalho que fundamenta a repactuação, conforme for a variação de custos objeto da repactuação.

A comprovação da necessidade de repactuação de preços, decorrente da elevação anormal de custos, exige a apresentação de planilhas detalhadas de composição dos itens contratados, com todos os seus insumos, assim como dos critérios de apropriação dos custos indiretos.

6.108 Necessidade de detalhamento de custos para repactuação

A repactuação se destina aos contratos com dedicação exclusiva de mão-de-obra ou com predominância de mão-de-obra.

A repactuação não se aplica, pois, a contrato em que não há detalhamento, por meio de planilha de custos e formação de preços, dos custos afetos à mão de obra e aos demais insumos. A repactuação é inviável se não há planilha de custos e formação de preços no contrato, haja vista a impossibilidade de demonstração analítica da variação dos custos.

As disposições para apresentação das propostas deverão prever que estas sejam apresentadas de forma clara e objetiva, estejam em conformidade com o ato convocatório e contenham todos os elementos que influenciam no valor final da contratação.

A variação dos custos do contrato deve ser comprovada por meio de documentos. Simples alegações não são suficientes para autorizar a repactuação.

6.109 Acordo, Convenção ou Dissídio Coletivo de Trabalho

É vedada a inclusão, por ocasião da repactuação, de benefícios não previstos na proposta inicial, exceto quando se tornarem obrigatórios por força de instrumento legal, Acordo, Convenção ou Dissídio Coletivo de Trabalho. Mas é importante registrar que a administração não se vincula às disposições contidas em Acordos, Convenções ou Dissídios Coletivos de Trabalho que tratem de pagamento de participação dos trabalhadores nos lucros ou resultados da empresa contratada, de matéria não trabalhista, ou que estabeleçam direitos não previstos em lei, tais como valores ou índices obrigatórios de encargos sociais ou previdenciários, bem como de preços para os insumos relacionados ao exercício da atividade. Queira confrontar o § 4º do art. 135.

Não se pode olvidar que o contrato sempre se vincula ao ato convocatório e à proposta vencedora. Logo, as condições do contrato devem retratar conteúdo do edital e da disputa ocorrida durante a licitação. Não há falar em exercício da competência discricionária, porquanto este se verifica no momento preparatório e inicial da licitação, vale dizer, nas escolhas de quando realizá-la, do seu objeto, da especificação das condições de execução, entre outras. Efetivadas essas opções, exaure-se a discricionariedade, não podendo mais ser invocada, sob pena de se infringir a lei.

Art. 6º, inc. LX

> Art. 6º Para os fins desta Lei, consideram-se: [...]
>
> LX - agente de contratação: pessoa designada pela autoridade competente, entre servidores efetivos ou empregados públicos dos quadros permanentes da Administração Pública, para tomar decisões, acompanhar o trâmite da licitação, dar impulso ao procedimento licitatório e executar quaisquer outras atividades necessárias ao bom andamento do certame até a homologação.

Dispositivos correspondentes na Lei nº 8.666/1993: não há.

Dispositivos pertinentes na Lei nº 14.133/2021, além do art. 6º:

Art. 8º. A licitação será conduzida por agente de contratação, pessoa designada pela autoridade competente, entre servidores efetivos ou empregados públicos dos quadros permanentes da Administração Pública, para tomar decisões, acompanhar o trâmite da licitação, dar impulso ao procedimento licitatório e executar quaisquer outras atividades necessárias ao bom andamento do certame até a homologação.

§ 1º O agente de contratação será auxiliado por equipe de apoio e responderá individualmente pelos atos que praticar, salvo quando induzido a erro pela atuação da equipe.

§ 2º Em licitação que envolva bens ou serviços especiais, desde que observados os requisitos estabelecidos no art. 7º desta Lei, o agente de contratação poderá ser substituído por comissão de contratação formada por, no mínimo, 3 (três) membros, que responderão solidariamente por todos os atos praticados pela comissão, ressalvado o membro que expressar posição individual divergente fundamentada e registrada em ata lavrada na reunião em que houver sido tomada a decisão.

§ 3º As regras relativas à atuação do agente de contratação e da equipe de apoio, ao funcionamento da comissão de contratação e à atuação de fiscais e gestores de contratos de que trata esta Lei serão estabelecidas em regulamento, e deverá ser prevista a possibilidade de eles contarem com o apoio dos órgãos de assessoramento jurídico e de controle interno para o desempenho das funções essenciais à execução do disposto nesta Lei.

§ 4º Em licitação que envolva bens ou serviços especiais cujo objeto não seja rotineiramente contratado pela Administração, poderá ser contratado, por prazo determinado, serviço de empresa ou de profissional especializado para assessorar os agentes públicos responsáveis pela condução da licitação.

§ 5º Em licitação na modalidade pregão, o agente responsável pela condução do certame será designado pregoeiro.

Art. 9º. É vedado ao agente público designado para atuar na área de licitações e contratos, ressalvados os casos previstos em lei:

I - admitir, prever, incluir ou tolerar, nos atos que praticar, situações que:

a) comprometam, restrinjam ou frustrem o caráter competitivo do processo licitatório, inclusive nos casos de participação de sociedades cooperativas;

b) estabeleçam preferências ou distinções em razão da naturalidade, da sede ou do domicílio dos licitantes;

c) sejam impertinentes ou irrelevantes para o objeto específico do contrato;

II - estabelecer tratamento diferenciado de natureza comercial, legal, trabalhista, previdenciária ou qualquer outra entre empresas brasileiras e estrangeiras, inclusive no que se refere a moeda, modalidade e local de pagamento, mesmo quando envolvido financiamento de agência internacional;

III - opor resistência injustificada ao andamento dos processos e, indevidamente, retardar ou deixar de praticar ato de ofício, ou praticá-lo contra disposição expressa em lei.

§ 1º Não poderá participar, direta ou indiretamente, da licitação ou da execução do contrato agente público de órgão ou entidade licitante ou contratante, devendo ser observadas as situações que possam configurar conflito de interesses no exercício ou após o exercício do cargo ou emprego, nos termos da legislação que disciplina a matéria.

§ 2º As vedações de que trata este artigo estendem-se a terceiro que auxilie a condução da contratação na qualidade de integrante de equipe de apoio, profissional especializado ou funcionário ou representante de empresa que preste assessoria técnica.

Art. 10. Se as autoridades competentes e os servidores públicos que tiverem participado dos procedimentos relacionados às licitações e aos contratos de que trata esta Lei precisarem defender-se nas esferas administrativa, controladora ou judicial em razão de ato praticado com estrita observância de orientação constante em parecer jurídico elaborado na forma do § 1º do art. 53 desta Lei, a advocacia pública promoverá, a critério do agente público, sua representação judicial ou extrajudicial.

§ 1º Não se aplica o disposto no caput deste artigo quando:

I - (VETADO);

II - provas da prática de atos ilícitos dolosos constarem nos autos do processo administrativo ou judicial.

§ 2º Aplica-se o disposto no caput deste artigo inclusive na hipótese de o agente público não mais ocupar o cargo, emprego ou função em que foi praticado o ato questionado.

ATENÇÃO: MIDR regulamenta atuação do Agente de Contratação e outras funções essenciais à Lei de licitações.

Acesse a íntegra da Portaria do MIDR nº 3.255/2023.

6.110 Agente de Contratação: inovação

A nova Lei de Licitações cria a figura do Agente de Contratação e unifica na pessoa do agente da contratação as responsabilidades pelo processo licitatório.

A Lei nº 8.666/1993, utiliza a denominação "responsável" e o faz tanto para designar responsável pela licitação, responsável pelo projeto básico, empresa responsável, agente público responsável e até licitante responsável. A LLCA torna mais precisa a compreensão das responsabilidades e da condução do procedimento. Também insere vedações.

Para evitar repetições, sobre a distinção entre integrantes do quadro permanente e ocupantes de cargo de provimento precário, ou temporário, consulte os comentários ao inc. V do art. 6º.

A figura do Agente de Contratação se alinha com o discurso de enxugamento da estrutura administrativa, de forma que se consiga ter menos pessoas, mas agentes mais qualificados, de modo que até os pequenos órgãos e entidades tenham um pessoal competente para o desempenho das atividades. É preciso, porém, sinalizar que a pretexto de legislar sobre licitação e contratos, o Congresso Nacional legislou sobre servidor público e organização administrativa. Embora de constitucionalidade duvidosa recomendou a centralização das licitações, conforme se verifica no art. 181.[244]

A depender da complexidade do objeto, esse profissional poderá ou não ser auxiliado por uma equipe de apoio, que pode, inclusive, ser terceirizada.

Consulte ainda, comentários ao art. 8º.

A atuação do Agente de Contratação, prevista na nova Lei de Licitações e Contratos – Lei nº 14.133/2021 foi regulamentada pelo Decreto nº 11.246, de 27 de outubro de 2022, que dispõs também da atuação da equipe de apoio, do funcionamento da comissão de contratação e da atuação dos gestores e fiscais de contratos, no âmbito da administração pública federal direta, autárquica e fundacional.

---

[244] Art. 181. Os entes federativos instituirão centrais de compras, com o objetivo de realizar compras em grande escala, para atender a diversos órgãos e entidades sob sua competência e atingir as finalidades desta Lei.
Parágrafo único. No caso dos Municípios com até 10.000 (dez mil) habitantes, serão preferencialmente constituídos consórcios públicos para a realização das atividades previstas no caput deste artigo, nos termos da Lei nº 11.107, de 6 de abril de 2005.

Capítulo IV – Dos Agentes Públicos

7. Art. 7º, caput

> Art. 7º Caberá à autoridade máxima do órgão ou da entidade, ou a quem as normas de organização administrativa indicarem, promover gestão por competências e designar agentes públicos para o desempenho das funções essenciais à execução desta Lei que preencham os seguintes requisitos:

Dispositivos correspondentes na Lei nº 8.666/1993: não há.

Dispositivos pertinentes na Lei nº 14.133/2021, além do art. 7º:

Art. 8º. A licitação será conduzida por agente de contratação, pessoa designada pela autoridade competente, entre servidores efetivos ou empregados públicos dos quadros permanentes da Administração Pública, para tomar decisões, acompanhar o trâmite da licitação, dar impulso ao procedimento licitatório e executar quaisquer outras atividades necessárias ao bom andamento do certame até a homologação.

§ 1º O agente de contratação será auxiliado por equipe de apoio e responderá individualmente pelos atos que praticar, salvo quando induzido a erro pela atuação da equipe.

§ 2º Em licitação que envolva bens ou serviços especiais, desde que observados os requisitos estabelecidos no art. 7º desta Lei, o agente de contratação poderá ser substituído por comissão de contratação formada por, no mínimo, 3 (três) membros, que responderão solidariamente por todos os atos praticados pela comissão, ressalvado o membro que expressar posição individual divergente fundamentada e registrada em ata lavrada na reunião em que houver sido tomada a decisão.

§ 3º As regras relativas à atuação do agente de contratação e da equipe de apoio, ao funcionamento da comissão de contratação e à atuação de fiscais e gestores de contratos de que trata esta Lei serão estabelecidas em regulamento, e deverá ser prevista a possibilidade de eles contarem com o apoio dos órgãos de assessoramento jurídico e de controle interno para o desempenho das funções essenciais à execução do disposto nesta Lei.

§ 4º Em licitação que envolva bens ou serviços especiais cujo objeto não seja rotineiramente contratado pela Administração, poderá ser contratado, por prazo determinado, serviço de empresa ou de profissional especializado para assessorar os agentes públicos responsáveis pela condução da licitação.

§ 5º Em licitação na modalidade pregão, o agente responsável pela condução do certame será designado pregoeiro.

Art. 9º. É vedado ao agente público designado para atuar na área de licitações e contratos, ressalvados os casos previstos em lei:

I - admitir, prever, incluir ou tolerar, nos atos que praticar, situações que:

a) comprometam, restrinjam ou frustrem o caráter competitivo do processo licitatório, inclusive nos casos de participação de sociedades cooperativas;

b) estabeleçam preferências ou distinções em razão da naturalidade, da sede ou do domicílio dos licitantes;

c) sejam impertinentes ou irrelevantes para o objeto específico do contrato;

II - estabelecer tratamento diferenciado de natureza comercial, legal, trabalhista, previdenciária ou qualquer outra entre empresas brasileiras e estrangeiras, inclusive no que se refere a moeda, modalidade e local de pagamento, mesmo quando envolvido financiamento de agência internacional;

III - opor resistência injustificada ao andamento dos processos e, indevidamente, retardar ou deixar de praticar ato de ofício, ou praticá-lo contra disposição expressa em lei.

§ 1º Não poderá participar, direta ou indiretamente, da licitação ou da execução do contrato agente público de órgão ou entidade licitante ou contratante, devendo ser observadas as situações que possam configurar conflito de interesses no exercício ou após o exercício do cargo ou emprego, nos termos da legislação que disciplina a matéria.

§ 2º As vedações de que trata este artigo estendem-se a terceiro que auxilie a condução da contratação na qualidade de integrante de equipe de apoio, profissional especializado ou funcionário ou representante de empresa que preste assessoria técnica.

Art. 10. Se as autoridades competentes e os servidores públicos que tiverem participado dos procedimentos relacionados às licitações e aos contratos de que trata esta Lei precisarem defender-se nas esferas administrativa, controladora ou judicial em razão de ato praticado com estrita observância de orientação constante em parecer jurídico elaborado na forma do § 1º do art. 53 desta Lei, a advocacia pública promoverá, a critério do agente público, sua representação judicial ou extrajudicial.

§ 1º Não se aplica o disposto no caput deste artigo quando:

I - (VETADO);

II - provas da prática de atos ilícitos dolosos constarem nos autos do processo administrativo ou judicial.

§ 2º Aplica-se o disposto no caput deste artigo inclusive na hipótese de o agente público não mais ocupar o cargo, emprego ou função em que foi praticado o ato questionado.

7.1 Constitucionalidade – análise

A norma disciplina a atuação da autoridade em relação a atribuição de nomear os atores incumbidos de exercer as funções estabelecidas nesta Lei. A invasão de competências na estrutura e organização das demais unidades federadas e, portanto, a inconstitucionalidade do dispositivo, é evidente. A competência para legislar sobre licitações e contratos é da União Federal, conforme art. 22, inc. XXVII, da Constituição Federal, não sendo possível legislar além do procedimento e tratar da atuação dos atores no processo.

7.2 Autoridade máxima do órgão ou entidade

Nos comentários ao art. 6º foi indicado que a lei definiu:

a) no inciso VI, "autoridade", como o "agente público dotado de poder de decisão;"

b) no inc. I, "órgão" como a "unidade de atuação integrante da estrutura da Administração Pública"

c) no inciso II, "entidade" como a "unidade de atuação dotada de personalidade jurídica;"

d) no inciso LX, "agente de contratação", como a "pessoa designada pela autoridade competente, entre servidores efetivos ou empregados públicos dos quadros permanentes da Administração Pública, para tomar decisões, acompanhar o trâmite da licitação, dar impulso ao procedimento licitatório e executar quaisquer outras atividades necessárias ao bom andamento do certame até a homologação;"

e) no inciso V, "agente público" como o "indivíduo que, em virtude de eleição, nomeação, designação, contratação ou qualquer outra forma de investidura ou vínculo, exerce mandato, cargo, emprego ou função em pessoa jurídica integrante da Administração Pública."

Observe que juridicamente há um rigor terminológico decorrente da decisão da lei em definir expressões, devendo os intérpretes atenderem a decisão de definir e aplicar os termos no preciso sentido e significado por ela determinados.

Dessas definições se extrai que a autoridade, definida no art. 6º, inc. VI, é quem decide, mas, agora no art. 7º, essa autoridade recebeu um qualificativo: "máxima". Esse qualificativo opera em dois sentidos: pode ser máxima, apenas no âmbito do órgão, ou máxima, no âmbito da entidade, o que pode dificultar a compreensão, pois órgãos são unidade ou repartições da entidade.

A distinção entre órgão e entidade foi feita nos comentários aos respectivos incisos, sendo oportuna a releitura.

Depois de definir que autoridade resignante pode ser a "máxima", tanto no âmbito do órgão como da entidade, a lei enuncia que também pode ser "ou a quem as normas de organização administrativa indicarem".

Juridicamente, é preciso considerar que:

a) todo chefe ou superior hierárquico tem poder de decidir; essa é uma das competências da autoridade que tem poder de chefe, ou simplesmente, superior hierárquico; decorrem desse atributo, o poder de dar ordens, avocar, delegar, punir e normatizar no restrito âmbito de sua repartição ou órgão;

b) quando a lei conceitua autoridade como quem decide, determina uma competência que de fato é inerente a esse termo jurídico;

c) quando agrega o qualificativo "máxima" e insere o âmbito em que a máxima autoridade, como órgão ou entidade, ou ainda transfere esse qualificativo para as normas, está seguindo ortodoxa regra do direito que ordena que as competências sejam distribuídas entre os órgãos central de direção e órgãos de execução;

d) portanto, pode existir a autoridade máxima da entidade, mas se a entidade estiver cumprido a lei, deverá ter desconcentrada a competência para órgãos de execução, estratificando em vários níveis, sendo compreensível que exista no organograma uma autoridade máxima na gestão ou administração e uma autoridade máxima de logística e até uma autoridade máxima em licitação;

e) a regra que baliza com segurança a organização estrutural da Administração Pública Federal, coerente com a boa doutrina do Direito Administrativo, está assentada desde o Decreto-lei nº 200, de 25 de fevereiro de 1967, que define que a execução das atividades da Administração Federal deve ser "amplamente descentralizada". Essa descentralização deve ocorrer "dentro dos quadros da Administração Federal, distinguindo-se claramente o nível de direção do de execução". Por esse motivo, estabelece a lei que os órgãos que compõem a estrutura central de direção devem permanecer liberados das rotinas de execução e das tarefas de mera formalização de atos administrativos, para que possam concentrar-se nas atividades de planejamento, supervisão, coordenação e controle. Na estrutura central de direção deve ser concentrada a competência para edição de normas, critérios, programas e princípios. Os órgãos descentralizados ficam responsáveis pela execução e são obrigados a respeitar na solução dos casos individuais e no desempenho de suas atribuições.

f) o mais correto modo de proceder para identificar quem é autoridade máxima é verificar como foi distribuída a competência e encontrar a expressão mais próxima a "ordenar a realização de licitação, elaborar e assinar contratos", sendo essa autoridade máxima para o assunto; é incorreto interpretar que autoridade máxima é a autoridade superior a que detém essa competência, pois buscar o responsável na hierarquia superior não encontra medida de contenção, podendo ser o primeiro superior hierárquico, o superior acima deste até o chefe do poder executivo federal; portanto, a autoridade máxima do órgão no assunto;

g) não cabe responsabilizar além da regra de competência; é a norma que define quem é competente, ou como na lição de Caio Tácito, não é competente quem quer, mas quem pode nos termos e limites da norma;

h) a responsabilização do superior hierárquico e só do primeiro nível hierárquico, acima, pode ser feita nos estritos termos do Decreto-Lei nº 200/1967, pela regra geral que dispõe: "§ 2º O ordenador de despesa, salvo conivência, não é responsável por prejuízos causados à Fazenda Nacional decorrentes de atos praticados por agente subordinado que exorbitar das ordens recebidas." Se o subordinado exorbita a ordem recebida, ele próprio há de responder pelo ato, exceto se exorbita com a conivência do superior hierárquico;

i) a autoridade máxima nomeia agentes públicos, no plural, mesmo. Isto porque um agente público específico foi nominado para atuar desde a formalização da demanda, expressamente, "até" a homologação da licitação, com o título de "agente da contratação", como visto expressamente conceituado no art. 6º, inc. LX. Quem atua imediatamente após licitação até o encerramento do contrato é o fiscal do contrato, agora assim nominado no art. 117.

7.3 Gestão por competência: diferenciação

Importante diferenciar o conceito de gestão por competência utilizado em recursos humanos do utilizado no âmbito do Direito Administrativo com relação à Administração Pública.

Gestão por competências no âmbito de Gestão de Recursos Humanos é o conceito utilizado para combinar perfis profissionais com atribuições proporcionando um maior retorno a um negócio. Já a gestão por competências no âmbito do Direito Público deve ser analisada sob um espectro maior, pois no Direito, a palavra competência diz respeito a atribuição conferida ao cargo ou órgão. Por isso, diz-se autoridade competente aquela que por lei, regimento ou outro normativo tem poder para executar determinada atribuição.

Compreende-se, assim que a gestão por competência no Direito Administrativo, não visa apenas dar ao mais qualificado a atividade, mas àquele que detém autorização expressa em norma para realizá-la. É claro que, no cenário ideal, a pessoa mais qualificada é quem deveria ser dotada de autorização e estar dirigindo a atividade designada.

Quando a norma define a gestão por competência, fica facilmente compreensível o conceito seguinte que está no § 1º: segregação de funções. A gestão por competência implica em atribuir a tarefa executiva a quem a norma define como competente para tal e zelar para outras atribuições não sejam concentradas no mesmo órgão ou entidade. O entendimento de gestão por competência envolve a segregação. O dever de segregar, separar, parte de uma vedação à concentração de competência. Note que a lei define, o "princípio da segregação de funções" como a vedação de designar o mesmo agente público para atuação simultânea em funções mais suscetíveis a riscos, de modo a reduzir a possibilidade de ocultação de erros e de ocorrência de fraudes na respectiva contratação".

O conceito está incompleto, pois a vedação somente deveria atingir atos que estão na sequência das diversas decisões no mesmo processo.

Assim, por exemplo, não viola o princípio formalizar a demanda em um processo e atuar como agente da contratação, em outro.

Art. 7º, inc. I

> Art. 7º Caberá à autoridade máxima do órgão ou da entidade, ou a quem as normas de organização administrativa indicarem, promover gestão por competências e designar agentes públicos para o desempenho das funções essenciais à execução desta Lei que preencham os seguintes requisitos:[...]
>
> I - sejam, preferencialmente, servidor efetivo ou empregado público dos quadros permanentes da Administração Pública;

Dispositivos correspondentes na Lei nº 8.666/1993:

Art. 51. A habilitação preliminar, a inscrição em registro cadastral, a sua alteração ou cancelamento, e as propostas serão processadas e julgadas por comissão permanente ou especial de, no mínimo, 3 (três) membros, sendo pelo menos 2 (dois) deles servidores qualificados pertencentes aos quadros permanentes dos órgãos da Administração responsáveis pela licitação.

Dispositivos correspondentes na Lei nº 10.520/2002 (Institui o Pregão):

Art. 3º. [...]

§ 1º A equipe de apoio deverá ser integrada em sua maioria por servidores ocupantes de cargo efetivo ou emprego da administração, preferencialmente pertencentes ao quadro permanente do órgão ou entidade promotora do evento.

§ 2º No âmbito do Ministério da Defesa, as funções de pregoeiro e de membro da equipe de apoio poderão ser desempenhadas por militares."

A Lei estabelece que a designação do agente público deve recair preferencialmente sobre servidores efetivos ou empregados públicos dos quadros permanentes da Administração Pública.

Juridicamente integram o órgão os agentes que se vinculam numa relação jurídica profissional com o órgão ou entidade. Nesses termos, integram o quadro permanente os servidores públicos ocupantes de cargo efetivo, os ocupantes de cargo comissionado, mesmo sem vínculo efetivo e os requisitados de outros órgãos; não integram o órgão os contratados para serviços eventuais e os que prestam serviços terceirizados,[245] mesmo que de natureza não eventual.

Se a norma utiliza "quadro permanente" abrange também os cargos em comissão, pois esses são cargos permanentes, mas quando utiliza servidores "efetivos", está se referindo a forma de provimento de um cargo. O provimento pode ser em caráter efetivo ou precário. Os cargos em comissão são cargos de provimento

---

[245] Sobre terceirização de mão de obra no serviço público e seus efeitos na Lei de Responsabilidade Fiscal, consultar o livro: JACOBY FERNANDES, Jorge Ulisses et al. Responsabilidade Fiscal: na função do ordenador de despesas, na terceirização de mão-de-obra, na função do controle. Questões Práticas. 2. ed. Brasília: Brasília Jurídica, 2002.

precário. Por isso, servidor efetivo tem se entendido como uma expressão elíptica de servidor ocupante de cargo de provimento efetivo. Assim, entendido, a norma define que é preferencialmente ocupante de cargo efetivo, mas não veda que determinadas funções por ela reguladas possam ser executadas por outros agentes. Por exemplo, uma das funções estabelecidas na norma é a elaboração de projeto básico de engenharia, que pode inclusive ser terceirizada.

Por ser uma condição preferencial, como ocorre com os atos administrativos em geral, se desatendida a preferência imposta pela lei, o ato deve ser precedido de justificativa nos autos do processo. A falta de integrantes do quadro permanente qualificados pode ser uma justificativa.

Exposta a condição que a lei coloca como apenas preferencial, devem ser examinados os requisitos definidos no inciso seguinte.

Art. 7º, inc. II

> Art. 7º Caberá à autoridade máxima do órgão ou da entidade, ou a quem as normas de organização administrativa indicarem, promover gestão por competências e designar agentes públicos para o desempenho das funções essenciais à execução desta Lei que preencham os seguintes requisitos: [...]
>
> II - tenham atribuições relacionadas a licitações e contratos ou possuam formação compatível ou qualificação atestada por certificação profissional emitida por escola de governo criada e mantida pelo Poder Público; e

Dispositivos correspondentes na Lei nº 8.666/1993:

Art. 51. A habilitação preliminar, a inscrição em registro cadastral, a sua alteração ou cancelamento, e as propostas serão processadas e julgadas por comissão permanente ou especial de, no mínimo, 3 (três) membros, sendo pelo menos 2 (dois) deles servidores qualificados pertencentes aos quadros permanentes dos órgãos da Administração responsáveis pela licitação.

Dispositivos correspondentes no Decreto nº 10.024/ 2019:

Art. 16. Caberá à autoridade máxima do órgão ou da entidade, ou a quem possuir a competência, designar agentes públicos para o desempenho das funções deste Decreto, observados os seguintes requisitos:

I - o pregoeiro e os membros da equipe de apoio serão servidores do órgão ou da entidade promotora da licitação; e

II - os membros da equipe de apoio serão, em sua maioria, servidores ocupantes de cargo efetivo, preferencialmente pertencentes aos quadros permanentes do órgão ou da entidade promotora da licitação. [...]

§ 3º Os órgãos e as entidades de que trata o § 1º do art. 1º estabelecerão planos de capacitação que contenham iniciativas de treinamento para a formação e a atualização técnica de pregoeiros, membros da equipe de apoio e demais agentes encarregados da instrução do processo licitatório, a serem implementadas com base em gestão por competências.

7.4 Qualificação e capacitação

As medidas provisórias que regularam o pregão, antes da conversão em lei, chegaram a dispor que somente poderia ser designado pregoeiro servidor que tivesse recebido curso[246] de capacitação específica[247]. Embora essa determinação não conste da Lei nº 10.520/2002, permanece como exigência expressa do regulamento do pregão presencial, e implicitamente exigível na forma eletrônica.[248]

A nova lei agora coloca três condições para a designação, além daquela que enunciou como "preferencialmente" no inciso anterior. A designação deve recair sobre agente público que atenda pelo menos uma condição:

a) ocupe cargo que tenha atribuições relacionadas a licitações e contratos; ou

b) possua formação compatível; ou

c) possua qualificação atestada por certificação profissional emitida por escola de governo criada e mantida pelo Poder Público.

A Lei, inicialmente, presume que o cargo tenha atribuições relacionadas a licitação e contratos. Cargos jurídicos tem costumeiramente algumas atribuições relacionadas a essa área, como analisar contratos e instrumentos similares, analisar pedidos e requerimentos. Cargos de gestão e de administração também têm atribuições gerais pertinentes e relacionadas com esses dois temas. A dificuldade ocorre em cargos em que as atribuições foram descritas de forma muito geral, sem especializações, como Analista Sênior.

Uma regra geral, da ciência da Administração pertinente ao ramo de Cargos e Salários, pode servir de orientação: as tarefas a serem cometidas a um servidor

---

[246] Essa exigência não constou da primeira edição da Medida Provisória. Um dos autores deste trabalho, antevendo os graves problemas que adviriam na aplicação da nova modalidade, compareceu à Subchefia para assuntos jurídicos da Presidência da República e propôs ao dr. Francisco Bessa a criação dessa exigência, tendo inclusive redigido o texto sugerido, que foi aceito e inserido a partir da segunda edição da Medida Provisória 2026. Lamentavelmente o Congresso Nacional, ao fazer a conversão em Lei, o fez de modo atabalhoado, excluindo esse dispositivo e criando o inadmissível erro de punir quem deixa de "apresentar documentação falsa exigida para o certame". Confira o art. 7º da Lei nº 10.520/2002.

[247] Essa exigência não constou da primeira edição da Medida Provisória. O autor deste trabalho, antevendo os graves problemas que adviriam na aplicação da nova modalidade, compareceu à Subchefia para assuntos jurídicos da Presidência da República e propôs ao dr. Francisco Bessa a criação dessa exigência, tendo inclusive redigido o texto sugerido, que foi aceito e inserido a partir da segunda edição da Medida Provisória 2026. Lamentavelmente o Congresso Nacional, ao fazer a conversão em Lei, o fez de modo atabalhoado, excluindo esse dispositivo e criando o inadmissível erro de punir quem deixa de "apresentar documentação falsa exigida para o certame". Confira o art. 7º da Lei nº 10.520/2002.

[248] BRASIL. Tribunal de Contas da União. Processo TC nº 009.378/2012-0. Acórdão nº 1.160/2013 - Plenário. Relator: Ministro José Jorge. Diário Oficial da União [da] República Federativa do Brasil, Brasília, DF, 15 maio 2013. TCU recomenda: "9.3.1 promova cursos de capacitação sistemática para os servidores da área de licitação e contrato, bem assim estabeleça, em normas e manuais, as suas responsabilidades e competências."

devem sempre guardar equivalência com o nível de complexidade das demais tarefas do cargo ou emprego e terem os mesmos requisitos de escolaridade. Assim, está desviado de função um empregado ocupante do cargo de Advogado que é designado para varrer o chão, tal como o servente que é designado para elaborar petição jurídica, porque evidencia-se diferentes níveis de complexidade e escolaridade.

A formação compatível não é tão simples. Pode, por exemplo, um agente de portaria ser formado em Direito; terá, portanto, formação, mas não pode exercer no âmbito da Administração Pública porque acarretará desvio de função do cargo de agente de portaria. Portanto, a avaliação da formação profissional deve ser, primeiramente, compatível com o cargo e, após a observância desse requisito, deverá ser analisada a compatibilidade com o tema de licitações e contratos.

A terceira cria uma atividade nova para as escolas de governo, expressão essa que abrange também escolas dos tribunais de contas prevista no art. 173. É a competência para atestar, por meio de expedição de um certificado, a qualificação para o desempenho da função de agente público ou agente de contratação ou fiscal de contratos ou pregoeiro. Aqui é possível antever um conflito de interesses: se a escola de governo qualificar, poderá ela avaliar a qualificação? Haveria conflito de interesses na cumulação dessas atribuições? O tema merece reflexão, pois há precedentes da própria OAB que cria junto de si as Escolas de Advocacia que oferecem cursos para qualificar o formado em Direito para o exame que será aplicado pela própria Ordem dos Advogados. A defesa desse modelo está no fato de que as escolas se vinculam as unidades seccionais da OAB, enquanto a prova para o ingresso na Ordem é realizada pela OAB Federal, havendo, portanto, a segregação das funções.

A propósito, no livro contratação de treinamento[249] foi esclarecido que o treinamento fechado, feito pelo órgão com seus servidores, tem a virtude de preservar a unidade de doutrina. Contudo, decidir apenas pelo treinamento fechado implica em um processo "autofágico" que isola o conhecimento, alinha a uma só doutrina e impede a evolução. Por outro lado, o treinamento aberto coloca os agentes do órgão em contato com outros órgãos e outros profissionais, evoluindo de forma mais rápida as melhores interpretações. Contudo, decidir apenas pelo treinamento aberto implica em um processo que impede a formação de uma doutrina da instituição. As vezes o agente público conhece o mercado e desconhece os procedimentos do próprio órgão ou as razões históricas e as raízes que sustentam os valores da instituição.

Por isso o ideal é praticar os dois tipos de qualificação.

---

[249] Contratação de Treinamento: doutrina e prática / J.U. Jacoby Fernandes, Ana Luiza Queiroz Melo Jacoby Fernandes. Imprensa: Curitiba, Negócios Públicos, 2015.

Há, inclusive, divergências sobre a possibilidade de a Administração Pública inserir à exaustão em todos os organogramas "escolas", pela implícita ofensa ao art. 10, § 7º[250], do Decreto-lei 200/1967, e macular o art. 173 da Constituição Federal[251] levando a Administração Pública a exercer atividade econômica. O tema guarda alguma complexidade.

Nesse cenário, é importante observar que há uma linha de qualificação definida no art. 173, tema de constitucionalidade duvidosa, segundo alguns integrantes dos tribunais de contas, e aqui nesse inciso há uma linha sobre atestar a qualificação.

A melhor conclusão que tem decorrido diversos debates sobre o tema é que uma escola pode atestar qualificação se a qualificação não foi objeto do trabalho desta mesma escola. Nesse cenário, para obviar os óbices, se tem cogitado de a escola ministrar a qualificação e depois contratar instituição privada para certificar. Em ambos os casos, não se pode impedir que agentes qualificados por outras instituições privadas se apresentem para submeter-se a atestação do conhecimento.

Independentemente de exigência legal, o agente a ser designado deve receber qualificação adequada, mediante a submissão a curso de treinamento, que pode inclusive ser desenvolvido pela própria unidade administrativa, formando grupos de estudo, ou até mesmo com a compra de vaga em evento promovido por instituições privadas.

Para justificar juridicamente essa diretriz, cabe obtemperar:

a) incorre em culpa *in eligendo*, a autoridade que nomeia servidor sem a necessária qualificação para o desempenho de função. Nesse sentido, verifica-se que a jurisprudência do Tribunal de Contas da União em alguns casos de danos causados à Administração Pública vem entendendo que não se deve isentar de responsabilidade o ordenador de despesas quando imputa a causa da irregularidade a ato de subordinado. A culpa *in eligendo*

---

[250] BRASIL. Decreto-lei nº 200, de 25 de fevereiro de 1967. Dispõe sobre a organização da Administração Federal, estabelece diretrizes para a Reforma Administrativa e dá outras providências. Diário Oficial da União [da] República Federativa do Brasil, Brasília, DF, 27 mar. 1967 (suplemento), retificado em 8 mar. 1967 e retificado em 30 mar. 1967. Art. 10. A execução das atividades da Administração Federal deverá ser amplamente descentralizada. § 7º Para melhor desincumbir-se das tarefas de planejamento, coordenação, supervisão e controle e com o objetivo de impedir o crescimento desmesurado da máquina administrativa, a Administração procurará desobrigar-se da realização material de tarefas executivas, recorrendo, sempre que possível, à execução indireta, mediante contrato, desde que exista, na área, iniciativa privada suficientemente desenvolvida e capacitada a desempenhar os encargos de execução.

[251] BRASIL. Constituição da República Federativa do Brasil. Organização dos textos e índices por J.U. JACOBY FERNANDES. 3. Ed. Atualizada até a EC nº 102/2019. Belo Horizonte: Fórum, 2020. Art. 173. Ressalvados os casos previstos nesta Constituição, a exploração direta de atividade econômica pelo Estado só será permitida quando necessária aos imperativos da segurança nacional ou a relevante interesse coletivo, conforme definidos em lei.

é a possibilidade jurídica de responsabilizar alguém pela má escolha do preposto.[252] É dever das autoridades públicas, ao proceder as designações de servidores para as funções, fazê-lo de modo a assegurar o atendimento do interese público adequado. Se nomeia alguém sem competência, está frustrando a concretização do objetivo da norma e deve, portanto, assumir a responsabilidade, na medida em que é presumivelmente conivente com a irregularidade;[253]

b) a qualificação da equipe de apoio do Agente de Contratação e do Pregoeiro também é indispensável, porque participam do processo decisório ainda que com responsabilidade limitada e, também, porque um de seus membros pode atuar como substituto eventual do Pregoeiro ou Agente de Contratação; e

c) o Agente de Contratação e o Pregoeiro, na forma presencial, devem ter vários atributos correspondentes a apresentação pessoal, liderança, capacidade de falar em público, dicção, segurança e domínio do tema; na forma eletrônica, domínio dos recursos de informática e conhecimento do sistema.

Em síntese, embora a Lei não exija expressamente que o Agente de Contratação e o Pregoeiro sejam submetidos a curso de capacitação específica, é necessário que:

a) as funções de Agente de Contratação, Pregoeiro e de membros de equipe sejam desempenhadas por servidores qualificados;

b) para estar qualificado, os servidores devem receber treinamento de capacitação específica, vez que a formação acadêmica ou técnica de ensino regular não informa a matéria ou forma profissionais, em geral, para essa atividade; a nova redação da Lei se satisfaz com a formação profissional e

---

[252] Para mais detalhes consultar o livro: JACOBY FERNANDES, Jorge Ulisses. Tomada de Contas Especial: processo e procedimento nos Tribunais de Contas e na Administração Pública. 5. ed. Belo Horizonte: Fórum, 2012, Capítulo 3, subtítulo 3.2.8, alínea "d", pág. 128. Em sentido contrário, aceitando a inexperiência dos membros da CPL para isentar a responsabilidade, o TCU revelou falhas formais, porque a CPL era inexperiente e não ficou caracterizado prejuízo: BRASIL. Tribunal de Contas da União. Processo TC nº 625.017/97-8. Decisão nº 55/1998 - Plenário. Relator: Ministro Bento José Bugarin. Diário Oficial [da] República Federativa do Brasil, Brasília, DF, 10 mar. 1998. Seção 1, p. 48.

[253] BRASIL. Decreto-lei nº 200, de 25 de fevereiro de 1967. Dispõe sobre a organização da Administração Federal, estabelece diretrizes para a Reforma Administrativa e dá outras providências. Diário Oficial da União [da] República Federativa do Brasil, Brasília, DF, 27 mar. 1967 (suplemento), retificado em 8 mar. 1967 e retificado em 30 mar. 1967. "Art. 80. Os órgãos de contabilidade inscreverão como responsável todo o ordenador da despesa, o qual só poderá ser exonerado de sua responsabilidade após julgadas regulares suas contas pelo Tribunal de Contas. § 2º O ordenador de despesa, salvo conivência, não é responsável por prejuízos causados à Fazenda Nacional decorrentes de atos praticados por agente subordinado que exorbitar das ordens recebidas."

ocupar cargo com atribuições "relacionadas", expressão que deve ser entendida como pertinente;

c) em qualquer hipótese de erro grave decorrente de ausência de qualificação adequada, a autoridade designante poderá ser responsabilizada por culpa *in eligendo*; e

d) o servidor que requer treinamento para capacitação específica e não tem o pleito atendido ou é indeferido, possui a seu favor uma atenuante de responsabilidade e pode inclusive arguir em sua defesa, além da corresponsabilidade do designante, a "falha estrutural da instituição".[254]

Art. 7º, inc. III

Art. 7º Caberá à autoridade máxima do órgão ou da entidade, ou a quem as normas de organização administrativa indicarem, promover gestão por competências e designar agentes públicos para o desempenho das funções essenciais à execução desta Lei que preencham os seguintes requisitos: [...]

III - não sejam cônjuge ou companheiro de licitantes ou contratados habituais da Administração nem tenham com eles vínculo de parentesco, colateral ou por afinidade, até o terceiro grau, ou de natureza técnica, comercial, econômica, financeira, trabalhista e civil.

Dispositivos correspondentes na Lei nº 8.666/1993:

Art. 9º. Não poderá participar, direta ou indiretamente, da licitação ou da execução de obra ou serviço e do fornecimento de bens a eles necessários: [...]

III - servidor ou dirigente de órgão ou entidade contratante ou responsável pela licitação. [...]

§ 3º Considera-se participação indireta, para fins do disposto neste artigo, a existência de qualquer vínculo de natureza técnica, comercial, econômica, financeira ou trabalhista entre o autor do projeto, pessoa física ou jurídica, e o licitante ou responsável pelos serviços, fornecimentos e obras, incluindo-se os fornecimentos de bens e serviços a estes necessários.

§ 4º O disposto no parágrafo anterior aplica-se aos membros da comissão de licitação.

Obs.: a lei não tratava de vínculos civis.

Dispositivos pertinentes na Lei nº 14.133/2021, além do art. 7º:

Art. 14. Não poderão disputar licitação ou participar da execução de contrato, direta ou indiretamente: [...]

IV - aquele que mantenha vínculo de natureza técnica, comercial, econômica, financeira, trabalhista ou civil com dirigente do órgão ou entidade contratante ou com agente público que desempenhe função na licitação ou atue na fiscalização ou na gestão do contrato, ou que deles seja cônjuge, companheiro ou parente em linha reta, colateral ou por afinidade, até o terceiro grau, devendo essa proibição constar expressamente do edital de licitação;

---

[254] Sobre o assunto consulte o livro: JACOBY FERNANDES, Jorge Ulisses. Tribunais de Contas do Brasil: jurisdição e competência. 3. ed. Belo Horizonte: Fórum, 2012, Capítulo III, subtítulo 2.1.25.4.2.1 - atenuante da responsabilidade.

Art. 48. Poderão ser objeto de execução por terceiros as atividades materiais acessórias, instrumentais ou complementares aos assuntos que constituam área de competência legal do órgão ou da entidade, vedado à Administração ou a seus agentes, na contratação do serviço terceirizado:

I - indicar pessoas expressamente nominadas para executar direta ou indiretamente o objeto contratado; [...]

Parágrafo único. Durante a vigência do contrato, é vedado ao contratado contratar cônjuge, companheiro ou parente em linha reta, colateral ou por afinidade, até o terceiro grau, de dirigente do órgão ou entidade contratante ou de agente público que desempenhe função na licitação ou atue na fiscalização ou na gestão do contrato, devendo essa proibição constar expressamente do edital de licitação. [...]

Art. 122. Na execução do contrato e sem prejuízo das responsabilidades contratuais e legais, o contratado poderá subcontratar partes da obra, do serviço ou do fornecimento até o limite autorizado, em cada caso, pela Administração. [...]

§ 3º Será vedada a subcontratação de pessoa física ou jurídica, se aquela ou os dirigentes desta mantiverem vínculo de natureza técnica, comercial, econômica, financeira, trabalhista ou civil com dirigente do órgão ou entidade contratante ou com agente público que desempenhe função na licitação ou atue na fiscalização ou na gestão do contrato, ou se deles forem cônjuge, companheiro ou parente em linha reta, colateral, ou por afinidade, até o terceiro grau, devendo essa proibição constar expressamente do edital de licitação.

7.5 Relação entre cônjuges ou companheiros ou vínculos de parentesco, na linha reta, colateral ou por afinidade, até o terceiro grau

A Nova Lei de Licitações e Contratos, diferentemente da Lei nº 8.666/1993, decidiu abranger também as relações civis e de parentescos. Segue, portanto, uma tendência de austeridade que permeia o Direito Administrativo atual.

Em outros dispositivos correspondentes, apresenta vedações. No art. 14, para participação em processo de licitação, no 48, para ser contratado por empresa de terceirização de mão-de-obra e, no 122, para ser subcontratado para execução de contrato.

Note que a lei tratou de definir relações - na linha reta, colateral ou por afinidade[255] - sobre as quais decidiu vedar, independentemente da relevância para a regularidade do processo. Também não relativizou o fato, para municípios pequenos em que as relações entre agentes públicos, licitante e contratado são inevitáveis.

A contagem de graus é simples:

a) por consanguinidade:

a.1) na linha reta, sobe ou desce, contando-se um grau a cada passagem;

---

[255] BRASIL. Lei nº 10.406, de 10 de janeiro de 2002. Institui o Código Civil. Art. 1.595. Cada cônjuge ou companheiro é aliado aos parentes do outro pelo vínculo da afinidade. §1º O parentesco por afinidade limita-se aos ascendentes, aos descendentes e aos irmãos do cônjuge ou companheiro. §2º Na linha reta, a afinidade não se extingue com a dissolução do casamento ou da união estável.

Assim, tanto o pai, quanto o filho do agente público são seus parentes consanguíneos em linha reta, em primeiro grau. O pai, na linha ascendente, enquanto o filho, na linha descendente. Avô e neto, por sua vez, em segundo grau.

a.2) na linha colateral, retorna-se ao ente comum;

O irmão do agente é seu parente consanguíneo colateral em segundo grau, posto que o primeiro grau é contado ao passar pelos pais; já seu tio e seu sobrinho são seus parentes consanguíneos colaterais em terceiro grau; já o primo é parente consanguíneo colateral em quarto grau, pois para chegar a ele, deve-se passar pelos pais, pelos avós, para chegar ao tio e, então, ao seu filho.

b) por afinidade, contam-se os parentes do cônjuge (relação civil) ou companheiro:

b.1) em linha reta sobe ou desce em relação aos parentes do cônjuge ou companheiro, contando-se um grau a cada passagem;

Assim, os sogros e o enteado do agente público são seus parentes colaterais, por afinidade, em primeiro grau. Do mesmo modo, enquadram-se os genros ou noras.

b.2) em linha colateral

O cunhado do hipotético Agente Público, assim, é parente colateral por afinidade em segundo grau;

Para facilitar a análise, recomenda-se o uso a tabela de graus de parentesco[256] da Diretoria de Recursos Humanos da Câmara dos Deputados:

---

[256] Câmara dos Deputados. Tabela Grau de Parentesco para fins de nepotismo. Disponível em: https://www2.camara.leg.br/a-camara/estruturaadm/diretorias/diretoria-de-recursos-humanos/estrutura-1/depes/secretariado-parlamentar/posse-de-sp-sem-vinculo/diagrama-de-parentesco. Acesso em: 19 mar. 2023.

GRAUS DE PARENTESCO PARA FINS DE NEPOTISMO
(Autoridade Nomeante e Cônjuge)

FORMAS DE PARENTESCO			GRAUS DE PARENTESCO		
			1º GRAU	2º GRAU	3º GRAU
Parentes Consanguíneos	Em linha reta	Ascendentes	PAIS (INCLUSIVE MADASTRA E PADASTRO)	AVÓS	BISAVÓS
		Descendente	FILHOS	NETOS	BISNETOS
	Em linha colateral			IRMÃOS	TIOS E SOBRINHOS (E SEUS CÔNJUGES)
Parentes por Afinidade	Em linha reta	Ascendentes	SOGROS (INCLUSIVE MADASTRA E PADASTRO DO CÔNJUGE OU COMPANHEIRO)	AVÓS DO CÔNJUGE OU COMPANHEIRO	BISAVÓS DO CÔNJUGE OU COMPANHEIRO
		Descendente	ENTEADOS, GENROS, NORAS (INCLUSIVE DO CÔNJUGE OU COMPANHEIRO)	NETOS (EXCLUSIVOS DO CÔNJUGE OU COMPANHEIRO)	BISNETOS (EXCLUSIVOS DO CÔNJUGE OU COMPANHEIRO)
	Em linha colateral			CUNHADOS (IRMÃOS DO CÔNJUGE OU COMPANHEIRO)	TIOS E SOBRINHOS DO CÔNJUGE OU COMPANHEIRO (E SEUS CÔNJUGES)

Observação: o cônjuge ou companheiro, embora não seja considerado parente, encontra-se sujeito às vedações contidas na Súmula Vinculante nº 13 do Supremo Tribunal Federal.

Importante lembrar, aqui, dois pontos previstos no Código Civil (art. 1.595), que podem gerar dúvidas sobre parentesco durante os procedimentos de licitações e contratos.

O primeiro é a limitação do parentesco por afinidade aos ascendentes (sogros), aos descendentes (enteados) e aos irmãos do cônjuge ou companheiro (cunhado). Ou seja, primeiro e segundo graus. A nova Lei de Licitações e Contratos adotou a mesma regra do Nepotismo, prevista no Decreto nº 7.203, de 4 de junho de 2010, estendendo as restrições ao terceiro grau. Embora o Código Civil seja a regra geral, como a nova Lei de Licitações e Contratos é norma específica e foi expressa, aplicam-se as restrições até bisavós, bisnetos, tios e sobrinhos tanto do agente público quando de sua esposa/companheira.

O segundo ponto é que mesmo tendo o agente público passado por divórcio, os sogros e os enteados da ex-esposa/companheira continuam sendo parentes por afinidade, conforme dispõe o artigo citado. Nesse caso, diferentemente, como a nova Lei de Licitações e Contratos é omissa, aplica-se a regra geral, que continuará considerando parentes os pais e filhos da ex-esposa/companheira.

A imposição quanto à inexistência de vínculos de parentesco nos procedimentos relativos a licitações e contratos observa os princípios da moralidade e da impessoalidade, insculpidos no art. 37, caput, da Constituição Federal[257], bem como corrobora com o preconizado na Súmula Vinculante nº 13[258], que veda a prática de nepotismo na Administração Pública. Assim, a lei possui o intuito de coibir a possibilidade de direcionamento da contratação pública, coadunando com a vedação contida no art. 14, inc. IV, da nova lei.

7.6 Relação técnica, comercial, econômica, financeira, trabalhista e civil.

Ao designar o agente público, deve a autoridade máxima acautelar-se no sentido de questionar a existência de vínculo técnico, comercial, econômico, financeira, trabalhista e civil.

Repete-se aqui: a lei tratou de definir relações sobre as quais decidiu vedar, independentemente da relevância para a regularidade do processo. Também não relativizou o fato para municípios pequenos em que as relações entre agentes públicos e licitante e contratado sã inevitáveis.

A opção da lei foi vedar, independente de outros fatos que poderiam relativizar a situação.

Há vínculo técnico quando o agente público atua junto com outro profissional, em área técnica com elaboração e projetos, manutenção e operação. Normalmente o vínculo técnico está associado ao comercial ou civil, mas a lei destaca esse vínculo para análise em separado. Às vezes, a simples associação para atuar em conjunto no projeto pode ter efeitos sobre a competitividade da licitação.

---

[257] BRASIL. Constituição da República Federativa do Brasil. Organização dos textos e índices por J.U. JACOBY FERNANDES. 3. Ed. Atualizada até a EC nº 102/2019. Belo Horizonte: Fórum, 2020. Art. 37. A administração pública direta e indireta de qualquer dos Poderes da União, dos Estados, do Distrito Federal e dos Municípios obedecerá aos princípios de legalidade, impessoalidade, moralidade, publicidade e eficiência e, também, ao seguinte: [...].

[258] BRASIL. Supremo Tribunal Federal. Súmula Vinculante nº 13. A nomeação de cônjuge, companheiro ou parente em linha reta, colateral ou por afinidade, até o terceiro grau, inclusive, da autoridade nomeante ou de servidor da mesma pessoa jurídica investido em cargo de direção, chefia ou assessoramento, para o exercício de cargo em comissão ou de confiança ou, ainda, de função gratificada na Administração Pública direta e indireta em qualquer dos Poderes da União, dos Estados, do Distrito Federal e dos Municípios, compreendido o ajuste mediante designações recíprocas, viola a Constituição Federal. DJe nº 162 de 29/08/2008, p. 1. DOU de 29/08/2008, p. 1.

O vínculo comercial, regido pelo Código Comercial, lei das S.A.s, ou Direito Empresarial também regido pelo Código Civil pode impactar a isonomia e a competitividade, razão pela qual a lei veda a participação.

Os vínculos econômicos e financeiros, normalmente também estão formalizados em relações comerciais, mas também aqui a lei preferiu definir essas relações como autônomas.

A relação trabalhista pode ser sintetizada como a relação entre empregado e empregador, sem maiores dificuldades.

A relação civil está entre os eventos regulados pelo Código Civil Brasileiro. Certamente, neste dispositivo está uma nova relação que vai surpreender os operadores do Direito. Por exemplo, as partes de contratos civis foram atingidas pela vedação: usufruto, locação, mandato, abrangendo a relação do Advogado com seu cliente, compra e venda, doação, empréstimo, comodato, mútuo, depósito, corretagem, transporte, seguro, fiança.

7.7 Relação com licitantes ou contratados habituais da Administração.

A lei admitiu que ao tempo da designação a autoridade máxima considere se há relação habitual entre o designante e aqueles com que entretém relações que podem gerar a vedação à designação.

A dinâmica dos fatos não permite definir relações futuras. Por esse motivo, neste inciso a autoridade máxima avalia o passado. Como já observado, as relações que se estabelecem entre o designado e licitantes é tratada no art. 14. As que vierem a se estabelecer, após a designação e a empresa de terceirização de mão-de-obra, estão reguladas no art. 48. E, as relações supervenientes à designação e os atos da execução de contrato, estão no art. 122.

Havendo, porém, conhecimento do fato gerador da vedação existente ao tempo da designação, não conhecida pela autoridade máxima, cabe a anulação da designação, com o aproveitamento de atos suscetíveis legalmente de aproveitamento, ratificação ou convalidação. Também é possível admitir que o designado não conhecesse a amplitude desse elenco de vedações, razão pela qual deve-se formalizar a ciência ao mesmo. É possível admitir-se a boa-fé, em vários casos.

Art. 7º, § 1º

> Art. 7º Caberá à autoridade máxima do órgão ou da entidade, ou a quem as normas de organização administrativa indicarem, promover gestão por competências e designar agentes públicos para o desempenho das funções essenciais à execução desta Lei que preencham os seguintes requisitos: [...]

> § 1º A autoridade referida no *caput* deste artigo deverá observar o princípio da segregação de funções, vedada a designação do mesmo agente público para atuação simultânea em funções mais suscetíveis a riscos, de modo a reduzir a possibilidade de ocultação de erros e de ocorrência de fraudes na respectiva contratação.

Dispositivos correspondentes na Lei nº 8.666/1993: Não há.

Os comentários pertinentes a este dispositivo estão no subitem "7.2. Gestão por competência: diferenciação" e "7.3. qualificação e capacitação".

Aqui a lei esclarece o que entende por segregar as funções. É evitar a designação de um mesmo agente para "para atuação simultânea nas funções mais suscetíveis a riscos, de modo a reduzir a possibilidade de ocultação de erros e de ocorrência de fraudes na respectiva contratação".

Segundo o Vocabulário de Controle Externo do Tribunal de Contas da União[259], a segregação de funções trata-se de um princípio básico do controle interno, essencial para a sua efetividade e "consiste na separação de atribuições ou responsabilidades entre diferentes pessoas, especialmente as funções ou atividades-chave de autorização, execução, atesto/aprovação, registro e revisão ou auditoria"[260].

Como esclarecido, é um princípio e como tal não tem valor absoluto ou é de observância acima de qualquer outro. Tome a situação de repartições públicas com efetivo reduzido. Nesse caso, o princípio da continuidade do serviço público se sobrepõe ao princípio da segregação das funções. Outras vezes uma repartição pública tem efetivo grande, mas todos voltados a uma só carreira e pouquíssimos voltados para a atividade administrativa, como ocorre com a Empresa Brasileira de Correios e Telégrafos, numa unidade operacional, ou uma Faculdade, com grande contingente de professores.

O conceito apresentado deve ser entendido como funções sucessivas, que ofereçam risco. Exemplificando: fere o princípio a situação em que um Agente de Contratação elabore o documento de formalização a demanda, o termo de referência e seja o responsável pela pesquisa de preços e pela licitação. Não fere o princípio, que Agente de Contratação elabore o documento de formalização a demanda e seja o Fiscal do contrato, pois entre as duas funções atuam vários outros agentes.

---

[259] BRASIL. Tribunal de Contas da União. Vocabulário de Controle Externo do Tribunal de Contas da União. Disponível em: https://portal.tcu.gov.br/data/files/F8/04/8E/5E/A0B3071068A7C107F18818A8/VCE_TCU.pdf. Acesso em: 28 dez. 2022.

[260] BRASIL. Tribunal de Contas da União. Relatório de auditoria. TC 009.380/2012-4. Segregação de funções. Disponível em: www.tcu.gov.br/consultas/juris/docs/judoc/acord/20130308/ac_0413_07_13_p.doc. Acesso em: 28 dez. 2022.

Por fim e não menos importante: as funções são exercidas por distribuição de competências previstas em norma. Deve o servidor acautelar-se, quando for desempenhar uma função, em verificar se é compatível com o cargo e, em sendo, se há norma e procedimento a ser observado. É juridicamente relevante que as funções que demandam mais tempo de execução e tem maior importância/relevância sejam previamente regulamentadas, ainda que no âmbito interno.

Distribuir e desconcentrar competências não é só um dever legal, - q.cfr. art. 10 a 12 do Decreto-Lei Nº 200, de 25 de fevereiro de 1967, mas um instrumento para a gestão por competências e responsabilização administrativa.

Art. 7º, § 2º

> Art. 7º Caberá à autoridade máxima do órgão ou da entidade, ou a quem as normas de organização administrativa indicarem, promover gestão por competências e designar agentes públicos para o desempenho das funções essenciais à execução desta Lei que preencham os seguintes requisitos: [...]
>
> § 2º O disposto no *caput* e no § 1º deste artigo, inclusive os requisitos estabelecidos, também se aplica aos órgãos de assessoramento jurídico e de controle interno da Administração.

Dispositivos correspondentes na Lei nº 8.666/1993: Não há.

Repetindo parcialmente o que foi exposto em relação ao caput do art. 7º: a norma também disciplina a atuação dos órgãos de assessoramento jurídico e de controle interno da Administração, em relação a licitações e contratos. A invasão de competências na estrutura e organização das demais unidades federadas e, portanto, a inconstitucionalidade do dispositivo, é evidente. A competência para legislar sobre licitações e contratos é da União Federal, conforme art. 22, inc. XXVII, da Constituição Federal. Por isso, não pode a União Federal, a pretexto de legislar sobre licitações e contratos tratar da atuação dos atores do processo que são servidores públicos. Este tema é reservado aos que têm competência constitucional para dispor sobre quadro de pessoal. No modelo atual essa competência é privativa de cada ente federativo.

A norma não é inconstitucional em relação à União Federal, pois que o Congresso Nacional acumula a competência da União e da federação.

O texto da norma permite mais de uma interpretação: de um lado, dispondo que os órgãos de assessoramento jurídico e os órgãos de controle devem estruturar-se com respeito ao princípio da segregação de funções; de outro lado, que esses órgãos devem relacionar-se com os outros órgãos com respeito a esse princípio, e, por fim, que a autoridade máxima, ao nomear os dirigentes desses órgãos devem observar os requisitos e vedações deste artigo, seus incisos e § 1º.

Todas essas interpretações estão corretas, se for entendido que o dispositivo guarda conformidade com a Constituição Federal.

Na primeira possibilidade de interpretação, os órgãos devem estruturar-se segregando as funções internas. Assim, por exemplo, pode se separar em ambos a função orientadora da função fiscalizadora; no jurídico, a função contenciosa da função consultiva. Note que agora, ambos os órgãos, jurídico e de controle, tem a função de apoiar[261] os agentes envolvidos com licitação e contratos e, inclusive, cabe ao órgão jurídico, o dever de defender o agente[262]. Embora a Associação Nacional dos Procuradores dos Estados – ANAPE, tenha ingressado no STF com Ação de inconstitucionalidade contra esse dispositivo – ADI nº 6915, até o fechamento desta edição ainda não havia decisão.

Por esse motivo, recomenda-se que tanto no órgão de controle, quanto no órgão jurídico, em homenagem ao princípio da segregação das funções, que especializem órgão ou um servidor e respectivo substituto para exercerem a função de apoio. Note a sutileza em apoiar e assessorar ou até decidir. A segregação das funções não permite aos órgãos de controle de assessoramento jurídico imiscuir-se na gestão. No caso de apoio, atuam quando solicitados, nos limites da solicitação, pesquisando e entregando precedentes, dialogando sobre a aplicação de normas aos fatos.

A segunda possibilidade de interpretação que advém do dispositivo é a necessidade desses órgãos "relacionar-se com os outros órgãos com respeito a esse princípio". É precisamente nesse ponto que incide a sutileza referida no parágrafo anterior. Um órgão de controle que respeita a segregação não se imiscui na gestão; controla; fiscaliza. Não pode atuar como o engenheiro de obra pronta, que chega

---

[261] BRASIL. Lei nº 14.133, de 1º de abril de 2021. Lei de Licitações e Contratos Administrativos. Organização de textos, remissões da Lei nº 8.666/1993, Lei nº 10.520/2002 e Lei nº 12.462/2011 e índices por Ana Luiza Jacoby Fernandes e J. U. Jacoby Fernandes. Belo Horizonte: Fórum, 2021.Art. 8º. [...]§ 3º As regras relativas à atuação do agente de contratação e da equipe de apoio, ao funcionamento da comissão de contratação e à atuação de fiscais e gestores de contratos de que trata esta Lei serão estabelecidas em regulamento, e deverá ser prevista a possibilidade de eles contarem com o apoio dos órgãos de assessoramento jurídico e de controle interno para o desempenho das funções essenciais à execução do disposto nesta Lei.

[262] BRASIL. Lei nº 14.133, de 1º de abril de 2021. Lei de Licitações e Contratos Administrativos. Organização de textos, remissões da Lei nº 8.666/1993, Lei nº 10.520/2002 e Lei nº 12.462/2011 e índices por Ana Luiza Jacoby Fernandes e J. U. Jacoby Fernandes. Belo Horizonte: Fórum, 2021. "Art. 10. Se as autoridades competentes e os servidores públicos que tiverem participado dos procedimentos relacionados às licitações e aos contratos de que trata esta Lei precisarem defender-se nas esferas administrativa, controladora ou judicial em razão de ato praticado com estrita observância de orientação constante em parecer jurídico elaborado na forma do § 1º do art. 53 desta Lei, a advocacia pública promoverá, a critério do agente público, sua representação judicial ou extrajudicial.§ 1º Não se aplica o disposto no caput deste artigo quando: I - (VETADO); II - provas da prática de atos ilícitos dolosos constarem nos autos do processo administrativo ou judicial.§ 2º Aplica-se o disposto no caput deste artigo inclusive na hipótese de o agente público não mais ocupar o cargo, emprego ou função em que foi praticado o ato questionado."

depois de concluída a obra apenas para apontar defeitos que só são perceptíveis depois da obra pronta. Ao contrário, aqui, na regência da Lei nº 14.133/2021, o controle "apoia". Quando solicitado, informa precedentes, procede a uma análise prévia, mas não decide. Sempre que possível oferece possibilidades de interpretação conforme precedente de jurisprudência.

Do mesmo modo, deve proceder o órgão de assessoramento jurídico. Deve apoiar, quando solicitado, analisar questões e oferecer possibilidades de interpretação jurídica consistente e razoável. Vem dessa compreensão a famosa abreviatura: s.m.j., salvo melhor juízo, aposta nos finais de peças jurídicas de assessoramento, para registrar que o entendimento do jurídico se subjuga a um juízo melhor da autoridade a quem é dirigido o parecer.

7.8 Segregação e coordenação

Note que ambos os órgãos, controle e jurídico, preservam para si outras funções como controlar o processo decisório e manifestar-se na defesa do órgão em ação civil pública e de improbidade. Quando se recomenda a segregação interna essa não pode ir ao ponto de apoiar em contrariedade a futura fiscalização ou defesa em ação de improbidade. A coerência decorre do dever legal e lógico.

É preciso existir uma coordenação dessas funções que desabrocha no verbo apoiar.

O dever de coordenar funções e agentes decorre de lei. De fato, desde o advento dos arts. 8º e 9º do Decreto-Lei nº 200, de 25 de fevereiro de 1967, como da Lei nº 9.784, de 29 de janeiro de 1999, alterada pela Lei nº 14.210, de 2021, a coordenação deve ser praticada.[263]

---

[263] BRASIL. Lei nº 14.133, de 1º de abril de 2021. Lei de Licitações e Contratos Administrativos. Organização de textos, remissões da Lei nº 8.666/1993, Lei nº 10.520/2002 e Lei nº 12.462/2011 e índices por Ana Luiza Jacoby Fernandes e J. U. Jacoby Fernandes. Belo Horizonte: Fórum, 2021. "Art. 8º As atividades da Administração Federal e, especialmente, a execução dos planos e programas de govêrno, serão objeto de permanente coordenação. § 1º A coordenação será exercida em todos os níveis da administração, mediante a atuação das chefias individuais, a realização sistemática de reuniões com a participação das chefias subordinadas e a instituição e funcionamento de comissões de coordenação em cada nível administrativo.§ 2º No nível superior da Administração Federal, a coordenação será assegurada através de reuniões do Ministério, reuniões de Ministros de Estado responsáveis por áreas afins, atribuição de incumbência coordenadora a um dos Ministros de Estado (art. 36), funcionamento das Secretarias Gerais (art. 23, § 1º) e coordenação central dos sistemas de atividades auxiliares (art. 31).§ 3º Quando submetidos ao Presidente da República, os assuntos deverão ter sido previamente coordenados com todos os setores nêles interessados, inclusive no que respeita aos aspectos administrativos pertinentes, através de consultas e entendimentos, de modo a sempre compreenderem soluções integradas e que se harmonizem com a política geral e setorial do Govêrno. Idêntico procedimento será adotado nos demais níveis da Administração Federal, antes da submissão dos assuntos à decisão da autoridade competente."

Art. 9º. Os órgãos que operam na mesma área geográfica serão submetidos à coordenação com o objetivo de assegurar a programação e execução integrada dos serviços federais.

Parágrafo único. Quando ficar demonstrada a inviabilidade de celebração de convênio (alínea b do § 1º do art. 10) com os órgãos estaduais e municipais que exerçam atividades idênticas, os órgãos federais buscarão com êles coordenar-se, para evitar dispersão de esforços e de investimentos na mesma área geográfica.

Todo o texto a seguir, está conforme a Lei nº 14.210, de 30 de setembro de 2021: CAPÍTULO XI- A DA DECISÃO COORDENADA

Art. 49-A. No âmbito da Administração Pública federal, as decisões administrativas que exijam a participação de 3 (três) ou mais setores, órgãos ou entidades poderão ser tomadas mediante decisão coordenada, sempre que:

I - for justificável pela relevância da matéria; e

II - houver discordância que prejudique a celeridade do processo administrativo decisório.

§ 1º Para os fins desta Lei, considera-se decisão coordenada a instância de natureza interinstitucional ou intersetorial que atua de forma compartilhada com a finalidade de simplificar o processo administrativo mediante participação concomitante de todas as autoridades e agentes decisórios e dos responsáveis pela instrução técnico-jurídica, observada a natureza do objeto e a compatibilidade do procedimento e de sua formalização com a legislação pertinente.

§ 2º (VETADO).

§ 3º (VETADO).

§ 4º A decisão coordenada não exclui a responsabilidade originária de cada órgão ou autoridade envolvida.

§ 5º A decisão coordenada obedecerá aos princípios da legalidade, da eficiência e da transparência, com utilização, sempre que necessário, da simplificação do procedimento e da concentração das instâncias decisórias.

§ 6º Não se aplica a decisão coordenada aos processos administrativos:

I - de licitação;

II - relacionados ao poder sancionador; ou

III - em que estejam envolvidas autoridades de Poderes distintos.

Art. 49-B. Poderão habilitar-se a participar da decisão coordenada, na qualidade de ouvintes, os interessados de que trata o art. 9º desta Lei.

Parágrafo único. A participação na reunião, que poderá incluir direito a voz, será deferida por decisão irrecorrível da autoridade responsável pela convocação da decisão coordenada.

Art. 49-C. (VETADO).   http://www.planalto.gov.br/ccivil_03/_Ato2019-2022/2021/Lei/L14210.htm - art1

Art. 49-D. Os participantes da decisão coordenada deverão ser intimados na forma do art. 26 desta Lei.

Art. 49-E. Cada órgão ou entidade participante é responsável pela elaboração de documento específico sobre o tema atinente à respectiva competência, a fim de subsidiar os trabalhos e integrar o processo da decisão coordenada.

Parágrafo único. O documento previsto no caput deste artigo abordará a questão objeto da decisão coordenada e eventuais precedentes.

Art. 49-F. Eventual dissenso na solução do objeto da decisão coordenada deverá ser manifestado durante as reuniões, de forma fundamentada, acompanhado das propostas de solução e de alteração necessárias para a resolução da questão.

Parágrafo único. Não poderá ser arguida matéria estranha ao objeto da convocação.

Art. 49-G. A conclusão dos trabalhos da decisão coordenada será consolidada em ata, que conterá as seguintes informações:

I - relato sobre os itens da pauta;

II - síntese dos fundamentos aduzidos;

III - síntese das teses pertinentes ao objeto da convocação;

IV - registro das orientações, das diretrizes, das soluções ou das propostas de atos governamentais relativos ao objeto da convocação;

V - posicionamento dos participantes para subsidiar futura atuação governamental em matéria idêntica ou similar; e

VI - decisão de cada órgão ou entidade relativa à matéria sujeita à sua competência.

Essa função de coordenar cabe ao dirigente do órgão de controle e do órgão jurídico. Sempre que possível, recomenda-se na prática, atuar conforme o art. 49-A da Lei nº 9.784/1999, na redação incluída pela Lei nº 14.210, de 30 de setembro de 2021. Embora o §6º do art. 49-A, ressalve o processo licitatório, a ideia que consta no §1º, parece ser uma boa prática. Em outras palavras, pode haver um órgão de coordenação junto à alta administração que promova a integração de vários interesses relacionados à execução do plano estratégico, ao plano de contratações anual, aos limites orçamentários e às restrições da lei de diretrizes orçamentárias. Perceba a harmonia desse entendimento com o que consta do parágrafo único do art. 11. O que o §6º, do art. 49-A, não admite, é que as decisões do processo licitatório sejam diluídas com prejuízo à celeridade e a definição de responsabilidades. Nesse sentido, o §6º referido contrapõe-se ao 8º, caput, que pretende ver um só responsável, o Agente de Contratação.

Por fim, recomenda-se que a interpretação do art. 7º, considere os comentários ao art. 8º, especialmente no tocante à exigência desse dispositivo nos municípios com até 20.000 (vinte mil) habitantes, os quais, conforme art. 176, inc. I[264], possuem o período de até 06 (seis) anos para a devida adequação aos termos do referido artigo, ou seja, até 31 de março de 2027.

---

§ 1º Até a assinatura da ata, poderá ser complementada a fundamentação da decisão da autoridade ou do agente a respeito de matéria de competência do órgão ou da entidade representada.
§ 2º (VETADO).
§ 3º A ata será publicada por extrato no Diário Oficial da União, do qual deverão constar, além do registro referido no inciso IV do caput deste artigo, os dados identificadores da decisão coordenada e o órgão e o local em que se encontra a ata em seu inteiro teor, para conhecimento dos interessados.
[264] BRASIL. Lei nº 14.133, de 1º de abril de 2021. Lei de Licitações e Contratos Administrativos. Organização de textos, remissões da Lei nº 8.666/1993, Lei nº 10.520/2002 e Lei nº 12.462/2011 e índices por Ana Luiza Jacoby Fernandes e J. U. Jacoby Fernandes. Belo Horizonte: Fórum, 2021. Art. 176. Os Municípios com até 20.000 (vinte mil) habitantes terão o prazo de 6 (seis) anos, contado da data de publicação desta Lei, para cumprimento: I - dos requisitos estabelecidos no art. 7º e no caput do art. 8º desta Lei.

8. Art. 8º, caput

> Art. 8º A licitação será conduzida por agente de contratação, pessoa designada pela autoridade competente, entre servidores efetivos ou empregados públicos dos quadros permanentes da Administração Pública, para tomar decisões, acompanhar o trâmite da licitação, dar impulso ao procedimento licitatório e executar quaisquer outras atividades necessárias ao bom andamento do certame até a homologação.

Dispositivos correspondentes na Lei n 8.666/1993: não há.

Dispositivos correspondentes na Lei nº 12.462/2011 (Institui o RDC):

Art. 34. As licitações promovidas consoante o RDC serão processadas e julgadas por comissão permanente ou especial de licitações, composta majoritariamente por servidores ou empregados públicos pertencentes aos quadros permanentes dos órgãos ou entidades da administração pública responsáveis pela licitação.

Dispositivos correspondentes na Lei nº 10.520/2002 (Institui o Pregão):

Art. 3º. A fase preparatória do pregão observará o seguinte: [...]

IV - a autoridade competente designará, dentre os servidores do órgão ou entidade promotora da licitação, o pregoeiro e respectiva equipe de apoio, cuja atribuição inclui, dentre outras, o recebimento das propostas e lances, a análise de sua aceitabilidade e sua classificação, bem como a habilitação e a adjudicação do objeto do certame ao licitante vencedor.

Dispositivos pertinentes da Lei nº 14.133/2021, além do art. 7º:

Art. 7º. Caberá à autoridade máxima do órgão ou da entidade, ou a quem as normas de organização administrativa indicarem, promover gestão por competências e designar agentes públicos para o desempenho das funções essenciais à execução desta Lei que preencham os seguintes requisitos:

I - sejam, preferencialmente, servidor efetivo ou empregado público dos quadros permanentes da Administração Pública;

II - tenham atribuições relacionadas a licitações e contratos ou possuam formação compatível ou qualificação atestada por certificação profissional emitida por escola de governo criada e mantida pelo poder público; e

III - não sejam cônjuge ou companheiro de licitantes ou contratados habituais da Administração nem tenham com eles vínculo de parentesco, colateral ou por afinidade, até o terceiro grau, ou de natureza técnica, comercial, econômica, financeira, trabalhista e civil.

§ 1º A autoridade referida no caput deste artigo deverá observar o princípio da segregação de funções, vedada a designação do mesmo agente público para atuação simultânea em funções mais suscetíveis a riscos, de modo a reduzir a possibilidade de ocultação de erros e de ocorrência de fraudes na respectiva contratação.

§ 2º O disposto no caput e no § 1º deste artigo, inclusive os requisitos estabelecidos, também se aplica aos órgãos de assessoramento jurídico e de controle interno da Administração. [...]

Art. 9º. É vedado ao agente público designado para atuar na área de licitações e contratos, ressalvados os casos previstos em lei:

I - admitir, prever, incluir ou tolerar, nos atos que praticar, situações que:

a) comprometam, restrinjam ou frustrem o caráter competitivo do processo licitatório, inclusive nos casos de participação de sociedades cooperativas;

b) estabeleçam preferências ou distinções em razão da naturalidade, da sede ou do domicílio dos licitantes;

c) sejam impertinentes ou irrelevantes para o objeto específico do contrato;

II - estabelecer tratamento diferenciado de natureza comercial, legal, trabalhista, previdenciária ou qualquer outra entre empresas brasileiras e estrangeiras, inclusive no que se refere a moeda, modalidade e local de pagamento, mesmo quando envolvido financiamento de agência internacional;

III - opor resistência injustificada ao andamento dos processos e, indevidamente, retardar ou deixar de praticar ato de ofício, ou praticá-lo contra disposição expressa em lei.

§ 1º Não poderá participar, direta ou indiretamente, da licitação ou da execução do contrato agente público de órgão ou entidade licitante ou contratante, devendo ser observadas as situações que possam configurar conflito de interesses no exercício ou após o exercício do cargo ou emprego, nos termos da legislação que disciplina a matéria.

§ 2º As vedações de que trata este artigo estendem-se a terceiro que auxilie a condução da contratação na qualidade de integrante de equipe de apoio, profissional especializado ou funcionário ou representante de empresa que preste assessoria técnica.

Art. 10. Se as autoridades competentes e os servidores públicos que tiverem participado dos procedimentos relacionados às licitações e aos contratos de que trata esta Lei precisarem defender-se nas esferas administrativa, controladora ou judicial em razão de ato praticado com estrita observância de orientação constante em parecer jurídico elaborado na forma do § 1º do art. 53 desta Lei, a advocacia pública promoverá, a critério do agente público, sua representação judicial ou extrajudicial.

§ 1º Não se aplica o disposto no caput deste artigo quando:

I - (VETADO);

II - provas da prática de atos ilícitos dolosos constarem nos autos do processo administrativo ou judicial.

§ 2º Aplica-se o disposto no caput deste artigo inclusive na hipótese de o agente público não mais ocupar o cargo, emprego ou função em que foi praticado o ato questionado. [...]

Art. 176. Os Municípios com até 20.000 (vinte mil) habitantes terão o prazo de 6 (seis) anos, contado da data de publicação desta Lei, para cumprimento:

I - dos requisitos estabelecidos no art. 7º e no caput do art. 8º desta Lei;

8.1. Constitucionalidade – análise

Por coerência, deve-se repetir aqui a mesma análise feita no art. 7º. O vício é o mesmo. A norma disciplina a atuação da autoridade em relação ao ato de nomear atores do processo de licitação. A invasão de competências na estrutura e organização das demais unidades federadas e, portanto, a inconstitucionalidade do dispositivo, é evidente. A competência para legislar sobre licitações e contratos é da União Federal, conforme art. 22, inc. XXVII, da Constituição Federal, e não pode autorizar a legislar além do procedimento e tratar da atuação dos atores no processo.

Quando a norma exige que a nomeação seja "entre servidores efetivos ou empregados públicos dos quadros permanentes da Administração Pública" além de adotar redação imprecisa, invade também a esfera de competência das unidades federadas.

No mesmo sentido Marçal Justen Filho, no livro Comentários à Lei de Licitações e Contratações Administrativas,[265] na p. 213, fala sobre este assunto.

---

[265] JUSTEN FILHO, Marçal. Comentários à Lei de Licitações e Contratações Administrativas: Lei 14.133/2021. São Paulo: Thomson Reuters Brasil, 2021, p. 213.

8.2 Vigência

Esse dispositivo tem vigência adiada por 06 (seis) anos para Municípios com até 20.000 (vinte mil) habitantes, conforme art. 176, inc. I [266], ou seja, até 31 de março de 2027.

A população deve ser aferida na data de promulgação da lei, ou seja, dia 1º de abril de 2021, mesmo que após essa data o município ultrapasse a população.

8.3 Agente de Contratação: cargo ou função?

Há de se destacar que Agente de Contratação não é cargo, mas função. Sendo função, evidentemente essencial, sujeita-se também aos comandos do art. 7º, caput. Portanto, também sujeito a todos os requisitos e impedimentos ali expostos. A atecnia legislativa é evidente.

Sendo função, como visto nos comentários aos incisos VI e LX, pode ser atribuída ao ocupante de cargo ou emprego que tenha nas atribuições de igual complexidade, mesmo nível de dificuldade e requisitos de escolaridade equivalentes.

8.4 Terminologia e autoridade nomeante

O Agente aqui referido foi um conceito criado por dois dos autores desta obra, o Professor Jorge Ulisses Jacoby Fernandes e o Professor Murilo Jacoby, como um ator com função análoga a de gestor do contrato. Na época da concepção, chamou-se esta função de "gestor da licitação", e referia-se àquela pessoa responsável por garantir que a licitação tivesse o fluxo ideal. Essa figura foi prevista inicialmente no Código de Licitações e Contratos do Estado do Maranhão, promulgado no ano de 2012, no governo de Roseane Sarney, e revogado no ano de 2015.[267]

Cabe aqui uma crítica, pois o Agente da Contratação não atua no contrato. Encerra sua função no ato de homologação da licitação, que, aliás, nem é esse que pratica, mas normalmente a autoridade que o nomeou. Por isso, a terminologia agente de licitação seria mesmo melhor.

---

[266] BRASIL. Lei nº 14.133, de 1º de abril de 2021. Lei de Licitações e Contratos Administrativos. Organização de textos, remissões da Lei nº 8.666/1993, Lei nº 10.520/2002 e Lei nº 12.462/2011 e índices por Ana Luiza Jacoby Fernandes e J. U. Jacoby Fernandes. Belo Horizonte: Fórum, 2021. Art. 176. Os Municípios com até 20.000 (vinte mil) habitantes terão o prazo de 6 (seis) anos, contado da data de publicação desta Lei, para cumprimento: I - dos requisitos estabelecidos no art. 7º e no caput do art. 8º desta Lei;
[267] BRASIL. Lei Estadual nº 9.579, de 12 de abril de 2012. Institui o Código de Licitações e Contratos do Estado do Maranhão. Disponível em: https://www.legisweb.com.br/legislacao/?id=240474. Acesso em: 28 dez. 2022.

Para compreender: no art. 7º, está definido que a "autoridade máxima" nomeia agentes públicos, no plural, mesmo. Isto porque um agente público específico foi nomeado para atuar desde a formalização da demanda até, expressamente, "até" a homologação da licitação, com o título de "Agente de Contratação", e como visto foi assim conceituado no art. 6º, inc. LX. Quem atua imediatamente após licitação até o encerramento do contrato é o fiscal do contrato, agora assim nominado no art. 117.

Comparando a redação do art. 6º, inc. LX com o art. 8º caput, percebe-se a absoluta coincidência[268] dos termos do conceito com o caput do art. 8º.

No dispositivo em comento, o nomeante é denominado de autoridade competente; no art. 7º, de autoridade máxima. Aqui nomeia-se um agente público específico com nome jurídico de Agente de Contratação; no art. 7º, o agente genérico denominado de agente público. Portanto é fácil compreender que:

a) o Agente de Contratação é um agente público;

b) a nomeação é pela autoridade máxima, que tiver a competência para a nomeação;

c) o Agente de Contratação tem as mesmas restrições e vedações que o agente público, previstas no art. 7º;

A síntese de todas as funções que cabem ao Agente de Contratação pode ser assim resumida: fazer o processo se desenvolver com celeridade e em conformidade com as normas, até a homologação. Na estrita dicção legal: dar impulso ao procedimento licitatório e executar quaisquer outras atividades necessárias ao bom andamento do certame até a homologação.

Ao contrário do entendimento de outros autores, o Agente de Contratação pode atuar desde a formalização da demanda e não especialmente a partir da publicação do edital[269].

---

[268] BRASIL. Lei nº 14.133, de 1º de abril de 2021. Lei de Licitações e Contratos Administrativos. Organização de textos, remissões da Lei nº 8.666/1993, Lei nº 10.520/2002 e Lei nº 12.462/2011 e índices por Ana Luiza Jacoby Fernandes e J. U. Jacoby Fernandes. Belo Horizonte: Fórum, 2021. "Art. 6º Para os fins desta Lei, consideram-se: [...] LX - agente de contratação: pessoa designada pela autoridade competente, entre servidores efetivos ou empregados públicos dos quadros permanentes da Administração Pública, para tomar decisões, acompanhar o trâmite da licitação, dar impulso ao procedimento licitatório e executar quaisquer outras atividades necessárias ao bom andamento do certame até a homologação. [...] Art. 8º A licitação será conduzida por agente de contratação, pessoa designada pela autoridade competente, entre servidores efetivos ou empregados públicos dos quadros permanentes da Administração Pública, para tomar decisões, acompanhar o trâmite da licitação, dar impulso ao procedimento licitatório e executar quaisquer outras atividades necessárias ao bom andamento do certame até a homologação.

[269] JUSTEN FILHO, Marçal. Comentários à Lei de Licitações e Contratações Administrativas, São Paulo: Thomson Reuters, 2021, p. 214.

8.5 Segregação de funções

Após a leitura desse dispositivo, caput do art. 8º, deve ser analisada a aplicação do princípio da segregação das funções, vez que sendo espécie de agente genericamente criado pelo art. 7º também está sujeito a esse princípio. Pode, na prática, ser incumbido de planejar, executar e controlar todas as atividades necessárias até a homologação.

Exemplos: o Agente de Contratação pode elaborar termo de referência? Pode elaborar projeto básico? Pode autorizar a licitação? Adotando-se o princípio da segregação das funções, a resposta é não. Pode, porém, participar ativamente em todas as etapas, porque a segregação é absoluta, após a fase da contratação.

Nesse cenário, pode um mesmo Agente, como já esclarecido, participar da etapa de definição do produto – documento de formalização da demanda, projeto básico e, depois de concluído o processo licitatório, ser nomeado fiscal do contrato. Todavia não pode ser o único agente de todas os procedimentos da licitação e ainda acumular a de fiscal do contrato. Aliás, nem mesmo na fase de licitação pode ser o único, porque não haveria segregação de funções na fase interna. Note-se que a legislação separa a especificação do objeto da pesquisa de preços e a licitação dos procedimentos anteriores.

É forçoso reconhecer que a redação pode trazer algumas dúvidas sobre atos decisórios do procedimento licitatório, mas o entendimento é que esta competência do agente de licitação, descrita de forma bem ampla exige uma participação segregada. Daí porque entende-se que o impulso de todos os atos é da competência, mas uma interpretação sistêmica da norma implica esclarecer que a execução não pode ser unificada.

Convém, neste momento, observar os comentários pertinentes a este dispositivo no subitem "art. 7º, § 1º".

8.6 Remuneração

A lei nada dispôs sobre o tema e não poderia sob pena de invadir as competências das unidades federadas.

Ao tempo da lei do pregão, sustentamos a necessidade de editar leis definindo critérios de remuneração diferenciados para a função de pregoeiro e da equipe de apoio.

A esse tempo, os autores sustentaram a motivação e a fundamentação jurídica. Vale a pena aqui lembrar.

Motivação:

a) os responsáveis por um procedimento licitatório devem ser remunerados: é tarefa complexa que expõe o servidor e seu patrimônio pessoal, além da imagem da instituição; e

b) a remuneração não deve ser condicionada a decurso de prazo, como valor mensal. Esse modelo dificulta a mudança de servidores e gera acomodação ou sujeição pelo servidor, muitas vezes movido pela necessidade de manter a estabilidade financeira. O melhor sistema é a remuneração por sessão, *jeton de présence*,[270] até o máximo de três por processo, que pode ser escalonado em níveis segundo o volume de recursos envolvidos.

Fundamentação jurídica colhida ao correr da pena, sem pretensão de exaurir a pesquisa:

a) a definição de espécies remuneratórias deve provir de lei;

b) nos órgãos do Poder Legislativo, Poder Judiciário, Tribunal de Contas e Ministério Público, a Constituição Federal autoriza a definição de regras próprias, mas foi definido que a remuneração de funções deve ser previamente definida em lei;

c) as empresas estatais podem servir-se de norma própria, observando-se o disposto no art. 173, § 1º, da Constituição Federal;

d) os órgãos devem envidar esforços no sentido de regulamentar no âmbito de cada esfera de governo o disposto no art. 39, § 7º, da Constituição Federal que tem íntima conexão com o tema; e

e) é indispensável observar o que dispõe o art. 169 da Constituição Federal.

Em breve pesquisa sobre o tema verificou-se que alguns órgãos e entidades já implementaram sistemas remuneratórios:

a) Minas Gerais. Santo Antônio do Monte. Proposição de Lei nº 022, de 2009. Cria gratificação especial de pregoeiro e equipe de apoio e dá outras providências;

b) Pernambuco. Decreto nº 31.391, de 11 de fevereiro de 2008. Regulamenta a Lei nº 13.352, de 13 de dezembro de 2007, que institui as gratificações de pregoeiro, equipe de apoio e integrantes das comissões permanentes e especiais de licitação, no âmbito da administração direta, autárquica e fundacional do Poder Executivo Estadual, e dá outras providências.

---

[270] Gratificação pecuniária paga pela participação em reuniões de órgãos de deliberação coletiva.

c) Rio de Janeiro. Petrópolis. Decreto nº 340, de 01 de setembro de 2006. Dispõe sobre remuneração dos pregoeiros e equipe de apoio e dá outras providências;

d) Minas Gerais. Ponte Nova. Lei Complementar Municipal nº 2.832, de 2005. Dispõe sobre a Comissão Permanente de Licitações do Poder Executivo Municipal, altera a Lei Municipal 2.203/1997 e dá outras providências;

e) Distrito Federal. Decreto nº 23.753, de 30 de abril de 2003. Dispõe sobre a criação de cargos comissionados na estrutura da Subsecretaria de Compras e Licitações da Secretaria de Estado da Fazenda e Planejamento do Distrito Federal;

f) ECT. Relatório/DIREC-008/2002. REDIR-009/2002, 26 de fevereiro de 2002. Definição de critérios e pré-requisitos de funções da Área Administração; e

g) Rio de Janeiro. Decreto nº 31.863, de 16 de setembro de 2002. Regulamenta a modalidade de licitação denominada pregão, para aquisição de bens e serviços comuns, no âmbito do Estado do Rio de Janeiro.

O Estado do Rio de Janeiro implantou sistema remuneratório exatamente como é mais recomendável: remuneração por sessão ou por pregão.

8.7 Custos e economia no processo de licitação

Com frequência, imputam-se aos responsáveis pelo processo licitatório apenas críticas negativas, decorrentes do elevado custo do procedimento.

Por isso, é recomendável que os órgãos procurem quantificar o seu trabalho em termos de custos. Aliás, é exigência da Lei de Responsabilidade Fiscal que esses custos sejam quantificados. Para tanto, sugere-se que cada órgão elabore um quadro com as seguintes características:

a) objeto;

b) preço estimado pelo órgão requisitante;

c) preço obtido na licitação; e

d) satisfação do cliente.

Na coluna objeto, caberá ao órgão requisitante descrever as características do objeto pretendido, detalhando-o de forma a garantir a qualidade do produto.

Art. 8º

No campo "preço estimado pelo órgão requisitante", caberá ao órgão indicar o preço que obteve em pesquisa. Não se trata, aqui, da pesquisa realizada com caráter técnico que servirá para balizar o projeto básico, mas o preço que o próprio órgão obteve em consulta informal a algum fornecedor. Essa participação do órgão requisitante tem dois objetivos: primeiro, sensibiliza as unidades para o custo da produção administrativa, pois não é raro encontrar-se servidor sem a mínima noção de custo de suas próprias atividades ou desarrazoadas exigências. Segundo, inibirá acusações de superfaturamento formuladas pelos próprios integrantes da Administração Pública. Para evitar problemas em relação à regularidade fiscal do futuro contratado, os órgãos deverão ser orientados no sentido de verificarem se o fornecedor ou prestador de serviço trabalha com órgãos públicos; esse é o modo mais fácil de "traduzir" para os órgãos requisitantes a necessidade de pesquisar preços no "mercado legal". Durante todo o processo licitatório, os responsáveis pela licitação terão em mira atingir esse objetivo no processo licitatório: se encontrar preços superiores, verificarão junto ao órgão requisitante o nome do consultado e poderá até promover a sua contratação direta; se encontrar preços inferiores, anotará no quadro o preço obtido. No final do exercício registrará o lucro dado à organização, decorrente da diferença entre as colunas "preço estimado pelo órgão requisitante" e preço obtido na licitação.

O mesmo pode ser feito na contratação direta sem licitação.

O item satisfação do cliente será obtido pela prévia consulta, antes da adjudicação, ao órgão requisitante quando, então, se certificará da exata correlação entre o objeto pedido e o licitado ou contratado. Mais tarde promover-se-á nova consulta, verificando, então, se foi entregue o objeto requisitado.

Art. 8º, § 1º

Art. 8º A licitação será conduzida por agente de contratação, pessoa designada pela autoridade competente, entre servidores efetivos ou empregados públicos dos quadros permanentes da Administração Pública, para tomar decisões, acompanhar o trâmite da licitação, dar impulso ao procedimento licitatório e executar quaisquer outras atividades necessárias ao bom andamento do certame até a homologação. [...]

§ 1º O agente de contratação será auxiliado por equipe de apoio e responderá individualmente pelos atos que praticar, salvo quando induzido a erro pela atuação da equipe.

Dispositivos correspondentes na Lei nº 10.520/2002 (Institui o Pregão):

Art. 3º. A fase preparatória do pregão observará o seguinte:[...]

IV - a autoridade competente designará, dentre os servidores do órgão ou entidade promotora da licitação, o pregoeiro e respectiva equipe de apoio, cuja atribuição inclui, dentre outras, o recebimento das propostas e lances, a análise de sua aceitabilidade e sua classificação, bem como a habilitação e a adjudicação do objeto do certame ao licitante vencedor.

Verifica-se, a partir do art. 8º, § 1º, uma identidade de responsabilidade com a figura do pregoeiro, inaugurada pela Lei nº 10.520/2002 e, portanto, cabe ao agente de contratação tomar as decisões no processo licitatório.

Diferente do que era previsto na Lei nº 8.666/1993, o Agente de Contratação não faz parte de uma comissão que tem outros membros. Será auxiliado por uma equipe de apoio que efetivamente não pode tomar nenhuma decisão, mas apenas auxiliá-lo nas diversas atribuições, cabendo ao agente de contratação, unicamente, a responsabilidade perante a licitação.

8.8 Recomendações – relações do Agente de Contratação e equipe de apoio

Sob o aspecto prático, é importante observar que muitas vezes os membros da equipe de apoio não estarão subordinados nas tarefas cotidianas ao agente de contratação. A nossa recomendação é para que, quando um membro da equipe de apoio faltar ao trabalho, o Agente de Contratação se reporte a autoridade que o nomeou e que nomeou a equipe de apoio para que essa ordene o comparecimento e a colaboração dos demais membros da equipe de apoio ou faltantes ou que não trabalham a contento.

Recomendamos, ainda, que a equipe de apoio desempenhe a parte relativa à execução material, liberando o agente da contratação para sua principal função que é coordenar os trabalhos da equipe de apoio e conduzir o processo decisório.

Não é necessário mais uma comissão para tomar as decisões, de forma colegiada. Basta um agente, auxiliado por uma equipe de apoio.

Observe que não há necessidade de vinculação hierárquica no cotidiano das atividades entre o Agente de Contratação e a equipe de apoio, salvo se isto estiver disposto no organograma. Normalmente a equipe de apoio trabalha em vários setores e ajuda o Agente de Contratação na atividade específica da licitação. Havendo volume de trabalho, pode a autoridade nomeante decidir pela dedicação exclusiva e até a definição de órgão, no organograma.

O professor Ronny Charles, em seu livro, menciona: "Durante a fase de planejamento, já se deve avaliar que tipo de perfil poderá contribuir no apoio do agente de contratação ou pregoeiro, avaliando, por exemplo, a pertinência de indicação de algum servidor do órgão requisitante, que entenda tecnicamente da contratação."[271]

É importante, ainda, sugerir que o substituto do Agente de Contratação seja nomeado entre os membros da equipe de apoio.

8.9 Responsabilização do Agente de Contratação

Parte importante da norma refere-se à responsabilização, pois a norma adotou a figura de um só Agente decidindo, sendo a equipe de apoio apenas responsável por auxiliá-lo.

Nesse cenário é comum surgir indagações sobre o nível de responsabilidade dos membros da equipe de apoio, diante de irregularidades praticadas pelo Agente de Contratação ou de ordem desse, sem amparo legal. A resposta está numa exata compreensão do equilíbrio que o Direito Administrativo estabeleceu entre o princípio da hierarquia e o princípio da legalidade: os membros da equipe de apoio só respondem diante de ato manifestamente ilegal praticado pelo Agente de Contratação, que tiverem conhecimento É que, em tais circunstâncias, compete ao agente público, que integre a equipe de apoio, conhecendo da manifesta ilegalidade, recusar-se ao cumprimento da ordem e, na sequência, representar à autoridade superior ao Agente de Contratação

Por outro lado, o Agente de Contratação não responderá pelos atos que praticar quando induzido a erro. Note que existe o dever do Agente de Contratação de verificar os atos praticados pela equipe, mas pode ser induzido a erro, a partir da construção da responsabilidade definida pelos órgãos de controle, que é a aferida pelo "homem médio".

Assim, por exemplo, o fato de um membro da equipe de apoio ter violado uma proposta e depois ter escondido esse fato; o fato de um membro da equipe de apoio ter omitido determinado preço do mapa de preços; o fato de ter inserido proposta após o termo final do prazo, pode ser indicativo de induzimento a erro. É, portanto, aquele que não é facilmente perceptível pelo Agente de Contratação praticado por membro da equipe de apoio. Se for facilmente perceptível ou houver conivência do Agente de Contratação a responsabilidade deve ser apurada. Note que a redação da norma teve o salutar objetivo de aumentar a segurança jurídica no processo decisório e no processo de responsabilização.

Quem responde é o Agente de Contratação que atua decidindo sozinho; a equipe de apoio só responde se induzir o Agente de Contratação a erro. Em outras

---

[271] TORRES, Ronny Charles Lopes de. Leis de Licitações públicas comentadas. 12 ed. São Paulo: Ed. Juspodivm, 2021, p. 104.

palavras, o caput do artigo 8º define: quem decide é o Agente de Contratação; o § 1º define que esse responde e somente, se induzido a erro, poderá transferir essa responsabilidade.

Art. 8º, § 2º

> Art. 8º A licitação será conduzida por agente de contratação, pessoa designada pela autoridade competente, entre servidores efetivos ou empregados públicos dos quadros permanentes da Administração Pública, para tomar decisões, acompanhar o trâmite da licitação, dar impulso ao procedimento licitatório e executar quaisquer outras atividades necessárias ao bom andamento do certame até a homologação. [...]
>
> § 2º Em licitação que envolva bens ou serviços especiais, desde que observados os requisitos estabelecidos no art. 7º desta Lei, o agente de contratação poderá ser substituído por comissão de contratação formada por, no mínimo, 3 (três) membros, que responderão solidariamente por todos os atos praticados pela comissão, ressalvado o membro que expressar posição individual divergente fundamentada e registrada em ata lavrada na reunião em que houver sido tomada a decisão.

Dispositivos correspondentes na Lei nº 8.666/1993:

Art. 51. A habilitação preliminar, a inscrição em registro cadastral, a sua alteração ou cancelamento, e as propostas serão processadas e julgadas por comissão permanente ou especial de, no mínimo, 3 (três) membros, sendo pelo menos 2 (dois) deles servidores qualificados pertencentes aos quadros permanentes dos órgãos da Administração responsáveis pela licitação. [...]

§ 3º Os membros das Comissões de licitação responderão solidariamente por todos os atos praticados pela Comissão, salvo se posição individual divergente estiver devidamente fundamentada e registrada em ata lavrada na reunião em que tiver sido tomada a decisão.

Dispositivos pertinentes na Lei nº 14.133/2021, além do art. 7º:

Art. 36. O julgamento por técnica e preço considerará a maior pontuação obtida a partir da ponderação, segundo fatores objetivos previstos no edital, das notas atribuídas aos aspectos de técnica e de preço da proposta.

§ 1º O critério de julgamento de que trata o caput deste artigo será escolhido quando estudo técnico preliminar demonstrar que a avaliação e a ponderação da qualidade técnica das propostas que superarem os requisitos mínimos estabelecidos no edital forem relevantes aos fins pretendidos pela Administração nas licitações para contratação de:

I - serviços técnicos especializados de natureza predominantemente intelectual, caso em que o critério de julgamento de técnica e preço deverá ser preferencialmente empregado;

II - serviços majoritariamente dependentes de tecnologia sofisticada e de domínio restrito, conforme atestado por autoridades técnicas de reconhecida qualificação;

III - bens e serviços especiais de tecnologia da informação e de comunicação;

IV - obras e serviços especiais de engenharia;

Art. 6º. [...]

XIV - bens e serviços especiais: aqueles que, por sua alta heterogeneidade ou complexidade, não podem ser descritos na forma do inciso XIII do caput deste artigo, exigida justificativa prévia do contratante;

> XIII - bens e serviços comuns: aqueles cujos padrões de desempenho e qualidade podem ser objetivamente definidos pelo edital, por meio de especificações usuais de mercado;

O dispositivo trata da contratação de bens e serviços especiais, que está conceituado no art. 6º, inc. XIV, como "aqueles que, por sua alta heterogeneidade ou complexidade, não podem ser descritos na forma do inciso XIII do caput deste artigo, exigida justificativa prévia do contratante". O inciso XIII define bens e serviços comuns.

O § 2º deve ser considerado junto com o § 4º deste mesmo artigo agora em comento.

Para licitar bens e serviços especiais, a lei faculta a atuação isolada do Agente de Contratação por uma "comissão de contratação formada por, no mínimo, 3 (três) membros". A atuação em colegiado tem a finalidade de garantir a maximização do princípio da impessoalidade e da transparência, como regra.

Para indicar a separação de responsabilização em relação a atuação isolada do Agente de Contratação, a lei no mesmo dispositivo esclarece que os membros da comissão "responderão solidariamente por todos os atos praticados pela comissão, ressalvado o membro que expressar posição individual divergente fundamentada e registrada em ata lavrada na reunião em que houver sido tomada a decisão." A omissão na votação e a falta no dia dos trabalhos não foi tratada pelo legislador. No primeiro caso, o silêncio na votação, a omissão, implica na responsabilização, pois a lei definiu que para isentar a responsabilidade deve o integrante da comissão adotar uma ação específica: manifestar-se de forma divergente, motivar seu entendimento divergente. Também exige a lei a obrigação de fazer a ata. A lei não esclarece se deve constar da ata a divergência e a justificativa. É evidente que ambos integram o ato administrativo, mas não pode ser obrigada a forma, quando a lei não define. Pode isentar de responsabilidade a declaração de voto em separado, com registro da decisão divergente de modo sumário na ata.

Note que a norma não responsabiliza quem vota diferente e é vencido, se no futuro a decisão vier a ser declarada ilegal. A questão que surge é se o voto vencido, diante da justificativa se tornar vencedor, pela adesão de outro membro. O raciocínio permanece o mesmo, em perfeita simetria. Quem é vencido, deve justificar o voto, se pretender isentar-se de responsabilidade.

Quanto a ausência do membro da comissão no dia da deliberação, cabe ao condutor do trabalho adiar a deliberação, para a colheita de votos, ou manter a data. A falta, nesse caso, deve ser justificada pelo faltante.

É necessário observar que, se a comissão é composta por três membros, devem deliberar o tempo todo com três membros. A ausência eventual de um membro pode até ser tolerada pelos outros dois, mas isso não pode passar a ser regra, pois muitos fogem da tomada de decisão.

Importante destacar, ainda, que na norma não se estabelece os requisitos específicos para a escolha desses membros da comissão. Como o dispositivo manda aplicar o art. 7º, resta evidente que os membros da comissão também serão função essencial na forma do art. 7º, observados todos os requisitos e vedações ali estabelecidos.

8.10. Comissão permanente ou especial

A Lei nomeou essa comissão de "comissão de contratação", mas pode ser superada a atecnia legislativa e considerar tratar-se de comissão de licitação.

A comissão de licitação é definida no art. 6º.[272]

Sendo aproveitado esse inciso, a comissão poderá ser permanente ou especial, e também dessa forma poderá haver a designação em caráter permanente ou especial.

A Lei não definiu o prazo do mandato, precisamente porque admitiu ser permanente ou especial.

Art. 8º, § 3º

> Art. 8º A licitação será conduzida por agente de contratação, pessoa designada pela autoridade competente, entre servidores efetivos ou empregados públicos dos quadros permanentes da Administração Pública, para tomar decisões, acompanhar o trâmite da licitação, dar impulso ao procedimento licitatório e executar quaisquer outras atividades necessárias ao bom andamento do certame até a homologação. [...]
>
> § 3º As regras relativas à atuação do agente de contratação e da equipe de apoio, ao funcionamento da comissão de contratação e à atuação de fiscais e gestores de contratos de que trata esta Lei serão estabelecidas em regulamento, e deverá ser prevista a possibilidade de eles contarem com o apoio dos órgãos de assessoramento jurídico e de controle interno para o desempenho das funções essenciais à execução do disposto nesta Lei.

Dispositivos correspondentes na Lei nº 8.666/1993: não há.

Considerando a disposição expressa da norma, ao definir que a atuação nas funções essenciais aqui estabelecidas – e a nosso juízo todas são essenciais – serão estabelecidas por regulamento, encontra-se em vigor, desde o dia 1º de novembro

---

[272] Art. 6º. [...] L - L - comissão de contratação: conjunto de agentes públicos indicados pela Administração, em caráter permanente ou especial, com a função de receber, examinar e julgar documentos relativos às licitações e aos procedimentos auxiliares;

de 2022 o Decreto nº 11.246, de 27 de outubro de 2022, que regulamenta o § 3º do art. 8º da Lei nº 14.133, de 1º de abril de 2021, para dispor sobre as regras para a atuação do Agente de Contratação e da equipe de apoio, o funcionamento da comissão de contratação e a atuação dos gestores e fiscais de contratos, no âmbito da Administração Pública Federal direta, autárquica e fundacional.

A regulamentação estabeleceu a forma de designação e os requisitos para Agente de Contratação, equipe de apoio, comissão de contratação, gestores e fiscais de contratos, bem como os respectivos requisitos para atuação, considerando o princípio da segregação de funções, assentado no art. 12 do referido decreto.

Referida norma estabelece também a vedação de designação do mesmo agente público para atuação simultânea em funções mais suscetíveis a riscos, de modo a reduzir a possibilidade de ocultação de erros e de ocorrência de fraudes na contratação. Além dos requisitos do decreto devem ser observadas as demais vedações do art. 9º da Lei nº 14.133/2021.

Detalhe importante foi acrescido agora expressamente em absoluta coerência com a posição do Tribunal de Contas da União - TCU, sobre a possibilidade de se contar com o apoio dos órgãos de assessoramento jurídico e de controle interno para o desempenho de suas funções. Vale a crítica, entretanto, que a lei, ao estabelecer este apoio, não deixa claro o dever do apoio técnico - muitas vezes necessário e essencial no desenvolvimento da licitação - pela área requisitante ou área especializada no objeto da licitação. A omissão da lei, contudo, foi sanada através do art. 15, caput, e §§1º, 2º e 3º.[273]

A título de recomendação para os regulamentos que forem necessários é importante que estabeleçam também o fluxo de trabalho - de onde vem o processo e para onde vai - e o prazo para a prática do ato que couber a cada uma das unidades envolvidas nesse fluxo. A decisão que associa o ato ao órgão é que vai nortear a certeza do desenvolvimento do processo.

Consulte os comentários ao art. 7º, em especial à segregação de funções.

Art. 8º, § 4º

---

[273] Decreto nº 11.246, de 27 de outubro de 2022. [...] Art. 15. O agente de contratação contará com o auxílio dos órgãos de assessoramento jurídico e de controle interno do próprio órgão ou entidade para o desempenho das funções essenciais à execução das suas funções. § 1º O auxílio de que trata o caput se dará por meio de orientações gerais ou em resposta a solicitações de apoio, hipótese em que serão observadas as normas internas do órgão ou da entidade quanto ao fluxo procedimental. § 2º Sem prejuízo do disposto no § 1º, a solicitação de auxílio ao órgão de assessoramento jurídico se dará por meio de consulta específica, que conterá, de forma clara e individualizada, a dúvida jurídica a ser dirimida. § 3º Na prestação de auxílio, a unidade de controle interno observará a supervisão técnica e as orientações normativas do órgão central do Sistema de Controle Interno do Poder Executivo Federal e se manifestará acerca dos aspectos de governança, gerenciamento de riscos e controles internos administrativos da gestão de contratações.

> Art. 8º A licitação será conduzida por agente de contratação, pessoa designada pela autoridade competente, entre servidores efetivos ou empregados públicos dos quadros permanentes da Administração Pública, para tomar decisões, acompanhar o trâmite da licitação, dar impulso ao procedimento licitatório e executar quaisquer outras atividades necessárias ao bom andamento do certame até a homologação. [...]
>
> § 4º Em licitação que envolva bens ou serviços especiais, cujo objeto não seja rotineiramente contratado pela Administração, poderá ser contratado, por prazo determinado, serviço de empresa ou de profissional especializado para assessorar os agentes públicos responsáveis pela condução da licitação.

Dispositivos correspondentes na Lei nº 8.666/1993: não há.

Esse dispositivo deve ser lido com o § 2º deste mesmo artigo.

Como já esclarecido nos comentários a esse parágrafo a licitação para "bens ou serviços especiais" deve ser compreendida a partir do conceito que está no inc. XIV do art. 6º que opõe ao bem e serviço comum.

A lei acolhe o posicionamento doutrinário e jurisprudencial, na medida em que permite a contratação de empresa ou profissional para assessorar o agente público na condução da licitação. A inovação legal é extremamente válida quando verifica-se a complexidade de alguns procedimentos que são peculiares pela sua própria natureza. A própria lei estabelece, por exemplo, o contrato de eficiência com critério de julgamento pelo maior retorno econômico. Isso será utilizado, por exemplo, em Parcerias Público-Privadas. Essas modalidades criam um cenário normativo-procedimental muito específico, onde uma assessoria pode ser extremamente útil.

Importante observar que esse profissional ou empresa especializada também pode ser enquadrado como notório especialista, na forma permitida pelo art. 74 da Lei.

A Lei, ao deixar claro que essa faculdade se destina a licitação de "bens ou serviços especiais" acrescenta que a permissão cujo objeto não seja rotineiramente contratado pela Administração é para contrato de "objeto que não seja rotineiramente contratado pela Administração". Coloca ainda outro requisito: por prazo determinado.

Como já esclarecido, a competência da União Federal, nesse ponto, não autoriza a invadir a competência das unidades federadas, porque legislar sobre processo, não autoriza a legislar sobre os atores do processo. A norma tem validade para a União Federal. Além disso, não seria norma geral, mas a toda evidência, especial e, portanto, também sem amparo constitucional.

Se o órgão licita habitualmente bens e serviços especiais, é possível a contratação de especialista para acompanhar a licitação e transferir o conhecimento para os Agentes de Contratação. Isso porque diante das duas limitações há de haver inteligência para compreender a pretensão da norma: apoiar os que desenvolvem a licitação para a contratação não-rotineira.

O princípio da segregação das funções opera na aplicação desse dispositivo e fica evidente essa aplicação quando a lei dispõe que a atividade terceirizada é para assessoramento, afastando qualquer pretensão de se transferir o processo decisório para terceiros. Aliás, em coerência com o caput do art. 8º, que expressamente atribui competência decisória para o Agente da Contratação.

Art. 8º, § 5º

Art. 8º A licitação será conduzida por agente de contratação, pessoa designada pela autoridade competente, entre servidores efetivos ou empregados públicos dos quadros permanentes da Administração Pública, para tomar decisões, acompanhar o trâmite da licitação, dar impulso ao procedimento licitatório e executar quaisquer outras atividades necessárias ao bom andamento do certame até a homologação. [...]

§ 5º Em licitação na modalidade pregão, o agente responsável pela condução do certame será designado pregoeiro.

Dispositivos correspondentes na Lei nº 10.520/2002 (Institui o Pregão):

Art. 3º. A fase preparatória do pregão observará o seguinte:[...]

IV - a autoridade competente designará, dentre os servidores do órgão ou entidade promotora da licitação, o pregoeiro e respectiva equipe de apoio, cuja atribuição inclui, dentre outras, o recebimento das propostas e lances, a análise de sua aceitabilidade e sua classificação, bem como a habilitação e a adjudicação do objeto do certame ao licitante vencedor.

8.11 Pregoeiro

A Lei optou por permanecer com a denominação "pregoeiro" que consta da lei que regula a modalidade pregão. Optou porque não havia razão para inovar no parágrafo, mas no próprio texto verifica-se que a decisão foi coerente com o texto inteiro da norma. A omissão desse parágrafo implicaria no dever de "re-denominar" como Agente de Contratação que conduz a modalidade pregão.

As mesmas regras dispostas na lei acerca do Agente de Contratação, critério de nomeação, vedações e apoio por unidade de assessoramento jurídico e de controle aplicam-se ao pregoeiro, inclusive, quanto ao auxílio por equipe de apoio.

Observa-se, ainda, que na Instrução Normativa SEGES/ME nº 73, de 30 de setembro de 2022, que dispõe sobre a licitação pelo critério de julgamento por menor preço ou maior desconto, na forma eletrônica, para a contratação de bens, serviços e obras, no âmbito da Administração Pública Federal direta, autárquica e fundacional, a palavra "pregoeiro" não é mencionada em momento algum, havendo referência somente à figura do Agente de Contratação ou da Comissão de Contratação.

De toda forma, a licitação a ser realizada nos moldes da mencionada Instrução Normativa ocorrerá na mesma plataforma, seja na modalidade de pregão eletrônico ou concorrência eletrônica, o que não influenciará na nomenclatura a ser adotada pelo agente responsável pela condução do certame.

9. Art. 9º, caput, inc. I, a, b, c

> Art. 9º É vedado ao agente público designado para atuar na área de licitações e contratos, ressalvados os casos previstos em lei:
>
> I - admitir, prever, incluir ou tolerar, nos atos que praticar, situações que:
>
> a) comprometam, restrinjam ou frustrem o caráter competitivo do processo licitatório, inclusive nos casos de participação de sociedades cooperativas;
>
> b) estabeleçam preferências ou distinções em razão da naturalidade, da sede ou do domicílio dos licitantes;
>
> c) sejam impertinentes ou irrelevantes para o objeto específico do contrato;

Dispositivos correspondentes na Lei nº 8.666/1993:

Art. 3º. [...] § 1º É vedado aos agentes públicos: I - admitir, prever, incluir ou tolerar, nos atos de convocação, cláusulas ou condições que comprometam, restrinjam ou frustrem o seu caráter competitivo, inclusive nos casos de sociedades cooperativas, e estabeleçam preferências ou distinções em razão da naturalidade, da sede ou domicílio dos licitantes ou de qualquer outra circunstância impertinente ou irrelevante para o específico objeto do contrato, ressalvado o disposto nos §§ 5º a 12 deste artigo e no art. 3º da Lei no 8.248, de 23 de outubro de 1991;

Art. 20. As licitações serão efetuadas no local onde se situar a repartição interessada, salvo por motivo de interesse público, devidamente justificado.

Parágrafo único. O disposto neste artigo não impedirá a habilitação de interessados residentes ou sediados em outros locais.

Dispositivos correlatos na Lei nº 8.429, de 2 de junho de 1992. Dispõe sobre as sanções aplicáveis em virtude da prática de atos de improbidade administrativa, de que trata o § 4º do art. 37 da Constituição Federal; e dá outras providências. (Redação dada pela Lei nº 14.230, de 2021) [...]

Art. 10. [...]

VIII - frustrar a licitude de processo licitatório ou de processo seletivo para celebração de parcerias com entidades sem fins lucrativos, ou dispensá-los indevidamente, acarretando perda patrimonial efetiva; (Redação dada pela Lei nº 14.230, de 2021)

Dispositivos correlatos na Lei nº 9.784, de 29 de janeiro de 1999. Regula o processo administrativo no âmbito da Administração Pública Federal. [...]

Art. 50. Os atos administrativos deverão ser motivados, com indicação dos fatos e dos fundamentos jurídicos, quando: [...]

IV - dispensem ou declarem a inexigibilidade de processo licitatório;

Nesse dispositivo a lei define condutas vedadas ao Agente Público que atua em licitações. No art. 7º, inc. III, está inserida a vedação que incide na nomeação do Agente.

9.1. Ampliação das vedações

No dispositivo em comento, a LLCA ampliou a redação do art. 3º, § 1º da Lei nº 8.666/1993, ao ampliar as restrições do dispositivo. Se antes tratava das vedações nos "atos convocatórios", agora o inc. I usa a expressão "nos atos que praticar". Nesse sentido, não se trata apenas de regras de edital, mas também regras que incidem no projeto básico, termo de referência, condução de situações no contrato e em todos os atos do próprio processo, seja licitatório ou de contrato.

Com a ampliação, antes restrita a licitação, para a área de contratos, não pode um Fiscal de Contrato[274] exigir ou conduzir, nos seus atos, questões impertinentes e irrelevantes em relação ao objeto do contrato, por exemplo.

Nesse sentido merece destaque o Enunciado de Súmula nº 272 do TCU:

> No edital de licitação, é vedada a inclusão de exigências de habilitação e de quesitos de pontuação técnica para cujo atendimento os licitantes tenham de incorrer em custos que não sejam necessários anteriormente à celebração do contrato.

9.2. Contratação direta

A lei não se refere aos atos praticados na dispensa e na inexigibilidade de licitação. No âmbito jurídico, norma que estabelece vedação deve ter interpretação restritiva. Em outras palavras: se a lei se refere apenas ao processo de licitação, não pode ser estendida a vedação ao processo de contratação direta. É necessário cautela, pois a contratação direta fora das hipóteses legais pode implicar em capitulação no crime do art. 337-E do Código Penal[275].

9.3. Vedações permitidas

Note que o dispositivo se dirige aos casos em que a lei não autoriza a vedação restritiva, pois somente a lei pode restringir o direito de participar de licitação. Aqui, lei é entendida de forma ampla, *lato sensu*, pois normas infralegais podem restringir validamente a competição quando a lei permite a regulamentação ampla. Isso ocorre, por exemplo, com o dever do agente de restringir a competição ao definir o objeto inserindo normas da ABNT ou do INMETRO[276].

---

[274] BRASIL. **Lei nº 14.133, de 1º de abril de 2021.** Lei de Licitações e Contratos Administrativos. Organização de textos, remissões da Lei nº 8.666/1993, Lei nº 10.520/2002 e Lei nº 12.462/2011 e índices por Ana Luiza Jacoby Fernandes e J. U. Jacoby Fernandes. Belo Horizonte: Fórum, 2021. Art. 117. A execução do contrato deverá ser acompanhada e fiscalizada por 1 (um) ou mais fiscais do contrato, representantes da Administração especialmente designados conforme requisitos estabelecidos no art. 7º desta Lei, ou pelos respectivos substitutos, permitida a contratação de terceiros para assisti-los e subsidiá-los com informações pertinentes a essa atribuição.

[275] BRASIL. Decreto-Lei nº 2.848, de 07 de dezembro de 1940. Código Penal. Diário Oficial da União, Rio de Janeiro, 31 dez.

[276] BRASIL. **Lei nº 14.133, de 1º de abril de 2021.** Lei de Licitações e Contratos Administrativos. Organização de textos, remissões da Lei nº 8.666/1993, Lei nº 10.520/2002 e Lei nº 12.462/2011 e índices por Ana Luiza Jacoby Fernandes e J. U. Jacoby Fernandes. Belo Horizonte: Fórum, 2021. Art. 42. A prova de qualidade de produto apresentado pelos proponentes como similar ao das marcas eventualmente indicadas no edital será admitida por

Em relação à ressalva constante na Lei nº 8.666/1993, fez muito bem a lei em omiti-la. Essa ressalva tratava-se das condições da margem de preferência e da lei de informática. Agora, essas possibilidades estão em outros dispositivos. Aqui ficaram apenas as vedações. Nesse ponto, a norma utilizou o termo "ressalvados os casos previstos em lei", deixando o dispositivo mais abrangente. Isso resolve as situações de eventuais alterações legislativas posteriores. Toda vez que houver uma lei especial que traga uma condição diferenciada, estará abarcada pela redação da LLCA.

Art. 9º, inc. II

> Art. 9º É vedado ao agente público designado para atuar na área de licitações e contratos, ressalvados os casos previstos em lei: [...]
>
> II - estabelecer tratamento diferenciado de natureza comercial, legal, trabalhista, previdenciária ou qualquer outra entre empresas brasileiras e estrangeiras, inclusive no que se refere a moeda, modalidade e local de pagamento, mesmo quando envolvido financiamento de agência internacional;

Dispositivos correspondentes na Lei nº 8.666/1993:

Art. 3º. [...] § 1º É vedado aos agentes públicos: [...] II - estabelecer tratamento diferenciado de natureza comercial, legal, trabalhista, previdenciária ou qualquer outra, entre empresas brasileiras e estrangeiras, inclusive no que se refere a moeda, modalidade e local de pagamentos, mesmo quando envolvidos financiamentos de agências internacionais, ressalvado o disposto no parágrafo seguinte e no art. 3o da Lei no 8.248, de 23 de outubro de 1991. [...]

Art. 33. Quando permitida na licitação a participação de empresas em consórcio, observar-se-ão as seguintes normas: [...]

§ 1º No consórcio de empresas brasileiras e estrangeiras a liderança caberá, obrigatoriamente, à empresa brasileira, observado o disposto no inciso II deste artigo.

Dispositivos pertinentes na Lei nº 14.133/2021, além do art. 9º:

Art. 1º. Esta Lei estabelece normas gerais de licitação e contratação para as Administrações Públicas diretas, autárquicas e fundacionais da União, dos Estados, do Distrito Federal e dos Municípios, e abrange: [...]

§ 2º As contratações realizadas no âmbito das repartições públicas sediadas no exterior obedecerão às peculiaridades locais e aos princípios básicos estabelecidos nesta Lei, na forma de regulamentação específica a ser editada por ministro de Estado.

---

qualquer um dos seguintes meios: I - comprovação de que o produto está de acordo com as normas técnicas determinadas pelos órgãos oficiais competentes, pela Associação Brasileira de Normas Técnicas (ABNT) ou por outra entidade credenciada pelo Inmetro;

BRASIL. **Lei nº 8.078, de 11 de setembro de 1990.** Dispõe sobre a proteção do consumidor e dá outras providências. Art. 39. É vedado ao fornecedor de produtos ou serviços, dentre outras práticas abusivas: (Redação dada pela Lei nº 8.884, de 11.6.1994) [...] VIII - colocar, no mercado de consumo, qualquer produto ou serviço em desacordo com as normas expedidas pelos órgãos oficiais competentes ou, se normas específicas não existirem, pela Associação Brasileira de Normas Técnicas ou outra entidade credenciada pelo Conselho Nacional de Metrologia, Normalização e Qualidade Industrial (Conmetro);

§ 3º Nas licitações e contratações que envolvam recursos provenientes de empréstimo ou doação oriundos de agência oficial de cooperação estrangeira ou de organismo financeiro de que o Brasil seja parte, podem ser admitidas:

I - condições decorrentes de acordos internacionais aprovados pelo Congresso Nacional e ratificados pelo Presidente da República;

II - condições peculiares à seleção e à contratação constantes de normas e procedimentos das agências ou dos organismos, desde que:

a) sejam exigidas para a obtenção do empréstimo ou doação;

b) não conflitem com os princípios constitucionais em vigor;

c) sejam indicadas no respectivo contrato de empréstimo ou doação e tenham sido objeto de parecer favorável do órgão jurídico do contratante do financiamento previamente à celebração do referido contrato;

d) (VETADO).

§ 4º A documentação encaminhada ao Senado Federal para autorização do empréstimo de que trata o § 3º deste artigo deverá fazer referência às condições contratuais que incidam na hipótese do referido parágrafo.

Art. 6º. [...]

XXXV - licitação internacional: licitação processada em território nacional na qual é admitida a participação de licitantes estrangeiros, com a possibilidade de cotação de preços em moeda estrangeira, ou licitação na qual o objeto contratual pode ou deve ser executado no todo ou em parte em território estrangeiro;

Art. 52. Nas licitações de âmbito internacional, o edital deverá ajustar-se às diretrizes da política monetária e do comércio exterior e atender às exigências dos órgãos competentes.

§ 1º Quando for permitido ao licitante estrangeiro cotar preço em moeda estrangeira, o licitante brasileiro igualmente poderá fazê-lo.

§ 2º O pagamento feito ao licitante brasileiro eventualmente contratado em virtude de licitação nas condições de que trata o § 1º deste artigo será efetuado em moeda corrente nacional.

§ 3º As garantias de pagamento ao licitante brasileiro serão equivalentes àquelas oferecidas ao licitante estrangeiro.

§ 4º Os gravames incidentes sobre os preços constarão do edital e serão definidos a partir de estimativas ou médias dos tributos.

§ 5º As propostas de todos os licitantes estarão sujeitas às mesmas regras e condições, na forma estabelecida no edital.

§ 6º Observados os termos desta Lei, o edital não poderá prever condições de habilitação, classificação e julgamento que constituam barreiras de acesso ao licitante estrangeiro, admitida a previsão de margem de preferência para bens produzidos no País e serviços nacionais que atendam às normas técnicas brasileiras, na forma definida no art. 26 desta Lei. [...]

Art. 67. A documentação relativa à qualificação técnico-profissional e técnico-operacional será restrita a:[...]

§ 4º Serão aceitos atestados ou outros documentos hábeis emitidos por entidades estrangeiras quando acompanhados de tradução para o português, salvo se comprovada a inidoneidade da entidade emissora. [...]

§ 7º Sociedades empresárias estrangeiras atenderão à exigência prevista no inciso V do caput deste artigo por meio da apresentação, no momento da assinatura do contrato, da solicitação de registro perante a entidade profissional competente no Brasil.

Art. 70. A documentação referida neste Capítulo poderá ser:

I - apresentada em original, por cópia ou por qualquer outro meio expressamente admitido pela Administração;

II - substituída por registro cadastral emitido por órgão ou entidade pública, desde que previsto no edital e que o registro tenha sido feito em obediência ao disposto nesta Lei;

III - dispensada, total ou parcialmente, nas contratações para entrega imediata, nas contratações em valores inferiores a 1/4 (um quarto) do limite para dispensa de licitação para compras em geral e nas contratações de produto para pesquisa e desenvolvimento até o valor de R$ 300.000,00 (trezentos mil reais).

Parágrafo único. As empresas **estrangeiras** que não funcionem no País deverão apresentar documentos equivalentes, na forma de regulamento emitido pelo Poder Executivo federal. [..]

Art. 92. São necessárias em todo contrato cláusulas que estabeleçam:

§ 1º Os contratos celebrados pela Administração Pública com pessoas físicas ou jurídicas, inclusive as domiciliadas no exterior, deverão conter cláusula que declare competente o foro da sede da Administração para dirimir qualquer questão contratual, ressalvadas as seguintes hipóteses:

I - licitação internacional para a aquisição de bens e serviços cujo pagamento seja feito com o produto de financiamento concedido por organismo financeiro internacional de que o Brasil faça parte ou por agência estrangeira de cooperação;

II - contratação com empresa estrangeira para a compra de equipamentos fabricados e entregues no exterior precedida de autorização do Chefe do Poder Executivo;

III - aquisição de bens e serviços realizada por unidades administrativas com sede no exterior.

O inc. II não apresenta alteração em relação à redação da Lei nº 8.666/1993.

A regra posta implica em vedação dirigida ao Agente Público de dispensar tratamento diferenciado entre empresas brasileiras e estrangeiras, seja em favorecimento da empresa estrangeira seja em favorecimento à empresa brasileira.

Nesse ponto, a lei avançou na regulamentação e definiu os casos em que cabe o tratamento diferenciado, em conformidade com a Constituição Federal, e também em outros dispositivos como será o procedimento do tratamento.

O Brasil, no art. 171, da Constituição Federal conceituava a empresa brasileira como "a constituída sob as leis brasileiras e que tenha sua sede e administração no País". Também conceituava a empresa brasileira de capital nacional como "aquela cujo controle efetivo esteja em caráter permanente sob a titularidade direta ou indireta de pessoas físicas domiciliadas e residentes no País ou de entidades de direito público interno, entendendo-se por controle efetivo da empresa a titularidade da maioria de seu capital votante e o exercício, de fato e de direito, do poder decisório para gerir suas atividades."

A esse tempo, a Constituição Federal admitia que a lei poderia "conceder proteção e benefícios especiais temporários para desenvolver atividades consideradas estratégicas para a defesa nacional ou imprescindíveis ao desenvolvimento do País" e "estabelecer, sempre que considerar um setor imprescindível ao desenvolvimento tecnológico nacional".

O art. 171 foi revogado pela Emenda Constitucional nº 6, de 1995, e, portanto, não tem amparo constitucional distinguir a empresa brasileira e a empresa brasileira de capital nacional das empresas estrangeira.

O encaminhamento da nova lei é coerente com essa restrição: o Brasil admite a participação de empresa estrangeira, mas exige que se dê preferência aos produtos que sigam o processo produtivo básico ou outro requisito. Esse modelo segue inclusive prática de outros países como o Estados Unidos da América e Canadá, entre outros.

Note que a existência de restrições à comercialização de produtos entre países pode obstar por exemplo um país a aderir as regras da Organização Mundial do Comércio.

Vale registrar ainda que desde a revogação do art. 171 da Constituição Federal,[277] toda e qualquer licitação está, a princípio, aberta a brasileiros e a estrangeiros estabelecidos no Brasil. Na primeira acepção do conceito, a empresa estrangeira participará sem necessidade de representante em solo nacional. A adequação é, portanto, o principal fator que a diferencia.

Como já esclarecido nos comentários ao art. 6º, inc. XIV, aos licitantes estrangeiros deverá ser assegurada as mesmas condições do licitante nacional, ressalvada a hipótese de margem de preferência e a documentação para a qualificação que poderá ser distinta para adequar-se as normas internacionais, conforme art. 67 desta Lei.

A possibilidade de cotação em moeda estrangeira é também um aspecto que a diferencia das licitações nacionais, uma vez que estas devem ser processadas em moeda nacional.

A escolha pela licitação internacional é exercício discricionário da Administração, mas deve ser motivada, como qualquer ato administrativo decisório.

Numa exemplificação de dispositivos colhido ao correr da pena, pode-se referir:

- art. 52 – sobre o dever do edital ajustar-se às diretrizes da política monetária e do comércio exterior;

- art. 67 – sobre a forma da empresa estrangeira atender à exigência de registro ou inscrição na entidade profissional competente, quando for exigível;

- art. 70 – sobre a forma de empresa estrangeira apresentar os documentos, exigindo esse artigo um regulamento do governo federal a respeito;

---

[277] Revogado pela Emenda Constitucional nº 6, de 15 de agosto de 1995.

- art. 92 – sobre a definição contratual de foro competente.

Consulte também os comentários ao art. 1º, § 2º, e § 3º, art. 6º, inc. XXXV, 52, 67, 70 e 92.

Art. 9º, inc. III

> Art. 9º É vedado ao agente público designado para atuar na área de licitações e contratos, ressalvados os casos previstos em lei: [...]
>
> III - opor resistência injustificada ao andamento dos processos e, indevidamente, retardar ou deixar de praticar ato de ofício, ou praticá-lo contra disposição expressa em lei.

Dispositivos correspondentes na Lei nº 8.666/1993: não há.

O inc. III é uma inovação introduzida no texto durante a tramitação do Projeto de Lei que deu origem à LLCA na Câmara dos Deputados. A sua origem remonta ao art. 80 do Código de Processo Civil[278] que estabelece:

> Art. 80. Considera-se litigante de má-fé aquele que: [...]
>
> IV - opuser resistência injustificada ao andamento do processo;

A ideia tem origem em dispositivo que inserimos no Código de Licitações e Contratos do Estado do Maranhão, que dispunha:

> Art. 51. O edital de licitação pode ser impugnado, motivadamente:
>
> § 5º Nos processos submetidos à apreciação do Poder Judiciário e do Ministério Público, a Procuradoria-Geral do Estado deverá avaliar a conveniência de arguir litigância de má-fé em relação aos licitantes que, tendo deixado consumar-se a decadência, buscarem a via judicial para discutir regra do edital.

Note que pouco se trata no Brasil da responsabilidade daqueles que tem a gestão de processos. A omissão da Administração Pública tanto pode oportunizar o desabastecimento, a compra por emergência, como a quebra de uma empresa. Os chamados "prazos impróprios", invenção por via de interpretação que desonera autoridades dos três poderes e do Ministério Público do cumprimento de prazos estabelecidos pela própria lei. Essa invenção é sustentada pela falta de recursos e excesso de trabalho. Em termos de lógica, evidentemente não se sustenta, pois a falta de recursos e o excesso de trabalho são responsabilidades da própria administração pública e da omissão, pelo silêncio eloquente de todos. Assim, tem-se um cenário desalentador em que alguns são obrigados a cumprir prazos, estabelecidos em lei, e outros não.

Note que há várias situações que estão vedadas:

---

[278] BRASIL. **Lei nº 13.105, de 16 de março de 2015**. Código de Processo Civil. Diário Oficial da União. Brasília. 17 de março de 2015.

1ª) opor resistência **injustificada** ao andamento dos processos;

2ª) retardar, **indevidamente**, ato de ofício;

3ª) deixar de praticar, **indevidamente**, ato de ofício; e

4ª) praticar ato de ofício **contra disposição expressa de lei**.

A incidência em conduta implica na responsabilidade administrativa e, se for o caso, também na responsabilidade civil e criminal. Pode ainda ensejar responsabilização na lei de improbidade.

Alguns fatos podem ser alinhados entre aqueles que merecem tutela nesse dispositivo, inclusive recusa ou retardamento em atender:

a) pedido da área demandante, formalizado por meio de documento de formalização da demanda para contratação, cuja decisão é retardada ou adiada;

b) pedido de abertura de processo licitatório;

c) pedido de treinamento e capacitação que fica sem decisão;

d) pedido de emissão de parecer jurídico;

e) pedido de publicação;

f) emissão de ordem bancária;

g) emissão de rodem de serviço; e

h) emissão de atesto de fatura, entre outros.

Note que o dispositivo tutela tanto a organização interna da Administração Pública que as vezes fica a mercê de boa vontade de um servidor, investido em cargo de alta responsabilidade e que não o exerce as atribuições no tempo e modo devidos, prejudicando colegas que acabam sendo responsabilizados por omissão, quanto protege particulares.

No exterior, como já referido em outras obras, há previsão em algumas normas para o deferimento por decursos de prazo.

Art. 9º, § 1º

> Art. 9º É vedado ao agente público designado para atuar na área de licitações e contratos, ressalvados os casos previstos em lei: [...]
>
> § 1º Não poderá participar, direta ou indiretamente, da licitação ou da execução do contrato agente público de órgão ou entidade licitante ou contratante, devendo ser observadas as situações que possam configurar conflito de interesses no exercício ou após o exercício do cargo ou emprego, nos termos da legislação que disciplina a matéria.

Lei nº 14.133/2021 — Art. 9º

Dispositivos correspondentes na Lei nº 8.666/1993:

Art. 9º. Não poderá participar, direta ou indiretamente, da licitação ou da execução de obra ou serviço e do fornecimento de bens a eles necessários: [...]

III - servidor ou dirigente de órgão ou entidade contratante ou responsável pela licitação. [...]

§ 4º O disposto no parágrafo anterior aplica-se aos membros da comissão de licitação.

Dispositivos correlatos na Lei nº 8.429, de 2 de junho de 1992:

Dispõe sobre as sanções aplicáveis em virtude da prática de atos de improbidade administrativa, de que trata o § 4º do art. 37 da Constituição Federal; e dá outras providências. (Redação dada pela Lei nº 14.230, de 2021) [...]

Art. 11. Constitui ato de improbidade administrativa que atenta contra os princípios da administração pública a ação ou omissão dolosa que viole os deveres de honestidade, de imparcialidade e de legalidade, caracterizada por uma das seguintes condutas: (Redação dada pela Lei nº 14.230, de 2021) [...]

III - revelar fato ou circunstância de que tem ciência em razão das atribuições e que deva permanecer em segredo, propiciando beneficiamento por informação privilegiada ou colocando em risco a segurança da sociedade e do Estado; [...]

VII - revelar ou permitir que chegue ao conhecimento de terceiro, antes da respectiva divulgação oficial, teor de medida política ou econômica capaz de afetar o preço de mercadoria, bem ou serviço.

Diferentemente do projeto de lei inicial da LLCA, o texto do § 1º foi complementado com a frase "devendo ser observadas as situações que possam configurar conflito de interesses no exercício ou após o exercício do cargo ou emprego, nos termos da legislação que disciplina a matéria".

Essa complementação foi oportuna porque a observância da lei de conflito de interesses é essencial para garantir a melhoria ética no âmbito da Administração Pública.

Na lei que tata do conflito de interesses há um conceito sobre o tema[279]:

> Art. 3º Para os fins desta Lei, considera-se:
>
> I - conflito de interesses: a situação gerada pelo confronto entre interesses públicos e privados, que possa comprometer o interesse coletivo ou influenciar, de maneira imprópria, o desempenho da função pública; e
>
> II - informação privilegiada: a que diz respeito a assuntos sigilosos ou aquela relevante ao processo de decisão no âmbito do Poder Executivo federal que tenha repercussão econômica ou financeira e que não seja de amplo conhecimento público.

---

[279] BRASIL. Lei nº 12.813, de 16 de maio de 2013. Dispõe sobre o conflito de interesses no exercício de cargo ou emprego do Poder Executivo federal e impedimentos posteriores ao exercício do cargo ou emprego; e revoga dispositivos da Lei nº 9.986, de 18 de julho de 2000, e das Medidas Provisórias nºs. 2.216-37, de 31 de agosto de 2001, e 2.225-45, de 4 de setembro de 2001. Diário Oficial da União. Brasília. 17 de maio de 2013. Retificado em 20 de maio de 2013.

Portanto, a situação conflituosa pode ocorrer entre atribuições do cargo e os interesses privados dos atores envolvidos. O conflito também pode representar um liame indireto, consistente em "influenciar" um ato administrativo.

Para evitar essa situação, recomenda-se adotar um Decreto Federal como paradigma, normatizando em nível interno: um simples regulamento de audiência pública. Note que na prática administrativa de alguns órgãos, quando o orçamento é sigiloso, o processo pode não ser. Tem-se aí um complicador: peça sigilosa em processo ostensivo, fato que enseja cautela no manuseio dos autos ou arquivos eletrônicos. Toda autoridade na esfera federal, no âmbito do poder executivo deve respeitar essa norma, que na verdade constitui uma boa prática.

Decreto nº 4.334, de 12 de agosto de 2002, dispõe sobre as audiências concedidas a particulares por agentes públicos em exercício na Administração Pública Federal direta, nas autarquias e fundações públicas federais

Essa norma também pode contribuir para esclarecer a situação prevista em lei que consiste em divulgar informações. Essas informações, cuja vedação a divulgação é referida, tem dois âmbitos distintos: o primeiro se refere a processo sigiloso. Esse tema é tratado, na esfera federal, em norma que pode ser trazida para o regulamento do órgão.

Decreto nº 7.845, de 14 de novembro de 2012, regulamenta procedimentos para credenciamento de segurança e tratamento de informação classificada em qualquer grau de sigilo, e dispõe sobre o Núcleo de Segurança e Credenciamento

A norma trata, porém, de outro tema, este sim ligado a licitações e contratos. A norma qualifica essa informação como "aquela relevante ao processo de decisão no âmbito do Poder Executivo Federal que tenha repercussão econômica ou financeira e que não seja de amplo conhecimento público", alguns objetos de licitação podem estar classificados nesse grupo e o processo não ser sigiloso, fato que pode levar à infração, sem dolo.

O vazamento de informação na fase interna só assume relevância quando essa informação privilegiada altera substancialmente a competição entre interessados, como por exemplo, transferir a informação ao particular sabendo que a antecedência favorece na elaboração do processo, como ocorreria numa contratação integrada de objeto complexo. Ou assume relevância porque o pedido da informação vem incompleto, ensejando favorecimento de empresa que tem um conjunto de informações mais precisas. Note, portanto, que há outra irregularidade que ocorre em conjunto com essa. Se alguém tem uma informação privilegiada que determinado objeto será licitado, num futuro breve, mas o processo licitatório subsequente pela precisão das informações se pela previsão de prazo adequado para todos os licitantes elaborarem seus documentos, o prejuízo à sociedade assume ínfima relevância.

Algumas empresas de consultoria, com domínio de orçamento podem oferecer aos seus clientes uma razoável previsão de realização de licitação, a partir da Lei Orçamentária Anual – LOA e da Lei de Diretrizes Orçamentária – LDO e do Plano Plurianual – PPA. Portanto, é preciso cautela ao imputar a infração dessa irregularidade.

Art. 9º, § 2º

> Art. 9º É vedado ao agente público designado para atuar na área de licitações e contratos, ressalvados os casos previstos em lei: [...]
>
> § 2º As vedações de que trata este artigo estendem-se a terceiro que auxilie a condução da contratação na qualidade de integrante de equipe de apoio, profissional especializado ou funcionário ou representante de empresa que preste assessoria técnica.

Dispositivos correspondentes na Lei nº 8.666/1993:
Art. 9º. Não poderá participar, direta ou indiretamente, da licitação ou da execução de obra ou serviço e do fornecimento de bens a eles necessários:
I - o autor do projeto, básico ou executivo, pessoa física ou jurídica; [...]
III - servidor ou dirigente de órgão ou entidade contratante ou responsável pela licitação. [...]
§ 1º É permitida a participação do autor do projeto ou da empresa a que se refere o inciso II deste artigo, na licitação de obra ou serviço, ou na execução, como consultor ou técnico, nas funções de fiscalização, supervisão ou gerenciamento, exclusivamente a serviço da Administração interessada. [...]
§ 4º O disposto no parágrafo anterior aplica-se aos membros da comissão de licitação. O texto do § 2º também representa uma inovação por abranger corretamente os terceiros que auxiliaram a equipe de apoio, afinal, entre eles deve se estabelecer o liame da confiança, extirpado de qualquer conflito de interesse.

A atuação de profissional especializado, empregado ou representante de empresa que preste assessoria técnica para a Administração Pública fica exatamente circunscrita ao liame "com o governo". Não pode haver alguém auxiliando a Comissão de Licitação e, ao mesmo tempo, transferindo informações para os licitantes. Nesse ponto, a irregularidade administrativa está no conflito de interesses.

O dispositivo abrange distintas situações o terceiro que auxilia a condução da contratação:

a) o que auxilia na qualidade de integrante de equipe de apoio. Tem-se aqui uma possibilidade jurídica, reconhecida pela lei, de terceirização dessa atividade, o que relativiza o disposto no art. 8º e § 3º[280];

b) o que auxilia na qualidade de profissional especializado ou funcionário ou representante de empresa que preste assessoria técnica. Essa situação ocorre tanto na fase de licitação, com a terceirização de elaboração de documentos de referência, de projeto básico, de projeto executivo, como na fase de licitação de objetos, conforme art. 8º, § 4º, como na fase de fiscalização de contatos, conforme caput do art. 117.

Há experiências internacionais, no caso de grandes *holdings*, em que a atuação do sistema de *compliance* consegue isolar as áreas que atuam em favor de um cliente das que atuam contra um cliente. Trata-se de cultura administrativa que o nosso país ainda não vivencia, sendo o tema tratado de forma rasa, comparando pessoas jurídicas e definindo-se o conflito a partir desse fato.

---

[280] BRASIL. **Lei nº 14.133, de 1º de abril de 2021.** Lei de Licitações e Contratos Administrativos. Organização de textos, remissões da Lei nº 8.666/1993, Lei nº 10.520/2002 e Lei nº 12.462/2011 e índices por Ana Luiza Jacoby Fernandes e J. U. Jacoby Fernandes. Belo Horizonte: Fórum, 2021. Art. 8º A licitação será conduzida por agente de contratação, pessoa designada pela autoridade competente, entre servidores efetivos ou empregados públicos dos quadros permanentes da Administração Pública, para tomar decisões, acompanhar o trâmite da licitação, dar impulso ao procedimento licitatório e executar quaisquer outras atividades necessárias ao bom andamento do certame até a homologação.[...] § 3º As regras relativas à atuação do agente de contratação e da equipe de apoio, ao funcionamento da comissão de contratação e à atuação de fiscais e gestores de contratos de que trata esta Lei serão estabelecidas em regulamento, e deverá ser prevista a possibilidade de eles contarem com o apoio dos órgãos de assessoramento jurídico e de controle interno para o desempenho das funções essenciais à execução do disposto nesta Lei.

10. Art. 10, caput, § 1º, inc. I, II, § 2º

Art. 10. Se as autoridades competentes e os servidores públicos que tiverem participado dos procedimentos relacionados às licitações e aos contratos de que trata esta Lei precisarem defender-se nas esferas administrativa, controladora ou judicial em razão de ato praticado com a estrita observância de orientação constante em parecer jurídico elaborado na forma do § 1º do art. 53 desta Lei, a advocacia pública promoverá, a critério do agente público, sua representação judicial ou extrajudicial.

§ 1º Não se aplica o disposto no *caput* deste artigo quando:

I - (VETADO);

II - provas da prática de atos ilícitos dolosos constarem nos autos do processo administrativo ou judicial.

§ 2º Aplica-se o disposto no *caput* deste artigo inclusive na hipótese de o agente público não mais ocupar o cargo, emprego ou função em que foi praticado o ato questionado.

Dispositivos correspondentes na Lei nº 8.666/1993: não há.

CONSULTORIA-GERAL DA UNIÃO PORTARIA Nº 42, DE 25 DE OUTUBRO DE 2018.

Disciplina os procedimentos relativos à representação extrajudicial da União, relativamente aos Poderes Legislativo, Judiciário e Executivo federais, este restrito à Administração Direta, e às demais Funções Essenciais à Justiça, e de seus agentes públicos pela Consultoria-Geral da União e seus órgãos de execução.

ADVOCACIA-GERAL DA UNIÃO PORTARIA Nº 428, DE 28 DE AGOSTO DE 2019.

Disciplina os procedimentos relativos à representação judicial dos agentes públicos de que trata o art. 22 da Lei nº 9.028, de 12 de abril de 1995, pela Advocacia-Geral da União e pela Procuradoria-Geral Federal.

DISPOSITIVO VETADO E RAZÕES DO VETO Nº 13/2021 (NOVA LEI DE LICITAÇÕES):

"I - o responsável pela elaboração do parecer jurídico não pertencer aos quadros permanentes da Administração;"

Razões do veto

"A propositura legislativa dispõe que se as autoridades competentes e os servidores e empregados públicos que tiverem participado dos procedimentos relacionados às licitações e aos contratos de que trata esta lei precisarem defender-se nas esferas administrativa, controladora ou judicial em razão de ato praticado com estrita observância de orientação constante em parecer jurídico elaborado na forma do § 1º do art. 52 desta lei, a advocacia pública promoverá, a critério do agente público, sua representação judicial ou extrajudicial, o que não se aplica quando o responsável pela elaboração do parecer jurídico não pertencer aos quadros permanentes da Administração. Entretanto, e em que pese a boa intenção do legislador, o dispositivo contraria interesse público uma vez que faz referência ao art. 52, § 1º o qual trata da elaboração do parecer por 'órgão de assessoramento jurídico da Administração', de modo que independentemente de o parecerista em si ser servidor público permanente ou eventualmente um comissionado (nos casos de Municípios, por exemplo), o parecer é originário do órgão e tem caráter público, inclusive em razão das providências de aprovação a que usualmente tais opinativos se submetem. Ademais, a redação é ambígua, permitindo que se leia tanto a inaplicação do caput quando o parecerista originariamente não pertence aos quadros da Administração; quanto no caso de ele não mais pertencer aos quadros da Administração (no caso de exoneração, por exemplo) e a ausência de defesa neste segundo caso nos aparenta ser indesejável."

10.1. A defesa de agente público pela Advocacia Pública

Esse dispositivo estabelece uma mudança de paradigma, há muito esperada pelos agentes públicos. Aliás, os autores dessa obra têm artigos publicados com o título "Quem defende o servidor?".

10.1.1 Esferas administrativa, controladora ou judicial

A norma inicia, atendendo a nova nomenclatura da Lei nº 13.655, de 25 de abril de 2018, dividindo as esferas em administrativa e judicial e inova ao criar a instância controladora, tal como desejava Castro Nunes, que referia o Tribunal de Contas como "posto de permeio entre os poderes".

Os servidores que atuam na área de licitações e contratos estão efetivamente mais expostos a verificação da legalidade e legitimidade dos atos que praticam. Isso porque, diferentemente dos atos vinculados, há prática de atos com fundo de discricionariedade ensejando questionamentos frequentes sobre a melhor decisão, porque o controle atua além da legalidade, por permissivo constitucional de atuação.

10.1.2 Constitucionalidade

Na esfera federal, a Advocacia Geral da União tem dispositivo regulando a sua atuação perante o TCU, na defesa da União e tem normativo próprio sobre a defesa de servidor[281].

Nas demais esferas da federação, o dispositivo ao contrário de ser considerado como uma evolução, tem tido sua constitucionalidade questionada com alguma frequência.

De fato, a Associação Nacional dos Procuradores dos Estados e do Distrito Federal, ingressou com a Ação Direta de Inconstitucionalidade 6915, sob a alegação que a matéria tratada no presente artigo "se mostra alheia aos aspectos gerais relacionados às licitações e contratos". Referida ação, ao tempo do fechamento dessa edição não tinha recebido decisão cautelar.

Como fundamento para decidir, alega a Associação que "não cabe à União estabelecer atribuições aos órgãos da advocacia pública estadual e municipal, sob pena de ofensa ao pacto federativo."

Tem razão a associação, em parte. Sob um ângulo pode se considerar que a lei está interferindo nas atribuições de órgão administrativo e, assim, o faz também quando determina que o Agente de Contratação deve ser integrante do quadro de

---

[281] Vide Portarias nº 42/18 (representação extrajudicial) e nº 428/19 (judicial), ambas da Advocacia-Geral da União.

servidores efetivos da administração. Ocorre que a melhor interpretação, aliás, coincidente com a do professor Ronny Charles, é que o dispositivo está dando direitos aos agentes públicos envolvidos na prática de atos regulados por esta lei. Esses atos foram tão relevantes para o legislador que a maioria, inclusive estão tutelados por tipificação criminal específica, o que não ocorre nos demais ramos do direito administrativo.

Aliás, surpreende que seja considerado tão inovador esse dispositivo, pois vários estados da federação já garantem defesa do servidor público para quando demandado em juízo ou fora dele. A melhor referência dessa garantia é a norma do Rio de Janeiro[282].

Assim como não pode a União disciplinar requisitos para nomeação de Agentes de Contratação, no art. 7º e 8º, não poderia a União impor atribuições aos Procuradores. Lamentavelmente a ADI só foi dirigida à parte que atinge as atividades da Procuradoria.

10.1.3 Efeitos

A LLCA estabelece a obrigação do jurídico do órgão de prestar o apoio necessário para defesa do agente público que praticou um ato respaldado em uma análise jurídica. Se ao praticar o ato, o jurídico se manifestou que estava correto o procedimento, é dever do jurídico prestar o apoio necessário.

Com base nesse texto, é possível expandir a ideia até para o caso em que houve mudança nos quadros do jurídico dos órgãos da Administração, considerando o lapso temporal entre a prática do ato a data da apuração da responsabilidade. É muito comum nas esferas estaduais e municipais, que ocorra com a mudança do chefe do Executivo, a alteração das pessoas do setor jurídico. Isso não justifica o jurídico não dar o apoio para o gestor que está respondendo por um ato praticado com respaldo em parecer jurídico. É por isso que se deve reconhecer que a lei foi muito precisa, no art. 8º ao utilizar a expressão "prestar apoio", porque o apoio pode se dar, inclusive, mediante a contratação de escritório de advocacia especializado no tema para atuar na defesa do agente que praticou um ato respaldado pelo jurídico.

A Lei das Estatais foi além, ao prever a ideia do seguro para aqueles que praticam os atos dentro de suas atribuições e respaldados pelo órgão jurídico. A previsão dessa norma veio em boa hora, quando os servidores e empregados públicos clamam por segurança na sua atuação.

---

[282] Rio de Janeiro. Lei Estadual nº 6.450, de 15 de maio de 2013. Dispõe sobre o custeio de prestação de serviços de natureza jurídica com o fim que se específica, e dá outras providências.

O art. 10 tem o intuito de dar maior segurança ao gestor público. Seria interessante a edição de lei no âmbito da unidade federativa estender o que já está sendo executado pelas empresas estatais, que além do apoio necessário, fosse dado àquele agente público também o apoio financeiro na sua defesa. Portanto, a ideia do seguro também poderia ser aplicada aqui. Assim, o agente poderá contratar alguém com base nos critérios estabelecidos pelo órgão público, para defendê-lo.

Por norma interna, observada a regra legal pertinente, e se necessário lei na esfera federada, poderiam ser definida as situações em que, além do apoio à defesa, poderá o órgão decidir que é necessária a contratação de seguro para a completa defesa do servidor.

A norma ainda corrige um procedimento comum que ocorria até então do gestor público amparar-se em parecer jurídico, e quando vem a ser acusado, acaba ficando sozinho na sua própria defesa. Isso porque o Supremo Tribunal Federal tem entendimento firmado que aquele que emite parecer jurídico não pode ser responsabilizado. Sobrava, então, para o gestor sozinho ter que se defender.

Muitas vezes o servidor tinha que arcar com o ônus financeiro da própria defesa perante a justiça, inclusive perante os órgãos de controle. Agora, o órgão jurídico deve prestar o apoio e eventualmente, além do apoio, poderá recomendar a contratação de advogado especializado. Essa eventualidade pode ocorrer quando se anuncia, por exemplo, não só a troca do jurídico, mas também pode acontecer de o jurídico firmar entendimento em uma direção e haver, depois, uma razoável dúvida se a conduta do gestor está plenamente conforme ou não o parecer. Diante da razoável dúvida, o jurídico pode se omitir em prestar o apoio, e a contratação se justifica até pelo eventual conflito de interesses.

À propósito, a Advocacia-Geral da União tem procedimento próprio para o servidor público federal requisitar apoio jurídico, nos termos das Portarias nº 42/18 (representação extrajudicial) e nº 428/19 (representação judicial). Também o artigo que trata na Lei das Estatais da Contratação de Seguro, art. 17.

10.1.4 Condenação do servidor

Por vezes as normas dispõem que sendo servidor condenado deverá ressarcir a despesa do erário com a defesa jurídica. Esse procedimento aplicado em algumas empresas estatais, não pode ser aplicado quando ao art. 10 trata de defesa pelo jurídico do próprio órgão. Isso porque subjacente à norma estará a defesa do próprio parecer jurídico.

Se a defesa for terceirizada, conforme vislumbrado nos parágrafos do subitem anterior, norma com esse teor, obrigando o ressarcimento da despesa pública, deve ser vista com cautela.

Isso porque, a condenação pode provir precisamente da defesa mal elaborada e até da revelia causada pelo Advogado. Além disso, não é raro erro judicial.

Portanto, se houve norma nesse sentido, recomenda-se uma sindicância ou análise sobre a pretensão regressiva de indenização da despesa.

10.1.5 Exceções

A norma prevê três exceções ao direito de defesa do servidor e ao dever da Administração de defender o servidor. Note que o primeiro inciso foi vetado, conforme acima mencionado, porém comentado abaixo.

A primeira se refere ao fato de "o responsável pela elaboração do parecer jurídico não pertencer aos quadros permanentes da Administração". Com o veto há de se entender que o dever de defender o servidor que seguir parecer de advogado terceirizado permanece com a advocacia pública. Pode, no entanto, a própria Administração Pública quando autorizar a contratação de advogado parecerista incluir no objeto do contrato o dever de defender quem seguir o parecer, como parcela autônoma a ser paga sob demanda no futuro. Na aplicação dessa ideia, podem surgir dúvidas sobre os valores a serem pagos nesse serviço sob demanda. Como boa prática, a lei do Rio de Janeira, indica prévia referência de preços: a tabela da OAB.

Cabe lembrar, como já esclarecido em outros itens desta obra, que a Constituição define o monopólio da defesa administrativa e contenciosa da União e dos Estados para a Advocacia Geral da União e Procuradorias dos estados, apenas.

Embora não exista o dever de defender em tais situações, pode a unidade jurídica defender o servidor que atua amparado em parecer produzido por advogado não integrante do órgão. Note que a norma abre exceção ao dever, mas não proíbe.

A segunda exceção refere-se constarem provas da prática de atos ilícitos dolosos, nos autos do processo administrativo ou judicial.

Note que a lei, depois de definir a existência de esfera administrativa, contenciosa e judicial, aqui limita a existência de provas no processo administrativo ou judicial. O silêncio eloquente decorre do fato de que os tribunais de contas têm rito próprio em que a prova não assume os mesmos contornos do processo administrativo e do processo judicial.

Aqui poderia surgir uma dúvida entre fatos verificados em auditoria e provas. O primeiro é decorrente de levantamento unilateral muitas vezes e até frequentemente não confirmado posteriormente, após o contraditório do envolvido.

Outro ponto relevante é que lei se refere a provas, não indícios. O indício é a circunstância indicativa de que um fato existe. Quando o indício convence por si só, é prova também. Por isso, recomenda-se cautela ao abrir exceção ao dever de defender.

Quando a lei admite exceção ao dever de defender os atos do servidor, amparado em parecer jurídico, cria dois cenários distintos: o ato ilícito foi praticado com o concurso, auxílio, do servidor do órgão jurídico ou não.

Note que o dever está dirigido ao órgão expressamente nominado de "Advocacia Pública", órgão da Administração. Assim, se o dolo envolve o advogado prolator do parecer ou não, pouca importa, pois o órgão foi dispensado do dever de defender.

Título II – Das Licitações

Capítulo I – Do Processo Licitatório

11. Art. 11, caput, inc. I

Art. 11. O processo licitatório tem por objetivos:

I - assegurar a seleção da proposta apta a gerar o resultado de contratação mais vantajoso para a Administração Pública, inclusive no que se refere ao ciclo de vida do objeto;

Dispositivos correspondentes na Lei nº 8.666/1993:

Art. 3º. A licitação destina-se a garantir a observância do princípio constitucional da isonomia, a seleção da proposta mais vantajosa para a administração e a promoção do desenvolvimento nacional sustentável e será processada e julgada em estrita conformidade com os princípios básicos da legalidade, da impessoalidade, da moralidade, da igualdade, da publicidade, da probidade administrativa, da vinculação ao instrumento convocatório, do julgamento objetivo e dos que lhes são correlatos.

Dispositivos pertinentes na Constituição Federal de 1988:

Art. 37. A administração pública direta e indireta de qualquer dos Poderes da União, dos Estados, do Distrito Federal e dos Municípios obedecerá aos princípios de legalidade, impessoalidade, moralidade, publicidade e eficiência e, também, ao seguinte: (Redação dada pela Emenda Constitucional nº 19, de 1998. [...]

XXI - ressalvados os casos especificados na legislação, as obras, serviços, compras e alienações serão contratados mediante processo de licitação pública que assegure igualdade de condições a todos os concorrentes, com cláusulas que estabeleçam obrigações de pagamento, mantidas as condições efetivas da proposta, nos termos da lei, o qual somente permitirá as exigências de qualificação técnica e econômica indispensáveis à garantia do cumprimento das obrigações.

Dispositivos pertinentes da Lei nº 14.133/2021, além do art. 11:

Art. 6º. [...]

LVII - superfaturamento: dano provocado ao patrimônio da Administração, caracterizado, entre outras situações, por: [...]

b) deficiência na execução de obras e de serviços de engenharia que resulte em diminuição da sua qualidade, vida útil ou segurança;

Art. 18. A fase preparatória do processo licitatório é caracterizada pelo planejamento e deve compatibilizar-se com o plano de contratações anual de que trata o inciso VII do caput do art. 12 desta Lei, sempre que elaborado, e com as leis orçamentárias, bem como abordar todas as considerações técnicas, mercadológicas e de gestão que podem interferir na contratação, compreendidos:[...]

VIII - a modalidade de licitação, o critério de julgamento, o modo de disputa e a adequação e eficiência da forma de combinação desses parâmetros, para os fins de seleção da proposta apta a gerar o resultado de contratação mais vantajoso para a Administração Pública, considerado todo o ciclo de vida do objeto;

Art. 34. O julgamento por menor preço ou maior desconto e, quando couber, por técnica e preço considerará o menor dispêndio para a Administração, atendidos os parâmetros mínimos de qualidade definidos no edital de licitação.

§ 1º Os custos indiretos, relacionados com as despesas de manutenção, utilização, reposição, depreciação e impacto ambiental do objeto licitado, entre outros fatores vinculados ao seu ciclo de vida, poderão ser considerados para a definição do menor dispêndio, sempre que objetivamente mensuráveis, conforme disposto em regulamento.

> **Art. 46.** Na execução indireta de obras e serviços de engenharia, são admitidos os seguintes regimes: [...]
>
> V - contratação integrada;
>
> § 3º Na contratação integrada, após a elaboração do projeto básico pelo contratado, o conjunto de desenhos, especificações, memoriais e cronograma físico-financeiro deverá ser submetido à aprovação da Administração, que avaliará sua adequação em relação aos parâmetros definidos no edital e conformidade com as normas técnicas, vedadas alterações que reduzam a qualidade ou a vida útil do empreendimento e mantida a responsabilidade integral do contratado pelos riscos associados ao projeto básico.

O art. 11 inaugura o título II, que trata das licitações, e inaugura também o capítulo I, que trata do processo licitatório.

11.1. Processo ou procedimento – terminologia adequada

A Constituição de 1988 denominou de processo licitatório o conjunto de atos, seriados e ordenados. Esses atos são, a maioria, vinculados por lei, tendentes ao fim de conquistar a proposta mais vantajosa. Os poucos atos discricionários, dizem respeito a conveniência e oportunidade de contratar novos objetos e de como será o suporte logístico das políticas públicas.

Quanto mais evolui um país, mais vinculados se tornam os atos da Administração Pública e, infelizmente, o agente público tem dificuldade de perceber essas restrições.

A própria licitação representa isso. Um Agente de Contratação que atua na área deve iniciar seu trabalho pelas previsões do Plano Plurianual – PPA, após pelas restrições que constam da Lei de Diretrizes Orçamentárias – LDO e, finalmente, se há previsão na lei Orçamentária Anual – LOA. A partir desse cenário, definirá o objeto. Na prática, é tarefa que deve ficar com a equipe da autoridade máxima em licitações e com sua assessoria.

A partir da decisão do constituinte de nominar e classificar como processo de licitação, cessam as discussões se a licitação é procedimento ou processo, pois a lei pode, em algumas situações, atribuir denominação diferente, como o fez. Assim, processo administrativo vai definindo os contornos próprios do Direito Administrativo, deixando conceitos do processo judiciário para adaptá-los a esse ramo.

No Direito Administrativo, da forma como está na Constituição, o processo administrativo não tem lide, litígio, partes, mas há um balizamento legal, com uma série de atos tendentes a fim.

A consequência é que se a Constituição Federal e, agora, também a lei denominam de processo, faz incidir as garantias do art. 5º, inc. LV e LXXVIII. Havendo "acusados" deverá ser observada a ampla defesa e o contraditório; sendo processo deverá ter duração razoável.

11.2 Assegurar a contratação mais vantajosa

Na expressão inserida agora na lei, o Agente de Contratação tem um balizamento seguro para suas ações: o objetivo do processo é assegurar a seleção de propostas. O Agente de Contratação deverá nessa seleção assegurar que a proposta escolhida está apta a gerar a contratação mais vantajosa.

Essa vantagem deve ser para a Administração Pública, a quem o agente público tem o dever de servir. Portanto, ao defender a aceitação da proposta mais vantajosa, não pode o agente público atuar com moderação ou omitir-se. É seu dever assegurar que a escolha recaia na proposta que tem aptidão de gerar uma contratação vantajosa. Não só isso; mas a mais vantajosa. E, no cumprimento desse dever, é importante lembrar que conforme o art. 8º, o Agente de Contratação não estará só: deverá contar com o apoio dos órgãos de assessoramento jurídico e de controle.

Convém destacar-se, outrossim, que, por vinculação à legalidade, essa "maior vantajosidade" deve ser buscada nos limites do ordenamento jurídico, ou seja, com observância das regras e princípios que orientam a atividade da Administração Pública. Nesse sentido, a lição de Ronny Charles Lopes de Torres:

> A proposta mais vantajosa será aquela considerada melhor, de acordo com os critérios estabelecidos, fundamentados em parâmetros legais. Essa vantagem exigida na seleção licitatória tem relação com a eficiência, princípio que vincula e deve nortear as contratações públicas. O gestor público deve sempre buscar a melhor e mais adequada solução para os problemas administrativos, tendo como parâmetro o interesse público e a legalidade.[283]

Quando a lei se refere à seleção de proposta "apta" indica, é claro, que a seleção da proposta deve recair naquela que tem a aptidão de gerar a contratação mais vantajosa. É certo que ao considerar a aptidão não se exige um exercício de futurologia em relação à certeza, mas deve ser posicionada no cenário da atualidade da seleção; naquele momento, a proposta selecionada reunia os atributos para ser escolhida como apta a produzir a contratação mais vantajosa. Se houvesse necessidade de reduzir a lei a um artigo, este seria o mais importante.

É o dispositivo que define o novo paradigma de gestão, pois o Agente de Contratação é conduzido com esse objetivo.

O dispositivo inserido na lei "assegurar", importa no elemento subjetivo da conduta, que naquele momento e circunstâncias justificam que o Agente de Contratação acredita, tem no íntimo a certeza que está assegurando para a Administração Pública a contratação mais vantajosa.

---

[283] TORRES, Ronny Charles Lopes de. Leis de licitações públicas comentadas. 12. ed. São Paulo: Juspodivn, 2021. p. 114.

11.3. Do paradigma da vantagem e do menor preço

Como já esclarecido em outras oportunidades nesta obra[284], embora a Lei nº 8.666/1993 tenha conceituado menor preço como aquele que atendendo as condições do edital seja de menor valor, o fato é que os órgãos de controle passaram a exigir uma demonstração prévia para a restrição a competição. Prévia e muito bem fundamentada.

Por faltar balizamento seguro, essa etapa foi superada pela omissão de estudos aprofundados e a licitação virou como regra, a oportunidade para os vendedores entregarem mercadoria de baixa qualidade.

Agora, permeando toda a nova Lei, aparece o conceito de proposta mais vantajosa. A palavra vantagem e vantajoso aparece 32 vezes, sendo 28 com o sentido de necessidade e dever de assegurar vantagem para a Administração.

Adequado que a lei tenha inserido como objetivo da licitação a contratação mais vantajosa.

11.4. Do ciclo de vida útil

Como indicativo de que a contratação deve ser mais vantajosa, a lei qualifica, como vantagem, esse relevante atributo do objeto do contrato. Faz essa inserção, como a indicar um alerta para a mudança de paradigma.

Há uma compreensão errada sobre ciclo de vida. Essa expressão não abrange a durabilidade. Durar muito tempo é expressão muito diversa de ciclo de vida útil, pois um objeto pode durar muito e ter necessidade de manutenções constantes, peças de reposição com custo elevado, dificuldades de operação após o decurso de tempo e riscos e custos nas regras de destinação final[285] do produto. A expressão "útil" enriquece a pretensão da durabilidade do ciclo.

11.4.1 Da comparação de preços com ciclo de vida útil

Percebe-se, assim, que agora há de haver extrema cautela na comparação de preços de forma linear ou absoluta, pois o Agente de Contratação estará subjugado ao dever mais amplo na licitação. Deverá, com o apoio da unidade requisitante, do órgão jurídico e do controle, considerar a vida útil desde a fase interna até o

---

[284] Consulte o índice remissivo no final desta obra.
[285] Lei nº 12.305, de 2 de agosto de 2010. Art. 3º. Para os efeitos desta Lei, entende-se por: [...] VII - destinação final ambientalmente adequada: destinação de resíduos que inclui a reutilização, a reciclagem, a compostagem, a recuperação e o aproveitamento energético ou outras destinações admitidas pelos órgãos competentes do Sisnama, do SNVS e do Suasa, entre elas a disposição final, observando normas operacionais específicas de modo a evitar danos ou riscos à saúde pública e à segurança e a minimizar os impactos ambientais adversos;

encerramento do contrato. Deverá também precaver-se de ofertas de licitantes com preços iguais oferecendo produto com ciclo de vida útil muito diferentes, pois isso pode implicar em compra superfaturada[286].

De fato, o ciclo de vida útil do objeto também foi utilizado pela Lei como um atributo do superfaturamento e do preço justo. Assim, indica a Lei que para comparar preço é dever, levar em conta o ciclo de vida útil, considerando-se superfaturado o objeto que vendido pelo mesmo preço de outro, tem ciclo menor de tempo de vida útil, conforme art. 6º, inc. LVII, alínea "b".

11.4.2 Do ciclo de vida e do menor dispêndio

A lei define, ainda, que o ciclo de vida útil também deve ser considerado na definição de menor dispêndio, mas nesse ponto específico estabelece condição que dificulta o atendimento: deve ser considerado o ciclo de vida, desde que "objetivamente mensuráveis, conforme disposto em regulamento."

Nesse ponto se pode entender que além do cumprimento de normas técnicas, como a ABNT, para a especificação do objeto e durabilidade, e da legislação que trata dos resíduos sólidos, da logística reversa e destinação final ambientalmente adequada.

Considerar no julgamento da licitação de menor preço ou menor dispêndio o ciclo de vida útil é um dever imposto agora por lei, no art. 34.[287]

11.4.3 Do ciclo de vida útil, da modalidade de licitação e da contratação integrada

Na fase interna da licitação, a importância de avaliação do ciclo de vida útil do objeto está na definição da modalidade da licitação, no critério de julgamento e até na definição prévia do modo de disputa. Se a Administração pretende usar o pregão, mas as regras mercadológicas não permitem avaliar o ciclo de vida útil do objeto, a modalidade não será a adequada. Também não será adequada essa modalidade se a Administração Pública não puder exigir prazo de garantia ou

---

[286] Lei nº 14.133/2021: "Art. 6º. Para os fins desta Lei, consideram-se: [...] LVII - superfaturamento: dano provocado ao patrimônio da Administração, caracterizado, entre outras situações, por: [...] b) deficiência na execução de obras e de serviços de engenharia que resulte em diminuição da sua qualidade, vida útil ou segurança;"

[287] Lei nº 14.133/2021: "Art. 34. O julgamento por menor preço ou maior desconto e, quando couber, por técnica e preço considerará o menor dispêndio para a Administração, atendidos os parâmetros mínimos de qualidade definidos no edital de licitação."
§ 1º Os custos indiretos, relacionados com as despesas de manutenção, utilização, reposição, depreciação e impacto ambiental do objeto licitado, entre outros fatores vinculados ao seu ciclo de vida, poderão ser considerados para a definição do menor dispêndio, sempre que objetivamente mensuráveis, conforme disposto em regulamento.

assistência técnica gratuita, ferramentas que favorecem a melhoria da preservação do ciclo de vida útil, mas encontram restrições ao uso.[288]

Também na contratação integrada de obras e serviços de engenharia, a qualidade ou a vida útil do empreendimento devem ser considerados pela Administração Pública receber o projeto básico elaborado pelo contratado para exame e aprovação. Esse exame, em razão do julgamento do objeto deve considerar esses atributos – qualidade e ciclo de vida útil, a partir de "parâmetros definidos no edital e conformidade com as normas técnicas".

Art. 11, inc. II

Art. 11. O processo licitatório tem por objetivos: [...]
II - assegurar tratamento isonômico entre os licitantes, bem como a justa competição;

Dispositivos correspondentes na Lei nº 8.666/1993:

Art. 3º. A licitação destina-se a garantir a observância do princípio constitucional da isonomia, a seleção da proposta mais vantajosa para a administração e a promoção do desenvolvimento nacional sustentável e será processada e julgada em estrita conformidade com os princípios básicos da legalidade, da impessoalidade, da moralidade, da igualdade, da publicidade, da probidade administrativa, da vinculação ao instrumento convocatório, do julgamento objetivo e dos que lhes são correlatos.

Art. 44. No julgamento das propostas, a Comissão levará em consideração os critérios objetivos definidos no edital ou convite, os quais não devem contrariar as normas e princípios estabelecidos por esta Lei.

§ 1º É vedada a utilização de qualquer elemento, critério ou fator sigiloso, secreto, subjetivo ou reservado que possa ainda que indiretamente elidir o princípio da igualdade entre os licitantes

Dispositivos pertinentes na Constituição Federal de 1988:

Art. 5º. Todos são iguais perante a lei, sem distinção de qualquer natureza, garantindo-se aos brasileiros e aos estrangeiros residentes no País a inviolabilidade do direito à vida, à liberdade, à igualdade, à segurança e à propriedade, nos termos seguintes:

I - homens e mulheres são iguais em direitos e obrigações, nos termos desta Constituição;

Art. 37. A administração pública direta e indireta de qualquer dos Poderes da União, dos Estados, do Distrito Federal e dos Municípios obedecerá aos princípios de legalidade, impessoalidade, moralidade, publicidade e eficiência e, também, ao seguinte: [...]

XXI - ressalvados os casos especificados na legislação, as obras, serviços, compras e alienações serão contratados mediante processo de licitação pública que assegure igualdade de condições a todos os concorrentes, com cláusulas que estabeleçam obrigações de pagamento, mantidas as condições efetivas da proposta, nos termos da lei, o qual somente permitirá as exigências de qualificação técnica e econômica indispensáveis à garantia do cumprimento das obrigações.

Dispositivos correspondentes na Lei nº 12.462/2011 (Institui o RDC):

---

[288] Lei nº 14.133/2021: "Art. 18. A fase preparatória do processo licitatório [...] orçamentárias, bem como abordar todas as considerações técnicas, mercadológicas e de gestão que podem interferir na contratação, compreendidos:[...] VIII - a modalidade de licitação, o critério de julgamento, o modo de disputa e a adequação e eficiência da forma de combinação desses parâmetros, para os fins de seleção da proposta apta a gerar o resultado de contratação mais vantajoso para a Administração Pública, considerado todo o ciclo de vida do objeto;"

> **Art. 1º.** [...]
> § 1º O RDC tem por objetivos: [...]
> IV - assegurar tratamento isonômico entre os licitantes e a seleção da proposta mais vantajosa para a administração pública.
>
> **Dispositivos pertinentes na Lei nº 14.133/2021, além do art. 11:**
>
> **Art. 5º.** Na aplicação desta Lei, serão observados os princípios da legalidade, da impessoalidade, da moralidade, da publicidade, da eficiência, do interesse público, da probidade administrativa, da igualdade, do planejamento, da transparência, da eficácia, da segregação de funções, da motivação, da vinculação ao edital, do julgamento objetivo, da segurança jurídica, da razoabilidade, da competitividade, da proporcionalidade, da celeridade, da economicidade e do desenvolvimento nacional sustentável, assim como as disposições do Decreto-Lei nº 4.657, de 4 de setembro de 1942 (Lei de Introdução às Normas do Direito Brasileiro).
>
> **Art. 88.** Ao requerer, a qualquer tempo, inscrição no cadastro ou a sua atualização, o interessado fornecerá os elementos necessários exigidos para habilitação previstos nesta Lei. [...]
>
> § 4º A anotação do cumprimento de obrigações pelo contratado, de que trata o § 3º deste artigo, será condicionada à implantação e à regulamentação do cadastro de atesto de cumprimento de obrigações, apto à realização do registro de forma objetiva, em atendimento aos princípios da impessoalidade, da igualdade, da isonomia, da publicidade e da transparência, de modo a possibilitar a implementação de medidas de incentivo aos licitantes que possuírem ótimo desempenho anotado em seu registro cadastral.

A previsão legal de "assegurar tratamento isonômico" não pode ser entendida como a necessidade de que seja permitido a todos e qualquer pessoa a participação em processo licitatório. Um tratamento isonômico está muito mais vinculado e fundamentado na impessoalidade do que necessariamente nesse sentido vulgar de "igualar todo mundo".

Como dito, no item anterior: a expressão assegurar, importa no elemento subjetivo da conduta, que naquele momento e circunstâncias justificam que o Agente de Contratação acredita, deve ter certeza, que está assegurando o tratamento igual e justo a outrem.

A igualdade de tratamento se faz nos termos da lei, admitindo, por exemplo a restrição aos que não estão em dia com a seguridade social, não tem qualificação jurídica, técnica ou econômica. Mesmo entre os que tem igualdade de condições jurídicas, técnicas e econômicas, a lei pode, como o fez, instituir o direito de preferência.

Sobre isonomia e igualdade, consulte os comentários ao princípio da impessoalidade disposto no art. 5º.

11.5. Justa competição

Outra questão interessante e inovadora para licitação é a previsão da "justa competição" como objetivo do processo licitatório. Às vezes, o edital poderá assegurar plenamente o tratamento isonômico entre os licitantes, mas a competição pode não ser justa porque no dia a dia, a conduta de algum servidor dá tratamento injusto a um competidor. Tal ocorreria, por exemplo, se na época do recurso, fosse dada maior facilidade de acesso a um advogado em detrimento de outro advogado, onde fosse dificultada a participação.

A justa competição impede, portanto, o tratamento desvantajoso a um determinado licitante, mas também que haja tratamento preferenciais, a fim de evitar prejuízos ao caráter competitivo do certame.

O acréscimo feito no sentido de estabelecer o dever ao Agente de Contratação de assegurar uma justa competição, poderia ser considerado mero corolário, consequência, do princípio da isonomia. De fato, poderia ser entendido que como é regra da Constituição assegurada no art. 5º, em geral, e no art. 37, inc. XXVII, de forma específica, seria dispensável inserir na lei e inserir outros que estão intimamente vinculados. Não é desnecessário, pois a organização sistêmica distribui as diversas funções do Agente de Contratação entre unidades, sendo frequente que a maioria dos agentes públicos não observe em qual medida a isonomia incide diretamente no trabalho.

Por isso, em outras passagens a lei estabelece o princípio da isonomia, como quando se refere a julgamento de propostas, direitos dos contratados em relação ao cadastramento e na aplicação de penalidades.

É importante que o servidor tenha presente que atuação do licitante e do seu advogado no sentido de postular de forma veemente os seus direitos faz parte do jogo democrático e não pode evidentemente ultrapassar a linha do respeito de qualquer das partes.

Art. 11, inc. III

> Art. 11. O processo licitatório tem por objetivos: [...]
> III - evitar contratações com sobrepreço ou com preços manifestamente inexequíveis e superfaturamento na execução dos contratos;

Dispositivos correspondentes na Lei nº 8.666/1993:

Art. 48. Serão desclassificadas: [...]

II - propostas com valor global superior ao limite estabelecido ou com preços manifestamente inexequíveis, assim considerados aqueles que não venham a ter demonstrada sua viabilidade através de documentação que comprove que os custos dos insumos são coerentes com os de mercado e que os coeficientes de produtividade são compatíveis com a execução do objeto do contrato, condições estas necessariamente especificadas no ato convocatório da licitação.

Dispositivos pertinentes na Lei nº 14.133/2021, além do art. 11:

Art. 59. Serão desclassificadas as propostas que:

I - contiverem vícios insanáveis;

II - não obedecerem às especificações técnicas pormenorizadas no edital;

III - apresentarem preços inexequíveis ou permanecerem acima do orçamento estimado para a contratação;
IV - não tiverem sua exequibilidade demonstrada, quando exigido pela Administração;
V - apresentarem desconformidade com quaisquer outras exigências do edital, desde que insanável.
§ 1º A verificação da conformidade das propostas poderá ser feita exclusivamente em relação à proposta mais bem classificada.
§ 2º A Administração poderá realizar diligências para aferir a exequibilidade das propostas ou exigir dos licitantes que ela seja demonstrada, conforme disposto no inciso IV do caput deste artigo.
§ 3º No caso de obras e serviços de engenharia e arquitetura, para efeito de avaliação da exequibilidade e de sobrepreço, serão considerados o preço global, os quantitativos e os preços unitários tidos como relevantes, observado o critério de aceitabilidade de preços unitário e global a ser fixado no edital, conforme as especificidades do mercado correspondente.
§ 4º No caso de obras e serviços de engenharia, serão consideradas inexequíveis as propostas cujos valores forem inferiores a 75% (setenta e cinco por cento) do valor orçado pela Administração.
§ 5º Nas contratações de obras e serviços de engenharia, será exigida garantia adicional do licitante vencedor cuja proposta for inferior a 85% (oitenta e cinco por cento) do valor orçado pela Administração, equivalente à diferença entre este último e o valor da proposta, sem prejuízo das demais garantias exigíveis de acordo com esta Lei.

A lei adequadamente colocou no mesmo dispositivo, como um dos objetivos da licitação, "evitar contratação com sobrepreço ou preço inexequível e superfaturamento na execução dos contratos". Isso porque é tão nocivo ao interesse público contratar com sobrepreço quanto contratar com preços manifestamente inexequíveis. O preço inexequível gera a inexequibilidade do contrato. Portanto, o objeto não será realizado.

Consulte os comentários ao art. 6º, especialmente ao inciso LVI, que trata de sobrepreço e ao inciso LVII, que trata de superfaturamento, e do art. 59, que trata da inexequibilidade dos preços das propostas.

A exequibilidade ou inexequibilidade do contrato, em razão de proposta com preço manifestamente inexequível aparece nessa lei, aqui pela primeira vez nesse dispositivo.

No nosso país, tem sido fortemente coibida a contratação com sobrepreço e não tem sido coibida adequadamente a contratação de preço inexequível. É necessário desenvolvimento de uma nova cultura na aplicação dessa lei. Uma licitação é boa se o contrato é executado adequadamente. Esse é o limite adequado do sucesso do trabalho.

A exequibilidade ou inexequibilidade da proposta é tratada no art. 59 que dispõe sobre a verificação de preços, abaixo do valor estimado, dever da Administração Pública de pedir a demonstração da exequibilidade de preços, análise pelo preço global, embora existam itens com preços inexequíveis e a possibilidade de o licitante apresentar garantia adicional para assegurar a execução quando o preço for considerado inexequível.

A ideia que defendemos no regime da Lei nº 8.666/1993 e que depois foi acolhida pelos órgãos de controle, fixando-se como jurisprudência, é que a Administração Pública não tem condições técnicas de definir a exequibilidade dos preços, pois isso é inerente a estrutura de custos de cada empresa ou fabricante. Estabelecer preço de mercado, sim, custos de fabricação não.

Assentada essa premissa sugere-se que o Agente de Contratação ou o Pregoeiro, após abertas todas as propostas, fixe intervalo de valores abaixo do qual deverão ser demonstradas a exequibilidade do preço. Essa recomendação que a doutrina desenvolveu e a jurisprudência apoiou, foi uma solução prática para superar o dispositivo da lei que obrigava a Administração Pública a inserir no edital o balizamento para a desclassificação. Em outras palavras, na Lei nº 8.666/1993, era permitido desclassificar a proposta com preços manifestamente inexequíveis. Eram considerados preços manifestamente inexequíveis "aqueles que não venham a ter demonstrada sua viabilidade através de documentação que comprove que os custos dos insumos são coerentes com os de mercado e que os coeficientes de produtividade são compatíveis com a execução do objeto do contrato". Todavia, após dispor sobre como se pede ao contratado a demonstração de exequibilidade, o dispositivo voltava-se contra a Administração Pública para definir que a essa competia definir essas condições "no ato convocatório da licitação".

O dispositivo era de uma insensatez evidente, pois obrigava os agentes públicos conhecerem estrutura de custos dos licitantes e definir no edital. Ainda que tal conhecimento fosse possível, ignorava que no mercado e na economia ocorrem situações em que o licitante pode ter outros interesses que coloquem seu preço muito abaixo do preço de mercado e o que seria inexequível para seus concorrentes é exequível para si. É o caso de produto com modelo que é superado por outro que o vendedor crê melhor, enquanto para outros o modelo anterior é suficiente para atender a Administração Pública.

A LLCA definiu as regras para demonstração de exequibilidade no art. 59.

Art. 11, inc. IV

Art. 11. O processo licitatório tem por objetivos: [...]
IV - incentivar a inovação e o desenvolvimento nacional sustentável;

Dispositivos correspondentes na Lei nº 8.666/1993:

Art. 3º. A licitação destina-se a garantir a observância do princípio constitucional da isonomia, a seleção da proposta mais vantajosa para a administração e a promoção do desenvolvimento nacional sustentável e será processada e julgada em estrita conformidade com os princípios básicos da legalidade, da impessoalidade, da moralidade, da igualdade, da publicidade, da probidade administrativa, da vinculação ao instrumento convocatório, do julgamento objetivo e dos que lhes são correlatos. [...]

§ 6º A margem de preferência de que trata o § 5o será estabelecida com base em estudos revistos periodicamente, em prazo não superior a 5 (cinco) anos, que levem em consideração: [...]

III - desenvolvimento e inovação tecnológica realizados no País;

Dispositivos correspondentes na Lei nº 12.462/2011 (Institui o RDC):

Art. 1º. [...]

§ 1º O RDC tem por objetivos: [...]

III - incentivar a inovação tecnológica;

Como acontece em vários dispositivos dessa Lei, usa-se a licitação como meio para efetivar políticas públicas.

De fato, na licitação, o processo para obter a proposta mais vantajosa, é permeada de restrições conducentes à efetivação de outros princípios e valores, como apoio ao deficiente, a pequena e microempresa, e desenvolvimento nacional sustentável, como aqui agora tratado. Por isso, licitar acaba sendo uma tarefa tão complexa.

Não há, no âmbito jurídico, erro em escolhas feitas pelo povo, por meio de seus legítimos representantes no parlamento, cristalizada na lei. Apenas, vantagens e desvantagens que devem ser ponderadas com equilíbrio pelos operadores do Direito.

O inc. IV é uma inovação a ser considerada como objetivo expressamente determinado para a licitação. Note aqui que "incentivar inovação" passa a ser um dos objetivos da licitação, mas é um objetivo que não se concretiza na fase competitiva. É um objetivo que deve ser considerado na fase anterior que é o planejamento.

Com relação a expressão "Desenvolvimento Nacional Sustentável", mais ampla do que a disposta no inciso, cabe lembrar que na Lei nº 8.666/1993, o tema foi incluído por uma alteração legislativa posterior, mas que não foi efetivada ainda na sua totalidade pela Administração Pública. A ideia do Desenvolvimento Nacional Sustentável propõe que se traga para as licitações, conceitos e que envolvam os custos de vida, de manutenção, de uso dos produtos e serviços numa concepção maior.

Infelizmente, são poucas as licitações onde se observa critérios estabelecidos para, ao invés de se julgar pelo menor preço do produto, estabelece-se o julgamento pelo menor preço com maior qualidade de vida, com menor uso de insumos, de uso de energia elétrica, de água. Isso tudo de forma a permitir uma visão mais sustentável de longo prazo para as aquisições.

Como exemplo, considere que a Administração busca a execução de um serviço e que um licitante tem uma ferramenta tecnológica muito mais eficaz do que se fosse contratada mão-de-obra para a mesma atividade. Um aplicativo de interação entre o Poder Público e a comunidade é um bom exemplo. Nesse caso, a empresa que possui essa tecnologia poderia impugnar o edital, que define o meio de execução do serviço somente por pessoas, para que o objeto fosse realizado pelo aplicativo. Poderia, então, com base nesse objetivo, a Administração acolher eventual impugnação ao edital que buscasse oferecer possibilidades de inovação tecnológica para execução do serviço. E, se acolhendo a impugnação, a Administração Pública encontrasse apenas um competidor? Verifica-se, portanto, que atender esse objetivo constitui uma fase anterior à própria competição e que afeta até a regra do edital.

Outro exemplo possível refere-se àqueles casos em que um serviço é demandado com o emprego de 500 empregados e que alguém com uma ferramenta tecnológica é capaz de executar com 10 pessoas. Quando o termo de referência ou projeto básico for elaborado, a Administração poderá escolher um ou outro sistema de execução, ou escolher ambos. Pode ser também que a Administração nem conheça essas novas ferramentas tecnológicas. Por isso, o objeto do edital, ao ser definido, deve permitir prazo para impugnação, inclusive admitindo novas tecnologias.

Com direta relação à efetividade desse dispositivo, é que foi incluída à lei a modalidade de licitação "diálogo competitivo".

Art. 11, parágrafo único

> Art. 11. O processo licitatório tem por objetivos: [...]
>
> Parágrafo único. A alta administração do órgão ou entidade é responsável pela governança das contratações e deve implementar processos e estruturas, inclusive de gestão de riscos e controles internos, para avaliar, direcionar e monitorar os processos licitatórios e os respectivos contratos, com o intuito de alcançar os objetivos estabelecidos no *caput* deste artigo, promover um ambiente íntegro e confiável, assegurar o alinhamento das contratações ao planejamento estratégico e às leis orçamentárias e promover eficiência, efetividade e eficácia em suas contratações.

Dispositivos correspondentes na Lei nº 8.666/1993: não há.

Dispositivos pertinentes na Lei nº 14.133/2021, além do art. 11:

Art. 12. No processo licitatório, observar-se-á o seguinte: [...]

VII - a partir de documentos de formalização de demandas, os órgãos responsáveis pelo planejamento de cada ente federativo poderão, na forma de regulamento, elaborar plano de contratações anual, com o objetivo de racionalizar as contratações dos órgãos e entidades sob sua competência, garantir o alinhamento com o seu planejamento estratégico e subsidiar a elaboração das respectivas leis orçamentárias.

Art. 18. A fase preparatória do processo licitatório é caracterizada pelo planejamento e deve compatibilizar-se com o plano de contratações anual de que trata o inciso VII do caput do art. 12 desta Lei, sempre que elaborado, e com as leis orçamentárias, bem como abordar todas as considerações técnicas, mercadológicas e de gestão que podem interferir na contratação, compreendidos: [...]

Art. 40. O planejamento de compras deverá considerar a expectativa de consumo anual e observar o seguinte: [...]

V - atendimento aos princípios: [...]

c) da responsabilidade fiscal, mediante a comparação da despesa estimada com a prevista no orçamento.

Art. 72. O processo de contratação direta, que compreende os casos de inexigibilidade e de dispensa de licitação, deverá ser instruído com os seguintes documentos: [...]

IV - demonstração da compatibilidade da previsão de recursos orçamentários com o compromisso a ser assumido;

Art. 105. A duração dos contratos regidos por esta Lei será a prevista em edital, e deverão ser observadas, no momento da contratação e a cada exercício financeiro, a disponibilidade de créditos orçamentários, bem como a previsão no plano plurianual, quando ultrapassar 1 (um) exercício financeiro.

Art. 106. A Administração poderá celebrar contratos com prazo de até 5 (cinco) anos nas hipóteses de serviços e fornecimentos contínuos, observadas as seguintes diretrizes: [...]

II - a Administração deverá atestar, no início da contratação e de cada exercício, a existência de créditos orçamentários vinculados à contratação e a vantagem em sua manutenção;

III - a Administração terá a opção de extinguir o contrato, sem ônus, quando não dispuser de créditos orçamentários para sua continuidade ou quando entender que o contrato não mais lhe oferece vantagem.

Art. 109. A Administração poderá estabelecer a vigência por prazo indeterminado nos contratos em que seja usuária de serviço público oferecido em regime de monopólio, desde que comprovada, a cada exercício financeiro, a existência de créditos orçamentários vinculados à contratação.

Art. 136. Registros que não caracterizam alteração do contrato podem ser realizados por simples apostila, dispensada a celebração de termo aditivo, como nas seguintes situações: [...]

IV - empenho de dotações orçamentárias.

Art. 144. Na contratação de obras, fornecimentos e serviços, inclusive de engenharia, poderá ser estabelecida remuneração variável vinculada ao desempenho do contratado, com base em metas, padrões de qualidade, critérios de sustentabilidade ambiental e prazos de entrega definidos no edital de licitação e no contrato.

§ 1º O pagamento poderá ser ajustado em base percentual sobre o valor economizado em determinada despesa, quando o objeto do contrato visar à implantação de processo de racionalização, hipótese em que as despesas correrão à conta dos mesmos créditos orçamentários, na forma de regulamentação específica.

Art. 150. Nenhuma contratação será feita sem a caracterização adequada de seu objeto e sem a indicação dos créditos orçamentários para pagamento das parcelas contratuais vincendas no exercício em que for realizada a contratação, sob pena de nulidade do ato e de responsabilização de quem lhe tiver dado causa.

Art. 171. Na fiscalização de controle será observado o seguinte: [...]

III - definição de objetivos, nos regimes de empreitada por preço global, empreitada integral, contratação semi-integrada e contratação integrada, atendidos os requisitos técnicos, legais, orçamentários e financeiros, de acordo com as finalidades da contratação, devendo, ainda, ser perquirida a conformidade do preço global com os parâmetros de mercado para o objeto contratado, considerada inclusive a dimensão geográfica.

11.6 Governança nas contratações

O dispositivo está situado na Lei com absoluta precisão de localização. Se os objetivos estão definidos, o meio de assegurar o atendimento é através de governança. E, havendo governança, há de haver um "ambiente íntegro e confiável, apto a assegurar o alinhamento das contratações ao planejamento estratégico e às leis orçamentárias e promover eficiência, efetividade e eficácia em suas contratações".

Dispõe o art. 2º, inc. III, da Portaria SEGES/ME nº 8.678, de 19 de julho de 2021[289], que a governança das contratações públicas pode ser definida como o "conjunto de mecanismos de liderança, estratégia e controle postos em prática para avaliar, direcionar e monitorar a atuação da gestão das contratações públicas, visando agregar valor ao negócio do órgão ou entidade, e contribuir para o alcance de seus objetivos, com riscos aceitáveis".

Vale destacar que seguindo a filosofia e metodologia de implementação de normas de *compliance* e integridade, a lei estabelece que cabe à alta administração a responsabilidade pela governança das contratações.

Compliance e integridade, como aqui tratado corresponde à soma da governança com a gestão de riscos. Assim sendo, governança e gestão de risco devem estar vinculadas à alta administração, sejam elas ligadas ao controle interno, sejam elas ligadas diretamente à alta administração.

E, governança, inicia-se com o alinhamento ao plano estratégico da instituição, em alguns órgãos abreviado como PLANEST, devendo esse estar harmônico com o PPA.

Em mais de uma passagem nesta obra foi esclarecido que imediatamente no início da fase de planejamento a Administração Pública deve verificar se a atividade que gera a necessidade do objeto deve estar prevista no Plano Plurianual - PPA. Em seguida verificar se o próprio objeto tem restrições à contatação na Lei de Diretrizes Orçamentárias - LDO e, por fim, se há dotação orçamentária suficiente e disponível para a licitação e futura contratação na Lei Orçamentária Anual - LOA. Note que o PPA se refere a atividade; a LDO as restrições na contratação do objeto e a LOA aos recursos orçamentários.

---

[289] BRASIL, Secretaria de Gestão do Ministério da Economia. Portaria SEGES/ME nº 8.678, de 19 de julho de 2021. Dispõe sobre a governança das contratações públicas no âmbito da Administração Pública federal direta, autárquica e fundacional.

Note que a adequação e conformidade com esses 4 instrumentos, PLANEST, PPA, LDO e LOA, devem sustentar todos os atos do processo de licitação e contratos, em especial:

- deve ser considerado ao elaborar plano de contratações anual, conforme art. 12, inc. VII;

- o planejamento do processo licitatório, na fase preparatória, conforme art. 18;

- o atendimento da responsabilidade fiscal desde o planejamento da licitação, com o dever de comparar o preço estimado com a dotação prevista no orçamento, conforme art. 40, inc. V, alínea "c";

- na contratação direta sem licitação, também é necessário demonstrar a compatibilidade com o orçamento, conforme art. 72;

- também para dimensionar a duração dos contratos é necessário avaliar a compatibilidade com o orçamento e, se for necessário ultrapassar o exercício financeiro, a compatibilidade também com o PPA, conforme art. 105, caput e 106, inc. II;

- anualmente e previamente a decisão de prorrogar o contrato, deve ser verificada a compatibilidade com a LOA e, não sendo compatível, deve ser providenciada a extinção do contato, conforme art. 106, inc. II e III, respectivamente, e art. 109;

- um dos novos deveres para a atividade de fiscalização dos contratos é, precisamente, verificar o atendimento dos requisitos orçamentários e financeiros, de acordo com as finalidades da contratação, conforme art. 171, inc. III.

Como se observa, pela exemplificação colhida ao correr da pena, o objetivo de instituir a governança e o "alinhamento das contratações ao planejamento estratégico e às leis orçamentárias e promover eficiência, efetividade e eficácia em suas contratações" implica num conhecimento amplo da lei e o desenvolvimento de uma nova cultura gerencial.

Há situações em que a LOA ainda não está publicada. Por isso, em algumas passagens, a lei refere-se à "adequação orçamentária"[290]

Interessante observar que é a primeira vez que a lei traz, no texto da lei, a previsão de se promover a eficiência, efetividade, eficácia nas contratações. Essas expressões não existiam na Lei nº 8.666/1993, apesar de ser um dispositivo constitucional. O artigo 37 da nossa Constituição prevê que as contratações devem obedecer ao princípio da eficiência. No mesmo sentido, a busca pela eficiência

---

[290] Lei nº 14.133/2021: "Art. 6º, inc. XXIII, quando conceitua projeto básico e declara o que deve conter."

estava prevista na lei que instituiu o Regime Diferenciado de Contratação – RDC, no caput do art. 3º. A Lei nº 8.666/1993 e a lei do pregão não trazia tais previsões no texto.

> **Jurisprudência que ainda pode servir à interpretação**
>
> Exigências mais rigorosas para qualificação
>
> Para realização de obras custeadas com recursos de organismo financeiro internacional poderão ser efetuadas exigências de qualificação econômico-financeira e de qualificação técnica mais rigorosas que as contidas na Lei 8.666/1993, desde que não conflitem com o princípio do julgamento objetivo e de que sejam compatíveis com a dimensão e complexidade do objeto a ser executado.
>
> TCU. Processo nº 037.183/2011-7. Acórdão nº 324/2012-Plenário. Relator: Ministro Raimundo Carreiro

11.7 Efetividade, eficácia e eficiência

Todas as vezes que a lei alinha os princípios está procurando fazer com que todas as interpretações do texto sejam convergentes. Por isso, não merece censura o fato do art. 11 desta lei repetir alguns princípios, inclusive aqueles inscritos no texto constitucional.

Todas as vezes que a lei dispuser de um texto e alinhar os princípios embaixo, está buscando a harmonização das diversas interpretações dos mais variados operadores do direito. Este trabalho auxilia inclusive aqueles que, não tendo formação jurídica, necessitam interpretar a lei. A interpretação para aplicação, que ocorre no cotidiano da Administração Pública é diferente da realizada pelos tribunais e por aqueles órgãos que tem a possibilidade de fazer coisa julgada. Para esses casos a formação jurídica é necessária.

Por fim, caberia destacar que essa é a primeira vez que a lei dispõe expressamente sobre a busca de um resultado eficiente prático para a licitação. Isso é uma crítica que foi feita pela doutrina há bastante tempo que se incluía aos objetivos da licitação diversos cenários como o desenvolvimento nacional sustentável, como a isonomia, como combater o sobrepeso, mas poucas vezes se dedicava a efetivar a eficiência na contratação. A licitação tem que objetivar fazer uma contratação com resultado planejado, esperado e realizável em utilidade. Uma contratação eficiente. É interessante observar que a lei incorporou essa pretensão.

12. Art. 12, caput, inc. I

> Art. 12. No processo licitatório, observar-se-á o seguinte:
>
> I - os documentos serão produzidos por escrito, com data e local de sua realização e assinatura dos responsáveis;

Dispositivos correspondentes na Lei nº 8.666/1993:

Art. 4º. Todos quantos participem de licitação promovida pelos órgãos ou entidades a que se refere o art. 1º têm direito público subjetivo à fiel observância do pertinente procedimento estabelecido nesta lei, podendo qualquer cidadão acompanhar o seu desenvolvimento, desde que não interfira de modo a perturbar ou impedir a realização dos trabalhos. [...]

Parágrafo único. O procedimento licitatório previsto nesta lei caracteriza ato administrativo formal, seja ele praticado em qualquer esfera da Administração Pública. [...]

Art. 20. As licitações serão efetuadas no local onde se situar a repartição interessada, salvo por motivo de interesse público, devidamente justificado. [...]

Art. 40. O edital conterá no preâmbulo o número de ordem em série anual, o nome da repartição interessada e de seu setor, a modalidade, o regime de execução e o tipo da licitação, a menção de que será regida por esta Lei, o local, dia e hora para recebimento da documentação e proposta, bem como para início da abertura dos envelopes, e indicará, obrigatoriamente, o seguinte: [...]

§ 1º O original do edital deverá ser datado, rubricado em todas as folhas e assinado pela autoridade que o expedir, permanecendo no processo de licitação, e dele extraindo-se cópias integrais ou resumidas, para sua divulgação e fornecimento aos interessados.

Art. 43. A licitação será processada e julgada com observância dos seguintes procedimentos: [...]

§ 2º Todos os documentos e propostas serão rubricados pelos licitantes presentes e pela Comissão. [...]

Dispositivos pertinentes da Lei nº 14.133/2021, além do art. 12:

Art. 5º. Na aplicação desta Lei, serão observados os princípios da legalidade, da impessoalidade, da moralidade, da publicidade, da eficiência, do interesse público, da probidade administrativa, da igualdade, do planejamento, da transparência, da eficácia, da segregação de funções, da motivação, da vinculação ao edital, do julgamento objetivo, da segurança jurídica, da razoabilidade, da competitividade, da proporcionalidade, da celeridade, da economicidade e do desenvolvimento nacional sustentável, assim como as disposições do Decreto-Lei nº 4.657, de 4 de setembro de 1942 (Lei de Introdução às Normas do Direito Brasileiro).

Art. 7º. Caberá à autoridade máxima do órgão ou da entidade, ou a quem as normas de organização administrativa indicarem, promover gestão por competências e designar agentes públicos para o desempenho das funções essenciais à execução desta Lei que preencham os seguintes requisitos: [...]

§ 1º A autoridade referida no caput deste artigo deverá observar o princípio da segregação de funções, vedada a designação do mesmo agente público para atuação simultânea em funções mais suscetíveis a riscos, de modo a reduzir a possibilidade de ocultação de erros e de ocorrência de fraudes na respectiva contratação.

Art. 17. O processo de licitação observará as seguintes fases, em sequência: [...]

§ 2º As licitações serão realizadas preferencialmente sob a forma eletrônica, admitida a utilização da forma presencial, desde que motivada, devendo a sessão pública ser registrada em ata e gravada em áudio e vídeo. [...]

§ 4º Nos procedimentos realizados por meio eletrônico, a Administração poderá determinar, como condição de validade e eficácia, que os licitantes pratiquem seus atos em formato eletrônico.

§ 5º Na hipótese excepcional de licitação sob a forma presencial a que refere o § 2º deste artigo, a sessão pública de apresentação de propostas deverá ser gravada em áudio e vídeo, e a gravação será juntada aos autos do processo licitatório depois de seu encerramento.

Art. 32. A modalidade diálogo competitivo é restrita a contratações em que a Administração: [...]

> VI - as reuniões com os licitantes pré-selecionados serão registradas em ata e gravadas mediante utilização de recursos tecnológicos de áudio e vídeo; [...]
>
> VIII - a Administração deverá, ao declarar que o diálogo foi concluído, juntar aos autos do processo licitatório os registros e as gravações da fase de diálogo, iniciar a fase competitiva com a divulgação de edital contendo a especificação da solução que atenda às suas necessidades e os critérios objetivos a serem utilizados para seleção da proposta mais vantajosa e abrir prazo, não inferior a 60 (sessenta) dias úteis, para todos os licitantes pré-selecionados na forma do inciso II deste parágrafo apresentarem suas propostas, que deverão conter os elementos necessários para a realização do projeto;
>
> **Art. 169.** As contratações públicas deverão submeter-se a práticas contínuas e permanentes de gestão de riscos e de controle preventivo, inclusive mediante adoção de recursos de tecnologia da informação, e, além de estar subordinadas ao controle social, sujeitar-se-ão às seguintes linhas de defesa: [...]
>
> § 3º Os integrantes das linhas de defesa a que se referem os incisos I, II e III do caput deste artigo observarão o seguinte: [...]
>
> II - quando constatarem irregularidade que configure dano à Administração, sem prejuízo das medidas previstas no inciso I deste § 3º, adotarão as providências necessárias para a apuração das infrações administrativas, observadas a segregação de funções e a necessidade de individualização das condutas, bem como remeterão ao Ministério Público competente cópias dos documentos cabíveis para a apuração dos ilícitos de sua competência.
>
> **Outra norma correlata, Lei nº 14.063, de 23 de setembro de 2020:**
>
> Dispõe sobre o uso de assinaturas eletrônicas em interações com entes públicos, em atos de pessoas jurídicas e em questões de saúde e sobre as licenças de softwares desenvolvidos por entes públicos; e altera a Lei nº 9.096, de 19 de setembro de 1995, a Lei nº 5.991, de 17 de dezembro de 1973, e a Medida Provisória nº 2.200-2, de 24 de agosto de 2001.

O art. 12 tecnicamente corresponde aos artigos que regulam a forma e tempo dos atos processuais, tema que é também previsto em normas do direito processual civil. Portanto, é matéria de fácil compreensão aos operadores do direito.

Essas disposições devem permear todo o processo licitatório, o processo de licitação e também os processos dos instrumentos auxiliares da licitação e processo de contratação, embora o caput se auto restrinja ao processo licitatório.

12.1. Forma escrita, documentar e provar o ato

O inc. I, trata dos documentos dispondo que serão produzidos por escrito, com data e local de sua realização e assinatura dos responsáveis.

A lei, no entanto, inovadoramente dispôs sobre a gravação de reuniões, tanto no processo licitatório presencial, conforme art. 17, §§ 2º e 5º, como especificamente na modalidade diálogo competitivo, art. 32, inc. VI e VIII. A lei também permitiu a Administração Pública determinar que o licitante de sessão presencial pratique determinado ato na forma eletrônica.

Desse modo, percebe-se que o inciso I, do art. 12 não exauriu o tema, devendo ter sua compreensão completada como acima feito.

A forma de praticar o ato administrativo no processo de licitação é juridicamente diferente da forma de documentar um ato administrativo. Em outras palavras: quando a lei determina a forma escrita não está definindo que a prova somente da existência do ato ou sua validade somente é admitida por escrito. Assim, a gravação, a troca de e-mails, de *WhatsApp*, a gravação de voz consentida, são meio de prova em direito admitidas.

Há situações, porém que somente a forma escrita deve ser aceita. É o caso, por exemplo do § 2º do art. 8º que na parte final dispõe que o membro da comissão que divergir deve "expressar posição individual divergente fundamentada e registrada em ata lavrada na reunião em que houver sido tomada a decisão."

Percebe-se que na prática administrativa o tema pode ter outras perspectivas de análise.

Como ter a forma escrita, prova a existência e a validade, há determinação legal de produzir documentos por escrito, o que não quer dizer que as audiências e as sessões não possam ser gravadas. Inclusive, recomendamos como boa prática que quando a Administração Pública receber licitante interessado em processo licitatório, ou for tirar dúvida, o servidor se acautele e, usando, por exemplo, o *smartphone*, grave o diálogo, salvando arquivo na pasta do processo de tal modo que todo o contato do cidadão esteja documentado. É óbvio que esse procedimento exige prévio consentimento do interessado e não deve ser casuístico.

Note aqui a precisão vernacular: um fato estar sendo documentado não quer dizer que se produza um documento sobre o fato. Se for para produzir um documento, isso deve ser reduzido a termo e poderá ser feito pelo próprio servidor ou até pela parte interessada que, obtendo cópia da gravação, leva ao cartório e faz uma ata notarial.

12.2. Assinatura do responsável

A lei não obriga que a assinatura seja própria ou digital, conforme autoriza a Lei nº 14.063, de 23 de setembro de 2020. Aliás, neste mesmo dispositivo, a lei dispõe que: "...§ 2º É permitida a identificação e assinatura digital por pessoa física ou jurídica em meio eletrônico, mediante certificado digital emitido em âmbito da Infraestrutura de Chaves Públicas Brasileira (ICP-Brasil)".

Quem é o responsável?

A Lei definiu a obrigação de aplicação do princípio da segregação de funções:

a) conforme art. 169, § 3º, inc. II, para fins de definição de responsabilidade;

b) conforme art. 5º, como um dos princípios que deve permear a atuação de todos os atos do processo de licitação e de contratação;

c) conforme art. 7º, § 1º, como requisito prévio à designação do Agente de Contratação, para que este saiba quais são suas funções e a autoridade designante saiba para que está designando o agente.

Se a competência está distribuída com respeito a esse princípio, a responsabilidade pela assinatura dos atos estará perfeitamente identificada.

Se não está distribuída, a competência se define por afinidade com outras atribuições previstas com mesmo nível de dificuldade e complexidade. Juridicamente essa ausência de definição precisa das competências e resulta em riscos de responsabilização indevida. Aliás é frequente um auditor imputar responsabilidade pela prática de um ato, ou omissão, sem consultar a distribuição de competências da estrutura orgânica auditada.

Art. 12, inc. II

> Art. 12. No processo licitatório, observar-se-á o seguinte: [...]
>
> II - os valores, os preços e os custos utilizados terão como expressão monetária a moeda corrente nacional, ressalvado o disposto no art. 52 desta Lei;

Dispositivos correspondentes na Lei nº 8.666/1993:

Art. 5º. Todos os valores, preços e custos utilizados nas licitações terão como expressão monetária a moeda corrente nacional, ressalvado o disposto no art. 42 desta Lei, devendo cada unidade da Administração, no pagamento das obrigações relativas ao fornecimento de bens, locações, realização de obras e prestação de serviços, obedecer, para cada fonte diferenciada de recursos, a estrita ordem cronológica das datas de suas exigibilidades, salvo quando presentes relevantes razões de interesse público e mediante prévia justificativa da autoridade competente, devidamente publicada.

Dispositivos pertinentes na Lei nº 14.133/2021, além do art. 12:

Art. 6º. Para os fins desta Lei, consideram-se: [...]

XXXV - licitação internacional: licitação processada em território nacional na qual é admitida a participação de licitantes estrangeiros, com a possibilidade de cotação de preços em moeda estrangeira, ou licitação na qual o objeto contratual pode ou deve ser executado no todo ou em parte em território estrangeiro;

Art. 9º. É vedado ao agente público designado para atuar na área de licitações e contratos, ressalvados os casos previstos em lei: [...]

II - estabelecer tratamento diferenciado de natureza comercial, legal, trabalhista, previdenciária ou qualquer outra entre empresas brasileiras e estrangeiras, inclusive no que se refere a moeda, modalidade e local de pagamento, mesmo quando envolvido financiamento de agência internacional;

Art. 52. Nas licitações de âmbito internacional, o edital deverá ajustar-se às diretrizes da política monetária e do comércio exterior e atender às exigências dos órgãos competentes.

§ 1º Quando for permitido ao licitante estrangeiro cotar preço em moeda estrangeira, o licitante brasileiro igualmente poderá fazê-lo.

§ 2º O pagamento feito ao licitante brasileiro eventualmente contratado em virtude de licitação nas condições de que trata o § 1º deste artigo será efetuado em moeda corrente nacional.

> **Dispositivos correlatos do Decreto-lei nº 3.688, de 3 de outubro de 1941 (Lei das Contravenções Penais)**
> **Art. 43.** Recusar-se a receber, pelo seu valor, moeda de curso legal no país:
> Pena – multa, de duzentos mil réis a dois contos de réis.
>
> **Dispositivos correlatos da Lei nº 10.406, de 10 de janeiro de 2002 (Institui o Código Civil).**
> **Art. 315.** As dívidas em dinheiro deverão ser pagas no vencimento, em moeda corrente e pelo valor nominal, salvo o disposto nos artigos subsequentes.

A Lei reafirma a regra de se utilizar a moeda nacional para indicação de valores monetários. No Brasil, a moeda nacional é obrigatória e negar curso a moeda nacional é contravenção penal[291].

Note que essa obrigação se estende à indicação dos valores, preços e custos. Implica definir para todos os atos do processo de licitação e no desenvolvimento de contratos que a Administração Pública e os particulares indiquem nessa mesma expressão monetária. A violação da regra, contudo, é vício sanável a qualquer tempo.

12.3. Exceções - ressalva

As exceções estão definidas para licitações internacionais e para casos em que o produto é importado. Se o pagamento ocorrer no país será necessária a conversão de valores para fins de adequação às regras do orçamento público. As condições de conversão devem integrar as regras do edital ou pedido de apresentação de propostas.

O art. 9º veda ao agente público estabelecer tratamento diferenciado no que se refere à moeda, mesmo quando envolvido financiamento de agência internacional. Com isso, para os contratos que envolvam financiamento deve a Administração Pública proceder a conversão da moeda, mesmo que o edital admita a apresentação da proposta em moeda estrangeira.

O dispositivo ressalva do comando o que está regulado pelo art. 52. Consulte os comentários a respeito.

Art. 12, inc. III

> **Art. 12.** No processo licitatório, observar-se-á o seguinte: [...]
> **III** - o desatendimento de exigências meramente formais que não comprometam a aferição da qualificação do licitante ou a compreensão do conteúdo de sua proposta não importará seu afastamento da licitação ou a invalidação do processo;

Dispositivos correspondentes na Lei nº 8.666/1993:

---

[291] BRASIL. Decreto-lei nº 3.688, de 3 de outubro de 1941: "Art. 43. Recusar-se a receber, pelo seu valor, moeda de curso legal no país: Pena – multa, de duzentos mil réis a dois contos de réis."

> **Art. 4º.** Todos quantos participem de licitação promovida pelos órgãos ou entidades a que se refere o art. 1º têm direito público subjetivo à fiel observância do pertinente procedimento estabelecido nesta lei, podendo qualquer cidadão acompanhar o seu desenvolvimento, desde que não interfira de modo a perturbar ou impedir a realização dos trabalhos.
>
> Parágrafo único. O procedimento licitatório previsto nesta lei caracteriza ato administrativo formal, seja ele praticado em qualquer esfera da Administração Pública.
>
> **Dispositivos pertinentes na Lei nº 14.133/2021, além do art. 12:**
>
> **Art. 64.** Após a entrega dos documentos para habilitação, não será permitida a substituição ou a apresentação de novos documentos, salvo em sede de diligência, para:
>
> I - complementação de informações acerca dos documentos já apresentados pelos licitantes e desde que necessária para apurar fatos existentes à época da abertura do certame;
>
> II - atualização de documentos cuja validade tenha expirado após a data de recebimento das propostas.
>
> § 1º Na análise dos documentos de habilitação, a comissão de licitação poderá sanar erros ou falhas que não alterem a substância dos documentos e sua validade jurídica, mediante despacho fundamentado registrado e acessível a todos, atribuindo-lhes eficácia para fins de habilitação e classificação.
>
> **Art. 92.** São necessárias em todo contrato cláusulas que estabeleçam: [...]
>
> II - a vinculação ao edital de licitação e à proposta do licitante vencedor ou ao ato que tiver autorizado a contratação direta e à respectiva proposta;
>
> **Norma correlata:** Resolução TCU nº 315, de 22 de abril de 2020:
>
> Dispõe sobre a elaboração de deliberações que contemplem medidas a serem tomadas pelas unidades jurisdicionadas no âmbito do Tribunal de Contas da União e revoga a Resolução-TCU 265, de 9 de dezembro de 2014.

Este é um dos pontos em que se percebe a mudança de paradigma de avaliação de proposta e habilitação na licitação. Na Lei nº 8.666/1993, o processo de licitação era denominado de procedimento e juridicamente classificado como "ato administrativo formal", colocando-se ao lado de outros atos civis, como o testamento e o casamento, em que a forma é considerado essencial. Esse era o comando do parágrafo único, do art. 4º.

O dever de observar as formalidades pertinentes resultava na impossibilidade de acolher a proposta, por exemplo, com erro de soma. A jurisprudência foi pouco a pouco ignorando o primado da lei e favorecendo uma flexibilização que leva a insegurança do Agente de Contratação.

12.4. Exigências meramente formais

A lei aqui faz referência a "exigências meramente formais". Revela a lei que a própria exigência é incabível, pois se é meramente formal não deveria ser estabelecida ou exigida. O processo de licitação não admite exigências meramente formais, impertinentes, desnecessárias.

Note que aqui a lei cria uma regra permitindo aplicar os princípios da eficiência, efetividade e eficácia em suas contratações. Recomenda-se, porém, ao agente da contratação, ao pregoeiro e à comissão de licitação que fiquem vinculadas estritamente ao edital, transferindo a eventual flexibilização para a fase de recursos.

A propósito, Andrea Ache e Renato Fenili, explicitam que a presente norma "enuncia aplicação do princípio do formalismo moderado, privilegiando o direito do administrado, em detrimento de um apego autocentrado da Administração em regras rígidas"[292].

> **Jurisprudência que ainda pode servir à interpretação**
> *Princípio do formalismo moderado*
> [...] a desclassificação de propostas que apresentem erros formais, a exemplo de custo unitário contendo salário de categoria profissional inferior ao piso estabelecido em normativo negociado, sem que seja dada antes oportunidade ao licitante de retificar o erro, contraria o princípio do formalismo moderado e a supremacia do interesse público que permeiam os processos licitatórios;
> TCU. Processo nº 011.337/2014-1. Acórdão de relação nº 11211/2021-Primeira Câmara. Relator: Ministro Augusto Sherman.

12.5. Roteiro para compreensão

Visando um roteiro para reduzir a insegurança na flexibilização, é importante observar o balizamento definido pela lei:

1º - que fique caraterizado o "desatendimento de exigências meramente formais", isto é não substancial.

Em outras palavras, juridicamente essa expressão limita aplicação da flexibilização aos casos em que o ato existe, é válido, mas a forma não é a definida em lei ou no edital.

Recomenda-se distinguir a inobservância da forma em relação a essas duas fontes: lei e edital. Juridicamente ambos vinculam o Agente de Contratação; a primeira por força da Constituição Federal[293], art. 5º, inc. II; o segundo pelo princípio da vinculação ao edital, conforme art. 5º, e 92, inc. II. É óbvio que se a exigência não provém da lei ou do edital, aqui abrangidos os anexos, não pode ser considerada juridicamente válida. Embora evidente a violação a esse postulado, é frequente observar caprichos e inclinações preconceituosas por parte de quem dirige o processo licitatório. Há registro de exigência de aposição de assinatura, mesmo

---

[292] Ache, Andrea. Fenili, Renato. A lei de licitações e contratos: visão sistêmica. Das licitações: planejamento e seleção do fornecedor. Arts. 1-71. 1ª ed. Guarulhos, SP: Format Comunicação Gráfica e Editora, 2022.
[293] BRASIL. Constituição da República Federativa do Brasil de 1988: "Art. 5º Todos são iguais perante a lei, sem distinção de qualquer natureza, garantindo-se aos brasileiros e aos estrangeiros residentes no País a inviolabilidade do direito à vida, à liberdade, à igualdade, à segurança e à propriedade, nos termos seguintes: [...]II - ninguém será obrigado a fazer ou deixar de fazer alguma coisa senão em virtude de lei;"

quando já reconhecida firma do próprio assinante. Atente para o equilíbrio entre dispensar a exigência meramente formal e realizar diligências, tema esse que será tratado nos comentários aos arts. 42, § 2º e 59, § 2º e 64.

Importante observar que embora a lei utilize o termo "meramente formais" indicando o desapreço à exigência posta em lei ou no edital, decide qualificar, como "meramente formais que não comprometam a aferição da qualificação do licitante ou a compreensão do conteúdo da sua proposta". Portanto, há uma restrição da compreensão que deve ser dada à esse informalismo.

2º - "que não comprometam a aferição da qualificação do licitante ou a compreensão do conteúdo de sua proposta".

Se a exigência é classificada como meramente formal não poderia ser exigida. Portanto, aqui a lei trata de uma interpretação carregada de certa dubiedade, ou numa figura de linguagem, uma zona cinzenta entre a certeza de duas cores, preto e branco.

Se embora meramente formal para correta a exigência, essa pode ser dispensada se for possível ao Agente de Contratação dispensá-la sem comprometer a "aferição da qualificação do licitante ou a compreensão do conteúdo de sua proposta". Note que esse requisito para dispensar a exigência pode ensejar demandas judiciais e acusações de favorecimento de um licitante em relação aos outros. Por isso, renova-se a recomendação: quanto mais vinculado ao edital, mais seguro estará o Agente de Contratação.

Como consequência do atendimento dos dois requisitos o licitante que desatendeu a irregularidade meramente formal não será afastado da licitação. Pode ocorrer, no entanto, que dispensando a exigência meramente formal evite-se a invalidação do processo.

12.6. Impugnação de edital

Recomenda-se aos licitantes que examinando o edital e verificando a existência de exigência como meramente formal, proceda a impugnação no prazo legal.

Por isso é importante que na elaboração do edital, não se faça exigências meramente formais. Essa preocupação deve nascer antes, já na elaboração do edital.

12.7. Impropriedades formais

Importante esclarecer que esse tema pode ter relação com "impropriedades formais" que é um tema regulado pela própria Lei nº 14.133/2021 e também nas normas internas do TCU, conforme se observa na Resolução-TCU 315, de 22 de abril de 2020.

Art. 12, inc. IV

> Art. 12. No processo licitatório, observar-se-á o seguinte: [...]
>
> IV - a prova de autenticidade de cópia de documento público ou particular poderá ser feita perante agente da Administração, mediante apresentação de original ou de declaração de autenticidade por advogado, sob sua responsabilidade pessoal;

Dispositivos correspondentes na Lei nº 8.666/1993:

Art. 32. Os documentos necessários à habilitação poderão ser apresentados em original, por qualquer processo de cópia autenticada por cartório competente ou por servidor da administração ou publicação em órgão da imprensa oficial.

Dispositivos correlatos da Lei n º 13.726/2018[294]:

Que racionaliza atos e procedimentos administrativos dos Poderes da União, dos Estados, do Distrito Federal e dos Municípios e institui o Selo de Desburocratização e Simplificação:

Art. 3º. Na relação dos órgãos e entidades dos Poderes da União, dos Estados, do Distrito Federal e dos Municípios com o cidadão, é dispensada a exigência de:

I - reconhecimento de firma, devendo o agente administrativo, confrontando a assinatura com aquela constante do documento de identidade do signatário, ou estando este presente e assinando o documento diante do agente, lavrar sua autenticidade no próprio documento;

II - autenticação de cópia de documento, cabendo ao agente administrativo, mediante a comparação entre o original e a cópia, atestar a autenticidade;

III - juntada de documento pessoal do usuário, que poderá ser substituído por cópia autenticada pelo próprio agente administrativo;

A lei trata de conferir a autenticidade de uma cópia mediante a verificação com o original. Dispensa, portanto, a autenticação de cópia em cartório, simplifica e desonera o licitante de exigências burocráticas. Qualquer pessoa é capaz de verificar pela aparência a igualdade entre dois documentos e informar ou declarar esse fato. Normalmente o Agente de Contratação declara na cópia: confere com o original.

É importante observar que autenticação de firma, ou seja, a confirmação da assinatura que está lançada em um documento escrito é de competência do cartório pela Lei de Registros Públicos.[295] Exige-se para esse ato a verificação com técnicas

---

[294] BRASIL. Lei n º 13.726/2018: "Art. 3º Na relação dos órgãos e entidades dos Poderes da União, dos Estados, do Distrito Federal e dos Municípios com o cidadão, é dispensada a exigência de: I - reconhecimento de firma, devendo o agente administrativo, confrontando a assinatura com aquela constante do documento de identidade do signatário, ou estando este presente e assinando o documento diante do agente, lavrar sua autenticidade no próprio documento;"

[295] BRASIL. Lei nº 6.015, de 31 de dezembro de 1973.

adequadas e, portanto, não foi inserida como competência do Agente de Contratação.

Inovadoramente a lei trouxe a possibilidade de o Advogado da parte declarar que a cópia é autêntica. Aqui recomenda-se um cuidado, porque a declaração poderá estar no próprio documento ou em petição que capeia o conjunto de documentos. Antes de inabilitar licitante por falta de autenticação de um documento deve o Agente de Contratação verificar com cautela.

Essa atribuição ao Advogado não é nova: provém do art. 425, inc. IV do Código de Processo Civil[296], onde já é amplamente praticada.

É permitido a Administração Pública convocar o licitante para apresentar o original e sanear a falta de prova de autenticidade. Essa possibilidade parece possível, porque a competência atribuída por lei não foi associada a um marco temporal. Em outras palavras, ao atribuir ao agente a possibilidade de conferir a cópia mediante a apresentação do original a lei não obriga que seja essa conferência anterior à licitação, podendo ocorrer no curso da própria licitação.

Há de ser relembrado que nos termos do art. 155, inc. VII da Lei nº 14.133/2021, o licitante ou o contratado responderá administrativamente caso realize a apresentação de declaração ou documentação falsa durante a licitação ou execução do contrato.

12.8. A Lei nº 13.726/2018

Sobre o procedimento da dúvida de autenticidade é importante acrescer o seguinte:

12.8.1 Dúvida de autenticidade

A dúvida da autenticidade, quando oriunda da própria Administração, é facilmente resolvida, porque esta determinará ao licitante que comprove a autenticidade da assinatura por meio do reconhecimento de firma. Quando a dúvida é suscitada por particular, concorrente de um licitante, a Administração deve acolhê-la e pedir que seja autenticado o documento, sanando, então, a dúvida e saneando os autos.

Por fim, havendo abuso do direito de arguir dúvida, como ocorreria no caso de um licitante ficar sistematicamente exigindo autenticação de todos os documentos do seu concorrente, a Administração também pode aplicar o milenar

---

[296] BRASIL. Lei nº 13.105, de 16 de março de 2015. Código de Processo Civil. "Art. 425. Fazem a mesma prova que os originais: [...] IV - as cópias reprográficas de peças do próprio processo judicial declaradas autênticas pelo advogado, sob sua responsabilidade pessoal, se não lhes for impugnada a autenticidade;"

brocardo "ao autor, compete comprovar as suas alegações" e, nesse caso, a Administração, diante de abuso do direito, poderá requerer que o licitante promova perícia para provar a inautenticidade da firma reconhecida.

Então, desse modo, tem-se um equacionamento preciso e lógico da questão, sempre que possível para acelerar o processo licitatório.

Sugere-se, como a própria lei propõe, que esse procedimento de autenticação seja regulamentado em norma própria do órgão ou no edital.

Art. 12, inc. V

| Art. 12. No processo licitatório, observar-se-á o seguinte: [...]
V - o reconhecimento de firma somente será exigido quando houver dúvida de autenticidade, salvo imposição legal; |
|---|

Dispositivos correspondentes na Lei nº 8.666/1993: não há.

Art. 12, inc. VI

| Art. 12. No processo licitatório, observar-se-á o seguinte: [...]
VI - os atos serão preferencialmente digitais, de forma a permitir que sejam produzidos, comunicados, armazenados e validados por meio eletrônico; |
|---|

Dispositivos correspondentes na Lei nº 8.666/1993: não há.

Há de se observar que o dispositivo deve ser compreendido com pertinência das normas de segurança adequadas.

O avanço tecnológico, ao contrário do que parece, deve encontrar balizamentos precisos na lei.

12.9 Balizamento jurídico nos meios eletrônicos e digitalização

Nesse cenário deve-se destacar a Lei nº 14.063, de 23 de setembro de 2020, que dispõe sobre:

a) o uso de assinaturas eletrônicas em interações com entes públicos, em atos de pessoas jurídicas e em questões de saúde;

b) as licenças de softwares desenvolvidos por entes públicos; e altera a Lei nº 9.096, de 19 de setembro de 1995, a Lei nº 5.991, de 17 de dezembro de 1973, e a Medida Provisória nº 2.200-2, de 24 de agosto de 2001.

Também merece destaque a Lei nº 13.709, de 14 de agosto de 2018, que dispõe sobe a Lei Geral de Proteção de Dados Pessoais (LGPD). Essa lei implica, inclusive a possibilidade de restrição de acesso para preservar a privacidade das pessoas.

12.10 Digitalização na Administração Pública Federal

No tema digitalização na esfera federal, deve ser mencionado o Decreto nº 10.278, de 18 de março de 2020, que regulamenta o disposto no inciso X do caput do art. 3º da Lei nº 13.874, de 20 de setembro de 2019, e no art. 2º-A da Lei nº 12.682, de 9 de julho de 2012. Essa norma estabelece a "técnica e os requisitos para a digitalização de documentos públicos ou privados, a fim de que os documentos digitalizados produzam os mesmos efeitos legais dos documentos originais".

12.11 Uso de *software* e cumprimento das regras de licenciamento

Deve a Administração Pública acautelar-se no uso de *software* e licenças, pois a infração ao uso sem adequado atendimento das regras de licenciamento e pagamentos traz implicações severas de ordem financeira. Hoje, o país tem escritórios de advocacia especializados na cobrança, e que muitas vezes esperam a consumação da ilegalidade com vistas a obter incremento de indenizações.

12.12 Abusos na digitalização e aplicação de *software*

Muitas vezes a Administração Pública não percebe, mas ao utilizar determinada plataforma, *software* ou proceder a digitalização de documentos acaba obrigando o particular a adquirir uma extensão da plataforma para que a comunicação entre sistemas seja viável.

Esses abusos, feitos em condição subliminar, implicam em software que só tem interação amigável com os adquirentes de licenças. Pode parecer inovador, mas o argumento principal para coibir esses abusos está na garantia da reserva legal, segundo a qual somente por lei as pessoas podem ser obrigadas a fazer ou deixar de fazer algo.

A própria lei acautelou. Pretendiam unificar o uso de *software* oriundos de órgãos públicos, conforme se observa:

> Art. 175. Sem prejuízo do disposto no <u>art. 174 desta Lei</u>, os entes federativos poderão instituir sítio eletrônico oficial para divulgação complementar e realização das respectivas contratações.
> § 1º Desde que mantida a integração com o PNCP, as contratações poderão ser realizadas por meio de sistema eletrônico fornecido por pessoa jurídica de direito privado, na forma de regulamento.

É importante observar que a violação aos direitos do empresário em participar de licitação, seja por meio direto ou indireto, como a restrição de acesso ou uso de ferramentas, ou a violação da isonomia deve ser coibida pela Administração Pública e pelo Judiciário.

12.13 Uso de robôs por particulares para lançar proposta

A Administração Pública Federal, acolhendo orientação de órgãos de controle, vem tentando igualar os competidores no pregão eletrônico definindo período de tempo mínimo entre um lance e outro, de modo que os que não tem ferramentas tecnológicas para fazer lances automáticos, tenham o tempo necessário para manter a isonomia.

À primeira vista, o ideal é que o "robô" para fazer lance, fosse de propriedade do próprio governo e oferecido aos licitantes. A velocidade do desenvolvimento de tecnologias não se faz atrasando-se alguns, mas igualando-se todos aos que estão na frente.

Hoje, na esfera federal, o sistema está aparelhado para atrasar recebimento de lances feitos em intervalo de tempo inferior a um determinado tempo.

12.14 Ferramentas de integração e de gestão

Na atualidade, é comum na Administração que, servindo-se de ferramentas de tecnologia como recursos do *Google Drive* ou *One Drive*, produza-se documentos com várias autorias, à exemplo da Polícia Militar do Distrito Federal, na elaboração de Termos de Referências, que é construído por uma área e todas as demais áreas têm um prazo para opinar.

12.15 Armazenamento

Importante notar que a evolução das regras sobre prescrição tem efeito direto sobre o tempo de guarda de documentos e, por extensão, ao tempo de armazenamento de dados e informações.

O armazenamento deve ser feito por meio seguro e por tempo adequado.

Em termos práticos, na esfera federal, sugere-se o tempo de cinco anos após o julgamento das contas do órgão. No momento do fechamento desta obra, cinco anos após o julgamento das contas do órgão é o prazo limite para ingresso de um recurso semelhante a ação rescisória, no âmbito do TCU[297].

---

[297] BRASIL. Lei nº 8.443, de 16 de julho de 1992. Dispõe sobre a Lei Orgânica do Tribunal de Contas da União e dá outras providências. "Art. 35. De decisão definitiva caberá recurso de revisão ao Plenário, sem efeito

No mundo virtual ou de tecnologia, o dever de armazenar deve estar associado à possibilidade de rastreamento de informações, criação de trilhas para usuários, de modo a dar condições para auditagem e governança.

Art. 12, inc. VII

Art. 12. No processo licitatório, observar-se-á o seguinte: [...]
VII - a partir de documentos de formalização de demandas, os órgãos responsáveis pelo planejamento de cada ente federativo poderão, na forma de regulamento[298], elaborar plano de contratações anual, com o objetivo de racionalizar as contratações dos órgãos e entidades sob sua competência, garantir o alinhamento com o seu planejamento estratégico e subsidiar a elaboração das respectivas leis orçamentárias.

Dispositivos correspondentes na Lei nº 8.666/1993: não há.

Dispositivos pertinentes na Lei nº 14.133/2021, além do art. 12:

Art. 12. [...]

§ 1º O plano de contratações anual de que trata o inciso VII do caput deste artigo deverá ser divulgado e mantido à disposição do público em sítio eletrônico oficial e será observado pelo ente federativo na realização de licitações e na execução dos contratos.

Art. 18. A fase preparatória do processo licitatório é caracterizada pelo planejamento e deve compatibilizar-se com o plano de contratações anual de que trata o inciso VII do caput do art. 12 desta Lei, sempre que elaborado, e com as leis orçamentárias, bem como abordar todas as considerações técnicas, mercadológicas e de gestão que podem interferir na contratação, compreendidos: [...]

§ 1º O estudo técnico preliminar a que se refere o inciso I do caput deste artigo deverá evidenciar o problema a ser resolvido e a sua melhor solução, de modo a permitir a avaliação da viabilidade técnica e econômica da contratação, e conterá os seguintes elementos:

I - descrição da necessidade da contratação, considerado o problema a ser resolvido sob a perspectiva do interesse público;

II - demonstração da previsão da contratação no plano de contratações anual, sempre que elaborado, de modo a indicar o seu alinhamento com o planejamento da Administração;

O Plano de Contratações Anual é tratado no inc. VII, no parágrafo único e em vários dispositivos dessa norma. É uma realidade que vem crescendo em vários âmbitos da organização pública brasileira que já alcançou pela Lei nº 13.303/2016

---

suspensivo, interposto por escrito, uma só vez, pelo responsável, seus sucessores, ou pelo Ministério Público junto ao Tribunal, dentro do prazo de cinco anos, contados na forma prevista no inciso III do art. 30 desta Lei, e fundar-se-á: I - em erro de cálculo nas contas; II - em falsidade ou insuficiência de documentos em que se tenha fundamentado a decisão recorrida; III - na superveniência de documentos novos com eficácia sobre a prova produzida. Parágrafo único. A decisão que der provimento a recurso de revisão ensejará a correção de todo e qualquer erro ou engano apurado."

[298] Este tema foi regulamentado, em âmbito federal, por meio do Decreto nº 10.947, de 25 de janeiro de 2022 que dispõe sobre o plano de contratações anual e instituir o Sistema de Planejamento e Gerenciamento de Contratações no âmbito da administração pública federal direta, autárquica e fundacional

– Lei de Responsabilidade das Estatais – o *status* de lei. Agora, também será obrigatório para Administração regida por esta lei.

Sobre o Plano de Contratações Anual e o Sistema de Planejamento e Gerenciamento de Contratações no âmbito da administração pública federal direta, autárquica e fundacional, o Decreto nº 10.947, de 25 de janeiro de 2022, regulamentou tal dispositivo.

Imperioso se faz mencionar que, por sua vez, o Decreto nº 11.137, de 18 de julho de 2022, alterou referido Decreto, para tornar dispensável aos Comandos da Marinha, do Exército e da Aeronáutica o cumprimento da regulamentação do inciso VII, do caput do art. 12 em comento.

O Plano de Contratações Anual é elaborado a partir da formalização de demanda dos diversos órgãos responsáveis pelo planejamento e órgãos requisitantes. Ele tem o objetivo de racionalizar as contratações, garantir o alinhamento com o plano estratégico e subsidiar a elaboração das respectivas leis orçamentárias, o que significa que o plano de contratações anual deve também apresentar uma precificação básica, a chamada "Orçamentação Expedita".

Aqui há um ponto interessante. A existência do plano de contratações anual poderá colocar o país em um cenário muito avançado, porque efetivará o princípio da transparência e permitirá a atuação de forma impessoal. Não mais a gestão será demandada ao gosto do gestor que assume o governo, que assume o poder, a direção de uma unidade administrativa. Espera-se, com isso, profissionalizar ainda mais as contratações públicas brasileiras.

Além da efetividade dos princípios da impessoalidade e da transparência, o Plano de Contratações Anual serve ao mercado porque a administração é um grande indutor do processo produtivo e econômico nacional. Conhecendo esse documento, o mercado vai se preparar para atender as grandes demandas nacionais. Se a ferramenta assumir a dimensão pretendida, em breve entidades da organização civil poderão organizar arranjos produtivos locais e logística de fornecimento e manutenção.

E é interessante observar, ainda, que essa ferramenta já existe hoje no *site* de compras governamentais do Governo Federal. Nesse portal, são explicadas algumas questões relevantes, como por exemplo, que é obrigatória a elaboração do Plano de Contratações Anual pelos órgãos integrantes da Administração Pública federal direta, autárquica e fundacional definindo-se a responsabilidade das unidades administrativas de serviços gerais que realizam aquisições de materiais ou contratações de serviços. No ano de 2021, por exemplo, temos detalhado no Portal de Compras do Governo Federal os processos de compras divulgados por tipo de consumo. Há, entretanto, o percentual de 61,9 % no consumo de material ao lado de 38,1 % de serviços.

Para saber mais, sugere-se a leitura da IN nº 01/2018, da Secretaria de Gestão do MPDG e comentários aos §§ 1 e 2º, a seguir.

Art. 12, § 1º

> Art. 12. No processo licitatório, observar-se-á o seguinte: [...]
>
> § 1º O plano de contratações anual de que trata o inciso VII do *caput* deste artigo deverá ser divulgado e mantido à disposição do público em sítio eletrônico oficial e será observado pelo ente federativo na realização de licitações e na execução dos contratos.

Dispositivos correspondentes na Lei nº 8.666/1993: não há.

Em relação à determinação do parágrafo único, é evidente que essa publicação deve ocorrer antes do começo do exercício, mas se ocorrer depois, não há problema porque o dispositivo não estabeleceu o prazo e tampouco a punição para quem deixar de divulgar. Essa norma, portanto, é uma diretriz para a Administração Pública e uma salutar diretriz republicana na aplicação de recursos públicos.

Sobre o Plano de Contratações Anual apresentamos como exemplo: Instrução Normativa PRES/INSS nº 129/2021.

Art. 12, § 2º

> Art. 12. No processo licitatório, observar-se-á o seguinte: [...]
>
> § 2º É permitida a identificação e assinatura digital por pessoa física e jurídica em meio eletrônico, mediante certificado digital emitido em âmbito da Infraestrutura de Chaves Públicas Brasileira - ICP - Brasil.

Dispositivos correspondentes na Lei nº 8.666/1993: não há.

Sobre digitalização, o Decreto nº 10.278, de 18 de março de 2020 regulamentou o "disposto no inciso X do caput do art. 3º da Lei nº 13.874, de 20 de setembro de 2019, e no art. 2º-A da Lei nº 12.682, de 9 de julho de 2012, para estabelecer a técnica e os requisitos para a digitalização de documentos públicos ou privados, a fim de que os documentos digitalizados produzam os mesmos efeitos legais dos documentos originais".

No art. 5º, ao tratar da equiparação do documento digitalizado ao documento físico, para todos os efeitos legais e para a comprovação de qualquer ato perante pessoa jurídica de direito público interno determinou que deve ser "assinado digitalmente com certificação digital no padrão da Infraestrutura de Chaves Públicas Brasileira - ICP-Brasil, de modo a garantir a autoria da digitalização e a integridade do documento e de seus metadados". Não só isso, a norma determinou ainda o dever de "seguir os padrões técnicos mínimos previstos no Anexo I, e conter, no mínimo, os metadados especificados no Anexo II.

Aqui, no § 2º do art. 12, a norma trata apenas da assinatura por certificação digital, emitido em âmbito da Infraestrutura de Chaves Públicas Brasileira - ICP - Brasil.

Ocorre que para o atendimento dessa norma, o arquivo se apresenta ao agente público e ao particular em meio eletrônico. Normalmente enviam o arquivo no sistema "pdf", sem atendimento integral dessa norma. Em princípio, deve-se aceitar esse desatendimento até a evolução de todos os setores para a evolução pretendida pela norma. Na esfera federal e para licitações na esfera federal os sistemas já se apresentam em conformidade com essas normas. Portanto, é uma questão de tempo essa evolução.

Juridicamente pode-se afirmar, em homenagem ao 12, incisos III e IV, que havendo dúvidas sobre a autenticidade, deve ser resolvida pela comunicação entre as partes. Essa interpretação sustenta-se no fato de que:

a) o desatendimento de exigências meramente formais não justifica o afastamento da licitação ou a invalidação do processo; e

b) que "a prova de autenticidade de cópia de documento público ou particular poderá ser feita perante agente da administração" sendo possível, como consta da lei que a prova se faça "mediante apresentação de original" ou declaração de autenticidade. Lembrando que essa declaração pode ser feita pelo próprio responsável ou através de Advogado.

13. Art. 13, caput, parágrafo único, inc. I, II

Art. 13. Os atos praticados no processo licitatório são públicos, ressalvadas as hipóteses de informações cujo sigilo seja imprescindível à segurança da sociedade e do Estado, na forma da lei.

Parágrafo único. A publicidade será diferida:

I - quanto ao conteúdo das propostas, até a respectiva abertura;

II - quanto ao orçamento da Administração, nos termos do art. 24 desta Lei.

Dispositivos correspondentes na Lei nº 8.666/1993:

Art. 3º. [...] § 3º A licitação não será sigilosa, sendo públicos e acessíveis ao público os atos de seu procedimento, salvo quanto ao conteúdo das propostas, até a respectiva abertura.

Art. 4º. Todos quantos participem de licitação promovida pelos órgãos ou entidades a que se refere o art. 1º têm direito público subjetivo à fiel observância do pertinente procedimento estabelecido nesta lei, podendo qualquer cidadão acompanhar o seu desenvolvimento, desde que não interfira de modo a perturbar ou impedir a realização dos trabalhos.

Parágrafo único. O procedimento licitatório previsto nesta lei caracteriza ato administrativo formal, seja ele praticado em qualquer esfera da Administração Pública.

Dispositivos pertinentes da Lei nº 14.133/2021, além do art. 13:

Art. 5º. Na aplicação desta Lei, serão observados os princípios da legalidade, da impessoalidade, da moralidade, da **publicidade**, da eficiência, do interesse público, da probidade administrativa, da igualdade, do planejamento, da transparência, da eficácia, da segregação de funções, da motivação, da vinculação ao edital, do julgamento objetivo, da segurança jurídica, da razoabilidade, da competitividade, da proporcionalidade, da celeridade, da economicidade e do desenvolvimento nacional sustentável, assim como as disposições do Decreto-Lei nº 4.657, de 4 de setembro de 1942 (Lei de Introdução às Normas do Direito Brasileiro).

Art. 24. Desde que justificado, o orçamento estimado da contratação poderá ter caráter **sigiloso**, sem prejuízo da divulgação do detalhamento dos quantitativos e das demais informações necessárias para a elaboração das propostas, e, nesse caso:

I - o **sigilo** não prevalecerá para os órgãos de controle interno e externo;

II - (VETADO).

Art. 31. O leilão poderá ser cometido a leiloeiro oficial ou a servidor designado pela autoridade competente da Administração, e regulamento deverá dispor sobre seus procedimentos operacionais.

§ 1º [...]

§ 2º O leilão será precedido da divulgação do edital em sítio eletrônico oficial, que conterá:

I - a descrição do bem, com suas características, e, no caso de imóvel, sua situação e suas divisas, com remissão à matrícula e aos registros;

II - o valor pelo qual o bem foi avaliado, o preço mínimo pelo qual poderá ser alienado, as condições de pagamento e, se for o caso, a comissão do leiloeiro designado;

III - a indicação do lugar onde estiverem os móveis, os veículos e os semoventes;

IV - o sítio da internet e o período em que ocorrerá o leilão, salvo se excepcionalmente for realizado sob a forma presencial por comprovada inviabilidade técnica ou desvantagem para a Administração, hipótese em que serão indicados o local, o dia e a hora de sua realização;

V - a especificação de eventuais ônus, gravames ou pendências existentes sobre os bens a serem leiloados.

§ 3º Além da divulgação no sítio eletrônico oficial, o edital do leilão será afixado em local de ampla circulação de pessoas na sede da Administração e poderá, ainda, ser divulgado por outros meios necessários para ampliar a publicidade e a competitividade da licitação.

Art. 54. A publicidade do edital de licitação será realizada mediante divulgação e manutenção do inteiro teor do ato convocatório e de seus anexos no Portal Nacional de Contratações Públicas (PNCP).

§ 1º (VETADO).

§ 1º Sem prejuízo do disposto no caput, é obrigatória a publicação de extrato do edital no Diário Oficial da União, do Estado, do Distrito Federal ou do Município, ou, no caso de consórcio público, do ente de maior nível entre eles, bem como em jornal diário de grande circulação. (Promulgação partes vetadas)

§ 2º É facultada a divulgação adicional e a manutenção do inteiro teor do edital e de seus anexos em sítio eletrônico oficial do ente federativo do órgão ou entidade responsável pela licitação ou, no caso de consórcio público, do ente de maior nível entre eles, admitida, ainda, a divulgação direta a interessados devidamente cadastrados para esse fim.

§ 3º Após a homologação do processo licitatório, serão disponibilizados no Portal Nacional de Contratações Públicas (PNCP) e, se o órgão ou entidade responsável pela licitação entender cabível, também no sítio referido no § 2º deste artigo, os documentos elaborados na fase preparatória que porventura não tenham integrado o edital e seus anexos.

Art. 87. Para os fins desta Lei, os órgãos e entidades da Administração Pública deverão utilizar o sistema de registro cadastral unificado disponível no Portal Nacional de Contratações Públicas (PNCP), para efeito de cadastro unificado de licitantes, na forma disposta em regulamento.

§ 1º O sistema de registro cadastral unificado será público e deverá ser amplamente divulgado e estar permanentemente aberto aos interessados, e será obrigatória a realização de chamamento público pela internet, no mínimo anualmente, para atualização dos registros existentes e para ingresso de novos interessados. [...]

§ 3º A Administração poderá realizar licitação restrita a fornecedores cadastrados, atendidos os critérios, as condições e os limites estabelecidos em regulamento, bem como a ampla publicidade dos procedimentos para o cadastramento.

Art. 88. Ao requerer, a qualquer tempo, inscrição no cadastro ou a sua atualização, o interessado fornecerá os elementos necessários exigidos para habilitação previstos nesta Lei. [...]

§ 4º A anotação do cumprimento de obrigações pelo contratado, de que trata o § 3º deste artigo, será condicionada à implantação e à regulamentação do cadastro de atesto de cumprimento de obrigações, apto à realização do registro de forma objetiva, em atendimento aos princípios da impessoalidade, da igualdade, da isonomia, da publicidade e da transparência, de modo a possibilitar a implementação de medidas de incentivo aos licitantes que possuírem ótimo desempenho anotado em seu registro cadastral.

Art. 152. A arbitragem será sempre de direito e observará o princípio da publicidade.

Art. 161. Os órgãos e entidades dos Poderes Executivo, Legislativo e Judiciário de todos os entes federativos deverão, no prazo máximo 15 (quinze) dias úteis, contado da data de aplicação da sanção, informar e manter atualizados os dados relativos às sanções por eles aplicadas, para fins de publicidade no Cadastro Nacional de Empresas Inidôneas e Suspensas (Ceis) e no Cadastro Nacional de Empresas Punidas (Cnep), instituídos no âmbito do Poder Executivo federal.

Parágrafo único. Para fins de aplicação das sanções previstas nos incisos I, II, III e IV do caput do art. 156 desta Lei, o Poder Executivo regulamentará a forma de cômputo e as consequências da soma de diversas sanções aplicadas a uma mesma empresa e derivadas de contratos distintos.

Art. 175. Sem prejuízo do disposto no art. 174 desta Lei, os entes federativos poderão instituir sítio eletrônico oficial para divulgação complementar e realização das respectivas contratações.

§ 1º Desde que mantida a integração com o PNCP, as contratações poderão ser realizadas por meio de sistema eletrônico fornecido por pessoa jurídica de direito privado, na forma de regulamento.

§ 2º (VETADO).

§ 2º Até 31 de dezembro de 2023, os Municípios deverão realizar divulgação complementar de suas contratações mediante publicação de extrato de edital de licitação em jornal diário de grande circulação local.

Art. 176. Os Municípios com até 20.000 (vinte mil) habitantes terão o prazo de 6 (seis) anos, contado da data de publicação desta Lei, para cumprimento:

I - dos requisitos estabelecidos no art. 7º e no caput do art. 8º desta Lei;

II - da obrigatoriedade de realização da licitação sob a forma eletrônica a que se refere o § 2º do art. 17 desta Lei;

III - das regras relativas à divulgação em sítio eletrônico oficial.

Parágrafo único. Enquanto não adotarem o PNCP, os Municípios a que se refere o caput deste artigo deverão:

I - publicar, em diário oficial, as informações que esta Lei exige que sejam divulgadas em sítio eletrônico oficial, admitida a publicação de extrato;

O regime republicano exige e permite que cada cidadão tenha acesso aos atos praticados pela Administração do país. No Brasil, especificamente a Constituição e a lei asseguram o direito fundamental de acesso à informação: a publicidade como preceito geral e o sigilo como exceção.[299]

O fato de a lei, no art. 13, ordenar que são públicos "os atos praticados no processo licitatório" apenas reforçam o direito fundamental. O dispositivo está em coerência com o art. 5º dessa mesma lei, que define, com mais amplitude, que a publicidade, como princípio, rege toda a aplicação desta Lei. Em dispositivos específicos a publicidade é reforçada, como ocorre:

a) com a dispensa de licitação, conforme art. 72, parágrafo único;

b) com o sistema de registro cadastral unificado, conforme art. 87, § 1º;

c) com a anotação sobre como o contratado executa o contrato, conforme art. 88,

d) com o contrato, conforme art. 94;

e) com o Cadastro Nacional de Empresas Inidôneas e Suspensas - CEIS e no Cadastro Nacional de Empresas Punidas - CENEP, conforme o art. 161.

---

[299] BRASIL. Lei nº 12.527, de 18 de novembro de 2011. Regula o acesso a informações previsto no inciso XXXIII do art. 5º, no inciso II do § 3º do art. 37 e no § 2º do art. 216 da Constituição Federal; altera a Lei nº 8.112, de 11 de dezembro de 1990; revoga a Lei nº 11.111, de 5 de maio de 2005, e dispositivos da Lei nº 8.159, de 8 de janeiro de 1991; e dá outras providências. Art. 3º, inc. I. Disponível em: http://www.planalto.gov.br/ccivil_03/_ato2011-2014/2011/lei/l12527.htm.

Em outros dispositivos, a lei estabelece forma específica, como acontece com o Portal Nacional de Contratações Públicas - PNCP, com a publicação em jornal diário de grande circulação, e com a indicação de que podem ser utilizados, em alguns casos, outros meios como ocorre com o leilão, na forma estabelecida no art. 31, § 3º e art. 175 e 176.

Como regra, a Administração é obrigada a dar plena publicidade aos atos que pratica, mas a lei geral que trata do tema, admite exceções. Portanto, há outras leis que se harmonizam com a Lei nº 14.133/2021.

13.1. Regra e exceção na forma da lei

A função do art. 13 foi definir a regra e a exceção. E a exceção foi objeto de ressalva, admitindo o sigilo quando "seja imprescindível à segurança da sociedade e do Estado". Definiu, porém, que essa exceção é feita na forma da lei, admitindo que tanto a Lei nº 14.133/2021 trate de exceções, como outras leis definam exceções que possam interferir na aplicação desta lei.

Aqui não se trata de vigência de lei anterior ou posterior, para fins de revogar a norma antecedente, mas de coordenar diversas leis, merecendo destaque:

- a lei da liberdade econômica que assegura direitos de toda pessoa, natural ou jurídica, de "definir livremente, em mercados não regulados, o preço de produtos e de serviços como consequência de alterações da oferta e da demanda".[300] Uma extensão desse direito é o sigilo que a empresa pode resguardar em relação a preços de fornecedores ou a quem paga *royalties*. Se o processo licitatório é público, o direito da Administração consiste em verificar se os preços que contrata são justos. E são justos os que são compatíveis com o mercado. Esse é o limite da ação da Administração Pública. O particular tem direito de resguardar, especialmente no setor de comércio e produção, os preços de aquisição.

Note o erro frequente por parte de alguns intérpretes de pretender obter a estrutura de custos de um licitante. Não há norma permissiva nesse sentido; por outro lado também não há norma instituindo essa obrigação para o contratado. Pode, no entanto, para justificar um desequilíbrio de preços de um insumo específico, o particular abrir sua composição de custos. É uma faculdade.

---

[300] BRASIL. Lei nº 13.874, de 20 de setembro de 2019. Institui a Declaração de Direitos de Liberdade Econômica; estabelece garantias de livre mercado; altera as Leis nos 10.406, de 10 de janeiro de 2002 (Código Civil), 6.404, de 15 de dezembro de 1976, 11.598, de 3 de dezembro de 2007, 12.682, de 9 de julho de 2012, 6.015, de 31 de dezembro de 1973, 10.522, de 19 de julho de 2002, 8.934, de 18 de novembro 1994, o Decreto-Lei nº 9.760, de 5 de setembro de 1946 e a Consolidação das Leis do Trabalho, aprovada pelo Decreto-Lei nº 5.452, de 1º de maio de 1943; revoga a Lei Delegada nº 4, de 26 de setembro de 1962, a Lei nº 11.887, de 24 de dezembro de 2008, e dispositivos do Decreto-Lei nº 73, de 21 de novembro de 1966; e dá outras providências. Art. 3º, inc. III.

Questão relevante diz respeito a necessidade ou não de abertura de planilha abranger todos os itens, porque a garantia constitucional é da proposta e não de item da proposta. Assim, por exemplo, ao postular o reequilíbrio de preço da proposta de um item, o contratado estará sujeito a ter que demonstrar que os outros itens não tiveram redução de custos.

13.2. Publicidade diferida

A lei inovou para estender o sigilo diferido, ou seja, um ato que é sigiloso apenas e durante certo período de tempo, para duas situações.

Tradicionalmente na licitação, a proposta é sigilosa desde a formulação pelo licitante até o momento do julgamento, quando eram abertos os envelopes. A mesma forma de proceder foi transferida para a tecnologia da informação, na licitação realizada de forma eletrônica. De fato, nesses sistemas é garantido aos licitantes que seus preços somente serão revelados quando necessário à Administração Pública conhecer os valores das propostas.

13.3. Violação do sigilo da proposta – crime

O sigilo da proposta é uma garantia do licitante e em seu favor e há muito tempo a violação foi considerada crime.

Note o teor da regra hoje vigente e inserida no Código Penal:

> Art. 326 - Devassar o sigilo de proposta de concorrência pública, ou proporcionar a terceiro o ensejo de devassá-lo:
>
> Pena - Detenção, de três meses a um ano, e multa.

E, agora, note o teor da regra inserida pela Lei nº 14.133/2021, no mesmo Código Penal:

> Art. 337-J. Devassar o sigilo de proposta apresentada em processo licitatório ou proporcionar a terceiro o ensejo de devassá-lo: (Incluído pela Lei nº 14.133, de 2021)
>
> Pena - detenção, de 2 (dois) anos a 3 (três) anos, e multa. (Incluído pela Lei nº 14.133, de 2021)

Como se observa, na forma como está posta, a regra penal apresenta uma incoerência, tanto em relação ao punir diferentemente determinada modalidade de forma mais benéfica ao infrator, como agravar a mesma conduta em outras modalidades. Isso porque se a modalidade de licitação for a concorrência a regra a ser aplicada ao caso é a mais benéfica ao infrator. Para interpretação da norma penal aplica-se o princípio da norma mais benéfica ao réu.

A falta de adequada sistematização da lei é grave e lamentável.

13.4. Publicidade diferida - orçamento da Administração

Como regra, cabe à Administração Pública estimar os preços do que irá contratar, para verificar se tem recursos orçamentários para contratar o objeto, balizar os julgamentos das propostas e aferir a regularidade de futuros pleitos de reequilíbrio de propostas.

No desenvolvimento de processo de interpretação e em decorrência da legislação, desenvolveu-se o entendimento de que a Administração Pública deveria estimar os custos de obras e serviços e, em alguns casos, até de compras. Como acontece no Brasil, a lei não definiu instrumentos para essa função que, aliás, nem lhe é própria: estimar preços, sim; estimar custos, não.

Assim, partindo da premissa de que todo agente de licitação e todo Agente de Contratação possui especialização em precificação de custos, obrigou a anexar ao edital a planilha de custos, deixando o licitante na confortável situação de acrescer seu BDI e devolver a planilha com sua proposta. Os licitantes que desafiassem esse sistema, oferecendo preços superiores, deveriam previamente impugnar a planilha, no procedimento de impugnação do edital, pois a planilha é um dos anexos obrigatórios do edital. Os que conseguissem ganhos de produtividade deveriam demonstrar também previamente.

Nesse longo caminho de procedimentos irrazoáveis foram punidos servidores que tentaram cumprir a lei, sem receberem formação na especializadíssima e complexa área de precificação; e empresário foram punidos porque conseguiram até ter ganhos de produtividade.

Quando a lei permite o diferimento da publicidade nos casos do art. 24, estabelece uma exceção que coloca na seara do prudente arbítrio da Administração Pública. Exige, porém, justificativa da decisão. Essa expressão também pode ser emoldurada no dever constitucional de motivação dos atos administrativos.

Note, porém, que no art. 24, foi imposto um dever para a Administração Pública ao lado do dever de motivar os atos: divulgar o detalhamento dos quantitativos e as demais informações necessárias para a elaboração das propostas.

O sigilo não pode ser erigido em prejuízo para os que vão competir, fato que implica também na vedação, nessa situação de dar pontuação técnica para quem mais se aproximar do valor estimado, enquanto sigiloso.

Motivações coerentes com o Direito:

a) impossibilidade de detalhar custos de terminada etapa, nas licitações por preço global, fato que foi estabelecido no art. 23, § 5º, nas seguintes palavras "frações do empreendimento não suficientemente detalhadas no anteprojeto";

b) presumível vantagem em omitir os preços estimados, fato verificado pela diferença de preços encontrados em pesquisa prévia;

c) emergência ou urgência de atendimento, pois a elaboração de planilha implica em maior tempo de detalhamento e a divulgação pode atrasar a contratação; e

d) incerteza de mercado, em decorrência de momentos de anomalia como uma pandemia, desestabilização da moeda.

Nesse cenário, pode inclusive ocorrer de a Administração Pública não elaborar a planilha detalhada, limitando-se a verificar preços globais ou comparativos.

13.5. Operacionalização do sigilo diferido

Importante registrar, como está estabelecido no mesmo art. 24, que "o sigilo não prevalecerá para os órgãos de controle interno e externo".

Nesse caso, deve o gestor acautelar-se em pedidos de acesso à informação com sigilo diferido, mesmo que oriundo de órgão de controle.

Recomenda-se:

a) motivar no processo a razão pela qual o sigilo está diferido;

b) o ato de motivação também está sujeito ao sigilo e o acesso à motivação também pode ser diferido;

c) no ato de motivação deve-se ter presente se o sigilo é diferido em relação à planilha de custos e se abrange também o preço estimado;

d) fisicamente, a informação classificada como sigilo diferido deve ter o acesso restrito aos servidores autorizados; a autorização pode ser nominal ou por categoria funcional e pode constar da motivação; se em meio eletrônico, com senha e código de acesso e rastreabilidade; se em papel, inserida em envelope ou invólucro impermeável, fechado e com assinatura no fecho; e

e) diante da solicitação de órgãos de controle, a Administração Pública deve providenciar a elaboração e termo de transferência de sigilo, que deve ser assinado pelo servidor do controle, devidamente identificado e qualificado, com as cautelas habituais; havendo recusa em assinar o termo, pode a Administração Pública também recusar o acesso.

14. Art. 14, caput, inc. I

> Art. 14. Não poderão disputar licitação ou participar da execução de contrato, direta ou indiretamente:
>
> I - autor do anteprojeto, do projeto básico ou do projeto executivo, pessoa física ou jurídica, quando a licitação versar sobre obra, serviços ou fornecimento de bens a ele relacionados;

Dispositivos correspondentes na Lei nº 8.666/1993:
Art. 9º. Não poderá participar, direta ou indiretamente, da licitação ou da execução de obra ou serviço e do fornecimento de bens a eles necessários:
I - o autor do projeto, básico ou executivo, pessoa física ou jurídica;

14.1. Interpretação restritiva

O art. 14 trata de restrição a direitos e, portanto, como norma que restringe direitos têm que ter interpretação também restritiva. Não poderá haver interpretação ampliativa de qualquer dos dispositivos do art. 14 porque todos, incisos e parágrafos, são regidos pelo caput.

É importante ler conjuntamente com esse dispositivo os §§ 2º, 3º, 4º e 5º deste mesmo artigo para uma interpretação completa.

14.2. Condição para a restrição

A redação da norma melhorou, porque deixa a restrição de forma objetiva condicionada a um evento lógico: só incidirá a vedação "quando a licitação versar sobre obra, serviços ou fornecimento de bens a ele relacionados". Aparentemente desnecessário, o acréscimo objetiva não estender a vedação a quem elabora anteprojeto, projeto básico ou projeto executivo sem relação com objeto licitado. Em outras palavras, somente estará vedada a participação se o objeto licitado tem relação com o trabalho desenvolvido. Assim, pode o autor do projeto participar de uma licitação de material de construção para realizar a obra em que atuou como projetista.

Somente o exame de caso concreto, poderá revelar se em decorrência da elaboração do anteprojeto, projeto básico ou projeto executivo possibilita ter alguma vantagem na participação de licitação seguinte.

14.3. Autor e responsável técnico

Faz-se necessário, para o correto entendimento do dispositivo, separar três conceitos: autor do projeto; responsável pelo projeto; e responsável técnico pelo projeto.

O conceito de responsável pelo projeto deve ser entendido como aquele que foi contratado para a execução do projeto. Essa pessoa é diferente do autor do projeto, pois o autor é efetivamente aquele que o assina, toma para si a autoria. Na maioria dos serviços e obras, quem assina o projeto é uma pessoa física, e a esta pessoa a lei decidiu nomeá-la como autor do projeto.

Já o responsável, como mencionamos, é a pessoa contratada para a realização da daquele projeto. Ou seja: uma pessoa jurídica – responsável pelo projeto – pode ser contratada para elaborar o projeto e um de seus engenheiros – autor do projeto – assina o produto realizado.

Realizar a distinção de tais conceitos é importante para se fazer a interpretação correta do restante do dispositivo.

O responsável técnico é aquele estabelecido por normas dos Conselhos Profissionais respectivos que aponta quem se responsabiliza pelo projeto elaborado. Perceba que o conceito está estabelecido no âmbito da responsabilidade técnica. Assim sendo, qualquer problema técnico vai ter sua ação contra o responsável técnico. É desta competência que surge o Atestado de Responsabilidade Técnica – ART, que pode ser atribuído à pessoa física ou jurídica responsável técnica pelo projeto.

Importante observar, por fim, que autor e responsável técnico, para efeitos da LLCA, pode ser entendido como o mesmo agente. A lei não usa a expressão responsável técnico e prefere a expressão autor. Na área da engenharia, é mais comum o uso da expressão Responsável Técnico.

14.4. Restrição ao autor do anteprojeto

Uma inovação em relação à Lei nº 8.666/1993 é a limitação de participação do autor do anteprojeto. Essa novidade torna-se essencial porque na atual Lei de Licitações e Contratos Administrativos existe a figura do anteprojeto, como elemento suficiente para iniciar um procedimento de licitação, o que não existia na Lei nº 8.666/1993.

Cabe destacar que nos incisos seguintes do dispositivo deveria também ser previsto o anteprojeto, mas isso não ocorreu. Perceba aqui uma incoerência que preocupa os operadores do Direito, pois um dos princípios das normas que restringem direitos, como dito, é que não podem ter interpretação ampliativa. Para os que não tem base jurídica e se lançam a interpretar leis, facilmente estenderiam a vedação a participação a quem elabora o anteprojeto aos demais incisos.

Assim, por exemplo, na situação tratada no inciso II desse artigo, ao tratar da relação entre a pessoa física e a empresa, ao vedar a participação de empresa, não consta a vedação para empresa que elabora o anteprojeto. Juridicamente, essa empresa não pode ser impedida de participar da licitação. Em outras palavras: a empresa que elabora o anteprojeto não pode participar da licitação, em face do inciso I, mas a empresa em que o autor do anteprojeto, pessoa física, participa com menos de 5% (cinco por cento), poderá.

14.5. Pessoa Jurídica

Quando a Administração Pública contratar pessoa jurídica para elaboração do anteprojeto, do projeto básico ou do projeto executivo, esta pode também figurar como autora do projeto, em uma ficção jurídica estabelecida. Nessa situação, ela não poderá disputar licitação da obra ou serviço ou fornecimento subsequente ou participar da execução de contrato, direta ou indiretamente, ressalvado também a previsão do § 2º deste mesmo artigo.

Ronny Charles, por exemplo, escreve:

> [...] A autoria do projeto básico permite conhecimento sobre especificidades da futura contratação que podem ser utilizadas, na licitação, em benefício daquele que detém tal conhecimento. É cediço, para aqueles que atuam em licitações, que as falhas no projeto básico acabam repercutindo, muitas vezes, na necessidade de aditamentos contratuais, para adequação dos quantitativos ou mesmo recomposição econômica do contrato. O conhecimento prévio de tais falhas, caso não sejam adotadas medidas de resguardo, pode gerar benefícios na composição de custos, por parte do licitante.[301]

14.6. Participação indireta

No caput do artigo, refere a norma sobre a participação indireta.

O conceito de participação indireta traz uma amplitude de interpretações que pode incluir, além dos dispositivos específicos – como no inc. II – a subcontratação, a participação em consórcios e outras formas de associação.

Importante relembrar que não se tratará de interpretação ampliativa, mas atender ao comando do caput, porque este comando estendeu a vedação dos incisos e parágrafos à participação indireta. A exemplificação exposta nos diversos comentários ao artigo, melhora a compreensão.[302]

Art. 14, inc. II

---

[301] TORRES, Ronny Charles de. Leis de licitações públicas comentadas. 12. Ed. São Paulo: Ed. Juspodivm, 2021, p. 110.
[302] Acórdão nº 2079/2013 – Plenário - TCU, que veda a participação por grau de parentesco.

> Art. 14. Não poderão disputar licitação ou participar da execução de contrato, direta ou indiretamente: [...]
>
> II - empresa, isoladamente ou em consórcio, responsável pela elaboração do projeto básico ou do projeto executivo ou empresa da qual o autor do projeto seja dirigente, gerente, controlador, acionista ou detentor de mais de 5% (cinco por cento) do capital com direito a voto, responsável técnico ou subcontratado, quando a licitação versar sobre obra, serviços ou fornecimento de bens a ela necessários;

Dispositivos correspondentes na Lei nº 8.666/1993:

Art. 9º. [...] II - empresa, isoladamente ou em consórcio, responsável pela elaboração do projeto básico ou executivo ou da qual o autor do projeto seja dirigente, gerente, acionista ou detentor de mais de 5% (cinco por cento) do capital com direito a voto ou controlador, responsável técnico ou subcontratado;

14.7. Restrição ao autor do anteprojeto – empresa

O inc. II não apresenta vedação em relação ao anteprojeto. Importante esclarecer que o inciso I trata da situação do autor do anteprojeto perante a Administração Pública e o inciso II da situação do autor em relação a participação acionária da empresa que participação da licitação, conforme exposto precedentemente no subitem "restrição ao autor do anteprojeto."

Complemente a compreensão da norma com a leitura dos comentários aos §§ deste artigo.

14.8. Empresa em consórcio

Como os incisos I e II subordinam-se ao caput, quando no inc. I, é contratada pessoa jurídica que integrava um consórcio, o consórcio não poderia ser contratado pela Administração. Ou, em outras palavras, se a empresa participava de consórcio, aqui no inc. II, a vedação se estende aos outros integrantes do consórcio.

14.9. Empresa da qual autor do projeto seja dirigente, gerente, controlador ou acionista detentor de mais de 5%

Note que a norma trata de quatro situações distintas, envolvendo o autor dos projetos básicos ou executivo:

a) o autor é dirigente na empresa;

b) o autor é gerente na empresa;

c) o autor é controlador na empresa; e

d) o autor detém mais de 5% na empresa.

Interpretando o dispositivo, verifica-se que uma empresa pode participar da licitação para execução da obra, serviço ou fornecimento, em que o autor do projeto seja:

a) mero empregado;

b) sócio em conta de participação – que é o antigo sócio oculto, vez que nessa condição não participa da gerência, da direção ou controle; e

c) sócio ostensivo, mas com menos de 5%.

Nessa situação, o dispositivo não veda a contratação.

É necessário ler o dispositivo por completo, pois a empresa pode estar impedida, como pessoa jurídica, se tiver vínculos comerciais com dirigente do órgão ou entidade contratante ou com agente público que desempenhe função na licitação ou atue na fiscalização ou na gestão do contrato, tema esse tratado no estudo do inc. IV.

Jurisprudência que ainda pode servir à interpretação

Subcontratação da autora do projeto básico para elaboração de projeto executivo.

A subcontratação de autor de projeto básico pela entidade construtora para elaboração de projeto executivo afronta expressa vedação contida no artigo 9º, incisos I e II, c/c o § 3º, da Lei 8.666/1993. De acordo com a firme jurisprudência deste Tribunal, os impedimentos às situações típicas descritas no artigo 9º da Lei 8.666/1993 aplicam-se não só à licitação como também à execução de obra ou serviço e do fornecimento de bens a eles necessários.

TCU. Processo nº 008.884/2006-0. Acórdão nº 2746/2013-Plenário. Relator: Ministro Walton Alencar Rodrigues.

Art. 14, inc. III

Art. 14. Não poderão disputar licitação ou participar da execução de contrato, direta ou indiretamente: [...]

III - pessoa física ou jurídica que se encontre, ao tempo da licitação, impossibilitada de participar da licitação em decorrência de sanção que lhe foi imposta;

Dispositivos correspondentes na Lei nº 8.666/1993:

Art. 9º. [...] III - servidor ou dirigente de órgão ou entidade contratante ou responsável pela licitação.

Dispositivos pertinentes na Lei nº 14.133/2021, além do art. 14:

Art. 156. Serão aplicadas ao responsável pelas infrações administrativas previstas nesta Lei as seguintes sanções: [...]

III - impedimento de licitar e contratar;

IV - declaração de inidoneidade para licitar ou contratar. [...]

§ 4º A sanção prevista no inciso III do caput deste artigo será aplicada ao responsável pelas infrações administrativas previstas nos incisos II, III, IV, V, VI e VII do caput do art. 155 desta Lei, quando não se justificar a imposição de penalidade mais grave, e impedirá o responsável de licitar ou contratar no âmbito da Administração Pública direta e indireta do ente federativo que tiver aplicado a sanção, pelo prazo máximo de 3 (três) anos.

§ 5º A sanção prevista no inciso IV do caput deste artigo será aplicada ao responsável pelas infrações administrativas previstas nos incisos VIII, IX, X, XI e XII do caput do art. 155 desta Lei, bem como pelas infrações administrativas previstas nos incisos II, III, IV, V, VI e VII do caput do referido artigo que justifiquem a imposição de penalidade mais grave que a sanção referida no § 4º deste artigo, e impedirá o responsável de licitar ou contratar no âmbito da Administração Pública direta e indireta de todos os entes federativos, pelo prazo mínimo de 3 (três) anos e máximo de 6 (seis) anos.

O art. 14, caput utiliza a expressão "não poderão disputar", ou seja, refere-se a ações futuras. Então se uma empresa é declarada inidônea não poderá, no futuro, vir a participar da execução do contrato. A jurisprudência do Superior Tribunal de Justiça é que uma empresa declarada inidônea pode manter os contratos em execução ao tempo da declaração de inidoneidade com a Administração Pública.

Aqui a lei coordena outros dispositivos referentes a efeitos das sanções para esclarecer que a pessoa física ou jurídica que se encontre, ao tempo da licitação, apenada por declaração de inidoneidade ou outra que acarrete efeitos equivalentes, não pode disputar licitação ou participar do contrato.[303] Desse modo, traz para um só dispositivo as vedações que decorrem de impedimento e declaração da inidoneidade.

Quando a lei se refere à outra penalidade que acarrete efeitos equivalentes, se refere à suspensão do contrato e também se refere às vedações que estão fora da legislação, como ocorre com a Lei de Improbidade, em que a pessoa fica proibida de participar de contratos da Administração Pública.

Importante ressaltar que, nos termos do art. 337-M do Código Penal, incluído pela Lei nº 14.133/2021, a contratação inidônea é punida nos seguintes termos:

> Art. 337-M. Admitir à licitação empresa ou profissional declarado inidôneo: (Incluído pela Lei nº 14.133, de 2021)
>
> Pena - reclusão, de 1 (um) ano a 3 (três) anos, e multa. (Incluído pela Lei nº 14.133, de 2021)
>
> § 1º Celebrar contrato com empresa ou profissional declarado inidôneo: (Incluído pela Lei nº 14.133, de 2021)
>
> Pena - reclusão, de 3 (três) anos a 6 (seis) anos, e multa. (Incluído pela Lei nº 14.133, de 2021)
>
> § 2º Incide na mesma pena do caput deste artigo aquele que, declarado inidôneo, venha a participar de licitação e, na mesma pena do § 1º deste artigo, aquele que, declarado inidôneo, venha a contratar com a Administração Pública. (Incluído pela Lei nº 14.133, de 2021).

---

[303] Acórdão nº 1246/2020 - Plenário – TCU. O Tribunal de Contas da União exarou decisão no ano de 2020 indicando a impossibilidade de prorrogação de contrato junto à empresa "sucessora" de outra declarada inidônea.

Complemente a compreensão da norma com a leitura dos comentários aos §§ deste artigo.

Art. 14, inc IV

> Art. 14. Não poderão disputar licitação ou participar da execução de contrato, direta ou indiretamente: [...]
>
> IV - aquele que mantenha vínculo de natureza técnica, comercial, econômica, financeira, trabalhista ou civil, com dirigente do órgão ou entidade contratante ou com agente público que desempenhe função na licitação ou atue na fiscalização ou na gestão do contrato, ou que deles seja cônjuge, companheiro ou parente em linha reta, colateral ou por afinidade, até o terceiro grau, devendo essa proibição constar expressamente do edital de licitação;

Dispositivos correspondentes na Lei nº 8.666/1993:

Art. 9º. Não poderá participar, direta ou indiretamente, da licitação ou da execução de obra ou serviço e do fornecimento de bens a eles necessários: [...]

§ 3º Considera-se participação indireta, para fins do disposto neste artigo, a existência de qualquer vínculo de natureza técnica, comercial, econômica, financeira ou trabalhista entre o autor do projeto, pessoa física ou jurídica, e o licitante ou responsável pelos serviços, fornecimentos e obras, incluindo-se os fornecimentos de bens e serviços a estes necessários.

Dispositivos correspondentes na Lei nº 12.462/2011:

Art. 36. É vedada a participação direta ou indireta nas licitações de que trata esta Lei:[...]

§ 4º Para fins do disposto neste artigo, considera-se participação indireta a existência de qualquer vínculo de natureza técnica, comercial, econômica, financeira ou trabalhista entre o autor do projeto, pessoa física ou jurídica, e o licitante ou responsável pelos serviços, fornecimentos e obras, incluindo-se os fornecimentos de bens e serviços a estes necessários.

Neste inciso, a lei traz um dispositivo semelhante ao da Lei nº 8.666/1993, mas com uma precisão de linguagem um pouco maior e com a amplitude de aplicabilidade um pouco maior. A norma não só aborda vínculos familiares, mas vínculos de natureza técnica, comercial, econômica, financeira trabalhista ou civil e, neste último, entra os vínculos familiares.

A norma também expande a área onde essas relações seriam delicadas para as licitações e contratos. Os personagens a que não se pode ter vínculo são o dirigente do órgão ou entidade contratante, agente público que desempenhe função na licitação ou que atue na fiscalização ou na gestão do contrato, devendo esta proibição constar expressamente no edital de licitação.

Vale destacar que essa limitação pode ter uma aplicabilidade dificultada em municípios pequenos. A Lei de Licitações se aplica a todas as esferas da Federação e é possível acontecer que uma pequena prefeitura seja obrigada a licitar e não se pode ter participante de licitação pessoas que sejam parentes de dirigentes e outros atores previstos no inciso. Não só relação de parentesco, mas todas as demais previstas.

Será necessário que na elaboração dos regulamentos de pequenas localidades onde os liames familiares são mais comuns a situação seja considerada com parcimônia admitindo-se que as restrições sejam aplicadas apenas aos atos mais relevantes. Isso para que não se crie um cenário onde qualquer pessoa que simplesmente conhece o prefeito, seja impedida de participar da licitação. Repetimos aqui, antigas lições que temos adotado: a moralidade não está numa fita métrica de distância; está no interior de cada cidadão e nos atos que pratica com integridade. A falta desse regulamento, em pequenos Municípios, inviabilizaria as licitações naquela localidade. O trabalho dessa doutrina poderá subsidiar valiosamente a elaboração de regulamentos.

Complemente a compreensão da norma com a leitura dos comentários aos §§ deste artigo.

Art. 14, inc V

> Art. 14. Não poderão disputar licitação ou participar da execução de contrato, direta ou indiretamente: [...]
>
> V - empresas controladoras, controladas ou coligadas, nos termos da Lei nº 6.404, de 15 de dezembro de 1976, concorrendo entre si;

Dispositivos correspondentes na Lei nº 8.666/1993: não há.

Nesse dispositivo, a lei objetivou evitar a falsa concorrência no processo licitatório, ou seja, aquela situação em que duas ou mais empresas têm uma relação jurídica de controladoras, controladas ou estão coligadas, mas participam da licitação, criando a ilusão de que estão concorrendo entre si. A lei, assim, tomou uma posição mais conservadora e presumiu que empresas com essas relações têm interesse em comum conhecem as propostas que serão oferecidas e, portanto, não podem competir entre si.

14.10. Consórcio e SPE

Com este dispositivo, a lei criou um parâmetro objetivo para a vedação. Lembre-se que essas empresas não podem participar de uma mesma licitação competindo entre si. Podem, porém, participar reunidas em consórcio ou em uma SPE – sociedade de propósito específico[304] ou outra modalidade, desde que individualmente não participem. Em outras palavras: se a empresa 'A' participa de uma SPE com a empresa 'B', e a SPE entra na licitação para oferecer proposta, as empresas 'A' e 'B' não poderão participar. A norma também se aplica a consórcio, tema versado no art. 15, especificamente.

---

[304] Consultar detalhamento de SPE no índice remissivo alfabético.

14.11. Concorrendo entre si

A lei usa a expressão concorrendo, quando deveria utilizar o termo competindo, porque desde o Decreto-Lei nº 200/1967 a concorrência é uma das modalidades e a vedação deve incidir em todas as modalidades. É precisamente pelas grandes falhas no uso do vernáculo que o país se assombra com julgamentos incompreensíveis. A imprecisão vernacular abre oportunidade inclusive para não incidir a vedação em outras modalidades.

Importante lembrar que, em uma licitação por itens, as empresas podem participar da licitação, desde que não estejam competindo pelo mesmo item. Assim, se uma licitação tem cinco itens, a empresa 'A' – controladora – pode concorrer ao item I e a empresa 'B' – controlada – pode concorrer ao item II, sem incidirem na vedação. O núcleo do dispositivo não é "na licitação", mas "concorrer entre si". A licitação por itens é considerada licitação autônoma em cada item.

14.12. Desenvolvimento dos arranjos produtivos

Nos comentários ao art. 15, inc. IV, é tratada a questão de restrições de igual teor, aplicáveis ao consórcio.

A lei nacional parte, como referido, do pressuposto da fraude. A evolução das relações negociais, contudo, aponta em sentido diverso. É possível, por exemplo, que determinado insumo, de pouca expressão econômica, seja fornecido por uma empresa para várias outras empresas. Pode inclusive uma dessas ser coligada ou controlada a um competidor, sem que esse venha a conhecer a proposta de outros que usam seus insumos.

Complemente a compreensão da norma com a leitura dos comentários aos §§ deste artigo.

Art. 14, inc. VI

> Art. 14. Não poderão disputar licitação ou participar da execução de contrato, direta ou indiretamente: [...]
>
> VI - pessoa física ou jurídica que, nos 5 (cinco) anos anteriores à divulgação do edital, tenha sido condenada judicialmente, com trânsito em julgado, por exploração de trabalho infantil, por submissão de trabalhadores a condições análogas às de escravo ou por contratação de adolescentes nos casos vedados pela legislação trabalhista.

Dispositivos correspondentes na Lei nº 8.666/1993: não há.

A lei em vários dispositivos trata de obrigar o Agente de Contratação de zelar pelas políticas públicas tanto nas licitações como nos contratos. Repetimos aqui a crítica ao modelo que se está construindo: a fiscalização no cumprimento de políticas públicas não deveria ser transferido de carreiras de estado para servidores que tem missões complexas, como essas, e não tem as garantias constitucionais das carreiras de estado. Ver a propósito, o tratamento dessa crítica no livro: Terceirização: Legislação, doutrina e jurisprudência[305], capítulo 12.

14.13. Extensão do dispositivo

Para adequada interpretação do inciso VI, deve-se subjugá-lo ao comando do caput, tendo, portanto, a abrangência da regra dirigida a:

a) pessoas físicas;

b) pessoas jurídicas;

c) participação direta; e

d) participação indireta.

Assim, se uma pessoa física integra uma pessoa jurídica, essa estará impedida de participar da licitação se ocorrer o fato descrito no inc. VI. Também estará impedida de participar da licitação, uma empresa que emprega uma pessoa física condenada em um dos eventos referidos no inc. VI. Verifica-se que a norma tem abrangência bastante extensa. Dada a complexidade dessas relações, o poder público não tem como avaliar em cada caso o cumprimento dessa vedação.

Em crítica que expendemos sobre o tema, sugerimos transferir a verificação dessa vedação para o rol daqueles vários eventos sujeitos a autodeclaração na fase de habilitação.

14.14. Condenação que veda a participação – condições e tempo

A lei define como fato que veda a participação em licitação ou participação na execução de contrato a condenação de natureza judicial, com trânsito em julgado. A vedação não incide, portanto, em condenação administrativa, em processo trabalhista, culpa reconhecida em termos de ajustamento de conduta, autos de infração julgados procedentes na esfera administrativa. Somente a condenação judicial e somente a condenação que transitou em julgado. Se pendente recurso, a vedação não subsiste.

A lei também define o período em que a condenação judicial transitada em julgado deve ser considerada: até cinco anos. Após esse período da condenação a

---

[305] Terceirização: Legislação, doutrina e jurisprudência. Jorge Ulisses Jacoby Fernandes, Murilo Jacoby Fernandes (Coord.) - 2 ed. rev. ampl. - Belo Horizonte: Fórum, 2018.

empresa poderá voltar a participar da licitação. Diferentemente do que ocorre com as penalidades da Lei nº 14.133/2021, aqui a lei não previu a possibilidade de condições de reabilitação da empresa, para fazer cessar a vedação. É evidente que tal poderá ocorrer por decisão judicial.

14.15. Tipos de ações que tem efeitos de vedar a participação

Três tipos de conduta, reconhecidas em processo judicial, com trânsito em julgado foram previstas com força suficiente para vedar a participação em licitação ou na execução de contrato:

a) exploração de trabalho infantil;

b) submissão de trabalhadores a condições análogas às de escravo; e

c) contratação de adolescentes nos casos vedados pela legislação trabalhista.

Diferentemente de outros incisos, neste não há exceção à aplicação da vedação.

Art. 14, § 1º

> Art. 14. Não poderão disputar licitação ou participar da execução de contrato, direta ou indiretamente: [...]
>
> § 1º O impedimento de que trata o inciso III do *caput* deste artigo será também aplicado ao licitante que atue em substituição a outra pessoa, física ou jurídica, com o intuito de burlar a efetividade da sanção a ela aplicada, inclusive a sua controladora, controlada ou coligada, desde que devidamente comprovado o ilícito ou a utilização fraudulenta da personalidade jurídica do licitante.

Dispositivos correspondentes na Lei nº 8.666/1993: não há.

O caput do artigo não abrangia as situações de substituição, justificando que o § 1º tenha elastecido a abrangência da norma.

Assim, o § 1º do art. 14 trata da extensão da penalidade prevista no inc. III, inclusive auxilia a Administração Pública na seleção da proposta mais vantajosa e conforme condutas éticas e honestas.

Nessa situação, o impedimento alcança inclusive uma nova pessoa jurídica criada pelo licitante para obviar a efetividade da sanção, ou em outras palavras para fugir da penalidade aplicada. Abrange a situação em que uma empresa se coliga com outra empresa, ou seja, junta-se a outra empresa ou vende a empresa para uma terceira pessoa jurídica, que passa a ser controladora.

Em todas essas situações, o objetivo de utilizar fraudulentamente a pessoa jurídica acabou sendo alcançada pela previsão em lei, nesse dispositivo. Não há inconstitucionalidade da lei em proceder dessa forma no nosso ordenamento jurídico, mesmo que tal pena não seja imposta pelo aplicador, podendo ser acessória e independentemente prevista por outra lei.

Vale destacar que a norma, com adequada precaução, estabelece que o impedimento se aplica, desde que devidamente comprovado o ilícito e a utilização fraudulenta da personalidade jurídica do licitante. Note o texto legal: atuar "em substituição a outra pessoa, física ou jurídica" "com o intuito de". Em outras palavras: há o fato da substituição e a lei exige que essa substituição tenha a intenção específica, dolo específico. Isso traz para a Administração Pública, ou para os competidores que denunciarem, o ônus de comprovar que esta outra empresa está efetivamente sendo utilizada de forma fraudulenta para fugir da penalidade, o que pode abrir possibilidade para debates no âmbito jurídico se isso ocorreu ou não, retardando o processo licitatório.

Na prática sugere-se ao Agente de Contratação que diante do fato, encaminhe a notícia a um órgão apurador da própria Administração Pública para que apure o elemento subjetivo ou dolo específico. Inviável concentrar a competência para quem já tem o elevado ônus de conduzir o processo licitatório ou o processo de contratação.

O fato de o processo licitatório exigir celeridade – porque a equipe de licitação, o agente da licitação e a comissão de licitação trabalham para atender demandas já existentes e, portanto, atuam normalmente sob pressão para atender o princípio da celeridade – não pode afastar a garantia da ampla defesa e do contraditório. Por isso a recomendação que se faz, em termos práticos, para centralizar apurações e punições em órgãos específicos, com servidores treinados, qualificados com prazo determinado.

Importante lembrar ainda que a comissão de licitação e o agente da licitação não estão necessariamente obrigados a apurar esse fato. Estão obrigados a conduzir o processo licitatório e o processo de contratação. Isso significa que, uma vez dado um exíguo prazo, a resposta – havendo indícios do cometimento da irregularidade – pode ser encaminhada à autoridade que instaurou a licitação ou até ao Ministério Público se esses indícios forem mais veementes.

Uma forma simplificada e muito prática de atuação é informar ao licitante que a Administração percebe a existência dos indícios e que, sendo eles confirmados, encaminhará os autos ao Ministério Público para apurar o uso fraudulento da pessoa jurídica. Normalmente diante desse cenário, a empresa recua na sua pretensão de continuar no certame. Se não continuar, então a comissão de licitação ou o agente de licitação recebe a documentação, faz um exame sumário e se for o caso, decide pelo afastamento do licitante ou não. Decidindo pelo afastamento do licitante, pedem à autoridade instauradora que inicie um processo com vistas à apuração da irregularidade.

Art. 14, § 2º

> Art. 14. Não poderão disputar licitação ou participar da execução de contrato, direta ou indiretamente: [...]
>
> § 2º A critério da Administração e exclusivamente a seu serviço, o autor dos projetos e a empresa a que se referem os incisos I e II do *caput* deste artigo poderão participar no apoio das atividades de planejamento da contratação, de execução da licitação ou de gestão do contrato, desde que sob supervisão exclusiva de agentes públicos do órgão ou entidade.

Dispositivos correspondentes na Lei nº 8.666/1993:
Art. 9º. [...] § 1º É permitida a participação do autor do projeto ou da empresa a que se refere o inciso II deste artigo, na licitação de obra ou serviço, ou na execução, como consultor ou técnico, nas funções de fiscalização, supervisão ou gerenciamento, exclusivamente a serviço da Administração interessada.

O § 2º repete, em parte, dispositivo já existente na Lei nº 8.666/1993 que admite uma exceção a vedação da participação do autor na execução. É permitido apenas "a serviço da Administração". A inovação ocorre agora a partir do período final do dispositivo que admite que o autor do projeto seja contratado, desde que sob supervisão exclusiva dos agentes públicos do órgão ou entidade. Em dispositivo com interpretação autônoma também permite a lei a contratação da empresa. Significa isso que situações não previstas antes, podem agora ser consideradas, como a situação em que o autor do projeto, trabalhando em uma empresa da qual se exonera, vem a ser contratado pela Administração Pública.

Nesse sentido, caso seja contratada uma empresa para fiscalizar a execução do serviço, esta empresa não poderia subcontratar ou terceirizar o autor do projeto, porque exige a norma a interveniência de "supervisão exclusiva de agentes públicos do órgão ou entidade".

Art. 14, § 3º

> Art. 14. Não poderão disputar licitação ou participar da execução de contrato, direta ou indiretamente: [...]
>
> § 3º Equiparam-se aos autores do projeto as empresas integrantes do mesmo grupo econômico.

Dispositivos correspondentes no Decreto nº 8.428, de 2 de abril de 2015, que dispõe sobre o Procedimento de Manifestação de Interesse:
Art. 18. Os autores ou responsáveis economicamente pelos projetos, levantamentos, investigações e estudos apresentados nos termos deste Decreto poderão participar direta ou indiretamente da licitação ou da execução de obras ou serviços, exceto se houver disposição em contrário no edital de abertura do chamamento público do PMI. [...]

> § 2º Equiparam-se aos autores do projeto as empresas integrantes do mesmo grupo econômico do autorizado.

Este dispositivo traz uma interpretação essencial aos inc. I e II desse mesmo artigo. Isso porque equipara ao autor do projeto às empresas integrantes do mesmo grupo econômico. Esse contexto é essencial para que os inc. I e II desse art. 14 tenham a amplitude necessária para reduzir o risco de violação à isonomia que a norma objetiva com esse dispositivo.

Importante lembrar, por fim, que a expressão "projeto" também abrange a figura do anteprojeto vista no inc. I, tema previsto no parágrafo seguinte.

O objetivo da lei foi impedir que informações privilegiadas que desestabilizam a igualdade de informações dadas aos licitantes ocorra.

Art. 14, § 4º

> Art. 14. Não poderão disputar licitação ou participar da execução de contrato, direta ou indiretamente: [...]
>
> § 4º O disposto neste artigo não impede a licitação ou a contratação de obra ou serviço que inclua como encargo do contratado a elaboração do projeto básico e do projeto executivo nas contratações integradas, e do projeto executivo, nos demais regimes de execução.

> **Dispositivos correspondentes na Lei nº 8.666/1993:**
> Art. 9º. [...] § 2º O disposto neste artigo não impede a licitação ou contratação de obra ou serviço que inclua a elaboração de projeto executivo como encargo do contratado ou pelo preço previamente fixado pela Administração.

Considerando que a LLCA traz também a figura da contratação integrada, conforme existe no RDC, o art. 14, § 4º, faz a ressalva necessária estipulando que nos casos em que seja incluída como encargo do contratado a elaboração do projeto básico e do projeto executivo, não se aplica as vedações desse dispositivo.

Ou seja, é óbvio que em uma licitação de contratação integrada, situação em que há obrigação do contratado elaborar projeto básico, projeto executivo e a obra, não há violação à impessoalidade ou à isonomia já que todas as empresas estão concorrendo na mesma condição por todas as etapas.

Um cuidado especial que deve agora ser percebido é que a extensão do art. 14 inc. I referente ao anteprojeto, aqui não está agasalhada, ou seja, se o autor do projeto integra os quadros da Administração Pública ou se foi contratada de forma terceirizada a elaboração do anteprojeto, sobre essa pessoa física incide a vedação de trabalhar posteriormente para o licitante ou o contratado.

Note que em relação ao projeto executivo ser elaborado pelo contratado não incide restrição, pois até a Lei nº 14.133/2021 era usual que o contratado executasse o projeto executivo.

Agora a regra foi alterada. Como será visto nos comentários ao art. 46, no § 1º passou a ser vedada a realização de obras e serviços de engenharia sem projeto executivo. Ressalva a norma a hipótese prevista no § 3º do art. 18 desta Lei que trata da possibilidade de dispensar o projeto executivo para determinadas obras e serviços comuns de engenharia.

Art. 14, § 5º

> Art. 14. Não poderão disputar licitação ou participar da execução de contrato, direta ou indiretamente: [...]
>
> § 5º Em licitações e contratações realizadas no âmbito de projetos e programas parcialmente financiados por agência oficial de cooperação estrangeira ou por organismo financeiro internacional com recursos do financiamento ou da contrapartida nacional, não poderá participar pessoa física ou jurídica que integre o rol de pessoas sancionadas por essas entidades ou que seja declarada inidônea nos termos desta Lei.

Dispositivos correspondentes na Lei nº 8.666/1993: não há.

O art. 14, § 5º estabelece vedação nova em relação às licitações e contratações: veda a participação de empresa sancionada por agência oficial de cooperação estrangeira ou por organismo financeiro internacional nas licitações que o Brasil promover no âmbito de programas e projetos financiados por essas instituições.

Há uma particularidade no dispositivo que pode ensejar polêmica. Trata do fato de a vedação aqui só abranger a empresa declarada inidônea, nos termos desta lei. De certo modo, o dispositivo exclui aqueles outros impedidos de licitar e contratar previstos em normas que regulam a atuação de "tais entidades", quais sejam 'agência oficial de cooperação estrangeira ou por organismo financeiro internacional".

Aqui, a polêmica reside no seguinte fato: como o dispositivo trata de norma que restringe direito – e como norma que restringe direito, há de ter interpretação restritiva, não suportando interpretação ampliativa – poderia, e é também juridicamente sustentável, admitir a participação dos licitantes que estão impedidos de licitar e contratar com Administração Pública, por aquelas "tais entidades" uma vez que o § 5º, proíbe apenas a participação da empresa declarada inidônea nos termos desta lei.

15. Art. 15, caput

Art. 15. Salvo vedação devidamente justificada no processo licitatório, pessoa jurídica poderá participar de licitação em consórcio, observadas as seguintes normas:

I - comprovação de compromisso público ou particular de constituição de consórcio, subscrito pelos consorciados;

II - indicação da empresa líder do consórcio, que será responsável por sua representação perante a Administração;

III - admissão, para efeito de habilitação técnica, do somatório dos quantitativos de cada consorciado e, para efeito de habilitação econômico-financeira, do somatório dos valores de cada consorciado;

IV - impedimento de a empresa consorciada participar, na mesma licitação, de mais de um consórcio ou de forma isolada;

V - responsabilidade solidária dos integrantes pelos atos praticados em consórcio, tanto na fase de licitação quanto na de execução do contrato.

Dispositivos correspondentes na Lei nº 8.666/1993:

Art. 33. Quando permitida na licitação a participação de empresas em consórcio, observar-se-ão as seguintes normas:

I - comprovação do compromisso público ou particular de constituição de consórcio, subscrito pelos consorciados;

II - indicação da empresa responsável pelo consórcio que deverá atender às condições de liderança, obrigatoriamente fixadas no edital;

III - apresentação dos documentos exigidos nos arts. 28 a 31 desta Lei por parte de cada consorciado, admitindo-se, para efeito de qualificação técnica, o somatório dos quantitativos de cada consorciado, e, para efeito de qualificação econômico-financeira, o somatório dos valores de cada consorciado, na proporção de sua respectiva participação, podendo a Administração estabelecer, para o consórcio, um acréscimo de até 30% (trinta por cento) dos valores exigidos para licitante individual, inexigível este acréscimo para os consórcios compostos, em sua totalidade, por micro e pequenas empresas assim definidas em lei;

IV - impedimento de participação de empresa consorciada, na mesma licitação, através de mais de um consórcio ou isoladamente;

V - responsabilidade solidária dos integrantes pelos atos praticados em consórcio, tanto na fase de licitação quanto na de execução do contrato.

§ 1º No consórcio de empresas brasileiras e estrangeiras a liderança caberá, obrigatoriamente, à empresa brasileira, observado o disposto no inciso II deste artigo.

§ 2º O licitante vencedor fica obrigado a promover, antes da celebração do contrato, a constituição e o registro do consórcio, nos termos do compromisso referido no inciso I deste artigo.

Dispositivos correlatos na Lei nº 12.462/2011:

Art. 14. Na fase de habilitação das licitações realizadas em conformidade com esta Lei, aplicar-se-á, no que couber, o disposto nos arts. 27 a 33 da Lei nº 8.666, de 21 de junho de 1993, observado o seguinte: [...]

Parágrafo único. Nas licitações disciplinadas pelo RDC:

I - será admitida a participação de licitantes sob a forma de consórcio, conforme estabelecido em regulamento;

Nas palavras de Andrea Ache e Renato Fenili, consórcios "são coligações, ou sociedades relacionadas via controle, cuja sociedade associativa é formada por contrato."[306]

O dispositivo trata da possibilidade de empresas se consorciarem para participar em licitação. Muda o sentido em relação à Lei nº 8666/1993. Lá, era vedada a participação em consórcio. Aqui, a regra é a participação em consórcio[307], e se a Administração decidir vedar a participação, deverá justificar nos autos do processo.

Há um detalhe interessante a ser destacado, quando o dispositivo prevê a "vedação devidamente justificada no processo licitatório". Entendemos que também a própria justificativa deverá integrar o termo de referência ou projeto básico, não só para facilitar o controle social, mas também para que os próprios licitantes conheçam a motivação em peça que integra o edital e, portanto, também está sujeita a impugnação.

Se não constar dos anexos do edital, os interessados têm direito a conhecer a motivação, pela Lei de Acesso à Informação. Inexistente a justificativa, a decisão é nula. Se existente, mas não conforme à lógica, pode o interessado opor argumentos conforme sua interpretação. A nulidade pode ser apreciada pelos órgãos de controle interno e externo e pelo judiciário. A lógica se insere no mérito do ato administrativo, inerente ou não ao princípio jurídico da razoabilidade e, portanto, com limitações ao controle.

Note que a lei permite a participação em consórcio e que a Administração Pública pode opor-se, mediante justificativa conforme à lei e à razão. Não é possível, porém, limitar a participação a consórcios de empresas.

O dispositivo não aproveita uma estrutura normativa recente, a figura da Sociedade de Propósito Específico – SPE poderia ser equiparada ao consórcio para efeito de futuras licitações. Assim, poderia haver o compromisso de se constituir uma SPE para futura licitação. A lei poderia ter avançado nesse sentido.

No caso da SPE, isso ficaria ainda mais seguro sob o ponto de vista jurídico, pois ter-se-ia apenas uma pessoa jurídica, mas a solidariedade prevista no inc. V

---

[306] Ache, Andrea. Fenili, Renato. A lei de licitações e contratos: visão sistêmica. Das licitações: planejamento e seleção do fornecedor. Arts. 1-71. 1ª ed. Guarulhos, SP: Format Comunicação Gráfica e Editora, 2022.
[307] TORRES, Ronny Charles Lopes de. Leis de licitações públicas comentadas. 12. ed. rev. ampl. e atual. São Paulo: Ed. Juspodivm, 2021. p. 121 e 122: "O consórcio de empresas é formado pela associação de companhias ou quaisquer outras sociedades, sob o mesmo controle ou não, com propósito da execução de determinado empreendimento. Normalmente, tal associação ocorre quando a complexidade ou tamanho do empreendimento exige a reunião de empresas que, isoladamente, não teriam condições ou interesse na execução do empreendimento".

deixaria de existir, pois na SPE, cada um pode limitar por ato constitutivo a sua própria responsabilidade.

Art. 15, § 1º

> Art. 15. Salvo vedação devidamente justificada no processo licitatório, pessoa jurídica poderá participar de licitação em consórcio, observadas as seguintes normas:
> [...]
> § 1º O edital deverá estabelecer para o consórcio acréscimo de 10% (dez por cento) a 30% (trinta por cento) sobre o valor exigido de licitante individual para a habilitação econômico-financeira, salvo justificação.

Dispositivos correspondentes na Lei nº 8.666/1993: não há.

De maneira inovadora, a nova lei estabelece percentual mínimo de 10% (dez por cento) de acréscimo sobre o valor exigido de licitante individual para a habilitação econômico-financeira, sendo mantido o percentual máximo de 30% (trinta por cento) tal como a legislação anterior.

Agora, de maneira oposta à Lei nº 8.666/1993, em que o mencionado acréscimo se tratava de uma faculdade e dispensava motivação, o novo regramento torna obrigatório o acréscimo, salvo justificação.

Art. 15, § 2º

> Art. 15. Salvo vedação devidamente justificada no processo licitatório, pessoa jurídica poderá participar de licitação em consórcio, observadas as seguintes normas:
> [...]
> § 2º O acréscimo previsto no § 1º deste artigo não se aplica aos consórcios compostos, em sua totalidade, de microempresas e pequenas empresas, assim definidas em lei.

Dispositivos correspondentes na Lei nº 8.666/1993: não há.

Art. 15, § 3º

> Art. 15. Salvo vedação devidamente justificada no processo licitatório, pessoa jurídica poderá participar de licitação em consórcio, observadas as seguintes normas:
> [...]
> § 3º O licitante vencedor é obrigado a promover, antes da celebração do contrato, a constituição e o registro do consórcio, nos termos do compromisso referido no inciso I do *caput* deste artigo.

Dispositivos correspondentes na Lei nº 8.666/1993: não há.

O inciso I não trata do documento de constituição do consórcio, mas do documento que formaliza o compromisso de virem no futuro a constituir o consórcio. E, mais: o compromisso só precisa ser cumprido ou concretizado, se a proposta for vencedora da licitação. Se não for vencedora, não há qualquer relação entre os licitantes. Por isso, é comum que nesse documento seja indicada a licitação específica.

Juridicamente é um ato com validade sujeito a condição; incorrendo essa o ato não tem mais validade; os interessados ficam desonerados do compromisso de constituir consórcio. Se no futuro, a Administração Pública decidir contratar um licitante remanescente da licitação e este for formado em consórcio, o compromisso entre as empresas não se reestabelece. Em outras palavras, os que firmaram o compromisso não estão mais sujeitos ao compromisso de constituir consórcio; podem decidir constituir, por nova manifestação de vontade formalizada entre si. A Administração Pública nesse caso, pode e deve solicitar que ratifiquem o compromisso.

15.1. Desistência do compromisso ou ocorrência de fato superveniente

Diferentemente da situação anterior, pode ocorrer de um dos que firmaram o compromisso depois de vencerem a licitação desistir do compromisso ou, em decorrência de fato superveniente, ser impossível a formalização do consórcio.

O tema é tratado no § 5º deste artigo, que preferimos tratar em separado.

15.2. Prazo para formalização do consórcio

Qual é o prazo limite para que o compromisso seja efetivado?

A Lei preferiu tratar do tema no § 3º, estabelecendo que "o licitante vencedor é obrigado a promover, antes da celebração do contrato, a constituição e o registro do consórcio, nos termos do compromisso referido no inciso I do caput deste artigo."

Na prática, tem-se várias possibilidades para os licitantes que apresentam proposta junto com os futuros integrantes do consórcio concretizar esse compromisso. A resposta pode ser definida no edital ou pelos próprios integrantes do consórcio.

Pode a Administração Pública definir prazo inferior ao máximo indicado no referido § 3º? A resposta é negativa, porque a partir do momento que a lei assegurou aos licitantes esse prazo, criou o direito subjetivo em favor dos futuros integrantes do consórcio.

Nesta segunda situação, o limite de tempo máximo será o admitido pelo edital ou pela lei. Sendo omisso o edital, o prazo máximo corresponde ao que o edital define para os licitantes, quando convocados, após vencerem a licitação, compareçam para assinar o contrato. Por esse motivo, a norma do parágrafo terceiro guarda uma lógica perfeita, pois para assumir o compromisso de executar o objeto, esse deverá ser firmado por pessoa capaz, no caso, pessoa jurídica capaz.

Embora o objeto da licitação seja muitas vezes esperado com prazo definido, é comum razoável tolerância para a formalização se todos os integrantes do consórcio comparecem.

Podem os licitantes ainda, constituírem o consórcio antes da licitação. Esse fato, embora não frequente, ocorre quando as empresas têm relações bem definidas e visam determinado segmento de serviços e obras, com frequência licitados, como saneamento e infraestrutura.

Art. 15, inc. II

> Art. 15. Salvo vedação devidamente justificada no processo licitatório, pessoa jurídica poderá participar de licitação em consórcio, observadas as seguintes normas:
> [...]
> II - indicação da empresa líder do consórcio, que será responsável por sua representação perante a Administração;

Dispositivos correspondentes na Lei nº 8.666/1993: não há.

A declaração de vontade de formar o consórcio e a futura formalização, conforme o inciso deve indicar a empresa líder do consórcio, "que será responsável por sua representação perante a Administração".

Anteriormente, a Lei nº 8.666/1993 e o Decreto-Lei nº 2.300, de 21 de novembro de 1986 definiam que a liderança do consórcio formado com empresas brasileiras e estrangeiras deveria caber a empresa brasileira. A nova lei, não mais faz essa exigência.

A liderança não exige maior capacidade técnica ou financeira ou maior percentual de participação. É uma deliberação completamente livre dos interessados, sem exigência legal.

Art. 15, inc. III e §§ 1º e 2º

> Art. 15. Salvo vedação devidamente justificada no processo licitatório, pessoa jurídica poderá participar de licitação em consórcio, observadas as seguintes normas:
> [...]
> III - admissão, para efeito de habilitação técnica, do somatório dos quantitativos de cada consorciado e, para efeito de habilitação econômico-financeira, do somatório dos valores de cada consorciado;

Em relação ao inc. III, é preciso considerar que:

a) a habilitação jurídica e a regularidade fiscal devem ser integral de cada um dos participantes do consórcio;

b) para efeito de habilitação técnica, a lei admite o somatório dos quantitativos de cada consorciado, regra que deve ser considerada com a admissão ao edital a relativizar esse direito; e

c) a habilitação econômico-financeira, também deve ser feita pelo somatório dos valores de cada consorciado.

A definição da habilitação técnica pelo edital como regra deve admitir a soma, mas pode ser relativizada. Isso porque existem somas que não podem ser feitas. Exemplo: se o edital exigir que o licitante tenha realizado antes uma ponte com vão livre de 1000 (mil) metros. Não poderá cada um dos licitantes integrantes do consórcio apresentar o seu atestado de 50% (cinquenta por cento) dessa exigência. A regra é que se soma, mas tem questões técnicas que não podem ser somadas as quais devem ser disciplinadas pelo edital, com motivação inserida no Termo de Referência ou Projeto Básico, sempre que possível.

Sobre a inserção de justificativa nesses documentos consulte os comentários ao caput deste artigo.

Sobre a habilitação econômico-financeira importante considerar três normas. A primeira, inserida no inciso III, no sentido que o edital deve admitir a soma e as duas normas seguintes inseridas neste mesmo artigo:

§ 1º O edital deverá estabelecer para o consórcio acréscimo de 10% (dez por cento) a 30% (trinta por cento) sobre o valor exigido de licitante individual para a habilitação econômico-financeira, salvo justificação.

§ 2º O acréscimo previsto no § 1º deste artigo não se aplica aos consórcios compostos, em sua totalidade, de microempresas e pequenas empresas, assim definidas em lei.

O objetivo da lei foi permitir a Administração Pública que aumentasse a exigência econômico-financeira porque concorre mais de uma empresa junta na mesma proposta. Assim, permitiu certo poder discricionário.

O direito de aumentar a qualificação econômico-financeira foi balizado com o percentual máximo de 30% (trinta por cento) e mínimo de 10% (dez por cento). O legislador, porém, definiu que não há acréscimo se o consórcio for formado integralmente por microempresas e pequenas empresas. Deve-se compreender que tanto pode ser formado na totalidade por microempresas, na totalidade por pequenas empresas, ou na totalidade por micro e pequena empresa.

Deve-se notar que a lei definiu esse balizamento, mas admitiu que mediante justificativa fosse superado. Pode a Administração Pública justificar, por exemplo, que para ampliar a competição deixará de acrescer limites à qualificação dos consórcios em relação ao licitante individual. Ou, por motivo diferente, como por exemplo a desnecessidade de maior segurança econômico-financeira pela natureza do objeto, como serviço ou fornecimento.

Ultrapassar o balizamento superior, ou seja 30% (trinta por cento), não é de ocorrência comum, fato, se ocorrer, exigirá justificativa mais consistente.

Art. 15, inc. IV

> Art. 15. Salvo vedação devidamente justificada no processo licitatório, pessoa jurídica poderá participar de licitação em consórcio, observadas as seguintes normas:
> [...]
> IV - impedimento de a empresa consorciada participar, na mesma licitação, de mais de um consórcio ou de forma isolada;

Dispositivos correspondentes na Lei nº 8.666/1993: não há.

A lei define nesse inciso uma vedação categórica: o impedimento da empresa consorciada participar, na mesma licitação, de mais de um consórcio ou de forma isolada.

Considera a lei que esse fato prejudica uma disputa efetiva. Trata-se de norma "herdada" da legislação anterior, muito avesso a arranjos produtivos. Não há razão que justifique essa vedação.

Tome em linha de consideração a seguinte situação: o objeto tem parte de fornecimento e serviço. Poderia uma fábrica consorciar-se com mais de um prestador de serviço, com arranjos internos distintos para cada consórcio, em razão de políticas negociais específicas. Dependendo da proporção do fornecimento em relação ao serviço pode até correr de o fabricante não conhecer o valor da proposta final, no momento da apresentação da proposta.

Perceba que a lei deve evoluir, como o intérprete deve evoluir, para que o Direito não seja uma barreira para o desenvolvimento da Administração Pública.

Art. 15, inc. V

> Art. 15. Salvo vedação devidamente justificada no processo licitatório, pessoa jurídica poderá participar de licitação em consórcio, observadas as seguintes normas:
> [...]
> V - responsabilidade solidária dos integrantes pelos atos praticados em consórcio, tanto na fase de licitação quanto na de execução do contrato.

Dispositivos correspondentes na Lei nº 8.666/1993: não há.

O inciso estabelece que há "responsabilidade solidária dos integrantes pelos atos praticados em consórcio, tanto na fase de licitação quanto na de execução do contrato."

Deve ser considerada a regra que a solidariedade entre pessoas e empresas ou provém da lei ou decorre da vontade das partes, surgindo aí questão interessante a ser considerada. Nesse caso, é evidente que a lei estabeleceu a responsabilidade solidária, e por isso se sobrepõem à vontade das partes que podem, em termos do consórcio, pretender decidir o assunto de forma diversa. A lei estabelece responsabilidade solidária independente das partes terem estabelecido situação diversa no consórcio.

Aconselha-se que, ainda assim, se estabeleça uma matriz de risco entre os consorciados, de modo que, em uma eventual ação regressiva, seja mais fácil comprovar a quem competia a responsabilidade da parte da execução. Trata-se de verdadeira *res inter alios*, que serve apenas para proteger os consorciados entre si. À Administração não interessa, porque ela já está protegida com cláusula legal de solidariedade que é inerente à formação do consórcio. Portanto, agora a definição de uma matriz de risco e de responsabilidade entre os integrantes é medida sugerida para melhorar as ações futuras entre si. No mesmo diapasão, podem os integrantes do consórcio definir, internamente, cláusulas penais para assegurar o compromisso que assumirem, inclusive em proporções diferentes.

Art. 15, § 4º

Art. 15. Salvo vedação devidamente justificada no processo licitatório, pessoa jurídica poderá participar de licitação em consórcio, observadas as seguintes normas: [...]

§ 4º Desde que haja justificativa técnica aprovada pela autoridade competente, o edital de licitação poderá estabelecer limite máximo para o número de empresas consorciadas.

Dispositivos correspondentes na Lei nº 8.666/1993: não há.

O § 4º merece comentário à parte.

O legislador tratou de assegurar uma capacidade de gestão presumida. Considere uma obra sendo executada por 60 (sessenta) ou 70 (setenta) empresas consorciadas. Até a gestão delas ficaria dificultada pela quantidade de atores envolvidos. Assim, a lei passa a definir a possibilidade de a Administração justificadamente estabelecer número máximo de consorciados que admite.

Lembre-se que essa regra deve ser lida com a nova orientação do caput do dispositivo. Antes, como regra, estava vedada a participação em consórcio e a

Administração por justificativa, podia abrir mão dessa regra. Se agora é vedado restringir a participação em consórcio, sem justificativa, com muito mais razão a justificativa para limitar o número de integrantes do consórcio deve merecer uma justificativa consistente.

Art. 15, § 5º

> Art. 15. Salvo vedação devidamente justificada no processo licitatório, pessoa jurídica poderá participar de licitação em consórcio, observadas as seguintes normas: [...]
>
> § 5º A substituição de consorciado deverá ser expressamente autorizada pelo órgão ou entidade contratante e condicionada à comprovação de que a nova empresa do consórcio possui, no mínimo, os mesmos quantitativos para efeito de habilitação técnica e os mesmos valores para efeito de qualificação econômico-financeira apresentados pela empresa substituída para fins de habilitação do consórcio no processo licitatório que originou o contrato.

Dispositivos correspondentes na Lei nº 8.666/1993: não há.

Dispositivos correspondentes no Decreto nº 7.581/2011 (que regulamenta o RDC):
Art. 51. Quando permitida a participação na licitação de pessoas jurídicas organizadas em consórcio, serão observadas as seguintes condições: [...]
§ 4º A substituição de consorciado deverá ser expressamente autorizada pelo órgão ou entidade contratante.

Pode ocorrer de após as empresas firmarem o compromisso de formalizar o consórcio, alguma delas desistir do compromisso, ou por fato superveniente se tornar impossível a participação.

Num país em que o denuncismo não tem contenção ou reparação judicial eficiente, com o judiciário lento e um controle casuísta, pode uma empresa sólida de uma hora para outra ficar impedida de participar de licitação. Do mesmo modo, uma economia e a superveniência de legislação trabalhista e tributária podem afetar compromissos negociais. A Administração Pública, no entanto, deve ficar protegida e o § 5º baliza essas possibilidades.

Note que os futuros integrantes ao assumirem o compromisso de constituírem e formalizarem, mediante registro um futuro consórcio, criam duas e distintas relações: uma perante a Administração Pública e outra entre si próprios.

Esse dispositivo trata da primeira relação e traz a figura da substituição do consorciado estabelecendo, de forma razoável, que a nova empresa que venha a substituir uma das empresas do consórcio possua, no mínimo, os mesmos quantitativos de habilitação técnica e de qualificação econômico-financeira que a empresa substituída para fins de habilitação do consórcio no processo licitatório. Essa baliza serve tanto para a substituição entre o compromisso firmado ou durante toda a execução do contrato. Uma perfeita adequação no sentido de se manter a expertise, a capacidade e a competência do consórcio com a substituição de um ou alguns dos consorciados.

A jurisprudência anterior já admitia essa possibilidade, inclusive diante de falência, concordata de empresas, e até na situação específica de a empresa vir a ser declarada inidônea[308].

A substituição tem que ser expressamente autorizada pelo órgão ou autoridade contratante. Essa autorização não é ato vinculado. É um ato discricionário, mas também sujeito a motivação e a motivação tanto há de garantir a prevalência do interesse público como pode ser aferida pelo Judiciário posteriormente. Portanto, a substituição não é de frequente ocorrência, como não há notícia de recusa pela Administração Pública.

E se os integrantes do consórcio não conseguirem substituto?

Há distintos efeitos, dependendo da época da ocorrência. Se antes do julgamento da licitação, a Administração Pública terá menos prejuízos e, por consequência, pode dispensar uma penalização. Se entre a licitação e a contratação, há presumível prejuízo em relação a proposta mais vantajosa. Há maior prejuízo ao interesse público se ocorrer no curso da execução do contrato[309].

Em todos esses casos, o consórcio é o inadimplente e todos os seus integrantes poderão ser responsabilizados. O prudente julgamento, com as garantias constitucionais da ampla defesa, do contraditório e do devido processo legal, com a atenção do título IV, capítulo I, podem auxiliar na decisão.

---

[308] Acórdão nº 1246/2020 – Plenário – TCU. O Tribunal de Contas da União exarou decisão no ano de 2020 indicando a impossibilidade de prorrogação de contrato junto à empresa "sucessora" de outra declarada inidônea.

[309] Em sentido semelhante, o autor Ronny Charles Lopes de Torres faz ponderações acerca de eventual possibilidade de supressão de empresa consorciada, pontuando que: "Há situações nas quais as empresas consorciadas, interessadas na execução contratual, pleiteiam sua continuidade, porque agora estas já possuem todas as condições exigidas pelo edital e contrato (ocorre, por exemplo, quando estas empresas ampliaram sua experiência técnica ou capacidade econômica). Nesta hipótese, acreditamos que será razoável admitir a continuidade da execução contratual, prestigiando-se a eficiência e a busca pelo atendimento do interesse público perseguido com a contratação, abrindo-se processo para apuração de responsabilidade e aplicação de sanção proporcional, à empresa desistente (se sua desistência não for legítima). Obviamente, se alguma nuance indicar que tal supressão comprometeu valores maiores como a moralidade, a competitividade ou a isonomia, ela poderá não ser aceita pela Administração." (TORRES, Ronny Charles Lopes de. Leis de licitações públicas comentadas. São Paulo: Juspodivm, 2021. p. 124).

16. Art. 16, caput

> Art. 16. Os profissionais organizados sob a forma de cooperativa poderão participar de licitação quando:

Dispositivos correspondentes na Lei nº 8.666/1993:

Art. 3º. § 1º É vedado aos agentes públicos:

I - admitir, prever, incluir ou tolerar, nos atos de convocação, cláusulas ou condições que comprometam, restrinjam ou frustrem o seu caráter competitivo, inclusive nos casos de sociedades **cooperativas**, e estabeleçam preferências ou distinções em razão da naturalidade, da sede ou domicílio dos licitantes ou de qualquer outra circunstância impertinente ou irrelevante para o específico objeto do contrato, ressalvado o disposto nos §§ 5º a 12 deste artigo e no art. 3º da Lei no 8.248, de 23 de outubro de 1991;

Dispositivos pertinentes da Lei nº 14.133/2021, além do art. 16:

Art. 9º. É vedado ao agente público designado para atuar na área de licitações e contratos, ressalvados os casos previstos em lei:

I - admitir, prever, incluir ou tolerar, nos atos que praticar, situações que:

a) comprometam, restrinjam ou frustrem o caráter competitivo do processo licitatório, inclusive nos casos de participação de sociedades **cooperativas**;

Art. 75. É dispensável a licitação:

IV - para contratação que tenha por objeto:

j) coleta, processamento e comercialização de resíduos sólidos urbanos recicláveis ou reutilizáveis, em áreas com sistema de coleta seletiva de lixo, realizados por associações ou **cooperativas** formadas exclusivamente de pessoas físicas de baixa renda reconhecidas pelo poder público como catadores de materiais recicláveis, com o uso de equipamentos compatíveis com as normas técnicas, ambientais e de saúde pública;

Art. 141. No dever de **pagamento** pela Administração, será observada a ordem cronológica para cada fonte diferenciada de recursos, subdividida nas seguintes categorias de contratos:

§ 1º A ordem cronológica referida no caput deste artigo poderá ser alterada, mediante prévia justificativa da autoridade competente e posterior comunicação ao órgão de controle interno da Administração e ao tribunal de contas competente, exclusivamente nas seguintes situações: [...]

II - pagamento a microempresa, empresa de pequeno porte, agricultor familiar, produtor rural pessoa física, microempreendedor individual e sociedade **cooperativa**, desde que demonstrado o risco de descontinuidade do cumprimento do objeto do contrato;

A nova lei de licitações deu tratamento adequado à cooperativa. Pode e deve ser dispensado o estudo da legislação anterior a 2012 e toda jurisprudência erigida sobre este tema, antes do marco legal desse ano[310].

Por exemplo, está superada a súmula nº 281 do TCU[311], vez que a lei regulou inteiramente o tema, aliás em coerência com essa súmula.

---

[310] BRASIL. Lei nº 12.690, de 19 de julho de 2012. Dispõe sobre a organização e o funcionamento das Cooperativas de Trabalho; institui o Programa Nacional de Fomento às Cooperativas de Trabalho - PRONACOOP; e revoga o parágrafo único do art. 442 da Consolidação das Leis do Trabalho - CLT, aprovada pelo Decreto-Lei nº 5.452, de 1º de maio de 1943.

[311] Enunciado de Súmula nº 281 do Tribunal de Contas da União: é vedada a participação de cooperativas em licitação quando, pela natureza do serviço ou pelo modo como é usualmente executado no mercado em geral, houver necessidade de subordinação jurídica entre o obreiro e o contratado, bem como de pessoalidade e habitualidade.

Não procede a afirmação que a lei foi insensível a essa forma de organização do trabalho. Ao contrário, definiu que não pode haver preterição na competição em razão de o licitante ser cooperativa; manteve a dispensa de licitação na coleta e tratamento de resíduos sólidos e inovou colocando a cooperativa entre os que têm preferência no recebimento de valores.

Duas polêmicas existiam antes: a primeira pertinente a isonomia na competição com os demais licitantes, sob o argumento de que a Constituição Federal[312] admitia a redução da carga tributária em favor do trabalho cooperado. A segunda diz respeito ao fato de que, muitas vezes, empresas se "disfarçavam" de cooperativas, para poder ter, por exemplo, benefícios tributários ao participar do certame.

Esse abuso é o que justifica a lei inserir dispositivo saindo do cenário da licitação e regular também a fiscalização da própria cooperativa. Importante lembrar ainda que o art. 3º da Lei Complementar nº 123[313], em seu § 4º, veda o tratamento preferencial das cooperativas nas licitações, exceto se for uma cooperativa de consumo.

Na Constituição foi previsto, no art. 146 que cabe à lei complementar, "estabelecer normas gerais em matéria de legislação tributária, especialmente sobre" o "adequado tratamento tributário ao ato cooperativo praticado pelas sociedades cooperativas."

Referida Lei Complementar ainda não foi editada, embora exista a Lei Complementar nº 130, de 17 de abril de 2009, que trata do crédito cooperativo.

Por esse motivo, a matéria ainda está em exame no Supremo Tribunal Federal, inclusive em repercussão geral, em Recurso Extraordinário. No fechamento dos

---

É vedada a participação de cooperativas em licitação quando, pela natureza do serviço ou pelo modo como é usualmente executado no mercado em geral, houver necessidade de subordinação jurídica entre o obreiro e o contratado, bem como de pessoalidade e habitualidade.
Note, por exemplo, o que dispõe a Lei nº 12.690, de 19 de julho de 2012.: Art. 5º A Cooperativa de Trabalho não pode ser utilizada para intermediação de mão de obra subordinada.
[312] Art. 146. Cabe à lei complementar: [...] III - estabelecer normas gerais em matéria de legislação tributária, especialmente sobre: [...] c) adequado tratamento tributário ao ato cooperativo praticado pelas sociedades cooperativas.
[313] BRASIL. Lei Complementar nº 123, de 14 de dezembro de 2006. Instituí o Estatuto Nacional da Microempresa e da Empresa de Pequeno Porte; altera dispositivos das Leis no 8.212 e 8.213, ambas de 24 de julho de 1991, da Consolidação das Leis do Trabalho - CLT, aprovada pelo Decreto-Lei no 5.452, de 1o de maio de 1943, da Lei no 10.189, de 14 de fevereiro de 2001, da Lei Complementar no 63, de 11 de janeiro de 1990; e revoga as Leis no 9.317, de 5 de dezembro de 1996, e 9.841, de 5 de outubro de 1999.

trabalhos desta edição o STF havia decidido pela incidência de PIS.[314] O mesmo ocorreu em relação ao CONFINS.[315]

Art. 16, inc. I

> Art. 16. Os profissionais organizados sob a forma de cooperativa poderão participar de licitação quando:
>
> I - a constituição e o funcionamento da cooperativa observarem as regras estabelecidas na legislação aplicável, em especial a Lei nº 5.764, de 16 de dezembro de 1971, a Lei nº 12.690, de 19 de julho de 2012, e a Lei Complementar nº 130, de 17 de abril de 2009;

Dispositivos correspondentes na Lei nº 8.666/1993: Não há.

Exige-se para participar da licitação que a constituição e o funcionamento da cooperativa observem as regras estabelecidas na legislação aplicável. Como se verifica, exigiu então a lei que, para participar da licitação, fiscalize-se a constituição e o funcionamento da cooperativa na forma da legislação.

A redação é imprópria, pois o máximo que se pode esperar do Agente da Contratação é que fiscalize a execução do objeto do contrato. Nada além disso. Sobre a censura a obrigar servidores e empregados públicos a exercerem fiscalização, consulte o capítulo 12, do livro Terceirização[316].

O destaque na Lei nº 5.764/1971[317] são os artigos 4º e 21, que definem regras compulsórias para o funcionamento da cooperativa. Portanto, na fase da licitação, em havendo participação de cooperativa, além das atribuições normais de um procedimento licitatório, deve a Administração verificar se o estatuto da cooperativa apresenta os requisitos do art. 21. Os requisitos do art. 4º não são aferíveis pela documentação. Note:

Lei nº 5.764/1971 - Política Nacional de Cooperativismo

---

[314] Excerto de ementa do Acórdão: "apreciando o tema 323 da repercussão geral, em acolher os embargos de declaração para prestar esclarecimentos, sem efeitos infringentes, fixando tese nos seguintes termos: "A receita auferida pelas cooperativas de trabalho decorrente dos atos (negócios jurídicos) firmados com terceiros se insere na materialidade da contribuição ao PIS/PASEP". RE 599362 ED / RJ, Brasília, 18 de agosto de 2016. MINISTRO DIAS TOFFOLI Relator.

[315] 11. Ex positis, dou provimento ao recurso extraordinário para declarar a incidência da COFINS sobre os atos (negócios jurídicos) praticados pela recorrida com terceiros tomadores de serviço, resguardadas as exclusões e deduções legalmente previstas. Ressalvo, ainda, a manutenção do acórdão recorrido naquilo que declarou inconstitucional o § 1º do art. 3º da Lei nº 9.718/98, no que ampliou o conceito de receita bruta. RE 598085 / RJ. Brasília, 6 de novembro de 2014. Ministro LUIZ FUX – Relator.

[316] Terceirização: Legislação, doutrina e jurisprudência. Jorge Ulisses Jacoby Fernandes, Murilo Jacoby Fernandes (Coord.) - 2 ed. rev. ampl. - Belo Horizonte: Fórum, 2018.

[317] BRASIL. Lei nº 5.764, de 16 de dezembro de 1971. Define a Política Nacional de Cooperativismo, institui o regime jurídico das sociedades cooperativas, e dá outras providências.

Art. 4º. As cooperativas são sociedades de pessoas, com forma e natureza jurídica próprias, de natureza civil, não sujeitas a falência, constituídas para prestar serviços aos associados, distinguindo-se das demais sociedades pelas seguintes características:

I - adesão voluntária, com número ilimitado de associados, salvo impossibilidade técnica de prestação de serviços;

II - variabilidade do capital social representado por quotas-partes;

III - limitação do número de quotas-partes do capital para cada associado, facultado, porém, o estabelecimento de critérios de proporcionalidade, se assim for mais adequado para o cumprimento dos objetivos sociais;

IV - incessibilidade das quotas-partes do capital a terceiros, estranhos à sociedade;

V - singularidade de voto, podendo as cooperativas centrais, federações e confederações de cooperativas, com exceção das que exerçam atividade de crédito, optar pelo critério da proporcionalidade;

VI - quórum para o funcionamento e deliberação da Assembleia Geral baseado no número de associados e não no capital;

VII - retorno das sobras líquidas do exercício, proporcionalmente às operações realizadas pelo associado, salvo deliberação em contrário da Assembleia Geral;

VIII - indivisibilidade dos fundos de Reserva e de Assistência Técnica Educacional e Social;

IX - neutralidade política e discriminação religiosa, racial e social;

X - prestação de assistência aos associados, e, quando previsto nos estatutos, aos empregados da cooperativa;

XI - área de admissão de associados limitada às possibilidades de reunião, controle, operações e prestação de serviços. [...]

Art. 21. O estatuto da cooperativa, além de atender ao disposto no artigo 4º, deverá indicar:

I - a denominação, sede, prazo de duração, área de ação, objeto da sociedade, fixação do exercício social e da data do levantamento do balanço geral;

II - os direitos e deveres dos associados, natureza de suas responsabilidades e as condições de admissão, demissão, eliminação e exclusão e as normas para sua representação nas assembleias gerais;

III - o capital mínimo, o valor da quota-parte, o mínimo de quotas-partes a ser subscrito pelo associado, o modo de integralização das quotas-partes, bem como as condições de sua retirada nos casos de demissão, eliminação ou de exclusão do associado;

IV - a forma de devolução das sobras registradas aos associados, ou do rateio das perdas apuradas por insuficiência de contribuição para cobertura das despesas da sociedade;

V - o modo de administração e fiscalização, estabelecendo os respectivos órgãos, com definição de suas atribuições, poderes e funcionamento, a representação ativa e passiva da sociedade em juízo ou fora dele, o prazo do mandato, bem como o processo de substituição dos administradores e conselheiros fiscais;

VI - as formalidades de convocação das assembleias gerais e a maioria requerida para a sua instalação e validade de suas deliberações, vedado o direito de voto aos que nelas tiverem interesse particular sem privá-los da participação nos debates;

VII - os casos de dissolução voluntária da sociedade;

VIII - o modo e o processo de alienação ou oneração de bens imóveis da sociedade;

IX - o modo de reformar o estatuto;

X - o número mínimo de associados.

XI - se a cooperativa tem poder para agir como substituta processual de seus associados, na forma do art. 88-A desta Lei. (Incluído pela Lei nº 13.806, de 2019)

Recomenda-se ao Agente de Contratação atentar para a vedação que existe na **Lei nº 12.690, de 19 de julho de 2012,** dispondo sobre restrições ao objeto licitável. Note:

Lei nº 12.690/2012 - Cooperativas de Trabalho

Art. 1º. A Cooperativa de Trabalho é regulada por esta Lei e, no que com ela não colidir, pelas Leis n.º 5.764, de 16 de dezembro de 1971, que define a Política Nacional de Cooperativismo, institui o regime jurídico das sociedades cooperativas, e dá outras providências e 10.406, de 10 de janeiro de 2002, que institui o Código Civil.

Parágrafo único. Estão excluídas do âmbito desta Lei:

I - as cooperativas de assistência à saúde na forma da legislação de saúde suplementar;

II - as cooperativas que atuam no setor de transporte regulamentado pelo poder público e que detenham, por si ou por seus sócios, a qualquer título, os meios de trabalho;

III - as cooperativas de profissionais liberais cujos sócios exerçam as atividades em seus próprios estabelecimentos; e

IV - as cooperativas de médicos cujos honorários sejam pagos por procedimento.

Art. 5º. A Cooperativa de Trabalho não pode ser utilizada para intermediação de mão de obra subordinada.

Art. 16, inc. II

Art. 16. Os profissionais organizados sob a forma de cooperativa poderão participar de licitação quando: [...]

II - a cooperativa apresentar demonstrativo de atuação em regime cooperado, com repartição de receitas e despesas entre os cooperados;

Dispositivos correspondentes na Lei nº 8.666/1993: não há.

Esse dispositivo se vincula explicitamente ao que foi registrado no caput. Não se pode permitir a participação de uma empresa disfarçada de cooperativa. É necessário que haja repartição de lucro e repartição de despesas entre os cooperados, na forma de sua participação.

A legislação anterior a LLCA dispunha sobre a repartição de receitas e saldos financeiros, nesse mesmo sentido.[318]

Para evitar trabalhos internos na cooperativa é suficiente que o Agente de Contratação e o fiscal do contrato verifiquem o estatuto da cooperativa.

---

[318] BRASIL. Lei nº 12.690, de 19 de julho de 2012. Dispõe sobre a organização e o funcionamento das Cooperativas de Trabalho; institui o Programa Nacional de Fomento às Cooperativas de Trabalho - PRONACOOP; e revoga o parágrafo único do art. 442 da Consolidação das Leis do Trabalho - CLT, aprovada pelo Decreto-Lei nº 5.452, de 1º de maio de 1943.
Art. 3º. A Cooperativa de Trabalho rege-se pelos seguintes princípios e valores: [...] III - participação econômica dos membros;

Art. 16, inc. III

> Art. 16. Os profissionais organizados sob a forma de cooperativa poderão participar de licitação quando: [...]
>
> III - qualquer cooperado, com igual qualificação, for capaz de executar o objeto contratado, vedado à Administração indicar nominalmente pessoas;

Dispositivos correspondentes na Lei nº 8.666/1993: não há.

Esse dispositivo vincula-se diretamente à questão da cessão de mão de obra – conhecida informalmente como terceirização de mão de obra – e constitui-se da vedação de que se utilize de uma cooperativa para contratar pessoa específica. Esse não é objetivo da cooperativa.

A cooperativa tem o objetivo que seus cooperados possam prestar serviço indistintamente. Na prática, muitas vezes tanto o trabalhador cooperado, como o tomador dos serviços terão suas preferências, mas na relação com a Administração Pública deverá ser garantida a impessoalidade. Assim, qualquer cooperado com igual qualificação pode prestar determinado serviço.

No âmbito formal não é possível indicar preferências, mesmo porque as contratações públicas devem observar o princípio da impessoalidade. Ver comentários sobre a aplicação de princípios no art. 5º.

Note que ainda é importante que a cooperativa declare o fiel atendimento do disposto no art. 7º, inc. III, art. 14 e art. 48, parágrafo único da <u>Lei nº 14.133/2021</u>. Recomenda-se copiar esses dispositivos na declaração sugerida, a qual deve ser juntada aos autos.

Art. 16, inc. IV

> Art. 16. Os profissionais organizados sob a forma de cooperativa poderão participar de licitação quando: [...]
>
> IV - o objeto da licitação referir-se, em se tratando de cooperativas enquadradas na Lei nº 12.690, de 19 de julho de 2012, a serviços especializados constantes do objeto social da cooperativa, a serem executados de forma complementar à sua atuação.

Dispositivos correspondentes na Lei nº 8.666/1993: não há.

Esse é o único inciso que, na verdade, é pertinente ao tema de licitações e contratos. Todos os outros implicam em trabalho adicional da comissão de licitação e do fiscal do contrato atuarem na fiscalização de questões *interna corporis* da cooperativa.

A Lei nº 12.690/2012 estabelece o marco legal da cooperativa de trabalho[319] e, portanto, impõe a necessidade de os serviços especializados constantes do objeto social da cooperativa serem pertinentes ao objeto da licitação. Em redação dúbia, porém, o dispositivo esclarece que esses serviços devem ser "executados de forma complementar à sua atuação". Certamente o sentido de complementar não se refere aos "serviços especializados constantes do objeto social da cooperativa", mas a complementar o serviço da Administração Pública.

---

[319] Nos temos do art. 2º, da Lei nº 12.690/2021, a cooperativa de trabalho é "a sociedade constituída por trabalhadores para o exercício de suas atividades laborativas ou profissionais com proveito comum, autonomia e autogestão para obterem melhor qualificação, renda, situação socioeconômica e condições gerais de trabalho".

17. Art. 17, caput, inc. I, II, III, IV, V, VI, VII

Art. 17. O processo de licitação observará as seguintes fases, em sequência:

I - preparatória;

II - de divulgação do edital de licitação;

III - de apresentação de propostas e lances, quando for o caso;

IV - de julgamento;

V - de habilitação;

VI - recursal;

VII - de homologação.

Dispositivos correspondentes na Lei nº 8.666/1993:

Art. 38. O procedimento da licitação será iniciado com a abertura de processo administrativo, devidamente autuado, protocolado e numerado, contendo a autorização respectiva, a indicação sucinta de seu objeto e do recurso próprio para a despesa, e ao qual serão juntados oportunamente: [...]

IV - original das propostas e dos documentos que as instruírem; [...]

VII - atos de adjudicação do objeto da licitação e da sua homologação; [...]

Art. 43. A licitação será processada e julgada com observância dos seguintes procedimentos: [...]

VI - deliberação da autoridade competente quanto à homologação e adjudicação do objeto da licitação.

Dispositivos pertinentes na Lei nº 14.133/2021, além do art. 17:

Art. 165. Dos atos da Administração decorrentes da aplicação desta Lei cabem:

I - recurso, no prazo de 3 (três) dias úteis, contado da data de intimação ou de lavratura da ata, em face de:

a) ato que defira ou indefira pedido de pré-qualificação de interessado ou de inscrição em registro cadastral, sua alteração ou cancelamento;

b) julgamento das propostas;

c) ato de habilitação ou inabilitação de licitante;

d) anulação ou revogação da licitação;

e) extinção do contrato, quando determinada por ato unilateral e escrito da Administração;

II - pedido de reconsideração, no prazo de 3 (três) dias úteis, contado da data de intimação, relativamente a ato do qual não caiba recurso hierárquico.

§ 1º Quanto ao recurso apresentado em virtude do disposto nas alíneas "b" e "c" do inciso I do caput deste artigo, serão observadas as seguintes disposições:

I - a intenção de recorrer deverá ser manifestada imediatamente, sob pena de preclusão, e o prazo para apresentação das razões recursais previsto no inciso I do caput deste artigo será iniciado na data de intimação ou de lavratura da ata de habilitação ou inabilitação ou, na hipótese de adoção da inversão de fases prevista no § 1º do art. 17 desta Lei, da ata de julgamento;

II - a apreciação dar-se-á em fase única.

§ 2º O recurso de que trata o inciso I do caput deste artigo será dirigido à autoridade que tiver editado o ato ou proferido a decisão recorrida, que, se não reconsiderar o ato ou a decisão no prazo de 3 (três) dias úteis, encaminhará o recurso com a sua motivação à autoridade superior, a qual deverá proferir sua decisão no prazo máximo de 10 (dez) dias úteis, contado do recebimento dos autos.

§ 3º O acolhimento do recurso implicará invalidação apenas de ato insuscetível de aproveitamento.

§ 4º O prazo para apresentação de contrarrazões será o mesmo do recurso e terá início na data de intimação pessoal ou de divulgação da interposição do recurso.

§ 5º Será assegurado ao licitante vista dos elementos indispensáveis à defesa de seus interesses.

As fases aqui indicadas, nessa lei tem tratamento em artigo próprio. Os comentários agora apresentados devem ser complementados com a leitura ao respectivo artigo da fase.

No art. 17, a Lei estabelece as fases da licitação. A Lei nº 8.666/1993 não possuía artigo definindo as fases; a doutrina, porém, dividia em fase interna e fase externa, iniciando-se a primeira com a requisição do objeto e encerrando-se com a publicação do edital. Talvez por isso tenha se desenvolvido a ideia de a licitação começar com a declaração do pedido, sem trabalhos de adequação ao planejamento.

17.1. Licitação é etapa da despesa pública

A LLCA detalhou o processo, inclusive seguindo contribuições destes autores que há muito tempo ensinam que o pedido ou ordem para contratar, inicia-se com o exame da compatibilidade com o Plano Plurianual - PPA, com a Lei de Diretrizes Orçamentárias - LDO e com a Lei Orçamentária Anual - LOA. Contratação é despesa e toda despesa pública deve guardar harmonia com os instrumentos de gestão previstos na Constituição Federal. Durante toda a vigência da Lei nº 8.666/1993, surpreendia-nos que a ordem para a contratação fosse cumprida sem rigor de técnica e sem o zelo de verificar a exequibilidade da despesa. Indo mais longe na busca de efetivar a democracia, passamos a sustentar que o PPA deveria guardar coerência com o plano de governo registrado pelo candidato a cargo eletivo no Poder Executivo na Justiça Eleitoral e que essa coerência e definição de metas fosse aferida pelo Tribunal de Contas, no julgamento anual de contas. Assim, o que foi prometido na campanha seria aferido no julgamento das contas anuais. No desempenho das funções do Ministério Público junto ao Tribunal de Contas do Distrito Federal, um dos autores desta obra fez representação ao plenário nesse sentido, a qual foi arquivada.

A nova lei já avançou muito, no estrito cenário no planejamento das despesas e dividiu em sete fases o processo de licitação; organizou as fases numa sequência lógica e didática.

17.2. Inversão de fases

A primeira atenção deve ser dada ao fato de que agora a inversão de fases é a regra. Ou seja, primeiro se analisa os preços, julga-se a proposta de preços e só após será feita a análise da habilitação.

O segundo ponto relevante do dispositivo é a existência de uma única fase recursal[320]. Na Lei nº 8.666/1993, havia fase recursal na habilitação e no julgamento de preços.

Com a inversão de fases e única fase recursal a lei pretende celeridade no processo usando modelo bastante similar às regras que eram previstas pelo Pregão na Lei nº 10.520/2002, modalidade restrita a seleção de proposta mais vantajosa para bens e serviços comuns, ordinários, sem complexidade.

Por isso, a crítica feita ao pregão no sentido de contratar objetos sem qualidade remanesce e só deixará de ser obstáculo às boas contratações se os órgãos de controle compreenderem que a desclassificação de proposta de menor preço que desatenda regras de qualidade do objeto pode ser aplicada com segurança jurídica. Por outro lado, quando o governo atua definindo padrões de qualidade auxilia o Agente de Contratação.

Art. 17, § 1º

Art. 17. O processo de licitação observará as seguintes fases, em sequência: [...]

§ 1º A fase referida no inciso V do *caput* deste artigo poderá, mediante ato motivado com explicitação dos benefícios decorrentes, anteceder as fases referidas nos incisos III e IV do *caput* deste artigo, desde que expressamente previsto no edital de licitação.

Dispositivos correspondentes na Lei nº 12.462/2011:

Art. 12. O procedimento de licitação de que trata esta Lei observará as seguintes fases, nesta ordem:

[...] Parágrafo único. A fase de que trata o inciso V do caput deste artigo poderá, mediante ato motivado, anteceder as referidas nos incisos III e IV do caput deste artigo, desde que expressamente previsto no instrumento convocatório.

17.3. Inversão de fases e "desinversão"

Aqui a lei trouxe a possibilidade de, usando um neologismo, "desinverter" as fases, em comparação com a Lei nº 8.666/1993. Ou seja, se na regra da LLCA é primeiro o julgamento dos preços e depois a habilitação, o § 1º permite, mediante ato motivado com a explicitação dos benefícios decorrentes, inverter a ordem: primeiro analisar a habilitação para após analisar a proposta de preço. Necessário destacar que fazendo-se essa inversão, ainda ocorrerá apenas uma fase recursal.

---

[320] BRASIL. **Lei nº 14.133, de 1º de abril de 2021.** Lei de Licitações e Contratos Administrativos. Organização de textos, remissões da Lei nº 8.666/1993, Lei nº 10.520/2002 e Lei nº 12.462/2011 e índices por Ana Luiza Jacoby Fernandes e J. U. Jacoby Fernandes. Belo Horizonte: Fórum, 2021. Das impugnações, dos pedidos de esclarecimentos e dos recursos. Art. 165. Dos atos da Administração decorrentes da aplicação desta Lei cabem: [...] II - a apreciação dar-se-á em fase única.

17.4. Motivação para inversão de fases

É preciso compreender que a aferição da qualidade do objeto está no exame da proposta e a qualidade e capacidade do licitante é verificada no exame da habilitação. Isso é muito importante, porque:

a) a Administração Pública somente pode examinar o valor da proposta depois de certificar-se de que o produto está conforme as exigências do edital da licitação. Aliás, pela lei, sempre foi assim. Portanto, sempre procederam de forma incorreta, lançando no quadro comparativo de preços propostas que não atendem a especificação, ensejando a possibilidade de comparar propostas desclassificadas com os preços das propostas classificadas; os órgãos que promovem licitação procederam assim e os órgãos de controle também; aliás, dezenas de acórdãos comparam preços de produtos desclassificados com preços classificados;

b) como muitas propostas apenas copiam descrição de produto que consta do edital, há o risco de o licitante entregar produto distinto do que consta da sua própria proposta; embora muito frequente, a Administração Pública não pune e o fato se repete à exaustão; e

c) a inversão de fases tem a vantagem de selecionar a pessoa do licitante e, na qualificação técnica, avaliar a experiência anterior no fornecimento e na realização de objetos de contratos de serviços, o que dá mais segurança do gestor.

Outra importante consideração que o dispositivo trouxe é estabelecer a natureza de um ato discricionário específico. Note a forma imperativa da lei, ao exigir motivação, textualmente condicionando que a inversão de fases seja objeto de "explicitação dos benefícios decorrentes". É uma expressão subjetiva, que exige trazer à lembrança os dois critérios subjetivos que são compatíveis com interesse público.

O primeiro deles é melhorar a qualidade da competição. No regime em que a apresentação da proposta e a fase de lances antecedem a fase da habilitação, a Administração buscará a melhor proposta fortemente influenciada pelo menor preço. O Agente de Contratação se expõe a reprimendas desclassificando a proposta de menor valor, pois a boa aplicação de recurso e a economia são normalmente a atitude esperada do bom gestor. Essa forma de proceder acaba transformando em quantidade de competição ao invés de qualidade da competição.

O segundo critério está na influência do menor preço. O administrador, assim, decide que a influência do menor preço é nociva à avaliação da melhor proposta e, por isso, poderá inverter as fases da licitação.

De fato, em muitas licitações em que ocorre apresentação prévia de proposta e lance, a Administração fica constrangida a explicar e motivar perante terceiros porque não está contratando o menor preço indicado. Portanto, nessas situações, a Administração poderá utilizar o poder discricionário subjetivo, mas deverá motivar o ato antes e publicar o edital. A motivação, portanto, repousa em dois elementos importantes: melhorar a qualidade da competição e evitar, no julgamento, a influência do menor preço.

Isso não impede que, em situações específicas, os gestores identifiquem outros benefícios que não esses dois para justificar a inversão de fases. Pode ocorrer de o mercado não estar apto ao uso de tecnologias dos complexos sistemas de licitação, como ocorre na licitação para lavagem e higienização de veículos.

17.5. Inversão de fases – regulamento

Para melhor proteção do Agente de Contratação sugere-se que o regulamento defina previamente os tipos de objeto que serão licitados com inversão de fases e o limite máximo do valor para o qual o julgamento da proposta antecederá a habilitação. Definindo num regulamento esses dois fatores, natureza do objeto e limite de preços, o interesse público e o princípio republicano da impessoalidade estarão resguardados. Em consequência, o princípio da segurança jurídica permeará o desenvolvimento do processo.

Ao ensejo, necessário observar que o fato de haver apenas uma fase recursal garante a celeridade pretendida no atendimento da necessidade do órgão requisitante.

Art. 17, § 2º

> Art. 17. O processo de licitação observará as seguintes fases, em sequência: [...]
>
> § 2º As licitações serão realizadas preferencialmente sob a forma eletrônica, admitida a utilização da forma presencial, desde que motivada, devendo a sessão pública ser registrada em ata e gravada em áudio e vídeo.

Dispositivo correspondente na Lei nº 8.666/1993:
Art. 20. As licitações serão efetuadas no local onde se situar a repartição interessada, salvo por motivo de interesse público, devidamente justificado.
Dispositivos pertinentes na Lei nº 14.133/2021, além do art. 17:
Art. 12. No processo licitatório, observar-se-á o seguinte: [...]
VI - os atos serão preferencialmente digitais, de forma a permitir que sejam produzidos, comunicados, armazenados e validados por meio eletrônico; [...]
Dispositivos correspondentes na Lei nº 12.462/2011:
Art. 13. As licitações deverão ser realizadas preferencialmente sob a forma eletrônica, admitida a presencial.

> Parágrafo único. Nos procedimentos realizados por meio eletrônico, a administração pública poderá determinar, como condição de validade e eficácia, que os licitantes pratiquem seus atos em formato eletrônico.

O § 2º estabelece a preferência da realização da licitação na forma eletrônica. Seguindo o ideário de a lei disponibilizar ferramentas para melhoria da gestão, o dispositivo toma cautela de admitir a utilização da fase presencial excepcionalmente, desde que:

a) a decisão seja motivada; e

b) a sessão pública seja registrada em ata e gravada mediante utilização de recursos tecnológicos de áudio e vídeo.

Na forma eletrônica, a maior parte dos atos já tem a aplicação dos recursos tecnológicos que garantem a prova na instrução processual e futura análise para os órgãos de controle. Por isso, o legislador definiu que apenas a sessão presencial será registrada em ata e gravada.

17.6. Detalhes sobre a gravação para ter validade

Quando a lei se refere a esse procedimento adicional, em relação à sessão presencial deve-se considerar que a sessão inteira será gravada. Deve, portanto, iniciar com o Agente de Contratação, pregoeiro, ou comissão declarando aberta a sessão. A gravação parcial não é admitida, mas é possível fracionar a gravação, seja por impossibilidade da capacidade dos equipamentos, seja pelo acesso que foi facilitado. Outro ponto importante, diz respeito a necessidade de que a informação seja acessível, sugerindo-se índice de gravação, quando envolver mais de uma parte.

A expressão não técnica utilizada na lei, "gravação em áudio e vídeo" deve ser entendida como em áudio e imagem.[321]

O equipamento e a resolução não são definidos, mas mesmo que feita de forma amadora, deverá estar "audível e visível".

A ata deve fazer referência ao fato de que foi gravada e indicar com absoluta precisão onde está o arquivo contendo a gravação feita. Além disso, todos os presentes devem ser informados de que a sessão está sendo gravada, por força de lei.

Se à Administração Pública é permitida a gravação, esse mesmo direito assiste ao particular que participa da sessão.

---

[321] Embora a Academia Brasileira de Letras já admita como 5º significado do termo vídeo "a parte visual de um produto audiovisual". Dicionário Escolar da língua portuguesa/Academia Brasileira de Letras. 2ª. ed. São Paulo: Companhia Editora Nacional, 2008, p. 1289.

17.7. Direito do interessado obter a gravação

Não há dúvidas que pela Lei de Acesso à Informação o particular tem direito a obter cópia da gravação, sendo usual a cobrança do custo da cópia quando esse custo não inviabilizar o direito. É comum, inclusive, a gravação em equipamento fornecido pelo próprio particular, como um *hard disk (HD)* ou pen-drive.

17.8. Observações para a prática de realização de sessão presencial

Aqui lembramos algumas sugestões que apresentamos em sala de aula:

a) o ingresso na sala de sessão pode sofrer restrições;

b) juridicamente esse espaço não é público, mas integra um bem público classificado como de natureza especial, sujeito, portanto, a restrições de uso pelos particulares;

c) a exigência de prévia identificação da pessoa física e o seu interesse na sessão não constituem constrangimentos, mas legítimo direito de quem dirige a sessão;

d) quem dirige a sessão exerce o "poder de polícia" administrativa e deve zelar para que todos os presentes tenham a sua integridade física e moral respeitados;

e) quem dirige a sessão tem o direito de ordenar que determinada pessoa se retire do recinto, ou havendo recalcitrância, seja retirada em caso de desacato grave, podendo inclusive solicitar o apoio do serviço de segurança ou da polícia, devendo ter a cautela de registrar o fato e a motivação em ata;

f) na prática, recomenda-se em casos de conflitos graves, suspender a sessão, registrando o fato e a motivação em ata;

g) o direito de pedir que a pessoa se retire, ou determinar que seja retirada, pode inclusive recair sobre licitante, registrando o fato e a motivação em ata, sempre preferindo-se a suspensão provisória do certame a essas medidas extremas;

h) em relação ao Advogado do licitante, exige-se cautela face aos direitos definidos no art. 7º da Lei nº 8.906, de 4 de julho de 1994, que dispõe sobre o Estatuto da Advocacia e a Ordem dos Advogados do Brasil (OAB);

i) a suspensão provisória do certame tem a extraordinária vantagem de "esfriar" os ânimos exaltados; e

j) todo servidor público e todo empregado público deve sempre ser exemplo de urbanidade, cortesia e atenção, pois trabalharam para a sociedade.

Importante pontuar que comprovação significa juntar provas ao processo. Assim sendo, a motivação destacada não pode pretender que o agente da licitação faça prova de fato futuro. A motivação deve basear-se nas premissas utilizadas para a decisão de licitar na forma eletrônica ou presencial.

Uma vez definida essa premissa, é importante destacar alguns aspectos de ordem prática. O primeiro deles refere-se ao termo de vistoria.

17.9. Vistoria do local

A vistoria do local de execução não se confunde com a sessão presencial ou eletrônica. Em ambas o edital poderá prever, em especial nos contratos de reforma e terceirização de mão-de-obra, que o licitante proceda a vistoria do local onde o objeto será realizado. É uma possibilidade que visa permitir ao licitante melhor esclarecer-se sobre as condições de execução.

O tema é tratado no artigo 63, § 2º da Lei de Licitações[322] e lá foi estabelecido que a Administração pode exigir vistoria, mas admitiu que o licitante pode declinar desse direito, apresentando declaração formal de renúncia ao direito.

A jurisprudência, em nosso entendimento sem amparo legal, admitiu não só a renúncia ao direito como vedou que a visita fosse para todos os licitantes no mesmo dia e hora. Alegaram como fundamentação que por ser direito e as vezes muito onerosa, a visita pode ser renunciada. Para a segunda decisão, alegou-se o risco de formação de cartel. A nova lei acolheu essa jurisprudência, infelizmente.

Como esclarecido, a vistoria pode ser obrigatória pelo edital, tanto em licitação eletrônica como presencial. Importante observar que a comprovação de inviabilidade técnica ou desvantagem para a Administração tem premissas distintas. O termo de vistoria está no âmbito da inviabilidade técnica de perfeita descrição do local de realização do objeto, mas a Administração pode exigir vistoria e fazer a licitação na forma eletrônica. Portanto, a exigência do termo de vistoria não é mais um permissivo para a forma presencial.

---

[322] BRASIL. **Lei nº 14.133, de 1º de abril de 2021.** Lei de Licitações e Contratos Administrativos. Organização de textos, remissões da Lei nº 8.666/1993, Lei nº 10.520/2002 e Lei nº 12.462/2011 e índices por Ana Luiza Jacoby Fernandes e J. U. Jacoby Fernandes. Belo Horizonte: Fórum, 2021. Art.

17.10. Desvantagem para a administração

Tomando como exemplo a situação de um pequeno município, onde os fornecedores não têm o hábito de participar de licitações eletrônicas. Se isso for comprovado, demonstra-se a desvantagem para a licitação, porque vários de seus fornecedores deixarão de participar da licitação por conta dessa dificuldade de participar de uma licitação eletrônica dentro daquele nicho de mercado.

Outro exemplo é a questão da Lei Complementar nº 123, de 14 de dezembro de 2006[323], que permite em seu art. 48, § 3º, a licitação para benefício das microempresas e empresas de pequeno porte sediadas local ou regionalmente. Com essa premissa, torna-se evidente a desvantagem para a administração, a princípio, realizar licitação na forma eletrônica, considerando que as pequenas empresas têm um limitador a participar das licitações eletrônicas, notadamente em relação à questão tecnológica e ao próprio cadastramento em sites especializados.

17.11. Boa Prática

A nova lei de licitações não baniu definitivamente a pesquisa direta com no mínimo três fornecedores. Prudentemente restringiu essa forma para aquisição de bens e contratação de serviços em geral, ordenando que seja a quarta forma de pesquisa. No caso de obras e serviços de engenharia não mais se admite essa forma de pesquisa.

Nos casos em que a Administração decidir pela pesquisa direta, sugere-se para a avaliação das realidades que desaconselham a sessão presencial que, quando realizar a pesquisa de preço, no formulário de consulta conste um campo para que o consultado declare ou não ter disponibilidade para participar de licitação na forma eletrônica. Assim, por exemplo, se em um universo de oito empresas, seis delas afirmarem que não tem essa viabilidade, mostra-se evidente a desvantagem para a Administração da realização de licitação na forma eletrônica, considerando a prejudicialidade à competitividade.

Art. 17, § 3º

Art. 17. O processo de licitação observará as seguintes fases, em sequência: [...]

---

[323] BRASIL. **Lei Complementar nº 123, de 14 de dezembro de 2006.** Institui o Estatuto Nacional da Microempresa e da Empresa de Pequeno Porte; altera dispositivos das Leis no 8.212 e 8.213, ambas de 24 de julho de 1991, da Consolidação das Leis do Trabalho - CLT, aprovada pelo Decreto-Lei no 5.452, de 1o de maio de 1943, da Lei no 10.189, de 14 de fevereiro de 2001, da Lei Complementar no 63, de 11 de janeiro de 1990; e revoga as Leis no 9.317, de 5 de dezembro de 1996, e 9.841, de 5 de outubro de 1999.

§ 3º Desde que previsto no edital, na fase a que se refere o inciso IV do *caput* deste artigo, o órgão ou entidade licitante poderá, em relação ao licitante provisoriamente vencedor, realizar análise e avaliação da conformidade da proposta, mediante homologação de amostras, exame de conformidade e prova de conceito, entre outros testes de interesse da Administração, de modo a comprovar sua aderência às especificações definidas no termo de referência ou no projeto básico.

Dispositivos correspondentes na Lei nº 12.462/2011:
Art. 7º. No caso de licitação para aquisição de bens, a administração pública poderá: [...] II - exigir amostra do bem no procedimento de pré-qualificação, na fase de julgamento das propostas ou de lances, desde que justificada a necessidade da sua apresentação;

O tema é mais bem tratado nos arts. 41 e 42.

A lei aqui usa o termo "etapa" para o que no caput denominou de "fase", revelando mais uma vez a atecnia dos que a redigiram.

Além desse fato, o dispositivo apresenta uma aparente contrariedade.

Explica-se.

A fase IV, na ordem a apresentada sucede a fase III. A fase IV trata da habilitação, enquanto a fase III trata da "III - de apresentação de propostas e lances, quando for o caso".

Como já esclarecido, o exame da proposta e o exame da conformidade dessa proposta com os requisitos do edital, termo de referência ou projeto básico, é inerente fase de proposta. Foi esclarecido também que o Agente de Contratação não pode classificar e comparar preços entre propostas que atendem e que não atendem a especificação do objeto feita para Administração Pública. Ocorre que a lei, talvez para dar ênfase na necessidade de exame da proposta, criou uma fase específica que trata do julgamento da proposta.

Portanto, cada proposta, há de ser "julgada" para verificar se atende os requisitos do edital, e uma vez sendo julgada "conforme o edital", sucederá o julgamento de todas as propostas. Para o primeiro julgamento a lei reserva o nome de exame de conformidade; nessa compara-se a proposta individualmente com o que previu a Administração ao especificar o objeto; na segunda, denominada de julgamento, comparam-se as propostas que estão conformes ao edital entre si. Não se comparam propostas desconformes ao edital.

Aqui no § 3º a lei trata de uma situação em que a Administração Pública considera necessário verificar o produto. Em outras palavras, até esse momento, a lei trata da situação em que a descrição do objeto pretendido está em palavras; o licitante oferece um produto, descrevendo-o em palavras, mas o § 3º admite a verificação do próprio produto. Para tanto é necessário o edital prever que:

a) após a apresentação de propostas e, quando houver, a fase de lances, a Administração Pública solicite amostra do produto do licitante provisoriamente vencedor;

b) realize "análise e avaliação da conformidade da proposta, mediante homologação de amostras, exame de conformidade e prova de conceito, entre outros testes de interesse da Administração, de modo a comprovar sua aderência às especificações definidas no termo de referência ou no projeto básico"; e

c) a lei não esclarece, mas é uma decorrência lógica que sendo verificada a desconformidade com o edital, o licitante será desclassificado. Desclassificado, porque é a expressão jurídica adequada a rejeição da proposta e o exame do objeto integra a fase do julgamento da proposta.

Como visto, parece haver uma impropriedade, pois somente devem ir para a fase de lances as propostas conformes o edital. Então a lei parte do pressuposto que não houve exame de conformidade? Não. A lei considera ter havido o exame de conformidade, mas aqui autoriza que o Agente de Contratação faça a verificação "além do papel". Autoriza a lei que, em relação ao primeiro classificado, a Administração Pública peça amostra e proceda a:

a) análise e avaliação da conformidade da proposta, mediante homologação de amostras;

b) exame de conformidade e prova de conceito;

c) outros testes de interesse da Administração.

Um incide sobre a amostra, outro na chamada prova de conceito, usualmente relacionada ao objeto de tecnologia da informação – TI. O terceiro admite outros testes de interesse da Administração, o qual é óbvio deve estar previamente definido no edital. Para melhor compreensão consulte também os comentários aos arts. 41 e 42 da Lei nº 14.133/2021.

Em boa hora a lei definiu que esse procedimento deve suceder a apresentação de propostas e lances. Se a Administração decidir fazer anteriormente à licitação, deverá utilizar o sistema de pré-qualificação, prevista no arts. 6º, XLIV, 78, inc. II e 80.

A regra posta no § 3º está absolutamente coerente com o disposto no art. 59, que admite restringir a "verificação da conformidade das propostas" exclusivamente em relação à proposta mais bem classificada. Sobre este tema específico consulte os comentários ao art. 41, onde discute-se a convocação dos três primeiros colocados.

Ao ensejo cabe lembrar que tanto o exame da amostra, como a prova de conceito, deve subjugar-se aos princípios da publicidade e do contraditório, devendo a sessão ser realizada em ambiente público, com o licitante provisoriamente declarado vencedor e os licitantes concorrentes, mediante prévia convocação.

17.12. Diferenças de conceitos

A ideia de examinar **amostra** é aplicável quando os objetos já existem. Por exemplo, quando se trata de amostra de mobiliário, para não exigir que todos os licitantes tragam os mobiliários, após etapa propostas, verificando que na teoria o que se descreve na proposta é coerente com o que pede o edital, pode o edital definir que aquele que oferecer a melhor proposta deverá apresentar amostra do seu mobiliário. Inclusive poderá, em determinadas situações excepcionais. Na prática, recomenda-se que o edital estabeleça para o primeiro classificado, mas faculte ao segundo colocado apresentar em prazos sucessivos, de modo a dar celeridade ao procedimento. Se o primeiro não apresentar, o segundo classificado já estará autorizado. Caso o segundo colocado não se apresente como faculdade e o primeiro também não apresente, inevitavelmente a Administração Pública deverá notificar o segundo classificado. Sempre lembrando: é direito de qualquer licitante acompanhar o exame de amostra.

O **exame de conformidade**, por sua vez, é aplicável a uma ideia importante em que a Administração oferece o seu protótipo para exames de conformidade da amostra com o protótipo previamente estabelecido. Aplica-se isso, por exemplo, às situações de mobiliário. A Administração tem um mobiliário padrão e, ao invés de indicar a marca, define que é preciso manter uma uniformidade no ambiente. Dessa forma, a Administração oferece o protótipo e vai verificar a conformidade do produto com esse protótipo.

Também poderá ser exigido o exame de conformidade apenas com os requisitos da licitação, sendo dispensável, nessa situação, o protótipo em si. Assim a Administração define no edital o que pretende comprar e vai verificar se a amostra está conforme o estabelecido.

A **prova de conceito** se diferencia do exame de conformidade porque, em geral, parte do pressuposto de algo a ser desenvolvido, como um software. A prova de conceito estabelece dentre os requisitos aqueles que deverão estar prontos ou conferidos no momento da licitação, de forma que os demais poderão ser executados conforme o cronograma da própria contratação.

Note que o tema qualidade técnica do produto é tratado no § 6º, a seguir comentado, e nos arts. 41 e 42, que admite inclusive que seja requerida a certificação da ABNT, situação em que a administração deixará de examinar a amostra.

17.13. auxílio de terceiros para análise de amostra e prova de conceito

Seguindo a linha de coerência de dotar o gestor de ferramentas para auxiliar a gestão, a lei permite contratar por inexigibilidade de licitação profissional ou empresa para executar trabalhos relativos a "controles de qualidade e tecnológico, análises, testes e ensaios de campo e laboratoriais, instrumentação e monitoramento de parâmetros específicos de obras e do meio ambiente e demais serviços de engenharia que se enquadrem na definição deste inciso". Lembrando ainda que o conceito de singularidade não mais é exigido pela lei e que o conceito de notória especialização foi alargado. Para saber mais, consulte a obra Contratação Direta sem Licitação[324].

Também poderá a Administração Pública em licitação que envolva bens ou serviços especiais contratar, por prazo determinado, serviço de empresa ou de profissional especializado para assessorar os agentes públicos responsáveis pela condução da licitação. Essa faculdade foi inserida no art. 8º, § 4º.

Art. 17, § 4º

> Art. 17. O processo de licitação observará as seguintes fases, em sequência: [...]
> § 4º Nos procedimentos realizados por meio eletrônico, a Administração poderá determinar, como condição de validade e eficácia, que os licitantes pratiquem seus atos em formato eletrônico.

Dispositivos correspondentes na Lei nº 8.666/1993: não há.

A regra na nova lei é que "os atos serão preferencialmente digitais, de forma a permitir que sejam produzidos, comunicados, armazenados e validados por meio eletrônico", conforme art. 12, inc. VI.

A previsão do § 4º do art. 17 surge em boa hora, na medida em que a lei permitiu à Administração determinar, como condição de validade e eficácia, a utilização do meio para o envio de documentos e demais atos no procedimento licitatório. Esse dispositivo, portanto, é um limite ao direito do licitante de escolher a forma com que praticará atos regidos por essa lei.

Isso evita a divergência que ocorria acerca da possibilidade ou não de o licitante enviar documentos digitalmente ou apresentá-los no órgão público de forma física. Muitos consideravam que esta prática feriria a isonomia entre os licitantes. A partir de agora, a Administração pode exigir que seja entregue apenas em formato eletrônico. Isto preserva a ideia de isonomia inerente ao procedimento licitatório.

---

[324] Contratação Direta sem Licitação na Nova Lei de Licitações: Lei nº 14.133/2021 / Ana Luiza Jacoby Fernandes, Jorge Ulisses Jacoby Fernandes, Murilo Jacoby Fernandes. 11 ed. – Belo Horizonte: Fórum, 2021.

17.14. Dificuldades operacionais dos meios eletrônicos

Em razão da deficiência de sistemas e inclusive possibilidade de casos de má-fé dos operadores desses sistemas, de ambos os lados, ou seja, da Administração Pública e do particular, direitos podem ser violados. Note que nessa particular situação duas perspectivas auxiliam a compreensão e solução da questão.

Na primeira, o sistema "trava" ou por algum defeito não funciona para que o particular possa exercer seu direito. Em tais casos, não se pode olvidar que os atos administrativos têm presunção de legitimidade, obrigando-se o particular ao ônus da prova de contraditar essa presunção. Para alguns, por uma extensão dessa presunção, também os sistemas de TI teriam essa presunção, obrigando-se a demonstrar a ineficiência. Essa prova contra presunção pode ser mais tênue do que a revestida do rigor processual judiciário. Aqui vale a gravação feita pelo celular da tela do computador.

Na segunda, juridicamente válida, ao lado da presunção de legitimidade dos atos administrativos há igualmente sobranceira a lógica de que o particular não escolheria um modo muito mais oneroso e com risco, como deixar de praticar um ato que poderia para depois arguir invalidade do mesmo ou impossibilidade de realizá-lo por motivos operacionais. É evidente que se pudesse realizar um ato operando um computador não iria pretender realizá-lo de forma mais onerosa, como é a presencial, e com risco de rejeição de seus argumentos.

Somente o intérprete diante do caso concreto, com sabedoria e conhecimento jurídico poderá aquilatar a justiça aplicável.

17.15. Tutorial e interoperabilidade dos sistemas

Deve a Administração Pública disponibilizar tutorial para que os licitantes e órgãos de controle consigam conhecer e usar os sistemas disponibilizados. Especificidades de um sistema, usado de modo exclusivo, com telas não-amigáveis, depõe contra o interesse em ampliar a competição.

Art. 17, § 5º

> Art. 17. O processo de licitação observará as seguintes fases, em sequência: [...]
>
> § 5º Na hipótese excepcional de licitação sob a forma presencial a que refere o § 2º deste artigo, a sessão pública de apresentação de propostas deverá ser gravada em áudio e vídeo, e a gravação será juntada aos autos do processo licitatório depois de seu encerramento.

Dispositivos correspondentes na Lei nº 8.666/1993: não há.

A redação do dispositivo é referida como um reforço ou ênfase ao que já consta do § 2º. Infelizmente é mais uma atecnia de quem redigiu esse texto, podendo trazer complicações aos intérpretes.

O dispositivo se refere a gravação, em áudio e vídeo, da sessão "pública de apresentação de propostas". Não é preciso esforço para analisar os dois dispositivos e concluir que o § 2º se refere a sessão pública da licitação, que é muito mais do que a entrega de proposta. Como esclarecido nos comentários ao § 2º a sessão a ser gravada é a sessão inteira que se inicia com o ingresso dos licitantes e credenciamento para prática de atos, inclusive para praticar o ato de lançar preços, recorrer. Não raros incidentes ocorrem nessa hora e divergência, razão pela qual em seu próprio proveito o Agente de Contratação pode gravar.

Repete-se aqui outra impropriedade: o correto é áudio e imagem, ou audiovisual pois vídeo é uma forma de revelar imagem, aliás já ultrapassada. Forçoso reconhecer, no entanto, que a Academia Brasileira de Letras já admite um 5º significado do termo vídeo: "a parte visual de um produto audiovisual".

Como já referido nos comentários ao § 2º, agora aqui é estabelecido como norma: a gravação deve ser juntada nos autos do processo. Importante lembrar que no processo deve ser indicado precisamente onde está o arquivo, pois pode ocorrer a indisponibilidade de juntada integral do arquivo.

A limitação da gravação em áudio e vídeo, porém, pode tornar a redação do dispositivo ultrapassada à medida que surgirem inovações tecnológicas capazes de documentar a sessão que não as previstas no parágrafo.

Art. 17, § 6º, inc. I, II, III

> Art. 17. O processo de licitação observará as seguintes fases, em sequência: [...]
>
> § 6º A Administração poderá exigir certificação por organização independente acreditada pelo Instituto Nacional de Metrologia, Qualidade e Tecnologia (Inmetro) como condição para aceitação de:
>
> I - estudos, anteprojetos, projetos básicos e projetos executivos;
>
> II - conclusão de fases ou de objetos de contratos;
>
> III - material e corpo técnico apresentados por empresa para fins de habilitação.

Dispositivos correspondentes na Lei nº 8.666/1993: não há.

O tema é mais bem tratado no art. 42, mas aqui o dispositivo configura inovação salutar da nova norma.

O texto prevê a certificação por organização independente acreditada pelo Instituto Nacional de Metrologia, Qualidade e Tecnologia – Inmetro como condição para aceitação de estudos, anteprojetos etc.

17.16. Diferença com o § 3º

Existem diferenças entre as normas do § 3º já comentada e a do § 6º que agora se comenta e são as seguintes:

1. ambas tratam de normas permissivas, isto é, que dão poder à Administração Pública de exigir do licitante ou interessado na contratação;
2. o § 3º esclarece que a exigência deve ser feita especificamente no edital, tendo alcance restrito aos objetos que são licitados; embora pelo art. 42, possam ser utilizados para o procedimento de contratação direta sem licitação;
3. o § 3º trata do direito de a Administração Pública analisar o produto e verificar a conformidade do mesmo com a especificação que exigiu no edital; aliás, como regra, o Agente de Contratação não tem conhecimento técnico para essa aferição;
4. o § 6º trata de exigir certificação de terceiro, definindo que poderá ser expedida por um conjunto de instituições, que integram o chamado sistema CONMETRO que foi criado por lei específica; essas entidades foram qualificadas pela lei como "organização independente acreditada pelo Instituto Nacional de Metrologia, Qualidade e Tecnologia"; e
5. o § 6º é voltado para a licitação, para a contratação sem licitação e para a fase de execução do contrato. De fato, dá o poder de a Administração exigir a certificação como condição para aceitação de produtos definidos como "estudos, anteprojetos, projetos básicos e projetos executivos", o que diz respeito a recebimento de objeto na fase do contrato. Também permite exigir a certificação para aferição de regularidade na "conclusão de fases ou de objetos de contratos", o que também diz respeito a recebimento de objeto na fase do contrato; e, por fim, admite exigir "para fins de habilitação" que a certificação seja da adequação do material e do corpo técnico apresentados por empresa.

17.17. Limites aos órgãos certificadores

O legislador, porém, limitou a possibilidade de certificação por organização independente, o que não nos parece adequado, tendo em vista que o mercado regulador pode construir outros mecanismos e outros órgãos de certificação. O adjetivo "independente" deve referir-se à impossibilidade de o próprio licitante certificar seu produto ou material.

Além disso, alguma crítica pode ser feita à lei por ter definido a validade por órgão exclusivamente nacional, invalidando a certificação por outros órgãos independentes e até vinculados a própria Administração Pública dos Estados, Municípios ou Distrito Federal.

Se há reserva legal em favor do INMETRO não há impedimento que outro órgão não federal indique a aderência do produto as regras postas pelo Instituto. Nesse sentido, o art. 42, no inc. I complementa a compreensão e expressamente dispõe que a prova de qualidade de produto será admitida ou comprovada por qualquer um dos seguintes meios: I - comprovação de que o produto está de acordo com as normas técnicas determinadas pelos órgãos oficiais competentes, pela Associação Brasileira de Normas Técnicas (ABNT) ou por outra entidade credenciada pelo Inmetro;

Pode o mercado, em compras de grande complexidade, inclusive definir a participação e a certificação por organismos internacionais.

Afastou-se, inclusive, a regra que muitos órgãos aceitam certificação estrangeira, para motores de aeronaves e outros. Só a convivência com esse dispositivo poderá indicar o acerto ou não do legislador.

17.18. Edição de normas

Cabe lembrar, contudo, que compete privativamente à União legislar sobre sistema de medidas fato que limita o direito de os órgãos editar normas próprias,[325] embora possa legislar sobre produção e consumo.

17.19. Práticas abusivas – desatendimento a normas de certificação

O cumprimento de normas sobre qualidade de produto ou a exigência de certificação de produto a determinadas normas é obrigatória quando existente a norma editada por autoridade competente.

Nesse ponto, a União foi mais longe, ao editar o Código de Defesa do Consumidor e definiu como práticas abusivas "colocar, no mercado de consumo, qualquer produto ou serviço em desacordo com as normas expedidas pelos órgãos oficiais competentes ou, se normas específicas não existirem, pela Associação Brasileira de Normas Técnicas ou outra entidade credenciada pelo Conselho Nacional de Metrologia, Normalização e Qualidade Industrial (Conmetro)". Se a

---

[325] Constituição da República Federativa do Brasil de 1988. Art. 22. Compete privativamente à União legislar sobre: [...] VI - sistema monetário e de medidas, títulos e garantias dos metais; Art. 24. Compete à União, aos Estados e ao Distrito Federal legislar concorrentemente sobre: [...] V - produção e consumo;

regra vale para o comércio privado, com muito mais razão há de prevalecer nas relações entre a Administração Pública e o particular.

Outra lei veio a instituir, como referido o Sistema CONMETRO e determinou que "todos os bens comercializados no Brasil, insumos, produtos finais e serviços, sujeitos a regulamentação técnica, devem estar em conformidade com os regulamentos técnicos pertinentes em vigor." E, acrescentou que "os regulamentos técnicos deverão considerar, quando couber, o conteúdo das normas técnicas adotadas pela Associação Brasileira de Normas Técnicas."[326]

---

[326] **Lei nº 9.933, de 20 de dezembro de 1999.** Dispõe sobre as competências do Conmetro e do Inmetro, institui a Taxa de Serviços Metrológicos, e dá outras providências.

Capítulo II – Da Fase Preparatória

Seção I – Da Instrução Do Processo Licitatório

18. Art. 18, caput

> Art. 18. A fase preparatória do processo licitatório é caracterizada pelo planejamento e deve compatibilizar-se com o plano de contratações anual de que trata o inciso VII do *caput* do art. 12 desta Lei, sempre que elaborado, e com as leis orçamentárias, bem como abordar todas as considerações técnicas, mercadológicas e de gestão que podem interferir na contratação, compreendidos:

Dispositivos correspondentes na Lei nº 8.666/1993:
Art. 38. O procedimento da licitação será iniciado com a abertura de processo administrativo, devidamente autuado, protocolado e numerado, contendo a autorização respectiva, a indicação sucinta de seu objeto e do recurso próprio para a despesa, e ao qual serão juntados oportunamente:

O capítulo II, que trata da fase preparatória, é o mais longo e o mais importante da licitação. Abrange os arts. 18 a 52.

A construção das normas revela a pretensão da lei de qualificar o processo, exigindo do Agente de Contratação melhor profissionalização e reciclagem periódica. Pretende a lei romper com um modelo em que a licitação e o contrato são feitos açodadamente, desconsiderando normas e modelos existentes, causando danos ao erário e ao mercado. Em vários dispositivos nota-se o esmero com a didática do texto. Em vários casos a lei prevê instrumentos importantes para a melhoria da gestão, como no caput do art. 18, ao se referir ao Plano de Contratações Anual - PCA, mas tem a sensibilidade de não obrigar o uso.

A preparação da licitação ocorre integralmente no âmbito da repartição pública. Não estando apta a gerar obrigações, direitos e deveres para o particular, por isso, como regra, todos os atos, embora públicos, não são publicados. Essa regra encontra temperamentos quando a Administração Pública necessita recorrer ao particular para melhor definir o objeto que pretende. Também encontra flexibilização quando, no futuro, ao iniciar as próximas fases poderá ser necessário divulgar a motivação de uma ou outra decisão, ou o particular tem o direito de exigir tal ou qual motivação.

Nesse sentido, este artigo merece destaque sobre três vertentes.

18.1 Planejamento aderente ao Plano de Contratações Anual

O primeiro ponto a ser destacado refere-se ao Plano de Contratações Anual, que já foi mencionado no art. 12, inc. VII e § 1º e é tratado aqui neste caput e no §1º, inc. II. Importante rememorar que este plano é uma ferramenta do planejamento para profissionalizar e organizar a gestão no âmbito da Administração Pública e orientar a produção do mercado no âmbito privado.

O Plano de Contratações Anual é um documento interno da Administração Pública que reúne todas as demandas que deveriam constar do "documento de formalização de demanda", também conhecido como DFD ou pela terminologia de documento de oficialização de demanda - DOD.

Segundo a própria lei, cada órgão deve ter um Plano de Contratações Anual a ser elaborado pela área de planejamento. Neste caso, a função do planejamento é consolidar todos as demandas. Em decorrência desse documento tem-se a racionalização das necessidades, porque haverá um filtro sobre prioridades e necessidades. Espera-se também um aumento de qualidade pela descrição e padronização de objetos, e ao atendimento de metas de longo prazo, porque vai garantir o alinhamento com o seu planejamento estratégico e subsidiar a elaboração das respectivas leis orçamentárias.

Por outro lado, progressivamente serão implementados nível de transparência, pois o Plano de Contratações Anual deve ser divulgado e "mantido à disposição do público em sítio eletrônico oficial". Também deve ser divulgado no PNCP conforme determina o art. 174, § 2º.

18.2 Instituição sem Plano de Contratações Anual

O caput do art. 18 não obriga elaborar o Plano de Contratações Anual; obriga o alinhamento do planejamento ao Plano de Contratações Anual se esse já existir e estiver em vigor.

O art. 12, inc. VII, também não obriga a elaboração do Plano de Contratações Anual, mas o parágrafo 1º determina que se existente, o Plano de Contratações Anual deve ser divulgado.

18.3 Planejamento aderente às leis orçamentárias

A lei obriga que o planejamento seja aderente, coerente e harmônico com as leis orçamentárias. É uma inovação trazida por esse dispositivo em relação à Lei nº 8.666/1993 e não do ordenamento jurídico em si, considerando que sempre foi necessário que cada contratação estivesse de acordo com as leis orçamentárias, com a leis de diretrizes orçamentaria – LDO e, inclusive, com o Plano Plurianual de Investimentos - PPA, em uma visão mais completa. Regra que foi inclusive enfatizada pela Lei de Responsabilidade Fiscal.

É importante considerar que a lei utiliza aqui a expressão leis orçamentárias, no plural, mesmo sabendo-se que em cada exercício vigora apenas uma lei orçamentária. O termo aqui está se referindo tanto a LOA, pois o Plano de Contratações Anual pode abranger mais de um exercício ou utilizar recursos inscrito em restos a pagar, como também referir-se a LDO, integrando o gênero lei orçamentária.

Uma função importante reservada para a LDO é indicar atos e objetos que estão com vedações à contratação. Muitas vezes o gestor tem diante de si dotação orçamentária suficiente para a execução do objeto, mas a execução daquele objeto está vedada na Lei de Diretrizes Orçamentárias. Exemplo clássico é a compra de carros oficiais, que costuma haver dotação para aquisição de veículos, mas não para veículos de representação. Nesse caso, o ato pode estar vedado na LDO. Foi feliz a lei ao criar a conexão desses dois instrumentos: o instrumento da licitação voltado ao planejamento com o instrumento orçamentário. Lembre-se que a própria lei orçamentária é também um instrumento de planejamento.

18.4 Planejamento aderente às considerações mercadológicas

Terceiro ponto de destaque é a obrigação de o planejamento estar aderente "e abordar todas as considerações técnicas, mercadológicas e de gestão que podem interferir na contratação". Essa pretensão se efetiva pela elaboração de outros documentos que progressivamente vão minudenciando o detalhamento do que é pretendido.

Durante muito tempo o planejamento de uma licitação limitava-se a analisar o objeto, realizando-se as considerações técnicas. Esse dispositivo reforça a necessidade de se realizar também considerações mercadológicas – ou seja, conhecer se a solução escolhida é uma solução viável para fornecimento pelo mercado, se não existe outra mais moderna, mais barata ou mais eficiente. Além de avaliar se o objeto pretendido é coerente com a disponibilidade do mercado, a lei impõe que seja considerada a gestão. Pode, de fato ocorrer, que a solução pensada na definição do objeto, mesmo que validada e fornecida pelo mercado, ao ser implementada dentro do órgão, tornar-se inviável a partir das características peculiares de gestão.

É importante, assim, a ênfase do dispositivo legal abarcando todos os objetos nessas três vertentes.

Forçoso destacar ainda, no tocante as considerações mercadológicas, que há possibilidade de utilização dos procedimentos inovadores como o pedido de manifestação de interesse – PMI, manifestação de interesse privado – MIP e diálogo competitivo. Este último foi previsto expressamente nesta lei.

Art. 18, inc. I

> Art. 18. A fase preparatória do processo licitatório é caracterizada pelo planejamento e deve compatibilizar-se com o plano de contratações anual de que trata o inciso VII do *caput* do art. 12 desta Lei, sempre que elaborado, e com as leis orçamentárias,

bem como abordar todas as considerações técnicas, mercadológicas e de gestão que podem interferir na contratação, compreendidos:

I - a descrição da necessidade da contratação fundamentada em estudo técnico preliminar que caracterize o interesse público envolvido;

Dispositivos correspondentes na Lei nº 8.666/1993:
Art. 6º. Para os fins desta Lei, considera-se: [...]
IX - Projeto Básico - conjunto de elementos necessários e suficientes, com nível de precisão adequado, para caracterizar a obra ou serviço, ou complexo de obras ou serviços objeto da licitação, elaborado com base nas indicações dos estudos técnicos preliminares, que assegurem a viabilidade técnica e o adequado tratamento do impacto ambiental do empreendimento, e que possibilite a avaliação do custo da obra e a definição dos métodos e do prazo de execução, devendo conter os seguintes elementos:

18.5 Obrigatoriedade do Estudo Técnico Preliminar – ETP

Se é verdade que a nova lei concentrou seus esforços no aprimoramento do planejamento prévio da licitação, o Estudo Técnico Preliminar – ETP é ponto mais importante do planejamento.

E fez isso porque do mesmo modo que não consta do edital o detalhamento do objeto, o dever de motivar e esclarecer o processo decisório que leva a exigir determinado objeto e todas as restrições à competição ficavam soltas na norma.

Quem trabalhava com licitação e envolvia-se na técnica dessa função raramente encontrava dispositivos com exigência legal que esclarecessem com precisão a prática de um ato, motivada no interesse público.

Agora, por força de lei, o processo deve conter um documento específico, com os elementos mínimos exigidos no § 2º do art. 18, e como nome jurídico: Estudo Técnico Preliminar – ETP, que possui definição no art. 6º, inc. XX, e trata-se de "documento constitutivo da primeira etapa do planejamento de uma contratação que caracteriza o interesse público envolvido e a sua melhor solução e dá base ao anteprojeto, ao termo de referência ou ao projeto básico a serem elaborados caso se conclua pela viabilidade da contratação".

O Ministério da Economia dispôs sobre a elaboração dos Estudos Técnicos Preliminares - ETP, para a aquisição de bens e a contratação de serviços e obras, no âmbito da administração pública federal direta, autárquica e fundacional, e sobre o Sistema ETP digital, por meio da Instrução Normativa SEGES nº 58/2022.

Trata-se de norma aplicável a órgãos e entidades da administração pública estadual, distrital ou municipal, direta ou indireta, ao executarem recursos da União decorrentes de transferências voluntárias, contemplando regras e procedimentos com as disposições da nova Lei de Licitações nº 14.133/2021, permanecendo, contudo, vigentes as regras da Instrução Normativa nº 40, de 22 de maio de 2020, todos os procedimentos administrativos que forem autuados ou registrados sob a égide da Lei nº 8.666/1993, da Lei nº 10.520/2002 e da Lei nº 12.462/2011.

O normativo apresenta inovação consistente pela forma pedagógica do conteúdo, no que tange às definições de termos técnicos, atribuições, papéis e responsabilidades de agentes na formulação do documento, contribuindo para a boa prática aos que atuam na fase preparatória da contratação.

A partir de 1º de setembro de 2022, data em que a IN entrou em vigor, os ETP's deverão ser elaborados no Sistema ETP Digital, onde os órgãos e entidades deverão pesquisar os ETP de outras unidades, como forma de identificar soluções semelhantes que possam se adequar à demanda da Administração (vide art. 12 da IN). A Secretaria publicará manual técnico operacional para auxiliar os envolvidos na elaboração.

Interessante notar o objetivo do uso do ETP digital: obter indicadores de performance, salientando-se os estudos cujas contratações culminaram nas maiores avaliações do desempenho do contratado. O ETP digital poderá ser cedido a órgão ou entidade dos Poderes da União, dos Estados, do Distrito Federal e dos Municípios.

Uma norma interessante que preza pelos princípios da eficiência, transparência e economicidade.

18.6 Estudo Técnico Preliminar – ETP na legislação anterior

Na Lei nº 8.666/1993 o estudo técnico preliminar é mencionado superficialmente no art. 6º, inc. IX, quando se refere a projeto básico. É a única passagem na lei de Estudo Técnico Preliminar e raramente foi referido como documento necessário e antecedente do projeto básico.

18.7 Fundamentação do ETP – proporcionalidade no detalhamento

Agora, a necessidade de produzir o estudo técnico preliminar vai abranger todas as licitações.

O detalhamento da indicação da necessidade no estudo técnico preliminar deve ser proporcional a dois vetores:

a) o volume de recursos envolvidos;
b) a complexidade do objeto quando implicar em maior rigor na especificação e nas exigências de habilitação.

Assim não se espera que uma compra, que ocorra cotidianamente de reposição numa farmácia hospitalar tenha indicação mais complexa do que "reposição de medicamentos para garantir a continuidade do atendimento à saúde da população atendida". Note, porém, que mesmo com essa redação simples, o estudo técnico preliminar deve detalhar a indicação de compra, comparando o que existe e o que falta para atender a necessidade de reposição em condições normais de consumo. Não faz sentido, continuar realizando compras de medicamentos que já existem.

Numa obra de uma nova rodovia o ETP deverá ter um nível de detalhamento extremamente denso de dados, abrangendo a viabilidade, população a ser atendida, meios alternativos e tipos de impacto social. No governo federal, em algumas contratações o ETP vem indicando a necessidade de contratar empresa para explicar previamente para a comunidade atingida pelos efeitos nocivos que correm na fase de execução. Esclarecer sobre o tempo de transtorno, medidas alternativas para redução do desconforto e trânsito, horários dos maiores impactos e colheita de sugestões. Enviam um diálogo prévio com os atingidos. Note que o planejamento do tratamento dos efeitos colaterais é uma aplicação prática de antevisão dos problemas que se não tratados podem ensejar a formação de grupos de reivindicação com risco de inviabilizar todo o empreendimento.

Um exemplo elucidará melhor o fato da sensibilização sobre informações acerca da responsabilidade social das agências de fomento e o alinhamento direto à própria Constituição Federal. Note a força imanente dessa obrigação imposta por lei: "VIII - publicar, até o dia 30 de abril de 2022, em seus portais de transparência, nos sítios eletrônicos a que se refere o § 2º do art. 8º da Lei nº 12.527, de 2011, relatório anual do impacto de suas operações de crédito no combate às desigualdades mencionadas no inciso II deste parágrafo."

Outro dispositivo que demonstra a apreciação dos efeitos colaterais dos empreendimentos está nessa passagem: "Art. 138. O Congresso Nacional considerará, na sua deliberação pelo bloqueio ou desbloqueio da execução física, orçamentária e financeira de empreendimentos, contratos, convênios, etapas, parcelas ou subtrechos relativos aos subtítulos de obras e serviços com indícios de irregularidades graves: [...] II - as razões apresentadas pelos órgãos e entidades responsáveis pela execução, que devem abordar, em especial: a) os impactos sociais, econômicos e financeiros decorrentes do atraso na fruição dos benefícios do empreendimento pela população."

A propósito, impactos sociais não são efeitos colaterais, pois o interesse público está precisamente em satisfazer a sociedade. Essa terminologia é mais adequada quando se considera o objetivo do empreendimento.

Esses textos com adaptações servem para indicar o interesse público. A inovação veio ao determinar que informe, na necessidade da contratação, o interesse público envolvido. É uma inovação do dispositivo para manter a unidade de doutrina do pensamento dos servidores e dos documentos produzidos à questão da busca em satisfazer permanentemente o interesse público. Vale destacar que não deixa de ser um alinhamento para a nova filosofia do planejamento o foco no estudo técnico preliminar que foi dado nesse dispositivo.

18.8 Inovação – demonstração do interesse público

A inovação veio ao determinar que informe, na necessidade da contratação, o interesse público envolvido. É uma inovação do dispositivo que visa manter a unidade de doutrina do pensamento dos servidores e dos documentos produzidos envolvendo licitação: todos têm o dever de voltar suas ações para a busca em satisfazer permanentemente o interesse público. Vale destacar que não deixa de ser um alinhamento para a nova filosofia do planejamento determinar que essa informação conste do documento denominado estudo técnico preliminar - ETP.

Consulte os comentários ao art. 6º, inc. XX, onde é conceituado o ETP e os comentários a seguir onde foi detalhada a composição desse documento.

Art. 18, inc. II

> Art. 18. A fase preparatória do processo licitatório é caracterizada pelo planejamento, devendo estar compatibilizada, sempre que elaborado, com o plano de contratações anual de que trata o inciso VII do art. 12 e com as leis orçamentárias e abordar todas as considerações técnicas, mercadológicas e de gestão que podem interferir na contratação, compreendendo: [...]
> II - a definição do objeto para o atendimento da necessidade, por meio de termo de referência, anteprojeto, projeto básico ou projeto executivo, conforme o caso;

Dispositivos correspondentes na Lei nº 8.666/1993:
Art. 40. O edital conterá no preâmbulo o número de ordem em série anual, o nome da repartição interessada e de seu setor, a modalidade, o regime de execução e o tipo da licitação, a menção de que será regida por esta Lei, o local, dia e hora para recebimento da documentação e proposta, bem como para início da abertura dos envelopes, e indicará, obrigatoriamente, o seguinte:
I - objeto da licitação, em descrição sucinta e clara;

Esses quatro instrumentos são formas de descrever objeto pretendido e cada um tem sua finalidade estabelecida no art. 6º, que trata dos conceitos. Pode haver a interseção entre vários desses instrumentos, mas a lei inseriu a expressão "conforme o caso". A própria terminologia evidencia essa possibilidade de interseção das informações dos instrumentos como anteprojeto e projeto básico; projeto básico e projeto executivo. O nível de detalhamento se opera na aplicação desses instrumentos numa linha temporal.

Na atualidade, após três décadas de desenvolvimento de uma curva de aprendizado na Administração Pública foi possível reconhecer que a terceirização na elaboração desses instrumentos, com aproveitamento da expertise do setor privado, pode de fato se revelar eficaz. Se licitada por meios que garantam a disputa por qualidade, sem o aviltamento pela redução de preços, o cenário é promissor. Esperança que se resume: lei nova, intérprete novo.

Para saber mais, consulte os comentários aos conceitos e ao art. 40 e seguintes, onde são detalhados os instrumentos setorizados pelo tipo de objeto. Claro, lembre a ideia do índice remissivo alfabético ao final desta obra.

Consulte os comentários ao art. 6º, inc. XXIV, onde foi detalhada a composição anteprojeto, inc. XXIII, inc. XXV - projeto básico, inc. XXVI - projeto executivo.

Art. 18, inc. III

> Art. 18. A fase preparatória do processo licitatório é caracterizada pelo planejamento, devendo estar compatibilizada, sempre que elaborado, com o plano de contratações anual de que trata o inciso VII do art. 12 e com as leis orçamentárias e abordar todas as considerações técnicas, mercadológicas e de gestão que podem interferir na contratação, compreendendo: [...]
>
> III - a definição das condições de execução e pagamento, das garantias exigidas e ofertadas e das condições de recebimento;

Dispositivos correspondentes na Lei nº 8.666/1993:

Art. 40. O edital conterá no preâmbulo o número de ordem em série anual, o nome da repartição interessada e de seu setor, a modalidade, o regime de execução e o tipo da licitação, a menção de que será regida por esta Lei, o local, dia e hora para recebimento da documentação e proposta, bem como para início da abertura dos envelopes, e indicará, obrigatoriamente, o seguinte: [...]

XIV - condições de pagamento, prevendo: [...]

XVI - condições de recebimento do objeto da licitação; [...]

§ 2º Constituem anexos do edital, dele fazendo parte integrante: [...]

II - orçamento estimado em planilhas de quantitativos e preços unitários;

Aqui a lei se preocupou em integrar a fase da execução e pagamento na fase do planejamento. Em termos de lógica serão balizas para a redação do contrato futuro. A lei, porém, vai exigir que integre também o edital, num desacerto que se repete desde a Lei nº 8.666/1993.

As questões relativas, por exemplo, a pagamento antecipado, às garantias que podem ser exigidas e às garantias que são ofertadas pela Administração Pública agora passam a integrar as condições do planejamento da licitação. Observa-se que foi acolhida a pretensão dos autores de permear a lei com a noção de que a garantia poderá ser bilateral, de modo a dar segurança maior da efetividade de realização do empreendimento.

Esse posicionamento visa alinhar o conceito de que a preparação deve abarcar do começo ao fim da contratação como um conjunto completo. Se voltarmos para a doutrina especializada em Governança, inclusive, deve-se encerrar uma contratação já com as contribuições dessa contratação para o planejamento da próxima. Por isso, o planejamento deve englobar todas as etapas da execução do objeto, inclusive o seu recebimento, mas não se exaure nesse momento. Note a necessidade de registro de como operou o contratado no desenvolvimento das obrigações assumidas.

Para contratos contínuos o Agente de Contratação deve reunir os fiscais do contrato, a comunidade interna ou externa atingida para reavaliação do futuro planejamento.

Consulte os comentários ao art. 6º, inc. LIV, onde foi detalhado o seguro-garantia.

Art. 18, inc. IV

> Art. 18. A fase preparatória do processo licitatório é caracterizada pelo planejamento, devendo estar compatibilizada, sempre que elaborado, com o plano de contratações anual de que trata o inciso VII do art. 12 e com as leis orçamentárias e abordar todas as considerações técnicas, mercadológicas e de gestão que podem interferir na contratação, compreendendo: [...]
>
> IV - o orçamento estimado, com as composições dos preços utilizados para sua formação;

Dispositivos correspondentes na Lei nº 8.666/1993:
Art. 40. [...]
§ 2º Constituem anexos do edital, dele fazendo parte integrante: [...]
II - orçamento estimado em planilhas de quantitativos e preços unitários;

Estimar o orçamento tem duas acepções, que se confundem e evidentemente confundiram os termos da lei. Lamentavelmente.

Numa primeira acepção, equivale a "preço" estimado; numa segunda, equivale ao ato de orçar, elaborar um orçamento, tarefa de maior complexidade do que a primeira. O dispositivo em comento se refere à primeira acepção.

É possível a Administração ter uma noção do valor que será gasto para compra ou contratação de um serviço. A redação, porém, dá a entender que a Administração

Pública deve conhecer e ser capaz de indicar os preços utilizados nessa formação do orçamento do preço de um produto, que é a segunda acepção desse termo utilizado pela lei.

A recomendação é terceirizar essa etapa. Não sendo possível, utilizar o balizamento muito preciso que está no art. 23 da lei, com os comentários que lá apresentamos.

Note que aqui, a lei não exige a planilha de composição de custos unitários do futuro objeto. Exige que se o Agente de Contratação indicar um preço estimado, junte aos autos os preços que usou para chegar a tal valor.

Art. 18, inc. V

> **Art. 18.** A fase preparatória do processo licitatório é caracterizada pelo planejamento, devendo estar compatibilizada, sempre que elaborado, com o plano de contratações anual de que trata o inciso VII do art. 12 e com as leis orçamentárias e abordar todas as considerações técnicas, mercadológicas e de gestão que podem interferir na contratação, compreendendo: [...]
>
> V - a elaboração do edital de licitação;

Dispositivos correspondentes na Lei nº 8.666/1993:

Art. 38. O procedimento da licitação será iniciado com a abertura de processo administrativo, devidamente autuado, protocolado e numerado, contendo a autorização respectiva, a indicação sucinta de seu objeto e do recurso próprio para a despesa, e ao qual serão juntados oportunamente:

I - edital ou convite e respectivos anexos, quando for o caso; [...]

III - ato de designação da comissão de licitação, do leiloeiro administrativo ou oficial, ou do responsável pelo convite;

Integra a fase preparatória a elaboração do edital. Decidindo pela contratação direta, sem licitação, a instrução processual observará o disposto no art. 72.

Como regra no novo ordenamento jurídico, a elaboração do edital deve ser feita a partir de um padrão, previamente definido e aprovado pelo órgão jurídico. Durante muitos anos combatemos a ideia de editais casuístas, elaborando com desprezo a uma curva de aprendizado que deve permear uma organização. Atividades repetitivas devem ensejar a criação de padrões, permitindo aos que se dedicam ao serviço público devotar sua atenção a tarefas não repetitivas para as quais a qualificação para ocupação de cargos é mais elevada. Assim, a nova lei recomenda edital padrão, o princípio da padronização para especificar produtos e bens, conforme art. 40, inc. V, "a"; catálogo eletrônica com padrões;

Na nova Lei, a tarefa de "elaborar" ficou facilitada: a uma, pelo uso de edital padrão; a duas, pela possibilidade de os órgãos da Administração Pública registrarem em ambiente público seus editais de modo a enriquecer uma possível curva de aprendizado.

Na esfera federal, a Advocacia-Geral da União tem realizado um trabalho importante nesse sentido da padronização. Pode ocorrer do órgão ainda não ter feito a padronização do seu edital. Recomenda-se que em tais situações, busque-se modelos dos órgãos que já padronizaram.

Note que o edital é juridicamente a peça mais importante da licitação, reconhecida como lei interna, revelando o sentido do quanto vinculará as partes durante o processo. Partes, aqui entendidas como Administração Pública e os licitantes. Vem de uma antiga lição de Roma, berço do Direito latino: "suporta a lei que fizeste, no sentido de que ao elaborar uma norma, deve o próprio elaborador subjugar-se a essa como forma de dar o exemplo aos seus súditos do dever de acatar uma norma". No Direito Administrativo, no regime republicano, aí está o princípio da vinculação ao edital.

O edital indica as condições de convocação, os requisitos de habilitação, o detalhamento exigido na oferta de proposta, os critérios de julgamento, adjudicação e homologação. A minuta de contrato, indica as condições de execução, recebimento e pagamento. Ambos definem as sanções aplicáveis para cada etapa. Ver "boas práticas", a seguir.

18.9 Boa prática – padronização de edital

Como reiteradamente sugerido nesta obra e recomendado pela nova lei, padronize editais. A padronização pode ser por tipos de objetos. Um edital serve a vários objetos semelhantes se forem segregadas as informações corretamente.

Veja a seguir, no subitem boas práticas, inserido nos comentários ao inc. VI.

Art. 18, inc. VI

Art. 18. A fase preparatória do processo licitatório é caracterizada pelo planejamento, devendo estar compatibilizada, sempre que elaborado, com o plano de contratações anual de que trata o inciso VII do art. 12 e com as leis orçamentárias e abordar todas as considerações técnicas, mercadológicas e de gestão que podem interferir na contratação, compreendendo: [...]

VI - a elaboração de minuta de contrato, quando necessária, que constará obrigatoriamente como anexo do edital de licitação;

Dispositivos correspondentes na Lei nº 8.666/1993:
Art. 38. O procedimento da licitação será iniciado com a abertura de processo administrativo, devidamente autuado, protocolado e numerado, contendo a autorização respectiva, a indicação sucinta de seu objeto e do recurso próprio para a despesa, e ao qual serão juntados oportunamente:

I - edital ou convite e respectivos anexos, quando for o caso; [...]

X - termo de contrato ou instrumento equivalente, conforme o caso; [...]

Art. 40. O edital conterá no preâmbulo o número de ordem em série anual, o nome da repartição interessada e de seu setor, a modalidade, o regime de execução e o tipo da licitação, a menção de que será regida por esta Lei, o local, dia e hora para recebimento da documentação e proposta, bem como para início da abertura dos envelopes, e indicará, obrigatoriamente, o seguinte: [...]

§ 2º Constituem anexos do edital, dele fazendo parte integrante: [...]

III - a minuta do contrato a ser firmado entre a Administração e o licitante vencedor; [...]

Art. 62. O instrumento de contrato é obrigatório nos casos de concorrência e de tomada de preços, bem como nas dispensas e inexigibilidades cujos preços estejam compreendidos nos limites destas duas modalidades de licitação, e facultativo nos demais em que a Administração puder substituí-lo por outros instrumentos hábeis, tais como carta-contrato, nota de empenho de despesa, autorização de compra ou ordem de execução de serviço. [...]

§ 1º A minuta do futuro contrato integrará sempre o edital ou ato convocatório da licitação.

A Lei distingue a redação deste inciso com a do inciso anterior, ao demonstrar que aqui a Administração Pública elabora a minuta do contrato; lá elabora o próprio edital.

De fato, a distinção é necessária, porque o contrato só passa a existir quando firmado pelas duas partes: Administração Pública e licitante vencedor.

Infelizmente a lei inseriu como regra do edital a exigência de informações que na verdade se referem à execução, recebimento e pagamento do objeto, temas que devem integrar o contrato. Aqui mesmo nesse dispositivo, o inc. IV trata de cláusula pertinente a contrato, que na fase do planejamento a lei destacou do contrato.

Do mesmo modo tratado no item anterior, a Administração deve adotar um padrão para suas minutas de contrato, observando-se que nem toda licitação vai gerar contrato. Assim, na hipótese que em que for necessário contrato, a minuta deve ser anexada, desde o primeiro momento, já na fase preparatória da licitação.

A minuta do contrato integra o edital, sendo um dos anexos mais importantes. Se integra o edital também se subordina ao princípio da vinculação das partes, não sendo como possível alterar a minuta após a fase de impugnação. Por isso, os licitantes devem ficar atentos para analisar também o contrato, ao mesmo tempo em que o Agente de Contratação deve compreender que é válida a impugnação que se dirige, no prazo legal, a impugnar os anexos, pois tanto o contrato como qualquer dos anexos, pois são parte integrante do edital.

Essa exigência da lei, de obrigar a Administração Pública desde o início da licitação anexar a minuta ao edital, visa coibir prática anterior de elaborar minuta após a licitação favorecendo ou prejudicando intencionalmente, com violação à impessoalidade do licitante vencedor. Era, antes de 1993, temor recorrente: "venceu a licitação e não consegui impedir, mas espere o contrato que estou elaborando".

18.10. Boas Práticas – segregação de informações no edital, contrato, TR e PB

O ideal é que as cláusulas previstas no edital não sejam repetidas no contrato, salvo obrigatoriedade legal. Dessa forma, mantém-se cada documento com o seu objetivo e as cláusulas devidamente segregados. O edital tem o foco nas regras da convocação, de habilitação, de julgamento, de recurso e procedimento de punição pela prática de atos incompatíveis com uma justa competição. O contrato tem o foco na execução do objeto, medição, recebimento, pagamento e procedimento de punição pela prática de atos referentes a execução desconforme o contrato. Assim, facilita-se a leitura pelos licitantes, evitam-se conflitos das próprias cláusulas e a repetição de termos que pode levar ao vulgarmente conhecido "lixo eletrônico": o edital determina "A" e o contrato determina "B" sobre a mesma questão, porque foi cópia de algo, como lixo eletrônico de uma licitação anterior, que foi utilizada como referência.

O que muda numa licitação é o Termo de Referência – TR, ou projeto básico – PB. Mas, para esses instrumentos sugere-se formulário, a partir dos requisitos definidos em lei. Para cada requisitos, um espaço no formulário, de modo que a inserção de todas as informações seja completa.

O que muda na licitação é o TR e o PB. Técnicas para conduzir o julgamento da melhor proposta e gerir um contrato podem ser padronizadas, a partir da segurança de que as peculiaridades do objeto formam devidamente destacadas no TR e no PB.

A padronização do edital e do contrato é, agora, um dever.[327]

Art. 18, inc. VII

> Art. 18. A fase preparatória do processo licitatório é caracterizada pelo planejamento, devendo estar compatibilizada, sempre que elaborado, com o plano de contratações anual de que trata o inciso VII do art. 12 e com as leis orçamentárias e abordar todas as considerações técnicas, mercadológicas e de gestão que podem interferir na contratação, compreendendo: [...]
> VII - o regime de fornecimento de bens, de prestação de serviços ou de execução de obras e serviços de engenharia, observados os potenciais de economia de escala;

---

[327] Note, nesse sentido, o que dispõe a Lei nº 14.133, de 1º de abril de 2021: "Art. 25. O edital deverá conter o objeto da licitação e as regras relativas à convocação, ao julgamento, à habilitação, aos recursos e às penalidades da licitação, à fiscalização e à gestão do contrato, à entrega do objeto e às condições de pagamento. § 1º Sempre que o objeto permitir, a Administração adotará minutas padronizadas de edital e de contrato com cláusulas uniformes."

> **Dispositivos correspondentes na Lei nº 8.666/1993:**
> **Art. 40.** O edital conterá no preâmbulo o número de ordem em série anual, o nome da repartição interessada e de seu setor, a modalidade, o regime de execução e o tipo da licitação, a menção de que será regida por esta Lei, o local, dia e hora para recebimento da documentação e proposta, bem como para início da abertura dos envelopes, e indicará, obrigatoriamente, o seguinte: [...]
> VII - critério para julgamento, com disposições claras e parâmetros objetivos;

Nesse dispositivo, obriga-se a definição dos regimes de fornecimento de bens, de prestação de serviços ou de execução de obras e serviços de engenharia. Entre os regimes de fornecimento de bens, a lei prevê a entrega integral e parcelada[328], e no art. 40, inc. V, alínea "b" vai inserir no planejamento como tratar essa possibilidade.[329]

Nos regimes de prestação de serviços, na fase de planejamento também a lei determina observar se serão parcelados ou não[330], mas por regime de execução deve-se entender critério que associa a execução, a medição e pagamento e as diferentes responsabilidades que decorrem desses três eventos. Um serviço pode ser contratado por empreitada por preço unitário, empreitada por preço global, empreitada integral ou simplesmente por tarefa.

Os serviços de engenharia e obras podem ter outros regimes de execução, além desses quatro, conforme o art. 46: contratação integrada, contratação semi-integrada.

A lei inovou também, pois criou um regime de execução que abrange tanto os serviços como o fornecimento: "fornecimento e prestação de serviço associado".

Para saber mais sobre o regime de execução, consulte os arts. 40 e 46 e ainda os conceitos de cada um dos regimes que estão inseridos no art. 6º, incisos XXVIII a XXXIV.

A escolha do regime de execução, que também deve ser motivada, está inserida na fase de planejamento, agora por força de lei.

Inovação deste inciso e da lei foi a introdução da expressão "observados os potenciais de economia de escala", ou seja, a condição para definir o regime de execução e gerir um contrato foi associada a um vetor econômico: tentar obter ganhos de economia de escala. Assim, sempre que for melhor comprar grandes

---

[328] BRASIL. Lei nº 14.133, de 1º de abril de 2021: "Art. 6º [...] X - compra: aquisição remunerada de bens para fornecimento de uma só vez ou parceladamente, considerada imediata aquela com prazo de entrega de até 30 (trinta) dias da ordem de fornecimento;"
[329] BRASIL. Lei nº 14.133, de 1º de abril de 2021: "Art. 40. O planejamento de compras deverá considerar a expectativa de consumo anual e observar o seguinte: [...] V - atendimento aos princípios: [...] b) do parcelamento, quando for tecnicamente viável e economicamente vantajoso;"
[330] BRASIL. Lei nº 14.133, de 1º de abril de 2021: "Art. 47. As licitações de serviços atenderão aos princípios: [...] II - do parcelamento, quando for tecnicamente viável e economicamente vantajoso."

quantidades, a Administração poderá antever a possibilidade de obter melhores preços. Nunca se deve esquecer, no entanto, que a compra integral ou fornecimento de todo o objeto pode implicar em custos elevados de armazenamento, deterioração ou desatualização do produto. Portanto, o adequado equilíbrio entre os diversos regimes e o ganho de escala, associados ao princípio do parcelamento devem ser considerados na fase do planejamento.

Importante registrar que no art. 6º, inc. XXVII, ao conceituar a "matriz de riscos" a lei determina que entre as cláusulas contratuais definidoras de riscos e de responsabilidades entre as partes e caracterizadora do equilíbrio econômico-financeiro inicial do contrato deve ser considerado o regime de execução escolhido pela Administração Pública.

De fato, esse dever agora é um atributo importante, pois nos regimes de execução integrada e semi-integrada alguns riscos de projeto não podem ser repartidos. Note que na alínea "c" do conceito foi definido que no caso de obrigações de meio, devem ser estabelecidas "as frações do objeto com relação às quais não haverá liberdade para os contratados inovarem em soluções metodológicas ou tecnológicas, devendo haver obrigação de aderência entre a execução e a solução predefinida no anteprojeto ou no projeto básico, **consideradas as características do regime de execução** no caso de obras e serviços de engenharia;".

Ainda deve a Administração Pública prever os ganhos de escala decorrentes da curva de aprendizagem da empresa contratada, a partir de investimentos em qualificação. Há contratos em que após determinado período a produtividade se revela crescente, podendo o edital, a partir dessa possibilidade melhorar a equação preços da proposta a partir de determinado período. ampliação da competitividade pelo parcelamento.

Art. 18, inc VIII

Art. 18. A fase preparatória do processo licitatório é caracterizada pelo planejamento, devendo estar compatibilizada, sempre que elaborado, com o plano de contratações anual de que trata o inciso VII do art. 12 e com as leis orçamentárias e abordar todas as considerações técnicas, mercadológicas e de gestão que podem interferir na contratação, compreendendo: [...]

VIII - a modalidade de licitação, o critério de julgamento, o modo de disputa e a adequação e eficiência da forma de combinação destes parâmetros, para os fins de seleção da proposta apta a gerar o resultado de contratação mais vantajoso para a Administração Pública, considerado todo o ciclo de vida do objeto;

Dispositivos correspondentes na Lei nº 8.666/1993:

Art. 40. O edital conterá no preâmbulo o número de ordem em série anual, o nome da repartição interessada e de seu setor, a modalidade, o regime de execução e o tipo da licitação, a menção de que será regida por esta Lei, o local, dia e hora para recebimento da documentação e proposta, bem como para início da abertura dos envelopes, e indicará, obrigatoriamente, o seguinte:

Nesse dispositivo, enfoca-se principalmente nas questões relacionadas à licitação. Assim, a necessidade de estabelecimento da modalidade de licitação, conforme art. 28, o critério de julgamento, conforme dispõe o art. 33, o modo de disputa, conforme estabelecido no art. 55, e a adequação e eficiência da forma de combinação destes parâmetros.

Este último ponto é importante porque é onde a lei explicita que é possível combinar parâmetros – em alguns casos isso já foi permitido em dispositivos específicos – mas aqui permite essa combinação de uma forma mais ampla.

Vale a crítica à redação do dispositivo que, ao misturar regras de licitação, trouxe a questão do melhor resultado da proposta para a Administração Pública. Como se sabe, no entanto, a definição do objeto – previsto no termo de referência, projeto básico, projeto executivo ou anteprojeto – afeta muito mais a qualidade da proposta do que efetivamente as regras da licitação nesse cenário. Consiste então em uma expressão que estaria em um momento pouco oportuno do dispositivo.

A consideração sobre o ciclo de vida do objeto é uma inovação, que permeia a lei e foi tratada nos comentários ao art. 11, quando a lei estabelece que o processo licitatório tem por um dos objetivos "assegurar a seleção da proposta apta a gerar o resultado de contratação mais vantajoso para a Administração Pública, inclusive no que se refere ao ciclo de vida do objeto".

Este objetivo da licitação inserido no planejamento deve ser considerado, porque é frequente situações de licitação onde se compra, por exemplo, impressora pelo menor preço, mas na hora de comprar o cartucho, essa impressora tem o cartucho mais caro do mercado e isso acaba representando um prejuízo ao órgão público e não necessariamente uma vantagem ou melhor resultado. O paradoxo vivenciado de ter a melhor proposta para a impressora, decorreu do ato de desconsiderar o ciclo de vida. Agora, por força de lei, essas situações deverão deixar de existir.

Art. 18, inc. IX

Art. 18. A fase preparatória do processo licitatório é caracterizada pelo planejamento, devendo estar compatibilizada, sempre que elaborado, com o plano de contratações anual de que trata o inciso VII do art. 12 e com as leis orçamentárias e abordar todas as considerações técnicas, mercadológicas e de gestão que podem interferir na contratação, compreendendo: [...]

IX – a motivação circunstanciada das condições do edital, tais como justificativa de exigências de qualificação técnica, mediante indicação das parcelas de maior

> relevância técnica ou valor significativo do objeto, e de qualificação econômico-financeira, justificativa dos critérios de pontuação e julgamento das propostas técnicas, nas licitações com julgamento por melhor técnica ou técnica e preço, e justificativa das regras pertinentes à participação de empresas em consórcio;

Dispositivos correspondentes na Lei nº 8.666/1993: não há.

As cláusulas do edital devem ser motivadas, em especial aquelas que são determinantes para restringir a competição. Isso porque a isonomia é um princípio que dá sustentação ao regime republicano. Quando se restringe a competição afeta-se a isonomia e o motivo dessa decisão deve ser registrado e ser acessível a quem consultar os autos ou, pela lei de acesso à informação, ser conhecido por quem tiver sua órbita de direitos atingida.

O edital deve prever a qualificação técnica e deve prever os critérios de pontuação, inclusive a forma de julgamento e a participação da empresa em consórcio. O inciso trata de exigir a motivação de cada uma das restrições da competição inseridas no edital. Portanto, o dispositivo não afasta a exigência de atos que são tecnicamente discricionários.

Por isso, a responsabilidade pela elaboração da motivação é daquele que elabora um dos instrumentos de definição do objeto referidos no inc. II, seja termo de referência, anteprojeto, projeto básico ou projeto executivo. Mais ainda se evidencia a sabedoria que está abrigada no dever do órgão jurídico apoiar o Agente de Contratação, pois a motivação deve ser coerente com o ordenamento jurídico.

Sobre os demais temas versados neste inciso consulte os comentários ao art. 37 e 67. Sobre participação de empresas em consórcio, consulte os comentários ao art. 15.

18.11. Boa prática – onde inserir a motivação

A norma não define um documento próprio que deve consolidar todas as motivações. Apenas exige que conste do processo da contratação e, agora, expressamente na fase de planejamento.

Fazendo uma analogia, a Instrução Normativa nº 05/2017 prevê que as justificativas constem do estudo técnico preliminar, podendo ou não ser juntadas ao projeto básico, a depender do tamanho em relação ao efeito de custo de publicidade.

Com adequada parcimônia e síntese deve ser inserido nos primeiros documentos, ainda que de forma resumida, alguma referência onde está inserida a motivação.

18.12. Boa Prática – prevenção de responsabilidade – segregação de funções

Por uma questão de responsabilização, à vista do princípio da segregação de funções, que permeia esta lei, quem participa de um processo licitatório pelo lado da Administração sempre deve estar preocupado com essa questão. O ideal é que as pessoas só produzam documentos com informações que sejam pertinentes à fase que operam. É por isso que entendemos que o projeto básico, termo de referência, projeto executivo ou anteprojeto deve ter todas as regras técnicas do produto, do serviço ou da obra.

Também entendemos, por esse motivo, que é o projeto básico, termo de referência, projeto executivo ou anteprojeto que vai estabelecer quais são as parcelas relevantes do objeto que necessitam de atestado de capacidade técnica e por quê elas foram selecionadas; e qual a qualificação econômica necessária específica para aquele objeto ou serviço e porque assim foi fixada.

Cabe, então, ao edital – elaborado por outro agente público – estabelecer só as regras da licitação. É por isso que bem se compreende a facilidade de ter edital padrão, pois as diferenças do objeto estão inseridas nos anteprojetos, projetos básicos ou executivos.

O edital deve abster-se de ter qualquer comentário sobre questões técnicas, limitando-se a fazer a remissão ao documento específico que contém as motivações, da fase do planejamento.

Desse modo, a atuação do controle e a definição de responsabilidade, ficam melhor situadas no processo. E, também, o limite da responsabilidade de cada agente envolvido. Evita-se, assim, o risco de o Agente de Contratação ser punido por um requisito de qualificação técnica habilitatória restritiva, que não foi originada de sua atuação e não tem capacidade técnica para avaliar se está correto ou não, porque ele simplesmente fez remissão ao projeto básico. Isso ajuda na delimitação de responsabilidades e opera, na plenitude, o princípio da segregação das funções.

Art. 18, inc. X

Art. 18. A fase preparatória do processo licitatório é caracterizada pelo planejamento, devendo estar compatibilizada, sempre que elaborado, com o plano de contratações anual de que trata o inciso VII do art. 12 e com as leis orçamentárias e abordar todas as considerações técnicas, mercadológicas e de gestão que podem interferir na contratação, compreendendo: [...]
X - a análise dos riscos que possam comprometer o sucesso da licitação e a boa execução contratual;

> **Dispositivos correspondentes na Lei nº 8.666/1993:**
> **Art. 3º. [...]**
> § 3º A licitação não será sigilosa, sendo públicos e acessíveis ao público os atos de seu procedimento, salvo quanto ao conteúdo das propostas, até a respectiva abertura.

O inciso X, obriga que, na fase de planejamento, seja feita a análise de riscos. Essa análise vai, depois, integrar a matriz de risco, que é prevista no art. 92, inc. IX da LLCA. Não é obrigatória a matriz de risco, mas sempre conveniente a análise, vez que após a análise será decidida a necessidade ou não da matriz.

Segundo o inc. X, neste momento o Agente de Contratação deve verificar quais riscos podem comprometer o "sucesso da licitação e a boa execução contratual". A licitação tem sucesso, se chega ao final com a seleção da proposta mais vantajosa e o autor dessa proposta, convocado para assinar o contrato, comparece e assina. Para essa análise deve ser lembrado que, como o inciso está subordinado ao caput, a definição dos riscos do êxito da licitação e a execução do contrato deve estar compatível com o "plano de contratações anual de que trata o inciso VII do art. 12 e com as leis orçamentárias e abordar todas as considerações técnicas, mercadológicas e de gestão que podem interferir na contratação".

Interessante observar que o conceito que a lei traz para a matriz de risco – estabelecido no art. 6º, inc. XXVII – prevê as informações mínimas que devem estar contidas no documento, entre elas, a listagem dos possíveis eventos supervenientes ao planejamento que podem comprometer o sucesso da licitação.

Art. 18, inc. XI

> Art. 18. A fase preparatória do processo licitatório é caracterizada pelo planejamento, devendo estar compatibilizada, sempre que elaborado, com o plano de contratações anual de que trata o inciso VII do art. 12 e com as leis orçamentárias e abordar todas as considerações técnicas, mercadológicas e de gestão que podem interferir na contratação, compreendendo: [...]
> XI - a motivação sobre o momento da divulgação do orçamento da licitação, observado o art. 24 desta Lei.

Dispositivos correspondentes na Lei nº 8.666/1993: não há.

O inc. XI do art. 18 determina que deve integrar o processo de licitação a motivação da decisão de manter sob sigilo da estimativa de preços feita pela Administração sobre o valor do objeto licitado.

A lei utiliza a palavra "orçamento", ensejando a razoabilidade das dúvidas, mas ao remeter ao art. 23 evidencia que não se está referindo ao orçamento, como elemento da lei orçamentária, mas a estimativa de preços do objeto. Aqui se trata de decidir e motivar se o orçamento estimado deve ou não ser mantido em sigilo. A

LLCA deixa clara a possibilidade de se manter sob sigilo o preço estimado com a finalidade de incentivar a competição e permitir a negociação de preços. É importante lembrar que os preços não divulgados devem sempre estar à disposição dos órgãos de controle, os quais, para ter acesso devem formalizar o pedido.

Sobre sigilo de preços consulte os comentários ao art. 24, caput e inc. I.

Art. 18, § 1º, incisos I, a XIII, § 2º e § 3º

Art. 18. A fase preparatória do processo licitatório é caracterizada pelo planejamento, devendo estar compatibilizada, sempre que elaborado, com o plano de contratações anual de que trata o inciso VII do art. 12 e com as leis orçamentárias e abordar todas as considerações técnicas, mercadológicas e de gestão que podem interferir na contratação, compreendendo: [...]

§ 1º O estudo técnico preliminar a que se refere o inciso I do *caput* deste artigo deverá evidenciar o problema a ser resolvido e a sua melhor solução, de modo a permitir a avaliação da viabilidade técnica e econômica da contratação, e conterá os seguintes elementos:

I - descrição da necessidade da contratação, considerado o problema a ser resolvido sob a perspectiva do interesse público;

II - demonstração da previsão da contratação no plano de contratações anual, sempre que elaborado, de modo a indicar o seu alinhamento com o planejamento da Administração;

III - requisitos da contratação;

IV - estimativas das quantidades para a contratação, acompanhadas das memórias de cálculo e dos documentos que lhes dão suporte, que considerem interdependências com outras contratações, de modo a possibilitar economia de escala;

V - levantamento de mercado, que consiste na análise das alternativas possíveis, e justificativa técnica e econômica da escolha do tipo de solução a contratar;

VI - estimativa do valor da contratação, acompanhada dos preços unitários referenciais, das memórias de cálculo e dos documentos que lhe dão suporte, que poderão constar de anexo classificado, se a Administração optar por preservar o seu sigilo até a conclusão da licitação;

VII - descrição da solução como um todo, inclusive das exigências relacionadas à manutenção e à assistência técnica, quando for o caso;

VIII - justificativas para o parcelamento ou não da contratação;

IX - demonstrativo dos resultados pretendidos em termos de economicidade e de melhor aproveitamento dos recursos humanos, materiais e financeiros disponíveis;

X - providências a serem adotadas pela Administração previamente à celebração do contrato, inclusive quanto à capacitação de servidores ou de empregados para fiscalização e gestão contratual;

XI - contratações correlatas e/ou interdependentes;

XII – descrição de possíveis impactos ambientais e respectivas medidas mitigadoras, incluídos requisitos de baixo consumo de energia e de outros recursos, bem como logística reversa para desfazimento e reciclagem de bens e refugos, quando aplicável;

XIII - posicionamento conclusivo sobre a adequação da contratação para o atendimento da necessidade a que se destina.

§ 2º O estudo técnico preliminar deverá conter ao menos os elementos previstos nos incisos I, IV, VI, VIII e XIII do § 1º deste artigo e, quando não contemplar os demais elementos previstos no referido parágrafo, apresentar as devidas justificativas.

§ 3º Em se tratando de estudo técnico preliminar para contratação de obras e serviços comuns de engenharia, se demonstrada a inexistência de prejuízos para a aferição dos padrões de desempenho e qualidade almejados, a especificação do objeto poderá ser realizada apenas em termo de referência ou em projeto básico, dispensada a elaboração de projetos.

Dispositivos correspondentes na Lei nº 8.666/1993:

Art. 6º. Para os fins desta Lei, considera-se: [...]

IX - Projeto Básico - conjunto de elementos necessários e suficientes, com nível de precisão adequado, para caracterizar a obra ou serviço, ou complexo de obras ou serviços objeto da licitação, elaborado com base nas indicações dos estudos técnicos preliminares, que assegurem a viabilidade técnica e o adequado tratamento do impacto ambiental do empreendimento, e que possibilite a avaliação do custo da obra e a definição dos métodos e do prazo de execução, devendo conter os seguintes elementos:

a) desenvolvimento da solução escolhida de forma a fornecer visão global da obra e identificar todos os seus elementos constitutivos com clareza;

b) soluções técnicas globais e localizadas, suficientemente detalhadas, de forma a minimizar a necessidade de reformulação ou de variantes durante as fases de elaboração do projeto executivo e de realização das obras e montagem;

c) identificação dos tipos de serviços a executar e de materiais e equipamentos a incorporar à obra, bem como suas especificações que assegurem os melhores resultados para o empreendimento, sem frustrar o caráter competitivo para a sua execução;

d) informações que possibilitem o estudo e a dedução de métodos construtivos, instalações provisórias e condições organizacionais para a obra, sem frustrar o caráter competitivo para a sua execução;

e) subsídios para montagem do plano de licitação e gestão da obra, compreendendo a sua programação, a estratégia de suprimentos, as normas de fiscalização e outros dados necessários em cada caso;

f) orçamento detalhado do custo global da obra, fundamentado em quantitativos de serviços e fornecimentos propriamente avaliados;

Dispositivos pertinentes da Lei nº 14.133/2021, além do art. 18:

Art. 21. A Administração poderá convocar, com antecedência mínima de 8 (oito) dias úteis, audiência pública, presencial ou a distância, na forma eletrônica, sobre licitação que pretenda realizar, com disponibilização prévia de informações pertinentes, inclusive de estudo técnico preliminar e elementos do edital de licitação, e com possibilidade de manifestação de todos os interessados.

Parágrafo único. A Administração também poderá submeter a licitação a prévia consulta pública, mediante a disponibilização de seus elementos a todos os interessados, que poderão formular sugestões no prazo fixado.

Art. 25. O edital deverá conter o objeto da licitação e as regras relativas à convocação, ao julgamento, à habilitação, aos recursos e às penalidades da licitação, à fiscalização e à gestão do contrato, à entrega do objeto e às condições de pagamento.

§ 1º Sempre que o objeto permitir, a Administração adotará minutas padronizadas de edital e de contrato com cláusulas uniformes.

§ 2º Desde que, conforme demonstrado em estudo técnico preliminar, não sejam causados prejuízos à competitividade do processo licitatório e à eficiência do respectivo contrato, o edital poderá prever a utilização de mão de obra, materiais, tecnologias e matérias-primas existentes no local da execução, conservação e operação do bem, serviço ou obra.

Art. 36. O julgamento por técnica e preço considerará a maior pontuação obtida a partir da ponderação, segundo fatores objetivos previstos no edital, das notas atribuídas aos aspectos de técnica e de preço da proposta.

§ 1º O critério de julgamento de que trata o caput deste artigo será escolhido quando estudo técnico preliminar demonstrar que a avaliação e a ponderação da qualidade técnica das propostas que superarem os requisitos mínimos estabelecidos no edital forem relevantes aos fins pretendidos pela Administração nas licitações para contratação de:

I - serviços técnicos especializados de natureza predominantemente intelectual, caso em que o critério de julgamento de técnica e preço deverá ser preferencialmente empregado;

II - serviços majoritariamente dependentes de tecnologia sofisticada e de domínio restrito, conforme atestado por autoridades técnicas de reconhecida qualificação;

III - bens e serviços especiais de tecnologia da informação e de comunicação;

IV - obras e serviços especiais de engenharia;

V - objetos que admitam soluções específicas e alternativas e variações de execução, com repercussões significativas e concretamente mensuráveis sobre sua qualidade, produtividade, rendimento e durabilidade, quando essas soluções e variações puderem ser adotadas à livre escolha dos licitantes, conforme critérios objetivamente definidos no edital de licitação.

Art. 40. O planejamento de compras deverá considerar a expectativa de consumo anual e observar o seguinte:

§ 1º O termo de referência deverá conter os elementos previstos no inciso XXIII do caput do art. 6º desta Lei, além das seguintes informações:

III - especificação da garantia exigida e das condições de manutenção e assistência técnica, quando for o caso.

§ 4º Em relação à informação de que trata o inciso III do § 1º deste artigo, desde que fundamentada em estudo técnico preliminar, a Administração poderá exigir que os serviços de manutenção e assistência técnica sejam prestados mediante deslocamento de técnico ou disponibilizados em unidade de prestação de serviços localizada em distância compatível com suas necessidades.

Art. 44. Quando houver a possibilidade de compra ou de locação de bens, o estudo técnico preliminar deverá considerar os custos e os benefícios de cada opção, com indicação da alternativa mais vantajosa.

> **Art. 72.** O processo de contratação direta, que compreende os casos de inexigibilidade e de dispensa de licitação, deverá ser instruído com os seguintes documentos:
> I - documento de formalização de demanda e, se for o caso, estudo técnico preliminar, análise de riscos, termo de referência, projeto básico ou projeto executivo;

Já foi esclarecido, nos comentários ao inciso I do art. 18 que o Estudo Técnico Preliminar – ETP é o documento mais importante do planejamento da licitação e que dele deve constar o interesse público envolvido. Alinha-se nesse documento a doutrina que deve guiar todo o contingente que trabalha com licitação; todos devem compreender que todos estão buscando a satisfação do interesse público.

No § 1º, agora, a lei define o conteúdo desse documento, e no § 2º que segue, a lei define qual parte desse conteúdo é obrigatório em todos os ETP's.

18.13. Conteúdo do ETP

O § 1º se dispõe a definir o conteúdo do ETP, mas está incompleto ao ditar esse rol, porque no inc. I do art. 18 definiu que deve constar no ETP não só a "descrição da necessidade da contratação", mas também o "interesse público envolvido". Outra interpretação poderia levar a considerar que o ETP na descrição é que caracteriza o interesse público. Nessa interpretação o interesse público estaria no processo descrito, "em algum lugar". Por isso, recomenda-se que no preâmbulo do ETP, ou seja, no início da redação do documento, abra-se um item para descrever o interesse público.

Essa decisão de escrever, colocar em palavras qual é o interesse público envolvido faz o servidor ter uma visão sobranceira da contribuição de seu ato, para toda a sociedade. Personifica a nobreza do ideário, em palavras, que vai guiar o objetivo de um processo. Sem essa percepção os atos licitatórios resumem o Agente de Contratação a um cumpridor de procedimentos.

18.13.1. Obrigatoriedade na Contratação Direta

O ETP é também necessário na contratação direta sem licitação, pelo mesmo motivo e também com o dever que contenha a caracterização do interesse público.

18.13.2. Necessidade da contratação

O segundo elemento exigido no estudo técnico preliminar – lembrando o primeiro está indicado no inciso I do caput que é o interesse público, está no inciso I do § 1º e consiste na "descrição da necessidade da contratação, considerado o problema a ser resolvido sob a perspectiva do interesse público."

Em outras palavras, com essa exigência a norma afasta a possibilidade de contratações de supérfluos e bens desnecessários, inúteis, que muitas vezes ocorrem quando os órgãos são dirigidos por pessoas sem compromisso com os recursos públicos e com os princípios republicanos.

Outra percepção importante é que o documento deve indicar "o problema a ser resolvido sob a perspectiva do interesse público". Aliás, resolvido ou evitado, pois a Administração Pública deve anteceder suas ações, prevenindo a ocorrência de problemas.

Note que a lei exige que a solução decorrente da contratação esteja conforme o interesse público descrito no inc. I do art. 18. Há necessidade de estrita correlação.

Não pode a contratação visar satisfazer o interesse privado antes de garantir o interesse público. É certo que muitas vezes a contratação vai também resolver o interesse privado, como ocorre com reforço ao policiamento em área de bancos, ou precedência de vacinação contra doença endêmica de profissionais da área de medicina, o interesse público da segurança e da manutenção do efetivo de pessoal para combate a endemia estará presente.

Haverá desvio de finalidade, ato de improbidade, se a ação somente visar o interesse público. Por outro lado, a estreita linha de cooperação de interesses público e privado e a dificuldade de segregar a preponderância é um indicativo da impossibilidade de considerar a contratação irregular.

Conforme o § 2º, o cumprimento do inciso I do § 1º do art. 18 é elemento obrigatório que deve constar do ETP.

Esse dispositivo não pode ser compreendido isoladamente. Note:

a) se a lei exige descrever a necessidade para resolver um problema, aqui no inc. I, o Agente de Contratação deve considerar também o que consta do inc. VII, que obriga descrever a solução "como um todo, inclusive das exigências relacionadas à manutenção e à assistência técnica, quando for o caso;"

b) se a lei exige descrever a necessidade para resolver um problema, aqui no inc. I, o Agente de Contratação deve considerar também o que consta do inc. IX, demonstrando que essa contratação alcançará os "resultados pretendidos em termos de economicidade e de melhor aproveitamento dos recursos humanos, materiais e financeiros disponíveis"; e

c) se a lei exige descrever a necessidade para resolver um problema, aqui no inc. I, o Agente de Contratação deve considerar também o que consta do inc. XII que ordena a obrigatoriedade de descrever "possíveis impactos ambientais e respectivas medidas mitigadoras, incluídos requisitos de baixo consumo de energia e de outros recursos, bem como logística reversa para desfazimento e reciclagem de bens e refugos, quando aplicável."

Como se observa, o inc. I do § 1º está integrado com outras exigências da norma.

18.14. Previsão no Plano de Contratações Anual e harmonização com o planejamento

O inciso II, estabelece a necessidade de constar do ETP a "demonstração da previsão da contratação no plano de contratações anual, sempre que elaborado, de modo a indicar o seu alinhamento com o planejamento da Administração."

É evidente a atecnia, pois a exigência já consta do caput do art. 18 e, no Direito, essa repetição é desnecessária. Com boa vontade, - primeira virtude do bom intérprete, pode-se considerar a necessidade e de ênfase da norma como a pretensão de reunir didaticamente em um só dispositivo, no caso o § 1º do art. 18, todos os elementos que devem constar do ETP.

Desse modo, reforça que a compra necessária e coerente com o interesse público deve estar prevista no Plano de Contratações Anual, se esse tiver sido elaborado. Independentemente da previsão no Plano de Contratações Anual, é obrigatório que a contratação pretendida esteja harmônica com o planejamento.

Com isso evita-se a gestão personalizada, contrária ao princípio republicano, de uma hora para outra, sem motivação e inopinadamente, mudar o perfil da gestão. Uma gestão competente se faz com planejamento que se inicia, como referido, no plano de governo depositado pelo candidato a chefe do poder executivo, que depois integrará o PPA, será desdobrado na Lei Anual de Diretrizes Orçamentária, receberá as dotações na Lei Orçamentária Anual. Com a previsão, desses recursos será elaborado o Plano de Contratações e em cada licitação o ETP.

18.15. Requisitos da contratação

No inc. III do § 1º do art. 18 a norma determina que o Agente de Contratação deve inserir no ETP um elemento descrevendo os requisitos da contratação.

Não se trata de indicar os requisitos do objeto ou requisitos da habilitação. Em outras palavras, não é o objeto ou quem vai ser selecionado para executar o objeto que aqui é tratado. Surge, porém, nesse ponto não só a descrição do que vai satisfazer a necessidade, mas o que não vai satisfazer essa necessidade.

Note: nos dois incisos anteriores exige-se a descrição da necessidade, inc. I, e harmonização com o Plano de Contratações Anual e com o planejamento, inc. II.

Aqui é a definição da estreita relação entre a necessidade e o requisito da contratação. Exemplificando: necessidade de "qualificar pessoas", corresponde ao requisito da contratação que esse objeto seja necessário e suficiente para qualificar pessoas. Qualificar pessoas pode ser atendido com disponibilizar conteúdo para a autoqualificarão; transferir base de dados, como livros, informativos, periódicos, arquivos em sistemas; pode referir-se com ensinar, no sistema professor-aluno; num sistema eletrônico, de tutorial ou *mentoring*; pode qualificar pela troca de Agente de Contratação sem qualificação por outros já qualificados; pode implicar em qualificar em depois avaliar se a qualificação foi realizada de modo suficiente. Em cada uma dessas possibilidades nasce um requisito da contratação e o conjunto desses requisitos vão definir o objeto da licitação e os atributos de quem será contratado. Portanto, o inc. III, do § 1º, baliza as forças que confrontam na licitação. No fundo há um confronto a partir dos requisitos: ampliar a competição, definindo minimamente os requisitos do objeto, em homenagem a isonomia, ou em antagonismo de ideias, definir com precisão as características específicas necessárias e suficientes para garantir a qualidade; descrever bem o objeto e partir da premissa que essa descrição é suficiente para afastar aventureiros, ou exigir requisitos de habilitação, inclusive técnica e de experiência para afastar riscos.

Portanto, nos requisitos da contratação nascem de forma mais objetiva possível, os elementos que serão desdobrados no Termo de Referência e no edital.

18.16. Estimativa de quantidades

Um dos elementos do ETP é que conste a estimativa de quantidades a serem contratadas.

A regra se repete no art. 40, que trata do planejamento de compras, que detalha ainda que a estimativa deve indicar "unidades e quantidades a serem adquiridas em função de consumo e utilização prováveis" e como deve ser feita a estimativa: "sempre que possível, mediante adequadas técnicas quantitativas, admitido o fornecimento contínuo;".

Aqui no inc. IV, do § 1º do art. 18, a norma determina que a estimativa de quantidades para a contratação, deve ser acompanhada "das memórias de cálculo e dos documentos que lhes dão suporte, que considerem interdependências com outras contratações, de modo a possibilitar economia de escala".

Note que se o órgão tem um planejamento consistente cada etapa auxilia todas as demais; se não tem, cada etapa exigirá elevado compromisso e devoção de poucos agentes. De fato, se o órgão tem um Plano de Contratações Anual consistente e coerente com o planejamento, com a Lei Orçamentária, com a lei de

Diretrizes Orçamentárias, todos os elementos vão se integrando gerando uma consistência entre planejado e o executado.

18.17. Levantamento de mercado

Outro elemento exigido na lei, para integrar o ETP é previsto no inc. V, do § 1º e consistente na obrigatoriedade de "levantamento de mercado, que consiste na análise das alternativas possíveis, e justificativa técnica e econômica da escolha do tipo de solução a contratar;".

Um dos pontos que se evidencia na nova lei, e é pouco compreendido, consiste na recomendação da lei de o Agente de Contratação conhecer o mercado; deixar de ser um autômato que define sozinho e isolado o que é necessário e conveniente, numa mesa na sala da burocracia distante da sociedade. Em outro ponto, porém, ao lado de exigir que conheça o mercado, na precificação a lei adotou outro extremo dando ferramentas para evitar influências na estimativa de preços.

Pesquisas prévias são necessárias e podem ser presenciais como realizadas por meio eletrônico, ou pela rede mundial de computadores, a internet. Se necessário pode recorrer a novas ferramentas definidas em lei, como audiências públicas, prevista no art. 21, diálogo competitivo, previsto no art. 6º, XLII, e 32, e outros.

Portanto, diante da complexidade e custo do objeto esse levantamento pode ser realizado de várias formas e com diferentes níveis de fundamentação.

Esse levantamento deve verificar inclusive a disponibilidade do mercado segmentado de pequenas e microempresas, para fins de aplicação da Lei Complementar nº 123, de 14 de dezembro de 2006.

Também é esse elemento do ETP, levantamento de mercado, que vai indicar a produção com critérios de sustentabilidade, conforme art. 5º, 11, inc. IV, e até para guiar a remuneração variável do contrato.

18.17.1. Boa prática

Alguns órgãos instituem na estrutura orgânica um centro especializado em descrição de objetos, com profissionais de diversas áreas e distintas formações profissionais para trilhar o caminho entre a necessidade descrita e a disponibilidade do mercado.

O Agente de Contratação encarregado dessa etapa desempenha um papel fundamental de aproximação da Administração Pública com o mercado fornecedor, razão pela qual deve atentar para as leis que até definem posturas até muito severas para preservar da imagem pública, como a lei de conflito de interesses e lei de improbidade.

Nesse sentido, mostra-se importante regulamentar essa atividade específica, podendo o regulamento ser uma seção do regulamento previsto no art. 8º.

18.18. Estimativa do valor da contratação

O procedimento para a elaboração desse elemento deve considerar os comentários ao art. 23.

Diferentemente do que ocorre no inc. IV, que exige que no planejamento seja elaborado o "orçamento estimado, com as composições dos preços utilizados para sua formação", aqui a Lei foi mais precisa na linguagem e determinou que um dos elementos do Estudo Técnico Preliminar, previsto no inc. VI, é "estimativa do valor da contratação, acompanhada dos preços unitários referenciais, das memórias de cálculo e dos documentos que lhe dão suporte, que poderão constar de anexo classificado, se a Administração optar por preservar o seu sigilo até a conclusão da licitação;".

É preciso cautela para compreender a exigência pois os preços unitários aqui referidos não são os que compõe um produto, como seria o caso de exigir que na compra de tratores a Administração viesse a ter obrigação de conhecer os custos unitários de cada produto. O raciocínio do detalhamento é simples: conhecer preço unitário é diferente de conhecer custo unitário. E a Administração deve conhecer o preço unitário do que compra. O limite é esse.

No caso de serviços, o preço unitário se refere aos casos em que há unidade de medida de desse serviço, como instalação de torneiro ou homem hora de um bombeiro hidráulico.

Para obras, o tema assume maior complexidade, e neste caso recomenda-se a leitura dos comentários ao art. 23.

O que a lei exige é que seja juntados os elementos de convencimento.

18.18.1. Boas práticas

A implantação completa do Portal Nacional de Contratações Públicas – PNCP poderá ser uma importante fonte de consulta de preços.

A outra boa prática, tendo inclusive a possibilidade de balizamento pelo art. 23, é a terceirização dessa atividade de estimativa, com profissional ou empresa do setor especializado.

18.19. Solução como um todo

Outro elemento importante previsto para integrar o ETP, no inc. VII, é a "descrição da solução como um todo, inclusive das exigências relacionadas à manutenção e à assistência técnica, quando for o caso".

Se o ETP se inicia narrando a necessidade e a apresenta uma contratação como a solução, o Agente de Contratação deve considerar que a solução proposta não pode ser analisada isoladamente. Por isso, a lei determina que esse elemento do processo descreva a solução considerando a necessidade com um "todo", na sua integralidade. Voltando ao exemplo da qualificação de servidores, tendo em vista várias soluções possíveis para atender a necessidade, qual é a solução que analisada na integralidade melhor atende. Por vezes, somente uma. Por exemplo, o que adianta disponibilizar uma base de dados, para um público-alvo que não confia na pesquisa, ou que a base de dados consome muita memória do computador, ou é de difícil acesso, ou não tem manutenção periódica?

Esse elemento do planejamento deve ser descrito com precisão. Não só o dever de motivar apresentando a solução como um todo, que atenda a integralidade, como que não prejudique outras partes do problema ou da organização. Na compra de um equipamento elétrico de porte diferente do usual é necessário verificar o dimensionamento da carga de energia; outras vezes o uso do objeto se inviabiliza pela simples dimensão de uma porta de acesso, que não pode ser alargada por estar entre colunas de sustentação.

Há um momento para planejar e um momento para colher os frutos de um bom planejamento.

O impacto da "manutenção e a assistência técnica" pode acarretar até a obsolescência do produto em período muito inferior ao previsto para o ciclo de vida útil. Note a íntima correlação entre o art. 6º, inc. XXIII, alínea "c", que determina inserir no Termo de Referência informação sobre o ciclo de vida útil do objeto.

Também a manutenção e assistência técnica interfere no primeiro objetivo da licitação "assegurar a seleção da proposta apta a gerar o resultado de contratação mais vantajoso para a Administração Pública, inclusive no que se refere ao ciclo de vida do objeto".

Por fim, é importante analisar a condição particular em que os elementos "manutenção e assistência técnica", quando inseridos como obrigação do futuro contratado podem ou devem interferir na qualificação técnico do licitante. Em outras palavras, é legítimo restringir a competição em favor de um produto que tem garantia de fábrica maior? Ou que tendo o mesmo tempo de garantia tem acessível à Administração Pública a assistência técnica no local?

A resposta a ambas as questões é afirmativa. O dever de ampliar a competição para preservar a isonomia não pode implicar no dever de alcançar a proposta mais vantajosa. Lei nova, intérprete novo.

Na nova lei, o ciclo de vida útil do objeto está associado a melhor proposta e esta é o objetivo número um da licitação. Agora, há ferramentas para deixar de comprar produtos que em pouco tempo viram sucata inútil, cuja operação coloca em risco a vida do servidor e o Agente de Contratação tem o dever de colocar a fundamentação adequada para que sejam conhecidos os motivos da restrição à competição. Motivação passa a ser um elemento fundamental.

18.20. Parcelamento

Um dos elementos do Estudo Técnico Preliminar está previsto no inc. VIII, que obriga justificar a aplicação do princípio do parcelamento ou não da contratação. A pretensão de valorizar o parcelamento foi erigido pela lei em princípio.[331]

Não há certo ou errado em parcelar um objeto, que possa ser previamente definido. O tema é complexo e contém debates com posições extremas, por diferentes razões.

Na lei e na aplicação da lei, há que se ter acima desses extremos e ponderado com adequado equilíbrio, sobranceiro o interesse público.

As condições para obrigar ou não o parcelamento, estão comentadas e exemplificadas no art. 40, § 2º.

18.21. Economicidade e aproveitamento dos recursos

O estudo técnico preliminar deve ter um elemento indicando a análise da economicidade.

Embora a seleção da proposta mais vantajosa seja o primeiro objetivo da licitação, nesse elemento a lei exige uma análise que apresente a expectativa de uma previsão dos resultados. Em dois vetores deve ser feita a análise: a economicidade e o melhor aproveitamento dos recursos humanos, materiais e financeiros disponíveis.

---

[331] BRASIL. Lei nº 14.133, de 1º de abril de 2021: "Art. 40. O planejamento de compras deverá considerar a expectativa de consumo anual e observar o seguinte: [...] § 2º Na aplicação do princípio do parcelamento, referente às compras, deverão ser considerados: I - a viabilidade da divisão do objeto em lotes; II - o aproveitamento das peculiaridades do mercado local, com vistas à economicidade, sempre que possível, desde que atendidos os parâmetros de qualidade; e III - o dever de buscar a ampliação da competição e de evitar a concentração de mercado."

A economicidade que é um dos princípios da licitação, entre os inseridos no art. 5º e já comentado, atua também na decisão do parcelamento, conforme art. 40. Vai, portanto, ter uma acepção mais ampla do que menor preço, tendo relação com fatores que interferem no preço justo, como qualidade do produto.

Além da análise da economicidade o elemento a ser inserido no processo, na fase do planejamento, por força de lei, deve considerar o "melhor aproveitamento dos recursos humanos, materiais e financeiros disponíveis."

Uma solução apresentada para evitar ou solucionar um problema pode encontrar uma proposta mais vantajosa que implique em onerar ou sacrificar os recursos disponíveis, para além do razoável.

Assim, atributos como ergonomia e funcionalidade interferem na formulação da solução. De igual modo, ao obrigar rigorosas regras para recebimento do objeto a estrutura Administrativa será onerada.

A exigência de ponderar o melhor aproveitamento dos recursos tem uma acepção ampla: recursos da Administração e os recursos da sociedade. Por isso abarca sustentabilidade, que por vezes não considera os custos para as gerações futuras, como ocorre com a contratação de tratamento de resíduos sólidos. Hoje o país tem um marco legal, em vários setores da sustentabilidade.

Na área de ergonomia e funcionalidade, porém, o país é pobre de normas e a validação dessas exigências no processo licitatório sempre foi muito tímida pelos órgãos de controle.

Mas, é precisamente isso que trata a obrigatoriedade de inserir no ETP esse elemento.

18.22. Providências que antecedem a assinatura do contrato

Um novo elemento foi inserido no ETP, pelo inc. X. Deve constar do ETP uma relação das "providências a serem adotadas pela Administração previamente à celebração do contrato, inclusive quanto à capacitação de servidores ou de empregados para fiscalização e gestão contratual".

Note que o comando legal não é após a licitação e antes da assinatura do contrato. Ao contrário, a exigência da lei é que seja inserido no Estudo Técnico Preliminar, ou seja no primeiro elemento do planejamento a relação dessas providencias para que, no curso da licitação sejam implantadas, antecedentemente, a tempo e modo corretos para que a assinatura do contrato seja o marco inicial da execução.

Para execução adequada do contrato pode ser necessário liberar uma área, obter licenças e alvarás, providenciar vestiários, instalar rede elétrica, comprar uniformes, e uma outra infinidade de atividades que neste momento do planejamento devem ser analisados e previstos. Com uma, porém, a lei teve o cuidado de destacar e nesse ponto merece encômios: "capacitação de servidores ou de empregados para fiscalização e gestão contratual." Durante toda a tramitação da Lei, no Congresso Nacional, insistimos que houvesse um capítulo próprio tratando do Agente de Contratação, critério de remuneração, responsabilidades e qualificação. É o elemento humano o segredo do sucesso de qualquer empreendimento.

Aqui a lei define que ao planejar a licitação deve a Administração Pública prever a capacitação. Essa capacitação é ainda mais necessária, quando o objeto é inovador entre os licitados. Mas é sempre necessária e deve integrar os esforços contínuos.

18.22.1. Recursos para capacitação

No livro Contratação de Treinamento[332] esclarecemos que há recursos disponíveis para a capacitação, pois os ganhos obtidos na diferença entre o orçamento disponibilizados para licitar e a proposta mais vantajosa, normalmente podem ser remanejados por ordem interna para a capacitação.

18.22.2 Assinatura do contrato - antecedência

A propósito uma boa prática é anteceder a licitação, de modo que a assinatura do contrato se dê com data futura.

Uma prática incorreta e com elevado risco é deixar contratos que terão vigência no 1º dia do exercício seguinte para serem licitados em novembro e assinado nos últimos dias do ano. Assinar, por exemplo, em novembro ou mesmo em outubro não é irregular. A declaração dos recursos orçamentários disponíveis neste caso, que é um dos elementos do contrato, pode indicar a previsão futura da lei orçamentária, constante do anteprojeto.

18.23. Contratações correlatas e/ou interdependentes

Também de modo inovador a lei determinou, no inc. XI, que no ETP fosse inserido um elemento indicando a necessidade de "contratações correlatas e/ou interdependentes".

---

[332] JACOBY FERNANDES, Jorge Ulisses; JACOBY FERNANDES, Ana Luiza Queiroz Melo. Contratação de Treinamento. 2 ed. Curitiba: Negócios Públicos do Brasil, 2015.

É preciso analisar com cautela o conteúdo desse elemento, pois como visto nos comentários ao inciso anterior, até a necessidade de capacitar para fiscalizar a execução do contrato passou a ser considerada.

A lei, nesse inciso, visa coibir casos que vieram a público de comprar equipamento caríssimos, como tomógrafo, e ficar anos sem uso, por falta de instalações adequadas, redes de energia, pessoal qualificado. Em outros casos, submeter servidores a treinamento para operar equipamentos e comprarem produtos diferentes. No Distrito Federal a polícia militar comprou viaturas e não puderam ser usadas porque obrigaram a licitar em separado o contrato de manutenção, durante o prazo de garantia dos veículos.

Em todas as cidades assistem-se erros desse planejamento de desconsiderar contratos interdependentes. A pavimentação de uma rua é sucedida por cortes para instalar rede elétrica, rede de água, rede de esgoto, instalação de postes. Em outros países, ao lado da rua ou debaixo delas existem galerias onde são instalados os conectores de serviços públicos.

Agora, espera-se que os contratos correlatos, isto é, relacionados direta e indiretamente com a solução proposta, e os que são "interdependentes", ou seja, dependem ou são dependentes da solução, sejam considerados na solução vista como um todo, exatamente como exige o inc. VII do § 1º, do art. 18.

Essa percepção mais ampla, agora exigida, vai melhorando a eficiência do planejamento integrando as partes antes desconexas.

18.24. Impactos ambientais

Também de modo inovador a lei determinou, no inc. XII, que no ETP fosse inserido um elemento descrevendo os possíveis impactos ambientais.

No passado essa exigência era restrita a obras, mas um processo de conscientização nacional passou a considerar a análise dos impactos ambientais nas diversas atividades, compras e serviços.

A evolução da legislação e a necessidade de a Administração Pública ser o indutor de comportamentos tem imposto o dever de analisar os efeitos ambientais. Esse termo deve ser considerado no ambiente interno e externo.

A lei distingue a descrição de possíveis impactos ambientais, numa perspectiva de evitar e numa perspectiva de indicar medidas mitigadoras. Depois apresenta um rol exemplificativo, recomendando analisar, quando aplicável, o atendimento de requisitos de "baixo consumo de energia e de outros recursos, bem como logística reversa para desfazimento e reciclagem de bens e refugos".

Nesse caso, há necessidade de consultar a legislação pertinente, pois a dinâmica e especialização extrema dessas relações não permite a prévia indicação.

18.25. Adequação da solução proposta ao problema

No último inciso do § 1º do art. 18, o inc. XIII, encerrando a relação dos elementos que devem integrar o estudo técnico preliminar – ETP da licitação, a lei determina inserir um elemento indicativo para posterior decisão: o posicionamento conclusivo do elaborador, ou equipe de elaboração, sobre a adequação da contratação para o atendimento da necessidade a que se destina.

Aqui não se trata de uma decisão, mas um parecer conclusivo, diante dos elementos coletados e produzidos.

Em atendimento ao princípio da segregação das funções esse elemento será um parecer que fundamentará uma decisão e por isso mesmo tem um nível de responsabilidade elevado.

18.26. Dispensa de elementos pelo § 2º

Definido que a elaboração do ETP atrai responsabilidade é preciso esclarecer que a responsabilização está em primeiro ponto em aferir se constam do ETP todos os elementos obrigatórios. Note que o § 1º do art. 18 apresenta uma relação e 12 incisos, mas pelo § 2º, o ETP deve conter o exigido nos I, IV, VI, VIII e XIII, apenas. Somente esses elementos são de exigência compulsória.

A primeira recomendação ao Agente de Contratação é no sentido de esclarecer por que não juntará os outros elementos. E o compromisso com o dever legal não pode ser simplesmente informando que só juntou esses elementos porque somente esses são obrigatórios. A Administração Pública não pode ser guiada pelo mínimo esforço; a eficiência fica comprometida.

Por isso, deve-se tentar produzir todos os elementos referidos no § 1º, e quando não for conveniente, esclarecer o motivo, ainda que sinteticamente.

Evidentemente preocupa que em análise posterior, um órgão de controle considere que tal ou qual elemento necessário em verificação divergente daquela que considerou o elaborador. Entre o necessário e o conveniente há uma diferença que pessoas razoáveis podem entrar em concordância. E, é claro que o controlador leva a vantagem de aferir os fatos depois de consumados, portanto, desse exige-se mais sabedoria.

18.27. ETP para obras e serviços de engenharia

O § 3º cria uma regra específica para ETP que vise a contratação de obras e serviços comuns de engenharia.

Por força de lei, agora, as licitações para esse objeto devem ser detalhadas no projeto executivo, ou seja, a regra, diferentemente da lei anterior, não é licitar com projeto básico.

Nesse sentido, textualmente a lei dispõe no art. 46, § 1º: "É vedada a realização de obras e serviços de engenharia sem projeto executivo, ressalvada a hipótese prevista no § 3º do art. 18 desta Lei."

E precisamente nesse § 3º, a lei permite realizar a licitação, sem projeto executivo, quando na fase do planejamento ficar "demonstrada a inexistência de prejuízo para a aferição dos padrões de desempenho e qualidade almejados". Nessa situação a especificação do objeto poderá ser realizada apenas em termo de referência ou em projeto básico, dispensada a elaboração de projetos.

Em outras palavras, a precisão das informações para definir desempenho e qualidade podem ser definidas em um dos dois documentos: termo de referência ou projeto básico.

Note que a responsabilidade por essa informação e pela decisão, implica numa antevisão de situações futuras para as quais experiência é um atributo importante. Em casos tais, em princípio melhor seria admitir o regime de contratação semi-integrada ou integrada. Isso porque alguns dos possíveis fatos futuros podem ser melhor diluídos na matriz de responsabilidade. Ocorre que também nesses dois regimes de execução, contratação semi-integrada e integrada, persiste a responsabilidade pelas informações inseridas no termo de referência e no projeto básico. Apenas a alocação de riscos é melhor definida, porque nesses regimes é obrigatória a matriz de risco.

19. Art. 19, caput, inc. I, II, III, IV, V

> Art. 19. Os órgãos da Administração com competências regulamentares relativas às atividades de administração de materiais, de obras e serviços e de licitações e contratos deverão:
>
> I – instituir instrumentos que permitam, preferencialmente, a centralização dos procedimentos de aquisição e contratação de bens e serviços;
>
> II – criar catálogo eletrônico de padronização de compras, serviços e obras, admitida a adoção do catálogo do Poder Executivo federal por todos os entes federativos;
>
> III – instituir sistema informatizado de acompanhamento de obras, inclusive com recursos de imagem e vídeo;
>
> IV – instituir, com auxílio dos órgãos de assessoramento jurídico e de controle interno, modelos de minutas de editais, de termos de referência, de contratos padronizados e de outros documentos, admitida a adoção das minutas do Poder Executivo federal por todos os entes federativos;
>
> V – promover a adoção gradativa de tecnologias e processos integrados que permitam a criação, a utilização e a atualização de modelos digitais de obras e serviços de engenharia.

Dispositivos correspondentes na Lei nº 8.666/1993:

Art. 38. O procedimento da licitação será iniciado com a abertura de processo administrativo, devidamente autuado, protocolado e numerado, contendo a autorização respectiva, a indicação sucinta de seu objeto e do recurso próprio para a despesa, e ao qual serão juntados oportunamente: [...]

Parágrafo único. As minutas de editais de licitação, bem como as dos contratos, acordos, convênios ou ajustes devem ser previamente examinadas e aprovadas por assessoria jurídica da Administração.

Dispositivos pertinentes da Lei nº 14.133/2021, além do art. 19:

Art. 181. Os entes federativos instituirão **centrais** de compras, com o objetivo de realizar compras em grande escala, para atender a diversos órgãos e entidades sob sua competência e atingir as finalidades desta Lei.

A Lei teve em linha de consideração, a função orgânica da Administração Pública, distribuindo as diversas funções dos envolvidos em licitações para os órgãos da Administração. Foi, portanto, além da previsão da competência constitucional de legislar sobre o tema licitações e contratos e invadiu a competência das unidades federadas. A observação é importante para reafirmar as adequadas balizas constitucionais. Manteve a mesma toada que se verifica em outros dispositivos, impondo ou sugerindo os modelos federais. Como já esclarecido ao longo dessa obra, para os fornecedores a uniformidade de normas favorece a relação negocial com todas as unidades federadas; como também já esclarecido, a distribuição de competências pela Constituição Federal para homenagear o modelo federativo vinha pouco a pouco sendo nulificado na prática.

Para a compreensão da norma, é importante iniciar com o conceito de órgão. Órgão da Administração está para a pessoa jurídica da Administração assim como órgão de um ser humano está para a pessoa física comum. Um órgão é caracterizado pela existência de uma unidade da Administração com função própria, atuando com funções próprias, adequadamente coordenado por órgãos da hierarquia superior.

Note que a lei estabeleceu, no plural, a expressão "órgãos". Pode a Administração estruturar as atividades da Administração de materiais, obras, serviços, licitações e contratos em um único órgão, e pode também, dependendo da dimensão das funções afetas àquele órgão, distribuir em vários outros órgãos. Pode haver apenas um órgão de administração de materiais ou vários órgãos da administração de materiais, dependendo da complexidade orgânica da Administração.

O *caput* adjetiva órgão: textualmente declara que o comando da lei se dirige a órgão da Administração "com competências regulamentares". Aqui é importante lembrar a lição do saudoso Hely Lopes Meirelles. Para esse autor, o poder regulamentar é o poder dos Chefes de Executivo de explicar, de detalhar a lei para sua correta execução, ou de expedir decretos autônomos sobre matéria de sua competência ainda não disciplinada por lei. É um poder inerente e privativo do Chefe do Executivo. É, em razão disto, indelegável a qualquer subordinado. É preciso acrescentar, porém, que toda unidade administrativa pode editar regulamento para aplicação interna, no âmbito da própria repartição ou em outras palavras, no âmbito do próprio órgão. O regulamento que pretende vincular terceiros, sejam particulares ou outros órgãos, dependem de amparo legal.

Um parêntese: por isso facilmente se compreende o motivo pelo qual os decretos autônomos editados pelo Poder Executivo não podem obrigar o cidadão. Segundo o art. 5º, inc. II "ninguém será obrigado a fazer ou deixar de fazer alguma coisa senão em virtude de lei".

No caso, quando aqui a lei qualifica o órgão como tendo competência regulamentar está se referindo a esse regulamento interno que não depende de lei, porque tecnicamente não regulará relações de terceiros. Note que as cinco atribuições definidas nos incisos dizem respeito ao âmbito interno da Administração. Pode, por exemplo, o órgão regulamentar ordenar que o edital exija que o licitante tenha certificação ISO 9001. O Agente da Contratação se sujeita a essa norma e insere a regra no edital, ou leva ao conhecimento do superior hierárquico o questionamento da legalidade dessa exigência, perante a lei. Por outro lado, se o Agente da Contratação insere no edital, o licitante poderá pelo meio da impugnação questionar a validade dessa exigência frente a lei. Portanto, há instrumentos para aplicação da reserva legal diante do poder regulamentar quando excede o comando da lei.

A função regulamentar precisa ser coordenada, no âmbito da Administração, de modo a que a autoridade deve:

a) verificar a harmonização entre a norma que edita, com outras de âmbito interno e externo ao órgão;

b) periodicamente, sugere-se anualmente, sejam reavaliadas com o mesmo objetivo de harmonização, mas também para atualizar ao novo contexto;

c) a primeira norma de cada tipo, Resolução, Deliberação, Portaria Normativa, de cada ano, apresente a relação das normas que estão em vigor dos anos anteriores, seguida de assunto; assim a Resolução nº 001/2022, indica todas as resoluções dos anos anteriores que estão em vigência; e

d) como boa prática, sugere-se a edição acrescentando ao número da norma, "atualizada em ...".

19.1. Centralização de procedimentos

O inc. I do art. 19 prevê que os órgãos deverão instituir instrumentos que permitam, preferencialmente, a centralização dos procedimentos de aquisição e contratação de bens e serviços. Essa é a postura ideal que se recomenda para as unidades da Administração desde a expedição da Lei nº 8.666/1993, a qual não tinha, na época, dispositivo análogo recomendando a centralização, tal como ocorre agora nesse inciso.

Note que a centralização é um ideal a ser perseguido como se observa da leitura do art. 181, que determina:

> Art. 181. Os entes federativos instituirão centrais de compras, com o objetivo de realizar compras em grande escala, para atender a diversos órgãos e entidades sob sua competência e atingir as finalidades desta Lei.

Foi mais longe a lei, ao determinar para os municípios que promovam as compras em grande escala que o façam mediante consórcio:

> Art. 181. [...] Parágrafo único. No caso dos Municípios com até 10.000 (dez mil) habitantes, serão preferencialmente constituídos consórcios públicos para a realização das atividades previstas no caput deste artigo, nos termos da Lei nº 11.107, de 6 de abril de 2005.

19.2. Catálogo eletrônico

No inc. II, do art. 19, verifica-se a pretensão de simplificação do procedimento com a criação de catálogos eletrônicos de padronização de compras, obras, serviços, além da admissão da adoção do catálogo de Poder Executivo federal para todos os entes federativos. Pode também ocorrer a instituição do catálogo eletrônico por adoção de catálogos de outras unidades, de um município ou de outro órgão. Assim, duas unidades federadas podem passar a adotar o mesmo catálogo. No âmbito da

Administração Pública Federal direta, autárquica e fundacional, o catálogo eletrônico foi instituído através da Portaria SEGES/ME nº 938, de 2 de fevereiro de 2022[333].

Essa é uma boa prática, pois é comum que unidades administrativas façam o mesmo tipo de compra.

19.2.1. Normatização federal de catálogo eletrônico

Ao tempo desta edição, o governo federal regulou o tema, de modo superficial e decidiu definir a extensão aos que utilizam recursos federais, dando continuidade na pretensão de haver uma hegemonia na Administração Pública nacional, a partir do modelo federal.[334] O art. 6º da norma editada determina que o catálogo eletrônico deve conter outros instrumentos, como "I - anteprojeto, termo de referência ou projeto básico; II - matriz de alocação de riscos, se couber; III - conexão com o painel para consulta de preços, o banco de preços em saúde e a base nacional de notas fiscais eletrônicas, de forma a otimizar a determinação do valor estimado da contratação, observadas a potencial economia de escala e as peculiaridades do local de execução do objeto; IV - minuta de edital ou de aviso ou instrumento de contratação direta; e V - minuta de contrato e de ata de registro de preços, se couber".

Aqui se percebe que a norma guarda coerência com o § 1º do art. 19 que dispõe:

> § 1º O catálogo referido no inciso II do **caput** deste artigo poderá ser utilizado em licitações cujo critério de julgamento seja o de menor preço ou o de maior desconto e **conterá toda a documentação** e os procedimentos próprios da fase interna de licitações, assim como as especificações dos respectivos objetos, conforme disposto em regulamento.

19.2.2. Conceito de catálogo eletrônico

Essa determinação que consta da norma infralegal de o catálogo conter todos os elementos da fase interna, anteprojeto, termo de referência, projeto básico, matriz de alocação de riscos, valor estimado da contratação, minuta de edital, minuta de contrato é nova. A operacionalização parece restrita a objeto com item único. Dr.

---

[333] BRASIL, Secretaria de Gestão do Ministério da Economia. Portaria SEGES/ME nº 938, de 2 de fevereiro de 2022. Institui o catálogo eletrônico de padronização de compras, serviços e obras, no âmbito da Administração Pública federal direta, autárquica e fundacional, em atendimento ao disposto no inciso II do art. 19 da Lei nº 14.133, de 1º de abril de 2021.

[334] SECRETARIA ESPECIAL DE DESBUROCRATIZAÇÃO, GESTÃO E GOVERNO DIGITAL SECRETARIA DE GESTÃO. PORTARIA SEGES/ME Nº 938, DE 2 DE FEVEREIRO DE 2022. Institui o catálogo eletrônico de padronização de compras, serviços e obras, no âmbito da Administração Pública federal direta, autárquica e fundacional, em atendimento ao disposto no inciso II do art. 19 da Lei nº 14.133, de 1º de abril de 2021.

Renato Fenili, que assina a norma, esclarece que se a União transferir recursos para um município, com objeto de construção de uma creche, o catálogo eletrônico teria integrado todos os elementos da fase interna, facilitando a operacionalização da licitação ao extremo.

Com essa possibilidade de interpretação, os catálogos de materiais hoje existentes precisarão ser revistos, ou deixarão de existir, se pretenderem autodenominar-se de catálogo eletrônico. No mínimo a expressão catálogo eletrônico usada na nova lei está distante da compreensão do sentido comum de ser uma relação com especificação completa do bem, passando a ter o sentido de um conjunto completo de informações, com edital, termo de referência e contrato.

Note que na definição do art. 6º consta: "LI - catálogo eletrônico de padronização de compras, serviços e obras: sistema informatizado, de gerenciamento centralizado e com indicação de preços, destinado a permitir a padronização de itens a serem adquiridos pela Administração Pública e que estarão disponíveis para a licitação;". A interpretação que agasalha o entendimento da norma infralegal está, como dito no § 1º do art. 19.

Sobre o âmbito de aplicação e a obrigatoriedade do catálogo eletrônico, consulte a seguir, os comentários sobre os §§1º e 2º, adiante.

19.3. Sistema informatizado

O inc. III, por sua vez, prevê que os órgãos deverão instituir sistema informatizado de acompanhamento de obras, inclusive com recursos de imagem e vídeo.

O Decreto nº 10.496, de 28 de setembro de 2020[335], institui o Cadastro Integrado de Projetos de Investimento (CIPI), que, nos termos do art. 2º, inc. I, trata-se de "registro centralizado de informações de projetos de investimento em infraestrutura, em ferramenta informatizada, disponibilizada pela Secretaria de Gestão da Secretaria Especial de Desburocratização, Gestão e Governo Digital do Ministério da Economia" consignando em seu art. 5º, caput e §5º, que "os projetos de investimento em infraestrutura serão registrados no CIPI e terão identificador único, que permitirá o acompanhamento e a rastreabilidade das informações dos projetos", sendo realizado "por meio da recepção, no CIPI, de imagens e de vídeos dos projetos de investimento em infraestrutura, nos termos do disposto no inciso III do caput do art. 19 da Lei nº 14.133, de 1º de abril de 2021".

---

[335] BRASIL. Decreto nº 10.496, de 28 de setembro de 2020. Institui o Cadastro Integrado de Projetos de Investimento.

A Secretaria Especial da Receita Federal do Brasil alterou a Instrução Normativa RFB nº 2.061, de 20 de dezembro de 2021, que dispõe sobre o Cadastro Nacional de Obras (CNO). Com as alterações, as definições e procedimentos relacionados a obra de construção civil, serviços de construção civil e contratos com órgão público passam a ter conformidade com o Anexo VI da Instrução Normativa RFB nº 2110, de 17 de outubro de 2022 (em substituição ao Anexo VII da Instrução Normativa RFB nº 971, de 13 de novembro de 2009). O CNO é o banco de dados, gerenciado pela Receita Federal, que armazena informações cadastrais de obras de construção civil e de seus responsáveis. Referido cadastro é essencial para que o interessado possa cumprir as obrigações tributárias (entregar declarações e realizar pagamentos) e, ao final da obra, obter a certidão de regularidade fiscal relativa à obra. A referida certidão é para averbar a construção no registro de imóveis, devendo o responsável inscrever a obra no CNO no prazo de 30 dias contados do início das atividades de construção.

Acesse a íntegra da Instrução Normativa RFB nº 2.144/2023.

De fato, o monitoramento de obras com recursos mais modernos, inclusive com o uso de drones, imagens aeroespaciais e imagens de satélite permitem o georreferenciamento de obras serviços. O Brasil já tem mais de um sistema em funcionamento na iniciativa privada. Pode a contratação ser por licitação ou inexigibilidade de licitação, cuja possibilidade foi agora ampliada, com a exclusão do termo "singularidade" e com a expressa previsão da gestão de fiscalização qualificada nos termos do art. 74, inc. III, alínea "h".

19.4. Atividades de administração e manutenção de materiais, de obras e serviços na nova lei de licitações

Neste momento, após pesquisas foi possível encontrar vários sistemas que atendem parcialmente o novo cenário da Lei nº 14.133, de 1º de abril de 2021. Numa análise preliminar apenas um atende a exigência de observar a catalogação eletrônica integrando com ciclo de vida e manutenção, geolocalização do patrimônio, e integração de serviços de manutenção com atendimento de ordem de serviço, indicadores de produtividade e verificação da ociosidade.

O *Point Service* é uma solução tecnológica voltada para a melhoria da eficiência na Administração Pública, à nível operacional. Com o uso de sensores IOT (*Internet of Things*), transforma os ambientes públicos em ambientes inteligentes, permitindo que à Administração e aos órgãos de controle o acompanhamento das demandas de serviços seja assertiva com informações precisas e em tempo real de todas as atividades. Com essa ferramenta obtém-se redução de despesas com prestadores de serviços, aumento de produtividade, maximização de insumos, agilizando fiscalizações para atendimento a cronogramas financeiros e executivos.

A ferramenta é baseada nas exigências da Instrução Normativa Conjunta MP/CGU nº 01, Instrução Normativa nº 05/2017 e da Lei nº 14.133/2021, que em conjunto instruem o gestor público sobre os controles internos das entidades, que devem ser desenhados e implementados com a adoção da tecnologia da informação e permite o acompanhamento de obras com recursos de imagem e vídeo, adoção gradativa de tecnologias e processos integrados, utilização de modelos digitais de obras e serviços.

Com o foco na gestão OPERACIONAL, ADMINISTRATIVA e GERENCIAL, o sistema é capaz de gerir serviços contratados por hospitais, metrô, instituições de ensino, estádios e quadras poliesportivas na gestão de prestadores de serviços e atendimento em campo, manutenção predial de prédios públicos, manutenção de equipamentos, controle de ativos e depreciação de patrimônio, serviços de limpeza (ambientes internos e externos como varrição de ruas), entre outros.

Os usuários da solução através de plataforma web e aplicativo para celular realizam o preenchimento das informações online e offline, registram fotos e vídeos e preenchem o seu diário de serviços. Por sua vez, os sensores de presença, crachás inteligentes, *tags* para equipamentos, sensores customizados, câmeras com inteligência artificial e sensores de geolocalização (indoor e outdoor) para monitoramento de infraestrutura registram toda a operação nos ambientes monitorados.

O uso combinados dos dados dos sensores e dos dados inseridos pelos usuários permite que o sistema realize a análise e relacionamento das informações para garantir a veracidade da atividade desenvolvida, podendo localizar pessoas e equipamentos, identificar quando o colaborador entra e sai da unidade, identificar qual demanda está sendo executada e em quanto tempo cada etapa foi realizada. As ordens de serviços fazem uma inter-relação precisa de localização, tempo de execução, produtividade e ociosidade.

Os sensores acima mencionados, tem duração de 3 a 36 meses, são independentes no que diz respeito a alimentação e se comunicam através de diversos protocolos, tais como: *wi-fi*, *bluetooth*, *Lorawan*, *Zigbee*, NB-ITO. A infraestrutura instalada não é exclusiva de um único projeto, podendo ser compartilhada para reduzir custos de implantação e atender a diferentes departamentos ou frentes de gestão, inclusive com gestão patrimonial. Em relação a equipamentos os sensores permitem programar tempo de manutenção *in loco* e com retirada do ambiente. Também é possível associar a identificação patrimonial do bem, ao catálogo que a nova lei exige dos produtos e associar essa identificação ao ciclo de vida de cada equipamento, instituindo um novo paradigma de gestão e atendendo a Lei nº 14.133/2021.

Além de todo o acompanhamento, a adoção da ferramenta impacta diretamente na redução dos processos manuais passíveis de fraudes e erros e na simplificação do processo de auditorias operacionais que se tornaram independentes e automatizadas. Elimina furto de equipamentos e perda por falta de conhecimento do ciclo de manutenção.

CONTRATOS DE MANUTENÇÃO – APLICAÇÃO DO ART. 19, INC. V:

Para viabilizar o aumento do controle e melhor acompanhamento dos indicadores, pode o edital, com fundamento no art. 19, inc. V, especialmente nos contratos de manutenção, a partir de regulamento, passar a exigir que a contratada disponibilize plataforma tecnológica com funcionalidades que permitam, dentre outras coisas, racionalizar as operações diárias, catalogar os equipamentos e áreas, priorizar chamados, padronizar os procedimentos e rotinas, e apoiar a gestão e fiscalização na mensuração dos indicadores de resultado. Outra exigência possível diz respeito a possibilidade de monitoramento por meio de registros históricos, gráficos e relatórios, para ações de aferir, medir, monitorar, planejar e reorganizar atividades como essenciais e necessárias de serem executadas para a melhoria contínua do processo de gestão pública. O uso de tecnologia permite o controle em tempo real, se a ferramenta tiver possibilidade de acesso simultâneo, de modo que a auditoria pode ser concomitante e à distância.

Além disso, os contratos de manutenção podem ter objetos associados à maior eficiência energética, águas e saneamento, em face da maior performance da sua instalação e à maior eficiência do gasto público, sem ser necessário um contrato específico de eficientização.

19.5. Da distinção conceitual entre ociosidade e improdutividade

A ociosidade é uma condição intimamente ligada a disponibilização de mão-de-obra e está relacionada a falta de desempenho, já que gera um custo que não pode ser recuperado.

Para melhor exemplificar, a mão-de-obra ociosa é aquela que está disponível, mas que não está sendo utilizada, seja pela falta de demanda de serviço ou pela falta de recursos (equipamentos ou insumos) para realização do serviço. Ou seja, a ociosidade é o tempo perdido por falta de condições para execução do serviço.

Por outro lado, a improdutividade está intrinsicamente relacionada a execução de um serviço e refere-se ao tempo necessário para programar, planejar e instruir a execução de um serviço. Ou seja, é um tempo necessariamente gasto para garantir a correta execução de um serviço e, por isso, a improdutividade pode ser prevista, compondo o custo do serviço.

19.6. Conceito estritamente definido com amparo na tabela SINAPI

Nas composições de preço da tabela SINAPI, a qual deve ser utilizada como referência do processo licitatório e consta que os coeficientes de composição de preço já consideram a improdutividade do serviço.

O manual de metodologias e conceitos da tabela exclui dos coeficientes de composição de custos a improdutividade decorrente de situações imprevistas, recomendando que devem ser tratados de modo particular durante a execução do contrato.

Nesse contexto, a Administração Pública deve prever a possibilidade de aplicação de um coeficiente de improdutividade para corrigir as distorções de preço causadas pela necessidade de execução de serviços extraordinários (emergenciais e imprevistos).

Melhor seria, portanto, que a parte final apenas tomasse forma, ou seja, que o licitante apresentasse na sua proposta o detalhamento da composição de custos unitários tal como preconiza o § 2º inc. I.

19.7. Modelos de editais, contratos, TR

O inc. IV tratou dos modelos de minutas de editais, de termos de referência, de contratos padronizados e de outros, admitindo a adoção das minutas do Poder Executivo federal por todos os entes federativos. A lei deixou claro, porém, que esse uso deve se dar com a participação do órgão jurídico e o órgão de controle interno. Note que ao órgão de controle interno não pode ser estabelecida atuação executiva. Órgão de controle interno não pode ser demandado para elaborar minuta de edital. Órgão de controle é órgão de controle. Essa análise é posterior à elaboração pelo órgão jurídico, que é o órgão mais adequado para definir o que deve constar desses instrumentos sob o aspecto jurídico, mas não pode ser encarregado de sua elaboração.

19.8. Tecnologia – obras e serviços de engenharia

Por fim, no inc. V, é dever do órgão promover a adoção gradativa de tecnologias e processos integrados que permitam a criação, utilização e atualização de modelos digitais de obras e serviços de engenharia. Esse é o caminho futuro: a ideia do uso de tecnologia e a integração de informações. Não se justifica a limitação do dispositivo a obras e serviços de engenharia. Poderia ser estendido a todos os serviços e todas as compras. Não há razão lógica para restrição nessa determinação para promoção da adoção gradativa de tecnologias, pois muito além da engenharia e obras, a diretiva deveria ser obrigatória para todas as áreas. Mas, a restrição não afeta a aplicação desse desenvolvimento em todos os setores. O ideário da eficiência supera essas atecnias legislativas.

Art. 19, §§ 1º, 2º

Art. 19. Os órgãos da Administração com competências regulamentares relativas às atividades de administração de materiais, de obras e serviços e de licitações e contratos deverão: [...]

§ 1º O catálogo referido no inciso II do *caput* deste artigo poderá ser utilizado em licitações cujo critério de julgamento seja o de menor preço ou o de maior desconto e conterá toda a documentação e os procedimentos próprios da fase interna de licitações, assim como as especificações dos respectivos objetos, conforme disposto em regulamento.

§ 2º A não utilização do catálogo eletrônico de padronização de que trata do inciso II do *caput* ou dos modelos de minutas de que trata o inciso IV do *caput* deste artigo deverá ser justificada por escrito e anexada ao respectivo processo licitatório.

Dispositivos correspondentes na Lei nº 8.666/1993: não há.

19.9. Uso e não uso do catálogo eletrônico

Há uma impropriedade de linguagem no § 1º, pois na forma do art. 17 não mais há fase interna.

Nesse dispositivo, a lei restringe o uso do catálogo referido no inc. II a licitações cujo critério de julgamento seja o de menor preço ou o de maior desconto. Se compreendido o catálogo na versão ortodoxa, a restrição faz sentido. Se, no entanto, compreendida no sentido previsto no art. 19, § 1º, impondo que o catálogo eletrônico deve conter todos os elementos da fase do planejamento, a restrição não se justifica. De fato, é lógico que se o catálogo contiver anteprojeto, termo de referência, matriz de alocação de riscos, valor estimado da contratação, minuta de edital, minuta de contrato, qualquer critério de julgamento poderia ser atendido. Como a restrição decorre de lei, na prática a alteração do critério de julgamento representará uma exceção sem amparo em lei. Note: a lei permite – no texto legal, usar a expressão, "pode" o que implica que somente foi prevista para a aplicação no critério menor preço ou maior desconto. Em outras palavras: para os demais critérios de julgamento de licitação, a lei não facultou o uso do catálogo eletrônico.

Renova-se aqui a crítica: a lei utiliza a expressão "menor preço" mais de 20 vezes, e "melhor preço" cerca de quatro vezes. Aqui deveria ter sido utilizado "melhor preço" ou "maior desconto". Em verdade, o critério sempre deveria ser "melhor preço", para indicar à sociedade, aos licitantes e aos órgãos de controle o esforço dirigido no aperfeiçoamento da norma.

A expressão "poderá" aqui utilizada tem o sentido de permitir, aproximando-se do sentido comum de uma faculdade posta ao alcance do gestor público. Diante do brocardo jurídico de que o agente público só pode fazer o que a lei permite, o tema encontra adequada compreensão. Assim, pode parecer que o gestor tem a faculdade de utilizar o catálogo eletrônico para licitações de menor preço e de maior desconto. Essa ideia, contudo, não prospera diante do que estabelece o § 2º desse dispositivo que exige justificativa se a decisão do gestor público for por **não** utilizar o catálogo eletrônico.

A compreensão da leitura em conjunto dos dois dispositivos leva à conclusão de que: se houver catálogo eletrônico para determinado objeto e o gestor não utilizá-lo deve justificar a não aplicação. Se existir o catálogo, o uso é limitado as licitações com o critério de julgamento de menor preço e de maior desconto.

Questão interessante ainda é a necessidade de se juntar ao catálogo e nos procedimentos próprios da fase interna da licitação, assim como as especificações dos respectivos objetos. Portanto o catálogo eletrônico não é apenas uma descrição do objeto, mas uma descrição seguida da justificativa das restrições à competição, o que o torna, em termos de documento, mais completo.

No § 2º também foi exigida a justificativa para não utilização de modelos de minutas.

Art. 19, § 3º

Art. 19. Os órgãos da Administração com competências regulamentares relativas às atividades de administração de materiais, de obras e serviços e de licitações e contratos deverão: [...]

§ 3º Nas licitações de obras e serviços de engenharia e arquitetura, sempre que adequada ao objeto da licitação, será preferencialmente adotada a Modelagem da Informação da Construção (*Building Information Modelling* - BIM) ou tecnologias e processos integrados similares ou mais avançados que venham a substituí-la.

Dispositivos correspondentes na Lei nº 8.666/1993: não há.

19.10. BIM – antes da Lei nº 14.133/2021

A medida está em consonância com o Decreto Federal nº 9.983/2019 que dispõe sobre a Estratégia Nacional de Disseminação do *Building Information Modelling* – BIM e institui o Comitê Gestor da Estratégia do *Building Information Modelling*.

Posteriormente, por meio do Decreto nº 10.306, de 2 de abril de 2020, passou a ser prevista a utilização do *Building Information Modelling* – BIM ou Modelagem da Informação da Construção na execução direta ou indireta de obras e serviços de engenharia, realizada pelos órgãos e pelas entidades da administração pública federal, no âmbito da Estratégia Nacional de Disseminação do *Building Information Modelling* - Estratégia BIMBR.

19.10.1. BIM – origem e compreensão da modelagem

A expressão *Building Information Modelling* no idioma pátrio pode ser traduzida como Modelagem da Informação da Construção.

A LLCA prevê agora que o BIM deve ser utilizado para todos os órgãos subordinados a esta Lei, sempre que adequado ao objeto da Licitação.

O BIM é conceituado como o conjunto de tecnologias e processos integrados que permite a criação, a utilização e a atualização de modelos digitais de uma construção, de modo colaborativo, que sirva a todos os participantes do empreendimento, em qualquer etapa do ciclo de vida da construção.

Na obra "Licitações Públicas – Homenagem ao jurista Jorge Ulisses Jacoby Fernandes", coordenada pelo Dr. Ronny Charles de L. Torres, da Editora Negócios Públicos, o eminente Dr. Hamilton Bonatto apresentou um estudo com a pretensão de enaltecer o uso do BIM pelo país. Com base nesse estudo e rendendo as homenagens de estilo ao seu autor, é preciso compreender essa modelagem, indo muito além da obrigatoriedade de uso de um software.

De fato desde a projeção em "pranchetas", os profissionais da engenharia e da arquitetura desenvolvem seus projetos em 2D e um longo desenvolvimento ocorreu até a utilização da informática para a realização do desenho, que começa usando o desenho em 2D feito, passando a uma segunda geração permite a modelagem geométrica e a terceira, a modelagem do produto.

Esclarece Hamilton Bonatto, que "quando se trata do BIM, a forma de projetar é modificada. Há uma real evolução. Não se trata somente de desenho, mas de concepção de um modelo parametrizado":

> Na fase de projeto, a tecnologia BIM, mais do que uma ferramenta para desenho, propicia ao arquiteto a possibilidade de conceder um projeto

construindo seu modelo parametrizado, o que permite que visualize a volumetria, estime custos, quantifique e qualifique material aplicado, observando e ajustando conforto ambiental e outros itens projetuais, e facilitando a comunicação entre os diversos profissionais integrantes do processo. As modificações e aperfeiçoamentos ao projeto são processados automaticamente nas planilhas de custos, nas plantas baixas e elevações da construção, permitindo um incremento significativo na qualidade da comunicação, consequentemente, na qualidade do produto final, a edificação.

No contexto da construção civil, o aumento da complexidade dos processos acarretou a necessidade de inserção de uma mentalidade industrial, buscando a aplicação de soluções adotadas na indústria da manufatura. Neste sentido, a noção de modelagem de produto adotada por outras indústrias deu origem ao conceito BIM (*Building Information Modeling*), como uma modelagem que busca integrar todos os processos relacionados à construção do produto edificação.

De fato, o BIM permite gerar informações e também o tempo, o custo da obra, o ciclo de vida das edificações, sendo "um produto ou representação digital inteligente de um conjunto de dados estruturados que definem um empreendimento".

Didaticamente, a evolução que o BIM representa é ensinada Por Hamilton Bonatto:

2D - em um plano;

3D - Em 3 dimensões – largura/espessura/altura;

4D - Adiciona-se o tempo ao projeto (fases/sequência);

5D - Adiciona-se o custo ao projeto;

6D - Aspecto de Ciclo de Vida de edificação (Proprietários/gerentes de facilities).

Além disso, o BIM permite a Administração aplicar critério de governança e também ser um instrumento de governança, inclusive para a manutenção posterior da obra.

Depois de pronta uma obra, deve-se exigir o "As Built" que indica como foi construído. Notem que o detalhamento do projeto executivo, é complementado pelo "As Built", peça onde são detalhadas a forma, cor, modelo, marca do que foi aplicado no empreendimento.

Como praxe, há muito tempo recomendamos que o "As Built" sirva para a área de manutenção, inclusive como suporte para indicação de marca e restrição de compra. Por exemplo, se num edifício inteiro foi usada a torneira de uma marca, o piso de outra, não faz sentido que a na manutenção se inicie a "despadronização". E o mesmo que ter um veículo e começar a trocar peça por marca de outro veículo.

Por isso, sempre recomendamos o uso do "As Built" na manutenção.

Agora com o sistema BIM, o "As Built" passa ater um valor ainda maior, porque essa ferramenta já nasce com a aplicação dessa modelagem. Criando sistema de manutenção e governança adequado. O ciclo de vida dos objetos, pode e deve integrar o conjunto de informações da "As Built", no BIM.

Exemplifica Hamilton Bonatto: se as informações "lançadas e que estejam corretas; a troca de uma válvula, a compra de lâmpadas, a pintura de uma parede, a localização de bens (computador, mesa, entre outros), a gestão e manutenção de benfeitorias tornam-se mais eficientes, pois o simples cruzamento de uma curva ABC com o tempo de vida útil de materiais e equipamentos permitirá compor um fluxo financeiro mais realista para o gestor dessa benfeitoria".

19.10.2. Vantagens do sistema BIM

Sintetiza Hamilton Bonatto:

a) Há indicativos de que "obras que utilizam o conceito BIM possuem uma redução de 22% no custo de construção, 33% de reclamações após a entrega da obra ao cliente e 44% mais atividades de retrabalho". Ao conhecer melhor o BIM, vê-se a possibilidade de termos uma governança de obras públicas que viabiliza projetos básicos e executivos sem conflitos e erros, compatibiliza projetos arquitetônicos e complementares, procedimentos e transparência, orçamentos reais e maior precisão.

b) A simulação realizada por esta tecnologia previne e evita a corrupção, uma vez que afasta "segredos" de projetos. Quando se pretende uma governança de obras públicas com qualidade, a transparência, intrínseca a essa filosofia, busca-se minorar a possibilidade de conflitos entre contratante e contratado. O administrador sabe exatamente o que deve receber ao final da obra e o contratado sabe, desde o início, o que deve entregar. Ainda, seria possível a redução de 10 a 15% do custo da obra, se investidos 50% a mais em projetos deficientes.

19.10.3. BIM e improdutividade

A improdutividade em obras públicas é um problema recorrente no Brasil e pode ter como causa por exemplo a ausência de projetos bem definidos que acarretam um planejamento inadequado devido à ausência de determinadas informações de projeto, causando assim uma ineficiência na gestão dos recursos, devido aos retrabalhos, ocasionando atrasos na entrega da obra, aumento nos custos e diminuição na qualidade do projeto final.

A metodologia BIM (*BUILDING INFORMATION MODELING*) pode ajudar a solucionar esses problemas ao possibilitar a criação de um modelo virtual em 3D da obra, o que permite uma melhor visualização e coordenação do projeto. O BIM também permite a identificação antecipada de conflitos de projeto, a otimização da utilização de recursos e a melhoria na comunicação entre as equipes envolvidas na obra.

Dessa forma, a metodologia BIM pode reduzir a improdutividade em obras públicas, aumentando a eficiência na gestão de projetos e recursos, reduzindo o tempo de construção e diminuindo os custos. Além disso, o uso de BIM pode melhorar a qualidade e segurança da obra, permitindo uma melhor tomada de decisões ao longo do processo de construção.

De acordo com Caio Megale, então secretário da Indústria, Comércio, Serviços e Inovação do Ministério da Economia, a disseminação de processos e tecnologias relacionadas ao BIM pode aumentar o PIB do setor em 28,9% até 2028. Isso ocorre porque o BIM fornece informações precisas sobre qualidade e quantidade de materiais e prazo da construção, o que reduz aditivos contratuais e prorrogações de prazo de conclusão e de entrega das obras. Além disso, o BIM promove a transparência de compras públicas, o que significa mais segurança nas estimativas de custos e no cumprimento dos prazos e maior transparência no processo licitatório. Com isso, é evidente que o BIM é uma ferramenta fundamental para melhorar a produtividade da construção civil e trazer benefícios significativos para toda a sociedade (GOV.COM/ 2022).

19.10.4. Críticas ao sistema BIM

A modelagem tem nome *Building Information Modelling* – BIM, nome que tem proteção legal, como o sistema eletrônico que o sustenta. É, portanto, impróprio que uma lei faça a reserva do monopólio, pois tanto estará tornando inexigível a licitação de sistemas, como poderá impedir que pela competição o proprietário do sistema seja desincentivado a evolução.

Por isso o § 3º, corretamente, admite outras tecnologias, reconhecendo como parâmetro esse: a modelagem BIM.

20. Art. 20, caput, 1º, 2º e 3º

> Art. 20. Os itens de consumo adquiridos para suprir as demandas das estruturas da Administração Pública deverão ser de qualidade comum, não superior à necessária para cumprir as finalidades às quais se destinam, vedada a aquisição de artigos de luxo.
>
> § 1º Os Poderes Executivo, Legislativo e Judiciário definirão em regulamento os limites para o enquadramento dos bens de consumo nas categorias comum e luxo.
>
> § 2º A partir de 180 (cento e oitenta) dias contados da promulgação desta Lei, novas compras de bens de consumo só poderão ser efetivadas com a edição, pela autoridade competente, do regulamento a que se refere o § 1º deste artigo.
>
> § 3º (VETADO).

Dispositivos correspondentes na Lei nº 8.666/1993: não há

Dispositivo vetado e razões do Veto nº 13/2021 (Nova Lei de Licitações):

"§ 3º Os valores de referência dos três Poderes nas esferas federal, estadual, distrital e municipal não poderão ser superiores aos valores de referência do Poder Executivo federal."

Razões do veto

"A propositura legislativa dispõe que os valores de referência dos três Poderes nas esferas federal, estadual, distrital e municipal, dos itens de consumo adquiridos para suprir as demandas das estruturas da Administração Pública, não poderão ser superiores aos valores de referência do Poder Executivo.

Entretanto, e em que pese a boa intenção do legislador, o dispositivo, ao limitar a organização administrativa e as peculiaridades dos demais poderes e entes federados, viola o princípio da separação dos poderes, nos termos do art. 2º da Constituição da República, e do pacto federativo, inscrito no art. 18 da Carta Magna."

O dispositivo apresenta algumas complexidades na sua interpretação, a primeira seria: o que são itens de consumo? Como definir uma qualidade "comum" de um bem? O que seria a "mínima necessária para cumprir as finalidades as quais se destina? E finalmente: o que é um artigo de luxo?

No âmbito axiológico, analisando o valor jurídico da norma, outras questões surgem: porque o comando não se dirige a todos os bens, se auto-restringindo a bens de consumo? Por que a definição de luxo há de ser diferenciada por poderes? Tais questões se apresentam como reflexão *de lege ferenda*, isto é para uma futura lei.

20.1. Processos de interpretação

Um parêntese aqui se impõe e será tratado em três parágrafos, a seguir.

A dificuldade na interpretação reside no fato de que os conceitos utilizados não possuem definição clara, o que dificulta o dia a dia do Agente de Contratação, bem como, a análise posterior dos órgãos de controle. Por vezes, a medida entendida como adequada pelo Agente de Contratação pode não ser a mesma dos órgãos de controle. O Brasil, país ainda jovem na estruturação de suas funções, sofre do mal inerente a natureza humana em que o controlador interfere na gestão. De fato, é inerente a função humana, em especial dos que tem poder, de avaliar os fatos ocorridos, embora desconheçam as circunstâncias da época dos fatos, como na figura do engenheiro de obra pronta, que comparece ao final da obra e aponta falhas que talvez ele próprio tivesse cometido se nas mesmas circunstâncias.

Essa dificuldade de interpretação e o balizamento da função do controle foi percebida na evolução de outros países, em perfeita similitude com o que ocorreu no Brasil, na década de 90 a 2020. Lá fora, o princípio da aderência a diretrizes e normas limitou o controle a verificação dos limites da legalidade, tolerando interpretações juridicamente razoáveis. Nos Estados Unidos e outros países, o princípio da deferência também limitou a correção das interpretações do gestor, obrigando a aceitação do entendimento da lei daqueles que estão nas circunstâncias da ocorrência do fato, premido pela necessidade de decidir. Por isso, bem se compreende que nessa linha de desenvolvimento do direito o país venha construindo instrumentos jurídicos para superar o "apagão das canetas", como foi denominado o temor de decidir pelo risco de interpretações futuras diferentes, pelo risco do denuncismo sem fundamento, pela lentidão do judiciário em corrigir e fazer valer a garantia fundamental inserida na Constituição Federal que responsabiliza o autor de calúnias. Esse novo cenário não está apenas na Lei de Liberdade Econômica, mas na alteração da Lei de Introdução ao Direito, Lei de Improbidade Administrativa.

Lamentavelmente, os primeiros dias de vigência da nova Lei de Licitações revelou que a interpretação não terá o progresso pretendido pelo simples fato de os intérpretes do controle continuarem utilizando a jurisprudência anterior, relativa a dispositivos anteriores, inclusive com redação diferente. Direito é uma ciência que exige a compreensão do momento presente e futuro e profundo respeito pelos fundamentos que a muito custo erigiram a solidez do ordenamento jurídico.

Voltando a comentar o dispositivo, melhor seria se a lei tivesse definido alguns desses conceitos como o fez com várias expressões contidas no art. 6º. Diante da omissão da norma, mostra-se necessário discorrer sobre bem de consumo e artigo de luxo.

Mostra-se recomendável que o órgão crie, com a utilização de critérios objetivos, a padronização de itens e produtos, como índices, catálogos e/ou critérios técnicos para embasar a classificação.

20.2. Itens de Consumo

A lei utiliza a expressão "itens de consumo" que não tem sentido jurídico próprio; não foi conceituada no art. 6º e destoa da classificação orçamentária prevista na Lei nº 4.320/1964.

20.2.1. Item de consumo e as normas pertinentes – explicação necessária

Por essa lei, que trata de Direito Financeiro, Lei nº 4.320/1964, as categorias econômicas, a discriminação ou especificação da despesa por elementos, em cada unidade da Administração Pública deve ser classificada sendo despesas correntes, a que se subdivide em Despesas de Custeio, a qual abrange despesas de pagamento de Pessoal Civil, Pessoal Militar, Material de Consumo, Serviços de Terceiros e Encargos Diversos. E é sempre necessário lembrar que a licitação é um procedimento prévio à realização de despesa, por isso há necessidade de um exame mínimo de correlação entre a classificação contábil e a classificação jurídica, agora em comento.

No Manual de Contabilidade Aplicada ao Setor Público, 8ª Edição,[336] diferentemente da Lei nº 4.320/1964, tem-se que o material de consumo foi inserido no item 3 – Outras Despesas Correntes. Textualmente o Manual esclarece que abrange as "Despesas orçamentárias com aquisição de material de consumo, pagamento de diárias, contribuições, subvenções, auxílio-alimentação, auxílio-transporte, além de outras despesas da categoria econômica 'Despesas Correntes' não classificáveis nos demais grupos de natureza de despesa." Prosseguindo no detalhamento, o Manual dispõe que material de consumo são despesas orçamentárias "como álcool automotivo; gasolina automotiva; diesel automotivo; lubrificantes automotivos; combustível e lubrificantes de aviação; gás engarrafado; outros combustíveis e lubrificantes; material biológico, farmacológico e laboratorial; animais para estudo, corte ou abate; alimentos para animais; material de coudelaria ou de uso zootécnico; sementes e mudas de plantas; gêneros de alimentação; material de construção para reparos em imóveis; material de manobra e patrulhamento; material de proteção, segurança, socorro e sobrevivência; material de expediente; material de cama e mesa, copa e cozinha, e produtos de higienização; material gráfico e de processamento de dados; aquisição de disquete; material para esportes e diversões; material para fotografia e filmagem; material para instalação elétrica e eletrônica; material para manutenção, reposição e aplicação; material odontológico, hospitalar e ambulatorial; material químico; material para

---

[336] BRASIL. Manual de Contabilidade Aplicada ao Setor Público (MCASP) – 8ª Edição. Disponível em: <https://sisweb.tesouro.gov.br/apex/f?p=2501:9::::9:P9_ID_PUBLICACAO:31484>. Acesso em: 29 dez. 2022.

telecomunicações; vestuário, uniformes, fardamento, tecidos e aviamentos; material de acondicionamento e embalagem; suprimento de proteção ao voo; suprimento de aviação; sobressalentes de máquinas e motores de navios e esquadra; explosivos e munições; bandeiras, flâmulas e insígnias e outros materiais de uso não duradouro."

Portanto, juridicamente a Lei de Licitações deve ser compreendida em coerência com o ordenamento jurídico. Categoricamente, portanto, não está regulada pelo art. 20 a compra de material permanente.

Compreendido esse ponto, verifica-se a correção da lei quando indica que os itens de consumo são os "adquiridos para suprir as demandas das estruturas da Administração Pública" e que "deverão ser de qualidade comum". Qualidade comum, nesse dispositivo é a qualidade comum "não superior à necessária para cumprir as finalidades às quais se destinam". Note que no final do conceito trazido pelo Manual referido consta a seguinte expressão: "materiais de uso não duradouro" o que é coerente, compatível e harmônico com o conceito de "item de consumo".

Para comentar o dispositivo, pode ser utilizada a compreensão dos órgãos de controle anteriores à vigência desta lei, relativa a "bens de consumo".

20.2.2. Qualidade comum

Qualidade é "propriedade que determina a essência ou a natureza de um ser ou coisa". No sentido estrito, ou absoluto, qualidade é "característica superior ou atributo distintivo positivo que faz alguém ou algo sobressair em relação a outros, virtude". Se a lei ordenasse a aquisição de bem de qualidade, estar-se-ia referindo ao sentido absoluto do termo. Tendo usado o termo qualidade, seguido do adjetivo "comum", teve pretensão diversa, ou seja, não buscou determinar aquisição de objeto de qualidade, mas de uma qualidade mediana, comum, próxima de mínima o suficiente para satisfazer a necessidade da Administração Pública.

O Brasil não tem, no âmbito das licitações, a cultura de punir quem entrega mercadoria abaixo da qualidade exigida pela Administração. Não tem regulamentação adequada do processo sancionador, não capacita seus agentes para aplicar um procedimento, mas tem sistema suficientemente previsto para admoestar o servidor que restringe a competição visando garantir qualidade. Essa percepção decorre da sobrevalorização do princípio da isonomia entre competidores na licitação, ao invés da busca da adequada ponderação entre esse princípio e a proposta mais vantajosa.

O dispositivo em comento ordena que bens de consumo sejam adquiridos pela qualidade comum.

20.2.3. Normas de especificações do produto e do processo produtivo

Pode ocorrer de um bem de consumo ter prévia definição das características mínimas para a comercialização.

A nova lei renovou que as especificações devem seguir normas da ABNT e do INMETRO, ficando coerente inclusive com a Lei nº 8.078/1990 que veda a comercialização de produtos que não atendem a essas normas[337], quando existentes. Para saber mais, sobre o tema consulte comentários ao art. 6º, inciso X e art. 42, inciso I, nesta obra.

Pode também a Administração, para especificar um bem referir-se ao Processo Produtivo Básico – PPB que trata sobre como o produto deve ser produzido para garantir uma qualidade.

Em ambas as situações – havendo normas da ABNT ou INMETRO, ou PPB, tais especificações devem ser consideradas como elementos para a descrição de qualidade comum.

> **Jurisprudência que ainda pode servir à interpretação**
> *Observância de normas técnicas e certificação*
> Relativamente à exigência de laudos/certificados do Inmetro ou outro laboratório credenciado por ele, que garantem que os móveis atendem às normas específicas da ABNT, tratou-se de exigência de habilitação técnica, que passou a ser cobrada do licitante provisoriamente classificado em primeiro lugar. Objetivou garantir um padrão de qualidade e assegurar perfeito funcionamento do mobiliário, com comprovação de estabilidade, ergonomia, resistência e durabilidade dos itens a serem adquiridos. Cabe à administração exigir qualidade em seus fornecimentos, com vistas a evitar desperdício de dinheiro público. Essa exigência atende ao interesse público e não se mostra desmedida ou desarrazoada.
> TCU. Processo nº 006.719/2013-9. Acórdão nº 861/2013-Plenário. Relator: Ministra Ana Arraes.

20.3. Artigos de Luxo

A aplicação de recursos públicos para contratação de artigos de luxo, a serem fruídos por poucas pessoas não é compatível com o regime republicano em que deve haver consciência que os recursos públicos devem garantir a máxima eficácia. Entre luxo e conforto pode a especificação de um bem atender ao segundo. É mesmo

---

[337] Lei nº 8.078, de 11 de setembro de 1990. Art. 39. É vedado ao fornecedor de produtos ou serviços, dentre outras práticas abusivas: (Redação dada pela Lei nº 8.884, de 11.6.1994) [...] VIII - colocar, no mercado de consumo, qualquer produto ou serviço em desacordo com as normas expedidas pelos órgãos oficiais competentes ou, se normas específicas não existirem, pela Associação Brasileira de Normas Técnicas ou outra entidade credenciada pelo Conselho Nacional de Metrologia, Normalização e Qualidade Industrial (Conmetro).

recomendável que seja assegurado aos agentes públicos o conforto para realizar suas funções.

No Brasil a condenação a compra de bens de luxo sempre mereceu alguma admoestação ou censura. Nem sempre adequada ou correta.

Para exemplificar, tomemos dois casos. No primeiro, uma Promotoria de Justiça ajuizou ação porque que "não se vislumbrou o interesse público, mas sim o interesse privado. Buscou-se adquirir um modelo específico de automóvel, altamente potente e recheado de itens de luxo, com dinheiro público, excluindo indevidamente todos os demais fabricantes e modelos". O veículo foi adquirido [...] e, desde então, encontra-se à disposição do gabinete do prefeito.

Noutro caso o Tribunal de Contas da União decidiu liberar refeições com lagosta e vinhos importados contratadas pelo Supremo Tribunal Federal, mas indicaram que o cardápio só seria compatível com eventos que contassem com a presença de ao menos duas "altas autoridades". Julgou parcialmente procedente uma representação do Ministério Público e fez considerações sobre a licitação de R$ 1,3 milhão feita pela Corte para "serviços de fornecimento de refeições institucionais".

Aqui há um ponto que merece uma melhor explicação. Alguns órgãos integrantes da alta cúpula da Administração exercem, além de suas atividades, a atividade de representação institucional. Chefes de Poder, por exemplo, recebem autoridades para jantares solenes e isso faz parte da cultura mundial; comumente tais eventos resultam na aproximação institucional, discutindo-se temas de interesse público. Há distorções, mas essa cultura admite a realização de despesas com despesa de custeio para bens de consumo. Por isso, a verba de representação há de ser controlada por duas perspectivas distintas: quando a quem pode ter essa verba, que devem integrar um conjunto mínimo de agentes do mais alto escalão; quanto aos itens inseridos, que devem ter a mais ampla possibilidade, à vista das diferentes demandas de representação. Para saber mais, consulte: Manual do Ordenador de Despesas à luz do novo regime fiscal[338].

Nesse segundo episódio referido, os ministros seguiram o voto do relator, Luciano Brandão Alves de Souza, que observou: "elevado grau de sofisticação dos alimentos e bebidas", contratados com preços fechados com a empresa que venceu a concorrência. Considerou, porém que aparentaram ser "razoáveis e compatíveis com sua finalidade".

---

[338] JACOBY FERNANDES, Jorge Ulisses. **Manual do ordenador de despesas à luz do novo regime fiscal.** Belo Horizonte: Fórum, 2020.

A lição parece atual, pois conforme o art. 4º, inc. II do regulamento do art. 20, visto a seguir, não será considerada vedada a aquisição de bem de consumo que "tenha as características superiores justificadas em face da estrita atividade do órgão ou da entidade."

20.4. Regulamento do art. 20

Foi aprovado o Decreto nº 10.818, de 27 de setembro de 2021, que regulamentou o "disposto no art. 20 da Lei nº 14.133, de 1º de abril de 2021, para estabelecer o enquadramento dos bens de consumo adquiridos para suprir as demandas das estruturas da administração pública federal nas categorias de qualidade comum e de luxo."

Regulamentar bem de consumo de luxo, obrigação inserida pela lei, destinada aos chefes dos três poderes, não é uma tarefa fácil, porque não se pode trocar um conceito por outro. No caso, ainda mais relevante porque a aquisição de bem de consumo de luxo foi vedada. Conforme exposto, embora não vedada expressamente, a aquisição de bem permanente de luxo não é compatível com as normas que dispõe sobre especificação de bens.

Sobre a regulamentação é importante esclarecer:

a) Só abrange o poder executivo federal;

b) Só abrange bens de consumo e não abrange bens permanentes;

c) Não é considerado de luxo, um bem que tenha o preço de bem de consumo comum, conforme art. 4º, inc. II, do referido Decreto;

d) A definição de bem de consumo de luxo está associada a dois elementos – variação percentual da quantidade demandada e a variação percentual da renda média, que a norma define como "elasticidade-renda da demanda", conceito complexo da área econômica; e

e) Reconhecendo a insuficiência normativa o Decreto permitiu regulamentação por norma inferior no governo federal, por meio de ato do Secretário de Gestão da Secretaria Especial de Desburocratização, Gestão e Governo Digital do Ministério da Economia.

A questão que ora se apresenta é se a norma é suficiente para esclarecer o conceito. Em termos práticos, o luxo que deve ser reprimido é o referente a ostentação de poder e com características desnecessárias frente as necessidades. E essa reprimenda deve ser feita apenas em relação a aplicação de recursos públicos. No âmbito privado, o luxo é fonte de produção, de geração de empregos e de renda.

21. Art. 21, caput, parágrafo único

Art. 21. A Administração poderá convocar, com antecedência mínima de 8 (oito) dias úteis, audiência pública, presencial ou a distância, na forma eletrônica, sobre licitação que pretenda realizar, com disponibilização prévia de informações pertinentes, inclusive de estudo técnico preliminar e elementos do edital de licitação, e com possibilidade de manifestação de todos os interessados.

Parágrafo único. A Administração também poderá submeter a licitação a prévia consulta pública, mediante a disponibilização de seus elementos a todos os interessados, que poderão formular sugestões no prazo fixado.

Dispositivos correspondentes na Lei nº 8.666/1993:
Art. 39. Sempre que o valor estimado para uma licitação ou para um conjunto de licitações simultâneas ou sucessivas for superior a 100 (cem) vezes o limite previsto no art. 23, inciso I, alínea "c" desta Lei, o processo licitatório será iniciado, obrigatoriamente, com uma audiência pública concedida pela autoridade responsável com antecedência mínima de 15 (quinze) dias úteis da data prevista para a publicação do edital, e divulgada, com a antecedência mínima de 10 (dez) dias úteis de sua realização, pelos mesmos meios previstos para a publicidade da licitação, à qual terão acesso e direito a todas as informações pertinentes e a se manifestar todos os interessados.

21.1. Ato discricionário

O dispositivo estabelece a faculdade de a Administração Pública realizar audiência e consulta pública. Diferentemente da Lei nº 8.666/1993, esses instrumentos passam então a ser tratados como ato discricionário. Embora discricionário e atuando em favor da transparência e publicidade, recomenda-se a motivação[339]. Como ato discricionário também comporta regulamentação, inclusive com a fixação de critérios e procedimento para a publicidade.

21.2. Norma anterior - diferenças

Observe que na Lei nº 8.666/1993 era obrigatória a audiência nos casos de licitações de valor estimado superior a R$ 330.000.000,00 (trezentos e trinta milhões). Agora, não existe limite mínimo ou máximo para a realização dos referidos procedimentos.

O prazo para divulgação foi reduzido de dez para oito dias úteis. Foi suprimida a expressão "antes da data prevista para a publicação do edital", mas por raciocínio lógico, é essa a data *a quo*.

21.3. Audiência Pública

O art. 21 prevê a situação da Administração tornar público procedimentos da fase interna, isto é, não há a necessidade de edital de licitação finalizado, mas de

---

[339] Sobre o tema motivação, consultar comentários ao art. 5º - princípio da motivação.

intenção de licitar. Pela proximidade com a data da publicação do edital presume-se que os principais "elementos do edital" devem estar presentes, sendo necessária a disponibilização prévia de informações pertinentes, inclusive de estudo técnico preliminar. A Lei não define quais são os elementos do edital que devem ser disponibilizados, deixando o tema ao prudente arbítrio do Agente de Contratação. Isso decorre da compreensão de que, para maior efetividade da audiência, deve-se apresentar o estudo técnico preliminar, elementos do edital e outras informações que sejam relevantes.

A realização de audiência pública revela que os gestores públicos estão valorizando a maior publicidade e transparência, demonstrando ao mercado a disposição de aperfeiçoar os procedimentos. Também contribui para a atividade administrativa, colhendo informações e subsídios, e auxilia no controle social, no controle da legalidade e da conveniência das licitações públicas.

21.4. Consulta Pública

A consulta pública, diferentemente da audiência, não teve na lei a definição de dia e hora, podendo ficar aberta ao público por um período pré-fixado. No entanto, os mesmos requisitos para divulgação de informações e ampla publicidade prevalecem.

21. 5. Consulta ou audiência pública

A lei também não definiu quando cabe audiência ou consulta pública. Na consulta há referência de colher sugestões, mas certamente não é essa finalidade ou a ausência desse termo no caput do art. 21, que permite ou impede a apresentação de sugestões.

Apresenta uma sútil diferença: na audiência devem ser apresentados "os elementos do edital"; na consulta, o próprio edital. Quando a lei refere edital deve-se entender edital completo, com todos os anexos. Portanto, na teoria, aqueles que comparecem a uma audiência terão mais informações e informações mais precisas.

A audiência permite maior troca de informações porque o edital ainda está em elaboração, ao passo que a consulta pública pode ser utilizada especialmente para sugestões e contribuições textuais em editais de licitação.

21.6. Registro da audiência e da consulta pública

Recomenda-se como boa prática a presença de ata para manifestação, a identificação dos presentes e a identificação dos que se manifestarem.

Como é uma audiência pública, as partes também têm o direito de receber o documento da ata onde ficaram as suas manifestações – no caso de audiência pública – ou sugestões – no caso de consulta pública.

A Administração, no entanto, não está obrigada a decidir na hora pelo acolhimento das sugestões. Como o próprio nome indica, é uma sessão para audiência, para ouvir.

Não está obrigada a deliberar na hora, respondendo às perguntas. Os participantes das reuniões têm direito público subjetivo a levar consigo o registro das informações e o registro da ata, o que pode inclusive ser feito por meios eletrônicos. A Administração pode enviar por e-mail, por *WhatsApp*, ou qualquer outro meio adequado. O fornecimento de cópia em papel é oneroso, mas também é amplamente permitido.

O direito de participação não se restringe aos licitantes, podendo participar dela todos os interessados, dentre os quais, qualquer pessoa física ou jurídica, participante ou não do certame.

O agente indicado para conduzir a audiência deve ter conhecimento sobre os documentos divulgados e ser capaz de coordenar o tramite da audiência, impedindo abusos. Como qualquer reunião, compete aos organizadores zelarem pela urbanidade e respeito no âmbito interno.

21.7. Data de divulgação

A questão da divulgação da data foi definida pela lei apenas para audiência pública: com antecedência mínima de 8 (oito) dias úteis. Antecedência que há de ser entendida como antecedência à publicidade do edital da licitação. Para a consulta pública não foi definida data, podendo a Administração Pública definir prazo superior ou inferior ao definido para a Audiência Pública.

21.8. Forma presencial ou eletrônica

A lei admite a forma presencial e a forma eletrônica, de comunicação à distância. É consabido que a presencial restringe a participação e que a eletrônica amplia a competição. A lei define a possibilidade de o Agente da Contratação escolher, de forma discricionária. Importante lembrar que se a lei faculta, não será um controlador que terá o direito de impor com base em princípio uma forma ou outra.

De fato, pode o interesse de favorecer o mercado local justificar a audiência ou consulta pública de todos os editais, por exemplo, as empresas, micro ou de pequeno porte. Na vigência da Lei nº 8.666/1993 determinado município decidiu motivar a comunidade empresarial a participar de licitação e passou a divulgar o edital e tirar dúvidas de forma presencial. Tendo aprendido a negociar com o a Administração Pública, os comerciantes ampliaram o horizonte e passaram a participar de licitações em outras cidades e estados da federação.

> **Jurisprudência que ainda pode servir à interpretação**
>
> Na vigência da Lei nº 8.666/1993, em que a audiência pública era obrigatória acima de determinado valor, o TCU recomendou a órgão jurisdicionado adotar procedimentos para ampliar a eficácia das audiências. Na atualidade, em que não é mais obrigatória, essas recomendações podem ser úteis como sugestão.
>
> "em relação às audiências públicas previstas no art. 39 da Lei nº 8.666/1993, conforme o vulto e a abrangência espacial do objeto licitado: • realize audiências de caráter regional, abertas ao público em geral, a fim de facilitar e estimular a ampla participação social no processo licitatório; • utilize-se de outros meios propiciadores de publicidade, tal qual previsto no inciso III, in fine, do art. 21 da Lei nº 8.666/1993, além da divulgação em jornais de grande circulação, tanto do local de realização do evento quanto dos Estados afetos pelos empreendimentos; • distribua e divulgue material informativo sobre o objeto da audiência com a necessária antecedência, de forma que seja possibilitado o amplo debate entre os administradores e a comunidade; • divulgue ao público em geral as atas das audiências tão logo elas estejam concluídas.
>
> TCU. Processo nº 002.826/2005-0. Acórdão nº 1100/2005 Primeira Câmara – TCU. Relator: Marcos Bemquerer.

21.9. Recomendação dos autores

Pelo amplo poder discricionário da Administração posto neste artigo, é recomendável a regulamentação interna para o uso desses dois instrumentos de participação popular à luz do princípio da isonomia. Recomenda-se também que sejam utilizados em contratações não habituais e de grande complexidade.

22. Art. 22, caput

> Art. 22. O edital poderá contemplar matriz de alocação de riscos entre o contratante e o contratado, hipótese em que o cálculo do valor estimado da contratação poderá considerar taxa de risco compatível com o objeto da licitação e com os riscos atribuídos ao contratado, de acordo com metodologia predefinida pelo ente federativo.

Dispositivos correspondentes na Lei nº 8.666/1993:

Art. 65. Os contratos regidos por esta Lei poderão ser alterados, com as devidas justificativas, nos seguintes casos: [...]

II - por acordo das partes: [...]

d) para restabelecer a relação que as partes pactuaram inicialmente entre os encargos do contratado e a retribuição da administração para a justa remuneração da obra, serviço ou fornecimento, objetivando a manutenção do equilíbrio econômico-financeiro extracontratual. (Redação dada pela Lei nº 8.883, de 1994)

Dispositivos pertinentes da Lei nº 14.133/2021, além do art. 22:

Art. 6º. Para os fins desta Lei, consideram-se: [...]

XXVII - matriz de riscos: cláusula contratual definidora de riscos e de responsabilidades entre as partes e caracterizadora do equilíbrio econômico-financeiro inicial do contrato, em termos de ônus financeiro decorrente de eventos supervenientes à contratação, contendo, no mínimo, as seguintes informações:

a) listagem de possíveis eventos supervenientes à assinatura do contrato que possam causar impacto em seu equilíbrio econômico-financeiro e previsão de eventual necessidade de prolação de termo aditivo por ocasião de sua ocorrência;

b) no caso de obrigações de resultado, estabelecimento das frações do objeto com relação às quais haverá liberdade para os contratados inovarem em soluções metodológicas ou tecnológicas, em termos de modificação das soluções previamente delineadas no anteprojeto ou no projeto básico;

c) no caso de obrigações de meio, estabelecimento preciso das frações do objeto com relação às quais não haverá liberdade para os contratados inovarem em soluções metodológicas ou tecnológicas, devendo haver obrigação de aderência entre a execução e a solução predefinida no anteprojeto ou no projeto básico, consideradas as características do regime de execução no caso de obras e serviços de engenharia;

Art. 92. São necessárias em todo contrato cláusulas que estabeleçam: [...] IX - a matriz de risco, quando for o caso;

CAPÍTULO III
DA ALOCAÇÃO DE RISCOS

Art. 103. O contrato poderá identificar os riscos contratuais previstos e presumíveis e prever matriz de alocação de riscos, alocando-os entre contratante e contratado, mediante indicação daqueles a serem assumidos pelo setor público ou pelo setor privado ou daqueles a serem compartilhados.

§ 1º A alocação de riscos de que trata o caput deste artigo considerará, em compatibilidade com as obrigações e os encargos atribuídos às partes no contrato, a natureza do risco, o beneficiário das prestações a que se vincula e a capacidade de cada setor para melhor gerenciá-lo.

§ 2º Os riscos que tenham cobertura oferecida por seguradoras serão preferencialmente transferidos ao contratado.

§ 3º A alocação dos riscos contratuais será quantificada para fins de projeção dos reflexos de seus custos no valor estimado da contratação.

§ 4º A matriz de alocação de riscos definirá o equilíbrio econômico-financeiro inicial do contrato em relação a eventos supervenientes e deverá ser observada na solução de eventuais pleitos das partes.

§ 5º Sempre que atendidas as condições do contrato e da matriz de alocação de riscos, será considerado mantido o equilíbrio econômico-financeiro, renunciando as partes aos pedidos de restabelecimento do equilíbrio relacionados aos riscos assumidos, exceto no que se refere:

I - às alterações unilaterais determinadas pela Administração, nas hipóteses do inciso I do caput do art. 124 desta Lei;

II - ao aumento ou à redução, por legislação superveniente, dos tributos diretamente pagos pelo contratado em decorrência do contrato.

§ 6º Na alocação de que trata o caput deste artigo, poderão ser adotados métodos e padrões usualmente utilizados por entidades públicas e privadas, e os ministérios e secretarias supervisores dos órgãos e das entidades da Administração Pública poderão definir os parâmetros e o detalhamento dos procedimentos necessários a sua identificação, alocação e quantificação financeira.

Art. 133. Nas hipóteses em que for adotada a contratação integrada ou semi-integrada, é vedada a alteração dos valores contratuais, exceto nos seguintes casos:

IV - por ocorrência de evento superveniente alocado na matriz de riscos como de responsabilidade da Administração.

Dispositivos correlatos na Lei nº 12.462/2011 (Institui o RDC):

Art. 9º. Nas licitações de obras e serviços de engenharia, no âmbito do RDC, poderá ser utilizada a contratação integrada, desde que técnica e economicamente justificada e cujo objeto envolva, pelo menos, uma das seguintes condições: (Incluído pela Lei nº 12.980, de 2014) (Vide Lei nº 14.133, de 2021) Vigência [...]

§ 5º Se o anteprojeto contemplar matriz de alocação de riscos entre a administração pública e o contratado, o valor estimado da contratação poderá considerar taxa de risco compatível com o objeto da licitação e as contingências atribuídas ao contratado, de acordo com metodologia predefinida pela entidade contratante. (Incluído pela Lei nº 13.190, de 2015)

Dispositivos correlatos no Decreto nº 7.581, de 11 de outubro de 2011:

Regulamenta o Regime Diferenciado de Contratações Públicas - RDC, de que trata a Lei nº 12.462, de 4 de agosto de 2011. (Redação dada pelo Decreto nº 8.251, de 2014) [...]

Art. 75. O orçamento e o preço total para a contratação serão estimados com base nos valores praticados pelo mercado, nos valores pagos pela administração pública em contratações similares ou na avaliação do custo global da obra, aferida mediante orçamento sintético ou metodologia expedita ou paramétrica.

§ 1º Na elaboração do orçamento estimado na forma prevista no caput, poderá ser considerada taxa de risco compatível com o objeto da licitação e as contingências atribuídas ao contratado, devendo a referida taxa ser motivada de acordo com metodologia definida em ato do Ministério supervisor ou da entidade contratante. (Incluído pelo Decreto nº 8.080, de 2013)

§ 2º A taxa de risco a que se refere o § 1º não integrará a parcela de benefícios e despesas indiretas - BDI do orçamento estimado, devendo ser considerada apenas para efeito de análise de aceitabilidade das propostas ofertadas no processo licitatório. (Incluído pelo Decreto nº 8.080, de 2013).

22.1. Matriz de risco na LLCA

Amplamente difundida nos contratos de delegação de serviços públicos, a matriz de alocação de riscos foi posta na LLCA para as demais contratações da Administração Pública.

A nova lei vem se colocar em linha de coerência com o tratamento dado, a nível infralegal, pelos órgãos que editam normas. É o que ocorreu, por exemplo, com a Instrução Normativa nº 05 de 2017, que definiu a possibilidade da adoção do sistema de matriz de risco para os contratos de serviços continuados.

Como visto, o art. 6º, inc. XXVII cuidou de definir as informações que devem constar desse instrumento de gestão e da respectiva cláusula contratual.

O art. 92 define que é um anexo do edital, gerando a dúvida se é cláusula do contrato, ou anexo do edital, fato que na prática tem sido resolvido com a indicação no contrato e no edital que a matriz está num anexo, pois costuma ser um documento extenso, com mais de 2 ou 3 páginas.

Já o art. 103 dispõe sobre a alocação de riscos no contrato de obras e serviços de grande vulto e contratação integrada e semi-integrada, onde a matriz de risco é obrigatória.

Apesar da LLCA tratar de forma esparsa o mesmo tema, entendemos que fez bem a lei em buscar definir o conceito e colocar como requisito já constante do edital e não somente na formalização do contrato, uma vez que a matriz de risco implica em assunção de responsabilidades que podem inclusive, inviabilizar a apresentação de proposta pelo licitante.

Desta forma é possível impugnar o edital caso o licitante não concorde com a matriz de risco e evitar o dispêndio de tempo e de recursos, com conflitos pós adjudicação. É a observância ao princípio da vinculação ao edital. É importante registrar que se a matriz de risco estiver prevista apenas no contrato, como esse obrigatoriamente integra o edital, quando há licitação, também vincula o contrato, pois esse é anexo obrigatório do edital, e, portanto, também dá direito a impugnar a matriz de risco.

Detalhe relevante é a situação em que não há edital e a matriz de risco se apresenta como cláusula contratual ou anexo do contrato. Nessa situação o futuro contratado deve dedicar especial atenção na análise do contrato e o Agente da Contratação deve orientar o contratado para ter atenção com as cláusulas mais importante que inseriu no contrato, em homenagem à boa fé que deve estar sobranceira em qualquer relação negocial.

Portanto, para correta compreensão do tema é necessário consultar os três artigos em referência, aqui referidos: art. 6º, inc. XXVII, art. 22 e art. 103.

22.2. Ato discricionário – poder-dever

Em vários dispositivos a lei se refere a expressão "pode", "poderá". Ocorre que esse termo, juridicamente, pode ter mais de uma acepção, como já referido em outros comentários desta norma. Tanto significa que a lei faculta ao Agente de Contratação e à Administração Pública determinado ato, como significa que a Administração tem o direito de impor determinada conduta a terceiros, como também pode ser tomado na acepção de um poder-dever. As diversas acepções desse termo devem ser resolvidas pelo contexto em que se encontra. O princípio da segurança jurídica, neste caso, é deduzido pelo contexto. Esse cenário, contudo, não permite a terceiros, controladores ou revisores de atos administrativo, impor penalizações pela diferença de compreensões da expressão, nem autoriza que prevaleça tal ou qual entendimento. Isso porque ao gerir, o interesse público não permite que terceiros substituam aquele que tem o ônus de gerir.

Neste caso, a expressão poder tem interessante compreensão. Numa primeira compreensão, o dispositivo repete a pretensão de orientar o Agente de Contratação para adoção de boas práticas. Assim, faculta à Administração contemplar "matriz de alocação de riscos" o que significa dizer que pode ser feita em nível de contratações até menos complexas, em que a Administração, tenha um justo receio da ocorrência de fatos não desejados, imprevistos ou previsíveis de consequências incalculáveis. Para essas situações específicas, a Administração pode prever uma matriz de risco simplificada.

Se pela definição do art. 6º, inc. XXVII a matriz é uma cláusula, no art. 92, a lei reafirma a situação de ser facultativa. No caput desse artigo complementado pelo inc. IX, a lei define que são necessárias em todo contrato, cláusulas que estabeleçam, a matriz de risco, **quando for o caso**. Reafirma, portanto, ser facultativa.

Ocorre que no § 4º, do mesmo artigo 22, em comento, a lei impõe nas contratações integradas ou semi-integradas, os riscos "deverão ser alocados como de sua responsabilidade na matriz de riscos." Aliás, no RDC a contratação integrada e semi-integrada já exigia a matriz de risco.

Em outra passagem do caput do art. 22, a lei declara que a "taxa de risco" somente pode ser instituída se a Administração Pública utilizou-se do poder discricionário, facultado pela lei, de prever uma matriz de risco.

Na opinião dos autores é recomendável a Administração Pública envidar esforços para usar essa ferramenta, em todos as contratações, embora só seja obrigatória nas situações definidas no § 4º.

Importante considerar que durante o tempo de vigência da Lei nº 8.666/1993, tornou subjetivo o desenvolvimento do contrato, porque os fatos supervenientes previstos e imprevistos não estavam diretamente relacionados aos pagamentos e à definição de responsabilidade. Portanto, sempre ensejava discussões acerca do equilíbrio econômico-financeiro do contrato e de quem cabia a responsabilidade e a quem cabia pagar ou deixar de pagar o dano decorrente de um evento.

O art. 22 vem nessa precisa linha de desenvolvimento na aplicação de normas, definir o que deve conter a matriz de alocação de riscos. É um documento que vai dividir as responsabilidades pelos fatos previstos e imprevistos na execução do contrato. Portanto, mesmo os imprevistos são considerados dentro de uma razoável expectativa do que ordinariamente poderia vir a acontecer, embora não desejado pelas partes.

Em coerência com essa pretensão de reduzir dificuldades da gestão, em outro dispositivo a norma determina que a matriz de alocação de riscos deve definir "o equilíbrio econômico-financeiro inicial do contrato em relação a eventos supervenientes e deverá ser observada na solução de eventuais pleitos das partes."[340]

22.3. Taxa de riscos

Como dito, a "taxa de risco" somente pode ser instituída se a Administração Pública utilizou-se do poder discricionário, facultado pela lei, de prever uma matriz de risco. Foi estabelecido também, que o cálculo do valor estimado da contratação poderá considerar taxa de risco compatível com o objeto da licitação e os riscos atribuídos ao contratado, de acordo com metodologia pré-definida pelo ente federativo.

Sem dúvida, o tempo gasto na construção da matriz de risco e na formulação da taxa de risco serão excepcionalmente recuperados no desenvolvimento do contrato futuro, na gestão mais eficiente, na minimização de conflitos, na proteção do gestor público e na segurança em favor das partes contratuais.

Definiu a lei que a metodologia deve ser predefinida pelo ente federativo. Tal dispositivo deve ser recebido com temperamentos: primeiro, porque a unidade federada nem sempre tem a qualificação, a especialização e a sensibilidade para conhecer o mercado que os agentes públicos devotados a determinada especialidade. Seria possível conceber que um agente do poder Executivo federal, enclausurado na função de normatização, conhecesse mais os riscos na contratação de uma autarquia de um projeto de pesquisa? Por esse motivo, recomenda-se aos destinatários dessa competência que autolimitem essa regulamentação, para permitir que as especializações das diversas instituições públicas possam evoluir no tema, desenvolvendo matriz de risco mais apropriada a cada objeto. Vem a propósito

---

[340] Lei nº 14.133/2021: Art. 103, [...] § 4º A matriz de alocação de riscos definirá o equilíbrio econômico-financeiro inicial do contrato em relação a eventos supervenientes e deverá ser observada na solução de eventuais pleitos das partes.

lembrar que o poder de normatização foi reestruturado na esfera federal, a partir do Decretos do poder executivo, no âmbito federal.[341]

A questão do cálculo do valor estimado poder considerar a taxa de risco, em especial, com relação aos riscos atribuídos ao contrato é relevante pois a alocação de determinados riscos ao contratado pode ensejar custos que devem ser considerados na elaboração da proposta, é o caso da necessidade de contratação de seguro.

Quando determinado risco, que nas licitações tradicionais era absorvido pela Administração, passa a ser suportado, parcial ou integralmente, pelo licitante, certamente implicará em incorporar do mesmo ao valor de sua proposta. Se o risco não for destacado como fato gerador de uma parcela de pagamento, ou a Administração Pública será onerada, quando incorrer o evento, se o contratado inseriu esse risco na sua proposta, ou o contratado será onerado, se a Administração Pública não inseriu o evento, ou ambos estarão sujeitos a admoestações de controladores se considerarem o fato como fato gerador do reequilíbrio econômico-financeiro do contrato.

Nesta senda, é relevante que o agente da contratação analise o custo deste risco alocado na proposta de forma a verificar sua compatibilidade.

Em termos práticos a matriz de riscos comumente contempla a definição do risco, sua descrição, a quem é atribuído e quais ações são necessárias para sua mitigação. Temos verificado a previsão de riscos, inclusive, na fase do planejamento da licitação com a identificação de consequências oriundas de erros no próprio edital e termo de referência e licitações fracassadas.

Em licitações mais complexas é comum a inserção de parâmetros como escala de probabilidade, escala de impacto e nível de risco.

Em suma, esse instrumento representa a possibilidade de ganhos recíprocos das partes, redução de conflitos e exigência de maior profissionalização das partes.

Art. 22, § 1º

Art. 22. O edital poderá contemplar matriz de alocação de riscos entre o contratante e o contratado, hipótese em que o cálculo do valor estimado da contratação poderá considerar taxa de risco compatível com o objeto da licitação e os riscos atribuídos ao contratado, de acordo com metodologia predefinida pelo ente federativo.

§ 1º A matriz de que trata o *caput* deste artigo deverá promover a alocação eficiente dos riscos de cada contrato e estabelecer a responsabilidade que caiba a cada parte

---

[341] Queira consultar Decreto nº 10.474, de 26 de agosto de 2020, Decreto nº 10.889, de 9 de dezembro de 2021, entre outros. Recomenda-se também a leitura do artigo de autoria de Gustavo Henrique Justino de Oliveira, in https://www2.senado.leg.br/bdsf/bitstream/handle/id/280/r135-31.pdf?sequence=4.

contratante, bem como os mecanismos que afastem a ocorrência do sinistro e mitiguem os seus efeitos, caso este ocorra durante a execução contratual.

Dispositivos correspondentes na Lei nº 12.462/2011 (Institui o RDC):

Art. 9º. Nas licitações de obras e serviços de engenharia, no âmbito do RDC, poderá ser utilizada a contratação integrada, desde que técnica e economicamente justificada e cujo objeto envolva, pelo menos, uma das seguintes condições:[...]

§ 5º Se o anteprojeto contemplar matriz de alocação de riscos entre a administração pública e o contratado, o valor estimado da contratação poderá considerar taxa de risco compatível com o objeto da licitação e as contingências atribuídas ao contratado, de acordo com metodologia predefinida pela entidade contratante. (Incluído pela Lei nº 13.190, de 2015)

Dispositivos correlatos no Decreto nº 7.581, de 11 de outubro de 2011:

Regulamenta o Regime Diferenciado de Contratações Públicas - RDC, de que trata a Lei nº 12.462, de 4 de agosto de 2011. (Redação dada pelo Decreto nº 8.251, de 2014) [...]

Art. 75. O orçamento e o preço total para a contratação serão estimados com base nos valores praticados pelo mercado, nos valores pagos pela administração pública em contratações similares ou na avaliação do custo global da obra, aferida mediante orçamento sintético ou metodologia expedita ou paramétrica.

§ 1º Na elaboração do orçamento estimado na forma prevista no caput, poderá ser considerada taxa de risco compatível com o objeto da licitação e as contingências atribuídas ao contratado, devendo a referida taxa ser motivada de acordo com metodologia definida em ato do Ministério supervisor ou da entidade contratante. (Incluído pelo Decreto nº 8.080, de 2013)

§ 2º A taxa de risco a que se refere o § 1º não integrará a parcela de benefícios e despesas indiretas - BDI do orçamento estimado, devendo ser considerada apenas para efeito de análise de aceitabilidade das propostas ofertadas no processo licitatório. (Incluído pelo Decreto nº 8.080, de 2013

22.4. Alocação eficiente dos riscos

Neste parágrafo foram estabelecidos os objetivos da matriz, a alocação que deverá estabelecer a responsabilidade de cada uma das partes, mecanismos de afastar a ocorrência de sinistros e, em ocorrendo o sinistro, como deve ser feito o tratamento do evento, durante a execução contratual.

A estruturação de matriz de risco e a previsão de taxa de risco foi inserida no Brasil pelo Decreto nº 8.080, de 20 de agosto de 2013, que alterou o art. 74 do Decreto nº 7.581, de 11 de outubro de 2011. Por meio dessa norma, o Brasil ao utilizar o Regime Diferenciado de Contratações Públicas – RDC, também avançou no sistema ao prever a taxa de risco compatível com o objeto.

Participamos da concepção da ideia, a partir da ocorrência de fatos inusitados como uma rodovia que atravessa comunidade indígena a qual exige da empreiteira executora a doação de touro e vaca reprodutores, como compensação pela redução de espaço útil. Ou a doação de instrumentos de trabalho, como tratores. O detalhe é que a comunidade é nômade e, portanto, distante no tempo da previsão nos projetos, a área passou a ter ocupação. A ideia foi determinar eventos, previamente definidos em caráter geral, porque certamente, condicionar o pagamento ou indenização ao trabalhoso e lentíssimo processo de reequilíbrio e as infindáveis discussões de ser devida ou não a indenização, se seria melhor desviar a estrada, na prática desconhecida pelos doutos e distantes sábios implicaria em inviabilizar a infraestrutura pretendida.

Assim, ao normatizar o evento e as probabilidades consideradas conseguiu-se a melhorar a gestão de empreendimentos.

Note que vem dessa norma uma importante lição: a taxa de risco não se insere nos pagamentos ordinários do contrato. Ela é associada à ocorrência do evento previstos na matriz de alocação de riscos. Portanto, e por esse motivo, a taxa de risco não deve integrar o BDI.

Interessante observar que a inserção da matriz de riscos na LLCA torna mais abrangente a previsão que era utilizada no RDC. Isso ocorre porque no RDC, a utilização de matriz de risco era permitida em relação a obras, especialmente na contratação integrada, já que nessa modalidade não é permitido aditivos. Na LLCA, por sua vez, é permitida a utilização da matriz de alocação de riscos inclusive para outros tipos de contratação, além da contratação de obras.

Um exemplo corriqueiro que pode ser colhido no caso de serviços contínuos é definir em uma matriz de alocação de riscos o evento greve. Tanto a greve dos servidores públicos, que acaba impedindo uso de instalações do serviço público pela sociedade e pelos próprios servidores – e, portanto, afeta o contrato de conservação e limpeza –, como a greve dos empregados terceirizados. Em cada uma dessas situações a Administração deve prever a ocorrência do evento. Em ocorrendo, como é distribuído os custos desse evento e, também, como deve ser mitigado os efeitos desse evento.

22.5. Responsabilidade

A norma prevê que na matriz deve ser estabelecida a responsabilidade que caiba a cada parte contratante.

Responsabilidade não é o dever de indenizar, mas determinar a quem cabe evitar a ocorrência do risco e quem deve mitigar os efeitos. Isso implica que a parte não deve dar causa ao evento, mas que ocorrendo deve agir, ser responsável por minimizar tanto a ocorrência, como os efeitos.

O tema da responsabilização tem relação com uma estrutura lógica de infinitas possibilidades. Tome-se um exemplo: uma empresa de terceirização de mão de obra tem um dos empregados atingidos por um raio, num prédio sem para-raios. Pode-se discutir infinitas possibilidades de responsabilização. Desde quem construiu o prédio público, quem deveria zelar pela manutenção, que colocou o empregado em área de risco, que não previu a ocorrência de raio, a conduta do empregado etc. O dano pode ser, no plano teórico, reparado se a empresa registra o empregado e recolhe para a seguridade o risco de acidente de trabalho. Mas a Constituição Federal determina que a exposição a risco conhecido pelo empregador sem prova de que agiu para evitar, pode implicar em indenização adicional.

Por isso, a metodologia para construção da matriz de risco, definição de risco e responsabilização devem ficar numa baliza do razoável, comumente definido pelo "que ordinariamente acontece".

22.6. Afastar a ocorrência do sinistro e mitigar efeitos

Novamente a lei vai definir com clareza o que se busca na definição da matriz de risco: evitar a ocorrência e se ocorrido o evento minimizar seus efeitos.

Normalmente os custos para evitar o risco são inferiores ao custo para mitigar efeitos. Há exceções, quando o risco envolvido diz respeito a valores superiores, como a vida humana, saúde dos agentes envolvidos, patrimônio histórico, proteção à cultura indígena e quilombola. De fato, às vezes minimizar o risco implica custos adicionais, num ambiente que envolve valor não financeiro, mas nessa outra acepção do termo: "qualidade humana física, intelectual ou moral, que desperta admiração ou respeito". O valor institucional deve merecer esforços para a inocorrência do dano.

22.7. Boas Práticas

O Ministério do Planejamento e a Controladoria-Geral da União editaram, em 2016, a Instrução Normativa nº 01 – MPOG/CGU, que dispõe sobre controles internos, gestão de riscos e governança no âmbito Poder Executivo Federal. Lá, são definidos conceitos de matriz de risco e outras questões relacionadas à governança e como definir as matrizes e a estruturação de controle interno.

Art. 22, § 2º, inc. I, II, III

> Art. 22. O edital poderá contemplar matriz de alocação de riscos entre o contratante e o contratado, hipótese em que o cálculo do valor estimado da contratação poderá considerar taxa de risco compatível com o objeto da licitação e os riscos atribuídos ao contratado, de acordo com metodologia predefinida pelo ente federativo. [...]
>
> § 2º O contrato deverá refletir a alocação realizada pela matriz de riscos, especialmente quanto:

I - às hipóteses de alteração para o restabelecimento da equação econômico-financeira do contrato nos casos em que o sinistro seja considerado na matriz de riscos como causa de desequilíbrio não suportada pela parte que pretenda o restabelecimento;

II - à possibilidade de resolução quando o sinistro majorar excessivamente ou impedir a continuidade da execução contratual;

III - à contratação de seguros obrigatórios previamente definidos no contrato, integrado o custo de contratação ao preço ofertado.

Dispositivos correspondentes na Lei nº 8.666/1993: não há.

Dispositivos correspondentes na Lei nº 12.462/2011 (Institui o RDC):

Art. 9º. Nas licitações de obras e serviços de engenharia, no âmbito do RDC, poderá ser utilizada a contratação integrada, desde que técnica e economicamente justificada e cujo objeto envolva, pelo menos, uma das seguintes condições: [...]

§ 5º Se o anteprojeto contemplar matriz de alocação de riscos entre a administração pública e o contratado, o valor estimado da contratação poderá considerar taxa de risco compatível com o objeto da licitação e as contingências atribuídas ao contratado, de acordo com metodologia predefinida pela entidade contratante.

22.8. Principais hipóteses previstas na matriz de risco

Neste dispositivo, a norma define:

a) possibilidade de alteração da matriz de risco;

b) a resolução do contrato, diante da ocorrência de um risco, seja rescisão por acordo, seja rescisão punição do contratado; e

c) a situação em que o risco deve ser coberto por indenização prevista em seguro, "integrado o custo de contratação ao preço ofertado".

A matriz de riscos normalmente é um anexo do contrato, onde se distribuem os riscos, as responsabilidades e o tratamento econômico e fático a ser dado a cada um dos eventos.

Sobre ser anexo e ser obrigatória a matriz de risco, comentamos no caput deste artigo.

Retomando o raciocínio, o § 2º define no inc. I, os fatos que diante da necessidade de reestabelecer o equilíbrio econômico-financeiro do contrato não previsto na matriz de risco, se permite alterar essa.

Sem dúvida, proceder desse modo diante de evento não previsto é uma boa prática: alterar a matriz de risco para inserir o evento não previsto e após analisar e decidir o reequilíbrio. Por que é uma boa prática? Porque haverá dois distintos processos de interpretação: no primeiro, alterando a matriz de risco, o Agente de

Contratação tratará o evento junto a outros previstos e como mereceram a alocação de responsabilidade e a mitigação do risco, inclusive se certificando que não houve previsão; definirá, portanto, uma regra de atuação para aquele evento específico, que poderá se repetir naquele e em outros contratos. Na segunda atuação do Agente de Contratação se utilizará no regramento posto na matriz de risco para decidir os efeitos do evento no contrato específico, com evento específico. Assim, a curva de aprendizado ficará registrado.

Fato relevante é que a lei prevê a possibilidade de conceder reequilíbrio nos casos de contratação integrada e semi-integrada, desde que previsto na alocação de matriz de risco. Questão relevante é analisar se é possível alterar a matriz de alocação de risco nesses tipos de contratação. Em princípio, a resposta é afirmativa desde que não decorra de fatos que pela norma cabem ao contratado que elabora o projeto básico e/ou o projeto executivo. Erros de projeto são de responsabilidade do contratado. Contudo, mesmo nessa hipótese se a Administração Pública fornece as informações e os elementos essenciais para a produção dos projetos e nesses há inconsistências e erros, é evidente que a responsabilidade cabe à própria Administração Pública.

Um exemplo elucidará melhor o cenário em que se altera a alocação de riscos e os próprios riscos. Com a pandemia decorrente de coronavírus, a Administração Pública precisou reequilibrar contratos, alterar unilateralmente. Estudado o fenômeno o Brasil editou leis, inclusive permitindo a elaboração da matriz de risco, concomitante à execução do contrato, pois em março de 2022 era impossível prever as intercorrências decorrentes da pandemia. Pouco a pouco as balizas do risco foram sendo elaboradas permitindo um tratamento uniforme, adaptado as consequências em cada contrato.

Como os eventos associados à hipótese do inc. I, pode ainda ser estabelecida a questão do que vai além do razoável, da previsão razoável. Isso ocorre nos casos em que a alteração do valor do dólar vai além das expectativas anunciadas pelo mercado financeiro e publicadas pelo Banco Central. Anualmente, o Banco Central recolhe as expectativas de variação da moeda estrangeira e as publica, consolidando-as.

É lógico que, se para os especialistas em economia, a taxa de variação esperada é X, não pode se exigir que o governo contrate e obtenha ganhos se a variação do dólar for acima daquela esperada pela sociedade. Portanto, é esse um típico evento para se colocar em uma matriz de risco. "Se o dólar variar acima da previsão, caberá reequilíbrio".

A recomendação é que, em uma situação como essa, onde é possível prever os impactos além das previsibilidades, a matriz de risco deverá prever, por exemplo, de que "variar acima da média da expectativa das publicações do Banco Central e outros bancos do começo do exercício". Portanto, o percentual já fica previamente definido em relação a uma base de cálculo.

O mesmo fato pode ser estabelecido no tratamento de obras planejadas para execução das chamadas janelas hidrológicas – período de tempo de chuva escassa – para realização de obras, por exemplo, de grandes escavações de fundação. Para o aproveitamento de uma janela hidrológica, poderia o empreiteiro acrescer turnos de trabalho e, em algumas situações, até trabalhar em três turnos por dia, o que acarretaria o acréscimo de mão de obra, materiais, e isso também pode estar previsto na matriz de alocação de riscos.

O inciso II trata de colocar, didaticamente, em seguida a possibilidade de rever a matriz de risco a possibilidade de rescisão do contrato. Há situações em que continuar o contrato é ensejar mais risco e dano do que rescindir, não continuar o objeto ou definir outro objeto para atender uma demanda da Administração Pública ou da sociedade. É o caso de uma ordem judicial que ordena parar uma obra em razão de dano ambiental não previsto como encontrar um sítio arqueológico ou uma mina de metais raros que não eram previamente conhecidos.

Lembre-se que a suspensão da execução do contrato gera ônus às partes e devem ser reparados.

O inciso III prevê que o contrato deve tratar da "contratação de seguros obrigatórios previamente definidos no contrato, integrado o custo de contratação ao preço ofertado." A inovação é relevante para posicionar com justiça os ônus e deveres das partes. Pode o contratado, diante do evento previsto na matriz de risco ser obrigado a contratar seguro para cobrir a indenização do risco que foi transferido alocado como de sua responsabilidade. Havendo a exigência de que o risco seja coberto e indenizado por seguradora não poderá o contratado deixar de contratar o seguro. Na prática, empresas com maiores garantias e com passado mais produtivos terão taxas menores de risco, fato que representará vantagem competitiva. Essa vantagem que afeta a isonomia há de ser tolerada e aceita juridicamente porque a exigência de seguro favorece a Administração Pública.

Esse inciso guarda coerência com a regra que está em outro dispositivo, o qual determina que os riscos que "tenham cobertura oferecida por seguradoras serão preferencialmente transferidos ao contratado."[342]

Questão pertinente que deve ser considerada é se a Administração Pública pode exigir a contratação e seguro por sua própria inadimplência. A resposta é

---

[342] **Lei nº 14.133/2021**: Art. 103. [...] § 2º Os riscos que tenham cobertura oferecida por seguradoras serão preferencialmente transferidos ao contratado.

negativa, pois implica em confessar a própria pretensão de não pagar. É, contudo, admissível a possiblidade de prever a inadimplência quanto as obrigações não estão a cargo da Administração, isto é, quando o pagamento não cabe a Administração, mas a terceiro.

Art. 22, § 3º

> Art. 22. O edital poderá contemplar matriz de alocação de riscos entre o contratante e o contratado, hipótese em que o cálculo do valor estimado da contratação poderá considerar taxa de risco compatível com o objeto da licitação e os riscos atribuídos ao contratado, de acordo com metodologia predefinida pelo ente federativo. [...]
>
> § 3º Quando a contratação se referir a obras e serviços de grande vulto ou forem adotados os regimes de contratação integrada e semi-integrada, o edital obrigatoriamente contemplará matriz de alocação de riscos entre o contratante e o contratado.

Dispositivos correspondentes na Lei nº 8.666/1993: não há

22.9. Caso em que é obrigatória a matriz de risco

Neste dispositivo, a lei obriga a elaboração de matriz de risco para obras e serviços de grande vulto, isto é, cujo valor estimado supera R$ 216.081.640,00 (duzentos e dezesseis milhões oitenta e um mil seiscentos e quarenta reais)[343]. Também é obrigatória quando for adotado o regime de contratação integrada e semi-integrada, exatamente pelo motivo de que esses tipos de contratos, como regra, não devem ter o valor alterado e os riscos previsíveis são, em regra suportados pelo particular, salvo a ocorrência de fatos imprevistos.

Sobre a obrigatoriedade da matriz de risco consulte os comentários do caput.

Art. 22, § 4º

> Art. 22. O edital poderá contemplar matriz de alocação de riscos entre o contratante e o contratado, hipótese em que o cálculo do valor estimado da contratação poderá considerar taxa de risco compatível com o objeto da licitação e os riscos atribuídos ao contratado, de acordo com metodologia predefinida pelo ente federativo. [...]
>
> § 4º Nas contratações integradas ou semi-integradas, os riscos decorrentes de fatos supervenientes à contratação associados à escolha da solução de projeto básico pelo contratado deverão ser alocados como de sua responsabilidade na matriz de riscos.

Dispositivos correspondentes na Lei nº 13.303/2016 (Dispõe sobre o Estatuto das Estatais):

---

[343] Vide Decreto nº 10.922, de 30 de dezembro de 2021.

> **Art. 42.** Na licitação e na contratação de obras e serviços por empresas públicas e sociedades de economia mista, serão observadas as seguintes definições: (Vide Lei nº 14.002, de 2020) [...]
>
> § 3º Nas contratações integradas ou semi-integradas, os riscos decorrentes de fatos supervenientes à contratação associados à escolha da solução de projeto básico pela contratante deverão ser alocados como de sua responsabilidade na matriz de riscos.

22.10. Riscos decorrentes de projeto básico elaborado pela contratada

Se o próprio licitante escolhe a metodologia e a solução adequada para o tratamento da obra ou serviço de engenharia, compete-lhe assumir o correspondente risco desses estudos. Essa disposição deveria estar alocada no art. 46 que trata destes regimes e é um pouco redundante já que consta do §4º, inc. IV do art. 46 que é necessário constar do edital e do contrato a distribuição objetiva de riscos entre as partes.

No caso da contratação integrada, projeto básico e executivo ficam a cargo do contratado, por isso, devem ser por ele arcadas.

Já na contratação semi-integrada, o projeto básico é elaborado ou contratado pela Administração com terceiros e entregue ao contratado para que desenvolva o projeto executivo. Nessa situação, o contratado pode vir a propor à Administração a alteração no projeto básico apresentado pela Administração anexo ao edital, para introduzir ganhos de produtividade ou novas metodologias, necessárias a melhor viabilidade do projeto básico que terá a incumbência de desenvolver, conforme consta do §5º do art. 46.

Ocorre que essa hipótese de alteração acontece, pela sistemática lógica, após encerrada a licitação quando da elaboração do projeto executivo e por isso, difícil mensurar já na elaboração do edital de forma objetiva. O que pode ser feito, é incluir de forma ampla que para esta hipótese e relacionado especificamente as alterações propostas pelo contratado e aceitas pela Administração no projeto básico atribuir ao contratado os riscos pertinentes as alterações feitas por este. Evidentemente essa proposição deve ser considerada em termos pois acarreta a isenção de responsabilidade da Administração que participou da decisão, mediante aceite.

Consulte os comentários aos dispositivos do art. 6º, inc. XXVII, art. 46, art. 103 e art. 133.

23. Art. 23, caput

> Art. 23. O valor previamente estimado da contratação deverá ser compatível com os valores praticados pelo mercado, considerados os preços constantes de bancos de dados públicos e as quantidades a serem contratadas, observadas a potencial economia de escala e as peculiaridades do local de execução do objeto.

Dispositivos correspondentes na Lei nº 8.666/1993:
Art. 15. As compras, sempre que possível, deverão: [...]
III - submeter-se às condições de aquisição e pagamento semelhantes às do setor privado; [...]
V - balizar-se pelos preços praticados no âmbito dos órgãos e entidades da Administração Pública.
§ 1º O registro de preços será precedido de ampla pesquisa de mercado.

Esse é um dos dispositivos mais importantes da lei.

23.1. Utilidade da estimativa de preços

O valor estimado pela Administração Pública servirá de parâmetro para julgamento das propostas, orientará o mercado sobre a qualidade pretendida pela Administração e poderá isentar de responsabilidade criminal o Agente de Contratação.

Assistiu-se, no país, uma proliferação de acusações de sobrepreço[344], superfaturamento, dano ao erário, destruindo a reputação de servidores que sequer tinham um balizamento para pesquisar e a aprenderam com colegas a buscar propostas com fornecedores. Não tiveram formação em pesquisa, curso de estatística e cada vez que um processo foi a julgamento criou-se uma metodologia diferente.

O art. 23 veio preencher lacunas existentes na legislação anterior e o faz com algum critério. A Lei nº 8.666/1993, de forma extremamente sintética, tratava da estimativa de preços e de balizamento em poucos dispositivos. Na nova norma, um artigo inteiro detalha como deve ser feita a estimativa de preços.

23.2. Preço de mercado – impossibilidade de balizar preços

A redação se inspira em decreto elaborado por nós para o estado do Maranhão e que depois influenciou a criação da Instrução Normativa nº 05/2014, alterada pela Instrução Normativa nº 07, do então existente Ministério do Planejamento.

No caput do art. 23, foi estabelecido que os preços deverão ser compatíveis com os valores praticados no mercado. Não é uma redação adequada, porque o mercado não reflete as contratações públicas. Esse tipo específico de contratação é diferenciado pela forma de pagamento, porque a Administração impõe ao particular o dever de aceitar o pagamento por nota de empenho. As contratações não são iguais à iniciativa privada, pois mais de 1/3 da economia nacional vive na informalidade:

---

[344] Para melhor compreensão do conceito de sobrepreço e superfaturamento, no art. 6º incisos LVI e LVII.

compram e vendem sem nota fiscal.[345] A Administração, por sua vez, só faz contratações com nota fiscal e, portanto, com valores maiores do que praticados no mercado informal e, à propósito, informal e ilícito. Além disso, a regra é que o pagamento só ocorre após a prestação do serviço ou entrega do bem – o que comumente não ocorre na relação privada, isso exige capital da empresa para arcar com os custos.

Além dessas diferenças, dois riscos pendem contra o fornecedor: a corrupção de alguns agentes que exigem propina para cumprir o dever de atestar uma fatura ou ordenar a emissão da ordem bancária e o risco da inadimplência, que obriga o contratado a recorrer a um judiciário lento que satisfaz créditos pelo regime do precatório.

Para reduzir os riscos tem-se proposto sistematicamente que os Tribunais de Contas avaliem a ordem cronológica dos pagamentos e fiscalizem o cumprimento dos prazos de atesto de fatura.

Importante registrar que o balizamento que o art. 23 constrói auxilia na resolução do problema, mas não o resolve, porque subjaz outro, igualmente relevante: a definição do produto. É frequente verificar o esforço de definir com precisão o produto e aqueles que sucedem o Agente da Contratação, que definiu o produto e estimou o preço do produto com aquelas determinadas características, compararem preços com quaisquer produtos. Em outras oportunidades compara-se serviço de empresas com notória especialização com quaisquer prestadores de serviço. Portanto, o balizamento seguro para definir produtos com qualidade e seguir para a estimativa de preços comparando produtos de igual qualidade é um vetor seguro, que exige justificativa que venha a resistir ao crivo dos que vierem a analisar o processo, subsequentemente. A justificativa na especificação do produto ou serviço é importante para convencer os que examinarão o ato posteriormente. Eis o valor prático da motivação. Havendo normas que definam essas características, como regras de ergonomia, é suficiente referir que as exigências têm amparo nessas normas. A estreita correlação entre as especificações e as restrições de mercado validam o preço diferenciado.

Voltando aos comentários ao artigo, para definir o preço de mercado percebe-se o interesse, nos parágrafos e incisos subsequentes, de balizar a estimativa de preços pela ideia de aplicar, não o preço de mercado, mas o preço praticado no âmbito dos órgãos e entidades da Administração Pública.

---

[345] Em 2021, 1,3 trilhão de desvios representou 16,8% do Produto Interno Bruto. Fonte r7.cdn, 25/12.

23.3. Parâmetros gerais de pesquisa

O caput do art. 23, contém cinco balizamentos importantes para definir o valor e que vão reger todos os incisos e parágrafos desse artigo:

a) o valor praticado pelo mercado;

b) devem ser considerados os preços constantes de bancos de dados públicos;

c) devem ser consideradas as quantidades a serem contratadas;

d) devem ser considerados o ganho possível pela economia de escala; e

e) devem ser consideradas as peculiaridades do local de execução do objeto.

23.4. Preço de mercado e preço praticado no âmbito da Administração Pública

O primeiro item, como já esclarecido deve ser considerado o preço praticado no âmbito da Administração Pública e não o preço do mercado como um todo. Note aqui graves erros de análise que são cometidos com frequência: comparam-se preços com outras licitações, mas com propostas que foram desclassificadas; com licitantes que não receberam a nota de empenho, com licitantes que não assinaram o contrato, com preços de contratados que não executaram o objeto, com contratados que entregaram o produto ou executaram o serviço e foram punidos por inobservância de regras contratuais, com objetos deficientes.

O segundo se refere a bancos de dados públicos. Essa determinação deve ser compreendida com dados acessíveis ao público e não dados mantidos pelo poder público. Nesse ponto existem mídias especializadas que informam o valor que vem sendo pago no âmbito dos órgãos e entidades da Administração Pública.

Pretende o governo federal que o Portal Nacional de Contratações Públicos seja esse repositório de preços nacionais.

Como dito, outros bancos de preços públicos têm contribuído para dar um balizamento mais seguro porque comparam produtos de igual qualidade. Podem ser citados alguns: o Banco de Preços da Editora Negócios Públicos, a pesquisa de preços da Fundação Getúlio Vargas, o PINI-Volare da editora Pini, para obras e serviços de engenharia, inclusive com acesso aos preços Sinapi. Entre várias ferramentas, a primeira teve uma função disruptiva, pois nesse tempo havia uma recomendação para pesquisar junto a três fornecedores, como prática correta. Embora na doutrina estivéssemos sustentando a deficiência desse método, foi o sistema de preços que colocou de pé a possibilidade, oferecendo balizamento mais amplo. Essa ferramenta, na atualidade segrega valores de micro e pequena empresa, dos demais e, também, critérios de sustentabilidade, colocado na descrição dos produtos.

Consulte a seguir, os comentários aos parágrafos desse artigo onde se percebe que o objetivo da lei foi de fato balizar a verificação de preços no âmbito do mercado fornecedor e prestador de serviço da Administração Pública.

Os três seguintes elementos a serem considerados na pesquisa, - devem ser quantidades a serem contratadas, o ganho possível pela economia de escala e as peculiaridades do local de execução do objeto, de fato são necessários para definir o balizamento de preços. O segundo e o terceiro dizem respeito ao mesmo fato empírico da quantidade e de ganho de escala, o quinto ao mercado, pois há diferenças expressivas para alguns produtos em razão da localidade do mercado fornecedor ou da localidade do mercado comprador. Nesse último, inclusive, o Decreto que regulamenta a preferência para pequenas e microempresas permite privilegiar a economia local.[346]

Portanto, além do que já foi exposto no subitem "impossibilidade de balizar preços" o atendimento desses cinco elementos devem balizar a pesquisa e a estimativa.

O texto também utiliza a expressão "conforme regulamento". Com isso, a lei permite que os órgãos e entidades da Administração Pública definam, em regulamento próprio, como será realizada a estimativa de preços das contratações. O órgão ou entidade poderá editar norma própria desde que não infrinja o estabelecido na Lei de Licitações. A ideia é de complementação.

O que é estabelecido sobre o regulamento está em exata simetria com o estabelecido no § 2º deste mesmo artigo, quando é tratada a estimativa de preços em obras.

Art. 23, § 1º, inc. I, II, III, IV, V

> Art. 23. O valor previamente estimado da contratação deverá ser compatível com os valores praticados pelo mercado, considerados os preços constantes de bancos de dados públicos e as quantidades a serem contratadas, observadas a potencial economia de escala e as peculiaridades do local de execução do objeto.
>
> § 1º No processo licitatório para aquisição de bens e contratação de serviços em geral, conforme regulamento, o valor estimado será definido com base no melhor

---

[346] Decreto nº 8.538, de 6 de outubro de 2015. Regulamenta o tratamento favorecido, diferenciado e simplificado para microempresas, empresas de pequeno porte, agricultores familiares, produtores rurais pessoa física, microempreendedores individuais e sociedades cooperativas nas contratações públicas de bens, serviços e obras no âmbito da administração pública federal. (Redação dada pelo Decreto nº 10273, de 2020).

preço aferido por meio da utilização dos seguintes parâmetros, adotados de forma combinada ou não:

I - composição de custos unitários menores ou iguais à mediana do item correspondente no painel para consulta de preços ou no banco de preços em saúde disponíveis no Portal Nacional de Contratações Públicas (PNCP);

II - contratações similares feitas pela Administração Pública, em execução ou concluídas no período de 1 (um) ano anterior à data da pesquisa de preços, inclusive mediante sistema de registro de preços, observado o índice de atualização de preços correspondente;

III - utilização de dados de pesquisa publicada em mídia especializada, de tabela de referência formalmente aprovada pelo Poder Executivo federal e de sítios eletrônicos especializados ou de domínio amplo, desde que contenham a data e hora de acesso;

IV - pesquisa direta com no mínimo 3 (três) fornecedores, mediante solicitação formal de cotação, desde que seja apresentada justificativa da escolha desses fornecedores e que não tenham sido obtidos os orçamentos com mais de 6 (seis) meses de antecedência da data de divulgação do edital;

V - pesquisa na base nacional de notas fiscais eletrônicas, na forma de regulamento.

Dispositivos correspondentes na Lei nº 8.666/1993: não há.

No § 1º do art. 23, a lei não trata de obras, mas de "aquisição de bens e contratação de serviços em geral". Embora de aplicação restrita aos casos de licitação, os parágrafos seguintes trataram de estender essa metodologia de estimativa de preços para a contratação direta sem licitação.

No mesmo dispositivo do § 1º, a Lei determina a edição de regulamento que pode ser do órgão ou da entidade, sendo tal regulamentação promovida no âmbito da administração pública federal direta, autárquica e fundacional através da Instrução Normativa SEGES/ME nº 65, de 7 de julho de 2021[347], que dispõe sobre o procedimento administrativo para a realização de pesquisa de preços para aquisição de bens e contratação de serviços em geral, no âmbito da administração pública federal direta, autárquica e fundacional.

Numa tentativa de esclarecer que o menor preço não é valor absoluta, mas deve operar junto com o elemento qualidade, determina a lei que o valor estimado será definido com base no melhor preço. A tentativa se contrapõe ao uso de 11 vezes

---

[347] BRASIL, Secretaria de Gestão do Ministério da Economia. Instrução Normativa SEGES/ME nº 65, de 7 de julho de 2021. Dispõe sobre o procedimento administrativo para a realização de pesquisa de preços para aquisição de bens e contratação de serviços em geral, no âmbito da administração pública federal direta, autárquica e fundacional.

a expressão menor preço, mas está localizada corretamente, pois é nesse dispositivo que a lei rege o tema da pesquisa de preços.

O § 1º define que esses parâmetros poderão ser utilizados de forma combinada ou não, admitindo, portanto, a possibilidade de a pesquisa exaurir num só parâmetro.

O inciso I do § 1º desse dispositivo têm duas referências de consulta, exigindo, porém, que a pesquisa utilize composição de custos unitários menores ou iguais à mediana do item correspondente:

a) no painel para consulta de preços; ou

b) no banco de preços em saúde disponíveis no Portal Nacional de Contratações Públicas (PNCP).

Detalhe relevante é que nessa consulta devem ser considerados os cinco elementos exigidos no caput, como visto, pois o comando dos parágrafos se subordina a regência do caput, o que exige técnica de pesquisa mais apurada.

A redação não é adequada, revelando mais uma atecnica da lei, pois, nesse tipo de contratação, a Administração tem dificuldade de aplicar a noção econômica de "custo unitário". Melhor teria sido a utilização de "preços unitários" nos medicamentos e outros insumos de saúde, por exemplo, que constam desse painel específico.

O inc. II trata do melhor balizamento: contratações similares feitas pela Administração Pública. É o melhor porque, para condições iguais de pagamento e de exigências de regularidade fiscal, é possível erigir parâmetros possíveis de comparação. Variarão, porém, os preços em função das quantidades adquiridas, da economia de escala e locais de execução do objeto ou entrega do fornecimento. A lei aqui situa o prazo de um ano para a comparação de preços. Além desse período, é possível atualizar o valor da contratação pelo índice de preços correspondente.

O prazo de um ano é condizente com uma economia estável, podendo ser presumida validade da pesquisa.

Em relação ao inc. III, a norma amplia a possibilidade de pesquisas. É o que ocorre, por exemplo, quando a Administração realiza suas pesquisas por meio da internet. Esse meio sempre foi válido como pesquisa, mas agora têm validade por força de lei.

Além de informações de data e hora de acesso, as regras da ABNT exigem a complementação dessas informações, como indicação precisa do endereço eletrônico consultado. Importante observar que além dessas informações, é necessário também que a data da compra – se a consulta se referir a fato pretérito –

também conste no processo, até porque a mesma limitação de um ano prevista no inciso anterior pode ser aqui trasladada na sua compreensão.

A previsão do inc. IV continua merecendo especial atenção. Primeiro, porque não é permitido à Administração pedir informações de preço sem agredir um dos princípios fundamentais da licitação, que é o sigilo da proposta, vez que os valores serão juntados ao processo, na maioria dos casos, com ampla acessibilidade. Naturalmente, para se preservar, os licitantes não informam o valor correto, e se não informam o valor correto, a pesquisa não tem utilidade alguma. Se informar o preço correto, estarão precipitadamente abrindo o sigilo da sua proposta. Já houve, inclusive, decisões judiciais no passado que anularam licitação a pedido de licitante que informou o preço correto na estimativa de preços e compareceu à licitação com o mesmo valor.

Também deve ser evitada essa pesquisa porque expõe o servidor público junto aos possíveis e futuros fornecedores. Considere a situação em que a Administração remete a possíveis fornecedores uma planilha de preços para serviços contínuos para ser precificada. Na prática, estará, assim, escolhendo previamente alguns prestadores de serviços antes dos demais licitantes que somente tomarão do objeto e da licitação na abertura de futuro procedimento licitatório.

Por fim, essa relação que se estabelece entre o servidor público e o futuro contratado, que somente atenderá a Administração por colaboração, acaba ensejando relações promíscuas no preciso sentido dessa palavra.

Por outro lado, também há risco para aqueles que se dispõe a colaborar. Já houve ação de improbidade em que o empresário foi colocado como réu porque forneceu preços corretos, mas na competição, no afã de conquistar o contrato reduziu o valor em parcela substancial, em relação aos preços que praticava e sagrou-se vencedor da licitação. Foi acusado de conluio com o servidor de tentar obter vantagem ilícita, a qual só não teria se consumado por causa da competição.

Cabe ressaltar, todavia, alguns tipos de serviços tornam-se excessivamente difíceis em precificar, salvo pela pesquisa direta. Obviamente, que nesses casos, uma pesquisa com tantos óbices é mais desejável do que a ausência de pesquisa.

No inc. V, a lei previu pesquisa na base nacional de notas fiscais eletrônicas. Uma pioneira iniciativa nesse sentido ocorreu no estado de Minas Gerais, com o Tribunal de Contas estadual que pelo idealismo do Conselheiro Sebastião Helvécio implantou o sistema "Suricato" para a pesquisa nas notas fiscais eletrônicas, zelando pelo sigilo do fisco, mas criando extratores de dados suficientes para oferecer um balizamento seguro para o controle, inclusive com paradigma de quantidade, local de entrega e prazo de validade do produto. Sem dúvida, o melhor sistema do país.

O estado do Paraná tem modelo que permite a qualquer cidadão pesquisar preços com base nas notas fiscais geradas. Esse procedimento é adequado, porque vai buscar a economia formal, pública e privada, mas não atende eventualmente o risco de pagamento que constitui uma nota de empenho.

O inciso V, do § 1º ainda estabelece que essa pesquisa deve observar prévio regulamento. Esse regulamento há de ser editado pelo chefe do Poder Executivo de cada esfera de governo, porque compete ao Poder Executivo balizar o acesso a notas fiscais, uma vez que ali pode estar envolvido o sigilo fiscal de cada um dos contribuintes.

É o caso, por exemplo, de uma farmácia que decide vender muito barato para um determinado comprador, visando ampliar o seu mercado. Esse preço, porém, não pode servir de balizamento para aquisições futuras, considerando que foi criado artificialmente, não com propósito da venda e do lucro – pretensões ordinárias na relação comercial – mas para especulação do mercado e vantagens acessórias nas grandes vendas. Por isso, esse regulamento há de ser adequadamente estabelecido pelo chefe do Poder Executivo, equilibrando a garantia do sigilo fiscal.

É necessário, porém, fazer uma ressalva: a consulta à base das notas fiscais mostra-se inteligente e adequada para o caso de compras, mas muitas vezes poderá ser desproposicionado na apreciação de serviços, eis que os serviços têm forte influência da qualidade do executante e não se encontra nas notas fiscais a descrição adequada da sua complexidade.

Art. 23, § 2º, inc. I, II, III, IV

> Art. 23. O valor previamente estimado da contratação deverá ser compatível com os valores praticados pelo mercado, levando-se em consideração os preços constantes em bancos de dados públicos e as quantidades a serem contratadas, observadas a potencial economia de escala e as peculiaridades do local de execução do objeto. [...]
>
> § 2º No processo licitatório para contratação de obras e serviços de engenharia, conforme regulamento, o valor estimado, acrescido do percentual de Benefícios e Despesas Indiretas (BDI) de referência e dos Encargos Sociais (ES) cabíveis, será definido por meio da utilização de parâmetros na seguinte ordem:
>
> I - composição de custos unitários menores ou iguais à mediana do item correspondente do Sistema de Custos Referenciais de Obras (Sicro), para serviços e obras de infraestrutura de transportes, ou do Sistema Nacional de Pesquisa de Custos e Índices de Construção Civil (Sinapi), para as demais obras e serviços de engenharia;

II - utilização de dados de pesquisa publicada em mídia especializada, de tabela de referência formalmente aprovada pelo Poder Executivo federal e de sítios eletrônicos especializados ou de domínio amplo, desde que contenham a data e a hora de acesso;

III - contratações similares feitas pela Administração Pública, em execução ou concluídas no período de 1 (um) ano anterior à data da pesquisa de preços, observado o índice de atualização de preços correspondente;

IV - pesquisa na base nacional de notas fiscais eletrônicas, na forma de regulamento.

Dispositivos correspondentes na Lei nº 12.462/2011 (Institui o RDC):
Art. 8º. Na execução indireta de obras e serviços de engenharia, são admitidos os seguintes regimes: [...]
V - contratação integrada.
§ 1º Nas licitações e contratações de obras e serviços de engenharia serão adotados, preferencialmente, os regimes discriminados nos incisos II, IV e V do caput deste artigo.
§ 2º No caso de inviabilidade da aplicação do disposto no § 1º deste artigo, poderá ser adotado outro regime previsto no caput deste artigo, hipótese em que serão inseridos nos autos do procedimento os motivos que justificaram a exceção.
§ 3º O custo global de obras e serviços de engenharia deverá ser obtido a partir de custos unitários de insumos ou serviços menores ou iguais à mediana de seus correspondentes ao Sistema Nacional de Pesquisa de Custos e Índices da Construção Civil (Sinapi), no caso de construção civil em geral, ou na tabela do Sistema de Custos de Obras Rodoviárias (Sicro), no caso de obras e serviços rodoviários.
§ 4º No caso de inviabilidade da definição dos custos consoante o disposto no § 3º deste artigo, a estimativa de custo global poderá ser apurada por meio da utilização de dados contidos em tabela de referência formalmente aprovada por órgãos ou entidades da administração pública federal, em publicações técnicas especializadas, em sistema específico instituído para o setor ou em pesquisa de mercado.

No § 2º do art. 23 estão estabelecidas as regras para estimativa de preços para obras e serviços de engenharia. Primeiro ponto a ser destacado neste dispositivo é a questão da inclusão expressa da previsão do BDI e dos encargos sociais na composição do custo. O segundo é que nesse caso foi definida uma ordem para a base de informações com vistas a formação do preço estimado, fato que implica a necessidade de motivar a inobservância da ordem. Terceiro é que não foi prevista, diferentemente do comando do § 1º, a utilização combinada dos diversos parâmetros. A quarta diferença é que neste caso não se admite a consulta direta a fornecedores. Quinto, é o § 2º que traz uma redação melhor e mais ampla do que a do Decreto nº 7.983/2013, que estabelece regras e critérios para elaboração do orçamento de referência de obras e serviços de engenharia, contratados e executados com recursos dos orçamentos da União.

O referido Decreto pode ser aplicado à nova lei, seja pela Instrução Normativa SEGES/ME nº 91/2022,[348] aplicável à esfera federal, seja pela aplicação subsidiária de entendimento compatível com o novo regime jurídico. Subsidiariamente é uma aplicação que exige o atendimento de três requisitos: I - ter lacuna na norma; II – existir outra norma, posterior ou anterior à edição da lei, capaz de preencher a lacuna. Nesse caso, norma anterior, utiliza-se a expressão de que a norma anterior foi recebida ou recepcionada pela nova lei; e III – que esse preenchimento da lacuna se faça em coerência com os demais dispositivos da norma.

É possível destacar, como exemplo, quando o legislador trata de tabela formalmente aprovada no inc. II, o tema é regulado no art. 6º. Diferentemente, quando trata de pesquisas e notas fiscais conforme regulamento, a norma nada dispôs. Assim, reconhece-se que há uma lacuna e essa lacuna não é compatível com a norma anterior. Portanto, continua existindo uma compreensão, que nesse caso será editado novo regulamento posterior a essa lei.

No § 2º inc. I, é prevista dois sistemas distintos: SICRO e o SINAPI. Sistemas já conhecidos da gestão pública, são parâmetros utilizados pelos órgãos de controle como referências gerais. Felizmente, cada vez mais, os órgãos de controle têm identificado que esses parâmetros não constituem em referência com precisão suficiente para serem tomados como critério absoluto, servindo para toda e qualquer obra. Na verdade, possuem um escopo muito mais restrito do que pretenderam as sucessivas leis de diretrizes orçamentárias da União. Assim, a nova lei, em conformidade com o Decreto nº 7.983/2013, prevê a possibilidade da utilização dos sistemas, mas também traz outros parâmetros.

O SINAPI foi desenvolvido pela Caixa Econômica Federal para ser parâmetro de preços para edificações financiadas pela própria estatal, ou seja, para projetos de casa para população de baixa renda. De um momento para outro, inseriram numa Lei de Diretrizes Orçamentárias que as edificações financiadas pelo Governo Federal deveriam seguir os preços do SINAPI. Em 2013, a obrigação de uso do sistema foi inserida, corretamente, em Decreto que vincula o poder Executivo e serviria de parâmetro para obras desenvolvidas com recursos da União federal.

Para deixar de seguir os parâmetros do SINAPI e do SICRO deve o engenheiro orçamentista justificar a inaplicabilidade e também justificar porque escolheu outros parâmetros, demonstrando a consistência da opção escolhida. Em pesquisa desenvolvida, a partir de um edital de reforma do TCU verificamos que

---

[348] BRASIL, Secretaria de Gestão do Ministério da Economia. Instrução Normativa SEGES/ME nº 91, de 16 de dezembro de 2022. Estabelece regras para a definição do valor estimado para a contratação de obras e serviços de engenharia nos processos de licitação e de contratação direta, de que dispõe o § 2º do art. 23 da Lei nº 14.133, de 1º de abril de 2021, no âmbito da Administração Pública federal direta, autárquica e fundacional.

mais de 40% dos preços tiveram outro parâmetro e havia justificativa, precisamente porque o parâmetro residencial não se aplicava a edificação com estrutura e acabamento diferenciados. Aqui um voto de louvor à Caixa Econômica Federal que no seu portal na internet apresenta extenso material para os que precisam conhecer o sistema, inclusive cursos de ensino à distância. Registra ainda o balizamento, por não e por região. Como dito, porém, não pode ser tomado como parâmetro absoluto, mas é um referencial de valor que deve ser considerado, especialmente a partir do fato de que o § 2º do artigo hierarquizou a ordem de pesquisa.

Por definição oficial, o Sistema de Custos Referenciais de Obras – SICRO "aglutina todo conhecimento técnico necessário à elaboração de orçamentos de obras e serviços no âmbito do DNIT. A partir da disponibilização de custos de referência de serviços e insumos, para os modais rodoviário, aquaviário e ferroviário, além da definição de metodologias e despesas envolvidas na confecção dos orçamentos, o SICRO consta do Decreto nº 7.983/2013 como repositório de informações referenciais para obras de infraestrutura de transportes."[349] Quando em outra obra, por exemplo, um edifício público há, por exemplo a construção de estradas interiores a Administração pode utilizar o SICRO como referência de preços.

A exigência, por lei, de aplicação de determinado sistema de custos merece crítica. Isso porque, apesar de todas as qualidades do SICRO e do SINAPI, a ideia de uma nova lei de licitações é que esta seja um mecanismo atemporal. Nesse sentido, da mesma forma como a lei se preocupou em prever que podem existir novos recursos tecnológicos para a gravação, por exemplo, do processo licitatório, não é interessante que a lei restrinja a dois sistemas de custos, a composição destes.

Se a lei se pretende atemporal, é possível que ao longo do tempo novos sistemas, inclusive estaduais, surjam e sejam ainda mais aptos do que aqueles estabelecidos na norma. Um exemplo é o sistema de custos do Estado de Pernambuco, que parece ser qualitativamente superior ao sistema federal. Aliás, à propósito cabe lembrar que os elaboradores desta lei não consideraram os limites do sistema federativo, inclusive neste caso, somente admitindo o uso de outros sistemas da respectiva unidade federada se não envolver recursos federais. Veja a seguir o § 3º.

Outro sistema que tem chamado atenção, incorporando inclusive a base SINAPI é o sistema PINI-Volare da editora PINI.[350]

---

[349] https://blog.obraprimaweb.com.br/tabela-sicro-o-que-e-e-como-utilizar/
[350] Segundo informações colhidas no portal da instituição, o Volare possui 4 funcionalidades principais que se ramificam em diversas ferramentas e relatórios. Orçamento: Precisa e sofisticada, a funcionalidade de

A previsão estabelecida no § 2º, inc. II não é uma inovação, estando estabelecido no Decreto nº 7.983/2013, que se refere à utilização de dados de pesquisa publicada em mídia especializada, tabela de referência formalmente aprovada. A ideia é a de que, se houver uma tabela formal, será possível utilizá-la se ela se adequar melhor à minha obra do que o SINAPI e o SICRO.

Os inc. III e IV constituem inovação para a parte de obras. Não são procedimentos novos de *per si*, mas a aplicação em obras, de forma regulamentada, é uma inovação. Sobre os mesmos, consulte os respectivos comentários ao § 1º deste artigo.

É importante, porém, fazer a ressalva de que a pesquisa na base nacional de notas fiscais eletrônicas não parece adequada no regime de obras, quando se trata de obras com preços gerais. Essa pesquisa serviria para a composição dos custos unitários, por exemplo, o ar-condicionado uma obra. A nota fiscal emitida da construção de uma casa, por exemplo, ou de um edifício não pode ser feita por expedição de nota fiscal. Portanto, é necessário cautela nesse sentido.

Art. 23, § 3º

Art. 23. O valor previamente estimado da contratação deverá ser compatível com os valores praticados pelo mercado, levando-se em consideração os preços constantes em bancos de dados públicos e as quantidades a serem contratadas, observadas a potencial economia de escala e as peculiaridades do local de execução do objeto. [...]

§ 3º Nas contratações realizadas por Municípios, Estados e Distrito Federal, desde que não envolvam recursos da União, o valor previamente estimado da contratação, a que se refere o *caput* deste artigo, poderá ser definido por meio da utilização de outros sistemas de custos adotados pelo respectivo ente federativo.

Dispositivos correspondentes na Lei nº 12.462/2011 (Institui o RDC):

---

orçamentação do Volare permite trabalhar com múltiplas bases de dados e elaborar orçamentos para obras de qualquer porte e tipo. A base de dados padrão do Volare é TCPO® - Tabelas de Composições de Preços para Orçamento desenvolvida pela PINI e referência para os profissionais da Construção Civil. O Volare é o único software do mercado que utiliza a base TCPO®. A nova versão da TCPO® publicada em 2017 conta com a 1ª codificação BIM brasileira desenvolvida pela ABNT. A codificação BIM no Volare permitirá a integração de seu orçamento com outros sistemas CAD que usam tecnologia BIM. Ferramentas e relatórios, da funcionalidade de Orçamento: Ferramenta MSC - Modelagem de Sumarização Construtiva, Memorial descritivo, Orçamento sintético, orçamento analítico. Listagem de material e mão-de-obra. Curva ABC de insumos, de serviços ou de equipamentos. Listagens de inconsistências de etapas e itens. Chama a atenção o fato de o sistema ter uma preocupação com o tema licitação e já estar operando com a integração do sistema BIM. Licitações: O conjunto de funções do Volare 20 PRO para Licitações foi projetado especialmente para a elaboração de propostas técnicas e montagem de planilhas para licitações e concorrências. Ferramentas: Conversão de orçamentos para o modo "Licitações". Geração de arquivos para licitações/concorrências. Função de alteração de preços diretamente na tela do Orçamento. Tela de verificação automática de versões de bases de dados de órgão públicos. Comparador de insumos e serviços TCPO x SINAPI. https://conteudo.pini.com.br/pinitech.

Art. 8º. Na execução indireta de obras e serviços de engenharia, são admitidos os seguintes regimes: [...]

§ 6º No caso de contratações realizadas pelos governos municipais, estaduais e do Distrito Federal, desde que não envolvam recursos da União, o custo global de obras e serviços de engenharia a que se refere o § 3º deste artigo poderá também ser obtido a partir de outros sistemas de custos já adotados pelos respectivos entes e aceitos pelos respectivos tribunais de contas.

Nesse dispositivo, ao se permitir a estados, municípios e Distrito Federal que adotem sistemas próprios de custos, a norma acabou por determinar a existência de dois sistemas paralelos pela unidade federada: um, quando aplicar recursos da união; e o outro quando não aplicar recursos da União. Isso certamente dificulta o trabalho do gestor.

Como sugestão prática, recomenda-se que estados e municípios adotem o mesmo sistema de custos do Governo Federal. Será uma forma de estabilizar a questão de custos, atendendo à desejada pretensão de uniformidade nacional sobre o assunto e, ao mesmo tempo, lamentavelmente, impedindo o desenvolvimento de sistemas fora do ambiente federativo. Embora seja uma recomendação prática, os operadores do Direito com precisas noções da baliza do sistema federativo, lamentam. Isso porque a exagerada centralização no governo federal, já consumada no sistema tributário, enfraquece o desenvolvimento das unidades federadas e da iniciativa privada de tecnologia da informação. Ronald Reagan, ex-presidente dos Estados Unidos ensina que a grande vantagem do sistema federativo é a possibilidade de aprendizado entre unidades federadas.

Art. 23, § 4º

Art. 23. O valor previamente estimado da contratação deverá ser compatível com os valores praticados pelo mercado, levando-se em consideração os preços constantes em bancos de dados públicos e as quantidades a serem contratadas, observadas a potencial economia de escala e as peculiaridades do local de execução do objeto. [...]

§ 4º Nas contratações diretas por inexigibilidade ou por dispensa, quando não for possível estimar o valor do objeto na forma estabelecida nos §§ 1º, 2º e 3º deste artigo, o contratado deverá comprovar previamente que os preços estão em conformidade com os praticados em contratações semelhantes de objetos de mesma natureza, por meio da apresentação de notas fiscais emitidas para outros contratantes no período de até 1 (um) ano anterior à data da contratação pela Administração, ou por outro meio idôneo.

Dispositivos correspondentes na Lei nº 8.666/1993:

Art. 26. Parágrafo único. O processo de dispensa, de inexigibilidade ou de retardamento, previsto neste artigo, será instruído, no que couber, com os seguintes elementos: [...]

III - justificativa do preço.

O § 4º do art. 22 disciplina a estimativa de preços e a comprovação dos respectivos valores para os casos específicos de contratação direta, seja por inexigibilidade ou dispensa de licitação. Há, no caso, três regras importantes.

A primeira é definindo que deve ser tentada a aplicação da regra geral disposta nos § 1º, 2º e 3º. A segunda, quando não for possível realizar a estimativa de preços da forma desses parágrafos, o contratado é que ficará com encargo de comprovar previamente que os preços que está propondo estão em conformidade com os praticados usualmente em contratações semelhantes de objeto de mesma natureza. Note aqui a determinação da lei, definindo o agente responsável por apresentar os elementos para que o Agente de Contratação possa elaborar a justificativa de preços. A Administração fica com cargo de pedir e analisar e os preços.

Portanto, na instrução do processo, a Administração define o que deseja e, nesse caso, chama o futuro contratado para demonstrar que o preço está compatível com o que habitualmente pratica. Nesse sentido, a disposição da norma está em plena coerência com a Orientação Normativa nº 17, da Advocacia-Geral da União, que dispõe:

> [...] a razoabilidade do valor das contratações decorrentes de inexigibilidade de licitação poderá ser aferida por meio da comparação da proposta apresentada com os preços praticados pela futura contratada junto a outros entes públicos e/ou privados, ou outros meios igualmente idôneos.

Perceba a mudança em relação à Lei nº 8.666/1993. No regime anterior, os agentes da Administração que decidia e o que ratificava a decisão, na forma do art. 26, ficavam encarregados de justificar o preço. Aqui a lei define outro agente responsável por comprovar os preços: o próprio contratado. Isso significa que, uma vez definido quem será contratado, a Administração tem o dever de convocá-lo para comprovar o preço que cobra e a Administração fica responsável por examinar a comprovação.

Detalhe importante é que essas justificativas têm forma e período estabelecido. A forma estabelecida pela lei é a apresentação de notas fiscais. Aqueles que não possuírem nota fiscal, instrumento adequado para comprovar recebimentos, poderão utilizar outros meios de comprovação de valor. Como meio alternativo, estão: recibo de profissionais autônomos, desde que revestido das formalidades legais, como recolhimentos de impostos, outras publicações em diário oficial, notas de empenho.

Outro detalhe importante: essas notas fiscais, que foram emitidas pelo futuro contratado para outros contratantes podem se referir a tomadores do serviço ou fornecimento para órgãos públicos ou privados. A lei também define um período das notas fiscais, limitando a um ano. Essa limitação é censurável, pois em outros dispositivos do § 2º, precisamente no inc. III, assim como no § 1º, foi permitida a atualização dos valores quando for anterior a esse período.

Com base na analogia, deve ser admitida como plenamente válida a apresentação de nota fiscal em período anterior a um ano, utilizando-se a mesma ideia que constam dos incisos dos parágrafos anteriores, ou seja, admitindo-se a atualização do valor por índices de preços habitualmente utilizados. O dispositivo deve ser compreendido do seguinte modo: dispensas e inexigibilidades de licitação terão a demonstração do preço adequado pelas formas dos § 1º, 2º e 3º. Nos casos em que for inviável a competição, a forma de comprovação de preço e a responsabilidade da demonstração é que cabem ao contratado.

Para saber mais sobre justificativa de preços na contratação direta sem licitação, recomenda-se a obra Contratação Direta sem Licitação, da Editora Fórum, destes mesmos autores, onde o tema é detalhado.

Art. 23, § 5º

Art. 23. O valor previamente estimado da contratação deverá ser compatível com os valores praticados pelo mercado, levando-se em consideração os preços constantes em bancos de dados públicos e as quantidades a serem contratadas, observadas a potencial economia de escala e as peculiaridades do local de execução do objeto. [...]

§ 5º No processo licitatório para contratação de obras e serviços de engenharia sob os regimes de contratação integrada ou semi-integrada, o valor estimado da contratação será calculado nos termos do § 2º deste artigo, acrescido ou não de parcela referente à remuneração do risco, e, sempre que necessário e o anteprojeto o permitir, a estimativa de preço será baseada em orçamento sintético, balizado em sistema de custo definido no inciso I do § 2º deste artigo, devendo a utilização de metodologia expedita ou paramétrica e de avaliação aproximada baseada em outras contratações similares ser reservada às frações do empreendimento não suficientemente detalhadas no anteprojeto.

Dispositivos correspondentes na Lei nº 12.462/2011 (Institui o RDC):

Art. 9º. Nas licitações de obras e serviços de engenharia, no âmbito do RDC, poderá ser utilizada a contratação integrada, desde que técnica e economicamente justificada e cujo objeto envolva, pelo menos, uma das seguintes condições: (Incluído pela Lei nº 12.980, de 2014) [...]

d) os parâmetros de adequação ao interesse público, à economia na utilização, à facilidade na execução, aos impactos ambientais e à acessibilidade;

II - o valor estimado da contratação será calculado com base nos valores praticados pelo mercado, nos valores pagos pela administração pública em serviços e obras similares ou na avaliação do custo global da obra, aferida mediante orçamento sintético ou metodologia expedita ou paramétrica. (Incluído pela Lei nº 12.980, de 2014)

Nesse dispositivo é trazida a questão da remuneração da composição de custo de um regime de execução de contratação integrada ou semi-integrada. Primeiro, fica estabelecido que o valor vai ser orçado com base no § 2º. Segundo ponto relevante é que o dispositivo permite acrescer a parcela referente à remuneração de risco. Terceiro que define a metodologia a ser aplicada para estimar o custo, quando inviável a aplicação do § 2º, o que é frequente na contratação integrada, porque normalmente não há projeto básico.

Esse dispositivo tem direta correlação com os § 3º e § 4º do art. 21. Haverá, assim, uma matriz de risco quando se tratar de uma contratação integrada ou semi-integrada. No art. 21, é definida a distribuição de responsabilidades. Aqui, há uma remuneração pelo risco. Isso ocorre porque quando o projeto tem alguma amplitude que gera um valor variável em determinada parcela, é possível ter uma remuneração por esse risco relativo àquela parcela.

A lei ainda trata da precificação para os serviços de obras definidas apenas com anteprojeto, caso da contratação integrada. Ora, o objetivo do anteprojeto e a simplificação do detalhamento, através do regime de contratação integrada e semi-integrada, é trazer a expertise do particular para o âmbito do planejamento das obras na Administração Pública. Note assim, por exemplo, que se um tribunal decide construir um novo edifício, ele poderá deixar a metodologia da execução à cargo do contratado, mas deve ter um balizamento de preço, pois sem esse não é possível a contratação.

Um exemplo simples elucidará a melhor a questão. Tome a situação do Tribunal Regional Eleitoral da Bahia, que foi construído pelo método construtivo do serviço social do Sarah Kubitschek, que foi feito a partir de placas e não pela forma tradicional de tijolo, areia e cimento. Se o licitante decide utilizar tal ou qual metodologia, a determinação que consta no dispositivo, ao remeter a elaboração do orçamento sintético ao nível de detalhamento do § 2º, inc. I, acaba por definir inclusive a metodologia com os materiais a serem utilizados, retirando, portanto, a utilidade do anteprojeto como instrumento para agregar a inteligência do setor privado.

Ademais, a lei determinou que a utilização da metodologia expedita ou paramétrica para situações em que o anteprojeto não for suficientemente detalhado. Um exemplo de utilização de metodologia paramétrica poderia ser feito com a utilização das informações da metragem desejada no edifício pela Administração e, por exemplo, o uso de custos por metro quadrado, como ocorre em relação ao sistema CUB e outras entidades, que definem apenas o preço por metro quadrado da obra, agregando-se percentual em razão do luxo ou da forma de acabamento ou da existência de elevadores. Aliás, a fórmula do CUB (Custo Unitário Básico) já prevê essas variáveis, sendo os parâmetros da equação válidos somente quando se considera a fórmula completa e o correspondente fator multiplicador. Em sede de recurso de revisão em desfavor do Acórdão nº 163/2001, tal fórmula foi expressa da seguinte maneira:

> Vb = Sc x Fm x Cb x Kd
> Sc = área construída (m2)
> Fm = fator multiplicador
> Cb = custo unitário básico
> Kd = coef. de obsolência

A lei utiliza expressões para indicar ser inaplicável o rigor do detalhamento do § 2º. Assim determina que "a estimativa de preço será baseada em orçamento sintético". Em seguida, esclarece que a utilização de metodologia expedita ou paramétrica e de avaliação aproximada baseada em outras contratações similares. Para tentar conter as condutas decorrentes dessa alargada motivação, determina que o orçamento sintético e o uso da metodologia expedita e aproximada deve "ser reservada às frações do empreendimento não suficientemente detalhadas no anteprojeto."

Art. 23, § 6º

> Art. 23. O valor previamente estimado da contratação deverá ser compatível com os valores praticados pelo mercado, levando-se em consideração os preços constantes em bancos de dados públicos e as quantidades a serem contratadas, observadas a potencial economia de escala e as peculiaridades do local de execução do objeto. [...]
> § 6º Na hipótese do § 5º deste artigo, será exigido dos licitantes ou contratados, no orçamento que compuser suas respectivas propostas, no mínimo, o mesmo nível de detalhamento do orçamento sintético referido no mencionado parágrafo.

Dispositivos correspondentes na Lei nº 8.666/1993: não há.

A parte final do dispositivo tenta corrigir a ideia de que é a Administração que elabora o orçamento no caso das contratações integrada e semi-integrada.

Outra questão que também permeia o dispositivo em comento consiste na mudança de paradigma no tocante ao "reinado do preço unitário".

A expressão aqui usada faz referência ao posicionamento da Corte Federal de Contas de exigir, independentemente do critério de julgamento, a composição de itens unitários. Tal posicionamento, inclusive, foi além: o Tribunal de Contas da União chegou a exigir que a Administração Pública aferisse a ocorrência de sobrepreço considerando itens unitários, bem como, que a medição e pagamento fosse processada mediante análise dos itens unitários da planilha.

Tal postura, nascida de uma ambição nobre daquela entidade (qual seja, combater o jogo de planilha), acabou por afastar qualquer diferença prática entre a empreitada por preço unitário e a empreitada por preço global.

Na Lei nº 14.133/2021, todavia, o legislador deixou claro a necessidade de superação desse entendimento, primeiro, por vedar que a medição e pagamento ocorra por análise de preços e quantitativos unitários, como disposto no § 9º do art. 46, segundo por estabelecer que a excepcionalidade de se admitir a utilização de preços unitários exclusivamente para aditivos e adequações no cronograma físico-financeiro, conforme art. 56, § 5º.

De todo modo, tem-se deste dispositivo que não é lícito exigir planilha unitária, inclusive do licitante, de composição de custos para contratações integradas e semi-integradas, previamente a execução do objeto.

O orçamento do licitante deve considerar os fatores de produtividade, improdutividade e ociosidade, mesmo quando aplicável for a tabela SINAPI. Isso se associa ao dever da Administração Pública de integrar ao projeto básico, o orçamento estimado.

Importante registrar aqui alguns pontos de aplicação prática.

23.5. Cenário – Construção Civil e Produtividade em Obras

A indústria da construção civil desempenha um papel vital no crescimento econômico de qualquer país. A construção e manutenção de novos edifícios, infraestrutura e instalações faz com que este setor seja sempre demandado. Apesar da relevância, o setor da construção civil enfrenta também alguns desafios, entre eles a improdutividade. A improdutividade pode trazer impactos negativos como aumento de custos, atrasos em projetos e redução da qualidade do produto.

As causas mais importantes da improdutividade na construção civil estão na baixa qualidade dos projetos, seguida de má gestão de projetos. Os projetos de construção envolvem várias partes, incluindo clientes, projetistas, engenheiros, construtores e terceirizados, cada parte tem funções e responsabilidades diferentes.

Outra causa significativa de improdutividade na construção civil é a falta de mão de obra qualificada. A indústria da construção lida com diversos sistemas e requer uma série de habilidades técnicas complexas como instalações elétricas, hidráulicas, combate a incêndio, rede lógica, dentre outros.

23.6. Cenário em Obras Públicas

No âmbito dos contratos públicos o cenário se agrava porque não há interação das partes, antes da contratação, como regra. As exceções ficam no cenário restrito de prévia audiência pública ou nas contratações integrada e semi-integrada.

Assim, embora a comunicação eficaz seja essencial para garantir que todos estejam em alinhamento, nos contratos públicos há uma perda da cooperação. Também durante a execução, nos contratos públicos a má comunicação e coordenação entre as partes podem levar a mal-entendidos, atrasos e erros dispendiosos. Para realizar as tarefas no prazo e dentro do orçamento, o gerenciamento de projetos eficaz é essencial para garantir que todas as partes estejam trabalhando com o mesmo objetivo.

Na atualidade, diante da escassez de trabalhadores qualificados na indústria e do quadro de efetivo reduzido no âmbito público, ocorrem atrasos e aumento de custos à medida que a falta de conhecimentos e técnica necessários levam à retrabalhos ou excesso de tempo ao realizar determinadas atividades. Por isso, é fundamental que a Administração Pública e as empresas invistam em programas de treinamento e educação que as ajudem a atrair e reter os recursos humanos qualificados.

23.7. Tecnologia como fator essencial ao desenvolvimento do setor

A tecnologia também é um fator que afeta a produtividade na construção civil. Embora a tecnologia tenha o potencial de revolucionar a indústria da construção, muitas empresas demoraram a adotar novas tecnologias. Essa relutância pode ser atribuída a vários fatores, incluindo os altos custos de implementação, falta de conhecimento ou pessoal qualificado para pesquisar e implantar novas tecnologias além da resistência à mudança, comum em setores tão antigos quanto a construção civil. Novas tecnologias, como *Building Information Modeling* (BIM), impressão 3D, *machine learning* e realidade aumentada podem ajudar a simplificar o processo de construção, reduzir o desperdício e melhorar a eficiência.

É imprescindível que a Administração Pública passe a exigir e que as construtoras invistam nessas novas tecnologias. De um lado essa necessidade se impõe para que o controle de recursos públicos seja aprimorado; seja comprovada a redução de custos e os serviços e obras tenham finalização conforme projetado. Do lado da iniciativa privada, o dever é inexorável: para se manterem competitivas.

23.8. Segurança do Trabalho, Riscos e Produtividade

As más práticas relacionadas a segurança do trabalho também são um fator que contribui para a improdutividade na construção civil.

As obras são locais inerentemente perigosos e os acidentes podem causar ferimentos graves ou morte. A falta de protocolos de segurança adequados, leva a riscos maiores para os trabalhadores e atrasos na conclusão do projeto. A segurança deve ser sempre prioridade na construção civil, e as empresas devem investir em treinamentos, equipamentos e protocolos de segurança para garantir a continuidade dos trabalhos e a segurança dos trabalhadores. Os gestores públicos, na execução devem exigir o cumprimento de normas de segurança, até porque a Justiça vem considerando ser co-responsável o tomador do serviço em caso de sinistros.

Além disso, existem ambientes em que todas as causas apresentadas acima são agravadas. Notadamente aqueles em que os trabalhos precisam ser feitos em espaços em que há a circulação de pessoas e em que o edifício continua em funcionamento, como em hospitais e escolas.

A natureza única desse tipo de obra faz com que ocorram eventos que não ocorreriam num meio tradicional da construção civil como medidas para mitigar a geração de ruídos e resíduos sólidos, a impossibilidade de desligar temporariamente sistema de energia e fornecimento de água, além de interrupções causadas pelo trânsito de pessoal. Todas essas adversidades que surgem em áreas hospitalares, escolares ou demais edifícios em que é impossível a total paralisação das atividades, inevitavelmente levam a maior improdutividade e aumento de custos.

A improdutividade na construção civil, e em especial a improdutividade decorrente do trabalho em ambientes especiais como os referidos é um problema que assume grande expressão nos vetores tempo e custos e pode trazer sérias consequências para a lucratividade ou mesmo para viabilidade dos projetos voltados a estes setores.

Dependendo da forma de execução pode inclusive levar ao fechamento da unidade com consequência de descontinuidade na prestação do serviço público. A literatura sobre o tema ainda é escassa e tabelas de referência tais como SINAPI, SBC e ORSE não abrangem a complexidade de obras dadas em tais ambientes. Abordar e levar em consideração essas questões requer um esforço conjunto de todas as partes interessadas, incluindo Administração Pública, empresas de construção, agências governamentais regulamentadoras, instituições de financiamento e universidades.

23.9. Estruturação de Custos (Tabela SINAPI - Produtividade, Improdutividade, Ociosidade)

Um orçamento é a identificação, descrição, quantidade, análise e avaliação de mão de obra, equipamentos, materiais, custos financeiros e administrativo, impostos, riscos e taxa de retorno desejada a fim de prever adequadamente o preço final de algum empreendimento.

23.10. SINAPI

A tabela SINAPI (Sistema Nacional de Pesquisa de Custos e Índices da Construção Civil) é uma ferramenta utilizada para a estruturação de preços de materiais e serviços na construção civil no Brasil. A sua estruturação é baseada em levantamentos de custos e preços de insumos, mão de obra e equipamentos realizados em todo o país, visando criar uma referência nacional para os valores praticados no setor.

A elaboração da tabela SINAPI é realizada pelo IBGE (Instituto Brasileiro de Geografia e Estatística) em conjunto com a CEF (Caixa Econômica Federal), que são responsáveis pela coleta de dados, análise e divulgação dos resultados. A metodologia utilizada na estruturação de preços é baseada em pesquisas de campo, onde são coletadas informações sobre os custos de insumos, mão de obra e equipamentos em cada região do país.

Os dados coletados são analisados e comparados com as informações de outras regiões, visando criar uma média nacional de preços. A tabela é atualizada mensalmente e leva em consideração fatores como as variações dos preços de materiais e equipamentos, a inflação e a oferta e demanda de mão de obra.

A tabela SINAPI é dividida em três níveis: o primeiro nível é composto pelos custos diretos de materiais, mão de obra e equipamentos; o segundo nível inclui os custos indiretos, como despesas administrativas, impostos, lucro e outros; e o terceiro nível compreende os custos totais de cada item ou serviço.

Os preços calculados na tabela SINAPI são referentes a uma média de mercado e podem sofrer variações em seus atributos básicos como a aproximação, especificidade e a temporalidade. Uma vez que se baseia em previsões e estimativas atreladas às condições especificas do empreendimento que ocorrerão no período de sua execução.

Resumindo o que foi exposto, tem-se que a estruturação de preços da tabela SINAPI é realizada mediante pesquisas de campo, comparando os preços praticados em cada região do país, visando criar uma média nacional de valores. O objetivo é oferecer uma referência para a elaboração de orçamentos na construção civil, levando em consideração fatores como as variações dos preços de materiais e equipamentos, a inflação e a oferta e demanda de mão de obra.

23.11. Composições no SINAPI

As composições de serviço do SINAPI (Sistema Nacional de Pesquisa de Custos e Índices da Construção Civil) são elaboradas a partir de um conjunto de referências técnicas e normativas, que incluem:

- normas técnicas: as normas técnicas da ABNT (Associação Brasileira de Normas Técnicas) estabelecem os critérios e requisitos técnicos que devem ser seguidos na elaboração de projetos e na execução de obras. As composições de serviço do SINAPI devem estar em conformidade com as normas técnicas aplicáveis;

- especificações técnicas: as especificações técnicas definem as características dos materiais, equipamentos e serviços utilizados na construção civil. As composições de serviço do SINAPI devem seguir as especificações técnicas vigentes;

- manuais técnicos: os manuais técnicos, como o Manual de Orçamento da CAIXA e o Manual de Precificação de Serviços de Engenharia do DNIT, estabelecem os procedimentos e critérios utilizados na elaboração de orçamentos e na precificação de serviços. As composições de serviço do SINAPI devem estar em conformidade com esses manuais;

- cadernos de encargos: os cadernos de encargos estabelecem as obrigações e responsabilidades das partes envolvidas em uma obra, incluindo as especificações técnicas e os critérios de medição e pagamento dos serviços. As composições de serviço do SINAPI devem estar em conformidade com os cadernos de encargos vigentes;

- pesquisas de mercado: o SINAPI realiza pesquisas de mercado para identificar os preços praticados pelos fornecedores e prestadores de serviços da construção civil. Essas pesquisas são utilizadas na elaboração das composições de serviço do SINAPI, que refletem os custos médios praticados no mercado; e

- consultas técnicas: o SINAPI realiza consultas técnicas aos órgãos públicos e entidades representativas do setor da construção civil para obter informações sobre as práticas adotadas no mercado e as necessidades de atualização das composições de serviço.

Todos esses referenciais são importantes para garantir que as composições de serviço do SINAPI reflitam os custos e padrões técnicos médios praticados no mercado e que sejam adequadas para a elaboração de orçamentos e contratação de obras públicas.

São elaboradas de acordo com critérios técnicos e metodológicos rigorosos, que visam garantir a precisão e a confiabilidade das informações apresentadas. Dentre os critérios adotados na elaboração das composições estão:

- representatividade dos insumos e serviços: as composições devem ser elaboradas de forma a incluir todos os insumos e serviços relevantes para a realização do tipo de obra ou serviço considerado. Para isso, o SINAPI conta com uma ampla base de dados, que é constantemente atualizada e revisada por especialistas do setor;
- precisão dos quantitativos: os quantitativos de cada insumo e serviço presentes nas composições devem ser baseados em medidas técnicas precisas e confiáveis. Para isso, o SINAPI utiliza diversas fontes de informações, incluindo normas técnicas, catálogos de fabricantes e estudos de casos;
- valores de referência: os valores de referência dos insumos e serviços presentes nas composições devem ser estabelecidos com base em pesquisas de mercado realizadas em todas as regiões do país. O SINAPI conta com equipes de pesquisadores que visitam constantemente fornecedores e prestadores de serviços em todo o país, para obter informações precisas e atualizadas; e
- estruturação da composição: as composições são elaboradas de forma a garantir a clareza e a facilidade de uso pelos profissionais do setor. Para isso, os insumos e serviços são agrupados em categorias e subcategorias, e são apresentados de forma hierárquica, para que o usuário possa navegar pela composição com facilidade.

As composições de serviço do SINAPI (Sistema Nacional de Pesquisa de Custos e Índices da Construção Civil) são elaboradas por uma equipe técnica especializada, seguindo procedimentos padronizados. O processo de elaboração envolve as seguintes etapas:

- identificação dos serviços: a equipe técnica define a lista de serviços que serão incluídos nas composições de serviço do SINAPI, levando em consideração as demandas do mercado e a relevância dos serviços para a construção civil;
- descrição dos serviços: cada serviço é descrito de forma detalhada, indicando as atividades que o compõem, os materiais e equipamentos necessários, as normas técnicas aplicáveis, entre outros aspectos relevantes;
- quantificação dos insumos: a equipe técnica realiza a quantificação dos insumos necessários para a execução de cada serviço, levando em consideração as especificações técnicas e as normas aplicáveis. Essa

quantificação é realizada com base em padrões pré-definidos, a fim de garantir a comparabilidade entre os serviços;

- cálculo dos custos: com base na quantidade de insumos necessários, a equipe técnica calcula os custos unitários de cada serviço, considerando os preços de mercado dos materiais e equipamentos, os encargos sociais e trabalhistas, além de outros custos indiretos; e

- revisão e atualização: as composições de serviço do SINAPI são constantemente revisadas e atualizadas para refletir as mudanças no mercado e nas normas técnicas. A equipe técnica realiza pesquisas de mercado, consulta especialistas e órgãos públicos, e realiza ajustes nas composições de serviço, sempre buscando garantir a confiabilidade dos dados.

Uma composição de serviço do SINAPI (Sistema Nacional de Pesquisa de Custos e Índices da Construção Civil) é composta por vários elementos que descrevem detalhadamente o serviço em questão. Os principais elementos são:

- identificação: nome do serviço e código de referência;
- descrição: descrição detalhada das atividades a serem realizadas no serviço, incluindo etapas, tarefas e procedimentos necessários para sua execução;
- unidade de medida: unidade de medida utilizada para quantificar o serviço, como metro quadrado, metro cúbico, hora, entre outras;
- quantidade de insumos: quantidade de insumos necessários para executar o serviço, tais como materiais, mão de obra, equipamentos e outros recursos;
- preço unitário: Custo unitário do serviço, expresso em reais por unidade de medida;
- composição analítica: detalhamento dos custos unitários de cada item que compõe o serviço, tais como materiais, mão de obra e equipamentos, incluindo a quantidade e o preço unitário de cada item;
- encargos sociais e trabalhistas: custo adicional relativo aos encargos sociais e trabalhistas aplicáveis à mão de obra necessária para a execução do serviço; e
- BDI (Benefícios e Despesas Indiretas): custo adicional referente aos benefícios e despesas indiretas, tais como administração, logística, seguros e outras despesas indiretas que não estão incluídas no preço unitário.

A seguir, descrevemos os principais passos para o cálculo de uma composição de serviço no SINAPI:

- definição da unidade de medida: a primeira etapa é definir a unidade de medida do serviço, como metro quadrado, metro linear, hora, entre outros;
- levantamento dos insumos: em seguida, é necessário levantar todos os insumos necessários para a execução do serviço, como materiais, equipamentos e mão de obra;
- cotação dos insumos: o próximo passo é obter os preços de cada insumo, que podem ser consultados no banco de dados do SINAPI. Os preços podem variar conforme a região e o período de referência;
- cálculo dos custos dos insumos: com os preços dos insumos definidos, é possível calcular os custos de cada um deles, multiplicando o preço pela quantidade necessária para a execução do serviço;
- cálculo do custo da mão de obra: a composição de serviço também deve considerar o custo da mão de obra. O SINAPI fornece tabelas com os salários dos trabalhadores da construção civil, que podem ser usados como base para o cálculo do custo da mão de obra;
- cálculo do custo do equipamento: se o serviço requer a utilização de equipamentos, é necessário incluir o custo de sua utilização no cálculo da composição de serviço. O custo do equipamento pode ser calculado a partir de sua vida útil e do custo de sua manutenção e reparos; e
- cálculo do preço unitário: por fim, com todos os custos definidos, é possível calcular o preço unitário da composição de serviço, somando os custos dos insumos, da mão de obra e do equipamento e adicionando uma margem de lucro.

As composições de serviço do SINAPI (Sistema Nacional de Pesquisa de Custos e Índices da Construção Civil) não preveem diretamente a ociosidade na execução de um serviço. Isso ocorre porque as composições são compostas por preços unitários de serviços, que levam em consideração materiais, mão de obra, equipamentos, encargos sociais e benefícios e despesas indiretas.

Deve-se observar que como os preços unitários da tabela SINAPI foram obtidos a partir de pesquisas de mercado realizadas em diferentes regiões do país, considerando as condições e particularidades de cada local, é possível que os preços unitários da tabela contemplem, em certa medida, o tempo ocioso necessário para a realização de um determinado serviço.

A ociosidade é um fator que afeta diretamente a produtividade da mão de obra e, consequentemente, os custos e prazos de uma obra. Por isso, é importante que os responsáveis pela execução do serviço façam uma análise criteriosa das condições e particularidades de cada obra, de forma a identificar possíveis fatores que possam afetar a produtividade da mão de obra, incluindo a ociosidade. Com base nessas informações, é possível fazer os ajustes necessários nos preços unitários das composições de serviço do SINAPI, considerando os custos e prazos esperados para a execução da obra em questão.

O SINAPI (Sistema Nacional de Pesquisa de Custos e Índices da Construção Civil) não considera explicitamente a ociosidade e a improdutividade na elaboração das composições de serviço. Entretanto, o sistema contempla contingências e riscos imprevisíveis na elaboração dos custos indiretos, que podem incluir esses fatores.

Segundo a NBR 14.037, que estabelece diretrizes para elaboração de composições de custos unitários e orçamentos para a construção civil, o cálculo do custo direto de um serviço deve considerar os custos com materiais, mão de obra, equipamentos, transportes e outros insumos necessários para a realização do trabalho. A norma não faz menção explícita à inclusão de custos adicionais relacionados à ociosidade e à improdutividade.

23.12. Modelagem BIM – influência na pesquisa de preços

Conforme exposto no art. 19, BIM significa *BUILDING INFORMATION MODELING* (Modelagem de Informações da Construção), segundo a Associação Brasileira de Normas Técnicas (ABNT), o BIM é uma "metodologia de trabalho colaborativa para criação e gerenciamento de projetos de construção, que utiliza um modelo virtual do empreendimento como base para a tomada de decisões ao longo do ciclo de vida do projeto".

De acordo com Eastman et al. (2011), o BIM é um processo baseado em modelos que permite a criação e gerenciamento de informações de construção em um ambiente virtual. Esse ambiente integra as informações de todas as disciplinas envolvidas no projeto, incluindo arquitetura, engenharia, construção e gerenciamento de projetos.

Melhoria na coordenação de equipes: o BIM permite que diferentes equipes trabalhem em conjunto em um único modelo virtual, melhorando a coordenação de equipes de construção. Com a visualização dos modelos 3D, as equipes podem facilmente identificar conflitos e coordenar as atividades, minimizando atrasos e aumentando a produtividade. Além disso, o BIM oferece uma série de benefícios, como maior precisão na estimativa de custos e prazos, simulações de construção, análises de sustentabilidade e gerenciamento de edifícios (Eastman et al., 2011).

Em suma, o BIM é uma metodologia de gestão de projetos de construção que utiliza modelos digitais para integrar informações de todas as disciplinas envolvidas no projeto, permitindo uma melhor colaboração e coordenação entre as equipes e reduzindo a possibilidade de conflitos entre as diferentes partes envolvidas no projeto, podendo fornecer informações valiosas sobre a construção, como a estimativa de custos e prazos, simulações de construção, análises de energia e sustentabilidade e manutenção e gerenciamento do edifício após a construção.

23.13. Vantagens para a Utilização do BIM

A utilização do BIM na construção civil brasileira tem se destacado como uma ferramenta inovadora que proporciona diversas vantagens para as empresas do setor. Entre os benefícios, é possível citar a melhoria na comunicação entre os envolvidos na obra, o aumento da eficiência na gestão de projetos, a redução de erros e retrabalhos e a otimização do tempo e recursos empregados na construção.

A utilização do BIM pode trazer diversas vantagens econômicas para os projetos de construção civil. Segundo Eastman et al. (2011), o BIM pode ajudar a reduzir os custos de construção em até 20%, através da detecção de conflitos e erros ainda na fase de projeto, evitando retrabalhos e desperdícios de materiais. Além disso, a utilização do BIM pode contribuir para a melhoria da gestão do projeto, reduzindo prazos e aumentando a eficiência na execução das atividades, como aponta a ABNT (2018). A Pini (2019) destaca que o BIM também pode auxiliar na redução de custos com mão de obra, pois permite uma melhor programação e organização das etapas da obra, evitando atrasos e imprevistos. Com isso, fica evidente que a utilização do BIM pode trazer importantes ganhos econômicos para as empresas do setor da construção civil.

Além disso, a norma técnica ABNT NBR ISO 19650-1:2020, que estabelece os conceitos e princípios para a organização e digitalização da informação sobre construção e ciclo de vida de ativos imobiliários usando BIM, destaca que a utilização do BIM permite uma maior integração e colaboração entre os diversos atores envolvidos na construção, desde o planejamento até a operação e manutenção do empreendimento. A norma ainda destaca que a utilização do BIM pode proporcionar redução de custos, aumento da eficiência e redução do tempo de entrega das obras.

Portanto, a utilização do BIM na construção civil brasileira tem se mostrado uma tendência que pode proporcionar diversos benefícios para as empresas do setor, desde a melhoria da comunicação entre os envolvidos até a redução de custos e aumento da eficiência.

O BIM é uma metodologia que utiliza um modelo virtual tridimensional para criar uma representação detalhada de um edifício ou estrutura. Essa tecnologia permite que as informações do projeto sejam compartilhadas e atualizadas de forma mais eficiente e integrada entre as diferentes equipes envolvidas no projeto, desde a concepção até a construção e operação.

A utilização da metodologia BIM em projetos de construção pode trazer diversos benefícios, conforme evidenciado por diversas referências bibliográficas:

- o uso do *BUILDING INFORMATION MODELING* (BIM) é eficiente na gestão do projeto, proporcionando uma comunicação mais efetiva entre as diferentes equipes envolvidas e possibilitando a detecção de problemas ainda na fase de projeto e planejamento;
- segundo a Associação Brasileira de Normas Técnicas (ABNT), o BIM permite uma "integração de informações entre os agentes envolvidos, gerenciamento eficaz de custos e prazos, identificação de conflitos, melhorias na qualidade e redução de erros, além de contribuir para a sustentabilidade" (ABNT, 2020); e
- de acordo com Eastman et al. (2011), o BIM permite uma melhor coordenação entre as disciplinas envolvidas no projeto, permitindo a identificação de possíveis conflitos e erros antes do início da construção. Além disso, o BIM pode ser usado para estimar com mais precisão os custos e prazos do projeto, reduzindo os riscos de atrasos e retrabalhos.

Em suma, o uso do BIM pode levar a um processo de construção mais eficiente, seguro, sustentável e colaborativo, além de contribuir economicamente na redução, permitindo a criação de projetos mais precisos, sustentáveis e economicamente viáveis.

23.14. Impacto do BIM na engenharia e nos custos

O impacto do BIM na engenharia tem sido significativo, uma vez que o uso dessa tecnologia pode melhorar o processo de projeto e construção de edifícios e infraestruturas. Alguns dos principais impactos do BIM na engenharia são:

- impacto na qualidade do projeto: BIM como uma simulação de projeto, consistindo de um modelo 3D e seus componentes, contendo todas as informações necessárias relacionadas ao planejamento, construção ou operação do projeto (KYMMELL, 2008);
- redução de retrabalhos: de acordo com Eastman et al. (2014), a representação em um único modelo no BIM garante a consistência das informações, além de permitir a geração automatizada de plantas, seções transversais, elevações, entre outros desenhos. Isso reduz significativamente o tempo e o número de erros associados à geração de

desenhos, uma vez que todas as informações são extraídas diretamente do modelo digital 3D, evitando inconsistências e discrepâncias entre diferentes desenhos e documentos;
- aumento da eficiência e produtividade: a PINI (Publicações e Informações Técnicas) destaca que a utilização do BIM pode levar a um aumento significativo na eficiência na indústria da construção. Isso ocorre porque o BIM permite a integração de todas as informações relevantes do projeto em um modelo digital 3D, que pode ser compartilhado por toda a equipe de projeto e construção em tempo real (PINI, 2020);
- melhoria na gestão do ciclo de vida do edifício: conforme a norma ABNT NBR ISO 19650-2:2019, a metodologia permite a incorporação de todas as informações relevantes do projeto ao modelo digital 3D, incluindo informações sobre materiais, equipamentos, sistemas, manutenção e operação. Essa prática pode facilitar a manutenção e operação do edifício, permitindo o acesso rápido e preciso a informações atualizadas sobre os sistemas e equipamentos instalados, bem como a manutenção preventiva necessária. Além disso, a utilização do BIM pode auxiliar na realização de inspeções e auditorias pós-obra, tornando a coleta de dados mais eficiente e confiável;
- maior sustentabilidade: de acordo com a ABNT (2020), o BIM pode contribuir para aumentar a sustentabilidade dos projetos de engenharia, permitindo a análise da eficiência energética do edifício e a identificação de oportunidades de melhoria; e
- como pode ser analisado a metodologia BIM tem o potencial de melhorar significativamente os processos de engenharia, especialmente no que diz respeito à qualidade do projeto, redução de retrabalhos, aumento da eficiência e produtividade, gestão do ciclo de vida do edifício e sustentabilidade.

23.15. BIM X Improdutividade

A improdutividade em obras públicas é um problema recorrente no Brasil e pode ter como causa por exemplo a ausência de projetos bem definidos que acarretam em um planejamento inadequado devido à ausência de determinadas informações de projeto, causando assim uma ineficiência na gestão dos recursos, devido aos retrabalhos, ocasionando atrasos na entrega da obra, aumento nos custos e diminuição na qualidade do projeto final.

A metodologia BIM (*BUILDING INFORMATION MODELING*) pode ajudar a solucionar esses problemas ao possibilitar a criação de um modelo virtual em 3D da obra, o que permite uma melhor visualização e coordenação do projeto. O BIM também permite a identificação antecipada de conflitos de projeto, a otimização da utilização de recursos e a melhoria na comunicação entre as equipes envolvidas na obra.

Dessa forma, a metodologia BIM pode reduzir a improdutividade em obras públicas, aumentando a eficiência na gestão de projetos e recursos, reduzindo o tempo de construção e diminuindo os custos. Além disso, o uso de BIM pode melhorar a qualidade e segurança da obra, permitindo uma melhor tomada de decisões ao longo do processo de construção.

De acordo com Caio Megale, secretário da Indústria, Comércio, Serviços e Inovação do Ministério da Economia, a disseminação de processos e tecnologias relacionadas ao BIM pode aumentar o PIB do setor em 28,9% até 2028. Isso ocorre porque o BIM fornece informações precisas sobre qualidade e quantidade de materiais e prazo da construção, o que reduz aditivos contratuais e prorrogações de prazo de conclusão e de entrega das obras. Além disso, o BIM promove a transparência de compras públicas, o que significa mais segurança nas estimativas de custos e no cumprimento dos prazos e maior transparência no processo licitatório. Com isso, é evidente que o BIM é uma ferramenta fundamental para melhorar a produtividade da construção civil e trazer benefícios significativos para toda a sociedade (GOV.COM/ 2022).

23.16. Serviços de Engenharia - Manutenção Predial

Os serviços de manutenção de prédios públicos integrantes do patrimônio da Administração Pública, também denominados simplesmente de "próprios" é um desafio diretamente associado a eficiência e à própria dignidade da função pública.

Há necessidade urgente de corrigir esse cenário, começando pela análise da viabilidade e o levantamento dos elementos essenciais para contratação de empresa para a prestação de serviços de engenharia de forma continuada, com criação de serviços de rotina preventiva e periódica e serviços por demandas. Com isso a execução de manutenção predial preventiva e corretiva e de adequação de infraestruturas e bens imóveis, com fornecimento de peças, equipamentos, materiais, mão de obra e gerenciamento, podem ser objetivamente definidas conforme especificações usuais no mercado e preços da tabela SINAPI, desonerada, desenvolvendo especificação padronizável, reduzindo pouco a pouco a complexidade da manutenção de instalações prediais. O resultado será o incremente da segurança das instalações, das condições de conforto ambiental, qualidade do ar, higiene e segurança para a continuidade das atividades, a maior economicidade e o menor impacto ambiental possível.

Desse modo, a manutenção de edificações deve preservar ou recuperar as condições ambientais adequadas ao uso previsto para as edificações. Por isso o anexo ao projeto básico deve especificar todos os serviços possíveis para prevenir ou corrigir a perda de desempenho decorrente da deterioração dos seus componentes, ou de atualizações nas necessidades dos seus usuários. É evidente que uma curva de aprendizagem deverá ser desenvolvida com a compreensão de todos os atores envolvidos.

A contratação de serviços para manutenção predial assume maior relevo quando as edificações são antigas e necessitam de conservação e manutenção preventiva. Nesse serviço devem também estar incluídas as manutenções corretivas, que são constantes, como por exemplo trocas de lâmpadas/reatores e luminárias, troca de reparos em torneiras e descargas, consertos de telhados, desentupimento de esgoto, pequenas pinturas etc. Também deve ser prevista a mudança de *lay-out*, de instalação de divisórias, mudanças de paredes *dry-wall* com a necessidade de adaptações como por exemplo troca de pontos de energia elétrica, de iluminação. A segurança deve merecer um tratamento à parte da manutenção com redes de iluminação e água.

Outro detalhe relevante é a definição do serviço de manutenção, com o serviço público em funcionamento ou fora de funcionamento, seja com interrupção de atividade, seja com a realização fora do horário de expediente da repartição.

Os serviços podem enquadrar na classificação de serviço comum de engenharia, pois não se enquadram como construção nova ou reforma total da edificação. Também podem ser enquadrados como comuns por possuir padrões de desempenho e qualidade objetivamente definidos, mediante as especificações usuais do mercado, podendo, portanto, ser licitado por meio da modalidade Pregão, nos termos Lei Federal n° 10.520/2002, como também nos termos da nova Lei de Licitações n° 14.133/2021.

A inclusão de software e ferramentas de tecnologia, cada vez mais necessárias, podem ser exigidas e aferidas com a definição de funcionalidades e a inserção de prova de conceito. Ocorre que havendo prova de conceito a tendência será a licitação por técnica e preço, critério esse incompatível com a modalidade do pregão, conforme legislação vigente até 31 de março de 2023.

A prova de conceito, na nova lei, pode ser exigida apenas do licitante provisoriamente classificado como vencedor, conforme art. 17, § 3º, da nova lei. Portanto, independe de modalidade a prova de conceito é suficiente para resolver a proposta de melhor preço. Na prática, poderá ser exigido maior esforço do Agente de Contratação ao ter que desclassificar muitas propostas de menor preço, cujo software não atender as exigências da prova de conceito. Nesse contexto o entendimento correto dos órgãos de controle e o esclarecimento dos órgãos de imprensa, essenciais ao controle social, é uma providência salutar.

Entre as normas que podem ser utilizadas para melhorar a atuação, destaca-se a Instrução Normativa Conjunta MP/CGU nº 1. Nessa norma foi detalhado o processo de gestão de riscos corporativos, contemplando as atividades de identificação e classificação, avaliação, mensuração, tratamento, monitoramento, informação e comunicação. Entre outros aspectos, a norma também esclarece conceitos como apetite a riscos e tolerância a riscos e fornece exemplos de categorias de riscos comuns. Encerra orientando a montagem da estrutura organizacional necessária para a implantação e a execução do processo.

24. Art. 24, caput, inc. I, II e parágrafo único

Art. 24. Desde que justificado, o orçamento estimado da contratação poderá ter caráter sigiloso, sem prejuízo da divulgação do detalhamento dos quantitativos e das demais informações necessárias para a elaboração das propostas, e, nesse caso:

I - o sigilo não prevalecerá para os órgãos de controle interno e externo;

II - (VETADO).

Parágrafo único. Na hipótese de licitação em que for adotado o critério de julgamento por maior desconto, o preço estimado ou o máximo aceitável constará do edital da licitação.

Dispositivos correspondentes na Lei nº 8.666/1993:

Art. 3º. [...] § 3º A licitação não será sigilosa, sendo públicos e acessíveis ao público os atos de seu procedimento, salvo quanto ao conteúdo das propostas, até a respectiva abertura. [...]

Art. 40. O edital conterá no preâmbulo o número de ordem em série anual, o nome da repartição interessada e de seu setor, a modalidade, o regime de execução e o tipo da licitação, a menção de que será regida por esta Lei, o local, dia e hora para recebimento da documentação e proposta, bem como para início da abertura dos envelopes, e indicará, obrigatoriamente, o seguinte: [...]

X - o critério de aceitabilidade dos preços unitário e global, conforme o caso, permitida a fixação de preços máximos e vedados a fixação de preços mínimos, critérios estatísticos ou faixas de variação em relação a preços de referência, ressalvado o disposto nos parágrafos 1º e 2º do art. 48; (Redação dada pela Lei nº 9.648/1998).

Dispositivos correspondentes na Lei nº 12.462, de 4 de agosto de 2011 (Institui o RDC):

Art. 6º. Observado o disposto no § 3º, o orçamento previamente estimado para a contratação será tornado público apenas e imediatamente após o encerramento da licitação, sem prejuízo da divulgação do detalhamento dos quantitativos e das demais informações necessárias para a elaboração das propostas.

§ 1º Nas hipóteses em que for adotado o critério de julgamento por maior desconto, a informação de que trata o caput deste artigo constará do instrumento convocatório.

§ 2º No caso de julgamento por melhor técnica, o valor do prêmio ou da remuneração será incluído no instrumento convocatório.

§ 3º Se não constar do instrumento convocatório, a informação referida no caput deste artigo possuirá caráter sigiloso e será disponibilizada estrita e permanentemente aos órgãos de controle externo e interno.

Dispositivo correspondentes no Decreto nº 7.581, de 11 de outubro de 2011 (Regulamenta o RDC):
Regulamenta o Regime Diferenciado de Contratações Públicas - RDC, de que trata a Lei nº 12.462, de 4 de agosto de 2011. (Redação dada pelo Decreto nº 8.251, de 2014)

Art. 9º. O orçamento previamente estimado para a contratação será tornado público apenas e imediatamente após a adjudicação do objeto, sem prejuízo da divulgação no instrumento convocatório do detalhamento dos quantitativos e das demais informações necessárias para a elaboração das propostas.

§ 1º O orçamento previamente estimado estará disponível permanentemente aos órgãos de controle externo e interno.

§ 2º O instrumento convocatório deverá conter:

I - o orçamento previamente estimado, quando adotado o critério de julgamento por maior desconto;

II - o valor da remuneração ou do prêmio, quando adotado o critério de julgamento por melhor técnica ou conteúdo artístico; e

III - o preço mínimo de arrematação, quando adotado o critério de julgamento por maior oferta.

Dispositivo vetado e razões do Veto nº 13/2021 (Nova Lei de Licitações):

"II - o orçamento será tornado público apenas e imediatamente após a fase de julgamento de propostas."

Razões do veto

"A propositura legislativa estabelece que o orçamento será tornado público apenas e imediatamente após a fase de julgamento de propostas.

Entretanto, e embora a boa intenção do legislador, a medida contraria o interesse público, tendo em vista que estabelece de maneira rígida que o orçamento deve ser tornado público após o julgamento das propostas e resulta na impossibilidade, por exemplo, que ele seja utilizado na fase de negociação, fase essa posterior a de julgamento e estratégica para a definição da contratação."

O art. 24 estabelece a possibilidade de o orçamento ter caráter sigiloso, desde que seja justificado o motivo do sigilo.

24.1. Precedentes

Esse tema é extremamente relevante quando rememoramos que a Lei nº 10.520/2002 - anterior Lei do Pregão, ao estabelecer os requisitos do edital, não definia a necessidade de publicação do orçamento como obrigação. Por isso, a doutrina, inclusive estes autores, defende que na modalidade pregão é permitido não divulgar os preços estimados. O motivo desse entendimento estava no fato de que a modalidade previa a fase de negociação e essa ficava frustrada se o licitante conhecesse o preço estimado.

Posteriormente, a Lei nº 12.462, de 4 de agosto de 2011- Lei do Regime Diferenciado de Contratação – RDC, expressamente passou a admitir que o orçamento estimado fosse mantido em sigilo. E, no regulamento do RDC, foi definido que o orçamento somente seria tornado público após a adjudicação.[351]

Essa permissão também consta na Lei das Estatais.

24.2. Motivação para o sigilo

O sigilo dos preços estimados é tema controvertido.

Em defesa da não divulgação tem-se os seguintes argumentos:

a) a dificuldade de precificação e o risco imposto aos agentes públicos de elaborarem valores, com risco de autorizarem superfaturamento; não divulgando os preços, a própria licitação seria um balizador para corrigir distorções;

---

[351] Q. cfr. Decreto nº 7.581, de 11 de outubro de 2011. Regulamenta o Regime Diferenciado de Contratações Públicas - RDC, de que trata a Lei nº 12.462, de 4 de agosto de 2011. (Redação dada pelo Decreto nº 8.251, de 2014).

b) a economicidade que no âmbito teórico decorre pelo fato de o licitante não ser induzido a preços pela informação que a Administração divulga;

c) a possibilidade de corrigir erros nos preços estimados pela Administração, diante de propostas; e

d) a possibilidade do procedimento ser mais célere, porque os preços estimados pela Administração deixam de ser ponto de conflito prévio e sujeito a impugnação pelo particular, que em situação ordinária sabe o risco que é deixar a planilha de preços sem impugnação. Nesse sentido, admitiu esse argumento como motivação para não divulgação.[352]

24.3. Vedação ao sigilo

Não pode ser sigiloso o orçamento estimado pela Administração:

a) em relação aos órgãos de controle interno e externo, conforme o inc. I do artigo em comento;

b) quando a licitação tiver como critério de julgamento o maior desconto, conforme o parágrafo único do artigo em comento.

Cautela na aplicação do art. 64, §1º:

É necessária cautela ao decidir não divulgar o orçamento estimado, pois no caso de a Administração exigir no edital atestados para as parcelas de maior relevância, pois a lei indexa essa exigência na situação em que a parcela seja superior a 4% (quatro por cento) do valor estimado. Assim, ao utilizar a faculdade do art. 64, § 1º, a Administração está indicando ao mercado o valor estimado de uma parcela. Tecnicamente não é vedado a exigência quando o orçamento for sigiloso, apenas recomenda-se cautela.

Não é vedado o sigilo na aplicação do art. 64, § 1º, pois se o fosse a regra estaria no parágrafo único do art. 24.

24.4. Revelação do sigilo

O sigilo pode ser revelado quando a Administração definir. Diferentemente do RDC em que o momento foi definido por lei, como o inc. II do art. 24 foi vetado o momento não está definido na lei.

Como boa prática, recomenda-se que o edital deixe ao prudente arbítrio do Agente de Contratação a oportunidade da divulgação definindo que: entre o

---

[352] BRASIL. Tribunal de Contas da União. Processo TC nº 017.603/2012-9. Acórdão nº 3011/2012 – Plenário.

intervalo de tempo após a apresentação da proposta e a adjudicação do objeto, o Agente de Contratação revelará o orçamento estimado pela Administração.

Desse modo, o condutor da licitação poderá divulgar logo após a apresentação da proposta tornando transparente o ato decisório de classificar propostas com preços inexequíveis ou superfaturados. Note que no atual regime, a desclassificação por preço inexequível não é ato unilateral, mas é um ato que deve oportunizar ao licitante demonstrar a exequibilidade da sua proposta. Havendo a fase negociação, pode ser revelado após essa fase. E, dependendo do desenvolvimento do certame a informação pode ser revelada após a adjudicação.

Ausente lei dispondo sobre o momento da divulgação e permitindo o edital que o Agente de Contratação decida poderá salvar a licitação. De fato, não é raro que em uma licitação os licitantes que estão ofertando preço maior que o estimado insista em não abaixar o valor. Nessa situação, o Pregoeiro ou o Agente de Contratação podem precisar divulgar o preço estimado para conseguir que a proposta de preço do licitante vencedor esteja dentro da estimativa e, portanto, seja possível "salvar a licitação", tornando eficaz o procedimento.

24.5. Transferência do sigilo

A lei define que o sigilo não pode ser oposto aos órgãos de controle interno e controle externo. Tecnicamente está se tratando de transferência de sigilo e não divulgação de sigilo, isto é, referidos órgãos tornam-se corresponsáveis pelo sigilo.

Devido as vantagens que a divulgação de uma informação sigilosa permitirá se chegar ao conhecimento de um determinado particular licitante, o Agente de Contratação deve acautelar-se pois sua negligência implicará em processo apuratório para fins de responsabilização administrativa e criminal.[353]

Como boa prática, recomenda-se:

a) se for requerido que a Administração envie o orçamento estimado, após verificar a autenticidade, deve ser informado que se trata de transferência de sigilo, ficando o destinatário com a responsabilidade administrativa, civil e criminal da manutenção do sigilo operada por essa transferência; e

---

[353] Juridicamente essa conduta não está tipificada no Código Penal. Art. 337-J. Devassar o sigilo de proposta apresentada em processo licitatório ou proporcionar a terceiro o ensejo de devassá-lo: Pena - detenção, de 2 (dois) anos a 3 (três) anos, e multa.", com a redação dada pela Lei nº 14.133/2021, pois o sigilo do orçamento estimado pela Administração Pública não é sigilo de proposta. Pode, porém, enquadra-se em outros dispositivos do Código penal, dependendo das circunstâncias como: "Art. 337-F. Frustrar ou fraudar, com o intuito de obter para si ou para outrem vantagem decorrente da adjudicação do objeto da licitação, o caráter competitivo do processo licitatório: Pena - reclusão, de 4 (quatro) anos a 8 (oito) anos, e multa."

b) se um agente de controle, em auditoria ou inspeção, requerer o acesso à informação, não deve o Agente de Contratação repassar sua senha de acesso, pois ao agir desse modo não terá provas que podem ser obtidas pela rastreabilidade do sistema. Deverá, após certificar-se que o agente de controle foi formalmente designado para auditar ou inspecionar o órgão, requerer a identificação funcional, registrar a informação e requerer ao serviço de tecnologia de informação do órgão senha específica, com essa identificação. Note que o agente de controle para acessar essa informação deve estar credenciado para auditar ou inspecionar formalmente o órgão. Com a formalização, fica subentendido o direito de acesso à informação. Mais: recomenda-se outra formalidade: registrar no processo, junto com o despacho que motiva a decisão um adendo declarando que a informação foi transferida ao agente de controle, por requisição do sr. Fulano de Tal, nomeá-lo e identificá-lo frente ao registro civil ou funcional.

Em se tratando de processo físico, uma boa prática é informar no próprio processo que o orçamento se encontra no arquivo X ou no documento X, à disposição dos órgãos de controle interno e externo, ficando esse registro apenas nos autos. Em autos físicos e possível autuar a informação em envelope com os dizeres de "informação sigilosa somente podendo ser violada por ordem expressa e formal das seguintes autoridades. A violação de informação sigilosa implica responsabilização civil, administrativa e penal": nominar as autoridades.

É necessário que esse sigilo seja gerido também pelos órgãos de controle interno e externo. Embora tenham direito de acesso à informação, têm a responsabilidade de cuidar para que essa informação não seja divulgada.

24.6. Análise do dispositivo vetado e limite ao que deve ser sigiloso

O inc. II, **vetado** e, portanto, não existente no mundo jurídico, estabelecia o momento de divulgação do orçamento, que seria após a fase de julgamento das propostas. Esse mesmo dispositivo relativizava o comando ao dispor que: "sem prejuízo da divulgação do detalhamento dos quantitativos e das demais informações necessárias para a elaboração das propostas". Isso significa que apesar de o orçamento ser sigiloso, não se pode deixar de fornecer informações essenciais para que os licitantes façam a sua estimativa de preços.

Considera-se que essa parte do dispositivo era um reforço a informação de que o sigilo se restringia aos valores indicados no orçamento e não aos quantitativos estimados. Portanto, independente de previsão legal, como o sigilo é exceção à regra constitucional da publicidade dos atos administrativos, deve ter interpretação restritiva e só abrange os valores do orçamento estimado e mais nenhuma outra informação. O processo não é sigiloso; somente os valores do orçamento o são.

Quando o dispositivo vetado determinava a divulgação "imediatamente após a fase de julgamento das propostas", buscava evitar que o sigilo fosse aberto somente após a fase de recursos. Ausente norma dispondo sobre o momento da divulgação da informação sigilosa, deve o edital definir esse momento, conforme exposto no subtítulo anterior "revelação do sigilo".

24.7. Sigilo devassado

Como deve proceder a Administração Pública ao tomar conhecimento que o sigilo do orçamento estimado foi devassado?

Em relação à licitação, a prática recomenda distintas condutas, segundo o estágio de desenvolvimento do processo:

a) se anterior a apresentação da proposta, reabrir prazo, divulgar o orçamento de forma a garantir a isonomia;

b) se posterior a apresentação da proposta, mas a devassa tiver ocorrido em benefício de um licitante, ordenar a apuração de responsabilidade e a participação desse licitante, anular os atos praticados e reabrir a fase de apresentação de propostas;

c) se posterior ao julgamento da licitação, apurar responsabilidade de envolvimento de licitante. Por vezes nesse caso, poderá a Administração anular o processo ou dar seguimento resolvendo-se o tema em processo cível de perdas e danos.

Em todos os casos, deve a Administração determinar a apuração de responsabilidade de seus agentes e, se for o caso, requerer ao controlador que apure também a responsabilidade de seus agentes que tiveram acesso a informação.

Se a devassa foi divulgada pela imprensa oficial é certo que é direito constitucional o resguardo da fonte, mas o envolvimento de agente público implica em apurar a responsabilidade desse e responde, por divulgar informação sigilosa, o veículo de imprensa ou de comunicação.

Situação diferente ocorre quando o veículo de imprensa ou de comunicação revela que o sigilo foi devassado por uma empresa ou agente público. Nessa situação a imprensa está contribuindo com o interesse público e não responde pela divulgação e informação sigilosa, pois a informação já foi devassada. Continua sendo necessária a apuração de reponsabilidade de quem devassou a informação em favor da empresa.

25. Art. 25, caput

> Art. 25. O edital deve conter o objeto da licitação e as regras relativas à convocação, ao julgamento, à habilitação, aos recursos e às penalidades da licitação, à fiscalização e à gestão do contrato, à entrega do objeto e às condições de pagamento.

Dispositivos correspondentes na Lei nº 8.666/1993:

Art. 40. O edital conterá no preâmbulo o número de ordem em série anual, o nome da repartição interessada e de seu setor, a modalidade, o regime de execução e o tipo da licitação, a menção de que será regida por esta Lei, o local, dia e hora para recebimento da documentação e proposta, bem como para início da abertura dos envelopes, e indicará, obrigatoriamente, o seguinte:

I - objeto da licitação, em descrição sucinta e clara;

II - prazo e condições para assinatura do contrato ou retirada dos instrumentos, como previsto no art. 64 desta Lei, para execução do contrato e para entrega do objeto da licitação;

III - sanções para o caso de inadimplemento;

IV - local onde poderá ser examinado e adquirido o projeto básico;

V - se há projeto executivo disponível na data da publicação do edital de licitação e o local onde possa ser examinado e adquirido;

VI - condições para participação na licitação, em conformidade com os arts. 27 a 31 desta Lei, e forma de apresentação das propostas;

VII - critério para julgamento, com disposições claras e parâmetros objetivos;

VIII - locais, horários e códigos de acesso dos meios de comunicação à distância em que serão fornecidos elementos, informações e esclarecimentos relativos à licitação e às condições para atendimento das obrigações necessárias ao cumprimento de seu objeto;

IX - condições equivalentes de pagamento entre empresas brasileiras e estrangeiras, no caso de licitações internacionais;

X - o critério de aceitabilidade dos preços unitários e global, conforme o caso;

X - o critério de aceitabilidade dos preços unitário e global, conforme o caso, permitida a fixação de preços máximos e vedados a fixação de preços mínimos, critérios estatísticos ou faixas de variação em relação a preços de referência, ressalvado o disposto nos parágrafos 1º e 2º do art. 48; (Redação dada pela Lei nº 9.648, de 1998)

XI - critério de reajuste, que deverá retratar a variação do custo de produção, admitida a adoção de índices específicos ou setoriais, desde a data da proposta ou do orçamento a que esta se referir até a data do adimplemento de cada parcela;

XI - critério de reajuste, que deverá retratar a variação efetiva do custo de produção, admitida a adoção de índices específicos ou setoriais, desde a data prevista para apresentação da proposta, ou do orçamento a que essa proposta se referir, até a data do adimplemento de cada parcela; (Redação dada pela Lei nº 8.883, de 1994)

XII - (Vetado). (Redação dada pela Lei nº 8.883, de 1994)

XIII - limites para pagamento de instalação e mobilização para execução de obras ou serviços que serão obrigatoriamente previstos em separado das demais parcelas, etapas ou tarefas;

XIV - condições de pagamento, prevendo:

a) prazo de pagamento não superior a trinta dias, contado a partir da data final do período de adimplemento de cada parcela; (Redação dada pela Lei nº 8.883, de 1994)

b) cronograma de desembolso máximo por período, em conformidade com a disponibilidade de recursos financeiros;

c) critério de atualização financeira dos valores a serem pagos, desde a data final do período de adimplemento de cada parcela até a data do efetivo pagamento; (Redação dada pela Lei nº 8.883, de 1994)

d) compensações financeiras e penalizações, por eventuais atrasos, e descontos, por eventuais antecipações de pagamentos;

e) exigência de seguros, quando for o caso;

XV - instruções e normas para os recursos previstos nesta Lei;

XVI - condições de recebimento do objeto da licitação;

XVII - outras indicações específicas ou peculiares da licitação.

§ 1º O original do edital deverá ser datado, rubricado em todas as folhas e assinado pela autoridade que o expedir, permanecendo no processo de licitação, e dele extraindo-se cópias integrais ou resumidas, para sua divulgação e fornecimento aos interessados.

§ 2º Constituem anexos do edital, dele fazendo parte integrante:

I - o projeto básico e/ou executivo, com todas as suas partes, desenhos, especificações e outros complementos;

II - orçamento estimado em planilhas de quantitativos e preços unitários; (Redação dada pela Lei nº 8.883, de 1994)

III - a minuta do contrato a ser firmado entre a Administração e o licitante vencedor;

IV - as especificações complementares e as normas de execução pertinentes à licitação.

§ 3º Para efeito do disposto nesta Lei, considera-se como adimplemento da obrigação contratual a prestação do serviço, a realização da obra, a entrega do bem ou de parcela destes, bem como qualquer outro evento contratual a cuja ocorrência esteja vinculada a emissão de documento de cobrança.

§ 4º Nas compras para entrega imediata, assim entendidas aquelas com prazo de entrega até trinta dias da data prevista para apresentação da proposta, poderão ser dispensadas; (Incluído pela Lei nº 8.883, de 1994)

I - o disposto no inciso XI deste artigo; (Incluído pela Lei nº 8.883, de 1994)

II - a atualização financeira a que se refere a alínea "c" do inciso XIV deste artigo, correspondente ao período compreendido entre as datas do adimplemento e a prevista para o pagamento, desde que não superior a quinze dias. (Incluído pela Lei nº 8.883, de 1994)

§ 5º A Administração Pública poderá, nos editais de licitação para a contratação de serviços, exigir da contratada que um percentual mínimo de sua mão de obra seja oriundo ou egresso do sistema prisional, com a finalidade de ressocialização do reeducando, na forma estabelecida em regulamento. (Incluído pela Lei nº 13.500, de 2017)

Dispositivos correlatos na Lei nº 12.462/2011 (Institui o RDC):

Art. 4º. Nas licitações e contratos de que trata esta Lei serão observadas as seguintes diretrizes: [...]

II - padronização de instrumentos convocatórios e minutas de contratos, previamente aprovados pelo órgão jurídico competente;

Antes do estudo do dispositivo, permita-nos fazer duas observações.

O caput do artigo indica a pretensão de reunir em um só dispositivo todas as regras sobre conteúdo do edital. A pretensão não foi atingida, pois exige-se do Agente de Contratação estudo de vários dispositivos da lei - esparsos - definindo peculiaridades para cada caso. Nesse sentido, os autores destes comentários procuraram contribuir indicando no índice remissivo ao final da obra, no verbete "edital" todas as ocorrências de edital, ato convocatório, ato de convocação e outros termos usados pela lei. Se a lei tivesse sempre usado a mesma palavra para indicar o mesmo objeto, evitando uma sinonímia inútil teria facilitado o trabalho daqueles que tem o elevado ônus de realizar licitação.

A segunda observação diz respeito a nova atecnica que os autores tentaram corrigir durante a tramitação do projeto. É que o caput define regras que devem constar no edital - regras relativas "à convocação, ao julgamento, à habilitação, aos recursos e às penalidades da licitação", e outras que devem constar no contrato, regras de "à fiscalização e à gestão do contrato, à entrega do objeto e às condições de pagamento". Essa é uma das causas de reclamações dos licitantes que encontram, ao ler o edital e o contrato, um expressivo número de repetições de textos, inclusive contradições, pois ao alterar um dos textos, por vezes se esquecem de alterar outo que era idêntico.

Ainda que se argumente que é necessário porque em alguns casos não há contrato, nada impediria inserir essas regras como num anexo da nota de empenho, previamente publicado como anexo do edital e posteriormente colhida a ciência do contratado. Aliás, não se compreende por que o edital não contém como anexo os outros instrumentos substitutivos previstos em lei.

25.1. Boa prática na redação de edital

Para evitar repetição e contradições recomenda-se que ao invés de inserir no edital o que a lei determina, seja feita referência à clausula do edital. Por exemplo: fiscalização do contrato, consulte a cláusula tal; gestão do contrato, consulte a cláusula tal; entrega do objeto, consulte a cláusula tal; condições de pagamento, consulte a cláusula tal. De preferência, ordenando um sumário do contrato no final do edital.

25.2. Efeito jurídico da norma posta no edital e nos anexos

O edital não é só o ato convocatório, mas a própria lei interna da licitação, o regulamento que obrigará as duas partes: a Administração Pública e os licitantes, durante todo o processo.

Obriga a Administração Pública e o licitante por força do art. 5º, caput[354], entre outros. Isso porque o princípio da vinculação ao edital tem efeitos para ambas

---

[354] Art. 5º. Na aplicação desta Lei, serão observados os princípios da legalidade, da impessoalidade, da moralidade, da publicidade, da eficiência, do interesse público, da probidade administrativa, da igualdade, do planejamento, da transparência, da eficácia, da segregação de funções, da motivação, da vinculação ao edital, do julgamento

as partes, atua como fonte normativa e sua inobservância implica em sanções. Infelizmente a cultura nacional não impõe sanções a Administração Pública que desobedece a regra que criou, exigindo que a parte denuncie ao Tribunal de Contas ou acione o judiciário.

Como norma, o edital é uma norma democrática, pois além de ser submetido à prévia aprovação do órgão jurídico, ao ser publicado permite aos interessados não só impugnar, mas também pedir esclarecimentos. E, a resposta aos esclarecimentos também vinculam a Administração Pública e os licitantes.

Importante lembrar que os efeitos jurídicos da norma posta em edital abrangem todos os seus anexos e, portanto, devem ser impugnados e esclarecidos com as mesmas formas e prazos previstos para o edital.

Para saber mais sobre o princípio da vinculação ao edital, consulte nesta obra os comentários ao art. 5º; para saber mais sobre a impugnação, consulte o art. 164 da Lei nº 14.133/2021.

25.3. Objeto da licitação

O caput do art. 25 determina que o "edital deverá conter o objeto da licitação", devendo ser compreendida que a lei usou a forma elíptica devendo corresponder não ao objeto, mas à descrição do objeto, em palavras e, se for o caso, em imagens.

Para compreender a descrição do objeto, primeiro ao Agente de Contratação deve conhecer regras específicas para definir alguns objetos, podendo ser destacado:

a) bens e serviços comuns, - art. 6º, inc. XIII;

b) bens e serviços especiais, - art. 6º, inc. XIV;

c) notória especialização, - art. 6º, inc. XIX;

d) obra - art. 6º, inc. XII;

e) obras, serviços e fornecimentos de grande vulto, - art. 6º, inc. XX;

f) serviços contínuos com regime de dedicação exclusiva de mão de obra, - art. 6º, inc. XVI;

g) serviços de engenharia, - art. 6º, inc. XXI;

h) serviços e fornecimentos contínuos, - art. 6º, inc. XV;

---

objetivo, da segurança jurídica, da razoabilidade, da competitividade, da proporcionalidade, da celeridade, da economicidade e do desenvolvimento nacional sustentável, assim como as disposições do Decreto-Lei nº 4.657, de 4 de setembro de 1942 (Lei de Introdução às Normas do Direito Brasileiro)

i) serviços não contínuos ou contratados por escopo, - art. 6º, inc. XVII; e

j) serviços técnicos especializados de natureza predominantemente intelectual, - art. 6º, inc. XVIII.

Para compreender em qual instrumento deve ser inserida a descrição do objeto, o local definido em lei para registro dessas informações, o Agente de Contratação deve conhecer qual instrumento será anexado ao edital para informar aos licitantes, podendo ser destacado, em ordem alfabética:

a) anteprojeto, - art. 6º, inc. XXIV;

b) estudo técnico preliminar, - art. 6º, inc. XX;

c) projeto básico, - art. 6º, inc. XXV;

d) projeto executivo - art. 6º, inc. XXVI; e

e) termo de referência, - art. 6º, inc. XXIII.

25.4. Regras relativas à convocação

Quais regras relativas à convocação devem integrar o edital?

Nesse ponto, a maioria dos editais se limita a indicar prazos para apresentação de habilitação e proposta, e locais para recebimento desses documentos.

A convocação, porém, tem sentido mais amplo. Estritamente regendo a convocação, o que não abrange as normas sobre a habilitação e recursos. Deve o edital informar:

a) locais físicos e meios de comunicação à distância para comunicação com a Administração e agentes autorizados;

b) registrar que outros meios, pessoas e autoridades não estão autorizados a receber comunicação sobre a licitação, com efeitos jurídicos válidos;

c) prazos para apresentação de propostas, documentos e, quando for o caso, objetos de amostra, prova de conceito;

d) condutas permitidas e vedadas no ambiente físico ou virtual;

e) horário de atendimento e critério de atendimento, como ordem de chegada, por exemplo;

f) prazos em que a Administração Pública atenderá e responderá; e

g) órgãos de controle a que se submete o órgão da Administração Pública.

A convocação também deve ter a ideia de chamar o licitante para contribuir com o interesse público e, portanto, essa conotação.

25.5. Julgamento

O caput do art. 25 determina que o edital deve conter as regras relativas ao julgamento devendo ser compreendido que aí se trata do que a lei denomina princípio do julgamento objetivo. O julgamento deve ter as regras previstas no edital, essas regras devem ser objetiva, impedindo compreensão que permita diferentes interpretações, garantindo o primado da segurança jurídica. Consulte nesta obra os comentários ao art. 5º.

25.6. Recursos

A maioria das pessoas acredita que inserir no edital regras que já estão dispostas em lei é desnecessário. Dois motivos invalidam esse argumento. Primeiro, que a lei não detalha informações sobre nominar o cargo da autoridade a quem deve ser dirigido o recurso, quem pode dar recibo quando impetrado em meio físico, quem não pode receber os documentos. Por outro lado, impede a aplicação de boas práticas, como alterar o prazo, elastecendo o que está previsto na lei, em favor dos licitantes, como ocorre quando o prazo se iniciar na sexta-feira antes do carnaval, situação em que é comum o bom senso de licitantes adiando o início da contagem para a quinta feira seguinte.

O caput do art. 25 determina que o edital deve conter as regras relativas a recursos. Interessante notar que a lei prevê, no art. 165, recursos tanto para licitação como para contratos. Nesse ponto deve-se entender que o art. 25 deve regular ambos, embora no entendimento dos autores, possam as regras de recurso após assinado o contrato serem dispostas no próprio contrato, conforme já exposto precedentemente, no subtítulo "boa prática na redação do edital".

Sobre as regras de recurso que devem ser inseridas no edital cabem os seguintes comentários.

a) o edital deve definir o prazo de cabimento, repetindo a lei que define o prazo mínimo; pode o edital definir prazo superior ou até decidir que o Agente de Contratação estabeleça outro, desde que mais amplo do que o previsto em lei;

b) deve ser lembrado que a contagem do prazo não se faz pela publicação do ato de que caiba recurso, pois a lei define expressamente que o prazo deve ser contado da data de intimação ou de lavratura da ata, em relação a determinados atos, como pré-qualificação, registro cadastral, julgamento das propostas, habilitação e inabilitação de licitante; anulação e revogação da licitação; extinção do contrato por ato unilateral da Administração;[355]

c) os casos em que a intenção de recorrer deve ser manifestada imediatamente, sob pena de preclusão;

d) o prazo para apresentação das razões recursais e o marco para início da contagem;

e) a quem será dirigido o recurso, onde deve ser entregue e, se meio físico, a necessidade de firmar recibo e quem e onde está autorizado a receber em nome da Administração Pública, lembrando o dever de facilitar o acesso ao licitante;

f) o prazo a que a Administração Pública estará obrigada a decidir;

g) onde o licitante terá vista dos elementos indispensáveis à defesa de seus interesses; e

h) se o recurso terá ou não efeito suspensivo, sendo permitido a Administração Pública atribuir efeito suspensivo a todos os recursos.

25.7. Penalidades da licitação

O caput do art. 25 determina que o edital deve conter as regras relativas à aplicação de penalidades. De fato, pode ocorrer que a irregularidade ocorra tanto na licitação como no contrato, inclusive antes ou depois desses dois eventos.

Aqui também pode ser considerado que seria desnecessária essa previsão no edital, até porque no tema sanção e penalidades, por força da Constituição Federal aplica-se o princípio da reserva legal, ou seja, somente por lei e na conduta prevista em lei é juridicamente possível punir.

Ocorre que também há lacunas na lei sobre dosimetria da pena, ou seja, a quantidade de penalidade a ser aplicada, definição de atenuantes e agravantes, pois pela Constituição Federal não se pode aplicar penas iguais a todos, desconsiderando as condições pessoais do infrator, os casos de reabilitação e a condições em que a reabilitação ocorre.

Para melhor regular esse tema, a recomendação é definir um regulamento específico, e o Agente de Contratação verificando que o regulamento se ajusta a essa

---

[355] O dispositivo merece censura pois é condenável iniciar a contagem do prazo a partir da lavratura da ata. Isso porque tecnicamente lavrar a ata é ato interno, sujeito a prazos que não são publicizados. Como boa prática recomenda-se avisar no chat da licitação eletrônica a data de início do prazo. Na sessão presencial, pode a Administração Pública definir prazo.

específica licitação e contrato, informar no edital que essa norma é aplicável e onde está acessível, ou juntar como anexo.

Art. 25, caput, § 1º

> Art. 25. O edital deve conter o objeto da licitação e as regras relativas à convocação, ao julgamento, à habilitação, aos recursos e às penalidades da licitação, à fiscalização e à gestão do contrato, à entrega do objeto e às condições de pagamento.
>
> § 1º Sempre que o objeto permitir, a Administração adotará minutas padronizadas de edital e de contrato com cláusulas uniformes.

Dispositivos correspondentes na Lei nº 8.666/1993: não há.

Consulte nesta obra os comentários ao art. 19, inc. IV.

Cito aqui, orientação do Tribunal de Contas da União, ainda na vigência da Lei nº 8.666/93:

> "[...] Ao gestor caberá a responsabilidade da verificação da conformidade entre a licitação que pretende realizar e a minuta-padrão previamente examinada e aprovada pela assessoria jurídica. Por prudência, havendo dúvida da perfeita identidade, deve-se requerer a manifestação da assessoria jurídica, em vista das peculiaridades de cada caso concreto. Assim, a utilização de minutas-padrão, guardadas as necessárias cautelas, em que, como assevera o recorrente, limita-se ao preenchimento das quantidades de bens e serviços, unidades favorecidas, local de entrega dos bens ou prestação dos serviços, sem alterar quaisquer das cláusulas desses instrumentos previamente examinados pela assessoria jurídica, atende aos princípios da legalidade e também da eficiência e da proporcionalidade".

Art. 25, § 2º

> Art. 25. O edital deve conter o objeto da licitação e as regras relativas à convocação, ao julgamento, à habilitação, aos recursos e às penalidades da licitação, à fiscalização e à gestão do contrato, à entrega do objeto e às condições de pagamento. [...]
>
> § 2º Desde que, conforme demonstrado em estudo técnico preliminar, não sejam causados prejuízos à competitividade do processo licitatório e à eficiência do respectivo contrato, o edital poderá prever a utilização de mão de obra, materiais, tecnologias e matérias-primas existentes no local da execução, conservação e operação do bem, serviço ou obra.

Dispositivos correspondentes na Lei nº 8.666/1993: não há.

25.8. Legalidade e constitucionalidade do dispositivo – art. 25, § 2º

O disposto no art. § 2º do art. 25, em comento, deve ser compreendido com o previsto no art. 40, inc. II que determina o dever de "aproveitamento das peculiaridades do mercado local, com vistas à economicidade, sempre que possível, desde que atendidos os parâmetros de qualidade".

É uma norma de aplicação discricionária que apresenta as seguintes balizas para adequada compreensão:

a) é no documento "estudo técnico preliminar" – ETP que deve estar a motivação de que a exigência não é causa de restrição à competição; posto desse modo, a lei transfere ao Agente de Contratação a difícil tarefa de antecipar as dificuldades no cumprimento das regras, pelas empresas do mercado;

b) a aplicação desse dispositivo depende de prévia verificação da existência de mão de obra, materiais, tecnologias e matérias-primas existentes em determinado e específico local;

c) que essa mão de obra, materiais, tecnologias e matérias-primas existentes em determinado e específico local estejam aptos e disponíveis para os serviços de "execução, conservação e operação do bem, serviço ou obra";

d) o uso dessa discricionariedade pode conflitar com a lei da liberdade econômica, que foi acintosamente desprezada pela Lei nº 14.133/2021 deixando para o Agente de Contratação harmonizar as disposições entre as normas. Em inúmeras situações, a experiência tem demonstrado que a exigência do edital interfere na livre gestão da empresa privada, ainda que exigida isonomicamente de todos os licitantes. Essa missão de harmonizar foi dificultado, porque a lei de licitações foi encarregada de dar efetividade a políticas públicas como proteção de vítimas de violência, reabilitação de pessoas oriundas do sistema penitenciário, favorecimento à pequena e microempresas, às *startup*'s, à sustentabilidade;

e) após analisar os impactos da restrição ao princípio da isonomia e à pretensão de máxima competitividade, deve o Agente de Contratação avaliar se fazendo a exigência haverá prejuízo à máxima eficiência do respectivo contrato; e

f) definido no ETP que determinada exigência pode ser colocada no edital, a Administração Pública e os licitantes passam a ficar estritamente vinculados ao seu cumprimento.

Apesar de discutível constitucionalidade é fato que somente na aplicação ao caso concreto a conformidade com a Constituição Federal e com outras leis poderá ser aferida. Por isso, não cabe a arguição do exame concentrado de constitucionalidade por meio de ação direta de inconstitucionalidade.

25.9. Aplicação prática do art. 25, § 2º

É possível vislumbrar a aplicação isolada desse dispositivo e a atuação em conjunto com outros.

Num primeiro caso, o poder público que tem por missão a qualificação de mão de obra e a assistência social localiza determinada comunidade de baixa renda e decide iniciar a atividade de limpeza urbana, por varrição, lavagem de ruas, serviços de reparo em vias públicas, abertura de vias, instalação de esgoto.

Pode inserir no edital que a empresa vencedora deverá contratar, sempre que possível, mão de obra existente no local, inscrita por exemplo num posto do SINE, ou na prefeitura. É óbvio que essa pretensão não pode descambar para empregar cabos eleitorais ou restrições ideológicas. A isonomia deve ser assegurada.

Em atuação conjugada com outros dispositivos, também pode uma municipalidade determinar a compra de materiais e microempresas existentes na localidade desde que por preço não superior a estimativa de preços feita na forma do art. 23, § 1º da Lei nº 14.133/2021.

Em outra aplicação pode a Administração Pública contratar o desenvolvimento de tecnologia com startup, existente no local, com arrimo nesse dispositivo e no art. 81, § 4º, ou desse dispositivo com art. 75, inc. IV, alínea "d"[356].

Em outra aplicação pode a Administração Pública decidir por contratar instituição ou empresa, por contratação sem licitação, tendo em vista a localização da mesma em área a ser desenvolvida, por razões econômicas ou sociais.

O dispositivo também pode amparar a contratação de pessoa oriunda do sistema prisional, em razão da localidade de residência do egresso.

Art. 25, § 3º

---

[356] Art. 75. É dispensável a licitação: [...]
IV - para contratação que tenha por objeto: [...]
d) transferência de tecnologia ou licenciamento de direito de uso ou de exploração de criação protegida, nas contratações realizadas por instituição científica, tecnológica e de inovação (ICT) pública ou por agência de fomento, desde que demonstrada vantagem para a Administração;
Art. 81. A Administração poderá solicitar à iniciativa privada, mediante procedimento aberto de manifestação de interesse a ser iniciado com a publicação de edital de chamamento público, a propositura e a realização de estudos, investigações, levantamentos e projetos de soluções inovadoras que contribuam com questões de relevância pública, na forma de regulamento. [...]
§ 4º O procedimento previsto no caput deste artigo poderá ser restrito a startups, assim considerados os microempreendedores individuais, as microempresas e as empresas de pequeno porte, de natureza emergente e com grande potencial, que se dediquem à pesquisa, ao desenvolvimento e à implementação de novos produtos ou serviços baseados em soluções tecnológicas inovadoras que possam causar alto impacto, exigida, na seleção definitiva da inovação, validação prévia fundamentada em métricas objetivas, de modo a demonstrar o atendimento das necessidades da Administração.

Art. 25. O edital deve conter o objeto da licitação e as regras relativas à convocação, ao julgamento, à habilitação, aos recursos e às penalidades da licitação, à fiscalização e à gestão do contrato, à entrega do objeto e às condições de pagamento. [...]

§ 3º Todos os elementos do edital, incluídos minuta de contrato, termos de referência, anteprojeto, projetos e outros anexos, deverão ser divulgados em sítio eletrônico oficial na mesma data de divulgação do edital, sem a necessidade de registro ou de identificação para acesso.

Dispositivos correspondentes na Lei nº 8.666/1993:

Art. 40. O edital conterá no preâmbulo o número de ordem em série anual, o nome da repartição interessada e de seu setor, a modalidade, o regime de execução e o tipo da licitação, a menção de que será regida por esta Lei, o local, dia e hora para recebimento da documentação e proposta, bem como para início da abertura dos envelopes, e indicará, obrigatoriamente, o seguinte: [...]

XVII - outras indicações específicas ou peculiares da licitação.

§ 1º O original do edital deverá ser datado, rubricado em todas as folhas e assinado pela autoridade que o expedir, permanecendo no processo de licitação, e dele extraindo-se cópias integrais ou resumidas, para sua divulgação e fornecimento aos interessados.

§ 2º Constituem anexos do edital, dele fazendo parte integrante:

I - o projeto básico e/ou executivo, com todas as suas partes, desenhos, especificações e outros complementos;

II - orçamento estimado em planilhas de quantitativos e preços unitários; (Redação dada pela Lei nº 8.883, de 1994)

III - a minuta do contrato a ser firmado entre a Administração e o licitante vencedor;

IV - as especificações complementares e as normas de execução pertinentes à licitação.

O § 3º do art. 25 trata de assegurar a isonomia e a oportunidade de acesso à informação para todos os licitantes e interessados. Também serve de arrimo ao controle social da Administração Pública.

25.10. Direito de acesso aos anexos do edital

Se o edital deve ser publicado para convocar os interessados, a lei corretamente estabelece que nesse mesmo ato de publicação sejam publicados:

a) minuta de contrato;

b) termos de referência;

c) anteprojeto;

d) projetos, incluindo projeto básico e projeto executivo; e

e) e genericamente determina a publicação de "outros anexos", que podem ser documentos, imagens, filmes e outras mídias que a Administração

Pública considere necessárias, como, por exemplo, vídeo gravado sobre um protótipo de produto e/ou local de realização a obra.

A lei define ainda a oportunidade da divulgação estabelecendo que "deverão ser divulgados em sítio eletrônico oficial na mesma data de divulgação do edital.

Embora seja comum que se exijam cadastramento, para obter senha e código de acesso, a lei decidiu abolir essa exigência e textualmente determina que o acesso deve ocorrer "sem a necessidade de registro ou de identificação para acesso."

A fiscalização do cumprimento desse dispositivo cabe ao controle interno e ao controle externo, esse último à cargo do Tribunal de Contas e do Ministério Público.

Importante lembrar que todos os documentos podem ser impugnados pelos mesmos meios e prazos previstos para impugnar edital; os interessados também podem pedir esclarecimento e apresentar pontos de dúvidas em relação a todos os documentos aqui referidos.

Sobre a publicação, os veículos de divulgação e prazos, consulte nesta obra os comentários ao art. art. 54.

Art. 25, § 4º

> Art. 25. O edital deve conter o objeto da licitação e as regras relativas à convocação, ao julgamento, à habilitação, aos recursos e às penalidades da licitação, à fiscalização e à gestão do contrato, à entrega do objeto e às condições de pagamento. [...]
>
> § 4º Nas contratações de obras, serviços e fornecimentos de grande vulto, o edital deverá prever a obrigatoriedade de implantação de programa de integridade pelo licitante vencedor, no prazo de 6 (seis) meses, contado da celebração do contrato, conforme regulamento que disporá sobre as medidas a serem adotadas, a forma de comprovação e as penalidades pelo seu descumprimento.

Dispositivos correspondentes na Lei nº 8.666/1993: não há.

O § 4º do art. 25 define regra para a expansão à nível nacional da implantação de programa de integridade por parte das empresas. Como política de combate à corrupção, a Administração Pública atua como indutor, indo muito além do processo de licitação, que estritamente visa a busca da proposta mais vantajosa.

25.11. Implantação de programa de integridade

A crítica que merece o dispositivo é que ao fazer essa exigência, a lei insere como responsabilidade dos servidores públicos, que tem outros diversos encargos uma tarefa que exige qualificação e prévia definição de pontos de controle.

Note que a regra atua em duas distintas perspectivas: na primeira, o edital obriga implantar e na segunda, posteriormente, comprovação de implantação e, implicitamente de efetividade do programa, após a implantação.

Como em outras normas, lançadas como panaceia de todos os males, o dispositivo satisfaz a pretensão de visibilidade. Deixa sem resposta, porém em qual situação era obrigatória, pois não é crível que pretenda subjugar empresas de fornecimento integral e imediato; empresas estrangeiras, numa licitação internacional.

Numa interpretação mais lógica e razoável, o regulamento deve prever que o dispositivo será aplicado só aos contratos cuja execução preveja prazo superior a seis meses. Tal raciocínio se ancora no próprio dispositivo que faculta ao contratado o prazo de seis meses.

25.12. Indução à implantação de programa de integridade

A pretensão de induzir o mercado, já é alcançada com essa norma e com outros dispositivos.

O primeiro deles define a possibilidade de decidir a seleção da proposta mais vantajosa, quando houver empate, com um dos critérios, previsto no art. 60, o licitante ter desenvolvido programa de integridade.

O mesmo tema foi inserido no art. 156, que trata das sanções, como a possibilidade de impor ao contratado "a implantação ou o aperfeiçoamento de programa de integridade, conforme normas e orientações dos órgãos de controle." E mais adiante, no art. 163, que trata de reabilitação no processo de punição, a possibilidade de a Administração Pública exigir, como condição de reabilitação do licitante ou contratado, a implantação ou aperfeiçoamento de programa de integridade pelo responsável.

Portanto, é inexorável que as empresas desenvolvam essa política de integridade. No âmbito das empresas estatais há previsão de determinação para divulgarem e capacitarem empregados e dirigentes no Código de Conduta e Integridade, que elaborarem.

Art. 25, § 5º, inc. I, II

Art. 25. O edital deve conter o objeto da licitação e as regras relativas à convocação, ao julgamento, à habilitação, aos recursos e às penalidades da licitação, à fiscalização e à gestão do contrato, à entrega do objeto e às condições de pagamento. [...]

§ 5º O edital poderá prever a responsabilidade do contratado pela:

I - obtenção do licenciamento ambiental;

II - realização da desapropriação autorizada pelo poder público.

Dispositivos correspondentes na Lei nº 8.666/1993: não há.

Na vigência da Lei nº 8.666/1993 a obtenção de licenciamento ambiental e a desapropriação necessária para a execução de obras constituíram-se em recorrente motivo de atrasos. E, a causa, é sempre a mesma: falta de coordenação de políticas públicas entre os diversos órgãos técnicos autônomos. Lembrando que a coordenação é um dos cinco princípios fundamentais da Administração Pública[357] e seu adequado exercício não retira a autonomia técnica dos órgãos.

25.13. Procuração para atuar em licenciamento e desapropriação

Poderá ser necessário que o contratado, além de exibir o contrato deva ter procuração específica para atuar em nome da Administração Pública frente a outros órgãos públicos e a particulares. O contrato deve disciplinar essa questão, reservando à Administração Pública os atos decisórios, sendo amplamente permitido que os atos instrumentais, como negociação, despacho de processos, requerimentos, pagamentos de custas sejam terceirizados.

A nova lei permitiu que a Administração Pública transferisse para o contratado o encargo de obter a licença ambiental, devendo desde logo ser esclarecido que é possível transferir todas as licenças: licença prévia, licença de instalação do empreendimento e licença de operação. Também é possível transferir a primeira, como obrigação para a empresa que elabora o projeto básico, mesmo que se trate de contratação autônoma ou contratação integrada.

Na contratação autônoma a nova lei definiu, inclusive, a possibilidade de contratar empresas de notória especialização, sem o antigo rigor que se aplicava ao termo "objeto singular" que não mais consta da lei.

Como evento específico, pode ser previsto em separado na matriz de risco.

A transferência do licenciamento ambiental pode, na prática, dar celeridade, pela prontidão de atendimento que o particular, atua não sujeito ao regime burocrático de gestão.

Quanto à desapropriação, o ato é exclusivo do poder público. Entre particulares não há essa possibilidade. Assim, deve ser compreendido que a "realização da desapropriação autorizada pelo poder público" implica na

---

[357] Decreto-Lei nº 200, de 25 de fevereiro de 1967. Dispõe sobre a organização da Administração Federal, estabelece diretrizes para a Reforma Administrativa e dá outras providências. Art. 6º As atividades da Administração Federal obedecerão aos seguintes princípios fundamentais: [...] II - Coordenação.

possibilidade de o particular ser encarregado de avaliação, negociação do valor, pagamento, remoções e proteção da área desapropriada.

No regime de direito público, no entanto, a avaliação do bem tem relação direta com a aplicação do erário e, portanto, não pode ser delegada ao particular, exigindo-se a adequada comprovação da regularidade dos valores envolvidos. Em determinada obra de instalação de linha de transmissão o litígio atingiu mais de 1.500 imóveis, exigindo árduo esforço de negociação. Isso porque, depois de o judiciário dar uma liminar ou atender ao pedido de medida cautelar o processo pode levar décadas. Assim, pode o custo de um bem desapropriado, avaliado corretamente, merecer indenização maior numa negociação em que se considere o tempo da demora do litígio e os benefícios decorrentes da implantação do empreendimento. Às vezes considerar a realidade da lentidão do judiciário e o resultado esperado, embora injusto e beneficiando a especulação de alguns, pode ser demonstrado economicamente como mais vantajoso. Aliás, esta nova lei, inovadoramente, em situação similar, chega a admitir no art. 147 a continuidade de contrato nulo, fazendo prevalecer outros valores republicanos.

Tanto o pagamento de desapropriação, como o evento da obtenção de licença podem ser inseridos como evento à parte da remuneração do contratado.

Por vezes, a implantação de um empreendimento se faz com o apossamento da propriedade, sem o ato formal da desapropriação, ocorrendo o que se denomina de desapropriação indireta.

25.14. Regime de desapropriação direta e indireta

A desapropriação para esses casos é a espécie de desapropriação por utilidade pública, trata no Decreto-Lei nº 3.365, de 11 de junho de 1941.

No entendimento firmado na jurisprudência do Supremo Tribunal Federal, a jurisprudência "a ação de desapropriação indireta tem caráter real e não pessoal, traduzindo-se numa verdadeira expropriação às avessas, tendo o direito à indenização que daí nasce o mesmo fundamento da garantia constitucional da justa indenização nos casos de desapropriação regular." A regra, conforme a Constituição Federal é que o pagamento da indenização, em decorrência de garantia constitucional, deve ser justa e prévia e essa garantia constitucional "se aplica tanto à desapropriação direta como à indireta."[358]

Art. 25, § 6º

---

[358] ADI 2260 MC. Órgão julgador: Tribunal Pleno. Relator(a): Min. MOREIRA ALVES. Julgamento: 14/02/2001. Publicação: 02/08/2002.

> Art. 25. O edital deve conter o objeto da licitação e as regras relativas à convocação, ao julgamento, à habilitação, aos recursos e às penalidades da licitação, à fiscalização e à gestão do contrato, à entrega do objeto e às condições de pagamento. [...]
>
> § 6º Os licenciamentos ambientais de obras e serviços de engenharia licitados e contratados nos termos desta Lei terão prioridade de tramitação nos órgãos e entidades integrantes do Sistema Nacional do Meio Ambiente (Sisnama) e deverão ser orientados pelos princípios da celeridade, da cooperação, da economicidade e da eficiência.

Dispositivos correspondentes na Lei nº 8.666/1993: não há.

O dispositivo assegura prioridade aos processos de licenciamento que envolvam órgãos públicos.

Como esclarecido nas críticas ao parágrafo antecedente a sensibilidade registrada em lei é necessária, embora se aplicado o princípio da coordenação fosse desnecessário. Na prática, embora o dispositivo atribua um direito a quem está encarregado de obter licenciamento não resolve a falta de estrutura dos órgãos, nem resolve outras prioridades definidas em lei. Será mais um processo na fila de prioridades.

Sobre a falta de estrutura muito ainda pode ser feito pelo processo de terceirização e atividade de apoio, inclusive admitindo a terceirização de atividades permanentes, desde que reservado o núcleo do processo decisório no âmbito de agentes públicos.

25.15. Sistema Nacional do Meio Ambiente (SISNAMA)

O Sistema Nacional do Meio Ambiente (SISNAMA) se baseia num modelo de gestão de compartilhamento de informações e da descentralização das responsabilidades pela proteção ambiental entre municípios, estados e União federal.

Nesse sistema, cabe aos órgãos federais a função de coordenar e emitir normas gerais para a aplicação da legislação ambiental, a troca de informações, e fiscalização. No caso de atividades cujos impactos afetem dois ou mais estados, como no caso de ferrovias, a competência para o licenciamento ambiental cabe aos órgãos federais.

No SISNAMA, cabe aos órgãos estaduais e municipais as mesmas atribuições à dos órgãos federais, no âmbito dos respectivos territórios, inclusive se permite a edição de normas mais restritivas.

Art. 25, § 7º e § 8º

Lei nº 14.133/2021 — Art. 25

Art. 25. O edital deve conter o objeto da licitação e as regras relativas à convocação, ao julgamento, à habilitação, aos recursos e às penalidades da licitação, à fiscalização e à gestão do contrato, à entrega do objeto e às condições de pagamento. [...]

§ 7º Independentemente do prazo de duração do contrato, será obrigatória a previsão no edital de índice de reajustamento de preço com data-base vinculada à data do orçamento estimado e com a possibilidade de ser estabelecido mais de um índice específico ou setorial, em conformidade com a realidade de mercado dos respectivos insumos.

§ 8º Nas licitações de serviços contínuos, observado o interregno mínimo de 1 (um) ano, o critério de reajustamento será por:

I - reajustamento em sentido estrito, quando não houver regime de dedicação exclusiva de mão de obra ou predominância de mão de obra, mediante previsão de índices específicos ou setoriais;

II - repactuação, quando houver regime de dedicação exclusiva de mão de obra ou predominância de mão de obra, mediante demonstração analítica da variação dos custos.

Dispositivos correspondentes na Lei nº 8.666/1993:

Art. 40. O edital conterá no preâmbulo o número de ordem em série anual, o nome da repartição interessada e de seu setor, a modalidade, o regime de execução e o tipo da licitação, a menção de que será regida por esta Lei, o local, dia e hora para recebimento da documentação e proposta, bem como para início da abertura dos envelopes, e indicará, obrigatoriamente, o seguinte: [...]

XI - critério de reajuste, que deverá retratar a variação efetiva do custo de produção, admitida a adoção de índices específicos ou setoriais, desde a data prevista para apresentação da proposta, ou do orçamento a que essa proposta se referir, até a data do adimplemento de cada parcela; (Redação dada pela Lei nº 8.883, de 1994)

Dispositivos pertinentes na Lei nº 10.192, de 14 de fevereiro de 2001 (Dispõe sobre medidas complementares ao Plano Real e dá outras providências):

Art. 3º. Os contratos em que seja parte órgão ou entidade da Administração Pública direta ou indireta da União, dos Estados, do Distrito Federal e dos Municípios, serão reajustados ou corrigidos monetariamente de acordo com as disposições desta Lei, e, no que com ela não conflitarem, da Lei º 8.666, de 21 de junho de 1993.

§ 1º A periodicidade anual nos contratos de que trata o caput deste artigo será contada a partir da data limite para apresentação da proposta ou do orçamento a que essa se referir.

Dispositivos pertinentes na Lei nº 14.133/2021, além do art. 25:

Art. 6º. Para os fins desta Lei, consideram-se: [...]

LVIII - reajustamento em sentido estrito: forma de manutenção do equilíbrio econômico-financeiro de contrato consistente na aplicação do índice de correção monetária previsto no contrato, que deve retratar a variação efetiva do custo de produção, admitida a adoção de índices específicos ou setoriais;

LIX - repactuação: forma de manutenção do equilíbrio econômico-financeiro de contrato utilizada para serviços contínuos com regime de dedicação exclusiva de mão de obra ou predominância de mão de obra, por meio da análise da variação dos custos contratuais, devendo estar prevista no edital com data vinculada à apresentação das propostas, para os custos decorrentes do mercado, e com data vinculada ao acordo, à convenção coletiva ou ao dissídio coletivo ao qual o orçamento esteja vinculado, para os custos decorrentes da mão de obra;

Art. 92. São necessárias em todo contrato cláusulas que estabeleçam: [...]

§ 3º Independentemente do prazo de duração, o contrato deverá conter cláusula que estabeleça o índice de reajustamento de preço, com data-base vinculada à data do orçamento estimado, e poderá ser estabelecido mais de um índice específico ou setorial, em conformidade com a realidade de mercado dos respectivos insumos.

O § 7º do art. 25 dá efetividade a uma garantia inserida na Constituição Federal que assegura ao contratado o direito de receber o valor da proposta, num país que conhece o processo inflacionário. Didaticamente orienta o Agente de Contratação os elementos que deve inserir na redação de cláusula de contrato.

Para operacionalizar esse comando, a lei define nesse dispositivo e com redação similar no art. 92, § 3º o dever de inserir tanto no edital, como no contrato, a previsão de índice de reajustamento de preço com data-base vinculada à data do orçamento estimado. Como recomendamos em boa prática, deve o edital ter o título da cláusula exigida por lei e fazer remissão à cláusula do contrato, para evitar repetições de conteúdo de cláusulas e contradições.

O dever de prever reajuste constava na Lei nº 8.666/1993, mas foi agora acrescido de três outros deveres.

25.16. Reajuste independente de duração do contrato

O primeiro é que a obrigação de inserir cláusula de reajuste independe do prazo previsto para a duração do contrato.

Explica-se o motivo histórico que sensibilizou a elaboração de lei. É que para conter o regime inflacionário, a Lei nº 10.192, de 14 de fevereiro de 2001 ordenou que os reajustes só fossem aplicados após um ano da vigência do contrato, como regra geral. Desse modo, estaria violando a garantia constitucional que determina que a garantia é preservar o valor da proposta e não do contrato. Por isso, definiu em dispositivo pouco compreendido, - art. 3º, que nos contratos administrativos essa regra deve ser harmonizada com o que estava na Lei nº 8.666/1993 e essa previa o marco inicial da data da proposta ou o orçamento a que essa se referir.

A partir da estimativa de contrato com prazo inferior a um ano, a Administração Pública somente inseriu a cláusula de reajuste nos contratos com vigência superior a um ano. Na situação em que o contrato era alterado e passava a vigorar por mais de um ano, criou-se inclusive a polêmica de não incidir reajuste se a culpa fosse do contratado, num raciocino desenvolvido sem nenhum fundamento jurídico. Atrasos na execução, mesmo que culpa estrita do contratado, não retiram o direito definido na Constituição de garantir a efetividade da proposta. Podem implicar na penalização, nunca na violação da garantia constitucional. Por esse motivo, após longa polêmica, o Tribunal de Contas da União passou a orientar a inserção de cláusula de reajuste, mesmo para contratos com prazo inferior a um ano, para incidir após o decurso desse prazo.

25.17. Marco inicial da contagem do reajuste do contrato

Como visto no subtítulo anterior, a data inicial a partir da qual incide a garantia constitucional, inserida no art. 37, inc. XXI, é a data da proposta. Ocorre que a proposta poderia, na prática, ter qualquer data, presente ou passada. Não haveria isonomia se o edital e o contrato não definissem com precisão qual data deve ser indicada pelo licitante ou informasse qual data iria ser considerada para fins de aplicação de reajuste.

Desse modo a nova lei decidiu definir dois instrumentos para cumprir a garantia constitucional de equilíbrio econômico-financeiro do contrato: reajuste e repactuação. A propósito, é fundamental a leitura dos comentários ao art. 6º, incisos LVIII e LIX.

A data inicial para o reajuste será a data de apresentação a proposta. Se o índice aplicado for, por exemplo, reajustado em janeiro e julho, e o contrato for firmado em abril, o índice é dividido, no que se denomina *"pro-rata temporae"*.

Se o objeto do contrato for serviço contínuo com regime de dedicação exclusiva de mão de obra ou predominância de mão de obra, haverá repactuação do contrato, conforme prevê a definição legal que consta do art. 6º, inc. LIX. Nessa particular situação poderá ser previsto um índice para atualizar o preço dos custos decorrentes do mercado, e outro índice para atualizar os custos decorrentes da mão de obra, que terá por data inicial vinculada ao acordo, à convenção coletiva ou ao dissídio coletivo. Desse modo, para esses contratos deverá ser estabelecido mais de um índice específico ou setorial, em conformidade com a realidade de mercado dos respectivos insumos.

Importante registrar que o índice deve ser administrado por instituição independente, ainda que setorial.

Art. 25, § 9º

Art. 25. O edital deve conter o objeto da licitação e as regras relativas à convocação, ao julgamento, à habilitação, aos recursos e às penalidades da licitação, à fiscalização e à gestão do contrato, à entrega do objeto e às condições de pagamento. [...]

§ 9º O edital poderá, na forma disposta em regulamento, exigir que percentual mínimo da mão de obra responsável pela execução do objeto da contratação seja constituído por:

I - mulheres vítima de violência doméstica;

II - oriundos ou egressos do sistema prisional.

Dispositivos correspondentes na Lei nº 8.666/1993:

Art. 24. [..] XXXV - para a construção, a ampliação, a reforma e o aprimoramento de estabelecimentos penais, desde que configurada situação de grave e iminente risco à segurança pública.

Art. 26. [...] Parágrafo único. [...] I - caracterização da situação emergencial, calamitosa ou de grave e iminente risco à segurança pública que justifique a dispensa, quando for o caso;

Art. 40. O edital conterá no preâmbulo o número de ordem em série anual, o nome da repartição interessada e de seu setor, a modalidade, o regime de execução e o tipo da licitação, a menção de que será regida por esta Lei, o local, dia e hora para recebimento da documentação e proposta, bem como para início da abertura dos envelopes, e indicará, obrigatoriamente, o seguinte: [...]

§ 5º A Administração Pública poderá, nos editais de licitação para a contratação de serviços, exigir da contratada que um percentual mínimo de sua mão de obra seja oriundo ou egresso do sistema prisional, com a finalidade de ressocialização do reeducando, na forma estabelecida em regulamento. (Incluído pela Lei nº 13.500/2017)

O § 9º do art. 25 determina o cumprimento de políticas públicas distintas: a Política Nacional de Enfrentamento à Violência contra as Mulheres e aos oriundos ou egressos do sistema prisional.

No tocante ao percentual destinado às mulheres vítimas de violência doméstica, o mesmo foi regulamentado pelo Poder Executivo Federal, por meio do Decreto nº 11.430, de 8 de março de 2023. Trata-se de política pública de natureza humanitária e de grande valia. Ao inserir essa preferência de recrutamento e contratação poderá assegurar às mulheres obter seus próprios meios de renda e, assim, suportar quebra de vínculos de dependência financeira com seus agressores [359]. É uma interpretação mais adequada do princípio da isonomia, na medida em que se deve tratar igualmente os iguais e desigualmente os desiguais, na medida de sua desigualdade.

De modo similar, dispõe a nova Lei de Licitações e contratos em seu art. 60, inc. III, que "em caso de empate entre duas ou mais propostas, serão utilizados os seguintes critérios de desempate, nesta ordem: [...] III - desenvolvimento pelo licitante de ações de equidade entre homens e mulheres no ambiente de trabalho, conforme regulamento". Assim, a empresa que contribui para a efetividade de políticas públicas poderá ser favorecida em desempate em procedimentos licitatórios.

---

[359] Vide pesquisa disponibilizada pela Câmara dos Deputados.

25.18. Regulamento como condição para a efetividade do art. 25, § 9º, inc. II

A aplicação desse dispositivo está condicionada a edição de regulamento. Nesse caso específico o comando da lei pode ser implementada pelo próprio edital, vez que na ausência de outras normas os órgãos da Administração Pública podem efetivar dispositivos previstos em lei. Não faz sentido que a efetividade de uma política pública fique contida pela omissão de autoridade que tem o ônus da regulamentação.

25.19. Critério de seleção dos beneficiários das políticas públicas

Não podem os Agente de Contratação indicarem pessoas para serem contratadas pelo particular, incide no caso, a vedação inserida no art. 9º, art. 16, inc. III, e especialmente art. 48, inc. I. Ao contrário, a efetividade desses dois programas depende de uma seleção pelo próprio órgão que gere o programa e não do órgão que promove a licitação.

25.20. Política Nacional de Enfrentamento à Violência contra as Mulheres

Conforme informações da Secretaria Especial de Políticas para as Mulheres (SPM) que gere essa política pública[360], a Política Nacional de Enfrentamento à Violência contra as Mulheres tem por "finalidade estabelecer conceitos, princípios, diretrizes e ações de prevenção e combate à violência contra as mulheres, assim como de assistência e garantia de direitos às mulheres em situação de violência, conforme normas e instrumentos internacionais de direitos humanos e legislação nacional.

A Política Nacional encontra-se, também, em consonância com a Lei nº 11.340/2006 (Lei Maria da Penha) e com convenções e tratados internacionais, tais como: a Declaração Universal dos Direitos Humanos (1948), a Convenção Interamericana para Prevenir, Punir e Erradicar a Violência contra a Mulher (Convenção de Belém do Pará 1994), a Convenção sobre a Eliminação de Todas as Formas de Discriminação contra a Mulher (CEDAW, 1981) e a Convenção Internacional contra o Crime Organizado Transnacional Relativo à Prevenção, Repressão e Punição do Tráfico de Pessoas (Convenção de Palermo, 2000).

---

[360] BRASIL. Ministério Público de Paraná. Política Nacional de enfretamento à violência. Disponível em https://direito.mppr.mp.br/arquivos/File/politica_nacional_enfrentamento_a_violencia.pdf. Acesso em 19 de março de 2022.

25.21. Política Nacional de Trabalho no âmbito do Sistema Prisional - PNAT

Por meio do Decreto nº 9.450, de 24 de julho de 2018, o Supremo Tribunal Federal, instituiu a Política Nacional de Trabalho no âmbito do Sistema Prisional - PNAT, destinada à ampliação e qualificação da oferta de vagas de trabalho, ao empreendedorismo e à formação profissional das pessoas presas e egressas do sistema prisional. Esse Decreto regulamentou o § 5º do art. 40 da Lei nº 8.666, de 21 de junho de 1993.

Como a redação entre as duas normas guarda semelhança essa norma supre a necessidade de regulamentação a que se refere o § 9º do art. 25, em relação a efetividade dessa política pública.

Interessante observar que o PNAT se destina não só aos egressos do sistema prisional, como também aos presos provisórios, às pessoas privadas de liberdade em cumprimento de pena no regime fechado, semiaberto e aberto.

Compreende-se que como um dos objetivos do PNAT é "estimular a oferta de vagas de trabalho para pessoas presas em regime fechado, semiaberto e aberto e egressas do sistema prisional" e "integrar os órgãos responsáveis pelo fomento ao trabalho e pela execução penal com as entidades responsáveis pela oferta de vagas de trabalho" a Administração Pública pode efetivamente contribuir para essa política pública, inclusive dando exemplo de oportunidade.

No referido Decreto, um dispositivo praticamente não teve aplicação. De fato, o art. 5º ordenava que "Na contratação de serviços, inclusive os de engenharia, com valor anual acima de R$ 330.000,00 (trezentos e trinta mil reais), os órgãos e entidades da administração pública federal direta, autárquica e fundacional deverão exigir da contratada o emprego de mão de obra formada por pessoas presas ou egressos do sistema prisional, nos termos disposto no § 5º do art. 40 da Lei nº 8.666, de 21 de junho de 1993." É provável que agora, com a nova lei, tenha possibilidade de aplicação.

Para operacionalizar essa regra, o Decreto também determinava que no edital, como requisito de habilitação jurídica, fosse exigida a apresentação de declaração do licitante de que, caso seja vencedor, contratará pessoas presas ou egressos do sistema prisional. Em termos práticos, o órgão responsável deveria emitir declaração de que dispõe de pessoas presas aptas à execução de trabalho externo.

25.22. Recomendações práticas – impessoalidade – sigilo

Dar efetividade a esses comandos do § 9º do art. 25 exige cautela e parcimônia.

A execução dessas políticas públicas exige do executor promover a sensibilização e conscientização da sociedade e dos órgãos públicos.

25.22.1. Sensibilização e conscientização

O primeiro ponto é a necessidade de equilíbrio na determinação da relação entre beneficiários e não-beneficiários, ou em outras palavras não se pode deixar de agravar o desemprego de pessoas com formação e bons antecedentes para prestigiar o egresso do sistema prisional em proporção desarrazoada, pois será difícil explicar aos que estão desempregados que a política pública está tomando vagas.

Portanto, diante de resistências devem os encarregados da política pública estarem convencidos e saberem convencer os valores envolvidos. Esclarecer que sem a ressocialização das mulheres vítimas de violência doméstica e sem a ressocialização da pessoa presa e do egresso do sistema prisional, esses agravarão as demandas por recursos públicos ainda mais. Portanto, no sucesso dessas políticas públicas, além do valor humanitário está a desoneração dos encargos de todos. O idealismo de uma sociedade mais justa, fraterna e solidária reverte para a própria sociedade.

Em segundo, na execução dessas políticas não pode haver segregação. Note que isso ocorre se for formada uma unidade só com pessoas vítimas de violência ou pessoas presas, pois não haverá ressocialização.

Por isso, nãos se recomenda a identificação diferenciada das pessoas amparadas por essas políticas públicas. Como regra a identificação cessa na área de recursos humanos, apenas para fins de controle.

25.22.2. Vítimas de violência doméstica

Nada obstante o exposto no parágrafo precedente, há necessidade de cautelas.

A disposição de assegurar a independência financeira, em favor da vítima de violência doméstica exige ainda maiores cuidados, implica conhecer os detalhes da situação pretérita, pois o agressor poderá voltar em busca da vítima.

Nessa situação, tanto as instalações, com identificação de acesso e informação à recepção de vedação de acesso mediante o depósito dos dados de registro do possível agressor na recepção devem se fazer com extrema discrição, em relação á vítima.

25.22.3. Presos e egressos do sistema prisional

A ressocialização implica o dever de tratamento igual, integrar à sociedade. No caso específico de presos e egressos do sistema prisional as instituições ocupadas de fazerem a ocupação de vagas costumam permitir ao profissional de recursos humanos o conhecimento do crime pretérito, inclusive permite que a instituição faça a triagem. Um exemplo de cautela é evitar que os que cometeram crimes violentos contra menores, corrupção de menores etc. sejam lotados em setor com menor aprendiz. O dever de acreditar na ressocialização não pode ultrapassar o limite da responsabilidade.

25.22.4. Estímulo à capacitação

Na área de recrutamento das empresas que forem contratadas pela Administração Pública e dos órgãos públicos deve-se considerar que o fomento à responsabilidade social empresarial pode inclusive estimular a capacitação continuada dos servidores que atuam no sistema prisional quanto às especificidades e à importância da atividade laborativa no sistema prisional e das mulheres vítimas de violência doméstica.

Essa ação é necessária a adequada formação profissional, pois consegue evitar exageros de comportamentos como "piedade", externar publicamente declaração de "compaixão" ou severidade, como pretensão de rigor disciplinar para "ajustar" celeremente o comportamento social.

26. Art. 26, caput, inc. I, II

> Art. 26. No processo de licitação, poderá ser estabelecida margem de preferência para:
>
> I - bens manufaturados e serviços nacionais que atendam a normas técnicas brasileiras;
>
> II - bens reciclados, recicláveis ou biodegradáveis, conforme regulamento.

Dispositivos correspondentes na Lei nº 8.666/1993:

Art. 3º. A licitação destina-se a garantir a observância do princípio constitucional da isonomia, a seleção da proposta mais vantajosa para a administração e a promoção do desenvolvimento nacional sustentável e será processada e julgada em estrita conformidade com os princípios básicos da legalidade, da impessoalidade, da moralidade, da igualdade, da publicidade, da probidade administrativa, da vinculação ao instrumento convocatório, do julgamento objetivo e dos que lhes são correlatos. (Redação dada pela Lei nº 12.349/2010) [...]

§ 4º (Vetado). (Incluído pela Lei nº 8.883/1994)

§ 5º Nos processos de licitação, poderá ser estabelecida margem de preferência para: (Redação dada pela Lei nº 13.146/2015)

I - produtos manufaturados e para serviços nacionais que atendam a normas técnicas brasileiras; e (Incluído pela Lei nº 13.146/2015) [...]

Art. 38. Nos processos de contratação abrangidos por esta Lei, aplicam-se as preferências para fornecedores ou tipos de bens, serviços e obras previstos na legislação, em especial as referidas:

Art. 52. Nas licitações de âmbito internacional, o edital deverá ajustar-se às diretrizes da política monetária e do comércio exterior e atender às exigências dos órgãos competentes.

§ 6º Observados os termos desta Lei, o edital não poderá prever condições de habilitação, classificação e julgamento que constituam barreiras de acesso ao licitante estrangeiro, admitida a previsão de **margem de preferência** para bens produzidos no País e serviços nacionais que atendam às normas técnicas brasileiras, na forma definida no art. 26 desta Lei.

26.1 Direito de preferência na Constituição Federal

A Constituição Federal declara no seu primeiro artigo que o Brasil se constitui em Estado Democrático de Direito e tem como um dos cinco fundamentos, os valores sociais do trabalho e da livre iniciativa, fato que implica na mínima interferência do estado na economia. Ou pelo menos mínima cautela.

Ao lado desse dispositivo o art. 3º, da Constituição Federal, enumera outros pertinentes fundamentos: garantir o desenvolvimento nacional e reduzir as desigualdades sociais e regionais. Pela mesma Constituição o desenvolvimento de políticas públicas não pode se sobrepor ao dever de reserva legal, significando isso que, para definir margem de preferência em licitação, somente lei federal poderá estabelecer preferência. Não sendo estabelecida em lei, outras normas de hierarquia inferior à lei, mesmo que oriundas da União, não são constitucionais. Pode, no entanto, a lei federal definir que o decreto estabelecerá percentuais de preferência e outros detalhes operacionais. O Supremo Tribunal Federal tem entendimento nesse sentido.

Os decretos que criem margens de preferência devem ter prazo determinado e nicho específico, cabendo ao Executivo analisar estudos periódicos sobre os efeitos dessa margem de preferência em relação à política pública pretendida.

Os regulamentos editados hão de conter-se nas balizas da lei e definir como serão operacionalizados em cada caso. O balizamento existente se refere não só a produtos, como percentuais associados aos objetos para os quais a Administração Pública está disposta a pagar mais por preferência.

Essa preferência sinaliza em dois sentidos: o ganho social imediato e o ganho econômico a longo prazo. Exemplificando, no livro, já esgotado, Lixo – limpeza pública urbana[361], editado antes do marco regulatório legal, demonstrou-se em estudo que o zelo pela limpeza e adequado tratamento de lixo implica em ganhos econômicos de ordem sanitária, estética e melhor aproveitamento do espaço urbano. Ganhos que se potencializam com o tempo, para os quais a despesa pública se justifica. Esse é o sentido jurídico e filosófico que podem levar a um dispêndio maior em favor da atual e futura gerações.

26.1.1. Direito de preferência nas licitações internacionais

Reforçando a ideia de que o direito de preferência deve ser limitado, o art. 52, determina que as licitações de âmbito internacional podem ser admitidas a previsão de margem de preferência para bens produzidos no País e serviços nacionais que atendam às normas técnicas brasileiras, na forma definida no art. 26 desta Lei.

O Brasil vem tentando adesão a OCDE, pois representaria abrir para o empresário brasileiro um mercado estimado em 3 trilhões de dólares. Ocorre que se apresenta como um obstáculo o fato de o Brasil ter preferências ou barreiras para estrangeiros já que para comércio exterior se pressupõe uma reciprocidade.

O Instituto Protege em estudo patrocinado pelo Banco Interamericano de Desenvolvimento – BID, com a coordenação destes autores para avaliou os entraves do Brasil a GPA da OCDE.

No referido estudo verificou-se que o Brasil tem poucas restrições ao comércio exterior nos moldes da OCDE e os outros países, com mais restrições, participam da OCDE fazendo ressalvas à determinadas condições.

26.1.2. O ideário do direito de preferência – custo e vantagem indiretos

Não é constitucional permitir que uma pretensão de executar uma política pública favorece determinado grupo econômico, num regime republicano. É

---

[361] FERNANDES, Jorge Ulisses Jacoby. Lixo: limpeza pública urbana; Gestão de resíduos sólidos sob o enfoque do direito administrativo. Belo Horizonte: Del Rey, 2001.

constitucional, no entanto, que Administração Pública dê preferência para um setor ou empresa – quando esse setor ou empresa investe recursos humanos, tecnologia e materiais para dar sua contribuição para o sucesso de uma política pública, como por exemplo desenvolver tecnologia em solo nacional.

26.1.3. Controle do fato gerador do direito de preferência.

É óbvio que para a efetividade desse pagamento a maior reverter em prol do interesse público de curto e longo prazo – por isso mesmo denominado de política pública de Estado, deve-se ter:

a) adequada motivação para sua implantação e, posteriormente, controle de resultados, definindo correlação econômica e social; e

b) fiscalização da efetiva implementação pelo contratado.

O primeiro tema foi objeto de determinação ao TCU aos órgãos regulamentares federais, em decisão específica.[362]

O segundo ficará a cargo da Administração Pública, por meio do seu Agente de Contratação. De fato, deve ser inserida na matriz de risco, quando for o caso de contratação com amparo em direito de preferência, o fato de o contratado deixar de implementar os fatores do direito de preferência. O acompanhamento e a fiscalização podem ser feitos por meio documental ou presencial, devendo ser notado que em algumas normas que instituem o direito de preferência já definem como como será fiscalizado, situação em que, por força da lei deve o fiscal do contrato ou Agente de Contratação manter relações com o órgão fiscalizador para dele colher relatórios sobre a execução dos fatos geradores do direito de preferência ou pedir que fiscalizem.

26.2 Normas de outros entes federativos – constitucionalidade

É possível a outros entes da federação regulamentar o tema? A resposta é afirmativa, pois as políticas públicas definidas como responsabilidade de todos os entes da federação implicam necessariamente no direito de instrumentalizar essas políticas. A questão, porém, não é simples e há divergência na doutrina e entre os que decidem sobre o tema.

---

[362] BRASIL. Tribunal de Contas da União. Processo TC nº 032.230/2011-7. Acórdão nº 1.317/2013 – Plenário. Relator: Ministro Aroldo Cedraz. **Diário Oficial da União**, Brasília, DF, 29 maio 2013.

26.2.1. Inaplicabilidade de precedentes – regime federativo

Sustenta o monopólio da União para editar normas sobre direito de preferência nas licitações, Marçal Justen Filho, que em precisa síntese do seu pensamento expõe: "A competência regulamentar da União destina-se a evitar a proliferação de regulamentações de conteúdo heterogêneo, consagrando pressupostos diversos e propiciando o comprometimento do tratamento isonômico entre os nacionais." O eminente autor sustenta que o TCU, em decisão de Plenário, considerou ilegal definir margem de preferência em licitação sem "previa regulamentação via decreto do poder Executivo Federal".[363]

Com as vênias de estilo, é possível nova interpretação à luz do próprio art. 27, pois, apenas em duas situações indica que somente por regulamento federal pode-se definir margem de preferência:

a) no § 1º, do art. 27, quando exige "decisão fundamentada do Poder Executivo Federal, no caso do inciso I do caput deste artigo", que trata de "bens manufaturados e serviços nacionais que atendam a normas técnicas brasileiras"; e

b) no § 2º, quando trata de desenvolvimento e inovação tecnológica no País, definidos conforme regulamento do Poder Executivo Federal.

A perspectiva atual é diferente, pois tudo indica que o judiciário pode decidir o tema de modo diferente, se for demandado, a partir de conflitos sobre margem de preferência agora regulamentados na Lei nº 14.133/2021. Essa perspectiva decorre de uma recente e ainda incipiente visão do regime federalista pelos novos integrantes da Suprema Corte, fato que indica uma evolução do tema.[364] Há políticas públicas, aliás a maioria delas, que a Constituição distribuiu competências para todos os entes federados. Um exemplo ocorre na Amazônia em que estão produzindo "biojóias" com sementes catadas do chão, preservando a floresta[365]. Outro foi de uma

---

[363] BRASIL. Tribunal de Contas da União. Processo TC nº 032.230/2011-7. Acórdão nº 1.317/2013 – Plenário. Relator: Ministro Aroldo Cedraz. **Diário Oficial da União**, Brasília, DF, 29 maio 2013.

[364] JUSTEN FILHO, Marçal. Comentários à Lei de Licitações e Contratações Administrativas: Lei 14.133/2021. São Paulo: Thomson Reuters Brasil, 2021, p. 427.

[365] As sementes florestais brasileiras são produtos florestais não madeireiros muito utilizados na produção de artesanato, principalmente na confecção de biojóias, sendo que, nos últimos anos esse tipo de produto passou a ser disponibilizado em websites, na internet. Desta forma, o objetivo desta pesquisa é realizar o levantamento do perfil do comércio virtual de biojóias, de modo a subsidiar os empreendedores do setor, incluindo-se potenciais empresas, artesãos, associações e cooperativas, para a elaboração de plano de negócios. Foram realizadas pesquisas, nos anos de 2013 e primeiro trimestre de 2014, em websites da rede mundial de computadores, utilizando-se de artigos, livros e outros materiais científicos referentes ao comércio e às biojóias, de modo geral. Fonte: https://www.florestal.gov.br/documentos/informacoes-florestais/premio-sfb/ii-premio/monografias-ii-premio/graduando-1/576-ganhador-1-lugar-graduando-monografia/file. Trabalho premiado em primeiro lugar de autoria de Nayra Davi Gondim.

Fundação que passou a produzir adornos de madeira catada do chão também. Alguns estados e municípios inclusive compram presentes para fins de representação institucional desses produtores, havendo espaço para definir preferência pelos insumos, pela produção e pela localização do produtor. Seria uma margem juridicamente compatível com o ideário da Constituição Federal de que a sustentabilidade ambiental compete a todos nós, inclusive a todos os entes da federação.

Por segurança, recomenda-se apenas a edição de regulamento com a finalidade de complementar os dispositivos de lei federal, inovando nos casos de peculiaridades regionais específicas, onde a política pública pode trazer outra visão. Esse complemento pode ser feito por lei local, decreto ou até mesmo por regra do próprio edital, vez que esse também tem a função regulamentar.

26.2.2. Razões de veto ao § 3º e § 4º do art. 27

Juridicamente, poder-se-ia desprezar discutir norma vetada, mas é inevitável que as razões do veto possam ser indevidamente utilizadas como argumento para sustentar tal ou qual tese. Só por amor ao debate, analisa-se o tema.

Ao ensejo poder-se-ia argumentar com as razões do veto aos § 3º e 4º do art. 27, que permitiriam margens diferenciadas de preferência. O § 3º permitiria que os Estados e o Distrito Federal poderiam "estabelecer margem de preferência de até 10% (dez por cento) para bens manufaturados nacionais produzidos em seus territórios, e os Municípios poderão estabelecer margem de preferência de até 10% (dez por cento) para bens manufaturados nacionais produzidos nos Estados em que estejam situados.". Já o § 4º, permitiria aos Municípios "com até 50.000 (cinquenta mil) habitantes poderão estabelecer margem de preferência de até 10% (dez por cento) para empresas neles sediadas."

As razões de veto, pretensa violação à isonomia, não se justificam, pois o mesmo argumento poderia ser aplicado a todos os casos e o inc. III do art. 19 que foi citado nas razões do veto, apenas se refere à vedação à guerra fiscal entre unidades federadas. Conceder margem de preferência em suas próprias licitações não gera "guerra fiscal". Haveria, sim risco, de favorecer em licitações federais, entes com sede localizadas em municípios e estados diferentes.

Por oportuno, recomenda-se consulte nesta obra os comentários ao art. 6º, inc. XXXVII, que trata da definição legal de produto manufaturado nacional.

26.3. Objetos que podem ser licitados com margem de preferência

Como regra, a Lei nº 14.133/2021, no art. 9º, veda ao Agente de Contratação admitir, prever, incluir ou tolerar, nos atos que praticar, situações que estabeleçam preferências ou tratamentos diferenciados:

a) em razão da naturalidade, da sede ou do domicílio dos licitantes;

b) de natureza comercial, legal, trabalhista, previdenciária ou qualquer outra entre empresas brasileiras e estrangeiras, inclusive no que se refere a moeda, modalidade e local de pagamento, mesmo quando envolvido financiamento de agência internacional; e

c) inclusão de restrições que "sejam impertinentes ou irrelevantes para o objeto específico do contrato".

Se o processo licitatório fosse apenas para selecionar a proposta mais vantajosa sob o valor da moeda, considerada exclusivamente, seria mais simples. Ocorre que o Brasil, seguindo outros países, considera ser necessário ao poder público induzir o desenvolvimento econômico e por isso define políticas públicas, na própria Constituição Federal, e nas leis que regulamentam a Constituição, incidindo também em processos de licitação.

No art. 27 há objetos para os quais a lei faculta que o gestor público, exerça o poder discricionário de estabelecer preferência, a saber:

a) bens manufaturados e serviços nacionais que atendam a normas técnicas brasileiras;[366]

b) bens reciclados, recicláveis ou biodegradáveis, conforme regulamento;

c) bens manufaturados e serviços originários de Estados Partes do Mercado Comum do Sul (Mercosul), desde que haja reciprocidade com o País prevista em acordo internacional aprovado pelo Congresso Nacional e ratificado pelo Presidente da República; e

d) implantação, manutenção e aperfeiçoamento dos sistemas de tecnologia de informação e comunicação considerados estratégicos em ato do Poder Executivo federal, a licitação poderá ser restrita a bens e serviços com tecnologia desenvolvida no País produzidos de acordo com o processo produtivo básico de que trata a Lei nº 10.176, de 11 de janeiro de 2001.

A leitura do § 6º traz, porém, uma justificável e aparente dúvida, se está diante de outro tipo de situação, em que haverá direito de preferência ou se há uma

---

[366] Recomenda-se consultar nossos comentários ao art. 6º, inc. XXXVII, que trata da definição legal de produto manufaturado nacional.

permissão de inserir regra no edital, que permitirá ao licitante embutir em preço do produto, compensação sem valor direto.

Art. 26, § 1º, inc. I, II, III

> Art. 26. No processo de licitação, poderá ser estabelecida margem de preferência para: [...]
>
> § 1º A margem de preferência de que trata o *caput* deste artigo:
>
> I - será definida em decisão fundamentada do Poder Executivo federal, no caso do inciso I do *caput* deste artigo;
>
> II - poderá ser de até 10% (dez por cento) sobre o preço dos bens e serviços que não se enquadrem no disposto nos incisos I ou II do *caput* deste artigo;
>
> III - poderá ser estendida a bens manufaturados e serviços originários de Estados Partes do Mercado Comum do Sul (Mercosul), desde que haja reciprocidade com o País prevista em acordo internacional aprovado pelo Congresso Nacional e ratificado pelo Presidente da República.

Dispositivos correspondentes na Lei nº 8.666/1993:

Art. 3º. A licitação destina-se a garantir a observância do princípio constitucional da isonomia, a seleção da proposta mais vantajosa para a administração e a promoção do desenvolvimento nacional sustentável e será processada e julgada em estrita conformidade com os princípios básicos da legalidade, da impessoalidade, da moralidade, da igualdade, da publicidade, da probidade administrativa, da vinculação ao instrumento convocatório, do julgamento objetivo e dos que lhes são correlatos. (Redação dada pela Lei nº 12.349/2010).

§ 8º As margens de preferência por produto, serviço, grupo de produtos ou grupo de serviços, a que se referem os §§ 5º e 7º, serão definidas pelo Poder Executivo federal, não podendo a soma delas ultrapassar o montante de 25% (vinte e cinco por cento) sobre o preço dos produtos manufaturados e serviços estrangeiros. (Incluído pela Lei nº 12.349/2010) (Vide Decreto nº 7.546/2011) [...]

§ 10 A margem de preferência a que se refere o § 5º poderá ser estendida, total ou parcialmente, aos bens e serviços originários dos Estados Partes do Mercado Comum do Sul - Mercosul. (Incluído pela Lei nº 12.349/2010) (Vide Decreto nº 7.546/2011)

26.4. Margem de preferência – percentuais máximos

Observado o que foi exposto no subtítulo anterior "Normas de outros entes federados", o § 1º assenta três regras gerais sobre a margem de preferência de que trata o caput deste artigo. Nessas três, o Agente de Contratação no julgamento da proposta acrescerá o valor da margem de preferência prevista ao da proposta mais vantajosa, se essa não for já detentora do direito de preferência. Se a classificada em primeiro lugar for detentora, é declarada vencedora. Se não for, outra empresa que atenda ao fato gerador da preferência, e que esteja no intervalo será declarada vencedora.

Esclarecido esse procedimento, a primeira regra posta no caput define a competência para decidir sobre a margem de preferência aplicável aos bens manufaturados[367] e serviços nacionais que atendam a normas técnicas brasileiras. A competência conforme expressa o inc. I do § 1º, será definida em decisão fundamentada do Poder Executivo Federal. Determina a lei decisão, mas não indica o veículo que transmite essa decisão; também não define se é do Chefe do Poder Executivo. Esses dois fatos – decisão e sem indicar a norma infralegal, permite ampla delegação, podendo até ser regulada por Portaria de Ministro de Estado da respectiva pasta, ou resolução de algum colegiado.

A segunda, que está prevista no inc. II do § 1º, define o limite máximo da margem de preferência, que pode incidir nos objetos aos quais seja dada margem de preferência, mas não se enquadrem nas hipóteses do inc. I e do inc. II do caput do artigo 27.

Para compreender, portanto, o limite de margem de preferência, pode-se resumir da seguinte forma:

a) casos do inciso I do caput do art. 27 - bens manufaturados e serviços nacionais que atendam a normas técnicas brasileiras, serão definidos em decisão do poder executivo federal; a lei não limitou a margem;

b) casos do inciso II do caput do art. 27 - bens reciclados, recicláveis ou biodegradáveis, será decidido "conforme regulamento" o que significa, por se tratar de norma de direito ambiental, a possível distribuição de competências entre as unidades federadas, a partir da leitura do art. 5º, inc. LXXIII, e art. 23, inc. VI da Constituição Federal. Neste caso, a lei não limitou a margem de preferência. Note que no caso de licitação internacional, não podem as leis estaduais, distritais e municipais estenderem o direito de preferência ou fixar margem para outras hipóteses fora do art. 26, porque a própria Lei nº 14.133/2021 veda no art. 52, § 6º;

c) casos do § 2º - bens manufaturados nacionais e serviços nacionais resultantes de **desenvolvimento e inovação tecnológica** no país, definidos conforme regulamento do Poder Executivo Federal, a margem de preferência será de até 20% (vinte por cento); e

d) no caso do inc. III do § 1º - bens manufaturados e serviços originários de Estados Partes do Mercado Comum do Sul (Mercosul), desde que haja reciprocidade com o País prevista em acordo internacional aprovado pelo Congresso Nacional e ratificado pelo Presidente da República, a lei não

---

[367] Recomenda-se consultar nesta obra, os comentários ao art. 6º, inc. XXXVII, que trata da definição legal de produto manufaturado nacional.

definiu o limite da margem de preferência, pois o inc. II do § 1º somente se refere aos casos dos incisos I e II do caput do artigo.

Art. 26, § 2º

> Art. 26. No processo de licitação, poderá ser estabelecida margem de preferência para: [...]
>
> § 2º Para os bens manufaturados nacionais e serviços nacionais resultantes de desenvolvimento e inovação tecnológica no País, definidos conforme regulamento do Poder Executivo federal, a margem de preferência a que se refere o *caput* deste artigo poderá ser de até 20% (vinte por cento).
>
> § 3º (VETADO).
>
> § 4º (VETADO).

Dispositivos correspondentes na Lei nº 8.666/1993: com a redação dada pela Lei nº 12.349, de 15 de dezembro de 2010:

Art. 3º. A licitação destina-se a garantir a observância do princípio constitucional da isonomia, a seleção da proposta mais vantajosa para a administração e a promoção do desenvolvimento nacional sustentável e será processada e julgada em estrita conformidade com os princípios básicos da legalidade, da impessoalidade, da moralidade, da igualdade, da publicidade, da probidade administrativa, da vinculação ao instrumento convocatório, do julgamento objetivo e dos que lhes são correlatos. [...]

§ 6º. A margem de preferência de que trata o § 5º será estabelecida com base em estudos revistos periodicamente, em prazo não superior a 5 (cinco) anos, que levem em consideração: (Incluído pela Lei nº 12.349/2010) (Vide Decreto nº 7.546/2011) (Vide Decreto nº 7.709/2012) (Vide Decreto nº 7.713/2012) (Vide Decreto nº 7.756/2012) [...]

IV - custo adicional dos produtos e serviços; e (Incluído pela Lei nº 12.349/2010)

V - em suas revisões, análise retrospectiva de resultados. (Incluído pela Lei nº 12.349/2010)

§ 7º. Para os produtos manufaturados e serviços nacionais resultantes de desenvolvimento e inovação tecnológica realizados no País, poderá ser estabelecido margem de preferência adicional àquela prevista no § 5º. (Incluído pela Lei nº 12.349/2010) (Vide Decreto nº 7.546/2011)

Dispositivos vetados e razões do Veto nº 13/2021 (Nova Lei de Licitações):

§ 3º e § 4º do art. 26 - VETADOS

"§ 3º Os Estados e o Distrito Federal poderão estabelecer margem de preferência de até 10% (dez por cento) para bens manufaturados nacionais produzidos em seus territórios, e os Municípios poderão estabelecer margem de preferência de até 10% (dez por cento) para bens manufaturados nacionais produzidos nos Estados em que estejam situados.

§ 4º Os Municípios com até 50.000 (cinquenta mil) habitantes poderão estabelecer margem de preferência de até 10% (dez por cento) para empresas neles sediadas."

Razões dos vetos

"A propositura legislativa estabelece a possibilidade dos estados e municípios criarem margem de preferência para produtos produzidos em seu território.

Entretanto, viola a vedação de criação de distinção entre brasileiros ou preferências entre si, consoantes art. 19, III, da Constituição da República.

> Ademais, o dispositivo contraria o interesse público ao trazer percentual da margem de preferência a fornecedores sediados no Estado, Distrito Federal ou Município sendo um forte limitador da concorrência, em especial nas contratações de infraestrutura."

26.5 Desenvolvimento e inovação tecnológica no País

A redação pode ensejar dúvidas porque o qualificador "resultantes de desenvolvimento e inovação tecnológica no País" pode ter interpretação restrita a serviços nacionais.

A lei nesse ponto ao repetir redação anterior da Lei nº 12.349, de 15 de dezembro de 2010, que alterou a Lei nº 8.666/1993 não deixa dúvidas no sentido de que são dois objetos distintos, como o mesmo qualificador.

Em síntese o alargamento da margem de preferência se justifica. E esses investimentos não se confundem com os benefícios decorrentes da licitação. Ambos integram a política pública de desenvolvimento tecnológico brasileiro.

Investimentos nessa área fazem diferença e devem provir do setor público. Em notícia divulgada no prestigiado Diário do Comércio[368], segundo a Organização para a Cooperação e Desenvolvimento Econômico – OCDE os países membros tem investido em média 2% do Produto Interno Bruto. No índice Global de Inovação – IGI, o Brasil, apesar de ser a 9ª economia do mundo, ocupa a 62ª posição quando se trata de investimentos nessa área. No País, a média de investimentos era de 1,2% e em 2018, dos 7,2 bilhões de reais previstos no orçamento, apenas 400 milhões foram autorizados.

Além dos frequentes e indesejáveis cortes do orçamento, há outros motivos para o desalento dos entusiastas. Legislação complexa, riscos de interpretação, tendência à inação, falta de investimento em qualificação dos agentes públicos responsáveis pelo processo de licitação e contratação formam um cenário incompatível com a relevância do tema e a esperança no futuro.

A propósito deste tema, inovação, deve ser saudada a iniciativa do eminente jurista, doutor Luciano Reis, em sua notável obra[369]: "Compras Públicas Inovadoras".

Retornando ao tema, cabe aqui a importante observação do estimado jurista Marçal Justen Filho[370]: "Viola a constituição a invocação do interesse nacional ou

---

[368] BRASIL. Diário do Comércio. Organização para a Cooperação e Desenvolvimento Econômico (OCDE). Disponível em https://diariodocomercio.com.br/tags/organizacao-para-a-cooperacao-e-desenvolvimento-economico-ocde/page/2/#gref. Acesso em 18 de março de 2022.
[369] REIS, Luciano Elias. Compras Públicas Inovadoras. Belo Horizonte: Fórum, 2022.
[370] JUSTEN FILHO, Marçal. Comentários à Lei de Licitações e Contratações Administrativas: Lei 14.133/2021. São Paulo: Thomson Reuters Brasil, 2021.

da proteção do meio ambiente como fundamento para produzir contratações desastrosas para os cofres públicos."

Note que embora a lei permita a inserção de margem de preferência, o objeto vem detalhado no regulamento do Poder Executivo Federal, que está encarregado de proceder ao adequado equilíbrio entre pagar a mais e ter retorno para o desenvolvimento da tecnologia, em solo nacional, em um tempo estimado. O tema como já referido nos comentários deste artigo já mereceu recomendação de acompanhamento pelo TCU.

Art. 26, § 5º, inc. I e inc. II

> Art. 26. No processo de licitação, poderá ser estabelecida margem de preferência para: [...]
>
> § 5º A margem de preferência não se aplica aos bens manufaturados nacionais e aos serviços nacionais se a capacidade de produção desses bens ou de prestação desses serviços no País for inferior:
>
> I - à quantidade a ser adquirida ou contratada; ou
>
> II - aos quantitativos fixados em razão do parcelamento do objeto, quando for o caso.

Dispositivos correspondentes na Lei nº 8.666/1993:

Art. 3º. A licitação destina-se a garantir a observância do princípio constitucional da isonomia, a seleção da proposta mais vantajosa para a administração e a promoção do desenvolvimento nacional sustentável e será processada e julgada em estrita conformidade com os princípios básicos da legalidade, da impessoalidade, da moralidade, da igualdade, da publicidade, da probidade administrativa, da vinculação ao instrumento convocatório, do julgamento objetivo e dos que lhes são correlatos. (Redação dada pela Lei nº 12.349/2010) [...]

§ 9º. As disposições contidas nos §§ 5º e 7º deste artigo não se aplicam aos bens e aos serviços cuja capacidade de produção ou prestação no País seja inferior: (Incluído pela Lei nº 12.349/2010) (Vide Decreto nº 7.546/2011)

I - à quantidade a ser adquirida ou contratada; ou (Incluído pela Lei nº 12.349/2010)

II - ao quantitativo fixado com fundamento no § 7º do art. 23 desta Lei, quando for o caso. (Incluído pela Lei nº 12.349/2010)

26.6 Vedação à aplicação de margem de preferência – incapacidade do mercado

O § 5º do art. 27 determina que não haverá poder discricionário para o uso da margem de preferência na contratação de bens manufaturados nacionais e aos serviços nacionais em determinada situação que deve ser antevista pelo Agente de Contratação.

Na dúvida deve a Administração Pública se estiver interessada no trabalho necessário para cumprir esse nobre ideário de desenvolvimento nacional e contribuir para a efetividade dessa política proceder a análise do mercado, seja comparando com outras licitações, seja pelos instrumentos de audiência e consulta pública, tratados no art. 21, comentado.

Não havendo essa antevisão do Agente de Contratação, o item poderá ser fracassado, isto é, não terá cotação pelo mercado.

Expressamente, mesmo tendo reconhecido ser poder discricionário, a lei esclarece que as situações previstas que desoneram o cumprimento da aplicação do direito de preferência, ocorrem diante da incapacidade de produção desses bens ou de prestação desses serviços no País, na quantidade exigida no edital. A lei ainda prevê no inciso II, que se a Administração Pública tiver parcelado o objeto, e mesmo assim o produtor ou prestador de serviço nacional não tiver capacidade de atender, a preferência não deverá ser prevista no edital.

Por isso não é desarrazoada a pretensão daqueles que pretendem recomendar a aplicação do direito de preferência.

26.7 Vedação à aplicação de margem de preferência em caso de empate - Lei nº 8.248/1991

Sobre o tema, importante observar que o direito de preferência previsto no art. 3º da Lei nº 8.248, de 23 de outubro de 1991, para o caso de empate e conciliado na Lei nº 8.666/1993 deixa de existir na Lei nº 14.133/2021. Esse entendimento é do jurista Marçal Justen Filho, porque a Lei nº 14.133/2021 tratou inteiramente do tema que estava na das preferências definindo com precisão e no art. 60 não mais previu esse fato como critério de desempate.[371] De fato, com razão o festejado autor, pois o novo Direito erigido pela Lei nº 14.133/2021 definiu o amplo espectro da licitação com participantes restritos e não mais o direito de preferência em caso de empate.

Art. 26, § 6º

> Art. 26. No processo de licitação, poderá ser estabelecida margem de preferência para: [...]
>
> § 6º Os editais de licitação para a contratação de bens, serviços e obras poderão, mediante prévia justificativa da autoridade competente, exigir que o contratado promova, em favor de órgão ou entidade integrante da Administração Pública ou

---

[371] JUSTEN FILHO, Marçal. **Comentários à Lei de Licitações e Contratações Administrativas: Lei 14.133/2021.** São Paulo: Thomson Reuters Brasil, 2021, p. 437 e 438.

> daqueles por ela indicados a partir de processo isonômico, medidas de compensação comercial, industrial ou tecnológica ou acesso a condições vantajosas de financiamento, cumulativamente ou não, na forma estabelecida pelo Poder Executivo federal.

> **Dispositivos correspondentes na Lei nº 8.666/1993:**
> **Art. 3º.** A licitação destina-se a garantir a observância do princípio constitucional da isonomia, a seleção da proposta mais vantajosa para a administração e a promoção do desenvolvimento nacional sustentável e será processada e julgada em estrita conformidade com os princípios básicos da legalidade, da impessoalidade, da moralidade, da igualdade, da publicidade, da probidade administrativa, da vinculação ao instrumento convocatório, do julgamento objetivo e dos que lhes são correlatos. (Redação dada pela Lei nº 12.349/2010) [...]
> **§ 11.** Os editais de licitação para a contratação de bens, serviços e obras poderão, mediante prévia justificativa da autoridade competente, exigir que o contratado promova, em favor de órgão ou entidade integrante da administração pública ou daqueles por ela indicados a partir de processo isonômico, medidas de compensação comercial, industrial, tecnológica ou acesso a condições vantajosas de financiamento, cumulativamente ou não, na forma estabelecida pelo Poder Executivo federal. (Incluído pela Lei nº 12.349/2010) (Vide Decreto nº 7.546/2011)

26.8 Medidas de compensação

O § 6º do art. 27 autoriza exigir medidas de compensação. Essas medidas são custos do contratado, mas não têm como beneficiário o contratante. Com muita propriedade, esclarece Marçal Justen Filho que se o destinatário da compensação for a própria Administração Pública contratante será parcela remuneratória e não compensação. Nas palavras do estimado jurista[372]:

> "A medida de compensação somente se configura quando a atividade adicional não puder ser considerada como integrante da prestação do objeto contratado. Assim, por exemplo, não se configura uma medida de compensação a exigência de que o vendedor entregue o objeto em local predeterminado pelo credor".

Exemplificando: no projeto Guarani de blindados terrestre do Exército brasileiro, havia uma compensação de qualificar profissionais para a manutenção pela própria fábrica. O item, mal explicado na planilha previa treinamento anual em cada região militar, parecendo à primeira vista exagerado. Na defesa feita nos autos, o fato, esclarecido foi compreendido como interesse do Exército qualificar a mão de obra de pessoal para mecânica pesada e devolver ao mercado profissionais em área carente de atuação profissional, além de melhorar a qualificação da" prontidão nacional".[373] Por isso, é um exemplo de compensação: a repetição do

---
[372] JUSTEN FILHO, Marçal. **Comentários à Lei de Licitações e Contratações Administrativas:** Lei 14.133/2021. São Paulo: Thomson Reuters Brasil, 2021.
[373] BRASIL. Tribunal de Contas da União. Processo TC nº 020.474/2017-2. Relator: Ministro-Substituto Marcos Bemquerer Costa.

treinamento tinha como destinatário o público jovem, sem qualificação e a vantagem nacional em sentido amplo. Diferente, portanto, de uma contratação de manutenção, que teria custo muito inferior se feita pelo próprio contratado. Pois, a curto prazo ensinar a fazer é mais caro do que fazer, notadamente em atividade complexa.

O § 6º ainda define que a competência para edição do regulamento é do Poder Executivo Federal e que para operacionalizar o direito de compensação, após a edição do regulamento, e, neste caso, não antes, a licitação deve merecer autorização específica da autoridade competente. Nessa situação, a autorização é específica para exigir a medida de compensação do futuro prestador de serviço ou fabricante do bem. É uma obrigação acessória, com custos previstos na proposta e cujo cumprimento irregular ou inadimplemento deve integrar a matriz de risco, como evento em separado.

A lei não esclarece quem é a autoridade competente, mas não é o Agente de Contratação porque esse é designado pela autoridade competente, conforme comentários feitos ao inc. LX do art. 6º. Logo quem designa o Agente de Contratação é a mesma autoridade competente para dar autorização para o uso de medidas compensatórias. A autorização deve integrar os autos do processo e estar motivada, como se exige em qualquer ato discricionário.

O beneficiário da compensação será órgão ou entidade integrante da Administração Pública. Se não integrar a Administração Pública haverá um processo isonômico para a seleção de quem será o beneficiário.

Art. 26, § 7º

Art. 26. No processo de licitação, poderá ser estabelecida margem de preferência para: [...]

§ 7º Nas contratações destinadas à implantação, à manutenção e ao aperfeiçoamento dos sistemas de tecnologia de informação e comunicação considerados estratégicos em ato do Poder Executivo federal, a licitação poderá ser restrita a bens e serviços com tecnologia desenvolvida no País produzidos de acordo com o processo produtivo básico de que trata a Lei nº 10.176, de 11 de janeiro de 2001.

Dispositivos correspondentes na Lei nº 8.666/1993:

Art. 3º. A licitação destina-se a garantir a observância do princípio constitucional da isonomia, a seleção da proposta mais vantajosa para a administração e a promoção do desenvolvimento nacional sustentável e será processada e julgada em estrita conformidade com os princípios básicos da legalidade, da impessoalidade, da moralidade, da igualdade, da publicidade, da probidade administrativa, da vinculação ao instrumento convocatório, do julgamento objetivo e dos que lhes são correlatos. (Redação dada pela Lei nº 12.349/2010) [...]

§ 12. Nas contratações destinadas à implantação, manutenção e ao aperfeiçoamento dos sistemas de tecnologia de informação e comunicação, considerados estratégicos em ato do Poder Executivo federal, a licitação poderá ser restrita a bens e serviços com tecnologia desenvolvida no País e produzidos de acordo com o processo produtivo básico de que trata a Lei nº 10.176, de 11 de janeiro de 2001. (Incluído pela Lei nº 12.349/2010) (Vide Decreto nº 7.546/2011)

26.9 Tecnologia de informação e comunicação estratégicos para o Brasil

O § 7º do art. 26 trata de contratação que o Brasil considera estratégica a contratação de serviços de comunicação e tecnologia da informação. Por isso pode haver restrição de que somente seja permitida a participação de produtores de bens e serviços com tecnologia desenvolvida no País produzidos de acordo com o processo produtivo básico de que trata a Lei nº 10.176, de 11 de janeiro de 2001. São duas exigências e cumulativas: desenvolver em solo nacional e de acordo com o Processo Produtivo Básico – PPB nacional.

26.10 Lei nº 8.248/1991 – art. 3º

A Lei nº 8.248/1991 teve vários de seus dispositivos alterados pela Lei nº 10.176, de 11 de janeiro de 2001. Um deles, o art. 3º que dispôs sobre o direito de preferência, em caso de empate, entre licitantes.

Sobre o tema, importante observar que o direito de preferência previsto genericamente no art. 3º da Lei nº 8.248, de 23 de outubro de 1991 e incorporado na Lei nº 8.666/1993 deixa de existir na Lei nº 14.133/2021. Esse entendimento é corroborado por Marçal Justen Filho, porque a Lei nº 14.133/2021 tratou inteiramente do tema que estava na das preferências definindo com precisão e no art. 60 não mais previu esse fato como critério de desempate.[374]

Com razão o festejado autor, pois o novo Direito erigido pela Lei nº 14.133/2021 definiu o amplo espectro da licitação com participantes restritos, por motivo de estratégia nacional, aos que aqui desenvolvem tecnologia e conforme o PPB nacional. Para essa estrita seara, estratégia nacional, a lei não mais previu o direito de preferência em caso de empate. Foi mais longe e definiu a licitação restrita.

É verdade que no amplo conjunto das licitações de tecnologia da informação e de comunicação essa previsão de empate acabava sendo pouco utilizada porque § 2º do art. 3º da Lei nº 8.248/1991, exigia "condições equivalentes de prazo de entrega, suporte de serviços, qualidade, padronização, compatibilidade e especificação de desempenho e preço."

---

[374] JUSTEN FILHO, Marçal. Comentários à Lei de Licitações e Contratações Administrativas: Lei 14.133/2021. São Paulo: Thomson Reuters Brasil, 2021, p. 437 e 438.

26.11 Contratação direta sem licitação

Após os comentários dessa faculdade dada pela lei para atribuir margem de preferência na aquisição de determinados objetos, podendo gerar contratação mais onerosa, em curto prazo, de até 20%, no processo licitatório cabe lembrar que há inúmeras situações em que é possível realizar a contratação de bens e serviços, sem licitação.

São essas tratadas no art. 75, como inexigibilidade de licitação, e no art. 74 como dispensa de licitação.

Há inclusive hipóteses em que há semelhança com os objetos aqui tratados como por exemplo no inc. V, do art. 75, que trata de licitação dispensável, para os seguintes objetos:

a) bens, serviços, alienações ou obras, nos termos de acordo internacional específico aprovado pelo Congresso Nacional, quando as condições ofertadas forem manifestamente vantajosas para a Administração;

b) [...]

c) produtos para pesquisa e desenvolvimento, limitada a contratação, no caso de obras e serviços de engenharia, ao valor de R$ 300.000,00 (trezentos mil reais);

d) transferência de tecnologia ou licenciamento de direito de uso ou de exploração de criação protegida, nas contratações realizadas por instituição científica, tecnológica e de inovação (ICT) pública ou por agência de fomento, desde que demonstrada vantagem para a Administração;

e) [...]

f) bens ou serviços produzidos ou prestados no País que envolvam, cumulativamente, alta complexidade tecnológica e defesa nacional; e

g) [...]

h) serviços especializados ou aquisição ou locação de equipamentos destinados ao rastreamento e à obtenção de provas previstas nos incisos II e V do caput do art. 3º da Lei nº 12.850, de 2 de agosto de 2013, quando houver necessidade justificada de manutenção de sigilo sobre a investigação.

Além desses muitos outros podem ser enquadrados na contratação direta por inexigibilidade. O art. 26 tem a utilidade de servir de parâmetros, pós fixado à convocação, para o processo decisório. De fato, muitos dos direitos de preferência podem ser invocados com motivação para a autoridade escolher a melhor proposta apresentada, quando tiver convocado mais de um proponente.

Na contratação direta, o critério de seleção pode ser estabelecido após a apresentação da proposta.

27. Art. 27, caput

> Art. 27. Será divulgada em sítio eletrônico oficial, a cada exercício financeiro, a relação de empresas favorecidas em decorrência do disposto no art. 26 desta Lei, com indicação do volume de recursos destinados a cada uma delas.

Dispositivos correspondentes na Lei nº 8.666/1993:

Art.3º. A licitação destina-se a garantir a observância do princípio constitucional da isonomia, a seleção da proposta mais vantajosa para a administração e a promoção do desenvolvimento nacional sustentável e será processada e julgada em estrita conformidade com os princípios básicos da legalidade, da impessoalidade, da moralidade, da igualdade, da publicidade, da probidade administrativa, da vinculação ao instrumento convocatório, do julgamento objetivo e dos que lhes são correlatos. (Redação dada pela Lei nº 12.349/2010) [...]

§ 13. Será divulgada na internet, a cada exercício financeiro, a relação de empresas favorecidas em decorrência do disposto nos §§ 5º, 7º, 10, 11 e 12 deste artigo, com indicação do volume de recursos destinados a cada uma delas. (Incluído pela Lei nº 12.349/2010)

Dispositivos pertinentes na Lei nº 14.133/2021, além do art. 27:

Art. 174. É criado o Portal Nacional de Contratações Públicas (PNCP), sítio eletrônico oficial destinado à:

I - divulgação centralizada e obrigatória dos atos exigidos por esta Lei;

27.1. Divulgação da relação de empresas favorecidas

A redação anterior inserida na Lei nº 8.666/1993 pela Lei nº 12.349/2010 permaneceu praticamente inalterada.

Sobre a definição legal de sítio eletrônico oficial, consulte nesta obra os comentários ao art. 6º, inc. LII.

A regra na licitação e nos contratos públicos é a publicidade e transparência, nos termos do art. 5º da lei. Essa não foi dispensada na aplicação da margem de preferência. O art. 27 ordena a publicação dos beneficiários das políticas públicas referidas no art. 26, observe que não é condicionante a validade da contratação, mas objetiva exclusivamente a publicidade.

Essa publicidade auxilia o Agente da Contratação que passa a conhecer previamente o destinatário ou grupo de destinatários do benefício decorrente de sua decisão de incluir margem de preferência. Não se considera incluída nesse rol as empresas das quais forem exigidas compensações, porque o termo "favorecidas" não se aplica ao caso tratado no art. 26, § 6º, como compensação.

Com essa publicidade específica a norma também garante o controle social em área sensível ao desenvolvimento nacional.

Vale relembrar que, concomitantemente à divulgação em sítio eletrônico oficial contida no art. 27, caput, deverá ser observado o disposto no art. 174, I, que delineia acerca do Portal Nacional de Contratações Públicas (PNCP) e explicita que uma das funções desse sítio eletrônico oficial é a divulgação centralizada e obrigatória dos atos exigidos por esta Lei. Assim, a observância é medida a ser adotada pela Administração Pública.

Seção II – Das Modalidades de Licitação

28. Art. 28, caput, inc. I, II, III, IV, V, §§ 1º, 2º

Art. 28. São modalidades de licitação:

I - pregão;

II - concorrência;

III - concurso;

IV - leilão;

V - diálogo competitivo.

§ 1º Além das modalidades referidas no *caput* deste artigo, a Administração pode servir-se dos procedimentos auxiliares previstos no art. 78 desta Lei.

§ 2º É vedada a criação de outras modalidades de licitação ou, ainda, a combinação daquelas referidas no *caput* deste artigo.

Dispositivos correspondentes na Lei nº 8.666/1993:

Art. 22. São modalidades de licitação:

I - concorrência;

II - tomada de preços;

III - convite;

IV - concurso;

V - leilão. [...]

§ 6º Na hipótese do § 3º deste artigo, existindo na praça mais de 3 (três) possíveis interessados, a cada novo convite, realizado para objeto idêntico ou assemelhado, é obrigatório o convite a, no mínimo, mais um interessado, enquanto existirem cadastrados não convidados nas últimas licitações. (Redação dada pela Lei nº 8.883/1994)

§ 7º Quando, por limitações do mercado ou manifesto desinteresse dos convidados, for impossível a obtenção do número mínimo de licitantes exigidos no § 3º deste artigo, essas circunstâncias deverão ser devidamente justificadas no processo, sob pena de repetição do convite.

§ 8º É vedada a criação de outras modalidades de licitação ou a combinação das referidas neste artigo.

28.1. Modalidades licitatórias

As modalidades de licitação são tipos distintos de se alcançar os objetivos da LLCA e caracterizam-se, em regra, pela distinção dos procedimentos administrativos, por meio do qual a Administração Pública, garantindo a isonomia, busca a proposta mais vantajosa.

A LLCA traz importantes modificações nas modalidades de licitação ao excluir a tomada de preços e o convite, incorporar o pregão e criar a modalidade do diálogo competitivo.

A retirada da tomada de preços e do convite deve-se às diversas críticas ao mal uso dessas modalidades, sendo vistas como permissivas à fraude em licitações.

O convite permite à Administração escolher e convidar três interessados para apresentarem propostas. Além de críticas a isonomia e a transparência na seleção dos convidados, existem discussões sobre a forma correta de proceder caso algum dos convidados não apresente proposta ou, não raras vezes, os órgãos de controle[375] determinavam que deveria ser permitida a participação de outros interessados.

Já na tomada de preços, cujo principal intuito era o cadastramento prévio[376] no órgão licitante e a celeridade, a própria Lei nº 8.666 em seu art. 22 §2º admite a participação de não cadastrados – isto é, a celeridade pretendida pela lei não se confirmou, ao passo que a exigência do cadastro específico foi vista como um desestímulo à participação.

Com o claro intuito de assegurar uma maior competição e transparência, corretamente, essas modalidades foram abolidas. Isso significa que, a partir da revogação da Lei nº 8.666/1993 não mais serão permitidas novas licitações nas modalidades convite e tomada de preços.

Nos quadros a seguir apresenta-se o percentual despendido por modalidade, antes da existência do pregão, no ano de 2.000 e depois dessa modalidade observa-se o crescimento com o uso do pregão eletrônico. Também fica evidenciado o crescimento da contratação direta sem licitação.

Ano de 2000[377]

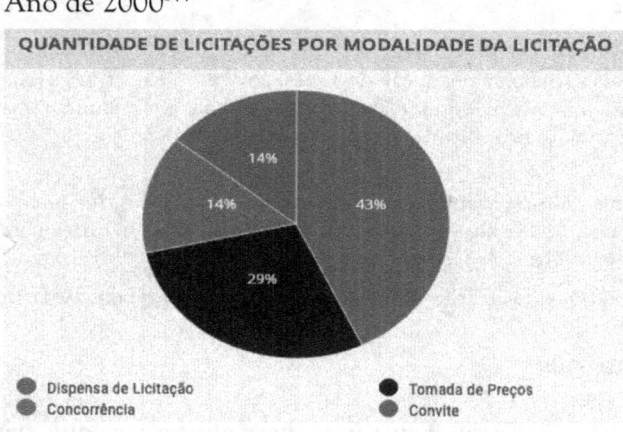

---

[375] Vide: TCU. Acordão nº 95/2008 – Plenário.

[376] Marçal Justen Filho chama atenção para o interessante fato de que no art. 87 §3º da LLCA, o legislador autoriza que a participação em licitações seja restrita apenas aos interessados que se encontrem cadastrados. Essa autorização implica uma solução similar à tomada de preços do art. 22, § 2.0, da Lei 8.666/1993, fazendo a ressalva de que na LLCA trata-se de cadastro unificado nacional, concepção muito distinta da previsão cadastral da Lei 8.666/1993- em que cada órgão ou unidade administrativa manteria um cadastro próprio.in p. 441.

[377] Portal da Transparência. Disponível em: <https://www.portaltransparencia.gov.br/url/782c3ba1>.

Ano de 2010[378]

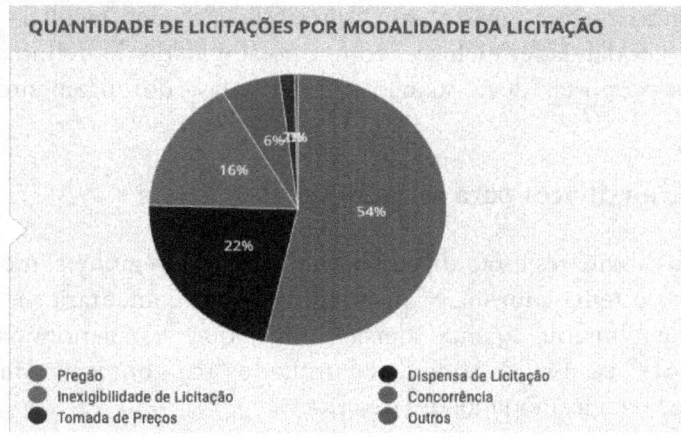

Ano de 2021[379]

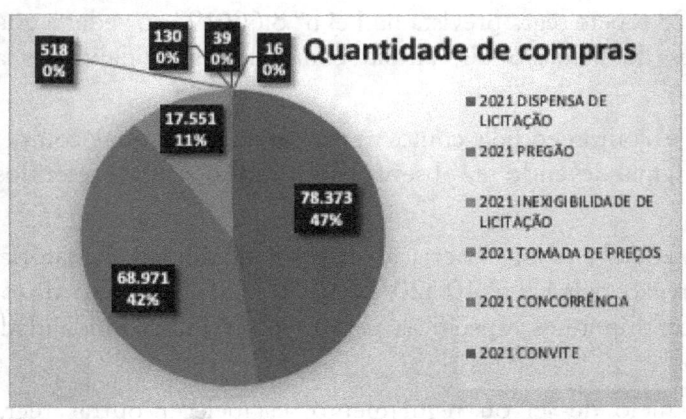

Pela Lei nº 8.666/1993 o critério para definição da modalidade pela Administração era, essencialmente, o valor estimado da contratação. Agora, o que as diferenciam é a natureza do objeto a ser licitado e a percepção pela Administração dos procedimentos necessários dada a complexidade deste objeto, tema que será abordado ao tratar de cada uma das modalidades.

O que é relevante demonstrar é que a nova LLCA, de forma diversa da Lei nº 8.666/1993, buscou dar maior autonomia para a escolha de determinadas etapas e

---

[378] **Portal da Transparência.** Disponível em: https://www.portaltransparencia.gov.br/url/a1426c3b.
[379] **Painel de Compras - Processos de Compras.** Disponível em: http://paineldecompras.economia.gov.br/processos-compra.

ritos na modalidade escolhida pela Administração. Se na legislação anterior o procedimento era rígido, agora existe uma flexibilidade na escolha dos procedimentos de cada modalidade, inclusive com a possibilidade de definir se a fase de julgamento das propostas deve ou não suceder à fase de julgamento da habilitação.

28.2. Procedimentos auxiliares para as modalidades

Os procedimentos auxiliares estão dispostos nos arts. 78 e seguintes, motivo pelo qual examinaremos o tema com maior profundidade nos comentários à esse dispositivo. Aqui a lei buscou apenas deixar claro que os denominados "procedimentos auxiliares" na LLCA podem ser utilizados em conjunto com os procedimentos dispostos para as modalidades descritas.

28.3. Vedação à criação de modalidades

O §2º do artigo 28 repete regra prevista na Lei nº 8.666/93 ao vedar a criação de outras modalidades de licitação ou, ainda, combinar as modalidades aqui previstas.

Essa disposição é compreendida como norma geral, pela qual compete à União legislar sobre o tema, devendo ser observada por todos os entes referidos no art. 1º desta lei.

Somente por lei federal é possível a criação de nova modalidade licitatória, tal como ocorreu com o pregão, pela Lei nº 10.520/2002. Podem, no entanto, de forma suplementar, estabelecer hipóteses especificas para o uso de uma modalidade já existente, por exemplo.

É possível, por meio de lei ou regulamento, estabelecer outras regras e procedimentos para os temas constantes da LLCA, desde que não conflitem com as disposições da norma.

29. Art. 29, caput, parágrafo único

> Art. 29. A concorrência e o pregão seguem o rito procedimental comum a que se refere o art. 17 desta Lei, adotando-se o pregão sempre que o objeto possuir padrões de desempenho e qualidade que possam ser objetivamente definidos pelo edital, por meio de especificações usuais de mercado.
>
> Parágrafo único. O pregão não se aplica às contratações de serviços técnicos especializados de natureza predominantemente intelectual e de obras e serviços de engenharia, exceto os serviços de engenharia de que trata a alínea "a" do inciso XXI do *caput* do art. 6º desta Lei.

Dispositivos correspondentes na Lei nº 8.666/1993: não há.

Dispositivos pertinentes na Lei nº 14.133/2021, além do art. 29:

Art. 17. O processo de licitação observará as seguintes fases, em sequência:

I - preparatória;

II - de divulgação do edital de licitação;

III - de apresentação de propostas e lances, quando for o caso;

IV - de julgamento;

V - de habilitação;

VI - recursal;

VII - de homologação.

§ 1º A fase referida no inciso V do caput deste artigo poderá, mediante ato motivado com explicitação dos benefícios decorrentes, anteceder as fases referidas nos incisos III e IV do caput deste artigo, desde que expressamente previsto no edital de licitação.

§ 2º As licitações serão realizadas preferencialmente sob a forma eletrônica, admitida a utilização da forma presencial, desde que motivada, devendo a sessão pública ser registrada em ata e gravada em áudio e vídeo.

§ 3º Desde que previsto no edital, na fase a que se refere o inciso IV do caput deste artigo, o órgão ou entidade licitante poderá, em relação ao licitante provisoriamente vencedor, realizar análise e avaliação da conformidade da proposta, mediante homologação de amostras, exame de conformidade e prova de conceito, entre outros testes de interesse da Administração, de modo a comprovar sua aderência às especificações definidas no termo de referência ou no projeto básico.

§ 4º Nos procedimentos realizados por meio eletrônico, a Administração poderá determinar, como condição de validade e eficácia, que os licitantes pratiquem seus atos em formato eletrônico.

§ 5º Na hipótese excepcional de licitação sob a forma presencial a que refere o § 2º deste artigo, a sessão pública de apresentação de propostas deverá ser gravada em áudio e vídeo, e a gravação será juntada aos autos do processo licitatório depois de seu encerramento.

§ 6º A Administração poderá exigir certificação por organização independente acreditada pelo Instituto Nacional de Metrologia, Qualidade e Tecnologia (Inmetro) como condição para aceitação de:

I - estudos, anteprojetos, projetos básicos e projetos executivos;

II - conclusão de fases ou de objetos de contratos;

III - material e corpo técnico apresentados por empresa para fins de habilitação.

Dispositivos correspondentes na Lei nº 13.303/2016 (Dispõe sobre o estatuto jurídico das Estatais):

Art. 32. Nas licitações e contratos de que trata esta Lei serão observadas as seguintes diretrizes: (Vide Lei nº 14.002, de 2020) [...]

IV - adoção preferencial da modalidade de licitação denominada pregão, instituída pela Lei nº 10.520, de 17 de julho de 2002, para a aquisição de bens e serviços comuns, assim considerados aqueles cujos padrões de desempenho e qualidade possam ser objetivamente definidos pelo edital, por meio de especificações usuais no mercado;

29.1. Noções

O art. 29 trata apenas das modalidades de licitação pregão e concorrência. Se esse dispositivo estivesse isolado na Lei seria muito fácil a compreensão, pois visa definir quando se aplica a modalidade do pregão e quando não se pode aplicá-la.

Como se verá a seguir, porém, com a unificação dos procedimentos e a permissão para inversão de fases tanto no pregão como na concorrência, deixou de haver a necessidade de duas modalidades distintas. A Lei poderia ter definido apenas uma, dispondo quando uma fase antecederia a outra. Em outras palavras, seria suficiente que a lei definisse quando a fase de habilitação deveria anteceder à de julgamento da proposta.

Excluída a interpretação literal, pode ser construída pela via da intepretação a ideia de que esse dispositivo deve prevalecer sobre os demais, que como será visto, permitem a inversão de fases de preços e os modos de disputa aberto e fechado para as duas modalidades. Assim, o pregão não se aplicaria às contratações de serviços técnicos especializados de natureza predominantemente intelectual e de obras e serviços de engenharia especiais. Por outro lado, não seria permitida a aplicação de concorrência quando o edital estabelecesse que a fase de julgamento da proposta precederia à fase de julgamento da habilitação. Em outras palavras, é possível, ignorando a literalidade da lei, definir que nas "contratações de serviços técnicos especializados de natureza predominantemente intelectual e de obras e serviços de engenharia" especial sempre a fase de julgamento da habilitação virá antes da fase de julgamento da proposta. Pode-se afirmar, sem dúvida que foi essa a intenção do parágrafo único do art. 29.

Assim, a interpretação mais correta pode ser assim resumida: o caput permite igualar os procedimentos, mas define que o julgamento da habilitação deve necessariamente anteceder o julgamento da proposta habilitação nas "contratações de serviços técnicos especializados de natureza predominantemente intelectual e de obras e serviços de engenharia" "especiais", independentemente de ser escolhida a modalidade concorrência ou pregão.

Essa interpretação parece ser a única que justifica a existência do parágrafo único do art. 29. Se fosse permitida a inversão de fases para todos os objetos, esse dispositivo não teria utilidade, quando adotada a modalidade concorrência o dispositivo, na prática, seria nulo.

Como visto, porém, a outra interpretação literal dos arts. 17 e 56 não pode ser condenada.

29.2. Das principais inovações quanto à concorrência e ao pregão

Dentre as modalidades que remanescem das legislações anteriores, a concorrência sofreu significativas alterações em seu rito procedimental.

Isso porque, o caput do art. 29 praticamente igualou os procedimentos do pregão e da concorrência ao estabelecer o mesmo rito procedimental comum, delineado conforme o art. 17 desta lei. Depreende-se, portanto, que a concorrência irá utilizar a mesma dinâmica de procedimento atualmente em uso para o pregão.

Em ambas, a inversão de fases passa a ser regra, e não mais a exceção na forma que dispõe o referido o § 1º do art. 17.

Outro ponto que diferenciava as modalidades de licitação foi suprimido: eliminou-se o valor estimado da contratação como critério para adoção de determinada modalidade. A concorrência era reservada para as contratações de maior valor, em relação à tomada de preços e o convite, existentes na Lei nº 8.666/1993.

Agora, a regra para diferenciar o uso das modalidades é que o uso do pregão se destina a serviços e bens comuns. Trazendo o conceito no caput do referido artigo – e no parágrafo único, a lei limita o uso do pregão, mantendo coerência com a legislação anterior. A pretensão do parágrafo único da lei corrige erro de interpretação adotada em alguns órgãos: fica determinado que não deve ser usado o pregão para contratações de serviços técnicos especializados de natureza predominantemente intelectual e para obras e de serviços de engenharia e arquitetura. A lei admite o uso do pregão para serviços de engenharia considerados comuns.

Cabe observar que o prazo para apresentação de propostas na legislação anterior era definido segundo a modalidade de licitação e, agora, na Lei nº 14.133/2021 é definido pelo critério de julgamento, - menor preço ou de maior desconto, conjugado com objeto, no caso de serviços comuns e de obras e serviços comuns de engenharia e regime de execução. Portanto, a vantagem do pregão que era o menor prazo não mais existe.

29.3. Dos efeitos da revogação da lei do pregão para as estatais

Uma questão importante a ser ressaltada aqui é a aplicabilidade da modalidade do pregão nas licitações das empresas estatais. Conforme o art. 32, inc.

IV, da Lei nº 13.303/2016, as empresas estatais adotarão preferencialmente o pregão, instituído pela Lei 10.520/2002. Com o advento da LLCA, a modalidade terá a lei do pregão revogada, conforme art. 193, inc. II, a partir de 31 de março de 2023.

Ocorre que, conforme art. 189, aplica-se a Lei nº 14.133/2021 às hipóteses previstas na legislação que façam referência expressa à Lei nº 10.520, de 17 de julho de 2002. O art. 32, inc. IV da Lei nº 13.303/2016 faz referência expressa à Lei nº 10.520.

As estatais que elaboraram seus regulamentos próprios de licitação, fazendo apenas remissão à Lei do Pregão terão muitos problemas de interpretação, pois com a revogação da Lei do pregão e a aplicação desta Lei a adaptação exigirá muita atenção.

Cabe destacar que tanto a delimitação do uso do pregão para bens e serviços comuns, quanto o seu não uso para serviços técnicos especializados de natureza predominantemente intelectual e de obras e serviços de engenharia e arquitetura torna-se ineficaz quando se considera esses dois dispositivos: o § 1º do art. 17 e o art. 56.

29.4. Os procedimentos das fases na licitação: rito ordinário

No art. 17 foi definido o rito da licitação com a seguinte sequência procedimental: fase preparatória, publicação do edital, apresentação das propostas e lances, julgamento, habilitação, fase recursal e homologação.

Desse modo, tem-se como regra que tanto o pregão quanto a concorrência vão ter um procedimento similar comumente denominado como "inversão de fases", iniciando-se pela análise da proposta de preço mais vantajosa, depois a habilitação, e por fim, a concentração da fase recursal, ou seja, apenas com uma única fase de recurso, um só prazo recursal. Note que a inversão de fases passou a ser a regra e pode haver confusão, de agora em diante, quando se faz referência a expressão de "inversão de fases" se o intérprete está considerando as fases na forma da Lei nº 8.666/1993 ou na forma da Lei nº 14.133/2021. Em outras palavras: na primeira lei, a ordem das fases é o julgamento da habilitação antes; quando se fala em inversão de fases, se está colocando na frente a fase de proposta. Na segunda lei, a ordem das fases é o julgamento da proposta antes; quando se fala em inversão de fases, se está colocando na frente a fase de habilitação.

Como já referido, na forma do § 1º, do art. 17 permite-se que a habilitação anteceda as fases de apresentação de propostas e julgamento mediante ato motivado com expressa indicação dos benefícios decorrentes.

Para saber mais sobre vantagens e desvantagens da inversão e fases, consulte os comentários ao § 1º do art. 17.

29.5. Do modo de disputa – aberto e fechado

O segundo dispositivo acerca do procedimento das duas modalidades que merece destaque é o art. 56, que estabelece os modos de disputa. A nova Lei trouxe pelo menos quatro modos de disputa para a etapa de julgamento.

No art. 56, estão previstos dois modos de disputa: o aberto e o fechado. O modo de disputa aberto, para quem conhece o RDC e está familiarizado com o termo, representa a possibilidade de ofertar lances. O modo de disputa fechado é onde a proposta é apresentada no envelope fechado.

Dessa forma, é possível nas duas modalidades de licitação, a escolha pelo modo de disputa. Assim, em termos procedimentais, o pregão e a concorrência ficaram exatamente iguais.

Nos dois casos, haverá primeiro a análise de preço, depois habilitação e depois recurso; e na análise de preço, é possível o edital definir se haverá um modo de disputa aberto ou fechado. Então é possível haver um pregão com lances – pregão com modo de disputa aberto – ou um pregão sem lances – um pregão com modo de disputa fechado. É possível também ter uma concorrência com lances – modo de disputa aberto – ou sem lances – modo de disputa fechado.

A seguir trataremos sobre as distinções do uso dessas modalidades.

29.6. Objeto das modalidades e os critérios de adjudicação

Como já esclarecido, a concorrência é a modalidade de licitação voltada à contratação de bens e serviços especiais, ou seja, assim considerados aqueles que, por sua alta complexidade, não podem ser descritos como bens e serviços comuns. A concorrência também é a modalidade para obras e serviços comuns e especiais de engenharia.

A lei define aqui no art. 29, que o pregão também pode ser utilizado para serviços de engenharia comum, deixando implícita a vedação ao uso para serviços de engenharia especial. No art. 6º, inc. XXI, consta a distinção, nas alíneas "a" e "b" entre serviço de engenharia comum e serviço especial de engenharia. Consulte os comentários a esses dispositivos.

Por sua vez, o pregão é considerado uma modalidade específica, para aquisição de bens e serviços comuns, assim considerados aqueles cujos padrões de desempenho e qualidade que possam ser objetivamente definidos pelo edital, por meio de especificações usuais de mercado.

Outro aspecto estabelecido é quanto ao critério de julgamento das duas modalidades. Enquanto na concorrência admite-se os critérios de menor preço, melhor técnica ou conteúdo artístico, técnica e preço, maior retorno econômico e maior desconto, no âmbito do pregão há apenas os critérios de menor preço ou o de maior desconto.

Como já esclarecido, pode ocorrer de, na prática, se a concorrência, na forma permitida no § 1º do art. 17 tiver a fase de julgamento da proposta antes da habilitação, poderá ser aplicada na licitação de bens e serviços comuns. Por outro lado, se o pregão tiver a fase de habilitação antes da proposta não há nenhum impedimento que seja aplicado a bens e serviços especiais. É óbvio que mantendo a intenção do legislador, de se usar terminologia própria cada modalidade de licitação o mais correto é não usar o pregão para bens e serviços especiais e serviços de natureza predominantemente intelectual; e não usar concorrência para bens e serviços comuns. Mas, na prática: pode haver confusão entre os conceitos e não se pode punir o Agente de Contratação que utiliza as fases corretas, embora a terminologia errada.

Note, porém, que a escolha de modalidade e do procedimento poderá trazer grandes transtornos, pois dependerá do levantamento eficaz a ser realizado no mercado capaz de identificar especificações usuais para a composição do objeto, podendo ainda a Administração se deparar com possíveis limitações a depender do conhecimento e grau de capacidade técnica dos seus agentes.

29.7. Jurisprudência anterior – análise da pertinência

No Tribunal de Contas da União, há um precedente que firmou um argumento utilizado reiteradas vezes e é o seguinte:

> "12. A verificação do nível de especificidade do objeto constitui um ótimo recurso a ser utilizado pelo administrador público na identificação de um bem de natureza comum. Isso não significa que somente os bens pouco sofisticados poderão ser objeto do pregão, ao contrário, objetos complexos podem também ser enquadrados como comuns. O que se pretende com essa afirmação é orientar o gestor público a observar se, durante a realização do procedimento licitatório, devido às características do objeto, haverá a necessidade de análises mais aprofundadas quanto aos elementos técnicos, exigindo-se para tal a execução de testes que comprovem a adequação do objeto ofertado às especificações constantes do edital. Se identificada a necessidade de realização de testes ainda na realização do certame, fica evidente que esse objeto não pode ser definido como comum, sendo,

portanto, impossível a sua aquisição via pregão.

O argumento perdeu a atualidade, pois mesmo objetos simples como material de expediente, materiais, equipamentos comuns podem ter descrição complexa, inclusive sujeitos a certificações. Infelizmente esse argumento foi adotado muitas vezes para definir que a descrição minudente pretendia restringir a competição injustificadamente. Muitos foram punidos por serem zelosos na descrição.

Na medida em que a economia se desenvolve as descrições vão se tornando mais complexas e as especificações reguladas por normas vão se proliferando para trazer garantia de qualidade mínima. Note o exemplo bem simples: descreva uma caneta "para escrever com tinta". Tudo que for colocado no termo de referência visará detalhar o processo de escrita, a qualidade e a quantidade de escrita desejada. É impossível descrever uma caneta em duas ou três linhas. O mais usual, caneta esferográfica, permite ofertas de propostas que na prática não atenderão o objetivo da compra. E o óbvio não é admitido: "caneta de boa qualidade que escreve sem rasuras ou borrões", porque é subjetivo.

Por isso, o acórdão revela o entendimento do Plenário desse Tribunal e está ultrapassado. Classificar como comum o que permite descrição sucinta só serve a objetos definidos num mercado extremamente regulado – litro de gasolina, por exemplo, o que está muito longe da realidade prática da Administração Pública. Isso porque um órgão público, procedeu a descrição extremamente detalhada do produto e tem agência reguladora atuante para garantir que essa descrição corresponde, de fato, a um produto. Só por isso que a descrição bem simples – litro de gasolina é suficiente.

A descrição deve ser precisa, detalhada o suficiente para garantir a qualidade mínima necessária. Se a Administração Pública tiver possibilidade de acessar a certificação do produto poderá sim ser suficiente a referência a norma.

O que determina um bem ser comum é a compreensão do mercado, apta a permitir a elaboração da proposta. Se isso se faz com uma ou dez linhas, não afeta a qualificação de comum.

Logo, em determinada licitação, por exemplo, para a contratação de serviço comum de engenharia, que no caso tanto o pregão como a concorrência são cabíveis, fundamental seria averiguar na fase preparatória da licitação, critérios que delimitem melhor sua utilização. Exige-se dos agentes públicos atuantes, no entanto, diretrizes e critérios precisos e mínimos para que a contratação alcance os resultados esperados. A Lei não exige a precedência do pregão sobre a concorrência, mas é possível compreender que para bem e serviço comum este deve ter precedência. Como já esclarecido, o Agente de Contratação não pode ser punido se usou a concorrência nessa situação, com ou sem inversão de fases. O direito de ter cautela, na dúvida, não pode ser punido.

Para compreender melhor: no passado o pregão disputou espaço com o convite, rotulado como uma modalidade sem publicidade, restrita ao poder discricionário do gestor. Essa lição da precedência do pregão não mais se sustenta porque agora o pregão e a concorrência têm igual publicidade, igual âmbito de competitividade, e iguais resultados e formas de controle.

Portanto, não mais pode impor a precedência de uma ou outra modalidade. No Brasil já há legislação coibindo a distorção de lei com a finalidade punitiva; o abuso de autoridade do julgador está adequadamente definido em lei.

29.8. Do modo eletrônico a ser adotado como padrão

Importa ainda mencionar que, diferente de outrora, tanto o pregão quanto a concorrência podem ser adotados em seus formatos eletrônicos e presenciais. A forma eletrônica tem preferência da lei e a escolha da presencial exige motivação. Inteligência do art. 17, §§ 2º, 4º e 5º.

De acordo com a nova lei, como regra, as licitações deverão ocorrer preferencialmente no formato eletrônico, segundo o art. 17, § 2º, sendo as licitações presenciais a exceção que deve ser motivada.

Bem se vê que a adesão da nova lei à atualidade quanto a modernização do processo licitatório, agrega assim, mais transparência, competitividade e eficiência para os gastos públicos, aumentando o alcance e a participação dos interessados contribuindo para a disseminação de uma nova cultura.

29.9. A similaridade nas duas modalidades e sua aplicação na prática

A questão posta no título já foi esclarecida no primeiro subitem destes comentários. Oportuno, porém, tecer ainda as seguintes considerações, de forma sintética, para ficar mais claro, na prática a aplicação:

a) as modalidades pregão e concorrência tem procedimento igual;

b) antes o pregão e a concorrência tinham procedimentos diferentes, ou seja, na concorrência a fase de habilitação precederia o julgamento da proposta; no pregão a habilitação sucederia o julgamento da proposta, atualmente o rito definido em lei para as duas modalidades foi o rito do pregão; em outras palavras, a concorrência ficou igual ao pregão, com a precedência do julgamento da proposta e só uma fase de recurso;

c) depois de definir no caput do art. 29 que os procedimentos são iguais, a lei definiu no mesmo caput e depois no parágrafo único que o pregão deve ser utilizado para bem e serviço comum e não pode ser utilizado nas "contratações de serviços técnicos especializados de natureza predominantemente intelectual e de obras e serviços de engenharia" "especiais";

d) interpretando a permissão do uso do pregão para essas contratações fica sem sentido permitir o uso da concorrência para licitar essas contratações com procedimento exatamente igual ao pregão e isso seria sim possível, pois a lei não obriga que para essas contratações a fase de julgamento de proposta suceda a fase de habilitação; e

e) o problema surge quando a lei definiu o procedimento igual para as duas modalidades e vedou o uso de pregão para algumas contratações.

Posto isso, a intepretação que faz sentido existir o parágrafo único é que nas "contratações de serviços técnicos especializados de natureza predominantemente intelectual e de obras e serviços de engenharia" e nas contratações de serviços especiais de engenharia definidos na alínea "b" do inciso XXI do caput do art. 6º desta Lei, a fase de julgamento da habilitação deve anteceder à fase de julgamento da proposta.

Não tem amparo legal punir o agente de contratação que equivocadamente usar pregão, mas anteceder a fase de julgamento da habilitação em relação à fase de proposta, pois neste caso haverá apenas o erro no nome da modalidade adotada; erros de forma, conforme art. 169, § 3º, não mais ensejam punição, mas a obrigação de submeter o agente a um processo de capacitação.

Do mesmo modo e pelo mesmo motivo, não há irregularidade, mas apenas impropriedade formal, se o agente de contratação utilizar concorrência para contratar bem e serviços comuns se a fase de julgamento da proposta anteceder a fase de julgamento da habilitação, pois foi adotado, na prática o procedimento previsto na legislação anterior para o pregão.

Deste modo, cabe uma crítica à Lei, pois manter duas modalidades com exatamente o mesmo rito e exatamente o mesmo procedimento nada contribui para a racionalização. A Lei poderia ter previsto uma delas apenas, já que o rito que as diferenciava no passado, hoje é o mesmo. Com isso, abriu oportunidade para ilações e intérpretes que desservem ao Direito. O dispositivo acabará criando uma polêmica. O enquadramento como pregão exige que seja serviço comum e volta a uma questão absolutamente ineficaz.

É possível fazer uma concorrência com lances, com fase de proposta antes da habilitação, e será exatamente igual ao procedimento do pregão.

Espera-se que os tribunais de contas continuem mantendo o seu posicionamento no sentido de que, independentemente do nome utilizado para o procedimento – considerando que os procedimentos têm o mesmo resultado e a mesma causa – não gere responsabilidade dos agentes envolvidos. Como visto, após esta Lei, irregularidades formais, como erro do nome da modalidade, não mais podem ser punidas.

Em uma análise preditiva, admite-se que com o passar dos anos, mantendo-se essa disposição, uma das modalidades deixará de existir por conta do trabalho que se dará para definir se o serviço é comum ou não.

A tendência será ampliar o uso do pregão e eliminar a concorrência ou eliminar o primeiro. Nesse sentido, uma das modalidades tende a definhar.

30. Art. 30, caput, inc. I, II, III, parágrafo único

Art. 30. O concurso observará as regras e condições previstas em edital, que indicará:

I - a qualificação exigida dos participantes;

II - as diretrizes e formas de apresentação do trabalho;

III - as condições de realização e o prêmio ou remuneração a ser concedida ao vencedor.

Parágrafo único. Nos concursos destinados à elaboração de projeto, o vencedor deverá ceder à Administração Pública, nos termo do art. 93 desta Lei, todos os direitos patrimoniais relativos ao projeto e autorizar sua execução conforme juízo de conveniência e oportunidade das autoridades competentes.

Dispositivos correspondentes na Lei nº 8.666/1993:

Art. 22. São modalidades de licitação: [...]

IV - Concurso. [...]

§ 4º Concurso é a modalidade de licitação entre quaisquer interessados para escolha de trabalho técnico, científico ou artístico, mediante a instituição de prêmios ou remuneração aos vencedores, conforme critérios constantes de edital publicado na imprensa oficial com antecedência mínima de 45 (quarenta e cinco) dias.

Art. 51. A habilitação preliminar, a inscrição em registro cadastral, a sua alteração ou cancelamento, e as propostas serão processadas e julgadas por comissão permanente ou especial de, no mínimo, 3 (três) membros, sendo pelo menos 2 (dois) deles servidores qualificados pertencentes aos quadros permanentes dos órgãos da Administração responsáveis pela licitação. [...]

§ 4º A investidura dos membros das Comissões permanentes não excederá a 1 (um) ano, vedada a recondução da totalidade de seus membros para a mesma comissão no período subsequente.

§ 5º No caso de concurso, o julgamento será feito por uma comissão especial integrada por pessoas de reputação ilibada e reconhecido conhecimento da matéria em exame, servidores públicos ou não.

Art. 52. O concurso a que se refere o § 4º do art. 22 desta Lei deve ser precedido de regulamento próprio, a ser obtido pelos interessados no local indicado no edital.

§ 1º O regulamento deverá indicar:

I - a qualificação exigida dos participantes;

II - as diretrizes e a forma de apresentação do trabalho;

III - as condições de realização do concurso e os prêmios a serem concedidos.

§ 2º Em se tratando de projeto, o vencedor deverá autorizar a Administração a executá-lo quando julgar conveniente.

Art. 111. A Administração só poderá contratar, pagar, premiar ou receber projeto ou serviço técnico especializado desde que o autor ceda os direitos patrimoniais a ele relativos e a Administração possa utilizá-lo de acordo com o previsto no regulamento de concurso ou no ajuste para sua elaboração.

Parágrafo único. Quando o projeto se referir a obra imaterial de caráter tecnológico, insuscetível de privilégio, a cessão dos direitos incluirá o fornecimento de todos os dados, documentos e elementos de informação pertinentes à tecnologia de concepção, desenvolvimento, fixação em suporte físico de qualquer natureza e aplicação da obra.

Dispositivos pertinentes na Lei nº 14.133/2021, além do art. 30:

Art. 6º. Para os fins desta Lei, consideram-se: [...]

XXXIX - concurso: modalidade de licitação para escolha de trabalho técnico, científico ou artístico, cujo critério de julgamento será o de melhor técnica ou conteúdo artístico, e para concessão de prêmio ou remuneração ao vencedor;

Art. 28. São modalidades de licitação: [...]

III - concurso;

Art. 93. Nas contratações de projetos ou de serviços técnicos especializados, inclusive daqueles que contemplem o desenvolvimento de programas e aplicações de internet para computadores, máquinas, equipamentos e dispositivos de tratamento e de comunicação da informação (software) - e a respectiva documentação técnica associada -, o autor deverá ceder todos os direitos patrimoniais a eles relativos para a Administração Pública, hipótese em que poderão ser livremente utilizados e alterados por ela em outras ocasiões, sem necessidade de nova autorização de seu autor.

§ 1º Quando o projeto se referir a obra imaterial de caráter tecnológico, insuscetível de privilégio, a cessão dos direitos a que se refere o caput deste artigo incluirá o fornecimento de todos os dados, documentos e elementos de informação pertinentes à tecnologia de concepção, desenvolvimento, fixação em suporte físico de qualquer natureza e aplicação da obra.

§ 2º É facultado à Administração Pública deixar de exigir a cessão de direitos a que se refere o caput deste artigo quando o objeto da contratação envolver atividade de pesquisa e desenvolvimento de caráter científico, tecnológico ou de inovação, considerados os princípios e os mecanismos instituídos pela Lei nº 10.973, de 2 de dezembro de 2004.

§ 3º Na hipótese de posterior alteração do projeto pela Administração Pública, o autor deverá ser comunicado, e os registros serão promovidos nos órgãos ou entidades competentes.

Art. 151. Nas contratações regidas por esta Lei, poderão ser utilizados meios alternativos de prevenção e resolução de controvérsias, notadamente a conciliação, a mediação, o comitê de resolução de disputas e a arbitragem.

Parágrafo único. Será aplicado o disposto no caput deste artigo às controvérsias relacionadas a direitos patrimoniais disponíveis, como as questões relacionadas ao restabelecimento do equilíbrio econômico-financeiro do contrato, ao inadimplemento de obrigações contratuais por quaisquer das partes e ao cálculo de indenizações.

Dispositivos correspondentes na Lei nº 9.579/2012 (Institui o Código de Licitações e Contratos do Estado do Maranhão):

Seção V

DAS REGRAS ESPECÍFICAS DO CONCURSO

Art. 37. O concurso pode ser utilizado para contratação de serviço técnico profissional especializado.

DA CUMULAÇÃO DE OBJETOS

§ 1º A Administração pode promover concurso para vários objetos de mesma especialidade técnica, para contratação eventual.

DA EXECUÇÃO E PAGAMENTO PARA MAIS DE UM VENCEDOR

§ 2º É permitida a realização do concurso em 2 (duas) fases, sendo a primeira para seleção de esboço ou anteprojeto, cujo vencedor perceberá prêmio, e a segunda para execução do respectivo serviço.

§ 3º O edital poderá prever pagamento para mais de um vencedor.

DA COMISSÃO DO CONCURSO

§ 4º A comissão do concurso deve ser integrada por profissionais com qualificação na área de conhecimento do objeto, presidida por servidor público a ser indicado pelo Presidente da CCL.

§ 5º É dispensável a licitação para contratação de profissionais para compor a comissão do concurso, quando se tratar de profissional técnico de notória especialização.

DO EDITAL DO CONCURSO

§ 6º O edital deve indicar:

I - a qualificação exigida dos participantes;

II - as diretrizes e a forma para entrega dos trabalhos;

III - a descrição do seu objeto e os critérios para julgamento dos trabalhos;

IV - os prêmios ou a remuneração a serem concedidos; e

V - o prazo para entrega dos trabalhos, que deve ser compatível com a complexidade do objeto.

§ 7º Em se tratando de projeto, deve ser observada a regra do art. 29 deste Código.

§ 8º O edital pode definir que haverá prêmio para o melhor esboço, anteprojeto ou simples traçado arquitetônico do objeto e remuneração para o desenvolvimento do projeto da solução escolhida.

30.1. Das noções da modalidade licitatória Concurso

Conforme conceituado no art. 6º, inc. XXXIX, o concurso é a modalidade de licitação "para escolha de trabalho técnico, científico ou artístico, cujo critério de julgamento será o de melhor técnica ou conteúdo artístico, e para concessão de prêmio ou remuneração ao vencedor".

No art. 30, a norma define as regras e condições que devem constar do edital do concurso, que são basicamente as seguintes:

a) a qualificação dos licitantes, o que abrange a qualificação jurídica, fiscal e social e, de forma moderada, a técnica e econômica. Pode ser utilizado, com alguma flexibilidade as regras de qualificação da licitação convencional. Flexibilidade, pois nessa modalidade, quando o objeto for realizado antes do julgamento pelo licitante[380] não haverá necessidade de maiores garantias, podendo ser reduzida a qualificação;

b) as diretrizes e formas de apresentação do trabalho, para oportunizar à comissão julgadora a objetividade e a impessoalidade de tratamento;

c) as condições de realização do objeto do concurso, que devem ser acolhidas como diretrizes para os licitantes e balizamento para o julgamento dos trabalhos pela comissão do concurso;

d) o prêmio ou remuneração a ser concedida ao vencedor.

Qualquer pessoa, seja física ou jurídica, pode participar dessa modalidade de licitação, desde que atenda aos requisitos pré-estabelecidos no edital.

---

[380] Sobre "objeto for realizado antes do julgamento pelo licitante" consulte subitem a seguir

30.2. Do objeto que exija do executor profissão regulamentada

Acerca da habilitação, a qualificação do sujeito em princípio, não seria tão relevante já que se busca o resultado, exceto se o objeto da execução se referir a profissão regulamentada. Nesse caso, podem ser exigidas experiências anteriores, sempre considerando que os requisitos devem ser razoáveis e motivados, sob pena de afastar licitantes e inviabilizar a competição, desnecessariamente.

30.3. Procedimentos para execução da escolha

O rito procedimental adotado é o especial, conforme o estabelecido no edital, isto é, tem a Administração uma maior flexibilização.

O prazo definido em lei, porém não poderá ser alterado pelo edital, se o objeto licitado exigir o critério de julgamento de técnica e preço ou de melhor técnica ou conteúdo artístico, situação em que o prazo será no mínimo de 35 (trinta e cinco) dias úteis. Pode, porém, o objeto ser o esboço de uma ponte, as linhas gerais de um monumento, um esboço ou conjunto dos estudos preliminares que irão constituir, depois das necessárias alterações, as diretrizes básicas do projeto definitivo de uma obra. Para essa situação, o prazo referido em lei poderá ser utilizado para o vencedor do concurso executar o serviço. Veja a seguir os próximos subitens para melhor compreensão.

30.4. Objetivos distintos – incentivo ou obtenção de trabalho

Para o uso dessa modalidade, pode a Administração possuir interesse em selecionar trabalhos técnicos, científicos ou artísticos com capacidades personalíssimas para incentivar o desenvolvimento cultural. Pode ter interesse em obter para si um serviço consistente num projeto. Avalia assim, a criatividade e as atribuições artísticas e escolhe àquela que lhe seja mais adequada, com base nos critérios determinados para o empreendimento.

Imperioso relembrar aqui que o critério de julgamento utilizado nessa modalidade é a melhor técnica ou conteúdo artístico, mediante a concessão de prêmio ou remuneração ao vencedor. Como visto, esse critério de julgamento é necessário se a finalidade do concurso for a obtenção de um trabalho pronto. Se for o esboço de um projeto, a lei não define e poderá ser a escolha por uma comissão de concurso.

30.5. Comissão julgadora – trabalho pronto ou esboço do que será realizado

Nas duas situações – incentivo ou obtenção de trabalho, é comum a nomeação de comissão de notáveis. Esse procedimento faz com que alguma subjetividade de julgamento seja superada pela notória reputação dos membros. Precisamente, a isenção, a ética do profissional e o elevado conceito profissional conquistado serve de garantia para que a sociedade acredite na impessoalidade de julgamentos.

Há, portanto, alguma flexibilidade quando o objetivo do concurso é o incentivo à determinado setor de atividade; quando, porém, é a obtenção e determinado trabalho pronto, haverá menos flexibilidade e maior rigor na definição prévia de critérios de escolha e necessariamente o julgamento será o de melhor técnica ou conteúdo artístico.

O julgamento que se apresenta em tal definição, deve ser bem analisado, sob o risco da subjetividade da decisão, sendo necessário que estejam pré-estipulados. Em vista disso, como meio de evitar injustiças, os trabalhos poderão ser julgados sem que os autores sejam identificados, de forma anônima, aplicado assim, nos casos que não seja necessária a natureza personalíssima.

Diferentemente do adotado na concorrência e no pregão, que se pautam no critério financeiro das propostas dos licitantes, cujo objeto é executado a *posteriori*, na lógica do concurso o interessado apresenta, o trabalho já pronto e acabado para a análise da Administração, sendo o objeto já executado previamente, com o prêmio pré-estabelecido pela Administração Pública, em edital. Ou seja, a escolha é centrada na seleção do melhor projeto apresentado e não na aptidão futura da empresa para desenvolver o trabalho.

Não há a seleção de propostas para uma futura execução. O vencedor apenas prestará consultorias e fiscalizará a execução do trabalho que está sendo realizado. Sobre está última afirmação, a administração pode ou não executar o trabalho selecionado, conforme juízo de conveniência e oportunidade e, claro motivadamente, sob pena de responder por dispêndio de recursos sem efetivo resultado ao interesse público.

Sendo objeto o esboço de trabalho futuro, a compreensão da ideia também poderá ser um fator de julgamento, aliada a experiência do participante, sendo que isso descambe para ofensa ao princípio da impessoalidade. O julgamento sem identificação dos trabalhos é uma garantia da manutenção desse princípio.

30.6. Usando o concurso de forma a motivar a participação

Cabe uma crítica em relação a forma como a maioria dos órgãos utilizam o concurso, pois estabelecem que apenas ao licitante vencedor deve caber o prêmio ou remuneração.

Há muito tempo a modalidade concurso deixou de ser prestigiada pelos licitantes e pela Administração Pública. Isso porque os prazos eram mais longos e não motivava o uso pela Administração. Por outro lado, como somente o licitante vencedor seria premiado e o trabalho deveria ser entregue pronto, afastava os licitantes como baixo pode de investimento.

No Código de Licitações e Contratos do Estado do Maranhão, em seu art. 37, § 3º, da Lei nº 9.579 de 12.04.2012, que teve vigência anterior a esta lei, foi definida a possibilidade de a Administração premiar, além do primeiro colocado, outros licitantes. A norma inclusive mantinha a ideia de que poderia haver prêmio ou remuneração, tal como desde 1993 foi sustentado por um dos autores desta obra, em doutrina sobre o tema. A distinção entre ambas as expressões é válida, pois são instrumentos diferentes de se valorizar o trabalho existente.

Conforme destacado no livro "Contratação Direta Sem Licitação", 11ª Edição, a noção primitiva do termo prêmio, parcialmente coincidente com a consagrada na linguagem coloquial, diz respeito a uma recompensa que não guarda rigorosa correspondência sinalagmática, podendo ser até muito maior do que o esforço despendido. Tal noção é, muitas vezes, desenvolvida no âmbito da Administração Pública quando institui um determinado trabalho com o objetivo de utilizá-lo, mas também com o propósito de incentivar, por exemplo, o meio acadêmico, despertando assim, o interesse pelo tema. Assim, por exemplo, se a Administração Pública quer despertar nos jovens o valor social do trabalho ou o dever de participar de eleições, pode lançar um concurso de redação, premiando os 20 primeiros classificados por cidade ou estado. O prêmio pode ser honorífico ou simbólico ou em valor em espécie.

O mesmo termo, contudo, abriga em seu conteúdo a noção equivalente à de remuneração, conforme o magistério de De Plácido e Silva, inserido no Vocabulário Jurídico, segundo o qual:

> Prêmio. Do latim praemium (dinheiro, benefício, vantagem), é, em sentido geral, que está conforme com a origem do vocábulo, empregado para exprimir toda espécie de recompensa monetária ou remuneração por ato ou por serviço, que se tenha praticado. Mas o prêmio, uma retribuição ou uma contribuição em dinheiro a favor ou em benefício da pessoa, que tenha praticado ou feito alguma coisa, para que o mereça, não se confunde com o ordenado, o vencimento ou a paga normal, a que se tem direito por força de

um contrato ou por determinação legal.

Apesar de ser uma proposta de valorização da criatividade às atribuições artísticas, devido a falta de regulamentação apropriada, são pouco comuns as contratações de projetos mediante concurso.

Por outro lado, em 1978, houve o incentivo na XX Conferência Geral da Organização das Nações Unidas para a Educação, Ciência e Cultura – UNESCO, que recomendou aos países membros a preferência na adoção do concurso como forma para a obtenção dos projetos de arquitetura e urbanismo. Exemplos marcantes no Brasil são as sedes da Petrobrás em Vitória e no Rio de Janeiro, assim como a Terceira Ponte do Lago Sul, em Brasília. E não menos importante, o próprio projeto urbanístico de Brasília, que foi escolhido pela presente modalidade, cujo vencedor foi Lúcio Costa.

Pode, porém a Administração Pública pretender um projeto pagando prêmios aos primeiros classificados e depois remuneração ao escolhido para que desenvolva e entregue o projeto. O esboço ou anteprojeto, feito de forma expedita, com baixo custo apresentaria a ideia. Menos oneroso aos licitantes, ampliaria a competição e a segunda etapa do concurso, realizada pelo vencedor individualmente ou em consórcio, implicaria em remuneração conforme etapas de execução.

Desse modo, a Administração Pública desenvolveria rapidamente a motivação e ampliaria a competição.

30.7. Precedentes de jurisprudência – restrições – flexibilização durante a pandemia

Nesse cenário, interessante trazer, com fim exemplificativo, a consulta suscitada pelo Procurador Geral do Município de Santa Maria da Vitória, em 2020, ao Tribunal de Contas do Município do Estado da Bahia[381], quanto à aplicação da modalidade, em comento, em situação pandêmica, diante de assunto específico:

- pode o Poder Público Municipal realizar licitação na modalidade concurso para premiação de artistas locais visando o desenvolvimento artístico e cultural municipal e a redução dos impactos causados pela Pandemia do Covid 19?
- conforme já exposto anteriormente, existe previsão legal (expressamente disposto no art. 22, §4°, da Lei n° 8666/93) que autoriza a realização pelo poder público de processo licitatório na modalidade concurso para

---

[381] BAHIA. TRIBUNAL DE CONTAS DO MUNICÍPIO. Assessoria Jurídica. Origem: Prefeitura Municipal de Santa Maria da Vitória. Processo n° 10745e20. Parecer n° 01166-20. EMENTA: Consulta. Licitação na modalidade concurso para premiação de artistas locais.

premiação de trabalhos técnicos, culturais e artísticos, desde que estejam estabelecidas previamente no Edital as regras, inclusive o valor do prêmio a ser pago. Não há óbice que o tema do projeto seja "a redução dos impactos causados pela Pandemia do Covid-19. No entanto, cabe observar, e também em resposta ao quanto questionado pelo Consulente, em regra é vedado ao poder público incluir no Edital cláusulas que restrinjam o caráter competitivo, estabelecendo preferências aos artistas da localidade;

- cumpre destacar que existem objetos licitados onde a localização geográfica é indispensável para a execução satisfatória do contrato, respeitando o princípio da proporcionalidade seguida da motivação satisfatória para a restrição imposta. Outra, é o fomento e ampliação das compras públicas com microempresas (ME) e empresas de pequeno porte (EPP), de forma a promover a intervenção estatal nos domínios econômicos e sociais, conforme estabelece a LC nº 123/2006; e

- porém, no caso em tela, trata-se de entrega de uma obra acabada em que não haverá sucessão de execução pelo vencedor do trabalho. Portanto, inserir no Edital cláusulas que possam restringir a participação de potenciais interessados, violaria, a priori, o caráter competitivo da licitação e o princípio da isonomia. Dizemos "a priori" porque no cenário excepcional de grave crise de ordem sanitária, social, econômica e fiscal, instalada por ocasião da pandemia, exige, por parte dos operadores do Direito, maior sensibilidade e bom senso no momento de interpretar e aplicar as normas jurídicas.

30.8. Do prazo da apresentação das propostas e dos trabalhos

Por fim, vale dizer ainda que, o regulamento do concurso estabelecerá um prazo para apresentação das propostas, não inferior a 35 dias úteis, contados da data de divulgação do edital de licitação, nos termos do art. 55, IV, da nova lei de licitação. Diferentemente da antiga lei, que era com antecedência mínima de 45 dias.

Note que se o trabalho vier a ser executado após o resultado, na situação prevista no subitem anterior, a proposta poderá ser o prazo para o anteprojeto ou o objeto na forma sintética do que será desenvolvido.

30.9. Dos projetos – cessão dos direitos e o fator de incentivo

Observa-se ainda, que, caso o concurso seja destinado à elaboração de projeto, todos os direitos patrimoniais relativos ao projeto deverão ser, expressamente, cedidos pelo vencedor à Administração e autorizará sua execução, conforme juízo de conveniência e oportunidade das autoridades.

A regra posta no art. 30, acima sintetizada, deve ser compreendida com o que dispõe o art. 93.

De fato, esse artigo estabelece um complemento à interpretação das licitações, que podem ser realizadas por concurso, para contratações de projetos ou de serviços técnicos especializados. A lei define que entre os serviços especializados podem ser licitados inclusive o desenvolvimento de programas e aplicações de internet para computadores, máquinas, equipamentos e dispositivos de tratamento e de comunicação da informação (software). Nessa situação, "o autor deverá ceder todos os direitos patrimoniais a eles relativos para a Administração Pública, hipótese em que poderão ser livremente utilizados e alterados por ela em outras ocasiões, sem necessidade de nova autorização de seu autor."

A norma permite que a Administração Pública não exija a cessão de direitos quando o objeto da contratação envolver atividade de pesquisa e desenvolvimento de caráter científico, tecnológico ou de inovação, considerados os princípios e os mecanismos instituídos pela Lei nº 10.973, de 2 de dezembro de 2004.

30.10. Prevenção e resolução de controvérsias

Importante lembrar que o art. 151 permite sejam "utilizados meios alternativos de prevenção e resolução de controvérsias, notadamente a conciliação, a mediação, o comitê de resolução de disputas e a arbitragem" para a solução de controvérsias relacionadas a direitos patrimoniais disponíveis, bem "como as questões relacionadas ao restabelecimento do equilíbrio econômico-financeiro do contrato, ao inadimplemento de obrigações contratuais por quaisquer das partes e ao cálculo de indenizações."

31. Art. 31, caput, § 1º

> Art. 31. O leilão poderá ser cometido a leiloeiro oficial ou a servidor designado pela autoridade competente da Administração, e regulamento deverá dispor sobre seus procedimentos operacionais.
>
> § 1º Se optar pela realização de leilão por intermédio de leiloeiro oficial, a Administração deverá selecioná-lo mediante credenciamento ou licitação na modalidade pregão e adotar o critério de julgamento de maior desconto para as comissões a serem cobradas, utilizados como parâmetro máximo os percentuais definidos na lei que regula a referida profissão e observados os valores dos bens a serem leiloados.

Dispositivos correspondentes na Lei nº 8.666/1993:

Art. 52. O concurso a que se refere o § 4º do art. 22 desta Lei deve ser precedido de regulamento próprio, a ser obtido pelos interessados no local indicado no edital.

§ 2º Em se tratando de projeto, o vencedor deverá autorizar a Administração a executá-lo quando julgar conveniente.

Art. 53. O leilão pode ser cometido a leiloeiro oficial ou a servidor designado pela Administração, procedendo-se na forma da legislação pertinente.

Dispositivos pertinentes na Lei nº 14.133/2021, **além do art. 31:**

Art. 6º. Para os fins desta Lei, consideram-se:[...]

XL - leilão: modalidade de licitação para alienação de bens imóveis ou de bens móveis inservíveis ou legalmente apreendidos a quem oferecer o maior lance;

Art. 28. São modalidades de licitação:

IV - leilão;

Art. 33. O julgamento das propostas será realizado de acordo com os seguintes critérios: [...]

V - maior lance, no caso de leilão;

Art. 76. A alienação de bens da Administração Pública, subordinada à existência de interesse público devidamente justificado, será precedida de avaliação e obedecerá às seguintes normas:

I - tratando-se de bens imóveis, inclusive os pertencentes às autarquias e às fundações, exigirá autorização legislativa e dependerá de licitação na modalidade leilão, dispensada a realização de licitação nos casos de: [...]

II - tratando-se de bens móveis, dependerá de licitação na modalidade leilão, dispensada a realização de licitação nos casos de:[...]

§ 1º A alienação de bens imóveis da Administração Pública cuja aquisição tenha sido derivada de procedimentos judiciais ou de dação em pagamento dispensará autorização legislativa e exigirá apenas avaliação prévia e licitação na modalidade leilão.

Normas correlatas:

Decreto nº 21.981, de 19 de outubro de 1932

Regula a profissão de Leiloeiro ao território da República [...]

Art. 42. Nas vendas de bens moveis ou imóveis pertencentes à União e aos Estados e municípios, os leiloeiros funcionarão por distribuição rigorosa de escala de antiguidade, a começar pelo mais antigo.

§ 1º O leiloeiro que for designado para realizar os leilões de que trata este artigo, verificando, em face da escala, que não lhe toca a vez de efetuá-los, indicará à repartição ou autoridade que o tiver designado àquele a quem deva caber a designação, sob pena de perder, em favor do prejudicado, a comissão proveniente da venda efetuada.

§ 2º Nas vendas acima referidas os leiloeiros cobrarão somente dos compradores a comissão estabelecida no parágrafo único do artigo 24, correndo as despesas de anúncios, reclamos e propaganda dos leilões por conta da parte vendedora.

§ 3º O leiloeiro que infringir as disposições deste regulamento ou que tiver sido suspenso, ainda que uma só vez, ficará excluído de escala das vendas de que trata este artigo, pelo espaço de um ano.

§ 3º As autoridades administrativas poderão excluir da escala, a que, além deste, se referem os artigos 41 e 44, todo leiloeiro cuja conduta houver perante elas incorrido em desabono, devendo, ser comunicados, por oficio, à Junta Comercial em que estiver o leiloeiro matriculado, os motivos determinantes da sua exclusão, que seguirá o processo estabelecido pelo art. 18. Si se confirmar a exclusão, será o leiloeiro destituído na conformidade do artigo 16, alínea a. (Redação dada pelo Decreto nº 22.427, de 1933)

Lei nº 4.021, de 20 de dezembro de 1961:

Cria a profissão de leiloeiro rural, e dá outras providências.

Decreto nº 1.305, de 09 de novembro de 1994:

Regulamenta a Lei nº 8.722, de 27 de outubro de 1993, que torna obrigatória a baixa de veículos vendidos como sucata e dá outras providências. (Alienação de veículos (sucata) por intermédio do leiloeiro).

Decreto nº 8.124, de 17 de outubro de 2013:

Regulamenta dispositivos da Lei nº 11.904, de 14 de janeiro de 2009, que institui o Estatuto de Museus, e da Lei nº 11.906, de 20 de janeiro de 2009, que cria o Instituto Brasileiro de Museus - IBRAM.

Lei nº 11.904, de 14 de janeiro de 2009:

Institui o Estatuto de Museus e dá outras providências.

Lei nº 13.105, de 16 de março de 2015:

Código de Processo Civil.

O dispositivo repete parcialmente o que consta da Lei nº 8.666/1993.

31.1. Leiloeiro oficial – profissão regulamentada

Em primeiro lugar, cabe anotar que a profissão de leiloeiro é estabelecida pelo Decreto nº 21.981/1932, editado durante o Estado Novo e, portanto, como admite o Supremo Tribunal Federal, tem força de lei ordinária[382]. A Lei nº 8.666/1993 e também a atual admitem o desempenho da atividade por Agente de Contratação.

O tema assume alguma complexidade. No Brasil, a regra geral é que a lei posterior revoga a anterior, mas também é regra geral que a norma geral não revoga a norma especial anterior. Assim, também pode ser entendido que a norma geral posterior, no caso a lei de licitações, não revoga a norma anterior de caráter especial, que trata do leilão. Sempre haverá, portanto, a possibilidade de questionamentos

---

[382] A rigor essa construção jurídica que equipara o Decreto à lei, só tem sentido em relação à edição de Decreto-lei e não a Decreto. Ocorre que a época histórica apresenta alguma confusão em relação ao que se conhece por organização do estado Democrático de Direito. Evidencia-se isso facilmente: em consulta ao portal de legislação do Planalto verifica-se que na Constituição de 1937 vários dispositivos da Constituição foram suspensos pelo Decreto nº 10.358, de 31 de agosto de 1942. Não é incorreto, portanto, que se sustentem que ao Decreto referido também tenha força de lei. Após muito estudo do tema, preferimos conciliar a norma com a Lei de licitações.

jurídicos se prevalece o decreto, que estabelece a profissão regulamentada, ou se prevalece a norma posterior, que regula licitações e dispõe sobre o leilão no âmbito da Administração Pública. Na vigência da lei anterior várias vezes se levantou a polêmica.

31.2. Decreto com força de lei

Na Constituição de 1937, o presidente da República foi autorizado a expedir Decreto-lei, com força de lei ordinária[383]. Poucos sabem, porém, que alguns Decretos foram considerados com força de lei, pelo conteúdo material que continham vez que nesse período o Congresso Nacional esteve fechado.

Em auxílio aos autores desta obra, o eminente e culto jurista Eduardo Ferrão procedeu a uma pesquisa para verificar se Decreto também teria força de lei, pois pela regra constitucional, apenas os que têm a forma de Decreto-lei teriam essa força.

Assim, o Supremo Tribunal Federal tem considerado que Decreto que regulamenta profissão, editado no período do recesso do Congresso, tem força de lei. Note os seguintes excertos de ementa:

> MANDADO DE SEGURANÇA Nº 9.469 - DF (2003/0235523-8)
> RELATOR: MINISTRO TEORI ALBINO ZAVASCKI
> [...] 2. Em nosso sistema, de Constituição rígida e de supremacia das normas constitucionais, a inconstitucionalidade de um preceito normativo acarreta a sua nulidade desde a origem. Assim, a suspensão ou a anulação, por vício de inconstitucionalidade, da norma revogadora, importa o reconhecimento da vigência, *ex tunc*, da norma anterior tida por revogada (RE 259.339, Min. Sepúlveda Pertence, DJ de 16.06.2000 e na ADIn 652/MA, Min. Celso de Mello, RTJ 146:461; art. 11, § 2º da Lei 9.868/99). Estão em vigor, portanto, os Decretos 20.931, de 11.1.1932 e 24.492, de 28 de junho de 1934, que regulam a fiscalização e o exercício da medicina, já que o ato normativo superveniente que os revogou (art. 4º do Decreto n. 99.678/90) foi suspenso pelo STF na ADIn 533-2/MC, por vício de inconstitucionalidade formal.

No mesmo sentido:

> DECRETO COM FORÇA DE LEI - REVOGAÇÃO - DECRETO

---

[383] Constituição dos Estados Unidos do Brasil, de 10 de novembro de 1937: "Art. 12 - O Presidente da República pode ser autorizado pelo Parlamento a expedir decretos-leis, mediante as condições e nos limites fixados pelo ato de autorização. Art. 13 - O Presidente da República, nos períodos de recesso do Parlamento ou de dissolução da Câmara dos Deputados, poderá, se o exigirem as necessidades do Estado, expedir decretos-leis sobre as matérias de competência legislativa da União, excetuadas as seguintes: a) modificações à Constituição; b) legislação eleitoral; c) orçamento; d) impostos; e) instituição de monopólios; f) moeda; g) empréstimos públicos; h) alienação e oneração de bens imóveis da União. Parágrafo único - Os decretos-leis para serem expedidos dependem de parecer do Conselho da Economia Nacional, nas matérias da sua competência consultiva." Disponível em: http://www.planalto.gov.br/ccivil_03/constituicao/constituicao37.htm

EXECUTIVO
Decreto com força de lei, assim ato normativo primário. Impossibilidade de sua revogação mediante decreto comum, ato normativo secundário. Deferimento de medida liminar.
SUPREMO TRIBUNAL FEDERAL
Ação Direta de Inconstitucionalidade n9 533 (Medida liminar)
Requerente: Procurador-Geral da República
Requerido: Presidente da República
Relator: Sr. Ministro CARLOS VELOSO.

E, o mais esclarecedor Acórdão:
ARGUIÇÃO DE DESCUMPRIMENTO DE PRECEITO FUNDAMENTAL 131
DISTRITO FEDERAL
RELATOR: MIN. GILMAR MENDES.
[...] 5. Incidência do art. 5º, inciso XIII, da Constituição Federal de 1988. Reserva legal qualificada pela necessidade de qualificação profissional. Atividade com potencial lesivo. Limitação por imperativos técnico-profissionais, referentes à saúde pública. Ausência de violação à liberdade profissional, à proporcionalidade e à razoabilidade. Ponderação de princípios promovida pelo legislador. Inexistência de violação à preceito descumprimento de preceito fundamental julgada improcedente, **declarando a recepção dos arts. 38, 39 e 41 do Decreto 20.931/32 e arts. 13 e 14 do Decreto 24.492/34**, e realizando apelo ao legislador federal para apreciar o tema.[384]

A seguir, a orientação dos autores para elucidar o tema, com segurança.

31.3. Exercício da profissão de leiloeiro por servidor público - controvérsia

Estabelece o art. 31 da Lei nº 14.133/2021, repetindo o art. 53 da Lei nº 8.666/1993 que a Administração pode promover o leilão e cometê-lo a Leiloeiro Oficial ou a servidor designado por si própria.

A lei, tendo autorizado a realização de leilão por seus próprios servidores, abriu exceção para a prática dessa profissão, como esclarecido. É preciso, no entanto, expender algumas outras considerações para melhor compreensão da questão polêmica. A exceção é válida? Há vantagens em contratar Leiloeiro Oficial?

---

[384] BRASIL. Supremo Tribunal Federal. STF. Disponível em: http://www.stf.jus.br/portal/autenticacao/autenticarDocumento.asp sob o código B05F-34E4-3979-D675 e senha CE79-7CAE-AF9B-4CB1. Supremo Tribunal Federal. Inteiro Teor do Acórdão - Página 1 de 70 Ementa e Acórdão ADPF 131 / DF.

Na primeira interpretação, a profissão de leiloeiro está entre aquelas regulamentadas por lei, e, no caso, em duas normas. Para o Leiloeiro Oficial, o Decreto nº 21.981, de 19 de outubro de 1932, com as alterações introduzidas pelo Decreto nº 22.427, de 1º de fevereiro de 1933, que regula a profissão de leiloeiro no território nacional que, a propósito, tem força de lei[385], e a Lei nº 4.021, de 20 de dezembro de 1961, que criou a profissão de leiloeiro rural.

O art. 42 do Decreto nº 21.981/1932 trata do Leiloeiro que atua em leilão promovido pela Administração Pública. Foi previsto nesse artigo que seria contratado o Leiloeiro com mais antiguidade de inscrição na Junta Comercial local e sem taxa de comissão da Administração Pública. Para regulamentar esse artigo, foram expedidas várias normas infralegais, com destaque para a Instrução Normativa nº 83, de 7 de janeiro de 1999, do Ministério do Desenvolvimento, Indústria e Comércio Exterior, a qual foi revogada pela Instrução Normativa DNRC nº 110 de 19/06/2009, a qual, por sua vez foi revogada pela Instrução Normativa nº 113, de 28.04.2010, DOU 03.05.2010 do Departamento Nacional de Registro do Comércio - DNRC.

Após longa discussão sobre a obrigação de a Administração Pública contratar o Leiloeiro por ordem de antiguidade a norma estabeleceu que a "relação de leiloeiros, referida no caput deste artigo, tem finalidade **meramente** informativa do contingente de profissionais matriculados na Junta Comercial, e que a forma de contratação do leiloeiro, **seja por meio de procedimento licitatório** ou outro critério, caberá aos entes interessados." Daí decorrem duas conclusões: se o Decreto tem força de lei, ou se tem apenas força de Decreto, a norma em grau inferior está alterando a norma superior, violando o primado da hierarquia de leis e da segurança jurídica. De fato, Instrução Normativa não pode alterar Decreto. Se o Decreto tem força de lei e a Lei de Licitações como regra posterior, altera a anterior, ou se, mesmo tendo força de lei, deve-se considerar que a Lei de Licitações é norma especial, em relação à profissão regulamentada a conclusão é a mesma: a regra geral da profissão de leiloeiro não se aplica às licitações. Se for entendido, porém que a Lei de licitações é que é a norma geral, essa não poderia revogar o Decreto, com força de lei, anterior, de natureza especial.

Na segunda interpretação, as normas referidas do DNRC estão coerentes com o novo ordenamento jurídico. Assim, "a forma de contratação do leiloeiro, **seja por meio de procedimento licitatório** ou outro critério, caberá aos entes interessados".

---

[385] No início do período de 1937 a 1945, as Casas legislativas foram dissolvidas e o presidente da República teve o poder de expedir decretos-lei sobre todas as matérias da competência legislativa da União.

Considerando, porém, a primeira interpretação, essa regulamentação infralegal pelo DNRC não está coerente com o texto do Decreto nº 21.981 de 19 de outubro de 1932 que, em artigo específico, dispõe:

> Art. 42. Nas vendas de bens moveis ou imóveis pertencentes à União e aos Estados e municípios, os leiloeiros funcionarão por distribuição rigorosa de escala de antiguidade, a começar pelo mais antigo.
>
> § 1º O leiloeiro que for designado para realizar os leilões de que trata este artigo, verificando, em face da escala, que não lhe toca a vez de efetuá-los, indicará à repartição ou autoridade que o tiver designado àquele a quem deva caber a designação, sob pena de perder, em favor do prejudicado, a comissão proveniente da venda efetuada.
>
> § 2º Nas vendas acima referidas os leiloeiros cobrarão somente dos compradores a comissão estabelecida no parágrafo único do artigo 24, correndo as despesas de anúncios, reclamos e propaganda dos leilões por conta da parte vendedora.
>
> § 3º As autoridades administrativas poderão excluir da escala, a que, além deste, se referem os artigos 41 e 44, todo leiloeiro cuja conduta houver perante elas incorrido em desabono, devendo, ser comunicados, por ofício, a Junta Comercial em que estiver o leiloeiro matriculado, os motivos determinantes da sua exclusão, que seguirá o processo estabelecido pelo art. 18. Si se confirmar a exclusão, será o leiloeiro destituído na conformidade do artigo 16, alínea a. (Redação dada pelo Decreto nº 22.427, de 1933)

Portanto, esse diploma estabeleceu uma forma de escolha impessoal do leiloeiro, além da remuneração reduzida, fato que traria vantagens para a Administração. Uma das vantagens é não permitir o aviltamento da mão-de-obra pela disputa de redução de valores; outra vantagem é evitar que qualquer leiloeiro, inclusive sem experiência, tenha a gestão na alienação de bens que podem ser de valores elevadíssimos.

Uma crítica merece o DNRC, pois poderia ter garantido o rodízio por demanda do mais antigo, de modo que sendo contratado um por esse critério, a próxima contratação recairia no segundo mais antigo, e assim sucessivamente.

31.3.1. Precedentes de jurisprudência

Em duas oportunidades o assunto mereceu um estudo mais aprofundado: merecem ser destacados[386] os seguintes trechos do zeloso corpo instrutivo do TCU, acolhidos no voto da Ministra Relatora, Élvia Lordello Castelo Branco, que, após o exame desses dispositivos, firmou a convicção pela possibilidade da contratação direta, com observância do procedimento instituído pela legislação específica.

---

[386] BRASIL. 356. Boletim de Licitações e Contratos - BLC, nº 11/93. São Paulo: NDJ, p. 464.

Assim, as normas do Decreto, mesmo após o advento da Lei nº 8.666/1993, continuariam em vigor. Quase na mesma época, o tema veio ao Plenário do Tribunal de Contas da União, em virtude de representação ofertada por alguns leiloeiros de Minas Gerais que se insurgiram contra o fato de a empresa Telecomunicações de Minas Gerais S.A. - TELEMIG ter efetivado a contratação mediante processo licitatório, aduzindo que, pelo procedimento adotado, haviam sido estabelecidas cláusulas restritivas à competitividade. Acrescentou a Regional do TCU, apesar deste ponto não ter sido questionado pelos peticionários, que o art. 42 do Decreto nº 21.981/32, modificado pelo Decreto nº 22.427/33, dispõe que nas vendas de bens móveis ou imóveis pertencentes à União, aos Estados e Municípios os leiloeiros funcionarão por distribuição rigorosa da escala de antiguidade. Esclareceu, então que "o critério, porém, não é de aplicação obrigatória às Fundações, Empresas Públicas e Sociedades de Economia Mista, conforme Parecer nº 72/75 da Junta Comercial do Distrito Federal no Processo nº 10.017/75 e informações verbais obtidas da Assessoria Jurídica da Junta Comercial do Estado de Minas Gerais (fls. 78/81). [...] Importante dizer, de logo, que é incomum a licitação para a escolha de leiloeiro oficial. A regra é a sua indicação pela Junta Comercial do respectivo Estado, ou pela Associação dos Leiloeiros ou, ainda, a escolha do profissional dentre aqueles credenciados pela Junta Comercial, a critério da Administração e para a sua conveniência, certamente que levando em consideração o resultado de leilões realizados e as técnicas de divulgação e de pregões utilizados pelos profissionais. E, acrescentou mais: [...] Vale consignar que o poder discricionário do Administrador da Telemig pode lhe permitir qualquer dos caminhos usuais em matéria de escolha de leiloeiro público. Desde, entretanto, que opte pelo processo licitatório, este terá que seguir as normas do Decreto-lei nº 2.300/86 ou aquelas estabelecidas pelo seu próprio regulamento de licitação. No caso em exame, não se verificou a infringência a essas normas, sendo, portanto, improcedente a alegação de vício no certame em questão."[387]

Se for admitida a vigência do art. 42 da profissão regulamentada, há que se considerar que seu alcance é restrito à "União, Estados e Municípios", sendo apenas possível a ilação, por via hermenêutica, para alcançar as empresas estatais. Assim, em linha divergente à referida no voto do Colendo TCU, parece que as outras pessoas jurídicas não estão incluídas no caput do art. 42; entidades descentralizadas, mesmo de direito público, não se podem valer do dispositivo do art. 42 do Decreto nº 21.981/1932 para a contratação direta. Desse modo, as autarquias, fundações, empresas públicas, sociedades de economia mista, deverão realizar processo licitatório para a escolha do

---

[387] BRASIL. Tribunal de Contas da União. Processo nº TC-375.283/1992-7. Decisão nº 606/1992 - Plenário. Relatora: Ministra Élvia L. Castello Branco. **Diário Oficial [da] República Federativa do Brasil**, Brasília, DF, de 04 jan. 1993. Seção 1, p. 11-12. Distrito Federal.

profissional, tendo em conta que não são beneficiárias da vantagem instituída pelo § 2º do mesmo art. 42.

31.4. Seleção de leiloeiro oficial na Lei nº 14.133/2021

O caput do art. 31 dispõe que a Administração Pública pode realizar leilão com servidor do próprio quadro ou mediante a contratação de leiloeiro oficial.

Decidindo pela segunda hipótese – contratar leiloeiro oficial, seguindo a intepretação de que deve ser aplicada a Lei nº 14.133/2021, que parece mais adequada, deve a Administração Pública:

a) "selecioná-lo mediante credenciamento ou licitação na modalidade pregão";

b) adotar o critério de julgamento de maior desconto, sobre as parcelas das comissões a serem cobradas pelo Leiloeiro da Administração Pública; e

c) o balizamento do desconto, ou seja, o limite máximo de desconto deve ser considerado a partir de percentuais definidos na lei que regula a referida profissão, que no caso pode atingir o valor zero, pois o § 2º do art. 42, autoriza que seja cobrada a comissão apenas do comprador, o que significa que não é vedado que a Comissão tenha valor zero.

A Lei não define no § 1º do art. 31 um critério de seleção, podendo ensejar a máxima amplitude de competição, sendo suficiente que o profissional esteja inscrito na Junta Comercial. Nesse ponto, merece censura porque, para ser Leiloeiro, basta atender os requisitos[388] do art. 2º – com as restrições do art. 3º – do Decreto nº 21.981/1932. A LLCA não prevê a questão de experiência na atividade. É óbvio que sendo livre o acesso a essa profissão, nos termos desse regulamento, a tendência é que apresente a menor comissão o leiloeiro com a menor experiência. O dispositivo, portanto, acaba colocando a Administração Pública em situação de não selecionar o melhor profissional.

---

[388] Assim dispõe o Decreto nº 21.981/1932: Art. 2º Para ser leiloeiro, é necessário provar: a) ser cidadão brasileiro e estar no gozo dos direitos civis e políticos; b) ser maior de vinte e cinco anos; c) ser domiciliado no lugar em que pretenda exercer a profissão, há mais de cinco anos; d) ter idoneidade, comprovada com apresentação de caderneta de identidade e de certidões negativas dos distribuidores, no Distrito Federal, da Justiça Federal e das Varas Criminais da Justiça local, ou de folhas corridas, passadas pelos cartórios dessas mesmas Justiças, e, nos Estados e no Território do Acre, pelos Cartórios da Justiça Federal e Local do distrito em que o candidato tiver o seu domicílio. Apresentará, também, o candidato, certidão negativa de ações ou execuções movidas contra ele no foro civil federal e local, correspondente ao seu domicílio e relativo ao último quinquênio. Art. 3º Não podem ser leiloeiros: a) os que não podem ser comerciantes; b) os que tiverem sido destituídos anteriormente dessa profissão, salvo se o houverem sido a pedido; c) os falidos não reabilitados e os reabilitados, quando a falência tiver sido qualificada como culposa ou fraudulenta. Disponível em: http://www.planalto.gov.br/ccivil_03/decreto/1930-1949/d21981.htm

31.5. Credenciamento ou pregão?

A lei permite o credenciamento ou pregão. No credenciamento se pode selecionar vários prestadores de serviços, para futura escolha impessoal. No pregão, é selecionado apenas o que oferecer a proposta mais vantajosa.

Note que, embora a lei somente permita pregão para serviço comum, implicitamente considerou a escolha de Leiloeiro oficial como serviço comum, fato que revela uma contradição no seu âmago irredutível. A recomendação dos autores, em termos práticos é proceder estritamente conforme à lei, ou seja, usando o credenciamento ou o pregão, deixando essa discussão para futura revisão da lei.

Para melhor compreensão, tem-se:

- ✓ possibilidade de selecionar o Leiloeiro Oficial por pregão, em se tratando de um só pregão no órgão;
- ✓ se, contudo, o órgão procede a vários pregões, é possível realizar o credenciamento, com critérios de escolha impessoal; e
- ✓ em última hipótese, designar servidor para realizar o pregão, dada as peculiaridades dessa modalidade de licitação.

Em termos práticos, os autores observam e recomendam o seguinte:

a) não usar credenciamento, exceto se a entidade for de âmbito nacional, com alienações muito frequentes; o uso de credenciamento admitirá rodízio ou a participação de profissionais diferentes, impedindo uma uniformização de procedimentos; e

b) usar o pregão, exigindo experiência de cinco anos de inscrição na Junta Comercial e ter realizado pelo menos um pregão para órgão ou entidade da Administração Pública. Desse modo, mesmo que ocorra empate no desconto da comissão – todos cobrem zero, a Administração estará contratando um profissional minimamente qualificado.

31.6. Vedação à participação de leiloeiro

Há casos, porém, em que é possível vedar a participação, em especial:

a) com fundamento no art. 42, § 3º, o leiloeiro cuja conduta houver perante a Administração Pública, incorrido em desabono, devendo, "ser comunicados, por ofício, à Junta Comercial em que estiver o leiloeiro matriculado, os motivos determinantes da sua exclusão, que seguirá o processo estabelecido pelo art. 18. Se confirmar a exclusão, será o leiloeiro destituído na conformidade do artigo 16, alínea "a", conforme redação dada pelo Decreto nº 22.427/1933;

b) os punidos com as sanções de impedimento de participar da licitação, na forma prevista no art. 14, § 1º e 156, inc. III e IV da Lei nº 14.133/2021.

O art. 42, § 3º, ainda está vigente e aplicável ao caso, porque se refere a dispositivo dirigido expressamente à Administração Pública. Note, porém, que pode haver dúvidas se a Administração Pública tem competência para punir diretamente o Leiloeiro, porque a norma que rege a profissão regulamentada prevê a competência da Junta Comercial para aplicar a sanção enquanto a Lei nº 14.133/2021 tem caráter de norma geral.

O tema ainda não foi enfrentado pelos tribunais. Em conselho prático, parece mais adequado que a Administração Pública se limite a promover a denúncia, deixando a apuração e a aplicação da sanção à cargo da Junta Comercial. Justifica-se a preferência: primeiro para fugir à controvérsia sobre autoridade competente, recomendando-se a posição mais conservadora; segundo, porque a regência da profissão regulamentada pode trazer condições ou circunstâncias que alterem o procedimento ou as penalidades.

31.7. Critério de julgamento e remuneração do pregoeiro

A lei define que o critério de julgamento será o maior desconto, sobre as parcelas das comissões a serem cobradas pelo Leiloeiro. Desconto sobre a taxa que a Administração Pública se propuser a pagar e essa deve estar prevista no edital ou no regulamento do órgão.

A norma que define os percentuais e regula a profissão é o art. 42 do Decreto nº 21.981/1932, com a redação dada pelo Decreto nº 22.427/1933, que dispõe:

> "Art. 42. Nas vendas de bens moveis ou imóveis pertencentes à União e aos Estados e Municípios, os Leiloeiros funcionarão por distribuição rigorosa de escala de antiguidade, a começar pelo mais antigo. [...] § 2º Nas vendas acima referidas os leiloeiros cobrarão somente dos compradores a comissão estabelecida no parágrafo único do artigo 24, correndo as despesas de anúncios, reclamos e propaganda dos leilões por conta da parte vendedora."

Por sua vez o art. 24, estabelece:

- ✓ as partes podem convencionar a taxa da comissão do Leiloeiro; e
- ✓ não havendo convenção escrita, ou seja, acordo prévio, aplicar-se-á a taxa de 5% (cinco por cento), sobre moveis, mercadorias, joias e outros efeitos e a de 3 % (três por cento), sobre bens imóveis de qualquer natureza.

Conforme a regulamentação da profissão, cabe aos compradores pagar obrigatoriamente cinco por cento sobre quaisquer bens arrematados, fator sobre o qual a Administração não pode interferir; referida parcela deve ficar com o Leiloeiro Oficial.

É por isso que muitas vezes, quando se contrata o Leiloeiro pode ser admitida a taxa zero, porque o trabalho é remunerado pelo arrematador. Convém aplicar a razoabilidade, deixando essa possibilidade para os casos em que são envolvidos valores muito elevados, quando pode ser suficiente a remuneração à conta do arrematador.

31.8. Compra e venda de imóvel

Em se tratando de leilão relativo a imóvel, o procedimento é semelhante ao previsto para a alienação de móveis. No caso, também poderá ocorrer a incidência da Lei nº 6.530/1978, que estabelece a profissão de corretor de imóveis. Lembre-se: a Administração pode selecionar um corretor de imóveis para fazer uma pesquisa de imóveis, mediante licitação ou critério impessoal, mas a compra observará os ritos previstos na nova Lei de Licitações. Também pode ocorrer de o imóvel selecionado pela Administração, por inexigibilidade de licitação, estar sob a gestão de um corretor com contrato anterior de gestão do imóvel. O ônus da compra e o valor não é alterado pela presença de corretor que neste caso se remunera pelo vendedor.

31.9. Regulamento

Particular cuidado deve ser adotado em relação à expressão "regulamento" que consta do artigo 31. Assim como pode ser compreendido que o termo se refere a regulamento geral do órgão, que trata especificamente de leilão, ou a regulamento específico para todos os leilões do órgão, também pode ser compreendido o termo "regulamento" como equivalente ao edital. Haveria assim um regulamento daquele determinado leilão.

Se for equivalente a edital, poderá ensejar controvérsias. Quando a Administração decidir, na forma do § 1º, contratar Leiloeiro, o regulamento do leilão poderá ser feito pela Administração Pública ou pelo próprio Leiloeiro. O melhor entendimento é que o edital dessa licitação seja o regulamento elaborado pelo próprio Leiloeiro, o que abre um precedente interessante na possibilidade de somar a inteligência e o esforço do profissional ao desenvolvimento de uma rotina de alienação de bens da Administração. Ocorre que no entendimento ortodoxo, o particular não elabora o edital da licitação. Esse fato deve ser esclarecido no processo para que alguma eventual auditoria compreenda adequadamente a situação jurídica.

Lembre-se do antigo brocardo: "o processo deve falar por sim mesmo", sem necessidade de esclarecimentos adicionais.

Também é válido o entendimento segundo o qual o regulamento e o edital da licitação seguem integralmente a regra posta na Lei de Licitações e Contratos, apenas os procedimentos do leilão é que podem ser terceirizados. A produção de regras não seriam.

Diferentemente da Lei nº 8.666/1993, a LLCA delegou a regulamento próprio o estabelecimento de regras, metodologias, lances mínimos, garantias e valores. A lei anterior dedicava alguns artigos a esses temas e agora, isto deverá ser definido em regulamento.

31.10. O Direito de Preferência dos museus nas alienações de bens

Sobre o assunto, cabe ainda asserir que os museus integrados ao Sistema Brasileiro de Museus – SBM gozam de direito de preferência em casos de venda judicial ou leilão de bens culturais, como bem menciona o art. 20 do Decreto nº 8.124/2013 que regulamenta a Lei nº 11.904/2009 (Estatuto do Museu). Assim menciona:

> Art. 20. [...]
>
> 1º Para possibilitar o exercício do direito de preferência previsto no caput, o responsável pelo leilão ou venda judicial de bens culturais deverá notificar o IBRAM sobre o leilão com antecedência de, no mínimo, trinta dias, e caberá à autarquia estabelecer requisitos mínimos para notificação.
>
> § 2º Recebida a notificação referida no § 1º, o IBRAM consultará os museus integrantes do SBM para que, no prazo de dez dias, informem interesse na aquisição dos bens objeto da venda judicial ou leilão.
>
> § 3º Caso um museu integrante do SBM informe interesse, o IBRAM notificará o responsável pelo leilão ou venda judicial com antecedência de, no mínimo, quinze dias à data da alienação do bem.
>
> § 4º Em caso de concorrência entre os museus do SBM, caberá ao Comitê Gestor, no prazo de cinco dias, determinar que museu terá a preferência, na ausência de sua manifestação, caberá ao seu Presidente a definição.
>
> § 5º Em se tratando de bem cultural declarado de interesse público, terá preferência museu do IBRAM, caso a autarquia informe interesse na aquisição.
>
> § 6º O direito de preferência será válido somente se o bem cultural se enquadrar na política de aquisições e descartes de bens culturais do museu, elaborada nos termos do art. 24.
>
> § 7º O representante legal do museu que pretender exercer o direito de preferência deverá se fazer presente no ato do leilão ou venda judicial, sob pena de preclusão do direito de preferência.

Assim, segundo conceituação na Lei nº 11.904/2009 (Estatuto do Museu), museu é considerado como:

> "Instituições sem fins lucrativos que conservam, investigam, comunicam, interpretam e expõem, para fins de preservação, estudo, pesquisa, educação, contemplação e turismo, conjuntos e coleções de valor histórico, artístico, científico, técnico ou de qualquer outra natureza cultural, abertas ao público, a serviço da sociedade e de seu desenvolvimento."

Trata-se de uma lei de âmbito nacional que abrange a União, os Estados, o Distrito Federal e os Municípios, assim como as instituições de direito privado que atuam em consonância com as atividades inerentes aos museus.

O campo museológico brasileiro, entretanto, é propiciado a todos que se envolvem com a realidade cotidiana dos museus e com sua legislação encontram um caminho para sua efetivação, haja vista os avanços epistemológicos.

A Resolução Normativa nº 12, de 10 de fevereiro de 2022 do IBRAM – art. 26, também trata sobre o assunto aqui mencionado.

Entretanto o Decreto nº 6.845/2009, assegura no art. 2º, inc. XVII que caberá ao IBRAM:

> "exercer, em nome da União, o direito de preferência na aquisição de bens culturais móveis, prevista no art. 22 do Decreto-Lei nº 25, de 30 de novembro de 1937, respeitada a precedência pelo órgão federal de preservação do patrimônio histórico e artístico."

Ressaltamos que o art. 22 do Decreto-Lei nº 25/1937 foi expressamente revogado pela Lei nº 13.105/2015, que tratava do direito de preferência quando da alienação de bens tombados pertencentes a pessoas naturais ou jurídicas de direito privado e, tacitamente revogado, o artigo 4º, inciso XVII, da Lei nº 11.906/2009, que criou o Instituto Brasileiro de Museus - IBRAM.

Estabelecia o artigo 22, caput, que a União, os Estados e os Municípios tinham, nesta ordem, preferência na aquisição dos bens.

Assim, segundo a Lei nº 13.105/2015, em seu art. 892, §3º, dispõe que no leilão judicial de bem tombado a União, os Estados e os Municípios terão, nessa ordem, o direito de preferência na arrematação, em igualdade de oferta. Nesse diapasão, na alienação judicial de bem tombado penhorado, permanece o direito de preferência. Os titulares deste direito devem ser cientificados com cinco dias de antecedência ao leilão judicial, segundo o art. 889, inciso VIII, da mencionada lei, sob pena de se invalidar a arrematação. Observa-se, desta maneira, que o direito de preferência se limitou aos leilões judiciais de bem tombado penhorado.

Art. 31, § 2º, inc. I, II, III, IV, V

Art. 31. O leilão pode ser cometido a leiloeiro oficial ou a servidor designado pela autoridade competente da Administração, devendo regulamento dispor sobre seus procedimentos operacionais. [...]

§ 2º O leilão será precedido da divulgação do edital em sítio eletrônico oficial, que conterá:

I - a descrição do bem, com suas características, e, no caso de imóvel, sua situação e suas divisas, com remissão à matrícula e aos registros;

II - o valor pelo qual o bem foi avaliado, o preço mínimo pelo qual poderá ser alienado, as condições de pagamento e, se for o caso, a comissão do leiloeiro designado;

III - a indicação do lugar onde estiverem os móveis, os veículos e os semoventes;

IV - o sítio da internet e o período em ocorrerá o leilão, salvo se excepcionalmente for realizado sob a forma presencial por comprovada inviabilidade técnica ou desvantagem para a Administração, hipótese em que serão indicados o local, o dia e a hora de sua realização;

V - a especificação de eventuais ônus, gravames ou pendências existentes sobre os bens a serem leiloados.

Dispositivos correspondentes na Lei nº 8.666/1993:

Art. 53. O leilão pode ser cometido a leiloeiro oficial ou a servidor designado pela Administração, procedendo-se na forma da legislação pertinente.

§ 1º Todo bem a ser leiloado será previamente avaliado pela Administração para fixação do preço mínimo de arrematação.

§ 2º Os bens arrematados serão pagos à vista ou no percentual estabelecido no edital, não inferior a 5% (cinco por cento) e, após a assinatura da respectiva ata lavrada no local do leilão, imediatamente entregues ao arrematante, o qual se obrigará ao pagamento do restante no prazo estipulado no edital de convocação, sob pena de perder em favor da Administração o valor já recolhido.

§ 3º Nos leilões internacionais, o pagamento da parcela à vista poderá ser feito em até vinte e quatro horas.

Dispositivos pertinentes na Lei nº 14.133/2021, além do art. 31:

Art. 6º. Para os fins desta Lei, consideram-se: [...]

LII - sítio eletrônico oficial: sítio da internet, certificado digitalmente por autoridade certificadora, no qual o ente federativo divulga de forma centralizada as informações e os serviços de governo digital dos seus órgãos e entidades;

Neste dispositivo, fica estabelecida a obrigação de divulgação do edital em sítio eletrônico e o que deve conter essa divulgação. Cabem algumas observações a respeito:

1ª. Conforme exposto nos comentários do caput desse artigo, o edital, que pode ser o regulamento, deve ser divulgado em sítio eletrônico oficial, conforme conceituado no art. 6º inc. LII. Veja, adiante, regra complementar inserida no § 3º.

2ª. No inc. I do § 2º, foi estabelecida a necessidade de descrição do bem em detalhes suficientes para que os interessados possam, com uma leitura preliminar do edital, avaliar se têm interesse ou não no produto.

Em termos práticos, cabe ressaltar aqui a necessidade de descaracterização de bens, quando for o caso. Exemplo: caso um Tribunal Regional do Trabalho ou um órgão policial pretenda leiloar veículos, deverá tirar as marcas do veículo para que não seja mais identificado. Do contrário, corre risco de se ter particulares andando com carro com as marcas de um órgão público. O mesmo vale para registro de patrimônio de órgão, as famosas placas de identificação de bem - PIB e situações afins.

3ª. No inc. II, é importante destacar que foi feita uma diferença entre o valor da avaliação do bem e o preço mínimo pelo qual pode ser alienado. É muito importante o gestor público se acautelar, porque se o bem for avaliado em R$ 100 mil, não necessariamente o preço mínimo para sua alienação deverá ser R$ 100 mil. É possível que seja um preço bem abaixo do valor avaliado, considerando o interesse do mercado, o cenário econômico do período e até o custo de se ter um novo leilão fracassado porque os interessados não apresentaram preço acima do mínimo. Nesse sentido, se o preço mínimo for alto demais, vai acarretar a necessidade de novos leilões, com novos valores, e tudo isso é custo para a Administração.

4ª. Ainda em relação ao inc. II, sobre a comissão do leiloeiro designado. Caso se trate de leiloeiro oficial, o valor estabelecido foi aquele decorrente do pregão que foi realizado para seleção do Leiloeiro oficial e, portanto, já definido previamente. Assim, só é necessário constar do edital.

5ª Em relação ao inc. III, que trata da localização dos bens móveis, veículos e semoventes, recomenda-se acrescer informações sobre a disponibilidade de horário e método para vistoria. Como se trata de leilão, é interessante que se abra a possibilidade para os interessados vistoriarem esses bens. Nesse sentido, sugere-se, conforme já estabelecido em acórdão do Tribunal de Contas da União, que seja incluída no edital a necessidade de vistoria ou do preenchimento de um termo que se compromete a aceitar o bem nas condições em que ele se encontra.

6ª. No inc. IV, um ponto a ser destacado é que o dispositivo não estabelece o sítio que o órgão deve utilizar para licitação. O órgão público, por exemplo, não fica vinculado ao Portal de Compras do Governo Federal – que é o atual sistema federal de licitações eletrônicas – mas pode inclusive, estabelecer o sítio do leiloeiro, porque muitos leiloeiros oficiais têm seu próprio sítio onde realizam leilões, com bastante publicidade habitual.

O dispositivo ainda prevê que o leilão deve ser eletrônico, estabelecendo regras de exceção iguais àquelas fixadas para as modalidades de licitação: "em caso de inviabilidade técnica ou desvantagem para administração". Obviamente nesse caso, deverá indicar local, data e horário que vai ser realizado o leilão presencial.

Caso o leilão seja realizado por servidor público, a decisão por eletrônico ou presencial cabe ao órgão público. Se o leilão, porém, for realizado por Leiloeiro oficial, essa questão torna-se mais complexa. Isso ocorre porque existe uma dúvida se o edital também passa a ser responsabilidade do Leiloeiro. Caso o órgão público, ao estabelecer o seu regulamento de leilão, estabeleça que o edital também passa a ser responsabilidade do Leiloeiro, cabe ao profissional estabelecer se o leilão será na forma eletrônica ou presencial.

6ª. Em relação ao inc. V, que trata da especificação de eventuais ônus, gravames ou pendências existentes sobre os bens a serem leiloados, é essencial que se estabeleça, com critério, os ônus sobre o bem, inclusive aqueles ônus de risco. Dependendo do patrimônio que se está leiloando, não há nenhum ônus existente, mas a sua assunção poderá representar riscos de ônus e, portanto, deve ser inserido para prévio conhecimento. Note que a omissão de informações pré-existentes, não perceptíveis em vistoria trazem riscos de responsabilização se forem do conhecimento prévio da Administração Pública. Se forem de conhecimento ou se essa tinha o dever de conhecer. Importante, definir matriz de risco para que se defina responsabilidade pelos ônus: se do arrematante, de terceiros ou do órgão que está leiloando o bem.

Art. 31, § 3º

Art. 31. O leilão pode ser cometido a leiloeiro oficial ou a servidor designado pela autoridade competente da Administração, devendo regulamento dispor sobre seus procedimentos operacionais. [...]

§ 3º Além da divulgação no sítio eletrônico oficial, o edital do leilão será afixado em local de ampla circulação de pessoas na sede da Administração e poderá, ainda, ser divulgado por outros meios necessários para ampliar a publicidade e a competitividade da licitação.

Dispositivos correspondentes na Lei nº 8.666/1993:

Art. 53. O leilão pode ser cometido a leiloeiro oficial ou a servidor designado pela Administração, procedendo-se na forma da legislação pertinente.

§ 4º O edital de leilão deve ser amplamente divulgado, principalmente no município em que se realizará. (Incluído pela Lei nº 8.883/1994)

Complementando a regra do §2º do art. 31, a lei estabelece a divulgação pelo ortodoxo método de fixar "em local de ampla circulação de pessoas na sede da Administração". Refere-se a lei aos murais das salas de entrada da Prefeitura, por exemplo. Essa determinação reflete o fato de a lei estar longe da realidade e do tempo atual. Pode, quando muito, ser útil em municípios com população muito reduzida, onde a sede da Prefeitura ainda é um local de encontro. Há que se observar, contudo, que esse dispositivo pode trazer problemas. Em alguns roteiros de auditora consta "verificar se o edital do leilão foi "afixado em local de ampla circulação de pessoas na sede da Administração". A penalidade para violar as formalidades da publicação de atos administrativos é prevista na Lei de Improbidade e na Lei de Ação Popular. Portanto, cumpra-se com rigor.

Admite a Lei uma publicidade adicional: "ser divulgado por outros meios necessários para ampliar a publicidade e a competitividade da licitação". É válida a divulgação em emissoras de rádio, de televisão, na internet, no *instagram*, no *facebook* da prefeitura, em correspondência dirigida a corretores de imóveis, por exemplo.

Na norma que regulamenta a profissão de Leiloeiro, há regra específica sobre a publicidade dispondo[389]:

> Art. 38. Nenhum leilão poderá ser realizado sem que haja, pelo menos, três publicações no mesmo jornal, devendo a última ser bem pormenorizada, sob pena de multa de 2:000$0.
>
> Parágrafo Único. Todos os anúncios de leilões deverão ser muito claros nas descrições dos respectivos efeitos, principalmente quando se tratar de bens imóveis ou de objetos que se caracterizem pelos nomes dos autores e fabricantes, tipos e números, sob pena de nulidade e de responsabilidade do leiloeiro.

Art. 31, § 4º

Art. 31. O leilão pode ser cometido a leiloeiro oficial ou a servidor designado pela autoridade competente da Administração, devendo regulamento dispor sobre seus procedimentos operacionais. [...]

§ 4º O leilão não exigirá registro cadastral prévio, não terá fase de habilitação e deverá ser homologado assim que concluída a fase de lances, superada a fase recursal e efetivado o pagamento pelo licitante vencedor, na forma definida no edital.

Dispositivos correspondentes na Lei nº 8.666/1993:

Art. 53. O leilão pode ser cometido a leiloeiro oficial ou a servidor designado pela Administração, procedendo-se na forma da legislação pertinente.

§ 1º Todo bem a ser leiloado será previamente avaliado pela Administração para fixação do preço mínimo de arrematação.

§ 2º Os bens arrematados serão pagos à vista ou no percentual estabelecido no edital, não inferior a 5% (cinco por cento) e, após a assinatura da respectiva ata lavrada no local do leilão, imediatamente entregues ao arrematante, o qual se obrigará ao pagamento do restante no prazo estipulado no edital de convocação, sob pena de perder em favor da Administração o valor já recolhido.

---

[389] BRASIL. Decreto nº 21.981 de 19 de outubro de 1932. Regula a profissão de Leiloeiro ao território da República. Disponível em: http://www.planalto.gov.br/ccivil_03/decreto/1930-1949/d21981.htm

§ 3º Nos leilões internacionais, o pagamento da parcela à vista poderá ser feito em até vinte e quatro horas. (Redação dada pela Lei nº 8.883/1994)

§ 4º O edital de leilão deve ser amplamente divulgado, principalmente no município em que se realizará. (Incluído pela Lei nº 8.883/1994).

31.11. Ampla participação e restrições da Lei nº 14.133/2021

A norma tenta indicar um equilíbrio entre a simplicidade do leilão com as regras de austeridade da Administração Pública.

Assim, determina que diferente de outras modalidades, no leilão não se exigirá registro cadastral prévio e não terá fase de habilitação.

Na teoria, qualquer pessoa pode arrematar bens num leilão. Deveriam, então, os intérpretes compreenderem essa pretensão de simplicidade, mas na prática algumas questões têm gerado dúvidas.

A primeira é se a vedação inserida no art. 7º que trata da designação de agentes públicos para o desempenho das funções essenciais à execução da Lei. Nesse artigo foi vedado designar quem seja:

"cônjuge ou companheiro de licitantes ou contratados habituais da Administração, tenham com eles vínculo de parentesco, colateral ou por afinidade, até o terceiro grau, ou de natureza técnica, comercial, econômica, financeira, trabalhista e civil."

Certamente, esse dispositivo é inaplicável, pois a participação em leilão é fato futuro, incerto e na teoria com a máxima amplitude de participação.

O art. 14, porém, é mais complexo, pois dirige-se a definir vedações para aqueles que vão participar da licitação. Define que:

"não poderão disputar licitação ou participar da execução de contrato, direta ou indiretamente" [...] "aquele que mantenha vínculo de natureza técnica, comercial, econômica, financeira, trabalhista ou civil com dirigente do órgão ou entidade contratante ou com agente público que desempenhe função na licitação ou atue na fiscalização ou na gestão do contrato, ou que deles seja cônjuge, companheiro ou parente em linha reta, colateral ou por afinidade, até o terceiro grau, devendo essa proibição constar expressamente do edital de licitação".

Também veda que participe da licitação:

"pessoa física ou jurídica que, nos 5 (cinco) anos anteriores à divulgação do edital, tenha sido condenada judicialmente, com trânsito em julgado, por exploração de trabalho infantil, por submissão de trabalhadores a condições análogas às de escravo ou por contratação de adolescentes nos casos vedados pela legislação trabalhista."

Mostra-se irrazoável obrigar que a Administração, não tendo possibilidade de acessar documentos de habilitação, tenha o ônus de verificar a ocorrência dessas vedações. Por isso, obrigar a inserir no edital essas vedações é criar um problema lógico: se inserir no edital, o Agente de Contratação terá o dever de verificar; para verificar deverá violar a regra do § 4º e pedir documentos de habilitação do proponente do lance. É por esse motivo que não devem ser inseridas vedações à participação.

É evidente que pode ocorrer de se um Agente de Contratação for designado Leiloeiro poderá ocorrer na prática de o arrematante estar numa das vedações referidas no art. 14. Diante de tal fato, a simples condição de parentesco não pode implicar em vedação à arrematação, pois o parente participou em igualdade de condições com os outros arrematantes. Assemelha-se o caso à situação em que o parlamentar, após eleito, desde a diplomação não pode manter contrato com a Administração Pública, mas a própria Constituição abre exceção aos contratos com cláusulas uniformes. É, por exemplo, contrato com cláusulas uniformes contratar energia, água e esgoto, serviço de correios.

31.12. Homologação do leilão

Como já esclarecido, a homologação é um ato administrativo de controle, praticado pela autoridade da própria Administração Pública que confirma a regularidade do procedimento e a legalidade, encerrando a etapa competitiva.

Como prática, os autores recomendam que a autoridade indique os principais atos antecedentes praticados, indicando no processo em que se localizam e quem os praticou. Encerre a homologação declarando que considera os atos regulares, conformes à lei, e indique a vantagem obtida pelo processo licitatório.

Com esse tipo de despacho a autoridade demonstra o acatamento do princípio da segregação as funções, previsto nos artigos 5º e 7º, § 1º; facilita aos órgãos verificadores e de controle identificar a responsabilidade de cada um dos agentes. Concordando com a regularidade e a legalidade valoriza os agentes que atuaram precedentemente no processo.

Numa indicação de que pretende ser célere, a lei no § 4º, em comento, impõe que encerrada a fase de lances e decorrido o prazo de recurso, ou decidindo os recursos, sem mais tardanças a autoridade homologue o Leilão e passe a fase de pagamento pelo lançador vencedor. A expressão "assim que concluída a fase de lances" é um indicativo da pretensão de celeridade.

32. Art. 32, caput, inc. I, a, b, c

> Art. 32. A modalidade diálogo competitivo é restrita a contratações em que a Administração:
>
> I - vise a contratar objeto que envolva as seguintes condições:
>
> a) inovação tecnológica ou técnica;
>
> b) impossibilidade de o órgão ou entidade ter sua necessidade satisfeita sem a adaptação de soluções disponíveis no mercado; e
>
> c) impossibilidade de as especificações técnicas serem definidas com precisão suficiente pela Administração.

Dispositivos correspondentes na Lei nº 8.666/1993: não há.

Dispositivos correspondentes na Lei nº 12.462/2011 (Institui o RDC):

Art. 9º Nas licitações de obras e serviços de engenharia, no âmbito do RDC, poderá ser utilizada a contratação integrada, desde que técnica e economicamente justificada e cujo objeto envolva, pelo menos, uma das seguintes condições: (Incluído pela Lei nº 12.980, de 2014)

I - inovação tecnológica ou técnica; (Incluído pela Lei nº 12.980, de 2014)

A modalidade de licitação "diálogo competitivo" – uma inovação na lei de licitações – tem inspiração tanto na Diretiva 2014/24 da União Europeia[390] como também nas práticas de diálogos e aberturas para outros procedimentos existentes no Federal *Acquisition Regulation* – FAR dos Estados Unidos. A ideia do diálogo competitivo, conforme disposto no inc. I do dispositivo, refere-se a situações em que a Administração, interessada em determinada aquisição, mas sem informações suficientes sobre inovações de mercado ou especificações técnicas do produto ou serviço, poderia abrir para o particular a possibilidade de contribuir na definição desse objeto.

O inc. I, alínea "a" descreve que o objeto a ser licitado pelo diálogo público seja relacionado a inovação tecnológica ou técnica. Como o próprio nome diz, é algo novo que a administração pode não conhecer a fundo e, por isso, chama o mercado para explicar e propor soluções.

Na alínea "b" trata de situações em que o órgão ou entidade não tenham a sua necessidade satisfeita sem adaptar à solução disponível no mercado. Nesse caso, também é possível chamar as empresas e o mercado para verificar a possibilidade de adaptação

A alínea "c" que trata de especificações técnicas que não podem ser definidas com precisão suficiente pela administração. É um dispositivo inovador em que a própria Administração reconhece a sua falta de capacidade técnica de escolher a melhor solução. Por isso, estimula o diálogo com o setor privado.

Importante observar que, como o dispositivo parte de uma restrição de possibilidades de a Administração adotar a modalidade, a aplicação do dispositivo

---

[390] Disponível em: https://eur-lex.europa.eu/legal-content/pt/TXT/?uri=CELEX:32014L0024.

torna-se uma área de peculiar atenção para o servidor público. Isso ocorre porque algum agente de controle, ou de outras áreas, muito mais qualificado, poderá questionar a decisão do gestor público.

Portanto, o mais recomendável – até porque são contratação de valores altíssimos – é que a Administração se resguarde através de mecanismos adequados de transparência. Uma boa prática seria anunciar previamente que vai adotar essa modalidade de licitação.

Art. 32, inc. II, a, b, c, inc. III

Art. 32. A modalidade diálogo competitivo é restrita a contratações em que a Administração: [...]
II - verifique a necessidade de definir e identificar os meios e as alternativas que possam satisfazer suas necessidades, com destaque para os seguintes aspectos:
a) a solução técnica mais adequada;
b) os requisitos técnicos aptos a concretizar a solução já definida;
c) a estrutura jurídica ou financeira do contrato;
III - (VETADO).

Dispositivos correspondentes na Lei nº 8.666/1993: não há.

Dispositivo vetado e razões do Veto nº 13/2021 (Nova Lei de Licitações):

III - considere que os modos de disputa aberto e fechado não permitem apreciação adequada das variações entre propostas.

Razões do veto

"A propositura legislativa vincula a reserva da modalidade Diálogo Competitivo aos modos de disputa aberto e fechado previsto na Lei, como uma condição para utilização desta modalidade. Todavia, e embora a boa intenção do legislador, a medida contraria o interesse público, pois não é adequado vincular o Diálogo Competitivo ao modo de disputa para a apreciação adequada das variações entre propostas, tampouco à solução de eventuais deficiências com modos de disputa. O Diálogo Competitivo requer avanço com licitantes selecionados para que a Administração identifique a melhor solução existente para atender a necessidade pública."

O inc. II do art. 32 estabelece três aspectos que devem ser tratados com destaque para análise do diálogo competitivo. Esses três paradigmas devem ser aqueles critérios fundamentais, em relação aos quais vai se ter o diálogo na primeira fase do diálogo competitivo: a solução técnica mais adequada; os requisitos técnicos aptos a concretizar a solução já definida; e a estrutura jurídica ou financeira do contrato.

Já o inc. III estabelece como requisito também esclarecer que os modos de disputa aberto e fechado não permitem a apreciação adequada da variação entre as propostas. Afinal de contas, como a Administração está aberta a soluções diferenciadas e adaptações de outras soluções, você não pode simplesmente avaliar preço ou pontuação técnica. É preciso ter uma análise, um discurso, um debate mais aprofundados. Porém, o inciso foi vetado como inserido acima.

Art. 32, § 1º, I, II, III, IV, V, VI, VII, VIII, IX, X, XI, XII, § 2º

> Art. 32. A modalidade diálogo competitivo é restrita a contratações em que a Administração: [...]
>
> § 1º Na modalidade diálogo competitivo, serão observadas as seguintes disposições:
>
> I - a Administração apresentará, por ocasião da divulgação do edital em sítio eletrônico oficial, suas necessidades e as exigências já definidas e estabelecerá prazo mínimo de 25 (vinte e cinco) dias úteis para manifestação de interesse na participação da licitação;
>
> II - os critérios empregados para pré-seleção dos licitantes deverão ser previstos em edital, e serão admitidos todos os interessados que preencherem os requisitos objetivos estabelecidos;
>
> III - a divulgação de informações de modo discriminatório que possa implicar vantagem para algum licitante será vedada;
>
> IV - a Administração não poderá revelar a outros licitantes as soluções propostas ou as informações sigilosas comunicadas por um licitante sem o seu consentimento;
>
> V - a fase de diálogo poderá ser mantida até que a Administração, em decisão fundamentada, identifique a solução ou as soluções que atendam às suas necessidades;
>
> VI - as reuniões com os licitantes pré-selecionados serão registradas em ata e gravadas mediante utilização de recursos tecnológicos de áudio e vídeo;
>
> VII - o edital poderá prever a realização de fases sucessivas, caso em que cada fase poderá restringir as soluções ou as propostas a serem discutidas;
>
> VIII - a Administração deverá, ao declarar que o diálogo foi concluído, juntar aos autos do processo licitatório os registros e as gravações da fase de diálogo, iniciar a fase competitiva com a divulgação de edital contendo a especificação da solução que atenda às suas necessidades e os critérios objetivos a serem utilizados para seleção da proposta mais vantajosa e abrir prazo, não inferior a 60 (sessenta) dias úteis, para todos os licitantes pré-selecionados na forma do inciso II deste parágrafo apresentarem suas propostas, que deverão conter os elementos necessários para a realização do projeto;
>
> IX - a Administração poderá solicitar esclarecimentos ou ajustes às propostas apresentadas, desde que não impliquem discriminação nem distorçam a concorrência entre as propostas;

X - a Administração definirá a proposta vencedora de acordo com critérios divulgados no início da fase competitiva, assegurada a contratação mais vantajosa como resultado;

XI - o diálogo competitivo será conduzido por comissão de contratação composta de pelo menos 3 (três) servidores efetivos ou empregados públicos pertencentes aos quadros permanentes da Administração, admitida a contratação de profissionais para assessoramento técnico da comissão;

XII - (VETADO).

§ 2º Os profissionais contratados para os fins do inciso XI do § 1º deste artigo assinarão termo de confidencialidade e abster-se-ão de atividades que possam configurar conflito de interesses.

Dispositivos correspondentes na Lei nº 8.666/1993: não há.

Dispositivo vetado e razões do Veto nº 13/2021 (Nova Lei de Licitações):

XII - órgão de controle externo poderá acompanhar e monitorar os diálogos competitivos, opinando, no prazo máximo de 40 (quarenta) dias úteis, sobre a legalidade, a legitimidade e a economicidade da licitação, antes da celebração do contrato.

Razões do veto

"A proposta legislativa dispõe que órgão de controle externo poderá acompanhar e monitorar os diálogos competitivos, opinando, no prazo máximo de 40 (quarenta) dias úteis, sobre a legalidade, a legitimidade e a economicidade da licitação, antes da celebração do contrato. Entretanto, e em que pese o mérito da propositura, a medida, ao atribuir aos Tribunais de Contas o controle da legalidade sobre atos internos da Administração dos três poderes da República, extrapola as competências a eles conferidas pelo constituinte, por intermédio do art. 71 da Carta Magna, e também viola o princípio da separação dos poderes, inscrito no art. 2º da Constituição Federal."

No § 1º do art. 32, é discriminado em forma de diretivas o procedimento operacional do diálogo competitivo. De forma resumida, o diálogo competitivo constitui um procedimento único dividido em duas fases. A primeira fase é a do diálogo e a segunda fase é a da competição. Há, então, a publicação do edital para o procedimento único, uma pré-seleção para fase do diálogo – onde será avaliado se as empresas têm capacidade de contribuir para o diálogo da melhor solução obtida. A partir daí, A Administração Pública estabelece o diálogo com os fornecedores e esse diálogo tem que ser gravado e registrado.

A partir de então, seleciona-se a solução que a Administração escolher como aquela que entender como a melhor para atender ao objeto. A partir desta escolha, publica-se um segundo edital – referente à fase competitiva – quando haverá uma disputa acerca da melhor proposta, com este edital estabelecendo os critérios para essa disputa. Selecionada a melhor proposta, finaliza-se a licitação e passa-se à execução do empreendimento conforme os termos da proposta selecionada e adequada à solução escolhida pela Administração Pública.

Seção III Dos Critérios de Julgamento

33. Art. 33, caput, inc. I, II, III, IV, V, VI

> Art. 33. O julgamento das propostas será realizado de acordo com os seguintes critérios:
>
> I - menor preço;
>
> II - maior desconto;
>
> III - melhor técnica ou conteúdo artístico;
>
> IV - técnica e preço;
>
> V - maior lance, no caso de leilão;
>
> VI - maior retorno econômico.

Dispositivos correspondentes na Lei nº 8.666/1993:

Art. 45. O julgamento das propostas será objetivo, devendo a Comissão de licitação ou o responsável pelo convite realizá-lo em conformidade com os tipos de licitação, os critérios previamente estabelecidos no ato convocatório e de acordo com os fatores exclusivamente nele referidos, de maneira a possibilitar sua aferição pelos licitantes e pelos órgãos de controle.

§ 1º Para os efeitos deste artigo, constituem tipos de licitação, exceto na modalidade concurso: (Redação dada pela Lei nº 8.883/1994)

I - a de menor preço - quando o critério de seleção da proposta mais vantajosa para a Administração determinar que será vencedor o licitante que apresentar a proposta de acordo com as especificações do edital ou convite e ofertar o menor preço;

II - a de melhor técnica;

III - a de técnica e preço.

IV - a de maior lance ou oferta - nos casos de alienação de bens ou concessão de direito real de uso. (Incluído pela Lei nº 8.883/1994)

§ 2º No caso de empate entre duas ou mais propostas, e após obedecido o disposto no § 2º do art. 3º desta Lei, a classificação se fará, obrigatoriamente, por sorteio, em ato público, para o qual todos os licitantes serão convocados, vedado qualquer outro processo.

§ 3º No caso da licitação do tipo "menor preço", entre os licitantes considerados qualificados a classificação se dará pela ordem crescente dos preços propostos, prevalecendo, no caso de empate, exclusivamente o critério previsto no parágrafo anterior. (Redação dada pela Lei nº 8.883, de 1994) § 4º Para contratação de bens e serviços de informática, a administração observará o disposto no art. 3º da Lei no 8.248, de 23 de outubro de 1991, levando em conta os fatores especificados em seu parágrafo 2º e adotando obrigatoriamente o tipo de licitação "técnica e preço", permitido o emprego de outro tipo de licitação nos casos indicados em decreto do Poder Executivo. (Redação dada pela Lei nº 8.883, de 1994).

§ 5º É vedada a utilização de outros tipos de licitação não previstos neste artigo.

§ 6º Na hipótese prevista no art. 23, § 7º, serão selecionadas tantas propostas quantas necessárias até que se atinja a quantidade demandada na licitação. (Incluído pela Lei nº 9.648, de 1998)

Dispositivos transcritos em razão de remissão, ainda na Lei nº 8.666/1993:

Art. 23. As modalidades de licitação a que se referem os incisos I a III do artigo anterior serão determinadas em função dos seguintes limites, tendo em vista o valor estimado da contratação:[...]

§ 7º Na compra de bens de natureza divisível e desde que não haja prejuízo para o conjunto ou complexo, é permitida a cotação de quantidade inferior à demandada na licitação, com vistas a ampliação da competitividade, podendo o edital fixar quantitativo mínimo para preservar a economia de escala. (Incluído pela Lei nº 9.648, de 1998)

Art. 46. Os tipos de licitação "melhor técnica" ou "técnica e preço" serão utilizados exclusivamente para serviços de natureza predominantemente intelectual, em especial na elaboração de projetos, cálculos, fiscalização, supervisão e gerenciamento e de engenharia consultiva em geral e, em particular, para a elaboração de estudos técnicos preliminares e projetos básicos e executivos, ressalvado o disposto no § 4º do artigo anterior. (Redação dada pela Lei nº 8.883, de 1994)

§ 1º Nas licitações do tipo "melhor técnica" será adotado o seguinte procedimento claramente explicitado no instrumento convocatório, o qual fixará o preço máximo que a Administração se propõe a pagar:

I - serão abertos os envelopes contendo as propostas técnicas exclusivamente dos licitantes previamente qualificados e feita então a avaliação e classificação destas propostas de acordo com os critérios pertinentes e adequados ao objeto licitado, definidos com clareza e objetividade no instrumento convocatório e que considerem a capacitação e a experiência do proponente, a qualidade técnica da proposta, compreendendo metodologia, organização, tecnologias e recursos materiais a serem utilizados nos trabalhos, e a qualificação das equipes técnicas a serem mobilizadas para a sua execução;

II - uma vez classificadas as propostas técnicas, proceder-se-á à abertura das propostas de preço dos licitantes que tenham atingido a valorização mínima estabelecida no instrumento convocatório e à negociação das condições propostas, com a proponente melhor classificada, com base nos orçamentos detalhados apresentados e respectivos preços unitários e tendo como referência o limite representado pela proposta de menor preço entre os licitantes que obtiveram a valorização mínima;

III - no caso de impasse na negociação anterior, procedimento idêntico será adotado, sucessivamente, com os demais proponentes, pela ordem de classificação, até a consecução de acordo para a contratação;

IV - as propostas de preços serão devolvidas intactas aos licitantes que não forem preliminarmente habilitados ou que não obtiverem a valorização mínima estabelecida para a proposta técnica.

§ 2º Nas licitações do tipo "técnica e preço" será adotado, adicionalmente ao inciso I do parágrafo anterior, o seguinte procedimento claramente explicitado no instrumento convocatório:

I - será feita a avaliação e a valorização das propostas de preços, de acordo com critérios objetivos preestabelecidos no instrumento convocatório;

II - a classificação dos proponentes far-se-á de acordo com a média ponderada das valorizações das propostas técnicas e de preço, de acordo com os pesos preestabelecidos no instrumento convocatório.

§ 3º Excepcionalmente, os tipos de licitação previstos neste artigo poderão ser adotados, por autorização expressa e mediante justificativa circunstanciada da maior autoridade da Administração promotora constante do ato convocatório, para fornecimento de bens e execução de obras ou prestação de serviços de grande vulto majoritariamente dependentes de tecnologia nitidamente sofisticada e de domínio restrito, atestado por autoridades técnicas de reconhecida qualificação, nos casos em que o objeto pretendido admitir soluções alternativas e variações de execução, com repercussões significativas sobre sua qualidade, produtividade, rendimento e durabilidade concretamente mensuráveis, e estas puderem ser adotadas à livre escolha dos licitantes, na conformidade dos critérios objetivamente fixados no ato convocatório.§ 4º (Vetado). (Incluído pela Lei nº 8.883, de 1994)

Dispositivos pertinentes na Lei nº 14.133/2021, além do art. 33:

Art. 6º. Para os fins desta Lei, consideram-se: [...]

XXXVIII - concorrência: modalidade de licitação para contratação de bens e serviços especiais e de obras e serviços comuns e especiais de engenharia, cujo critério de julgamento poderá ser:

a) menor preço;

b) melhor técnica ou conteúdo artístico;

c) técnica e preço;

d) maior retorno econômico;

e) maior desconto.

XXXIX - concurso: modalidade de licitação para escolha de trabalho técnico, científico ou artístico, cujo critério de julgamento será o de melhor técnica ou conteúdo artístico, e para concessão de prêmio ou remuneração ao vencedor;

XL - leilão: modalidade de licitação para alienação de bens imóveis ou de bens móveis inservíveis ou legalmente apreendidos a quem oferecer o maior lance;

XLI - pregão: modalidade de licitação obrigatória para aquisição de bens e serviços comuns, cujo critério de julgamento poderá ser o de menor preço ou o de maior desconto;

Art. 19. Os órgãos da Administração com competências regulamentares relativas às atividades de administração de materiais, de obras e serviços e de licitações e contratos deverão: [...]

II - criar catálogo eletrônico de padronização de compras, serviços e obras, admitida a adoção do catálogo do Poder Executivo federal por todos os entes federativos; [...]

§ 1º O catálogo referido no inciso II do caput deste artigo poderá ser utilizado em licitações cujo critério de julgamento seja o de menor preço ou o de maior desconto e conterá toda a documentação e os procedimentos próprios da fase interna de licitações, assim como as especificações dos respectivos objetos, conforme disposto em regulamento

Art. 55. Os prazos mínimos para apresentação de propostas e lances, contados a partir da data de divulgação do edital de licitação, são de:

I - para aquisição de bens:

a) 8 (oito) dias úteis, quando adotados os critérios de julgamento de menor preço ou de maior desconto;

b) 15 (quinze) dias úteis, nas hipóteses não abrangidas pela alínea "a" deste inciso;

II - no caso de serviços e obras:

a) 10 (dez) dias úteis, quando adotados os critérios de julgamento de menor preço ou de maior desconto, no caso de serviços comuns e de obras e serviços comuns de engenharia;

b) 25 (vinte e cinco) dias úteis, quando adotados os critérios de julgamento de menor preço ou de maior desconto, no caso de serviços especiais e de obras e serviços especiais de engenharia;

c) 60 (sessenta) dias úteis, quando o regime de execução for de contratação integrada;

d) 35 (trinta e cinco) dias úteis, quando o regime de execução for o de contratação semi-integrada ou nas hipóteses não abrangidas pelas alíneas "a", "b" e "c" deste inciso;

III - para licitação em que se adote o critério de julgamento de maior lance, 15 (quinze) dias úteis;

IV - para licitação em que se adote o critério de julgamento de técnica e preço ou de melhor técnica ou conteúdo artístico, 35 (trinta e cinco) dias úteis.

Dispositivos correspondentes na Lei nº 12.462/2011 (Institui o RDC):

Art. 18. Poderão ser utilizados os seguintes critérios de julgamento:

I - menor preço ou maior desconto;

II - técnica e preço;

III - melhor técnica ou conteúdo artístico;

IV - maior oferta de preço; ou

V - maior retorno econômico.

§ 1º O critério de julgamento será identificado no instrumento convocatório, observado o disposto nesta Lei.

§ 2º O julgamento das propostas será efetivado pelo emprego de parâmetros objetivos definidos no instrumento convocatório.

§ 3º Não serão consideradas vantagens não previstas no instrumento convocatório, inclusive financiamentos subsidiados ou a fundo perdido.

Dispositivos correlatos na Lei nº 10.520/2002 (Institui o Pregão):

Art. 4º. A fase externa do pregão será iniciada com a convocação dos interessados e observará as seguintes regras:[...]

X - para julgamento e classificação das propostas, será adotado o critério de menor preço, observados os prazos máximos para fornecimento, as especificações técnicas e parâmetros mínimos de desempenho e qualidade definidos no edital.

Dispositivos correspondentes na Lei nº 13.303/2016 (Dispõe sobre o estatuto jurídico das Estatais):

Art. 54. Poderão ser utilizados os seguintes critérios de julgamento:

I - menor preço;

II - maior desconto;

III - melhor combinação de técnica e preço;

IV - melhor técnica;

V - melhor conteúdo artístico;

VI - maior oferta de preço;

VII - maior retorno econômico;

VIII - melhor destinação de bens alienados.

33.1. Análise crítica

A nova Lei pretende impor ao gestor o critério de julgamento. Num primeiro momento, ao definir as modalidades de licitação associou o critério de julgamento a cada uma delas. Depois ao definir os objetos tentou definir também o critério de julgamento. Por fim, no art. 33 e seguintes, definiu o procedimento que deve ser aplicado a cada critério, ou seja, o que vem antes, o exame da proposta e como essa deve ser apresentada pelo licitante.

O regramento é detalhado e pela redação auxilia o coro de intérpretes que pretendem ver tudo licitado pelo menor preço.

Esse critério não é adequado ao Brasil, pois poucos objetos têm padrão de qualidade definidos em normas; não há equipes qualificadas para recebimento de objetos; o Judiciário não é célere para obrigar o fiel cumprimento das obrigações. Para completar, o servidor que busca restringir a competição para obter produtos e serviços de qualidade é frequentemente acusado de direcionar a licitação e restringir a competição.

Por isso, repete-se aqui: o sucesso da nova lei depende de o intérprete ser renovado e abandonar o "entulho" de interpretações decorrentes de controladores que a pretexto de legislar e julgar "criam leis".

33.2. Dos critérios de julgamento

Consagrados nos artigos 33 ao 39 desta Lei, os "critérios de julgamento" são mencionados no art. 45 da Lei nº 8.666/1993, como "tipos de licitação". Nesse ponto, como se observa nas transcrições acima, a lei foi coerente adotando sempre a terminologia precisa que elegeu: critério e não mais tipo.

Em relação à redação da Lei nº 8.666/1993, foram acrescidos à nova lei outros critérios. Na verdade, não é uma grande inovação, pois já são utilizados pela Administração com base em costumes e outras leis. O critério maior desconto nasceu, na verdade, pelo costume e foi desde logo equiparado a menor preço. Na Lei nº 12.462/2011, que institui o RDC, por exemplo, pode-se constatar nos artigos 18 ao 23, quase que uma inspiração dos critérios de julgamento da nova lei de licitações.

Menor preço, melhor técnica, técnica e preço e maior lance, no caso de leilão, foram mantidos nos termos da Lei nº 8.666/1993. O que foi acrescido foi o maior desconto e o maior retorno econômico, além da expressão "melhor conteúdo artístico", incluído no dispositivo sobre a melhor técnica.

Note que o dispositivo é considerado exaustivo, sendo vedado o estabelecimento de critérios de julgamento não previstos em lei. Na Lei nº 8.666/1993, há dispositivo específico vedando a criação de outros tipos; na nova, não há, mas é uniforme o entendimento de que a relação do art. 33 é exaustiva.

33.2.1. Modalidade de licitação e critério de julgamento

No art. 6º, que apresenta as definições de modalidades, a lei já estabelece o critério que admite para cada modalidade. Assim, definiu:

a) para concorrência, prevista no inc. XXXVIII, indica os critérios a) menor preço; b) melhor técnica ou conteúdo artístico; c) técnica e preço; d) maior retorno econômico; e) maior desconto;

b) para o pregão, previsto no inc. XLI, indica os critérios menor preço ou o de maior desconto;

c) para o concurso, previsto no inc. XXXIX, indica os critérios melhor técnica ou conteúdo artístico, acrescentando o pagamento será por concessão de prêmio ou de remuneração ao vencedor;

d) para o leilão, previsto no inc. XL, indica o critério de maior lance; e

e) para diálogo competitivo, previsto no inc. XLII, a lei não definiu o critério; limitou-se a estabelecer que será por "critérios objetivos".

Observe que a lei segue a pretensão de repetir o mesmo comando, em mais de uma oportunidade. De fato, se percebe isso, ao verificar que esses critérios já estão presentes em artigo específico, o que de um lado demonstra falta de técnica legislativa, de outro a ênfase no caráter pedagógico.

Necessário se faz pontuar que o artigo 55 da nova lei, como será visto mais adiante, inovou ao estabelecer prazos diferenciados para a apresentação das propostas e lances que irão variar conforme o critério de julgamento adotado.

33.3. Do julgamento objetivo – uma conquista democrática

Uma vez que no processo licitatório busca-se assegurar a seleção da proposta mais vantajosa para a Administração, os critérios de julgamento são previstos no edital no intuito de orientar o julgamento, a partir da classificação das propostas apresentadas pelos licitantes. Abre-se, assim, uma dimensão operacional para a melhor aplicabilidade do princípio do julgamento objetivo, tendo em vista que o critério adotado irá definir a forma de licitação e o interesse a ser satisfeito.

Como ensina Hely Lopes Meirelles: "Julgamento objetivo é o que se baseia no critério indicado no edital e nos termos específicos das propostas. É princípio de toda licitação que seu julgamento se apoie em fatores concretos pedidos pela Administração, em confronto com o ofertado pelos proponentes dentro do permitido no edital"[391].

Relevante questão se apresenta ao analisar os números no Painel de Compras do Governo Federal. É que nos últimos anos a grande maioria das licitações ocorreram por meio da modalidade pregão, por permitir o critério do tipo menor preço.

Essa ênfase decorre de:

a) riscos a admoestações no controle ao uso dos outros critérios de julgamento;

b) segregação de funções e desoneração de responsabilidade pelas demais funções, pois quem licita não tem responsabilidade pelo fracasso do contrato e pela qualidade do trabalho do almoxarifado na entrega de produtos; também não tem responsabilidade pela gestão do contrato;

---

[391] MEIRELLES, Hely Lopes. **Direito Administrativo Brasileiro**. 30ª edição. São Paulo: Malheiros, 2005, p. 272.

c) o critério do pregão é bastante objetivo e, portanto, de julgamento mais simples;

d) a modalidade é a que tem menor prazo entre a publicação do edital e a apresentação de propostas; e

e) mesmo quando há normas técnicas para definição do produto, a jurisprudência do Tribunal de Contas da União, na vigência da Lei nº 8.666/1993, vinha punindo o servidor que exigia o cumprimento dessas normas.

Há possibilidade de mudar o cenário de contratações públicas no Brasil com a nova lei, admitindo o uso mais frequente de critérios de julgamento que prestigiem a qualidade do produto e do serviço e a responsabilidade dos fornecedores e contratados. Tudo isso depende de novos intérpretes que se guiem mais pela lei e que não se coloquem acima da lei, legislando por meio de acórdãos.

O uso dos critérios "melhor técnica", "melhor conteúdo artístico" e "maior retorno econômico" não implica critério subjetivo se utilizados corretamente. Note que a lei se preocupou em garantir a objetividade do procedimento, como será visto nos comentários aos artigos seguintes.

É preciso que os órgãos de controle amadureçam as percepções erradas que construíram, classificando de condutas suspeitas a pretensão de buscar melhor qualidade do objeto, no processo de licitação. Essa curva de aprendizagem, de mais de 30 (trinta) anos deve ter continuidade com a melhoria pretendida pela Lei nº 14.133/2021.

34. Art. 34, caput, §§ 1º, 2º

Art. 34. O julgamento por menor preço ou maior desconto e, quando couber, por técnica e preço considerará o menor dispêndio para a Administração, atendidos os parâmetros mínimos de qualidade definidos no edital de licitação.

§ 1º Os custos indiretos, relacionados com as despesas de manutenção, utilização, reposição, depreciação e impacto ambiental do objeto licitado, entre outros fatores vinculados ao seu ciclo de vida, poderão ser considerados para a definição do menor dispêndio, sempre que objetivamente mensuráveis, conforme disposto em regulamento.

§ 2º O julgamento por maior desconto terá como referência o preço global fixado no edital de licitação, e o desconto será estendido aos eventuais termos aditivos.

Dispositivos correspondentes na Lei nº 8.666/1993:

Art. 45. O julgamento das propostas será objetivo, devendo a Comissão de licitação ou o responsável pelo convite realizá-lo em conformidade com os tipos de licitação, os critérios previamente estabelecidos no ato convocatório e de acordo com os fatores exclusivamente nele referidos, de maneira a possibilitar sua aferição pelos licitantes e pelos órgãos de controle.

§ 1º Para os efeitos deste artigo, constituem tipos de licitação, exceto na modalidade concurso:

I - a de menor preço - quando o critério de seleção da proposta mais vantajosa para a Administração determinar que será vencedor o licitante que apresentar a proposta de acordo com as especificações do edital ou convite e ofertar o menor preço; [...]

§ 3º No caso da licitação do tipo "menor preço", entre os licitantes considerados qualificados a classificação se dará pela ordem crescente dos preços propostos, prevalecendo, no caso de empate, exclusivamente o critério previsto no parágrafo anterior. (Redação dada pela Lei nº 8.883, de 1994).

Dispositivos correspondentes na Lei nº 12.462/2011 (Institui o RDC):

Art. 18. Poderão ser utilizados os seguintes critérios de julgamento: [...]

I - menor preço ou maior desconto; [...]

§ 3º Não serão consideradas vantagens não previstas no instrumento convocatório, inclusive financiamentos subsidiados ou a fundo perdido.

Art. 19. O julgamento pelo menor preço ou maior desconto considerará o menor dispêndio para a administração pública, atendidos os parâmetros mínimos de qualidade definidos no instrumento convocatório.

§ 1º Os custos indiretos, relacionados com as despesas de manutenção, utilização, reposição, depreciação e impacto ambiental, entre outros fatores, poderão ser considerados para a definição do menor dispêndio, sempre que objetivamente mensuráveis, conforme dispuser o regulamento.

§ 2º O julgamento por maior desconto terá como referência o preço global fixado no instrumento convocatório, sendo o desconto estendido aos eventuais termos aditivos.

Dispositivos correspondentes na Lei nº 10.520/2002 (Institui o Pregão):

Art. 4º. A fase externa do pregão será iniciada com a convocação dos interessados e observará as seguintes regras: [...]

X - para julgamento e classificação das propostas, será adotado o critério de menor preço, observados os prazos máximos para fornecimento, as especificações técnicas e parâmetros mínimos de desempenho e qualidade definidos no edital.

Dispositivos correspondentes na Lei nº 13.303/2016 (Dispõe sobre o estatuto jurídico das Estatais):

Art. 54. Poderão ser utilizados os seguintes critérios de julgamento:

I - menor preço;

II - maior desconto; [...]

§ 4º O critério previsto no inciso II do caput:

I - terá como referência o preço global fixado no instrumento convocatório, estendendo-se o desconto oferecido nas propostas ou lances vencedores a eventuais termos aditivos;

II - no caso de obras e serviços de engenharia, o desconto incidirá de forma linear sobre a totalidade dos itens constantes do orçamento estimado, que deverá obrigatoriamente integrar o instrumento convocatório.

Dispositivos na Lei nº 14.133/2021, além do art. 34:

Art. 6º Para os fins desta Lei, consideram-se: [...]

XXXVIII - concorrência: modalidade de licitação para contratação de bens e serviços especiais e de obras e serviços comuns e especiais de engenharia, cujo critério de julgamento poderá ser:

a) menor preço; [...]

e) maior desconto; [...]

XL - leilão: modalidade de licitação para alienação de bens imóveis ou de bens móveis inservíveis ou legalmente apreendidos a quem oferecer o **maior lance**;

XLI - pregão: modalidade de licitação obrigatória para aquisição de bens e serviços comuns, cujo critério de julgamento poderá ser o de **menor preço ou o de maior desconto**.

Art. 18. A fase preparatória do processo licitatório é caracterizada pelo planejamento e deve compatibilizar-se com o plano de contratações anual de que trata o inciso VII do caput do art. 12 desta Lei, sempre que elaborado, e com as leis orçamentárias, bem como abordar todas as considerações técnicas, mercadológicas e de gestão que podem interferir na contratação, compreendidos: [...]

VIII - a modalidade de licitação, **o critério de julgamento**, o modo de disputa e a adequação e eficiência da forma de combinação desses parâmetros, para os fins de seleção da proposta apta a gerar o resultado de contratação mais vantajoso para a Administração Pública, considerado todo o ciclo de vida do objeto.

Art. 24. Desde que justificado, o orçamento estimado da contratação poderá ter caráter **sigiloso**, sem prejuízo da divulgação do detalhamento dos quantitativos e das demais informações necessárias para a elaboração das propostas, e, nesse caso: [...]

Parágrafo único. Na hipótese de licitação em que for adotado o critério de julgamento **por maior desconto**, o preço estimado ou o máximo aceitável constará do edital da licitação.

Art. 33. O julgamento das propostas será realizado de acordo com os seguintes critérios:

I - **menor preço;**

II - **maior desconto;** [...]

Art. 55. Os prazos mínimos para apresentação de propostas e lances, contados a partir da data de divulgação do edital de licitação, são de:

I - para aquisição de bens:

a) 8 (oito) dias úteis, quando adotados os critérios de julgamento de menor preço ou de maior desconto;

b) 15 (quinze) dias úteis, nas hipóteses não abrangidas pela alínea "a" deste inciso;

II - no caso de serviços e obras:

a) 10 (dez) dias úteis, quando adotados os critérios de julgamento de menor preço ou de maior desconto, no caso de serviços comuns e de obras e serviços comuns de engenharia;

> b) 25 (vinte e cinco) dias úteis, quando adotados os critérios de julgamento de menor preço ou de maior desconto, no caso de serviços especiais e de obras e serviços especiais de engenharia.
>
> **Art. 56.** O modo de disputa poderá ser, isolada ou conjuntamente:
>
> I - aberto, hipótese em que os licitantes apresentarão suas propostas por meio de lances públicos e sucessivos, crescentes ou decrescentes;
>
> II - fechado, hipótese em que as propostas permanecerão em sigilo até a data e hora designadas para sua divulgação.
>
> § 1º A utilização isolada do modo de disputa fechado será vedada quando adotados os critérios de julgamento de **menor preço ou de maior desconto**.
>
> **Art. 82.** O edital de licitação para registro de preços observará as regras gerais desta Lei e deverá dispor sobre: [...]
>
> V - o critério de julgamento da licitação, que será o de menor preço ou o de maior desconto sobre tabela de preços praticada no mercado;

34.1. Os critérios de julgamento – precisão da linguagem

A primeira recomendação ao intérprete é utilizar os termos corretamente. Aqui trata-se de "critério"; não é mais tipo de licitação; não é parâmetro de julgamento; não é meio de escolha, nem de avaliação. A precisão da linguagem é o primeiro passo para a adequada compreensão. Então, use o termo correto: critério de julgamento.

34.2. Garantia de qualidade

A Lei define que ao usar o critério menor preço ou o critério maior desconto deve ser considerado o "menor dispêndio para a Administração, atendidos os parâmetros mínimos de qualidade definidos no edital de licitação".

De um modo mais enfático que a Lei anterior, a Lei agora pretende que o Agente de Contratação não considere isoladamente o menor valor da proposta. Ao contrário, dispôs que o Agente de Contratação deve considerar o menor dispêndio, desde que atendidos "os parâmetros mínimos de qualidade". Intencionalmente a lei deixa o termo pagar o menor valor, para trazer outro termo, menos vulgar: menor dispêndio.

A lei exige que esses parâmetros sejam previamente definidos no edital. A regra posta no caput determina que o edital defina "os parâmetros mínimos de qualidade". O parágrafo primeiro, analisado a seguir, esclarece o conceito de menor dispêndio.

Sempre ocorreu o problema que opõe restringir a competição buscando qualidade e, no outro extremo, ampliar a competição buscando a isonomia. A sabedoria entre esses dois extremos é um importante atributo daquele que vai elaborar o termo de referência ou o projeto básico. Inevitavelmente, surgem problemas decorrentes da atuação posterior dos órgãos de controle e de entendimento diferente, razão pela qual recomenda-se que a mesma sabedoria seja usada na justificativa sempre que se restringir a competição.

Devem ser observados outros parâmetros para selecionar a melhor proposta e, dessa maneira, se chegar à uma análise do melhor custo-benefício para a Administração Pública. Busca-se, entretanto, o menor preço, como bem menciona o dispositivo, visando atender as especificações do edital, com a definição clara do objeto a ser licitado, com o fim de atender os parâmetros mínimos de qualidade no edital de licitação para uma contratação exitosa.

Há fatores que independente da qualidade devem fazer parte da especificação completa do bem, como a quantidade, que em Súmula nº 177, ainda atual, o TCU define: " A definição precisa e suficiente do objeto licitado constitui regra indispensável da competição, até mesmo como pressuposto do postulado de igualdade entre os licitantes, do qual é subsidiário o princípio da publicidade, que envolve o conhecimento, pelos concorrentes potenciais das condições básicas da licitação, constituindo, na hipótese particular da licitação para compra, a quantidade demandada uma das especificações mínimas e essenciais à definição do objeto do pregão".

34.3. Menor dispêndio – garantia de melhor qualidade

Para cumprir o dever de inserir no edital "os parâmetros mínimos de qualidade" seria suficiente que o próprio governo ou uma Agência reguladora oficial, ou privada com adequados marcos regulatórios, definisse qualidade. Certo? Não foi isso que ocorreu na vigência da Lei nº 8.666/1993.

O Brasil tem instituições, com notável prestígio no mercado internacional, que definem parâmetros de qualidade dos produtos: ABNT, INMETRO, ANEEL, Agência de Águas, entre tantos outros. Ocorre que os órgãos de controle passaram a punir servidores que inseriram no edital, por simples cópia, os requisitos previstos em normas técnicas. Fizeram isso, acolhendo denúncias que declaravam ser restritivas essas cláusulas editalícias. As leis anteriores foram ignoradas, numa tentativa de prestigiar a ampliação da competição. Sem amparo em lei, servidores foram multados e a muito custo alguns conseguiram reverter essas punições.[392]

A nova lei balizou com mais precisão a indicação da qualidade e, agora, usa o termo "menor dispêndio". Se, contudo, for aproveitada a jurisprudência anterior,

---

[392] Processo nº TC 034.009/2010-8. Grupo I – Classe I – Pedido de Reexame (em processo de Representação). ACÓRDÃO Nº 1225/2014 – TCU – Plenário.

novamente repete-se a regra de comprar "porcarias baratas", sem nenhuma preocupação com qualidade. O contribuinte não tem quem defenda seus interesses de garantir a melhor aplicação dos recursos públicos, nessa seara.

Feito esse parêntese, passa-se ao exame do § 1º.

> **Jurisprudência que ainda pode servir à interpretação**
>
> *Exigência de certificação*
>
> É legítima a exigência de certificação, comprovando que o objeto licitado está em conformidade com norma da Associação Brasileira de Normas Técnicas (ABNT), de forma a garantir a qualidade e o desempenho dos produtos a serem adquiridos pela Administração, desde que tal exigência esteja devidamente justificada nos autos do procedimento administrativo.
>
> TCU. Processo nº 034.009/2010-8. Acórdão nº 1225/2014-Plenário. Relator: Ministro Aroldo Cedraz.

34.3.1. Conceito de menor dispêndio

Textualmente, estabelece a lei, que podem ser considerados na avalição do menor dispêndio os custos indiretos, relacionados com as despesas de:

a) manutenção;

b) utilização;

c) reposição;

d) depreciação; e

e) impacto ambiental do objeto licitado, entre outros fatores vinculado esse comando complementar o dispositivo dificulta a sua própria aplicação.

Um exemplo é possível. Considere que a Administração Pública decide adquirir um veículo, para transporte de 4 passageiros, em área urbana. Para atender esse dispositivo pode pedir aos revendedores de marcas que indiquem a previsão, considerando um prazo de cinco anos, para o custo da manutenção, incluindo homem/hora e peças com previsão de troca. Comparados os custos de diversas marcas, para o mesmo período, pode colocar no edital um limite máximo para o custo do "menor dispêndio", formulando uma equação combinada com preço do próprio veículo. Uma equação como: $PV \times 1 + PM \times 0{,}5 = PF$, onde PV é o preço do veículo, PM o preço de manutenção indicado pelo próprio fabricante e PF o preço final. Poderá assim concluir que o menor preço de veículo, considerado isoladamente, não implica o "menor dispêndio". Lembrando: os autores desta obra consideram que a aquisição de veículo, como regra, deve ser evitada, preferindo-se a terceirização por veículos de aluguel. Dessa forma evitam-se licitações de compra, licitação de manutenção, licitação de seguro, licitação de alienação de bens inservíveis, controle de almoxarifado de peças, controle e custo de garagem.

Note, porém, que o exemplo retrata condição que na prática é de ocorrência quase rara. Ressalvada a hipótese de um órgão que tenha minucioso registro histórico de custos indiretos, a permissão dada pelo legislador é de difícil aplicação prática. Ainda mais: corre-se o risco de alguns órgãos de controle continuarem como "intérpretes velhos" para interpretar a Lei nova, punindo servidores que aplicam normas técnicas.

Se for possível estabelecer os custos indiretos sobre os preços e indicá-los no edital, a Administração poderá estar efetivamente realizando a melhor compra.

Importante ainda esclarecer que o rol de custos indiretos é exemplificativo. Podem, portanto, afetar o conceito de menor dispêndio outros fatores.

Sob outra perspectiva, a pretensão da Lei está em absoluta conformidade com os objetivos de profissionalização da gestão pública e requisitos de governança. Aos poucos, pela experimentação e êxito, certamente os servidores comprometidos com o interesse público irão construir aplicações práticas, superando as dificuldades apresentadas. O gestor deverá considerar o valor do dispêndio na aquisição e nos seus impactos durante toda a vida útil do objeto. Essa previsão inclusive está em absoluta conformidade com o art. 18, inc. VIII, que dispõe que o ciclo de vida deve ser considerado na fase preparatória da licitação, bem como relacionado à metodologia a ser aplicada diante do art. 23, que estabelece que o valor previamente estimado deverá ser compatível também com os valores de mercado, considerando os preços constantes de bancos de dados públicos.

34.3.2. Análise crítica

Novamente, repetindo o erro da Lei nº 8.666/1993, a nova Lei engessa a oportunidade de evolução e restringe a gestão na solução de questões práticas, tentando associar o critério de julgamento ao objeto ou à modalidade de licitação.

O critério de menor preço é adequado quando a qualidade pode ser definida por informações objetivas. Essa condição – existir critérios objetivos, no Brasil, é rara quando se examina com detalhes cada objeto. Além disso a invasão no mercado de produtores sem qualidade, agrava o cenário. Como já observado em comentários de outros artigos, o conforto que usufruem os empregados e servidores de licitar pelo menor preço, refletiu inclusive no passado na garantia de não serem admoestados pelos órgãos de controle. Em Brasília, entulhos e sucatas desperdiçados com compras de objetos sem qualidade, que oferecem inclusive riscos aos usuários lotam depósitos. A responsabilidade nunca foi apurada, porque todos estavam na zona de conforto de cumprir a lei com menor risco possível de responsabilização. Mesmo quando houve representação apontado esse fato e pedindo a apuração, a decisão foi pelo arquivamento.

34.4. Critério maior desconto

Na Lei nº 8.666/1993 não havia o critério "maior desconto". Rapidamente nos prontificamos a construir na doutrina uma explicação de que na verdade esse critério era um desdobramento do menor preço, tendo por referência uma tabela de preços, elaborada sem a intervenção do licitante e, de preferência, sem a participação do próprio órgão licitador. Sendo tabela de terceiro, isento de interesses das partes, a tabela seria válida.

O procedimento da licitação que adote o critério do maior desconto se resume basicamente a quem ofertar o percentual mais vantajoso à Administração. Será considerada vantajosa a proposta que oferecer o maior desconto sobre o preço global fixado no edital, estimulando assim, maiores lances entre os licitantes. Não deixa, portanto, de ser uma vertente diferenciada de se alcançar o menor preço.

As leis seguintes, que dispuseram sobre o tema, consolidaram a lição.

Agora a nova Lei estabelece que se o desconto for sobre os valores estimados pela própria Administração licitante, a planilha de custos não poderá ser sigilosa. Com esse proceder, impede a manipulação e informações resguardadas pelo sigilo.

Importante lembrar o que dispõe o art. 56, § 1º, ao estabelecer que a utilização isolada do modo de disputa fechado é vedada, quando adotados os critérios de julgamento de menor preço ou de maior desconto. E se observarmos também o artigo 31, § 1º veremos que se optar pela modalidade leilão, por meio de um leiloeiro oficial, a Administração o selecionará por credenciamento ou por pregão e adotará o critério de julgamento de maior desconto para as comissões.

34.4.1. Utilização do critério de maior desconto no registro de preços

O dispositivo em tela, que trata sobre o maior desconto, no Sistema de Registro de Preço - SRP, esclarece que é admitido o critério do maior desconto, apenas como forma de se alcançar o menor preço, que é o que fica registrado.

Assim estabelece o Decreto Federal nº 7.892/2013, no art. 9º, § 1º: "O edital poderá admitir, como critério de julgamento, o menor preço aferido pela oferta de desconto sobre tabela de preços praticados no mercado, desde que tecnicamente justificado".

Desta maneira, caso o vencedor oferte 10% de desconto sobre o valor referencial de R$ 100,00, deve ficar registrado o valor nominal de R$ 90,00, e não o percentual concedido.

A AGU, recentemente, adotou novo entendimento na aquisição de materiais de construção, admitindo a utilização da chamada "tabela referencial dinâmica".

Assim, o registro do percentual é o que irá incidir no momento da efetiva contratação/fornecimento. É a redação da Orientação Normativa nº 18/2022 E-CJU/Aquisições:

> I - É legítima a adoção do critério maior desconto sobre tabela SINAPI, em licitações para registro de preços, sendo observados os valores vigentes no momento da efetiva contratação/fornecimento, para incidência dos respectivos descontos e pertinente pagamento ("tabela referencial dinâmica"), em processos para aquisição de materiais de construção, quando identificada alta volatilidade nos preços deste mercado.
>
> II - A adoção da SINAPI como "tabela referencial dinâmica" exige diversos cuidados de natureza técnica, entre eles: devida especificação dos bens pretendidos; justificativa da fidedignidade dos preços usados como referência; demonstração da alta volatilidade do mercado; análise da viabilidade/vantagem/adequação da modelagem e, quando possível, a indicação no edital da quantidade mínima a ser contratada para os itens pertinentes.

34.5. O preço global no maior desconto

Já o § 2º estabelece que o julgamento por maior desconto terá por referência o preço global fixado no edital de licitação. É absolutamente irregular, portanto, que se estabeleça o critério de julgamento "maior desconto", sem prévia publicação do preço estimado pela Administração.

Uma vez determinado que o julgamento do maior desconto terá como base o valor global do objeto, em se tratando de fornecimento de bens, por exemplo, o licitante não poderá indicar descontos sobre itens individualizados; o desconto, por força desse § 2º incide sobre o preço global.

O uso da expressão "sendo o desconto estendido aos eventuais termos aditivos" deve ser interpretado com cautela. Isso porque, alguns termos aditivos, como os da repactuação já têm indicativos próprios de preço. O percentual de acréscimo dado, em um dissídio coletivo, para uma categoria não pode sofrer desconto, sob pena de afetar o equilíbrio econômico e financeiro do contrato. Do mesmo modo, em relação a alteração contratual que reestabelece o reequilíbrio econômico-financeiro do contrato.

Assim, deve-se entender que a aplicação do mesmo desconto se refere aos aditivos em geral de quantidades e as alterações contratuais que se utilizam de tabela de preços, licitados por desconto. Alterados os valores das tabelas, deve ser mantido o mesmo percentual de desconto que fez o licitante vencedor da licitação.

35. Art. 35, caput, parágrafo único

> Art. 35. O julgamento por melhor técnica ou conteúdo artístico considerará exclusivamente as propostas técnicas ou artísticas apresentadas pelos licitantes, e o edital deverá definir o prêmio ou a remuneração que será atribuída aos vencedores.
>
> Parágrafo único. O critério de julgamento de que trata o *caput* deste artigo poderá ser utilizado para a contratação de projetos e trabalhos de natureza técnica, científica ou artística.

Dispositivos correspondentes na Lei nº 8.666/1993:

Art. 45. O julgamento das propostas será objetivo, devendo a Comissão de licitação ou o responsável pelo convite realizá-lo em conformidade com os tipos de licitação, os critérios previamente estabelecidos no ato convocatório e de acordo com os fatores exclusivamente nele referidos, de maneira a possibilitar sua aferição pelos licitantes e pelos órgãos de controle.

§ 1º Para os efeitos deste artigo, constituem tipos de licitação, exceto na modalidade concurso: [...]

II - a de melhor técnica. [...]

§ 5º É vedada a utilização de outros tipos de licitação não previstos neste artigo.

§ 6º Na hipótese prevista no art. 23, § 7º, serão selecionadas tantas propostas quantas necessárias até que se atinja a quantidade demandada na licitação. (Incluído pela Lei nº 9.648/1998)

Art. 46. Os tipos de licitação "melhor técnica" ou "técnica e preço" serão utilizados exclusivamente para serviços de natureza predominantemente intelectual, em especial na elaboração de projetos, cálculos, fiscalização, supervisão e gerenciamento e de engenharia consultiva em geral e, em particular, para a elaboração de estudos técnicos preliminares e projetos básicos e executivos, ressalvado o disposto no § 4º do artigo anterior. (Redação dada pela Lei nº 8.883/1994).

§ 1º Nas licitações do tipo "melhor técnica" será adotado o seguinte procedimento claramente explicitado no instrumento convocatório, o qual fixará o preço máximo que a Administração se propõe a pagar:

I - serão abertos os envelopes contendo as propostas técnicas exclusivamente dos licitantes previamente qualificados e feita então a avaliação e classificação destas propostas de acordo com os critérios pertinentes e adequados ao objeto licitado, definidos com clareza e objetividade no instrumento convocatório e que considerem a capacitação e a experiência do proponente, a qualidade técnica da proposta, compreendendo metodologia, organização, tecnologias e recursos materiais a serem utilizados nos trabalhos, e a qualificação das equipes técnicas a serem mobilizadas para a sua execução;

II - uma vez classificadas as propostas técnicas, proceder-se-á à abertura das propostas de preço dos licitantes que tenham atingido a valorização mínima estabelecida no instrumento convocatório e à negociação das condições propostas, com a proponente melhor classificada, com base nos orçamentos detalhados apresentados e respectivos preços unitários e tendo como referência o limite representado pela proposta de menor preço entre os licitantes que obtiveram a valorização mínima;

III - no caso de impasse na negociação anterior, procedimento idêntico será adotado, sucessivamente, com os demais proponentes, pela ordem de classificação, até a consecução de acordo para a contratação;

IV - as propostas de preços serão devolvidas intactas aos licitantes que não forem preliminarmente habilitados ou que não obtiverem a valorização mínima estabelecida para a proposta técnica.

Dispositivos correspondentes na Lei nº 12.462/2011 (Institui o RDC):

Art. 6º. Observado o disposto no § 3º, o orçamento previamente estimado para a contratação será tornado público apenas e imediatamente após o encerramento da licitação, sem prejuízo da divulgação do detalhamento dos quantitativos e das demais informações necessárias para a elaboração das propostas. [...]

§ 2º No caso de julgamento por melhor técnica, o valor do prêmio ou da remuneração será incluído no instrumento convocatório.

Art. 18. Poderão ser utilizados os seguintes critérios de julgamento: [...]

III - melhor técnica ou conteúdo artístico;

Art. 21. O julgamento pela melhor técnica ou pelo melhor conteúdo artístico considerará exclusivamente as propostas técnicas ou artísticas apresentadas pelos licitantes com base em critérios objetivos previamente estabelecidos no instrumento convocatório, no qual será definido o prêmio ou a remuneração que será atribuída aos vencedores.

Parágrafo único. O critério de julgamento referido no *caput* deste artigo poderá ser utilizado para a contratação de projetos, inclusive arquitetônicos, e trabalhos de natureza técnica, científica ou artística, excluindo-se os projetos de engenharia.

Dispositivos correspondentes na Lei nº 13.303/2016 (Dispõe sobre o estatuto jurídico das Estatais):

Art. 54. Poderão ser utilizados os seguintes critérios de julgamento: [...]

IV - melhor técnica;

V - melhor conteúdo artístico; [...]

§ 2º Na hipótese de adoção dos critérios referidos nos incisos III, IV, V e VII do caput deste artigo, o julgamento das propostas será efetivado mediante o emprego de parâmetros específicos, definidos no instrumento convocatório, destinados a limitar a subjetividade do julgamento.

Dispositivos pertinentes na Lei 14.133/2021, além do art. 35:

Art. 6º Para os fins desta Lei, consideram-se: [...]

XXXVIII - concorrência: modalidade de licitação para contratação de bens e serviços especiais e de obras e serviços comuns e especiais de engenharia, cujo critério de julgamento poderá ser: [...]

b) melhor técnica ou conteúdo artístico; [...]

XXXIX - concurso: modalidade de licitação para escolha de trabalho técnico, científico ou artístico, cujo critério de julgamento será o de melhor técnica ou conteúdo artístico, e para concessão de prêmio ou remuneração ao vencedor;

Art. 18. A fase preparatória do processo licitatório é caracterizada pelo planejamento e deve compatibilizar-se com o plano de contratações anual de que trata o inciso VII do caput do art. 12 desta Lei, sempre que elaborado, e com as leis orçamentárias, bem como abordar todas as considerações técnicas, mercadológicas e de gestão que podem interferir na contratação, compreendidos: [...]

IX - a motivação circunstanciada das condições do edital, tais como justificativa de exigências de qualificação técnica, mediante indicação das parcelas de maior relevância técnica ou valor significativo do objeto, e de qualificação econômico-financeira, justificativa dos critérios de pontuação e julgamento das propostas técnicas, nas licitações com julgamento por melhor técnica ou técnica e preço, e justificativa das regras pertinentes à participação de empresas em consórcio;

Art. 38. No julgamento por melhor técnica ou por técnica e preço, a obtenção de pontuação devido à capacitação técnico-profissional exigirá que a execução do respectivo contrato tenha participação direta e pessoal do profissional correspondente.

Art. 55. Os prazos mínimos para apresentação de propostas e lances, contados a partir da data de divulgação do edital de licitação, são de: [...]

IV - para licitação em que se adote o critério de julgamento de técnica e preço ou de melhor técnica ou conteúdo artístico, 35 (trinta e cinco) dias úteis.

35.1. Noções

O dispositivo define em parte o procedimento de aplicação dos critérios melhor técnica e melhor conteúdo artístico. O procedimento completo do critério melhor técnica está no art. 37. O julgamento do melhor conteúdo artístico não foi detalhado.

A melhor técnica foi prevista na Lei nº 8.666/1993, entre os tipos de licitação, com procedimento combinado de preço e técnica; o melhor conteúdo artístico foi previsto na Lei do Regime Diferenciado de Contratação – RDC, instituído pela Lei nº 12.462/2011 e depois na Lei de Responsabilidade das Estatais – LRE, Lei nº 13.303/2016.

Esses critérios de julgamento têm, como ocorre em qualquer licitação, uma base de critério objetivo e subjetivo. Ambos os critérios aqui tratados apresentam predominância dos elementos subjetivos. A Administração Pública define o objeto e o mínimo do que considera necessário na proposta técnica, sendo frequente que não possua condições de definir o objeto por completo. Ou por falta de conhecimento interno no órgão, ou pelo elemento estético que as circunstâncias recomendam que seja considerado. Para garantir a impessoalidade, na parcela subjetiva, a lei determina que o julgamento seja feito por uma comissão ou banca de no mínimo três membros, conforme art. 37.

A inovação, acolhe a pretensão da doutrina, em determinar que neste critério seja evitada a disputa por preço. Se for adotado o critério melhor técnica ou melhor conteúdo artístico é a Administração que define previamente o valor do prêmio ou remuneração.

Isso porque ao utilizar o advérbio "exclusivamente" está ordenando que não se considerem outros elementos que normalmente os licitantes apresentam na licitação, como qualificação fiscal, econômica, ou técnica equipe ou o preço do produto.

Quanto a qualificação técnica do licitante proponente, o art. 37, inc. I e III, admite o exame da "capacitação e da experiência do licitante" e a "atribuição de notas por desempenho do licitante em contratações anteriores aferida nos documentos comprobatórios".

Não se admite a competição por preço, como também não se pode admitir que o licitante por sua conta proponha realizar o objeto por menor valor do que o previsto no edital, ou dar desconto no valor, ou comprometer-se a doar o valor para a Administração Pública. Uma das principais regras da licitação, que vem a quase meio século, é a vedação a vencer o certame oferecendo vantagem não prevista no edital.

35.2. Motivação

Por força de lei, é necessário motivar o critério de julgamento da licitação que será utilizado. Sendo menor preço ou maior desconto a motivação pode ser breve, pois são critérios estritamente vinculados. Consulte o art. 18, inc. IX, acima transcrito.

No caso desses dois critérios, melhor técnica ou melhor conteúdo artístico, a motivação deve ser mais consistente, porque os critérios têm maior margem discricionária de aplicação.

35.3. Prêmio ou remuneração

Nestes critérios de julgamento, o licitante oferece a proposta técnica, mas o preço é previamente definido pela Administração Pública. A norma indica que esse preço deve ser compreendido no termo "remuneração do vencedor", ou o "prêmio dado ao vencedor"; ambos são definidos previamente pela Administração no próprio edital, seja com valores pecuniários, seja com outras formas de pagamento que entender adequada.

Em outras palavras, a regra do art. 35 significa, portanto, que haverá nesse julgamento apenas o envelope de proposta técnica ou artística. Daí porque se compreende a inserção do advérbio **exclusivamente** referenciado no dispositivo.

Por outro lado, esses critérios de julgamento não serão aplicáveis às demais modalidades de licitação porque nessas a proposta, a remuneração ou o preço do produto, são definidos pelo licitante que o oferta à Administração Pública; não haverá a pretensão de buscar a proposta mais vantajosa.

35.4. Possibilidade de o edital prever prêmio e remuneração?

Nesta obra, ao comentar a modalidade concurso, no art. 6º, inc. XXXIX e art. 30, foi esclarecido que os autores defendem há tempos a possibilidade de a Administração Pública aplicar com mais intensidade essa modalidade. Essa aplicação poderia ser obtida com a ideia de premiar todos os que participam do concurso e remunerar o vencedor para que venha a executar o trabalho. A primeira etapa do concurso exigiria pouco esforço dos licitantes, como apresentar um esboço, e o vencedor teria o encargo de desenvolver o projeto escolhido pertinente a esse esboço. Consulte os comentários a esses dispositivos para melhor compreensão da ideia.

Outra particularidade diz respeito ao julgamento que, no caso de concurso, deve ser feito por uma comissão especial integrada por pessoas de reputação ilibada e reconhecido conhecimento da matéria em exame.

35.5. Uso do critério melhor técnica ou melhor conteúdo artístico

Sobre em que casos usar os critérios melhor técnica ou melhor conteúdo artístico pode ensejar alguma dúvida. Isso porque há três dispositivos que tratam do tema: no primeiro, a lei se refere à modalidade de licitação para a qual prevê esses critérios, no segundo, se refere ao próprio tipo de objeto; no terceiro ao tipo de objeto combinado com o valor.

Em relação ao primeiro, note o que dispõe o art. 6º, no inc. XXXVIII, definindo que a modalidade concorrência pode ter o critério de julgamento "melhor técnica ou conteúdo artístico". Portanto, admite que o Agente de Contratação escolha para a modalidade concorrência, esses critérios, entre outros. Adiante ao definir a modalidade concurso, no mesmo art. 6º, mas agora no inc. XXXIX, define que a essa só se aplicam os critérios de "melhor técnica ou conteúdo artístico".

Ocorre que ao estabelecer o procedimento de cada modalidade de licitação a lei dá ênfase a fase de julgamento da proposta, conforme se compreende da leitura do art. 29, em especial ao determinar que a concorrência e o pregão seguem o rito procedimental comum a que se refere o art. 17 desta Lei. No art. 17, há uma fase específica que trata da apresentação de julgamento das propostas.

Por isso, é necessário concluir esclarecendo que a ausência da proposta significa que esse critério de julgamento não é aplicável à pregão, concorrência, leilão e diálogo competitivo.

Precisamente, por isso, na prática, não se usarão esses critérios para concorrência, embora o art. 6º o permita. Será preferível o concurso.

Na segunda situação, no parágrafo único deste art. 35, ora em comento, a lei estabelece que esses critérios de julgamento poderão ser utilizados para contratação de projetos e trabalhos de natureza técnica, científica ou artística. Não obriga o uso desse critério de julgamento de licitação para esse tipo de objeto, porém faculta ao gestor utilizá-lo. Deve ser sempre saudada a pretensão da lei em aparelhar o gestor público para que tenha ferramentas aplicáveis às diversas situações, com distintos suportes fáticos e tenha em linha de consideração os interesses públicos envolvidos, pautando-se sempre na isonomia, moralidade e competitividade.

Na terceira análise, há uma permissão dirigida ao tipo de serviços genericamente considerado como "serviços técnicos especializados de natureza predominantemente intelectual", enquadrados nas alíneas "a", "d" e "h" do inciso

XVIII do caput do art. 6º desta Lei. Para esses, o art. 37, § 2º, determina que se não for o caso de inexigibilidade de licitação, a licitação será pelos critérios de "melhor técnica" ou "técnica e preço", se o valor estimado da contratação for superior a R$ 300.000,00 (trezentos mil reais).[393] Estão enquadrados nas três alíneas referidas: "a) estudos técnicos, planejamentos, projetos básicos e projetos executivos;" "d) fiscalização, supervisão e gerenciamento de obras e serviços;" e "h) controles de qualidade e tecnológico, análises, testes e ensaios de campo e laboratoriais, instrumentação e monitoramento de parâmetros específicos de obras e do meio ambiente e demais serviços de engenharia que se enquadrem na definição deste inciso;". Portanto, o parágrafo único do art. 35, por ser mais amplo, dispensaria a previsão do art. 37, § 2º, da Lei. Importante lembrar que o valor indicado é definido pela Administração no critério melhor técnica; no critério técnica e preço, porém, o valor é apenas estimado pela Administração e cada licitante oferece seu preço. Nessa segunda situação pode ocorrer de o preço estimado ser superior ao valor indicado no § 2º do art. 37, mas a proposta de preço ser inferior ao valor. Tal fato não implica qualquer irregularidade, pois decorre de dinâmica de mercado.

35.6. Boa prática

É interessante que se estabeleçam parâmetros para uma avaliação da proposta técnica ou artística.

No julgamento pelo critério de melhor técnica, torna-se mais factível estabelecer previamente os fatores objetivos para definir qual será vencedora. A regra é que o edital defina uma técnica mínima, deixando ao prudente arbítrio da comissão julgadora, pontuar as propostas que superaram a técnica mínima. Essa pontuação é por fatores também pré-definidos, mas com margem com limitada discricionariedade. Tome como exemplo um projeto para ocupar o centro de uma praça que presta homenagem aos heróis de guerra brasileiros que tomaram o Monte Castelo na Itália. Pode a comissão avaliar a solidez, o preço de execução, o prazo de execução, sendo a ocupação adequada do espaço um dos fatores.

Aqui a capacidade e a experiência do licitante, fatores que impactam a exequibilidade do projeto, aparentemente seriam excluídas pela aplicação do advérbio "exclusivamente" que está no caput. A compreensão de outro dispositivo, porém, indica que os atributos do proponente podem ser sim considerados, conforme se depreende da leitura do art. 37 desta lei, que estabelece o procedimento da melhor técnica.

---

[393] Sobre o valor, consulte a atualização do Decreto nº 11.871, de 2023.

No conteúdo artístico, por sua vez, o estabelecimento de critérios objetivos torna-se mais difícil. Está diretamente relacionado à critérios subjetivos, à estética, predileções por traços culturais. Por isso, aconselhamos a constituição de uma comissão para escolher o melhor conteúdo artístico para um julgamento que garanta a impessoalidade. Essa recomendação foi inclusive incorporada na lei, no próprio art. 37, inc. II e § 1º. Os membros da banca podem ser escolhidos por dispensa de licitação[394], com fundamento no art. 75, inc. XIII.

35.7. Regulamentação estadual

Sobre o assunto, cabe mencionar que o Governo do Estado do Paraná regulamentou a nova Lei de Licitações, no Decreto nº 10.086/2022 e, no artigo 83, § 2º, trouxe a possibilidade de utilização de parâmetros de sustentabilidade ambiental para a valoração das propostas nas licitações para contratação de projetos.

---

[394] Art. 75. É dispensável a licitação: [...] XIII - para contratação de profissionais para compor a comissão de avaliação de critérios de técnica, quando se tratar de profissional técnico de notória especialização.

36. Art. 36, caput, § 1º, I, II, III, IV, V

Art. 36. O julgamento por técnica e preço considerará a maior pontuação obtida a partir da ponderação, segundo fatores objetivos previstos no edital, das notas atribuídas aos aspectos de técnica e de preço da proposta.

§ 1º O critério de julgamento de que trata o *caput* deste artigo será escolhido quando estudo técnico preliminar demonstrar que a avaliação e a ponderação da qualidade técnica das propostas que superarem os requisitos mínimos estabelecidos no edital forem relevantes aos fins pretendidos pela Administração nas licitações para contratação de:

I - serviços técnicos especializados de natureza predominantemente intelectual, caso em que o critério de julgamento de técnica e preço deverá ser preferencialmente empregado;

II - serviços majoritariamente dependentes de tecnologia sofisticada e de domínio restrito, conforme atestado por autoridades técnicas de reconhecida qualificação;

III - bens e serviços especiais de tecnologia da informação e de comunicação;

IV - obras e serviços especiais de engenharia;

V - objetos que admitam soluções específicas e alternativas e variações de execução, com repercussões significativas e concretamente mensuráveis sobre sua qualidade, produtividade, rendimento e durabilidade, quando essas soluções e variações puderem ser adotadas à livre escolha dos licitantes, conforme critérios objetivamente definidos no edital de licitação.

Dispositivos correspondentes na Lei nº 8.666/1993:

Art. 45. O julgamento das propostas será objetivo, devendo a Comissão de licitação ou o responsável pelo convite realizá-lo em conformidade com os tipos de licitação, os critérios previamente estabelecidos no ato convocatório e de acordo com os fatores exclusivamente nele referidos, de maneira a possibilitar sua aferição pelos licitantes e pelos órgãos de controle.

§ 1º Para os efeitos deste artigo, constituem tipos de licitação, exceto na modalidade concurso: (Redação dada pela Lei nº 8.883, de 1994) [...]

III - a técnica e preço.

§ 4º Para contratação de bens e serviços de informática, a administração observará o disposto no art. 3º da Lei nº 8.248, de 23 de outubro de 1991, levando em conta os fatores especificados em seu parágrafo 2º e adotando obrigatoriamente o tipo de licitação "técnica e preço", permitido o emprego de outro tipo de licitação nos casos indicados em decreto do Poder Executivo. (Redação dada pela Lei nº 8.883/1994)

Art. 46. Os tipos de licitação "melhor técnica" ou "técnica e preço" serão utilizados exclusivamente para serviços de natureza predominantemente intelectual, em especial na elaboração de projetos, cálculos, fiscalização, supervisão e gerenciamento e de engenharia consultiva em geral e, em particular, para a elaboração de estudos técnicos preliminares e projetos básicos e executivos, ressalvado o disposto no § o do artigo anterior. (Redação dada pela Lei nº 8.883/1994)

§ 1º Nas licitações do tipo "melhor técnica" será adotado o seguinte procedimento claramente explicitado no instrumento convocatório, o qual fixará o preço máximo que a Administração se propõe a pagar:

I - serão abertos os envelopes contendo as propostas técnicas exclusivamente dos licitantes previamente qualificados e feita então a avaliação e classificação destas propostas de acordo com os critérios pertinentes e adequados ao objeto licitado, definidos com clareza e objetividade no instrumento convocatório e que considerem a capacitação e a experiência do proponente, a qualidade técnica da proposta, compreendendo metodologia, organização, tecnologias e recursos materiais a serem utilizados nos trabalhos, e a qualificação das equipes técnicas a serem mobilizadas para a sua execução;

II - uma vez classificadas as propostas técnicas, proceder-se-á à abertura das propostas de preço dos licitantes que tenham atingido a valorização mínima estabelecida no instrumento convocatório e à negociação das condições propostas, com a proponente melhor classificada, com base nos orçamentos detalhados apresentados e respectivos preços unitários e tendo como referência o limite representado pela proposta de menor preço entre os licitantes que obtiveram a valorização mínima;

III - no caso de impasse na negociação anterior, procedimento idêntico será adotado, sucessivamente, com os demais proponentes, pela ordem de classificação, até a consecução de acordo para a contratação;

IV - as propostas de preços serão devolvidas intactas aos licitantes que não forem preliminarmente habilitados ou que não obtiverem a valorização mínima estabelecida para a proposta técnica.

§ 2º Nas licitações do tipo "técnica e preço" será adotado, adicionalmente ao inciso I do parágrafo anterior, o seguinte procedimento claramente explicitado no instrumento convocatório:

I - será feita a avaliação e a valorização das propostas de preços, de acordo com critérios objetivos preestabelecidos no instrumento convocatório;

II - a classificação dos proponentes far-se-á de acordo com a média ponderada das valorizações das propostas técnicas e de preço, de acordo com os pesos preestabelecidos no instrumento convocatório.

§ 3º Excepcionalmente, os tipos de licitação previstos neste artigo poderão ser adotados, por autorização expressa e mediante justificativa circunstanciada da maior autoridade da Administração promotora constante do ato convocatório, para fornecimento de bens e execução de obras ou prestação de serviços de grande vulto majoritariamente dependentes de tecnologia nitidamente sofisticada e de domínio restrito, atestado por autoridades técnicas de reconhecida qualificação, nos casos em que o objeto pretendido admitir soluções alternativas e variações de execução, com repercussões significativas sobre sua qualidade, produtividade, rendimento e durabilidade concretamente mensuráveis, e estas puderem ser adotadas à livre escolha dos licitantes, na conformidade dos critérios objetivamente fixados no ato convocatório.

Art. 47. Nas licitações para a execução de obras e serviços, quando for adotada a modalidade de execução de empreitada por preço global, a Administração deverá fornecer obrigatoriamente, junto com o edital, todos os elementos e informações necessários para que os licitantes possam elaborar suas propostas de preços com total e completo conhecimento do objeto da licitação.

Dispositivos correspondentes na Lei nº 12.462/2011 (Institui o RDC):

Art. 18. Poderão ser utilizados os seguintes critérios de julgamento:[...]

II - técnica e preço;

Art. 19. O julgamento pelo menor preço ou maior desconto considerará o menor dispêndio para a administração pública, atendidos os parâmetros mínimos de qualidade definidos no instrumento convocatório. [...]

§ 3º No caso de obras ou serviços de engenharia, o percentual de desconto apresentado pelos licitantes deverá incidir linearmente sobre os preços de todos os itens do orçamento estimado constante do instrumento convocatório.

Art. 20. No julgamento pela melhor combinação de técnica e preço, deverão ser avaliadas e ponderadas as propostas técnicas e de preço apresentadas pelos licitantes, mediante a utilização de parâmetros objetivos obrigatoriamente inseridos no instrumento convocatório.

§ 1º O critério de julgamento a que se refere o caput deste artigo será utilizado quando a avaliação e a ponderação da qualidade técnica das propostas que superarem os requisitos mínimos estabelecidos no instrumento convocatório forem relevantes aos fins pretendidos pela administração pública, e destinar-se-á exclusivamente a objetos:

I - de natureza predominantemente intelectual e de inovação tecnológica ou técnica; ou

II - que possam ser executados com diferentes metodologias ou tecnologias de domínio restrito no mercado, pontuando-se as vantagens e qualidades que eventualmente forem oferecidas para cada produto ou solução.

Dispositivos correspondentes na Lei nº 13.303/2016 (Dispõe sobre o estatuto jurídico das Estatais):

Art. 54. Poderão ser utilizados os seguintes critérios de julgamento:[...]

III - melhor combinação de técnica e preço; [...]

§ 2º Na hipótese de adoção dos critérios referidos nos incisos III, IV, V e VII do caput deste artigo, o julgamento das propostas será efetivado mediante o emprego de parâmetros específicos, definidos no instrumento convocatório, destinados a limitar a subjetividade do julgamento.

Dispositivos pertinentes na Lei 14.133/2021[395], além do art. 36:

Art. 6º. Para os fins desta Lei, consideram-se: [...]

XXXVIII - concorrência: modalidade de licitação para contratação de bens e serviços especiais e de obras e serviços comuns e especiais de engenharia, cujo critério de julgamento poderá ser: [...]

c) técnica e preço;

Art. 18. A fase preparatória do processo licitatório é caracterizada pelo planejamento e deve compatibilizar-se com o plano de contratações anual de que trata o inciso VII do caput do art. 12 desta Lei, sempre que elaborado, e com as leis orçamentárias, bem como abordar todas as considerações técnicas, mercadológicas e de gestão que podem interferir na contratação, compreendidos: [...]

IX - a motivação circunstanciada das condições do edital, tais como justificativa de exigências de qualificação técnica, mediante indicação das parcelas de maior relevância técnica ou valor significativo do objeto, e de qualificação econômico-financeira, justificativa dos critérios de pontuação e julgamento das propostas técnicas, nas licitações com julgamento por melhor técnica ou técnica e preço, e justificativa das regras pertinentes à participação de empresas em consórcio;

Art. 38. No julgamento por melhor técnica ou por técnica e preço, a obtenção de pontuação devido à capacitação técnico-profissional exigirá que a execução do respectivo contrato tenha participação direta e pessoal do profissional correspondente.

Art. 55. Os prazos mínimos para apresentação de propostas e lances, contados a partir da data de divulgação do edital de licitação, são de: [...]

IV - para licitação em que se adote o critério de julgamento de técnica e preço ou de melhor técnica ou conteúdo artístico, 35 (trinta e cinco) dias úteis.

36.1. Noções

O art. 36 define a aplicação do critério de julgamento da licitação por técnica e preço.

O objetivo do dispositivo coloca-se em linha com a pretensão há muito tempo alimentada pelos órgãos de controle – de tornar o julgamento da técnica o mais

---

[395] BRASIL. Lei nº 14.133, de 1º de abril de 2021. Lei de Licitações e Contratos Administrativos. Organização de textos, remissões da Lei nº 8.666/1993, Lei nº 10.520/2002 e Lei nº 12.462/2011 e índices por Ana Luiza Jacoby Fernandes e J. U. Jacoby Fernandes. Belo Horizonte: Fórum, 2021.

objetivo possível. Nesse sentido, estabelece a lei que a técnica vai ser aferida por critérios objetivos previstos no edital.

No Brasil, a Lei nº 8.666/1993, promulgada numa época em que o país atravessava o processo de impeachment, mereceu atenção especial dos órgãos do controle. Nessa época, consideramos ser necessário que os Tribunais de Contas fiscalizassem minudentemente as licitações. Nosso esforço foi nesse sentido, sensibilizando dirigentes do TCU. Depois de iniciado esse trabalho, inclusive na academia especializada criada junto ao TCU, Instituto Serzedelo Corrêa, houve uma hipertrofia do tema e um exagerado apego ao menor preço.

Esse critério isolado, menor preço, só é viável quando há normas técnicas para descrição do produto e normas sobre processos produtivos que gerem certificação. Foi nesse momento que nasceu uma jurisprudência sem embasamento legal e condenou, inclusive com multas, os servidores que exigiram o cumprimento de normas da ABNT e do INMETRO. Os editais que exigiram apenas o menor preço, mesmo quando o resultado foi nocivo ao erário não sofreram reprimendas, criando uma cultura de conforto e acomodação. O TCU recusou-se a fiscalizar, por exemplo, denúncias de compras em que os produtos rapidamente se tornaram inservíveis, como ocorreu em representação específica.

No mundo, porém, as linhas diretivas apontaram em sentido oposto, chegando a ser proibida a licitação exclusivamente pelo menor preço, como ocorreu com a Diretiva nº 2014/24, cujo art. 67º, nº 2, permitiu aos países membros da comunidade europeia proibirem as licitações pelo menor preço, conforme ensina o eminente jurista, dr. Rafael Sérgio de Lima de Oliveira. O Brasil, embora tivesse lei admitindo a aplicação do critério combinado de técnica e preço, e admitindo a interferência de regras de sustentabilidade nas licitações criou uma cultura de denuncismo e de punição que estagnou e desmotivou a aplicação de regras que consagrem a proposta mais vantajosa durante o ciclo de vida do objeto, com adesão ao atendimento de políticas públicas que melhorassem o ambiente social e o meio ambiente.

A nova Lei, se for interpretada por juristas permitirá que o país e as compras públicas avancem na direção certa.

36.2. Aplicabilidade da técnica e preço

O critério de julgamento, que combina o fator técnica da proposta com o preço, é denominado de critério "técnica e preço". Antes, a Lei nº 8.666/1993, definia como tipo; na atual lei, critério.

A lei define quando, na fase do planejamento, pode-se inserir no documento denominado Estudo Técnico Preliminar – ETP o critério técnica e preço. Ver subitem adiante sobre justificativa.

A solução prevista na Lei, na redação do § 1º do art. 36 é diferente da prevista na lei anterior, onde o uso do critério mostrava-se facultativo. Aqui o parágrafo referido impõe que se o Estudo Técnica Preliminar – ETP concluir que "a avaliação e a ponderação da qualidade técnica das propostas" que vierem a ser estabelecidos no edital forem relevantes aos fins pretendidos pela Administração nas licitações para contratação" será escolhido o critério de técnica e preço. O critério é de uso obrigatório diante da situação.

36.2.1. Critério restrito à modalidade concorrência

Em primeira leitura, o art. 6º permitiria inferir que o critério técnica e preço apenas poderia ser utilizado na modalidade concorrência. Isso porque, ao trazer a definição das modalidades no glossário, o dispositivo indica o critério de julgamento cabível para cada.

Contudo, quando da definição da modalidade diálogo competitivo, no inciso XLII do art. 6º, a Lei não estabelece os critérios de julgamento aplicáveis a fase competitiva da modalidade. Assim, do mesmo modo que parece lógico que é possível a utilização do critério menor preço para essa modalidade, também parece possível, em virtude da omissão legislativa, a permissão de utilização de outros critérios de julgamento, inclusive o de técnica e preço.

Inclusive, nesse sentido, a Instrução Normativa nº 02/2023 da SEGES/ME, estabelece a possibilidade de utilização do critério técnica e preço, para a fase competitiva da modalidade diálogo competitivo. Apesar dessa norma ser de aplicação restrita aos órgãos do executivo federal, serve de boa prática para entes estaduais e municipais.

36.2.2. Quais fatores podem ser usados no critério técnica e preço

Entre os fatores que podem ser indicados nesses critérios admite-se a exigência de informações e atestados técnicos pertinentes a qualificação técnica do licitante como experiência anterior, equipe técnica, gestão de equipe e a qualificação da equipe técnica, aparelhamento e outros atributos que, por exemplo, são referidos no dispositivo que trata da notória especialização – art. 74, § 3º –, lembrando que a notória especialização poderá levar à inexigibilidade de licitação. Aliás, harmonizasse em parte com esse entendimento, o fato de no § 3º deste artigo, constar o dever expresso de considerar o desempenho anterior. Dito, em parte, porque o precitado parágrafo só impõe como compulsório atestado a relação anterior com a Administração Pública. A pontuação da relação, é facultativa na pontuação.

Também poderá ser previsto o "menor dispêndio para a Administração", incluindo fatores previstos no § 1º do art. 34, utilizados no critério menor preço, referindo-se a "custos indiretos". Custos indiretos, como visto nos comentários a esse dispositivo, são os custos "relacionados com as despesas de manutenção, utilização, reposição, depreciação e impacto ambiental do objeto licitado, entre outros fatores vinculados ao seu ciclo de vida". Note, porém, que se for suficiente para obter a proposta mais vantajosa apenas esses fatores, o critério de julgamento da licitação será pelo menor preço.

A Administração deve considerar que a técnica é tão importante que justifica o julgamento técnica e preço.

36.2.3. Onde inserir a justificativa do uso dos fatores?

Na nova lei, foram definidos os diversos documentos que integram o processo licitatório e o que deve conter cada documento. Assim, no Estudo Técnico Preliminar – ETP deverá constar que a satisfação dos requisitos mínimos do edital é suficiente para garantir a qualidade da Administração. Se for necessário, contudo, ir além dos requisitos mínimos necessários, poderá ser adotado o critério de julgamento técnica e preço. Em outras palavras: a exigência estabelecida na lei no § 1º do art. 36, para informar o ETP é que previamente o planejador considere que "a avaliação e a ponderação da qualidade técnica das propostas que superarem os requisitos mínimos estabelecidos no edital forem relevantes aos fins pretendidos pela Administração nas licitações para contratação". Note que somente com profundo conhecimento técnico e larga experiência específica no assunto é que um profissional se arriscaria a formular de forma consistente essa avaliação. E, ainda mais: saber informar isso no ETP com fundamentação adequada. A profissionalização imposta pela lei exigirá ou a terceirização do processo de elaboração do ETP ou elevados investimentos na qualificação do quadro próprio.

36.2.4. Permissão legal para uso do critério técnica e preço

A LLCA amplia a antiga previsão de uso do critério de julgamento técnica e preço. Na Lei nº 8.666/1993, o tipo combinado de técnica e preço se aplicava exclusivamente para os serviços de natureza predominantemente intelectual. Tinha-se, ainda, a exceção dos bens e serviços de informática, que exigiriam o critério de licitação técnica e preço, como será analisado abaixo.

Os incisos do art. 36, § 1º dispõem sobre as hipóteses que será possível a utilização do critério técnica e preço.

36.3. Art. 36, § 1º, inc. I - serviços de natureza predominantemente intelectual

> Art. 36. O julgamento por técnica e preço considerará a maior pontuação obtida a partir da ponderação, segundo fatores objetivos previstos no edital, das notas atribuídas aos aspectos de técnica e de preço da proposta.
>
> § 1º O critério de julgamento de que trata o *caput* deste artigo será escolhido quando estudo técnico preliminar demonstrar que a avaliação e a ponderação da qualidade técnica das propostas que superarem os requisitos mínimos estabelecidos no edital forem relevantes aos fins pretendidos pela Administração nas licitações para contratação de:
>
> I - serviços técnicos especializados de natureza predominantemente intelectual, caso em que o critério de julgamento de técnica e preço deverá ser preferencialmente empregado;

No inc. I, se estabelece a utilização do critério de julgamento técnica e preço para os serviços técnicos especializados de natureza predominantemente intelectual. Nesse dispositivo, há uma inovação em relação disposto na Lei nº 8.666/1993 e exige maior detalhamento.

Na redação da Lei nº 8.666/1993, estabelecia-se que o critério de julgamento técnica e preço era exclusivo para serviços técnicos especializados de natureza predominantemente intelectual. Por uma questão de lógica, isso não significava que todo serviço de natureza predominantemente intelectual deveria ser licitado por técnico e preço. Com a redação do inc. I, agora, então, tem-se a preferência para os serviços de natureza predominantemente intelectual serem licitados pelo critério de julgamento técnico e preço.

O resultado prático, portanto, é que, ao se tratar de serviços técnicos de natureza predominantemente intelectual, é necessário justificar porque os requisitos técnicos não interferem na qualidade, para, aí sim, permitir-se licitar pelo menor preço e não pelo critério de julgamento técnica e preço. A atual lei, portanto, inova na preferência do critério combinado de técnica e preço, em relação ao menor preço. Isso é fundamental para desenvolver o mercado do serviço predominantemente intelectual.

36.4. Art. 36, § 1º, inc. II - serviços dependentes de tecnologia sofisticada e de domínio restrito

> Art. 36. O julgamento por técnica e preço considerará a maior pontuação obtida a partir da ponderação, segundo fatores objetivos previstos no edital, das notas atribuídas aos aspectos de técnica e de preço da proposta. [...]
>
> II - serviços majoritariamente dependentes de tecnologia sofisticada e de domínio restrito, conforme atestado por autoridades técnicas de reconhecida qualificação;

No inc. II, a lei permite o uso do critério técnica e preço para os serviços majoritariamente dependente de tecnologia sofisticada e de domínio restrito. A inovação neste dispositivo surge ao se exigir que esse conceito de dependência de tecnologia sofisticada e domínio restrito seja atestado por autoridades técnicas de reconhecida qualificação. Muitas vezes, a Administração tem, historicamente, demonstrado a incapacidade de construir projetos básicos. E aqui uma exigência ainda maior, pois, certamente, em muitos casos, esta qualificação não é encontrável no âmbito interno dos órgãos.

Recomenda-se, para superar e atender à norma, que essas autoridades técnicas que a lei admite para emitir os atestados sejam contratadas pela Administração, tanto no limite da dispensa de licitação – para emitir um parecer demonstrando que há tecnologia sofisticada e de domínio restrito –, quanto pela possibilidade de se recorrer por cooperação a organismos da sociedade civil organizada ou também a faculdades especializadas no tema.

36.5. Art. 36, § 1º, inc. III - serviço de tecnologia da informação e comunicação

> Art. 36. O julgamento por técnica e preço considerará a maior pontuação obtida a partir da ponderação, segundo fatores objetivos previstos no edital, das notas atribuídas aos aspectos de técnica e de preço da proposta. [...]
>
> III - bens e serviços especiais de tecnologia da informação e de comunicação;

No inc. III, surgem as espécies de serviço de tecnologia da informação e comunicação. A redação do dispositivo não é inovadora, pois encontra fundamento no art. 45, § 4º da Lei nº 8.666/1993, que previa, guardadas as devidas proporções, o mesmo cenário para bens de serviços de tecnologia da informação e comunicação. Para esses, era obrigatória a licitação com o uso do critério técnica e preço. Agora, como visto no subitem que abre os comentários deste artigo, se o ETP concluir que a técnica é relevante o uso do critério técnica e preço será utilizado.

O inc. III também tem outra peculiaridade: o uso do termo "especiais", ao tratar de bens e serviços especiais de tecnologia da informação e comunicação. Vale lembrar ao leitor que a expressão "bens e serviços especiais" constitui um termo próprio, trazido e conceituado no glossário desta lei – art. 6º, inc. XIV – para diferenciar os bens e serviços especiais, dos bens e serviços comuns.

Ao referir-se à comunicação e o substantivo deve ser precedido pela conjunção aditiva "e", constituindo a informação e comunicação um só termo, decorrente do uso de tecnologia. A propósito, tomada isoladamente a palavra "comunicação, cabe lembrar que não estará abrangendo publicidade e propaganda, que continuam tendo uma lei própria, na Lei nº 12.232, de 29 de abril de 2010.

Para dirimir qualquer dúvida, é importante considerar que a expressão "tecnologia da informação e comunicação", conhecida no mercado como TIC, tem conceitos próprios regulamentados também em lei específica de inovação tecnológica – Lei nº 13.243/2016, conforme já verificado ao tratar do conceito.

36.6. Art. 36, § 1º, inc. IV - obras e serviços especiais de engenharia

> Art. 36. O julgamento por técnica e preço considerará a maior pontuação obtida a partir da ponderação, segundo fatores objetivos previstos no edital, das notas atribuídas aos aspectos de técnica e de preço da proposta. [...]
>
> IV - obras e serviços especiais de engenharia;

O inc. IV trata de obras e serviços especiais de engenharia. Seguindo a mesma orientação acima mencionada, cabe ao gestor demonstrar que os requisitos acima do mínimo são relevantes para o impacto da qualidade. Essa é uma exigência essencial para se realizar técnica e preço. Do contrário, terá que fazer uma licitação com o critério menor preço.

Sobre este tema, consulte os comentários à definição que consta do art. 6º, XXXVIII. Note que nesse inciso foi determinado que o uso da concorrência é obrigatório, mas o critério poderá ser de técnica e preço, inclusive o critério isolado de menor preço, o que revela atecnia do legislador e não contribui para a segurança jurídica.

36.7. Art. 36, § 1º, inc. V - objetos que admitam soluções específicas e alternativas e variações de execução

> Art. 36. O julgamento por técnica e preço considerará a maior pontuação obtida a partir da ponderação, segundo fatores objetivos previstos no edital, das notas atribuídas aos aspectos de técnica e de preço da proposta. [...]

> V - objetos que admitam soluções específicas e alternativas e variações de execução, com repercussões significativas e concretamente mensuráveis sobre sua qualidade, produtividade, rendimento e durabilidade, quando essas soluções e variações puderem ser adotadas à livre escolha dos licitantes, conforme critérios objetivamente definidos no edital de licitação.

Numa pretensão de tornar a relação do parágrafo primeiro exaustiva, consta da lei uma nova possibilidade. De fato, o inc. V, que aparentemente introduziu uma nova opção para o uso do critério técnica e preço, estabelecendo requisitos extremamente difíceis para a implementação. Note os termos da lei, aqui destacados:

- a execução do objeto pretendido deve admitir soluções específicas e alternativas;
- essas soluções devem ter variações de execução;
- essas variações de execução devem ter repercussões significativas;
- essas repercussões devem ser concreta e previamente mensuráveis sobre sua qualidade, produtividade, rendimento e durabilidade;
- as soluções e variações puderem ser adotadas à livre escolha dos licitantes;
- tanto as soluções como as repercussões devem ter previsão no edital com critérios objetivamente definidos.

A norma está a exigir uma altíssima qualificação dos seus servidores, uma vez que os critérios devem ser objetivamente definidos no edital de licitação, concreta e objetivamente mensuráveis. Cabe uma crítica: a pretensão beira a um exercício de futurologia.

A lei acresce, ainda, que exige do elaborador do estudo técnico preliminar que analise como especificar no edital da licitação "repercussões significativas e concretamente mensuráveis sobre sua qualidade, produtividade, rendimento e durabilidade" e, ainda, a possibilidade de que esses atributos sejam alteráveis por soluções e variações livremente escolhidas pelos licitantes.

Portanto, é um dispositivo de difícil implementação.

Certamente, a Administração, para adotá-lo, deverá recorrer à iniciativa privada, obtendo a cooperação para construção de objetos dessa natureza. Essa disposição fica em consonância com uma demanda do mercado para se adaptar a critérios diferenciados com as inovações tecnológicas. Essa relação deve ocorrer sob o fiel acatamento dos princípios da transparência e impessoalidade.

Na tentativa de reduzir a força das expressões utilizadas, poder-se-ia apresentar um exemplo mais simples, como a licitação de impressoras com tecnologias diferenciadas. Hoje, na área da Administração Pública – no âmbito federal, principalmente – o padrão é exigir-se impressora à laser. Existe, contudo, uma nova tecnologia no mercado de impressoras à jato de tinta que tem tanta rapidez e tanta eficiência quanto a impressora à laser, mas que consomem muito menos energia elétrica.

O fabricante, assim, apresenta estudos técnicos para demonstrar a economia no consumo de energia elétrica, a partir desse material diferenciado. Então, seria possível o gestor estabelecer um critério de julgamento por técnica e preço, ponderando a economia de energia elétrica como um critério de julgamento para permitir soluções diferenciadas.

Note que, nesse exemplo, a Administração Pública estará definindo o resultado almejado, ou seja, a qualidade da impressão. As outras variáveis devem ser consideradas e atribuída valoração para que se obtenha a proposta mais vantajosa para a Administração Pública, para a sociedade e para as gerações presentes e futuras.

36.8. Da justificativa para aplicação do critério de julgamento

A lei, em vários dispositivos se refere a necessidade de justificar a decisão. Especificamente em relação ao critério de julgamento, no art. 36, § 1º, foi estabelecida a necessidade da justificativa para a aplicação do critério de julgamento técnica e preço. A norma aqui repete o que está no art. 18, inc. IX. A adoção deste tipo deve decorrer do que se demonstrar em estudo técnico preliminar, que integra a fase do planejamento da licitação.

Art. 36, § 2º, § 3º

Art. 36. O julgamento por técnica e preço considerará a maior pontuação obtida a partir da ponderação, segundo fatores objetivos previstos no edital, das notas atribuídas aos aspectos de técnica e de preço da proposta. [...]

§ 2º No julgamento por técnica e preço, deverão ser avaliadas e ponderadas as propostas técnicas e, em seguida, as propostas de preço apresentadas pelos licitantes, na proporção máxima de 70% (setenta por cento) de valoração para a proposta técnica.

§ 3º O desempenho pretérito na execução de contratos com a Administração Pública deverá ser considerado na pontuação técnica, observado o disposto nos §§ 3º e 4º do art. 88 desta Lei e em regulamento.

Dispositivos correspondentes na Lei nº 8.666/1993:
Art. 48. Serão desclassificadas:
I - as propostas que não atendam às exigências do ato convocatório da licitação;
II - propostas com valor global superior ao limite estabelecido ou com preços manifestamente inexequíveis, assim considerados aqueles que não venham a ter demonstrada sua viabilidade através de documentação

que comprove que os custos dos insumos são coerentes com os de mercado e que os coeficientes de produtividade são compatíveis com a execução do objeto do contrato, condições estas necessariamente especificadas no ato convocatório da licitação. (Redação dada pela Lei nº 8.883, de 1994)

§ 1º Para os efeitos do disposto no inciso II deste artigo consideram-se manifestamente inexequíveis, no caso de licitações de menor preço para obras e serviços de engenharia, as propostas cujos valores sejam inferiores a 70% (setenta por cento) do menor dos seguintes valores: (Incluído pela Lei nº 9.648, de 1998)

a) média aritmética dos valores das propostas superiores a 50% (cinquenta por cento) do valor orçado pela administração, ou (Incluído pela Lei nº 9.648, de 1998)

b) valor orçado pela administração. (Incluído pela Lei nº 9.648, de 1998)

Dispositivos correspondentes na Lei nº 12.462/2011 (Institui o RDC):

Art. 20. No julgamento pela melhor combinação de técnica e preço, deverão ser avaliadas e ponderadas as propostas técnicas e de preço apresentadas pelos licitantes, mediante a utilização de parâmetros objetivos obrigatoriamente inseridos no instrumento convocatório. [...]

§ 2º É permitida a atribuição de fatores de ponderação distintos para valorar as propostas técnicas e de preço, sendo o percentual de ponderação mais relevante limitado a 70% (setenta por cento).

Dispositivos correspondentes na Lei nº 13.303/2016 (Dispõe sobre o estatuto jurídico das Estatais):

Art. 54. Poderão ser utilizados os seguintes critérios de julgamento: [...]

§ 5º Quando for utilizado o critério referido no inciso III do caput, a avaliação das propostas técnicas e de preço considerará o percentual de ponderação mais relevante, limitado a 70% (setenta por cento).

Dispositivos pertinentes na Lei 14.133/2021, além do art. 36:

Art. 88. Ao requerer, a qualquer tempo, inscrição no cadastro ou a sua atualização, o interessado fornecerá os elementos necessários exigidos para habilitação previstos nesta Lei. [...]

§ 3º A atuação do contratado no cumprimento de obrigações assumidas será avaliada pelo contratante, que emitirá documento comprobatório da avaliação realizada, com menção ao seu desempenho na execução contratual, baseado em indicadores objetivamente definidos e aferidos, e a eventuais penalidades aplicadas, o que constará do registro cadastral em que a inscrição for realizada.

§ 4º A anotação do cumprimento de obrigações pelo contratado, de que trata o § 3º deste artigo, será condicionada à implantação e à regulamentação do cadastro de atesto de cumprimento de obrigações, apto à realização do registro de forma objetiva, em atendimento aos princípios da impessoalidade, da igualdade, da isonomia, da publicidade e da transparência, de modo a possibilitar a implementação de medidas de incentivo aos licitantes que possuírem ótimo desempenho anotado em seu registro cadastral.

36.9. Da ponderação e do desempenho pretérito

No art. 36, § 2º, a lei estabelece um limite máximo para ponderação do componente "técnica" no critério técnica e preço, e que, corresponde a 70%. Como visto acima, quanto mais se diminuir o percentual de valoração da técnica, mais difícil estará em sustentar a justificativa da sua importância na aplicação desse critério.

Note que diante do critério da valoração mencionado, nem sempre o menor preço será o principal a ser alcançado, pelo contrário, a vantajosidade poderá estar na melhor técnica, mesmo com o valor maior, por exemplo.

Cabe assinalar entendimento jurisprudencial do[396] Tribunal de Contas da União, nesta senda:

> 9. Embora a Lei 8.666/1993 faculte ao administrador um certo grau de discricionariedade na escolha da ponderação das propostas técnicas e de preço, tanto a doutrina quanto a jurisprudência deste Tribunal são unísonas no sentido de que o favorecimento da proposta técnica em relação à de preços deve ser devidamente justificada. Ensinamento doutrinário nesse diapasão vem de Marçal Justen Filho, in Comentários à Lei de Licitações e Contratos Administrativos - Ed. Dialética - 15ª edição, pg. 732:
>
> "A valoração da proposta técnica e o valor da proposta de preço deverão ser transformados em valores numéricos, produzindo-se a partir daí uma média. Existe uma margem de discricionariedade para a Administração dispor sobre isso no edital. Faculta-se que o edital inclusive reconheça importância maior para a nota técnica. Todavia, essa autonomia não autoriza reconhecer predominância tão intensa à nota técnica que a proposta econômica deixaria de apresentar relevância. Em termos concretos, a solução mais equilibrada é reconhecer que a proposta vencedora será determinada por uma fórmula que reconheça peso igual para as notas técnicas e de preço. Pode-se admitir a atribuição de peso maior à nota técnica mediante justificativa adequada. Mas se afigura desarrazoado atribuir à nota técnica peso superior a 7 e à nota de preço peso inferior a 3." (destaquei)
>
> 10. Na jurisprudência deste Tribunal, são vários os julgados que determinam a necessidade de justificar a prevalência da proposta técnica em relação à de preço nos critérios de pontuação adotados no edital. Cito, a título de exemplo, os Acórdãos 1782/2007, 1100/2007, 828/2007 e 2017/2009, todos do Plenário e anteriores à publicação do edital em comento.
>
> 11. A valoração injustificada da proposta técnica em detrimento da proposta de preço pode resultar na restrição à competitividade e no favorecimento de proposta que não seja a mais vantajosa para a Administração, prejudicando, assim, um dos objetivos básicos da licitação. No certame em tela, essa ponderação altamente desproporcional (peso 8 para a técnica e peso 2 para o preço), aliada à subjetividade no julgamento de itens pontuáveis, conforme discutido mais acima, acaba por dar ao julgador ampla margem para alterar, ao seu bel prazer, até mesmo a classificação das propostas dos licitantes. Essa é uma situação que não pode ser tolerada em um certame licitatório.

O § 3º do dispositivo, em comento, traz uma inovação normativa ao estabelecer o dever da Administração Pública, quando utilizar o critério técnica e preço, de considerar o desempenho pretérito na execução de contratos com a Administração Pública. Isso é relevante porque não é incomum em uma licitação de

---

[396] BRASIL. Tribunal de Contas da União. Processo TC nº 010.098/2010-0. Acórdão nº 2909/2012 - Plenário. Relator: Ministro-Substituto Augusto Sherman Cavalcanti. Diário Oficial da União, Brasília, DF, 24 out 2012.

técnica e preço que se dê pontuação para a quantidade de atestados técnicos existentes.

Nesse dispositivo, todavia, cria-se a obrigação de se dar uma pontuação diferenciada para os atestados da Administração Pública, visto que a Administração Pública tem regras próprias e tem previsões e requisitos, considerando que os atestados de capacidade técnica têm presunção de veracidade.

Nesse sentido, o dispositivo faz referência ao art. 88, §§ 3º e 4º, onde se tem a previsão do registro cadastral, fazendo registro do desempenho histórico dos fornecedores.

Seria permitido, conforme esse dispositivo, estabelecer pontuação diferenciada para aquelas empresas que no contrato de acordo de nível de serviço tiveram poucas ou nenhuma violação ao acordo, para empresas que não tiveram nenhuma punição ou para empresas que se excederam em qualidade e no cumprimento do prazo. Todas as hipóteses são permitidas nesse dispositivo.

Como destaque, vale ressaltar, que a Força Aérea já possui o CADTERC (Estudos Técnicos de Serviços Terceirizados), que é um cadastro de registro técnico de seus fornecedores, onde ela já pontuava, na vigência da Lei nº 8.666/1993, o desempenho dos seus fornecedores por critérios objetivos. A ideia é que se expanda o que existe no conceito da Força Aérea para outros órgãos, de modo que, com critérios objetivos, dê-se pontuação diferenciada àquele que simplesmente cumpriu a sua obrigação e àquele que excedeu as obrigações previstas contratuais para prestar um melhor serviço possível.

No Brasil não há um repositório centralizado com o armazenamento de todas as informações dos fornecedores. Com a nova lei de licitações isso se tornará possível, tendo em vista, a obrigatoriedade do uso do registro cadastral unificado do Portal Nacional de Contratações Públicas - PNCP.

Existe uma questão interessante de direito intertemporal nesse dispositivo. Quando o legislador determinou que deve ser considerado na pontuação técnica o desempenho pretérito, é possível que o edital preveja, inclusive, a qualidade da execução. Os atestados anteriormente emitidos, entretanto, não se referem à ideia da qualidade na execução, apenas que foi satisfeito ou insatisfeito o objeto. Normalmente, o licitante só juntará os que realizou satisfatoriamente o objeto.

Indo além, poderá o edital prever que o atestado deverá indicar a qualidade da execução, surgindo, portanto, um novo problema. A Administração, por vezes, não terá esses registros, se não adotou a metodologia de acordo de níveis de serviços, que é mais recente no nosso país, possuindo pouco mais de 10 anos em nosso ordenamento. Nesse caso, poderá a Administração não ter registro da qualidade da execução do objeto.

Por outro lado, também poderá ocorrer de o objeto não ter sido realizado satisfatoriamente e a Administração deve considerar essa hipótese na avaliação de atributos e notas.

Além da Força Aérea, cita-se como boa prática o exemplo da Petrobrás e da Cemig, que também possuem índices de avaliação de fornecedores e avaliação de desempenho de fornecedores.

36.10. Art. 36, § 2º - ponderação dos fatores técnica e preço

> Art. 36. O julgamento por técnica e preço considerará a maior pontuação obtida a partir da ponderação, segundo fatores objetivos previstos no edital, das notas atribuídas aos aspectos de técnica e de preço da proposta. [...]
>
> § 2º No julgamento por técnica e preço, deverão ser avaliadas e ponderadas as propostas técnicas e, em seguida, as propostas de preço apresentadas pelos licitantes, na proporção máxima de 70% (setenta por cento) de valoração para a proposta técnica.

No critério técnica e preço de julgamento da licitação vencerá a disputa aquele que apresentar a melhor combinação entre a técnica e o preço, diante da pontuação de fatores dispostos no edital.

No passado, muitas vezes o edital e a pontuação dos critérios eram feitos sob medida para atender a pretensão de contratar determinado licitante.

Agora, no § 2º do art. 36, a lei estabeleceu um limite máximo para apreciação técnica, que é de 70%. Todas as vezes que o valor baixar desse percentual de valoração da técnica, corre-se o risco de invalidar a própria justificativa do uso do critério técnica e preço. Isso ocorreria, por exemplo, se a técnica fosse 30% e o preço 70%, fato que demonstraria a pouca relevância da técnica. Portanto, é necessário apreciar no conjunto a justificativa e essa deve motivar também a ponderação de valores.

36.11. Art. 36, § 3º - desempenho pretérito

> Art. 36. O julgamento por técnica e preço considerará a maior pontuação obtida a partir da ponderação, segundo fatores objetivos previstos no edital, das notas atribuídas aos aspectos de técnica e de preço da proposta. [...]

> § 3º O desempenho pretérito na execução de contratos com a Administração Pública deverá ser considerado na pontuação técnica, observado o disposto nos §§ 3º e 4º do art. 88 desta Lei e em regulamento.

O § 3º é imperativo e vinculante para quando for decidido o uso do critério técnica e preço.

Traz uma inovação ao estabelecer o dever da Administração Pública, quando utilizar o critério técnica e preço, considerar o desempenho pretérito na execução de contratos com a Administração Pública. Isso é relevante porque não é incomum em uma licitação de técnica e preço que se dê pontuação para a quantidade de atestados técnicos existentes.

Nesse dispositivo, todavia, cria-se a obrigação de se dar uma pontuação diferenciada para os atestados da Administração Pública, visto que a Administração Pública tem regras próprias e tem previsões e requisitos, considerando que os atestados de capacidade técnica têm presunção de veracidade.

O dispositivo faz referência ao art. 88, §§ 3º e 4º, onde se tem a previsão do registro cadastral, banco de dados previsto na lei para registrar e tornar público o desempenho histórico dos fornecedores. Facilita, portanto, a obtenção de atestados.

Seria permitido, conforme esse dispositivo, estabelecer pontuação diferenciada para aquelas empresas que no contrato de acordo de nível de serviço tiveram poucas ou nenhuma violação ao acordo, para empresas que tiveram nenhuma punição ou para empresas que se excederam em qualidade e no cumprimento do prazo. Todas as hipóteses são permitidas nesse dispositivo.

36.11.1. Desempenho anterior na inciativa privada

Um dos pontos mais prestigiados na Lei nº 8.666/1993 foi equiparar para todos os fins, atestados do licitante com a relação pública e com a relação privada ou particular.

O dispositivo acima rompe essa linha de evolução e determina que é compulsório, quando o critério for técnica e preço, considerar a relação pretérita com a Administração Pública.

Vem à lume, a questão: e os atestados referente a execução entre empresas privadas pode ser considerado? A resposta é afirmativa. Pode, mas não é obrigatório que o Agente de Contratação preveja essa possibilidade. Só é compulsório exigir os atestados da relação com a Administração Pública. Lembrando: a expressão Administração Pública abrange todos os entes que integram a federação, União, Estados, Distrito Federal e Municípios, os três poderes e a administração direta e indireta.

Pode ocorrer de o edital, fiel ao comando desse parágrafo 3º, ser restritivo na exigência da relação, valorizando apenas os atestados com o poder público, numa particular situação em que é possível a execução do mesmo objeto perante empresas privadas.

Como deve proceder o licitante interessado?

Em primeiro ponto, é preciso esclarecer que parte da doutrina, considera somente ser possível a avaliação de contratos firmados após a vigência da Lei nº 14.133/2021. Entre os doutrinadores destaca-se o entendimento do eminente Rafael Sérgio Lima de Oliveira que na obra Comentários à Lei de Licitações e Contratos Administrativos, assim diz:[397]

> Fato é que o § 3º do art. 36 e o inciso III do art. 37 fazem referência expressa ao documento emitido dentro dos parâmetros do § 3º do art. 88, o que remonta a avaliações de contratos regidos pela Lei nº 14.133/2021 realizadas em obediência às condicionantes contidas no § 3º do referido art. 88. Diante disso, ao menos neste momento, somos da opinião de que a pontuação só deve ser atribuída no caso de apresentação de documentos emitidos nos termos do art. 88, §3º, da NLLCA, que necessariamente diz respeito a contratos firmados junto à Administração Direta, autárquica e fundacional de qualquer esfera da federação e de quaisquer dos poderes.

Como o tema ainda é controvertido, pretendendo o licitante servir-se de avaliação de contrato anterior à vigência da lei ou firmado entre particulares deverá cumprindo o que dispõe a lei impugnar o edital, inclusive para discutir a aplicação de lei ao caso concreto. De fato, é possível considerar que em situações restritas a execução do mesmo objeto seja semelhante quando executado perante a Administração Pública ou entidades privadas. Nesse cenário, a restrição afronta o Direito e a Constituição Federal. De fato, a constituição não só ancora a licitação no princípio da isonomia, - art. 37, inc. XXI, como estabelece que a República Federativa do Brasil, constitui-se em Estado Democrático de Direito e tem como um dos seus fundamentos, "os valores sociais do trabalho e da livre iniciativa". Havendo semelhança entre os serviços exigidos, tanto na esfera pública como privada, é legítimo estender a aceitação de atestado similar.

Há, porém, outro ponto a superar que é o fato de o cadastro de registro da atuação ter a implantação e a regulamentação condicionada a criação de critérios objetivos.

Não convencendo o órgão licitador do Direito é necessário recorrer ao judiciário ou aos órgãos de controle.

---

[397] FORTINI, Cristiana; OLIVEIRA, Rafael Sérgio Lima de; CAMARÃO, Tatiana (Coords.). Comentários à Lei de Licitações e Contratos Administrativos: Lei nº 14.133, de 1º de abril de 2021. Belo Horizonte: Fórum, 2022, V. 01 – Artigos 1º ao 70. p. 441.

Caminho jurídico mais seguro é iniciar uma ação e produção antecipada de provas para obter declaração judicial da qualidade na execução do contrato, em parâmetros similares aos que vierem a ser regulamentados.

36.11.2. PNCP

No Brasil, não há um repositório centralizado com o armazenamento de todas as informações dos fornecedores. Com a nova lei de licitações isso se tornará possível, tendo em vista, a obrigatoriedade do uso do registro cadastral unificado do Portal Nacional de Contratações Públicas - PNCP.

36.11.3. Desempenho anterior e execução satisfatória

Há uma distinção entre atestar o desempenho anterior e declarar a execução meramente satisfatória, ou que não constam punições.

Surge nesse ponto uma questão interessante de direito intertemporal nesse dispositivo. Quando a lei determinou que deve ser considerado na pontuação técnica o desempenho pretérito, é possível que o edital preveja, inclusive, a qualidade da execução. Os atestados anteriormente emitidos, entretanto, não se referem à ideia da qualidade na execução, apenas que foi satisfeito ou insatisfeito o objeto. Normalmente, o licitante só juntará os atestados do que realizou, onde consta a declaração de execução satisfatória do objeto.

Indo além, poderá o edital prever que o atestado deverá indicar a qualidade da execução, surgindo, portanto, um novo problema. A Administração, por vezes, não terá esses registros, se não adotou a metodologia de acordo de níveis de serviços, que é mais recente no nosso país, possuindo pouco mais de 10 anos em nosso ordenamento. Nesse caso, poderá a Administração não ter registro da qualidade da execução do objeto. O tema é ainda mais complexo, porque o direito de obter atestado e certidão não pode ser negado pela impossibilidade de a Administração atender. Portanto, deve a Administração recorrer, se possível aos gestores dos contratos da época para atender o pleito.

Por outro lado, também poderá ocorrer de o objeto não ter sido realizado satisfatoriamente e a Administração deve considerar essa hipótese na avaliação de atributos e notas.

Para superar esses óbices e divergências, o § 3º se reporta aos §§ 3º e 4º do art. 88, firmando o entendimento que o atestado e o registro a ser considerado é precisamente aquele gerado em contratos após implantada a metodologia, fatores e regulamentação definidos. A aceitação de contratos executados anteriormente à Lei nº 14.133/2021 encontra óbices semelhantes aos firmados entre entidades privadas.

A controvérsia é semelhante e os fundamentos pró e contra estão no subitem 36.10.1.

36.11.4. Boa prática na Força Aérea

Como destaque, vale ressaltar, que a Força Aérea já possui o CADTERC (Estudos Técnicos de Serviços Terceirizados), que é um cadastro de registro técnico de seus fornecedores, onde ela já pontuava, na vigência da Lei nº 8.666/1993, o desempenho dos seus fornecedores por critérios objetivos.

A ideia é que se expanda o que existe no conceito da Força Aérea para outros órgãos, de modo que, com critérios objetivos, dê-se pontuação diferenciada àquele que simplesmente cumpriu a sua obrigação e àquele que excedeu as obrigações previstas contratuais para prestar um melhor serviço possível.

Além da Força Aérea, cita-se como boa prática o exemplo da Petrobrás e da Cemig, que também possuem índices de avaliação de fornecedores e avaliação de desempenho de fornecedores. Na Força Aérea e na CEMIG os autores puderam contribuir, no passado, com a criação desse procedimento.

37. Art. 37, caput, inc. I, II, III

> Art. 37. O julgamento por melhor técnica ou por técnica e preço deverá ser realizado por:
>
> I - verificação da capacitação e da experiência do licitante, comprovadas por meio da apresentação de atestados de obras, produtos ou serviços previamente realizados;
>
> II - atribuição de notas a quesitos de natureza qualitativa por banca designada para esse fim, de acordo com orientações e limites definidos em edital, considerados a demonstração de conhecimento do objeto, a metodologia e o programa de trabalho, a qualificação das equipes técnicas e a relação dos produtos que serão entregues;
>
> III - atribuição de notas por desempenho do licitante em contratações anteriores aferida nos documentos comprobatórios de que trata o § 3º do art. 88 desta Lei e em registro cadastral unificado disponível no Portal Nacional de Contratações Públicas (PNCP).

Dispositivos correspondentes na Lei nº 8.666/1993:

Art. 46. Os tipos de licitação "melhor técnica" ou "técnica e preço" serão utilizados exclusivamente para serviços de natureza predominantemente intelectual, em especial na elaboração de projetos, cálculos, fiscalização, supervisão e gerenciamento e de engenharia consultiva em geral e, em particular, para a elaboração de estudos técnicos preliminares e projetos básicos e executivos, ressalvado o disposto no § o do artigo anterior. (Redação dada pela Lei nº 8.883, de 1994)

§ 1º Nas licitações do tipo "melhor técnica" será adotado o seguinte procedimento claramente explicitado no instrumento convocatório, o qual fixará o preço máximo que a Administração se propõe a pagar:

I - serão abertos os envelopes contendo as propostas técnicas exclusivamente dos licitantes previamente qualificados e feita então a avaliação e classificação destas propostas de acordo com os critérios pertinentes e adequados ao objeto licitado, definidos com clareza e objetividade no instrumento convocatório e que considerem a capacitação e a experiência do proponente, a qualidade técnica da proposta, compreendendo metodologia, organização, tecnologias e recursos materiais a serem utilizados nos trabalhos, e a qualificação das equipes técnicas a serem mobilizadas para a sua execução;

II - uma vez classificadas as propostas técnicas, proceder-se-á à abertura das propostas de preço dos licitantes que tenham atingido a valorização mínima estabelecida no instrumento convocatório e à negociação das condições propostas, com a proponente melhor classificada, com base nos orçamentos detalhados apresentados e respectivos preços unitários e tendo como referência o limite representado pela proposta de menor preço entre os licitantes que obtiveram a valorização mínima;

III - no caso de impasse na negociação anterior, procedimento idêntico será adotado, sucessivamente, com os demais proponentes, pela ordem de classificação, até a consecução de acordo para a contratação;

IV - as propostas de preços serão devolvidas intactas aos licitantes que não forem preliminarmente habilitados ou que não obtiverem a valorização mínima estabelecida para a proposta técnica.

§ 2º Nas licitações do tipo "técnica e preço" será adotado, adicionalmente ao inciso I do parágrafo anterior, o seguinte procedimento claramente explicitado no instrumento convocatório:

I - será feita a avaliação e a valorização das propostas de preços, de acordo com critérios objetivos preestabelecidos no instrumento convocatório;

II - a classificação dos proponentes far-se-á de acordo com a média ponderada das valorizações das propostas técnicas e de preço, de acordo com os pesos preestabelecidos no instrumento convocatório.

Dispositivos correspondentes na Lei nº 12.462/2011 (Institui o RDC):

Art. 18. Poderão ser utilizados os seguintes critérios de julgamento: [...]

II - técnica e preço;

III - melhor técnica ou conteúdo artístico.

Art. 20. No julgamento pela melhor combinação de técnica e preço, deverão ser avaliadas e ponderadas as propostas técnicas e de preço apresentadas pelos licitantes, mediante a utilização de parâmetros objetivos obrigatoriamente inseridos no instrumento convocatório.

§ 1º O critério de julgamento a que se refere o caput deste artigo será utilizado quando a avaliação e a ponderação da qualidade técnica das propostas que superarem os requisitos mínimos estabelecidos no instrumento convocatório forem relevantes aos fins pretendidos pela administração pública, e destinar-se-á exclusivamente a objetos:

I - de natureza predominantemente intelectual e de inovação tecnológica ou técnica; ou

II - que possam ser executados com diferentes metodologias ou tecnologias de domínio restrito no mercado, pontuando-se as vantagens e qualidades que eventualmente forem oferecidas para cada produto ou solução.

Dispositivos correspondentes na Lei nº 13.303/2016 (Dispõe sobre o estatuto jurídico das Estatais):

Art. 54. Poderão ser utilizados os seguintes critérios de julgamento: [...]

III - melhor combinação de técnica e preço;

IV - melhor técnica; [...]

§ 2º Na hipótese de adoção dos critérios referidos nos incisos III, IV, V e VII do caput deste artigo, o julgamento das propostas será efetivado mediante o emprego de parâmetros específicos, definidos no instrumento convocatório, destinados a limitar a subjetividade do julgamento.

Dispositivos pertinentes na Lei nº 14.133/2021, além do art. 37:

Art. 38. No julgamento por melhor técnica ou por técnica e preço, a obtenção de pontuação devido à capacitação técnico-profissional exigirá que a execução do respectivo contrato tenha participação direta e pessoal do profissional correspondente.

Art. 88. Ao requerer, a qualquer tempo, inscrição no cadastro ou a sua atualização, o interessado fornecerá os elementos necessários exigidos para habilitação previstos nesta Lei. [...]

§ 3º A atuação do contratado no cumprimento de obrigações assumidas será avaliada pelo contratante, que emitirá documento comprobatório da avaliação realizada, com menção ao seu desempenho na execução contratual, baseado em indicadores objetivamente definidos e aferidos, e a eventuais penalidades aplicadas, o que constará do registro cadastral em que a inscrição for realizada.

37.1. Regras procedimentais

O art. 37 define os fatores que podem ser admitidos no critério de julgamento envolvendo avaliação técnica, tanto na licitação com o critério melhor técnica, quanto na licitação por técnica e preço. O art. 37 é impositivo e *numerus clausus*, ou seja, os três incisos devem necessariamente ser considerados no julgamento.

No inc. I, do dispositivo em análise, a lei determina a apresentação de atestados do que foi realizado. São atestados que se reportam a condições pretéritas do licitante. Assim, na licitação que envolva técnica, licitantes já contratados pela Administração ou pela iniciativa privada e que já realizaram obras, produtos ou serviços pertinentes ao objeto licitado. Quando a lei determina a apresentação de atestado do que foi realizado, está se referindo à experiência do licitante. Quando se faz a verificação do atestado e sua pertinência com o que será realizado no futuro contrato, estamos utilizando o mesmo documento para aferir capacitação.

No inc. II, trata-se da avaliação qualitativa da técnica, seja no critério de melhor técnica ou melhor técnica e preço. Essa se deduz dos termos da proposta apresentada e não da qualificação do licitante. Destaque deve ser dado ao fato de que a LLCA estabeleceu os fatores que serão avaliados na questão qualitativa. Determina que seja avaliada se a proposta demonstra conhecimento do objeto, a correção da metodologia e do programa de trabalho, a qualificação das equipes técnicas e a relação dos produtos que serão entregues.

Outra novidade que merece destaque é o fato de que agora a lei estabelece à uma banca designada a competência para atribuição de notas a quesitos de natureza qualitativa. A atribuição de dar notas para as avaliações técnicas no critério de julgamento melhor técnica ou técnica e preço não cabe mais ao Agente da Licitação ou ao Agente de Contratação. De fato, a competência foi excluída do agente, atuando individualmente, e repassada para uma banca designada especificamente para esse fim.

É importante reforçar que o dispositivo trata apenas da avaliação qualitativa. A avaliação quantitativa continua sobre o julgamento do Agente de Contratação. Portanto, a avaliação da natureza qualitativa é que é feita pela banca.

No inc. III, a lei determina que se atribua nota por desempenho do licitante em contratações anteriores, apontando a origem da informação como sendo o registro cadastral. Como foi visto anteriormente nos comentários ao art. 36, § 3º, a lei pretende utilizar o registro cadastral com informações qualitativas. Portanto, como exposto nos comentários ao § 3º do art. 36, há controvérsia se podem ser aceitos atestados ou registros de execução antes da vigência da Lei nº 14.133/2021 ou entre entidades privadas. Consulte os comentários para melhor compreender a questão.

Neste caso, parece possível que a banca pode proceder a avaliação dos documentos referidos nos incisos I e II. A aferição dos documentos referidos no inciso III é que se torna polêmica, como esclarecido nos comentários do já referido § 3º do art. 36.

Art. 37, § 1º, inc. I, II

Art. 37. O julgamento por melhor técnica ou por técnica e preço deverá ser realizado por: [...]

§ 1º A banca referida no inciso II do *caput* deste artigo terá no mínimo 3 (três) membros e poderá ser composta de:

I - servidores efetivos ou empregados públicos pertencentes aos quadros permanentes da Administração Pública;

II - profissionais contratados por conhecimento técnico, experiência ou renome na avaliação dos quesitos especificados em edital, desde que seus trabalhos sejam supervisionados por profissionais designados conforme o disposto no art. 7º desta Lei.

Dispositivos correspondentes na Lei nº 8.666/1993:

Art. 13. Para os fins desta Lei, consideram-se serviços técnicos profissionais especializados os trabalhos relativos a:[...]

§ 1º Ressalvados os casos de inexigibilidade de licitação, os contratos para a prestação de serviços técnicos profissionais especializados deverão, preferencialmente, ser celebrados mediante a realização de concurso, com estipulação prévia de prêmio ou remuneração.

Dispositivos correspondentes na Lei nº 12.232/2010 (Dispõe sobre as normas gerais para licitação e contratação pela administração pública de serviços de publicidade prestados por intermédio de agências de propaganda e dá outras providências):

Art. 10. As licitações previstas nesta Lei serão processadas e julgadas por comissão permanente ou especial, com exceção da análise e julgamento das propostas técnicas.

§ 1º As propostas técnicas serão analisadas e julgadas por subcomissão técnica, constituída por, pelo menos, 3 (três) membros que sejam formados em comunicação, publicidade ou marketing ou que atuem em uma dessas áreas, sendo que, pelo menos, 1/3 (um terço) deles não poderão manter nenhum vínculo funcional ou contratual, direto ou indireto, com o órgão ou a entidade responsável pela licitação.

Dispositivos pertinentes na Lei nº 14.133/2021, além do art. 37:

Art. 32. A modalidade diálogo competitivo é restrita a contratações em que a Administração:[...]

§ 1º Na modalidade diálogo competitivo, serão observadas as seguintes disposições: [...]

XI - o diálogo competitivo será conduzido por comissão de contratação composta de pelo menos 3 (três) servidores efetivos ou empregados públicos pertencentes aos quadros permanentes da Administração, admitida a contratação de profissionais para assessoramento técnico da comissão.

37.2. A composição da banca

Este dispositivo trata da composição da banca designada para atribuição de notas a quesitos de natureza qualitativa, conforme previsto no art. 37, § 1º, inc. II acima mencionado. Essa banca deve ser composta por, no mínimo, três membros.

Importante registrar que o caput do art. 37 se refere a banca para dar notas apenas no fator definido no inc. II do caput. Essa extensão para avaliar toda técnica decorre do disposto no art. 75, inc. XIII, que autoriza a dispensa de licitação "para contratação de profissionais para compor a comissão de avaliação de critérios de técnica, quando se tratar de profissional técnico de notória especialização". A questão, porém, admite mais de uma intepretação, inclusive a possibilidade de restringir o trabalho da comissão a atribuição motivada de nota, para o fator inserido no inc. II.

O inc. I do § 1º destaca que a banca deve ser composta por servidores efetivos ou empregados públicos pertencentes aos quadros permanentes da Administração Pública. Isso significa que, existindo profissional qualificado para esse mister, a preferência a ser dada é para os integrantes da Administração Pública: primeiro porque é mais fácil designação e segundo porque o vínculo é efetivo. Note que o vínculo efetivo afasta os servidores que ocupam cargos não efetivos, portanto, os cargos em comissão estão afastados da composição da banca.

Não sendo possível a formação da banca por servidores na forma indicada no inc. I, deverá a Administração promover a contratação de profissionais que possuam conhecimento técnico, experiência ou renome na avaliação dos quesitos especificados no edital. Essa contratação deverá também ser feita na forma da lei de licitações, ou seja, por inexigibilidade de licitação, art. 74, inc. III, ou por dispensa de licitação, na forma do art. 74, inc. I, em razão do valor, ou inc. XIII, que independe de valor. Não nos parece possível ou razoável selecionar alguém com base no seu conhecimento técnico, experiência ou renome, com base no critério de menor preço. Do mesmo modo, não nos parece coerente fazer uma banca para selecionar por melhor técnica ou técnica e preço a pessoa para compor uma banca. Além de burocrático, seria sem dúvida uma utilização irracional de recursos públicos.

Caso os servidores referidos no inc. I não tenham qualificação técnica necessária, terão não só o direito de recusar o encargo, como poderão, em um processo de controle, atrair a responsabilidade da autoridade designante. É imperioso esclarecer que o conhecimento técnico referido no inc. II também abrange os profissionais do inc. I e, portanto, não faria sentido que para servidores do quadro fosse dispensado o conhecimento técnico.

Art. 37, § 2º, inc. I, II

> Art. 37. O julgamento por melhor técnica ou por técnica e preço deverá ser realizado por: [...]
>
> § 2º Ressalvados os casos de inexigibilidade de licitação, na licitação para contratação dos serviços técnicos especializados de natureza predominantemente intelectual previstos nas alíneas "*a*", "*d*" e "*h*" do inciso XVIII do *caput* art. 6º desta Lei cujo valor estimado da contratação seja superior a R$ 300.000,00 (trezentos mil reais), o julgamento será por:
>
> I - melhor técnica; ou
>
> II - técnica e preço, na proporção de 70% (setenta por cento) de valoração da proposta técnica.

Dispositivos correspondentes na Lei nº 8.666/1993:

> **Art. 13.** Para os fins desta Lei, consideram-se serviços técnicos profissionais especializados os trabalhos relativos a:[...]
>
> **§ 1º** Ressalvados os casos de inexigibilidade de licitação, os contratos para a prestação de serviços técnicos profissionais especializados deverão, preferencialmente, ser celebrados mediante a realização de concurso, com estipulação prévia de prêmio ou remuneração.
>
> **Dispositivos correspondentes na Lei nº 12.462/2011 (Institui o RDC):**
>
> **Art. 20.** No julgamento pela melhor combinação de técnica e preço, deverão ser avaliadas e ponderadas as propostas técnicas e de preço apresentadas pelos licitantes, mediante a utilização de parâmetros objetivos obrigatoriamente inseridos no instrumento convocatório. [...]
>
> **§ 2º** É permitida a atribuição de fatores de ponderação distintos para valorar as propostas técnicas e de preço, sendo o percentual de ponderação mais relevante limitado a 70% (setenta por cento).
>
> **Dispositivos correspondentes na Lei nº 13.303/2016 (Dispõe sobre o estatuto jurídico das Estatais):**
>
> **Art. 54.** Poderão ser utilizados os seguintes critérios de julgamento: [...]
>
> **§ 5º** Quando for utilizado o critério referido no inciso III do caput, a avaliação das propostas técnicas e de preço considerará o percentual de ponderação mais relevante, limitado a 70% (setenta por cento).
>
> **Dispositivos pertinentes na Lei nº 14.133/2021, além do art. 37:**
>
> **Art. 36.** O julgamento por técnica e preço considerará a maior pontuação obtida a partir da ponderação, segundo fatores objetivos previstos no edital, das notas atribuídas aos aspectos de técnica e de preço da proposta. [...]
>
> **§ 2º** No julgamento por técnica e preço, deverão ser avaliadas e ponderadas as propostas técnicas e, em seguida, as propostas de preço apresentadas pelos licitantes, na proporção máxima de 70% (setenta por cento) de valoração para a proposta técnica.

37.3. Dos critérios quanto ao valor estimado

Inicialmente deve-se mencionar que o § 2º do dispositivo foi inicialmente vetado pelo Presidente da República, pelo Veto nº 13/2021 e, em sessão conjunta, o Congresso Nacional, em 1º de junho de 2021.

O argumento do veto era que o dispositivo retiraria o poder discricionário da Administração Pública ao determinar a obrigatoriedade da utilização do critério de melhor técnica ou técnica e preço; outro argumento era que esse tratamento foi dispensado a apenas três casos. Considerou a rejeição do veto que a realidade das contratações públicas teria levado ao uso descomunal dos critérios de menor preço. Seria necessário que a Administração promovesse certames mais preparados, a fim de se evitar eventuais problemas na execução do contrato. Não está com todas as letras, mas a licitação desses serviços pelo menor preço levou ao enfraquecimento da qualidade dos projetos e, por consequência, a proliferação e obras paralisadas ou com pleitos de reequilíbrio consistentes.

O dispositivo estabelece que nas licitações para serviços de elaboração de projeto básico, projeto executivo, estudo técnico preliminar, fiscalização, supervisão e gerenciamento de obras e controle de qualidade tecnológico – alíneas "a", "d" e "h" do inciso XVIII do art. 6º – acima de 300 mil reais, é obrigatória a utilização do critério de julgamento melhor técnica ou técnica e preço, na proporção de 70% do valor da proposta técnica.

Antes de estabelecer a regra, a lei reforça que esses serviços devem ser contratados por inexigibilidade de licitação. Entendendo que poderá obter proposta mais vantajosa licitando, deverá necessariamente utilizar os critérios de técnica e preço ou melhor técnica. Em outras palavras, **é vedado licitar esses três serviços pelo critério menor preço**.

Fique atento para a atualização periódica dos valores. O Decreto nº 10.922, de 30 de dezembro de 2021, atualizou o valor estimado da contratação de R$ 300.000,00 (trezentos mil reais) para R$ 324.122,46 (trezentos e vinte e quatro mil, cento e vinte e dois reais e quarenta e seis centavos).

37.4. Jurisprudência anterior

A lei e a rejeição do veto apontam para um novo cenário das contratações públicas, em que o Agente da Contratação poderá ter ferramentas para buscar a proposta mais vantajosa. Note que agora a lei foi expressa em admitir o peso de até 70% para a parte técnica, possibilidade que vinha sendo afastada na vigência da Lei nº 8.666/1993, sob ao argumento que seria exagerado e afetaria a competição.[398]

O interessante é que nunca foram avaliados os contratos que fracassaram pelo exagerado apego a dar isonomia e desprestigiar a pretensão e exigir qualificação técnica dos licitantes.

Continua a lei exigindo motivação para os requisitos técnicos e agora definindo com mais clareza os fatores de pontuação.

A seguir, os comentários ao art. 38 que vem a complementar o art. 37.

---

[398] Entendo que o percentual de 70% era prejudicial à competição e valorizando mais a isonomia do que a qualidade da contratação, confira: TCU. Acórdão nº 743/2014 – Plenário, Augusto Sherman, Processo 019.659/2013-0.

38. Art. 38, caput

> Art. 38. No julgamento por melhor técnica ou por técnica e preço, a obtenção de pontuação devido à capacitação técnico-profissional exigirá que a execução do respectivo contrato tenha participação direta e pessoal do profissional correspondente.

Dispositivos correspondentes na Lei nº 8.666/1993:

Art. 30. A documentação relativa à qualificação técnica limitar-se-á a:

§ 1º A comprovação de aptidão referida no inciso II do "caput" deste artigo, no caso das licitações pertinentes a obras e serviços, será feita por atestados fornecidos por pessoas jurídicas de direito público ou privado, devidamente registrados nas entidades profissionais competentes, limitadas as exigências a: (Redação dada pela Lei nº 8.883, de 1994)

I - capacitação técnico-profissional: comprovação do licitante de possuir em seu quadro permanente, na data prevista para entrega da proposta, profissional de nível superior ou outro devidamente reconhecido pela entidade competente, detentor de atestado de responsabilidade técnica por execução de obra ou serviço de características semelhantes, limitadas estas exclusivamente às parcelas de maior relevância e valor significativo do objeto da licitação, vedadas as exigências de quantidades mínimas ou prazos máximos; (Incluído pela Lei nº 8.883, de 1994). [...]

§ 10. Os profissionais indicados pelo licitante para fins de comprovação da capacitação técnico-operacional de que trata o inciso I do § 1º deste artigo **deverão** participar da obra ou serviço objeto da licitação, admitindo-se a substituição por profissionais de experiência equivalente ou superior, desde que aprovada pela administração. (Incluído pela Lei nº 8.883, de 1994)

Dispositivos pertinentes da Lei nº 14.133/2021, além do art. 38:

Art. 67. A documentação relativa à qualificação técnico-profissional e técnico-operacional será restrita a: [...]

III - indicação do pessoal técnico, das instalações e do aparelhamento adequados e disponíveis para a realização do objeto da licitação, bem como da qualificação de cada membro da equipe técnica que se responsabilizará pelos trabalhos; [...]

§ 10. Em caso de apresentação por licitante de atestado de desempenho anterior emitido em favor de consórcio do qual tenha feito parte, se o atestado ou o contrato de constituição do consórcio não identificar a atividade desempenhada por cada consorciado individualmente, serão adotados os seguintes critérios na avaliação de sua qualificação técnica:

I - caso o atestado tenha sido emitido em favor de consórcio homogêneo, as experiências atestadas deverão ser reconhecidas para cada empresa consorciada na proporção quantitativa de sua participação no consórcio, salvo nas licitações para contratação de serviços técnicos especializados de natureza predominantemente intelectual, em que todas as experiências atestadas deverão ser reconhecidas para cada uma das empresas consorciadas;

II - caso o atestado tenha sido emitido em favor de consórcio heterogêneo, as experiências atestadas deverão ser reconhecidas para cada consorciado de acordo com os respectivos campos de atuação, inclusive nas licitações para contratação de serviços técnicos especializados de natureza predominantemente intelectual.

Art. 74. É inexigível a licitação quando inviável a competição, em especial nos casos de: [...]

§ 4º Nas contratações com fundamento no inciso III do caput deste artigo, é vedada a subcontratação de empresas ou a atuação de profissionais distintos daqueles que tenham justificado a inexigibilidade.

Art. 87. Para os fins desta Lei, os órgãos e entidades da Administração Pública deverão utilizar o sistema de registro cadastral unificado disponível no Portal Nacional de Contratações Públicas (PNCP), para efeito de cadastro unificado de licitantes, na forma disposta em regulamento. [...]

> § 3º A Administração poderá realizar licitação restrita a fornecedores cadastrados, atendidos os critérios, as condições e os limites estabelecidos em regulamento, bem como a ampla publicidade dos procedimentos para o cadastramento.
>
> **Art. 122.** Na execução do contrato e sem prejuízo das responsabilidades contratuais e legais, o contratado poderá subcontratar partes da obra, do serviço ou do fornecimento até o limite autorizado, em cada caso, pela Administração.
>
> § 1º O contratado apresentará à Administração documentação que comprove a capacidade técnica do subcontratado, que será avaliada e juntada aos autos do processo correspondente.
>
> § 2º Regulamento ou edital de licitação poderão vedar, restringir ou estabelecer condições para a subcontratação.
>
> § 3º Será vedada a subcontratação de pessoa física ou jurídica, se aquela ou os dirigentes desta mantiverem vínculo de natureza técnica, comercial, econômica, financeira, trabalhista ou civil com dirigente do órgão ou entidade contratante ou com agente público que desempenhe função na licitação ou atue na fiscalização ou na gestão do contrato, ou se deles forem cônjuge, companheiro ou parente em linha reta, colateral, ou por afinidade, até o terceiro grau, devendo essa proibição constar expressamente do edital de licitação.

38.1. Da vinculação da proposta à execução do contrato

Em vários dispositivos, a lei anterior e a atual tentam coibir a desvinculação da proposta em relação à execução do contrato. Em especial, nos fatores que são utilizados para garantia mínima de qualidade ou foram inseridos no edital para restringir a competição. Se for possível ao licitante após vencer a licitação deixar de atender os requisitos exigidos no edital que, por vontade própria inseriu na sua proposta, a competição não teria utilidade.

Nesse dispositivo, a lei exige que o profissional, ou os profissionais, indicados pelo licitante na sua proposta, para fins de qualificação técnica e obtenção de nota, no critério melhor técnica e técnica e preço, sejam os mesmos profissionais que executarão o objeto do contrato.

38.1.1. Da diferença do art. 38 para o art. 67, § 6º

Na atual lei, o art. 67, § 6º, estabelece que os profissionais indicados pelo licitante na proposta, para fins de qualificação técnico-profissional, deverão ser os mesmos que participarão da execução da obra ou serviço objeto da licitação.

Nesse ponto, percebe-se uma diferença. A Lei nº 14.133/2021, em reforço à regra geral, determina que nas licitações que adotarem os critérios "melhor técnica" e "técnica e preço" os profissionais apresentados na licitação para obtenção da nota técnica deverão participar direta e pessoalmente na execução do contrato. Portanto, o que se lê no art. 38 é um reforço à regra posta no art. 67, § 6º. Aqui tratando especificamente dos critérios de julgamento "melhor técnica" e "técnica e preço"; adiante generalizando para qualquer licitação.

38.1.2. Da contratação direta por inexigibilidade de licitação

Na contratação direta, em especial a contratação por inexigibilidade de licitação, a Lei, no art. 74, § 4º, também obriga que o profissional que foi indicado para justificar a inexigibilidade realize pessoal e diretamente o serviço, indo mais longe, limitando a subcontratação. Na inexigibilidade a alteração do profissional é exceção de aplicação restrita.

38.2. Da substituição do profissional ou equipe

No contrato decorrente de licitação onde é aplicado o critério de julgamento "melhor técnica" e "técnica e preço", é mais comum a ocorrência de contratação de pessoa jurídica. Na pessoa jurídica é frequente a atuação de uma equipe de profissionais, que pode ser alterada por fatores da natureza, como doença ou morte. Também pode ser alterada por atos deliberativos dos integrantes da equipe, como troca de empregador, troca de atividade profissional, aposentadoria.

O dispositivo em comento não trata da possibilidade de substituição profissional. Diante da omissão da lei, cabe ao intérprete estruturar a solução jurídica, sempre limitado pelas balizas da ciência jurídica. Ocorrendo um fato não previsto expressamente em lei, é possível duas situações, como se explica a seguir.

38.2.1. Da vedação à substituição

Pela primeira, o intérprete deve considerar que a omissão é correspondente à vedação. De fato, há situações em que a omissão de norma no Direito Administrativo deve significar a vedação à prática do ato, amparado na antiga parêmia: no Direito Administrativo só é permitido fazer o que a lei autoriza. Entendendo-se assim, havendo substituição da equipe o contrato deve ser rescindido, porque a execução do contrato com a presumida qualidade decorrente da equipe técnica deixa de existir. Tal solução não se mostra mais valiosa frente à lógica. Primeiro porque, embora os seres humanos sejam todos diferentes entre si, a qualificação profissional não o é. Pode, inclusive, ser academicamente idêntica com experiências profissionais equivalentes. Segundo porque impedir a execução seria exigir a responsabilidade da empresa não só pelos atos de vontade dos integrantes da equipe, mas também pelos fatos da natureza. Assim, só em condições extremas deve a Administração rescindir o contrato. Essa condição, por exemplo, é aplicável ao caso em que o particular, não tendo mais em sua equipe o profissional ou profissionais que o qualificaram em vantagem no julgamento se recusa a substituir. Mesmo nessa situação, deve avaliar se esse profissional é necessário para a etapa de execução em curso. Tome aqui um exemplo, colhido ao correr da pena:

numa obra em que a estrutura exige complexos cálculos de sustentação e resistência, o licitante indica um profissional com qualificação acadêmica e experiência de muitos anos nesse tipo de estrutura de concreto protendido. Executada essa parte da obra, encerrada, medida e paga, o profissional se retira do quadro de pessoas da empresa contratada. A etapa seguinte é acabamento estético da obra. Nesse específico cenário é razoável exigir da empresa que substitua o profissional? Certamente, não. Nem razoável, nem juridicamente correto, pois a ingerência na empresa é vedada, porque desnecessária e onerosa.

Esse entendimento jurídico também tem fundamento no art. 18, inc. IX, que limita a exigência de qualificação técnica para execução de parcelas de maior relevância.

Portanto, a omissão na lei sobre a substituição pode equivaler a impossibilidade ou vedação à prática do ato.

38.2.2. Da possibilidade de substituição

É possível, porém, admitir que o dispositivo está inserido numa lei que forma um microssistema de interpretação em si mesma ou no conjunto de leis de um ramo do Direito, como ocorre com o Direito Administrativo. Nesse cenário, nasce para o intérprete o direito de admitir o recurso de interpretação por analogia.

Assim, passa a ser admitida a integração da norma quando houver outro dispositivo, preferencialmente em lei que regule tema semelhante. Esse recurso denomina-se analogia. A analogia, porém, nem sempre é admitida, pois é preciso que a aplicação não resulte de ato contrário à própria lei. Diferentemente da inexigibilidade, que é *intuitu personae*, aqui é possível substituir um profissional por outro que detenha a mesma capacidade técnica e experiência profissional que presumivelmente teria nota igual ou superior àquela obtida pelo licitante que foi contratado. Essa solução para substituição foi prevista no art. 67, § 6º da nova lei: "Os profissionais indicados pelo licitante na forma dos incisos I e III do caput deste artigo deverão participar da obra ou serviço objeto da licitação, e **será admitida** a sua substituição por profissionais de experiência equivalente ou superior, desde que aprovada pela Administração".

Note, portanto, que na verificação da proposta técnica a banca não atribuirá pontuação necessariamente ao currículo do profissional, mas ao seu perfil definido objetivamente no edital.

38.3. Das diversas possibilidades de vinculação do profissional ao licitante

Importante registrar entendimento do Tribunal de Contas da União que já se manifestou, em algumas vezes, sobre a irregularidade de o edital obrigar a comprovação de que o profissional integra o quadro permanente da empresa licitante. No Acórdão nº 3144/2021 – Plenário, por exemplo, o Tribunal entendeu que configura restrição ao caráter competitivo da licitação a exigência, para fins de comprovação da capacidade técnico-profissional, de demonstração de vínculo empregatício do profissional com a empresa licitante (art. 3º, § 1º, inciso I e 30, § 1º, inciso I, da Lei nº 8.666/1993).

A Lei nº 8.666/1993, expressamente dispunha no art. 30, inc. II que o edital deveria exigir "comprovação do licitante de possuir em seu quadro permanente, na data prevista para entrega da proposta, profissional de nível superior ou outro devidamente reconhecido pela entidade competente, detentor de atestado de responsabilidade técnica por execução de obra ou serviço de características semelhantes".

Portanto, essa decisão é mais uma na jurisprudência erigida contra lei que faz parte do "entulho" construído que "alterou" a lei pela via interpretação, neste caso, para prestigiar a isonomia. A nova lei, diferentemente da Lei nº 8.666/1993, não mais permite essa exigência, lamentavelmente. Havia uma justificativa lógica para essa exigência, além de constar da lei: é que o profissional que assina a proposta deve ter qualificação técnica muito precisa: deve conhecer o objeto da licitação e a potencialidade da empresa. Assim, quando assina a proposta tem a responsabilidade da execução: estudou o objeto e a qualificação da empresa, sabe que está apresentando um cálculo correto de preços e que a obra é tecnicamente viável; sabe os erros que deve impugnar. Sem esse dispositivo, o licitante poderá copiar o projeto executivo ou o termo de referência e depois sair "à cata" de um profissional para executar o objeto.

Certamente a decisão do TCU em orientar o desacato à lei, em nome da isonomia, não pode merecer agora a repulsa da doutrina em inserir, pela via da interpretação, que o edital passe a exigir que o profissional que assume a responsabilidade pela proposta técnica seja do quadro permanente da empresa licitante. Como a lei não mais exige que o responsável técnico integre o quadro permanente, cabe recomendar que assim seja; é a lei e deve ser cumprida.

38.4. Do dever de motivar a exigência de qualificação profissional

A Lei nº 14.133/2021, no art. 18, inc. IX, passou a exigir expressamente que seja apresentado no processo "a motivação circunstanciada das condições do edital, tais como justificativa de exigências de qualificação técnica, mediante indicação das parcelas de maior relevância técnica ou valor significativo do objeto, e de qualificação econômico-financeira, justificativa dos critérios de pontuação e julgamento das propostas técnicas, nas licitações com critério de julgamento por melhor técnica ou técnica e preço e justificativa das regras pertinentes à participação de empresas em consórcio".

Desse modo, na prática, recomenda-se identificar "as parcelas de maior relevância técnica" e para a execução dessas parcelas o edital prever a qualificação técnica mínima necessária.

38.5. Da qualificação técnica de consórcio

Sobre consórcio e verificação de atestados para fins de qualificação profissional consulte os comentários ao art. 67, § 10.

38.6. Da licitação restrita aos detentores de qualificação técnica específica

A Lei nº 14.133/2021, no art. 87, § 3º, admitiu a possibilidade de a Administração realizar licitação restrita a fornecedores cadastrados com qualificação técnica específica, tornando mais célere o processo licitatório. Expressamente considerou que o sistema de registro cadastral unificado, que será disponibilizado no Portal Nacional de Contratações Públicas (PNCP), para efeito de cadastro unificado de licitantes, tenha um regulamento dispondo sobre isso.

É possível prever a celeridade com que poderá ser conduzida uma licitação com aplicação dessa ferramenta.

O dever de motivar a exigência, contudo, permanece mesmo quando for usar o cadastro restrito.

38.7. Do potencial subcontratado

A regra na licitação é que cada licitante apresente sua própria equipe de profissionais, com a finalidade de obter a mais alta nota técnica ou apenas habilitar-se, quando a técnica não é aferida por nota.

Assim, é forte indicativo de conluio para os órgãos de controle que empresas distintas apresentem o mesmo profissional para qualificar-se. A nova lei tem um dispositivo que contraria frontalmente essa forma de compreender os fatos. Ciente de que é possível que os profissionais especializados no mercado integrem um grupo reduzido e, também, ciente que o profissional pode não ter domínio do valor final da proposta dos empresários licitantes, a nova lei admite que seja indicado um mesmo profissional por empresas distintas, com vistas à futura subcontratação. Em outras palavras, no caso em que o edital prever a possibilidade ou necessidade de subcontratação, licitantes diferentes podem indicar o mesmo profissional ou equipe de profissionais que serão subcontratados.

Desse modo, permanece a ideia central de que as empresas não devem indicar o mesmo profissional para compor sua equipe de execução, mas podem indicar o mesmo profissional quando o edital admitir que determinada parcela pode ser subcontratada.

Essa é a inteligência que decorre do art. 67, § 9º.[399]

---

[399] BRASIL. Lei nº 14.133/2021: "Art. 67 [...] § 9º O edital poderá prever, para aspectos técnicos específicos, que a qualificação técnica seja demonstrada por meio de atestados relativos a potencial subcontratado, limitado a 25% (vinte e cinco por cento) do objeto a ser licitado, hipótese em que mais de um licitante poderá apresentar atestado relativo ao mesmo potencial subcontratado."

39. Art. 39, caput, § 1º, inc. I, a, b, inc. II

Art. 39. O julgamento por maior retorno econômico, utilizado exclusivamente para a celebração de contrato de eficiência, considerará a maior economia para a Administração e a remuneração deverá ser fixada em percentual que incidirá de forma proporcional à economia efetivamente obtida na execução do contrato.

§ 1º Nas licitações que adotarem o critério de julgamento de que trata o *caput* deste artigo, os licitantes apresentarão:

I - proposta de trabalho, que deverá contemplar:

a) as obras, os serviços ou os bens, com os respectivos prazos de realização ou fornecimento;

b) a economia que se estima gerar, expressa em unidade de medida associada à obra, ao bem ou ao serviço e em unidade monetária;

II - proposta de preço, que corresponderá a percentual sobre a economia que se estima gerar durante determinado período, expressa em unidade monetária.

Dispositivos correspondentes na Lei nº 8.666/1993: não há

Dispositivos pertinentes na Lei nº 14.133/2021, além do art. 39:

Art. 6º. Para os fins desta Lei, consideram-se: [...]

XXXVIII - concorrência: modalidade de licitação para contratação de bens e serviços especiais e de obras e serviços comuns e especiais de engenharia, cujo critério de julgamento poderá ser: [...]

d) maior retorno econômico; [...]

LIII - contrato de eficiência: contrato cujo objeto é a prestação de serviços, que pode incluir a realização de obras e o fornecimento de bens, com o objetivo de proporcionar economia ao contratante, na forma de redução de despesas correntes, remunerado o contratado com base em percentual da economia gerada;

Art. 23. O valor previamente estimado da contratação deverá ser compatível com os valores praticados pelo mercado, considerados os preços constantes de bancos de dados públicos e as quantidades a serem contratadas, observadas a potencial economia de escala e as peculiaridades do local de execução do objeto.

Art. 36. O julgamento por técnica e preço considerará a maior pontuação obtida a partir da ponderação, segundo fatores objetivos previstos no edital, das notas atribuídas aos aspectos de técnica e de preço da proposta.

§ 1º O critério de julgamento de que trata o caput deste artigo será escolhido quando estudo técnico preliminar demonstrar que a avaliação e a ponderação da qualidade técnica das propostas que superarem os requisitos mínimos estabelecidos no edital forem relevantes aos fins pretendidos pela Administração nas licitações para contratação de: [...]

V - objetos que admitam soluções específicas e alternativas e variações de execução, com repercussões significativas e concretamente mensuráveis sobre sua qualidade, produtividade, rendimento e durabilidade, quando essas soluções e variações puderem ser adotadas à livre escolha dos licitantes, conforme critérios objetivamente definidos no edital de licitação.

Art. 110. Na contratação que gere receita e no contrato de eficiência que gere economia para a Administração, os prazos serão de:

I - até 10 (dez) anos, nos contratos sem investimento;

II - até 35 (trinta e cinco) anos, nos contratos com investimento, assim considerados aqueles que impliquem a elaboração de benfeitorias permanentes, realizadas exclusivamente a expensas do contratado, que serão revertidas ao patrimônio da Administração Pública ao término do contrato.

Dispositivos correspondentes na Lei nº 12.462/2011 (Institui o RDC):

Art. 23. No julgamento pelo maior retorno econômico, utilizado exclusivamente para a celebração de contratos de eficiência, as propostas serão consideradas de forma a selecionar a que proporcionará a maior economia para a administração pública decorrente da execução do contrato. (Vide Lei nº 14.133, de 2021) Vigência

§ 1º O contrato de eficiência terá por objeto a prestação de serviços, que pode incluir a realização de obras e o fornecimento de bens, com o objetivo de proporcionar economia ao contratante, na forma de redução de despesas correntes, sendo o contratado remunerado com base em percentual da economia gerada.

§ 2º Na hipótese prevista no caput deste artigo, os licitantes apresentarão propostas de trabalho e de preço, conforme dispuser o regulamento.

Dispositivos correspondentes na Lei nº 13.303/2016 (Dispõe sobre o estatuto jurídico das Estatais):

Art. 54. Poderão ser utilizados os seguintes critérios de julgamento: [...]

VII - maior retorno econômico; [...]

§ 6º Quando for utilizado o critério referido no inciso VII do caput, os lances ou propostas terão o objetivo de proporcionar economia à empresa pública ou à sociedade de economia mista, por meio da redução de suas despesas correntes, remunerando-se o licitante vencedor com base em percentual da economia de recursos gerada.

Dispositivos transcritos em razão de remissão, Lei nº 4.320/1964 (Estatui Normas Gerais de Direito Financeiro):

Art. 12. A despesa será classificada nas seguintes categorias econômicas:(Vide Decreto-lei nº 1.805, de 1980) Despesas de Custeio e Transferências Correntes.

39.1. Noções

Muitas vezes, mesmo na vigência da Lei nº 8.666/1993, sustentamos ser possível que o critério menor preço, como gênero, admitisse as possibilidades de licitar pelas espécies do maior desconto de preços sobre tabela de preços e, em contratos de eficientização, o maior retorno econômico. Plantamos em muitos órgãos essas sementes, aqui em Brasília, promovendo palestras sem custos e nos dispondo até a dar consultoria sem ônus para monitoramento no desenvolvimento de casos, como ocorreu com o Conselho Regional de Engenharia e Agronomia do Distrito Federal - CREA local e no Tribunal Regional do Trabalho, da 10ª Região - TRT-10. Nem sempre é possível enfrentar o "apagão das canetas".

Na iniciativa privada, a eficientização cresceu com muito sucesso e proporcionou expressivas economias de recursos.[400] Nosso esforço não foi em vão,

---

[400] ESCOs (Energy Services Company) são Empresas de Engenharia, especializada em Serviços de Conservação de Energia, ou melhor, em promover a eficiência energética e de consumo de água nas instalações de seus Clientes. No Brasil, a ABESCO vem desenvolvendo há décadas iniciativas nesse sentido. Veja: Partindo do princípio de que as mudanças nos hábitos de consumo da sociedade e o uso de programas e políticas de conservação, bem como o uso racional de energia deveriam fazer parte de nosso dia a dia, a ABESCO, congrega e fomenta ações para as ESCOs – Empresas de Serviços de Conservação de Energia -, que buscam oferecer às empresas e à

pois adquirimos bagagem para enfrentar discussão no poder legislativo, que inclusive gerou dispositivos no Regime Diferenciado de Contratação[401] - RDC, em 2016. Na tramitação do RDC pretenderam retirar esse contrato de eficientização do projeto de lei.

39.1.1. Restrições no Direito Financeiro

Alguns leigos em Direito Financeiro sustentaram a impossibilidade de aplicar o contrato de eficientização na Administração Pública porque o orçamento não permite transferir dotação destinada a pagamento de água e energia, por exemplo, para pagar terceiro. É evidente que esse argumento não poderia prosperar, pois a Lei de Diretrizes Orçamentária - LDO, anualmente, prevê como alterar o quadro de distribuição de despesas – QDD. Anualmente, a LDO define os critérios dessa transferência e até hoje não vislumbramos impedimento para transferir saldos de dotação dessas contas para outras despesas de custeio. Alguns casos, assumem certa complexidade, como ocorre quando o recebimento de valores pelo contratado visa indenizar parcela de investimento em obra, reforma ou adaptação. Assim, os recursos destinados, por exemplo, para pagamento de custeio, no caso conta de consumo de energia elétrica, passam para o particular que está desenvolvendo melhorias para redução de consumo, que se fossem pagas pela Administração seriam verdadeiros investimentos, na classificação da Lei nº 4.320, de 17 de março de 1964[402].

Assim, se uma empresa apresenta proposta de economizar energia elétrica em 10% ao ano, com troca de lâmpadas incandescentes para led e conquista essa redução, basta transferir o valor da dotação para pagamento do contrato, independentemente da aplicação: o pagamento é contrato.[403] Se os recursos foram

---

sociedade em geral, um serviço especializado em projetos de eficiência, minimizando custos e maximizando os resultados nos lucros. Fundada em 1997 e atualmente com mais de 90 associados, a Associação Brasileira das Empresas de Serviços de Conservação de Energia – ABESCO é uma entidade civil, sem fins lucrativos que representa oficialmente o segmento de eficiência energética brasileiro, formado por empresas de diversas áreas. O objetivo da ABESCO é fomentar e promover ações e projetos para o crescimento do mercado de eficiência energética beneficiando não somente seus associados, mas também a sociedade, contribuindo assim, para o desenvolvimento do país. Fonte: http://www.abesco.com.br/pt/quem-somos/

[401] Sobre a obra, recomendamos a leitura pela alta qualidade técnica dos autores, ainda atual. Compreenderam a gênese da norma e se prontificaram ao esforço de compartilhar em letras jurídicas essa compreensão. ALTOUNIAN, Cláudio Sarian; CAVALCANTE, Rafael Jardim. **RDC e Contratação Integrada na prática**: 250 questões fundamentais. 2 ed. Belo Horizonte: Fórum, 2014.

[402] Estatui Normas Gerais de Direito Financeiro para elaboração e contrôle dos orçamentos e balanços da União, dos Estados, dos Municípios e do Distrito Federal.

[403] Classificação funcional e programática; a classificação da despesa combina a classificação funcional com a classificação programática. Compõe-se de 17 dígitos: 1º e 2ª função, 3º ao 5º subfunção, 6º ao 9º programa, 10º

aplicados em custeio ou investimento essa distinção fica descrita no contrato, mas para a Administração a classificação é aplicada em custeio. É óbvio que na prática a equação da economia deve ter um modelo matemático com fatores como aumento e redução de efetivo de pessoal, compra de novos equipamentos mais econômicos, que implicam alteração no consumo de energia.

Considere, por exemplo, que embora a empresa de eficientização tenha trocado as lâmpadas, o órgão acresceu o efetivo em 20% e esse aumento implicou em aumento de consumo de energia em 10%. Assim, embora não tenha havido redução em valores nominais de energia, o contratado cumpriu sua obrigação e o pagamento lhe será devido.

39.2. Da correlação do maior retorno econômico e os contratos de eficiência

A LLCA, em seu art. 39, estabelece o procedimento para utilização do critério de julgamento por maior retorno econômico. A primeira observação é o uso restrito: uso exclusivo do critério para licitação com vistas a contratos de eficiência.

Contrato de eficiência não é um conceito novo. Este tipo de contrato já foi utilizado por nós com construção doutrinária na época da Lei nº 8.666/1993, e foi normatizado pela primeira vez no Regime Diferenciado de Contratação – RDC, no artigo 23, § 1º. O contrato de eficiência consiste em uma contratação onde o particular promove melhorias em alguma causa de consumo em atividade da Administração Pública para aumentar a eficiência e tem sua remuneração vinculada ao benefício econômico que essa melhoria traz.

No art. 6º, inc. LIII desta Lei, este tipo de contrato foi definido como o contrato que tem o objetivo de proporcionar economia ao contratante na forma de redução de despesas correntes. Então, a lei estabeleceu que o contrato de eficiência só pode ser utilizado para economia especificamente de despesas correntes.

---

ao 13º ação e 14º ao 17º subtítulo. 4.6.1.3. Obras e Instalações X Serviços de Terceiros. Serão considerados serviços de terceiros as despesas com:
a. Reparos, consertos, revisões, pinturas, reformas e adaptações de bens imóveis sem que ocorra a ampliação do imóvel;
b. Reparos em instalações elétricas e hidráulicas;
c. Reparos, recuperações e adaptações de biombos, carpetes, divisórias e lambris; e
d. Manutenção de elevadores, limpeza de fossa e afins.
Quando a despesa ocasionar a ampliação relevante do potencial de geração de benefícios econômicos futuros do imóvel, tal despesa deverá ser considerada como obras e instalações, portanto, despesas com investimento. Disponível em: https://sisweb.tesouro.gov.br/apex/f?p=2501:9::::9:P9_ID_PUBLICACAO:31484

39.3. Da proposta com maior retorno econômico

A eficientização pressupõe uma situação existente que será eficientizada com vistas a redução de despesas correntes. Na forma do art. 12, da Lei nº 4.320, de 17 de março de 1964, Despesas Correntes, dividem-se em Despesas de Custeio e Transferências Correntes. Por lei, classificam-se como Despesas de Custeio "as dotações para manutenção de serviços anteriormente criados, inclusive as destinadas a atender a obras de conservação e adaptação de bens imóveis."

Portanto, o maior retorno econômico está diretamente relacionado a redução da despesa de custeio. Não pode haver contrato de eficientização para algo novo, mas só para algo pré-existente, que pode inclusive ser acrescido de obras, reforma ou troca de equipamentos, mas sempre sobre algo já existente.

39.3.1. Critério de julgamento – uma ou duas propostas?

No § 1º desse dispositivo, a lei estabelece que os licitantes deverão apresentar duas propostas. Uma "proposta de trabalho" que deverá conter as obras, os serviços ou os bens, com os respectivos prazos de realização ou de fornecimento. Em outras palavras, o que o licitante fará para obter a redução da despesa. Nessa "proposta de trabalho", o licitante deverá apresentar, em separado, a economia que estima gerar em favor da Administração. A segunda proposta a ser apresentada é a "proposta do preço", que indica qual parcela do retorno econômico que o licitante pretende ter para remunerar o esforço que vai realizar. Ou seja, do ganho econômico que vai proporcionar para a Administração Pública qual será a parcela que pretende receber.

Nesse ponto há divergência. O eminente Marçal Justen Filho considera ser possível que a proposta de trabalho seja entregue "juntamente" com a proposta de preço. A sútil divergência está no fato de que a lei, no julgamento de técnica e preço separa as propostas de técnica e de preço, para julgamento em separado. Aqui, no art. 39 não há previsão para julgamento junto ou separado, fato que fica para ser definido no edital.

Se forem separados, pode o julgamento também ser em separado? A lei não define. Se for em separado, haverá recurso específico? Neste ponto a resposta é negativa, pois o art. 17 é categórico: só há uma fase de julgamento e uma fase de recurso, o que implica na seguinte prática: junto ou separado o resultado no critério maior retorno econômico é um só. E só um recurso.

39.3.2. Critério de julgamento

Não há divergência sobre o critério de julgamento de licitação: é exclusivamente maior retorno econômico. E, também, não pode haver divergência sobre o objeto: eficientização, com vistas à redução de despesas correntes, ou tecnicamente mais apropriado, redução de despesas de custeio.

Não pode o edital referir "menor preço" pois é outro critério de julgamento. Não há preço a ser pago; há parcela do que foi economizada que é transferida.

39.3.3. Modalidade de licitação e inversão de fases

Conforme art. 6º, inc. XXXVIII, somente a modalidade concorrência admite o critério de julgamento "maior retorno econômico". Portanto, não há previsão legal para uso de outra modalidade.

Marçal Justen Filho recomenda a inversão de fases,[404] que na Lei nº 14.133/2021, ao contrário do que é entendido na Lei nº 8.666/1993, significa julgar a habilitação antes da proposta.

Com razão o eminente autor, pois se percebe na lei uma pretensão para que os trabalhos que exigem maior conhecimento para a execução não sejam disputados apenas pelo preço ou antecedidos do julgamento de preços. É necessário mesmo que a competição seja qualificada e restrita aos que têm qualificação técnica. Nesse sentido, para perceber a harmonia dos diversos dispositivos da lei recomenda-se a leitura do art. 36, § 1º, inc. V. Note a semelhança desse inciso com a inteligência do critério de julgamento por maior retorno econômico. Mesmo com essa semelhança não se pode confundir o julgamento da licitação pelo critério de maior retorno econômico com o critério técnica e preço. O maior retorno econômico é **exclusivo** para contrato de eficientização e a remuneração do contratado não é preço ou pagamento à conta de dotação do orçamento; o pagamento é de parcela do que for economizada. A recíproca também é correta: só pode haver licitação para eficientização com critério de julgamento de maior retorno econômico. Não pode ser aplicado o critério de menor preço.

39.3.4. Proposta de trabalho

Analisando a proposta de trabalho, alguns esclarecimentos merecem ser feitos. Na alínea "a" do dispositivo em comento, cabe destacar que não é o projeto básico elaborado pela Administração Pública que vai estabelecer quais são as obras, os serviços e os bens que deverão ser construídos, executados ou adquiridos pelo licitante, mas é o próprio licitante que vai indicar o que considera necessário para a

---

[404] Assim menciona, em sua obra: "A utilização do critério de maior retorno econômico é muito compatível com a inversão de fases. Tal como já referido, os requisitos de habilitação são muito relevantes e é aconselhável que somente sejam consideradas as propostas formuladas pelos licitantes que comprovem a sua idoneidade para executar o objeto." JUSTEN FILHO, Marçal. Comentários à Lei de Licitações e Contratações Administrativas. São Paulo: Thomson Reuters, 2021, p. 527.

máxima eficientização. Se de um lado essa possibilidade permite a utilização de soluções diferenciadas para realizar a economia pretendida do objeto da licitação, de outro abre uma possibilidade que dificulta a comparação das propostas pela atividade meio, obrigando a Administração Pública a licitar considerando o fim do objeto, ou seja o maior retorno econômico.

Esse balizamento tem uma lógica que permitirá a rápida expansão dos contratos de eficientização, porque a Administração estará concentrada no resultado do que propõe o licitante.

A inviabilidade da proposta e o risco da inexequibilidade estarão na esfera de responsabilidade do licitante, como será esclarecido nos comentários aos parágrafos seguintes deste artigo.

Há, porém, um risco elevado quando se considera a Administração Pública brasileira e a baixa operosidade do poder Judiciário nacional: o contratado fará investimento com recursos próprios com garantia apenas no contrato de que receberá os valores da proposta apresentada. Considerando que o contrato pode ter vigência de até 35 anos, com muitas intercorrências e imprevisíveis variáveis deve a Administração Pública preocupar-se em dar garantias no edital. Veja comentário com esse subtítulo.

39.3.5. Custos do contratado na proposta de trabalho – solução prática para o futuro

Na prática, mostra-se necessário que o edital exija do licitante descrever os custos das obras, reformas, adaptações, serviços e equipamentos que estarão na respectiva proposta de trabalho. Essas informações terão utilidade para o caso de rescisão antecipada do contrato, situação em que o contratado deverá ser indenizado.

É possível antever nesse cenário que os intérpretes precipitados exigirão planilha detalhada de custos com matriz de riscos, seguidas de análises demoradas e também não faltará os que exijam a aplicação do art. 23 da Lei nº 14.133/2021 para aferir com rigor os preços.

É preciso esclarecer melhor este cenário:

- não é necessário aplicar a metodologia de avalição de propostas do art. 23, porque neste caso, a Administração Pública não está contratando este objeto, obra, serviço, reforma etc. Aqui essas atividades são meio para o contratado executar o fim que é a eficientização;
- é inconveniente aplicar a metodologia de avalição de propostas do art. 23, porque é precisamente na aplicação de insumos e serviços diferentes e

possivelmente de muito maior qualidade que o contratado obterá ganhos que os seus competidores não terão; aplicando insumos e equipamentos de maior qualidade pode-se presumir que obterá rendimento e durabilidade muito maior; se a Administração Pública obrigar a seguir a média de preços, mediana, referidas no art. 23, terá o rendimento médio, mediano, e a eficientização é muito mais que isso;

- a situação normal no desenvolvimento do contrato é que esse investimento do contratado não será objeto de discussão ou de ressarcimento, exceto na condição de rescisão antecipada; é preciso considerar e enxergar os fatos dentro da situação de normalidade. Em outras palavras, gerir o órgão considerando o que é normal e a situação de ocorrência provável entre pessoas de bem, não a desconfiança e desonestidade de todos;

- na matriz de risco deve, no entanto, ser prevista a possibilidade de rescisão antecipada ou de desequilíbrio econômico-financeiro do contrato. Em ambas as situações não haverá crime, se o fato for previsto na matriz de risco; a matriz de risco baliza o equilíbrio econômico-financeiro do contrato, o que pode inclusive referir o percentual de ganho esperado;

- esse fato deve ter balizamento na matriz de risco e no contrato e, havendo divergência entre o interesse e valores da Administração e do contratado, aí sim a Administração deverá proteger-se recorrendo a solução com a mediação de terceiros, que com técnicas apropriadas poderão valorar os investimentos;

- a mediação de terceiros[405] ou arbitragem foi prevista na lei, mas deve ter a situação fática – no caso, os custos, avaliados por um técnico especializado;

- para pleitear reequilíbrio o contratado deverá abrir a planilha de custos; pois no Direito quem alega deve arcar como o ônus da prova;

- reunindo a previsão da matriz de risco, o balizamento no contrato, a avaliação dos custos por terceiros e não havendo acordo, caberá a arbitragem; e

- na forma do art. 110, o edital poderá prever que os bens "serão revertidas ao patrimônio da Administração Pública ao término do contrato" o que demonstra, uma vez mais, que a avaliação econômica deve ser diferida para

---

[405] BRASIL. Lei nº 14.133/2021: "Art. 151. Nas contratações regidas por esta Lei, poderão ser utilizados meios alternativos de prevenção e resolução de controvérsias, notadamente a conciliação, a mediação, o comitê de resolução de disputas e a arbitragem. Parágrafo único. Será aplicado o disposto no caput deste artigo às controvérsias relacionadas a direitos patrimoniais disponíveis, como as questões relacionadas ao restabelecimento do equilíbrio econômico-financeiro do contrato, ao inadimplemento de obrigações contratuais por quaisquer das partes e ao cálculo de indenizações. Art. 152. A arbitragem será sempre de direito e observará o princípio da publicidade."

um momento futuro e se houver litígio. Não se deve antecipar a "pré-ocupação" com litígio para criar uma burocracia e um achatamento de preços de materiais, equipamentos, obras e serviços que o contratado estará comprando de melhor qualidade.

Desse modo, se obterá celeridade na contratação e na hipótese – que é sempre exceção à regra, de rescisão antecipada ou desequilíbrio, com garantia da impessoalidade do gestor público, o caso terá solução satisfatória para o interesse público e para o contratado.

39.3.6. *Indicação da economia*

É compreensível que a Lei tenha limitado a eficientização da economia da despesa corrente. Poderia ter considerado que há eficientização com manutenção do gasto, mas melhoria de indicadores sociais ou humanos. A lei não abriu essa possibilidade para o uso desse critério; realiza políticas públicas com outras modalidades e critérios.

A alínea "b", do inc. I, do § 1º, do art. 39, determina que deve ser indicada, na proposta de trabalho elaborada pelo licitante, a economia que se estima gerar. Essa economia deve ser "expressa em unidade de medida associada à obra, ao bem ou ao serviço" e também "em unidade monetária". Por exemplo: se vai economizar energia elétrica, a proposta deve indicar a economia na unidade de medida, ou seja, ao quilowatt-hora, até para que se permita realizar reequilíbrios econômico-financeiros, conforme a alteração da remuneração do valor, dessa unidade de medida. Também deve ser indicado o valor monetário dessa economia, no caso, deste exemplo, R$ 1.000.000,00. Ou seja, pode ser que em um momento de escassez energética, suba o valor da tarifa do quilowatt-hora e, portanto, na matriz de risco deverá ser indicada a equação a ser utilizada para compatibilizar com o valor da nova tarifa, se for o caso.

39.4. Ganho econômico associado ao período

O inc. II trata da proposta de preço, enquanto o inc. I tratou da proposta de trabalho.

Sobre esse dispositivo cabem os seguintes comentários:

- no inc. I, alínea "b", o licitante apresenta na proposta de trabalho, o ganho que promete gerar em favor Administração Pública, denominado simplesmente de economia;

- no inc. II, o licitante apresenta a remuneração que pretende receber e o período de execução necessário para atingir o ganho que prometeu a Administração Pública; e

- dependendo da obra, fornecimento e valor investido o prazo de retorno econômico é alterado, limitado a 35 anos.

Exemplificando com singeleza:

Licitante A – para obter 10.000 kw de economia, troca as lâmpadas incandescentes por led, investindo 300.000 e pede prazo de 5 anos;

Licitante B – para obter 100.000 kw instala placas com células fotovoltaicas, investindo 1.000.000 e pede prazo de 10 anos.

É possível comparar as propostas? Não.

Vem nesse ponto a dificuldade de balizar as propostas de trabalho e as propostas de preço, justificando a definição que consta no § 2º, comentado a seguir.

Sobre os prazos dos contratos de eficientização, consulte o art. 110 da Lei nº 14.133/2021.

Art. 39, § 2º

> **Art. 39.** O julgamento por maior retorno econômico, utilizado exclusivamente para a celebração de contrato de eficiência, considerará a maior economia para a Administração e a remuneração deverá ser fixada em percentual que incidirá de forma proporcional à economia efetivamente obtida na execução do contrato. [...]
>
> **§ 2º** O edital de licitação deverá prever parâmetros objetivos de mensuração da economia gerada com a execução do contrato, que servirá de base de cálculo para a remuneração devida ao contratado.

Dispositivos correspondentes na Lei nº 8.666/1993:

Art. 44. No julgamento das propostas, a Comissão levará em consideração os critérios objetivos definidos no edital ou convite, os quais não devem contrariar as normas e princípios estabelecidos por esta Lei.

§ 1º É vedada a utilização de qualquer elemento, critério ou fator sigiloso, secreto, subjetivo ou reservado que possa ainda que indiretamente elidir o princípio da igualdade entre os licitantes.

§ 2º Não se considerará qualquer oferta de vantagem não prevista no edital ou no convite, inclusive financiamentos subsidiados ou a fundo perdido, nem preço ou vantagem baseada nas ofertas dos demais licitantes.

§ 3º Não se admitirá proposta que apresente preços global ou unitários simbólicos, irrisórios ou de valor zero, incompatíveis com os preços dos insumos e salários de mercado, acrescidos dos respectivos encargos, ainda que o ato convocatório da licitação não tenha estabelecido limites mínimos, exceto quando se referirem a materiais e instalações de propriedade do próprio licitante, para os quais ele renuncie a parcela ou à totalidade da remuneração. (Redação dada pela Lei nº 8.883/1994)

§ 4º O disposto no parágrafo anterior aplica-se também às propostas que incluam mão-de-obra estrangeira ou importações de qualquer natureza. (Redação dada pela Lei nº 8.883/1994)

> Art. 45. O julgamento das propostas será objetivo, devendo a Comissão de licitação ou o responsável pelo convite realizá-lo em conformidade com os tipos de licitação, os critérios previamente estabelecidos no ato convocatório e de acordo com os fatores exclusivamente nele referidos, de maneira a possibilitar sua aferição pelos licitantes e pelos órgãos de controle.

O § 2º do art. 39 determina que o edital de licitação deve indicar parâmetros objetivos para mensuração da "economia gerada com a execução do contrato, que servirá de base de cálculo para a remuneração devida ao contratado."

Há inúmeros parâmetros que implicam na definição da economia gerada.

39.5.1. Do parâmetro prazo

Um parâmetro importante para o § 1º é em relação aos prazos de realização ou de fornecimento, previstos na alínea "a". Ao definir que a proposta indicará o prazo para execução das medidas necessárias à eficientização pretendida, torna-se possível ao edital apenas estabelecer o prazo máximo e não o prazo mínimo. Mais um cuidado que o edital deve considerar.

Assim, aproveitando-se o mesmo exemplo, se um licitante garante que vai economizar R$ 1.000.000,00, no prazo de dois anos e o outro licitante assegura que vai economizar R$ 2 milhões, no prazo de quatro anos, o valor e o critério de julgamento deverão ser previamente definidos com clareza, de forma objetiva no edital, a fim de definir qual será a proposta mais vantajosa para a Administração.

Por isso, a definição do prazo da execução das obras e serviços ou bens é diferente do prazo da economia gerada. Voltando ao exemplo, se o licitante A promete realizar as obras no prazo de um ano e o valor anual da economia for R$ 5.000.000,00 e o licitante B promete executar as mesmas obras no prazo de dois anos, com uma economia, no total do contrato, de igual valor, o valor anual da economia será menor, no caso do licitante B.

Vale destacar que o licitante pode indicar seu prazo para a quitação da obra, mas, em todo caso, a Administração tem que definir no edital um prazo contratual máximo para o objeto. Apesar de o licitante A fazer em um ano e o licitante B fazer em dois anos a obra, o prazo total do contrato, nos dois casos deverá ser de X anos, por exemplo, cinco anos. O que pode ocorrer é que a proposta de preço indique valor inferior porque o investimento feito em um ano, pode ter custo maior ou menor do que o investimento equivalente feito em dois anos.

Note que o investimento feito pelo licitante na proposta de trabalho não é pago em separado, em situação normal, como já referido no subitem "39.3.5. Custos do contratado na proposta de trabalho – solução prática para o futuro". Somente em caso de litígio é que haverá pagamento em separado; em situação normal o investimento será amortizado ao longo da execução do contrato pela parcela da economia que o contrato gerar.

É muito importante destacar que são três elementos que o edital deve definir em relação a tempo:

- o prazo máximo de vigência do contrato;
- o prazo máximo para execução das obras, fornecimentos e serviços; e
- o prazo para aferição do retorno econômico, pois a aferição mensal compromete a equação do ganho e do desconto; o ideal é apuração trimestral, com pagamento mensal do valor apurado. Desse modo, variações exageradas em um mês, como, por exemplo, bandeira vermelha no consumo de energia são equacionadas de forma mais justa. Por exemplo: apura-se o valor do ganho somando-se o retorno de janeiro, fevereiro e março; divide-se o valor da soma por três e paga-se 1/3 em abril, 1/3 em maio e 1/3 em junho. Os agentes encarregados da liquidação da despesa podem trabalhar mais tranquilos e com mais segurança. Essa forma também traz a possibilidade de planejamento da receita do contratado.

Deve o período de execução do contrato ser maior do que o período de execução das obras, reforma e instalação de equipamentos? A resposta é sim, pois a Administração Pública não pagará os investimentos feitos pelo contratado. O valor investido será amortizado ao longo do prazo de vigência do contrato, com a parcela do retorno econômico que o licitante apresenta na proposta de preço como sua parcela de remuneração. Inclusive pode ocorrer de não haver retorno nos primeiros meses de atividade do contratado.

Como visto, pode inclusive essa parcela ser variável com o tempo. Nessas situações, na prática, recomenda-se impor ao contratado a manutenção e a operação dos equipamentos e, se for o caso, das instalações, de modo que cessado o período de amortização do investimento o contratado continue vinculado à Administração com outra obrigação contratual. Não se trata de conjugar dois contratos, contrato de eficientização com terceirização de manutenção e operação. Trata-se de dar continuidade ao contrato de eficientização numa visão menos míope. Note: a eficientização de energia elétrica e iluminação implica em troca de lâmpadas; as lâmpadas, após determinado prazo, reduzem a capacidade de iluminação, fato de fácil verificação. O sensor do luxímetro detecta a intensidade da iluminação pelos lúmens que incidem em um metro quadrado e assim indica-se a necessidade de troca. Então a eficientização obtida no início do contrato com troca de lâmpadas, pode ter depois a instalação de energia gerada com placas fotovoltaicas, depois pela instalação de sensor de presença no ambiente, depois troca de aparelhos de ar-condicionado, depois modernização de elevadores, e assim progressivamente. Nesse exemplo, concluída cada etapa seria iniciada outra e a manutenção adequada com substituições programadas feitas com investimento exclusivo do contratado, descontadas em parcelas do retorno econômico teria ainda outras vantagens. Cessariam os múltiplos contratos de manutenção, com inteligência perdida pela desagregação, obteria melhoria das instalações pela adequada distribuição da carga energética, aumentaria a segurança de uso, e poderia ser trabalhada com área de recursos humanos pela enfática educação ambiental e de sustentabilidade. Aqui o princípio do parcelamento não seria privilegiado.

Também poderá ocorrer, por exemplo, que durante um ano, o contratado realize obras e tenha fornecimentos, sem a economia direta para a Administração, que só começará a ocorrer ao término de determinada obra. Os contratos relacionados à energia elétrica, são bons exemplos. A economia pode depender da instalação de placas de energia solar/fotovoltaicas. O contratado, assim, se compromete na sua proposta a realizar essa instalação no período de seis meses até um ano. Dependendo do empreendimento, a economia gerada será a partir do segundo ano. Portanto, a definição das regras do edital é a parte mais complexa da licitação do contrato de eficiência, considerando que este deve ser objetivo.

39.5.2. Do parâmetro da despesa de custeio – variáveis previsíveis

O edital deve apresentar um modelo matemático sobre o peso das variáveis incidentes na realização da despesa.

Tomando como exemplo, a despesa de consumo de água, a modelagem matemática, econômico-financeira terá muitas variáveis, como:

- consumo de água potável pelos ocupantes do prédio, com variáveis em razão da ocupação relacionadas ao aumento de frequência ou do efetivo em trabalho;
- reuso da água das chuvas e do esgoto, com variáveis em razão da ocorrência de chuvas, captação e armazenamento, e do esgoto pela filtragem e novas instalações hidráulicas considerando o uso limitado pela destinação;
- recesso do órgão ou fim do recesso no órgão, que implica em redução de efetivo.

Um caso curioso ocorreu com um dos autores desta obra que foi encarregado de acompanhar um contrato de eficientização, ainda no tempo da Lei nº 8.666/1993. Um aeroporto contratou a eficientização da água. Apesar dos esforços do contratado o nível pretendido não era atingido, inexplicavelmente. Em certa fiscalização descobriu-se que parte da água era "desviada" ou roubada por um líder de uma comunidade adjacente ao aeroporto. Descoberto o fato, decidiram manter o desvio e rever a equação do contrato, porque houve ameaça de provocação de acidente aéreo pelo líder referido.

39.5.3. Art. 39, § 2º - do parâmetro para mensuração da economia gerada

Como esclarecido, o § 2º do dispositivo estabelece que o edital deve ter parâmetros objetivos para medir a economia gerada, que servirá de base para o cálculo da remuneração devida ao contratado. O dispositivo apenas esclarece a necessidade que o edital determine como será medida a economia gerada. Será com base nos últimos cinco anos? Haverá uma progressão do crescimento vegetativo pelos próximos cinco anos? Quais critérios que vão ser considerados?

Um grande desafio nos contratos de eficiência é que não há como saber quais serão as intercorrências incidentes em um contrato de eficientização. Num contato de eficientização energética, haverá aumento do quadro de pessoal, ou redução, ingresso de novos equipamentos, troca por outros que consomem menos energia? Há apenas uma linha histórica para fazer projeções e isso há de estar previamente estabelecido do edital para garantir a isonomia a todos os licitantes. Mas o passado não ordena ações futuras. O futuro é imprevisível.

Tome-se, como exemplo, para maior clareza, a situação em que uma unidade da Administração Pública tem um número de servidores e visitantes de 500 pessoas/dia nesse edifício e promove a eficientização. Pouco tempo depois, amplia o seu efetivo em 100 servidores ou, por exemplo, uma unidade da Administração é extinta e fundida com outra já existente. Esses impactos hão de ser considerados na execução do contrato e terão maior clareza para o licitante se forem previamente definidos no edital.

Outra situação: a Administração faz um contrato de eficientização energética e a tarifa aumenta logo em seguida. Ou também, o órgão tem uma unidade extinta e, portanto, há, naturalmente, uma redução do valor da energia elétrica.

São fatores que implicam em o edital prever como a Administração vai administrar não só o julgamento da licitação – que é o tema previsto nos §§ 2º e 3º – mas, precisamente, como vai desenvolver o contrato, mantendo a garantia constitucional do equilíbrio econômico-financeiro. Alguns instrumentos previstos pelo atual legislador já ajudam bastante a gestão do contrato posterior, como a definição da matriz de risco e outros instrumentos. Quando no subitem "39.3.5. Custos do contratado na proposta de trabalho", indicamos que a construção de uma matriz de risco e a construção de um modelo matemático para concessão de reequilíbrio, podem servir para evitar a pretensão de criminalização das condutas previstas no art. 337-H, que trata da "modificação ou pagamento irregular em contrato administrativo" e tipifica como crime "admitir, possibilitar ou dar causa a qualquer modificação ou vantagem, inclusive prorrogação contratual, em favor do contratado, durante a execução dos contratos celebrados com a Administração Pública". Ocorre que esse dispositivo define que não há crime se essas modificações tiverem sido previstas em lei, no edital da licitação ou nos respectivos instrumentos contratuais. Prever os eventos num modelo inserido na matriz de risco cumprirá com transparência, isonomia em fiel acatamento aos princípios republicanos. E evitará a acusação de crime.

39.5.4. Art. 39, § 2º - aplicação prática – assessoramento especializado

Como esclarecido é difícil para a Administração Pública definir os parâmetros conforme determina o § 2º, exigindo-se que o servidor público conheça mais do mercado dos licitantes do que os próprios licitantes.

Para essas situações, recomenda-se o art. 8, § 4º que estabelece que "em licitação que envolva bens ou serviços especiais cujo objeto não seja rotineiramente contratado pela Administração, poderá ser contratado, por prazo determinado, serviço de empresa ou de profissional especializado para assessorar os agentes públicos responsáveis pela condução da licitação."

Art. 39, § 3º - Julgamento da proposta

> Art. 39. O julgamento por maior retorno econômico, utilizado exclusivamente para a celebração de contrato de eficiência, considerará a maior economia para a Administração e a remuneração deverá ser fixada em percentual que incidirá de forma proporcional à economia efetivamente obtida na execução do contrato. [...]
>
> § 3º Para efeito de julgamento da proposta, o retorno econômico será o resultado da economia que se estima gerar com a execução da proposta de trabalho, deduzida a proposta de preço.

39.6. O resultado da economia

Nesse dispositivo, a Lei estabeleceu que o julgamento da proposta terá, com maior retorno econômico, o resultado entre a economia estimada, deduzida a proposta de preços. A lei não deixou abertura para utilizar-se outros critérios de julgamento ou outros parâmetros que não seja o maior retorno econômico para esse critério de julgamento.

Além disso, é sempre necessário considerar o que o licitante se propôs a economizar, reduzida a sua remuneração, que é um percentual desse valor. Desse modo, é possível ter, em uma situação exemplificativa, o seguinte: o licitante A, que propôs uma redução de R$ 40.000,00 no consumo de energia elétrica e que estabeleceu sua remuneração em 50%. Portanto o retorno econômico é de R$

20.000,00; e o licitante B, que estimou uma redução de R$ 20.000,00 em energia elétrica, mas propôs sua remuneração em 80%. Portanto, o retorno econômico é de R$ 4.000,00. Nesse exemplo, o licitante A será sagrado vencedor na licitação, porque o retorno econômico para a administração será maior do que o licitante B.

Para ilustrar melhor esse aspecto e demonstrar que, eventualmente, não é o maior retorno econômico a melhor proposta, deve-se considerar, a título de exemplo apenas, que o licitante A, ao garantir uma economia de cem mil, utiliza equipamentos com dois anos de garantia e baixa qualidade; e o licitante B utiliza equipamentos com 20 anos de garantia e alta qualidade. Nessa situação, a proposta B, embora dê um retorno econômico menor, poderá ser a mais vantajosa para o interesse público.

Novamente é necessário destacar que no art. 110 da LLCA, a lei estabeleceu prazo de vigência diferenciado para os contatos de eficiência. Estabeleceu, como se verá no dispositivo específico, o prazo de 10 anos para contratos sem investimentos, e até 35 anos no prazo de contratos com investimentos. Consulte a respeito, o subitem "39.4. Ganho econômico associado ao período".

Observado o disposto no art. 110, é necessário avaliar se o período não será muito curto a ponto de tornar a contratação inexequível ou desinteressante para o particular; e nem muito longa para não provocar a percepção de alta remuneração para o contratado.

O dispositivo determina como deve ser feito o julgamento quando adotado o critério de maior retorno econômico.

Ao contrário da complexidade que esse tipo de licitação apresenta, na formulação do edital, na criação de parâmetros, na definição de variáveis intercorrentes futuras, na matriz de risco, na avaliação da consistência da proposta de trabalho, o julgamento mostra-se simplificado.

A proposta mais vantajosa, ou em outras palavras, o maior retorno econômico – MRE será o resultado de uma conta aritmética de subtração entre dois elementos: a economia que o licitante na sua proposta declara que vai gerar e insere na proposta de trabalho e o valor da proposta de preço. Assim, os dois elementos estão previstos na própria lei e seriam assim traduzidos:

MRE = (valor indicado na proposta de trabalho, em atendimento art. 39, § 1º, inc. I, letra "b") - (valor indicado na proposta de preço, em atendimento art. 39, § 1º, inc. II).

Art. 39, § 4º, inc. I, II - inadimplência do resultado pretendido

> Art. 39. O julgamento por maior retorno econômico, utilizado exclusivamente para a celebração de contrato de eficiência, considerará a maior economia para a

Administração e a remuneração deverá ser fixada em percentual que incidirá de forma proporcional à economia efetivamente obtida na execução do contrato. [...]

§ 4º Nos casos em que não for gerada a economia prevista no contrato de eficiência:

I - a diferença entre a economia contratada e a efetivamente obtida será descontada da remuneração do contratado;

II - se a diferença entre a economia contratada e a efetivamente obtida for superior ao limite máximo estabelecido no contrato, o contratado sujeitar-se-á, ainda, a outras sanções cabíveis.

Dispositivos correspondentes na Lei nº 8.666/1993: não há.

Dispositivos correspondentes na Lei nº 12.462/2011 (Institui o RDC):

Art. 23. No julgamento pelo maior retorno econômico, utilizado exclusivamente para a celebração de contratos de eficiência, as propostas serão consideradas de forma a selecionar a que proporcionará a maior economia para a administração pública decorrente da execução do contrato. (Vide Lei nº 14.133, de 2021) Vigência [...]

§ 3º Nos casos em que não for gerada a economia prevista no contrato de eficiência:

I - a diferença entre a economia contratada e a efetivamente obtida será descontada da remuneração da contratada;

II - se a diferença entre a economia contratada e a efetivamente obtida for superior à remuneração da contratada, será aplicada multa por inexecução contratual no valor da diferença; e

III - a contratada sujeitar-se-á, ainda, a outras sanções cabíveis caso a diferença entre a economia contratada e a efetivamente obtida seja superior ao limite máximo estabelecido no contrato.

39.7. Noções

No art. 39, § 4º, a lei estabelece o procedimento aplicável quando não for atingida a economia estimada pelo licitante. Trata-se, portanto, de inadimplência parcial do objeto. Tal procedimento é extremamente relevante quando a economia estimada é o fator de julgamento. É necessário, nesse cenário, uma punição rigorosa para que se evite a ação de licitantes aventureiros, que prometem sem adequado embasamento técnico-econômico, apresentando proposta com economia exageradamente alta e inatingível. De outro lado, o dispositivo impõe que a Administração Pública deve prezar por garantir uma remuneração justa ao que foi realizado, além de compensar-se pela perda de economia.

Evidentemente, esses percentuais previstos no edital deverão considerar determinado período da execução do contrato, tendo em vista que, a eficientização não terá efeitos a partir do primeiro dia do contrato. Será necessária a implementação de um conjunto de obras, serviços e fornecimentos para que se efetive o resultado pretendido. É importante esse cronograma ser associado à execução.

Já o inc. II, trata do limite máximo estabelecido no contrato, mas o melhor entendimento é que, por ser regra objetiva, deverá estar prevista no edital. Deve ser lembrado que o inc. II, trata da aplicação de sanções, mas a diferença entre economia prometida ou contratada e efetivamente obtida ou economia realizada é descontada da remuneração, como visto no inc. I desse dispositivo.

Importante mencionar que, em dezembro de 2021, o Ministério da Economia abriu uma Consulta Pública, para debater com gestores, fornecedores e servidores públicos, sobre a nova Instrução Normativa que tratará do critério de julgamento por maior retorno econômico, na forma eletrônica, no âmbito da Administração Pública Federal direta, autárquica e fundacional, com base na nova lei de licitações. Ao todo foram recebidas 25 contribuições e teve o seu encerramento em 16/12/2021[406]. Curioso que esta, já é a 13ª Consulta Pública realizada, para regulamentar a Nova Lei de Licitações. Afirma o Secretário de Gestão da Secretaria Especial de Desburocratização, Gestão e Governo Digital do Ministério da Economia: "A participação de todos os interessados é fundamental para que a futura norma consiga atender as necessidades dos usuários do Compras.gov.br". De acordo com a minuta, o critério de julgamento será adotado exclusivamente para a celebração de contratos de eficiência, conforme o estabelecido na Lei de Licitações. Outra exigência é a utilização da modalidade na forma eletrônica. Fiquemos atentos.

Em 26/12/2022 foi publicada IN SEGES/ME nº 96, de 23 de dezembro de 2022 sobre o tema.[407]

No § 4º em comento há referência a duas e distintas situações, como se comenta a seguir.

39.7.1. Economia a menor do que a prevista

No inc. I, o legislador estabeleceu que a diferença entre a economia contratada e a efetivamente obtida será descontada da remuneração do contrato.

Exemplificando: se o licitante/contratado A prometeu (art. 39, § 1º, inc. I, alínea "b") uma economia de R$ 10.000.000,00 e estabeleceu sua remuneração em 50% (art. 39, § 1º, inc. II), e se, ao invés de uma economia de R$ 10.000.000,00, a economia obtida foi de apenas de R$ 7.000.000,00, considerando a sua proposta de preço, o licitante/contratado teria direito a uma remuneração de R$ 3.500.000,00. Contudo, como não foi alcançada a remuneração prometida com base no texto do

---

[406] **Instrução Normativa** sobre o critério de julgamento por maior retorno econômico, na forma eletrônica. Disponível em: https://www.gov.br/participamaisbrasil/in-criterio-de-julgamento-maior-retorno-economico

[407] https://www.gov.br/compras/pt-br/acesso-a-informacao/legislacao/instrucoes-normativas/instrucao-normativa-seges-me-no-96-de-23-de-dezembro-de-2022

inc. I do § 4º, deve-se deduzir da remuneração a diferença entre o prometido e o obtido. Então, será deduzido dos R$ 3.500.000,00 da remuneração, o montante de R$ 3.000.000,00, que é a diferença dos R$ 10.000.000,00 prometido na proposta e os R$ 7.000.000,00 que é a economia obtida. Assim, a remuneração efetiva será de R$ 500.000,00, no exemplo trazido.

Usando a equação da proposta:

MRE = (valor indicado na proposta de trabalho, em atendimento art. 39, § 1º, inc. I, letra "b") - (valor indicado na proposta de preço, em atendimento art. 39, § 1º, inc. II)

Se MRE < (valor indicado na proposta de trabalho, em atendimento art. 39, § 1º, inc. I, letra "b"), deve a Administração Pública pagar o valor do MRE - (valor indicado na proposta de preço, em atendimento art. 39, § 1º, inc. II).

Por isso, além do risco do investimento realizado em obras, reformas, novos equipamentos e instalações, o contratado corre o risco de não alcançar a meta proposta e, por consequência, não obter a amortização e o retorno do investimento.

39.7.2. Da economia igual a zero

Pode ocorrer de a aplicação da equação do inc. I resultar na remuneração zero ou negativa, situação que o Direito não admite como válida.

Essa segunda situação é tratada no inc. II.

E, isso ocorre, aplicando a mesma fórmula, ou seja, Valor obtido < ou igual a (valor indicado na proposta de trabalho, em atendimento art. 39, § 1º, inc. I, letra "b").

Assim, o valor devido ao contratado será zero ou criará uma dívida do contratado para com a Administração Pública.

Voltando ao texto legal:

II - se a diferença entre a economia contratada e a efetivamente obtida for superior ao limite máximo estabelecido no contrato, o contratado sujeitar-se-á, ainda, a outras sanções cabíveis.

Para ser melhor compreendida considere o texto do seguinte modo: se a aplicação da equação anterior resultar em valor zero ou negativo, ou em outras palavras se a "diferença entre a economia contratada" (que é a economia que foi prometida pelo licitante e consta da sua proposta de trabalho (valor indicado na proposta de trabalho, em atendimento art. 39, § 1º, inc. I, letra "b") e a efetivamente obtida for superior ao limite máximo estabelecido no contrato, o contratado sujeitar-se-á, ainda, a outras sanções cabíveis.

Então, trocando-se a expressão "economia contratada" por "economia prometida" fica mais fácil a compreensão.

Considere um contrato de eficientização que foi prometida a economia mínima de 10%, para uma determinada despesa corrente de R$ 1.000.000,00.

Com essa substituição a compreensão da norma seria a seguinte:

II - se a diferença entre a economia contratada (prometida de R$ 100.000,00) e a efetivamente obtida (zero) for superior ao limite máximo estabelecido no contrato, o contratado (que é 10% de R$ 1.000.000,00) sujeitar-se-á, ainda, a outras sanções cabíveis.

No inc. I, só perde parte da remuneração, no inc. II, perde toda remuneração e ainda fica sujeito a penalização.

Note que a lei não obriga o contratado a pagar a diferença entre a economia prometida e a economia obtida, pois não há prejuízo direto para a Administração Pública, como regra, apenas a frustração pelo que deixou de economizar. A inadimplência não pode gerar riqueza para a Administração. A lei, corretamente, define que haverá outras sanções, inclusive a multa.

39.7.3. Do saldo negativo

Outro exemplo pode auxiliar: o licitante, na proposta de preços, promete economizar 20% do valor da energia elétrica e essa energia elétrica tem o valor mensal de R$ 1.000.000,00. Na proposta o licitante afirma que tal valor será obtido já no primeiro mês de vigência do contrato. Ocorre que, nesse primeiro mês de vigência do contrato, o licitante não obtém a economia e o valor da conta acresce, por erro seu na execução de instalações.

O valor da conta foi de R$ 1.100.000,00. Aplicada a fórmula do § 4º tem-se um saldo negativo. Não houve retorno econômico e a imperícia do contratado majorou injustificadamente a despesa.

O valor do prejuízo pode ser cobrado do contratado, não com base nesse dispositivo, com base na Lei, mas no art. 119 dessa Lei.[408] Esse dispositivo, art. 39, § 4º, só autoriza a aplicação de sanções e multa, não autoriza a indenização.

---

[408] BRASIL. **Lei nº 14.133/2021:** "Art. 119. O contratado será obrigado a reparar, corrigir, remover, reconstruir ou substituir, a suas expensas, no total ou em parte, o objeto do contrato em que se verificarem vícios, defeitos ou incorreções resultantes de sua execução ou de materiais nela empregados."

Se o saldo negativo não decorreu da ação ou omissão do contratado, os parâmetros indicando variáveis podem resolver a equação, alterando o valor economizado. Não sendo possível e não havendo culpa do contratado, o valor pode ser compensado em outros meses.

39.7.4. Outros danos

Se no processo de implantação, porém, houver outros danos, fora da responsabilidade contratual, a lei autoriza a cobrança. Enquadram-se nessa situação, por exemplo, a troca de fiação de energia elétrica que por falta de disjuntores adequados vem a causar incêndios. O contratado, como qualquer pessoa, é obrigado a reparar os danos causados a Administração Pública[409].

39.8. Ganho superior ao previsto pelo próprio licitante

Não é raro que o processo de implantação de eficientização traga outras consequências positivas, como a criação de uma consciência de sustentabilidade ambiental. Pode, independente desse fator, o contrato gerar economia muito superior à prometida na proposta de trabalho.

Ocorrendo tal fato deve a Administração Pública ter cautela sobre as causas da economia, inclusive ponderando a aplicação dos parâmetros das variáveis que foi objeto de comentário anterior.

Se o retorno econômico não foi decorrente de variáveis externas, como no caso de eficientização energética, a redução do efetivo de pessoal, redução do valor da tarifa ou outros, mas exclusivamente da ação direta do contratado, surge uma questão jurídica um pouco mais complexa.

Há várias distintas hipóteses:

- se o incremento de valor além do prometido decorreu apenas e tão somente das ações e atividades inseridas na proposta de trabalho, o custo para o contratado era previsível e o maior retorno econômico não lhe trouxe prejuízo, razão pela qual não é devido acréscimo de remuneração;

- se o incremento de valor além do prometido decorreu apenas e tão somente das ações e atividades inseridas na proposta de trabalho, mas o valor do retorno econômico é sazonal, ou seja, ocorre de forma não contínua, alternando para mais ou para menos, pode a equação relacionando um

---

[409] BRASIL. **Lei nº 14.133/2021**: "Art. 120. O contratado será responsável pelos danos causados diretamente à Administração ou a terceiros em razão da execução do contrato, e não excluirá nem reduzirá essa responsabilidade a fiscalização ou o acompanhamento pelo contratante."

período trimestral ou semestral gerar uma compensação justa para ambas as partes;

- se o incremento de valor além do prometido for contínuo e até crescente e decorreu apenas e tão somente das ações e atividades inseridas na proposta de trabalho, o custo para o contratado era previsível, portanto, e o maior retorno econômico não lhe trouxe prejuízo; a Administração estará levando uma vantagem não prevista. Até esse ponto, não havendo desembolso maior do contratado nada deve ser devido a esse; e

- se o incremente do valor depender de aumento de custos para o contratado além do previsto na proposta de trabalho, a Administração e contratado devem a partir da matriz de risco considerar a relação deste custo com o valor do retorno econômico. Sem previsão prévia na matriz de risco, não poderá ser feita. Questão é se a Administração e contratado podem alterar a matriz de risco, durante a execução do contrato. A resposta é afirmativa se: a) houver parecer técnico e econômico concluindo pela substancial vantagem em favor da Administração, em relação ao custo; b) se for precedida justificativa do contratado pela impossibilidade de previsão ao tempo da elaboração da proposta ou justificativa equivalente. O ideal em tais situações é que o edital preveja um órgão colegiado para gerir o contrato e todas as intercorrências, como essa inclusive, de modo a garantir a impessoalidade no desenvolvimento da eficientização.

Por fim, não se pode olvidar que num longo percurso de 35 anos, que é o tempo máximo admitido para a vigência dos contratos, a evolução tecnológica em qualquer área do conhecimento humano irá evoluir. Considerar que é possível garantir e prever todas as ocorrências é aceitar a condenação de não evoluir e estagnar a ambiciosa pretensão de modernização da Administração Pública pelo contrato de eficientização.

Seção IV - Disposições Setoriais
Subseção I - Das Compras

40. Art. 40, caput, inc. I, II, III, IV, V, a, b, c

Art. 40. O planejamento de compras deverá considerar a expectativa de consumo anual e observar o seguinte:

I - condições de aquisição e pagamento semelhantes às do setor privado;

II - processamento por meio de sistema de registro de preços, quando pertinente;

III - determinação de unidades e quantidades a serem adquiridas em função de consumo e utilização prováveis, cuja estimativa será obtida, sempre que possível, mediante adequadas técnicas quantitativas, admitido o fornecimento contínuo;

IV - condições de guarda e armazenamento que não permitam a deterioração do material;

Dispositivos correspondentes na Lei nº 8.666/1993:

Art. 15. As compras, sempre que possível, deverão:

I - atender ao princípio da padronização, que imponha compatibilidade de especificações técnicas e de desempenho, observadas, quando for o caso, as condições de manutenção, assistência técnica e garantia oferecidas;

II - ser processadas através de sistema de registro de preços;

III - submeter-se às condições de aquisição e pagamento semelhantes às do setor privado;

Dispositivos pertinentes da Lei nº 14.133/2021, além do art. 40:

Art. 12. No processo licitatório, observar-se-á o seguinte:

I - os documentos serão produzidos por escrito, com data e local de sua realização e assinatura dos responsáveis;

II - os valores, os preços e os custos utilizados terão como expressão monetária a moeda corrente nacional, ressalvado o disposto no art. 52 desta Lei;

III - o desatendimento de exigências meramente formais que não comprometam a aferição da qualificação do licitante ou a compreensão do conteúdo de sua proposta não importará seu afastamento da licitação ou a invalidação do processo;

IV - a prova de autenticidade de cópia de documento público ou particular poderá ser feita perante agente da Administração, mediante apresentação de original ou de declaração de autenticidade por advogado, sob sua responsabilidade pessoal;

V - o reconhecimento de firma somente será exigido quando houver dúvida de autenticidade, salvo imposição legal;

VI - os atos serão preferencialmente digitais, de forma a permitir que sejam produzidos, comunicados, armazenados e validados por meio eletrônico;

VII - a partir de documentos de formalização de demandas, os órgãos responsáveis pelo planejamento de cada ente federativo poderão, na forma de regulamento, elaborar plano de contratações anual, com o objetivo de racionalizar as contratações dos órgãos e entidades sob sua competência, garantir o alinhamento com o seu planejamento estratégico e subsidiar a elaboração das respectivas leis orçamentárias. (Regulamento)

§ 1º O plano de contratações anual de que trata o inciso VII do caput deste artigo deverá ser divulgado e mantido à disposição do público em sítio eletrônico oficial e será observado pelo ente federativo na realização de licitações e na execução dos contratos.

§ 2º É permitida a identificação e assinatura digital por pessoa física ou jurídica em meio eletrônico, mediante certificado digital emitido em âmbito da Infraestrutura de Chaves Públicas Brasileira (ICP-Brasil).

Art. 78. São procedimentos auxiliares das licitações e das contratações regidas por esta Lei:

I - credenciamento;

II - pré-qualificação;

III - procedimento de manifestação de interesse;

IV - sistema de registro de preços;

V - registro cadastral.

§ 1º Os procedimentos auxiliares de que trata o caput deste artigo obedecerão a critérios claros e objetivos definidos em regulamento.

§ 2º O julgamento que decorrer dos procedimentos auxiliares das licitações previstos nos incisos II e III do caput deste artigo seguirá o mesmo procedimento das licitações.

Art. 145. Não será permitido pagamento antecipado, parcial ou total, relativo a parcelas contratuais vinculadas ao fornecimento de bens, à execução de obras ou à prestação de serviços.

§ 1º A antecipação de pagamento somente será permitida se propiciar sensível economia de recursos ou se representar condição indispensável para a obtenção do bem ou para a prestação do serviço, hipótese que deverá ser previamente justificada no processo licitatório e expressamente prevista no edital de licitação ou instrumento formal de contratação direta.

§ 2º A Administração poderá exigir a prestação de garantia adicional como condição para o pagamento antecipado.

§ 3º Caso o objeto não seja executado no prazo contratual, o valor antecipado deverá ser devolvido.

Dispositivos correspondentes na Lei nº 9.579/2012 (Institui o Código de Licitações e Contratos do Estado do Maranhão):

Art. 19. Nas compras devem ser observadas as seguintes regras:

I - elaboração do termo de referência com todas as informações exigidas, na forma do art. 4º, inciso LXXXI;

II - submissão às condições de aquisição e pagamento semelhantes às do setor privado;

III - processamento por meio de sistema de registro de preços, preferencialmente;

IV - atendimento aos princípios:

a) da padronização, considerando a compatibilidade de especificações estéticas, técnicas ou de desempenho;

b) do parcelamento, quando for tecnicamente viável e economicamente vantajoso; e

c) da responsabilidade fiscal, mediante a verificação da despesa estimada com a prevista no orçamento.

40.1. Planejamento de compras e consumo anual

O art. 40 constitui sozinho uma subseção, que trata das compras. Essa subseção se insere na seção IV que trata das Disposições Setoriais, portanto as compras são um setor específico; obras e serviços de engenharia, a subseção II, os serviços em geral, a subseção III, a locação de imóveis, a subseção IV e a licitação internacional, a subseção V. Note que as quatro primeiras subseções se dividem pelo objeto e a quinta pelo âmbito da competição. Pode então ocorrer de a compra ter amplitude internacional, situação em que o Agente de Contratação deverá dominar esses dois setores.

Por usa vez, a seção IV, onde está inserida essa subseção de compras, integra o capítulo II, que trata da fase preparatória, e este o Título I, que trata das licitações.

Não só pela localização tópica, mas a subseção reforça a essencialidade do elemento planejamento para as compras, adiantando que o planejamento deve considerar a expectativa de consumo anual.

40.1.1. Planejamento no Brasil

O planejamento das compras no Brasil vem desde 1967 e é lei. É o primeiro princípio da Administração Pública brasileira. Está no art. 6º inc. I do Decreto-Lei nº 200/1967[410]. Curiosamente, é o princípio mais inobservado na gestão. Prova disso é que os grandes problemas nas áreas de obras e serviços de engenharia decorrem da ausência de um planejamento adequado que se reflete, por exemplo, no projeto básico[411].

No caso de compras, o desperdício e a perda de produtos por questões de validade ou armazenamento ainda são recorrentes no serviço público. Para melhorar isso, a lei didaticamente, definiu a necessidade de planejamento considerando o consumo anual.[412]

A anualidade é o período mais adequado, para planejamento de curto prazo, pois coincide com o período de vigência da Lei Orçamentária Anual. Note, porém, que a nova Lei de Licitações, melhorando a técnica do planejamento, como aliás vimos recomendando faz o planejamento anual integrar-se ao Plano Plurianual – PPA, como se verá seguir.

40.1.2. Condições de aquisição e pagamento semelhantes às do setor privado

Esse dispositivo, idêntico na Lei anterior, tem sido causa de muitas incompreensões dos órgãos de controle e gerado condenações pela interpretação incorreta. O dispositivo está direcionado a compras, exclusivamente, e não trata de preços ou de pesquisa de preços. É incorreto inferir no termo "condições" que

---

[410] BRASIL. Decreto-lei nº 200/1967: "Art. 6º As atividades da Administração Federal obedecerão aos seguintes princípios fundamentais: I - Planejamento. [...]"
[411] Entre diversos estudos feitos pelo TCU sobre o tema, com a mesma constatação, destaca-se o Acórdão 1079/2019 - Plenário em que se verificou que dois dos principais motivos para a paralisação de obras tinham por base problemas técnicos (47%) e orçamentários/financeiros (10%).
[412] https://exposicao.enap.gov.br/items/show/660

também o preço deve ser considerado. A informalidade da economia, o elevado nível de sonegação, a presença no varejo de produtos de contrabando deforma o mercado privado.

40.1.2.1. Condições que acrescem qualidade

Ressalvado o preço, as demais condições, no entanto, podem ser aproveitadas para balizar planejamento quando se trata de prazo de garantia, garantia estendida, prazo de entrega, regiões de entrega, seguro de transporte, período de operação assistida, política de pós-venda, porque são condições não praticadas pelo mercado informal.

Os órgãos de controle têm impedido boas práticas, perdendo-se de forma míope na exaltação do princípio da isonomia e da ampliação da competitividade. Perde o valor a pretensão da lei de inserir condições de aquisição e pagamento semelhantes às praticadas pelo setor privado.

Por exemplo, durante muitos anos vedou-se exigir prazo de garantia de mobiliário até que o setor de aquisições de um órgão específico, na década de 90, o setor de licitações do próprio TCU, amparado nesse dispositivo passou a exigir 10 anos de garantia no mobiliário. Note: um móvel deve ter prazo de garantia e esse tempo vinha sendo praticado pelo mercado que produzia bens de qualidade. Restringe a competição, mas era habitualmente praticado. A inserção nos editais restringiria a competição, mas preservaria a competitividade.

40.1.2.2. Condições de pagamento

Já foi esclarecido, nos comentários anteriores, que o dispositivo não trata de preço. Agora é o momento de analisar o termo "condições de pagamento". Nessas condições atua o vetor tempo, prazo, antecipação.

Como regra, o serviço público paga em prazo similar à iniciativa privada, 30, 60 dias, após a entrega, e à vista. Na iniciativa privada, balcão, o pagamento é contra-entrega da mercadoria e isso já é possível para compras em que é permitido o pagamento por cartão governamental.

40.1.3. Pagamento antecipado antes da Lei nº 14.133/2021

O tema pagamento antecipado, antes da Lei nº 14.133/2021 estava assim delineado:

- não havia norma de direito financeiro, vedando o pagamento antecipado, expressamente;

- na Lei nº 4.320, de 17 de março de 1964, que "Estatui Normas Gerais de Direito Financeiro para elaboração e contrôle dos orçamentos e balanços da União, dos Estados, dos Municípios e do Distrito Federal" foi definido o procedimento de pagamento, prevendo que o mesmo só ocorre após a liquidação da despesa; o procedimento da liquidação da despesa consiste na verificação do cumprimento da obrigação, surgindo daí que, inexistindo norma admitindo o pagamento antecipado o mesmo era vedado;

- regulamentando o sistema financeiro do governo federal e o caixa único do tesouro, o Decreto nº 93.872, de 23 de dezembro de 1986, no art. 38 reafirmou a vedação, mas abriu exceção. Textualmente, "Art. 38. Não será permitido o pagamento antecipado de fornecimento de materiais, execução de obra, ou prestação de serviço, inclusive de utilidade pública, admitindo-se, todavia, mediante as **indispensáveis cautelas ou garantias**, o pagamento de parcela contratual na vigência do respectivo contrato, convênio, acordo ou ajuste, segundo a forma de pagamento nele estabelecida, prevista no edital de licitação ou nos instrumentos formais de adjudicação direta."

- a jurisprudência dessa época passou a admitir, em alguns casos, como por exemplo, com a compra de elevadores, compra de escada rolante e objetos sob encomenda. Essa admissão correu do próprio mercado de produção desses objetos e impõe o pagamento antecipado. E, no comércio, a praxe, é fonte do Direito;

- além desses exemplos, outros foram admitidos na jurisprudência pelo mesmo motivo – praxe do mercado, como a assinatura de periódicos, jornais e revistas;

- no caso particular de cursos, é sempre admitido o pagamento de matrícula, que juridicamente não é pagamento antecipado, mas pagamento condicionado ao ingresso no curso. Em alguns casos, também se admite o pagamento integral antecipado; e

- uma boa prática veio a ser desenvolvida, com aplicação na construção civil. Inclusive nos editais do Tribunal de Contas da União, sem qualquer restrição na jurisprudência. No caso de equipamentos importados, ressarcir imediatamente o empreiteiro, o desembolso que tiverem com antecipação de pagamento, na compra de equipamentos fabricados sob encomenda, como *chiller* e *fancoil* de ar-condicionado de grande porte. Com esse proceder, evita-se que o empreiteiro seja obrigado a "financiar" a Administração Pública, recebendo os valores pagos ao fabricante, somente após o produto chegar ao país, ser desembaraçado na aduana, transportado até o local, instalado e recebido.

40.1.3.1. Pagamento antecipado nas empresas estatais

Nas empresas estatais, esses precedentes são comuns quando verificamos a situação das estatais, onde pelos tipos de empreendimentos, fazem grandes aquisições – como por exemplo turbinas eólicas – e precisam pagar a sua fabricação antecipadamente.

Certo é que esse exemplo não se aplica à LLCA, considerando que as estatais se submetem a regime específico – Lei nº 13.303/2016. Contudo, a experiência dessas empresas também é aplicável à Administração Pública, onde deve ser desconstituído o conceito de que não se pode pagar antecipado. Se for uma prática usual do mercado privado, é sim possível pagar antecipado.

40.1.3.2. Pagamento antecipado na previsão da Lei nº 14.133/2021

A nova lei, definiu no art. 145, a regra pela vedação a pagamento antecipado, inclusive esclarecendo que a vedação é para pagamento "parcial ou total, relativo a parcelas contratuais vinculadas ao fornecimento de bens, à execução de obras ou à prestação de serviços."

Como exceção admitiu a antecipação de pagamento somente se: a) propiciar sensível economia de recursos; ou b) se representar condição indispensável para a obtenção do bem ou para a prestação do serviço.

A primeira situação, em que a antecipação de pagamento proporciona sensível economia, deve ser considerada com cautela, porque o risco deve ser considerado. Todos sabem que mercado de licitação e de contratos públicos existem fornecedores "aventureiros".

Veja no próximo subtítulo, a aplicação prática proposta pelos autores. Na aplicação da segunda situação deve ser considerada a jurisprudência erigida e exposta na explicação sobre pagamento antecipado antes da Lei nº 14.133/2021.

40.1.3.3. Aplicação prática para antecipação de pagamento

Pagamento antecipado é uma condição e, portanto, é necessário que o tema seja enfrentado aqui. Recomenda-se:

- o § 1º do art. 145 da Lei nº 14.133/2021 colocou duas hipóteses alternativas, e exigiu justificativa apenas para a segunda, qual seja "representar condição indispensável para a obtenção do bem ou para a prestação do serviço";
- a lei deve ser compreendida numa melhor interpretação, motivando-se o pagamento antecipado também para a primeira, qual seja "propiciar sensível economia de recursos", pois o ato administrativo deve ser motivado;

- a lei estabelece que havendo licitação, a antecipação do pagamento deve estar prevista no edital, como garantia de tratamento isonômico; não havendo licitação, a antecipação de pagamento deve estar expressamente prevista no instrumento formal de contratação direta, embora esse fato não esteja nas obrigações do art. 72;

- tecnicamente "cláusula de pagamento" não deveria estar no edital ou no documento da dispensa, mas sim integrar o contrato; esse sistemático erro da lei, não foi corrigido, apesar dos esforços dos autores; pela melhor organização recomenda-se que existindo contrato, o edital e o instrumento formal de contratação direta indiquem que as condições de pagamento estão na cláusula tal do contrato; na mesma cláusula deve estar previsto que "caso o objeto não seja executado no prazo contratual, o valor antecipado deverá ser devolvido", conforme prevê o § 3º do art. 145;

- é recomendável que a Administração exija a prestação de garantia adicional como condição para o pagamento antecipado; se inviável, justifique no processo; e

- mesmo nos casos em que a lei, por exceção, admite a antecipação de pagamento, deve a Administração adotar cautelas, como a verificação de precedentes de atuação do fornecedor, consultando outros órgãos públicos que compraram produtos, cujos nomes estão no portal da transparência, e até no mercado privado como o site do RECLAME AQUI e similares. Ao aplicar recursos públicos, o Agente de Contratação administra recursos de terceiros, fato que aumenta a responsabilidade em relação a aplicação de recurso próprios.

A origem da possibilidade do pagamento antecipado também se encontra nas normas de Direito Financeiro. Não há textualmente nenhum dispositivo vedando o pagamento antecipado; há procedimento ordenando as etapas do pagamento, fato que leva a compreensão de ser vedado desobedecer ao procedimento da execução de despesa. Embora como regra só se pague posteriormente, no art. 38 do Decreto nº 93.872/1986, foi definida na esfera federal a possibilidade de pagamento antecipado, guardando-se algumas cautelas.

Na mesma linha, o art. 145 da LLCA admite o pagamento antecipado em algumas hipóteses, em que pese o caput do dispositivo vedar essa condição, no §1º dispõe sobre a antecipação de pagamento quando propiciar sensível economia de recursos ou se representar condição indispensável para a obtenção do bem ou para a prestação do serviço, hipótese que deverá ser previamente justificada no processo licitatório e expressamente prevista no edital de licitação ou instrumento formal de contratação direta.

40.1.4. Do uso do sistema de registro de preços

O modelo de sistema de registro de preço teve reduzida sua aplicação, por interesses não republicanos. É um modelo de contratação que auxilia no planejamento, flexibiliza o uso de dotações orçamentárias, especialmente, as liberadas no final do exercício e garante a melhoria das compras com qualidade.

A lei, nesse dispositivo, art. 40, inc. II, determina que "quando pertinente", a compra deve ser por meio de sistema de registro de preços - SRP. Se não for pertinente, deve o Agente de Contratação motivar a impertinência.

Sobre o sistema SRP, vantagens, desvantagens e modo de execução consulte os comentários ao art. 6º, inc. XLV a XLIX, e o livro Pregão e Sistema de Registro de Preços[413].

O SRP, de modo muito similar, ocorre na iniciativa privada. Alguns grandes fabricantes firmam contrato com fornecedores de peças e essas peças acabam ficando com as fornecedoras e a empresa fabricante solicita em razão da demanda. Situação exemplificativa é o caso da Electrolux com a sua fábrica no Paraná, em que para a construção de eletrodomésticos, a empresa firmou vários contratos com os fabricantes dos componentes e a partir de uma demanda que ocorresse, iria solicitar as peças. O mesmo ocorre com as "montadoras" de veículos. Por isso mesmo é sinônimo "fabricante" e "montadora".

Outras observações em relação ao Sistema de Registro de Preços serão feitas nos comentários aos artigos 78 e 82.

40.1.5. Da estimativa de consumo e do fornecimento contínuo

Antecedendo a compra, deve o Agente de Contratação, lotado no setor requisitante, realizar estudos para estimar o consumo e utilização prováveis, durante um ano.

É através do planejamento que considera o consumo anual também, que se pode verificar a possibilidade do uso da dispensa de licitação em razão do valor.

É uma atividade que integra o conhecimento especializado e o levantamento da série histórica de: estoque, almoxarifado, embalagem de produto, guarda,

---

[413] JACOBY FERNANDES, Jorge Ulisses. Sistema de Registro de Preços e Pregão Presencial e Eletrônico. 6ª ed. Belo Horizonte: Fórum, 2015.
Sobre o tema citamos ainda, a seguir, as seguintes obras:
EDUARDO SANTANA, Jair. Pregão Presencial e Eletrônico: Sistema de Registro de Preços Manual de Implantação, Operacionalização e Controle. 4ª ed. Belo Horizonte: Fórum, 2014.
SÉRGIO DE MONTEIRO REIS, Paulo. Sistema de Registro de Preços. 1ª ed. Belo Horizonte: Fórum, 2020.
BITTENCOURT, Sidney. Licitação de Registro de Preços. 6ª ed. Belo Horizonte: Fórum, 2021.

armazenamento, prazo de validade, ciclo de vida útil, tempo de reposição. E, sempre esquecida, a avaliação de satisfação do consumidor, interno e/ou externo.

Aliás, apenas para definir o "ponto de reposição" se exige conhecimento de logística.

> "O ponto de reposição ajuda a evitar novas remessas de produtos que ainda não são necessários, o que onera o caixa da empresa. Além disso, esse estoque sobressalente também pode ser uma questão em termos de armazenamento. Ou seja, o controle de estoque interfere de várias formas no funcionamento do seu negócio."[414]

Para definir uma compra, no contexto do profissionalismo exigido pela nova lei, a capacitação em logística é essencial.

Duas novas ferramentas foram introduzidas na Lei nº 14.133/2021: o Plano de Contratações Anual e o fornecimento contínuo.

40.1.5.1. Fornecimento contínuo

Na forma do inc. III é permitido, agora, contratar "fornecimento contínuo". Trata-se de uma das grandes reivindicações do país, desde a edição da Lei nº 8.666/1993. Na Lei nº 8.666/1993 existia apenas a possibilidade de contratar "serviços contínuos". Um dos autores, chegou a elaborar minuta de Medida Provisória, para alterar o art. 57, inc. II, dessa lei, abrangendo a possibilidade agora instituída. O entusiasmo com essa possibilidade é oriundo de uma consulta feita pela CAESB, por orientação do mesmo autor, em que foi demonstrada que a contratação de cloro gasoso, feita pelo prazo de cinco anos permitiria fugir da sazonalidade de preços, com redução expressiva de custos. A partir desse episódio, além da minuta de MP, aproveitou a oportunidade de algumas audiências em que foi convocado pelo parlamento para expor as vantagens de compras para além da anualidade.

Na estimativa do consumo anual deverá, inclusive, considerar a hipótese de contratar com prazo superior a anualidade, ou em outras palavras para fornecimento contínuo. Embora idealizado para situações como insumos na industrialização, nada impede estender sua aplicação a produtos rotineiros.

O conceito de fornecimento e serviço contínuo está previsto no art. 6º, inc. XV da LLCA, nos seguintes termos: "serviços contratados e compras realizadas pela Administração Pública para a manutenção da atividade administrativa, decorrentes de necessidades permanentes ou prolongadas". É um conceito amplo e por isso

---

[414] Fonte: truckpad.com.br/blog/o-que-e-ponto-de-pedido-e-como-calcular-na-sua-empresa/#:~:text=O%20ponto%20de%20reposição%20ajuda,no%20funcionamento%20do%20seu%20negócio.

recomenda-se uma regulamentação própria do ente para definir de acordo com a sua própria demanda se aquela compra ou aquele serviço é uma necessidade permanente ou prolongada.

Tal posicionamento inclusive não é novidade na doutrina, sendo defendido há vários anos na necessidade de regulamentação própria e particular de cada ente público. Além de regulamentar o que é serviço contínuo, é importante que os órgãos regulamentem também o que se deve entender por fornecimento contínuo.

Outro ponto que merece destaque da previsão legal de fornecimento contínuo é que agora vai se acabar com a discussão se determinado objeto é serviço ou fornecimento. Isto porque na vigência da Lei nº 8.666/1993, os tribunais de contas tinham posicionamentos mais rigorosos no sentido de não permitir o fornecimento contínuo por ausência de previsão legal. Como agora a Lei prevê tanto o fornecimento quanto o serviço contínuo, esse conflito foi resolvido. Basta a definição se é contínuo ou não. A necessidade de definir se é serviço ou fornecimento não mais vai impactar a forma de contratação.

Torna-se, portanto, uma boa prática até a LLCA se firmar como posicionamento fundamentado que para os fornecimentos contínuos, utilize-se como paralelo o que se faz para serviço continuado – a demanda mês a mês; ou periódica, a cada dois meses, a cada três meses. Contratar e comprar de uma vez só pode implicar no esforço extraordinário de armazenamento da Administração. Por exemplo, imagine que a Administração compre papel uma vez só ao ano e estoque esse material. Essa hipótese não representa fornecimento contínuo. Se a Administração, entretanto, distribuir adequadamente essa demanda por 12 meses, além de ter a redução dos seus custos de armazenamento, estará orientando o mercado na demanda mensal que deverá produzir, de tal modo que não haverá picos extraordinários de consumo e isso, em termos de mercado, é muito mais adequado. A introdução do Plano de Contratações Anual auxilia a distribuição da demanda planejada.

Para tratar de fornecimento contínuo não se deve restringir o conceito. A nova ferramenta deve ter amplitude para estar disponível aos que enfrentam o desafio de assegurar suprimentos para atividades fim. Assim, é possível trazer como exemplos o fornecimento de marmita para a alimentação, o fornecimento de alimentos para merenda escolar – verduras, hortifruti granjeiros... – gases medicinais para ambiente hospitalar, entre diversos outros cenários que podem ser considerados como fornecimento contínuo.

40.1.5.2. Plano de Contratações Anual

A compreensão deste art. 40 ficará incompleta se não forem lidos os comentários feitos ao art. 12, que introduziu o Plano de Contratações Anual - PCA.

Referido artigo foi regulamentado pelo Decreto nº 10.947, de 25 de janeiro de 2022, que dispôs sobre o Plano de Contratações Anual e instituiu o Sistema de Planejamento e Gerenciamento de Contratações – PGC, no âmbito da administração pública federal direta, autárquica e fundacional.

Lembrando que as normas infralegais podem ser adotadas pelas demais esferas de governo, conforme art. 187: "Os Estados, o Distrito Federal e os Municípios poderão aplicar os regulamentos editados pela União para execução desta Lei."

Aliás, exercendo seu papel indutor o precitado Decreto dispôs, no art. 4º, que a "Secretaria de Gestão da Secretaria Especial de Desburocratização, Gestão e Governo Digital do Ministério da Economia poderá ceder o uso do PGC, por meio de termo de acesso, a órgão ou entidade dos Poderes da União, dos Estados, do Distrito Federal e dos Municípios." O recebimento dessa cessão insere-se no poder dessas autoridades, preferindo os autores não emitirem juízo de valor a respeito.

Fiquemos atentos que posteriormente, em 18 de julho de 2022, novo Decreto foi regulamentado, alterando o Decreto acima, tornando-se assim, dispensável aos Comandos da Marinha, do Exército e da Aeronáutica o cumprimento do inciso VII, do caput do art. 12, da lei em comento, sem prejuízo da observância do princípio do planejamento. Trata-se do Decreto nº 11.137/2022.

Como previsto no art. 12 da lei e de acordo com regulamento, o objetivo do PCA é racionalizar as contratações dos órgãos e entidades sob sua competência, garantir o alinhamento com o seu planejamento estratégico e subsidiar a elaboração das respectivas leis orçamentárias.

40.1.5.3. Como estimar consumo anual

O inc. III busca definir como será o trabalho de levantamento da expectativa de consumo anual. O dispositivo estabelece a determinação de unidades e quantidades a serem adquiridas em função de consumo e utilização prováveis, cuja estimativa será obtida, sempre que possível, mediante adequadas técnicas quantitativas, admitido o fornecimento contínuo.

Podem ocorrer eventos supervenientes imprevisíveis, mas essas circunstâncias não eliminam nem comprometem planejamento bem elaborado. Esse modelo contratual é adequado ao atendimento de necessidades permanentes e renováveis da Administração

É importante, por exemplo, observar algumas experiências no cotidiano da Administração Pública diretamente relacionadas à sustentabilidade. Alguns órgãos compravam água mineral em copo; outros compravam em garrafa e outros se davam ao trabalho de verificar qual era a redução do consumo adequada e o custo da embalagem descartável com pequenas quantidades. Quando a lei determina a indicação de unidades e quantidades, está a tratar exatamente disso: qual é a unidade adequada e a quantidade adequada para o consumo estabelecido. Em alguns países da Europa é trabalhada a ideia de que o servidor não tem água na mesa, ele se dirige ao bebedouro e lá coloca na sua garrafinha a quantidade desejada. Quando a lei utiliza a expressão "mediante adequadas técnicas quantitativas", está exatamente tratando da busca de uma metodologia para ser repetida na Administração Pública e melhor tratada em função da experiência e do consumo de cada unidade.

Até o desenvolvimento tecnológico pode afetar a demanda. É o caso, por exemplo, de cartuchos de tinta, de fita para impressora e outros produtos que vão, pouco a pouco, se tornando obsoletos. O próprio papel é um desses insumos, considerando o avanço dos processos eletrônicos, tende-se a reduzir seu uso.

40.1.5.4. Outsourcing

Outro exemplo de inovação que altera a estimativa de consumo de papel, tinta, impressão é o *outsourcing*. A Secretaria de Tecnologia da Informação, do Ministério do Planejamento, Desenvolvimento e Gestão (STI/MP), em observância ao disposto na Estratégia de Governança Digital e na Instrução Normativa SLTI/MP nº 4, de 11 de setembro de 2014, recomenda aos órgãos e entidades integrantes do Sistema de Administração dos Recursos de Tecnologia da Informação (SISP), no que tange ao atendimento às demandas de serviços de impressão e digitalização, a contratação preferencial de serviços de outsourcing de impressão na modalidade franquia de páginas mais excedente, no lugar de aquisição ou locação de equipamentos de impressão e digitalização.

Independentemente da modalidade a ser adotada, é dever do órgão criar e institucionalizar uma POLÍTICA DE IMPRESSÃO, que instrua seus usuários quanto à correta utilização dos equipamentos de impressão e digitalização, sejam eles próprios ou cedidos via terceirização de serviços. Essa política deve orientar também quanto ao uso consciente de impressões monocromáticas e policromáticas e uso das funções frente e verso (duplex) sempre que possível, objetivando a redução da quantidade de páginas impressas, o combate ao desperdício e, ainda, fornecer as diretrizes e procedimentos sobre os processos internos de auditoria, controle de bilhetagem e tarifação de páginas, abertura de chamados técnicos, controle de cotas de impressão para os usuários, entre outros.[415]

É necessário considerar que se for um objeto de demanda variável, por exemplo, uma Secretaria Estadual de Educação comprando resmas de papel, é natural que nos meses de recesso escolar, a demanda de papel caia muito e, portanto, não é adequado a figura do fornecimento contínuo, mas passa a ser muito interessante a utilização do Sistema de Registro de Preços Permanentes, previsto no art. 78 da LLCA.

O Sistema de Registro de Preços é a ferramenta adequada para se adquirir materiais cuja demanda são variáveis ao longo do ano. A figura do Sistema de Registro de Preços Permanentes resolveria o problema da desnecessidade de se fazer um novo processo licitatório ano a ano.

40.2. Guarda e armazenamento

No inc. IV, a lei determina a observância do planejamento das condições de guarda e armazenamento. Em uma redação pouco apropriada, a lei define a negativa do que pretende e não a ação positiva desejada. Ao invés de determinar a observância de condições de guarda e armazenamento adequadas à preservação do objeto, a lei define a conduta negativa para não permitir a deterioração do material.

É importante observar que os almoxarifados da Administração Pública normalmente não têm condições adequadas à preservação do objeto, seja em termos de segurança – grades nas janelas –, seja em termos de ventilação, seja em termos de controle de almoxarifado. O país perde muito por violação frequente a esse dispositivo.

O inc. IV ainda aumenta o cuidado que o gestor deve ter na definição da guarda e armazenamento do material sob pena da sua própria responsabilização. Caso o gestor não tome o sobre as condições de guarda e armazenamento, aumenta-se o risco de sua punição, considerando que, ao adquirir o material, não considerou esses requisitos e, portanto, causou prejuízo à Administração comprando um material que se deteriorou no armazenamento.

Esse tema é extremamente relevante quando se observa o setor da saúde, onde infelizmente é comum perda de medicamentos cujos custos são elevados porque a Secretaria de Saúde ou o hospital, ao adquirir medicamentos, não previu o seu armazenamento e guarda adequados. Isso também ocorre com equipamentos na área da saúde. Algumas situações publicadas pela imprensa denunciavam a

---

[415] Esses dois parágrafos foram copiados da seguinte fonte: https://www.gov.br/governodigital/pt-br/contratacoes/BoasPraticasorientacoesevedacoesparacontratacaodeServicosdeOutsourcingdeImpressaorev.1a.pdf

deterioração de equipamentos como tomógrafos, adquiridos sem planejar o local de guarda e as condições de instalação do produto.

Art. 40, inc. V, a, b, c

Art. 40. O planejamento de compras deve considerar a expectativa de consumo anual e observar o seguinte: [...]
V - atendimento aos princípios:
a) da padronização, considerada a compatibilidade de especificações estéticas, técnicas ou de desempenho;
b) do parcelamento, quando for tecnicamente viável e economicamente vantajoso;
c) da responsabilidade fiscal, mediante a comparação da despesa estimada com a prevista no orçamento.

Dispositivos correspondentes na Lei nº 8.666/1993:

Art. 14. Nenhuma compra será feita sem a adequada caracterização de seu objeto e indicação dos recursos orçamentários para seu pagamento, sob pena de nulidade do ato e responsabilidade de quem lhe tiver dado causa.

Art. 15. As compras, sempre que possível, deverão:[...]

IV - ser subdivididas em tantas parcelas quantas necessárias para aproveitar as peculiaridades do mercado, visando economicidade;

Dispositivos pertinentes da Lei nº 14.133/2021, além do art. 40:

Art. 6º. Para os fins desta Lei, consideram-se: [...]

LI - catálogo eletrônico de padronização de compras, serviços e obras: sistema informatizado, de gerenciamento centralizado e com indicação de preços, destinado a permitir a padronização de itens a serem adquiridos pela Administração Pública e que estarão disponíveis para a licitação;

Art. 19. Os órgãos da Administração com competências regulamentares relativas às atividades de administração de materiais, de obras e serviços e de licitações e contratos deverão: [...]

II - criar catálogo eletrônico de padronização de compras, serviços e obras, admitida a adoção do catálogo do Poder Executivo federal por todos os entes federativos;

§ 1º O catálogo referido no inciso II do caput deste artigo poderá ser utilizado em licitações cujo critério de julgamento seja o de menor preço ou o de maior desconto e conterá toda a documentação e os procedimentos próprios da fase interna de licitações, assim como as especificações dos respectivos objetos, conforme disposto em regulamento.

§ 2º A não utilização do catálogo eletrônico de padronização de que trata o inciso II do caput ou dos modelos de minutas de que trata o inciso IV do caput deste artigo deverá ser justificada por escrito e anexada ao respectivo processo licitatório.

Dispositivos correspondentes na Lei nº 9.579/2012 (Institui o Código de Licitações e Contratos do Estado do Maranhão):

Art. 19. Nas compras devem ser observadas as seguintes regras: [...]

IV - atendimento aos princípios:

a) da padronização, considerando a compatibilidade de especificações estéticas, técnicas ou de desempenho;

b) do parcelamento, quando for tecnicamente viável e economicamente vantajoso; e

c) da responsabilidade fiscal, mediante a verificação da despesa estimada com a prevista no orçamento.

DO PRINCÍPIO DO PARCELAMENTO

§ 1º Na aplicação do princípio do parcelamento, referente às compras, devem ser considerados:

I - a divisão do objeto em lotes, de modo a minimizar as despesas dos contratados na entrega dos lotes de produtos;

II - a necessidade de aproveitar as peculiaridades do mercado local e permitir a participação das micro e pequenas empresas, visando a economicidade, sempre que possível, desde que atendidos os parâmetros de qualidade;

III - o dever de buscar a ampliação da competição e evitar a concentração do mercado;

IV - até o valor de R$ 80.000,00 (oitenta mil reais) é permitido limitar a participação na licitação aos beneficiários do direito de preferência conceituados no art. 4º, inciso XIV, deste Código.

§ 2º A formação do lote deve reunir produtos do mesmo ramo de atividade e um valor que justifique a cotação em separado, sendo recomendável que seja superior a R$ 5.000,00 (cinco mil reais).

DA RESPONSABILIDADE FISCAL

§ 3º É dispensável a avaliação da compatibilidade com a previsão de recursos orçamentários para:

I - procedimento auxiliar de:

a) pré-qualificação;

b) registro de preços;

c) credenciamento.

II - objeto visando execução de convênio.

Art. 20. A indicação de marca é permitida quando:

DO PROCESSO DE PADRONIZAÇÃO

§ 3º O processo de padronização deverá conter parecer técnico sobre o produto considerando as especificações técnicas e estéticas, desempenho, análise de contratações anteriores, custo e condições da manutenção, garantia e, finalmente, despacho motivado da autoridade superior, com a adoção do padrão (standard), devendo ser publicada no meio de divulgação oficial a síntese da justificativa e a descrição sucinta do padrão definido.

§ 4º A decisão sobre padronização:

I - pode ser impugnada, no prazo de 10 (dez) dias da publicação, mediante a apresentação de prova, por laudo técnico de instituição oficial ou credenciada por órgãos oficiais, atestando que outros produtos apresentam as mesmas condições que justificaram a padronização;

II - deve ser revista a cada 2 (dois) anos, visando aferir as novas condições do mercado.

§ 5º É permitida padronização com base em processos de outros órgãos públicos, devendo o ato que decidir pela adesão à outra padronização ser publicado no meio de divulgação oficial.

DOS SERVIÇOS E OBRAS

Seção I

DAS REGRAS GERAIS

Art. 26. Os serviços somente podem ser licitados quando houver:

Nas compras devem ser observadas as seguintes regras:

I - elaboração do termo de referência com todas as informações exigidas, na forma do art. 4º, inciso LXXXI;

II - submissão às condições de aquisição e pagamento semelhantes às do setor privado;

III - processamento por meio de sistema de registro de preços, preferencialmente;

IV - atendimento aos princípios:

a) da padronização, considerando a compatibilidade de especificações estéticas, técnicas ou de desempenho;

b) do parcelamento, quando for tecnicamente viável e economicamente vantajoso; e

c) da responsabilidade fiscal, mediante a verificação da despesa estimada com a prevista no orçamento.

A lei definiu três princípios específicos para compras que devem guiar o planejamento de contratações anuais.

40.3. Princípio da padronização

O primeiro princípio é a padronização. Há uma inovação neste ponto ao se estabelecer que a padronização deve considerar a compatibilidade das especificações estéticas, técnicas ou de desempenho. Em boa hora, o legislador passa a recomendar a compatibilidade estética, porque muitas vezes os ambientes públicos não preservam a padronização.

Fato que evidencia a inobservância do padrão estético, são as divisórias que em vários órgãos são adquiridos de fabricantes diferentes, tonalidades diferentes, critérios de emenda e instalações diferentes. Agora a lei abre oportunidade para a melhoria estética no âmbito público.

Também a lei aqui considera a padronização de desempenho. Um bom exemplo é a utilização de lâmpadas. Como um exemplo simplório, não se deve utilizar lâmpadas de cores diferentes ou de lúmens diferentes em um mesmo ambiente, de modo a não comprometer o desempenho da iluminação no local. Não há motivos para se ter locais mais escuros e outros mais claros no mesmo ambiente porque foram utilizadas lâmpadas diferentes. Nesse caso específico, no nosso país não se observa a previsibilidade do fabricante do número de horas para cada lâmpada. A lâmpada, com o tempo de uso, passa a iluminar menos e, no Brasil, só se trocam lâmpadas por motivo de queima, quando o correto é a troca no período estabelecido pelo fabricante. Sobre eficientização, consulte o art. 39.

40.3.1. Do sentido geral do princípio da padronização

O sentido do princípio da padronização é muito mais amplo do que o conjunto de documentos denominado de catálogo eletrônico de padronização. A padronização, em alguns casos, também assume a noção de harmonização, quando utilizada com senso estático. A padronização de desempenho pode estar associada a funcionalidade quando se refere a maquinários com desempenho padronizado pelo sistema de controle e manuseio. Pode também estar associada a reposição de peças, quando se trata de padronização de especificações técnicas. Portanto, o "princípio" da padronização, aplicado sem temores de represálias, com austeridade pode melhorar muito o desenvolvimento de atividades da Administração Pública, reduzindo inclusive custos e eliminando caprichos pessoais.

40.3.2. Catálogo eletrônico de padronização

Importante esclarecer que a lei utiliza a expressão "catálogo eletrônico de padronização", que nada tem a ver com o sentido próprio das palavras usadas na nomenclatura. Ou seja, não é um catálogo de produtos padronizados que fica disponível. O sentido dessa expressão pode ser compreendido pela leitura dos comentários ao art. 6º, inc. LI e art. 19, inc. II, § 1º e 2º, Lei nº 14.133/2021.

O governo federal editou a Portaria SEGES/ME nº 938, de 2 de fevereiro de 2022, instituindo o "catálogo eletrônico de padronização de compras, serviços e obras, no âmbito da Administração Pública federal direta, autárquica e fundacional, em atendimento ao disposto no inciso II do art. 19 da Lei nº 14.133, de 1º de abril de 2021."

No art. 4º, dessa norma, determinou que no processo de padronização do catálogo eletrônico de compras, também aplicável a serviços e obras, deverão ser observados:

> I - a compatibilidade, na estrutura do Poder Executivo federal, de especificações estéticas, técnicas ou de desempenho;
> II - os ganhos econômicos e de qualidade advindos;
> III - o potencial de centralização de contratações de itens padronizados; e
> IV - o não comprometimento, restrição ou frustração do caráter competitivo da contratação, ressalvada a situação excepcional de a padronização levar a fornecedor exclusivo, nos termos do inciso III do § 3º do art. 40 da Lei nº 14.133, de 2021.

Para mais detalhes, consulte os comentários ao art. 6º, inc. LI.

40.3.3. Princípio do parcelamento

No inc. V, alínea "b", a lei trata de parcelamento, tema que será abordado com maior profundidade nos §§ 2º e 3º deste dispositivo e no art. 43.

O parcelamento é um princípio e deve ser atendido sempre que viável. Vale a inovação no dispositivo quando traz a expressão "tecnicamente viável e economicamente vantajoso". Anteriormente, previa-se o parcelamento quando este fosse "técnica e economicamente viável". A exigência de se aplicar o parcelamento inibiu o desenvolvimento da contratação integrada.

Essa melhora de redação evita o problema de situações em que se observava que era economicamente vantajoso manter o objeto unido, mas era viável tecnicamente parcelá-lo. A lei foi além: com a LLCA, não basta ser tecnicamente viável aplicar o parcelamento. É preciso ser economicamente vantajoso.

Tecnicamente viável é o parcelamento que pode ser feito sem prejuízo ao todo. É o caso, por exemplo, de se comprar computador com teclado ou notebook já com teclado instalado. Exemplo de economicamente vantajoso é, uma vez definido que é possível o corte do objeto pelo parcelamento, deve-se aferir se isso traz vantagem econômica para a Administração ou não.

40.3.4. Princípio da responsabilidade fiscal

Na alínea "c", a lei alça à condição de princípio a responsabilidade fiscal, aferida com base na verificação da despesa com o orçamento. Melhor teria sido se também determinasse, como faz a Lei de Responsabilidade Fiscal, em seu art. 16, a verificação da compatibilidade com a Lei de Diretrizes Orçamentárias – LDO. Isso porque algumas compras são proibidas anualmente pela LDO, como geralmente ocorre com veículos para servir exclusivamente a uma autoridade, o chamado veículo de representação que a LDO com frequência veda para determinados segmentos de poder e autoridades.

Outro ponto importante da Responsabilidade Fiscal e que não foi inserido na previsão do dispositivo, mas é dever do gestor, é o dever de, ao fazer uma compra, considerar os custos de manutenção dos dois anos seguintes. Essa regra também está no art. 16 da Lei de Responsabilidade Fiscal.

Deve o gestor, para cumprir esse princípio considerar as restrições do art. 42 da Lei de Responsabilidade Fiscal, sobre contratações nos dois últimos quadrimestres do mandato do chefe do poder executivo, extensível a término de mandato de chefe de poder e do dirigente do Ministério Público.

Art. 40, § 1º, inc. I, II, III – Termo de Referência de Compras

> Art. 40. O planejamento de compras deve considerar a expectativa de consumo anual e observar o seguinte: [...]
>
> § 1º O termo de referência deverá conter os elementos previstos no inciso XXIII do *caput* art. 6º desta Lei, além das seguintes informações:
>
> I - especificação do produto, preferencialmente conforme catálogo eletrônico de padronização, observados os requisitos de qualidade, rendimento, compatibilidade, durabilidade e segurança;
>
> II - indicação dos locais de entrega dos produtos e das regras para recebimentos provisório e definitivo, quando for o caso;

Lei nº 14.133/2021 — Art. 40

III - especificação da garantia exigida e das condições de manutenção e assistência técnica, quando for o caso.

Dispositivos correspondentes na Lei nº 8.666/1993: não há.

Dispositivos pertinentes da Lei nº 14.133/2021, além do art. 40:

Art. 6º. Para os fins desta Lei, consideram-se: [...]

XXIII - termo de referência: documento necessário para a contratação de bens e serviços, que deve conter os seguintes parâmetros e elementos descritivos:

a) definição do objeto, incluídos sua natureza, os quantitativos, o prazo do contrato e, se for o caso, a possibilidade de sua prorrogação;

b) fundamentação da contratação, que consiste na referência aos estudos técnicos preliminares correspondentes ou, quando não for possível divulgar esses estudos, no extrato das partes que não contiverem informações sigilosas;

c) descrição da solução como um todo, considerado todo o ciclo de vida do objeto;

d) requisitos da contratação;

e) modelo de execução do objeto, que consiste na definição de como o contrato deverá produzir os resultados pretendidos desde o seu início até o seu encerramento;

f) modelo de gestão do contrato, que descreve como a execução do objeto será acompanhada e fiscalizada pelo órgão ou entidade;

g) critérios de medição e de pagamento;

h) forma e critérios de seleção do fornecedor;

i) estimativas do valor da contratação, acompanhadas dos preços unitários referenciais, das memórias de cálculo e dos documentos que lhe dão suporte, com os parâmetros utilizados para a obtenção dos preços e para os respectivos cálculos, que devem constar de documento separado e classificado;

j) adequação orçamentária;

Dispositivos correspondentes na Lei nº 9.579/2012 (Institui o Código de Licitações e Contratos do Estado do Maranhão):

DOS CONCEITOS

Art. 4º. Para os fins deste Código consideram-se: [...]

LXXXI - termo de referência - documento necessário para a contratação de bens e serviços, contendo o conjunto de elementos descritivos do produto, além das seguintes informações:

a) no caso de bens:

1. indicação do produto, a partir do catálogo definido como padrão pela Comissão Central Permanente de Licitação -

CCL, preferencialmente, ou a especificação completa do bem a ser adquirido, sem indicação de marca;

2. definição das unidades e das quantidades a serem adquiridas em função do consumo e utilização prováveis, cuja estimativa será obtida, sempre que possível, mediante adequadas técnicas quantitativas específicas;

3. condições de guarda e armazenamento de forma a evitar a deterioração do material;

4. locais de entrega dos produtos;

5. regras específicas para recebimento provisório e definitivo, quando for o caso;

6. indicação das condições de manutenção, assistência técnica e garantia exigidas;

7. detalhamento de forma suficiente a permitir a elaboração da proposta, com características que garantam a qualidade, rendimento, compatibilidade, durabilidade e segurança;

b) no caso de serviços:

1. unidades de medida para fins de remuneração;

2. se necessário, os quantitativos, uniformes e planilhas de encargos;

3. no caso de mão de obra que cumpra jornada no órgão, a descrição dos uniformes e os horários de atividade;

O art. 40, § 1º trata dos elementos adicionais que devem constar do termo de referência, além dos que constam do conceito estabelecido no art. 6º, inc. XXIII. Compreende-se que assim seja porque no conceito está o conteúdo geral e aqui o conteúdo específico do termo de referência para compras.

A compreensão do termo de referência exige a leitura dos comentários feitos ao art. 6º, inc. XXIII.

A lei evidencia que o instrumento para definição da compra será o termo de referência, utilizando o mesmo nome do precedente criado pela Lei do Pregão – Lei 10.520/2002. Na Lei nº 8.666/1993, havia a previsão apenas de projeto básico para obras e serviços de engenharia e o documento que descrevia o objeto da compra não foi previsto àquele tempo. Agora temos um avanço: o documento que vai definir o objeto da compra chama-se "termo de referência".

40.4. Catálogo eletrônico de padronização e especificação do bem

No inc. I, há referência ao catálogo eletrônico de padronização. Como já esclarecido há pretensão no art. 19, inc. II, e §§ 2º e 3º que esse catálogo seja um conjunto de documentos e não apenas a descrição detalhada dos bens. Ressalvada essa preocupação, o catálogo deverá ser instituído pela Administração Pública abrangendo a especificação dos bens.

Uma das deficiências do nosso país é a especificação correta do objeto sem indicação de marca. Há uma proposta da nossa parte de que a Administração Pública contrate instituições integrantes do Sistema Conmetro, que tem como instituição reguladora e fiscalizadora o Inmetro.

Ao Sistema Conmetro poderia ser encomendado catálogos eletrônicos de padronizações parciais e, inclusive, isso ser difundido na Administração Pública federal como único. Mesmo existindo uma descrição no catálogo de padronização, a norma enfatiza a necessidade de se estabelecer critérios, requisitos de qualidade, rendimento, compatibilidade, durabilidade e segurança. Essas são formas de aplicar melhor os recursos públicos. Assim, mesmo que exista um documento no catálogo eletrônico de padronização, poderá ser estabelecido em termo de referência condições complementares. Como referido nos comentários ao art. 6º, inc. XXIII, o CATMAT e CADSER do governo federal estão, na atualidade, muito longe de ser um catálogo confiável e com descrição adequada.

É possível inclusive que o critério de julgamento da licitação venha a ser técnica e preço. De fato, esse será o critério de acordo com o art. 38, inc. V, quando os objetos que "admitam soluções específicas e alternativas e variações de execução, com repercussões significativas e concretamente mensuráveis sobre sua qualidade, produtividade, rendimento e durabilidade, quando essas soluções e variações puderem ser adotadas à livre escolha dos licitantes, conforme critérios objetivamente definidos no edital de licitação.

O catálogo eletrônico de padronização não é uma inovação da LLCA e foi trazido de forma normativa pela primeira vez na Lei das Estatais. A Lei nº 13.303/2016 estabelece não só um catálogo de produtos que são adquiridos pelas estatais, mas que esse catálogo abarcasse todos os documentos padronizáveis da aquisição.

A proposta do catálogo eletrônico de padronização da Lei das Estatais é que se tenha não só a designação do produto, mas como o modelo do termo de referência, do seu edital, dos instrumentos que parametrizariam a pesquisa de preço, de modo que, ao decidir por aquela contratação, praticamente toda a fase interna do processo padronizável já estivesse disponível para o gestor, criando um nível de celeridade muito esperado pela gestão pública.

Além desse fato, o catálogo eletrônico de padronização também já poderá conter os requisitos de qualidade, rendimento, compatibilidade, durabilidade e segurança. Nessa situação, a Administração não precisará desenvolver novo esforço na construção do termo de referência.

40.4.1. Locais e condições de entrega

O inc. II define que é obrigatório que o termo de referência estabeleça os locais de entrega e as regras para o recebimento provisório e definitivo. Os termos de referência devem estabelecer essas informações adicionais, vez que o catálogo eletrônico de produtos se limita a descrever o produto. As informações e os locais de entrega variam a cada uma das aquisições. O art. 138, inc. II da LLCA traz regras sobre o recebimento provisório e definitivo das compras. Na prática preocupa que os locais de entrega e as regras de entrega sejam precisas com definição de responsabilidades. Um caso curioso, ensejou questionamentos para solução a um dos autores desta. A Administração de um Tribunal comprou mobiliário e ordenou a entrega. Numa das Varas do interior o caminhão, terceirizado pelo fabricante colocou os móveis na porta da Vara, recusando-se o entregador a colocar dentro do imóvel e no andar que pretendiam a juíza e suas auxiliares, a propósito, todas mulheres. O argumento é que não teriam essa obrigação e que, portanto, só fariam mediante "gorjeta". A primeira solução seria um melhor planejamento, a segunda, o uso de recursos do suprimento de fundos, mediante recibo para os serviços extras (gorjeta), a terceira seria pagamento por uma das servidoras, com pedido de reembolso, reconhecendo-se nessa hipótese que a inevitável burocracia seria o maior desestímulo à pretensão.

40.4.2. Da garantia, assistência técnica e manutenção do produto

Já o inc. III estabelece inserir no termo de referência a especificação da garantia exigida e das condições de manutenções e assistência técnica, quando for o caso. É importante lembrar que muitos produtos já trazem a garantia de fábrica e o termo de referência poderá padronizar o prazo de garantia para todos os objetos. Assim, tome-se como exemplo a compras de aparelhos de ar-condicionado. Pode o fabricante da marca A indicar o prazo de garantia de 2 anos; e o fabricante da marca B de apenas 6 meses. O termo de referência poderá uniformizar a exigência da garantia. Nessa situação, o revendedor passa a responder pela garantia adicional exigida pelo edital. Importante observar que com frequência a compra deste produto é feita sem prévio estudo da carga elétrica exigida para a instalação, criando-se problema futuro que poderia ser facilmente resolvido com um estudo mais preciso e detalhado.

Recomendação prática é que, no catálogo eletrônico, conste o prazo de garantia já praticado por uma ou mais empresas. Não há impedimento que a Administração, por meio do edital, estabeleça a chamada garantia estendida. Além dessa situação, o termo de referência deverá prever as condições de manutenção e assistência técnica. Não é possível mais uma aquisição sem se pensar no tempo de existência do objeto ou equipamento comprado. O ideal é integrar esse produto num processo de eficientização, para atuar em conjunto com outras atividades de redução de energia.

Outro exemplo seria a compra de um veículo que deverá ser acompanhada das condições de manutenção e assistência técnica, que poderão, inclusive, dependendo da situação, definir a necessidade de haver representante ou preposto no local da venda, ou veículos, a revendedora ou uma concessionária local para atendimento das demandas que ocorrerem sobre este objeto.

Lembra-se que na atualidade é mais conveniente prévia estudo sobre locação ou compra.[416]

40.5. Art. 40, § 2º, inc. I, II, III – parcelamento - procedimento

> Art. 40. O planejamento de compras deve considerar a expectativa de consumo anual e observar o seguinte: [...]
>
> § 2º Na aplicação do princípio do parcelamento, referente às compras, deverão ser considerados:
>
> I - a viabilidade da divisão do objeto em lotes;
>
> II - o aproveitamento das peculiaridades do mercado local, com vistas à economicidade, sempre que possível, desde que atendidos os parâmetros de qualidade; e
>
> III - o dever de buscar a ampliação da competição e de evitar a concentração de mercado.

Dispositivos correspondentes na Lei nº 8.666/1993:
Art. 15. As compras, sempre que possível, deverão: [...]
IV - ser subdivididas em tantas parcelas quantas necessárias para aproveitar as peculiaridades do mercado, visando economicidade;
V - balizar-se pelos preços praticados no âmbito dos órgãos e entidades da Administração Pública.
§ 1º O registro de preços será precedido de ampla pesquisa de mercado.
Dispositivos correspondentes na Lei nº 9.579/2012 (Institui o Código de Licitações e Contratos do Estado do Maranhão):
Art. 19. Nas compras devem ser observadas as seguintes regras:
DO PRINCÍPIO DO PARCELAMENTO
§ 1º Na aplicação do princípio do parcelamento, referente às compras, devem ser considerados:
I - a divisão do objeto em lotes, de modo a minimizar as despesas dos contratados na entrega dos lotes de produtos;
II - a necessidade de aproveitar as peculiaridades do mercado local e permitir a participação das micro e pequenas empresas, visando a economicidade, sempre que possível, desde que atendidos os parâmetros de qualidade;
III - o dever de buscar a ampliação da competição e evitar a concentração do mercado;

40.5.1. Do parcelamento em lotes – mercado local – ampliação da competição

Neste dispositivo, a LLCA tenta explicar o procedimento a ser utilizado na aplicação do princípio do parcelamento. Como dito anteriormente, o parcelamento

---

[416] BRASIL. Lei nº 14.133/2021: "Art. 44. Quando houver a possibilidade de compra ou de locação de bens, o estudo técnico preliminar deverá considerar os custos e os benefícios de cada opção, com indicação da alternativa mais vantajosa."

foi alavancado ao status de princípio. O § 2º trata da aplicação do princípio do parcelamento às compras. Note que esse dispositivo há de ser lido em conjunto com o § 3º seguinte que trata das vedações à aplicação do parcelamento.

O inc. I reforça a questão da viabilidade da divisão do objeto em lotes. O conceito de viabilidade foi trabalhado de forma mais completa no inc. V, "b" do caput deste artigo, onde utiliza-se a expressão "tecnicamente viável e economicamente vantajoso". Com isso, amplia-se a necessidade do gestor de verificar o conceito de viabilidade não só porque é factível dividir, mas por ser economicamente vantajoso realizar esse parcelamento do objeto.

No inc. II, merece destaque o fato de reconhecer que não é um mero parcelamento que causa a ampliação ou o incentivo do mercado local. Não basta tomar um objeto e dividir em parcelas para que se aproveite o mercado local. Isso porque a Lei Complementar nº 123/2006 traz seu próprio dispositivo sobre o mercado local. A Lei nº 8.666/1993 também previa esse benefício para o mercado local.

Na LLCA, porém, o gestor deve dar um passo a mais na consideração do parcelamento para beneficiar o mercado local. Um modo eficiente de beneficiar o mercado local é colocar quantidades reduzidas – então parcelar mais o objeto – com prazos de entrega curtos, de modo que o mercado local tenha vantagem na entrega desse produto. Exemplo disso seria a compra de resmas de papel. Se a Administração precisa de 100 mil resmas de papel, pode fazer, ao invés de criar estoque para 100 mil resmas de papel, estabelecer que as entregas serão feitas a cada 100 resmas e com prazo de entrega então curto de 48 horas a cada pedido. Desse modo, as grandes empresas não terão interesse em manter um estoque na localidade para demandas pequenas.

Por outro lado, o gestor público deve se resguardar para evitar que uma inadimplência do fornecedor local resulte no comprometimento do serviço público. Não parece ser vantajoso para a Administração Pública incentivar o mercado local em prejuízo do próprio serviço público. Com isso, torna-se relevante a realização de alguns procedimentos adicionais como vistoria in loco para conhecer o estoque do fornecedor e estabelecer um estoque mínimo dentro da própria Administração Pública de modo que um atraso do fornecedor não torne inviável a continuidade do serviço público. O estímulo ao mercado local deve ser uma solução e não um problema adicional para o gestor público.

O inc. III trata do "dever de buscar a ampliação da competição e de evitar a concentração de mercado". Apesar da falha na construção do dispositivo, fica evidente que os inc. I e II são os requisitos para o parcelamento para que se atinja o objetivo previsto no inc. III. É esse o principal motivo pelo qual a lei define o parcelamento como regra: para que se amplie a competição e evite a concentração de mercado.

Quanto mais se amplia essa competição, aumenta-se a concorrência entre os fornecedores e isso é uma ferramenta economicamente reconhecida de desenvolvimento do mercado. Contudo, o grande desafio do gestor é saber ponderar a vantagem entre parcelar objetos e desenvolver a economia local e não parcelar objeto e ganhar na economia de escala. Esse sopesamento faz parte de um dos grandes desafios do gestor público pois, ao pensar em uma licitação, não deve pensar apenas no bem a ser adquirido pela Administração Pública, mas nos interesses públicos secundários e terciários que a Administração Pública deve proteger e resguardar. Inclusive considerar o custo dos inúmeros contratos.

Art. 40, § 3º, inc. I, II, III – da vedação ao parcelamento

Art. 40. O planejamento de compras deve considerar a expectativa de consumo anual e observar o seguinte: [...]

§ 3º O parcelamento não será adotado quando:

I - a economia de escala, a redução de custos de gestão de contratos ou a maior vantagem na contratação recomendar a compra do item do mesmo fornecedor;

II - o objeto a ser contratado configurar sistema único e integrado e houver a possibilidade de risco ao conjunto do objeto pretendido;

III - o processo de padronização ou de escolha de marca levar a fornecedor exclusivo.

Dispositivos correspondentes na Lei nº 8.666/1993: não há.

Nesse dispositivo, a lei vai balizar o princípio do parcelamento, definindo de modo inteligente e inovador as situações em que não se deve aplicá-lo.

O inc. I trata do aspecto econômico, quando dois fatores estiverem se sobrepondo à ideia do parcelamento. O primeiro deles é a economia de escala. Pode ocorrer que qualquer estudo preliminar ou experiências anteriores do próprio órgão ou de terceiros revelem que a aquisição de grandes quantidades de um só fornecedor – embora correndo o risco de eventual concentração de mercado – seja de tal modo vantajosa que justifique a vedação ao parcelamento.

Outra situação prevista é a questão da gestão dos contratos. Às vezes, a quantidade de contratos decorrentes do princípio do parcelamento pode trazer um custo altíssimo para a Administração. Este custo refere-se ao pessoal que vai analisar os processos e o custo burocrático de vários contratos.

Houve no controle da aplicação desse princípio um exagero na imposição. Para se ter uma ideia, a construção de uma simples subestação chegou a parcelar tanto o objeto que foram necessários mais de 600 contratos. Como já exposto, a exigência de se aplicar o parcelamento inibiu o desenvolvimento da contratação integrada.

No inc. II, o legislador vai tratar da questão técnica e estabelece que não se aplicará a regra do parcelamento quando se tratar de sistema único e integrado e houver risco ao objeto pretendido. Isso ocorre, por exemplo, com sistemas de tecnologia da informação em áreas sistêmicas, como é o caso do Detran. No órgão, há um software que cuida da multa, um software que cuida da CNH, um software que cuida da placa do automóvel. É possível a integração desses três sistemas ou, eventualmente, pode ser melhor sob o aspecto técnico ter um sistema só gerindo as três bases de dados e trocando informações entre si.

Também nos contratos de eficientização, há necessidade de integração de determinado setor, unificando contratos de instalação, manutenção e operação.

Outro exemplo muito exitoso foi desenvolvido pela empresa Grifort Lavanderia Hospitalar. Essa empresa brasileira passou a oferecer solução integrada em Gestão de Apoio à Saúde em Hospitais e Clínicas. Adquire os enxovais hospitalares, uniformes, indumentárias médicas e para profissionais de saúde, lava, esteriliza e arruma nas camas, vestindo médicos e pacientes. Em todos os hospitais que implantaram o sistema houve grande redução de custos finais, melhoria da qualidade da atividade de lavanderia. A saúde e higiene dos pacientes e profissionais melhorou e a satisfação dos usuários das unidades de saúde foi avaliada no grau superior. Parcelando esse objeto na forma tradicional, compra-se produtos de baixa qualidade, há muito furto de vestimentas e enxovais, compram maquinários para lavagem e esterilização com dificuldades e descontrole de manutenção e operação, ou se terceiriza só a lavanderia, adiam-se cirurgias por falta de indumentárias esterilizadas, não há assistência humana e adequada ao paciente na troca de roupas e do enxoval do quarto.[417]

---

[417] Informações colhidas no portal dessa empresa: https://grifort.com/ O modelo de solução integrada adotado pela Grifort reúne um amplo espectro de serviços. Entre eles: elaboração de projeto arquitetônico para o setor de lavanderia; reforma de toda estrutura física sem descontinuidade dos serviços; construção, dentro da unidade, de uma central de roupa estéril (CRE); esterilização de todo enxoval cirúrgico utilizado; troca completa de maquinário sem interrupção de lavagens rotineiras; fornecimento e reposição de enxovais 24 horas por dia; contratação e capacitação de camareiras, especialmente treinadas por psicólogos, para apoiar e auxiliar toda a equipe de enfermagem no atendimento e, principalmente, no estímulo a uma abordagem humanizada; adequação de procedimentos às recomendações dos órgãos de controle sanitário e de gestão em saúde, como Ministério da Saúde, Secretarias de Saúde e Agência Nacional de Vigilância Sanitária (Anvisa). A contratação isolada de cada serviço previsto na solução integrada elevaria de modo considerável os custos. Colocado na ponta do lápis, o trabalho integrado representa economia de recursos com aumento de eficiência. As ações realizadas pela Grifort fazem com que atividades rotineiras e essenciais para o bom funcionamento de um hospital não sejam feitas de modo fragmentado. Os processos ganham em inteligência. Para o médico, representa, por exemplo, não se preocupar com o enxoval, com o estoque, e se dedicar exclusivamente ao paciente. E, para o paciente, a certeza de um ambiente limpo e de um atendimento mais respeitoso. Em resumo, são mudanças estruturais que, em bloco, garantem maior controle contra infecções hospitalares.

Outro exemplo foi julgado pelo Tribunal de Contas da União à época da Lei nº 8.666/1993, referente às provas do Enem. A reprodução gráfica possui várias etapas desde a elaboração das questões, formatação dos modelos de provas, às impressões, à distribuição, lacres e outras medidas de segurança. O vazamento de uma prova compromete toda a instituição e se ele for muito parcelado, o comprometimento e a segurança serão ainda maiores.

A integração é um tema que merece atenção do gestor público quando for utilizado para não se realizar o parcelamento. É necessário que o gestor público lembre que o seu processo vai ser analisado por uma pessoa que não entende tecnicamente do produto ou do serviço que está sendo licitado. Pode até ser que entenda, mas há chances de que não seja de seu conhecimento. A justificativa técnica, portanto, tem que ser muito robusta para demonstrar, sem sombra de dúvidas, que o parcelamento do objeto nesse caso cria risco ao conjunto do objeto pretendido.

Esse é um dos pontos onde frequentemente há ocorrência de punição dos gestores públicos quando deixaram de parcelar, reduzindo um universo de potenciais fornecedores, e os órgãos de controle depois aduzem que deveria ser feito o parcelamento e que não era necessário o sistema único integrado.

O inc. III diz respeito à situação em que o processo de padronização ou escolha da marca leva a fornecedor exclusivo. Parece mesmo elementar que se o fornecedor é exclusivo, não cabe, portanto, o parcelamento. Note que não se trará de fabricante exclusivo, mas de fornecedor exclusivo. Essa é uma situação muito peculiar em que se analisa a divisão de quantidades de um mesmo objeto, que sendo vendido por apenas um, impõe a indivisibilidade da contratação. Por vezes, porém, pode ser de um só objeto, mas a assistência técnica ser viável a competição.

Como se percebe, a construção das vedações representou um avanço em termos de uma norma orientativa para o gestor. No inc. I, aspectos econômicos; no inc. II, aspectos técnicos; e no inc. III, uma questão de lógica.

Art. 40, § 4º

Art. 40. O planejamento de compras deve considerar a expectativa de consumo anual e observar o seguinte: [...]

§ 4º Em relação à informação de que trata o inciso III do § 1º deste artigo, desde que fundamentada em estudo técnico preliminar, a Administração poderá exigir que os serviços de manutenção e assistência técnica sejam prestados mediante deslocamento de técnico ou disponibilizados em unidade de prestação de serviços localizada em distância compatível com suas necessidades.

Dispositivos correspondentes na Lei nº 8.666/1993: não há.

O § 4º esclarece os procedimentos relativos a condições de manutenção e assistência técnica. O dispositivo cria o permissivo legal para que a Administração Pública exija que o prestador de serviços de manutenção e de assistência técnica do bem adquirido esteja localizado a uma distância compatível com a sua necessidade.

Considerando as dimensões continentais do nosso país, não é incomum que um município no interior da Região Norte adquira um bem que tenha um serviço de manutenção e assistência técnica dada pelo fabricante que leva uma semana para conseguir se deslocar ao município, interrompendo-se a prestação do serviço público em razão da deficiência do produto. Desse modo, é permitido que a Administração Pública, restrinja a competição às empresas que possuam técnicos para realizar a manutenção e assistência e fiquem em distância compatível para dar a qualidade e eficiência necessária ao serviço público prestado.

Questão um pouco mais difícil em relação à prática desse dispositivo é o valor de cada uma das compras feitas pela Administração. Retomando o exemplo da Região Norte, pense na compra de um aparelho de ar-condicionado, que em determinados prédios públicos pode ser um instrumento essencial ou um conforto do servidor público na execução do serviço. Imagine uma cidade distante da capital de Manaus em que foi vendido um aparelho de ar-condicionado por um revendedor de São Paulo, com garantia de assistência técnica.

Ora, é necessário que a Administração também pondere meios adequados de ter o objeto. Assim poderia ocorrer que o fabricante ou fornecedor contratado decidam, ao invés de consertar o aparelho, enviar um outro aparelho para substituir o produto em conserto. A relação de custos da manutenção e assistência técnica devem ter impactos na aplicação prática desse dispositivo.

O que não é possível é que a Administração, exatamente por ter dificuldades nessa área, acabe tendo prejuízos para executar os direitos de manutenção, assistência técnica e garantias envolvidas. A hipótese de substituição de um equipamento por outro durante a manutenção ou a simples troca por um produto novo deve ser também considerada na aplicação da norma.

Note que, no decorrer dos comentários, deste dispositivo inserimos no quadro os artigos que são similares, quase que copiados do Código de Licitações e Contratos do Estado do Maranhão, produzido pelos autores desta obra.

41. Art. 41, caput, inc. I, II, III, IV e parágrafo único

Art. 41. No caso de licitação que envolva o fornecimento de bens, a Administração poderá excepcionalmente:

I - indicar uma ou mais marcas ou modelos, desde que formalmente justificado, nas seguintes hipóteses:

a) em decorrência da necessidade de padronização do objeto;

b) em decorrência da necessidade de manter a compatibilidade com plataformas e padrões já adotados pela Administração;

c) quando determinada marca ou modelo comercializados por mais de um fornecedor forem os únicos capazes de atender às necessidades do contratante;

d) quando a descrição do objeto a ser licitado puder ser mais bem compreendida pela identificação de determinada marca ou determinado modelo aptos a servir apenas como referência;

II - exigir amostra ou prova de conceito do bem no procedimento de pré-qualificação permanente, na fase de julgamento das propostas ou de lances, ou no período de vigência do contrato ou da ata de registro de preços, desde que previsto no edital da licitação e justificada a necessidade de sua apresentação;

III - vedar a contratação de marca ou produto, quando, mediante processo administrativo, restar comprovado que produtos adquiridos e utilizados anteriormente pela Administração não atendem a requisitos indispensáveis ao pleno adimplemento da obrigação contratual;

IV - solicitar, motivadamente, carta de solidariedade emitida pelo fabricante, que assegure a execução do contrato, no caso de licitante revendedor ou distribuidor.

Parágrafo único. A exigência prevista no inciso II do *caput* deste artigo restringir-se-á ao licitante provisoriamente vencedor quando realizada na fase de julgamento das propostas ou de lances.

Dispositivos correspondentes na Lei nº 8.666/1993:

Art. 7º. As licitações para a execução de obras e para a prestação de serviços obedecerão ao disposto neste artigo e, em particular, à seguinte sequência: [...]

§5º É vedada a realização de licitação cujo objeto inclua bens e serviços sem similaridade ou de marcas, características e especificações exclusivas, salvo nos casos em que for tecnicamente justificável, ou ainda quando o fornecimento de tais materiais e serviços for feito sob o regime de administração contratada, previsto e discriminado no ato convocatório.

Art. 15. As compras, sempre que possível, deverão:

I - atender ao princípio da padronização, que imponha compatibilidade de especificações técnicas e de desempenho, observadas, quando for o caso, as condições de manutenção, assistência técnica e garantia oferecidas; [...]

§ 7º Nas compras deverão ser observadas, ainda:

I - a especificação completa do bem a ser adquirido sem indicação de marca;

II - a definição das unidades e das quantidades a serem adquiridas em função do consumo e utilização prováveis, cuja estimativa será obtida, sempre que possível, mediante adequadas técnicas quantitativas de estimação;

III - as condições de guarda e armazenamento que não permitam a deterioração do material.

Art. 25. É inexigível a licitação quando houver inviabilidade de competição, em especial:

I - para aquisição de materiais, equipamentos, ou gêneros que só possam ser fornecidos por produtor, empresa ou representante comercial exclusivo, vedada a preferência de marca, devendo a comprovação de exclusividade ser feita através de atestado fornecido pelo órgão de registro do comércio do local em que se realizaria a licitação ou a obra ou o serviço, pelo Sindicato, Federação ou Confederação Patronal, ou, ainda, pelas entidades equivalentes;

Dispositivos pertinentes na Lei nº 14.133/2021, além do art. 41:

Art. 17. O processo de licitação observará as seguintes fases, em sequência: [...]

§ 3º Desde que previsto no edital, na fase a que se refere o inciso IV do caput deste artigo, o órgão ou entidade licitante poderá, em relação ao licitante provisoriamente vencedor, realizar análise e avaliação da conformidade da proposta, mediante homologação de amostras, exame de conformidade e prova de conceito, entre outros testes de interesse da Administração, de modo a comprovar sua aderência às especificações definidas no termo de referência ou no projeto básico.

Art. 40. O planejamento de compras deverá considerar a expectativa de consumo anual e observar o seguinte:

I - condições de aquisição e pagamento semelhantes às do setor privado;

II - processamento por meio de sistema de registro de preços, quando pertinente;

III - determinação de unidades e quantidades a serem adquiridas em função de consumo e utilização prováveis, cuja estimativa será obtida, sempre que possível, mediante adequadas técnicas quantitativas, admitido o fornecimento contínuo;

IV - condições de guarda e armazenamento que não permitam a deterioração do material;

V - atendimento aos princípios:

a) da padronização, considerada a compatibilidade de especificações estéticas, técnicas ou de desempenho;

b) do parcelamento, quando for tecnicamente viável e economicamente vantajoso;

c) da responsabilidade fiscal, mediante a comparação da despesa estimada com a prevista no orçamento.

Art. 43. O processo de padronização deverá conter:

I - parecer técnico sobre o produto, considerados especificações técnicas e estéticas, desempenho, análise de contratações anteriores, custo e condições de manutenção e garantia;

II - despacho motivado da autoridade superior, com a adoção do padrão;

III - síntese da justificativa e descrição sucinta do padrão definido, divulgadas em sítio eletrônico oficial.

§ 1º É permitida a padronização com base em processo de outro órgão ou entidade de nível federativo igual ou superior ao do órgão adquirente, devendo o ato que decidir pela adesão a outra padronização ser devidamente motivado, com indicação da necessidade da Administração e dos riscos decorrentes dessa decisão, e divulgado em sítio eletrônico oficial.

§ 2º As contratações de soluções baseadas em software de uso disseminado serão disciplinadas em regulamento que defina processo de gestão estratégica das contratações desse tipo de solução.

Dispositivos correspondentes na Lei nº 12.462/2011 (Institui o RDC):

Art. 7º. No caso de licitação para aquisição de bens, a administração pública poderá:

I - indicar marca ou modelo, desde que formalmente justificado, nas seguintes hipóteses:

a) em decorrência da necessidade de padronização do objeto;

b) quando determinada marca ou modelo comercializado por mais de um fornecedor for a única capaz de atender às necessidades da entidade contratante; ou

c) quando a descrição do objeto a ser licitado puder ser melhor compreendida pela identificação de determinada marca ou modelo aptos a servir como referência, situação em que será obrigatório o acréscimo da expressão "ou similar ou de melhor qualidade";

II - exigir amostra do bem no procedimento de pré-qualificação, na fase de julgamento das propostas ou de lances, desde que justificada a necessidade da sua apresentação;

III - solicitar a certificação da qualidade do produto ou do processo de fabricação, inclusive sob o aspecto ambiental, por qualquer instituição oficial competente ou por entidade credenciada; e

IV - solicitar, motivadamente, carta de solidariedade emitida pelo fabricante, que assegure a execução do contrato, no caso de licitante revendedor ou distribuidor.

Dispositivos correspondentes na Lei nº 9.579/2012 (Institui o Código de Licitações e Contratos do Estado do Maranhão):

Da prova da qualidade

Art. 19. Nas compras devem ser observadas as seguintes regras: [...]

§ 4º No caso de a Administração solicitar prova de qualidade do produto apresentado pelos proponentes como similares às marcas indicadas no edital, é admitido qualquer um dos seguintes meios:

I - comprovação de que o produto se encontra de acordo com as normas técnicas determinadas pelos órgãos oficiais competentes ou pela Associação Brasileira de Normas Técnicas - ABNT ou por outra entidade credenciada pelo Instituto Nacional de Metrologia, Normalização e Qualidade Industrial - INMETRO;

II - declaração de atendimento satisfatório emitido por outro órgão público que tenha adquirido o produto.

Da amostra e do protótipo

§ 5º A Administração pode exigir amostra dos proponentes e oferecer protótipo do objeto pretendido.

Da indicação de marca

Art. 20. A indicação de marca é permitida quando:

I - decorrer de pré-qualificação de objeto; (Redação do inciso dada pela Lei Nº 9990 DE 13/02/2014, conversão da Medida Provisória Nº 158 DE 12/12/2013).

II - for indispensável para melhor atendimento do interesse público, comprovado mediante justificativa técnica; (Redação do inciso dada pela Lei Nº 9990 DE 13/02/2014, conversão da Medida Provisória Nº 158 DE 12/12/2013).

III - visar atender a exigências de padronização, circunstancialmente motivada em termos técnicos e econômicos; ou (Redação do inciso dada pela Lei Nº 9990 DE 13/02/2014, conversão da Medida Provisória Nº 158 DE 12/12/2013).

IV - o consumo do material no exercício for inferior a R$ 8.000,00 (oito mil reais) e a marca estiver disponível em mais de um fornecedor. (Inciso acrescentado pela Lei Nº 9990 DE 13/02/2014, conversão da Medida Provisória Nº 158 DE 12/12/2013).

Da exclusão de marca

§ 1º A exclusão de marca ou produto, a critério da Administração, é permitida quando:

I - decorrente de pré-qualificação de objeto.

II - indispensável para melhor atendimento do interesse público, comprovado mediante justificativa técnica;

III - o produtor tiver recusado o cumprimento de obrigações previstas no contrato ou no Código de Defesa do Consumidor.

IV - (Revogado pela Lei Nº 9990 DE 13/02/2014, conversão da Medida Provisória Nº 158 DE 12/12/2013).

Do similar

§ 2º É permitida a indicação ou exclusão de marca ou modelo também quando a descrição do objeto a ser licitado puder ser melhor compreendida pela identificação de determinada marca ou modelo aptos a servir como referência, situação em que será obrigatório o acréscimo das expressões "ou similar", "de melhor qualidade" ou " de pior qualidade (Redação do parágrafo dada pela Lei Nº 9990 DE 13/02/2014, conversão da Medida Provisória Nº 158 DE 12/12/2013).

Do processo de padronização

§ 3º O processo de padronização deverá conter parecer técnico sobre o produto considerando as especificações técnicas e estéticas, desempenho, análise de contratações anteriores, custo e condições da manutenção, garantia e, finalmente, despacho motivado da autoridade superior, com a adoção do padrão (standard), devendo ser publicada no meio de divulgação oficial a síntese da justificativa e a descrição sucinta do padrão definido.

§ 4º A decisão sobre padronização:

I - pode ser impugnada, no prazo de 10 (dez) dias da publicação, mediante a apresentação de prova, por laudo técnico de instituição oficial ou credenciada por órgãos oficiais, atestando que outros produtos apresentam as mesmas condições que justificaram a padronização;

II - deve ser revista a cada 2 (dois) anos, visando aferir as novas condições do mercado.

§ 5º É permitida padronização com base em processos de outros órgãos públicos, devendo o ato que decidir pela adesão à outra padronização ser publicado no meio de divulgação oficial.

41.1. Antecedentes históricos - qualidade do produto antes da Lei nº 14.133/2021

O art. 41 tem sua origem, inclusive nos artigos polêmicos que autorizam o edital a excluir marcas, no Código de Licitações e Contratos do Estado do Maranhão, implantado no governo de Roseana Sarney, e lamentavelmente revogado por questões políticas por um governador que a sucedeu.

O texto de qualidade muito superior ao da Lei nº 14.133/2021, como se percebe, procurou sistematizar a jurisprudência desconexa e casuística então existente.

A questão de indicação de marca, por muito gerou polêmicas, em matéria de licitações, isso porque o art. 25, inciso I, da Lei nº 8.666/1993, veda a preferência de marca. Desta feita, a construção jurídica de argumentação pela possibilidade de indicação de marca era embasada no art. 15, que impunha a compatibilidade de especificações técnicas e de desempenho, com base no princípio da padronização, bem como à luz do princípio da eficiência e economicidade.

Facilmente se verifica a questão de especificação de marca permitida, no seguinte exemplo: caneta esferográfica, cor azul, referência BIC, Faber Castel, *Compactor* ou de melhor qualidade. Não se está indicando especificamente a marca BIC, mas por meio da indicação está informando que o padrão qualitativo é da marca sugerida.

De acordo com as orientações gerais do TCU, acerca da realização de licitações, a indicação de marca como parâmetro de qualidade pode ser admitida para facilitar a descrição do objeto a ser licitado, desde que seguida das expressões "ou equivalente" e "ou de melhor qualidade"[418].

A redação da LLCA praticamente repete o disposto na Lei do RDC, em seu art. 7º, e está em consonância com a jurisprudência das Cortes de Contas. Isso porque, em diversas ocasiões, as Cortes analisaram a indicação de marcas, entendendo por sua regularidade quando indicasse uma das hipóteses dispostas, no referido artigo.

Sobre o princípio da padronização, bem menciona jurisprudência firmada pela Quinta Turma do TRF 1ª Região, relatado pela Desembargadora Federal Selene Maria de Almeida, julgado em 05/10/2005, Agravo de Instrumento nº 2005.01.00.023543-8/DF:[419]

> [...]
> A Turma, por unanimidade, deu provimento ao agravo. Esclareceu o Voto que o Bacen realizou procedimento administrativo de padronização, a fim de analisar os sistemas de banco de dados, no qual concluiu que o sistema ora disposto no edital é o que melhor atende aos interesses da Administração, sendo utilizado pela autarquia desde 1998.
> Torna-se evidente que uma mudança no padrão do sistema de banco de dados adotado acarretaria maiores ônus de implantação e manutenção, bem como gastos adicionais de treinamento de pessoal, além do risco quanto à segurança das informações constantes dos bancos de dados atualmente existentes. Observou que a conduta da Administração se pautou pela observância do princípio da legalidade. A padronização não constitui mera faculdade do administrador, ela é um instrumento dirigido às futuras aquisições a serem efetuadas pelo Poder Público, na medida em que, uma vez adotada, haverá eliminação quanto à seleção dos produtos a serem adquiridos, refletindo diretamente na execução do contrato, pois as técnicas de utilização e conservação serão idênticas para todos os objetos. Sua finalidade é especialmente a redução de custos de implantação, manutenção e treinamento de mão-de-obra, o que atende ao princípio da economicidade

---

[418] CF. BRASIL. Tribunal de Contas da União. Licitações e Contratos: orientações básicas. 3ª Ed., rev. atualizada. e ampliada. Brasília: TCU, Secretaria de Controle Interno, 2006, 409. p. 89-91.

[419] CF. BRASIL. Tribunal de Contas da União. Licitações e Contratos: orientações básicas. 3ª Ed., rev. atualizada. e ampliada. Brasília: TCU, Secretaria de Controle Interno, 2006, 409. p. 216 e 217.

e eficiência, propiciando uma melhor destinação das verbas públicas, a melhoria na execução de atribuições e a plena continuidade de serviços. Por fim, destacou que a referida licitação foi objeto de representação perante o Tribunal de Contas da União, a qual foi julgada improcedente.

Nesse passo, a súmula nº 270, do TCU, por exemplo, trata sobre a padronização em contratos de Tecnologia da Informação: "Em licitações referentes a compras, inclusive de softwares, é possível a indicação de marca, desde que seja estritamente necessária para atender a exigências de padronização e que haja prévia justificação."

Podemos mencionar ainda, a súmula nº 35, do Tribunal de Contas de São Paulo: "Em procedimento licitatório para aquisição de cartuchos de impressão e similares, é vedada a exigência de marca idêntica à dos equipamentos a que se destinam, exceto enquanto estes estiverem em período de garantia condicionada ao uso de insumos da mesma marca".

41.2. Diretrizes para compreender o art. 41

Para compreender o art. 41, considere as seguintes diretrizes:

- o dispositivo permite ao gestor restringir a competição para assegurar a qualidade dos produtos que vai comprar, por meio de licitação;
- a validade dessa restrição também serve na contratação direta sem licitação de compras;
- quando restringir a competição, além do amparo em lei que deve ser indicada expressamente na instrução do processo, o gestor deve motivar o ato; e
- as possibilidades permitidas pelo art. 41 são operacionalizadas com balizamento no princípio da eficiência e da economicidade. Por exemplo, pode-se pedir amostra de um produto e, para garantir a máxima impessoalidade e julgamento objetivo, contratar laboratório de análise técnica que possuam doutores em resistência e qualidade de materiais e equipamentos de alta tecnologia, ou submeter a amostra a um grupo de servidores ou técnicos. A questão que vai balizar é o valor que está sendo dispendido: compra de 1.000 canetas ou 100.000 canetas? 100 kg de pó de café ou 20 toneladas?

Essa relação de pertinência entre o uso de exigência de amostras, prova de conceito, protótipo, também é tratada em outros dispositivos na lei.

41.3. Cláusula genérica ou específica?

A doutrina vem discutindo que cláusula exigindo a amostra e prova de conceito e deve ter uso restrito, porque o dispositivo trata de condição excepcional.

Diferentemente, consideramos ser possível inserir nos editais de compras uma cláusula reserva para o prudente arbítrio do condutor da licitação, especificamente em relação à amostra e eventualmente prova de conceito. Explica-se a previsão deve ser posta genericamente, ao tempo em que se reconhece que o uso é restrito. Em síntese: previsão genérica, mas uso restrito.

Considere-se que a Administração está comprando pneus para viaturas[420] e surge uma nova marca comercializada no país. Se o edital prever essa possibilidade o Agente de Contratação poderá usar do poder de pedir a amostra e determinar a avaliação do produto que se apresente com marca nova. Ausente a previsão, não terá como conhecer o produto e o risco da adjudicação e contratação.

41.4. Indicação de marca

O art. 41 apresenta três e distintas situações para indicação de marca no edital, em quatro alíneas.

A primeira se refere a necessidade de padronização do objeto. O tema foi tratado nos comentários ao art. 40 e a seguir nos comentários ao art. 43.

Aqui a lei trata apenas da situação em que o processo de padronização leva a determinado produto e específica marca. Ou seja, num grau máximo de restrição à competição que é admitido por lei. E nesse caso há de haver estudos consistentes, conforme se verá no art. 43.

A segunda situação é uma continuidade de compras, podendo ocorrer:

- nova compra em quantidade cuja proporção à existente contraindiquem abrir a oportunidade da isonomia. Observe a situação: auditório que tem 400 cadeiras, tendo dez delas sido danificada. Todos os princípios indicam a conveniência de afastar a possibilidade de permitir o risco de comprar produtos diferentes; e

- peças em produtos com garantia que exija reposição de peças originais ou com integridade definida em normas, como peça para automóveis. É razoável exigir peças com as marcas usadas pelos montadores de veículos. Por isso mesmo o mercado distingue peças originais de peças genuínas. As

---

[420] O entendimento dos autores é que a frota de veículos deve ser terceirizada, conforme diretriz do art. 10, § 7º do Decreto-Lei nº 200 de 1967.

primeiras fabricadas pelos mesmos fabricantes que equipam o veículo produzido; as segundas só vendidas pelos concessionais dos fabricantes; a qualidade final do produto é igual, mas o preço da segunda mais elevado; o edital pode agora indicar peças originais, com base no inc. I, alíneas "b" e "c".

A terceira, pode decorrer de a Administração não ter condições de descrever com algum rigor científico e de forma impessoal determinado produto e em razão do valor da compra se mostrar dispensável prévios estudos científicos. Muito a propósito, o Ministro Aroldo Cedraz[421] em determinado voto esclareceu que não se pode exigir que todos os órgãos da Administração tenham laboratório complexos para avaliar o recebimento do produto, admitindo-se mesmo certa flexibilidade para garantir a qualidade[422].

Nesse caso, indica a marca quem sabe ter a qualidade do produto e exige no edital qualidade igual ou superior à da marca indicada, obrigando o licitante a indicar que seu produto tem equivalência de qualidade com a marca indicada. Por ser uma situação subjetiva, tanto o elaborador conhecer a marca como depois verificar se o produto que tem outra marca tem equivalência desse modelo de descrição é de uso restrito a compras de baixo valor, onde quem requisita o objeto e quem redige o termo de referência tem poucos recursos.

Ainda é possível aproveitar uma das boas lições antecedentes na jurisprudência, sintetizada pelo Ministro Bruno Dantas, com singular clareza e didática, num Acórdão do TCU foi assim disposto: "A vedação à indicação de marca (artigos 15, § 7º, inciso I, e 25, inciso I, da Lei nº 8.666/1993) não se confunde com a menção à marca de referência, que deriva da necessidade de caracterizar/descrever de forma adequada, sucinta e clara o objeto da licitação (artigos 14, 38, caput, e 40, inciso I, da mesma Lei). A diferença básica entre os dois institutos é que o primeiro (excepcionado pelo art. 7º, § 5º, da Lei nº 8.666/1993) admite a realização de licitação de objeto sem similaridade, nos casos em que for tecnicamente justificável, ao passo que o segundo é empregado meramente como forma de melhor identificar o objeto da licitação, impondo-se a aceitação de objeto similar à marca de referência mencionada."[423]

---

[421] BRASIL. Tribunal de Contas da União. Processo TC nº 034.009/2010-8. Acórdão nº 1225/2014 – Plenário. Relator: Ministro Aroldo Cedraz.
[422] Consulte os comentários ao art. 18, inc. III.
[423] BRASIL. Tribunal de Contas da União. Processo TC nº 019.804/2014-8. Acórdão nº 2829/2015 – Plenário. Relator: Ministro Bruno Dantas. **Diário Oficial da União**, Brasília, DF, 04 nov. 2015.

Na prática sempre explicamos que a permissão da lei, nascida de uma decisão do TCU apenas transfere a dificuldade de descrever o objeto na fase do edital, para a análise de conformidade da proposta na época da licitação.

Também é possível a Administração apresentar determinado modelo para que licitante produza ou sendo revendedor compreenda com mais clareza o que a Administração pretende. O exemplo das cadeiras de auditório já referido também poderia ser atendido com a Administração informando que tem 400 cadeiras que servem de modelo, ou colocando uma delas à disposição dos licitantes, para informações complementares do produto descrito no edital, declarando que na licitação a amostra do produto ofertada pelo licitante provisoriamente colocado em primeiro lugar será comparado com o modelo da Administração.

Marçal Justen Filho[424] esclarece que protótipo "é um exemplar inicial de uma categoria, construído com cunho de originalidade e inovação, visando assegurar o desenvolvimento de ideias e soluções para a construção ou produção futura de um número maior de objetos". Com razão o eminente doutrinador. Adotando-se menor rigor, se pode admitir, como o termo não tem conteúdo definido em lei, que o protótipo é a amostra da Administração, reservando-se o termo amostra para o objeto entregue fabricado pelo fornecedor.

Por fim cabe rememorar que há precedentes de jurisprudência com didáticas lições, enfatizando a busca da proposta mais vantajosa. Lições reiteradas em bons julgados, mas outros que desincentivaram a boa aplicação de recursos públicos. Note, por exemplo, essa determinação que foi dirigida a um órgão: A indicação ou a preferência por marca só é admissível se restar comprovado que a escolha é a mais vantajosa e a única que atende às necessidades da Administração. A licitação **não** tem por objetivo, necessariamente, a escolha do produto ou do serviço de melhor qualidade disponibilizado no mercado.[425]

41.5. Da exigência da amostra ou prova de conceito

O dispositivo define não só a possibilidade de se exigir amostra como também prova de conceito no edital com base nos princípios da razoabilidade, eficiência e impessoalidade.

Sobre a diferença entre prova de conceito, exame de conformidade e amostra, consulte os comentários ao art. 17, § 3º da Lei nº 14.133/2021.

---

[424] JUSTEN FILHO, Marçal. **Comentários à Lei de Licitações e Contratações Administrativas**. São Paulo. Thomson Reuters Brasil, 2021, p. 544.
[425] BRASIL. Tribunal de Contas da União. Processo TC nº 003.576/2013-2. Acórdão nº 559/2017 – Plenário. Relator: Ministro Benjamin Zymler. **Diário Oficial da União**, Brasília, DF, 29 mar. 2017.

A prova de conceito se diferencia do exame de conformidade porque, em geral, parte do pressuposto de algo a ser desenvolvido, como um software. A prova de conceito, assim, estabelece dentre os requisitos aqueles que deverão estar prontos ou conferidos no momento da licitação, de forma que os demais poderão ser executados conforme o cronograma da própria contratação. Na linguagem comum da área de informática, na prova de conceito serão avaliadas as funcionalidades de um software perante uma comissão especialmente designada para esse fim, com a presença do licitante e dos licitantes concorrentes.

A norma esclarece que podem ser pedidas tanto a amostra ou a prova de conceito em três momentos distintos. O primeiro, no procedimento de pré-qualificação permanente, que formará, no futuro, o catálogo da Administração Pública. A Administração pode, no entanto, antes de qualquer aquisição, fazer a pré-qualificação permanente dos produtos que deseja licitar. A vantagem, agora colocada pela lei em pré-qualificação, será tratada em dispositivo próprio dessa norma, no art. 80. Também é permitida a exigência na fase de julgamento das propostas ou de lances, o objetivo é verificar se o produto descrito na proposta e ainda na fase de lances será aquele previsto no edital. A oferta da amostra pode comprovar isso do mesmo modo que a prova de conceito.

A Lei também autoriza a pedir a amostra ou fazer a prova de conceito no período de vigência do contrato ou da ata de registro de preços. Em que situações se pede na execução do contrato e não na licitação? Considera a lei que num contrato de longo prazo com muitas etapas de execução o pedido pode ficar em período muito distante da execução. Nessa situação, a própria tecnologia envolvida pode se tornar obsoleta. Em outra situação, apesar de relevante o objeto em termos econômicos é irrelevante, podendo na amostra ou na prova de conceito serem rejeitados, sem maiores dificuldades em operacionalizar-se a subcontratação.

No Sistema de Registro de Preços permite a lei que seja diferida a oferta de amostra e a realização da prova de conceito. Deve o Agente de Contratação ponderar a conveniência e a oportunidade de realizar o exame do objeto, tanto da amostra como da prova de conceito, em momento da licitação ou durante a execução do contrato, segundo a celeridade e a certeza da futura compra. O tempo deferido para exame é facilitar a contratação, especialmente nas situações em que se tem conhecimento do mercado a ponto de saber que a troca de qualquer produto não vai onerar ou atrapalhar a vigência do contrato.

Note a particularidade que a lei aqui define, estabelecendo o julgamento das propostas, ora, a fase de lances sucede a oferta das propostas, mas integra a fase de julgamento das propostas e pode, portanto, ser ao final da fase do julgamento das propostas ou ao final da fase de lances. Com isso, já se pedirá exatamente do licitante vencedor. Especificamente sobre esse assunto, veja os comentários ao art. 17, § 3º.

41.5.1. Prova de conceito – publicidade e contraditório

Evidentemente, tanto a exigência de amostra, como da prova de conceito, deve-se fazer com a permissão do contraditório, a todos os licitantes interessados no procedimento. Sem a convocação dos demais licitantes para acompanharem a prova de conceito, o ato é nulo.

41.5.2. Quem será convocado para a prova de conceito ou oferta de amostra

Uma das boas práticas da Administração Pública era pedir dos três primeiros colocados da licitação, com vistas a acelerar a avaliação da amostra ou da prova de conceito.

Agora a Lei, acolhendo uma decisão de controle, proposta por quem não convive com a prática da Administração Pública, expressamente restringe, no parágrafo único do art. 41, o direito de exigir a convocação ao licitante "provisoriamente vencedor" quando realizada na fase de julgamento das propostas ou de lances.

Interpretando literalmente a lei, tem-se o seguinte:

- a amostra e a prova de conceito estão na fase de julgamento da proposta; não há fase específica; e
- rejeitada a proposta do licitante "provisoriamente vencedor", a Administração convocará o licitante seguinte, de acordo com a ordem de classificação provisória; na convocação, determinará a reunião da nova equipe ou banca para exame da amostra ou para realizar a prova de conceito; rejeitado o objeto, repetirá sucessivamente o objeto até um que atenda os requisitos exigidos.

Certamente a ideia de convocar três por vez dá muito mais celeridade ao certame. Como a lei restringe a convocação ao primeiro, se a regulamentação interna admitir que o Agente de Contratação, ao seu prudente arbítrio convoque até três, por vez, não haverá nulidade. Será irregularidade formal, sem prejuízo à competição. Além disso, a presença de outros licitantes na sessão reforça a publicidade dos atos.

O importante é que o instrumento convocatório preveja a obrigação de se apresentar a amostra do produto ofertado, e as regras para a apresentação e avaliação das amostras.

Em todos os casos, se pede prévia previsão no edital, de tal modo que o licitante não é tomado de surpresa com a exigência de amostra ou com a exigência da prova de conceito e também a justificada necessidade. Note, porém, que na situação particular em que a Administração promove diligência, a diligência poderá ensejar a exibição de amostra e essa não precisa estar prevista no edital da licitação.

A propósito Marçal Justen Filho[426] recomenda que o exame de amostras não seja realizado por uma só pessoa. No mesmo exemplo citado, degustação de café, no livro Sistema de Registro de Preços e Pregão, editado pela Editora Fórum, em 2019, recomendamos a degustação às cegas (cada licitante faria o café de sua marca e seria colocado em xícaras, sem possibilidade de identificação do produtor/revendedor e preparador) para órgãos públicos que fazem aquisições sem indicar marca do café. O processo simples teve bons resultados, com esses "baristas" amadores. Posteriormente, passamos a recomendar que o café fosse inserido como insumo nos contratos de limpeza, conservação e copeiragem, permitindo-se exigir a troca do insumo, como ocorre com saneantes e limpadores de baixa qualidade, comprados pela empresa terceirizada.

41.6. Vedação a contratação de marca ou produto específico

Trata-se de inovação na Lei de Licitações que copia a norma por nós redigida e inserida no Código de Licitações e Contratos do Estado do Maranhão. No direito positivo brasileiro não havia possibilidade de a Administração negar nova proposta que ofereça produtos que já apresentou defeitos e vícios e que o contratado, regularmente convocado não corrigiu.

Essa situação particular do cadastro negativo é uma iniciativa que vai permitir a Administração, observada ampla defesa e o contraditório, lá nos processos de origem, passar a vedar a indicação de determinada marca no edital, ou seja, o edital poderá, na regra geral, não prever a indicação de marca para aquisição, mas poderá ir além, vedar a indicação de determinada marca ou de produto que tenha anteriormente dado problemas na Administração Pública e cujo fabricante ou revendedor se tenha omitido em corrigir.

Certamente, alguns operadores do direito tentarão exigir que essa experiência anterior com o produto seja pertinente a alguma perícia técnica. No nosso entendimento, a expressão do servidor no processo de origem, por exemplo, na hora de encerrar o contrato e apresentar o atestado de capacidade técnica, é suficiente para que a Administração tenha o direito de afastar marcas ou produtos no seu próprio edital. Afinal, na esfera privada, também, o Código de Defesa do

---

[426] JUSTEN FILHO, Marçal. **Comentários à Lei de Licitações e Contratações Administrativas**. São Paulo. Thomson Reuters Brasil, 2021, p. 553.

Consumidor prevê a "contrapropaganda" nos casos em que os produtos não oferecem as qualidades intrínsecas anunciadas.

Importante registrar que a vedação se refere à contratação na Administração indicada no edital, não é a toda a Administração Pública, ou seja, cada órgão poderá participar da sua própria experiência na construção de análise dos produtos e também na definição de vedação. Aqui ocorre a mesma simetria que ocorria na Lei nº 8.666/1993, ao tempo da aplicação das sanções, em que se fazia distinção entre administração e Administração.

Outra questão importante é que o dispositivo não exige prévia punição do contratado. É suficiente que o produto tenha sido rejeitado; pode, inclusive, ter sido rejeitado e trocado por um de outra marca. Em outras palavras, pode o próprio contratado ter sanado a ocorrência do vício existente no produto, diante do fato de o fabricante ter se recusado a cumprir cláusula de garantia do produto. Nessa situação, o contratado e a Administração terão interesse em rejeitar o produto na próxima licitação, pois se não o fizerem outro licitante poderá oferecer a mesma marca.

41.7. Carta de solidariedade

A carta de solidariedade consiste num documento firmado pelo fabricante ou fornecedor em favor do licitante, com o objetivo de estabelecer responsabilidade recíproca sobre o bem a ser fornecido no processo licitatório. Segundo dispõe o inciso IV, do dispositivo, poderá de forma justificada ser exigida carta de solidariedade emitida pelo fabricante, na tentativa de obter elementos para assegurar a execução do contrato.

A carta de solidariedade é um documento que não significa que o fabricante está assumindo obrigação perante a Administração Pública, diretamente. A obrigação assumida é com o licitante, mas se não fornecer o insumo, ensejando por essa causa a inadimplência do licitante perante a Administração responderá com o licitante pela inadimplência. Por outro lado, não sendo vencedor o licitante que detém a carta de exclusividade não há impedimento de que venha a fornecer o produto a outro licitante que se sagre vencedor do certame. A obrigação é direta com o licitante que obtém a carta de solidariedade, mas não é carta de exclusividade.

Duas lições importantes podem ser acolhidas de Marçal Justen Filho[427]:

> Portanto e rigorosamente, a carta de solidariedade não institui um vínculo de solidariedade no sentido técnico-jurídico entre o particular contratado e

---

[427] JUSTEN FILHO, Marçal. **Comentários à Lei de Licitações e Contratações Administrativas**. São Paulo. Thomson Reuters Brasil, 2021, p. 557.

o fabricante do produto. [...]

Qualquer interpretação diversa tornaria inútil a regra legal. Se a carta de solidariedade importasse o compartilhamento integral da posição contratual entre o licitante e o fabricante, estaria criado um consórcio.

Ora, seria desnecessária a chamada carta de solidariedade, eis que a disciplina aplicável seria a do consórcio - que prevê, aliás, a solidariedade entre os consorciados.

A referência legal à admissibilidade da carta de solidariedade destina-se, portanto, a uma solução distinta daquela do consórcio. Significa dizer a carta de solidariedade não cria um vínculo de solidariedade propriamente dita entre as partes, mas apenas gera a assunção pelo terceiro de obrigações indispensáveis à execução da contratação pelo beneficiário da dita carta.

Assim, a carta se trata de um importante instrumento para a segurança da Administração Pública quanto ao recebimento do objeto licitado.

A exigência da carta de solidariedade nos processos licitatórios foi objeto de constante discussão jurisprudencial, uma vez que a Lei nº 8.666/93, bem como a Lei nº 10.520/02 foram silentes. Entre os entendimentos contrários à apresentação dessa carta, destaca-se o Acórdão nº 1.622/10 - Plenário do TCU, por exemplo: "...incabível constar em edital de licitação a exigência de qualquer documento que garanta a qualidade dos produtos adquiridos, em especial, a carta de solidariedade, porque além de desnecessária, configura afronta aos arts. 3º, § 1º, inciso I, e 27 a 31 da Lei nº 8.666, de 21 de junho de 1993".[428]

Em sentido contrário, há decisões no sentido da possibilidade de se exigir a carta de solidariedade para fins de habilitação, na aquisição de computadores:

> [...]
> "Com efeito, a exigência da carta de solidariedade concretiza uma das pedras angulares do direito público: o princípio da supremacia do interesse público. É irrelevante o fato de existir solidariedade na responsabilidade civil por vícios no (s) produtos (s) ou serviços (s), decorrente de legislação consumerista, uma vez que a confiança do fabricante na empresa licitante garante, de um ponto de vista pragmático, maior efetividade no fornecimento do produto ou serviço licitado, já que, muito provavelmente, não existirão batalhas judiciais para se apurar a responsabilidade por eventuais defeitos em tal fornecimento. Além disso, a carta de solidariedade também não prejudica a competitividade no procedimento licitatório do caso em tela, pois não consta no edital a indicação de produtos direcionada a determinadas marcas ou fabricantes".

---

[428] BRASIL. Tribunal de Contas da União. Acórdão nº 1.622/2010 - Plenário. Relator: Ministro André de Carvalho. Diário Oficial da União, Brasília, DF, 07 jul. 2010.

Argumentam alguns que como já consta no Código de Defesa do Consumidor, a previsão para responsabilização solidária do fabricante e do fornecedor de produtos, com fundamento no art. 18, não haveria a necessidade de dispositivo de declaração de solidariedade nesse sentido.

Há certa confusão que precisa ser esclarecida, pois o Código de Defesa do Consumidor não resolve a maior parte dos problemas na prática. Considere o seguinte, para melhor compreensão:

- se um revendedor de um eletrodoméstico da marca XYZ entrega esse produto num contrato administrativo e há defeito de fábrica, de fato, o art. 18 é suficiente para definir a responsabilização;

- se um fabricante de fardas para 50.000 integrantes da Polícia Militar assume o compromisso de fabricar as fardas que consumirão 150.000 metros de tecido do fabricante de determinada marca, agora é permitido que a Administração exija do licitante a garantia do fabricante para entrega do insumo para a fabricação. Esse fato ensejou ampla discussão em abril de 1992, em relação à compra de fardas do Exército. Alegada adjudicação com superfaturamento no momento da entrega o valor correspondeu a 1/3 o preço de custo, porque não havia correção e atualização de preços e a inflação era elevada. A verdade, após o contraditório e o julgamento, não mereceram o mesmo espaço na mídia que mereceu o escândalo. Para essa situação, o dispositivo resolve e foi por isso inserido no Código de Licitações e Contratos do Estado do Maranhão e depois inserido na Lei nº 14.133/2021.

Desse modo, com a inovação legislativa federal, ao trazer previsão expressa acerca da possibilidade excepcional de a Administração, no caso de fornecimento de bens, solicitar, motivadamente, carta de solidariedade emitida pelo fabricante, que assegure a execução do contrato, no caso de licitante revendedor ou distribuidor.

Importante salientar, diante de todo o exposto, o dispositivo constitucional, em seu art. 37, inciso XXI, parte final, que estabelece: "...mantidas as condições efetivas da proposta, nos termos da lei, o qual somente permitirá as exigências de qualificação técnica e econômica indispensáveis à garantia do cumprimento das obrigações".

41.8. Conclusão

A nova Lei deu melhor balizamento as restrições que visam garantir qualidade. Como já exposto no XVI Congresso Brasileiro de Pregoeiros: espera-se da Lei nova, intérpretes novos, que compreendam a sabedoria do princípio de aderência a diretrizes e normas, que considerem no dever de interpretar as normas sobre gestão pública, "os obstáculos e as dificuldades reais do gestor e as exigências das políticas públicas a seu cargo, sem prejuízo dos direitos dos administrados." E que na "decisão sobre regularidade de conduta ou validade de ato, contrato, ajuste, processo ou norma administrativa" considerem "as circunstâncias práticas que houverem imposto, limitado ou condicionado a ação do agente". [429]

Esse novo intérprete que respeite a Lei e a nova ordem do processo de interpretação será útil ao país e a evolução da Administração Pública brasileira.

---

[429] Cópia parcial do art. 22 do Decreto-Lei nº 4.657, de 4 de setembro de 1942 (Lei de Introdução às Normas do Direito Brasileiro), alterado pela Lei nº 13.655, de 25 de abril de 2018, que incluiu disposições sobre segurança jurídica e eficiência na criação e na aplicação do direito público.

42. Art. 42, caput, inc. I, II, III, IV

> Art. 42. A prova de qualidade de produto apresentado pelos proponentes como similar ao das marcas eventualmente indicadas no edital será admitida por qualquer um dos seguintes meios:
>
> I - comprovação de que o produto está de acordo com as normas técnicas determinadas pelos órgãos oficiais competentes, pela Associação Brasileira de Normas Técnicas (ABNT) ou por outra entidade credenciada pelo Inmetro;
>
> II - declaração de atendimento satisfatório emitida por outro órgão ou entidade de nível federativo equivalente ou superior que tenha adquirido o produto;
>
> III - certificação, certificado, laudo laboratorial ou documento similar que possibilite a aferição da qualidade e da conformidade do produto ou do processo de fabricação, inclusive sob o aspecto ambiental, emitido por instituição oficial competente ou por entidade credenciada.

Dispositivos correspondentes na Lei nº 8.666/1993:

Art. 30. A documentação relativa à qualificação técnica limitar-se-á a:

I - registro ou inscrição na entidade profissional competente;

II - comprovação de aptidão para desempenho de atividade pertinente e compatível em características, quantidades e prazos com o objeto da licitação, e indicação das instalações e do aparelhamento e do pessoal técnico adequados e disponíveis para a realização do objeto da licitação, bem como da qualificação de cada um dos membros da equipe técnica que se responsabilizará pelos trabalhos;

III - comprovação, fornecida pelo órgão licitante, de que recebeu os documentos, e, quando exigido, de que tomou conhecimento de todas as informações e das condições locais para o cumprimento das obrigações objeto da licitação;

IV - prova de atendimento de requisitos previstos em lei especial, quando for o caso.

Dispositivos correspondentes na Lei nº 9.579/2012 (Institui o Código de Licitações e Contratos do Estado do Maranhão):

Art. 19º. Nas compras devem ser observadas as seguintes regras: [...]

Da prova da qualidade

§ 4º No caso de a Administração solicitar prova de qualidade do produto apresentado pelos proponentes como similares às marcas indicadas no edital, é admitido qualquer um dos seguintes meios:

I - comprovação de que o produto se encontra de acordo com as normas técnicas determinadas pelos órgãos oficiais competentes ou pela Associação Brasileira de Normas Técnicas - ABNT ou por outra entidade credenciada pelo Instituto Nacional de Metrologia, Normalização e Qualidade Industrial - INMETRO;

II - declaração de atendimento satisfatório emitido por outro órgão público que tenha adquirido o produto.

Dispositivos pertinentes na Lei nº 14.133/2021, além do art. 42:

Art. 41. No caso de licitação que envolva o fornecimento de bens, a Administração poderá excepcionalmente:

I - indicar uma ou mais marcas ou modelos, desde que formalmente justificado, nas seguintes hipóteses:

a) em decorrência da necessidade de padronização do objeto;

b) em decorrência da necessidade de manter a compatibilidade com plataformas e padrões já adotados pela Administração;

c) quando determinada marca ou modelo comercializados por mais de um fornecedor forem os únicos capazes de atender às necessidades do contratante;

d) quando a descrição do objeto a ser licitado puder ser mais bem compreendida pela identificação de determinada marca ou determinado modelo aptos a servir apenas como referência;

II - exigir amostra ou prova de conceito do bem no procedimento de pré-qualificação permanente, na fase de julgamento das propostas ou de lances, ou no período de vigência do contrato ou da ata de registro de preços, desde que previsto no edital da licitação e justificada a necessidade de sua apresentação;

III - vedar a contratação de marca ou produto, quando, mediante processo administrativo, restar comprovado que produtos adquiridos e utilizados anteriormente pela Administração não atendem a requisitos indispensáveis ao pleno adimplemento da obrigação contratual;

IV - solicitar, motivadamente, carta de solidariedade emitida pelo fabricante, que assegure a execução do contrato, no caso de licitante revendedor ou distribuidor.

Parágrafo único. A exigência prevista no inciso II do caput deste artigo restringir-se-á ao licitante provisoriamente vencedor quando realizada na fase de julgamento das propostas ou de lances.

Art. 43. O processo de padronização deverá conter:

I - parecer técnico sobre o produto, considerados especificações técnicas e estéticas, desempenho, análise de contratações anteriores, custo e condições de manutenção e garantia;

II - despacho motivado da autoridade superior, com a adoção do padrão;

III - síntese da justificativa e descrição sucinta do padrão definido, divulgadas em sítio eletrônico oficial.

§ 1º É permitida a padronização com base em processo de outro órgão ou entidade de nível federativo igual ou superior ao do órgão adquirente, devendo o ato que decidir pela adesão a outra padronização ser devidamente motivado, com indicação da necessidade da Administração e dos riscos decorrentes dessa decisão, e divulgado em sítio eletrônico oficial.

§ 2º As contratações de soluções baseadas em software de uso disseminado serão disciplinadas em regulamento que defina processo de gestão estratégica das contratações desse tipo de solução.

42.1. Da prova de qualidade de produto similar

O art. 41 dirige-se à elaboração do edital; o art. 42 ao procedimento de julgamento das propostas e como a Administração Pública pode comprovar a qualidade exigida no edital. Essa interpretação decorre da literalidade do texto do caput do art. 42, quando se refere a prova de similaridade do "produto apresentado pelos proponentes".

O art. 42 introduz a solução para a situação específica tratada no edital que indica marca e admite similar, ou indica marca apenas como referência. Nesse caso, previsto no art. 41, inc. I, alínea "d", o edital indica marca como referência; o licitante deve comprovar que seu produto tem a mesma qualidade que o produto de marca de referência, seguindo o procedimento referido.

Diferentemente da situação da alínea 'd", no caso das demais alíneas, do art. 41, inc. I, o licitante deverá impugnar o edital, para demonstrar que seu produto é similar e atende a Administração Pública. Nesse caso utilizando-se do procedimento previsto no art. 42 ingressa na licitação com a prova de equivalência do produto com marca indicada e o que apresentou na proposta.

Note que agora a lei tornou mais complexa a equivalência, determinando que além dos atributos relacionados diretamente à funcionalidade, outros podem ser considerados, como previsto no art. 43, em relação à padronização, em especial as especificações técnicas e estéticas, desempenho, análise de contratações anteriores, custo e condições de manutenção e garantia. Assim, por exemplo pode uma divisória ter a mesma qualidade de outra com marca, mas ter diferença estética e, portanto, a Administração Pública não estará obrigada a aceitá-la.

Quando viável, conforme esse artigo, a aquisição de produtos similares, o ônus de provar a similaridade é do licitante que deverá apresentar a prova de qualidade do produto, segundo as especificações dos incisos, do dispositivo em referência. Quais sejam:

- comprovação de que o produto está de acordo com as normas técnicas determinadas pelos órgãos oficiais competentes, pela ABNT ou por outra entidade credenciada pelo Inmetro;
- declaração de atendimento satisfatório emitida por outro órgão ou entidade de nível federativo equivalente ou superior que tenha adquirido o produto;
- certificação, certificado, laudo laboratorial que possibilite a aferição da qualidade e da conformidade do produto.

É inegável que as normas técnicas asseguram as características desejáveis com qualidade, segurança, confiabilidade, eficiência, intercambialidade, assim como, respeito ambiental.

A finalidade, entretanto, é dar amparo à Administração para que avalie com segurança, e sobretudo impessoalidade, se o produto apresentado, está de acordo com as suas necessidades e padrões, assim definidos no termo de referência e no edital de licitação.

Desta maneira, harmoniza-se com a nova lei, decisão anterior do TCU, quanto à possibilidade de a administração inserir nos editais, cláusula prevendo a necessidade de a empresa participante do certame demonstrar, por meio de laudo expedido por laboratório ou instituto idôneo, o desempenho, a qualidade e a produtividade compatível com o produto similar ou equivalente à marca (Acórdão nº 2.300/07 - Plenário).

Também se harmoniza com o texto legal, recente julgado, o acórdão nº 966/2022 - Plenário:

> É ilegal, na fase de habilitação, a exigência de apresentação de laudos, testes ou certificados relativos à qualidade dos produtos licitados, por não se inserir no rol do art. 30 da lei 8.666/1993. Admite-se tal exigência, desde que prevista no instrumento convocatório, somente na etapa de julgamento das propostas e apenas para o licitante provisoriamente classificado em primeiro

lugar, ao qual deve ser concedido prazo suficiente para a obtenção da documentação.

Importante registrar que o dispositivo apresentou um rol não exaustivo. O que significa que o processo de certificação poderá ser feito por uma quantidade maior de certificadores, abrindo-se assim, uma oportunidade ao mercado.

Perceba que a nova lei, neste dispositivo, ao elencar os requisitos necessários à prova de qualidade, reproduziu dispositivo equivalente do Código de Licitações e Contratos do Estado do Maranhão, transcrito acima, elaborado pelos autores desta obra, trazendo assim, uma grande inovação.

Há um dispositivo que vem sendo considerado manifestamente inconstitucional. Trata-se do inc. II que limita a aceitação da "declaração de atendimento satisfatório" às emitidas "por outro órgão ou entidade de nível federativo equivalente ou superior que tenha adquirido o produto. A propósito, eis o comentário do Professor Marçal Justen Filho[430]:

> O dispositivo consagra restrição inconstitucional, ao diferenciar os entes integrantes da Federação. A previsão de que seriam aceitáveis declarações emitidas por entidades ou órgãos de "nível federativo equivalente ou superior" ao que promove a licitação é despropositada.
>
> O aspecto fundamental reside em que não existe nível hierárquico entre os entes federativos. A União não é "superior" aos Estados, ao Distrito Federal e aos Municípios e assim por diante.
>
> A distinção infringe os incs. II e III do art. 19 da CF/1988, que determinam: "É vedado à União, aos Estados, ao Distrito Federal e aos Municípios:
>
> ...
>
> II - recusar fé aos documentos públicos;
>
> III - criar distinções entre brasileiros ou preferências entre si".
>
> A solução adotada implica recusar fé a documento emitido por entidades ou órgãos integrantes da Administração Pública, nos casos em que o emitente for pessoa jurídica de direito público.

Art. 42, § 1º

> Art. 42. A prova de qualidade de produto apresentado pelos proponentes como similar ao das marcas eventualmente indicadas no edital é admitida por qualquer um dos seguintes meios: [...]
>
> § 1º O edital poderá exigir, como condição de aceitabilidade da proposta, certificação de qualidade do produto por instituição credenciada pelo Conselho Nacional de Metrologia, Normalização e Qualidade Industrial (Conmetro).

---

[430] JUSTEN FILHO, Marçal. **Comentários à Lei de Licitações e Contratações Administrativas**. São Paulo: Thomson Reuters, 2021, p. 562.

Dispositivos correspondentes na Lei nº 8.666/1993: não há.

Dispositivos correspondentes na Lei nº 12.462/2011 (Institui o RDC):

Art. 7º. No caso de licitação para aquisição de bens, a administração pública poderá: [...]

III - solicitar a certificação da qualidade do produto ou do processo de fabricação, inclusive sob o aspecto ambiental, por qualquer instituição oficial competente ou por entidade credenciada; e

IV - solicitar, motivadamente, carta de solidariedade emitida pelo fabricante, que assegure a execução do contrato, no caso de licitante revendedor ou distribuidor.

42.2. Da certificação de qualidade

Depois de definir no § 1º três possibilidade de comprovar a equivalência e similaridade do produto, a lei estabelece ainda que o edital poderá exigir especificamente, como condição de aceitabilidade, a certificação de qualidade por instituição credenciada pelo Conselho Nacional de Metrologia, Normalização e Qualidade Industrial – CONMETRO.

É evidente que esse maior rigor deve ser exigido com prudência, exceto se no mercado for usual essa certificação do sistema CONMETRO.

Não há no caso "dupla verificação"; ou o edital prevê essa exigência ou admite o uso dos meios de prova referidos nos incisos do caput do art. 42.

Como referido nos comentários do art. 41 com essas inovações a Administração Pública estará aprimorando a qualidade do gasto público, trazendo durabilidade e segurança para as aquisições. Afinal, como ensina o Ministro Aroldo Cedraz, é impossível para a Administração Pública ter laboratórios para assegurar a qualidade do que adquire sendo a certificação um processo que abrevia o recebimento com verificação de qualidade atestada por terceiros, com rigor científico.

É muito oportuno trazer à balha a perspicaz observação do eminente e culto doutrinador Marcos Nóbrega[431]:

> Vamos, no entanto, refletir um pouco mais sobre os aspectos econômicos da certificação. Antes, porém, cumpre lembrar que quando a Lei nº 8.666/1993 ainda era infante, havia um preconceito jurídico quanto aos mecanismos de certificação. Se dizia à época que, conforme o princípio da indisponibilidade do interesse público, não seria possível o setor privado (certificador) emitir juízo de valor sobre determinado bem, porque isso era função precípua do setor público em licitação. Ainda bem que esse entendimento foi superado com o tempo.

Art. 42, §§ 2º, 3º

---

[431] FORTINI, Cristiana; LIMA DE OLIVEIRA, Rafael Sérgio; CAMARÃO, Tatiana. Comentários à Lei de Licitações e Contratos Administrativos: Lei nº 14.1333, de 1º de abril de 2021. Belo Horizonte: Fórum, 2022, p. 462.

Art. 42. A prova de qualidade de produto apresentado pelos proponentes como similar ao das marcas eventualmente indicadas no edital é admitida por qualquer um dos seguintes meios: [...]

§ 2º A Administração poderá, nos termos do edital de licitação, oferecer protótipo do objeto pretendido e exigir, na fase de julgamento das propostas, amostras do licitante provisoriamente vencedor, para atender a diligência ou, após o julgamento, como condição para firmar contrato.

§ 3º No interesse da Administração, as amostras a que se refere o § 2º deste artigo poderão ser examinadas por instituição com reputação ético-profissional na especialidade do objeto, previamente indicada no edital.

Dispositivos correspondentes na Lei nº 8.666/1993: não há.

Dispositivos correspondentes na Lei nº 12.462/2011 (Institui o RDC):

Art. 7º. No caso de licitação para aquisição de bens, a administração pública poderá: [...]

II - exigir amostra do bem no procedimento de pré-qualificação, na fase de julgamento das propostas ou de lances, desde que justificada a necessidade da sua apresentação;

Dispositivos correspondentes na Lei nº Lei nº 9.579/2012 (Código de de Licitações e Contratos do Estado do Maranhão):

Art. 19º. Nas compras devem ser observadas as seguintes regras: [...]

Da amostra e do protótipo

§ 5º A Administração pode exigir amostra dos proponentes e oferecer protótipo do objeto pretendido.

Dispositivos pertinentes na Lei nº 14.133/2021, além do art. 42:

Art. 169. As contratações públicas deverão submeter-se a práticas contínuas e permanentes de gestão de riscos e de controle preventivo, inclusive mediante adoção de recursos de tecnologia da informação, e, além de estar subordinadas ao controle social, sujeitar-se-ão às seguintes linhas de defesa:

I - primeira linha de defesa, integrada por servidores e empregados públicos, agentes de licitação e autoridades que atuam na estrutura de governança do órgão ou entidade;

II - segunda linha de defesa, integrada pelas unidades de assessoramento jurídico e de controle interno do próprio órgão ou entidade;

III - terceira linha de defesa, integrada pelo órgão central de controle interno da Administração e pelo tribunal de contas.

42.3. Do protótipo - padrão de aceitabilidade

A Administração poderá oferecer, nos termos do edital, protótipo do objeto pretendido e exigir amostras do licitante, provisoriamente vencedor, na fase de julgamento das propostas, ou demandá-las, após o julgamento, como condição para firmar contrato. Essas amostras poderão ser examinadas por instituição com reputação ético-profissional na especialidade do objeto, indicado previamente no edital.

Nos comentários do art. 41 foi apresentado o conceito de protótipo compreendido pela linguagem mais formal.[432] Ao tempo da redação do Código de Licitações e Contratos do Estado do Maranhão a ideia era mais simples: a amostra oferecida pela Administração chamar-se-ia de protótipo; a amostra oferecida pelo licitante, simplesmente amostra.

Na hipótese de exigência de apresentação de amostra ou protótipo, o licitante que não cumpri-la no prazo estabelecido ou, caso permitido, não indicar o local onde se encontre o produto, poderá ter a proposta desclassificada para efeito de julgamento, na forma previamente estabelecida no ato convocatório. Deve estar definido com clareza no ato convocatório, por exemplo, os seguintes atos: momento de entrega, critérios de avaliação e de julgamento técnico, data e horário de inspeção para que os licitantes interessados possam estar presentes.

Muito se tem debatido sobre a verificação de compatibilidade do protótipo com a amostra. Na maioria das vezes essas verificações serão feitas por uma comissão de profissionais da própria Administração. Não há impedimento, no entanto, que seja formada uma banca, com contratação de profissionais como faculta o art. 75, inc. XIII, que dispõe ser dispensável a licitação "para contratação de profissionais para compor a comissão de avaliação de critérios de técnica, quando se tratar de profissional técnico de notória especialização".

A nova Lei de Licitações criou instrumentos para melhorar o gasto público, a qualidade, a consideração do ciclo de vida útil, pois um dos objetivos do processo vantajoso é a do resultado mais vantajoso, a melhor relação custo-benefício. Todos os instrumentos restringem a competição para fazer prevalecer outros princípios jurídicos.

Note que novamente inovou ao discorrer dispositivo que no Código de Licitações e Contratos do Estado do Maranhão já vinha trazendo esse assunto.

Da clássica obra de Carlos Maximiliano: "Não se encontra um princípio isolado, em ciência alguma; acha-se cada um em conexão íntima com outros. O Direito objetivo não é um conglomerado caótico de preceitos; constitui vasta unidade, organismo regular, sistema, conjunto harmônico de normas coordenadas, em interdependência metódica, embora fixada cada uma no seu lugar próprio."[433]

---

[432] Marçal Justen Filho esclarece que protótipo "é um exemplar inicial de uma categoria, construído com cunho de originalidade e inovação, visando assegurar o desenvolvimento de ideias e soluções para a construção ou produção futura de um número maior de objetos". Com razão o eminente doutrinador. Adotando-se menor rigor, se pode admitir, como o termo não tem conteúdo definido em lei, que o protótipo é a amostra da Administração, reservando-se o termo amostra para o objeto entregue fabricado pelo fornecedor. JUSTEN FILHO, Marçal. **Comentários à Lei de Licitações e Contratações Administrativas.** São Paulo: Thomson Reuters, 2021, p. 544.
[433] MAXIMILIANO, Carlos. Hermenêutica e Aplicação do Direito, 19ª ed. Rio de Janeiro: Forense, 2001, p. 105.

42.4. Conclusão

Renova-se a esperança de que esta nova Lei mereça intérpretes novos com o dever de interpretar a lei, conforme à lei, em especial às novas dimensões trazidas pela Lei nº 13.655, de 25 de abril de 2018, que incluiu no Decreto-Lei nº 4.657, de 4 de setembro de 1942 (Lei de Introdução às Normas do Direito Brasileiro), disposições sobre segurança jurídica e eficiência na criação e na aplicação do direito público. Com a nova Lei de Improbidade, com a redação dada pela Lei nº 14.230, de 2021 e com o novo sistema de controle erigido pelo art. 169 da Lei nº 14.133, de 1º de abril de 2021.

43. Art. 43, caput, inc. I, II, III

> Art. 43. O processo de padronização deverá conter:
>
> I - parecer técnico sobre o produto, considerados especificações técnicas e estéticas, desempenho, análise de contratações anteriores, custo e condições de manutenção e garantia;
>
> II - despacho motivado da autoridade superior, com a adoção do padrão;
>
> III - síntese da justificativa e descrição sucinta do padrão definido, divulgadas em sítio eletrônico oficial.

Dispositivos correspondentes na Lei nº 8.666/1993: não há regra sobre o procedimento de padronização, mas tão somente sobre o dever de padronizar.

Art. 11. As obras e serviços destinados aos mesmos fins terão projetos padronizados por tipos, categorias ou classes, exceto quando o projeto-padrão não atender às condições peculiares do local ou às exigências específicas do empreendimento. [...]

Art. 15. As compras, sempre que possível, deverão:

I - atender ao princípio da padronização, que imponha compatibilidade de especificações técnicas e de desempenho, observadas, quando for o caso, as condições de manutenção, assistência técnica e garantia oferecidas;

Art. 24. É dispensável a licitação: [...]

XIX - para as compras de material de uso pelas Forças Armadas, com exceção de materiais de uso pessoal e administrativo, quando houver necessidade de manter a padronização requerida pela estrutura de apoio logístico dos meios navais, aéreos e terrestres, mediante parecer de comissão instituída por decreto;

Dispositivos pertinentes da Lei nº 14.133/2021, além do art. 43:

Art. 6º. Para os fins desta Lei, consideram-se: [...]

XXIV - anteprojeto: peça técnica com todos os subsídios necessários à elaboração do projeto básico, que deve conter, no mínimo, os seguintes elementos:

a) demonstração e justificativa do programa de necessidades, avaliação de demanda do público-alvo, motivação técnico-econômico-social do empreendimento, visão global dos investimentos e definições relacionadas ao nível de serviço desejado;

b) condições de solidez, de segurança e de durabilidade;

c) prazo de entrega;

d) **estética do projeto arquitetônico,** traçado geométrico e/ou projeto da área de influência, quando cabível;

e) parâmetros de adequação ao interesse público, de economia na utilização, de facilidade na execução, de impacto ambiental e de acessibilidade;

f) proposta de concepção da obra ou do serviço de engenharia;

g) projetos anteriores ou estudos preliminares que embasaram a concepção proposta;

h) levantamento topográfico e cadastral;

i) pareceres de sondagem;

j) memorial descritivo dos elementos da edificação, dos componentes construtivos e dos materiais de construção, de forma a estabelecer padrões mínimos para a contratação; [...]

LI - catálogo eletrônico de padronização de compras, serviços e obras: sistema informatizado, de gerenciamento centralizado e com indicação de preços, destinado a permitir a padronização de itens a serem adquiridos pela Administração Pública e que estarão disponíveis para a licitação;

Art. 19. Os órgãos da Administração com competências regulamentares relativas às atividades de administração de materiais, de obras e serviços e de licitações e contratos deverão: [...]

II - criar catálogo eletrônico de padronização de compras, serviços e obras, admitida a adoção do catálogo do Poder Executivo federal por todos os entes federativos; [...]

§ 2º A não utilização do catálogo eletrônico de padronização de que trata o inciso II do caput ou dos modelos de minutas de que trata o inciso IV do caput deste artigo deverá ser justificada por escrito e anexada ao respectivo processo licitatório.

Art. 40. O planejamento de compras deverá considerar a expectativa de consumo anual e observar o seguinte: [...]

V - atendimento aos princípios:

a) da padronização, considerada a compatibilidade de **especificações estéticas**, técnicas ou de desempenho;

Art. 47. As licitações de serviços atenderão aos princípios:

I - da padronização, considerada a compatibilidade de **especificações estéticas**, técnicas ou de desempenho;

Dispositivos correspondentes na Lei nº 12.462/2011 (Institui o RDC):

Art. 4º. Nas licitações e contratos de que trata esta Lei serão observadas as seguintes diretrizes: (Vide Lei nº 14.133, de 2021) Vigência

I - padronização do objeto da contratação relativamente às especificações técnicas e de desempenho e, quando for o caso, às condições de manutenção, assistência técnica e de garantia oferecidas;

Dispositivos correspondentes na Lei nº 9.579/2012 (Código de Licitações e Contratos do Estado do Maranhão):

Art. 3º. Na aplicação deste Código a Administração Pública observará, dentre outros que lhes sejam correlatos, os seguintes princípios: [...]

XVI - padronização;

Art. 19. Nas compras devem ser observadas as seguintes regras: [...]

IV - atendimento aos princípios: [...]

a) da padronização, considerando a compatibilidade de especificações estéticas, técnicas ou de desempenho;

Art. 20. A indicação de marca é permitida quando: [...]

Do processo de padronização

§ 3º O processo de padronização deverá conter parecer técnico sobre o produto considerando as especificações técnicas e estéticas, desempenho, análise de contratações anteriores, custo e condições da manutenção, garantia e, finalmente, despacho motivado da autoridade superior, com a adoção do padrão (standard), devendo ser publicada no meio de divulgação oficial a síntese da justificativa e a descrição sucinta do padrão definido.

Art. 26. Os serviços somente podem ser licitados quando houver: [...]

II - atendimento aos princípios previstos neste código, especialmente: (Redação dada pela Lei Nº 9990 DE 13/02/2014, conversão da Medida Provisória Nº 158 de 12/12/2013).

a) da padronização, considerando a compatibilidade de especificações estéticas, técnicas ou de desempenho;

43.1. Padronização – dever ou boa prática?

Com toda experiência colhida controlando e orientando a Administração Pública os autores são enfáticos em recomendar a padronização. A padronização traz as seguintes vantagens: melhora a descrição do produto, reforça a impessoalidade da gestão, atua como indutor no mercado produtor/fornecedor, reduz o tempo de descrição do objeto. Há um ponto em que a padronização tem efeito negativo: quando a Administração se recusa atualizar o processo de padronização.

O dispositivo do art. 43, tomado isoladamente não determina que a Administração Pública deve padronizar; determina o que o processo de padronização deve conter.

No art. 40 que dispõe sobre o planejamento das contratações, a padronização é indicada como um princípio. Na ciência jurídica, princípio não vincula a Administração Pública. Essa está subjugada ao princípio da legalidade, conforme art. 37, caput, da Constituição Federal.

Definido como princípio, a padronização opera no contexto do dispositivo do art. 40 como estruturante. Inobservá-lo, exige motivação.

Em coerência com essa interpretação o art. 19, § 2º, determina que deverá ser motivado o não uso do catálogo eletrônico de padronização. Como visto em comentário a outros dispositivos, inclusive no art. 19, inc. II e art. 6º inc. LI, o catálogo eletrônico de padronização não é de produtos padronizados, mas de procedimentos padronizados.

43.2. Procedimentos de padronização – determinações legais

A melhor parte do dispositivo, como se observa na transcrição acima, foi copiado do Código de Licitações e Contratos do Estado do Maranhão, produzido pelos autores desta obra na gestão da governadora Roseane Sarney e tento como dirigente da área Dr. Francisco de Salles Baptista.

O dispositivo estabelece como deve se desenvolver o procedimento da padronização, mas deixa evidente que é uma regulamentação superficial, ensejando a necessidade de regulamentação infralegal.

Para padronização a Administração Pública deverá abrir um processo específico de padronização, o qual deve conter uma análise pretérita e outra o que se prevê seja a vantagem decorrente da padronização:

- análise de contratações anteriores;

- custo e condições de manutenção e garantia;

- especificações técnicas e estéticas e análise de desempenho previstas ou ocorridas;

- parecer técnico sobre o produto que se pretende padronizar e sobre esta indicação das especificações técnicas e estéticas, desempenho, custo e condições de manutenção e garantia;

Instruído o processo com esse conteúdo deverá ser submetido a autoridade superior da área de logística que em despacho motivado determinará a adoção do padrão, acolhendo o parecer técnico e ordenará a publicação.

Na forma do inc. III do artigo em comento, será divulgada em sítio eletrônico oficial a síntese da justificativa e descrição sucinta do padrão definido. Cabe lembrar, a propósito que o Portal Nacional de Contratações Públicas deve concentrar toda divulgação, conforme art. 174 e seguintes.

No início da vigência da Lei nº 8.666/1993, alguns juristas de expressão nacional como Diógenes Gasparini, entre outros, sustentavam a necessidade de que, após a divulgação, houvesse um período destinado à contestação do laudo ou da decisão sobre a padronização dos produtos. Note que a lei optou por não estabelecer o contraditório em relação à divulgação da Administração. Nessa situação, pode a parte interessada que discorda de o padrão escolhido apresentar motivos de ordem técnica pela lei geral do processo administrativo, que na esfera federal é a Lei nº 9.784/1999.

A norma não impôs a necessidade de fixar prazo para a validade dos estudos, o que seria interessante uma vez que muitos produtos nascem com a obsolescência programada e outros sofrem a questão da defasagem tecnológica. Portanto, é de bom alvitre que se defina previamente um prazo para a revisão do processo de padronização. Dependendo do tamanho e do preço do objeto e da tecnologia envolvida, sugere-se o prazo de três a cinco ou dez anos para a revisão.

43.3. Boas práticas no processo de padronização

A padronização é em si mesma, uma boa prática. Além das determinações em lei, propõe-se:

- que padronização de objetos e até descrição de serviços seja conduzida por uma comissão;

- a criação de comissão, órgão colegiado de padronização, garante a observância do princípio da impessoalidade;

- os trabalhos da comissão sejam em período com definição de início e término;

- no início dos trabalhos seja divulgado e aberta audiência pública para colher contribuições de fornecedores;

- a padronização atenda o que determinam os arts. 40 a 42 da lei em comento; e

- o processo de padronização seja revisto a cada biênio.

43.3.1. Processo de padronização sem formalismo

Marçal Justen Filho com habitual propriedade esclarece:[434] "No procedimento que visa a promover a padronização, não é caso de aplicar o estrito princípio do formalismo. Não é cabível excluir um potencial fornecedor ou um produto específico por ausência de apresentação oportuna de um documento. O poder da Administração suprir defeitos na documentação e realizar investigações não se contém nos limites característicos de uma licitação."

43.3.2. Pesquisa de outros produtos

Entre as boas práticas se recomenda uma ampla pesquisa no mercado, ainda que seja no mercado local para conhecer o que existe disponível e só depois padronizar. Deve-se ter a cautela de que há centenas de produtos que não podem ser comparados. Não é razoável, por exemplo, comparar produtos com certificação da ABNT com produtos sem certificação, pois é vedada a comercialização de produtos sem certificação quando existem normas impondo critérios científicos para a produção.

43.3.3. Inexigibilidade de licitação

Pode a padronização levar a produto ou fornecedor exclusivo. Atendidas as cautelas previstas em lei, certamente não há ilegalidade quando a padronização levar a essa conclusão.

43.4. Parecer técnico

Note que a Lei estabelece algumas diretivas interessantes para um parecer técnico, ou seja, a Administração deve conseguir um profissional que, tendo conhecimentos do objeto, emita o parecer técnico. Esse parecer poderá ser conquistado no âmbito interno da Administração Pública, com sua própria mão de obra, ou de terceirizado para esse fim específico. Dependendo do objeto o parecer

---

[434] JUSTEN FILHO, Marçal. **Comentários à Lei de Licitações e Contratações Administrativas**. São Paulo. Thomson Reuters Brasil, 2021, p. 569.

externo poderá ser o mais apropriado pela especialização do conhecimento requerido.

No caso específico da terceirização, recomenda-se a habilitação legal pertinente ao exame da matéria que será objeto de parecer técnico, devendo também juntar-se a opinião do gestor responsável interno da Administração, que fará a análise das contratações anteriores. Assim sendo, a Administração deverá entregar ao terceirizado o detalhamento do que pretende entregar, também informações das contratações anteriores, o custo e as condições de manutenção e garantia. Poderá, no entanto, o contrato de terceirização transferir também a colheita dessas informações internas. Note que esses elementos também são determinantes para a padronização.

Em síntese, os argumentos que levam à padronização são: especificações técnicas, especificações estéticas, especificações de desempenho, análise das contratações anteriores, custos e condições da manutenção e garantias. É um conjunto de atributos que deve ser considerado no momento da padronização do objeto.

Inovação que ocorreu nessa Lei foi admitir a consideração das especificações estéticas. A inovação que foi introduzida no Código de Licitações e Contratos do Estado do Maranhão, veio oportunizar um elemento importante na formação do ambiente de trabalho. Na nova Lei, esse elemento tornou-se um atributo que tem necessariamente de ser considerado. Note o art. 6º, inc. XXIV, que ao conceituar o anteprojeto, determina considerar o elemento estético; no art. 40, quando determina padronizar já impõe a observância do elemento estético; no art. 47 a mesma ideia se repete.

Como exemplo, é de fato muito comum que a Administração Pública, na compra de cadeiras para um auditório, preserve o modelo já existente, ou então, estabeleça uma padronização que, esteticamente, seja compatível com o ambiente.

Art. 43, § 1º

Art. 43. O processo de padronização deverá conter: [...]
§ 1º É permitida a padronização com base em processo de outro órgão ou entidade de nível federativo igual ou superior ao do órgão adquirente, devendo o ato que decidir pela adesão a outra padronização ser devidamente motivado, com indicação da necessidade da Administração e dos riscos decorrentes dessa decisão, e divulgado em sítio eletrônico oficial.

Dispositivos correspondentes na Lei nº 8.666/1993: não há

43.5. Aproveitamento de processos padronização

Pode cada órgão optar, em razão de suas particularidades por escolher um padrão diferente. Um exemplo pode ser útil à compreensão. Considere a necessidade de policiamento ostensivo em determinada cidade em que predominam vias asfaltadas e outro à beira-mar. O veículo ou motocicleta escolhido no primeiro terá uma configuração para velocidade sem obstáculos; no segundo, tração automática nas quatro rodas e motocicletas *trail*. Pode ocorrer também de um órgão além de ter situações semelhantes a outro, reconhecer nesse outro uma superioridade técnica de gestão ou uma antecedência no tempo em relação a implantação de procedimentos.

Surge daí a utilidade do dispositivo que está no art. 43, § 1º: aproveitamento do processo de padronização. O despacho que ordena o aproveitamento não exige o prévio estudo e o parecer. Juntada cópia do processo de padronização de outro órgão, de preferência na íntegra, a autoridade responsável pela logística deve motivar a conveniência de padronização, a indicação da necessidade da Administração e dos riscos decorrentes dessa decisão de aproveitar o procedimento de padronização de outro órgão. Também exige a lei que o despacho seja divulgado em sítio eletrônico oficial.

Não passa despercebido como atuou o Congresso Nacional, evidenciando a pretensão de hierarquizar os níveis dos entes federativos, numa aberração jurídica sem fundamentação.

Obtida cópia do processo, a lei estabelece que a decisão pela adesão a outra padronização deve ser devidamente motivada. Isso significa que não se vai discutir novamente o conteúdo do parecer que definiu pela padronização, mas apenas decidir se deve ou não ser aproveitado no órgão. Se o gestor tiver mais de um processo, poderá, inclusive, apenas comparar os órgãos: se o DETRAN da Paraíba adotou uma padronização, o DETRAN de São Paulo pode adotar a mesma padronização.

A Lei ainda pontua que sejam ponderados os riscos decorrentes dessa decisão. No caso concreto, poderá haver riscos em decorrência, por exemplo, das condições de manutenção em outra unidade regional diferentemente daquela que fez a padronização. Decidido, então, pela adesão à outra padronização, encerra o dispositivo recomendando a divulgação em sítio eletrônico oficial.

Art. 43, § 2º

> Art. 43. O processo de padronização deverá conter:
> [...]

> § 2º As contratações de soluções baseadas em *software* de uso disseminado serão disciplinadas em regulamento que defina processo de gestão estratégica das contratações desse tipo de solução.

Dispositivos correspondentes na Lei nº 8.666/1993: não há

43.6. Contratações de *software*

A lei reservou uma disciplina própria para a padronização de *software*. Não há um simples processo de padronização, mas a exigência de um regulamento antecedendo a decisão e a procedimentalização.

Ao contrário do que ocorreu no caput e no § 1º desse dispositivo, em que a Administração decide pelo processo de padronização, no § 2º a situação é bem diferente. No caso aqui tratado, Administração verifica a existência de um software que está sendo disseminado no âmbito da Administração Pública ou pretende contratar um, tal como ocorre comumente com softwares da Microsoft.

Nesses casos, a Administração vai definir, no seu plano de gestão estratégico de TI, se vai passar a licitar, se vai dividir o objeto para ampliar a competição – realizando uma licitação com as funcionalidades de cada software – ou se não vai terceirizar e assim, desenvolver por si própria o software. O resultado dessa análise estratégica vai integrar o processo de gestão estratégico da área de TI.

Poderá ocorrer, inclusive, a padronização de software a ser utilizado pela Administração, com os riscos e vantagens inerentes às decisões de padronização.

À vista desse dispositivo é preciso considerar com cautela restrições à padronização editadas pelos órgãos de controle, como se fossem leis. No novo ordenamento jurídico há um balizamento perfeitamente definido o que exigirá nova jurisprudência.

Alguns entendimentos anteriores poderão ser considerados. Em análise, nessa senda, recente entendimento do TCU, acórdão nº 1410/2021 - Plenário[435], menciona sobre a solução padronizada tecnológica, em serviço comum - pregão eletrônico:

> [...]
> 12. Importante ressaltar que conquanto pudesse parecer que o objeto demandaria licitação técnica e preço, em razão de haver sido descrito como contratação de serviços de consultoria técnica e educação específicos para a plataforma Microsoft 365, o objeto em questão se trata, (...), de solução disponibilizada pela Microsoft, por meio de parceiros, para fornecimento de

---

[435] BRASIL. Tribunal de Contas da União. Processo TC nº 000.055/2021-2. Acórdão nº 1410/2021 – Plenário. Relator: Ministro-substituto Augusto Sherman Cavalcanti.

ferramentas educacionais para as instituições contratantes, de forma integrada, incluindo os softwares de escritório comumente utilizados bem como plataformas de aprendizagem diretamente utilizadas pelos alunos para a introdução à programação, (...) e para atividades computacionais (...)

13. Evidentemente que não se trata de mera disponibilização de softwares (...), mas de uma solução educacional mais abrangente, incluindo a disponibilização de projeto arquitetônico oficial das soluções ou do ambiente educacional, em padrão desenvolvido pela empresa de tecnologia, que envolve serviços de ambientação, emplacamento e adesivagem das salas de ensino.

14. (...) os serviços previstos no objeto sugerem padronização e adequação a regras e protocolos bem estabelecidos pela empresa Microsoft, de maneira que as empresas parceiras e certificadas por referida empresa ofereceriam os serviços de maneira praticamente idêntica, sem margem para diferenciação da técnica a ser utilizada.

15. Para a implementação e formação do serviço (...), a empresa Microsoft já teria realizado todo o trabalho intelectual de desenvolvimento da ferramenta e de elaboração do projeto arquitetônico básico, de maneira que às empresas parceiras caberia apenas a entrega dos serviços de acordo com o padrão estabelecido, sem margem significativa para diferenciação técnica entres elas.

16. A toda evidência, portanto, poderia ter sido realizado pregão eletrônico para o objeto, e adotado o parcelamento explicitando todas as características adequadas a esse objetivo, de maneira a trazer maior número de concorrentes, primando assim pela economicidade da contratação pretendida.

Nesse sentido é a Súmula TCU nº 270/2012: "Em licitações referentes a compras, inclusive de softwares, é possível a indicação de marca, desde que seja estritamente necessária para atender a exigências de padronização e que haja prévia justificação."

Outro Acórdão importante tem o seguinte teor: Nas licitações para aquisição de licença de uso de software, é irregular a citação de marcas ou de nomes de empresas ou de produtos nos editais. Havendo necessidade de compatibilização do software a ser adquirido com o já existente na instituição contratante, as razões devem ser tornadas públicas, com as devidas justificativas, no processo da licitação, a fim de evitar interpretações dúbias ou danosas a este.[436]

Também se soma pela clareza o seguinte texto de acordão, com a didática do Ministro José Múcio Monteiro: É legítima a aquisição de *software* ou hardware produzido por fabricante específico quando comprovado que apenas determinado

---

[436] BRASIL. **Tribunal de Contas da União.** Processo TC nº 027.757/2014-5. Acórdão nº 3139/2014 – Plenário. Relator: Ministro Augusto Sherman Cavalcanti.

sistema ou equipamento é compatível com outros sistemas previamente adquiridos pela Administração.[437].

43.7. Material de uso das Forças Armadas

Recomenda-se a leitura dos comentários ao art. 75, que trata da licitação dispensável, o qual no inc. IV, autoriza a dispensa de licitação para contratação que tenha por objeto, previsto na alínea "g", "materiais de uso das Forças Armadas, com exceção de materiais de uso pessoal e administrativo, quando houver necessidade de manter a padronização requerida pela estrutura de apoio logístico dos meios navais, aéreos e terrestres, mediante autorização por ato do comandante da força militar".

Os comentários a esse dispositivo estão na obra Contratação Direta sem Licitação na Nova Lei de Licitações.[438]

---

[437] BRASIL. **Tribunal de Contas da União**. Processo TC nº 015.201/2009-9. Acórdão nº 1548/2013 - Plenário. Relator: Ministro José Mucio Monteiro.
[438] JACOBY FERNANDES, Jorge Ulisses; JACOBY FERNANDES, Ana Luiza; JACOBY FERNANDES, Murilo. Contratação Direta sem Licitação. 11 ed. Belo Horizonte: Fórum, 2021.

44. Art. 44, caput

> Art. 44. Quando houver a possibilidade de compra ou de locação de bens, o estudo técnico preliminar deverá considerar os custos e os benefícios de cada opção, com indicação da alternativa mais vantajosa.

Dispositivos correspondentes na Lei nº 8.666/1993: não há.

Dispositivos pertinentes na Lei nº 14.133/2021, além do art. 44:

Art. 51. Ressalvado o disposto no inciso V do caput do art. 74 desta Lei, a locação de imóveis deverá ser precedida de licitação e avaliação prévia do bem, do seu estado de conservação, dos custos de adaptações e do prazo de amortização dos investimentos necessários. [...]

Art. 74. É inexigível a licitação quando inviável a competição, em especial nos casos de: [...]

V - aquisição ou locação de imóvel cujas características de instalações e de localização tornem necessária sua escolha. [...]

§ 5º Nas contratações com fundamento no inciso V do caput deste artigo, devem ser observados os seguintes requisitos:

I - avaliação prévia do bem, do seu estado de conservação, dos custos de adaptações, quando imprescindíveis às necessidades de utilização, e do prazo de amortização dos investimentos;

II - certificação da inexistência de imóveis públicos vagos e disponíveis que atendam ao objeto;

III - justificativas que demonstrem a singularidade do imóvel a ser comprado ou locado pela Administração e que evidenciem vantagem para ela.

Dispositivos correspondentes na Lei nº 9.579/2012 (Institui o Código de Licitações e Contratos do Estado do Maranhão):

DAS LOCAÇÕES

Seção I

Das regras gerais da locação

Art. 21. Os contratos de locação em que a Administração Pública seja locatária regem-se pelas normas do direito privado, inclusive quanto: (Redação do caput dada pela Lei Nº 9990 DE 13/02/2014, conversão da Medida Provisória Nº 158 DE 12/12/2013).

I - à oferta de garantias;

II - ao período de vigência;

III - às condições de rescisão.

Do prazo de locação

§ 1º O prazo de locação de imóveis deve ser ajustado de modo a compensar o investimento com as adaptações necessárias às instalações, podendo ser ajustado pelo prazo de até cinco anos, com prorrogação por, no máximo, igual período. (Redação do parágrafo dada pela Lei Nº 9990 DE 13/02/2014, conversão da Medida Provisória Nº 158 DE 12/12/2013).

Das providências anteriores à locação

§ 2º Antes de proceder à locação, a Administração deve:

I - realizar a avaliação prévia;

II - avaliar os custos de adaptações, quando imprescindíveis às necessidades de utilização;

III - avaliar os custos diretos e, quando for o caso, indiretos da manutenção incidentes na execução do contrato;

IV - assegurar-se da compatibilidade com a previsão de recursos orçamentários para a contratação;

V - certificar-se da inexistência de outros imóveis públicos vagos e disponíveis que atendam ao objeto;

VI - justificar expressamente a conveniência da locação em relação a outras formas de uso do imóvel; (Redação do inciso dada pela Lei Nº 9990 DE 13/02/2014, conversão da Medida Provisória Nº 158 DE 12/12/2013).

VII - avaliar a existência de ônus reais sobre o imóvel.

Da forma de seleção - licitação ou contratação direta

Art. 22. A locação de imóvel deverá ser precedida de licitação. (Redação do caput dada pela Lei Nº 9990 DE 13/02/2014, conversão da Medida Provisória Nº 158 DE 12/12/2013).

Parágrafo único. É permitida a locação, mediante contratação direta, para atender finalidade da Administração, quando as necessidades de instalação e localização condicionarem a sua escolha, desde que: (Redação dada pela Lei Nº 9990 DE 13/02/2014, conversão da Medida Provisória Nº 158 DE 12/12/2013).

I - o preço seja compatível com o valor de mercado;

II - o ato de dispensa seja publicado em meio de divulgação oficial. (Redação do inciso dada pela Lei Nº 9990 DE 13/02/2014, conversão da Medida Provisória Nº 158 DE 12/12/2013).

Do leasing

Art. 23. A contratação de leasing deve ser precedida de licitação e avaliação técnica da vantagem do leasing, considerando o valor mensal, as taxas de financiamento aplicadas e o prazo de duração. (Redação do caput dada pela Lei Nº 9990 DE 13/02/2014, conversão da Medida Provisória Nº 158 DE 12/12/2013).

Parágrafo único. A avaliação da vantagem do leasing sobre as demais operações e a aferição das propostas entre si podem ser cometidas a consultor especializado em gestão financeira ou a integrantes da própria Administração Pública.

Da locação sob medida e da securitização (Redação da expressão dada pela Lei Nº 9990 DE 13/02/2014, conversão da Medida Provisória Nº 158 DE 12/12/2013).

Art. 24. É permitida a contratação de locação de bem a construir, - *Built to suit* - também denominada de locação sob medida, desde que demonstrada a vantagem econômica em favor da Administração, comparada às opções de aluguel simples, compra e contratação de obra. (Redação do caput dada pela Lei Nº 9990 DE 13/02/2014, conversão da Medida Provisória Nº 158 DE 12/12/2013).

§ 1º A Administração poderá permitir a securitização do financiamento.

§ 2º A avaliação da vantagem da securitização sobre as demais opções e a aferição das propostas entre si podem ser cometidas a consultor especializado em gestão financeira ou Administração Pública.

§ 3º O prazo de contratos de locação previstos neste artigo serão definidos de modo a atender o justo preço do empreendimento e do retorno para o contratado, podendo ser garantido pela Administração por outros meios em direito admitidos, inclusive com vinculações a receitas admitidas em lei. (Parágrafo acrescentado pela Lei Nº 9990 DE 13/02/2014, conversão da Medida Provisória Nº 158 DE 12/12/2013).

Seção II

Da preferência da concessão de uso em relação à locação

Art. 25. As locações de imóveis em que a Administração for locadora devem ser substituídas por concessão de uso ou concessão de direito real de uso, na medida em que forem encerrados os prazos dos contratos vigentes.

44.1. Noções

O dispositivo trata do tema locação e aquisição. O primeiro tema tem sido regulado muito superficialmente pela legislação federal. O Código de Licitações e Contratos do Estado do Maranhão, ao contrário, detalhou com precisão o balizamento do tema, incluindo novas ferramentas jurídicas, como se observa no texto transcrito.

Ainda pode ser útil nas regulamentações do tema, em norma infralegal ou em lei de outras unidades federadas.

Ordena o dispositivo que sendo possível locação ou aquisição, na fase do planejamento, especificamente ao elaborar o Estudo Técnico Preliminar – ETP, o Agente da Contratação motive a decisão de escolher entre adquirir ou locar.

Há bastante tempo vimos recomendando a preferência por locação de bens e imóveis na Administração Pública. Ao longo da atuação no controle vem se revelando que há vantagem na locação e que os estudos comparativos entre ambas têm sido rasos e consideram apenas o custo de curto prazo e diretos. Adiante, item específico sobre a construção de equação matemática, se for possível, para balizar a escolha.

Também, não se pode esquecer que, quando da incorporação de bens adquiridos à Administração, deve ser considerado o custo direto e indireto da manutenção e quem vai realizar o ETP, projeto básico, licitar, assinar contrato, publicar, gerenciar o contrato, medir, ordenar pagamento, emitir atestados. Com a compra, mais do que com a locação, se estará gerando mais trabalho para o âmbito interno da Administração Pública Brasileira.

A escolha deve, sempre que possível, ser fundamentada e justificada, especificamente no Estudo Técnico Preliminar, visando assim demonstrar a vantajosidade do ato. Exemplo interessante em que foi alegada a falta desse estudo, ocorreu no processo de contratação firmado entre a empresa SHEMPO Indústria e Comércio de Eletroeletrônicos e Serviços LTDA., com o Departamento de Trânsito do Distrito Federal – DETRAN/DF, ocorrido em 02/07/2014. O objeto previa a locação de painéis de mensagens variáveis móveis. Importa observar que, em representação formulada pelo Ministério Público de Contas do Distrito Federal, entre outras irregularidades, foi apontado que o estudo técnico de viabilidade apresentado, quanto à diferenciação de aquisição e locação, foi insatisfatório, infringindo assim, Decisão Normativa nº 1/2011 do TCDF que trata exatamente sobre a metodologia para análise dos estudos de viabilidade, quanto à opção de locação frente à opção de aquisição de bens.

Note aqui a disfunção do controle. O Tribunal define uma metodologia, erige a metodologia como se lei fosse, considera todos os Agentes dos órgãos vinculados ao atendimento que considerou adequado. Em pretendendo dar contornos jurídicos a esse mesmo procedimento deveria estudar as possibilidades de motivação, erigir o modelo que considera adequado e informar que o próprio Tribunal usará determinado modelo matemático quando for aferir a locação versus compra. Dessa forma estará antecipando sua forma de controlar, sem considerar que o Agente da Contratação está vinculado ao seu modelo. Nesse cenário é evidente que poderia exigir a motivação do ato, mas deveria estudar, como determina lei então em vigor, as condições habituais de contratação da Administração Pública. O que destoou no caso foi que a locação de painéis vem sendo uma prática, inclusive com essa empresa, em outros estados.

44.2. Despesa pública

É importante ponderar que a despesa para o atendimento às necessidades públicas, nesse caso, se dividiria em investimento e custeio. Não se pode esquecer que, ao fazer a opção por uma das alternativas, deve-se considerar também que o Agente de Contratação deve estudar a possibilidade de mudança das dotações definidas no orçamento. Aquisição seria investimento; locação, custeio.

44.3. Comparar custos e benefícios de cada opção

Deve o Agente de Contratação, sempre que possível documentar a motivação da escolha, comparando como ordena a lei, os "custos e benefícios de cada opção".

Para isso, é importante considerar:

a) nem sempre é possível a comparação, pois em muitas áreas somente existe a opção de compra e venda;

b) na internet há centenas de ofertas de modelos matemáticos que se dispõe a balizar a decisão em termos exclusivamente matemáticos e econômicos;

c) nenhum desses modelos, consultado pelos autores destes comentários, é completo.

A Universidade de Brasília - UnB desenvolveu estudos que foram amplamente utilizados pelo Tribunal de Contas do Distrito Federal, formando uma equação que, aliás, não é muito precisa, mas apenas um razoável indicativo para o gestor. Nessa hipótese, a colocação dos elementos em um algoritmo leva a uma decisão sobre a melhor opção. Nada, porém, substitui a capacidade do gestor de fazer uma avaliação consciente e, inclusive, estabelecer a sua decisão à vista dos recursos disponíveis. Pode a Administração não ter dinheiro para efetuar a compra de um bem móvel ou imóvel e ter dinheiro para fazer a locação.

44.3.1. Fatores não considerados nos modelos ortodoxos

Há inúmeros fatores não considerados nas fórmulas e estudos que se dispõe a construir um algoritmo para o processo decisório:

a) associados à compra

Qualificação dos gestores de contratos para recebimento, tombamento do bem, avaliação periódica para definir pontos de troca; perda do prazo de garantia pelo decurso de tempo; desatualização do produto; concurso para contratar equipe de manutenção, remuneração de servidores públicos estatutários, custo da aposentadoria associado a média da expectativa de vida do servidor; custo da pensão associado a média da expectativa de vida dos pensionistas; corrupção de almoxarifados que guardam peças de reposição; ou com manutenção terceirizada integralmente, custo da licitação; custo da descontinuidade dos contratos por interferências externas, como ordem do Tribunal de Contas para paralisar licitação; responsabilização de servidor por compras com baixa qualidade ou com grande restrição à competição para garantir qualidade; armazenamento dos bens.

b) locação de bens e de imóveis

Na locação deve-se incluir a manutenção e operação do bem, de modo a reduzir o número de contratos para gerir, estabelecendo para o contratado uma obrigação de resultado: disponibilidade do bem em condições ideais de funcionamento e operação, arcando com todos os custos decorrentes, inclusive insumos.

Não deve ser associado à locação a disponibilidade para uso de Agentes Públicos como vêm fazendo alguns tribunais que terceirizam frotas de veículos e colocam servidores públicos para dirigir. Assim, se reúne o pior dos mundos jurídicos. Responsabilidade regressiva contra o servidor por dolo – art. 37, § 5º da Constituição Federal, e riscos aos servidores públicos e a terceiros. Veículo locado com motorista resolve as necessidades convencionais ou ordinárias da Administração Pública. O sistema TAXIGOV tratado adiante é a melhor opção para demandas convencionais.

Em termos gerais, a locação desonera os servidores públicos e faz cumprir diretiva assentada há mais de cinquenta anos, ainda em vigor.[439]

44.3.2. Diretrizes úteis

No Código de Licitações e Contratos do Estado do Maranhão inserimos outros balizamentos úteis a serem considerados na tomada de decisão que podem ser inseridos nos regulamentos. Assim foi redigido: "§ 2º Antes de proceder à locação, a Administração deve:

> I - realizar a avaliação prévia;
>
> II - avaliar os custos de adaptações, quando imprescindíveis às necessidades de utilização;
>
> III - avaliar os custos diretos e, quando for o caso, indiretos da manutenção incidentes na execução do contrato;
>
> IV - assegurar-se da compatibilidade com a previsão de recursos orçamentários para a contratação;
>
> V - certificar-se da inexistência de outros imóveis públicos vagos e disponíveis que atendam ao objeto;
>
> VI - justificar expressamente a conveniência da locação em relação a outras formas de uso do imóvel; (Redação do inciso dada pela Lei nº 9.990 de 13/02/2014, conversão da Medida Provisória nº 158 de 12/12/2013).
>
> VII - avaliar a existência de ônus reais sobre o imóvel."

44.3.3. TáxiGov

Alguns procedimentos já assentados dispensam estudos prévios. É o caso, por exemplo do TáxiGov. Nas palavras do próprio governo:

"É o serviço de transporte de servidores e colaboradores da Administração Pública Federal em deslocamentos a trabalho com o uso de táxis, que começou a ser implementado em março de 2017, em Brasília."[440] A partir de 2019, o projeto se expandiu para outras localidades do Brasil. O objetivo é melhorar a oferta de serviços de transporte administrativo ao servidor, com economia, transparência de gastos públicos e eficiência, através do uso de tecnologia.

---

[439] BRASIL. Decreto-lei nº 200, de 25 de fevereiro de 1967. Dispõe sobre a organização da Administração Federal, estabelece diretrizes para a Reforma Administrativa e dá outras providências. [...] Art. 10. A execução das atividades da Administração Federal deverá ser amplamente descentralizada. [...] § 7º Para melhor desincumbir-se das tarefas de planejamento, coordenação, supervisão e contrôle e com o objetivo de impedir o crescimento desmesurado da máquina administrativa, a Administração procurará desobrigar-se da realização material de tarefas executivas, recorrendo, sempre que possível, à execução indireta, mediante contrato, desde que exista, na área, iniciativa privada suficientemente desenvolvida e capacitada a desempenhar os encargos de execução.
[440] BRASIL. Ministério da Economia. TAXIGOV. Disponível em https://www.gov.br/economia/pt-br/acesso-a-informacao/acoes-e-programas/transformagov/catalogodesolucoes/taxigov-.1. Acesso em 25 de março de 2022.

Nesse caso, dispensam estudos devido à formalização normativa já existente. A boa prática pode e deve ser estendida as demais esferas de governo.

44.3.4. Outsourcing de impressão

"A Secretaria de Tecnologia da Informação, do Ministério do Planejamento, Desenvolvimento e Gestão (STI/MP), em observância ao disposto na Estratégia de Governança Digital e na Instrução Normativa SLTI/MP nº 4, de 11 de setembro de 2014, recomenda aos órgãos e entidades integrantes do Sistema de Administração dos Recursos de Tecnologia da Informação (SISP), no que tange ao atendimento às demandas de serviços de impressão e digitalização, a contratação preferencial de serviços de outsourcing de impressão na modalidade franquia de páginas mais excedente, no lugar de aquisição ou locação de equipamentos de impressão e digitalização."[441]

Por ser recomendação em norma a comparação com compra é dispensável.

44.3.5. Locação de imóveis

No caso de locação de imóveis, há artigos específicos nesta Lei que vêm a corroborar com o planejamento de compras/aluguel pela Administração. O art. 51, que trata sobre a locação de imóveis e o art. 74, inc. V, § 5º sobre a inexigibilidade da licitação nos casos de aquisição ou a locação de bem imóvel, expressos acima.

No art. 74, inc. V, foi admitida a inexigibilidade de licitação para "aquisição ou locação de imóvel cujas características de instalações e de localização tornem necessária sua escolha." E, no § 5º, foram impostos os requisitos para balizar a decisão da escolha.[442] Nesse ponto, a norma da inexigibilidade deve ser integrada com a aqui definida sobre avaliação da vantajosidade entre a locação e a aquisição.[443]

44.3.6. Securitização, leasing e built to suit

A Lei nº 14.133/2021 deixou de instrumentalizar o gestor público, de modo expresso, com as novas ferramentas jurídicas securitização *leasing* e *built to suit*. Todas podem e devem ser consideradas no amplo espectro do planejamento e tem

---

[441] BRASIL. Governo Digital. Disponível em https://www.gov.br/governodigital/ptbr/contratacoes/BoasPraticasorientacoesevedacoesparacontratacaodeServicosdeOutsourcingdeImpressaorev.1a.pdf. Acesso em 25 de abril 2022

[442] BRASIL. **Lei nº 14.133, de 1º de abril de 2021**: "Art. 74. [...] § 5º Nas contratações com fundamento no inciso V do caput deste artigo, devem ser observados os seguintes requisitos: I - avaliação prévia do bem, do seu estado de conservação, dos custos de adaptações, quando imprescindíveis às necessidades de utilização, e do prazo de amortização dos investimentos; II - certificação da inexistência de imóveis públicos vagos e disponíveis que atendam ao objeto; III - justificativas que demonstrem a singularidade do imóvel a ser comprado ou locado pela Administração e que evidenciem vantagem para ela."

[443] JACOBY FERNANDES, Jorge Ulisses; JACOBY FERNANDES, Ana Luiza; JACOBY FERNADES, Murilo. **Contratação Direta sem Licitação**. 11. ed. Belo Horizonte: Fórum, 2021.

fundamento no art. 40 tratando do planejamento de compras ordena considerar, no inc. I, as "condições de aquisição e pagamento semelhantes às do setor privado".

E o setor privado tem conseguido modelagens com a securitização de recebíveis como pagamento de locação e edificação, vantagens do leasing, e também contratando edificações, pelo regime de *built to suit*. Veja no índice remissivo desta obra, as possibilidades do uso de *built to suit*, inclusive com precedentes de doutrina e jurisprudência.

44.3.7. Prazo de locação

O prazo do contrato de locação deve ser considerado com as variáveis de depreciação do bem, por conta do locatário, e o tempo adequado para proporcionar justa remuneração pelo investimento do bem pelo particular.

Subseção II - Das Obras e Serviços de Engenharia

45. Art. 45, caput, I, II, III, IV, V, VI

Art. 45. As licitações de obras e serviços de engenharia devem respeitar, especialmente, as normas relativas a:

I - disposição final ambientalmente adequada dos resíduos sólidos gerados pelas obras contratadas;

II - mitigação por condicionantes e compensação ambiental, que serão definidas no procedimento de licenciamento ambiental;

III - utilização de produtos, de equipamentos e de serviços que, comprovadamente, favoreçam a redução do consumo de energia e de recursos naturais;

IV - avaliação de impacto de vizinhança, na forma da legislação urbanística;

V - proteção do patrimônio histórico, cultural, arqueológico e imaterial, inclusive por meio da avaliação do impacto direto ou indireto causado pelas obras contratadas;

VI - acessibilidade para pessoas com deficiência ou com mobilidade reduzida.

Dispositivos correspondentes na Lei nº 8.666/1993: não há.

Dispositivos correspondentes na Lei nº 12.462/2011 (Institui o RDC):

Art. 4º. Nas licitações e contratos de que trata esta Lei serão observadas as seguintes diretrizes:

§ 1º As contratações realizadas com base no RDC devem respeitar, especialmente, as normas relativas à:

I - disposição final ambientalmente adequada dos resíduos sólidos gerados pelas obras contratadas;

II - mitigação por condicionantes e compensação ambiental, que serão definidas no procedimento de licenciamento ambiental;

III - utilização de produtos, equipamentos e serviços que, comprovadamente, reduzam o consumo de energia e recursos naturais;

IV - avaliação de impactos de vizinhança, na forma da legislação urbanística;

V - proteção do patrimônio cultural, histórico, arqueológico e imaterial, inclusive por meio da avaliação do impacto direto ou indireto causado pelas obras contratadas; e

VI - acessibilidade para o uso por pessoas com deficiência ou com mobilidade reduzida.

Dispositivos pertinentes na Lei nº 14.133/2021, além do art. 45:

Art. 6º. Para os fins desta Lei, consideram-se: [...]

XII - obra: toda atividade estabelecida, por força de lei, como privativa das profissões de arquiteto e engenheiro que implica intervenção no meio ambiente por meio de um conjunto harmônico de ações que, agregadas, formam um todo que inova o espaço físico da natureza ou acarreta alteração substancial das características originais de bem imóvel; [...]

XXI - serviço de engenharia: toda atividade ou conjunto de atividades destinadas a obter determinada utilidade, intelectual ou material, de interesse para a Administração e que, não enquadradas no conceito de obra a que se refere o inciso XII do caput deste artigo, são estabelecidas, por força de lei, como privativas das profissões de arquiteto e engenheiro ou de técnicos especializados, que compreendem:

a) serviço comum de engenharia: todo serviço de engenharia que tem por objeto ações, objetivamente padronizáveis em termos de desempenho e qualidade, de manutenção, de adequação e de adaptação de bens móveis e imóveis, com preservação das características originais dos bens;

b) serviço especial de engenharia: aquele que, por sua alta heterogeneidade ou complexidade, não pode se enquadrar na definição constante da alínea "a" deste inciso; [...]

XXII - obras, serviços e fornecimentos de grande vulto: aqueles cujo valor estimado supera R$ 200.000.000,00 (duzentos milhões de reais); (Vide Decreto nº 10.922, de 2021) [...]

Art. 19. Os órgãos da Administração com competências regulamentares relativas às atividades de administração de materiais, de obras e serviços e de licitações e contratos deverão: [...]

§ 3º Nas licitações de obras e serviços de engenharia e arquitetura, sempre que adequada ao objeto da licitação, será preferencialmente adotada a Modelagem da Informação da Construção (Building Information Modelling - BIM) ou tecnologias e processos integrados similares ou mais avançados que venham a substituí-la.

Art. 25. O edital deverá conter o objeto da licitação e as regras relativas à convocação, ao julgamento, à habilitação, aos recursos e às penalidades da licitação, à fiscalização e à gestão do contrato, à entrega do objeto e às condições de pagamento.

§ 6º Os licenciamentos ambientais de obras e serviços de engenharia licitados e contratados nos termos desta Lei terão prioridade de tramitação nos órgãos e entidades integrantes do Sistema Nacional do Meio Ambiente (Sisnama) e deverão ser orientados pelos princípios da celeridade, da cooperação, da economicidade e da eficiência.

Art. 29. A concorrência e o pregão seguem o rito procedimental comum a que se refere o art. 17 desta Lei, adotando-se o pregão sempre que o objeto possuir padrões de desempenho e qualidade que possam ser objetivamente definidos pelo edital, por meio de especificações usuais de mercado.

Parágrafo único. O pregão não se aplica às contratações de serviços técnicos especializados de natureza predominantemente intelectual e de obras e serviços de engenharia, exceto os serviços de engenharia de que trata a alínea "a" do inciso XXI do caput do art. 6º desta Lei.

Art. 75. É dispensável a licitação: [...]

IV - para contratação que tenha por objeto: [...]

j) coleta, processamento e comercialização de resíduos sólidos urbanos recicláveis ou reutilizáveis, em áreas com sistema de coleta seletiva de lixo, realizados por associações ou cooperativas formadas exclusivamente de pessoas físicas de baixa renda reconhecidas pelo poder público como catadores de materiais recicláveis, com o uso de equipamentos compatíveis com as normas técnicas, ambientais e de saúde pública;

Art. 82. O edital de licitação para registro de preços observará as regras gerais desta Lei e deverá dispor sobre: [...]

§ 5º O sistema de registro de preços poderá ser usado para a contratação de bens e serviços, inclusive de obras e serviços de engenharia, observadas as seguintes condições:

Dispositivos pertinentes na Constituição Federal de 1988:

Art. 182. A política de desenvolvimento urbano, executada pelo Poder Público municipal, conforme diretrizes gerais fixadas em lei, tem por objetivo ordenar o pleno desenvolvimento das funções sociais da cidade e garantir o bem-estar de seus habitantes. (Regulamento) (Vide Lei nº 13.311, de 11 de julho de 2016)

Art. 216. Constituem patrimônio cultural brasileiro os bens de natureza material e imaterial, tomados individualmente ou em conjunto, portadores de referência à identidade, à ação, à memória dos diferentes grupos formadores da sociedade brasileira, nos quais se incluem:

I - as formas de expressão;

II - os modos de criar, fazer e viver;

III - as criações científicas, artísticas e tecnológicas;

IV - as obras, objetos, documentos, edificações e demais espaços destinados às manifestações artístico-culturais;

V - os conjuntos urbanos e sítios de valor histórico, paisagístico, artístico, arqueológico, paleontológico, ecológico e científico.

Art. 225. Todos têm direito ao meio ambiente ecologicamente equilibrado, bem de uso comum do povo e essencial à sadia qualidade de vida, impondo-se ao Poder Público e à coletividade o dever de defendê-lo e preservá-lo para as presentes e futuras gerações.

Art. 227. É dever da família, da sociedade e do Estado assegurar à criança, ao adolescente e ao jovem, com absoluta prioridade, o direito à vida, à saúde, à alimentação, à educação, ao lazer, à profissionalização, à cultura, à dignidade, ao respeito, à liberdade e à convivência familiar e comunitária, além de colocá-los a salvo de toda forma de negligência, discriminação, exploração, violência, crueldade e opressão. (Redação dada Pela Emenda Constitucional nº 65, de 2010) [...]

§ 2º A lei disporá sobre normas de construção dos logradouros e dos edifícios de uso público e de fabricação de veículos de transporte coletivo, a fim de garantir acesso adequado às pessoas portadoras de deficiência.

Dispositivos correlatos na Lei nº 6.938/1981 (Dispõe sobre a Política Nacional do Meio Ambiente):

Art. 10. A construção, instalação, ampliação e funcionamento de estabelecimentos e atividades utilizadores de recursos ambientais, efetiva ou potencialmente poluidores ou capazes, sob qualquer forma, de causar degradação ambiental dependerão de prévio licenciamento ambiental. (Redação dada pela Lei Complementar nº 140, de 2011)

§ 1º Os pedidos de licenciamento, sua renovação e a respectiva concessão serão publicados no jornal oficial, bem como em periódico regional ou local de grande circulação, ou em meio eletrônico de comunicação mantido pelo órgão ambiental competente. (Redação dada pela Lei Complementar nº 140, de 2011)

Dispositivos correlatos na Lei nº 12.305/2010 (Institui a Política Nacional de Resíduos Sólidos):

Art. 2º. Aplicam-se aos resíduos sólidos, além do disposto nesta Lei, nas Leis nos 11.445, de 5 de janeiro de 2007, 9.974, de 6 de junho de 2000, e 9.966, de 28 de abril de 2000, as normas estabelecidas pelos órgãos do Sistema Nacional do Meio Ambiente (Sisnama), do Sistema Nacional de Vigilância Sanitária (SNVS), do Sistema Unificado de Atenção à Sanidade Agropecuária (Suasa) e do Sistema Nacional de Metrologia, Normalização e Qualidade Industrial (Sinmetro).

Dispositivos correlatos na Lei nº 13.146/2015 (Estatuto da Pessoa com Deficiência):

Art. 59. Em qualquer intervenção nas vias e nos espaços públicos, o poder público e as empresas concessionárias responsáveis pela execução das obras e dos serviços devem garantir, de forma segura, a fluidez do trânsito e a livre circulação e acessibilidade das pessoas, durante e após sua execução.

Consulte o Manual Instrumento de Padronização de Obras e Serviços de Engenharia elaborado pela AGU e pelo Ministério da Gestão e da Inovação em Serviços Públicos. Assessoramento personalizado.

45.1. Noções

No título II, que trata "das licitações", no capítulo II, que trata da "fase do planejamento", na seção IV, que trata das disposições setoriais, foi inserida a subseção II, que especificamente trata "das obras e serviços de engenharia", local onde se inserem os art. 45 e 46. Pela localização desses artigos, verifica-se o objetivo de assegurar as especificidades das obras e serviços de engenharia, especialmente na fase do planejamento da licitação. A lei impõe o dever de integrar um conjunto de normas esparsas que vão interferir no planejamento e no licenciamento de obras. E essas duas atividades interferem na execução do contrato, na paralização de obras, no atraso na entrega, na perda de recursos com obras inacabadas. Em consequência um conjunto de órgãos reguladores e de controle, atuando de forma descoordenada fazem o Agente Público e os contratados se surpreenderem com ordens de paralização. Num país em que a Constituição ordena o primeiro princípio da Administração Pública como sendo o princípio da legalidade, o art. 45, em comento, tenta indicar meios de coordenação a iniciar-se na fase do planejamento do próprio órgão licitador.

Como ocorre em vários dispositivos desta lei, o Agente de Contratação, mesmo já saturado pela ordem de cumprir procedimentos ficou responsável por efetivar várias políticas públicas na execução dos processos de licitação e de contratação. Atua na complexa tarefa de ponderar princípios e artigos de lei, num equilíbrio que o fragiliza na busca da proposta mais vantajosa.

45.1.1. Como instruir um processo para aplicação do art. 45

Marçal Justen Filho em sua obra Comentários à Lei de Licitações e Contratações Administrativas, na p. 579[444], esclarece sem dar a conotação do encargo sobre os agentes: "O que se exige é que o processo decisório do poder público pondere todas as circunstâncias e promova uma certa escolha por ser a mais satisfatória e adequada, apresentando justificativa suficiente para tanto." Além do pesado encargo, exercido por agentes que na maioria das vezes não recebem prévia qualificação, adequada e suficiente, o Agente de Contratação enfrenta o desafio de futura admoestação, caso não obtenha resultado coincidente com o esperado num controle futuro, num oceano de incertezas e subjetividades.

Nesse cenário, de forma prática propõe-se:

a) investir em capacitação, com enfoque específico na ponderação das políticas públicas que incidem nos temas licitação e contratos, ao lado de cursos convencionais de procedimentos de licitação e contratos;

b) com o apoio do órgão jurídico e do controle, como objetiva esta lei, produzir quatro documentos "padrão" – minuta de edital, estudo técnico preliminar, matriz de risco e minuta de contrato, associando registro de normas que tratam especificamente das políticas públicas tratadas na lei, como ocorre com o art. 45, ou seja indique nesses documentos, quando

---

[444] JUSTEN FILHO, Marçal. Comentários à Lei de Licitações e Contratações Administrativas. São Paulo: Thomson Reuters, 2021.

for padronizar porque está restringindo a competição e com base em qual norma; com esse modo de proceder evita que controladores futuros admoestem servidores que estão cumprindo leis "quase desconhecidas", como vem ocorrendo com as leis que obrigam a cumprir normas da ABNT;

c) orientar os Agentes de Contratação a motivar os atos do processo decisório, seguindo um rito lógico que pode ser traduzido em 4 pilares, que pode ser repetido em todo processo:

c.1. conhecer a política pública que a própria Lei nº 14.133/2021, recomenda observar, como o faz o art. 45;

c.2. decidir se pode ou deve considerar no processo de licitação e contratação, tendo em vista dois vetores conveniência/custo;

c.3. ponderar essa política pública com possível harmonização com outras políticas públicas;

c.4. avaliar o cenário final para verificar se aplicando todas as restrições terá uma proposta mais vantajosa exequível.

Por isso, fundamentar o que for possível, na expectativa de que o controlador adote e compreenda o nobre ideário da Lei nº 13.655, de 25 de abril de 2018, que inclui no Decreto-Lei nº 4.657, de 4 de setembro de 1942 (Lei de Introdução às Normas do Direito Brasileiro), disposições sobre segurança jurídica e eficiência na criação e na aplicação do direito público.

Importante registrar que o órgão de controle não pode exigir que a aplicação desses 4 pilares seja coincidente com o vetor resultante da sua compreensão pessoal, mas deve exigir que o Agente de Contratação conheça as normas, compreenda a aplicação e motive a decisão em aplicar ou não e como harmonizar as diversas legislações. Em decorrência, havendo erro de interpretação a ação do controle não deve implicar em punição, em face do art. 169, § 3º, inc. I, da Lei nº 14.133/2021. Em outras palavras: divergência de entendimento jurídico, sem danos ao erário, implica em não punir e ordenar a requalificação do Agente de Contratação.

Marçal Justen Filho, ainda no livro supracitado, na p. 580[445], reconhece a dificuldade quando enuncia:

> Assim, suponha-se uma situação que exija a edificação de obra pública. Imagine-se que a implantação dessa obra envolva o risco de destruição de um sítio de relevância arqueológica.
>
> Verificam-se interesses coletivos na construção da obra pública, tanto quanto na proteção do patrimônio arqueológico.

---

[445] JUSTEN FILHO, Marçal. Comentários à Lei de Licitações e Contratações Administrativas. São Paulo: Thomson Reuters, 2021.

Não é cabível ao afirmar que qualquer um desses interesses mereça uma proteção jurídica mais intensa, uma vez que a Constituição protege-os de modo equivalente.

A solução a ser praticada dependerá da avaliação do caso concreto.

Com isso fica claro que o processo decisório não tem a segurança tão desejada. Fica também evidenciado que a lei não determinou que tal ou qual princípio ou política pública deve ou não prevalecer sobre outras.

45.1.2. Recomendação para juntar subsídios para futura instrução processual

Com a pretensão de ser mais útil, propõe-se a Administração Pública:

- manter um conjunto de normas e procedimentos das diversas leis que vão regulamentar os seis incisos do art. 45;
- realizar capacitação periódica e continuada específica para área jurídica, de controle e de engenharia; e
- definir em norma própria a consultoria que vai contratar, ou credenciar para futura contratação, para apresentar trabalho de orientação visando o cumprimento dos seis incisos do art. 45. Justifica-se essa diretriz: os seis temas revelam complexidade que vai além do texto das leis, porque a regulamentação infralegal e o desenvolvimento de novas boas práticas tornam os temas muito dinâmicos, dificultando a melhor compreensão e o cumprimento para os que não tem esses temas na lide diária. A contratação por inexigibilidade anima a implementação dessa possibilidade, conforme se depreende da leitura do art. 74, inc. III, alínea "h"[446].

45.1.3. Boa prática – responsabilidade social

Apesar de longo e extenso o rol das políticas públicas indicadas neste artigo, os autores propõem considerar mais uma diretriz, junto com as outras seis. Trata-se da contratação de empresa ou instituição que trate da responsabilidade social em relação aos atingidos pela obra, seja associando os impactos de vizinhança, já previsto, seja estabelecendo um diálogo esclarecendo aos que são atingidos pelo barulho, sujeira, impedimento de acesso, retirada de bens e materiais que indevidamente ocupam área pública onde ficará o canteiro de obras. Nesse sentido, saúda-se a iniciativa da Caixa Econômica Federal que realiza por meio de:

> "credenciamento de empresas especializadas em trabalho técnico social- âmbito do [...], sempre que houver interesse previamente manifestado pela

---

[446] JACOBY FERNANDES, Jorge Ulisses; JACOBY FERNANDES, Ana Luiza; JACOBY FERNADES, Murilo. Contratação Direta sem Licitação. 11. ed. Belo Horizonte: Fórum, 2021, p. 133 a 151.

CEF, de acordo critérios, termos, condições estabelecidas no edital e seus anexos, que o integram e complementam".[447]

Na prática o que se tem observado é que o esforço de envolver a comunidade, dar a conhecer vantagens futuras do transtorno momentâneo, indicação correta das restrições que vivenciarão durante a execução reduz muitos problemas intercorrentes.

Cabe aqui, por exemplo, lembrar o que dispõe a Lei nº 13.146/2015 (Estatuto da Pessoa com Deficiência):

> Art. 59. Em qualquer intervenção nas vias e nos espaços públicos, o poder público e as empresas concessionárias responsáveis pela execução das obras e dos serviços devem garantir, de forma segura, a fluidez do trânsito e a livre circulação e acessibilidade das pessoas, durante e após sua execução.

45.1.4. PBQP-H

O Programa Brasileiro da Qualidade e Produtividade do Habitat é o grande indutor de qualidade e produtividade na habitação social e na atualidade é uma ferramenta do Governo Federal. Como instrumento apresenta interface com os requisitos do art. 45, permitindo uma melhor compreensão da interrelação das diversas políticas públicas. A atuação do PBQP se divide:[448]

a) no SIAC que é o sistema de certificação de gestão da qualidade do programa, voltado exclusivamente para construtoras, é pré-requisito para as empresas que querem construir unidades habitacionais com verba do Governo Federal;

b) no SIMAC que é o instrumento do PBQP-H de combate a não conformidade na fabricação, importação e distribuição de materiais, componentes e sistemas construtivos. O sistema exige o cumprimento das normas técnicas brasileiras da ABNT;

c) SINAT que avalia se os sistemas convencionais estão em conformidade com a Norma de Desempenho. Também atesta se sistemas e componentes inovadores podem ser utilizados em empreendimentos habitacionais.

O objetivo do PBQP-H é melhorar a segurança e durabilidade nas obras, contribuindo assim para a modernização do setor da construção. O programa cria uma relação entre construtores, projetistas, fornecedores, fabricantes de materiais e componentes e proponentes.

---

[447] Credenciamento nº 1414/2014, referente ao Estado do Piauí, tomado como exemplo. https://www5.caixa.gov.br/fornecedores/licitacoes/asp/edital.asp?ed=1414/2014&gisup=FO
[448] Transcrição do https://pbqp-h.mdr.gov.br/

45.2. Direitos de terceira geração e políticas públicas

O art. 45, em comento, prevê a obrigação do Agente de Contratação que realizará uma licitação para obras de serviços de engenharia considerar a proteção de direitos fundamentais de terceira geração durante o procedimento licitatório. Esses direitos foram incorporados na legislação nacional em diversas normas. O dispositivo, portanto, determina à Administração Pública uma modernização em sua conduta ao prever que observe as questões de sustentabilidade, de proteção ao patrimônio histórico, cultural e arqueológico e de acessibilidade. Essas já são pautas prioritárias da iniciativa privada na construção de grandes empreendimentos.

Ademais, mostra o interesse da Administração Pública em se tornar, realmente, uma motriz na mudança de posicionamentos ao invés de ser aquela entidade que é a mais atrasada nesse tipo de conduta: a última em cumprir o princípio da legalidade.

Além desse aspecto, é importante observar que alguns empréstimos internacionais são condicionados ao atendimento dessa nova perspectiva da responsabilidade social por parte do poder público, na questão da proteção do patrimônio histórico, cultural, arqueológico e imaterial, inclusive em relação a impactos nas obras. Como já esclarecido, são questões tratadas em legislação específica.

Interessante observar que os parâmetros trazidos no dispositivo poderão incidir em dois momentos na licitação e na contratação, podendo ser adotados tanto para a pontuação técnica das propostas quanto após, no momento de desempate licitatório.

É importante sinalizar que a Lei não exaure esse assunto apenas no dispositivo em questão, se estendendo nos artigos da Lei, mencionados acima e, busca ainda, a compreensão de aplicação de outras normas, além da própria Constituição Federal.

45.3. Resíduos sólidos

No art. 45, inciso I, determina a lei que sejam respeitadas as normas que dispõe sobre "disposição final ambientalmente adequada dos resíduos sólidos gerados pelas obras contratadas".

No caso de resíduos sólidos, a legislação em vigor é a Lei nº 12.305, de 2 de agosto de 2010, regulamentada pelo Decreto nº 10.936, de 12 de janeiro de 2022. Esse regulamento foi importante na integração da política pública, dispondo sobre a Política Nacional de Resíduos Sólidos, instituída pela Lei nº 12.305, de 2 de agosto de 2010. Definiu que a Política Nacional de Resíduos Sólidos integra a Política

Nacional do Meio Ambiente e articula-se com as diretrizes nacionais para o saneamento básico e com a política federal de saneamento básico, nos termos do disposto na Lei nº 11.445, de 5 de janeiro de 2007.

Importante a ser considerado é que as normas definem com clareza as responsabilidades dos geradores de resíduos sólidos e do poder público, como se opera a COLETA SELETIVA, a aplicação da LOGÍSTICA REVERSA.

Um dos comandos das atuais normas é que os "geradores de resíduos sólidos deverão adotar medidas que promovam a redução da geração dos resíduos, principalmente dos resíduos perigosos, na forma prevista nos planos de resíduos sólidos de que trata o art. 44 e a legislação aplicável." Portanto, além de conhecer a lei, o Agente de Contratação ou a Consultoria contratada deverão integrar esforços para a efetividade do plano de resíduos sólidos. E não é só um, mas vários planos. Note: Plano Nacional de Resíduos Sólidos; planos estaduais e distrital de resíduos sólidos; planos microrregionais de resíduos sólidos e os planos de resíduos sólidos de regiões metropolitanas ou aglomerações urbanas; planos intermunicipais de resíduos sólidos; planos municipais de gestão integrada de resíduos sólidos; planos de gerenciamento de resíduos sólidos.[449]

Ainda é preciso lembrar que a instalação e o funcionamento de empreendimento ou de atividade que gere ou opere com resíduos perigosos somente podem ser autorizados ou licenciados pelas autoridades competentes se o responsável comprovar o atendimento de requisitos previstos nesse Decreto. E esse mesmo Decreto alterou ouras normas passando a definir casos de multa para fatos tipificados com precisão, como produzir e não dar tratamento adequado à destinação final de resíduos sólidos.

Uma boa fonte de consulta é acessar o Sistema Nacional de Informações sobre a Gestão dos Resíduos Sólidos[450].

45.4. Licenciamento ambiental

No art. 45, inciso II, determina a Lei que sejam respeitadas as normas que dispõe sobre "mitigação por condicionantes e compensação ambiental, que serão definidas no procedimento de licenciamento ambiental"

---

[449] Ao tempo da edição desta obra estavam previstos no art. 44 e seguintes do Decreto nº 10.936, de 12 de janeiro de 2022.
[450] BRASIL. SINIR. Disponível em https://sinir.gov.br/. Acesso em 28 de outubro de 2022.

O tema é tratado no art. 235 da Constituição, regulamentado pela Lei n° 6.938, de 31 de agosto de 1981. O Decreto n° 99.274, de 6 de junho de 1990 regulamentou a Lei n° 6.902, de 27 de abril de 1981, e também a Lei n° 6.938, de 31 de agosto de 1981, que dispõem, respectivamente sobre a criação de Estações Ecológicas e Áreas de Proteção Ambiental e sobre a Política Nacional do Meio Ambiente, e dá outras providências

Importante a considerar ainda são as Resoluções do Conselho Nacional do Meio Ambiente (Conama) n° 001/86 e 237/97, que estabelecem procedimentos para o licenciamento ambiental; e na Lei Complementar n° 140/11, que fixa normas de cooperação entre as três esferas da administração (federal, estadual e municipal) na defesa do meio ambiente.

A exigência de prévio licenciamento ambiental é um instrumento de controle da Administração Pública sobre empreendimentos e atividades potencialmente poluidoras e que possam causar a degradação ambiental.

Note, porém que a determinação da lei é para que na fase do planejamento sejam consideradas "a mitigação por condicionantes e compensação ambiental", fato que obriga o gestor a ir muito além da obtenção do licenciamento, mas verificar até se o próprio empreendimento é viável.

45.4.1. Boa prática – roteiro

O Agente de Contratação deve possuir um roteiro para:

a) verificar se a obra ou serviço está no rol de atividades para os quais se exijam prévio licenciamento;

b) considerar que por força de lei o licenciamento deve ser prévio. Nesse sentido note a Lei n° 6.938/1981 (Dispõe sobre a Política Nacional do Meio Ambiente), cujo art. 10, dispõe: "A construção, instalação, ampliação e funcionamento de estabelecimentos e atividades utilizadores de recursos ambientais, efetiva ou potencialmente poluidores ou capazes, sob qualquer forma, de causar degradação ambiental dependerão de prévio licenciamento ambiental. (Redação dada pela Lei Complementar n° 140, de 2011)";

c) definir a responsabilidade para obter o licenciamento, se é da Administração Público ou o futuro contratado, como autoriza o art. 25, "§ 5° O edital poderá prever a responsabilidade do contratado pela: I - obtenção do licenciamento ambiental"; e

d) considerar que a data estimada para início e conclusão da obra não pode ser associada com segurança ao evento externo que é o licenciamento.

Deve ser considerado que a Lei nº 14.133/2021 criou a esperada norma que dá preferência na análise dos licenciamentos, conforme o art. 25, que dispõe: "§ 6º Os licenciamentos ambientais de obras e serviços de engenharia licitados e contratados nos termos desta Lei terão prioridade de tramitação nos órgãos e entidades integrantes do Sistema Nacional do Meio Ambiente (Sisnama) e deverão ser orientados pelos princípios da celeridade, da cooperação, da economicidade e da eficiência.

No passado houve situações em que o período de execução foi, por exemplo, associado a uma "janela hidrológica" e os ônus foram acrescidos pela execução durante a chuva pelo atraso no licenciamento, decorrente da necessidade de adaptação dos projetos.

e) a lei determina, ainda, considerar "mitigação por condicionantes e compensação ambiental", fato que passa a ser extremamente relevante, pois como o licenciamento é prévio essa mitigação e compensação terá consequências diretas no custo da obra e até para definição da inviabilidade. Em outras palavras, pode o custo acessório – custo marginal, imposto pelo órgão licenciador ser de tal magnitude que inviabilize a própria obra ou empreendimento.

O licenciamento ambiental é um instrumento na busca no equilíbrio e na conciliação do desenvolvimento econômico com a conservação dos recursos naturais, sustentabilidade dos ecossistemas, na biótica natural e artificial. Evitam-se riscos de poluição e degradação ambiental. Além disso, serve para prévia definição de intervenções relevantes no sistema sociocultural.

Detalhe relevante é que por vezes o licenciamento ambiental é exigido para reforma e ampliação e não só para a construção e a operação. Por isso, o ideal é a contratação e consultoria especializada ou prévia reunião com os órgãos de licenciamento.

O desafio é adequá-lo às melhores práticas, de modo a eliminar as disfunções que comprometem a qualidade do meio ambiente e que geram obstáculos desnecessários ao funcionamento pleno da economia.

45.4.2. Atraso no licenciamento

O Art. 124, no § 2º dispõe que o contrato será alterado para reestabelecer o reequilíbrio econômico-financeiro quando a execução for obstada pelo atraso no licenciamento ambiental, por circunstâncias alheias ao contratado.

Recomenda-se colocar esse evento na matriz de risco, pois não se tipifica o crime de alteração do contrato quando há previsão em lei e no contrato.

45.5. Redução do consumo de energia e de recursos naturais

No art. 45, inc. III, a lei ordena ao Agente de Contratação impor ao licitante que na proposta utilize produtos, equipamentos e execute serviços que, comprovadamente, favoreçam a "redução do consumo de energia e de recursos naturais". No art. 39 a lei autoriza a Administração a contratar serviço de eficientização, aqui define um dever para quem elabora o Estudo Técnico Preliminar – ETP, termo de referência projeto básico e projeto executivo com o mesmo propósito.

O Governo federal não tem imposto padrões energéticos, mas induzido ao uso de uma política pública de redução do consumo de energia, de água e de recursos naturais em geral.

45.5.1. Selo PROCEL

Uma dúvida recorrente é sobre a exigência do selo PROCEL em licitações, como elemento restritivo à participação.

O Selo Procel de Economia de Energia, ou simplesmente Selo Procel, permite ao consumidor conhecer, entre os equipamentos e eletrodomésticos à disposição no mercado, os mais eficientes e que consomem menos energia. O Programa Nacional de Conservação de Energia Elétrica – Procel, foi instituído por Decreto Presidencial em 8 de dezembro de 1993.

A origem jurídica está no Decreto de 8 de dezembro de 1993, portanto um Decreto sem número, no uso do poder. O Decreto sem número é da competência privativa do chefe do poder Executivo com objeto concreto, específico e sem caráter normativo. Não regulamenta lei. Esse Decreto dispôs sobre a instituição do Prêmio Nacional de Conservação e Uso Racional da Energia. Referido Decreto foi revogado pelo Decreto nº 9.863, de 27 de junho de 2019, que dispôs sobre o Programa Nacional de Conservação de Energia Elétrica - Procel e sobre o Prêmio Nacional de Conservação e Uso Racional da Energia.[451]

A jurisprudência anterior prestigiou mais a isonomia do que a legalidade. De fato, a exigência do Selo Procel estava em conformidade com a Lei nº 12.187, de dezembro de 2009 e a Instrução Normativa SLTI/MP nº 1, de 19 de janeiro de

---

[451] O Selo PROCEL de Economia de Energia toma como "base os resultados dos ensaios realizados para o Programa Brasileiro de Etiquetagem (PBE), coordenado pelo Instituto Nacional de Metrologia, Normalização e Qualidade Industrial (Inmetro)." São estabelecidos índices de consumo e desempenho para cada categoria de equipamento. Cada equipamento candidato ao Selo deve ser submetido a ensaios em laboratórios indicados previamente indicados. Apenas os produtos que atingem esses índices são contemplados com o Selo Procel.

2010, que determinavam aos órgãos públicos promoverem licitações sustentáveis.[452] A jurisprudência também ignorou o art. 12, inc. VI, da Lei nº 8.666/1993. Isso porque a restrição à participação na licitação só poderia provir de lei, mas a especificação do produto, por lei, poderia se amparar em norma técnica.[453]

Agora, de forma imperativa, a nova lei de licitações ampara a exigência do referido Selo Procel, inclusive permitindo restringir a competição abaixo de determinado item de eficiência.

Então, ao adquirir um novo equipamento, procure sempre pelo Selo! Além de contribuir para o consumo sustentável de energia, você também vai economizar na conta de luz.

A Lei nº 10.295, de 17 de outubro de 2001, dispôs sobre a Política Nacional de Conservação e Uso Racional de Energia e foi regulamentada pelo Decreto nº 9.864, de 27 de junho de 2019. Nessa norma também foram dispostas as atribuições do Comitê Gestor de Indicadores e Níveis de Eficiência Energética. Referido comitê tem a competência de implementar a Política Nacional de Conservação e Uso Racional de Energia e elaborar regulamentação específica para cada tipo de aparelho e máquina consumidora de energia. Esse Comitê teve a importante atribuição de coordenar-se com a Agência Nacional de Energia Elétrica, a Agência Nacional do Petróleo, Gás Natural e Biocombustíveis, o Instituto Nacional de Metrologia, Normalização e Qualidade Industrial, a Empresa de Pesquisa Energética, o Centro de Pesquisas de Energia Elétrica e as Secretarias-Executivas do Programa Nacional de Conservação de Energia Elétrica e do Programa Nacional de Racionalização do Uso de Derivados de Petróleo e do Gás Natural.

---

[452] Lei nº 12.187, de 29 de dezembro de 2009: Art. 6º São instrumentos da Política Nacional sobre Mudança do Clima: [...] XII - as medidas existentes, ou a serem criadas, que estimulem o desenvolvimento de processos e tecnologias, que contribuam para a redução de emissões e remoções de gases de efeito estufa, bem como para a adaptação, dentre as quais o estabelecimento de critérios de preferência nas licitações e concorrências públicas, compreendidas aí as parcerias público-privadas e a autorização, permissão, outorga e concessão para exploração de serviços públicos e recursos naturais, para as propostas que propiciem maior economia de energia, água e outros recursos naturais e redução da emissão de gases de efeito estufa e de resíduos (grifos nossos);
Instrução Normativa SLTI/MP nº 1, de 2010, Art. 5º Os órgãos e entidades da Administração Pública Federal direta, autárquica e fundacional, quando da aquisição de bens, poderão exigir os seguintes critérios de sustentabilidade ambiental: [...] II – que sejam observados os requisitos ambientais para a obtenção de certificação do Instituto Nacional de Metrologia, Normalização e Qualidade Industrial – INMETRO como produtos sustentáveis ou de menor impacto ambiental em relação aos seus similares; [...] § 1º A comprovação do disposto neste artigo poderá ser feita mediante apresentação de certificação emitida por instituição pública oficial ou instituição credenciada, ou por qualquer outro meio de prova que ateste que o bem fornecido cumpre com as exigências do edital.
[453] Lei nº 8.666, de 21 de junho de 1993: Art. 12. Nos projetos básicos e projetos executivos de obras e serviços serão considerados principalmente os seguintes requisitos: (Redação dada pela Lei nº 8.883, de 1994) [...] VI - adoção das normas técnicas, de saúde e de segurança do trabalho adequadas; (Redação dada pela Lei nº 8.883, de 1994)

45.6. Impacto de vizinhança

A preocupação com a implantação de empreendimentos públicos na qualidade de vida e no urbanismo das cidades foi objeto da Lei nº 10.257, de 10 de julho de 2001, (Estatuto da Cidade) que "regulamenta os arts. 182 e 183 da Constituição Federal, estabelece diretrizes gerais da política urbana e dá outras providências." É preciso analisar a Lei nº 12.587/2012 sobre a Mobilidade Urbana".

Especificamente estabelece a primeira lei:

Art. 36. Lei municipal definirá os empreendimentos e atividades privados ou públicos em área urbana que dependerão de elaboração de estudo prévio de impacto de vizinhança (EIV) para obter as licenças ou autorizações de construção, ampliação ou funcionamento a cargo do Poder Público municipal.

O EIV deve comtemplar a análise dos efeitos "positivos e negativos do empreendimento ou atividade quanto à qualidade de vida da população residente na área e suas proximidades".[454]

Note que o EIV é um documento com finalidade própria e não substitui ou dispensa a elaboração e a aprovação de estudo prévio de impacto ambiental (EIA), quando requerido em lei ambiental.[455]

Muito a propósito há um estudo do eminente doutor VLADIMIR PASSOS DE FREITAS que produziu um artigo que analisa o "Estudo de Impacto de Vizinhança, previsto no art. 36 do Estatuto da Cidade, que dispõe sobre a necessidade de medidas nos empreendimentos e atividades, com reflexos socioambientais de grande relevância. Segundo o referido dispositivo, lei municipal disporá sobre a matéria. Como enuncia o próprio autor, nesse artigo. Neste trabalho apontam-se soluções para a omissão legislativa, de modo a manter a qualidade de vida da população."

Esclarece o eminente autor que a omissão na aprovação de lei própria poderia, para alguns autores, ensejar a tipificação de ato de improbidade. E, acrescenta com singular mestria:

"Todavia, em tal hipótese a omissão não deve ser objeto de propositura de ação de plano, mas sim de iniciativa do Ministério Público recomendando ao burgomestre que tome a iniciativa e alertando-o para as consequências da inércia.

---

[454] O EIV deve analisar especificamente os seguintes pontos: I - adensamento populacional; II - equipamentos urbanos e comunitários; III - uso e ocupação do solo; IV - valorização imobiliária; V - geração de tráfego e demanda por transporte público; VI - ventilação e iluminação; VII - paisagem urbana e patrimônio natural e cultural. Além disso, a mesma lei obriga dar "publicidade aos documentos integrantes do EIV, que ficarão disponíveis para consulta, no órgão competente do Poder Público municipal, por qualquer interessado."
[455] Nesse sentido dispõe o art. 38, da Lei nº 10.257, de 10 de julho de 2001 (Estatuto da Cidade).

Assim se atenderá a necessária demonstração de fato concreto, aspecto imprescindível, conforme doutrina de Napoleão Nunes Maia Filho e Mário Henrique Goulart Maia, que alertam para a necessidade de "evitar a instauração ou o desenvolvimento de ações de improbidade afoitas ou temerárias".[456]

45.7. Patrimônio histórico, cultural, arqueológico e imaterial

No art. 45, inciso V, a lei determina que" o "patrimônio histórico, cultural, arqueológico e imaterial". Por uma redação descoordenada do caput com o inc. V, literalmente o texto seria "as "licitações de obras e serviços de engenharia devem respeitar" "proteção do patrimônio histórico, cultural, arqueológico e imaterial, inclusive por meio da avaliação do impacto direto ou indireto causado pelas obras contratadas, o que proposição diferente da pretendida pela lei.

Superada a atecnica, a gestão na administração pública tem se apresentado como frequente violadora da proteção que deveriam receber o patrimônio histórico e cultural do país e suas cidades. Exceção frequente a essas violações têm sido as instituições militares e da fazenda federal.

Em curso ministrado em um Tribunal, por exemplo, que ocupava prédio histórico a austeridade do gestor era triunfantemente exibida como econômica, circundado por membros de comissão de licitação que consideravam apenas o dever de obter a proposta mais barata fugindo de qualquer restrição. Ao lado de lustres com mais de cem anos, pendiam caixa com luz fluorescente; a porta, que no passado tinha uma fechadura com mais de 30 centímetros de acabamento externo, foi substituída por uma fechadura pequena, deixando um buraco acima; mesas do final do império estavam furadas para passar cabeamento. Cabe muito mais ao poder público zelar e dar manutenção nos prédios históricos que ocupar. Ao invés de pendurar num lustre uma caixa florescente, deveria ser contratado um restaurador para o lustre, para fechadura. Ao final, estavam todos convencidos dos desacertos e da possibilidade de conciliar a lei de licitações com o dever de zelar pelo patrimônio, temperados pelo princípio da razoabilidade.

O inc. V tem pretensão mais ampla e interfere desde o traçado de uma estrada, como a escavação da fundação de um edifício público. Desde o início o zelo pelo patrimônio histórico, cultural, arqueológico e imaterial.

As três primeiras expressões têm significado comumente utilizado na linguagem. O patrimônio imaterial está associado a produção humana, não material

---

[456] http://www.mpsp.mp.br/portal/page/portal/documentacao_e_divulgacao/doc_biblioteca/bibli_servicos_produtos/bibli_boletim/bibli_bol_2006/RDAmb_n.82.06.PDF

como direito autoral que pode também ser histórico, cultural ou arqueológico. Obras literárias, poesia, música, filme etc.

Nesse ponto a lei instrumentaliza o Agente de Contratação orientando que a proteção deve utilizar-se do "meio da avaliação do impacto direto ou indireto causado pelas obras contratadas" em relação ao patrimônio que pretende seja protegido.

Note aqui um ponto a ensejar insegurança: a lei ordena avaliar o impacto, mas não resolve, nem pode resolver adredemente os conflitos que advirão dessa avaliação, entre benefícios e a violação ao dever de proteger esse patrimônio. O ponto prático e positivo decorrente dessa avaliação prévia é que integrará a motivação do ato e permitirá ser contrastada posteriormente. Claro, não se olvide que no controle futuro do ato incide a sabedoria que advém da aplicação da Lei nº 13.655, de 25 de abril de 2018, que dispôs sobre segurança jurídica e eficiência na criação e na aplicação do direito público.

A propósito do tema cabe lembrar que para a proteção ao patrimônio histórico e artístico é importante conhecer o Decreto-Lei nº 25/1937, que "Organiza a proteção do patrimônio histórico e artístico nacional." Também importante conhecer a Lei nº 3.924, de 26 de julho de 1961, que dispõe sobre os Monumentos Arqueológicos e Pré-históricos.

45.8. Acessibilidade para pessoas com deficiência ou com mobilidade reduzida

Quando no art. 45, inc. VI a lei ordena o respeito a acessibilidade de pessoas com deficiência ou mobilidade reduzida trata de obras, serviços de engenharia, retrofit e atividades afins que podem humanizar instalações em prol de pessoas para que tenham a oportunidade de convivência em espaços públicos e utilizar serviços públicos.

45.8.1. Legislação pertinente

A legislação sobre acessibilidade é a Lei nº 10.098, de 19 de dezembro de 2000, que "estabelece normas gerais e critérios básicos para a promoção da acessibilidade das pessoas portadoras de deficiência ou com mobilidade reduzida, e dá outras providências." Outra norma importante é a Lei nº 10.048, de 8 de novembro de 2000, que dá prioridade de atendimento às pessoas com deficiência, os idosos com idade igual ou superior a 60 (sessenta) anos, as gestantes, as lactantes, as pessoas com crianças de colo e os obesos.

O outro marco legal é a Lei nº 13.146, de 6 de julho de 2015 que institui a Lei Brasileira de Inclusão da Pessoa com Deficiência (Estatuto da Pessoa com Deficiência).

O Decreto nº 5.296 de 2 de dezembro de 2004 regulamenta duas leis. Regulamenta a Lei nº 10.048, de 8 de novembro de 2000, que dá prioridade de atendimento às pessoas que especifica, e a já referida Lei nº 10.098, de 19 de dezembro de 2000, que estabelece normas gerais e critérios básicos para a promoção da acessibilidade das pessoas portadoras de deficiência ou com mobilidade reduzida, e dá outras providências. Essa norma tem efetividade porque atua desde a aprovação de projetos, sejam de natureza arquitetônica e urbanística, de comunicação e informação, de transporte coletivo, bem como a execução de qualquer tipo de obra, quando tenham destinação pública ou coletiva, até a aprovação de financiamentos públicos e concessão de aval da União. Também é exigido a aprovação para a outorga de concessão, permissão, autorização ou habilitação de qualquer natureza.

Juridicamente esse Decreto considera pessoa com mobilidade reduzida, "aquela que, não se enquadrando no conceito de pessoa portadora de deficiência, tenha, por qualquer motivo, dificuldade de movimentar-se, permanente ou temporariamente, gerando redução efetiva da mobilidade, flexibilidade, coordenação motora e percepção." A norma também conceitua e exemplifica deficiência visual, auditiva, mental e física. A partir dessa compreensão, recomendamos consultar os decretos pertinentes.[457]

Prudentemente, a norma assegura que em caso de conflito entre as normas da ABNT devem prevalecer as normas do Lei nº 7.102, de 20 de junho de 1983, que dispõe sobre segurança para estabelecimentos financeiros, estabelece normas para constituição e funcionamento das empresas particulares que exploram serviços de vigilância e de transporte de valores.

O Decreto nº 7.823, de 9 de outubro de 2012, teve foco específico ao também regulamentar a Lei nº 10.048, de 8 de novembro de 2000, e a Lei nº 10.098, de 19 de dezembro de 2000, quanto às instalações relacionadas aos Jogos Olímpicos e Paraolímpicos de 2016, determinando a destinação mínima de espaços e assentos nas instalações relacionadas aos Jogos Olímpicos e Paraolímpicos de 2016. Em dispositivo que pode ser aproveitado em outras obras, textualmente definiu que os espaços e assentos a que se refere o caput deverão ser situados em locais com boa

---

[457] Decreto nº 5.296 de 2 de dezembro de 2004. Regulamenta as Leis nos 10.048, de 8 de novembro de 2000, que dá prioridade de atendimento às pessoas que especifica, e 10.098, de 19 de dezembro de 2000, que estabelece normas gerais e critérios básicos para a promoção da acessibilidade das pessoas portadoras de deficiência ou com mobilidade reduzida, e dá outras providências. Decreto nº 7.823, de 9 de outubro de 2012. Regulamenta a Lei nº 10.048, de 8 de novembro de 2000, e a Lei no 10.098, de 19 de dezembro de 2000, quanto às instalações relacionadas aos Jogos Olímpicos e Paraolímpicos de 2016.

visibilidade, sinalizados, e garantir a acomodação de, no mínimo, um acompanhante da pessoa com deficiência. Para fazer valer essa regra, o governo condicionou o cumprimento à concessão do financiamento.

45.9. Em conclusão, uma análise de efetividade

Após a análise do derradeiro inciso do art. 45, que trata do dever das licitações de obras e serviços de engenharia respeitarem diversas outras complexas leis, pode-se avaliar o quanto o país pode melhorar em proveito da nação, da sociedade e dos seus cidadãos. Em especial, nesse dispositivo busca-se o respeito aos marcos legais que tratam da ampla política de inclusão social.

No âmbito da legislação, o Brasil nada deixa a dever aos países mais avançados. No âmbito da execução dessas leis e da atuação efetiva do judiciário o país fica distante na tutela desses direitos, refletindo atuação casuísta movida na pretensão de espetáculos.

Nesse cenário, ter uma lei que obrigue a respeitar os nobres valores é o primeiro passo a reforçar o idealismo da ciência jurídica que define por lei, aprovada pelos legítimos representantes o ideário para o qual se deve caminhar, o dever-ser que define um novo norte para a civilização.

Cada um dos incisos apresenta uma política pública, como referido, balizado em legislação complexa, devendo-se ter a cautela ao obrigar o Agente de Contratação aplicá-las no desenvolvimento do já muito complexo processo de licitação.

Com a permissão legal que facilita a contratação de notórios especialistas é possível vislumbrar a possibilidade de formar órgãos colegiados para, caso a caso, avaliarem como cada um dos incisos pode ser melhor cumprido. A especialização, diante de complexas legislação é inevitável. O trabalho que reúna um colegiado impedirá que ao executar uma política pública se deixe de buscar a proposta mais vantajosa, ou até prejudicar outras políticas públicas.

46. Art. 46, caput, inc. I, II, III, IV, V, VI, VII

> Art. 46. Na execução indireta de obras e serviços de engenharia, são admitidos os seguintes regimes:
>
> I - empreitada por preço unitário;
>
> II - empreitada por preço global;
>
> III - empreitada integral;
>
> IV - contratação por tarefa;
>
> V - contratação integrada;
>
> VI - contratação semi-integrada;
>
> VII - fornecimento e prestação de serviço associado.

Dispositivos correspondentes na Lei nº 8.666/1993:

Art. 6º. Para os fins desta Lei, considera-se: [...]

VII - Execução direta - a que é feita pelos órgãos e entidades da Administração, pelos próprios meios;

VIII - Execução indireta - a que o órgão ou entidade contrata com terceiros sob qualquer dos seguintes regimes: (Redação dada pela Lei nº 8.883, de 1994)

a) empreitada por preço global - quando se contrata a execução da obra ou do serviço por preço certo e total;

b) empreitada por preço unitário - quando se contrata a execução da obra ou do serviço por preço certo de unidades determinadas

c) (Vetado) (Redação dada pela Lei nº 8.883, de 1994)

d) tarefa - quando se ajusta mão-de-obra para pequenos trabalhos por preço certo, com ou sem fornecimento de materiais;

e) empreitada integral - quando se contrata um empreendimento em sua integralidade, compreendendo todas as etapas das obras, serviços e instalações necessárias, sob inteira responsabilidade da contratada até a sua entrega ao contratante em condições de entrada em operação, atendidos os requisitos técnicos e legais para sua utilização em condições de segurança estrutural e operacional e com as características adequadas às finalidades para que foi contratada;

Dispositivos pertinentes na Lei nº 14.133/2021, além do art. 46:

Art. 6º. Para os fins desta Lei, consideram-se:[...]

XXVIII - empreitada por preço unitário: contratação da execução da obra ou do serviço por preço certo de unidades determinadas;

XXIX - empreitada por preço global: contratação da execução da obra ou do serviço por preço certo e total;

XXX - empreitada integral: contratação de empreendimento em sua integralidade, compreendida a totalidade das etapas de obras, serviços e instalações necessárias, sob inteira responsabilidade do contratado até sua entrega ao contratante em condições de entrada em operação, com características adequadas às finalidades para as quais foi contratado e atendidos os requisitos técnicos e legais para sua utilização com segurança estrutural e operacional;

XXXI - contratação por tarefa: regime de contratação de mão de obra para pequenos trabalhos por preço certo, com ou sem fornecimento de materiais;

XXXII - contratação integrada: regime de contratação de obras e serviços de engenharia em que o contratado é responsável por elaborar e desenvolver os projetos básico e executivo, executar obras e serviços de engenharia, fornecer bens ou prestar serviços especiais e realizar montagem, teste, pré-operação e as demais operações necessárias e suficientes para a entrega final do objeto;

XXXIII - contratação semi-integrada: regime de contratação de obras e serviços de engenharia em que o contratado é responsável por elaborar e desenvolver o projeto executivo, executar obras e serviços de engenharia, fornecer bens ou prestar serviços especiais e realizar montagem, teste, pré-operação e as demais operações necessárias e suficientes para a entrega final do objeto;

XXXIV - fornecimento e prestação de serviço associado: regime de contratação em que, além do fornecimento do objeto, o contratado responsabiliza-se por sua operação, manutenção ou ambas, por tempo determinado; [...]

Art. 23. O valor previamente estimado da contratação deverá ser compatível com os valores praticados pelo mercado, considerados os preços constantes de bancos de dados públicos e as quantidades a serem contratadas, observadas a potencial economia de escala e as peculiaridades do local de execução do objeto [...]

§ 2º No processo licitatório para contratação de obras e serviços de engenharia, conforme regulamento, o valor estimado, acrescido do percentual de Benefícios e Despesas Indiretas (BDI) de referência e dos Encargos Sociais (ES) cabíveis, será definido por meio da utilização de parâmetros na seguinte ordem:

I - composição de custos unitários menores ou iguais à mediana do item correspondente do Sistema de Custos Referenciais de Obras (Sicro), para serviços e obras de infraestrutura de transportes, ou do Sistema Nacional de Pesquisa de Custos e Índices de Construção Civil (Sinapi), para as demais obras e serviços de engenharia;

II - utilização de dados de pesquisa publicada em mídia especializada, de tabela de referência formalmente aprovada pelo Poder Executivo federal e de sítios eletrônicos especializados ou de domínio amplo, desde que contenham a data e a hora de acesso;

III - contratações similares feitas pela Administração Pública, em execução ou concluídas no período de 1 (um) ano anterior à data da pesquisa de preços, observado o índice de atualização de preços correspondente;

IV - pesquisa na base nacional de notas fiscais eletrônicas, na forma de regulamento.

Dispositivos correspondentes na Lei nº 12.462/2011 (Institui o RDC):

Art. 8º. Na execução indireta de obras e serviços de engenharia, são admitidos os seguintes regimes:

I - empreitada por preço unitário;

II - empreitada por preço global;

III - contratação por tarefa;

IV - empreitada integral; ou

V - contratação integrada.

Dispositivos correspondentes na Lei nº 13.303/2016 (Dispõe sobre o estatuto jurídico das Estatais):

Art. 42. Na licitação e na contratação de obras e serviços por empresas públicas e sociedades de economia mista, serão observadas as seguintes definições: (Vide Lei nº 14.002, de 2020)

I - empreitada por preço unitário: contratação por preço certo de unidades determinadas;

II - empreitada por preço global: contratação por preço certo e total;

III - tarefa: contratação de mão de obra para pequenos trabalhos por preço certo, com ou sem fornecimento de material;

IV - empreitada integral: contratação de empreendimento em sua integralidade, com todas as etapas de obras, serviços e instalações necessárias, sob inteira responsabilidade da contratada até a sua entrega ao contratante em condições de entrada em operação, atendidos os requisitos técnicos e legais para sua utilização em condições de segurança estrutural e operacional e com as características adequadas às finalidades para as quais foi contratada;

> V - contratação semi-integrada: contratação que envolve a elaboração e o desenvolvimento do projeto executivo, a execução de obras e serviços de engenharia, a montagem, a realização de testes, a pré-operação e as demais operações necessárias e suficientes para a entrega final do objeto, de acordo com o estabelecido nos §§ 1º e 3º deste artigo;
>
> VI - contratação integrada: contratação que envolve a elaboração e o desenvolvimento dos projetos básico e executivo, a execução de obras e serviços de engenharia, a montagem, a realização de testes, a pré-operação e as demais operações necessárias e suficientes para a entrega final do objeto, de acordo com o estabelecido nos §§ 1º, 2º e 3º deste artigo;
>
> **Art. 43.** Os contratos destinados à execução de obras e serviços de engenharia admitirão os seguintes regimes: (Vide Lei nº 14.002, de 2020)
>
> I - empreitada por preço unitário, nos casos em que os objetos, por sua natureza, possuam imprecisão inerente de quantitativos em seus itens orçamentários;
>
> II - empreitada por preço global, quando for possível definir previamente no projeto básico, com boa margem de precisão, as quantidades dos serviços a serem posteriormente executados na fase contratual;
>
> III - contratação por tarefa, em contratações de profissionais autônomos ou de pequenas empresas para realização de serviços técnicos comuns e de curta duração;
>
> IV - empreitada integral, nos casos em que o contratante necessite receber o empreendimento, normalmente de alta complexidade, em condição de operação imediata;
>
> V - contratação semi-integrada, quando for possível definir previamente no projeto básico as quantidades dos serviços a serem posteriormente executados na fase contratual, em obra ou serviço de engenharia que possa ser executado com diferentes metodologias ou tecnologias;
>
> VI - contratação integrada, quando a obra ou o serviço de engenharia for de natureza predominantemente intelectual e de inovação tecnológica do objeto licitado ou puder ser executado com diferentes metodologias ou tecnologias de domínio restrito no mercado.

46.1. Regime de execução – execução indireta e terceirização

O caput do art. 46 estabelece as espécies de regime de execução admitidas pela Lei nº 14.133/2021 para o gênero da execução indireta. Execução indireta é um termo que pode ser tomado em parte coincidente com terceirização. A esse termo se opõe a execução direta, situação em que a Administração executa a obra ou serviço com seu próprio pessoal e às vezes, indo além, executando com seu próprio material e equipamento.

A expressão terceirização e terceirização de mão-de-obra, portanto, tem acepções distintas. A primeira é equivalente ao regime de execução indireta e a segunda pode não ser sinônimo de execução indireta porque fica restrita ao uso de recursos humanos da empresa ou de uma instituição.

A definição do que deve ser terceirizado e o que não deve ser terceirizado está no nível estratégico-político e encontra um balizamento muito preciso no Decreto-lei nº 200, de 25 de fevereiro de 1967:

> Art. 10. A execução das atividades da Administração Federal deverá ser amplamente descentralizada. [...]

§ 7º Para melhor desincumbir-se das tarefas de planejamento, coordenação, supervisão e contrôle e com o objetivo de impedir o crescimento desmesurado da máquina administrativa, a Administração procurará desobrigar-se da realização material de tarefas executivas, recorrendo, sempre que possível, à execução indireta, mediante contrato, desde que exista, na área, iniciativa privada suficientemente desenvolvida e capacitada a desempenhar os encargos de execução.

Entende-se que o balizamento é muito preciso porque separa com precisão as funções da Administração Pública e o que não é função da Administração Pública. Além disso esclarece que nas funções da Administração Pública a parte executiva ou de apoio pode ser terceirizada ou contratada por execução indireta.

Em outros comentários nesta obra tratamos do tema em especial nos comentários ao art. 6º, inciso V e VI, art. 7º, art. 8º e art. 10.

46.2. Conceito legal das espécies de regime de execução indireta.

É necessário pontuar que o conceito de cada um desses regimes de execução está previsto no art. 6º, inc. XXVIII a XXXIV, nos seguintes termos. Em cada inciso destaca-se em negrito o núcleo que a lei usa para diferenciar os distintos regimes de execução:

XXVIII - empreitada por preço unitário: contratação da execução da obra ou do serviço por **preço certo de unidades** determinadas;

XXIX - empreitada por preço global: contratação da execução da obra ou do serviço por **preço certo e total**;

XXX - empreitada integral: contratação de empreendimento em sua integralidade, compreendendo a totalidade das etapas de obras, serviços e instalações necessárias, sob inteira responsabilidade do contratado **até sua entrega ao contratante em condições de entrada em operação**, com características adequadas às finalidades para a qual foi contratada e atendidos os requisitos técnicos e legais para sua utilização com segurança estrutural e operacional;

XXXI - contratação por tarefa: regime de contratação de mão de obra para **pequenos trabalhos por preço certo, com ou sem fornecimento de materiais**;

XXXII – contratação integrada: regime de contratação de obras e serviços de engenharia em que o **contratado é responsável por elaborar e desenvolver os projetos básico e executivo**, executar obras e serviços de engenharia, fornecer bens ou prestar serviços especiais e realizar montagem, teste, pré-operação e todas as demais operações necessárias e suficientes para a entrega final do objeto;

XXXIII – contratação semi-integrada: regime de contratação de obras e serviços de engenharia em que o **contratado é responsável por elaborar e** desenvolver o projeto executivo, executar obras e serviços de engenharia, fornecer bens ou prestar serviços especiais e realizar montagem, teste, pré-operação e todas as demais operações necessárias e suficientes para a entrega final do objeto;

XXXIV – fornecimento e prestação de serviço associado: regime de contratação em que, **além do fornecimento do objeto, o contratado se responsabiliza por sua operação, manutenção ou ambas, por tempo determinado.**

Sendo o regime de execução a forma pela qual o objeto do contrato será executado, a licitação deve ser programada sempre na sua totalidade, com previsão dos custos iniciais e finais, levando-se em conta o prazo total para sua realização.

46.3. História dos regimes

Esse dispositivo repete a Lei nº 8.666/93 e a nova Lei incluiu ainda o regime de contratação integrada, inciso V, a contratação semi-integrada, inciso VI e o fornecimento e prestação de serviço associado, disposto no inciso VII. Apesar do RDC e da Lei das Estatais já terem previsto a contratação integrada e a semi-integrada, respectivamente, a nova lei deixou de mencionar em que situações serão aplicadas, mesmo com a inserção dos conceitos desse tipo de regime de execução indireta de obras e serviços de engenharia.

Curioso que a contratação integrada já tinha sido prevista pela Petrobrás, por meio do Decreto nº 2.745/1998, bem antes do RDC a ter positivado em 2011. Assim estabelece o Decreto: " Sempre que economicamente recomendável, a PETROBRÁS poderá utilizar-se da contratação integrada, compreendendo realização de projeto básico e/ou detalhamento, realização de obras e serviços, montagem, execução de testes, pré-operação e todas as demais operações necessárias e suficientes para a entrega final do objeto, com a solidez e segurança especificadas". Com a urgência da Copa, entretanto, aplicável exclusivamente para licitações de obras referentes à realização da Copa das Confederações, de 2013, da Copa do Mundo, de 2014, Olimpíadas e Paraolimpíadas, de 2016, e aeroportos de capitais de Estados distantes até 350 km das sedes destes eventos, a Medida Provisória nº 527 aprovada, é que a contratação integrada passou a efetivamente ser disseminada.

46.4. Planilha de custos unitários

Pode-se acrescentar ainda, que no processo de licitação para contratação de obras e serviços de engenharia sob os regimes de contratação integrada ou semi-integrada, o valor estimado da contratação será calculado nos termos do § 2º do artigo 23 da LLCA, acrescido ou não de parcela referente à remuneração do risco.

Além disso, sempre que necessário e o anteprojeto o permitir, a estimativa de preço será baseada em orçamento sintético, balizado em sistema de custo definido no inciso I do § 2º, do art. 23, devendo a utilização de metodologia expedita ou paramétrica e de avaliação aproximada baseada em outras contratações similares ser reservada às frações do empreendimento não suficientemente detalhadas no anteprojeto.

Na vigência da Lei nº 8.666/1993 e no entulho autoritário dos acórdãos e decisões que "legislaram" o Brasil desenvolveu a obrigação de em todos os regimes de execução os agentes públicos elaborar a planilha de custos unitários. Houve decisões que pretendeu essa exigência para compras e software.

Nesse sentido, vale mencionar a súmula nº 259, do Tribunal de Contas da União, com o seguinte teor: "Nas contratações de obras e serviços de engenharia, a definição do critério de aceitabilidade dos preços unitários e global, com fixação de preços máximos para ambos, é obrigação e não faculdade do gestor".

Na nova Lei há uma distinta mudança de paradigma, primeiro pela previsão que fora destacada no comentário ao art. 23, demonstrando a desnecessidade de exigência de custos unitários. Segundo, como se verá, adiante, no comentário ao § 9º deste art. 46.

Art. 46, § 1º

> Art. 46. Na execução indireta de obras e serviços de engenharia, são admitidos os seguintes regimes: [...]
>
> § 1º É vedada a realização de obras e serviços de engenharia sem projeto executivo, ressalvada a hipótese prevista no § 3º do art. 18 desta Lei.

Dispositivos correspondentes na Lei nº 12.462/2011 (Institui o RDC):

Art. 8º. Na execução indireta de obras e serviços de engenharia, são admitidos os seguintes regimes:

I - empreitada por preço unitário; [...]

§ 7º É vedada a realização, sem projeto executivo, de obras e serviços de engenharia para cuja concretização tenha sido utilizado o RDC, qualquer que seja o regime adotado.

Dispositivos pertinentes na Lei nº 14.133/2021, além do art. 46:

Art. 18. A fase preparatória do processo licitatório é caracterizada pelo planejamento e deve compatibilizar-se com o plano de contratações anual de que trata o inciso VII do caput do art. 12 desta Lei, sempre que elaborado, e com as leis orçamentárias, bem como abordar todas as considerações técnicas, mercadológicas e de gestão que podem interferir na contratação, compreendidos: [...]

§ 3º Em se tratando de estudo técnico preliminar para contratação de obras e serviços comuns de engenharia, se demonstrada a inexistência de prejuízo para a aferição dos padrões de desempenho e qualidade almejados, a especificação do objeto poderá ser realizada apenas em termo de referência ou em projeto básico, dispensada a elaboração de projetos.

Dispositivos correspondentes na Lei nº 13.303/2016 (Dispõe sobre o estatuto jurídico das Estatais):

> **Art. 42.** Na licitação e na contratação de obras e serviços por empresas públicas e sociedades de economia mista, serão observadas as seguintes definições: (Vide Lei nº 14.002, de 2020) [...]
>
> **IX** - projeto executivo: conjunto dos elementos necessários e suficientes à execução completa da obra, de acordo com as normas técnicas pertinentes;
>
> **Art. 43.** Os contratos destinados à execução de obras e serviços de engenharia admitirão os seguintes regimes: (Vide Lei nº 14.002, de 2020) [...]
>
> **§ 2º** É vedada a execução, sem projeto executivo, de obras e serviços de engenharia.

46.5. Projeto executivo – regra geral – obrigação

É fato que as principais irregularidades na execução de obras, no Brasil, decorrem dos erros do planejamento. A Lei é enfática na fase do planejamento e aqui demonstra essa ênfase ao romper com a possibilidade de licitar sem projeto executivo.

O objetivo da nova Lei foi estabelecer a obrigação de existir projeto executivo para realizar a obra ou serviços de engenharia, mas não impôs que sempre o projeto executivo seja elaborado antes da licitação. É possível haver uma contratação integrada ou uma contratação semi-integrada onde o projeto executivo fique a cargo do contratado.

A partir dessa nova lei, o projeto executivo é essencial para a execução da obra e do serviço. Não é mais possível iniciar a execução da obra e dos serviços sem ter o projeto executivo, ressalvado:

a) exceção à obrigatoriedade prevista no art. 18, § 3º, mencionado no dispositivo, que estabelece a dispensa da elaboração de projetos quando se tratar de obras e serviços comuns de engenharia, permitindo-se utilizar o termo de referência nesses casos; e

b) contratação integrada e semi-integrada.

Em vários projetos que tentaram mudar a Lei nº 8.666/1993, cogitou-se a hipótese de vedar o início das obras sem projeto executivo. Na LLCA, apenas exige-se que, para realizar as obras e serviços, tenha projeto executivo. Essa realização poderá ocorrer, inclusive, na fase de canteiro de obras, etapas de licenciamento e outros.

Há a possibilidade até de se realizar o processo executivo concomitantemente. Enquanto se faz a fundação da obra, elabora-se o projeto executivo da finalização ou do acabamento do empreendimento.

46.6. Recomendação prática

Em nossas aulas recomendamos que o servidor resista a pressões e consuma mais tempo no planejamento, delegando por terceirização inclusive a elaboração de projetos básico e executivos. Assim poderá definir pontos de controle da atividade terceirizada e atuar na gestão do problema ao invés de imiscuir-se na atividade executiva para as quais muitas vezes não tem qualificação e quando tem qualificação não tem experiência atualizada.

Art. 46, § 2º

> Art. 46. Na execução indireta de obras e serviços de engenharia, são admitidos os seguintes regimes: [...]
>
> § 2º A Administração é dispensada da elaboração de projeto básico nos casos de contratação integrada, hipótese em que deverá ser elaborado anteprojeto de acordo com metodologia definida em ato do órgão competente, observados os requisitos estabelecidos no inciso XXIV do art. 6º desta Lei.
>
> **Dispositivos correspondentes na Lei nº 12.462/2011 (Institui o RDC):**
> Art. 9º. Nas licitações de obras e serviços de engenharia, no âmbito do RDC, poderá ser utilizada a contratação integrada, desde que técnica e economicamente justificada e cujo objeto envolva, pelo menos, uma das seguintes condições: [...]
> § 2º No caso de contratação integrada:
> I - o instrumento convocatório deverá conter anteprojeto de engenharia que contemple os documentos técnicos destinados a possibilitar a caracterização da obra ou serviço, incluindo:
>
> **Dispositivos pertinentes na Lei nº 14.133/2021, além do art. 46:**
> Art. 6º. Para os fins desta Lei, consideram-se:[...]
> XXIV - anteprojeto: peça técnica com todos os subsídios necessários à elaboração do projeto básico, que deve conter, no mínimo, os seguintes elementos:
> a) demonstração e justificativa do programa de necessidades, avaliação de demanda do público-alvo, motivação técnico-econômico-social do empreendimento, visão global dos investimentos e definições relacionadas ao nível de serviço desejado;
> b) condições de solidez, de segurança e de durabilidade;
> c) prazo de entrega;
> d) estética do projeto arquitetônico, traçado geométrico e/ou projeto da área de influência, quando cabível;
> e) parâmetros de adequação ao interesse público, de economia na utilização, de facilidade na execução, de impacto ambiental e de acessibilidade;
> f) proposta de concepção da obra ou do serviço de engenharia;
> g) projetos anteriores ou estudos preliminares que embasaram a concepção proposta;
> h) levantamento topográfico e cadastral;
> i) pareceres de sondagem;

j) memorial descritivo dos elementos da edificação, dos componentes construtivos e dos materiais de construção, de forma a estabelecer padrões mínimos para a contratação.

Dispositivos correspondentes na **Lei nº 13.303/2016 (Dispõe sobre o estatuto jurídico das Estatais):**

Art. 42. Na licitação e na contratação de obras e serviços por empresas públicas e sociedades de economia mista, serão observadas as seguintes definições: (Vide Lei nº 14.002, de 2020) [...]

VII - anteprojeto de engenharia: peça técnica com todos os elementos de contornos necessários e fundamentais à elaboração do projeto básico, devendo conter minimamente os seguintes elementos:

a) demonstração e justificativa do programa de necessidades, visão global dos investimentos e definições relacionadas ao nível de serviço desejado;

b) condições de solidez, segurança e durabilidade e prazo de entrega;

c) estética do projeto arquitetônico;

d) parâmetros de adequação ao interesse público, à economia na utilização, à facilidade na execução, aos impactos ambientais e à acessibilidade;

e) concepção da obra ou do serviço de engenharia;

f) projetos anteriores ou estudos preliminares que embasaram a concepção adotada;

g) levantamento topográfico e cadastral;

h) pareceres de sondagem;

i) memorial descritivo dos elementos da edificação, dos componentes construtivos e dos materiais de construção, de forma a estabelecer padrões mínimos para a contratação;

Art. 43. Os contratos destinados à execução de obras e serviços de engenharia admitirão os seguintes regimes: (Vide Lei nº 14.002, de 2020) [...]

VI - contratação integrada, quando a obra ou o serviço de engenharia for de natureza predominantemente intelectual e de inovação tecnológica do objeto licitado ou puder ser executado com diferentes metodologias ou tecnologias de domínio restrito no mercado.

§ 1º Serão obrigatoriamente precedidas pela elaboração de projeto básico, disponível para exame de qualquer interessado, as licitações para a contratação de obras e serviços, com exceção daquelas em que for adotado o regime previsto no inciso VI do caput deste artigo.

46.7. Projeto básico e anteprojeto

O dispositivo ressalta a figura da contratação integrada onde a Administração Pública é dispensada de elaborar o projeto básico, sendo necessária a elaboração apenas de um anteprojeto, de modo a orientar os futuros licitantes ou futuro contratado.

Ao contrário do que pode uma primeira leitura evidenciar o detalhamento do conceito de anteprojeto e dos elementos de informações e estudos que deve conter vai revelar que os riscos de erros do planejamento e da futura execução ficarão bem diminuídos.

É fácil perceber que o anteprojeto com a definição legal se tornou algo bastante complexo, exigindo um conjunto de informações e estudos que na prática darão consistência ao futuro projeto básico. Nesse ponto, a lei valoriza a técnica e a precisão de informações.

46.8. Recomendação prática

O dispositivo ainda estabelece que deverá ser observada a metodologia para a elaboração de anteprojeto a ser definida em ato do órgão competente, mas não poderá, como regra, distanciar-se do conjunto de informações que integram o conceito de anteprojeto, ressalvadas condições excepcionais em que outras informações possam suprir a futura elaboração de projeto básico.

A Lei, entretanto, é insuficiente na definição do agente que definirá a metodologia, permitindo uma ampla interpretação sobre o dispositivo, que pode vir a ser suprida pelos conselhos profissionais, por órgãos especializados da Administração Pública e ainda, por entes paraestatais.

Nossa recomendação é que o "ato" aqui referido seja ato normativo, ou seja, um regulamento. Essa recomendação visa garantir o princípio da impessoalidade, pois como o regulamento atuará regendo todos os casos, evita-se assim, que o controle no futuro venha considerar um caso isolado.

46.9. Precedentes de jurisprudência que ainda são válidos

Acórdão a se mencionar é o nº 1.388/2016 - Plenário, do TCU:

> Ou seja, o anteprojeto não deve se tratar de uma peça imprecisa ou incompleta, que não defina adequadamente o objeto, mas sim de minucioso trabalho de engenharia que, aprofundando a melhor alternativa oriunda dos estudos de viabilidade técnica e econômica, que o antecedem, permita à Administração demonstrar como deve ser atendido o interesse público, sem impedir que inovações incorporadas pela iniciativa privada possam melhorar ainda mais a vantajosidade no atendimento ao programa de necessidades.

Corroborando, assim a súmula nº 260 do TCU: "É dever do gestor exigir apresentação de Anotação de Responsabilidade Técnica - ART referente a projeto, execução, supervisão e fiscalização de obras e serviços de engenharia, com indicação do responsável pela elaboração de plantas, orçamento-base, especificações técnicas, composições de custos unitários, cronograma físico-financeiro e outras peças técnicas".

Art. 46, § 3º

Art. 46. Na execução indireta de obras e serviços de engenharia, são admitidos os seguintes regimes: [...]

§ 3º Na contratação integrada, após a elaboração do projeto básico pelo contratado, o conjunto de desenhos, especificações, memoriais e cronograma físico-financeiro deverá ser submetidos à aprovação da Administração, que avaliará sua adequação em relação aos parâmetros definidos no edital e conformidade com as normas técnicas, vedadas alterações que reduzam a qualidade ou a vida útil do empreendimento e mantida a responsabilidade integral do contratado pelos riscos associados ao projeto básico.

Dispositivos correspondentes na Lei nº 8.666/1993: não há.

Dispositivos correlatos na Lei nº 13.303/2016 (Dispõe sobre o estatuto jurídico das Estatais):

Art. 42. Na licitação e na contratação de obras e serviços por empresas públicas e sociedades de economia mista, serão observadas as seguintes definições: (Vide Lei nº 14.002, de 2020) [...]

VIII - projeto básico: conjunto de elementos necessários e suficientes, com nível de precisão adequado, para, observado o disposto no § 3º, caracterizar a obra ou o serviço, ou o complexo de obras ou de serviços objeto da licitação, elaborado com base nas indicações dos estudos técnicos preliminares, que assegure a viabilidade técnica e o adequado tratamento do impacto ambiental do empreendimento e que possibilite a avaliação do custo da obra e a definição dos métodos e do prazo de execução, devendo conter os seguintes elementos:

a) desenvolvimento da solução escolhida, de forma a fornecer visão global da obra e a identificar todos os seus elementos constitutivos com clareza;

b) soluções técnicas globais e localizadas, suficientemente detalhadas, de forma a minimizar a necessidade de reformulação ou de variantes durante as fases de elaboração do projeto executivo e de realização das obras e montagem;

c) identificação dos tipos de serviços a executar e de materiais e equipamentos a incorporar à obra, bem como suas especificações, de modo a assegurar os melhores resultados para o empreendimento, sem frustrar o caráter competitivo para a sua execução;

d) informações que possibilitem o estudo e a dedução de métodos construtivos, instalações provisórias e condições organizacionais para a obra, sem frustrar o caráter competitivo para a sua execução;

e) subsídios para montagem do plano de licitação e gestão da obra, compreendendo a sua programação, a estratégia de suprimentos, as normas de fiscalização e outros dados necessários em cada caso;

f) (VETADO); [...]

§ 3º Nas contratações integradas ou semi-integradas, os riscos decorrentes de fatos supervenientes à contratação associados à escolha da solução de projeto básico pela contratante deverão ser alocados como de sua responsabilidade na matriz de riscos.

46.10. Projeto básico – execução - avaliação

O dispositivo traz em si certa polêmica. Como se trata dos elementos que o contratado deve oferecer à Administração como desenhos, especificações, memoriais e cronogramas, exige-se uma robustez técnica pela própria Administração para avaliar o material. Em outras palavras, a Administração deve ter no seu quadro pessoal com elevada qualificação técnica para avaliar o projeto básico que foi realizado pelo particular.

Se possui pessoal com essa qualificação:

a) deve justificar porque transferiu à iniciativa privada a elaboração do projeto básico; e

b) criar um grupo de trabalho para aferir o cumprimento das exigências desse dispositivo.

Se não possui pessoal qualificado deve constituir comissão de avaliação técnica, contratando notórios especialistas por dispensa de licitação, na forma do art. 75, inc. XIII desta lei.[458]

46.11. Responsabilidade e riscos pelos erros do projeto básico

O dispositivo legal estabelece a responsabilidade integral da contratada sobre os riscos associados ao projeto básico de modo a evitar ou aliviar a responsabilização da Administração Pública na análise desses documentos.

Desse modo, seria plausível a Administração Pública analisar esses documentos considerando apenas a finalidade e não sendo da sua atribuição fazer uma análise de conformidade técnica de engenharia, abarcando sustentabilidade e integridade do empreendimento.

Por outro lado, não é incomum gestores públicos se "intrometerem", disciplinarem ou recusarem projetos básicos, especificações, memoriais e cronogramas não por busca do melhor entendimento ao interesse público, mas por interesses como maior celeridade na obra, como desejo de adequar interesses da entidade e não necessariamente interesses públicos. É comum o interesse de reduzir prazos no cronograma para atender interesses relacionados com eleição.

Isso acaba gerando para o contratado um cenário crítico, onde o contratado continua tendo que fazer alterações no projeto até a Administração aprovar. Nesse cenário, ao produzir o projeto do jeito que a Administração exige ou requer para aprovação, pode resultar no aumento de risco para o contratado incompatível com a figura de contratação integrada.

Documentar exigências e motivar recusas, de forma técnica, é suficiente para afastar a responsabilização. De fato, o contratado, ao elaborar o projeto básico em uma contratação integrada, tem que estar muito preparado para registrar e exigir o registro quando a Administração Pública rejeitar um projeto, rejeitar uma

---

[458] Lei nº 14.133, de 1º de abril de 2021. Art. 75. É dispensável a licitação: [...] XIII - para contratação de profissionais para compor a comissão de avaliação de critérios de técnica, quando se tratar de profissional técnico de notória especialização;

especificação memorial, para que aquilo sirva de paradigma para proteger o contratado ao longo da execução.

É importante, ainda, associar a esses elementos o fato de que um bom projeto deve apresentar também uma boa matriz de risco com a definição de responsabilidades prévias. Quando a lei determina a responsabilidade integral do contratado pelos riscos associados ao projeto, continua-se exigindo que sejam os riscos previsíveis e que a responsabilidade, embora adjetivada pelo termo integral, só pode ser apurada pelo elemento subjetivo do agente, seja negligência ou outro entendimento.

Caso interessante ocorreu com a reforma de edifício de um Tribunal de Justiça. A obra tinha um item que visava ampliar a garagem. O projeto, desenvolvido por um famoso profissional ordenava remover uma parede. Na execução o empreiteiro verificou tratar-se de estrutura em forma de cortina de concreto que ligava de ponta a ponta o subsolo da edificação, recusando-se a derrubar a "parede". Diante do confronto, a Administração decidiu ouvir outro especialista que concordou haver erro no projeto e correta a recusa do empreiteiro. Se esse não tivesse recusado, concluiu o novo especialista, o edifício teria caído.

46.12. Projeto básico e estudo técnico preliminar - ETP

Importante frisar, recente acórdão do TCU, que estabelece que é obrigatória a elaboração de estudo técnico preliminar para a contratação de obras e serviços de engenharia, mesmo nos casos de serviços comuns de engenharia. Assim menciona, o acórdão nº 925/2022 - Plenário: "Em licitação realizada por empresa estatal, a ausência de estudo técnico preliminar como suporte ao projeto básico afronta o art. 42, inciso VIII, da Lei 13.303/2016, ainda que se trate de contratação se serviços comuns".

Art. 46, § 4º, inc. I, II, III, IV, V

Art. 46. Na execução indireta de obras e serviços de engenharia, são admitidos os seguintes regimes: [...]

§ 4º Nos regimes de contratação integrada e semi-integrada, o edital e o contrato, sempre que for o caso, deverão prever as providências necessárias para a efetivação de desapropriação autorizada pelo poder público, bem como:

I - o responsável por cada fase do procedimento expropriatório;

II - a responsabilidade pelo pagamento das indenizações devidas;

III - a estimativa do valor a ser pago a título de indenização pelos bens expropriados, inclusive de custos correlatos;

IV - a distribuição objetiva de riscos entre as partes, incluído o risco pela diferença entre o custo da desapropriação e a estimativa de valor e pelos eventuais danos e prejuízos ocasionados por atraso na disponibilização dos bens expropriados;

V - em nome de quem deverá ser promovido o registro de imissão provisória na posse e o registro de propriedade dos bens a serem desapropriados.

Dispositivos correspondentes na Lei nº 8.666/1993: não há.

Esse conjunto de informações necessárias e prévias visa, exatamente, impedir as paralisações que ocorrem em relação às obras que exigem desapropriação ou mesmo servidão de passagem. A Lei, porém, se preocupou apenas com desapropriação.

A nova Lei estabelece que a desapropriação deve ser tema do edital, conforme art. 25, § 5º, inc. II, que trata do dever de prever a responsabilidade pela desapropriação. Também é fato notório que a desapropriação é inevitavelmente um grande risco para atraso na execução de obras, merecendo dispositivo específico sobre alteração de prazo de execução, no art. 124, § 2º.

46.13. Exemplo para melhor compreensão

Um exemplo verídico que pode ser apresentado sobre o tema refere-se a um caso em que os autores enfrentaram sobre um determinado empreendimento para a transmissão de linha de energia em que foi exigida a desapropriação de quase 5 mil imóveis. Observe que a Lei estabeleceu a necessidade de prévia avaliação, a estimativa desse custo, mas também admitiu, no inc. IV, que esta estimativa pode ser obtida inclusive judicialmente, o que pode ocorrer com alterações substanciais de valores. Desse modo, estabeleceu a questão de uma matriz de risco definindo a responsabilidade e o atraso pela indisponibilidade dos bens expropriados.

46.14. Apoio jurídico

Ao longo da Lei, vários dispositivos tratam do apoio jurídico. Aqui a regra continua em evidência.

A Lei teve a cautela, ainda, de determinar que, eventualmente, em caso de litígios ou divergência de valores, a Administração esteja cercada de um planejamento suficiente para superar essas dificuldades. Note que é fundamental que, em obras desse tipo, a Administração tenha um corpo jurídico altamente aparelhado para o enfrentamento do assunto ou, previamente, contrate especialistas nos temas desapropriação e servidão de passagem.

46.15. Riscos de preço e avaliação do bem

No caso de desapropriação tanto pode ocorrer a baixa valorização do imóvel pelo poder público, como a especulação pelo proprietário do imóvel, pois quanto mais a obra avançar mais valorizado fica o imóvel, pois a pressa na conclusão passa a ser considerada no preço.

Duas questões podem ser consideradas:

a) para ter a certeza de preços, a Administração pode ingressar com um processo de produção antecipada de provas. Nesse tipo de processo, o que ficar definido pelo juiz, vira coisa julgada dando segurança às partes; recomenda-se que as ações não sejam coletivas, porque atrasam a decisão judicial; e

b) avaliado o imóvel, deve a Administração fazer o depósito do valor em dinheiro e previamente a ordem de desocupação, conforme a Constituição Federal[459]. A dúvida jurídica que hoje remanesce é se havendo posterior definição de novo valor, em favor do desapropriado, o valor complementar da indenização também deve ser prévio e justo em dinheiro. O tema, nesta data, está em repercussão geral no Supremo Tribunal Federal.[460]

46.16. Análise dos incisos do § 4º

Reconhecidamente a Lei tentou definir um roteiro para definição dos pontos de risco que devem ser considerados na fase de planejamento da licitação, tanto no regime da contratação integrada, como no regime da contratação semi-integrada.

Nesse sentido também pode e deve ser aproveitada para outros regimes como um bom roteiro.

Ordena o § 4º que o "edital e o contrato, sempre que for o caso, deverão prever as providências necessárias para a efetivação de desapropriação autorizada pelo poder público". Note a repetição da atecnia existente na lei de ordenar inserir no edital e também no contrato regra pertinente apenas a um dos instrumentos, neste caso, contrato. Regra de execução há de ficar no contrato; regra de convocação e julgamento e sanções pela fase da licitação, apenas no edital. Como boa prática

---

[459] Constituição da República Federativa do Brasil de 1988. Art. 5º Todos são iguais perante a lei, sem distinção de qualquer natureza, garantindo-se aos brasileiros e aos estrangeiros residentes no País a inviolabilidade do direito à vida, à liberdade, à igualdade, à segurança e à propriedade, nos termos seguintes: [...] XXIV - a lei estabelecerá o procedimento para desapropriação por necessidade ou utilidade pública, ou por interesse social, mediante justa e prévia indenização em dinheiro, ressalvados os casos previstos nesta Constituição;

[460] STF. Repercussão Geral nº 922.144. Processo nº 5653450-19.2009.8.13.0145. Relator: Min. Roberto Barroso.

recomenda-se inserir no local certo e fazer nota numa das cláusulas do edital, remetendo à clausula tal do contrato:

Além de ordenar inserir no contrato, a lei ordena, usando a expressão, "bem como" que também seja inseridas outras informações para definir responsabilização futura. Todo esse conjunto de informações e responsabilidades adicionais são posteriores ao conjunto de atos que compõem "as providências necessárias para a efetivação de desapropriação autorizada pelo poder público".

46.17. § 4º, inc. I - fase do procedimento expropriatório

O inciso I ordena que o contrato defina o responsável pelas fases dos procedimentos expropriatórios.

Tradicionalmente, o processo expropriatório compreende duas fases: a fase declaratória e a fase, seguinte, a executória.

Essas fases podem ser administrativa ou judicial.

A fase declaratória é a fase em que o poder público faz a "declaração de utilidade pública" em ato formal, por meio de Decreto. A segunda compreende às providências necessárias à efetivação da declaração de utilidade pública, que é a avalição e o pagamento.

Esclarece o eminente Paulo Ramon da Silva Solla[461] que:

> "São competentes para expedir a declaração de utilidade pública: União, Estados, Municípios, Distrito Federal ou territórios, bem como a Agência Nacional de Energia Elétrica (ANEEL). Esta última obteve tal premissa com o art. 10 da Lei 9.074/95, cuja redação foi dada pela Lei 9.648/98. Também se estende aos concessionários, permissionários e autorizados de serviços de eletrificação, por meio da ANEEL, de expedir a declaração de utilidade pública no que concerne às áreas que interessam à implantação de suas instalações.
>
> A manifestação da declaração de utilidade pública realizada pelo legislativo ou pelo Executivo tem natureza apenas administrativa, devendo indicar o sujeito passivo da desapropriação, a descrição do bem, sua utilidade pública, a destinação específica que será dada à coisa, o fundamento legal e recursos do orçamento destinados a atender as despesas geradas pela expropriação."

Portanto, como regra essa informação que Lei atribui inserir no contrato não se insere na órbita de sua competência. Mas na órbita de competência da própria Administração Pública.

---

[461] https://jus.com.br/artigos/19144/processo-desapropriatorio

46.18. § 4º, inc. II - a responsabilidade pelo pagamento das indenizações devidas

Como regra, o pagamento cabe ao poder expropriante. Pode por lei a responsabilidade ser transferida ao contratado em situações de concessões na espécie de parceria público privada e o valor ser reembolsado pela Administração Pública ou transferido para ressarcimento pela equação tarifária. Em não havendo litígio, por regra contratual poderá ser transferida a responsabilidade ao contratado. Havendo litígio, o contratado poderá acionar a Administração Pública ou o concessionário ou contratado. Enquanto aquele tem a vantagem de ser sempre solvente, este tem a vantagem de sua responsabilização para pagamento não estar sujeito ao regime de precatório. É necessário contudo que por lei ou por contrato o contratado seja responsável.

46.19. § 4º, inc. III - estimativa do valor de indenização a ser pago a título inclusive de custos correlatos

Essa regra é difícil de ter a segurança da certeza, pois a desapropriação como regra envolve litígio, como já referido.

Pode e deve sim o contrato informar o valor estimado, sabendo que muito provavelmente haverá acréscimo de valores. É, no entanto, a ausência desse conjunto de informações que implica atraso de obras que tenham o fator desapropriação na execução.

46.20. § 4º, inc. IV - distribuição objetiva de riscos entre as partes

Ordena o inciso que o contrato faça a "distribuição objetiva de riscos entre as partes, incluído o risco pela diferença entre o custo da desapropriação e a estimativa de valor e pelos eventuais danos e prejuízos ocasionados por atraso na disponibilização dos bens expropriados". Essas informações devem estar na matriz de risco, na atualidade um dos anexos do contrato.

Aqui tem-se o dever de prever e distribuir dois riscos: um inerente a diferença entre o valor estimado da desapropriação e o outro valor decorrente no atraso na disponibilização dos bens expropriados.

Como regra, ambos serão da Administração e a inserção dessa distribuição de riscos na matriz de riscos, - um dos anexos do contrato elaborado previamente, é necessária na prática, pois retira a tipificação do crime previsto no art. 337-H do Código Penal inserido pela nova lei.

46.21. § 4º, inc. V - registro de imissão provisória na posse e o registro de propriedade dos bens

O dispositivo do inc. V impõe o dever de cláusula contratual prever "em nome de quem deverá ser promovido o registro de imissão provisória na posse e o registro de propriedade dos bens a serem desapropriados."

Em boa hora o dispositivo resolve tema que a burocracia da Administração relegava a segundo plano e transferia como informação e decisão esquecida. É comum que o desapropriado continuasse responsável até por tributos incidentes sobre o imóvel desapropriado e com imissão na posse efetivada há muito tempo.

Art. 46, § 5º

> Art. 46. Na execução indireta de obras e serviços de engenharia, são admitidos os seguintes regimes: [...]
>
> § 5º Na contratação semi-integrada, mediante prévia autorização da Administração, o projeto básico poderá ser alterado, desde que demonstrada a superioridade das inovações propostas pelo contratado em termos de redução de custos, de aumento da qualidade, de redução do prazo de execução ou de facilidade de manutenção ou operação, assumindo o contratado a responsabilidade integral pelos riscos associados à alteração do projeto básico.

Dispositivos correspondente na **Lei nº 13.303/2016 (Dispõe sobre o estatuto jurídico das Estatais):**

Art. 42. Na licitação e na contratação de obras e serviços por empresas públicas e sociedades de economia mista, serão observadas as seguintes definições: (Vide Lei nº 14.002, de 2020)

§ 1º As contratações semi-integradas e integradas referidas, respectivamente, nos incisos V e VI do caput deste artigo restringir-se-ão a obras e serviços de engenharia e observarão os seguintes requisitos:

I - o instrumento convocatório deverá conter:

a) anteprojeto de engenharia, no caso de contratação integrada, com elementos técnicos que permitam a caracterização da obra ou do serviço e a elaboração e comparação, de forma isonômica, das propostas a serem ofertadas pelos particulares;

b) projeto básico, nos casos de empreitada por preço unitário, de empreitada por preço global, de empreitada integral e de contratação semi-integrada, nos termos definidos neste artigo;

c) documento técnico, com definição precisa das frações do empreendimento em que haverá liberdade de as contratadas inovarem em soluções metodológicas ou tecnológicas, seja em termos de modificação das soluções previamente delineadas no anteprojeto ou no projeto básico da licitação, seja em termos de detalhamento dos sistemas e procedimentos construtivos previstos nessas peças técnicas;

d) matriz de riscos; [...]

IV - na contratação semi-integrada, o projeto básico poderá ser alterado, desde que demonstrada a superioridade das inovações em termos de redução de custos, de aumento da qualidade, de redução do prazo de execução e de facilidade de manutenção ou operação.

Dispositivos pertinentes na Lei nº 14.133/2021:

Art. 122. Na execução do contrato e sem prejuízo das responsabilidades contratuais e legais, o contratado poderá subcontratar partes da obra, do serviço ou do fornecimento até o limite autorizado, em cada caso, pela Administração.

§ 1º O contratado apresentará à Administração documentação que comprove a capacidade técnica do subcontratado, que será avaliada e juntada aos autos do processo correspondente.

§ 2º Regulamento ou edital de licitação poderão vedar, restringir ou estabelecer condições para a subcontratação.

§ 3º Será vedada a subcontratação de pessoa física ou jurídica, se aquela ou os dirigentes desta mantiverem vínculo de natureza técnica, comercial, econômica, financeira, trabalhista ou civil com dirigente do órgão ou entidade contratante ou com agente público que desempenhe função na licitação ou atue na fiscalização ou na gestão do contrato, ou se deles forem cônjuge, companheiro ou parente em linha reta, colateral, ou por afinidade, até o terceiro grau, devendo essa proibição constar expressamente do edital de licitação.

Art. 123. A Administração terá o dever de explicitamente emitir decisão sobre todas as solicitações e reclamações relacionadas à execução dos contratos regidos por esta Lei, ressalvados os requerimentos manifestamente impertinentes, meramente protelatórios ou de nenhum interesse para a boa execução do contrato.

Parágrafo único. Salvo disposição legal ou cláusula contratual que estabeleça prazo específico, concluída a instrução do requerimento, a Administração terá o prazo de 1 (um) mês para decidir, admitida a prorrogação motivada por igual período.

No dispositivo, a Lei estabelece um conjunto de elementos que podem justificar a alteração do projeto básico em relação ao projeto executivo no âmbito da contratação semi-integrada. Na contratação semi-integrada o projeto básico é elaborado pela Administração e o projeto executivo, é elaborado pelo contratado.

46.22. Alteração no projeto básico na contratação semi-integrada

Nessa situação, a lei considerou a possibilidade de o contrato, quando for elaborar o projeto executivo, ou antes disso, propor a alteração do projeto básico. Note aqui a diferença que vai existir da regra da Lei nº 8.666/1993 e a lei do RDC, em dispositivo mantido por esta nova Lei. Na lei anterior, Lei nº 8.666/1993, se o licitante percebesse possibilidade de melhoria no Projeto básico não poderia impugnar o edital; somente poderia fazê-lo se houvesse erro. Nesse caso, deveria impugnar o edital, pois seria vedado ao contratado alegar isso posteriormente. E alegar no exíguo prazo de impugnação.

Agora na nova lei permite a alteração a ser proposta pelo contratado, mas não estende ao licitante esse direito, que continua restrito ao dever de impugnar quando houver erro no projeto básico elaborado pela Administração. O contrato, no regime de contratação semi-integrada pode e deve propor alteração. A lei define que deve motivar seu pedido demonstrando a superioridade das inovações propostas em termos de redução de custos, de aumento de qualidade, de redução de prazo de execução ou de facilidade de manutenção ou operação.

46.23. Erros no projeto básico na contratação semi-integrada

A lei nada dispôs sobre a descoberta de erros do projeto, levando a entender que permanece a regra anterior, segundo a qual erros do projeto básico devem ser legados na licitação. É fácil inferir que uma interpretação tão rigorosa nada soma ao interesse público e as partes contratantes. Nesse cenário, a flexibilização para admitir a correção do projeto básico tanto na licitação como na contratação se faz necessária.

46.24. Motivos para o contratado propor alteração no projeto básico

Sobre os motivos de alteração, devem ser considerados que são períodos e motivações que podem ser escolhidos um a um pela Administração. Assim, pode ensejar a redução de custos mantendo-se a qualidade, o prazo de execução e a facilidade da manutenção e operação. Também poderá ocorrer o aumento da qualidade, mantendo-se os custos, o prazo de execução e a facilidade da manutenção ou operação. Pode ocorrer, ainda, a redução do prazo, mantendo-se a qualidade e os custos.

Dificuldade se apresenta quando um desses motivos para a alteração ensejar um contraponto em outro dos motivos. Redução de custos com redução de qualidade é um exemplo. Redução de custos e aumento de prazo ou aumento da qualidade com aumento de custos também podem ser exemplos dessa situação. Desse modo, a interpretação desse dispositivo pode levar a alguns pontos de insegurança.

Para balizá-lo melhor, é necessário que se busque os dispositivos que tratam da alteração dos contratos e dos preços previstos em capítulo próprio na LLCA. Os art. 122 e 123 oportunizam a alteração, inclusive de preços, para melhor atendimento das especificações técnicas.

A motivação prévia continua sendo a palavra de ordem.

Art. 46, § 6º

Art. 46. Na execução indireta de obras e serviços de engenharia, são admitidos os seguintes regimes: [...]

§ 6º A execução de cada etapa será obrigatoriamente precedida da conclusão e da aprovação, pela autoridade competente, dos trabalhos relativos às etapas anteriores.

Dispositivos correspondentes na Lei nº 8.666/1993:

Art. 7º. As licitações para a execução de obras e para a prestação de serviços obedecerão ao disposto neste artigo e, em particular, à seguinte sequência: [...]

1º A execução de cada etapa será obrigatoriamente precedida da conclusão e aprovação, pela autoridade competente, dos trabalhos relativos às etapas anteriores, à exceção do projeto executivo, o qual poderá ser desenvolvido concomitantemente com a execução das obras e serviços, desde que também autorizado pela Administração.

Dispositivo análogo estava inserido na Lei nº 8.666/1993 e teve o seu cumprimento, na prática, obviado pelo esforço de fugir a responsabilidade de cada uma das etapas. A ordem lógica e minimamente razoável é que só se inicia uma etapa após concluída as outras anteriores.

A LLCA assegura o princípio da continuidade e até da preclusão lógica. Isso ocorre porque a execução tem que ser objeto de aprovação pela autoridade competente das etapas anteriores, ou seja, não se permite, dominando uma boa técnica processual, que se vá fazendo a obra por pedaços diferentes das etapas previstas no planejamento. A cada etapa corresponde um pagamento.

Na prática isso nem sempre é viável ou interessante. Exemplificando a situação, em determinada construção de um prédio de um órgão público, foi realizado o empreendimento e o acabamento do banheiro que constituía uma etapa posterior à colocação do piso de todo o andar. A movimentação dos pedreiros com esse material de acabamento, entretanto, danificaria o piso. No caso, foi permitida uma alteração qualitativa do objeto para interromper a etapa de colocação de piso e finalizar os banheiros para só após se instalar o piso do andar.

Esse exemplo demonstra que muitas vezes o planejamento deficiente de uma obra implica futura ponderação para se adaptar as etapas da obra, objetivando o melhor resultado possível.

Em Brasília, inclusive, existe o inusitado caso de um tribunal integrante do judiciário que chegou a ser inaugurado e, para obviar o pagamento da parcela final da obra, simplesmente não aprovaram as etapas finais de recebimento definitivo da obra. Aliás, o pagamento da etapa final continha despesas ordenadas por mero capricho dos gestores dirigentes. Em uma situação como essa, a Administração deve fazer o recebimento provisório e, obrigatoriamente, o definitivo. Caso o empreiteiro não tenha concluído o esforço necessário para o recebimento definitivo, deve o contrato resolver-se buscando a reparação do dano ou a glosa de fatura.

Art. 46, § 7º

Art. 46. Na execução indireta de obras e serviços de engenharia, são admitidos os seguintes regimes:
[...]
§ 7º (VETADO).

Dispositivos correspondentes na Lei nº 8.666/1993: não há.
Dispositivo vetado e razões do Veto nº 13/2021 (Nova Lei de Licitações):

"Os regimes de contratação integrada e semi-integrada somente poderão ser aplicados nas licitações para a contratação de obras, serviços e fornecimentos cujos valores superem aquele previsto para os contratos de que trata a Lei nº 11.079, de 30 de dezembro de 2004".

Razões do veto

"A propositura legislativa estabelece que os regimes de contratação integrada e semi-integrada somente poderão ser aplicados nas licitações para a contratação de obras, serviços e fornecimentos cujos valores superem aquele previsto para os contratos de que trata a Lei nº 11.079, de 30 de dezembro de 2004. Entretanto, e em que pese o mérito da proposta, a medida contraria o interesse público na medida que restringe a utilização dos regimes de contratação integrada e semi-integrada para obras, serviços e fornecimentos de pequeno e médio valor, em prejuízo à eficiência na Administração, além do potencial aumento de custos com a realização de posteriores aditivos contratuais. Outrossim, considerando o conceito estabelecido no art. 6º, incisos XXXII e XXXIII, do Projeto de Lei, para os regimes de execução em questão vê-se o risco de que tecnologias diferenciadas fiquem impossibilitadas de serem internalizadas em obras de médio e menor porte, tais como: obras de estabelecimentos penais e de unidades de atendimento socioeducativo, no âmbito da segurança pública, melhorias na mobilidade urbana ou ampliação de infraestrutura logística, SUS e PAC. Por fim, tem-se que o dispositivo impacta negativamente em diversas políticas públicas sociais que hoje utilizam a contratação integrada como meio mais efetivo para a realização dos fins traçados no planejamento estatal."

Antes de iniciar a análise do texto, é importante destacar que o valor estabelecido na norma referente Lei nº 11.079, de 30 de dezembro de 2004, atualmente é de R$ 10 milhões, e não mais de R$ 20 milhões, como anteriormente estipulado. Ao longo da tramitação da LLCA no parlamento, por vezes, tentaram reduzir ou aumentar o valor para o uso da contratação integrada ou da contratação semi-integrada.

Estabelecia o dispositivo vetado:

> " Os regimes de contratação integrada e semi-integrada somente poderão ser aplicados nas licitações para a contratação de obras, serviços e fornecimentos cujos valores superem aquele previsto para os contratos de que trata a Lei nº 11.079, de 30 de dezembro de 2004".

Para fins de aplicação prática, é pouco eficaz a utilização de uma contratação integrada para empreendimentos de valores muito elevados. Todo empreendimento tem sua margem de risco e de imprevisibilidade e é natural que um empreendimento precise de ajustes ao longo da sua vida útil.

A contratação integrada, com seu nascimento, à época do Regime Diferenciado de Contratação – RDC veio remediar um sintoma e não uma doença. A doença é a falta de um planejamento adequado da obra. O sintoma é que as obras por vezes ficavam paradas porque o projeto básico era incompatível com a execução e o empreendimento não se acabava. A contratação integrada, tentando resolver esse problema, passou a obrigação de elaborar o projeto básico e o projeto executivo ao contratado. Esse prosseguimento não seria ruim se a Administração Pública permitisse um prazo e um valor hábil compatível com a elaboração do projeto, o que muitas vezes não acontece.

No caso da ciclovia do Rio de Janeiro, que veio a cair após a Copa do Mundo de 2014, um dos grandes problemas do empreendimento – realizado por meio da contratação integrada – é que a empreiteira teve menos de 180 dias para realizar o planejamento e a obra inteira. A empresa realizou o planejamento junto com a obra e, obviamente surgem fatores que podem ocasionar desastres como foi a queda da ciclovia.

Nesse sentido, é necessário defender a posição de que a contratação integrada é um instrumento excelente para empreendimento de baixo valor. Quando se considera licitações em municípios pequenos, com pouco poder aquisitivo e mais carente tecnicamente, é difícil localizar empreiteiros com experiência para, por exemplo, construir pontes, construir viadutos. Nesses casos, em licitações de pequenos valores, obrigar que se realize uma licitação para projeto e depois para o empreendimento pode não ser a melhor solução. Nesse cenário, a contratação integrada é uma excelente ferramenta.

Por outro lado, também nos parece um contrassenso fazer uma contratação integrada para reformar um estádio de centenas de milhões de reais porque não se conseguiu parar para fazer um planejamento adequado.

Art. 46, § 8º

> Art. 46. Na execução indireta de obras e serviços de engenharia, são admitidos os seguintes regimes: [...]
>
> § 8º (VETADO).

Dispositivos correspondentes na Lei nº 8.666/1993: não há.

Dispositivo vetado e razões do Veto nº 13/2021 (Nova Lei de Licitações):

"§ 8º O limite de que trata o § 7º deste artigo não se aplicará à contratação integrada ou semi-integrada destinada a viabilizar projetos de ciência, tecnologia e inovação e de ensino técnico ou superior.""

Razões do veto

"[...] A aplicação do RDC em sua integridade, em particular a contratação integrada, é vista como importante alternativa para a solução de problemas em projetos de instituições de ensino superior e pesquisa, especialmente quando da construção de laboratórios, a grande maioria deles em valores inferiores àqueles estipulados como mínimos pelo § 11 do art. 40 do PLS 559/2013, mas com complexidade técnica que justifica evitar a divisão de responsabilidades de elaboração de projetos executivos e implementação da obra. Contudo, manter, nesse instrumento, a limitação de valor de R$ 20 milhões, que lhe foi imposta, conforme consta do substitutivo anexo ao Relatório da Comissão, significa de fato desconhecer a natureza específica desse processo de alta relevância nacional e não contar com o RDC para esse efeito, numa imensa variedade de casos, o que aumenta o prazo de execução dos projetos de forma desproporcional ou chega a comprometer a sua própria viabilização e cuidados técnicos para sua execução, redundando em fragorosos prejuízos à pesquisa científica e ao desenvolvimento de tecnologias para a solução dos problemas do País, além de dificultar a cooperação entre instituições de pesquisa e empresas, um dos principais motores da competitividade e produtividade dos países desenvolvidos, uma das lacunas que emperram o desenvolvimento nacional".

O dispositivo vetado retirava o limite imposto no § 7º também vetado para viabilizar projetos de ciência, tecnologia, inovação e ensino técnico ou superior.

Nessas licitações destinadas a trabalhos de desenvolvimento intelectual, é impossível a elaboração de projeto com as mesmas características que se faz na área de engenharia. Muitas vezes, o resultado nem é previsível no começo de uma pesquisa ou no começo de um projeto de ciência.

De qualquer modo, mesmo nessas situações em que se licitar projetos ciências, tecnologia, inovação, ensino técnico ou superior, o objeto deverá estar bem definido embora se reconheça a dificuldade de definir valor previamente.

Art. 46, § 9º

> Art. 46. Na execução indireta de obras e serviços de engenharia, são admitidos os seguintes regimes: [...]
>
> § 9º Os regimes de execução a que se referem os incisos II, III, IV, V e VI do *caput* deste artigo serão licitados por preço global e adotarão sistemática de medição e pagamento associada à execução de etapas do cronograma físico-financeiro vinculadas ao cumprimento de metas de resultado, vedada a adoção de sistemática de remuneração orientada por preços unitários ou referenciada pela execução de quantidades de itens unitários.

Dispositivos correspondentes na Lei nº 8.666/1993:

Art. 47. Nas licitações para a execução de obras e serviços, quando for adotada a modalidade de execução de empreitada por preço global, a Administração deverá fornecer obrigatoriamente, junto com o edital, todos os elementos e informações necessários para que os licitantes possam elaborar suas propostas de preços com total e completo conhecimento do objeto da licitação.

Conforme já adiantado nos comentários ao art. 23 e ao *caput* do art. 46 o trecho em análise é preciso vedar a utilização de preços unitários e seus quantitativos para medição e pagamento.

Apesar de não ser inovador, visto que o dispositivo mantém a ideia do RDC de preço global, naquele regime, restava a aplicação da Lei nº 8.666/1993 aos contratos celebrados, o que permitia aos Tribunais de Contas atraírem para o RDC, os entendimentos construídos no âmbito da Lei nº 8.666/1993.

A evolução ou involução do controle exigia, na vigência da Lei nº 8.666/1993, megas estruturas na parte administrativa aumentando o custo Brasil e distorcendo a finalidade do órgão. Servidores engenheiros de Tribunal do judiciário foram condenados quando não lhes cabia esse nível de atualização e detalhamento, sendo, porém, competentes para gerir contratos de terceirização e projetos.

Com a mudança do regime jurídico e o abandono da legislação anterior, não se torna mais juridicamente viável a aplicação dos entendimentos, em especial do

Tribunal de Contas da União, aptos a justificar a análise de preços unitários e de itens apresentados pelo licitante ou que responsabilizavam servidores por não terem analisados custos unitários.

Tem-se, portanto, superada inclusive a súmula nº 259, do Tribunal de Contas da União, com o seguinte teor: "Nas contratações de obras e serviços de engenharia, a definição do critério de aceitabilidade dos preços unitários e global, com fixação de preços máximos para ambos, é obrigação e não faculdade do gestor".

A nova lei permite varrer essa distorção e inaugurar uma nova etapa de definição de responsabilidades mais precisas.

Com a redação da LLCA, a evolução necessária de entendimento se coaduna com o raciocínio lógico da inviabilidade de análise de remuneração orientada por preços unitários ou referenciada pela execução de quantidades de itens unitários, se cabe ao particular o desenvolvimento do projeto executivo e, portanto, caberia a ele desenvolver os itens unitários.

No mesmo sentido, a doutrina e a jurisprudência deverão pacificar o entendimento de que, quando se tratar desses regimes de contratação, a forma de pagamento deve ser associada as etapas do cronograma físico-financeiro e a análise do preço ser global. O dispositivo, portanto, rompe as interpretações anteriores.

Subseção III - Dos Serviços em Geral

47. Art. 47, caput, inc. I e II

> Art. 47. As licitações de serviços atenderão aos princípios:
>
> I - da padronização, considerada a compatibilidade de especificações estéticas, técnicas ou de desempenho;
>
> II - do parcelamento, quando for tecnicamente viável e economicamente vantajoso;

Dispositivos correspondentes na Lei nº 8.666/1993:

Art. 15. As compras, sempre que possível, deverão:

I - atender ao princípio da padronização, que imponha compatibilidade de especificações técnicas e de desempenho, observadas, quando for o caso, as condições de manutenção, assistência técnica e garantia oferecidas;

Art. 23. As modalidades de licitação a que se referem os incisos I a III do artigo anterior serão determinadas em função dos seguintes limites, tendo em vista o valor estimado da contratação:[...]

§ 1º As obras, serviços e compras efetuadas pela Administração serão divididas em tantas parcelas quantas se comprovarem técnica e economicamente viáveis, procedendo-se à licitação com vistas ao melhor aproveitamento dos recursos disponíveis no mercado e à ampliação da competitividade sem perda da economia de escala. (Redação dada pela Lei nº 8.883, de 1994)

Dispositivos pertinentes na Lei nº 14.133/2021, além do art. 47:

Art. 40. O planejamento de compras deverá considerar a expectativa de consumo anual e observar o seguinte: [...]

V - atendimento aos princípios:

a) da padronização, considerada a compatibilidade de especificações estéticas, técnicas ou de desempenho;

b) do parcelamento, quando for tecnicamente viável e economicamente vantajoso;

Dispositivos correspondentes na Lei nº 9.579/2012 (Institui o Código de Licitações e Contratos do Estado do Maranhão):

Art. 19. Nas compras devem ser observadas as seguintes regras: [...]

IV - atendimento aos princípios

a) da padronização, considerando a compatibilidade de especificações estéticas, técnicas ou de desempenho;

b) do parcelamento, quando for tecnicamente viável e economicamente vantajoso;

47.1. Princípios e diretrizes

Embora a norma utilize a expressão, é evidente que os preceitos dispostos nos incisos não são efetivamente princípios. Foram por lei elevados a essa condição, revelando mais uma atecnia. Se de um lado merece alguma restrição é fato que o amplo elenco serve de diretrizes que operam cada um em cada tempo e lugar.

A padronização e o parcelamento já foram tratados nessa obra, nos comentários ao art. 40 da LLCA, §2º e 3º em relação às compras. Apenas esses dois princípios foram para a fase de planejamento de serviços, por imposição deste artigo.

Para evitar repetições, recomenda-se a leitura dos comentários ao art. 40 e a cautela na aplicação desses princípios aos serviços, pois implicam em coordenação de atividades.

Assim, por exemplo, um serviço poderá implicar contratação de outros, agregados ou unificados ou não. Isso pode ocorrer com a manutenção ou instalação de um aparelho de ar-condicionado implicando alteração da potência de rede elétrica e de escoamento de água, dependendo do tipo de aparelho.

47.2. Princípio da padronização aplicado aos serviços

Sobre o princípio da padronização, na aplicação de serviços, mostra-se fundamental para o resultado pretendido, além dos atributos da segurança que são inerentes à padronização.

Esse princípio opera do seguinte modo:

a) em relação ao elemento humano, na apresentação, com roupas e suprimentos uniformizados;

b) em relação ao elemento humano na aplicação comportamental, na execução de modo semelhante por todos os integrantes de determinada pessoa jurídica em ambiente definido. Exemplos simples, a postura de agentes de segurança no recebimento do público, na revista de sacolas e pastas, na submissão ao sistema de controle por raio-x; e

c) em relação aos resultados esperados dos serviços executados pela aplicação de procedimentos uniformes de verificação, medição e registros em formulários com ou sem uso de equipamentos.

Os §§ 1º e 2º comentados a seguir vão balizar a aplicação do princípio do parcelamento, com melhor precisão.

Ressalta-se aqui novamente que a lei praticamente copiou esse dispositivo, constante no Código de Licitações e Contratos do Estado do Maranhão.

Art. 47, § 1º, inc. I, II, III

Art. 47. As licitações de serviços atenderão aos princípios: [...]
§ 1º Na aplicação do princípio do parcelamento deverão ser considerados:
I - a responsabilidade técnica;
II - o custo para a Administração de vários contratos frente às vantagens da redução de custos, com divisão do objeto em itens;
III - o dever de buscar a ampliação da competição e evitar a concentração de mercado.

Dispositivos correspondentes na Lei nº 8.666/1993: não há

Dispositivos pertinentes na Lei nº 14.133/2021, além do art. 47:

Art. 40. O planejamento de compras deverá considerar a expectativa de consumo anual e observar o seguinte: [...]

§ 2º Na aplicação do princípio do parcelamento, referente às compras, deverão ser considerados:

I - a viabilidade da divisão do objeto em lotes;

II - o aproveitamento das peculiaridades do mercado local, com vistas à economicidade, sempre que possível, desde que atendidos os parâmetros de qualidade; e

III - o dever de buscar a ampliação da competição e de evitar a concentração de mercado.

§ 3º O parcelamento não será adotado quando:

I - a economia de escala, a redução de custos de gestão de contratos ou a maior vantagem na contratação recomendar a compra do item do mesmo fornecedor;

II - o objeto a ser contratado configurar sistema único e integrado e houver a possibilidade de risco ao conjunto do objeto pretendido;

III - o processo de padronização ou de escolha de marca levar a fornecedor exclusivo.

Dispositivos correspondentes na Lei nº 9.579/2012 (Institui o Código de Licitações e Contratos do Estado do Maranhão):

Art. 19. Nas compras devem ser observadas as seguintes regras: [...]

Do princípio do parcelamento

§ 1º Na aplicação do princípio do parcelamento, referente às compras, devem ser considerados:

I - a divisão do objeto em lotes, de modo a minimizar as despesas dos contratados na entrega dos lotes de produtos;

II - a necessidade de aproveitar as peculiaridades do mercado local e permitir a participação das micro e pequenas empresas, visando a economicidade, sempre que possível, desde que atendidos os parâmetros de qualidade;

III - o dever de buscar a ampliação da competição e evitar a concentração do mercado;

47.3. Parcelamento e responsabilidade técnica

Como se observa, o dispositivo se assemelha às regras de aplicação do princípio do parcelamento definidos para compras. No caso de serviços, um ponto em destaque é a inovação trazida que obriga a Administração a, antes de definir o parcelamento, considerar os efeitos desse princípio na responsabilidade técnica, ou em outra perspectiva na responsabilização técnica.

Quando se divide um objeto na prestação do serviço - que se faz por fases sucessivas - ou na contratação de obras, a Administração corre o risco de ter problemas para apurar posteriormente a responsabilidade técnica. É o caso, por exemplo, na aplicação de serviços em que uma etapa precede a outra. Quando isso ocorrer, a responsabilidade técnica há de ser bem definida ou não se deve optar pelo parcelamento. Mesmo quando as partes de um serviço têm responsáveis técnicos distintos, nem por isso o parcelamento passa a ser impositivo ou obrigatório. É que a própria integração dos serviços poderá ensejar outro nível de responsabilização.

Tome por exemplo o caso de uma reforma, abrangendo rede elétrica, elevadores, iluminação, refrigeração e automação. Com certeza, admitir a subcontratação será melhor do que a administração parcelar e ficar com a responsabilidade técnica de integrar partes. Perceba a afinidade que decorre do inc. I, com a aplicação do inc. II, a seguir comentado.

47.4. Parcelamento e custo da gestão de partes

No inc. II, a Lei trata do custo da gestão de vários contratos. Exemplo clássico já foi apresentado pela doutrina em obra referente a construção de subestações para empresas do setor elétrico, em que a aplicação do parcelamento levada ao extremo ensejou a formação de 600 contratos. Por isso, é necessário que a Administração também avalie o custo interno de gestão que será acrescido com a aplicação do parcelamento. Há uma distorção na interpretação das normas de licitação que precisa ser definitivamente banida. A licitação não é um instrumento a favor de particulares, mas é a favor da Administração e do contribuinte que paga o "custo Brasil". A sabedoria para equilibrar a efetividade de políticas públicas, por meio das licitações, não pode fazer tábula rasa da vantagem pretendida.

47.5. Parcelamento e ampliação da competição e concentração de mercado

Por fim, o inc. III, prevê o dever de buscar ampliação da competição e evitar a concentração do mercado. Em relação aos serviços, a Administração pode pensar a respeito da possibilidade de unificar vários serviços em um só contrato. Exemplo desse modelo é a manutenção predial. Ocorre com frequência problemas relacionados ao parcelamento com situações em que o contrato de manutenção, por exemplo de aparelhos de ar-condicionado, é feito em contrato diferente do contrato de manutenção da rede elétrica interna e da manutenção de elevadores. Isso poderá ensejar problemas referentes à responsabilidade técnica dos diversos prestadores de serviços. Pode gerar problemas ainda acerca da necessidade de se manter equipe à disposição da Administração.

Quando vários contratos são juntados, a equipe da prestação de serviços pode ser reduzida, com melhoria da gestão pela Administração Pública – considerando que bastaria demandar a um só prestador de serviços – e ao mesmo tempo redução de custos para o prestador de serviço.

Quando se unifica manutenção predial, de ar-condicionado, de elevadores, da rede elétrica, de sistema de esgoto e de sistema de alimentação de água, por exemplo, pode-se ter uma só equipe de plantão para trabalhar nessas várias

Lei nº 14.133/2021 — Art. 47

atividades. Como regra, recomenda-se em manutenção predial a unificação em só um contrato. É possível, por exemplo, reconhecer que a manutenção de elevadores seja mantida à parte, considerando que no mercado muitas empresas trabalham só com essa atividade. Esse é o tema do § 2º a seguir.

Art. 47, § 2º

> Art. 47. As licitações de serviços atenderão aos princípios: [...]
> § 2º Na licitação de serviços de manutenção e assistência técnica, o edital deverá definir o local de realização dos serviços, admitida a exigência de deslocamento de técnico ao local da repartição ou a exigência de que o contratado tenha unidade de prestação de serviços em distância compatível com as necessidades da Administração.

Dispositivos correspondentes na Lei nº 8.666/1993: não há.

Determina a lei que a definição do local da prestação dos serviços é regra obrigatório.

A seguir a Lei não definiu previamente as situações de exceção admitidas. Adotou o prudente arbítrio de deixar a critério do gestor indicar as situações excepcionais, exigindo-se a justificativa da decisão.

A medida servirá de amparo aos órgãos de controle para verificar a pertinência da relevância da justificativa, com a definição de exceção admitida pelo § 2º.

Outra questão jurídica relevante é que, ao definir vedação, a Lei teve a preocupação de evitar a caracterização de relação de emprego ilícita pela simples disponibilidade de pessoas, sem associar o trabalho ao resultado. É regra, no Brasil, de que na terceirização de mão de obra, deve-se sempre associar o resultado pretendido pela Administração.

47.6. Gestão com tecnologia

O dispositivo deve ser compreendido com a redação do art. 19 que determina que os órgãos da Administração com competências regulamentares deverão "instituir sistema informatizado de acompanhamento de obras, inclusive com recursos de imagem e vídeo".

Três aspectos são importantes:

a) a licitação pode exigir que o próprio contratado tenha essa tecnologia e a Administração ter controle do sistema de software, situação que mesmo com recursos de imagem e vídeo podem ter a confiabilidade prejudicada;

b) a licitação pode exigir que o contrato se submeta ao sistema de software contratado, o qual deve prever a rastreabilidade de todos os profissionais, tempo de espera, localização, início e término da execução da ordem de serviço; e

c) o *software*, se contratado pela Administração Pública deve atender não só a vários contratos, mas permitir o controle físico e patrimonial com a maior amplitude possível. Aqui o princípio do parcelamento poderá ser substituído pela integração, sempre que aspectos de controle demonstrarem o aumento da eficiência.

Um sistema que vem se desenvolvendo por uma empresa a FAB, é o POINT SERVICE, que alia a internet das coisas com plataforma de precificação de serviços de manutenção. Em alguns casos, também integra o controle patrimonial com rastreamento de equipamentos tombados. Por isso, antes de contratar é necessário acompanhar a evolução do mercado.

47.7. Normas sobre contratação de TI na esfera federal

O Ministério da Gestão e da Inovação em Serviços Públicos estabeleceu, por meio da Portaria SGD/MGI nº 1.070/2023, o novo modelo de contratação de serviços de operação de infraestrutura e atendimento a usuários de Tecnologia da Informação e Comunicação (TIC), no âmbito dos órgãos e entidades integrantes do Sistema de Administração dos Recursos de Tecnologia da Informação - SISP do Poder Executivo Federal. A portaria entra em vigor no dia 3 de julho de 2023, revoga as Portarias SGD/ME nº 6.432, de 15 de junho de 2021 e SGD/ME nº 4.668, de 23 de maio de 2022.

De acordo com a portaria, que tem apenas 9 artigos:

a) a contratação dos referidos serviços deverá ser realizada por meio de modelo de pagamento fixo mensal, vinculada exclusivamente ao atendimento de níveis mínimos de serviços previamente estabelecidos;

b) o modelo não se configura como de dedicação exclusiva de mão de obra, contratação por homem/hora e tampouco por postos de trabalho;

c) o modelo de contratação é de utilização obrigatória para a contratação de serviços de operação de infraestrutura e atendimento a usuários de tecnologia da informação e comunicação, salvo aqueles já iniciados, conforme o art. 7º e aqueles já autuados sob a égide da Lei no. 8.666/1993 e 10.520/2001, conforme o art. 8º;

d) os valores de referência devem atender à Instrução Normativa Seges/ME nº 65, de 2021; e

e) outros modelos de contratação podem ser utilizados, desde que devidamente justificados pela área técnica proponente, comunicando via Ofício e aprovado previamente pela Secretaria de Governo Digital - SGD do Ministério da Gestão e da Inovação em Serviços Públicos - MGI.

Os anexos da portaria ocupam 10 páginas do DOU. Leitura obrigatória para Agentes de Contratação e gestores das áreas de TIC.

Acesse a íntegra da Portaria SGD/MGI nº 1.070/2023.

47.8. Produtividade, improdutividade e ociosidade

É importante, no entanto, compreender bem esse conceito e para isso devemos utilizar a conceituação da tabela SINAPI.

47.8.1. Ociosidade e improdutividade

A ociosidade é uma condição intimamente ligada a disponibilização de mão de obra e está relacionada a falta de desempenho, já que gera um custo que não pode ser recuperado. Há custos para o contratado, mas não há resultado a ser remunerado.

Para melhor exemplificar, a mão de obra **ociosa** é aquela que está disponível, mas que não está sendo utilizada, seja pela falta de demanda de serviço ou pela falta de recursos (equipamentos ou insumos) para realização do serviço.

Ou seja, a ociosidade é o tempo perdido por falta de condições para execução do serviço. Perdido porque não gera resultado mensurável ou remunerável.

Por outro lado, a **improdutividade** está intrinsicamente relacionada a execução de um serviço e refere-se ao tempo necessário para programar, planejar e instruir a execução de um serviço. Ou seja, é um tempo necessariamente gasto para garantir a correta execução de um serviço e, por isso, a improdutividade pode ser prevista, compondo o custo do serviço.

Como a improdutividade foi estritamente definida com amparo na tabela SINAPI, é necessário esclarecer usando esse mesmo paradigma.

47.8.2. Medição por postos de trabalho ou resultados

Expostos os conceitos, a Administração Pública pode determinar os níveis mínimos de produtividade e máximos de improdutividade e de ociosidade.

Exceções existem e até agora encontram dificuldade para superação. É o caso, por exemplo, de situações em que se exige efetivamente o preenchimento de posto de trabalho, tal como ocorre com o serviço de vigilância. Neste caso, a disponibilidade e a presença dos vigilantes são suficientes para justificar o pagamento, considerando que é muito difícil a aferição de resultado. Avaliar a situação relativa a intercorrências, como o caso de furto na repartição, tornam esta aferição despropositada. É difícil aferir "não ter furtos" na repartição com o trabalho de vigilância.

Além disso, é importante lembrar que a regra, em outros casos, já vem sendo superada. Um exemplo é o serviço de conservação e limpeza. Neste caso, a Administração conseguiu definir o resultado do trabalho: metro quadrado limpado, metros de vidros limpados todos os dias, recolhimento de lixo, tratamento de lixo, segundo as regras de sustentabilidade. Esses passaram a ser critérios de remuneração, ensejando dificuldade para o gestor público em relação às empresas que assumiam compromisso de maior produtividade dos seus empregados, às vezes numa atitude temerária. Outras vezes a produtividade decorre de investimentos em treinamentos novas tecnologias de equipamentos.

47.9. Súmula nº 269 do TCU

Interessante observar que a redação do dispositivo guarda semelhança com os entendimentos da Corte de Contas e a súmula nº 269 do TCU, acima citada, em relação aos serviços de TI de terceirizados. A norma ampliou o texto da súmula que já determinava a vedação de pagamento por hora de trabalho e posto de serviço e que somente seria admitido em caráter excepcional e devidamente justificada.

47.10. IN nº 05/2017 – Serviços terceirizados

Outra questão interessante é que a IN nº 05/2017, que trata de serviços terceirizados no Governo Federal, também prevê essa vedação e prevê uma metodologia para aplicação da medição por resultados. Para esse tipo de fiscalização de contrato de serviço, é essencial a fiscalização pelo agente público. O agente público deve definir uma métrica – que não pode ser muito complexa – e é essencial que a fiscalização seja bem realizada para poder aferir efetivamente o trabalho[12]. A métrica de resultados deve inclusive considerar na sua construção a matriz de risco determinada pela mesma norma.

Observe em relação à medição, o subitem precedente 47.7 sobre uso de tecnologias para aferir produtividade e resultados.

47.11. Residente ou distante

O dispositivo, embora não tenha uma redação adequada, tem um significado de estabelecer, para manutenção e assistência técnica, a possibilidade de o técnico ficar residente no órgão, integrando as unidades da administração. A Administração também pode estabelecer no edital que a contratada esteja a uma distância compatível com as necessidades.

Um exemplo possível é a situação em que se contrata manutenção predial. Podem ocorrer, durante o dia de trabalho, vários fatos que exijam o pronto-atendimento, como o rompimento de um cano de água ou uma queda de energia causada no setor elétrico interno do órgão. A Administração, assim, pode prever no edital uma distância compatível com a necessidade e urgência da manutenção definida numa matriz de risco. Com isso, pode estabelecer um raio de distância de 15 Km ou atendimento em até 30 minutos da chamada, em casos urgentes.

Importante observar que, em frequentes decisões judiciais, considera-se abusiva e anti-isonômica, a obrigatoriedade mencionada no dispositivo, de que a sede do contratado se situe nas mediações de atendimento às necessidades da Administração Pública. Uma vez que a empresa tenha plenas condições de atender a demanda à tempo e na hora estipulada, não há razão para tal exigência.

Não nos parece, no entanto, desarrazoada a ideia, pois que se a distância entre o prestador e o local da prestação de serviço é tal que dificulte o cumprimento do contrato quanto à presteza do atendimento, parece natural estabelecer condições como esta, a que se refere o parágrafo, no próprio contrato, já anunciadamente no edital. É óbvio que exigir a sede é diferente de exigir um estabelecimento em funcionamento em até determinado número de dias, após a assinatura do contrato. Nesse caso, pode-se exigir um almoxarifado com bens e equipamentos mínimos necessários, previamente definidos no edital para reparos urgentes.

A opção definida pela lei reflete uma boa prática já existente no âmbito da Administração Pública. Alguns prédios com grande número de pessoas lotadas ou uma grande área têm definido uma pequena equipe de manutenção para trabalhar em caráter permanente, integrando as unidades do órgão. Assim, por exemplo, a unidade de logística de um órgão poderia ter uma pequena equipe de manutenção terceirizada disponível o tempo todo para as intercorrências.

A decisão entre ter equipe para atendimento a qualquer hora internalizada ou recorrer a uma equipe externa deve ser considerada diante de fatores importantes. O primeiro deles é o custo elevado da internalização. De fato, o controle de acesso, o consumo de água e energia e o convívio na parte interna da organização podem representar ações que consumam a mão de obra da

Administração. Desse modo, ter uma empresa terceirizada próxima que possa atender com celeridade é o melhor caminho em termos práticos.

Juridicamente, a norma define que essa é uma decisão a ser estabelecida no edital, considerando que o § 2º remete a decisão a essa fase da licitação. A exigência da equipe técnica deverá ser feita e a indicação da qualificação mínima dos profissionais deve ser observada, inclusive se o contratado decidir mudar os seus técnicos. A qualificação destes novos profissionais nunca poderá ser inferior à qualificação prevista no edital.

47.12. Usina de asfalto

Sobre a matéria, o Tribunal de Contas do Estado de São Paulo tem editado a súmula nº 16, com a seguinte redação: "Em procedimento licitatório, é vedada a fixação de distância para usina de asfalto".

47.13. Competência para requisitar serviços

É necessário também que a Administração tenha o controle dessas requisições de serviço para não onerar demasiadamente o contratado. Não é tolerável que, a cada vez que se queime uma lâmpada ou haja pingos nas torneiras, convoque-se o contratado. É necessária uma inteligência também para demandar os serviços licitados e contratados.

Em casos de manutenção, há que se aprimorar o serviço indicando serviços de manutenção preventiva distintos da manutenção corretiva. Tabelas diferenciadas com preços de improdutividade e ociosidade distintos, inclusive com distinção de execução de prédio em operação e prédio vazio.

47.14. Gestão do contrato

Outro ponto importante é a decisão sobre quem vai gerir esse contrato, ou seja, quem vai ter competência para demandar, medir e avaliar. Não é possível deixar a competência para demandar serviços solta no âmbito da Administração Pública, pois a demanda de serviços implica o fato gerador do pagamento.

Também deve constar no edital de terceirização de serviços a definição desejável de métricas para a medição. Por isso, quando se permite que o contratado tenha sede ou filial próxima à Administração, distancia-se a caracterização como relação de emprego ilícita, convocando-se periodicamente o profissional. Como já dito, contudo, esta é uma decisão que a Administração deve adotar de acordo com as demandas que terá para manutenção predial da unidade.

Um detalhe importante aqui é o obsoleto uso da palavra repartição. Atualmente, usa-se os termos órgão ou unidade como visto nos demais dispositivos da própria LLCA.

Em termos de aconselhamento recomenda-se a contatação de empresa para auxiliar o fiscal do contrato, ou gestor do contrato. Sempre que possível com *software* e *Business Intelligence* - Soluções de BI.

48. Art. 48, caput

> Art. 48. Poderão ser objeto de execução por terceiros as atividades materiais acessórias, instrumentais ou complementares aos assuntos que constituam área de competência legal do órgão ou da entidade, vedado à Administração ou a seus agentes, na contratação do serviço terceirizado:

Dispositivos correspondentes na Lei nº 8.666/1993: não há.

Inicia-se recomendando a leitura do art. 6º, inc. XVI, que conceitua "serviços contínuos com regime de dedicação exclusiva de mão de obra".

No art. 48, seguindo a boa técnica legislativa, o caput preferiu definir **o que pode ser terceirizado**, aproveitando a diretriz do Decreto nº 2.271, de 7 de julho de 1997. Embora essa norma tenha sido revogada, suas disposições nos inspiraram nos trabalhos do Código de Licitações e Contratos do Maranhão e, mais tarde, nas regras que foram inseridas na – Instrução Normativa IN nº 05/2017, que rege a terceirização no âmbito do Governo Federal.

Usou terminologia sem conteúdo jurídico, mas que reflete com precisão a permissão:

- atividades materiais acessórias, que se opõe a atividades intelectuais principais;
- atividades instrumentais, que se opõe a finalísticas;
- atividades complementares, que se opõe a principais.

Portanto o significado leva a uma compreensão suficiente do que pode e deve ser terceirizado.

Por outro lado, na esfera federal, o Decreto nº 9.507/2018 trilhou um caminho diferente, definindo **o que é proibido terceirizar**. Na dicção do decreto:

> Art. 3º Não serão objeto de execução indireta na administração pública federal direta, autárquica e fundacional, os serviços:
>
> I - que envolvam a tomada de decisão ou posicionamento institucional nas áreas de planejamento, coordenação, supervisão e controle;
>
> II - que sejam considerados estratégicos para o órgão ou a entidade, cuja terceirização possa colocar em risco o controle de processos e de conhecimentos e tecnologias;
>
> III - que estejam relacionados ao poder de polícia, de regulação, de outorga de serviços públicos e de aplicação de sanção; e
>
> IV - que sejam inerentes às categorias funcionais abrangidas pelo plano de cargos do órgão ou da entidade, exceto disposição legal em contrário ou quando se tratar de cargo extinto, total ou parcialmente, no âmbito do quadro geral de pessoal.

O art. 48, numa feliz redação, enuncia no caput o que pode ser terceirizado e, nos incisos, o que é vedado à Administração ou a seus agentes na contratação de serviços terceirizados. Embora vedados, são fatos de ocorrências frequentes no âmbito da Administração Pública. As vedações revelam motivos superiores diretamente vinculados à legalidade ou à moralidade administrativa. Cabe lembrar, porém, que essa relação de vedações é exemplificativa. Há outras oriundas de códigos de ética, de normas que velam pela probidade administrativa e previnem conflito de interesses também incidente nas vedações aplicáveis aos contratos de terceirização.

Art. 48, inc. I, II, III, IV, V, VI

Art. 48. Poderão ser objeto de execução por terceiros as atividades materiais acessórias, instrumentais ou complementares aos assuntos que constituem área de competência legal do órgão ou da entidade, sendo vedado à Administração ou a seus agentes, na contratação do serviço terceirizado:

I - indicar pessoas expressamente nominadas para executar direta ou indiretamente o objeto contratado;

II - fixar salário inferior ao definido em lei ou em ato normativo a ser pago pelo contratado;

III - estabelecer vínculo de subordinação com funcionário de empresa prestadora de serviço terceirizado;

IV - definir forma de pagamento mediante exclusivo reembolso dos salários pagos;

V - demandar a funcionário de empresa prestadora de serviço terceirizado a execução de tarefas fora do escopo do objeto da contratação;

VI - prever em edital exigências que constituam intervenção indevida da Administração na gestão interna do contratado.

Dispositivos correspondentes na Lei nº 8.666/1993: não há.

Dispositivos correspondentes na Lei nº 9.579/2012 (Institui o Código de Licitações e Contratos do Estado do Maranhão):

Art. 28. Nas contratações de serviços terceirizados é vedado:

I - a indicação, pela Administração ou seus agentes:

a) de pessoas expressamente nominadas para executar direta ou indiretamente o objeto contratado;

b) de salário a ser pago, pelo contratado, inferior ao definido em lei ou ato normativo;

c) de salário superior ao pago para funções assemelhadas, com igual qualidade, na Administração.

II - definir forma de pagamento mediante exclusivo reembolso dos salários pagos;

(Redação do inciso dada pela Lei nº 9990 de 13/02/2014, conversão da Medida Provisória nº 158 DE 12/12/2013):

48.1. Indicações nominais

O disposto no inciso I é explicável, considerando que a indicação de pessoas pode ofender o princípio da impessoalidade da Administração Pública e ensejar a caracterização da pessoalidade, com o risco de ações de improbidade como ocorreu no passado em que gestores públicos indicavam parentes e amigos para contratos de terceirização. A indicação de pessoas com relacionamento de amizade com a gestão é nociva ao interesse público, pois impede a adequada gestão pelo mérito e por resultado dos serviços.

A indicação de profissional também representa uma violação dos requisitos da terceirização que é a impessoalidade. Um dos requisitos da caracterização da relação de emprego é a pessoalidade e a subordinação. Quando a Administração indica pessoas, está ofendendo essa regra.

É possível, contudo, fazer indicação genérica das pessoas quando há transição contratual, figura prevista na IN nº 04/2010 e em outras normas. Havendo um conjunto de pessoas já trabalhando para uma empresa de terceirização, a Administração pode, quando outra empresa vencer a licitação e assumir os serviços, recomendar ao novo empregador que tente absorver a mão de obra já qualificada. Nesse caso, não ocorrerá a violação à ideia de terceirização.

No inciso II, a Lei trata da vedação de estabelecer no edital ou no contrato salário inferior ao definido em lei ou ato normativo para a categoria profissional a ser contratada. Esta é regra, que deve ser observada, pois atos normativos, convenções coletivas e outros instrumentos vinculam o gestor público assim como lei vincula. Estabelecido o piso, não pode a Administração aceitar o pagamento inferior ao definido do piso, ressalvado o caso em que não ocorra a disponibilidade integral da mão de obra. É o caso, por exemplo, de se contratar encanador por meio período.

A Administração, entretanto, pode fixar o salário superior ao piso da categoria, mas para tanto, deverá justificar a decisão com amparo em pesquisa salarial que indique que o mercado contrata acima desse valor. Ou também poderá justificar o pagamento de salário superior, se entender necessária a qualificação superior à mínima e que essa qualificação superior exigida pelo edital corresponda a remuneração maior.

O inciso III, dispõe que também é proibido estabelecer vínculo de subordinação com "funcionários" da empresa prestadores de serviço terceirizado. O objetivo da Lei é novamente impedir a existência de elementos que caracterizam o vínculo trabalhista de emprego. Para ingresso na Administração Pública, é necessário concurso público, mas se estiverem presentes os elementos da relação de emprego – entre eles, a remuneração, a subordinação, a pessoalidade e a continuidade, – ficará caracterizada a relação de emprego ilícita.

No dispositivo, a Lei veda o estabelecimento de vínculo de subordinação com o "funcionário" da empresa prestadoras de serviço terceirizado. O termo juridicamente correto não é funcionário, mas empregado.

Há uma sutil e importante distinção a ser feita. Quando dirigentes, por exemplo, pedem ao garçom terceirizado para não colocar açúcar no seu café, ele está dando uma ordem ao terceirizado, mas não é desse tipo de ordem que trata a norma. A subordinação é diferenciada. É o caso, por exemplo, de reclamar com o mesmo garçom que está chegando atrasado, que não vestiu o uniforme ou que está tendo um comportamento inadequado.

O primeiro grupo de ordens são "ordens" em sentido estrito que não caracterizam a subordinação e que não caracterizam o vínculo direto de emprego. O segundo grupo caracteriza o vínculo de emprego. Então, como devo ocorrer à relação dos servidores públicos, dos empregos e agentes públicos em relação aos empregos da empresa terceirizada?

A relação deve se estabelecer por meio do preposto da contratada, que deve ficar no órgão e, de outro lado o gestor do contrato. No exemplo acima mencionado, se o garçom veste o uniforme de modo errado ou não se apresenta com o uniforme do contratado, o agente público deve se reportar ao gestor do contrato e este ao preposto da empresa. A subordinação, portanto, sempre será indireta.

Há exceções a essa regra. Imaginando-se uma pequena unidade administrativa no interior do estado de um órgão público em que só há um agente de limpeza ali atuando. Nesses casos, a subordinação indireta será bastante complexa, considerando que será necessário que dois ou três empregados da localidade demandem a um gestor que estará na capital do estado para que ele fale com o preposto da empresa.

Em situações assim, excepcionalmente quando a execução do serviço terceirizado é bastante descentralizada, pode a Administração optar por duas providências:

a) nomear os integrantes de cada uma das unidades descentralizadas como auxiliares do gestor do contrato e permitir que eles se reportem diretamente ao empregado terceirizado; e

b) obrigar os servidores públicos que estejam em umas das unidades descentralizadas a enviarem periodicamente relatórios informando irregularidades, além de recomendá-los a não dar ordens diretas aos subordinados.

Note que a cautela da lei, no inciso III, é precisamente evitar problemas decorrentes da terceirização ilícita e, com isso, tornar sem efeito eventual postulação na justiça pelo empregado propondo, inclusive, o vínculo de solidariedade do tomador do serviço com o empregador.

Desse modo, se a Administração Pública atuar corretamente, estará afastando a ilicitude do emprego e também facilitando a defesa posterior em juízo. A medida evita a oneração dos cofres públicos com as demandas com pretensão com responsabilidade solidária do tomador de serviços.

O inciso IV, veda a definição de forma de pagamento mediante exclusivo reembolso dos salários pagos. A Lei considera que se a forma de pagamento for apenas o reembolso dos salários pagos, estará interpondo uma pessoa para ficar com o lucro. É uma tendência antiga no direito coibir essa forma de contrato. Olvida-se, contudo, que a gestão de um grande efetivo de pessoas pode ser um elemento que compensasse essa forma de pagamento.

Outro ponto também lembrado é a questão de variação dos salários pagos. A incompreensão no passado de norma equivalente fez com que se colocasse em editais essa restrição prevista no inciso IV. Ocorria, por exemplo, quando se contratava a terceirização de condução de veículos com o aluguel do veículo, de o motorista postular o pagamento de horas extras, horas *in itinere* ou diárias pelo deslocamento do serviço. O pleito vinha sendo negado com a inserção nos editais de reembolso dos salários pagos. Em alguns casos, o motorista conduzia a autoridade para locais distante, dirigindo mais de 8 horas. Em outros casos, era obrigado a levar o veículo para casa e guardá-lo em sua residência.

É preciso compreender adequadamente o dispositivo. Se o edital prevê a jornada normal de 8 horas e o empregado, por determinação da Administração definida entre o gestor do contrato e o preposto da empresa, trabalha 10, 12, 15 horas em um dia – imagine uma demanda excepcional como ocorre na Justiça Eleitoral na época das eleições –, é claro que a Administração deverá reembolsar o acréscimo de salários decorrentes do aumento da jornada determinada. Trata-se de manter o reequilíbrio econômico-financeiro do contrato em todos os seus mínimos detalhes, pois a garantia constitucional inserida no art. 37, inciso XXI não comporta exceções.

No art. 48, inciso IV da LLCA, o que não é permitido é que se faça contrato mediante exclusivo reembolso dos salários pagos. A expressão "exclusivo" refere-se à forma de pagamento. Reembolsar salários pagos, entretanto, pode sim ser previsto no edital, inclusive aproveitando a ideia de que a Administração pode se servir das regras de compensação em bancos de horas, se isso for desejado. Outra possibilidade é indicar o evento – hora extra e adicional noturno, sempre em caráter excepcional.

Renato Fenili e Andrea Ache parecem comungar do mesmo entendimento. Após esclarecerem que na terceirização quita-se serviço executado e não folha de pagamentos, observa que a "resposta de encargos trabalhistas de forma ordinária desnaturaliza o instituto da terceirização.[462]

No inciso V, a Lei vedou à Administração demandar empregado de empresa prestadora de serviço terceirizado a execução de tarefas fora do escopo do objeto da contratação. Essa é uma regra que visa coibir procedimentos práticos que ordenam desvios de função, seja para funções de maior valor, seja para funções de menor valor.

No primeiro caso, se está protegendo o titular da empresa prestadora de serviços de postulações em juízos buscando o acréscimo de remuneração. No segundo caso, se está protegendo o prestador do serviço contra demandas que visem à indenização por danos morais.

Exemplificando: um determinado motorista é contratado devido ao seu conhecimento de informativa – este é um caso verídico – e foi sendo deslocado aos poucos para corrigir computadores, prestar um serviço de *helpdesk* e, por fim, acabou integrando o efetivo da área de TI do órgão. Devido a sua grande notável e capacidade, chegou a chefiar a unidade de TI do órgão.

É claro que isso está absolutamente incorreto. No caso, o empregado não buscou retornar às atividades do seu cargo – dirigir veículos – porque pretendia comprovar a experiência nos desempenhos das funções na área de TI. A Administração não tomou providências e a questão perenizou-se com efeitos, como todos nós sabemos, indesejáveis.

Em outra situação o emprego foi contratado para serviço administrativo e, na falta de gente na área de limpeza, foi designado para essa função. Naturalmente, sobre protestos da empresa e do próprio empregado terceirizado. Então é importante que o gestor do contrato verifique periodicamente se não ocorrem desvios de função de modo a proteger a própria Administração de eventuais questionamentos posteriores.

O inciso VI, por fim, impede a previsão em edital de exigências que constituam intervenção indevida da Administração na gestão interna da contratada. Essas exigências, muitas vezes, vêm disfarçada. Note, por exemplo, a questão da exigência de efetivo com experiência mínima de um ano. Essa experiência mínima de 1 ano comprovada em carteira com vínculo efetivo pode auxiliar muito a Administração na questão do treinamento e é razoável que se exija até mesmo em contratos de baixa complexidade como conservação em limpeza, vigilância e outros.

---

[462] ACHE, Andrea; FENILI, Renato. A lei de Licitações e Contratos: visão sistêmica. 1ª ed. Guarulhos, SP: Format Comunicação Gráfica e Editora, 2022, p. 455.

A Administração, nesse caso, está fazendo uma intervenção devida em relação à gestão do contrato. Na substituição do efetivo, também pode exigir esse requisito.

A intervenção indevida na gestão interna do contrato ocorreria, por exemplo, quando fossem escolhidos critérios de recrutamento não essenciais à execução do objeto. Isso ocorre, por exemplo, quando a Administração determina o aproveitamento de mão-de-obra presidiário ou de ex-presidiário. É importante observar que essas exigências passam a ser indevidas quando não previstas em lei.

Outra exigência que é comum ocorrer é a determinação do aproveitamento de 50%, 60% ou 70% do efetivo da empresa que está encerrando contrato com a Administração Pública. Colocar, por exemplo, o aproveitamento de metade do efetivo, 2/3 ou integralmente é recomendável, aceitável, mas interfere efetivamente na gestão interna do contratado. Nesse caso, portanto, deve a Administração acautelar-se em relação a essas exigências.

Há acórdão do Tribunal de Contas da União que admite que a Administração possa exigir a reciclagem dos empregados terceirizados e o aproveitamento do efetivo visando reduzir impacto social de um novo contrato decorrente de uma nova licitação. É, sem dúvida, o caso em que há irregular e indevida atuação da Administração Pública na gestão interna do contratado, ainda que amparada em motivos nobres.

Pode a Administração, contudo, estabelecer que preferencialmente o contratado admita metade do efetivo visando facilitar a transição contratual. Transição contratual é uma ideia oriunda inclusive do Manual de Gestão de Contrato da Justiça Eleitoral[463], que redigimos no ano de 2005, e que tem a finalidade de facilitar o treinamento daqueles que vão comparecer. Pode ser recomendado que aproveitem o efetivo e que, se não for possível, coloque pessoas com experiências e se encarregue da qualificação.

Importante lembrar que o dispositivo inova no ordenamento jurídico a nível legal, mas já existia dispositivo semelhante na esfera federal, na IN nº 04/2010, que regulava a contratação de serviços de TI.

Em relação aos serviços, foi acrescida vedação expressa que – não é princípio, evidentemente – à caracterização exclusiva do objeto como fornecimento de mão de obra. Não pode um contrato de serviço ser apenas para que o contratado coloque a mão de obra à sua disposição. Definir o objeto, desse modo, é gerar uma desvantagem para o erário. É necessário sempre que se realize o fornecimento de mão de obra, que se inclua algo que agregue valor ao serviço.

---

[463] BRASIL. Sinir. Disponível em: https://www.uern.br/controledepaginas/proad-manual-rotinas/arquivos/0542tse_jacoby_manual_de_gesta%C2%A3o_de_contratos.pdf. Acesso em 20 de outubro de 2022.

Uma boa prática para orientar a contratação de serviços é a utilização da Instrução Normativa nº 05/2017, do então Ministério do Planejamento, que dispõe que para os serviços de terceirização, é vedado o pagamento unicamente por hora de trabalho devendo-se aferir resultados. Assim, sugere-se que para os casos de fornecimento de mão de obra, também se utilize a ideia de o pagamento ser instruído por medição de resultado. Assim, é importante que haja uma estruturação da contratação em que se possa verificar o resultado efetivo daquela prestação de mão de obra.

Às vezes o valor agregado da contratação está na qualificação e no gerenciamento do trabalho. Por isso, para evitar de ser uma situação apenas de fornecimento de mão de obra, os contratos devem prever também a condição de gerenciamento, definindo que competirá ao contratado o gerenciamento da sua mão de obra.

Posteriormente à edição da IN nº 05/2017, foi adotado no Brasil o Decreto nº 9.507 de 20 de setembro de 2018, que trata da execução indireta, mediante contratação, de serviços da administração pública federal direta, autárquica e fundacional e das empresas públicas e das sociedades de economia mista controladas pela União. Esse decreto revogou expressamente o Decreto nº 2.271, de 1997, que tratava do tema.

As linhas básicas de IN nº 05/2017 foram editadas antes da vigência do decreto, mas elas vieram em absoluta consonância com a norma que viria ser editada quase um ano depois em 21 de setembro de 2018.

Na área de TI, cabe lembrar o texto da súmula nº 269, do Tribunal de Contas de União, editada antes da exigência do decreto, mas em absoluta consonância com ele:

Nas contratações para a prestação de serviços de tecnologia da informação, a remuneração deve estar vinculada a resultados ou ao atendimento de níveis de serviço, admitindo-se o pagamento por hora trabalhada ou por posto de serviço somente quando as características do objeto não o permitirem, hipótese em que a excepcionalidade deve estar prévia e adequadamente justificada nos respectivos processos administrativos.

A súmula consolidou o entendimento de que nas contratações para prestações de serviços de TI a remuneração deve estar vinculada a resultados. Sobre o treinamento do terceirizado, o entendimento é que quando este for relacionado a atividades inerentes à profissão do terceirizado, cabe à Administração, ao elaborar o edital, estabelecer requisitos mínimos de conhecimento e habilidades. Cabe ao contratado entregar mão de obra que atenda àqueles requisitos.

Em síntese, a Administração colocará no edital os requisitos e habilidades mínimas para aqueles terceirizados e o contratado tem o dever de treiná-los. À Administração, entretanto, caberá o treinamento desses terceirizados acerca das normas internas do órgão em que esses profissionais irão atuar. Do mesmo modo que os servidores concursados passam por treinamento sobre as normas internas, é dever da Administração criar essa unidade de doutrina em relação às normas e procedimentos do próprio órgão.

Exemplo de fácil compreensão é a situação dos contratos de conservação e limpeza. O treinamento referente às normas especificas do órgão sobre segurança, limpeza, as peculiaridades da limpeza em determinados equipamentos e instalações caberá à Administração. No caso dos profissionais de categoria mais elevada, o treinamento a acesso a sistemas de compras, ferramentas de acesso e TI também caberá à Administração.

A regra é simples: se há treinamentos disponíveis no mercado e se são requisitos gerais para prestação de serviços, cabe ao contratado. Normas específicas e peculiares, cabe à Administração. Não há, portanto, nenhuma procedência no mito criado de que não se pode qualificar ou dar treinamento ao terceirizado.

A IN nº 05/2017, também como boa prática, sugere a elaboração de um cronograma de treinamento do próprio órgão com as rotinas, procedimentos e atividades necessárias para o conhecimento do terceirizado.

Art. 48, parágrafo único

> Art. 48. Poderão ser objeto de execução por terceiros as atividades materiais acessórias, instrumentais ou complementares aos assuntos que constituem área de competência legal do órgão ou da entidade, sendo vedado à Administração ou a seus agentes, na contratação do serviço terceirizado: [...]
>
> Parágrafo único. Durante a vigência do contrato, é vedado ao contratado contratar cônjuge, companheiro ou parente em linha reta, colateral ou por afinidade, até o terceiro grau, de dirigente do órgão ou entidade contratante ou de agente público que desempenhe função na licitação ou atue na fiscalização ou na gestão do contrato, devendo essa proibição constar expressamente do edital de licitação.

Dispositivos correspondentes na Lei nº 8.666/1993: não há.

Dispositivos correspondentes na Lei nº 9.579/2012 (Institui o Código de Licitações e Contratos do Estado do Maranhão):

Art. 28. Nas contratações de serviços terceirizados é vedado: [...]

III - à empresa prestadora de serviços, contratar:

a) cônjuges, companheiros ou parentes em linha reta, colateral ou por afinidade, até o terceiro grau, inclusive, de ocupantes de cargos ou empregos públicos de provimento permanente ou precário, de natureza especial ou eletiva do Estado, para a execução dos serviços contratados;

b) ocupantes ou ex-ocupantes de cargo de gerência ou supervisão condenados por atos de improbidade administrativa ou crimes contra a Administração Pública, hediondos, eleitorais, entre outros, em que as condenações já tenham transitado em julgado ou sido sentenciadas por órgão colegiado, para a execução dos serviços contratados, devendo tal condição constar expressamente dos editais de licitação.

Parágrafo único. Ressalvam-se do disposto neste artigo os casos de inexigibilidade de licitação com notórios especialistas.

Nesse dispositivo, a norma teve o cuidado de estabelecer vedações para o emprego de parentes de agente envolvidos no processo licitatório ou dos dirigentes do órgão da entidade. Essa postura é extremamente relevante, pois nos contratos de terceirização de mão de obra, já foi verificado anteriormente a ingerência de agentes públicos sugerindo a contratação de parente para a execução de contrato, o que foge aos princípios republicanos.

O dispositivo, todavia, peca ao usar uma imprecisão de linguagem que acaba permitindo uma brecha ao seu descumprimento. O dispositivo, ao estabelecer que "é vedado ao contratado contratar" fixa uma vedação para o futuro. Assim sendo, é possível interpretar que não estaria contrariando o dispositivo legal situações em que a empresa que já teria contratado anteriormente o cônjuge, companheiro, parente em linha reta etc.

Essa falha é mitigada pelo dispositivo previsto no art. 14, inciso IV, que dispõe:

> Art. 14. Não poderão disputar licitação ou participar da execução de contrato, direta ou indiretamente: [...]
>
> IV – aquele que mantiver vínculo de natureza técnica, comercial, econômica, financeira, trabalhista ou civil, ou seja cônjuge, companheiro ou parente em linha reta, colateral ou por afinidade, até o terceiro grau, de dirigente do órgão ou entidade contratante ou agente público que desempenhe função na licitação ou que atue na fiscalização ou na gestão do contrato, devendo esta proibição constar expressamente no edital de licitação.

Mesmo com o dispositivo, ainda continua uma brecha legal para a pessoa que participou da licitação e, antes da assinatura do contrato, contratou o parente do fiscal do contrato. Esse dispositivo teria uma permissão legal, contudo contraria os princípios morais e impessoais que devem permear a administração pública. Trata-se de um risco de interpretação literal a ensejar questionamentos futuros.

Note que a Lei nº 8.666/1993 não fez menção às hipóteses relatadas no presente dispositivo. Porém, a Lei nº 9.579/2012 - Código de Licitações e Contratos do Estado do Maranhão já veio inserindo mudanças incorporadas pela nova lei.

49. Art. 49, caput, inc. I e II, parágrafo único

Art. 49. A Administração poderá, mediante justificativa expressa, contratar mais de uma empresa ou instituição para executar o mesmo serviço, desde que essa contratação não implique perda de economia de escala, quando:

I - o objeto da contratação puder ser executado de forma concorrente e simultânea por mais de um contratado; e

II - a múltipla execução for conveniente para atender à Administração.

Parágrafo único. Na hipótese prevista no *caput* deste artigo, a Administração deverá manter o controle individualizado da execução do objeto contratual relativamente a cada um dos contratados.

Dispositivos correspondentes na Lei nº 8.666/1993: não há.

Dispositivos correspondentes na Lei nº 12.462/2011 (Institui o RDC):

Art. 11. A administração pública poderá, mediante justificativa expressa, contratar mais de uma empresa ou instituição para executar o mesmo serviço, desde que não implique perda de economia de escala, quando: (Vide Lei nº 14.133, de 2021) Vigência

I - o objeto da contratação puder ser executado de forma concorrente e simultânea por mais de um contratado; ou

II - a múltipla execução for conveniente para atender à administração pública.

§ 1º Nas hipóteses previstas no caput deste artigo, a administração pública deverá manter o controle individualizado da execução do objeto contratual relativamente a cada uma das contratadas.

§ 2º O disposto no caput deste artigo não se aplica aos serviços de engenharia.

Dispositivos correlatos na Lei nº 13.303/2016 (Dispõe sobre o estatuto jurídico das Estatais):

Art. 46. Mediante justificativa expressa e desde que não implique perda de economia de escala, poderá ser celebrado mais de um contrato para executar serviço de mesma natureza quando o objeto da contratação puder ser executado de forma concorrente e simultânea por mais de um contratado. (Vide Lei nº 14.002, de 2020)

§ 1º Na hipótese prevista no caput deste artigo, será mantido controle individualizado da execução do objeto contratual relativamente a cada um dos contratados.

Dispositivos pertinentes na Lei nº 14.133/2021, além do art. 49:

Art. 48. Poderão ser objeto de execução por terceiros as atividades materiais acessórias, instrumentais ou complementares aos assuntos que constituam área de competência legal do órgão ou da entidade, vedado à Administração ou a seus agentes, na contratação do serviço terceirizado:

I - indicar pessoas expressamente nominadas para executar direta ou indiretamente o objeto contratado;

II - fixar salário inferior ao definido em lei ou em ato normativo a ser pago pelo contratado;

III - estabelecer vínculo de subordinação com funcionário de empresa prestadora de serviço terceirizado;

IV - definir forma de pagamento mediante exclusivo reembolso dos salários pagos;

V - demandar a funcionário de empresa prestadora de serviço terceirizado a execução de tarefas fora do escopo do objeto da contratação;

VI - prever em edital exigências que constituam intervenção indevida da Administração na gestão interna do contratado.

Parágrafo único. Durante a vigência do contrato, é vedado ao contratado contratar cônjuge, companheiro ou parente em linha reta, colateral ou por afinidade, até o terceiro grau, de dirigente do órgão ou entidade contratante ou de agente público que desempenhe função na licitação ou atue na fiscalização ou na gestão do contrato, devendo essa proibição constar expressamente do edital de licitação.

49.1. Noções

Em primeiro lugar, é necessário destacar:

a) essa previsão de execução do objeto por mais de uma empresa não é inovação da LLCA. As premissas já constavam na Lei nº 12.462/2011, que instituiu o RDC, e na Lei nº 13.303/2016 – Lei de Responsabilidade das Estatais;

b) o dispositivo apresenta uma nova "ferramenta", que se coloca ao lado do parcelamento, do credenciamento, do registro de preços, cada qual com uma utilidade; e

c) a aplicação exige cuidados na regulamentação pelo edital. Não há necessidade de regulamento em sentido estrito, podendo as questões não resolvidas no dispositivo serem objeto de simples regras editalícias; não há impedimento a criação de regulamento próprio.

49.2. Requisitos e recomendações

Para contratar mais de uma empresa para execução concomitante, deve o gestor:

a) elaborar justificativa demonstrando que presume ser mais vantajosa tecnicamente a execução simultânea, como ocorre com a obtenção antecipada de resultados, pela execução mais célere; e

b) explicar porque considera que não haverá perda da econômica de escala.

Somam-se a esses requisitos expressamente indicados no caput do art. 49, três recomendações:

1ª. é necessário que o edital defina qual ou quais empresas serão contratadas. Nesse ponto Renato Fenili e Andrea Ache[464] observam que a lei não elucida como será realizada a seleção das empresas, devendo o edital dispor a respeito;

2ª. também deve o edital definir se há limites para a execução do objeto para cada empresa ou se é a própria capacidade de executar maior quantidade que deve prevalecer; e

---

[464] Ache, Andrea. Fenili, Renato. A lei de licitações e contratos: visão sistêmica. Das licitações: planejamento e seleção do fornecedor. Arts. 1-71. 1ª ed. Guarulhos, SP: Format Comunicação Gráfica e Editora, 2022.

3ª. com analogia ao art. 40, § 3º, o Agente de Contratação deve verificar se independentemente da vantagem da economia de escala há custo do aumento interno, ou seja, aumento do custo da gestão para a Administração e até de riscos aumentados.

49.3. Distinção de outros institutos afins

Certamente não se deve buscar um rigor científico para distinguir a execução concomitante de outros institutos afins e, no âmbito teórico, construir um arcabouço para sair à cata de punir agentes que usaram um ou outro similar instituto.

Neste ponto, como doutrina, há que se reconhecer pontos de afinidades que podem ensejar dificuldades na distinção. E, apesar disso, pode ocorrer do edital gerar uma contratação vantajosa.

Para contribuir, apresenta-se uma explicação das distinções.

49.3.1. Parcelamento e execução concomitante

A contratação para execução concomitante vai um pouco além do conceito de parcelamento. Aqui a Lei cria a possibilidade de empresas do mesmo setor, com a mesma especialidade, executarem o mesmo objeto ou o mesmo tipo de objeto, de forma simultânea.

A aplicação do parcelamento do objeto visa ampliar a competitividade, dividindo um objeto entre várias partes ou "pedaços" ficando cada contratado responsável pela execução de sua parcela. Se essas parcelas forem sucessivas exige um grande esforço da Administração Pública em coordenar os contratantes e, por isso, a nova lei exigiu que antes de parcelar seja considerado o custo da gestão, conforme § 3º do art. 40.

A execução simultânea, por sua vez, prevê um único objeto sendo executado por duas ou mais empresas, com ou sem limitação precisa da parte ou pedaço de cada um. Poderá inclusive ser a produtividade de cada contratado que vai definir qual é a parte que será executada pela empresa.

49.4. Credenciamento

No credenciamento também ocorre ou pode ocorrer a execução concomitante.

Quando a Administração credencia médicos ou hospitais para o Sistema Único de Saúde, ou uma prefeitura credencia professoras para cursos de inglês ou psicanalistas também tem a execução concomitante. A execução paralela e não excludente é muito similar a execução concomitante.

Se fosse possível estabelecer uma diferença para melhor aplicar o instituto seria a diferença de que a Administração tem domínio sobre a integralidade do objeto e pode definir que o mesmo objeto terá a maior parcela executada por quem detiver a melhor gestão e a melhor capacidade operacional, a partir de condições padronizadas ou não. Se não forem padronizadas, os critérios de medição e aceitação dos serviços deverão ser mais objetivas possíveis.

Nesse ponto repousa uma sútil diferença que pode representar utilidade: o interesse público em maximizar ganhos de produtividade, como ocorreria numa limpeza de ruas, após enchente e deslizamentos numa cidade. Contratação de empresa de prestação de serviços de apoio administrativo na organização de processos.

49.5. Exemplos

Perceba que a compreensão do dispositivo é melhor com a apresentação de exemplos. Isso indica que a prática, que será vivenciada pelo Agente de Contratação, enriquecerá a aplicação dessa ferramenta.

O dispositivo pode ser exemplificado a partir da análise do serviço de varrição. Para a execução do serviço de varrição, é possível dividir a cidade em bairros ou em áreas para que cada empresa contratada faça varrição de uma determinada área. Com isso, há um aumento da competitividade – considerando não haver a necessidade de uma empresa tão grande para varrer a cidade inteira – e haverá trechos bem definidos para a execução do serviço. Com isso, será possível uma avaliação da qualidade de cada uma das empresas. O mesmo pode ser feito com lavagem de ruas e limpeza de bueiros, podendo a Administração emitir ordem de serviço a partir da disponibilidade das empresas selecionadas na licitação. Nesse momento, oferecendo-se para atender a demanda, a atividade da Administração será o controle de qualidade.

Por outro lado, é possível que a Administração Pública precise contratar o serviço de "varrição" para uma determinada praça que receberá diversos eventos durante um fim de semana, ou no período do carnaval. Ao final de cada dia, o serviço deverá ser realizado e, em razão do pouco tempo disponível, seja necessário a contratação de duas empresas para atuarem simultaneamente neste serviço. A empresa A, assim, começaria do lado sul da praça e a empresa B começaria do lado norte da praça. Nessa situação, um fiscal avaliaria o serviço executado. Neste tipo de execução, não é obrigado a nenhuma das duas empresas parar na metade do serviço;

cada uma continuará a varrição até a completa execução do objeto, terminando a varrição da praça inteira.

Esses exemplos de aplicação do previsto no art. 49 da LLCA, evidenciam o desafio previsto no parágrafo único, desse dispositivo: a obrigação do gestor avaliar a produtividade de cada um dos contratados para que o pagamento se dê com base na produtividade.

Perceba que a praça não foi dividida em parte e passadas aos contratantes para a execução do serviço. Os dois estão limpando a mesma praça e não há um critério definido. Quem foi mais eficiente vai limpar mais e, portanto, vai receber mais pela limpeza do objeto.

Em um exemplo um pouco mais concreto, é possível pensar na recuperação de uma estrada que ligue duas cidades. Por uma questão de necessidade da Administração, é preciso recuperar essa estrada com maior celeridade e decide-se por contratar uma empresa para começar o recapeamento pelo início da estrada outra empresa para começar o recapeamento pelo fim da estrada.

Nessa situação, o fiscal medirá a área a ser recapeada e conforme o serviço for sendo executado, as empresas vão sendo remuneradas. Nenhuma das duas tem obrigação de parar quando chegar na metade. Se uma delas tem o ritmo mais devagar e outra tem o ritmo mais rápido, mas ambas estão prestando o serviço com a qualidade esperada do edital, eu vou pagar conforme trabalho executado. Ainda que uma tenha recapeado 2/3 e outra apenas 1/3. Elas serão remuneradas de acordo com a produtividade.

Na vigência da Lei nº 8.666/1993, um edital permitiu a escavação de uma obra do metrô por duas empresas, considerando a possibilidade de encontro das mesmas na metade. Por falhas de engenharia e projetos as escavações se desencontraram. Esse fato revela que em determinados objetos se exigirá mais dos gestores e dos contratados na coordenação.

A mesma ideia pode ser aplicada à manutenção de unidades em início de governo, em que podem ser contratadas várias empresas para a realização do serviço, desde que se assegure a medição em separado como recomenda o dispositivo legal.

Apenas por curiosidade, o dispositivo estabelece um parágrafo a mais no qual vedava a contratação de obras em serviços de engenharia, por essa modalidade de mais de uma empresa, aqui na nova Lei não existe mais essa vedação.

49.6. Dever de contratação simultânea ou faculdade – "poderá"

Por fim, um último ponto a se considerar é a utilização da expressão "poderá" no caput desse dispositivo. Muitas vezes, na linguagem jurídica, e na lei, a expressão "poderá", representa uma determinação do legislador de modo imperativo, ao contrário do que se obtém o termo vulgar. Em algumas passagens dessa Lei, o "poderá" indica um dever da Administração que somente mediante justificativa se exonera dessa faculdade.

No caso desse dispositivo, o "poderá" tem efeito equivalente ao termo vulgar, oferecendo ao gestor uma faculdade, uma ferramenta, pois após estabelecer o poder, a lei define que esse poder só é exercido mediante justificativa.

50. Art. 50, caput, inc. I, II, III, IV, V, VI

> Art. 50. Nas contratações de serviços com regime de dedicação exclusiva de mão de obra, o contratado deverá apresentar, quando solicitado pela Administração, sob pena de multa, comprovação do cumprimento das obrigações trabalhistas e com o Fundo de Garantia do Tempo de Serviço (FGTS) em relação aos empregados diretamente envolvidos na execução do contrato, em especial quanto ao:
>
> I - registro de ponto;
>
> II - recibo de pagamento de salários, adicionais, horas extras, repouso semanal remunerado e décimo terceiro salário;
>
> III - comprovante de depósito do FGTS;
>
> IV - recibo de concessão e pagamento de férias e do respectivo adicional;
>
> V - recibo de quitação de obrigações trabalhistas e previdenciárias dos empregados dispensados até a data da extinção do contrato;
>
> VI - recibo de pagamento do vale-transporte e do vale alimentação, na forma prevista em norma coletiva.

Dispositivos correspondentes na Lei nº 8.666/1993:

Art. 29. A documentação relativa à regularidade fiscal e trabalhista, conforme o caso, consistirá em: (Redação dada pela Lei nº 12.440, de 2011) (Vigência) [...]

IV - prova de regularidade relativa à Seguridade Social e ao Fundo de Garantia por Tempo de Serviço (FGTS), demonstrando situação regular no cumprimento dos encargos sociais instituídos por lei. (Redação dada pela Lei nº 8.883, de 1994)

Dispositivos correspondentes na Lei nº 9.579/2012 (Institui o Código de Licitações e Contratos do Estado do Maranhão):

Art. 56. A habilitação fiscal, social e trabalhista, que visa assegurar a isonomia das propostas dos licitantes, a critério da Administração, deve observar o seguinte:

I - a exigência da habilitação fiscal será restrita aos tributos e encargos incidentes sobre o objeto da licitação, na forma da parte final do art. 193 do Código Tributário Nacional;

II - o licitante deve apresentar declaração de cumprimento do disposto no inciso XXXIII do art. 7º da Constituição Federal;

III - o licitante deve apresentar declaração de que está em situação regular perante a Seguridade Social e o Fundo de Garantia por Tempo de Serviço;

IV - o licitante deve apresentar, ainda, prova de inexistência de débitos inadimplidos perante a Justiça do Trabalho, mediante a apresentação de Certidão Negativa de Débitos Trabalhistas nos termos da Lei Federal nº 12.440, de 11 de novembro de 2011.

50.1. Noções

Como regra, numa relação contratual, o poder das partes é restrito a receber o objeto pactuado e pagar o valor previsto. As partes não têm o poder de adentrar nas relações internas da outra parte; não têm o poder de exigir que a empresa contratada pague os salários, nem de saber que valor de salários paga e se dá ou não outros benefícios.

Existem partes internas da empresa que são protegidas pelo sigilo comercial e pelas boas regras de competição. Pode, no entanto, ser permitida, em caráter excepcional a uma empresa verificar o cumprimento de obrigações da empresa contratada quando, por força de lei, houver responsabilidade solidária. Este é caso similar ao aqui tratado: a lei e a jurisprudência impõem ao tomador do serviço terceirizado a responsabilidade **subsidiária** em relação aos encargos trabalhistas e **solidária** em relação aos encargos previdenciários. Note, porém, que na esfera das relações privadas a empresa pode desonerar-se da demonstração do cumprimento de obrigação assumida apresentando garantia.

Quando a Administração Pública é a contratante a lei desde logo permite que exija a apresentação dos comprovantes dos pagamentos. Trata-se aqui de um dever que vai além do recolhimento de verbas, mas de contratar empresa que adote postura compatível com o exemplo que se exige de quem entretêm relações com o poder público. A sociedade tem legitimidade para exigir que a Administração contrate pessoas que tenham conduta compatível com postura ética e cumpram os deveres legais. Para compreender melhor o entendimento dos autores, veja subitem específico, adiante.

50.2. Origem

Esse dispositivo tem um motivo histórico. A Lei nº 8.666/1993 estabelecia em seu texto a vedação de responsabilizar a Administração Pública pelas verbas trabalhistas e previdenciárias decorrentes dos contratos daquela lei. O texto em tese vedaria a responsabilização da Administração Pública nos casos de inadimplementos trabalhistas e previdenciários referente aos empregados de uma empresa terceirizada.

O dispositivo, contudo, nunca foi observado pela Justiça Trabalhista. Por meio da Súmula nº 331, do Tribunal Superior do Trabalho – TST, a Administração Pública era responsabilizada de forma objetiva toda vez que existisse prejuízo às verbas trabalhistas e previdenciárias dos terceirizados. Na mesma esteira, os órgãos de controle passaram a punir os fiscais de contratos pela omissão no dever exigido pela Justiça do Trabalho, mesmo quando a lei de licitações não impunha essa exigência. O império da lei, nem sempre é imperativo. Nem mesmo o conflito entre as leis afastou a responsabilização.

Nesse sentido, foi ajuizada a Ação Declaratória de Constitucionalidade nº 16 no Supremo Tribunal Federal – STF, a fim de que o STF declarasse a constitucionalidade do art. 71 da Lei nº 8.666/1993, que fixava:

Art. 71. O contratado é responsável pelos encargos trabalhistas, previdenciários, fiscais e comerciais resultantes da execução do contrato.[465]

§ 1º A inadimplência do contratado, com referência aos encargos estabelecidos neste artigo, não transfere à Administração Pública a responsabilidade por seu pagamento, nem poderá onerar o objeto do contrato ou restringir a regularização e o uso das obras e edificações, inclusive perante o Registro de Imóveis.

§ 2º A Administração poderá exigir, também, seguro para garantia de pessoas e bens, devendo essa exigência constar do edital da licitação ou do convite.

Em julgamento, o STF decidiu que o dispositivo era constitucional, mas não era isento de limitações. Por isso, decidiu que a Justiça do Trabalho necessitaria avaliar se a Administração Pública, caso a caso, cumpriu com as suas obrigações fiscal e gestor da lei dos contratos, na forma da lei, para poder responsabilizar ou não a Administração Pública pelas verbas inadimplidas.

A Justiça do Trabalho procedeu a alteração da Súmula 331 do TST, que prevê:

> [...] V - Os entes integrantes da Administração Pública direta e indireta respondem subsidiariamente, nas mesmas condições do item IV, caso evidenciada a sua conduta culposa no cumprimento das obrigações da Lei n.º 8.666, de 21.06.1993, especialmente na fiscalização do cumprimento das obrigações contratuais e legais da prestadora de serviço como empregadora. A aludida responsabilidade não decorre de mero inadimplemento das obrigações trabalhistas assumidas pela empresa regularmente contratada.

Infelizmente, muitos julgados da Justiça do Trabalho decidiram por responsabilizar a Administração Pública pelo simples fato de existir verba trabalhista não paga, fazendo incidir uma aplicação indireta da responsabilidade objetiva que foi vedada pelo dispositivo V da própria súmula do TST.

Esse cenário, contudo, levou à situação prática onde o Administrador Público deveria extrapolar a obrigação legal prevista na Lei nº 8.666/1993 e fiscalizar minuciosamente o pagamento de verbas trabalhistas dos empregados terceirizados, de forma a tentar evitar a responsabilização da Administração Pública por falhas do contratado.

Nesse cenário, surgiram ferramentas como a conta vinculada para verba trabalhista e a terceirização da fiscalização da folha de pagamento por empresas de contabilidades licitadas.

---

[465] Aqui cita-se a lei antes da redação dada pela Lei nº 9.032, de 1995.

50.3. Aplicação do art. 121, § 2º e § 3º

A nova Lei aproveitou a evolução legislativa da Lei nº 9.032/1995 e inseriu no art. 121, § 2º, a regra da responsabilidade subsidiária da Administração quando houver inadimplência no cumprimento das obrigações trabalhistas e solidária quando houver inadimplência no cumprimento das obrigações previdenciárias.

Na mesma linha autorizou a Administração a condicionar o pagamento do contratado ao efetivo cumprimento das obrigações trabalhistas vencidas.

Ambos os dispositivos se referem aos contratos com regime de dedicação exclusiva de mão de obra.

50.4. Entendimento dos autores

O instituto da terceirização de mão de obra, no Brasil, vem sendo distorcido. No livro TERCEIRIZAÇÃO[466] esclarecemos que:

a) a fiscalização de encargos trabalhistas e previdenciários é feita por Auditores da Receita Federal, que além da elevada remuneração, têm garantias de carreira de estado e estão protegidos contra as pressões administrativas e políticas;

b) a fiscalização do cumprimento de obrigações trabalhistas e previdenciárias é atividade extremamente complexa com multiplicidade de fatos geradores e bases de cálculos que vão desde o faturamento bruto até o total da folha de pagamento, segregada por contrato ou não;

c) o domínio do tema é tarefa restrita a poucos profissionais e na prática impossível de ser executada e fiscalizada, pela grande maioria de servidores públicos, muito menos por Agente de Contratação de gestores de contratos que são designados por terem outras aptidões;

d) ainda que tivessem aptidão e conhecimento nessa área, não poderiam exercer as funções corretamente porque não têm direito de acesso a informações externas ao contrato, como faturamento bruto da empresa, faturamento líquido, opções por regimes tributários;

e) acresce, ainda, que é vedado à Administração Pública e seus agentes exigirem informações que estão registradas e já informadas ao próprio governo; a Administração Pública para o cidadão é uma só pessoa e não

---

[466] Terceirização: Legislação, doutrina e jurisprudência. Jorge Ulisses Jacoby Fernandes, Murilo Jacoby Fernandes (Coord.) - 2 ed. rev. ampl. – Belo Horizonte: Fórum, 2018.

pode dificultar a vida do cidadão exigindo o que já informou à própria Administração.[467]

Nesse cenário temos reiteradamente recomendado:

a) primeiro, terceirizar a atividade de apoio à fiscalização, licitando ou por inexigibilidade, contratando empresa de auditoria especializada em contrato administrativo, na parte fiscal, trabalhista e previdenciária;

b) a partir do relatório mensal dessa empresa, atestar a fatura de execução regular dos serviços; e

c) não sendo possível aplicar a primeira recomendação, proceder por amostragem a coleta desses documentos. Em seguida, à vista do direito de requerer o apoio, instituído pela nova lei de licitações, requerer orientação ao órgão jurídico e de controle interno sobre como proceder a análise e fiscalização.

50.5. Abrangência

Declara a lei que a regra se aplica às contratações de serviços com "regime de dedicação exclusiva de mão de obra". Parece sem amparo legal pretender estender essa exigência a contratos com outros regimes.

Sobre esse termo, a própria lei conceitua no art. 6º, inc. XVI, que serviços contínuos com "regime de dedicação exclusiva de mão de obra" são "aqueles cujo modelo de execução contratual exige, entre outros requisitos, que:

a) os empregados do contratado fiquem à disposição **nas dependências** do contratante para a prestação dos serviços;

b) o **contratado não compartilhe os recursos** humanos e materiais disponíveis de uma contratação para execução simultânea de outros contratos; e

c) o **contratado possibilite a fiscalização pelo contratante** quanto à distribuição, controle e supervisão dos recursos humanos alocados aos seus contratos.

---

[467] BRASIL. **Lei nº 13.726, de 8 de outubro de 2018**. Art. 3º Na relação dos órgãos e entidades dos Poderes da União, dos Estados, do Distrito Federal e dos Municípios com o cidadão, é dispensada a exigência de: [...] § 3º Os órgãos e entidades integrantes de Poder da União, de Estado, do Distrito Federal ou de Município não poderão exigir do cidadão a apresentação de certidão ou documento expedido por outro órgão ou entidade do mesmo Poder, ressalvadas as seguintes hipóteses: I - certidão de antecedentes criminais; II - informações sobre pessoa jurídica; III - outras expressamente previstas em lei.

Nesse caso, a fiscalização não é só pelo resultado, mas também, moderadamente e por amostragem, pela atividade meio, como pagamento de encargos trabalhistas e previdenciários.

50.6. Inovações

Importante destacar inovações sutis desse dispositivo.

50.6.1. Exigência por amostragem

Primeira observação a ser registrada é que o art. 50 consagra a possibilidade do exame por **amostragem**, uma vez que define para o contratado o dever, quando solicitado de apresentar, para a Administração determinados e específicos documentos. No Manual de Gestão de Contrato da Justiça Eleitoral, há muito tempo sugerimos a ideia de que essa verificação seja feita por amostragem, a fim de não onerar excessivamente o tomador dos serviços quando é a Administração Pública. Em razão do volume de obrigações, a Administração acaba tendo que criar um verdadeiro departamento de pessoal dentro do órgão para acompanhar os diversos contratos de terceirização. Às vezes, o volume da documentação juntada para aferir a regularidade dos recolhimentos é 4 a 5 vezes maior que os documentos de cada medição.

50.6.2. Limitação às exigências – numerus clausus

Outra inovação na LLCA é que a norma fixou relação dos documentos em numerus clausus e instituiu, entre eles, a comprovação de depósito do FGTS. Esta exigência era permitida antes, mas não era suficiente para coibir as fraudes. Isso porque as normas infralegais permitiam ao empresário pagador alterar os nomes dos beneficiários durante período de 7 dias após o pagamento da GEFIP, o que permitia, inclusive, a fraude de trocar nomes. A LLCA inovou ao permitir que seja exigido o recibo de quitação das obrigações dos empregados dispensados até a data de extinção do contrato. Neste documento, aparecerá que depósitos do FGTS foram realmente realizados nas respectivas contas.

50.6.3. Direitos oriundos de convenções coletivas

Inovação ocorreu também no inciso VI que incluiu o recibo de pagamento de vale-transporte, vale-alimentação na forma prevista e norma coletiva, descuidando o legislador da possibilidade de se exigir outros cumprimentos de norma, como auxílio-saúde etc. A medida, porém, não deixa de ser uma valorização das normas coletivas pela legislação administrativa, pois sempre se teve um grande debate acerca do quanto a Administração Pública estaria submetida às normas coletivas.

50.6.4. Limites à concessão de direitos por via de convenção coletiva

Não pode uma norma coletiva, por exemplo, criar uma obrigação especifica e distinta para quando o tomador de serviço é empregador público. As normas das convenções hão de ser genéricas para todos os empregadores do setor abrangido pela convenção coletiva.

50.6.5. Regime e normas específicas de terceirização no serviço público

Importante ainda considerar a necessidade de consultar a Lei nº 13.429/2017, que altera as regras sobre terceirização do trabalho e que na Administração Pública federal foi regulamentada pelo Decreto nº 9.507/2018.

Como visto no subitem "entendimento dos autores" precedentemente, é importante lembrar que no país, foram estruturadas carreiras de Estado a fim de verificar o cumprimento das obrigações fiscais e trabalhistas. São carreiras de Estado dotadas de proteção legal contra indevidas pretensões de interferência no trabalho. Quando essa tarefa é transferida para a própria Administração Pública fora das atribuições dos respectivos cargos, a Administração está oportunizando um inadequado desvio estrutural de função, transferindo funções que cabem as carreiras de Estado a servidores comuns que não tem nem o conhecimento, nem as prerrogativas previstas em lei. Já presenciamos pressão sobre servidores para não serem rigorosos com a fiscalização das empresas, o que certamente inocorre com aqueles que tem prerrogativa de carreira de estado. Esse desvirtuamento deveria ser encerrado.

50.7. Matriz de risco

A situação de inadimplência, de recusa a entrega de documentos, de como pagar os salários diretamente aos empregados do terceirizado, e sobre como superar essas intercorrências é tema a ser cuidado na matriz de risco.

Subseção IV - Da Locação de Imóveis

51. Art. 51, caput

> Art. 51. Ressalvado o disposto no inciso V do *caput* do art. 74 desta Lei, a locação de imóveis deverá ser precedida de licitação e avaliação prévia do bem, do seu estado de conservação, dos custos de adaptações e do prazo de amortização dos investimentos necessários.

Dispositivos correspondentes na Lei nº 8.666/1993:

Art. 24. É dispensável a licitação: [...]

X - para a compra ou locação de imóvel destinado ao atendimento das finalidades precípuas da administração, cujas necessidades de instalação e localização condicionem a sua escolha, desde que o preço seja compatível com o valor de mercado, segundo avaliação prévia;

Dispositivos transcritos em razão de remissão, ainda na Lei nº 8.666/1993:

Art. 23. As modalidades de licitação a que se referem os incisos I a III do artigo anterior serão determinadas em função dos seguintes limites, tendo em vista o valor estimado da contratação: [...]

§ 1º As obras, serviços e compras efetuadas pela Administração serão divididas em tantas parcelas quantas se comprovarem técnica e economicamente viáveis, procedendo-se à licitação com vistas ao melhor aproveitamento dos recursos disponíveis no mercado e à ampliação da competitividade sem perda da economia de escala. (Redação dada pela Lei nº 8.883, de 1994)

Dispositivos pertinentes na Lei nº 14.133/2021, além do art. 51:

Art. 74. É inexigível a licitação quando inviável a competição, em especial nos casos de: [...]

V - aquisição ou locação de imóvel cujas características de instalações e de localização tornem necessária sua escolha.

Dispositivos correspondentes na Lei nº 9.579/2012 (Institui o Código de Licitações e Contratos do Estado do Maranhão):

Art. 21. Os contratos de locação em que a Administração Pública seja locatária regem-se pelas normas do direito privado, inclusive quanto: (Redação do caput dada pela Lei nº 9990 de 13/02/2014, conversão da Medida Provisória Nº 158 de 12/12/2013). [...]

Das providências anteriores à locação

§ 2º Antes de proceder à locação, a Administração deve:

I - realizar a avaliação prévia;

II - avaliar os custos de adaptações, quando imprescindíveis às necessidades de utilização;

III - avaliar os custos diretos e, quando for o caso, indiretos da manutenção incidentes na execução do contrato;

IV - assegurar-se da compatibilidade com a previsão de recursos orçamentários para a contratação;

V - certificar-se da inexistência de outros imóveis públicos vagos e disponíveis que atendam ao objeto;

VI - justificar expressamente a conveniência da locação em relação a outras formas de uso do imóvel; (Redação do inciso dada pela Lei Nº 9990 DE 13/02/2014, conversão da Medida Provisória Nº 158 DE 12/12/2013).

VII - avaliar a existência de ônus reais sobre o imóvel.

Da forma de seleção - licitação ou contratação direta

Art. 22. A locação de imóvel deverá ser precedida de licitação. (Redação do caput dada pela Lei Nº 9990 DE 13/02/2014, conversão da Medida Provisória Nº 158 DE 12/12/2013).

Parágrafo único. É permitida a locação, mediante contratação direta, para atender finalidade da Administração, quando as necessidades de instalação e localização condicionarem a sua escolha, desde que:

(Redação dada pela Lei N° 9990 DE 13/02/2014, conversão da Medida Provisória N° 158 DE 12/12/2013).

I - o preço seja compatível com o valor de mercado;

II - o ato de dispensa seja publicado em meio de divulgação oficial. (Redação do inciso dada pela Lei N° 9990 DE 13/02/2014, conversão da Medida Provisória N° 158 DE 12/12/2013).

Nesse dispositivo, a LLCA estabeleceu a diretriz de que, em regra, a locação de imóveis é precedida de licitação. O dispositivo contrasta com o art. 74, inc. V mencionado no próprio caput, que trata da inexigibilidade de licitação nos casos em que apenas um imóvel atende ao interesse público.

Essa conceituação pode ser uma novidade para o leitor, posto que na Lei n° 8.666/1993, na locação de imóvel, o único que atendesse ao interesse público estava classificado erroneamente como dispensa de licitação, afinal de contas, se ele é o único que atende à Administração, a licitação é inexigível e não dispensável. Vale lembrar que o disposto no art. 74, inc. V não trata apenas sobre locação, mas também sobre aquisição de imóveis únicos.

Ressaltamos que parte do dispositivo, como pode-se observar na transcrição acima, foi copiado do Código de Licitações e Contratos do Estado do Maranhão, produzido pelos autores desta obra, trazendo assim, inovação além da Lei n° 8.666/1993, o qual foram elencadas as providências anteriores à locação.

Note uma preocupação que se deve ter em termos de alinhamento lógico com o dispositivo em relação à sua literalidade. O art. 51, caput estabelece que a locação é precedida de licitação, mas uma outra palavra também inserida, remete à avaliação prévia. Então, em uma ordenação lógica, conclui-se que a locação se precede de licitação e a avaliação prévia precede a licitação? Não!

A avaliação prévia é instrumento para prévia declaração e análise das propostas que vierem a serem apresentadas. Tomemos para melhor compreensão, duas situações distintas:

A Administração precisa de um galpão para estoque de produtos em um centro de distribuição. Pode ocorrer de expedir o edital de licitação estabelecendo, por exemplo, a necessidade de 50.000 m², um galpão com pé direito de 6 m de altura, com maquinários para paletização e refrigeração. Ao expedir esse edital pode inclusive ocorrer da licitação ser deserta, ou, existindo apenas um imóvel, ser dirigida para esse determinado imóvel, hipótese que incidiria o art. 72, inc. V.

Pode também ocorrer de comparecerem ao certame empresas com imóveis com essa dimensão, com e sem refrigeração. Nesse caso, a Administração deve acautelar-se, pois se exigir no edital o sistema de refrigeração do galpão, poderá estar dirigindo a licitação. No entanto, se colocar só a metragem e os demais requisitos, admitindo que ela própria na sequência licite o sistema de refrigeração, poderá efetivamente alcançar a proposta mais vantajosa.

Exemplificando, um imóvel com tais dimensões custa R$ 1.000.000,00 refrigerado. O mesmo imóvel sem refrigeração custa R$ 800.000,00. Pode ocorrer de a refrigeração custar R$ 1.000.000,00 e nessa situação a contratação por R$ 800.000,00 do imóvel com posterior instalação do sistema de refrigeração se tornar a proposta mais vantajosa. Portanto, ao estabelecer os requisitos do imóvel, a Administração deve considerar os custos de adaptação e verificar, portanto, o que deve ser mais vantajoso.

Outro exemplo: a Administração precisa alugar um imóvel para a sua própria instalação com sala cofre. Nesse caso, pode encontrar um imóvel com péssimo estado de conservação, mas com sala cofre; e outro em excelente estado de conversação, mas sem a sala cofre. Percebe-se, portanto, a elevada complexidade que essa licitação para locação de imóvel vai representar doravante.

É importante considerar também que a Administração, ao definir o edital, vai considerar dois elementos importantes: o estado de conservação e custo de adaptação. Ainda considerará o prazo para amortização dos investimentos. A partir desses dois elementos e o prazo para a amortização, a Administração terá uma licitação mais complexa. Por isso, justifica-se a lei ter optado pela precedência da licitação e ao mesmo tempo ter imposto a prévia avaliação do bem como critério de julgamento da etapa da licitação. Essa é a melhor interpretação possível para se encontrar uma ordenação lógica nos requisitos estabelecidos no art. 51.

Licitação que tenha por objeto a locação de bem imóvel juntamente com serviços de segurança, manutenção, limpeza e conservação (solução imobiliária completa), contidos na taxa condominial, não representa, por si só, violação ao art. 23, § 1º, da Lei nº 8.666/1993, haja vista que esse dispositivo não traz regra absoluta, devendo ser avaliado, caso a caso, se o parcelamento é vantajoso ou não para a Administração[468].

---

[468] BRASIL. Tribunal de Contas da União. Acórdão nº 2020/2017 - Plenário. Relator: Ministro Weder de Oliveira. Diário Oficial da União. Brasília, DF, 13 set. 2017. Disponível em: http://bit.ly/acordao20202017.

Subseção V - Das Licitações Internacionais

52. Art. 52, caput, §§ 1º, 2º, 3º, 4º, 5º, 6º

Art. 52. Nas licitações de âmbito internacional, o edital deverá ajustar-se às diretrizes da política monetária e do comércio exterior e atender às exigências dos órgãos competentes.

§ 1º Quando for permitido ao licitante estrangeiro cotar preço em moeda estrangeira, o licitante brasileiro igualmente poderá fazê-lo.

§ 2º O pagamento feito ao licitante brasileiro eventualmente contratado em virtude de licitação nas condições de que trata o § 1º deste artigo será efetuado em moeda corrente nacional.

§ 3º As garantias de pagamento ao licitante brasileiro serão equivalentes àquelas oferecidas ao licitante estrangeiro.

§ 4º Os gravames incidentes sobre os preços constarão do edital e serão definidos a partir de estimativas ou médias dos tributos.

§ 5º As propostas de todos os licitantes estarão sujeitas às mesmas regras e condições, na forma estabelecida no edital.

§ 6º Observados os termos desta Lei, o edital não poderá prever condições de habilitação, classificação e julgamento que constituam barreiras de acesso ao licitante estrangeiro, admitida a previsão de margem de preferência para bens produzidos no País e serviços nacionais que atendam às normas técnicas brasileiras, na forma definida no art. 26 esta Lei.

Dispositivos correspondentes na Lei nº 8.666/1993:

Art. 40. O edital conterá no preâmbulo o número de ordem em série anual, o nome da repartição interessada e de seu setor, a modalidade, o regime de execução e o tipo da licitação, a menção de que será regida por esta Lei, o local, dia e hora para recebimento da documentação e proposta, bem como para início da abertura dos envelopes, e indicará, obrigatoriamente, o seguinte: [...]

IX - condições equivalentes de pagamento entre empresas brasileiras e estrangeiras, no caso de licitações internacionais; [...]

Art. 42. Nas concorrências de âmbito internacional, o edital deverá ajustar-se às diretrizes da política monetária e do comércio exterior e atender às exigências dos órgãos competentes.

§ 1º Quando for permitido ao licitante estrangeiro cotar preço em moeda estrangeira, igualmente o poderá fazer o licitante brasileiro.

§ 2º O pagamento feito ao licitante brasileiro eventualmente contratado em virtude da licitação de que trata o parágrafo anterior será efetuado em moeda brasileira, à taxa de câmbio vigente no dia útil imediatamente anterior à data do efetivo pagamento. (Redação dada pela Lei nº 8.883/1994)

§ 3º As garantias de pagamento ao licitante brasileiro serão equivalentes àquelas oferecidas ao licitante estrangeiro.

§ 4º Para fins de julgamento da licitação, as propostas apresentadas por licitantes estrangeiros serão acrescidas dos gravames consequentes dos mesmos tributos que oneram exclusivamente os licitantes brasileiros quanto à operação final de venda.

§ 5º. Para a realização de obras, prestação de serviços ou aquisição de bens com recursos provenientes de financiamento ou doação oriundos de agência oficial de cooperação estrangeira ou organismo financeiro multilateral de que o Brasil seja parte, poderão ser admitidas, na respectiva licitação, as condições decorrentes de acordos, protocolos, convenções ou tratados internacionais aprovados pelo Congresso Nacional, bem como as normas e procedimentos daquelas entidades, inclusive quanto ao critério de seleção da proposta mais vantajosa para a administração, o qual poderá contemplar, além do preço, outros fatores de avaliação, desde que por elas exigidos para a obtenção do financiamento ou da doação, e que também não conflitem com o princípio do julgamento objetivo e sejam objeto de despacho motivado do órgão executor do contrato, despacho esse ratificado pela autoridade imediatamente superior. (Redação dada pela Lei nº 8.883, de 1994)

§ 6º. As cotações de todos os licitantes serão para entrega no mesmo local de destino.

Dispositivos pertinentes na Lei nº 14.133/2021, além do art. 52:

Art. 1º. Esta Lei estabelece normas gerais de licitação e contratação para as Administrações Públicas diretas, autárquicas e fundacionais da União, dos Estados, do Distrito Federal e dos Municípios, e abrange: [...]

§ 3º Nas licitações e contratações que envolvam recursos provenientes de empréstimo ou doação oriundos de agência oficial de cooperação estrangeira ou de organismo financeiro de que o Brasil seja parte, podem ser admitidas:

I - condições decorrentes de acordos internacionais aprovados pelo Congresso Nacional e ratificados pelo Presidente da República;

II - condições peculiares à seleção e à contratação constantes de normas e procedimentos das agências ou dos organismos, desde que:

a) sejam exigidas para a obtenção do empréstimo ou doação;

b) não conflitem com os princípios constitucionais em vigor;

c) sejam indicadas no respectivo contrato de empréstimo ou doação e tenham sido objeto de parecer favorável do órgão jurídico do contratante do financiamento previamente à celebração do referido contrato;

d) (VETADO).

Art. 6º. Para os fins desta Lei, consideram-se: [...]

XXXV - licitação internacional: licitação processada em território nacional na qual é admitida a participação de licitantes estrangeiros, com a possibilidade de cotação de preços em moeda estrangeira, ou licitação na qual o objeto contratual pode ou deve ser executado no todo ou em parte em território estrangeiro;

Dispositivos correspondentes na Lei nº 9.579/2012 (Institui o Código de Licitações e Contratos do Estado do Maranhão):

CAPÍTULO X

DAS LICITAÇÕES INTERNACIONAIS

Art. 44. Nas licitações de âmbito internacional, o edital deve ajustar-se às diretrizes da política monetária e do comércio exterior e atender às exigências dos órgãos competentes, observado, quando for o caso, o disposto no art. 2º, § 1º, inciso IV, deste Código. [...]

§ 5º Os gravames referidos no parágrafo anterior constarão do edital e serão definidos a partir de estimativas ou médias dos tributos. [...]

§ 7º Para viabilizar o princípio da unidade das relações exteriores, o edital e o resultado da licitação devem ser comunicados ao Ministério das Relações Exteriores.

§ 8º Para as licitações de maior complexidade é permitido, desde que devidamente justificado, à Comissão Central Permanente de Licitação contratar profissional técnico especializado para promover o acompanhamento da licitação.

Art. 47. É vedado constar do edital: [...]

III - tratamento diferenciado de natureza comercial, legal, trabalhista, previdenciária ou de qualquer outra, entre empresas brasileiras e estrangeiras, modalidade e local de pagamentos, inclusive no que se refere à moeda, quando se tratar de licitação internacional ou estiverem envolvidos financiamentos de agências internacionais, ressalvado o direito de preferência em relação: [...]

Dispositivos transcritos em razão de remissão, Lei nº 10.406, de 10 de janeiro de 2002 **(Institui o Código Civil):**

Da Sociedade Estrangeira

Art. 1.134. A sociedade estrangeira, qualquer que seja o seu objeto, não pode, sem autorização do Poder Executivo, funcionar no País, ainda que por estabelecimentos subordinados, podendo, todavia, ressalvados os casos expressos em lei, ser acionista de sociedade anônima brasileira.

§ 1º Ao requerimento de autorização devem juntar-se:

I - prova de se achar a sociedade constituída conforme a lei de seu país;

II - inteiro teor do contrato ou do estatuto;

III - relação dos membros de todos os órgãos da administração da sociedade, com nome, nacionalidade, profissão, domicílio e, salvo quanto a ações ao portador, o valor da participação de cada um no capital da sociedade;

IV - cópia do ato que autorizou o funcionamento no Brasil e fixou o capital destinado às operações no território nacional;

V - prova de nomeação do representante no Brasil, com poderes expressos para aceitar as condições exigidas para a autorização;

VI - último balanço.

§ 2º Os documentos serão autenticados, de conformidade com a lei nacional da sociedade requerente, legalizados no consulado brasileiro da respectiva sede e acompanhados de tradução em vernáculo.

Art. 1.135. É facultado ao Poder Executivo, para conceder a autorização, estabelecer condições convenientes à defesa dos interesses nacionais.

Parágrafo único. Aceitas as condições, expedirá o Poder Executivo decreto de autorização, do qual constará o montante de capital destinado às operações no País, cabendo à sociedade promover a publicação dos atos referidos no art. 1.131 e no § 1º do art. 1.134.

Art. 1.136. A sociedade autorizada não pode iniciar sua atividade antes de inscrita no registro próprio do lugar em que se deva estabelecer.

§ 1º O requerimento de inscrição será instruído com exemplar da publicação exigida no parágrafo único do artigo antecedente, acompanhado de documento do depósito em dinheiro, em estabelecimento bancário oficial, do capital ali mencionado.

§ 2º Arquivados esses documentos, a inscrição será feita por termo em livro especial para as sociedades estrangeiras, com número de ordem contínuo para todas as sociedades inscritas; no termo constarão:

I - nome, objeto, duração e sede da sociedade no estrangeiro;

II - lugar da sucursal, filial ou agência, no País;

III - data e número do decreto de autorização;

IV - capital destinado às operações no País;

V - individuação do seu representante permanente.

§ 3º Inscrita a sociedade, promover-se-á a publicação determinada no parágrafo único do art. 1.131.

Art. 1.137. A sociedade estrangeira autorizada a funcionar ficará sujeita às leis e aos tribunais brasileiros, quanto aos atos ou operações praticados no Brasil.

Parágrafo único. A sociedade estrangeira funcionará no território nacional com o nome que tiver em seu país de origem, podendo acrescentar as palavras "do Brasil" ou "para o Brasil".

Art. 1.138. A sociedade estrangeira autorizada a funcionar é obrigada a ter, permanentemente, representante no Brasil, com poderes para resolver quaisquer questões e receber citação judicial pela sociedade.

Parágrafo único. O representante somente pode agir perante terceiros depois de arquivado e averbado o instrumento de sua nomeação.

Art. 1.139. Qualquer modificação no contrato ou no estatuto dependerá da aprovação do Poder Executivo, para produzir efeitos no território nacional.

Art. 1.140. A sociedade estrangeira deve, sob pena de lhe ser cassada a autorização, reproduzir no órgão oficial da União, e do Estado, se for o caso, as publicações que, segundo a sua lei nacional, seja obrigada a fazer relativamente ao balanço patrimonial e ao de resultado econômico, bem como aos atos de sua administração.

Parágrafo único. Sob pena, também, de lhe ser cassada a autorização, a sociedade estrangeira deverá publicar o balanço patrimonial e o de resultado econômico das sucursais, filiais ou agências existentes no País.

Art. 1.141. Mediante autorização do Poder Executivo, a sociedade estrangeira admitida a funcionar no País pode nacionalizar-se, transferindo sua sede para o Brasil.

§ 1º Para o fim previsto neste artigo, deverá a sociedade, por seus representantes, oferecer, com o requerimento, os documentos exigidos no art. 1.134, e ainda a prova da realização do capital, pela forma declarada no contrato, ou no estatuto, e do ato em que foi deliberada a nacionalização.

§ 2º O Poder Executivo poderá impor as condições que julgar convenientes à defesa dos interesses nacionais.

§ 3º Aceitas as condições pelo representante, proceder-se-á, após a expedição do decreto de autorização, à inscrição da sociedade e publicação do respectivo termo.

52.1. Noções

A subseção tem só um artigo e disciplina o tema licitação internacional. Recomenda-se aplicar essas regras, no que couber, a todas as contratações internacionais, precedidas ou não de licitação. Constituem importante balizamento.

52.2. Licitar ou não licitar

O Agente de Contratação, tendo em consideração o objeto a ser contratado, à vista do estudo técnico preliminar e das informações do termo de referência deverá decidir se tem o dever de licitar ou tem a possibilidade de contratar diretamente, sem licitação. Em todos os casos, deve considerar se poderá ser imposta a restrição à participação de estrangeira.

Para organizar o processo decisório deve questionar se os recursos a serem aplicados são originários de tratados ou de organismos internacionais que atuam em prol do desenvolvimento de determinado setor.

Nesse caso, poderá ser necessária a licitação; poderão ser aplicadas as normas pertinentes ao tratado internacional ou contrato firmado pelo Brasil e a aplicação desta lei tem sua eficácia reduzida; o Agente de Contratação analisará as partes que serão aplicadas, conforme expressamente dispõe o art. 1º, § 3º, inc. I desta lei.

Também poderá ocorrer de o tratado, aprovado pelo Congresso Nacional do Brasil, permitir a contratação direta sem licitação, indicando o balizamento para a vantagem da contratação. Note que o procedimento para comprovar que há vantagem na contratação como regra geral é realizar a licitação. Entre as hipóteses de contratação direta, contudo, há uma que permite a dispensa quando o objeto pretendido for "bens, serviços, alienações ou obras, nos termos de acordo internacional específico aprovado pelo Congresso Nacional, quando as condições ofertadas forem manifestamente vantajosas para a Administração". Na prática, a aplicação desse dispositivo traz a necessidade de algumas

52.3. Licitação internacional - diferenças

A licitação internacional é tratada na Lei nº 8.666/1993 de forma dispersa. A nova Lei dispõe sobre os procedimentos e condições em dispositivo próprio, conforme art. 52.

Nos termos do art. 6º, inc. XXXV, da nova lei, a licitação internacional é a "licitação processada em território nacional na qual é admitida a participação de licitantes estrangeiros, com a possibilidade de cotação de preços em moeda estrangeira, ou licitação na qual o objeto contratual pode ou deve ser executado no todo ou em parte em território estrangeiro".

Com esta definição a licitação internacional tem duas distintas acepções:

a) na qual se admite a participação de licitantes estrangeiros, e se pode também permitir que apresente o valor da proposta em moeda estrangeira; e

b) na qual o objeto contratual pode ou deve ser executado no todo ou em parte em território estrangeiro.

Perceba que a Lei não exigiu a divulgação do edital no exterior, portanto, limitando-se a entender por licitação internacional as hipóteses supracitadas. O fator determinante não reside na abertura da licitação a estrangeiros, mas na sua adaptação à participação de estrangeiros.

Vale registrar que desde a revogação do art. 171, da Constituição que permitia o tratamento diferenciado a empresas brasileiras, toda e qualquer licitação está, a princípio, aberta a brasileiros e a estrangeiros estabelecidos no Brasil. Na primeira acepção do conceito, a empresa estrangeira participará sem necessidade de representante em solo nacional. A adequação é, portanto, o principal fator que a diferencia.

Aos licitantes estrangeiros deverá ser assegurada as mesmas condições do licitante nacional, ressalvada a hipótese de margem de preferência e a documentação para a qualificação que poderá ser distinta para adequar-se as normas internacionais, conforme art. 67 desta Lei. Inclusive, há expressa vedação no art. 9º, inc. II da nova Lei, quanto ao estabelecimento de tratamento diferenciado entre empresas brasileiras e estrangeiras. De todo modo, admite-se margem de preferência para os bens produzidos no país e para os serviços nacionais, nos termos do art. 26.

A possibilidade de cotação em moeda estrangeira é também um aspecto que a diferencia das licitações nacionais, uma vez que estas devem ser processadas em moeda nacional.

A escolha pela licitação internacional é exercício discricionário da Administração, mas deve ser motivada, como qualquer ato administrativo decisório.

52.4. Adesão a acordos internacionais

Cumpre salientar que, o governo brasileiro apresentou oferta para adesão ao Acordo sobre Contratações Governamentais (GPA, na sigla em inglês) da Organização Mundial do Comércio (OMC).

Os bens, serviços e obras públicas abrangidos pelo acordo iriam adaptar-se as suas normas, inclusive para possibilitar a participação de empresas estrangeiras, o que acarretaria sempre haver a licitação internacional para efeitos do disposto na alínea a).

No dia 30 de maio de 2023 o Brasil comunicou aos membros do Acordo de Contratações Governamentais da OMC que retirou a oferta de acesso a mercados apresentada pelo país no processo de adesão àquele acordo.

A Lei ainda permite a dispensa de licitação para o caso de acordos internacionais, conforme art. 75, inc. IV, alínea b).

O objetivo da lei neste dispositivo é trabalhar com a noção de que, em determinadas situações, pode a Administração Pública optar por uma licitação internacional. Assim, inclusive, já fez para aquisição de bens, para equipar o sistema de defesa nacional. Em outras situações também para licitar satélites, construção de usinas termoelétricas e hidrelétricas.

A lei oferece a possibilidade de o âmbito da licitação ser internacional. Houve, portanto, um avanço na legislação no sentido de deixar claro que as licitações internacionais são aquelas que têm âmbito internacional, além de fixar a regra para que o edital se ajuste às diretrizes da política monetária do comércio exterior. Essa é a forma de atrair licitantes.

A questão mais complexa é a divulgação do edital. Recomenda-se, em termos práticos, que a divulgação do edital seja feita por intermédio das embaixadas brasileiras sediadas em países estrangeiros.

A licitação de âmbito internacional não se confunde com as licitações que envolvam recursos de organismos internacionais dos quais o país faça parte. Uma licitação com a aplicação de recursos de organismos internacionais rege-se integralmente pelas normas desses outros países, com as observações das ressalvas incidentes no art. 1º, § 3º da LLCA.

Em relação aos parágrafos do art. 52, a maior parte das regras dispostas devem ser incorporadas no próprio edital da licitação internacional. Elas tratam de estabelecer uma limitada isonomia na relação entre os licitantes e a Administração Pública. Assim, a questão da cotação em preço é permitida a todos cotarem em uma mesma moeda.

Pode o edital exigir a moeda nacional ou determinada cotação em dólar ou euro, estabelecendo-se a moeda de comparação das propostas. Assim, quando o estrangeiro quiser cotar na moeda estrangeira, o licitante brasileiro também poderá fazê-lo. Mas, ainda que ele faça a cotação de preços na moeda estrangeira, o seu pagamento será feito na moeda nacional.

Uma regra importante a ser colocada no edital, é que, como a cotação da moeda pode variar diariamente, especialmente em casos de instabilidade econômica, pelas quais já atravessou o país, deve ser definida a data para a taxa de conversão. Dois exemplos de redação:

- "os pagamentos serão realizados até 30 dias após o atesto da fatura e considerarão a taxa de conversão de 5 dias antes para facilitar o encaminhamento da área financeira da nossa tesouraria";
- "representantes brasileiras que cotarem em moeda estrangeira e vierem a vencer a licitação, deverão emitir nota fiscal utilizando a taxa de câmbio

comercial do dia útil anterior, conforme expedida pelo Banco Central do Brasil"[469].

O edital, em uma licitação, pode oferecer garantias de pagamento. Se isso acontecer, as garantias de pagamento ao licitante brasileiro serão equivalentes àquelas oferecidas ao licitante estrangeiro, de tal modo que a isonomia também seja preservada. O § 4º determina a chamada "equalização de propostas", onde se considera o preço estrangeiro e acrescenta as margens tributárias existentes em outros gravames sobre produtos nacionais de modo a preservar a integridade da isonomia nas propostas.

Há uma exceção nesse dispositivo prevista no § 6º que veda que se imponha ao licitante estrangeiro, barreiras e condições não exigidas ao licitante brasileiro. São as chamadas barreiras não alfandegárias. A lei enfaticamente esclarece que devem ser preservadas as mesmas condições de habilitação, classificação e julgamento que são próprias do licitante brasileiro, mas desequilibra a isonomia para assegurar margens de preferências bens produzidos e os serviços nacionais que atendam às normas técnicas brasileiras referidas no artigo 25. Ressalvado apenas o dispositivo do § 6º, o § 5º complementa a regra ao definir que estarão todos sujeitos as mesmas regras e condições na forma do edital.

É importante estabelecer que uma licitação de âmbito internacional não implica necessariamente em uma empresa estrangeira depender de autorização para funcionar no Brasil. É importante ler e ter em consideração os artigos 1.134 a 1141 do Código Civil, transcritos acima e, ainda, a Instrução Normativa nº 7 do Departamento de Registro Empresarial e Integração – DREI, que assim estabelece:

> Art. 12. A sociedade empresária estrangeira não poderá realizar, no Brasil, atividades constantes do seu objeto social vedadas às sociedades estrangeiras e somente poderá exercer as que dependam da aprovação prévia de órgão governamental, sob as condições autorizadas.

Portanto, a sociedade estrangeira que ganha uma licitação e depois vem a funcionar no Brasil, estará sujeita à outras regras. Vencer uma licitação pode implicar no caso de serviços e se estabelecer no Brasil para prestar o serviço.

Assim, a sociedade estrangeira não poderá atuar em atividades que sejam vedadas por lei a este tipo, como atividades para qual se exija capital nacional, as empresas de segurança privada, Lei nº 7.102, de 20 de junho de 1983 e as do serviço temporário, Lei nº 6.019, de 3 de janeiro de 1974, recentemente alterada no Brasil.

Importante lembrar que o Brasil tem se encaminhado para permitir a participação de empresas brasileiras na comunidade Europeia e no Mercosul,

---

[469] Pregão Eletrônico Internacional nº 85/2020 UASG 113202 Processo SEI nº 01342.004931/2020-21.

havendo, portanto, a nítida possibilidade de reciprocidade. Poderá, em breve, o cenário nacional de licitações e contratos ser alterado profundamente com a ampla participação de empresas estrangeiras.

ÍNDICE DE ASSUNTOS

ABNT
   atendimento de normas técnicas - prova de qualidade de produto similar, L14133, art. 42, I 801
   norma, vedações impostas em licitações - agente público 358
   qualidade
      comum, itens de consumo - atendimento as normas 525

Ação Direta de Inconstitucionalidade .... v. também ADI

Ação(ões)
   de capacitação .... v. também Plano de capacitação, Controle - caráter pedagógico, PNDP e treinamento padronizáveis - objeto de bens móveis e imóveis - serviço comum de engenharia, L14133, art. 6º, XXI, a 216

Aceitabilidade(s) .... v. também preço(s)
   da proposta - compras - exigência do edital, L14133, art. 42, § 1º 804

Acessibilidade(s)
   e impacto ambiental - anteprojeto, elementos mínimos, L14133, art. 6º, XXIV, e 224
   obras e serviços de engenharia, L14133, art. 45, VI 827
   parâmetros no edital, contratação integrada - RDC, L12462, art. 9º, § 2º, I, d 561

Acesso
   livre - edital e anexos - sítio eletrônico oficial, L14133, art. 25 § 3º 595

Acionista
   participação na execução de obras, L14133, art. 14, II 420

Acompanhamento
   da licitação - direito dos licitantes, L14133, art. 13 409

de obras - recursos de imagem e vídeos - sistema - dever da administração, L14133, art. 19, III 505
e fiscalização - execução do objeto - termo de referência, modelo de gestão do contrato, L14133, art. 6º, XXIII, f 221

Acordo(s)
   coletivo -. v. também alteração contratual, reajuste e reequilíbrio
   convenção ou dissídio coletivo - repactuação, L14133, art. 6º, LIX ... 307
   internacional - contratação, empréstimo ou doação, L14133, art. 1º, § 3º, I ... 64

Acréscimo(s)
   para habilitação - edital - consórcio de empresa, L14133, art. 15, § 1º 435
   vedações - consórcio de microempresa, L14133, art. 15, § 2º 435

Adaptação
   imóvel para locação - avaliação - amortização do investimento, L14133, art. 51 907

Adesão
   à padronização de outro órgão - ato motivado, L14133, art. 43, § 1º 814
   voluntária - cooperativa, funcionamento e constituição 446

ADI
   STF, direitos do consumidor - habilitação licitatória 54

Adiantamento .... v. também antecipação do pagamento

Adimplemento
   dispensa da atualização financeira, L14133, art. 6º, X 183

Aditivo(s)
   contrato - matriz de riscos, previsão na licitação 235
   termo - maior desconto - extensão, L14133, art. 34, § 2º 685

termo - prolação - matriz de riscos - informação mínima, L14133, art. 6º, XXVII, a 232
termo, vedação - responsabilidade da contratada, matriz de riscos - contratos administrativos 236

Adjudicação..........v. também todas as hipóteses sem licitação

Administração...............v. também verbetes específicos dos temas

adoção de minuta padronizada - edital de licitação e contrato, L14133, art. 25, § 1º 592
agente - autenticidade dos documentos - processo licitatório, L14133, art. 12, IV 399
agente - parente/cônjuge - contratação vedada por emp. de mão de obra contratada, L14133, art. 48, p.ú. 891
agentes - princípio da legalidade 126
alteração de projeto básico - autorização - responsabilidade, L14133, art. 46, § 5º 862
análise de custos - parcelamento de serviços em geral, L14133, art. 47, § 1º, II 872
aprovação de etapas de execução - obras, L14133, art. 46, § 6º 864
assessoria jurídica, L14133, art. 19, IV 505
audiência pública - requisitos, L14133, art. 21 529
avaliação de bens - no leilão, L14133, art. 31, § 2º, II................................ 666
avaliação de bens - no leilão, L8666, art. 53, § 1º 669
balizamento de preços, L14133, art. 23 .... 547, 550
complexidade da tarefa, agente público - qualificação, pregoeiro 322
conceito - equivalente a órgão ou entidade... 171
conceito, L14133, art. 6º, IV 170
concurso, elaboração de projetos - direitos patrimoniais 651

conhecimento do preço unitário x custo unitário 496
consulta pública - licitação - prazo, elementos disponíveis, L14133, art. 21, p. ú.. 529
consultoria e assessoria - serviços técnicos profissionais especializados 204
contratação - diálogo competitivo, L14133, art. 32..................................... 673
contratação de assessoramento - diálogo competitivo, L14133, art. 32, § 1º, XI 676
contratação de leiloeiro - procedimento licitatório ou critérios....................... 657
contratação de mais empresas - serviços - justificativa, L14133, art. 49 893
contrato..........v. também equilíbrio econômico-financeiro
controle - execução de serviços por mais de uma empresa, L14133, art. 49, p.ú. 893
controle de qualidade e tecnológico - serviço técnico profissional especializado 209
controle interno, agente público - princípio da segregação de funções, autoridade... 333
convocação......v. também assinatura do contrato
convocação do contratado - comprovação do preço 560
dano ao patrimônio - superfaturamento, L14133, art. 6º, LVII 301
de materiais, obras e serviços - deveres, L14133, art. 19............................... 505
decisão da manifestação - audiência pública 531
declaração de conclusão e registros - diálogo competitivo - juntada aos autos do processo, L14133, art. 32, § 1º, VIII 675
despesa e ou prejuízo - matriz de riscos, previsão na licitação 235

desvantagem - comprovação - leilão presencial, L14133, art. 31, § 2º, IV 666
deve instituir modelos de minutas, L14133, art. 19, IV 505
direta - subordinação à lei, L14133, art. 1º 47
divulgação do edital - diálogo competitivo, L14133, art. 32, § 1º, I 675
domínio - objeto de contratação, terceirização....................................... 193
e contratado, cláusula de reequilíbrio - matriz de riscos, critérios - contratos administrativos................................ 236
esclarecimento ou ajuste às propostas - diálogo competitivo, L14133, art. 32, § 1º, IX 675
escolha do objeto em disputa - diálogo público... 676
execução múltipla - serviços, L14133, art. 49, II 893
exigência - certificação de instituição acreditada pelo Inmetro, L14133, art. 17, § 6º 465
exigência - licitante - ato em formato eletrônico, L14133, art. 17, § 4º 463
exigência de prova - obrigações trabalhistas - mão de obra, L14133, art. 50... 899
exigências de manutenção e assistência técnica local - estudo técnico, L14133, art. 40, § 4º.. 783
exigências excepcionais - fornecimento de bens, L14133, art. 41 785
federal.........................v. também União
federal, descentralizada - agente público, poder de decisão 318
fornecimento de elementos complementares ao edital, L14133, art. 46, § 9º 868
fundamentação - tempo para identificação de soluções - diálogo competitivo, L14133, art. 32, § 1º, V 675

gestão pública - princípio da segregação de funções.. 145
inovação e desenvolvimento nacional sustentável - objetivo do processo licitatório.. 385
justificativa de vedação - participação em consórcio 434
lei que autoriza - expressa ou implicitamente 127
leilão - leiloeiro oficial ou servidor . 656
licitação - ato formal, L14133, art. 13 409
licitação internacional - tratamento diferenciado....................................... 362
locadora - concessão 81
locadora - prazos para locação........... 83
locatária - concessão 82
locatária - imóvel, contratação direta 82
matriz de risco - facultado nas contratações................................... 536
metodologia - CUB, preço por metro quadrado 562
minutas de modelos - licitações e contratos - assessoria jurídica, L14133, art. 19, IV 505
nomeação com qualificação na fiscalização - serviço técnico especializado 205
objetivo, orçamento - elemento do projeto básico 229
objetos licitáveis, L14133, art. 2º 73
orçamento - publicidade diferida - atos do processo licitatório, L14133, art. 13, p.ú., II 409
organização estrutural - agente público, poder de decisão 318
órgãos de controle - princípio da segregação de funções, L14133, art. 7º, § 2º 333
órgãos para editar regulamentos - materiais, obras e serviços 506
pagamento de perícia - serviço técnico especializado 203
parâmetros de qualidade - edital de licitação... 687

parecer - serviço técnico especializado 203
permissão - uso dos procedimentos auxiliares da licitação, L14133, art. 28, § 1º 627
pesquisa de preços - SRP - contratação - balizamento de preços, L14133, art. 23, § 1º, II.. 551
preço estimado - maior desconto, preço global... 692
preços - balizamento, L14133, art. 23 .... 547, 550
princípio da impessoalidade - conduta 128
princípio da vinculação ao edital - regras estabelecidas..................................... 148
princípios a que está sujeita, CF/88, art. 37...75
procedimento eletrônico - licitantes, condição de validade....................... 463
projeto básico - dispensa de elaboração - contratação integrada de obra e serviços de engenharia, L14133, art. 46, § 2º 852
projeto básico - projeto executivo, elemento necessário à execução 232
proposta mais vantajosa - resultado - critérios divulgados - diálogo competitivo, L14133, art. 32, § 1º, X 676
protótipo do objeto - exigência de amostra - edital, L14133, art. 42, § 2º 806
pública - agente de contratação, seleção da proposta..................................... 377
pública - conceito de agente, L14133, art. 6º, V 171
pública - conceito, L14133, art. 6º, III 168
pública - conformidade da proposta vencedora e amostras 461
pública - contratação de atividade de auxílio à gestão................................ 105

pública - critérios do edital - processo licitatório - instrução, L14133, art. 18, VIII 483
pública - extensão e autonomia....... 169
pública - indicação do preço 478
pública - itens de consumo - qualidade comum, L14133, art. 20 521
pública - novas tecnologias para serviços e obras.. 565
pública - órgão ou entidade gerenciadora - procedimento e gerenciamento para registro de preços, L14133, art. 6º, XLVII..................... 278
pública - particular em órgão ou entidade vinculada, contratado 178
pública - pessoas jurídicas da administração, contratado 178
pública - princípio da transparência 134
pública - registro da padronização do edital 478
pública - requisitos para credenciamento - objeto, serviços ou fornecimento de bens, L14133, art. 6º, XLIII 270
pública - substituição de empresa consorciada..................................... 441
pública - usuária do serviço público, contratado 178
pública define objeto, proposta técnica - procedimento da melhor técnica.... 695
pública direta e indireta - conceito . 169
pública, análise dos preços de mercado 549
pública, anteprojeto - vedações, disputa da licitação....................................... 419
pública, audiência e consulta pública - ato discricionário............................ 529
Pública, balizamento - CF, art. 37, princípios da licitação 44
pública, balizamento - prazo de comparação de preços..................... 552
pública, bens de consumo - suprir a demanda, comum e luxo 527
pública, competência - servidor efetivo ou empregado público 340

pública, contratação - contratante, conceito 176
pública, contratação de leiloeiro - hipóteses de seleção 660
pública, contratado, L14133, art. 6º, VIII 177
pública, convocar licitante- autenticidade dos documentos no processo licitatório 400
pública, critério de melhor técnica ou técnica e preço - critérios do valor estimado 724
pública, custos indiretos - dispêndio 689
pública, definição com o particular - planejamento da licitação - fase preparatória 469
pública, definição do objeto, regras da licitação - qualidade das propostas . 484
pública, desempenho pretérito da execução - técnica e preço 715
pública, discriminação ou especificação - itens de consumo 523
pública, estimativa de preços - transparência dos atos formais - procedimento licitatório 414
pública, estrutura do órgão - agente público, poder de decisão 316
pública, gestão por competência - agente público, poder de decisão 319
pública, inversão de fases - processo licitatório 454
pública, itens unitários - TCU, ocorrência de sobrepreços 563
pública, licitação internacional - direito de preferência 611
pública, modalidade - competitividade e transparência 627
pública, moeda corrente nacional - é obrigatória 395
pública, na elaboração do projeto básico e executivo - contratação integrada. 245
pública, normas para regulamento - política pública 605
pública, parâmetro da estimativa - responsabilidade do agente de contratação 547
pública, PNAT sistema prisional - oferta de trabalho no edital de licitação ... 606
pública, poder de império - cláusulas exorbitantes 179
pública, prazo de reajuste - duração do contrato 602
pública, premiação - participante e vencedor 696
pública, procedimento da licitação - orçamento defasado 584
pública, publicação do plano anual de contratações - disponível em sítio eletrônico oficial 406
pública, sem sobrepreço/preço inexequível/superfaturado - objetivo do processo licitatório 383
pública, serviço de manutenção no patrimônio - metodologia BIM 576
pública, sessão presencial, documentação - local de realização . 392
pública, software e licenças cautela - assinaturas do processo licitatório - preferencialmente digitais 402
pública, sujeição às condições do contratado - objeto do contrato 179
pública, tratamento diferenciado - ME/EPP, L14133, art. 4º, § 2º 118
pública, unidade - órgão - conceito, L14133, art. 6º, I 166
pública, usuária de serviço público - objeto do contrato 179
requisitos de inexigibilidade - serviço técnico especializado 206
responsabilidade solidária - consórcio de empresa 439
seleção de corretor de imóveis - leilão, bem imóvel 663
seleção de trabalhos técnicos - modalidade, concurso 646
serviço de engenharia - conceito, L14133, art. 6º, XXI 216

terceirização - vedações, L14133, art. 48 883
usuária de serviço público - contratante 179
vantagem, seleção da proposta - processo licitatório 378
vedação - objeto contratado, cooperado qualificado, L14133, art. 16, III 448
vedação de marca ou produto - justificativa, L14133, art. 41, III 785
vedação de soluções de propostas ou informações sigilosas ao licitante - diálogo competitivo, L14133, art. 32, § 1º, IV 675
venda de bens móveis - inservíveis - leilão, L14133, art. 6º, LX 264
venda de bens móveis - leilão, L14133, art. 6º, LX 264
vínculo de subordinação com funcionário terceirizado - vedação, L14133, art. 48, III 884

Administrativo
sigilo no orçamento estimativo - divulgação, argumentos 581

Advocacia
pública - defesa de servidor/autoridade - não aplicabilidade, L14133, art. 10, § 1º 369
pública - defesa por ato de parecer jurídico - autoridade/servidor, L14133, art. 10 369

Advogado..........v. também advocacia
assessoramento jurídico ao agente e comissão de contratação - Regulamento, L14133, art. 8º, § 3º 351
declaração de autenticidade dos documentos - processo licitatório, L14133, art. 12, IV 399
serviço técnico especializado, L14133, art. 6º, XVIII, e 206

Agência
de propaganda - continua regida pela Lei 12.232/2010 107

normas e procedimentos - contratação e seleção, empréstimo ou doação, L14133, art. 1º, § 3º, II 64

Agente(s)..........v. também autoridade, cargo, executor do contrato, função, improbidade, rol de responsabilidade, servidor e vedações
contratação para defesa - advocacia pública, ato baseado em parecer jurídico 372
da administração - autenticidade dos documentos - processo licitatório, L14133, art. 12, IV 399
da contratação, vinculação do edital - qualificação, exigências formais 397
de contração - vínculos - vedações, L14133, art. 7º, III 326
de contratação - conceito, L14133, art. 6º, LX 311
de contratação - condução da licitação - procedimentos e decisões, L14133, art. 8º 339
de contratação - cônjuge/parente - vedação à contratação - mão de obra terceirizada, L14133, art. 48, p.ú.... 891
de contratação - descrição e atividades, L14133, art. 8º 339
de contratação - formas de investidura 174
de contratação - funcionamento e constituição da cooperativa - legislação aplicável 445
de contratação - objetivos do processo licitatório 376
de contratação - previsões orçamentárias, processo licitatório . 376
de contratação - responsabilidade, L14133, art. 8º, § 1º 346
de contratação - substituição - comissão de contratação - serviços especiais, L14133, art. 8º, § 2º 349
de contratação- autenticidade dos documentos no processo licitatório 399

de contratação e equipe de apoio - regras de atuação - regulamento, L14133, art. 8º, § 3º.. 351
de contratação, análise da proposta - necessidade do ETP 497
de contratação, análise de riscos - proposta vantajosa na licitação 487
de contratação, análise do custo, taxa de risco na matriz de risco - proposta de preços 538
de contratação, arbítrio para sigilo do preço estimado - divulgação no edital 581
de contratação, árbitro da audiência pública - procedimento da fase interna 530
de contratação, boas práticas - matriz de risco 536
de contratação, conhecimento mercadológico - análise dos preços. 495
de contratação, custos no edital - transparência dos atos formais - procedimento licitatório 414
de contratação, definição de responsabilidade no edital 486
de contratação, definição no edital - objeto da licitação 588
de contratação, designação - autoridade competente, ato discricionário 622
de contratação, deve fiscalizar o cumprimento - direito de preferência 611
de contratação, empresas do certame - PNCP divulgação centralizada......... 625
de contratação, equipe de apoio - atos individuais praticados, L14133, art. 8º, § 1º 346
de contratação, equipe de apoio e pregoeiro - qualificação 325
de contratação, escolha de forma discricionária - forma presencial e eletrônica, audiência ou consulta pública 531

de contratação, estudos técnicos - serviços técnicos profissionais especializados 202
de contratação, ETP - requisitos de contratação 493
de contratação, ETP para juntada de documentos 502
de contratação, ETP, elemento obrigatório - economicidade 492
de contratação, ETP, elemento obrigatório - manutenção e assistência técnica 492
de contratação, ETP, elemento obrigatório - requisitos de baixo consumo de energia e outras logísticas 492
de contratação, função - servidor efetivo ou empregado público 341
de contratação, gravação da sessão presencial - forma eletrônica, preferência 456
de contratação, informações - instrumentos de anexo do edital 589
de contratação, inversão de fases - processo licitatório 454
de contratação, isonomia entre os licitantes - justa competição, objetivos 381
de contratação, licitação - agente responsável é pregoeiro 354
de contratação, margem de preferência - contratação de bens manufaturados e serviços.. 619
de contratação, margem de preferência - julgamento da proposta 615
de contratação, margem de preferência - vedação 614
de contratação, matriz de risco - efeitos do contrato 543
de contratação, planejamento da licitação - fase preparatória.............. 469
de contratação, punição - anteceder fase de proposta e habilitação 641
de contratação, qualificação - excesso de rigor formal é incabível 397

de contratação, responsabilidade - estimativa, parâmetro da administração pública.. 547
de contratação, seleção da proposta - processo licitatório 377
de contratação, seleção do órgão - política pública................................. 605
de contratação, zelo das políticas públicas - condenação judicial, limites de participação da licitação............. 425
de contratações - empresa ou profissional para assessoramento - prazo determinado - bens e serviços especiais, L14133, art. 8º, § 4º......................... 353
de fiscalização - cônjuge/parente - vedação à contratação - mão de obra terceirizada, L14133, art. 48, p.ú. ... 891
de licitação, custos no edital - transparência dos atos formais - procedimento licitatório 414
designação pela autoridade competente - agente público, poder de decisão.. 316
escolha da modalidade - serviços de engenharia... 219
financeiro - contrato sem subordinação ao regime da lei, L14133, art. 3º, I. 103
nomeação com qualificação na fiscalização - serviço técnico especializado...................................... 205
público - advocacia pública, ato baseado em parecer jurídico 370
público - agente de contratação, condução da licitação...................... 342
público - autoridade - conceito, L14133, art. 6º, VI... 175
público - comissão de contratação - documentos e procedimentos licitatórios, L14133, art. 6º, L......... 281
público - conceito, L14133, art. 6º, V 171
público - conflito de interesses - licitação ou execução do contrato, L14133, art. 9º, § 1º... 364
público - desenvolvimento das funções, L8666, art. 7º, III 326

público - funções essenciais - requisitos , L14133, art. 7º................................. 315
público - juntada do ato de designação, L14133, art. 6º, V............................ 171
público - pessoa física, função pública 171
público - princípio da segregação de funções - evita fraude na contratação - L14133, art. 7º, § 1º......................... 332
público - vedações impostas em licitações, L14133, art. 9º................. 357
público aposentado - defesa por ato praticado, L14133, art. 10, § 2º...... 369
público exonerado - defesa por ato anterior com base em parecer, L14133, art. 10, § 2º... 369
público, assessoria - licitações de eficientização 749
público, autor do projeto - participação da licitação, supervisão exclusiva 429
público, função na licitação, fiscalização ou gestão do contrato, vedação - limites de participação da licitação............. 423
público, poder de decisão - autoridade máxima.. 316
público, poder de decisão - cargo, mandato, emprego ou função......... 317
público, sem sobrepreço/preço inexequível/superfaturado - objetivo do processo licitatório 384
público, vedação - moeda corrente nacional - é obrigatória.................... 395
público, vedações - afinidade, linha reta ou colateral....................................... 328
público, vedações - linha colateral .. 328
público, vedações - linha reta.......... 328
público, vedações - tratamento diferenciado...................................... 361
públicos, desempenho de funções essenciais... 315
responsável - pregoeiro - modalidade licitatória pregão, L14133, art. 8º, § 5º 354
vedações - disputa da licitação, L14133, art. 14... 417

vedações - em licitação e contrato, L14133, art. 14, IV 423

AGU
modelos - registro da padronização do edital 479
Orientação Normativa nº 6 83

AIV ....v.
Avaliação de Impacto de Vizinhança

Ajuste(s) ....v. também acordo, acordo internacional e contrato
ou esclarecimento às propostas - possibilidade - administração - diálogo competitivo, L14133, art. 32, § 1º, IX 675

Alienação..........v. também avaliação
de bens - da Administração, aplicação, L14133, art. 2º, I................................73
de bens - obrigatoriedade de licitar, L14133, art. 2º, I................................73
de bens - regra geral - sujeição à licitação, L14133, art. 2º, I................................73
de bens públicos - competência para licitar, União 75
de bens públicos – conceito..............75
de bens públicos - concessão de direito real 75
leilão - conceito, L14133, art. 6º, LX 264
leilão - venda de imóveis, L14133, art. 31, § 4º 669
leilão - venda de imóveis, L14133, art. 6º, XL 264
leilão, L14133, art. 6º, XL 264
modalidade licitatória, L8666, art. 22, V 627
por leilão - critério de julgamento p/ publicidade, L14133, art. 6º, XL 264
pregão - modalidade licitatória, L14133, art. 28, IV... 627
sem fase de habilitação - imóveis - leilão, L14133, art. 31, § 4º....................... 669

Alta administração

do órgão ou entidade - responsabilidade - governança das contratações, L14133, art. 11, p.ú 386

Alteração..........v. também acordo coletivo, alteração de registro cadastral, alteração social da empresa, alteração de edital, contrato - alteração, equilíbrio econômico-financeiro, prazo, reajuste, reequilíbrio e outros verbetes relacionados ao tema
contratual - sinistro - desequilíbrio - hipóteses - matriz de alocação de riscos, L14133, art. 22, § 2º, I.................... 542
societária ....v. também empresa

Ambiental..............v. também meio-ambiente e sustentabilidade

Amortização
investimento para locação - imóvel - avaliação, L14133, art. 51 907

Amostra(s)
do licitante - julgamento das propostas - exigência do edital, L14133, art. 42, § 2º.. 806
exame por instituição especialista no objeto - indicação no edital, L14133, art. 42, § 3º....................................... 806
homologação - conformidade das propostas - previsão no edital de licitação, L14133, art. 17, § 3º........ 460
ou prova de conceito - exigência do licitante provisoriamente vencedor, L14133, art. 41, p.ú. 785
ou prova de conceito de bens - exceção, L14133, art. 41, II.......................... 785

Ampla defesa
pessoa jurídica, sanção disciplinar - limites de participação 428

Análise

de riscos - licitação e contratos - processo licitatório - instrução, L14133, art. 18, X 486

Anexo(s) ....v. também edital
do edital - divulgação obrigatória - prazo, L14133, art. 25 § 3º........................ 595
do edital - L8666, art. 40, § 2º........ 595
do edital - minuta do contrato, L14133, art. 18, VI... 479
do edital - orçamento estimado em planilhas, L14133, art. 18, IV 477

Antecipação de pagamento......... v. também pagamento antecipado, adiantamento
garantia - previsão do edital 763
onde inserir cláusula de antecipação - previsão no edital............................ 763
precedentes de atuação do fornecedor 763
site RECLAME AQUI..................... 763

Anteprojeto
aceitação - certificação acreditada - Inmetro, L14133, art. 17, § 6º, I.... 465
conceito - subsídios ao projeto básico, L14133, art. 6º, XXIV................... 224
conteúdo - bens e serviços especiais 189
do projeto básico - definição de metodologia - contratação integrada, L14133, art. 46, § 2º....................... 852
do projeto básico - elaboração obrigatória - contratação integrada de obra e serviços de engenharia, L14133, art. 46, § 2º.. 852
elementos mínimos, L14133, art. 6º, XXIV... 224
estudo técnico preliminar - conceito - L14133, art. 6º, XX........................ 214
matriz de riscos, valor estimado - RDC, L12462, art. 9º, § 5º........................ 534
subsídios ao projeto básico 225
subsídios ao projeto básico - planejamento.................................... 225

termo de referência ou projeto básico, futura contratação - estudos técnico preliminar, L14133, art. 6º, XX...... 214

Anulação............v. também nulidade

Aperfeiçoamento
serviço técnico especializado, L14133, art. 6º, XVIII, f 207

Apoio
assessoramento jurídico ao agente e comissão de contratação - Regulamento, L14133, art. 8º, § 3º........................ 351
controle interno ao agente e comissão de contratação - Regulamento, L14133, art. 8º, § 3º... 351

Aposentadoria
agente de contratação/autoridade - direito à defesa por ato praticado com base em parecer, L14133, art. 10, § 2º 369

Aquisição(ões)..........v. também contrato(s), compra(s) e fornecimento(s)
bens e serviços comuns - modalidade de licitação, pregão, L14133, art. 6º, XLI 266
de bens - recursos estrangeiros, L14133, art. 1º, § 3º.. 64
e contratação de bens e serviços - centralização dos procedimentos, L14133, art. 19, I............................ 505
vedação de artigos de luxo - administração pública - itens de consumo, L14133, art. 20............... 521

Área(s)
de ação - cooperativa, funcionamento e constituição 446
demandante - resistência injustificada 364

Armazenagem
compras - planejamento, L14133, art. 40, IV.. 757

ARP......v. também Ata de Registro de Preços
amostra ou prova de conceito de bens - previsão no edital, L14133, art. 41, II 785
conceito, L14133, art. 6º, XLVI 277
contratação futura - edital de licitação e propostas registradas, L14133, art. 6º, XLVI 277

Arquitetura
e engenharia - serviços e obras - licitação por BIM ou tecnologia e processos integrados, L14133, art. 19, § 3º 515
engenharia, serviço técnico especializado, intelectual e obras - pregão inaplicável, L14133, art. 29, p.ú. 633

Arquivo........v. também equipamento - sistema de arquivos

Arrematação
condições - edital - leilão, L14133, art. 31, § 2º, II 666
pagamento, L8666, art. 53, § 2º 669
preço mínimo - fixação, L14133, art. 31, § 2º, II 666
preço mínimo - fixação, L8666, art. 53, § 1º 669

ART............v. também atestado(s)
autor do projeto - vedações, disputa da licitação 418
natureza - documento vinculativo .. 277

Artista(s)
contratação - melhor técnica ou conteúdo - critério de julgamento, L14133, art. 6º, XXXVIII, b 262
licitação - modalidade, L14133, art. 6º, XXXIX 263
restauração de obras, L14133, art. 6º, XVIII, g 207

Assessoria
de empresa ou profissional - prazo determinado - bens e serviços especiais de licitação, L14133, art. 8º, § 4º ... 353
e consultoria - serviços técnicos profissionais especializados 204
jurídica - exame de editais, L14133, art. 19, IV 505
jurídica - princípio da segregação de funções, L14133, art. 7º, § 2º 333
serviços técnicos profissionais especializados, L14133, art. 6º, XVIII, c 204
técnica - comissão de contratação - diálogo competitivo - termo de confidencialidade, L14133, art. 32, § 2º 676
técnica ao agente/equipe de contratação - vedações da Lei de Licitações, L14133, art. 9º, § 2º 367
técnica da comissão de contratação - diálogo competitivo, L14133, art. 32, § 1º, XI 676

Assinatura
ata do leilão, L8666, art. 53, § 2º ... 669
de edital, L8666, art. 40, § 1º 595
digital por pessoa física e jurídica - meio eletrônico - processo licitatório, L14133, art. 12, § 2º 406
digital, documentação - local de realização 393
Edital, L8666, art. 40, § 1º 595

Assistência
técnica e manutenção - exigências para o estudo técnico - processo licitatório - instrução, L14133, art. 18, § 1º, VII 488
técnica e manutenção - localidade restrita no edital, L14133, art. 47, § 2º 875
técnica e manutenção local - exigência fundamentada em estudo técnico, L14133, art. 40, § 4º 783
técnica, garantia e manutenção - especificação no TR - compras, L14133, art. 40, § 1º, III 775

Associação Brasileira de Normas Técnicas..........v. também ABNT

Ata(s)
circunstanciada - divergência - membros da comissão de contratação, L14133, art. 8º, § 2º 349
circunstanciada, L8666, art. 53, § 2º 669
de registro de preços - vincula licitante 277
divergência de membro da comissão - registro, L14133, art. 8º, § 2º 349
gravação da sessão presencial - forma eletrônica, preferência 456
leilão, L8666, art. 53, § 2º 669
licitação presencial - registro, L14133, art. 17, § 2º..................................... 455
manifestação, boa prática - audiência pública... 531
registro - reuniões dos pré-selecionados - diálogo competitivo, L14133, art. 32, § 1º, VI 675

Atestado(s)
capacidade e experiência - técnica e preço ou melhor técnica, L14133, art. 37, I 719
contratação por qualificação - serviço dependente de tecnologia - critério de julgamento - técnica e preço, L14133, art. 36, § 1º, II................................ 701

Atividade(s)
administração de materiais, obras e serviços - deveres, L14133, art. 19 .. 505
administrativa, aplicação da nova lei - poderes legislativo e judiciário............57
controle de qualidade e tecnológico - serviço técnico profissional especializado................................... 210
da Administração passíveis de terceirização, L14133, art. 48 883
da licitação, procedimento e andamento - agente de contratação, L14133, art. 6º, LX 311
de apoio - planejamento - autor do projeto - a critério da Administração, L14133, art. 14, § 2º....................... 429
de auxílio à gestão - administração pública... 105
de crédito, exceção - cooperativa, funcionamento e constituição 446
econômica - CF, art. 173, § 1º, normas de licitações e contratos 42
licitatórias, agente de contratação - procedimentos e decisões, L14133, art. 8º... 339
manutenção - conceito, serviços e fornecimentos contínuos, L14133, art. 6º, XV... 190
para qualificação, gestão por competência - agente público, poder de decisão 319
princípio - serviços de engenharia... 218
privativas de arquiteto, engenheiro ou técnicos especializado, L14133, art. 6º, XXI... 216
qualificação técnica - serviços de engenharia....................................... 218
serviço de engenharia - conceito, L14133, art. 6º, XXI....................... 216
terceirização, atuação na licitação - auxílio de terceiros 367
utilidade, intelectual ou material - serviço, L14133, art. 6º, XI 184

Ato(s)..........v. também Ato administrativo
administrativo formal - procedimento licitatório, L14133, art. 13.............. 409
administrativo, autorização de uso - motivação 94
administrativo, documentação - local de realização 393
administrativos, normas gerais - definição pelas unidades federadas... 55
agente de contratação - auxílio da equipe de apoio 348
com base em parecer jurídico - defesa da autoridade/servidor - advocacia pública, L14133, art. 10................................. 369

convocatório, vedações impostas em licitações - agente público 357
da licitação, moeda corrente nacional - é obrigatória 395
de motivação do sigilo - transparência dos atos formais - procedimento licitatório 415
de ofício, vedação - resistência injustificada 364
decisórios - autoridade, licitação 175
discricionário - administração pública, audiência e consulta pública 529
discricionário - autorização de uso 93
discricionário, autoridade competente - agente de contratação, designação .. 622
discricionário, autorização de uso - princípio da impessoalidade 93
discricionário, matriz de risco pela administração - facultado nas contratações 536
do processo licitatório - publicidade diferida - hipóteses, L14133, art. 13, p.ú. 409
elaboração - normas e procedimentos, Decreto nº 4.176/02 106
em formato eletrônico - licitante - procedimento eletrônico, Administração, L14133, art. 17, § 4º 463
forma eletrônica, documentação - local de realização 392
ilícitos no processo - prova - defes pública incabível, L14133, art. 10, § 1º, II 369
individuais praticados - agente de contratação - equipe de apoio, L14133, art. 8º, § 1º 346
internos da licitação - estudos técnicos, serviços técnicos profissionais especializados 201
motivado - adesão à padronização de outro órgão, L14133, art. 43, § 1º.. 814
nomeação - agente de contratação, condução da licitação 340
nomeação da licitação - autoridade 316

normativo pertinente - contratações no exterior 63
praticados, responsabilidade solidária - consórcio de empresa 439
precário, autorização de uso - não gera direito 93
procedimento eletrônico - licitantes, condição de validade 463
processo licitatório - preferencialmente digitais, L14133, art. 12, VI 401
recursos tecnológicos - forma eletrônica, preferência 456
unilateral, autorização de uso - vontade da administração 93
válido e eficaz - formato eletrônico - licitante, L14133, art. 17, § 4º 463

Atribuição(ões)
competências profissionais - serviços de engenharia 218
formação compatível ou qualificação atestada - licitações e contratos - agentes públicos, L14133, art. 7º, II 321
na área, agente público - qualificação, pregoeiro 322

Atualização
de preços - pesquisa - balizamento para novas contratações, L14133, art. 23, § 1º, II 551

Audiência
e consulta pública, administração pública, - ato discricionário 529
pública - obrigatoriedade, L8666, art. 39 529
pública - presencial ou eletrônica - prazo e requisitos, L14133, art. 21 529
pública, licitação obrigatória - sem limite, valor estimado 529

Auditoria
financeiras e tributárias, serviços técnicos profissionais especializados, L14133, art. 6º, XVIII, c 204

Autarquia(s)
bens - alienação, L8666, art. 15, I ... 757

obrigatoriedade de licitação, L14133, art. 1º 47
subordinação à lei, L14133, art. 1º ...47

Autenticidade
do documento - agente da administração - processo licitatório, L14133, art. 12, IV 399
dúvida - firma reconhecida - processo licitatório, L14133, art. 12, V 401

Autor
de projeto - integrantes de mesmo grupo econômico - equiparação, L14133, art. 14, § 3º 429
do projeto - participação da licitação, supervisão exclusiva 429
do projeto - pode participar da licitação?, L14133, art. 14, § 2º 429
do projeto, empresas do mesmo grupo econômico - participação da licitação 430

Autoridade(s)..........v. também agente público, autorização, autoridade certificadora e ordenador de despesas
agente público - desenvolvimento das funções, L8666, art. 7º, III 326
aprova etapas de obras e serviços de engenharia, L14133, art. 46, § 6º... 864
aprovar orçamento detalhado da obra - elemento do projeto básico 231
atuação, nomeação - agente de contratação, condução da licitação 340
audiência para licitações simultâneas ou sucessiva, L8666, art. 39 529
coatora - para mandado de segurança 279
competente, ato discricionário - agente de contratação, designação 622
competente, designação do agente - agente público, poder de decisão ... 316
competente, regulamento - compras de bens de consumo, prazo, L14133, art. 20, § 2º 521

conceito - agente público, L14133, art. 6º, VI 175
conceito - poder de decisão 175
conceito, competência - agente público, poder de decisão 317
defesa - advocacia pública - ato baseado em parecer jurídico, L14133, art. 10 369
edital - assinatura do original, L8666, art. 40, § 1º 595
homologação - fase - licitação, L14133, art. 17, VII 451
justificativa no edital de licitação - limite máximo, consórcio de empresa, L14133, art. 15, § 4º 440
máxima - agente público, poder de decisão 316
máxima - objetivos do processo licitatório 376
máxima ao designar - agente de contratação, vedações 331
máxima, designar agentes públicos - requisitos , L14133, art. 7º 315
máxima, identificação - agente público, poder de decisão 318
máxima, nomeação - agente de contratação, condução da licitação. 342
máxima, nomeação - agente público, poder de decisão 319
máxima, organograma - agente público, poder de decisão 317
máxima, órgão ou entidade - agente público, poder de decisão 317
princípio da segregação de funções - agente público - fraude na contratação, L14133, art. 7º, § 1º 332
projeto básico, L14133, art. 6º, XXV 225
ratifica utilização de recursos internacionais, L14133, art. 1º, § 3º 64
responsabilidade, vedação - resistência injustificada 363
superior - despacho - elemento do processo de padronização, L14133, art. 43, II 809

vínculo com licitante/contratado - vedações, L14133, art. 7º, III 326

Autorização
alteração do PB - obras e serviços de engenharia - responsabilidade do contratado, L14133, art. 46, § 5º ... 862
de serviços - serviços privados 94
de uso - benfeitorias 93
de uso - características e conceitos 93
de uso - cláusula contratual, prazo de serviço comum 96
de uso - deveres do usuário 93
de uso - discricionariedade 93
de uso - exemplos 94
de uso - fixação de prazo 93
de uso - importante na gestão de espaços públicos 95
de uso - precariedade 93
de uso - unilateralidade 93
projeto elaboração por concurso - cessão de direitos, L14133, art. 30, p.ú. 643

Avaliação
de conformidade da proposta vencedora e amostras, L14133, art. 17, § 3º 460
de propostas - melhor técnica, L14133, art. 35 693
de propostas - técnica e preço, L14133, art. 36, § 1º 701
do custo da obra - projeto básico, L14133, art. 6º, XXVI 231
imóvel para locação - licitação, L14133, art. 51 907
serviço técnico especializado, L14133, art. 6º, XVIII, b 203

Avaliação de impacto
ao patrimônio histórico, cultural, arqueológico e imaterial - obra e serviços de engenharia, L14133, art. 45, V .. 827
de vizinhança, respeito - obra e serviços de engenharia, L14133, art. 45, IV 827

Balizamento
administração pública - prazo de comparação de preços 552
definição - preço de mercado 549
preços - Administração, L14133, art. 23 .... 547, 550

Banca
designada, atribuição de notas - critério de julgamento, melhor técnica ou técnica e preço 721
designada, atribuição de notas e quesitos - composição mínima 722
licitação por técnica e preço ou melhor técnica - composição - membros, L14133, art. 37, § 1º 721

Banco Central do Brasil
contratação - gestão de reservas internacionais, L14133, art. 1º, § 5º 72

Banco de dados
públicos, preços de mercado - análise pela administração pública 549

Banco(s)
de preços - consulta no PNCP - composição de custos, L14133, art. 23, § 1º, I 551
de preços - valor estimado da contratação, L14133, art. 23 ... 547, 550
de preços em saúde - consulta no PNCP - composição de custos, L14133, art. 23, § 1º, I 551

Barreira
de acesso - licitante estrangeiro - vedação na licitação internacional, L14133, art. 52, § 6º 911

BDI ....v. também Benefícios e Despesas Indiretas
e ES - percentuais - obras e serviços de engenharia - balizamento de preços, L14133, art. 23, § 2º 554
orçamento detalhado da obra - elemento do projeto básico 229

Bem(ns) ....v. também compra(s), fornecimento, imóveis e móveis
de consumo - prazo - regulamento, L14133, art. 20, § 2º 521

de consumo - suprir a demanda, comum e luxo 527
de informática - tecnologia nacional - preferência nas licitações, L14133, art. 26, § 7º 622
desapropriado - contratação integrada e semi-integrada - registro de posse/propriedade - edital, L14133, art. 46, § 4º, V 858
e imóveis - descrição - divulgação do edital - leilão, L14133, art. 31, § 2º, I 666
e serviços - processo licitatório - contratação - balizamento de preços, L14133, art. 23, § 1º 550
e serviços comuns - aquisição - modalidade de licitação, pregão, L14133, art. 6º, XLI 266
e serviços comuns - conceito 187
e serviços comuns - conceito - especificações de mercado, edital de licitação, L14133, art. 6º, XIII 187
e serviços comuns - critério de julgamento 638
e serviços especiais - agente de contratação, substituição pela comissão de contratação 350
e serviços especiais - conceito - contratante, justificativa, L14133, art. 6º, XIV 188
e serviços especiais - necessidade de justificativa 189
e serviços especiais de licitação - empresa ou profissional para assessoramento do agente público, prazo determinado, L14133, art. 8º, § 4º 353
e serviços, contratação - termo de referência, L14133, art. 6º, XXIII... 221
e/ou serviços comuns - definição discricionária 187
e/ou serviços comuns - especificações usuais 187
e/ou serviços comuns - melhor desempenho 188
elaboração do ETP - sistema digital 472

especificação - divulgação no edital - leilão, L14133, art. 31, § 2º, V 666
especificação completa para compra, L14133, art. 40 757
estudo técnico preliminar - documento para planejamento 215
exigência de amostra ou prova de conceito - exceção, L14133, art. 41, II 785
expropriado - atraso na disponibilização - variação de custos - matriz de responsabilidade, L14133, art. 46, § 4º, IV 858
fornecimento - exigências excepcionais da administração, L14133, art. 41.. 785
fornecimento e obras - prestação de serviços - contrato de eficiência, L14133, art. 6º, LIII 292
fornecimento ou serviços - objeto - administração pública - requisitos para credenciamento, L14133, art. 6º, XLIII 270
imóvel - leilão, imóveis, L14133, art. 6º, XL 264
imóvel - locação mediante licitação - avaliação, L14133, art. 51 907
imóvel - sem fase de habilitação para alienação - leilão, L14133, art. 31, § 4º 669
indenização - estimativa - contratação integrada e semi-integrada, L14133, art. 46, § 4º, III 857
locação ou compras - estudo técnico, L14133, art. 44 819
manufaturado nacional - desenvolvimento e inovação tecnológica - margem de preferência - 20%, L14133, art. 26, § 2º 617
manufaturados e serviços, contratação - agente de contratação, margem de preferência 619
marca ou modelo - exceção, L14133, art. 41, I 785
marca ou modelo - licitação - exceção, L14133, art. 41, I 785

móveis e imóveis, objeto, ações padronizáveis - serviço comum de engenharia, L14133, art. 6º, XXI, a 216
obras ou serviços, vedações - disputa da licitação.. 417
ou fornecedores - preferências, L12462, art. 38 609
ou locação - análise de economicidade e estatuto comparativo de viabilidade 100
ou serviços, contratação, item superior à receita - ME/EPP, não aplicação do benefício, L14133, art. 4º, § 1º, I ... 111
prazo de fornecimento - proposta - julgamento por maior retorno econômico, L14133, art. 39, § 1º, I, a 735
públicos - concessão e permissão - aplicação desta lei - L14133, art. 2º, IV 85
reciclados, recicláveis ou biodegradáveis - margem de preferência, previsão no edital, L14133, art. 26, II................ 609
regime de fornecimento - economia de escala - processo licitatório - instrução, L14133, art. 18, VII....................... 481
regime de fornecimento - entrega integral e parcelada 482
regime -serviços, obras e engenharia, economia de escala - processo licitatório, instrução, L14133, art. 18, VII 481
serviços especiais e de engenharia, e obra - contratação integrada, L14133, art. 6º, XXXII 241
serviços, contratação e aquisição - centralização dos procedimentos - dever da administração, L14133, art. 19, I 505

Benefício(s)
não aplicação, ME/EPP - contratação, bens ou serviços, item superior à receita, L14133, art. 4º, § 1º, I 111
não aplicação, ME/EPP - contratação, obras e serviços de engenharia, item superior à receita, L14133, art. 4º, § 1º, II 117

Benefícios e Despesas Indiretas ....v. também BDI

BID
licitação internacional - direito de preferência...................................... 610

BIM
gerenciamento de projetos de construção - pesquisa de preços 572
impactos na engenharia - gerenciamento de projetos de construção 574
metodologia - conflitos de projetos e interação na obra............................. 519
metodologia - gerenciamento de projetos de construção 573
modelo digital de construção - adoção pelos órgãos subordinados na lei 516
para obras e serviços de engenharia e arquitetura - preferência, L14133, art. 19, § 3º 515
redução de custos, vantagens - gerenciamento de projetos de construção 573
vantagens - tecnologia em obras...... 518

Built to suit...........v. também locação sob medida
RDC, contrato - locação sob medida 85

Cadastral..........v. também cadastro de licitantes

Cadastro(s)
e levantamento topográfico - anteprojeto, elementos mínimos, L14133, art. 6º, XXIV, h................. 224

Câmbio........v. também licitação - internacional e moeda - estrangeira

Capacidade..........v. também atestado, habilitação jurídica e qualificação técnica comprovação por atestado - técnica e preço ou melhor técnica - procedimentos, L14133, art. 37, I.. 719

Capacitação..........v. também treinamento e ações de capacitação
do licitante, L14133, art. 37, I........ 719
específica, curso - qualificação, pregoeiro 322
pedido sem decisão - resistência injustificada...................................... 364
recursos orçamentários - ETP, proposta mais vantajosa 500
serviço técnico especializado, L14133, art. 6º, XVIII, f................................ 207
técnico-profissional..........v. também atestado, comissão, habilitação e qualificação técnica
técnico-profissional - pontuação - execução direta, L14133, art. 38 727

Capital
a terceiros - cooperativa, funcionamento e constituição 446
mínimo, valor da quota-parte - cooperativa, funcionamento e constituição 446
social - cooperativa, funcionamento e constituição 446

Característica exclusiva...............v. também marca

Cargo(s)
agente público na licitação - qualificação, pregoeiro..................... 322
ato praticado com base em parecer-defesa - advocacia pública, L14133, art. 10, § 2º 369
de concurso, controle de qualidade e tecnológico - serviço técnico profissional especializado................ 209
público - conceito de agente, L14133, art. 6º, V 171
públicos, efetivo ou comissão - regime jurídico 173

Carona..........v. também órgão não participante
órgão ou entidade não participante - conceito, L14133, art. 6º, XLIX...... 280
SRP - condições para adesão........... 280

Carta de solidariedade
do fabricante - prova de qualidade - produto distribuído/revendido, L14133, art. 41, IV.......................... 785

Cartório......v. também emolumentos

Catálogo
elerônico - padronização de compras, obras, serviços................................... 507
elerônico, elementos da fase interna - transferência de recursos................. 508
elerônico, norma - instrumentos para documentação 508
eletrônico - critério de julgamento - menor preço ou maior desconto, L14133, art. 19, § 1º 514
eletrônico - padronização de compras, serviços e obras - dever da administração, L14133, art. 19, II.. 505
eletrônico de padronização - compras - especificação, L14133, art. 40, § 1º, I 774
eletrônico de padronização de compras, serviços e obras - conceito, L14133, art. 6º, LI.. 281
eletrônico, fase de planejamento - restrição de uso................................ 514
eletrônico, padronização e modelos de minuta - não utilização - justificativa no processo licitatório, L14133, art. 19, § 2º.. 514

CEIS
transparência dos atos formais - procedimento licitatório 411

Celeridade
princípio - agilidade nas licitações .. 158
princípios - L14133, art. 5º 123
procedimentos - conformidade da proposta vencedora e amostras 462

processo licitatório - atos preferencialmente digitais, L14133, art. 12, VI.. 401

CENEP
transparência dos atos formais - procedimento licitatório................. 411

Certidão
qualquer interessado - princípio da transparência................................... 135

Certificação
de qualidade - Conmetro - exigência do edital, L14133, art. 42, § 1º............ 804
digital - sítio eletrônico oficial, L14133, art. 6º, LII.. 287
estudos, projetos, materiais e conclusão de fase - acreditação do Inmetro, L14133, art. 17, § 6º....................... 465
instituição acreditada pelo Inmetro, L14133, art. 17, § 6º....................... 465
profissional - licitações e contratos - agentes públicos, L14133, art. 7º, II 321
prova de qualidade - produto similar, L14133, art. 42, III 801

Certificado(s)
digital - assinatura digital - pessoa física e jurídica - processo licitatório, L14133, art. 12, § 2º...................................... 406
prova de qualidade - produto similar, L14133, art. 42, III 801

Cessão
de direitos - projeto elaborado por concurso, L14133, art. 30, p.ú. 643
de uso - esfera federal, termo ou contrato 78

Chamamento(s)
público - processo administrativo - credenciamento, L14133, art. 6º, XLIII 270

Cidadão
acesso aos atos da licitação, L14133, art. 13.. 409
direito a acompanhar a licitação, L14133, art. 13............................... 409

Cientista
licitação - modalidade, L14133, art. 6º, XXXIX 263

Cipi..........v. também Cadastro Integrado de Projetos de Investimento
registro de informações - obras com imagem e vídeo............................... 509

Classificação
das propostas - tipo melhor técnica - procedimentos, L14133, art. 35 693
das propostas - tipo técnica e preço - procedimentos, L14133, art. 36, § 1º 701
solicitação ao primeiro - conformidade da proposta vencedora e amostras .. 461

Cláusula(s)
de reequilíbrio, administração e contratado - matriz de riscos, critérios - contratos administrativos................ 236
exorbitante, contratante - interesse público... 178
financeiras - alterações - situações de superfaturamento, L14133, art. 6º, LVII, d 301
restritivas - objeto - irrelevância - vedação, L14133, art. 9º, I, c 357

Código Civil
sociedade controlada.......................... 59

Comissão
de contratação - conceito, L14133, art. 6º, L... 281
de contratação - diálogo competitivo - servidor efetivo ou empregado público, L14133, art. 32, § 1º, XI 676
de contratação - membros, L14133, art. 8º, § 2º.. 349
de contratação - previsão legal 349
de contratação - regras de atuação - regulamento, L14133, art. 8º, § 3º . 351
de contratação - responsabilidade solidária, L14133, art. 8º, § 2º........ 349
de contratação, conceito, L8666, art. 6º, L.. 281

de licitação......v. Comissão de contratação

de licitação - inexperiência dos membros da CPL 325

de licitação - responsabilidade solidária, L14133, art. 8º, § 2º 349

de licitação, princípio do julgamento objetivo - poder de diligenciar 151

de licitação, vinculação do edital - qualificação, exigências formais 397

de notáveis, julgamento - modalidade concurso 647

gravação da sessão presencial - forma eletrônica, preferência 456

julgadora - edital, definição de técnica mínima 698

Companheiro(s)

de dirigente/agente público - contratação vedada - terceirização, L14133, art. 48, p.ú. 891

vedações - agende de contratação, L14133, art. 7º, III 326

Compatibilidade

bem - requisitos - especificação do produto, L14133, art. 40, § 1º, I 774

de especificação - estética, técnica ou desempenho, L14133, art. 40, V, a 770

de especificação - estética, técnica ou desempenho, L14133, art. 47, I 871

de especificação técnica, L8666, art. 15, I 757

plataforma e padrões adotados - marca ou modelo admitidos, L14133, art. 41, I, b 785

Competência

a real responsabilidade - agente público, poder de decisão 318

concorrente, CF, art. 24 49

delegada - Mandado de Segurança . 279

estrutura e organização - licitação, constitucionalidade 340

homologação, L14133, art. 17, VII 451

legislativa - alienação de bens 75

licitação - poder regulamentar 53

margem de preferência - decisão fundamentação - Poder Executivo - previsão, L14133, art. 26, § 1º, I 615

normas gerais - definição pelas unidades federadas 55

para edição de normas - não exclusão aos estado, municípios e Distrito Federal 49

para licitar, União - alienação de bens públicos 75

pessoa jurídica - órgão, conceito 166

privativa da União - lei complementar 50

proteção a bens de valor histórico - obras de arte 208

técnico grau médio - serviços de engenharia 218

técnicos - serviços de engenharia 217

Competência legislativa

boa prática 53

Competição.........v. também inexigibilidade

fase de - contratação mais vantajosa pelo resultado - diálogo competitivo, L14133, art. 32, § 1º, X 676

fase de - diálogo competitivo - início, L14133, art. 32, § 1º, VIII 675

justa - isonomia entre os licitantes - processo licitatório - objetivos, L14133, art. 11, II 380

no mercado - busca - parcelamento de compras, L14133, art. 40, § 2º, III . 779

profissional organizado em cooperativa - participação em licitação 444

qualidade, inversão de fases - processo licitatório 454

restrição imotivada - princípio da impessoalidade 130

Competitividade...... ....v. também inexigibilidade

diálogo - contratação da administração, L14133, art. 32 673

fases, inovação e desenvolvimento nacional sustentável - objetivo do processo licitatório 385
isonomia entre os licitantes - justa competição, objetivos...................... 381
parcelamento de serviços em geral - evita concentração de mercado - L14133, art. 47, § 1º, III....................................... 872
princípio - licitantes concorrentes .. 155
princípio de observância obrigatória, L14133, art. 9º, I, a 357
princípios - L14133, art. 5º 123
respeito - previsão no edital - uso de recursos locais, L14133, art. 25, § 2º 592

Complexidade
alta - serviço especial de engenharia, L14133, art. 6º, XXI, b 216
ou alta heterogeneidade - serviço especial, L14133, art. 6º, XIV 188

Compliance
e integridade, responsabilidade - governança das contratações 388

Composição
de custos - consulta de preços no PNCP - contratação - balizamento de preços, L14133, art. 23, § 1º, I 551
de custos - Sicro ou Sinapi -, balizamento de preços, L14133, art. 23, § 2º, I... 554

Compra(s)..........v. também aquisição, bem(ns), fornecimento e marca
análise de economicidade e estatuto comparativo de viabilidade 100
aplicação, L14133, art. 2º, II 79
armazenagem e guarda - planejamento, L14133, art. 40, IV 757
bem exclusivo - marca - necessidade da Admin., L14133, art. 41, I, c 785
características exclusivas (aplicável por analogia), L14133, art. 41, I 785
com locação - estudo técnico prévio 100
conceito, L14133, art. 6º, X 183

conceito, L8666, art. 6º, III 183
condições de aquisição e pagamento, L14133, art. 40, I 757
condições de aquisição e pagamento, L8666, art. 15, III............................ 757
condições e requisitos, L8666, at. 14 a 16.. 770
condições semelhantes ao setor privado, L14133, art. 40, I 757
condições semelhantes ao setor privado, L8666, art. 15................................. 757
de bens de consumo - prazo - regulamentado, L14133, art. 20, § 2º 521
de grande vulto - conceito, L14133, art. 6º, XXII.. 219
especificação - padronização - catálogo eletrônico, L14133, art. 40, § 1º, I . 774
especificação do bem, L14133, art. 40, § 1º, I 774
expectativa de consumo anual - observância, L14133, art. 40........... 757
fornecimento contínuo, L14133, art. 40, III... 757
guarda e armazenamento - planejamento, L14133, art. 40, IV . 757
marca ou modelo - justificativa, L14133, art. 41, I... 785
normas gerais, L8666, art. 14 a 16 . 770
nulidade, L8666, art. 14 770
obras e serviços - contratação - modalidade de licitação - diálogo competitivo, L14133, art. 6º, XLII . 268
obras, serviços por padronização - catálogo elerônico 507
obrigatoriedade da licitação, L14133, art. 2º, II 79
ou locação de bens - estudo técnico, L14133, art. 44................................. 819
padronização, L14133, art. 40, V, a 770
padronização, L8666, art. 15, I....... 757
pagamento - condições, L14133, art. 40, I 757
pagamento, L8666, art. 15, III........ 757

para entrega imediata - conceito, L14133, art. 6º, X 183
para entrega imediata - dispensas, L14133, art. 6º, X 183
parcelamento - princípio, L14133, art. 40, V, b 770
parcelamento - subdivisão - princípio, L14133, art. 40, V, b 770
parcelamento, L8666, art. 15, IV ... 770
parcelamento, subdivisão, L8666, art. 15, IV 770
planejamento, L14133, art. 40 757
previsão - plano de contratação anual, L14133, art. 18, § 1º, II 488
princípios, L14133, art. 40 757
processamento - preferência pelo SRP, L14133, art. 40, II 757
processamento, L8666, art. 15, II .. 757
quantidade - definição, L14133, art. 40, III 757
recursos orçamentários, indicação, L8666, art. 14 770
regra geral - licitação é obrigatória, L14133, art. 2º, II 79
regras para parcelamento, L14133, art. 40, § 2º 779
requisitos legais, L8666, art. 14 770
requisitos, L14133, art. 40 757
serviços e obras - catálogo eletrônico de padronização - dever da administração, L14133, art. 19, II 505
serviços e obras - padronização - catálogo eletrônico - conceito, L14133, art. 6º, LI 281
sistema de registro de preços, L8666, art. 15, II 757
SRP - processamento preferencial, L14133, art. 40, II 757
sujeição à licitação, L14133, art. 2º, II 79
termo de referência - elementos e informações, L14133, art. 40, § 1º. 774
termo de referência - elementos previstos 223

Comprovação............v. também demonstração e documentação
autenticidade - obra de arte 208
de exclusividade............v. também atestado

Comprovante............v. também atestado, certidão e documento

Conceito(s)
administração pública, L14133, art. 6º, III 168
administração, L14133, art. 6º, IV . 170
agente de contratação, L14133, art. 6º, LX 311
agente público, L14133, art. 6º, V .. 171
anteprojeto - subsídios ao projeto básico, L14133, art. 6º, XXIV 224
ata de registro de preços, L14133, art. 6º, XLVI 277
autoridade - agente público, L14133, art. 6º, VI 175
autorização de uso - benfeitorias 93
bens e serviços comuns - especificações de mercado, edital de licitação, L14133, art. 6º, XIII 187
bens e serviços especiais - contratante, justificativa, L14133, art. 6º, XIV ... 188
catálogo eletrônico de padronização de compras, serviços e obras, L14133, art. 6º, LI 281
comissão de contratação, L14133, art. 6º, L 281
compra - fornecimento uma vez ou parcelado 183
compra de grande vulto, L14133, art. 6º, XXII 219
compra para entrega imediata, L14133, art. 6º, X 183
compra, L14133, art. 6º, X 183
compra, L8666, art. 6º, III 183
concorrência, L14133, art. 6º, XXXVIII 262
concurso prêmio - remuneração 263
concurso, L14133, art. 6º, XXXIX .. 263

contratação integrada, L14133, art. 6º, XXXII 241
contratação por tarefa, L14133, art. 6º, XXXI.. 240
contratação semi-integrada, L14133, art. 6º, XXXIII................................... 247
contratado, L14133, art. 6º, VIII ... 177
contratado, L8666, art. 6º, XV 177
contratante, L14133, art. 6º, VII.... 176
contratante, L8666, art. 6º, XIV..... 176
contrato de eficiência, L14133, art. 6º, LIII.. 292
controle de qualidade e tecnológico - serviço técnico profissional especializado.................................. 210
credenciamento, L14133, art. 6º, XLIII 270
desenvolvimento das funções - agente público, L8666, art. 7º, III 326
diálogo competitivo, L14133, art. 6º, XLII 268
empreitada integral, L14133, art. 6º, XXX 239
empreitada por preço global, L14133, art. 6º, XXIX................................... 238
empreitada por preço unitário, L14133, art. 6º, XXVIII.............................. 237
entidade - personalidade jurídica, L14133, art. 6º, II 168
estudo técnico preliminar - documento para planejamento, L14133, art. 6º, XX 214
execução indireta, L14133, art. 46. 845
fornecimento e prestação de serviço associado, L14133, art. 6º, XXXIV. 251
grande vulto, L14133, art. 6º, XXII 219
legislação - licitação e contratos 165
leilão, L14133, art. 6º, LX 264
licitação internacional, L14133, art. 6º, XXXV 253
licitação por técnica e preço - tipo, L14133, art. 36........................... 701
licitante - pessoa física ou jurídica, processo licitatório, L14133, art. 6º, IX 182

maior desconto - julgamento, L14133, art. 34, § 2º 685
matriz de riscos, L14133, art. 6º, XXVII 232
normas gerais - regulamentação 50
notória especialização - profissional ou empresa qualificado, L14133, art. 6º, XIX... 212
objeto de grande vulto, L14133, art. 6º, XXII 219
obra de arte - abrangência 207
obra de grande vulto, L14133, art. 6º, XXII 219
obra, L14133, art. 6º, XII 186
obra, L8666, art. 6º, I...................... 186
órgão - unidade da administração pública, L14133, art. 6º, I............... 166
órgão ou entidade gerenciadora, L14133, art. 6º, XLVII 278
órgão ou entidade não participante, L14133, art. 6º, XLIX..................... 280
órgão ou entidade participante, L14133, art. 6º, XLVIII..................... 279
pregão, L14133, art. 6º, XLI 266
pré-qualificação, L14133, art. 6º, XLIV 271
produto manufaturado nacional, L14133, art. 6º, XXXVII 257
produtos para pesquisa e desenvolvimento, L14133, art. 6º, LV 297
projeto básico, L14133, art. 6º, XXV 225
projeto executivo, L14133, art. 6º, XXVI 231
provas, requisitos - conformidade da proposta vencedora e amostras 462
reajustamento em sentido estrito, L14133, art. 6º, LVIII 303
repactuação, L14133, art. 6º, LIX... 307
seguro-garantia, L14133, art. 6º, LIV 294
serviço comum de engenharia, L14133, art. 6º, XXI, a................................. 216

serviço de engenharia - atividade, L14133, art. 6º, XXI 216
serviço de grande vulto, L14133, art. 6º, XXII 219
serviço especial de engenharia, L14133, art. 6º, XXI, b 216
serviço nacional, L14133, art. 6º, XXXVI 254
serviço técnico profissional especializado, L14133, art. 6º, XVIII 198
serviço, L14133, art. 6º, XI 184
serviço, L8666, art. 6º, II 184
serviços contínuos com mão de obra - execução contratual, L14133, art. 6º, XVI 191
serviços e fornecimentos contínuos - manutenção de atividades, L14133, art. 6º, XV 190
serviços não contínuos ou contratados por escopo - contratado, período predeterminado, L14133, art. 6º, XVII 195
sistema de registro de preços, L14133, art. 6º, XLV 274
sítio eletrônico oficial, L14133, art. 6º, LII 287
sobrepreço, L14133, art. 6º, LVI 299
superfaturamento, L14133, art. 6º, LVII 301
termo de referência, L14133, art. 6º, XXIII 221

Concessão..........v. também direito real de uso

administração - lei geral de locação ...82
aplicação, L14133, art. 2º, I 73
área em espaços públicos 76
de direito real - alienação de bens públicos 75
de direito real de uso - garantia 78
de direito real de uso - garantia, inexigibilidade de licitação 93
de direito real de uso - imóveis da União 77
de direito real de uso - tipo de licitação cabível, L14133, art. 6º, XL 264
de serviço público - regras gerais - L14133, art. 2º, IV 85
de uso - conceito 92
de uso e de direito real - políticas públicas 91
direito real de uso - conceito 77
direito real de uso - conceito 92
direito real de uso - resolúvel por desvio de finalidade 77
direito real de uso - transferível 77
e pagamento de férias - obrigações trabalhistas - exigência da Administração, L14133, art. 50, IV 899
e permissão de uso - divergência doutrinária 86
e permissão de uso - gênero de outorga de serviços públicos 86
fábricas, desenvolvimento - instalação 76
garantia - contrato sem subordinação ao regime da lei, L14133, art. 3º, I 103
indústrias, desenvolvimento - instalação 76
licitação e contrato - regida pela Lei 8.987/1995 107
licitação obrigatória, L14133, art. 2º, IV 85
permissão a contratualidade pela CF 87
poder público e particular ou outro órgão público - lei de licitação 90
sujeição à licitação, L14133, art. 2º, I 73
terminais intermodais privados, desenvolvimento - instalação 76
três espécies no ordenamento jurídico 87

Concorrência...........v. também modalidade

conceito, L14133, art. 6º, XXXVIII 262
distorção - ajuste de proposta - diálogo competitivo - vedação, L14133, art. 32, § 1º, IX 675
e pregão, inversão de fases - procedimento similar 636

formato eletrônico e presencial - transparência e competitividade 640
internacional - atendimento da política monetária, L14133, art. 52 911
internacional - edital, L14133, art. 52 911
internacional - moeda estrangeira - pagamento de licitante brasileiro - moeda brasileira, L14133, art. 52, § 2º 911
internacional - preço em moeda estrangeira - isonomia, L14133, art. 52, § 1º 911
modalidade - vedação de participação 425
modalidade, projeto básico - elaboração 227
modalidade, projeto básico - projeto executivo, elemento necessário à execução 232
ou pregão - registro de preços, modalidade de licitação, L14133, art. 6º, XLV 274
previsão legal - modalidade licitatória, L14133, art. 28, II 627
previsão legal, L8666, art. 22, I 627
rito procedimental, L14133, art. 29 633

Concurso
cabimento - contratação de serviços técnicos especializados, L14133, art. 6º, XXXIX 263
cargos, controle de qualidade e tecnológico - serviço técnico profissional especializado 209
conceito, L14133, art. 6º, XXXIX .. 263
condições no edital, L14133, art. 30 643
critério de julgamento, L14133, art. 6º, XXXIX 263
diretrizes e forma - apresentação do trabalho - edital, L14133, art. 30, II 643
elaboração de projeto - direitos patrimoniais 650
elaboração de projetos - autorização da execução, art. 30, p.ú. 643
modalidade - critério de julgamento 645
modalidade, projeto básico - elaboração 227
modalidade, projeto básico - projeto executivo, elemento necessário à execução 232
prêmio - conceito 263
prêmio - edital, L14133, art. 30, III 643
prêmio, L14133, art. 6º, XXXIX 263
previsão legal - modalidade licitatória, L14133, art. 28, III 627
previsão legal, L8666, art. 22, IV 627
procedimento, L14133, art. 30 643
procedimento, L8666, art. 52 653
projeto - autorização da execução, art. 52, § 2º 653
qualificação exigida dos participantes - edital, L14133, art. 30, I 643
regulamento, prazo de proposta - divulgação do edital 650
remuneração - prêmio 263
remuneração, L14133, art. 6º, XXXIX 263
serviço técnico profissional especializado - intelectual, regras 200
serviços técnicos especializados, L14133, art. 6º, XXXIX 263
trabalho - prêmio 263

Condenação
judicial, pessoa física ou jurídica - limites de participação da licitação, L14133, art. 14, VI 425

Condição(ões)
de pagamento - regras - edital de licitação - conteúdo, L14133, art. 25 .... 585, 592

Conflito(s)
de interesse - evitar - atividades do assessor técnico da comissão de contratação - diálogo competitivo, L14133, art. 32, § 2º 676
de interesse - execução do contrato ou licitação - participação de agente público, L14133, art. 9º, § 1º 364

Cônjuge(s)

de dirigente/agente público - contratação vedada - terceirização, L14133, art. 48, p.ú. 891
vedações - agende de contratação, L14133, art. 7º, III 326

Conmetro
certificação de qualidade - exigência do edital, L14133, art. 42, § 1º 804

Conselho
contrato - serviços de engenharia ... 218

Conservação
é serviço, L8666, art. 6º, II 184
local do bem - edital - respeito à competividade, L14133, art. 25, § 2º 592

Consórcio(s)
de empresa - compromisso de constituição, L14133, art. 15, I 433
de empresa - condições de participação, L14133, art. 15................ 433
de empresa - exigências, L14133, art. 15, I.. 433
de empresa - habilitação - acréscimo, L14133, ... 435
de empresa - impedimento, L14133, art. 15, IV.. 433
de empresa - normas, L14133, art. 15 433
de empresa - proibição de participar de licitação, hipóteses, L14133, art. 14, II 420
de empresa - registro, L14133, art. 15, § 3º 435
de empresa - responsabilidade, L14133, art. 15, V 433
de pessoas, contratado, L14133, art. 6º, VIII 177
empresa - brasileiras/estrangeiras - , L14133, art. 9º, II 359
empresa, substituição - habilitação técnica no processo licitatório, L14133, art. 15, § 5º....................................... 440
empresas - limite máximo - justificativa - edital de licitação, L14133, art. 15, § 4º 440
formalização - substituição de empresa consorciada 440
individualmente - vedação de participação 424
licitação - SPE 181
participação - habilitação jurídica ... 437
participação de empresas - impedimento 438
pessoa jurídica - capacidade patrimonial 181
pessoa jurídica, vedação - participação na execução de obras...................... 420
pessoas jurídicas - licitante, L14133, art. 6º, IX.. 182
projeto e anteprojeto - vedações, disputa da licitação...................................... 419

Constitucionalidade
advocacia pública - ato baseado em parecer jurídico 370

Constituição Federal
art. 23, III - obras e bens históricos 208
art. 170, inc. IX - igualdade material ME/EPP 142
art. 173, § 1º - normas de licitações e contratos, estatais 42
art. 37 - normas de licitações............. 41

Construção..........v. também locação sob medida

Consulta
de preços - PNCP - composição de custos - balizamento, L14133, art. 23, § 1º, I 551
pública anterior à licitação - prazo - elementos disponíveis, L14133, art. 21, p. ú. 529
pública, aberto ao público - diferente da audiência pública 530

Consultoria
e assessoria - serviços técnicos profissionais especializados 204
serviço técnico profissional e especializado, L14133, art. 6º, XVIII, c 204

Consumo

de energia/recursos naturais - redução - obra e serviços de engenharia, L14133, art. 45, III 827
material, detalhamento - despesas orçamentárias 523

Conteúdo artístico
critério de julgamento, L14133, art. 33, III 677

Contraditório
pessoa jurídica, sanção disciplinar - limites de participação 428
princípios - conformidade da proposta vencedora e amostras 461

Contratação(ões) .... v. também curso e treinamento
agente - equipe de apoio - atos individuais praticados, L14133, art. 8º, § 1º 346
agente - formas de investidura 174
agente de - atividades licitatórias - procedimentos e decisões, L14133, art. 8º 339
agente de - conceito, L14133, art. 6º, LX 311
agente e equipe de apoio, regras de atuação - regulamento, L14133, art. 8º, § 3º 351
alinhamento com plano estratégico, órgão responsável - processo licitatório 405
alinhamento do planejamento estratégico e leis orçamentárias - processo licitatório, L14133, art. 12, VII 404
análise da proposta pelo agente de contratação - necessidade do ETP .. 497
anteprojeto - vedações, disputa da licitação 419
anterior registrada no PNCP - atribuição de nota - técnica e preço ou melhor técnica, L14133, art. 37, III 719
arbítrio do agente, sigilo do preço estimado - divulgação no edital 581
artigos de luxo - interesse público... 525

atuação na licitação - auxílio de terceiros 367
auxílio da gestão - conformidade da proposta vencedora e amostras 463
balizamento de preços - bens e serviços - processo licitatório, L14133, art. 23, § 1º 550
balizamento de preços - obras e serviços de engenharia, percentual de BDI e ES, L14133, art. 23, § 2º 554
balizamento de preços, L14133, art. 23 .... 547, 550
bens e serviços - termo de referência, L14133, art. 6º, XXIII 221
bens e serviços especiais - agente de contratação, substituição pela comissão de contratação 350
bens manufaturados e serviços - agente de contratação, margem de preferência 619
bens ou serviços, item superior à receita - ME/EPP, não aplicação do benefício, L14133, art. 4º, § 1º, I 111
comissão - conceito, L14133, art. 6º, L 281
comissão de - diálogo competitivo - servidor efetivo ou empregado público, L14133, art. 32, § 1º, XI 676
competência para edição de normas 49
controle de qualidade e tecnológico - serviço técnico profissional especializado 210
correlata ou interdependente - estudo técnico - processo licitatório - instrução, L14133, art. 18, § 1º, XI 489
correlatas e/ou interdependentes - ETP, elementos 500
critérios do edital - processo licitatório - instrução, L14133, art. 18, VIII...... 483
da administração - diálogo competitivo, L14133, art. 32 673
da empresa no edital - assegurada isonomia 594
de advogado .... v. também advocacia

de assessoramento pela administração - diálogo competitivo, L14133, art. 32, § 1º, XI 676
de bens e serviços, aquisição - procedimento, centralização dos órgãos 507
de bens, serviços e aquisição - centralização dos procedimentos - dever da administração, L14133, art. 19, I 505
de leiloeiro pela administração - procedimento licitatório ou critérios 657
de obra, serviços e compras - modalidade de licitação - diálogo competitivo, L14133, art. 6º, XLII . 268
de obras e serviços - estudo técnico - processo licitatório - instrução, L14133, art. 18, § 3º... 489
de seguros, preço ofertado - matriz de risco 544
de serviços - análise de economicidade e estatuto comparativo de viabilidade 100
de tecnologia da informação e comunicação - sujeição à licitação, L14133, art. 2º, VII............................99
de tecnologia da informação e de comunicação - previsão legal..............99
de TI - aplicação normativa específica 99
descrição da necessidade - processo licitatório, instrução, L14133, art. 18, I 472
direta - abrange a proposta do licitante 182
direta sem licitação - ETP e motivação do interesse público 491
direta sem licitação, responsabilidade - governança das contratações........... 389
direta, competência legislativa - alienação de bens 75
direta, imóvel - administração, locatária 82
direta, prova de conformidade de preço - nota fiscal, L14133, art. 23, § 4º .. 559

direta, vedações impostas em licitações - agente público 358
do registro de preços - órgão ou entidade participante, L14133, art. 6º, XLVIII 279
documento de formalização - resistência injustificada 364
e seleção, empréstimo ou doação - normas e procedimentos das agências, L14133, art. 1º, § 3º, II..................... 64
eficiente, eficaz e efetiva - dever da alta administração promover, L14133, art. 11, p.ú... 386
elaboração de projeto básico - projeto executivo, elemento necessário à execução.. 232
empresa ou profissional para assessoramento do agente público - bens e serviços especiais.......................... 353
empréstimo ou doação - acordos internacionais, L14133, art. 1º, § 3º, I 64
estimativa - orçamento sigiloso - justificativa, L14133, art. 24 579
estimativas com memória de cálculo - estudos técnicos - processo licitatório - instrução, L14133, art. 18, § 1º, IV 488
estudo técnico preliminar - documento para planejamento.......................... 215
estudos técnicos preliminares - viabilidade técnica e econômica - processo licitatório - instrução, L14133, art. 18, § 1º... 488
fiscalização qualificada - serviço técnico especializado 206
fraude - princípio da segregação de funções, autoridade, L14133, art. 7º, § 1º.. 332
fundamentação, termo de referência - estudo técnico, divulgação, L14133, art. 6º, XXIII, b 221
futura - anteprojeto - termo de referência ou projeto básico - estudos técnico preliminar, L14133, art. 6º, XX 214

futura - ARP - edital de licitação e propostas registradas, L14133, art. 6º, XLVI 277
gestão, direta e indireta - reservas internacionais, L14133, art. 1º, § 5º .71
governança - responsabilidade da alta administração, L14133, art. 11, p.ú. 386
integrada - anteprojeto, subsídios ao projeto básico 225
integrada e semi-integrada - matriz de risco obrigatória 535
integrada e semi-integrada - responsabilidade pela desapriação, L14133, art. 46, § 4º, I 857
integrada e semi-integrada de obra e serviços de engenharia - previsão de desapropriação, L14133, art. 46, § 4º 857
integrada ou semi-integrada - fato superveniente - matriz de alocação de riscos, projeto básico responsabilidade do contratado, L14133, art. 22, § 4º 545
integrada ou semi-integrada - matriz de risco, remuneração 561
integrada ou semi-integrada, fato superveniente - matriz de alocação de riscos, projeto básico responsabilidade do contratado, L14133, art. 22, § 4º 545
integrada, conceito, L14133, art. 6º, XXXII 241
integrada, contratado responsável - bens, serviços especiais e de engenharia, e obra, L14133, art. 6º, XXXII 241
integrada, de obra e serviços de engenharia - projeto básico - elaboração dispensada, L14133, art. 46, § 2º ... 852
integrada, execução indireta - obra e serviço de engenharia, L14133, art. 46, V 845
integrada, execução indireta - RDC, L12462, art. 8º, V 555

integrada, inovação tecnológica - RDC, L12462, art. 9º, I 673
integrada, preço global - medição e pagamento - metas de resultado, L14133, art. 46, § 9º 868
integrada, projeto básico e executivo - matriz de risco 546
integrada, projeto básico elaborado pelo contratado, L14133, art. 46, § 3º ... 855
integrada, requisitos - RDC, L12462, art. 9º 534, 673
integrada, valor estimado - custo global da obra - RDC, L12462, art. 9º, § 2º, II 561
integrante da equipe de apoio - terceiros, vedações, L14133, art. 9º, § 2º 367
interesse público - estudos técnicos - processo licitatório - instrução, L14133, art. 18, § 1º, I 488
inversão de fases - processo licitatório 453
justificada - mais de uma empresa - mesmo serviço, L14133, art. 49 893
mais vantajosa - ciclo de vida do objeto, L14133, art. 11, I 375
mais vantajosa - objetivo do processo licitatório s, L14133, art. 11, I 375
mais vantajosa - resultado - diálogo competitivo, L14133, art. 32, § 1º, X 676
mais vantajosa, seleção da proposta - processo licitatório 377
mão de obra - comprovação - cumprimento de obrigações trabalhistas e FGTS, L14133, art. 50 899
mão de obra terceirizada - vedações, L14133, art. 48 883
motivação expressa - fase de planejamento 485
na elaboração do projeto básico e executivo - contratação integrada.... 245
no exterior, ato normativo pertinente 63
no exterior, regulamentação 63

objeto - diálogo competitivo -condições, L14133, art. 32, I 673
objeto, terceirização - domínio da administração 193
obras e serviços de engenharia, item superior à receita - ME/EPP, não aplicação do benefício, L14133, art. 4º, § 1º, II.. 117
obras e serviços de grande vulto - integrada e semi-integrada - matriz de alocação de riscos entre o contratante e contratado no edital, L14133, art. 22, § 3º 545
obras, serviços e fornecimento de grande vulto - programa de integridade obrigatório - edital - previsão, L14133, art. 25, § 4º 596
padronizada - parecer técnico especificações do produto - processo de padronização, L14133, art. 43, I 809
para defesa do agente - advocacia pública, ato baseado em parecer jurídico 372
parecer, perícia - serviço técnico especializado 203
percentual mínimo de mão de obra - política pública - previsão no edital, L14133, art. 25, § 9º 604
planejamento - documentação para processo do ETP 472
planejamento - estudo técnico preliminar - conceito - L14133, art. 6º, XX 214
plano anual - disponível em sítio eletrônico oficial - processo licitatório, L14133, art. 12, § 1º 406
plano anual - regulamento - processo licitatório, L14133, art. 12, VII 404
por tarefa - conceito, L14133, art. 6º, XXXI 240
por tarefa - preço global - medição e pagamento - metas de resultado, L14133, art. 46, § 9º 868

por tarefa, empreitada integral - execução indireta - obra e serviço de engenharia, L14133, art. 46, IV 845
posicionamento conclusivo - estudo técnico - processo licitatório - instrução, L14133, art. 18, § 1º, XIII 489
preço de mercado - diferença entre iniciativa privada e pública 547
preços praticados, L14133, art. 23 547, 550
preferências para fornecedores ou tipos de bens, L12462, art. 38 609
previsão - plano de contratação anual, L14133, art. 18, § 1º, II 488
princípio do parcelamento ou não - elementos do ETP 498
profissional para parecer - serviço técnico especializado 203
projeto básico - elaboração 227
projetos e programas - não participação, L14133, art. 14, § 5º 431
projetos técnico-científicos - tipo de licitação indicada, L14133, art. 35, p.ú. 693
racionalização - plano anual de contratações, L14133, art. 12, VII .. 404
regimes - matriz de riscos, previsão na licitação 234
repartições no exterior - regulamentação pelo ministro de Estado, L14133, art. 1º, § 2º 62
requisitos - termo de referência, L14133, art. 6º, XXIII, d 221
requisitos, estudos técnicos - processo licitatório, instrução, L8666, art. 18, § 1º, c 488
responsabilidade - governança das contratações 388
seguro obrigatório - custo incluído no preço ofertado - matriz de alocação de riscos, L14133, art. 22, § 2º, III 542
sem recursos da União - balizamento de preços - valor estimado - sistema de custo próprio, L14133, art. 23, § 3º 558

sem sobrepreço/preço inexequível/superfaturado - objetivo do processo licitatório, L14133, art. 11, III 382
sem subordinação ao regime da lei, L14133, art. 3º 103
semi-integrada - conceito, L14133, art. 6º, XXXIII 247
semi-integrada - execução indireta para obra e serviços de engenharia, L14133, art. 46, VI 845
semi-integrada - preço global - medição e pagamento - metas de resultado, L14133, art. 46, § 9º 868
semi-integrada, projeto básico - matriz de risco 546
serviços contínuos com mão de obra - contratado sem compartilhamento dos recursos humanos e materiais, L14133, art. 6º, XVI, b 192
serviços de manutenção predial - metodologia BIM 576
serviços individuais - contratação por tarefa 241
serviços técnicos especializados - acima de R$300mil - julgamento, L14133, art. 37, § 2º 723
serviços técnicos especializados - não aplicabilidade do pregão 634
similar - balizamento de preço - período para pesquisa de preços, L14133, art. 23, § 1º, II 551
soluções de software - processo de gestão, L14133, art. 43, § 2º 816
sujeitas a nomas próprias - sem subordinação ao regime da lei, L14133, art. 3º, II 106
treinamento, agente público - qualificação, pregoeiro 323
treinamento, aperfeiçoamento e capacitação - serviço técnico especializado 207
valor - preços unitários - termo de referência - estimativa, L14133, art. 6º, XXIII, i 222

valor estimado - preços unitários - estudos técnicos - processo licitatório - instrução, L14133, art. 18, § 1º, VI 488
valor estimado - taxa de risco compatível c/ o objeto da licitação - edital - matriz de alocação de riscos, L14133, art. 22 533
vantagem - mesmo fornecedor - não parcelamento de compras, L14133, art. 40, § 3º, I 781
vedação à marca ou produto - possibilidade justificada, L14133, art. 41, III 785

Contratado(a)

à disposição - serviços contínuos com mão de obra, L14133, art. 6º, XVI, a 191
com fiscalização do contratante - serviços contínuos com mão de obra, L14133, art. 6º, XVI, c 192
comprovação do preço - aplicação da regra geral 559
conceito - assinatura do instrumento contratual 177
conceito, L14133, art. 6º, VIII 177
conceito, L8666, art. 6º, XV 177
consórcio, vedação - participação na execução de obras 420
definição nas cláusulas - matriz de riscos, previsão na licitação 234
desconto na remuneração - economia prevista não gerada, L14133, art. 39, § 3º, I 751
desempenho na execução - pontuação técnica - critério de julgamento - técnica e preço, L14133, art. 36, § 3º . 710, 715
e administração, cláusula de reequilíbrio - matriz de riscos, critérios - contratos administrativos 236
e contratante - edital - matriz de alocação de riscos, L14133, art. 22 533
e contratante - obras e serviços de grande vulto - matriz de alocação de riscos no edital - contratação integrada e

semi-integrada, L14133, art. 22, § 3º 545
e contratante - redução de despesa - economia gerada - contrato de eficiência, L14133, art. 6º, LIII 292
elabora projeto básico - contratação integrada, L14133, art. 46, § 3º...... 855
empregado à disposição - serviços contínuos com mão de obra, L14133, art. 6º, XVI, a 191
execução projeto - vedações, disputa da licitação.. 418
licenças - disciplina do contrato 598
mais de um - serviço - execução simultânea, L14133, art. 49, I 893
na elaboração do projeto básico e executivo - contratação integrada ... 245
objeto, cooperado qualificado - administração, vedação, L14133, art. 16, III... 448
obra/serviço incluindo elaboração do projeto executivo, L14133, art. 14, § 4º 430
obrigações trabalhistas e FGTS - mão de obra - prova, L14133, art. 50 899
ou licitante - orçamento detalhado - proposta, balizamento de preços, L14133, art. 23, § 6º...................... 563
particular - na concessão de direito real de uso 78
período predeterminado - conceito, serviços não contínuos ou contratados por escopo, L14133, art. 6º, XVII .. 195
plano de licitação - gestão da obra, subsídios para montagem 228
profissional para banca de julgamento - técnica e preço ou melhor técnica - quesitos no edital, L14133, art. 37, § 1º, II 722
responsabilidade - licenciamento ambiental - edital de licitação - previsão, L14133, art. 25, § 5º...................... 597
responsabilidade pelo projeto básico - matriz de alocação de riscos - fato superveniente à contratação integrada

ou semi-integrada, L14133, art. 22, § 4º 545
responsabilidade, etapas na execução - empreitada integral 239
responsabilidade, matriz de riscos - vedação ao termo aditivo - contratos administrativos................................ 236
responsável - contratação integrada - bens, serviços especiais e de engenharia, e obra, L14133, art. 6º, XXXII........ 241
sanção - economia contratada inferior ao limite previsto, L14133, art. 39, § 3º, II 751
sem compartilhamento dos recursos humanos e materiais - serviços contínuos com mão de obra, L14133, art. 6º, XVI, b 192
soluções metodológicas ou tecnológicas - matriz de riscos, informação mínima, L14133, art. 6º, XXVII, b................ 232
terceirização - vedação - contratar cônjuge, L14133, art. 48, p.ú.......... 891
transparência dos atos formais - procedimento licitatório 411

Contratante..........v. também administração, Distrito Federal, entidade, Estados, Município e União
cláusulas exorbitantes - interesse público... 178
conceito - administração pública, contratação 176
conceito, L14133, art. 6º, VII......... 176
conceito, L8666, art. 6º, XIV.......... 176
definição nas cláusulas - matriz de riscos, previsão na licitação 234
e contratado - edital - matriz de alocação de riscos, L14133, art. 22................ 533
e contratado - redução de despesa - economia gerada - contrato de eficiência, L14133, art. 6º, LIII....... 292
e contratado, matriz de alocação de riscos, edital - contratação de obras e serviços de grande vulto, regime

integrada e semi-integrada, L14133, art. 22, § 3º 545
empregado à disposição - serviços contínuos com mão de obra, L14133, art. 6º, XVI, a 191
fiscalização, contratado - serviços contínuos com mão de obra, L14133, art. 6º, XVI, c 192
função na licitação, fiscalização ou gestão do contrato, vedação - limites de participação da licitação 423
justificativa - conceito, bens e serviços especiais, L14133, art. 6º, XIV 188
responsabilidade - matriz de alocação de riscos - contrato, L14133, art. 22, § 1º 539
responsabilidade, etapas na execução - empreitada integral 239

Contrato(s) .... v. também alteração, aquisição, convênio, edital e outros verbetes específicos do tema

administrativos - matriz de riscos, conceito 234
administrativos - matriz de riscos, critérios - administração e contratado, cláusula de reequilíbrio 236
administrativos - matriz de riscos, prática de gestão de risco 236
administrativos - matriz de riscos, responsabilidade da contratada - vedação ao termo aditivo 236
administrativos - matriz de riscos, transparência - princípio da isonomia e segurança jurídica 237
alteração .... v. também alteração contratual
alteração do objeto - cláusulas exorbitantes 179
anexo do edital - minuta, L14133, art. 18, VI 479
anteprojeto, subsídios ao projeto básico 225
assinatura - evento superveniente - matriz de riscos, informação mínima, L14133, art. 6º, XXVII, a 232
cláusulas - restritivas, L14133, art. 9º 357
condição para assinatura - amostra de produtor - exigência do edital, L14133, art. 42, § 2º 806
conselho - serviços de engenharia ... 218
contratação integrada e semi-integrada - desapropriação prevista, L14133, art. 46, § 4º 857
contratado, L14133, art. 6º, VIII 177
custo da gestão - parcelamento de serviços em geral, L14133, art. 47, § 1º, II 872
de eficiência - conceito 738
de eficiência - conceito, L14133, art. 6º, LIII 292
de eficiência - economia não gerada - consequências remuneratórias, L14133, art. 39, § 4º 751
de eficiência - maior economia à administração - critério de julgamento, maior retorno econômico, L14133, art. 39 735
de eficientização - diferença de terceirização de manutenção e operação 746
de eficientização - retorno econômico diferenciado por etapas 746
de empréstimo ou doação, parecer favorável - normas e procedimentos das agências, L14133, art. 1º, § 3º, II, c .. 64
de financiamento - não submissão à LLCA 104
de gestão .... v. também dispensa
de gestão da dívida pública - não submissão à LLCA 105
de operações de crédito - não submissão à LLCA 104
de permissão, indenização - princípio da vedação ao enriquecimento ilícito 90
de terceirização - conceito 192

de terceirização - pessoas - contratação vedada, L14133, art. 48, p.ú........... 891
de terceirização - vedações............... 194
de trabalho de terceirizado - rescisão - recibo de quitação - exigência da Administração, L14133, art. 50, V. 899
definição - TR - modelo de execução do objeto, L14133, art. 6º, XXIII, e..... 221
definição nas cláusulas - matriz de riscos, previsão na licitação............. 234
demanda - empreitada por preço unitário... 238
desempenho na execução - pontuação técnica - critério de julgamento - técnica e preço, L14133, art. 36, § 3º. 710, 715
duração - dedicação exclusiva de mão de obra.. 193
duração - reajuste, prazo.................. 602
duração, responsabilidade - governança das contratações.............................. 389
e licitação - aplicação, LINDB 162
e licitação - defesa de ato baseado em parecer jurídico - advocacia pública, L14133, art. 10................................. 369
e licitação - ME/EPP, LC 123/2006, L14133, art. 4º 109
e licitação - órgão da administração - atividades de materiais - obras e serviços, L14133, art. 19................................. 505
e licitações - agentes públicos - atribuições - formação compatível ou qualificação atestada, L14133, art. 7º, II 321
economia contratada - limite - sanção, L14133, art. 39, § 3º, II 751
empresa inidônea, vedação - limites de participação da licitação.................. 422
empresas consorciadas - capacidade patrimonial... 181
encerramento, seleção da proposta - processo licitatório 379
equilíbrio econômico-financeiro - reajustamento em sentido estrito, L14133, art. 6º, LVIII..................... 303

estrutura jurídica ou financeira - necessidade- diálogo competitivo, L14133, art. 32, II, c 674
exame prévio da assessoria jurídica, L14133, art. 19, IV.......................... 505
execução - conceito, serviços contínuos com mão de obra, L14133, art. 6º, XVI 191
execução - sinistro - matriz de alocação de riscos - contrato, L14133, art. 22, § 1º... 539
execução direta - profissional com pontuação técnica, L14133, art. 38 727
execução ou licitação, não participação - agente público - conflito de interesses, L14133, art. 9º, § 1º....................... 364
extinção - serviços por escopo 197
firmados em ano calendário - receita bruta 118
fiscalização - inserida as regras 587
fiscalização qualificada - serviço técnico especializado 205
formulação de proposta - empreitada por preço global.............................. 238
funcionamento e constituição da cooperativa - legislação aplicável..... 445
gestão - agente, vedações, L14133, art. 14, IV.. 423
gestão - redução de custos - não parcelamento de compras, L14133, art. 40, § 3º, I.. 781
gestão - regras - edital de licitação - conteúdo, L14133, art. 25 ...... 585, 592
gestão, que desempenhe função, vedação - limites de participação da licitação.. 423
gestores e fiscais - regras de atuação - regulamento, L14133, art. 8º, § 3º. 351
índice de reajuste do preço vinculado ao orçamento estimado - edital - previsão obrigatória, L14133, art. 25, § 7º ... 601
juntada da minuta ao processo de licitação, L14133, art. 18, VI.......... 479

matriz de alocação de riscos - responsabilidade do contratante, L14133, art. 22, § 1º 538
ME/EPP, vantagens - comprovação 109
minuta - aprovação, L14133, art. 19, IV 505
minuta - integra edital, L14133, art. 18, VI 479
minuta padronizada adoção - se o objeto permitir, L14133, art. 25, § 1º 592
modelo de gestão - TR - execução do objeto - acompanhada e fiscalizada, L14133, art. 6º, XXIII, f 221
moeda corrente nacional - é obrigatória 395
não há atuação - agente de contratação, condução da licitação 341
necessidade para permissão - prazo ...89
objeto - aceitação - certificação acreditada - Inmetro, L14133, art. 17, § 6º, II 465
objeto - vedação - cláusulas restritivas, L14133, art. 9º, I, c 357
objeto do, satisfação - notória especialização, L14133, art. 6º, XIX 212
ou temo - cessão
   de uso, esfera federal 79
padrão - com multa para Administração 179
padronização - órgãos jurídico e controle interno 513
permissão e concessão - subordinação a esta lei, L14133, art. 2º, IV 85
possibilidade de rescisão - matriz de risco 544
prazo e prorrogação - termo de referência, definição do objeto, L14133, art. 6º, XXIII, a 221
prazo limite, consórcio de empresa - registro 436
projeto básico - projeto executivo, elemento necessário à execução 232
providências prévias à celebração - capacitação dos agentes, L14133, art. 18, § 1º, X 489

públicos, regras - obras públicas 564
reflete matriz de alocação de riscos, L14133, art. 22, § 2º 541
regularidade fiscal...............v. também regularidade - fiscal
requisitos de inexigibilidade - serviço técnico especializado 206
responsabilidade na execução - objetivos da matriz de risco 539
responsabilidade solidária, L14133, art. 15, V 433
sem sobrepreço/preço inexequível/superfaturado - objetivo do processo licitatório 383
sem subordinação ao regime da lei, L14133, art. 3º, I 103
serviços - técnicos especializados, L14133, art. 6º, XXXIX 263
serviços por escopo - prazo 195
serviços por escopo - prorrogação ... 196
servidores expostos - advocacia pública, ato baseado em parecer jurídico 370
sinistro - desequilíbrio - hipóteses de alteração - matriz de alocação de riscos, L14133, art. 22, § 2º, I 542
sobrepreço/preços inexequíveis/superfaturados - objetivo do processo licitatório é evitar, L14133, art. 11, III 382
supressão - cláusulas exorbitantes ... 179
tipos de execução - empreitada integral 239
trânsito em julgado - condenação judicial, limites de participação da licitação 426
transparência dos atos formais - procedimento licitatório 411
tratamento diferenciado - ME/EPP, L14133, art. 4º, § 2º 118
vedações impostas em licitações - agente público 358
vigência - amostra ou prova de conceito de bens, L14133, art. 41, II 785
vigência - serviços e fornecimentos contínuos 190

vigência, prazo - ME/EPP, tratamento diferenciado, L14133, art. 4º, § 3º. 120

Controle
de preços de cada item - empreitada por preço global 239
de qualidade e tecnológico - serviço técnico profissional especializado, L14133, art. 6º, XVIII, h 209
individual - execução contratual - serviços, L14133, art. 49, p.ú. 893
interno - agente público - princípio da segregação de funções - autoridade, L14133, art. 7º, § 2º...................... 333
interno - estrutura - responsabilidade da alta administração, L14133, art. 11, p.ú. 386
interno e externo - sigilo da estimativa da contratação inaplicável, L14133, art. 24, I 579
interno e externo, sigilo dos órgãos - transparência dos atos formais - procedimento licitatório 415
interno, apoio ao agente e comissão de contratação - Regulamento, L14133, art. 8º, § 3º 351
recursos públicos - novas tecnologias para serviços e obras........................ 565

Convenção
acordo ou dissídio coletivo - repactuação, L14133, art. 6º, LIX .. 307

Conveniência
Administração - execução múltipla - serviços, L14133, art. 49, II 893

Convênio(s)
aprovação jurídica, L14133, art. 19, IV 505

Convite
ausência de interessados, L8666, art. 22, § 7º 627
cadastrados não convidados, L8666, art. 22, § 6º 627
chamamento de terceiros, L8666, art. 22, § 6º 627
manifesto desinteresse, L8666, art. 22, § 6º 627
obrigação de convidar novos licitantes, L8666, art. 22, § 6º 627
previsão legal, L8666, art. 22, III 627
procedimento - limitação de mercado, L8666, art. 22, § 7º 627
procedimento - manifesto desinteresse, L8666, art. 22, § 7º 627
procedimento legal, L8666, art. 22, § 6º 627
procedimento legal, L8666, art. 22, § 7º 627

Convocação
regras - edital de licitação, conteúdo, L14133, art. 25 .... 585, 592
regras - prazos no edital, proposta e habilitação 589

Cooperação
estrangeira - licitação - restrição - pessoas sancionadas, L14133, art. 14, § 5º . 431

Cooperado
qualificado - objeto contratado - administração - vedação, L14133, art. 16, III 448
regime - repartição de receitas e despesas - demonstrativo, L14133, art. 16, II 448

Cooperativa(s)
conceito - funcionamento e constituição da cooperativa 446
constituição e funcionamento - legislação aplicável, L14133, art. 16, I 445
objeto social - serviço especializado, L14133, art. 16, IV...................... 449
participação em licitação, L14133, art. 9º, I, a.. 357
profissional organizado - requisitos para participar da licitação, L14133, art. 16 443
regime cooperado - repartição receitas e despesas - demonstrativo, L14133, art. 16, II 448

Correção monetária

Lei nº 14.133/2021

índice - reajustamento em sentido estrito, L14133, art. 6º, LVIII......... 303

Cotação
de preços, moeda estrangeira - licitação internacional, L14133, art. 6º, XXXV 253
moeda estrangeira, licitação nacional - tratamento diferenciado 362

CREA.........v. também engenharia

Credenciamento
conceito, L14133, art. 6º, XLIII 270
contratação de leiloeiro - prestador de serviço... 661
ou pregão - seleção do leiloeiro oficial - leilão, L14133, art. 31, § 1º 653

Critério(s)
de desempate................v. também desempate e direito - de preferência
de julgamento..............v. também julgamento
de julgamento - bens e serviços comuns 638
de julgamento - edital - processo licitatório - instrução, L14133, art. 18, VIII 483
de julgamento - melhor técnica - concorrência, L14133, art. 6º, XXXVIII 262
de julgamento - menor preço ou maior desconto - catálogo eletrônico, L14133, art. 19, § 1º....................................... 514
de julgamento - menor preço ou maior desconto - pregão, L14133, art. 6º, XLI 266
de julgamento - modalidade, concurso 645
de julgamento - propostas - contratação de projeto técnico-científico e artístico 693
de julgamento - soluções específicas e alternativas - técnica e preço, L14133, art. 36, § 1º, V................................. 701
de julgamento - técnica e preço - escolha, L14133, art. 36, § 1º....................... 701
de julgamento - técnica e preço - serviços técnicos - contratação, L14133, art. 36, § 1º, I... 701
de julgamento de leiloeiro - maior desconto 662
de julgamento, maior retorno econômico - licitante - elementos obrigatórios, L14133, art. 389, § 1º 735
de julgamento, melhor técnica ou técnica e preço - banca designada, atribuição de notas.......................... 721
de julgamento, pregão - seleção do Leiloeiro oficial, L14133, art. 31, § 1º 653
de julgamento, serviço técnico profissional especializado - intelectual, regras... 200
de julgamento, técnica e preço - serviço de natureza predominantemente intelectual 707
de julgamento, tipos - modalidades 681
de medição e pagamento - Termo de referência, L14133, art. 6º, XXIII, g 221
de pontuação e julgamento - melhor técnica ou técnica e preço - processo licitatório - instrução, L14133, art. 18, IX 485
de reajuste - contrato de serviço contínuo - prazo - previsão no licitação, L14133, art. 25, § 8º 601
distintos, obras de arte - abrangência 208
divulgados pela administração, proposta vencedora - diálogo competitivo, L14133, art. 32, § 1º, X 676
e forma, termo de referência - seleção do fornecedor, L14133, art. 6º, XXIII, h 222
inovação e desenvolvimento nacional sustentável - objetivo do processo licitatório 385
julgamento das propostas de licitação, L14133, art. 33................................ 677

maior desconto - desdobramento do menor de preço 691
matriz de riscos - administração e contratado, cláusula de reequilíbrio - contratos administrativos 236
menor preço - qualidade com informações objetivas 690
menor preço, inversão de fases - processo licitatório 454
nomeação e vedações, agente de contratação - agente responsável é pregoeiro 354
objetivos - divulgação do edital, diálogo competitivo, L14133, art. 32, § 1º, VIII 675
pré-seleção de licitantes - previsão no edital - diálogo competitivo, L14133, art. 32, § 1º, II 675
técnica e preço - modalidades 705
técnicos, SINAPI ferramenta de preços - materiais e serviços de construção civil 568

Cronograma
físico-financeiro, alterações nas cláusulas - situações de superfaturamento, L14133, art. 6º, LVII, d 301

CUB
preço por metro quadrado - metodologia para administração 562

Cumprimento
da obrigação ....v. também adimplemento

Curso(s) ....v. também contratação - de treinamento, instrutor, política nacional de desenvolvimento de pessoal, professor e treinamento
de capacitação específica - qualificação, pregoeiro 322
matrícula - pagamento antecipado . 761

Custo(s) ....v. também pagamento, preço e valor

adicional, L8666, art. 3º, § 6º, IV... 617
análise de - parcelamento de serviços em geral, L14133, art. 47, § 1º, II 872
composição - consulta de preços no PNCP - contratação - balizamento de preços, L14133, art. 23, § 1º, I 551
composição - obras e serviços de engenharia - Sicro ou Sinapi, L14133, art. 23, § 2º, I 554
composição para remuneração - regime de contratação 561
da obra - projeto - requisito, L14133, art. 6º, XXV 226
de desapropriação - indenização - estimativa - contratação integrada e semi-integrada, L14133, art. 46, § 4º, III 857
direto, orçamento detalhado da obra - elemento do projeto básico 229
estimativa, transparência nas compras públicas - metodologia BIM 576
estudo técnico - compra ou locação de bens, L14133, art. 44 819
global - deve ser detalhado na planilha, L14133, art. 6º, XXV, f 229
global, aceitação pelos TC's - RDC, L12462, art. 8º, § 6º 558
global, contratação integrada, valor estimativa - RDC, L12462, art. 9º, § 2º, II 561
global, estimativa, tabela de referência - RDC, L12462, art. 8º, § 4º 555
global, orçamento detalhado da obra - elemento do projeto básico 230
global, recursos dos estados e municípios - RDC, L12462, art. 8º, § 6º 558
global, Sinapi e Sicro - RDC,L12462, art. 8º, § 3º 555
impossibilidade de detalhamento - transparência dos atos formais - procedimento licitatório 414
indiretos - ciclo de vida do objeto licitado - mensuração - menor preço ou

maior desconto, L14133, art. 34, § 1º 685
inviabilidade da definição - RDC, L12462, art. 8º, § 4º 555
planilha deve ser anexada ao edital, L14133, art. 18, IV 477
redução na gestão de contrato e economia de escala - compras, parcelamento, L14133, art. 40, § 3º, I 781
redução, vantagens do BIM - gerenciamento de projetos de construção 573
seguro obrigatório - contido no preço ofertado - matriz de alocação de riscos, L14133, art. 22, § 2º, III 542
unitário, orçamento detalhado da obra - elemento do projeto básico 229
variação - desapropriação - contratação integrada e semi-integrada, L14133, art. 46, § 4º, IV 858
variação deve ser comprovada - repactuação 310

Dano(s)
ao patrimônio - superfaturamento, L14133, art. 6º, LVII 301
atraso na disponibilização de bem expropriado - matriz de responsabilidade, L14133, art. 46, § 4º, IV 858

Data-base
vinculada ao orçamento - índice de reajuste de preço - previsão editalícia obrigatória, L14133, art. 25, § 7º ... 601

Decisão
e procedimentos - agente de contratação, atividades licitatórias, L14133, art. 8º 339

Declaração
limites de valores - preferência - ME/EPP - LC147, L14133, art. 4º, § 2º 118
órgão ou entidade que adquiriu o produto - prova de qualidade - produto similar, L14133, art. 42, II 801

Decreto nº 4.176/2002
normas e procedimentos - elaboração dos atos 106

Decreto nº 93.872/1986
art. 38 763

Decreto-Lei nº 271/1967
concessão - direito real de uso 77

Decreto-Lei nº 2.300/1986
art. 15 - concessão 77
art. 88 - concessão 77
imóveis da União 77

Decreto-Lei nº 9.760/1946
art. 64 - concessão 77

Decreto-Lei nº 4.657/1942 (LINDB)
observância - aplicação desta lei, L14133, art. 5º 123

Defesa
improbidade, controle interno - princípio da segregação de funções, autoridade 335
por ato baseado em parecer jurídico - advocacia pública, L14133, art. 10 . 369
serviço técnico especializado, L14133, art. 6º, XVIII, e 206

Deficiente(s)
acessibilidade - obras e serviços de engenharia, L14133, art. 45, VI 827

Definição(ões)
do contrato - TR - modelo de execução do objeto, L14133, art. 6º, XXIII, e 221
do objeto, termo de referência - prazo e prorrogação do contrato, L14133, art. 6º, XXIII, a 221
objeto da licitação - atendimento das necessidades, L14133, art. 18, II 475
remuneração - agente de contratação, condução da licitação 344

Delegação
de competência - autoridade coatora para fins de MS 279

Demanda

público-alvo - anteprojeto - elementos mínimos, L14133, art. 6º, XXIV, a 224
tarefa - divergente do objeto - contrato de terceirização - vedação, L14133, art. 48, V 884

Depósito
FGTS - comprovante - obrigações trabalhistas - exigência da Administração, L14133, art. 50, III 899

Desapropriação
bens - contratação integrada e semi-integrada - registro de posse/propriedade, L14133, art. 46, § 4º, V 858
contratação integrada e semi-integrada - previsão no edital, L14133, art. 46, § 4º 857
responsabilidade - contratação integrada e semi-integrada, L14133, art. 46, § 4º, I 857
responsabilidade do contratado - edital de licitação - previsão, L14133, art. 25, § 5º, I 597
variação de custos - contratação integrada e semi-integrada - matriz de responsabilidade, L14133, art. 46, § 4º, IV 858

Desclassificação
licitante - conformidade da proposta vencedora e amostras 461

Desempenho
bens móveis e imóveis - serviço comum de engenharia, L14133, art. 6º, XXI, a 216
das funções - autonomia administrativa 170
e qualidade - objeto com padrões objetivos - pregão, L14133, art. 29 . 633
notória especialização - satisfação do objeto do contrato 213

Desenvolvimento
nacional sustentável e inovação - objetivo do processo licitatório, L14133, art. 11, IV 384

nacional sustentável, princípio - Política Nacional do Meio Ambiente 161

Desequilíbrio
contrato - em favor do contratado - situações de superfaturamento, L14133, art. 6º, LVII, c 301
contrato - sinistro - matriz de alocação de riscos, L14133, art. 22, § 2º, I.... 542

Designação
agente de contratação - servidor efetivo ou empregado público, L14133, art. 7º, I 320
agente público - qualificação, pregoeiro 322
princípio da segregação de funções, agente público - fraude na contratação 332

Desinteresse
na licitação - no caso de convite, L8666, art. 22, § 6º 627

Desistência
de assinar contrato ....v. também recusa em assinar contrato
do compromisso - substituição de empresa consorciada 440
licitação, consórcio de empresa - registro 436

Despacho
autoridade superior - elemento do processo de padronização, L14133, art. 43, II 809

Despesa(s) ....v. também princípio da publicidade
e receitas - cooperativa - demonstrativo de distribuição, L14133, art. 16, II. 448
estimada/prevista - princípio da responsabilidade fiscal - compras, L14133, art. 40, V, c 770
indireta, orçamento detalhado da obra - elemento do projeto básico............ 229
indiretas - ciclo de vida do objeto - mensuração - menor preço ou maior desconto, L14133, art. 34, § 1º 685

licitação deve indicar recurso, L14133, art. 6°, XXIII, j.................................. 222
redução - contratante e contratado - economia gerada, contrato de eficiência, L14133, art. 6°, LIII 292

Desvantagem(ns)
à administração ou inviabilidade técnica - leilão presencial, L14133, art. 31, § 2°, IV..................................... 666
dificuldade do fornecedor - sessão presencial ou forma eletrônica, preferência.. 459

Deterioração
material -armazenagem e guarda - planejamento, L14133, art. 40, IV. 757

Diálogo competitivo
comissão de contratação - servidor efetivo ou empregado público, L14133, art. 32, § 1°, XI................................ 676
conceito, L14133, art. 6°, XLII....... 268
conclusão - declaração e registros - juntada, L14133, art. 32, § 1°, VIII 675
conclusão - juntada de declaração e registros- autos do processo, L14133, art. 32, § 1°, VIII........................ 675
contratação da administração, L14133, art. 32 673
fase - tempo - identificação de soluções, L14133, art. 32, § 1°, V.................. 675
fases sucessivas - previsão em edital, L14133, art. 312, § 1°, VII 675
previsão legal - modalidade licitatória, L14133, art. 28, V........................... 627
procedimento, L14133, art. 32, § 1° 675
soluções propostas - sigilo, L14133, art. 32, § 1°, IV............................. 675

Diálogo público
modo de disputa, aberto e fechado - requisitos técnicos........................ 674
objeto - inovação tecnológica ou técnica 673

Diário oficial...........v. também divulgação, imprensa, imprensa oficial e publicidade

Diferida
publicidade - atos do processo licitatório, L14133, art. 13, p.ú. 409

Digital
assinatura por pessoa física e jurídica - meio eletrônico - internet - processo licitatório, L14133, art. 12, § 2° 406
atos do processo licitatório - preferência, L14133, art. 12, VI......................... 401

Diligência(s)
fase de julgamento das propostas - amostra de produto, L14133, art. 42, § 2°.. 806

Direito de preferência
matriz de risco - deixar de implementar os fatores do direito de preferência 611

Direito(s)
de preferência................v. também critério - de desempate
do licitante/cidadão..........v. também ampla defesa
do licitante/cidadão - ao correto procedimento licitatório, L14133, art. 13 409
real de uso............v. também concessão - de direito real de uso
real de uso - concessão - aplicação, L14133, art. 2°, I 73

Diretriz(es)
capacitação adequada - qualificação, pregoeiro.. 324
composição para tabela SINAPI - materiais e serviços de construção civil 571
plano de licitação - gestão da obra, subsídios para montagem................ 228

Dirigente(s)
de órgão público - participação em licitação, L14133, art. 14, II 420

de órgão público - participação em licitação, L14133, art. 14, IV.......... 423

Disciplinamento..........v. também regulamento

dispensa

vedações impostas em licitações - agente público... 358

Dispensa..........v. também edital, emergência, inexigibilidade, organização - social e outros verbetes relacionados ao tema

competência legislativa - alienação de bens 75

de licitação, profissional organizado em cooperativa - participação em licitação 444

de licitação, transparência dos atos formais - procedimento licitatório.. 411

elaboração de projeto - serviço comum de engenharia - instrução, L14133, art. 18, § 3º.. 489

elaboração do projeto básico pela administração - contratação integrada de obra e serviços de engenharia, L14133, art. 46, § 2º....................... 852

estudo técnico preliminar - documento para planejamento 215

ou inexigibilidade - prova de conformidade de preço - nota fiscal, L14133, art. 23, § 4º....................... 559

vedações impostas em licitações - agente público... 358

Disponibilidade

orçamentária..........v. também acordo, alteração contratual, classificação - funcional programática e crédito - orçamentário

Disputa(s)

licitação - vedações, L14133, art. 14417

modos de - edital - processo licitatório - instrução, L14133, art. 18, VIII 483

Dissídio(s)..........v. também acordo coletivo e alteração - contratual

acordo ou convenção coletiva - repactuação, L14133, art. 6º, LIX... 307

Distância

delimitação por edital - serviço de manutenção e assistência técnica , L14133, art. 47, § 2º....................... 875

Distrito Federal

princípios a que está sujeito, CF/88, art. 37 75

proteção a bens de valor histórico - obras de arte 208

regularização fundiária urbana 76

subordinação à lei, L14133, art. 1º... 47

Divergência

membro da comissão de contratação - ata - responsabilidade, L14133, art. 8º, § 2º.. 349

Dívida pública

gestão - contrato sem subordinação ao regime da lei, L14133, art. 3º, I...... 103

Divisão................................... 770

Divulgação...............v. também diário - oficial, imprensa e publicidade

adesão à padronização de outro órgão, L14133, art. 43, § 1º....................... 814

audiência pública - publicidade do edital.. 531

do edital - diálogo competitivo, L14133, art. 32, § 1º, VIII 675

do edital - leilão - sítio eletrônico, L14133, art. 31, § 2º....................... 666

do edital - regulamento de concurso, prazo de proposta 650

estudo técnico - termo de referência, fundamentação da contratação, L14133, art. 6º, XXIII, b................ 221

informações - vantagem a licitante - vedação - diálogo competitivo, L14133, art. 32, § 1º, III................................. 675

justificativa de padrão e descrição sucinta - processo de padronização, L14133, art. 43, III........................ 809

orçamento da licitação - tempo - motivação - processo licitatório - instrução, L14133, art. 18, XI 487
pela administração, critérios, proposta vencedora - diálogo competitivo, L14133, art. 32, § 1º, X 676
princípio da publicidade 134

Doação
ou empréstimo, contratação - acordos internacionais, L14133, art. 1º, § 3º, I 64
ou empréstimo, contratação e seleção - normas e procedimentos das agências, L14133, art. 1º, § 3º, II, a 64
ou venda - concessão de direito real de uso 77

Documentação
da licitação, orçamento detalhado da obra - elemento do projeto básico .. 230
e procedimentos da licitação - catálogo eletrônico - critérios de julgamento, L14133, art. 19, § 1º 514
empréstimo, autorização - contrato, L14133, art. 1º, § 4º 67
para processo do ETP - planejamento 472
por escrito - local de realização 392
qualificação, vedações - tratamento diferenciado 362

Documento(s)
assinatura digital por pessoa física e jurídica - meio eletrônico, processo licitatório 406
autenticidade - agente da administração - processo licitatório, L14133, art. 12, IV 399
consórcio de empresa - registro 435
de formalização - resistência injustificada 364
de referência, atuação na licitação - auxílio de terceiros 368
e procedimentos licitatórios, agentes públicos - comissão de contratação, L14133, art. 6º, L 281

habilitação licitatória - STF, ADI, direitos do consumidor 55
licitação - elementos, L14133, art. 12, I 391
matriz de risco, anexo do edital - obras e serviços 535
para planejamento - estudo técnico preliminar - conceito - L14133, art. 6º, XX 214
PCA, planejamento da licitação - fase preparatória 470
procedimento eletrônico - licitantes, condição de validade 463

Domicílio/sede
não impede a participação, L14133, art. 9º, I, b 357
vedação à discriminação, L14133, art. 9º, I, b 357

Dotação
orçamentária - condição p/ iniciar - processo de compra, L8666, art. 14 770
orçamentária - deve - ser indicado no processo, L14133, art. 6º, XXIII, j .. 222

Durabilidade
bem - requisitos - especificação do produto, L14133, art. 40, § 1º, I 774
mensuração - soluções - edital de licitação - critério de julgamento técnica e preço, L14133, art. 36, § 1º, V 701
solidez e segurança - anteprojeto - elementos mínimos, L14133, art. 6º, XXIV, b 224

Economia
% sobre - proposta do licitante - julgamento por maior retorno econômico, L14133, art. 39, § 1º, II 735
de escala - mais de uma empresa - mesmo serviço - justificativa, L14133, art. 49 893
de escala - memória de cálculo - estimativas - processo licitatório - instrução, L14133, art. 18, § 1º, IV 488
de escala - não parcelamento de compras, L14133, art. 40, § 3º, I 781

de escala, preços - valor estimado da contratação, L14133, art. 23 .. 547, 550
estimada - obras, serviços ou bens - julgamento por maior retorno econômico, L14133, art. 39, § 1º, I, b 735
gerada - contrato de eficiência - contratante e contratado - redução de despesa, L14133, art. 6º, LIII 292
maior para a administração - contrato de eficiência, L14133, art. 39 735
parâmetros - anteprojeto, elementos mínimos, L14133, art. 6º, XXIV, e 224

Economicidade
demonstrativo dos resultados - processo licitatório - instrução, L14133, art. 18, § 1º, IX 488
peculiaridades do mercado local - compras, L14133, art. 40, § 2º, II .. 779
princípio - aspecto econômico da eficiência.. 160
princípios - L14133, art. 5º 123

ECT
titular do serviço público - poder de império do Estado........................... 179

Edital
acréscimo para habilitação - consórcio de empresa, L14133, art. 15, § 1º .. 435
anexos - divulgação obrigatória, L14133, art. 25 § 3º 595
anexos do edital, L8666, art. 40 § 2º 595
aprovação, L14133, art. 19, IV 505
assinatura, L8666, art. 40, § 1º 595
cidadão pode impugnar, L8666, art. 40, § 1º 595
concorrência internacional - especifidades, L14133, art. 52 911
concurso - condições no edital, L14133, art. 30 643
concurso - critério de escolha, L14133, art. 6º, XXXIX 263
concurso - regulamento próprio, L8666, art. 52 653

concurso - requisitos, L14133, art. 30 643
concurso - requisitos, L8666, art. 52 653
condições - para participar da concorrência, L14133, art. 6º, XXXVIII 262
condições equivalentes - garantia de pagamento - licitações internacionais, L14133, art. 52, § 3º 911
condições, seleção da proposta - processo licitatório 378
conteúdo - objeto da licitação, L14133, art. 25 .... 585, 592
conteúdo obrigatório, L14133, art. 12, I 391
conteúdo obrigatório, L14133, art. 25 .... 585, 592
contratação da empresa - assegurada isonomia 594
contratação de obras, serviços e fornecimento de grande vulto - programa de integridade é obrigatório - prazo, L14133, art. 25, § 4º 596
contratação integrada - projeto básico pelo contratado, L14133, art. 46, § 3º 855
contratação integrada e semi-integrada - previsão da matriz de responsabilidade, L14133, art. 46, § 4º 857
critério de julgamento de leiloeiro - maior desconto 662
custos, transparência dos atos formais - procedimento licitatório 414
de licitação - administração, parâmetros de qualidade 687
de licitação - instrução do processo, L14133, art. 17, II 451
de licitação - minuta padronizada - se o objeto permitir, L14133, art. 25, § 1º 592
de licitação - previsão - amostra ou prova de conceito de bens, L14133, art. 41, II 785

de licitação - soluções específicas e alternativas - critério de julgamento, técnica e preço, L14133, art. 36, § 1º, V 701
de licitação e propostas registradas - contratação futura, ARP, L14133, art. 6º, XLVI 277
de licitação, elementos e estudo técnico, manifestação dos interessados - administração, audiência pública, presencial ou eletrônica, L14133, art. 21 529
de licitação, especificações de mercado - conceito, bens e serviços comuns, L14133, art. 6º, XIII 187
de licitação, publicidade - divulgação da audiência pública 531
definição de responsabilidade - agente de contratação 486
definição de técnica mínima - comissão julgadora 698
direito de preferência - preço do produto 615
divulgação - arbítrio do agente de contratação, sigilo do preço estimado 581
divulgação - fase de competição - diálogo competitivo, L14133, art. 32, § 1º, VIII 675
divulgação - leilão - sítio eletrônico, L14133, art. 31, § 2º 666
divulgação - regulamento de concurso, prazo de proposta 650
elaboração - fase preparatória - licitação, L14133, art. 18, V 478
elaboração - padrão aprovado pelo órgão 478
emprego de mão-de-obra local - exigência - respeito à competitividade, L14133, art. 25, § 2º 592
empreitada global - peculiaridades, L14133, art. 46, § 9º 868
exame - órgão jurídico, L14133, art. 19, IV 505
execução por preço global - requisitos, L14133, art. 46, § 9º 868
exigência - certificação Conmetro de qualidade de produto, L14133, art. 42, § 1º 804
exigência formal, L8666, art. 40, § 1º 595
exigências de informações - execução, recebimento e pagamento 480
fases sucessivas - diálogo competitivo, L14133, art. 312, § 1º, VII 675
fatores objetivos - julgamento por técnica e preço, L14133, art. 36 701
favorecimento de órgão ou entidade integrante da administração pública, L14133, art. 26, § 6º 620
favorecimento de órgão ou entidade integrante da administração pública, L8666, art. 3º, § 11 621
fixação do responsável pelo consórcio, L14133, art. 15, II 433
grande vulto - peculiaridades, L8666, art. 39 529
habilitação técnica - soma de atestado, consórcio 437
impugnação deve ser feita perante a Administração 150
impugnação, inovação e desenvolvimento nacional sustentável - objetivo do processo licitatório 386
indica qualificação para concorrência, L14133, art. 6º, XXXVIII 262
indicação - instituição especialista no objeto - exame de amostra, L14133, art. 42, § 3º 806
indicação de produto - prova de qualidade similar - meios, L14133, art. 42 801
intenção de licitar - procedimento da fase interna, audiência pública 530
intervenção indevida na gestão interna do contratado - vedação, L14133, art. 48, VI 884
inversão de fases - processo licitatório 454

isonomia entre os licitantes - justa competição, objetivos 381
julgamento por maior retorno econômico - parâmetros objetivos, L14133, art. 39, § 2º 744
justificativa - limite máximo - consórcio de empresa, L14133, art. 15, § 4º .. 440
lei interna de cada licitação 149
leilão - ampla divulgação, L14133, art. 31, § 3º 668
leilão - condições de pagamento, L14133, art. 31, § 2º, II 666
leilão - percentual mínimo de pagamentos, L8666, art. 53, § 2º ... 669
leilão - prazo p/ pagamento - previsão editalícia, L14133, art. 31, § 2º, II . 666
leilão - prazo p/ pagamento, L8666, art. 53, § 2º 669
leilão - publicidade no Município, L8666, art. 53, § 4º 668, 670
leilão - regulamento elaborado pelo leiloeiro ou administração 663
leilão - requisitos, L14133, art. 31, § 2º 666
licitação internacional....v. também licitação internacional
licitação internacional - garantia de pagamento - condições equivalentes, L14133, art. 52, § 3º 911
licitação internacional - preço - critérios de aceitabilidade, L14133, art. 52, § 3º 911
licitação internacional - preço - critérios estatísticos - não podem ser estabelecidos, L14133, art. 52, § 3º 911
licitação internacional - regras isonômicas para todos, L14133, art. 52, § 5º 911
limites - atribuição de notas - quesitos de qualitativa - técnica e preço ou melhor técnica, procedimentos, L14133, art. 37, II 719
manutenção e assistência técnica - localidade restrita, L14133, art. 47, § 2º 875

matriz de alocação de riscos - contratante e contratado, L14133, art. 22 533
matriz de risco, anexo - obras e serviços 535
melhor técnica - peculiaridades - previsão, L14133, art. 35 693
minuta - deve ser examinada pelo órgão jurídico, L14133, art. 19, IV 505
minuta de contrato - deve integrar, L14133, art. 18, VI 479
motivação - justificativa da qualificação técnica - processo licitatório - instrução, L14133, art. 18, IX 484
norma democrática - aprovação do órgão jurídico 588
objeto da licitação - agente de contratação para definição 588
objeto de licitação - definição, L14133, art. 18, II 475
obras e serviços de grande vulto - matriz de alocação de riscos entre o contratante e contratado, L14133, art. 22, § 3º 545
orçamento, L14133, art. 18, IV 477
original, L8666, art. 40, § 1º 595
padronização - somente pelo órgão jurídico 513
peculiaridades da licitação, L8666, art. 40, XVII 595
pesquisa de preços - máximo de 6 meses da publicação, L14133, art. 23, § 1º, IV 551
preâmbulo - informações necessárias, L14133, art. 12, I 391
preço - julgamento - maior desconto - extensão aos termos, L14133, art. 34, § 2º 685
preço estimado ou máximo - critério de julgamento - maior desconto, L14133, art. 24, p.ú. 579
pregão - definição objetiva - objeto com padrões de desempenho e qualidade, L14133, art. 29 633

previsão - conformidade da proposta vencedora e amostras 460
previsão - conformidade da proposta vencedora e amostras, L14133, art. 17, § 3º 460
previsão - percentual mínimo de mão de obra - política pública, L14133, art. 25, § 9º 604
previsão - repactuação, L14133, art. 6º, LIX 307
previsão - responsabilidade do contratado - licenciamento ambiental, L14133, art. 25, § 5º 597
previsão de desapropriação - contratação integrada e semi-integrada, L14133, art. 46, § 4º 857
previsão na elaboração - qualificação técnica, pontuação, julgamento e participação 485
previsão obrigatória - índice de reajuste do preço vinculado ao orçamento estimado, L14133, art. 25, § 7º 601
princípio da vinculação ao instrumento convocatório, L14133, art. 5º 123
princípio da vinculação das partes - minuta do contrato, anexo 480
processo administrativo - juntada de peças, L14133, art. 18, V 478
projeto básico/executivo, L14133, art. 6º, XXVI 231
protótipo e exigência de amostras do objeto, L14133, art. 42, § 2º 806
publicidade - leilão - ampliada, L14133, art. 31, § 3º 668
publicidade - leilão - ampliada, L8666, art. 53, § 4º 668, 670
qualidade da execução - pontuação técnica, desempenho pretérito 717
qualquer licitante pode impugnar.. 149
quando se concretiza como lei 150
quesitos - profissional contratado para banca de julgamento - técnica e preço ou melhor técnica, L14133, art. 37, § 1º, II 722
recebimento - condições, L14133, art. 18, III 476
reformulado pelo TCU - SINAPI e SICRO, justificativa do preço 556
regras de convocação - habilitação, recurso e punição 481
regras de julgamento - segurança jurídica 590
regras, vedações impostas em licitações - agente público 357
requisitos - conformidade da proposta vencedora e amostras 460
técnica e preço - peculiaridades, L14133, art. 36, § 1º 701
terceirização - vedação à contratação de pessoas que tenham relações com agentes públicos, L14133, art. 48, p.ú. 891
vincula administração e licitantes ... 149
vinculação do agente de contratação e da comissão de licitação - qualificação, exigências formais 397

Efetividade
princípio - qualificação, exigências formais 396
princípios para planejamento, órgão responsável - processo licitatório..... 405
processo licitatório - dever da alta administração promover, L14133, art. 11, p.ú. 386

Eficácia
princípio - qualificação, exigências formais 396
processo licitatório - dever da alta administração promover, L14133, art. 11, p.ú. 386

Eficiência
adequação e combinação de parâmetros - edital - proposta mais vantajosa, L14133, art. 18, VIII 483
princípio - qualificação, exigências formais 396
princípio constitucional - aplicação, CF/88, art. 37 75
princípios - L14133, art. 5º 123

princípios, L14133, art. 5º............. 123
processo licitatório - dever da alta administração promover, L14133, art. 11, p.ú. 386
produto que não atende à necessidade - vedação, L14133, art. 41, III 785

Eficientização..........................**292**
energética - exemplificação de variáveis intercorrentes................................... 748
princípio do parcelamento - inaplicabilidade............................... 746

Egresso ....v. também preso
sistema prisional - reserva mínima - contrato de mão de obra - previsão no edital, L14133, art. 25, § 9º, II....... 604

Elaboração
PCA, planejamento da licitação - fase preparatória..................................... 470

Elaboração(ões)
contratação, projeto básico - projeto executivo, elemento necessário à execução 232

Elemento(s)
da edificação - memorial descritivo - anteprojeto - elementos mínimos, L14133, art. 6º, XXIV, j.................. 224
da licitação - disponíveis em consulta pública, licitação, L14133, art. 21, p. ú. 529
do edital de licitação e estudo técnico, manifestação dos interessados - administração, audiência pública, presencial ou eletrônica, L14133, art. 21... 529
mínimos - anteprojeto, L14133, art. 6º, XXIV.. 224
mínimos, projeto básico, art. 6º, XXV 226
notória especialização - satisfação do objeto do contrato 213
proposta - diálogo competitivo, L14133, art. 32, § 1º, VIII............................. 675

Eletrônico

catálogo - padronização de compras, serviços e obras - dever da administração, L14133, art. 19, II.. 505
e presencial - forma de licitação, L14133, art. 17, § 2º...................... 455
procedimento licitatório - licitante - ato em formato eletrônico, L14133, art. 17, § 4º... 463

Emolumentos..........v. também taxa

Empreendimento
técnico-econômico-social - anteprojeto - elementos mínimos, L14133, art. 6º, XXIV, a.. 224

Empregado(s)
atuação na licitação - vedação a terceiros 367
público - membro de banca - técnica e preço ou melhor técnica, L14133, art. 37, § 1º, I.. 722
público ou servidor efetivo - agente de contratação, L14133, art. 6º, LX 311
público, comissão de contratação - diálogo competitivo, L14133, art. 32, § 1º, XI.. 676
público, designação - agente de contratações, L14133, art. 7º, I....... 320

Emprego
ato anterior com base em parecer - defesa - advocacia pública, L14133, art. 10, § 2º.. 369
público - conceito de agente, L14133, art. 6º, V 171
público - estatais 173

Empreitada
integral - conceito, L14133, art. 6º, XXX 239
integral - preço global - medição e pagamento - metas de resultado, L14133, art. 46, § 9º...................... 868
integral, execução indireta - obra e serviço de engenharia, L14133, art. 46, III 845

por preço global - conceito, L14133, art. 6º, XXIX 238
por preço global - execução indireta de obras e serviço de engenharia, L14133, art. 46, II 845
por preço global - medição e pagamento - metas de resultado, L14133, art. 46, § 9º 868
por preço unitário - conceito, L14133, art. 6º, XXVIII................................ 237
por preço unitário - execução indireta de obras e serviço de engenharia, L14133, art. 46, I 845

Empresa pública
crimes - aplica-se a esta lei - L1433, art. 1º, § 1º...61
licitação através da Lei de Responsabilidade das Estatais, L14133, art. 1º, § 1º 61
não submissão a esta lei - L14133, art. 1º, § 1º...61

Empresa(s)...........v. também entidade
autor do projeto - a critério da Administração, L14133, art. 14, § 2º 429
brasileira - consórcio, liderança, L14133, art. 9º, II 359
brasileira - licitação internacional - garantias de pagamento, L14133, art. 52, § 3º 911
consórcio - limite máximo - justificativa - edital de licitação, L14133, art. 15, § 4º 440
contratação justificada - mais de uma - serviços -, L14133, art. 49 893
controladora, controlada ou coligada - limites de participação da licitação, L14133, art. 14, V.......................... 424
controle de qualidade e tecnológico - serviço técnico profissional especializado.................................... 210
do mesmo grupo econômico, autor do projeto - participação da licitação ... 430
elaboração de projeto básico - participação em licitação, L14133, art. 14, II 420
equipara-se a autor de projeto - mesmo grupo econômico, L14133, art. 14, § 3º 429
estrangeiras e estrangeiras, dispensa - tratamento diferenciado 361
estudos técnicos - serviços técnicos profissionais especializados 202
habilitação técnica - substituição de empresa consorciada 441
inidônea, vedação - limites de participação da licitação.................. 422
inovação e desenvolvimento nacional sustentável - objetivo do processo licitatório 386
material adequado - certificação acreditada - Inmetro, L14133, art. 17, § 6º, III.. 465
ou profissional - assessoramento de agente/comissão de contratações - prazo determinado - bens e serviços especiais, L14133, art. 8º, § 4º 353
ou profissional para assessoramento do agente público - bens e serviços especiais 353
ou profissional qualificado - notória especialização - conceito, L14133, art. 6º, XIX 212
participação em consórcio - impedimento 438
participação em consórcios - impedimento, L14133, art. 15, IV . 433
proibição de licitar - hipóteses, L14133, art. 14.. 417
recusa, substituir profissional - indicado na proposta para pontuação técnica 729
representante, atuação na licitação - vedação a terceiros........................... 367
sancionada, agência de cooperação - vedação, participação da licitação ... 431
substituição no consórcio - habilitação técnica no processo licitatório, L14133, art. 15, § 5º... 440

vínculo de subordinação - vedação à terceirização, serviços em geral, L14133, art. 48, III 884

Empréstimo
ou doação, contratação - acordos internacionais, L14133, art. 1º, § 3º, I 64
ou doação, contratação e seleção - normas e procedimentos das agências, L14133, art. 1º, § 3º, II, a 64
processo de padronização - entre órgãos/entidade - níveis, L14133, art. 43, § 1º.. 814

Encargo(s)
sociais e BDI - percentuais - obras e serviços de engenharia - balizamento de preços, L14133, art. 23, § 2º 554
sociais, orçamento detalhado da obra - elemento do projeto básico 231

Engenharia..........v. também CREA, serviço - de engenharia e outras especialidades
arquitetura, serviço técnicos especializado, intelectual e obras - pregão inaplicável, L14133, art. 29, p.ú. 633
de serviço e obras - licença ambiental - SISNAMA - prioridade na tramitação, L14133, art. 25, § 6º 600
e arquitetura - serviços e obras - licitação por BIM ou tecnologia e processos integrados, L14133, art. 19, § 3º.... 515
e especiais, serviços, bens e obra - contratado responsável, contratação integrada, L14133, art. 6º, XXXII .. 241
obra regime de execução - economia de escala - processo licitatório, instrução, L14133, art. 18, VII...................... 481
serviço - conceito - atividade, L14133, art. 6º, XXI 216
serviço comum - ações padronizáveis, objeto de bens móveis e imóveis, L14133, art. 6º, XXI, a.................... 216

serviço e obras - percentual de BDI e ES - balizamento de preços, L14133, art. 23, § 2º 554
serviço especial - alta heterogeneidade ou complexidade, L14133, art. 6º, XXI, b... 216
serviço ou obra, proposta - anteprojeto, elementos mínimos, L14133, art. 6º, XXIV, f... 224
serviços especiais e obras - contratação - critério de julgamento - técnica e preço, L14133, art. 36, § 1º, IV................. 701

Ensaio(s)
geotécnico - projeto básico - elemento mínimo, L14133, art. 6º, XXV, a ... 226

Entidade(s)
compartilhamento de processos de padronização, L14133, art. 43, § 1º 814
conceito - personalidade jurídica, L14133, art. 6º, II............................ 168
conceito - pessoa jurídica 168
controlada - conceito...................... 59
controlada direta ou indiretamente - subordinação à Lei nº 8.666/93, L14133, art. 1º, II............................ 58
gerenciadora ou órgão - conceito, L14133, art. 6º, XLVII..................... 278
não participante ou órgão - conceito, L14133, art. 6º, XLIX..................... 280
órgão - responsabilidade da alta administração - governança das contratações, L14133, art. 11, p.ú. . 386
ou órgão - contratação - diálogo competitivo, L14133, art. 32, I, b... 673
participante ou órgão - conceito, L14133, art. 6º, XLVIII.................... 279
que adquiriu o produto - prova de qualidade - produto similar, L14133, art. 42, II... 801
unidade de atuação - agente público, poder de decisão............................ 316

Entrega
do objeto - regras - edital de licitação - conteúdo, L14133, art. 25 ...... 585, 592

do produto e recebimento - termo de referência - compras, L14133, art. 40, § 1º, II 774
prazo - anteprojeto - elementos mínimos, L14133, art. 6º, XXIV, c 224

Equilíbrio econômico-financeiro
de contrato - reajustamento em sentido estrito, L14133, art. 6º, LVIII 303
matriz de risco 542
matriz de riscos - conceito, L14133, art. 6º, XXVII 232
repactuação - conceito, L14133, art. 6º, LIX 307

Equipamento
baixo consumo de energia e recursos naturais - obra e serviços de engenharia, L14133, art. 45, III 827

Equipe
de apoio - agente de contratação - atos individuais praticados, L14133, art. 8º, § 1º 346
de apoio - auxílio da responsabilidade do agente de contratação 348
de apoio - cargo efetivo 320
de apoio - indução a erro do agente de contratação, L14133, art. 8º, § 1º .. 346
de apoio - sem vínculo efetivo, comissionado 320
de apoio - substituto eventual do pregoeiro 325
de apoio e agente de contratação - regras de atuação - regulamento, L14133, art. 8º, § 3º 351
de apoio e pregoeiro - cargo comissionado 320
de apoio, agente de contratação e pregoeiro - qualificação 325
de apoio, atuação na licitação - auxílio de terceiros 367
de apoio, integrante, contratação - terceiros, vedações, L14133, art. 9º, § 2º 367
de apoio, subordinação – tarefas do agente de contratação 347
técnica - alteração, rescisão 729
técnica - qualificação - limites no edital, L14133, art. 37, II 719
técnica, notória especialização - satisfação do objeto do contrato 213

Erário
princípios a que está sujeito, CF/88, art. 37 75

ES..........v. também Encargos Sociais

Esclarecimento(s)
ou ajuste às propostas - diálogo competitivo - possibilidade, L14133, art. 32, § 1º, IX 675
sobre licitação ou contrato, L14133, art. 12, I 391

Escola(s)
de governo - atesto - qualificação e formação de agentes públicos, L14133, art. 7º, II 321

Especialização(ões)
notória - conceito - profissional ou empresa qualificado, L14133, art. 6º, XIX 212
notória - satisfação do objeto do contrato, L14133, art. 6º, XIX 212

Espécie(s)
remuneração - agente de contratação, condução da licitação 344

Especificação(ões)
bens - divulgação no edital - leilão, L14133, art. 31, § 2º, V 666
da garantia, manutenção e assistência técnica - especificação no TR - compras, L14133, art. 40, § 1º, III 775
da solução - divulgação do edital - diálogo competitivo, L14133, art. 32, § 1º, VIII 675
de mercado, edital de licitação - conceito, bens e serviços comuns, L14133, art. 6º, XIII 187
produto - parecer técnico - processo de padronização, L14133, art. 43, I 809
técnica - precisão insuficiente - diálogo competitivo, L14133, art. 32, I, c ... 673

técnica normas pertinentes - projeto executivo, L14133, art. 6º, XXVI ... 231
usual de mercado - objeto - pregão - edital de licitação, L14133, art. 29. 633

Estados
princípios a que está sujeito, CF/88, art. 37 75
proteção a bens de valor histórico - obras de arte 208
recursos, cálculo de custo global da obra - RDC, L12462, art. 8º, § 6º 558
regularização fundiária urbana 76
subordinação à lei, L14133, art. 1º ... 47

Estatal(is)
atividade econômica - regime de monopólio 61
CF, art. 173, § 1º - normas de licitações e contratos 42
estatuto jurídico - atividade econômica, L13303/16 43
remuneração, norma própria - agente de contratação, condução da licitação 344

Estimativa(s)
alterações supervenientes - ME/EPP 121
com memória de cálculo para contratação - estudos técnicos - processo licitatório - instrução, L14133, art. 18, § 1º, IV 488
contratação para controle de qualidade e tecnológico - serviço técnico profissional especializado 210
custo global, orçamento detalhado da obra - elemento do projeto básico .. 230
custo global, tabela de referência - RDC, L12462, art. 8º, § 4º 555
custos de desapropriação - contratação integrada e semi-integrada, L14133, art. 46, § 4º, III 857
da contratação - orçamento sigiloso - justificativa, L14133, art. 24 579
de custo, transparência nas compras públicas - metodologia BIM 576
de custos - regime de execução integrada e semi-integrada - orçamento sintético, L14133, art. 23, § 5º 561
de preço - motivação para sigilo 487
de preço não divulgada - direito de impugnar o valor 114
de preços ...... v. também avaliação, planilha de custos e preço
de preços - aplicação da regra geral. 559
de preços, transparência dos atos formais - procedimento licitatório .. 414
de quantidades no ETP - plano de compras 494
de valor - desapropriação - contratação integrada e semi-integrada, L14133, art. 46, § 4º, IV 858
despesa - princípio da responsabilidade fiscal - compras, L14133, art. 40, V, c 770
economia - unidade de medida - obra, serviços ou bens - julgamento por maior retorno econômico, L14133, art. 39, § 1º, I, b 735
item superior à receita, obras e serviços de engenharia - ME/EPP, não aplicação do benefício, L14133, art. 4º, § 1º, II 117
na licitação - obras e serviços de engenharia 117
objeto de grande vulto, L14133, art. 6º, XXII 219
ou preço máximo - edital - critério de julgamento - maior desconto, L14133, art. 24, p.ú. 579
parâmetro da administração pública - responsabilidade do agente de contratação 547
preço da administração - maior desconto, preço global 692
preços, responsabilidade - governança das contratações 389
preços, vantagem - transparência dos atos formais - procedimento licitatório 415

quantidade - definição - técnica, L14133, art. 40, III 757
sem limite - audiência pública, licitação obrigatória 529
sem sobrepreço/preço inexequível/superfaturado - objetivo do processo licitatório 383
serviço técnico profissional especializado - intelectual, regras 200
taxa de risco na matriz de risco - objeto da licitação.. 537
termo de referência - valor da contratação - preços unitários, L14133, art. 6º, XXIII, i 222
unitária - valor da contratação - termo de referência, L14133, art. 6º, XXIII, i 222
valor - preços unitários para contratação, estudos técnicos - processo licitatório - instrução, L14133, art. 18, § 1º, VI 488
valor - sem recursos da União - contratação - balizamento de preços, L14133, art. 23, § 3º 558
valor da contratação - taxa de risco compatível com o objeto da licitação - edital - matriz de alocação de riscos, L14133, art. 22 533
valor da indenização - contratação integrada e semi-integrada, L14133, art. 46, § 4º, III 857
valor do objeto, inexigibilidade ou dispensa - prova de conformidade de preço - nota fiscal, L14133, art. 23, § 4º 559
valor, regulamento - contratação, balizamento de preços, L14133, art. 23, § 1º 550

Estrangeiro(s)
licitante - licitação internacional, L14133, art. 6º, XXXV 253

Estratégia
planejamento - alinhamento e leis orçamentárias - contratação dos órgãos - processo licitatório, L14133, art. 12, VII 404

Estudo(s)
aceitação - certificação - acreditação do Inmetro, L14133, art. 17, § 6º, I 465
notória especialização - satisfação do objeto do contrato 213
preliminares ou projetos anteriores - anteprojeto, elementos mínimos, L14133, art. 6º, XXIV, g 224
técnico - compra ou locação de bens, L14133, art. 44 819
técnico - contratação de obras e serviços - processo licitatório - instrução, L14133, art. 18, § 3º 489
técnico - elementos mínimos - processo licitatório - instrução, L14133, art. 18, § 2º 489
técnico - exigências de assistência técnica local - fornecedor exclusivo, L14133, art. 40, § 4º 783
técnico preliminar - anteprojeto, termo de referência ou projeto básico, futura contratação, L14133, art. 6º, XX 214
técnico preliminar - conceito - documento para planejamento, L14133, art. 6º, XX 214
técnico preliminar - documento para planejamento 215
técnico, divulgação - termo de referência, fundamentação da contratação, L14133, art. 6º, XXIII, b 221
técnicos - preliminares - previsão, L14133, art. 6º, XXV 225
técnicos - serviços técnicos profissionais especializados, atos internos da licitação 201
técnicos - serviços técnicos profissionais especializados, L14133, art. 6º, XVIII, a 201
técnicos e elementos do edital de licitação - divulgação em audiência pública - presencial ou eletrônica, L14133, art. 21 529

viabilidade técnica e econômica da solução - processo licitatório - instrução, L14133, art. 18, § 1º 488

Etapa(s)
de obras, serviços e instalações na execução - empreitada integral 239
execução exige conclusão e aprovação da anterior, L14133, art. 46, § 6º ... 864
planejamento para controle de qualidade e tecnológico - serviço técnico profissional especializado 211

ETP
agente de contratação, requisitos de contratação 493
contratação direta sem licitação - interesse público 491
definição do conteúdo - interesse público 491
elementos - parecer conclusivo, princípio da segregação de funções 502
elementos - agente de contratação para juntada de documentos 502
elementos - contratações correlatas e/ou interdependentes 500
elementos - economicidade, proposta mais vantajosa 498
elementos - especificação dos impactos ambientais 501
elementos - fiscalização e gestão contratual 499
elementos - obras e serviços comuns de engenharia 503
elementos - princípio do parcelamento ou não da contratação 498
estimativa de quantidades - plano de compras 494
fundamentação - proporcionalidade no detalhamento 473
necessidade fundamentada - planejamento da contratação 472
plano de contratação anual - LOA e LDO 493
processo, documentação - planejamento 472
qualidade técnica - requisitos no edital 706
sistema digital, elaboração - bens, serviços e obras 472
técnica e preço - serviço de tecnologia da informação e comunicação 708

Evento(s)
supervenientes à assinatura do contrato, L14133, art. 6º, XXVII, a 232

Exame(s)
de amostra - instituição, especialista no objeto - indicação no edital, L14133, art. 42, § 3º 806

Exceção(ões)
atividade de crédito - cooperativa, funcionamento e constituição 446
da licitação internacional, moeda corrente nacional - é obrigatória 395
transparência dos atos formais - procedimento licitatório 412

Exclusão
cooperativa, funcionamento e constituição 447

Exclusividade
de produto - exceção, L14133, art. 41, I 785
fornecedor - processo de padronização - não parcelamento das compras, L14133, art. 40, § 3º, III 781
mão de obra - regime de dedicação - reajuste - previsão de índices, L14133, art. 25, § 8º, I 601
mão de obra - regime de dedicação - repactuação - variação de custos, L14133, art. 25, § 8º, II 601

Execução
condições - definição - fase preparatória, L14133, art. 18, III 476
contratual - conceito, serviços contínuos com mão de obra, L14133, art. 6º, XVI 191
contratual - impedimento - sinistro - resolução - matriz de alocação de riscos, L14133, art. 22, § 2º, II 542

de obras e serviços de engenharia - situações de superfaturamento, L14133, art. 6º, LVII, b 301
desempenho no contrato - pontuação técnica - critério de julgamento técnica e preço, L14133, art. 36, § 3º. 710, 715
do objeto - modelo - TR - definição do contrato, L14133, art. 6º, XXIII, e . 221
do objeto, acompanhada e fiscalizada - TR - modelo de gestão do contrato, L14133, art. 6º, XXIII, f 221
escolha - levantamentos necessários - projeto básico - elementos mínimos, L14133, art. 6º, XXV, a 226
facilidade, parâmetros no edital, contratação integrada - RDC, L12462, art. 9º, § 2º, I, d 561
facilidades, parâmetros - anteprojeto, elementos mínimos, L14133, art. 6º, XXIV, e 224
indireta.....v. também atesto de fatura e empreitada
indireta - de obras e serviços de engenharia - regimes, L14133, art. 46 845
indireta - obras e serviços de engenharia - modalidades, L14133, art. 46 845
indireta - obras e serviços de engenharia - regimes admitidos, L14133, art. 46 845
indireta, contratação integrada - RDC, L12462, art. 8º, V 555
local, objeto, preços - valor estimado da contratação, L14133, art. 23 .. 547, 550
mão de obra - reserva mínima p/política pública - previsão no edital, L14133, art. 25, § 9º 604
múltipla - serviços - conveniência da administração - justificativa, L14133, art. 49, II 893
por terceiros - atividades admitidas, L14133, art. 48.................. 883
profissional para parecer - serviço técnico especializado 203

serviço por mais de uma empresa - controle individualizado da administração, L14133, art. 49, p.ú. 893
simultânea - mais de um contratado - serviços, L14133, art. 49, I 893

Executor do contrato 47

Exemplo
superfaturamento, L14133, art. 6º, LVII 301

Exequibilidade
sem sobrepreço/preço inexequível/superfaturado - objetivo do processo licitatório 383

Exigência(s)
certificação por instituição acreditada pelo Inmetro, L14133, art. 17, § 6º 465
edital de licitação internacional, L14133, art. 52 911
formais - processo licitatório - desatendimento - qualificação do licitante, L14133, art. 12, III 395
manutenção e assistência técnica - estudos técnicos - processo licitatório - instrução, L14133, art. 18, § 1º, VII 488
qualificação de licitante - excesso de rigor formal - incabível, L14133, art. 12, III 395

Exoneração
agente de contratação/autoridade - direito à defesa por ato anterior com base em parecer, L14133, art. 10, § 2º 369

Experiência
comprovação por atestado - técnica e preço ou melhor técnica - procedimentos, L14133, art. 37, I .. 719

Exterior
repartições, contratação - regulamentação pelo ministro de Estado, L14133, art. 1º, § 2º 62

Extinção
serviços por escopo - contrato 197

Fabricante
  carta de solidariedade - prova de qualidade - produto distribuído/revendido, L14133, art. 41, IV 785

Fase(s)
  antecipação - motivação - instrução do processo, L14133, art. 17, §1º 453
  apresentação de propostas/lance - processo licitatório, L14133, art. 17, III 451
  competitiva - pós declaração de conclusão do diálogo e juntada de registros, L14133, art. 32, § 1º, VIII 675
  competitiva, inovação e desenvolvimento nacional sustentável - objetivo do processo licitatório 385
  conclusão - exigência de certificação acreditada - Inmetro, L14133, art. 17, § 6º, II 465
  da licitação, planejamento - fase preparatória 469
  da licitação, terceirização de documentos - auxílio de terceiros ... 368
  de habilitação - processo licitatório, L14133, art. 17, V 451
  de homologação - processo licitatório, L14133, art. 17, VI 451
  de julgamento - amostra ou prova de conceito - exigência do licitante vencedor, L14133, art. 41, p.ú. 785
  de julgamento - processo licitatório, L14133, art. 17, IV 451
  de julgamento da pré-qualificação - amostra ou prova de conceito - de bens, L14133, art. 41, II 785
  de lance, inversão de fases - processo licitatório 454
  de lances - conformidade da proposta vencedora e amostras 461
  de recursos, vinculação do edital - qualificação, exigências formais 397
  diálogo competitivo - identificação de soluções - tempo - fundamentação, L14133, art. 32, § 1º, V 675
  divulgação do edital - processo licitatório, L14133, art. 17, II 451
  interna, não participação - agente público, direta ou indiretamente, conflito de interesses 366
  interna, seleção da proposta - processo licitatório 378
  preparatória - estudo técnico preliminar, documento para planejamento 215
  preparatória - instrução do processo, L14133, art. 17, I 451
  preparatória - processo licitatório - características, L14133, art. 18 469
  preparatória - processo licitatório - compatibilização, L14133, art. 18 .. 469
  preparatória, responsabilidade - governança das contratações 389
  processo licitatório, L14133, art. 17 451
  recursal - processo licitatório, L14133, art. 17, VI 451
  recursal, leilão - homologação posterior, L14133, art. 31, § 4º 669
  sucessivas - diálogo competitivo - previsão em edital, L14133, art. 312, § 1º, VII 675

Fato(s)
  superveniente - substituição de empresa consorciada 440
  superveniente à contratação integrada ou semi-integrada - matriz de alocação de riscos, projeto básico - responsabilidade do contratado, L14133, art. 22, § 4º 545
  supervenientes - matriz de riscos, previsão na licitação 236

Fator(es)
  objetivos - edital - julgamento por técnica e preço, L14133, art. 36 701

Fatura
  sem emissão - resistência injustificada 364

Favorecimento
de empresas - divulgação na internet, L14133, art. 27................................. 625

FGTS......v. também Fundo de Garantia do Tempo de Serviço
comprovante de depósito - obrigações trabalhistas - exigência da Administração, L14133, art. 50, III 899
prova de cumprimento - contratação de mão de obra, L14133, art. 50......... 899

Financiamento(s)
agência internacional - moeda - distinção vedada, L14133, art. 9º, II 359

Firma
reconhecida - dúvida na autenticidade - processo licitatório, L14133, art. 12, V 401

Fiscal(is)
do contrato, deve fiscalizar o cumprimento - direito de preferência 611
e gestor de contratos - regras de atuação - regulamento, L14133, art. 8º, § 3º 351
responsabilidade - despesa estimada/prevista - princípio - compras, L14133, art. 40, V, c...................... 770
serviço técnico especializado, L14133, art. 6º, XVIII, d 205

Fiscalização
agente de - cônjuge/parente - vedação à contratação, L14133, art. 48, p.ú. ... 891
do contratante - contratado - serviços contínuos com mão de obra, L14133, art. 6º, XVI, c 192
do contrato
   - inseridas as regras 587
e acompanhamento - execução do objeto - termo de referência - modelo de gestão do contrato, L14133, art. 6º, XXIII, f.. 221
e gestão contratual - ETP, elementos 499

funcionamento e constituição da cooperativa - legislação aplicável..... 445
improbidade, controle interno - princípio da segregação de funções, autoridade... 335
ou gestão do contrato - agente - vedações, L14133, art. 14, IV 423
profissional organizado em cooperativa - participação em licitação............... 444
que desempenhe função, vedação - limites de participação da licitação. 423
regras - edital de licitação - conteúdo, L14133, art. 25........................ 585, 592
serviço técnico especializado, L14133, art. 6º, XVIII, d 205

Forma(s)
de devolução das sobras - cooperativa, funcionamento e constituição 447
de documentação - local de realização 393
de seleção do fornecedor - TR, L14133, art. 6º, XXIII, h................................ 222
eletrônica, documentação - local de realização 392
escrita, documentação - local de realização 393
investidura - função de agente de contratação 174
licitação - eletrônica e presencial, L14133, art. 17, § 2º 455
presencial e eletrônica, audiência ou consulta pública - agente de contratação, escolha de forma discricionária 531

Formação
compatível ou qualificação atestada - atribuições - licitações e contratos - agentes públicos, L14133, art. 7º, II 321
compatível, agente público - qualificação, pregoeiro 322

Fornecedor
L8666, art. 6º, III 183

Fornecedor(es)

bem exclusivo - necessidade da Admin. - marca ou modelo - indicação admitida, L14133, art. 41, I, c 785
desvantagens - sessão presencial ou forma eletrônica, preferência 459
exclusivo...........v. também característica exclusiva
exclusivo - processo de padronização não parcelamento, L14133, art. 40, § 3º, III 781
L14133, art. 6º, X............................ 183
ou prestador de serviço - licitante - conceito, L14133, art. 6º, IX 182
ou tipos de bens - preferências, L12462, art. 38 609
pesquisa - período e justificativa - contratação - balizamento de preços, L14133, art. 23, § 1º, IV................... 551
seleção - termo de referência, forma e critérios, L14133, art. 6º, XXIII, h . 222
vantagem na contratação - não parcelamento de compras, L14133, art. 40, § 3º, I... 781

Fornecimento...........v. também aquisição, bem(ns), contratado, compra(s), fornecedor e recebimento
associado - execução indireta - obra e serviço de engenharia, L14133, art. 46, VII 845
contínuo - compras, L14133, art. 40, III 757
contínuos e serviços - conceito - manutenção de atividades, L14133, art. 6º, XV.. 190
de bens - exigências excepcionais da administração, L14133, art. 41 785
de bens e obras - prestação de serviços - contrato de eficiência, L14133, art. 6º, LIII 292
de bens ou serviços - objeto - administração pública - requisitos para credenciamento, L14133, art. 6º, XLIII 270

de grande vulto - conceito, L14133, art. 6º, XXII... 219
de grande vulto - programa de integridade obrigatório - edital de licitação - previsão, L14133, art. 25, § 4º 596
de material - compra, L14133, art. 6º, X 183
de material - compra, L8666, art. 6º, III 183
de material - não podem participar, L14133, art. 14................................ 417
de material - participação - impedimento, L14133, art. 14........ 417
e prestação de serviço associado - conceito, L14133, art. 6º, XXXIV .. 251
obras e serviços de grande vulto - valor orçamentário 221
previsão - plano de contratação anual, L14133, art. 18, § 1º, II 488
uma vez ou parcelado - compra....... 183

Fraude
da pessoa jurídica - sanção - licitante remanescente, L14133, art. 14, § 1º 427
na contratação - princípio da segregação de funções, L14133, art. 7º, § 1º 332

Função
agente de contratação - vínculos - vedações, L14133, art. 7º, III.......... 326
agente público - qualificação, pregoeiro 323
autônoma - particulares na administração 172
de apoio, controle interno - princípio da segregação de funções, autoridade .. 334
desenvolvimento - conceito, L8666, art. 7º, III.. 326
essencial, agentes públicos - requisitos, L14133, art. 7º 315
estatal, mandato, cargo ou emprego - agente público 172
exoneração - ato anterior baseado em parecer - defesa - advocacia pública, L14133, art. 10, § 2º 369

licitação e contratos - apoio e assessoramento jurídico e controle interno, L14133, art. 8º, § 3º 351
nomeação com qualificação na fiscalização - serviço técnico especializado................................ 205
princípio da segregação, agente público - fraude na contratação 332
princípio da segregação, consultoria e assessoria - serviços técnicos profissionais especializados............. 204
pública, agente público - pessoa física 171
público - conceito de agente, L14133, art. 6º, V... 171
segregação - princípio - autoridade - agente público, evita fraude na contratação, L14133, art. 7º, § 1º .. 332
segregação, princípio - servidor efetivo ou empregado público 343
segregação, princípios - L14133, art. 5º 123
suscetível a risco - princípio da segregação de funções - evita fraude na contratação, L14133, art. 7º, § 1º .. 332

Funcionamento
e constituição da cooperativa - legislação aplicável, L14133, art. 16, I 445

Fundação
pública - licitação, L14133, art. 1º..... 47

Fundamentação
contratação - estudo preliminar - instrução, L14133, art. 18, I 472
da contratação - termo de referência - estudo técnico, divulgação, L14133, art. 6º, XXIII, b................................. 221
decisão do Poder Executivo - margem de preferência, L14133, art. 26, § 1º, I 615
tempo - identificação de soluções - diálogo competitivo, L14133, art. 32, § 1º, V... 675

Fundo de Garantia do Tempo de Serviço..... ....v. também FGTS

Fundo(s)
especiais - licitação, L14133, art. 1º, II 58

Garantia(s)
adicional - hipoteca da sede da empresa 80
concessão - contrato sem subordinação ao regime da lei, L14133, art. 3º, I. 103
concessão de direito real de uso 78
condições - definição - fase preparatória, L14133, art. 18, III......................... 476
manutenção e assistência técnica - especificação no TR - compras, L14133, art. 40, § 1º, III............................. 775
produto - parecer técnico - processo de padronização, L14133, art. 43, I..... 809
Seguro - conceito, L14133, art. 6º, LIV 294

Gerenciador............................ 279
conceito - procedimento do registro de preços... 279
licita para todos - efeitos da penalidade de suspensão................................. 279
punição a licitante........................... 279

Gerenciamento
de obra - serviço técnico especializado, L14133, art. 6º, XVIII, d................. 205
e procedimento para registro de preços - administração pública - órgão ou entidade gerenciadora, L14133, art. 6º, XLVII.. 278

Gestão
contratual e fiscalização - ETP, elementos... 499
da licitação, planejamento - fase preparatória..................................... 469
de contrato - redução de custos - não parcelamento de compras, L14133, art. 40, § 3º, I..................................... 781
de dívida pública do contrato - sem subordinação ao regime da lei, L14133, art. 3º, I.. 103
de espaços públicos, autorização de uso - feiras de produtos........................... 95
de obra - subsídios para montagem e plano de licitação - projeto básico -

elementos mínimos, L14133, art. 6º, XXV, e 228
de risco - estrutura - responsabilidade da alta administração, L14133, art. 11, p.ú. 386
de risco, prática, matriz de riscos - contratos administrativos 236
direta e indireta, contratação - reservas internacionais, L14133, art. 1º, § 5º . 71
do contrato
   - inserida as regras 587
do contrato - agente - vedações, L14133, art. 14, IV 423
do contrato - apoio - autor do projeto - a critério da Administração, L14133, art. 14, § 2º 429
do contrato - modelo - TR - execução do objeto - acompanhada e fiscalizada, L14133, art. 6º, XXIII, f 221
do contrato, regras - edital de licitação - conteúdo, L14133, art. 25 ...... 585, 592
interna do contratado - terceirização - intervenção da Administração - vedação, L14133, art. 48, VI 884
por competência - conceito 319
por competência - designação de agente público - licitação , L14133, art. 7º 315
por competência, atividade para qualificação - agente público, poder de decisão 319
por competência, recursos humanos, perfis profissionais - agente público, poder de decisão 319
processo - soluções de *software* - regulamento, L14133, art. 43, § 2º 816
pública, administração - princípio da segregação de funções 145

Gestor
apoio - advocacia pública, ato baseado em parecer jurídico 371
do contrato - cônjuge/parente - vedação à contratação - mão de obra terceirizada, L14133, art. 48, p.ú. 891
do contrato - controle individual - execução de serviço por mais de uma empresa, L14133, art. 49, p.ú. 893
do contrato - exigências dos contratados - mão de obra terceirizada, L14133, art. 50 899
e fiscal de contratos - regras de atuação - regulamento, L14133, art. 8º, § 3º . 351
exigência na execução - cumprimento de normas 565

Grande vulto
contratação - matriz de riscos, previsão na licitação 234
obra - conceito, L14133, art. 6º, XXII 219
obras, serviços e compras - conceito, L14133, art. 6º, XXII 219
obras, serviços e fornecimento - valor orçamentário 221
PPU, valores - obras, serviços e fornecimento 220

Gravação
áudio e vídeo - licitação presencial, L14133, art. 17, § 2º 455
e registro da fase competitiva - diálogo competitivo - juntada aos autos, L14133, art. 32, § 1º, VIII 675

Gravada
proposta, sessão pública - licitação presencial, exceção, L14133, art. 17, § 5º 464

Habilitação
acréscimo, edital - consórcio de empresa 435
acréscimo, edital - consórcio de empresa, L14133, art. 15, § 1º 435
consórcio, L14133, art. 15, III 433
e proposta, prazo no edital - regras de convocação 589
econômico-financeira - consórcio ... 437
fase do processo licitatório - instrução do processo, L14133, art. 17, V 451
inexistente - alienação de imóveis por leilão, L14133, art. 31, § 4º 669

inversão de fases - processo licitatório 453
jurídica - consórcio 437
material adequado - certificação acreditada, Inmetro, L14133, art. 17, § 6º, III 465
pré-qualificação, L14133, art. 6º, XLIV 271
procedimento licitatório - STF, ADI, direitos do consumidor 55
qualificação, requisitos - concurso .. 646
regras - edital de licitação - conteúdo, L14133, art. 25 .... 585, 592
técnica - consórcio 437
técnica - soma de atestado, consórcio 437
técnica e econômico-financeira - substituição de empresa consorciada 441
técnica e profissional - serviço técnicos especializados 97
técnica no processo licitatório - empresa remanescente no consórcio, L14133, art. 15, § 5º 440
vedação a impedimento em relação ao local, L14133, art. 9º, I, b 357

Heterogeneidade
alta - serviço especial de engenharia, L14133, art. 6º, XXI, b 216

Homologação
análise e avaliação - conformidade da proposta vencedora e amostras 461
da licitação, L14133, art. 17, VII ... 451
de amostras, conformidade das propostas - previsão no edital de licitação, L14133, art. 17, § 3º 460
do objeto - procedimento, L14133, art. 17, VII 451
fase do processo administrativo - juntada, L14133, art. 17, VII 451
leilão de bens - requisitos, L14133, art. 31, § 4º 669
não há atuação - agente de contratação, condução da licitação 341

procedimento - fase da licitação, L14133, art. 17, VII 451

Igualdade
de condições, isonomia entre os licitantes - justa competição, objetivos 381
L14133, art. 5º 123
princípio - de observância obrigatória, L14133, art. 9º, II 359
princípio - isonomia na licitação 140

Imóveis .... v. também associação - de servidores e bem(ns)
bens - descrição - divulgação do edital - leilão, L14133, art. 31, § 2º, I 666
da União - aplicação do Decreto-Lei nº 9.760/1946 77
direito real de uso - preferência, venda ou doação 77
e móveis, bens, objeto, ações padronizáveis - serviço comum de engenharia, L14133, art. 6º, XXI, a 216
locação - licitação - requisitos de avaliação, L14133, art. 51 907
públicos - leilão - sem fase de habilitação, L14133, art. 31, § 4º ... 669
públicos - modalidade, L14133, art. 6º, XL 264
veículos e semoventes - local - divulgação no edital - leilão, L14133, art. 31, § 2º, III 666

Imóvel
área em espaços públicos - concessões 76
autorização de uso - gestão de espaços públicos 95

Impacto(s)
.... v.
avaliação de impacto
ambientais, parâmetros no edital, contratação integrada - RDC, L12462, art. 9º, § 2º, I, d 561

de vizinhança (AIV) - avaliação - respeito - obra e serviços de engenharia, L14133, art. 45, IV 827
e acessibilidade - anteprojeto, elementos mínimos, L14133, art. 6º, XXIV, e 224
elemento do projeto básico, L14133, art. 6º, XXV 225
estudo técnico - processo licitatório - instrução, L14133, art. 18, § 1º, XII 489
na engenharia, BIM - gerenciamento de projetos de construção 574
requisito do projeto básico, L14133, art. 6º, XXV 225

Impedimento .... v. também vedações
da execução contratual - sinistro - matriz de alocação de riscos, L14133, art. 22, § 2º, II 542
de participar da licitação, L14133, art. 14 417
p/ participar do contrato, L14133, art. 14 417
participação de empresas em consórcio - 438

Impessoalidade
isonomia entre os licitantes - justa competição, objetivos 381
princípio - administração, conduta pessoal 128
princípio - atos discricionário, autorização de uso 94
princípio constitucional - aplicação, CF/88, art. 37 75
princípio de observância obrigatória, L14133, art. 5º 123
princípios para planejamento, órgão responsável - processo licitatório 405

Imprensa .... v. também diário oficial e divulgação

Impugnação
do edital, inovação e desenvolvimento nacional sustentável - objetivo do processo licitatório 386
do edital, qualificação - excesso de rigor formal é incabível 398
do licitante - intenção em participar 183
planilha de custos no edital - transparência dos atos formais - procedimento licitatório 414
princípio da vinculação das partes - minuta do contrato, anexo do edital 480

Inabilitação
cautela- autenticidade dos documentos no processo licitatório 400

Indenização
desapropriação - pagamento - contratação integrada e semi-integrada, L14133, art. 46, § 4º, II 857
estimativa - contratação integrada e semi-integrada, L14133, art. 46, § 4º, III 857

Indicação
responsável pela representação do consórcio, L14133, art. 15, II 433

Índice(s)
de correção monetária - reajustamento em sentido estrito, L14133, art. 6º, LVIII 303
de reajuste do preço vinculado ao orçamento - previsão editalícia obrigatória, L14133, art. 25, § 7º ... 601

Inexequibilidade
preço superfaturado/sobrepreço nos contratos - objetivos do processo licitatório é evitar, L14133, art. 11, III 382
sem sobrepreço/preço inexequível/superfaturado - objetivo do processo licitatório 383

Inexigibilidade .... v. também competitividade, competição, edital
auxílio da gestão - conformidade da proposta vencedora e amostras 463
competência legislativa - alienação de bens 75

contratação para controle de qualidade e tecnológico - serviço técnico profissional especializado 210
contratação, projeto básico - projeto executivo, elemento necessário à execução 232
de licitação - concessão de direito real de uso 93
de licitação - julgamento - técnica - ressalva, L14133, art. 37, § 2º 723
de licitação - margem de preferência, objeto do certame 624
notória especialização - satisfação do objeto do contrato 212
ou dispensa - prova de conformidade de preço - nota fiscal, L14133, art. 23, § 4º 559
projeto básico - elaboração 227
serviço técnico profissional especializado - intelectual, regras 200
treinamento, aperfeiçoamento e capacitação - serviço técnico especializado 207
vedações impostas em licitações - agente público 358

Informação(ões)
centralizada - sítio eletrônico oficial, L14133, art. 6º, LII 287
direito do licitante - mesmo no orçamento sigiloso 583
método construtivo e de instalação - elemento do projeto básico, L14133, art. 6º, XXV, d 226
mínima, matriz de riscos, L14133, art. 6º, XXVII 232

Informática
bens e serviços - contratação deve observar a Lei nº 8.248/91, L14133, art. 36, § 1º, III 701
licitação do tipo técnica e preço, L14133, art. 36, § 1º, III 701
preferência nas licitações, L14133, art. 26, § 7º 622

Ingerência
da Administração - contrato de terceirização - vedação, L14133, art. 48, VI 884

Inmetro...v. também Instituto Nacional de Metrologia, Qualidade e Tecnologia
acreditação de instituição certificadora - exigência da Administração, L14133, art. 17, § 6º 465
certificação de instituição acreditada - exigência 465
instituição credenciada - prova de qualidade de produto similar, L14133, art. 42, I 801
norma, vedações impostas em licitações - agente público 358
qualidade comum, itens de consumo - atendimento as normas 525

Inovação
e desenvolvimento nacional sustentável - objetivo do processo licitatório, L14133, art. 11, IV 384
ou técnica, contratação - diálogo competitivo, L14133, art. 32, I, a ... 673
projeto básico - requisitos para alteração, L14133, art. 46, § 5º 862
tecnológica, contratação integrada - RDC, L12462, art. 9º, I 673

Instalação(ões)
obras e serviços, etapas na execução - empreitada integral 239

Instituição
especialista no objeto - exame da amostra - indicação no edital, L14133, art. 42, § 3º 806
mais de uma - mesmo serviço - contratação justificada, L14133, art. 49 893

Instituto Nacional de Metrologia, Qualidade e Tecnologia ....v. também Inmetro

Instrutor..............v. também curso e treinamento

Integrada

contratação - matriz de riscos, previsão na licitação 234

ou semi-integrada, fato superveniente à contratação - matriz de alocação de riscos, projeto básico responsabilidade do contratado, L14133, art. 22, § 4º 545

semi-integrada - regime de contratação - matriz de alocação de riscos entre o contratante e contratado no edital, L14133, art. 22, § 3º 545

Integridade

e compliance, responsabilidade - governança das contratações 388

programa - implantação obrigatória - contratação de obras, serviços e fornecimento de grande vulto - edital - previsão, L14133, art. 25, § 4º 596

Intenção

em participar - impugnação do licitante 183

manifestação, abrange o licitante ... 182

Interessado(s)

acesso livre - sítio eletrônico oficial - edital e anexos -, L14133, art. 25 § 3º 595

manifestação de - audiência pública, L14133, art. 21 529

sugestões para licitação - consulta pública, L14133, art. 21, p.ú. 529

Interesse público

adequação, contratação integrada no edital - RDC, L12462, art. 9º, § 2º, I, d 561

contratação, estudos técnicos - processo licitatório, instrução, L8666, art. 18, § 1º, a 488

local de realização das licitações, L14133, art. 12, I 391

objeto histórico - obra de arte 208

obra de arte - objeto histórico 208

parâmetros - anteprojeto, elementos mínimos, L14133, art. 6º, XXIV, e 224

público - estudo técnico preliminar - conceito - L14133, art. 6º, XX 214

supremacia - princípios - L14133, art. 5º 123

Interlegis

leis do Brasil - consolidação no portal do planalto 45

Internacional

licitação - conceito, L14133, art. 6º, XXXV 253

Internet

atos digitais - processo licitatório, L14133, art. 12, VI 401

meio eletrônico - assinatura digital - pessoa física e jurídica - processo licitatório, L14133, art. 12, § 2º 406

publicação da pesquisa - data e hora - obras e serviços de engenharia -, L14133, art. 23, § 2º, II 554

publicação da pesquisa, data e hora de acesso - contratação, balizamento de preços, L14133, art. 23, § 1º, III 551

sítio e período de realização do leilão - divulgação no edital, L14133, art. 31, § 2º, IV 666

sítio eletrônico - divulgação do edital, leilão, L14133, art. 31, § 2º 666

sítio eletrônico oficial, L14133, art. 6º, LII 287

sítio eletrônico oficial, plano de contratação à disposição - processo licitatório, L14133, art. 12, § 1º 406

Inversão

fases do processo licitatório 452

Investidura

forma - função de agente de contratação 174

Investimento(s)

visão global - anteprojeto - elementos mínimos, L14133, art. 6º, XXIV, a. 224

Inviabilidade

da definição de custos - RDC, L12462, art. 8º, § 4º 555

Lei nº 14.133/2021

de definição, orçamento detalhado da obra - elemento do projeto básico .. 230
técnica ou desvantagem à administração de leilão eletrônico - comprovação, L14133, art. 31, § 2º, IV 666

Isonomia
cotação em moeda estrangeira - licitantes estrangeiro e nacional, L14133, art. 52, § 1º 911
edital de licitação internacional - regras, L14133, art. 52, § 5º 911
entre os licitantes - justa competição - processo licitatório - objetivos, L14133, art. 11, II 380
margens de preferência - razões de veto 613
na licitação - princípio da igualdade 140
princípio e segurança jurídica - matriz de riscos, transparência - contratos administrativos 237
profissional organizado em cooperativa - participação em licitação 444

Item(ns)
orçamentários - empreitada por preço unitário 238

Julgamento .... v. também critério - de julgamento
conformidade da proposta vencedora e amostras, L14133, art. 17, § 3º 460
critério - menor preço ou maior desconto - pregão, L14133, art. 6º, XLI 266
critério - pregão - seleção do leiloeiro oficial, L14133, art. 31, § 1º 653
critério - técnica e preço - serviços técnicos - contratação, L14133, art. 36, § 1º, I 701
critério de menor preço ou maior desconto - catálogo eletrônico, L14133, art. 19, § 1º 514
critério do maior retorno econômico - contrato de eficiência, L14133, art. 39 735
critério melhor técnica ou técnica e preço - procedimento, L14133, art. 37 719
critério, maior retorno econômico - proposta com economia do trabalho, L14133, art. 39, § 3º 749
critérios - edital - processo licitatório - instrução, L14133, art. 18, VIII...... 483
critérios - melhor técnica, concorrência, L14133, art. 6º, XXXVIII 262
critérios - tipos de licitação, L14133, art. 33 677
das propostas - critérios, L14133, art. 33 677
dos preços, inversão de fases - processo licitatório 453
e pontuação - critério - melhor técnica ou técnica e preço - processo licitatório - instrução, L14133, art. 18, IX 485
fase da pré-qualificação - amostra ou prova de conceito de bens, L14133, art. 41, II 785
fase do processo licitatório - instrução do processo, L14133, art. 17, IV 451
fase do processo licitatório, L14133, art. 17, IV 451
maior desconto - critério, L14133, art. 33, II 677
maior lance, L14133, art. 6º, XL 264
maior retorno econômico - elementos do edital, L14133, art. 39, § 2º 744
maior retorno econômico - licitante - elementos obrigatórios, L14133, art. 39, § 1º 735
melhor técnica - critério, L14133, art. 33, III 677
melhor técnica - previsões do edital, L14133, art. 35 693
melhor técnica ou técnica e preço - pontuação - participação direta do profissional na execução, L14133, art. 38 727
menor preço, inovação e desenvolvimento nacional sustentável - objetivo do processo licitatório 385

objetivo - L14133, art. 5º 123
objetivo - princípio da licitação, L14133, art. 5º 123
objetivo, princípio - características subjetivas 150
preço global - maior desconto, L14133, art. 34, § 2º...................................... 685
pregão - inversão das fases............... 268
proposta - conteúdo artístico - critério, L14133, art. 33, III 677
propostas - amostra com base em protótipo - exigência do edital, L14133, art. 42, § 2º...................................... 806
propostas - julgamento objetivo, L14133, art. 5º 123
propostas - licitação internacional - regras, L14133, art. 52, § 5º 911
propostas - menor preço - critério, L14133, art. 33, I............................ 677
propostas - menor preço, L14133, art. 34.. 685
propostas - técnica e preço ou melhor técnica - composição da banca, L14133, art. 37, § 1º, I 722
regras - edital de licitação - conteúdo, L14133, art. 25...................... 585, 592
regras no edital - segurança jurídica 590
serviços técnicos especializados intelectuais acima de R$ 300mil, L14133, art. 37, § 2º...................... 723
técnica e preço - proporção máxima para técnica, L14133, art. 36, § 2º . 710, 714
técnica e preço, L14133, art. 36 701
valoração máxima para proposta técnica e preço, L14133, art. 36, § 2º. 710, 714

Julgamento(s)
de propostas, isonomia entre os licitantes - justa competição, objetivos 382

Jurisprudência
princípio da economicidade ... 161, 237
princípio da proporcionalidade...... 158

Justificativa(s)
contratação de mais empresas - serviços, L14133, art. 49................................ 893

contratante - conceito, bens e serviços especiais, L14133, art. 6º, XIV........ 188
da qualificação técnica - motivação - edital - processo licitatório - instrução, L14133, art. 18, IX......................... 484
de padrão e descrição sucinta - publicação - processo de padronização, L14133, art. 43, III............................. 809
do objeto - bens e serviços especiais 189
e período - pesquisa de preços entre fornecedores - balizamento, L14133, art. 23, § 1º, IV................................ 551
marca ou modelo - exceção, L14133, art. 41, I.. 785
medida de compensação - favorecimento de órgão ou entidade pública, L14133, art. 26, § 6º 620
não utilização - catálogo eletrônico, padronização e modelos de minuta , L14133, art. 19, § 2º 514
orçamento sigiloso - estimativa da contratação, L14133, art. 24........... 579
para parcelamento, estudo técnico - processo licitatório - instrução, L14133, art. 18, § 1º, VIII............................. 488
preço, SINAPI e SICRO - edital reformulado pelo TCU 556
previsão no edital - amostra ou prova de conceito - fornecimento de bens, L14133, art. 41, II............................ 785
técnica - limite - consórcio de empresa - edital, L14133, art. 15, § 4º 440
técnica - limite, consórcio de empresa 440
técnica e preço - planejamento da licitação... 710

Lance(s)
amostra ou prova de conceito de bens, L14133, art. 41, II............................ 785
apresentação de - fase do processo licitatório instrução do processo, L14133, art. 17, III......................... 451
leilão - alienação de bens - homologação posterior, L14133, art. 31, § 4º 669

Lei nº 14.133/2021

maior - leilão - critério de julgamento - propostas, L14133, art. 33, V 677
maior - tipo de licitação, L14133, art. 6º, XL 264

Laudo
laboratorial - prova de qualidade - produto similar, L14133, art. 42, III 801

LDO
fases do processo licitatório 452
planejamento da licitação - fase preparatória 470
responsabilidade - governança das contratações 389

Legalidade
princípio - agentes da administração 126
princípio - de observância obrigatória, L14133, art. 5º 123
princípio - interpretação, segurança jurídica 127
princípio constitucional - aplicação, CF/88, art. 37 75

Legislação
aplicável - constituição e funcionamento da cooperativa, L14133, art. 16, I 445

Lei 8.987/1995
concessão e permissão - licitação e contrato 107

Lei 11.079/2004
PPP - licitação e contrato 107

Lei 12.232/2010
publicidade - licitação e contrato 107

Lei 13.334/2016
PPI - licitação e contrato 107

Lei Complementar nº 123/2006
regras se aplicam às licitação - ME/EPP, L14133, art. 4º 109

Lei Complementar nº 123/2006
CF art. 146 - tratamento diferenciado, ME/EPP 110
vantagens - licitação e contrato 109

Lei nº 8.883/1994
alterações já incluídas na Lei nº 8.666/1993 .... 627, 668, 669, 670

Lei nº 13.500/2017
alterações já incluídas na Lei nº 8.666/1993 604

Lei nº 6.404/1976
art. 116 60

Lei nº 8.112/1990
servidores públicos - regime jurídico 173

Lei nº 8.666/1993
art. 41, § 1º 149
art. 115 - órgão, criação de diversas unidades 167
CF, art. 37 - normas de licitações 41
imóveis - contratos 77

Lei nº 10.520/2002
CF, art. 37 - pregão 41
ementa 41

Lei nº 12.462/2011
ementa 41

Lei nº 13.303/2016
estatais, exclusão da nova lei de licitações 43
norma jurídica - estatais, contratações 61
normas gerais para empresa pública e sociedade de economia mista 43

Lei nº 13.655/2018
decisões judiciais 71

Lei nº 14.133/2021
aplicação imediata e dependência do PNCP 53
constitucionalidade 53

Lei nº 8.666/1993
ementa 41

Leilão
alienação de imóveis, L14133, art. 6º, XL 264
ampla divulgação e competitividade, L14133, art. 31, § 3º 668

arrematação - pagamento - condições - edital, L14133, art. 31, § 2º, II 666
arrematação - pagamento, L8666, art. 53, § 2º 669
avaliação de bens - valor - edital, L14133, art. 31, § 2º, II 666
avaliação de bens, L8666, art. 53, § 1º 669
bem imóvel - administração, seleção de corretor de imóveis 663
conceito, L14133, art. 6º, LX 264
critério de julgamento, L14133, art. 6º, XL 264
de bens imóveis, modalidade, L14133, art. 6º, XL 264
divulgação ampla, L14133, art. 31, § 3º 668
divulgação do edital - sítio eletrônico, L14133, art. 31, § 2º 666
divulgação no Município, L8666, art. 53, § 4º 668, 670
edital - regulamento elaborado pelo leiloeiro ou administração 663
edital, L8666, art. 53, § 3º 669
eletrônico - sítio e período de realização - divulgação no edital, L14133, art. 31, § 2º, IV 666
forma de realização, L14133, art. 31 653
forma de realização, L8666, art. 53 653, 668, 669
homologação - requisitos, L14133, art. 31, § 4º 669
internacional, L8666, art. 53, § 3º . 669
judicial - União, Estados e Municípios, direito de preferência 665
lance - maior - tipo, L14133, art. 6º, XL 264
leiloeiro oficial - seleção por credenciamento ou pregão, L14133, art. 31, § 1º 653
leiloeiro ou servidor designado, L14133, art. 31 653
leiloeiro, L8666, art. 53 .. 653, 668, 669

maior lance - critério de julgamento - propostas, L14133, art. 33, V 677
modalidade, L14133, art. 6º, LX 264
normas, L8666, art. 53....653, 668, 669
preço mínimo - edital, L14133, art. 31, § 2º, II 666
preço mínimo, L8666, art. 53, § 1º 669
presencial - exceção - comprovada inviabilidade do eletrônico, L14133, art. 31, § 2º, IV 666
presencial - local e data - divulgação no edital, L14133, art. 31, § 2º, IV 666
previsão legal - modalidade licitatória, L14133, art. 28, IV 627
previsão legal, L8666, art. 22, V 627
procedimento, L14133, art. 31 653
procedimento, L8666, art. 53653, 668, 669
promovido pela administração - leiloeiro oficial ou servidor 656
publicidade - critério de julgamento, L14133, art. 6º, XL...................... 264
regulamento, L14133, art. 31 653
requisitos do edital, L14133, art. 31, § 2º 666
SBM - preferência de venda 664
sem fase de abilitação, L14133, art. 31, § 4º 669
sem fase de habilitação , L14133, art. 31, § 4º 669
servidor público designado ou leiloeiro, L14133, art. 31 653
servidor público designado, L8666, art. 53 ....653, 668, 669
venda de bens móveis - modalidade, L14133, art. 6º, XL...................... 264
venda de bens móveis - sem fase de habilitação, L14133, art. 31, § 4º ... 669

Leiloeiro
contratação pela administração - procedimento licitatório ou critérios 657
critério de julgamento - maior desconto 662

histórico - profissional regulamentado 654
oficial - seleção por credenciamento ou pregão, L14133, art. 31, § 1º 653
oficial - utilização de, L14133, art. 31 653
oficial - utilização de, L8666, art. 53 .... 653, 668, 669
oficial ou servidor - promovido pela administração, leilão 656
ou administração, elabora regulamento - edital do leilão 663

Leis orçamentárias
compatibilização - fase preparatória - processo licitatório, L14133, art. 18469

Levantamento(s)
cadastral - projeto básico - elemento mínimo, L14133, art. 6º, XXV, a ... 226
cadastral e topográfico - anteprojeto - elementos mínimos, L14133, art. 6º, XXIV, h 224
topográficos - projeto básico - elementos mínimos, L14133, art. 6º, XXV, a .. 226

Licença
ambiental - obras e serviços de engenharia - princípios licitatórios, L14133, art. 25, § 6º 600
ambiental - obras e serviços de engenharia - prioridade na tramitação - SISNAMA, L14133, art. 25, § 6º ... 600
ambiental - responsabilidade do contratado - edital de licitação, previsão, L14133, art. 25, § 5º, I 597
contratado - disciplina do contrato 598

Licitação
acompanhamento por cidadão, L14133, art. 13................................ 409
agente de contratação - requisitos para designação, L14133, art. 7º 315
atividades - agente da contratação - procedimentos e decisões, L14133, art. 8º 339
atividades - procedimento e andamento - agente de contratação, L14133, art. 6º, LX 311

ato - público, L14133, art. 13 409
ato de nomear - autoridade 316
atos internos - estudos técnicos, serviços técnicos profissionais especializados 202
audiência pública, L8666, art. 39 ... 529
autoridade - ato decisórios 175
bens e serviços especiais - empresa ou profissional para assessoramento do agente público, prazo determinado, L14133, art. 8º, § 4º 353
certame - profissional organizado em cooperativa, L14133, art. 16 443
CF, art. 37 - L10520/02 41
CF, art. 37 - L8666/93 41
cláusulas - proibidas na convocação, L14133, art. 9º 357
cláusulas - restritivas, L14133, art. 9º 357
combinação de modalidades - vedação, L14133, art. 28, § 2º 627
competência para edição de normas 49
competência, L14133, art. 17, VII . 451
condução - agente de contratação, L14133, art. 8º 339
consórcio - SPE 181
consórcio de empresa - registro 435
consulta pública - prazo, elementos disponíveis, L14133, art. 21, p. ú. ... 529
contratação para controle de qualidade e tecnológico - serviço técnico profissional especializado 210
cooperação estrangeira - pessoas sancionadas - vedações, L14133, art. 14, § 5º 431
critério de julgamento - maior desconto - preço estimado ou máximo aceitável no edital, L14133, art. 24, p.ú 579
desistência, consórcio de empresa - registro 436
diálogo competitivo - declaração de conclusão - juntada aos autos -, L14133, art. 32, § 1º, VIII 675
diálogo competitivo - divulgação do edital, L14133, art. 32, § 1º, I 675

dispensa e inexigibilidade, competência legislativa - alienação de bens..............75
documento, orçamento detalhado da obra - elemento do projeto básico .. 230
documentos e procedimentos - agentes públicos - comissão de contratação, L14133, art. 6º, L............................ 281
e contrato - agente, vedações, L14133, art. 14, IV... 423
e contratos - agentes públicos - atribuições, formação compatível ou qualificação atestada, L14133, art. 7º, II 321
e contratos - análise de riscos - processo licitatório - instrução, L14133, art. 18, X 486
e contratos - aplicação, LINDB....... 162
e contratos - ato de autoridade/servidor baseado em parecer jurídico - defesa da advocacia pública, L14133, art. 10. 369
e contratos - consolidação de normas públicas..44
e contratos - ME/EPP, LC 123/2006, L14133, art. 4º................................ 109
e contratos - órgão de administração - deveres, L14133, art. 19 505
edital - elementos e estudo técnico divulgados em audiência pública, L14133, art. 21................................ 529
edital - instrução ddo processo, L14133, art. 17, II 451
edital - julgamento - maior desconto, L14133, art. 34, § 2º....................... 685
edital - justificativa - limite máximo - consórcio de empresa, L14133, art. 15, § 4º 440
edital - previsão - amostra ou prova de conceito de bens, L14133, art. 41, II 785
edital - soluções específicas e alternativas - critério de julgamento, técnica e preço, L14133, art. 36, § 1º, V 701
edital e propostas registradas - contratação futura, ARP, L14133, art. 6º, XLVI 277

edital, especificações de mercado - conceito, bens e serviços comuns, L14133, art. 6º, XIII........................ 187
eletrônico - atos dos licitantes - condição de validade, L14133, art. 17, § 4º... 463
empresa estrangeira - tratamento diferenciado - vedações, L14133, art. 9º, II 359
empresas estatais................................ 61, 62
exceção - marca ou modelo, L14133, art. 41, I 785
falta de interessados, L8666, art. 22, § 7º.. 627
favorecimento - divulgação na internet, L14133, art. 27.................................. 625
finalidade, L14133, art. 5º.............. 123
fiscalização qualificada - serviço técnico especializado..................................... 205
forma eletrônica - preferência, L14133, art. 17, § 2º....................................... 455
fornecimento de bens - exigências excepcionais da administração, L14133, art. 41... 785
funcionamento e constituição da cooperativa - legislação aplicável..... 445
habilitação, procedimento licitatório - STF, ADI, direitos do consumidor... 55
homologação do objeto da licitação, L14133, art. 17, VII....................... 451
homologação, L14133, art. 17, VII 451
impulso - agente de contratação, L14133, art. 8º 339
inexigibilidade - margem de preferência, objeto do certame............................ 624
inexigibilidade para treinamento, aperfeiçoamento e capacitação - serviço técnico especializado 207
inovação e desenvolvimento nacional sustentável - objetivo do processo licitatório 385
instrução - estudo técnico preliminar, documento para planejamento....... 215
internacional ....v. também câmbio
internacional - conceito, L14133, art. 6º, XXXV... 253

internacional - edital, L14133, art. 52 911
internacional - margem de preferência - bens e serviços nacionais, L14133, art. 52, § 6º 911
internacional - o que deve atender?, L14133, art. 52 911
internacional - o que deve conter o edital?, L14133, art. 52 911
internacional - tratamento diferenciado 362
internacional, contratado brasileiro - moeda nacional, L14133, art. 52, § 2º 911
internacional, exceções - moeda corrente nacional - é obrigatória 395
irregularidades, regras no edital - segurança jurídica 591
isonomia - princípio da igualdade .. 140
isonomia entre os licitantes - justa competição, objetivos 381
item - ME/EPP, limite de valor 112
itens - preços - catálogo eletrônico - padronização de compras, serviços e obras, L14133, art. 6º, LI 281
julgamento das propostas - critérios, L14133, art. 33 677
julgamento por maior retorno econômico - edital - elementos, L14133, art. 39, § 2º 744
lei, prazo indeterminado - serviço público em regime de monopólio 88
limites à participação, L14133, art. 14 417
limites de participação - pessoa física ou jurídica em sanção disciplinar, L14133, art. 14, III 421
LLCA para poderes legislativo e judiciário 56
locação de imóvel - requisitos de avaliação, L14133, art. 51 907
local de realização - documentação, L14133, art. 12, I 391
maior lance ou oferta, L14133, art. 6º, XL 264

marca - justificativa - exceção, L14133, art. 41, I 785
margem de preferência - adicional, L8666, art. 3º, § 7º 617
margem de preferência - limite, L14133, art. 26, § 1º, II 615
margem de preferência - limite, L8666, art. 3º, § 8º 615
margem de preferência - vedações, L14133, art. 26, § 5º 619
margem de preferência - vedações, L8666, art. 3º, § 9º 619
margem de preferência, L14133, art. 26 609
ME/EPP - agrupamento de itens e lotes 115
ME/EPP, vantagens - comprovação 109
melhor técnica - adoção, L14133, art. 35 693
melhor técnica - aplicabilidade, L14133, art. 35, p.ú. 693
melhor técnica - procedimento, L14133, art. 35 693
melhor técnica - quando utilizar?, L14133, art. 35, p.ú. 693
melhor técnica - tipo, L14133, art. 35 693
menor preço - critério de julgamento, L14133, art. 33, I 677
modalidade - diálogo competitivo - contratação de obra, serviços e compras, L14133, art. 6º, XLII 268
modalidade - diálogo competitivo - procedimento, L14133, art. 32 673
modalidade - Leilão - procedimento, L14133, art. 31 653
modalidade - pregão - bens e serviços comuns, aquisição, L14133, art. 6º, XLI 266
modalidades - criação - vedação, L14133, art. 28, § 2º 627
modalidades - criação - vedação, L8666, art. 22, § 8º 627
modalidades, L14133, art. 28 627

moeda corrente nacional - é obrigatória 395
nacional, cotação de moeda estrangeira - tratamento diferenciado 362
não há para imóvel - administração, locatária 82
não podem participar, L14133, art. 14 417
normas - gerais, L14133, art. 1º 47
notória especialização - satisfação do objeto do contrato 212
objeto - agente de contratação para definição 588
objeto - despesa de manutenção e outras - menor preço ou maior desconto, L14133, art. 34, § 1º 685
objeto - edital, conteúdo, L14133, art. 25 .... 585, 592
objeto - marca ou modelo como referência - possibilidade, L14133, art. 41, I, d 785
objeto - taxa de risco compatível - valor estimado - edital, matriz de alocação de riscos, L14133, art. 22 533
objeto exclusivo - exceção, L14133, art. 41, I 785
objeto social da cooperativa - serviço especializado, L14133, art. 16, IV .. 449
obras e serviços de engenharia - percentual de BDI e ES - balizamento de preços, L14133, art. 23, § 2º 554
obras e serviços de engenharia e arquitetura - adoção preferencial do BIM ou tecnologia e processos integrados de, L14133, art. 19, § 3º 515
obras e serviços de engenharia, item superior à receita - ME/EPP, não aplicação do benefício, L14133, art. 4º, § 1º, II 117
obras e serviços de engenharia, regimes preferencias - RDC, L12462, art. 8º, § 1º 555
orçamento - motivação e divulgação - processo licitatório - instrução, L14133, art. 18, XI 487

orçamento defasado - procedimento da administração pública 584
órgão ou entidade não participante - carona no registro de preços, L14133, art. 6º, XLIX 280
ou execução do contrato, não participação - agente público, direta ou indiretamente, conflito de interesses, L14133, art. 9º, § 1º 364
outras modalidades podem ser usadas? L8666, art. 22, § 8º 627
outras modalidades podem ser usadas?, L14133, art. 28, § 2º 627
participação de cooperativas, L14133, art. 9º, I, a 357
participantes - impedimentos, L14133, art. 14 417
planejamento da contratação, ETP - necessidade fundamentada 472
planejamento, responsabilidade - governança das contratações 389
plano - gestão da obra, subsídios para montagem 228
plano - subsídios para montagem e gestão de obra - projeto básico - elementos mínimos, L14133, art. 6º, XXV, e 228
poder regulamentar 53
preferência - bens e serviços de informática - tecnologia nacional, L14133, art. 26, § 7º 622
preferência/distinção - vedação, L14133, art. 9º 357
pregão - agente responsável é pregoeiro, L14133, art. 8º, § 5º 354
pré-qualificação, L14133, art. 6º, XLIV 271
presencial - exigências, L14133, art. 17, § 2º 455
presencial - gravação áudio e vídeo, L14133, art. 17, § 2º 455
presencial - registro em ata, L14133, art. 17, § 2º 455
presencial, documentação - local de realização 392

presencial, exceção - sessão pública, proposta gravada, L14133, art. 17, § 5º 464
princípios - serviços em geral, L14133, art. 47 871
princípios de observância obrigatória, L14133, art. 5º 123
procedimento - tipo melhor técnica, L14133, art. 35 693
procedimento - tipo técnica e preço, L14133, art. 36, § 1º 701
procedimento e documentação - catálogo eletrônico - critérios de julgamento, L14133, art. 19, § 1º .. 514
procedimentos auxiliares do art. 77 - permissão à Administração, L14133, art. 28, § 1º 627
processo - bens e serviços - contratação - balizamento de preços, L14133, art. 23, § 1º 550
processo - desatendimento das exigências formais - qualificação do licitante, L14133, art. 12, III 395
processo - elaboração do edital, L14133, art. 18, V 478
processo de - excesso de rigor formal - qualificação do licitante, L14133, art. 12, III 395
processo de - fases, L14133, art. 17 451
processo de - objetivos, L14133, art. 11 375
processo licitatório - L14133, art. 18 469
processo, habilitação técnica - empresa substituída no consórcio, L14133, art. 15, § 5º 440
profissional organizado em cooperativa - participação em licitação 444
projeto básico - elaboração 227
projeto básico - obras ou serviços, L14133, art. 6º, XXV 225
projeto executivo - obra, L14133, art. 6º, XXVI 231
promoção do desenvolvimento nacional sustentável, L14133, art. 5º 123
proposta vantajosa - análise de riscos pelo agente de contratação 487
protótipo do objeto exigência de amostras, L14133, art. 42, § 2º 806
qualificação, exigências formais 396
que desempenhe função, vedação - limites de participação da licitação. 423
recurso proveniente de agência estrangeira 65
regime de execução integrada e semi-integrada - balizamento de preços, L14133, art. 23, § 5º 561
remuneração - agente de contratação, condução da licitação 344
repartições públicas sediadas no exterior 62
requisitos de inexigibilidade - serviço técnico especializado 206
requisitos - participação de profissionais em cooperativa, L14133, art. 16 443
restrição ao caráter competitivo - vedação, L14133, art. 9º, I, a 357
restrita - PPB, L14133, art. 26, § 7º 622
restrita - PPB, L8666, art. 3º, § 12 .. 622
restrita - tecnologia desenvolvida no país, L14133, art. 26, 7º 622
restrita - tecnologia desenvolvida no país, L8666, art. 3º, § 12 622
sem sobrepreço/preço inexequível/superfaturado - objetivo do processo licitatório 383
serviço técnico profissional especializado - intelectual, regras 200
serviços técnicos especializados superiores a R$300mil - julgamento, L14133, art. 37, § 2º 723
servidores expostos - advocacia pública, ato baseado em parecer jurídico 370
sigilosa, imprescindível à segurança da sociedade e Estado, L14133, art. 13 409
sociedade de economia mista 61
sociedade de propósito específico 61

técnica e preço - procedimento, L14133, art. 36, § 1º.. 701
técnica e preço - tipo, L14133, art. 36 701
técnica e preço ou melhor técnica - composição da banca, L14133, art. 37, § 1º 721
tecnologia da informação - prazo de entrega, padronização, preço 623
tipos - admitidos, L14133, art. 33 .. 677
tipos - maior lance ou oferta - aplicabilidade, L14133, art. 6º, XL. 264
tipos, projeto básico - projeto executivo, elemento necessário à execução 232
trânsito em julgado - condenação judicial, limites de participação da licitação... 426
tratamento diferenciado - ME/EPP, L14133, art. 4º, § 2º........................ 118
União para legislar - normas gerais, CF/88, art. 22, XXVII 75
vantajosa x produtos desvantajosos - princípio da economicidade 160
vedações - à inovação de modalidades, L8666, art. 22, § 8º 627
vedações - inovação de modalidades, L14133, art. 28, § 2º....................... 627

Licitação: 182
Licitante(s)
abrange a manifestação da intenção 182
abrange a proposta na contratação direta 182
abrange o processo licitatório 182
amostra - julgamento das propostas - exigência do edital, L14133, art. 42, § 2º 806
ato em formato eletrônico - procedimento eletrônico, L14133, art. 17, § 4º 463
atribuição de notas - contratação anterior registrado no PNCP - técnica e preço ou melhor técnica, L14133, art. 37, III... 719
cautela- autenticidade dos documentos no processo licitatório..................... 400

conceito - pessoa física ou jurídica, processo licitatório, L14133, art. 6º, IX 182
convocado- autenticidade dos documentos no processo licitatório 400
desclassificação - conformidade da proposta vencedora e amostras....... 461
direito de preferência - preço do produto 615
distinções proibidas, L14133, art. 9º, II 359
elementos da proposta - critério de julgamento - maior retorno econômico, L14133, art. 39, § 1º 735
estrangeiro - barreira de acesso - vedação, L14133, art. 52, § 6º 911
estrangeiro - cotação em moeda estrangeira, L14133, art. 52, § 1º ... 911
estrangeiro - gravame de tributos, L14133, art. 52, § 4º 911
estrangeiro - licitação internacional, L14133, art. 6º, XXXV..................... 253
estrangeiro e nacional, vedações - tratamento diferenciado 362
habilitação técnica - soma de atestado, consórcio 437
inovação e desenvolvimento nacional sustentável - objetivo do processo licitatório 385
isonomia - justa competição - processo licitatório - objetivos, L14133, art. 11, II 380
naturalidade/sede/domicílio - distinção vedada, L14133, art. 9º, I, b............ 357
observância nesta lei - L14133, art. 13 409
ou contratado - orçamento detalhado - proposta - balizamento de preços, L14133, art. 23, § 6º 563
participação no processo licitatório, L14133, art. 13.................................. 409
pessoa física ou jurídica - interessados na audiência pública 531

planilha de custos no edital - transparência dos atos formais - procedimento licitatório 414
prazo - proposta mais vantajosa - divulgação no edital - diálogo competitivo, L14133, art. 32, § 1º, VIII 675
pré-seleção - critérios no edital - diálogo competitivo, L14133, art. 32, § 1º, II 675
pré-selecionado - reuniões - registro em ata e recursos tecnológicos - diálogo competitivo, L14133, art. 32, § 1º, VI 675
procedimento eletrônico - licitantes, condição de validade....................... 463
profissional organizado em cooperativa - participação em licitação............... 444
proposta final - modalidade de licitação - diálogo competitivo, L14133, art. 6º, XLII 268
provisoriamente vencedor - amostra ou prova de conceito, L14133, art. 41, p.ú. 785
qualificação, desatendimento das exigências formais - processo licitatório, L14133, art. 12, III 395
remanescente - pessoa física ou jurídica em sanção disciplinar - limites de participação, L14133, art. 14, § 1º. 427
remanescentes - sem obrigação de consórcio 436
residente em outras localidades, L14133, art. 9º, I, b......................... 357
revendedor/distribuidor - prova de qualidade - carta de solidariedade do fabricante, L14133, art. 41, IV....... 785
seleção, inversão de fases - processo licitatório... 454
soluções propostas ou informações sigilosas - divulgação vedada à administração - diálogo competitivo, L14133, art. 32, § 1º, IV.................. 675
tratamento diferenciado - vedações, L14133, art. 9º, II 359

vencedor - obras, serviços e fornecimento de grande vulto - implantação obrigatória de programa de integridade - edital -, previsão, L14133, art. 25, § 4º...................................... 596
vínculo com agentes de contratação - vedações, L14133, art. 7º, III 326

Liminar......v. também medida liminar

Limitação
cotas - cooperativa, funcionamento e constituição 446
parentesco - agente de contratação, vedações.. 329
poder discricionário - definição pelas unidades federadas........................... 55

Limite(s)
de enquadramento, regulamento - vedação de artigos de luxo, L14133, art. 20, § 1º 521
de margem de preferência - definida e não definida na lei nº 14.133/21 ... 616
de valor, ME/EPP - item da licitação 112
do ordenamento jurídico, seleção da proposta - processo licitatório 377
economia contratada inferior - sanções, L14133, art. 39, § 3º, II 751
item exclusivo para ME/EPP - inaplicabilidade 117
licitação - declaração - preferência - ME/EPP - LC147, L14133, art. 4º, § 2º 118
máximo - consórcio de empresa - justificativa - edital de licitação, L14133, art. 15, § 4º...................................... 440
no edital - atribuição de notas a quesitos - qualidade - técnica e preço ou melhor técnica, L14133, art. 37, II 719
obras, serviços e compras de grande vulto, L14133, art. 6º, XXII 219
realização de audiência pública, L8666, art. 39... 529

valor anual - preferência - ME/EPP, tratamento diferenciado, L14133, art. 4º, § 3º.. 120

LINDB
aplicação da lei de licitações e Contratos 162

LLCA
abrangência da norma - poderes legislativo e judiciário 56
aplicação - atividade administrativa - poderes legislativo e judiciário............ 57
comparativo a L8666/93 - operação e execução da lei 51
compra por encomenda...................... 80
concessão e permissão de uso............ 86
condições - acordo ou contrato firmado 69
ementa - CF, art. 37, comparativo..... 43
exclusão das estatais, L13303/16 43

LOA
fases do processo licitatório 452
responsabilidade - governança das contratações..................................... 389

Locação
de bem - análise de economicidade e estatuto comparativo de viabilidade 100
de bens ou compras - estudo técnico, L14133, art. 44.................................. 819
equipamentos de informática, L14133, art. 36, § 1º, III 701
licitação, L14133, art. 2º, III...............81
obrigatoriedade de licitação, L14133, art. 2º, III...81
sob medida - manutenção integral e operação do edifício..........................84
sob medida - *retrofit* ou reforma 84
tipo de atividade, L8666, art. 6º, II 184
vigência, orientação Normativa nº 6.83

Local/localidade
imóveis, veículos e semoventes - divulgação no edital - leilão, L14133, art. 31, § 2º, III 666

restrição por edital - serviço de manutenção e assistência técnica , L14133, art. 47, § 2º....................... 875

Luxo
artigos de - aquisição vedada - administração pública - itens de consumo, L14133, art. 20............... 521
artigos de - limites de enquadramento - definição em regulamento -, L14133, art. 20, § 1º... 521
artigos para contratação - interesse público... 525

Maior desconto
concorrência - critério de julgamento, L14133, art. 6º, XXXVIII, e 262
critério - desdobramento do menor de preço 691
critério de julgamento - preço estimado ou máximo aceitável no edital, L14133, art. 24, p.ú. 579
critério de julgamento – leiloeiro ... 662
critério de julgamento, L14133, art. 33, II 677
julgamento, preço global, L14133, art. 34, § 2º 685
ou menor preço - critério de julgamento, catálogo eletrônico, L14133, art. 19, § 1º 514
ou menor preço - pregão - critério de julgamento, L14133, art. 6º, XLI.... 266
parâmetro máximo - pregão - seleção do Leiloeiro oficial, L14133, art. 31, § 1º 653
preço global - preço estimado pela administração 692

Maior economia
à administração, contrato - critério de julgamento, maior retorno econômico, L14133, art. 39................................ 735

Maior preço
lance - leilão - critério de julgamento - propostas, L14133, art. 33, V 677

Maior retorno econômico

concorrência - critério de julgamento, L14133, art. 6º, XXXVIII, d 262
critério de julgamento - contrato de eficiência - maior economia, L14133, art. 39 735
critério de julgamento - propostas, L14133, art. 33, VI 677
diferença de técnica e preço - contrato de eficiência 740

Mandado de segurança
autoridade coatora - competência .. 279

Manifestação
audiência pública - ato prévio à licitação, L14133, art. 21 529
audiência pública - divulgação de estudos e elementos do edital, L14133, art. 21 529
de interesse - diálogo competitivo - prazo no edital, L14133, art. 32, § 1º, I ... 675
licitante, L14133, art. 6º, IX 182

Manufaturado
produto nacional - conceito, L14133, art. 6º, XXXVII 257

Manutenção
bens móveis e imóveis - padronização - serviço comum de engenharia, L14133, art. 6º, XXI, a 216
condições - parecer técnico - processo de padronização, L14133, art. 43, I 809
de atividades - conceito, serviços e fornecimentos contínuos, L14133, art. 6º, XV 190
e assistência técnica - exigências para o estudo técnico - processo licitatório - instrução, L14133, art. 18, § 1º, VII 488
e assistência técnica - localidade restrita no edital, L14133, art. 47, § 2º 875
e assistência técnica local - exigência fundamentada em estudo técnico -, L14133, art. 40, § 4º 783
garantia e assistência técnica - especificação no TR - compras, L14133, art. 40, § 1º, III 775

Manutenção e operação do edifício ..... também locação sob medida

Mão de obra .... v. também contrato de serviço e terceirização
dedicação exclusiva - cumprimento de obrigações trabalhistas e FGTS - prova, L14133, art. 50 899
dedicação exclusiva - serviços contínuos conceito - execução contratual, L14133, art. 6º, XVI 191
egresso - Sistema prisional 604
local - exigência editalícia - respeito à competitividdade, L14133, art. 25, § 2º 592
pequenos reparos - contratação por tarefa 240
regime de contratação por tarefa, L14133, art. 6º, XXXI 240
regime de dedicação exclusiva - reajuste - previsão de índices, L14133, art. 25, § 8º, I 601
regime de dedicação exclusiva - repactuação - variação de custos, L14133, art. 25, § 8º, II 601
serviços contínuos - contratado à disposição, L14133, art. 6º, XVI, a . 191
serviços contínuos - contratado com fiscalização do contratante, L14133, art. 6º, XVI, c 192
serviços contínuos - contratado sem compartilhamento dos recursos humanos e materiais, L14133, art. 6º, XVI, b 192
serviços contínuos - repactuação, L14133, art. 6º, LIX 307

Marca .... v. também compra(s)
escolhida - fornecedor exclusivo - não parcelamento das compras, L14133, art. 40, § 3º, III 781
ou modelo - exceção, L14133, art. 41, I 785

ou modelo - indicação - hipóteses permitidas, L14133, art. 41, I 785
ou modelo - licitação - fornecimento, L14133, art. 41, I 785
ou modelo único - necessidade da Administração - indicação possível, L14133, art. 41, I, c 785
produto similar - meio de prova de qualidade , L14133, art. 42 801
que não atende à necessidade - vedação - possibilidade, L14133, art. 41, III 785
vedação justificada - possibilidade, L14133, art. 41, III 785

Margem de preferência ....v. também direito de preferência
critérios para definição, L14133, art. 26, § 5º 619
definição e limites - previsão, L14133, art. 26, § 1º....................................... 615
licitação - limite, L14133, art. 26, § 1º, II 615
limites - definida e não definida na lei nº 14.133/21................................... 616
para licitação - quantidade insuficiente - vedação, L14133, art. 26, § 5º, II ... 619
processo licitatório - previsão, L14133, art. 26 609
produtos manufaturados que atendam normas, L14133, art. 26, I 609
produtos manufaturados, que atendam normas, L8666, art. 3º, § 4º, I 609
serviços nacionais que atendam normas, L14133, art. 26, I 609
serviços nacionais que atendam normas, L8666, art. 3º, § 4º, I 609
vedações - tratamento diferenciado 362

Material
adequado - aceitação - certificação acreditada - Inmetro, L14133, art. 17, § 6º, III 465
de construção - memorial da edificação - anteprojeto - elementos mínimos, L14133, art. 6º, XXIV, j.................. 224
e recursos humanos, sem compartilhamento, contratado - serviços contínuos com mão de obra, L14133, art. 6º, XVI, b 192
obras e serviços - atividades de administração - órgão - deveres, L14133, art. 19.. 505

Material(s)
com ou sem fornecimento - contratação por tarefa 240

Matriz
atividades do assessor técnico da comissão de contratação - diálogo competitivo - conflito de interesses, L14133, art. 32, § 2º...................... 676
de alocação de riscos - conteúdo, L14133, art. 22, § 1º...................... 538
de alocação de riscos - edital - contratante e contratado, L14133, art. 22 533
de alocação de riscos - projeto básico de responsabilidade do contratado - fato superveniente à contratação integrada ou semi-integrada, L14133, art. 22, § 4º 545
de alocação de riscos - refletida no contrato, L14133, art. 22, § 2º 541
de alocação de riscos entre o contratante e contratado - obrigatória no edital - obras e serviços de grande vulto, L14133, art. 22, § 3º............. 545
de responsabilidade - contratação integrada 857
de responsabilidade - licitação e contratação 176
de responsabilidade - parcelamento de serviços em geral, L14133, art. 47, § 1º 872
de responsabilidade - risco - atraso na disponibilização de bem expropriado - variação de custos , L14133, art. 46, § 4º, IV.. 858
de responsabilidade - variação de custos - desapropriação - contratação integrada e semi-integrada, L14133, art. 46, § 4º, IV 858

de risco - contratação de seguros dos preço ofertado 544
de risco - equilíbrio econômico-financeiro 542
de risco - possibilidade de rescisão contratual 544
de risco - principais hipóteses 542
de risco - variação, base de cálculo.. 543
de risco objetivos - responsabilidade na execução contratual 539
de risco, obrigatoriedade - obras e serviços de grande vulto 545
de risco, responsabilidade solidária - consórcio de empresa...................... 439
de riscos - conceito, L14133, art. 6º, XXVII 232
de riscos - licitação........................... 234
de riscos - valor estimado da contratação integrada - RDC, L12462, art. 9º, § 5º 534
de riscos responsabilidade da contratada - vedação ao termo aditivo - contratos administrativos 236
de riscos, conceito - contratos administrativos.................................. 234
de riscos, critérios - administração e contratado, cláusula de reequilíbrio - contratos administrativos 236
de riscos, informação mínima, L14133, art. 6º, XXVII 232
de riscos, prática de gestão de risco - contratos administrativos 236
de riscos, transparência - princípio da isonomia e segurança jurídica - contratos administrativos 237

Matriz de risco
direito de preferência - deixar de cumprir... 611
pode evitar criminalização de conduta - reequilíbrio econômico-financeiro . 748
remuneração - contratação integrada ou semi-integrada 561

ME/EPP......v. também Microempresa e Empresa de Pequeno Porte

autorização de uso - importante na gestão de espaços públicos 95
consórcio de - vedações ao acréscimo para habilitação, L14133, art. 15, § 2º 435
declaração de observância - limite na licitação... 120
estimativa de preço não divulgada - impugnação do valor...................... 114
favorecimento - LC147, L14133, art. 4º, § 2º... 118
LC 123/2006 - licitação e contratos, L14133, art. 4º 109
licitação - agrupamento de itens e lotes 115
limite de valor - item da licitação.... 112
limite de valor - licitação e contrato 112
limite de valor, item exclusivo - inaplicabilidade 117
não aplicação do benefício - contratação, bens ou serviços, item superior à receita, L14133, art. 4º, § 1º, I... 111
não aplicação do benefício - contratação, obras e serviços de engenharia, item superior à receita, L14133, art. 4º, § 1º, II 117
tratamento diferenciado - prazo de vigência, contrato, L14133, art. 4º, § 3º 120
tratamento diferenciado, L14133, art. 4º, § 2º 118
vantagens - licitação e contrato 109

Mediana
de preços - cálculo do custo global da obra - RDC, L12462, art. 8º, § 3º... 555
de preços - composição de custos - balizamento, L14133, art. 23, § 1º, I 551

Medição
de quantidade - situações de superfaturamento, L14133, art. 6º, LVII, a... 301
e pagamento, critérios - termo de referência, L14133, art. 6º, XXIII, g 221

por resultado e preço global - regimes de execução, L14133, art. 46, § 9º 868

Medida(s)
de compensação - favorecimento de órgão ou entidade pública - edital, L14133, art. 26, § 6º 620

Meio-ambiente...... v. também Sustentabilidade
consideração em projeto básico, L14133, art. 6º, XXV 225
impacto sobre, L14133, art. 6º, XXV 225
impacto, avaliação - requisito do projeto básico, L14133, art. 6º, XXV 225
requisito do projeto básico, L14133, art. 6º, XXV 225

Melhor
técnica - pontuação - participação direta do profissional na execução, L14133, art. 38 727

Melhor técnica
aplicabilidade - L14133, art. 35, p.ú. 693
cabimento - L14133, art. 35 693
concorrência - critério de julgamento, L14133, art. 6º, XXXVIII, b 262
contratação de serviços técnicos especializados intelectuais acima de R$300mil - L14133, art. 37, § 2º, I 723
critério de julgamento - proposta, L14133, art. 33, III 677
ou técnica e preço, critério de julgamento - banca designada, atribuição de notas 721
ou técnica e preço, critério de julgamento - procedimento, L14133, art. 37 719
procedimento - administração pública define objeto, proposta técnica 695
procedimento - L14133, art. 35 693
projeto básico - elaboração 227
tipos de licitação, projeto básico - projeto executivo, elemento necessário à execução 232

Membro(s)
comissão de contratação - responsabilidade, L14133, art. 8º, § 2º 349
composição da banca, atribuição de notas do licitante - técnica e preço ou melhor técnica, procedimentos, L14133, art. 37, § 1º 721
formação - agente de contratação, substituição pela comissão de contratação 350

Memória de cálculo
estimativa de preços - termo de referência, L14133, art. 6º, XXIII, i 222
estimativas para contratação - estudos técnicos - processo licitatório - instrução, L14133, art. 18, § 1º, IV 488
orçamento detalhado da obra - elemento do projeto básico 230

Memorial
descritivo, elementos da edificação - anteprojeto - elementos mínimos, L14133, art. 6º, XXIV, j 224

Menor
preço - parâmetros - combinação - processo licitatório, L14133, art. 23, § 1º 551

Menor preço
com maior qualidade de vida, inovação e desenvolvimento nacional sustentável - objetivo do processo licitatório 385
concorrência - critério de julgamento, L14133, art. 6º, XXXVIII, a 262
critério - qualidade com informações objetivas 690
critério de julgamento - proposta, L14133, art. 33, I 677
critério de julgamento, L14133, art. 34 685
critério, inversão de fases - processo licitatório 454
ou maior desconto - critério de julgamento - catálogo eletrônico, L14133, art. 19, § 1º 514

ou maior desconto - pregão - critério de julgamento, L14133, art. 6º, XLI ... 266
seleção da proposta - processo licitatório 378

Mercado
ampliação da competição - parcelamento de compras, L14133, art. 40, § 2º, III 779
compatibilidade de preços - com praticados no âmbito da Administração, L14133, art. 23 .... 547, 550
compatibilidade de preços - condições de pagamento, L14133, art. 40, I ... 757
compatibilidade de preços - condições de pagamento, L8666, art. 15, III .. 757
concentração - parcelamento de serviços em geral, L14133, art. 47, § 1º, III. 872
especificação usual - objeto do pregão - edital de licitação, previsão, L14133, art. 29 633
especificação, edital de licitação - conceito, bens e serviços comuns, L14133, art. 6º, XIII 187
levantamento - estudos técnicos - processo licitatório - instrução, L14133, art. 18, § 1º, V 488
limitado - procedimento no convite, L8666, art. 22, § 7º 627
local - aproveitamento das peculiaridades - compras, L14133, art. 40, § 2º, II 779
preços superiores - sobrepreço, L14133, art. 6º, LVI 299

Mercosul
margem de preferência, L8666, art. 3º, § 10 615
produtos - margem de preferência - possibilidade, L14133, art. 26, § 1º, III 615

Meta(s)
de resultado - regimes de execução - preço global, L14133, art. 46, § 9º. 868

Método(s) .... v. **metodologia e parâmetros**
de execução da obra - projeto - requisito, L14133, art. 6º, XXV 226

Metodologia(s)
definição de riscos - valor estimado - edital - matriz de alocação de riscos, L14133, art. 22 533
expedita - custo da contratação - regime de execução integrada e semi-integrada, L14133, art. 23, § 5º 561
expedita, custo global, contratação integrada - RDC, L12462, art. 9º, § 2º, II 561
paramétrica custo da contratação - regime de execução integrada e semi-integrada, L14133, art. 23, § 5º 561
paramétrica, custo global, contratação integrada - RDC, L12462, art. 9º, § 2º, II 561
profissional para parecer - serviço técnico especializado 203

Microempresa .... v. também **ME/EPP**

Ministério Público
abrangência das normas gerais de licitação e contratos 58

Minuta(s)
acordo, L14133, art. 19, IV 505
contrato - juntada ao processo administrativo, L14133, art. 18, VI 479
convênio, L14133, art. 19, IV 505
editais e contratos, L14133, art. 19, IV 505
modelos e padronização - catálogo eletrônico - não utilização, justificativa no processo licitatório, L14133, art. 19, § 2º 514
padronizada - adoção pela administração - edital de licitação e contrato, L14133, art. 25, § 1º 592
termos de referência - modelos, L14133, art. 19, IV 505

Mobilidade

reduzida - acessibilidade - obras e serviços de engenharia, L14133, art. 45, VI 827

Modalidade(s)
concorrência - conceito, L14133, art. 6º, XXXVIII 262
concorrência ou concurso, projeto básico - elaboração 227
concorrência ou concurso, projeto básico - projeto executivo, elemento necessário à execução 232
concurso - administração seleção de trabalhos técnicos 646
concurso - critério de julgamento ... 645
de licitação - diálogo competitivo - contratação de obra, serviços e compras, L14133, art. 6º, XLII 268
de licitação - pregão - bens e serviços comuns, aquisição, L14133, art. 6º, XLI 266
de licitação - vedação de participação 425
de provimento - pessoa e cargo, mandato público 174
diálogo competitivo, documentação - local de realização 392
enumeração legal taxativa, L14133, art. 28, § 2º 627
enumeração legal taxativa, L8666, art. 22, § 8º 627
escolha do agente - serviços de engenharia 219
etapa de julgamento - modo de disputa, procedimento 637
inovação - concorrência e pregão.... 635
inversão de fases - processo licitatório 453
leilão - imóveis, L14133, art. 6º, XL 264
licitação - enumeração legal taxativa, L14133, art. 28 627
licitatória - pregão - seleção de leiloeiro oficial, L14133, art. 31, § 1º 653
licitatória pregão - agente responsável é pregoeiro, L14133, art. 8º, § 5º 354

pregão, licitação - agente responsável é pregoeiro 354
procedimento da administração pública - competitividade e transparência ... 627
tipos - critério de julgamento 681

Modelo(s)
de execução do objeto - TR - definição do contrato, L14133, art. 6º, XXIII, e 221
de gestão do contrato, termo de referência - execução do objeto, acompanhada e fiscalizada, L14133, art. 6º, XXIII, f 221
de minuta e padronização - catálogo eletrônico - não utilização - justificativa no processo licitatório - atividades do órgão da administração, L14133, art. 19, § 2º 514
digital de obras e serviços de engenharia - processo integrado e tecnologia, L14133, art. 19, V 505
minutas - padronização - dever da administração, L14133, art. 19, IV 505
ou marca - necessidade da Admin. - indicação admitida, L14133, art. 41, I, c 785
pesquisa de preços - base nacional de notas fiscais eletrônicas 553

Modo(s)
de administração e fiscalização - cooperativa, funcionamento e constituição 447
de disputa, aberto e fechado, diálogo público - requisitos técnicos 674
de disputa, seleção da proposta - processo licitatório 379
e processo de alienação ou oneração - cooperativa, funcionamento e constituição 447

Moeda
corrente nacional - é obrigatória, L14133, art. 12, II 394
distinção entre empresas brasileira e estrangeira - vedação, L14133, art. 9º, II 359

estrangeira ....v. também câmbio
estrangeira - cotação de preço - concorrência internacional, L14133, art. 52, § 1º 911
estrangeira - obrigação de expressar preços e custos em moeda nacional -, L14133, art. 12, II......................... 394
estrangeira, cotação de preços - licitação internacional, L14133, art. 6º, XXXV 253
nacional pagamento de brasileiro - licitação internacional, L14133, art. 52, § 2º 911
pagamento de licitante brasileiro - licitação internacinal, L14133, art. 52, § 2º 911

Moralidade
aplicação, L14133, art. 14 417
princípio - regra moral, ação administrativa................................. 131
princípio constitucional - aplicação, CF/88, art. 37................................75
princípio de observância obrigatória, L14133, art. 5º 123

Motivação
edital - justificativa da qualificação técnica - processo licitatório - instrução, L14133, art. 18, IX........................ 484
inversão de fases - processo licitatório 454
princípio - decisões administrativas 146
princípios - L14133, art. 5º 123
regime de contratação adotado - RDC, L12462, art. 8º, § 2º........................ 555
tempo - divulgação do orçamento da licitação - processo licitatório - instrução, L14133, art. 18, XI 487

Móveis..............v. também bem(ns)
e imóveis, bens, objeto, ações padronizáveis - serviço comum de engenharia, L14133, art. 6º, XXI, a 216
públicos - inservíveis - alienação por leilão, L14133, art. 6º, LX 264
públicos - venda - por leilão, L14133, art. 31, § 4º........................... 669
públicos - venda - por leilão, L14133, art. 6º, XL 264

Mulher
vítima de violência doméstica - reserva mínima - contrato de mão de obra - previsão no edital, L14133, art. 25, § 9º, I.. 604

Multa(s)
omissão - prova de cumprimento de obrigações trabalhistas e FGTS - mão de obra, L14133, art. 50 899

Municípios
autorização de uso - gestão de espaços públicos 95
princípios a que está sujeito, CF/88, art. 37.. 75
proteção a bens de valor histórico - obras de arte 208
recursos, cálculo de custo global da obra - RDC, L12462, art. 8º, § 6º 558
regularização fundiária urbana 76
subordinação à lei, L14133, art. 1º... 47
vigência, competência - servidor efetivo ou empregado público 341

Nacionalidade
inovação e desenvolvimento sustentável - objetivo do processo licitatório, L14133, art. 11, IV......................... 384
produto manufaturado - conceito, L14133, art. 6º, XXXVII 257
serviço - conceito, L14133, art. 6º, XXXVI 254

Não participante..........v. também carona

Necessidade
contratação - posicionamento conclusivo - processo licitatório - instrução, L14133, art. 18, § 1º, XIII 489
fundamentada - contratação - processo licitatório - instrução, L14133, art. 18, I 472

Nomeação

agente público - vedações impostas em licitações 357

Norma(s)
advocacia pública - ato baseado em parecer jurídico 370
assinaturas do processo licitatório - preferencialmente digitais 402
de atuação, regulamento próprio - agente de contratação e equipe de apoio - regulamento próprio 351
de compliance, responsabilidade - governança das contratações 388
definição da gestão por competência - agente público, poder de decisão ... 319
definição da nova lei - estados, municípios e Distrito Federal 51
e procedimentos das agências - contratação e seleção, empréstimo ou doação, L14133, art. 1º, § 3º, II 64
efeitos no edital - aprovação do órgão jurídico 588
gerais - competência privativa 49
gerais - competência privativa da União, CF, art. 22 50
gerais - conceito - regulamentação 50
geral - competência da União - aplicação, L14133, art. 1º 47
internas - advocacia pública, ato baseado em parecer jurídico 372
licitações - consolidação no portal do planalto 44
omissão - quando equivale à vedação 729
pertinentes - especificações técnicas - projeto executivo, L14133, art. 6º, XXVI 231
pessoa jurídica, sanção disciplinar - limites de participação 428
presencial, exceção - sessão pública, proposta gravada 465
técnica da ABNT ou Inmetro - prova de qualidade - produto similar, L14133, art. 42, I 801
técnicas, seleção da proposta - processo licitatório 379

Nota(s)
atribuição - quesitos de qualidade - técnica e preço ou melhor técnica - limites no edital, L14133, art. 37, II 719
eletrônica - base nacional - balizamento de preços, L14133, art. 23, § 1º, V. 551
eletrônica - pesquisa - obras e serviços de engenharia - contratação, balizamento de preços, L14133, art. 23, § 2º, IV 555
emissão no ano - prova de conformidade de preço - contratação direta, L14133, art. 23, § 4º 559

Nulidade
compras, L8666, art. 14 770

Objetivo(s)
da administração, orçamento - elemento do projeto básico 229
matriz de risco - responsabilidade na execução contratual 539
responsabilidade - governança das contratações 388

Objeto ......v. também bem(ns), equipamento, imóvel, material e móvel
adequada especificação, L8666, art. 14 770
análise, planejamento da licitação - fase preparatória 471
aplicação da Lei nº 8.666/93, L14133, art. 2º 73
autenticidade certificada - obra de arte 208
caracterização é requisito da compra, L8666, art. 14 770
ciclo de vida - termo de referência - descrição da solução, L14133, art. 6º, XXIII, c 221
contratação - diálogo competitivo - condições, L14133, art. 32, I 673
contratado - indicação de pessoas - vedação, L14133, art. 48, I 884

contratado - sistema único e integrado - risco - não parcelamento, L14133, art. 40, § 3º, II 781
contrato - reserva mínima de mão de obra - política pública - previsão no edital, L14133, art. 25, § 9º............ 604
cooperado qualificado para execução - indicação nominal - administração - vedação, L14133, art. 16, III 448
da licitação - adequada especificação, L14133, art. 40, § 1º, I 774
da licitação - adequada especificação, L8666, art. 14............................... 770
da licitação - definição - atendimento das necessidades, L14133, art. 18, II 475
da licitação - edital, conteúdo, L14133, art. 25 .... 585, 592
da licitação - estimativa, taxa de risco na matriz de risco 537
da licitação - taxa de risco compatível - valor estimado - edital, matriz de alocação de riscos, L14133, art. 22. 533
da licitação no edital - agente de contratação para definição.............. 588
da sociedade - cooperativa, funcionamento e constituição 446
de bens móveis e imóveis, ações padronizáveis - serviço comum de engenharia, L14133, art. 6º, XXI, a 216
de contratação, terceirização - domínio da administração............................ 193
definição - conforme o caso, L14133, art. 18, II 475
definição - detalhamento do anteprojeto, projeto básico e executivo 475
definição - edital, L14133, art. 18, II 475
definição pela administração pública, regras da licitação - qualidade das propostas 484
definição, termo de referência - prazo e prorrogação do contrato, L14133, art. 6º, XXIII, a 221

definido pela administração pública, proposta técnica - procedimento da melhor técnica............................. 695
diálogo público - inovação tecnológica ou técnica 673
do contrato - aceitação - certificação acreditada - Inmetro, L14133, art. 17, § 6º, II... 465
do contrato - sem subordinação ao regime da lei, L14133, art. 3º, I 103
do contrato - vedação - cláusulas restritivas, L14133, art. 9º, I, c........ 357
do contrato, satisfação - notória especialização, L14133, art. 6º, XIX 212
em itens - análise de custo-benefício do parcelamento de serviços, L14133, art. 47, § 1º, II.. 872
em lotes - viabilidade - compras, L14133, art. 40, § 2º, I..................... 779
entrega - regras - edital de licitação - conteúdo, L14133, art. 25 ...... 585, 592
especificação - catálogo eletrônico, L14133, art. 19, § 1º 514
exame da amostra - instituição especialista - indicação no edital, L14133, art. 42, § 3º 806
execução simunltânea - mais de um contratado - serviços - justificativa, L14133, art. 49, I 893
execução, acompanhada e fiscalizada - termo de referência, modelo de gestão do contrato, L14133, art. 6º, XXIII, f 221
execução, controle da Administração - serviços em geral, L14133, art. 49, p.ú. 893
executados - empreitada por preço global.. 238
financiado - c/ recursos internacionais - peculiaridades, L14133, art. 1º, § 3º 64
fornecimento - marca ou modelo, L14133, art. 41, I 785
fração - matriz de riscos, informação mínima, L14133, art. 6º, XXVII, c . 233

grande vulto - conceito, L14133, art. 6°, XXII 219
histórico - distinção, obra de arte ... 208
histórico - tombamento, obra de arte 208
indicação de marca ou modelo - exceção, L14133, art. 41, I 785
justificativa - bens e serviços especiais 189
licitado - marca ou modelo como referência - indicação admitida, L14133, art. 41, I, d 785
local de execução, preços - valor estimado da contratação, L14133, art. 23 .... 547, 550
minuta padronizada - edital de licitação e contrato, L14133, art. 25, § 1° 592
modelo de execução - TR - definição do contrato, L14133, art. 6°, XXIII, e . 221
obras e serviço de engenharia - formas de execução indireta, L14133, art. 46 845
padrões de desempenho e qualidade objetivos - pregão, L14133, art. 29 . 633
padronização - marca ou modelo admitidos, L14133, art. 41, I, a 785
parcelas relevantes - projeto básico, termo de referência, projeto executivo e anteprojeto 486
proibição de participação na execução, L14133, art. 14 417
protótipo - exigência de amostra - edital, L14133, art. 42, § 2° 806
qualidade comum, discriminação ou especificação - itens de consumo 524
serviços ou fornecimento de bens - administração pública - requisitos para credenciamento, L14133, art. 6°, XLIII 270
social da cooperativa - serviço especializado - cooperado qualificado, L14133, art. 16, IV 449
soluções específicas e alternativas - edital de licitação - critério de julgamento técnica e preço, L14133, art. 36, § 1°, V 701
tarefa divergente - contrato de terceirização - vedação, L14133, art. 48, V 884
valor estimado - inexigibilidade ou dispensa - contratação, balizamento de preços, L14133, art. 23, § 4° 559

Obra e serviço
- estudo técnico - processo licitatório - instrução, L14133, art. 18, § 3° 489
de engenharia - aprovação de etapas de execução, L14133, art. 46, § 6° 864
de engenharia - licença ambiental - prioridade na tramitação - SISNAMA, L14133, art. 25, § 6° 600
de engenharia - modelo digital - dever da administração - processo integrado e tecnologia, L14133, art. 19, V 505
de engenharia - obediência às normas, L14133, art. 45 827
de engenharia - percentual de BDI e ES - balizamento de preços, L14133, art. 23, § 2° 554
de engenharia - pesquisa de preços - contratações similares - período e índice de atualização, L14133, art. 23, § 2°, III 555
de engenharia e arquitetura - licitação por BIM ou tecnologia e processos integrados, L14133, art. 19, § 3° 515
de engenharia, alterações no orçamento - situações de superfaturamento, L14133, art. 6°, LVII, c 301
de engenharia, contratação, item superior à receita - ME/EPP, não aplicação do benefício, L14133, art. 4°, § 1°, II 117
de engenharia, execução - situações de superfaturamento, L14133, art. 6°, LVII, b 301
de engenharia, regimes preferenciais - RDC, L12462, art. 8°, § 1° 555
de grande vulto - contratação integrada e semi-integrada - matriz de alocação de

riscos entre o contratante e contratado no edital, L14133, art. 22, § 3º 545
projeto - segurança é requisito, L14133, art. 6º, XXV, c 226
rodoviários, Sinapi e Sicro - RDC, L12462, art. 8º, § 3º 555

Obra(s)
acompanhamento - sistema informatizado - imagem e vídeos dever da administração, L14133, art. 19, III 505
aplicação desta lei - L14133, art. 2º, VI 97
conceito - alterado pela LLCA 186
conceito, L14133, art. 6º, XII 186
conceito, L8666, art. 6º, I 186
contratação - critério de julgamento - técnica e preço, L14133, art. 36, § 1º, IV 701
contratação - matriz de riscos, previsão na licitação 234
contratação para controle de qualidade e tecnológico - serviço técnico profissional especializado 211
contratada com terceiros, L14133, art. 2º, VI 97
custo global, Sinapi e Sicro - RDC, L12462, art. 8º, § 3º 555
de arte - abrangência 207
de arte - conceito 207
de engenharia - condição p/ licitação e contratação, L14133, art. 45 827
de engenharia - contratação integrada - projeto básico do contratado, L14133, art. 46, § 3º 855
de engenharia - formas de execução indireta, L14133, art. 46 845
de engenharia - projeto executivo obrigatório, L14133, art. 46, § 1º ... 850
de engenharia - regime de execução - economia de escala - processo licitatório, instrução, L14133, art. 18, VII 481
de engenharia e infraestrutura - composição de custos - Sinapi ou Sicro, L14133, art. 23, § 2º, I 554
de grande vulto - conceito, L14133, art. 6º, XXII 219
de grande vulto - programa de integridade obrigatório - previsão editalícia, L14133, art. 25, § 4º 596
e fornecimento de bens - prestação de serviços - contrato de eficiência, L14133, art. 6º, LIII 292
e montagem, projeto executivo - projeto básico, elementos mínimos, L14133, art. 6º, XXV, b 226
e serviços - matriz de risco, anexo do edital 535
e serviços de engenharia - regime de execução, contratação integrada e semi-integrada 482
e serviços de grande vulto - matriz de risco, obrigatoriedade 545
e serviços, novas tecnologias - administração pública 565
e serviços, projeto básico - projeto executivo, elemento necessário à execução 232
elaboração do ETP - sistema digital 472
empreitada por preço global - metas de resultado, L14133, art. 46, § 9º 868
execução - quem não pode participar?, L14133, art. 14 417
execução indireta - regimes, L14133, art. 46 845
formas de execução indireta, L14133, art. 46 845
gerenciamento - serviço técnico especializado, L14133, art. 6º, XVIII, d 205
gestão - subsídios para montagem e plano de licitação - projeto básico - elementos mínimos, L14133, art. 6º, XXV, e 228
gestão, subsídios para montagem - plano de licitação 228

inovação - SINAPI e SICRO, justificativa do preço 558
orçamento detalhado - elemento do projeto básico 229
ou fornecedores - preferências, L12462, art. 38 609
ou serviço - projeto - obrigatoriedade, L14133, art. 6º, XXV 225
ou serviço, preço certo - empreitada por preço unitário 238
ou serviços - projeto básico, L14133, art. 6º, XXV 225
participação (proibição), L14133, art. 14 417
planilha orçamentária - empreitada por preço unitário 238
prazo proposto pelo licitante - critério de julgamento, maior retorno econômico, L14133, art. 39, § 1º, I, a 735
previsão - plano de contratação anual, L14133, art. 18, § 1º, II 488
projeto - impacto ambiental é requisito, L14133, art. 6º, XXV 225
projeto executivo - elemento necessário à execução, L14133, art. 6º, XXVI . 231
públicas, improdutividade - metodologia BIM 575
recursos internacionais, L14133, art. 1º, § 3º 64
regimes de execução indireta, L14133, art. 46 845
regimes de execução, L14133, art. 46 845
requisitos - do projeto básico, L14133, art. 6º, XXV 225
restauração, L14133, art. 6º, XVIII, g 207
s e serviços comuns de engenharia - ETP, elementos 503
serviço - orçamento detalhado - obrigatoriedade, L14133, art. 6º, XXV, f 229

serviços e compras - catálogo eletrônico de padronização - dever da administração, L14133, art. 19, II.. 505
serviços e compras - contratação - modalidade de licitação - diálogo competitivo, L14133, art. 6º, XLII . 268
serviços e compras - padronização - catálogo eletrônico - conceito, L14133, art. 6º, LI... 281
serviços e fornecimento de grande vulto - valor orçamentário 221
serviços e instalações, etapas na execução - empreitada integral 239
serviços e material - atividades - licitação e contratos - órgão da administração, L14133, art. 19................................ 505
serviços especiais e de engenharia, e bens - contratado responsável, contratação integrada, L14133, art. 6º, XXXII.. 241
serviços ou bens, vedações - disputa da licitação.. 417
serviços, compras por padronização - catálogo elerônico 507
sujeição à licitação, L14133, art. 2º, VI 97
técnico profissional especializado - controle de qualidade e tecnológico, L14133, art. 6º, XVIII, h................. 209

Obrigação(ões)
cumprimento - seguro-garantia - conceito, L14133, art. 6º, LIV 294
de meio - matriz de riscos, informação mínima, L14133, art. 6º, XXVII, c . 233
de resultado - matriz de riscos, informação mínima, L14133, art. 6º, XXVII, b 232
jurídicas - advocacia pública, ato baseado em parecer jurídico 371
trabalhistas - prova de cumprimento - contratação de mão de obra, L14133, art. 50... 899

Operação de crédito
contrato sem subordinação ao regime da lei, L14133, art. 3º, I 103

Orçamento

alterações em obra e serviços de engenharia - situações de superfaturamento, L14133, art. 6º, LVII, c 301
anexo do edital, L14133, art. 18, IV 477
da administração, publicidade diferida - atos do processo licitatório, L14133, art. 13, p.ú., II 409
da licitação - motivação - tempo da divulgação - processo licitatório - instrução, L14133, art. 18, XI 487
despesa estimada/prevista - princípio da responsabilidade fiscal - compras, L14133, art. 40, V, c 770
detalhado da obra - elemento do projeto básico 229
dotação - indicação no processo, L14133, art. 6º, XXIII, j 222
elemento do projeto básico, L14133, art. 6º, XXV, f 229
estimado - índice de reajuste de preço vinculado - previsão editalícia obrigatória, L14133, art. 25, § 7º ... 601
estimado em planilhas de quantitativos e preços unitários, L14133, art. 18, IV 477
estimativa de preço - motivação para sigilo 487
estimativa, responsabilidade - governança das contratações 389
leis e alinhamento do planejamento estratégico - contratação dos órgãos - processo licitatório, L14133, art. 12, VII 404
objetivo da administração - elemento do projeto básico 229
preço final - obras, tabela SINAPI .. 566
preços - indicação da administração pública 478
requisito obrigatório p/ licitação, L14133, art. 6º, XXV, f 229
sigiloso - justificativa - estimativa da contratação, L14133, art. 24 579
sigiloso, acesso estrito aos órgãos de controle - RDC, L12462, art. 6º, § 3º 579
sintético - regime de execução integrada e semi-integrada - balizamento de preços, L14133, art. 23, § 5º 561

Ordem(ns)

bancária, sem pedido - resistência injustificada 364
de serviço, sem pedido - resistência injustificada 364

Ordenador

de despesa - responsabilidade 325

Organismo financeiro internacional

licitação - restrição à participação - pessoas sancionadas, L14133, art. 14, § 5º 431

Organização

social ....v. também dispensa

Órgão gerenciador 279

Órgão(s)

autônomos - administração pública direta e indireta 169
compartilhamentos de processos de padronização, L14133, art. 43, § 1º 814
conceito - pessoa jurídica 166
conceito - unidade da administração pública, L14133, art. 6º, I 166
contratação - alinhamento do planejamento estratégico e leis orçamentárias - processo licitatório, L14133, art. 12, VII 404
controle interno, agente público - princípio da segregação de funções, autoridade.. 333
da administração, edição de regulamentos - materiais, obras e serviços.. 506
de administração de atividades, materiais, obras e serviços - deveres, L14133, art. 19 505
de assessoramento, seleção da proposta - processo licitatório 377

de controle - forma eletrônica, preferência 456
de controle - princípio da segregação de funções, L14133, art. 7º, § 2º 333
de controle - sigilo da estimativa da contratação, L14133, art. 24, I 579
de controle externo e interno, acesso a orçamento sigiloso - RDC, L12462, art. 6º, § 3º 579
de controle interno e externo, sigilo - transparência dos atos formais - procedimento licitatório 415
de controle, sem sobrepreço/preço inexequível/superfaturado - objetivo do processo licitatório 384
estrutura da administração pública - agente público, poder de decisão ... 316
função na licitação, fiscalização ou gestão do contrato, vedação - limites de participação da licitação 423
jurídico - atribuição - exame de minutas - edital, L14133, art. 19, IV 505
necessidade de solução adaptada - contratação - diálogo competitivo, L14133, art. 32, I, b 673
ou entidade - responsabilidade da alta administração, L14133, art. 11, p.ú. 386
ou entidade gerenciadora - conceito, L14133, art. 6º, XLVII 278
ou entidade não participante - carona no registro de preços - conceito, L14133, art. 6º, XLIX 280
ou entidade não participante - conceito, L14133, art. 6º, XLIX 280
ou entidade participante - conceito, L14133, art. 6º, XLVIII 279
ou entidade vinculada - contratado, administração pública 178
que adquiriu o produto - prova de qualidade - produto similar, L14133, art. 42, II 801
remuneração, definida em lei - agente de contratação, condução da licitação 344

responsável - planejamento - processo licitatório, L14133, art. 12, VII 404
sanções - penalidades de suspensão e declaração de inidoneidade 167

Outorga
utilização privativa do bem público - revogação 89

Outsourcing
política de impressão - digitação 768

Padrão
mínimo para contratação - anteprojeto - elementos, L14133, art. 6º, XXIV, j 224

Padronização
ação, objeto de bens móveis e imóveis - serviço comum de engenharia, L14133, art. 6º, XXI, a 216
compras, L14133, art. 40, V, a 770
compras, L8666, art. 15, I 757
de compras, serviços e obras - catálogo eletrônico - conceito, L14133, art. 6º, LI 281
de compras, serviços e obras - catálogo eletrônico - dever da administração, L14133, art. 19, II 505
e modelos de minuta - catálogo eletrônico - não utilização - justificativa no processo licitatório, L14133, art. 19, § 2º 514
minuta - adoção pela administração - edital de licitação e contrato, L14133, art. 25, § 1º 592
modelos de minutas, L14133, art. 19, IV 505
não parcelamento de compra, L14133, art. 40, § 3º, III 781
prazo de entrega, preço - licitação, tecnologia da informação 623
princípio - elaboração do Edital pelo órgão 478
processo - compartilhamento entre órgãos/entidades - níveis, L14133, art. 43, § 1º 814
processo de - elementos obrigatórios, L14133, art. 43 809
serviços, L14133, art. 47, I 871

Pagamento(s)
  antecipação - motivação 763
  antecipado - garantia, hipoteca da sede da empresa 80
  antecipado - garantia, recebíveis da própria empresa 80
  antecipado - indispensável cautela ou garantia 760
  compras - indicação orçamentária, L8666, art. 14 770
  concorrência internacional, L14133, art. 52 911
  concurso - condições no edital, L14133, art. 30 643
  concurso - regulamento próprio, L8666, art. 52 653
  condições - definição - fase preparatória, L14133, art. 18, III 476
  condições - regras - edital de licitação - conteúdo, L14133, art. 25 ...... 585, 592
  contrato - inserida as regras 587
  de perícia pela administração - serviço técnico especializado 203
  definição das condições - fase preparatória, L14133, art. 18, III ... 476
  e concessão de férias - obrigações trabalhistas - exigência da Administração, L14133, art. 50, IV 899
  e medição, critérios - termo de referência, L14133, art. 6º, XXIII, g 221
  estudos técnicos - serviços técnicos profissionais especializados 202
  garantia de - condições equivalentes - licitações internacionais, L14133, art. 52, § 3º 911
  garantias de - equivalência entre estrangeiro e brasileiro, L14133, art. 52, § 3º 911
  indenizações - desapropriação - contratação integrada e semi-integrada, L14133, art. 46, § 4º, II 857
  leilão - antecede a homologação, L14133, art. 31, § 4º 669
  leilão - condições - edital, L14133, art. 31, § 2º, II 666
  leilão - condições no edit-al, L14133, art. 31, § 2º, II 666
  leilão, L8666, art. 53, § 1º 669
  leilão, L8666, art. 53, § 2º 669
  licitação internacional, L14133, art. 51, § 1º 911
  licitação internacional, L14133, art. 52, § 2º 911
  medição - empreitada - preço global - peculiaridades, L14133, art. 46, § 9º 868
  minuta de contrato - anexo do edital, L14133, art. 18, VI 479
  moeda uniforme p/ todos os participantes, L14133, art. 9º, II 359
  parecer - serviço técnico especializado 203
  peculiaridades da licitação, L8666, art. 40, XVII 595
  percentual mínimo de pagamento, L8666, art. 53, § 2º 669
  prazo - previsão no edital - leilão, L14133, art. 301, § 2º, II 666
  prazo, L8666, art. 53, § 2º 669
  previsão no edital - leilão, L14133, art. 31, § 2º, II 666
  recibo de - obrigações trabalhistas - exigência da Administração, L14133, art. 50, II 899
  recibo de vale transporte e alimentação - exigência da Administração, L14133, art. 50, VI 899
  reembolso exclusivo de salário de terceirizado pago- vedação, L14133, art. 48, IV 884

Parâmetro(s)
  adequação ao interesse público - anteprojeto, elementos mínimos, L14133, art. 6º, XXIV, e 224
  combinação - proposta mais vantajosa - edital - processo licitatório - instrução, L14133, art. 18, VIII 483
  de qualidade, administração - edital de licitação 687

definição do melhor preço - combinação - processo licitatório, L14133, art. 23, § 1º 551
estimativa de preços - termo de referência, L14133, art. 6º, XXIII, i 222
máximo - preço - seleção do Leiloeiro oficial - lei da profissão, L14133, art. 31, § 1º 653

Parcela(s)
de maior relevância - dispensa de substituir profissional 730

Parcelamento
compras - ampliação da competição, L14133, art. 40, § 2º, III 779
compras - impedimentos, L14133, art. 40, § 3º 781
compras - princípio, L14133, art. 40, V, b 770
compras - regras, L14133, art. 40, § 2º 779
compras, L8666, art. 15, IV 770
do objeto - margem de preferência, L14133, art. 26, § 5º, II 619
justificativa - estudo técnico - processo licitatório - instrução, L14133, art. 18, § 1º, VIII 488
serviços em geral - parâmetros para análise de custo-benefício, L14133, art. 467, § 1º, II 872
serviços em geral - viabilidade e economicidade, L14133, art. 47, II 871
serviços em geral -requisitos para aplicação, L14133, art. 47, § 1º 872
sistema único e integrado - risco ao conjunto - não parcelamento, L14133, art. 40, § 3º, II 781

Parecer
contratação - serviço técnico especializado 203
de sondagem - anteprojeto, elementos mínimos, L14133, art. 6º, XXIV, i. 224
jurídico - base para prática de ato - defesa de autoridade/servidor - advocacia pública, L14133, art. 10. 369
jurídico, pedido sem emissão - resistência injustificada 364
serviço técnico especializado, L14133, art. 6º, XVIII, b 203
técnico do produto - processo de padronização, L14133, art. 43, I..... 809

Parente(s)
de dirigente/agente público - contratação vedada - terceirização, L14133, art. 48, p.ú. 891

Parentesco(s)
agente de contração - vínculos, vedações 327
entre licitante e agente/servidor - vedações em participar de licitação, L14133, art. 14, IV 423
limitação - agente de contratação, vedações 329

Participação
capacidade técnica ou financeira - fixação do responsável pelo consórcio 437
consórcio - habilitação jurídica 437
em consórcio - requisitos, L14133, art. 15 433
em execução de obra/serviço, L14133, art. 14 417
entidade ou órgão - conceito, L14133, art. 6º, XLVIII 279
na licitação - desenvolvimento das funções, L8666, art. 7º, III 326
na Licitação - limites, L14133, art. 14 417

Patrimônio
da Administração - dano - superfaturamento, L14133, art. 6º, LVII 301
histórico, cultural, arqueológico e imaterial - avaliação de impacto - obra e serviços de engenharia, L14133, art. 45, V 827
histórico, cultural, arqueológico e imaterial - respeito - obras e serviços de engenharia, L14133, art. 45, V 827

histório ou artístico - restauração - serviço técnico-especializado, L14133, art. 6º, XVIII, g 207

Patrocínio
causa judicial/administrativa - serviço técnico especializado, L14133, art. 6º, XVIII, e 206

PCA
estudo técnico preliminar - documento para planejamento 215
formalização de demanda - órgão responsável - processo licitatório 405
planejamento da licitação - fase preparatória 469

Penalidade(s)
contratado - omissão - prova de cumprimento de obrigações trabalhistas e FGTS, L14133, art. 50 899
de suspensão e declaração de inidoneidade - órgão, sanções 167
de suspensão se restringe ao órgão . 279
implantação obrigatória de programa de integridade - omissão, L14133, art. 25, § 4º 596
pessoa física ou jurídica - limites de participação da licitação, L14133, art. 14, III 421
regras - edital de licitação - conteúdo, L14133, art. 25 .... 585, 592
regras no edital - segurança jurídica 591

Perícia
contratação - serviço técnico especializado 203
serviço técnico especializado, L14133, art. 6º, XVIII, b 203

Permissão
aplicação desta lei - L14133, art. 2º, IV 85
de serviço - legislação aplicável, L14133, art. 2º, IV 85
de serviço - licitação, L14133, art. 2º, IV 85
de uso - conceito 92
de uso - licitação, L14133, art. 2º, IV 85

duas espécies no ordenamento jurídico 87
e concessão de uso - gênero de outorga de serviços públicos 86
licitação e contrato - regida pela Lei 8.987/1995 107
necessidade de contrato - prazo 89
poder público e particular ou outro órgão público - lei de licitação 90

Pesquisa(s)
custos unitários - menores ou iguais à mediana do item 552
de preços - base nacional de notas fiscais eletrônicas 553
de preços - contratações similares - período e índice de atualização - obras e serviços de engenharia, L14133, art. 23, § 2º, III 555
de preços - período e índice de atualização - obras e serviços de engenharia, L14133, art. 23, § 2º, III 555
de preços - sítio eletrônico de domínio amplo - obras e serviços de engenharia - data e hora, L14133, art. 23, § 2º, II 554
de preços - sítio eletrônico especializado - obras e serviços de engenharia - data e hora, L14133, art. 23, § 2º, II 554
de preços - SRP - período - balizamento, L14133, art. 23, § 1º, II 551
entre fornecedores - período e justificativa - balizamento de preços, L14133, art. 23, § 1º, IV 551
nota fiscal eletrônica - base nacional - balizamento de preços, L14133, art. 23, § 1º, V 551
nota fiscal eletrônica - obras e serviços de engenharia, L14133, art. 23, § 2º, IV 555
preços - publicação na internet - data e hora - obras e serviços de engenharia -, L14133, art. 23, § 2º, II 554
produtos - conceito, L14133, art. 6º, LV 297

publicação na internet, data e hora de acesso - contratação, balizamento de preços, L14133, art. 23, § 1º, III 551

Pessoa física
assinatura digital - meio eletrônico, processo licitatório 406
assinatura digital, documentação - local de realização 393
condenação judicial - limites de participação da licitação 426
e jurídica - assinatura digital - meio eletrônico - internet - processo licitatório, L14133, art. 12, § 2º..... 406
função pública - agente público 171
ou jurídica - licitação - cooperação estrangeira - restrições à não participação, L14133, art. 14, § 5º. 431
ou jurídica em sanção disciplinar - licitante remanescente - limites de participação, L14133, art. 14, § 1º. 427
ou jurídica em sanção disciplinar - limites de participação da licitação, L14133, art. 14, III 421
ou jurídica, condenação judicial - limites de participação da licitação, L14133, art. 14, VI 425
ou jurídica, contratado, L14133, art. 6º, VIII 177
ou jurídica, processo licitatório - licitante - conceito, L14133, art. 6º, IX 182
permissão para contratação - qualificação diferenciada 180
sanções, vedação - limites de participação da licitação.................... 422
terceirização, elaboração do anteprojeto - vedação, participação da licitação. 430
treinamento, aperfeiçoamento e capacitação - serviço técnico especializado............................... 207

Pessoa jurídica
assinatura digital, documentação - local de realização 393
assinaturas do processo licitatório - preferencialmente digitais 401
condenação judicial - limites de participação da licitação 426
consórcio - capacidade patrimonial 181
consórcio, vedação - participação na execução de obras............................ 420
contratante, L14133, art. 6º, VII 176
controle público 168
da administração pública - contratado 178
e física - assinatura digital - meio eletrônico, L14133, art. 12, § 2º..... 406
elaboração do anteprojeto - vedações, disputa da licitação......................... 419
entidade, conceito 168
órgão, conceito 166
ou física em projetos e programas, licitação - não participação, L14133, art. 14, § 5º 431
ou física em sanção disciplinar - licitante remanescente - limites de participação, L14133, art. 14, § 1º 427
ou física em sanção disciplinar - limites de participação da licitação, L14133, art. 14, III................................ 421
ou física, condenação judicial - limites de participação da licitação, L14133, art. 14, VI 425
ou física, contratado, L14133, art. 6º, VIII 177
ou física, processo licitatório - licitante - conceito, L14133, art. 6º, IX 182
responsável pelo projeto - vedações, disputa da licitação......................... 418
sanção disciplinar - limites de participação 427
sanções, vedação - limites de participação da licitação.................. 422

Pessoa(s)
indicação no objeto - terceirização de serviços - vedação, L14133, art. 48, I 884

Planejamento
anteprojeto, subsídios ao projeto básico 225

atividades de apoio - autor de projetos - condições, L14133, art. 14, § 2º..... 429
catálogo eletrônico - restrição de uso 514
compras - bens e serviços especiais . 189
compras - princípios obrigatórios, L14133, art. 40, V.......................... 770
compras - princípios, L14133, art. 40 757
controle de qualidade e tecnológico - serviço técnico profissional especializado................... 209
da contratação, ETP - necessidade fundamentada 472
da licitação, responsabilidade - governança das contratações........... 389
das obras - contratação integrada ou semi-integrada 562
documentação para processo do ETP 472
documento - estudo técnico preliminar - conceito - L14133, art. 6º, XX 214
estratégico - alinhamento - leis orçamentárias e contratação dos órgãos , L14133, art. 12, VII..................... 404
estratégico - responsabilidade da alta administração - processo licitatório, L14133, art. 11, p.ú. 386
estratégico, responsabilidade - governança das contratações............ 388
estudos técnicos - serviços técnicos profissionais especializados............. 202
etapas - projeto básico, requisitos legais 227
etapas, controle de qualidade e tecnológico - serviço técnico profissional especializado................ 211
execução do objeto - pagamento..... 477
fase de contratação - motivação expressa 485
fase preparatória - processo licitatório, L14133, art. 18........................... 469
inovação e desenvolvimento nacional sustentável - objetivo do processo licitatório........................ 385

órgãos responsáveis - processo licitatório, L14133, art. 12, VII 404
princípio - ciência da administração 144
princípios - L14133, art. 5º............. 123
regime de fornecimento de bens - entrega integral e parcelada 482
regime de prestação de serviço - execução parcelada ou não 482
serviços técnicos profissionais e especializados, L14133, art. 6º, XVIII, a 201

PLANEST
responsabilidade - governança das contratações.................................. 389

Planilha(s)
de custos no edital - transparência dos atos formais - procedimento licitatório 414
orçamentária da obra - empreitada por preço unitário............................... 238

Plano(s)
anual de contratação - observância do ente federativo, L14133, art. 12, § 1º 406
anual de contratação -regulamento - processo licitatório, L14133, art. 12, VII 404
anual de contratações - compatibilização com a fase preparatória - processo licitatório, L14133, art. 18.............. 469
anual de contratações - disponível em sítio eletrônico oficial - processo licitatório, L14133, art. 12, § 1º 406
anual de contratações - subsidia elaboração de leis orçamentárias, L14133, art. 12, VII 404
anual de contratações, regulamento - processo licitatório, L14133, art. 12, VII 404
de contratações anual, responsabilidade - governança das contratações......... 389
de gestão - subsídios para montagem - projeto básico - elementos mínimos, L14133, art. 6º, XXV, e................... 228

de licitação - gestão da obra, subsídios para montagem 228
de licitação - subsídios para montagem - projeto básico - elementos mínimos, L14133, art. 6º, XXV, e 228
estratégico da instituição, responsabilidade - governança das contratações..................................... 388
estratégico, alinhamento, órgão responsável - processo licitatório 405

Plataforma(s)
assinaturas do processo licitatório - preferencialmente digitais................ 402

PNAT
sistema prisional - oferta de trabalho no edital de licitação 606

PNCP
divulgação centralizada - agente de contratação, empresas do certame.. 625

PNCP
consulta de preços - composição de custos - contratação, balizamento, L14133, art. 23, § 1º, I 551
públicos, preços de mercado - análise pela administração pública 549
transparência dos atos formais - procedimento licitatório 412

PNCP
contratação anterior registrada - atribuição de notas - licitação por técnica e preço ou melhor técnica, L14133, art. 37, III 719

PNDP ....v. também ações de capacitação e treinamento

Poder
discricionário, autorização de uso - submissão à impessoalidade 94

Poder Executivo
decisão fundamentada - margem de preferência, previsão, L14133, art. 26, § 1º, I 615

federal, território - serviço nacional, L14133, art. 6º, XXXVI 254

Poder Judiciário
DF/Estados e municípios - aplicabilidade, L14133, art. 1º, I 56

Poder Legislativo
DF/Estados e municípios - aplicabilidade, L14133, art. 1º, I 56

Point Service
ferramenta de TI – exemplo 510

Política
monetária e do comércio exterior - licitação internacional - adequação, L14133, art. 52................................ 911
pública - reserva de percentual mínimo de mão de obra - previsão no edital, L14133, art. 25, § 9º 604

Política Nacional de Pessoal ....v. também PNDP, ações de capacitação, capacitação e plano de capacitação

Política Nacional do Meio Ambiente
princípio do desenvolvimento nacional sustentável 161

Pontuação
e julgamento - critério - melhor técnica ou técnica e preço - processo licitatório - instrução, L14133, art. 18, IX 485
maior - julgamento por técnica e preço, L14133, art. 36................................ 701
técnica - desempenho na execução do contrato - critério de julgamento - técnica e preço, L14133, art. 36, § 3º 710, 715
técnica - participação direta do profissional na execução, L14133, art. 38 727

Portal Nacional de Contratações Públicas..........v. também PNCP

Posse(s)
transferência - alienação de bens públicos 75

PPA
fases do processo licitatório 452
planejamento da licitação - fase preparatória 470
responsabilidade - governança das contratações 389

PPB .... v. também Processo Produtivo Básico
licitação restrita - tecnologia nacional, L14133, art. 26, 7º 622
licitação restrita, L8666, art. 3º, § 12 622
preferência nas licitações - tecnologia nacional, L14133, art. 26, § 7º 622
qualidade
    comum, itens de consumo - atendimento as normas 525

PPI
licitação e contrato - regida pela Lei 13.334/2016 107

PPP
licitação e contrato - regida pela Lei 11.079/2004 107

Prazo(s) .... v. também alteração contratual e contrato - duração
audiência pública - anterior à Licitação, L14133, art. 21 529
audiência pública, licitação obrigatória - sem limite, valor estimado 529
compras de bens de consumo - regulamento, L14133, art. 20, § 2º 521
consórcio de empresa - registro 436
contrato - índice de reajuste do preço vinculado ao orçamento estimado - edital de licitação, previsão, L14133, art. 25, § 7º 601
contratual, alterações nas cláusulas - situações de superfaturamento, L14133, art. 6º, LVII, d 301
de comparação de preços - balizamento pela administração pública 552
de duração - cooperativa, funcionamento e constituição 446
de entrega - anteprojeto - elementos mínimos, L14133, art. 6º, XXIV, c. 224
de entrega, padronização, preço - licitação, tecnologia da informação 623
de execução da obra - projeto - requisito, L14133, art. 6º, XXV 226
de garantia, seleção da proposta - processo licitatório 379
de proposta, regulamento de concurso - divulgação do edital 650
de vigência, contrato - ME/EPP, tratamento diferenciado, L14133, art. 4º, § 3º 120
definido, soluções técnicas - projeto básico, elementos mínimos, L14133, art. 6º, XXV, b 226
determinado - assessoramento profissional do agente de contratações - bens e serviços especiais de licitação, L14133, art. 8º, § 4º 353
determinado - omissão na permissão 87
divulgação dos anexos do edital, L14133, art. 25 § 3º 595
e prorrogação do contrato - termo de referência, definição do objeto, L14133, art. 6º, XXIII, a 221
edital, publicidade - divulgação da audiência pública 531
elementos disponíveis - administração, consulta pública, licitação, L14133, art. 21, p. ú 529
implantação obrigatória de programa de integridade - licitante vencedor - obras, serviços e fornecimento de grande vulto, L14133, art. 25, § 4º 596
impugnação do edital, qualificação - excesso de rigor formal é incabível . 398
indeterminado, lei de licitação - serviço público em regime de monopólio 88
locação - administração, locadora 83
mínimo -manifestação de interesse - edital - diálogo competitivo, L14133, art. 32, § 1º, I 675
não previsto em normas gerais - definição pelas unidades federadas... 55

necessidade de contrato - permissão..89
no edital, proposta e habilitação - regras de convocação 589
ordem de fornecimento - compra... 183
profissional para parecer - serviço técnico especializado 203
proposta - divulgação no edital - diálogo competitivo, L14133, art. 32, § 1º, VIII 675
proposto pelo licitante - obras serviços ou bens - julgamento por maior retorno econômico, L14133, art. 39, § 1º, I, a 735
reajuste - contrato de serviços contínuos - previsão editalícia, L14133, art. 25, § 8º 601
reajuste - duração do contrato 602
remuneração - agente de contratação, condução da licitação..................... 344
serviços por escopo - contratos 195
vigência, contrato - ME/EPP, tratamento diferenciado, L14133, art. 4º, § 3º.. 120
vigência, prazo - ME/EPP, tratamento diferenciado, L14133, art. 4º, § 3º . 120

Preço(s)

banco de dados - valor estimado da contratação, L14133, art. 23 .. 547, 550
catálogo eletrônico de padronização de compras, serviços e obras - itens da licitação, L14133, art. 6º, LI 281
certo, obras ou serviço - empreitada por preço unitário.................................. 238
ceto - contratação por tarefa 240
comparação, seleção da proposta - processo licitatório 378
conformidade - dispensa ou inexigibilidade - nota fiscal, L14133, art. 23, § 4º 559
consulta no PNCP - composição de custos - contratação - balizamento, L14133, art. 23, § 1º, I 551
contratação - inclui seguro obrigatório - matriz de alocação de riscos, L14133, art. 22, § 2º, III 542
contratação para controle de qualidade e tecnológico - serviço técnico profissional especializado................ 210
cotação, moeda estrangeira - licitação internacional, L14133, art. 6º, XXXV 253
de cada item, controle - empreitada por preço global.................................... 239
de mercado - análise pela administração pública... 549
de mercado - definição do balizamento 549
e técnica - critério de julgamento - propostas, L14133, art. 33, IV........ 677
e técnica - proporção - julgamento, L14133, art. 36, § 2º 710, 714
e técnica ou melhor técnica - critério de julgamento - procedimento, L14133, art. 37.. 719
e técnica ou melhor técnica - critérios de pontuação e julgamento - processo licitatório - instrução, L14133, art. 18, IX 485
e técnica, concorrência - critério de julgamento, L14133, art. 6º, XXXVIII, c 262
estimado ou máximo - edital de licitação - critério de julgamento - maior desconto, L14133, art. 24, p.ú........ 579
estimado pela administração - maior desconto, preço global 692
estimado, responsabilidade - governança das contratações........... 389
estimados, vantagem - transparência dos atos formais - procedimento licitatório 415
estimativa - aplicação da regra geral 559
estimativa - memória de cálculo - termo de referência, L14133, art. 6º, XXIII, i 222
estimativa do orçamento - motivação para sigilo... 487
estimativa, não divulgada - ME/EPP - impugnação do valor...................... 114

estimativa, transparência dos atos formais - procedimento licitatório.. 414
ferramenta SINAPI - materiais e serviços de construção civil 566
global - empreitada - conceito, L14133, art. 6º, XXIX................................... 238
global - regimes de execução - medição e pagamento - metas de resultado, L1433, art. 46, § 9º..................................... 868
global, julgamento - maior desconto, L14133, art. 34, § 2º....................... 685
global, sem sobrepreço/preço inexequível/superfaturado - objetivo do processo licitatório 383
índice de reajuste vinculado ao orçamento estimado - previsão editalícia obrigatória, L14133, art. 25, § 7º... 601
inexequível nos contratos - objetivo do processo licitatório é evitar, , L14133, art. 11, III 382
inversão de fases - processo licitatório 452
justificativa, SINAPI e SICRO - edital reformulado pelo TCU................... 556
licitação internacional - estimativa média de tributos, L14133, art. 52, § 4º 911
menor ou maior desconto - pregão - critério de julgamento, L14133, art. 6º, XLI.. 266
menor, concorrência - critério de julgamento, L14133, art. 6º, XXXVIII, a 262
moeda
   corrente nacional - é obrigatória **395**
ofertado, contratação de seguros - matriz de risco 544
orçamento - indicação da administração pública.. 478
parâmetros - SINAPI, edificações financiadas 556
pesquisa - período e índice de atualização - obras e serviços de engenharia - contratação - balizamento de preços, L14133, art. 23, § 2º, III 555
pesquisa - SRP - período - balizamento de preços, L14133, art. 23, § 1º, II. 551
por metro quadrado, CUB - metodologia para administração..... 562
prazo de entrega, padronização, - licitação, tecnologia da informação 623
projeto executivo, soluções técnicas - projeto básico, elementos mínimos, L14133, art. 6º, XXV, b 226
proposta do licitante - julgamento por maior retorno econômico - % sobre a economia, L14133, art. 39, § 1º, II 735
registro - contratação - órgão ou entidade participante, L14133, art. 6º, XLVIII 279
registro - procedimento e gerenciamento - administração pública - órgão ou entidade gerenciadora, L14133, art. 6º, XLVII 278
registro, carona - licitação, órgão ou entidade não participante, L14133, art. 6º, XLIX................................. 280
requisitos de inexigibilidade - serviço técnico especializado 206
sem sobrepreço/preço inexequível/superfaturado - objetivo do processo licitatório 383
sigilo - divulgação, argumentos 580
sigilo - valor estimado para contratação - processo licitatório - instrução, L14133, art. 18, § 1º, VI............................... 488
SINAPI, estimativa - período de execução.. 567
superiores de mercado - sobrepreço, L14133, art. 6º, LVI 299
tabelados, SINAPI - manual de metodologias 513
unitário, empreitada - conceito, L14133, art. 6º, XXVIII 237
unitários valor estimado para contratação - estudos técnicos - processo licitatório - instrução, L14133, art. 18, § 1º, VI... 488

unitários, pesquisa de mercado, SINAPI - materiais e serviços de construção civil 571
unitários, valor da contratação - termo de referência, estimativa, L14133, art. 6º, XXIII, i 222

Preferência(s).........v. margem de preferência e desempate
adoção da BIM para obras e serviços de engenharia e arquitetura, L14133, art. 19, § 3º.. 515
bens e serviços - tecnologia nacional, L14133, art. 26, § 7º........................ 622
bens e serviços nacionais - licitação internacional, L14133, art. 52, § 6º 911
especificação do produto - catálogo eletrônico de padronização, L14133, art. 40, § 1º, I.................................... 774
julgamento por técnica e preço - serviços técnicos, L14133, art. 36, § 1º, I 701
margem para licitação - adicional, L8666, art. 3º, § 7º......................... 617
margem para licitação - limite, L8666, art. 3º, § 8º 615
margem para licitação - vedações, L8666, art. 3º, § 9º, II..................... 619
ME/EPP - LC147, L14133, art. 4º, § 2º 118
para fornecedores ou tipos de bens, L12462, art. 38............................. 609
tecnologia nacional - bens e serviços, L14133, art. 26, § 7º....................... 622
uso do SRP para processamento das compras, L14133, art. 40, II........... 757

Pregão
bens e serviços comuns - conceito relativo.. 187
bens e serviços comuns, conceito dinâmico... 187
bens e serviços comuns, conceito genérico.. 187
CF, art. 37 - L10520/02 41
conceito e características................ 267
conceito, L14133, art. 6º, XLI 266
condução por pregoeiro, L14133, art. 8º, § 5º.. 354
contratação de leiloeiro - serviço comum... 661
e concorrência, inversão de fases - procedimento similar..................... 636
eletrônico – capacitação, pregoeiro 325
formato eletrônico e presencial - transparência e competitividade..... 640
inversão das fases - julgamento da habilitação....................................... 268
não aplicabilidade - contratação de serviços técnicos especializados....... 634
objeto - definição objetiva - edital de licitação, L14133, art. 29 633
objeto inaplicável - serviço técnico especializado, intelectual, de engenharia, arquitetura e obras, L14133, art. 29, p.ú. 633
ou concorrência - registro de preços, modalidade de licitação, L14133, art. 6º, XLV.. 274
ou credenciamento - seleção de Leiloeiro oficial para leilão, L14133, art. 31, § 1º 653
padrão de desempenho - bem ou serviços comuns................................. 188
previsão legal - modalidade licitatória, L14133, art. 28, I 627
rito procedimental, L14133, art. 29 633
seleção de leiloeiro oficial para Leilão, L14133, art. 31, § 1º 653

Pregoeiro
- capacitação – pregão eletrônico 325
agente responsável - modalidade licitatória, pregão, L14133, art. 8º, § 5º 354
cargo efetivo - servidor público 320
curso de capacitação específica - qualificação...................................... 322
e equipe de apoio - cargo comissionado 320
equipe de apoio e agente de contratação - qualificação.................................... 325
qualificação adequada - capacitação 324

sem sobrepreço/preço inexequível/superfaturado - objetivo do processo licitatório 384
sem vínculo efetivo - comissionado 320

Pregoeiro(s)
gravação da sessão presencial - forma eletrônica, preferência 456
vinculação do edital - qualificação, exigências formais 397

Prejuízo(s)
atraso na disponibilização de bem expropriado - matriz de responsabilidade, L14133, art. 46, § 4º, IV 858
variação do custo de indenização - bem expropriado - matriz de responsabilidade, L14133, art. 46, § 4º, IV 858

Prêmio
administração pública, - participante e vencedor 696
concessão - concurso, L14133, art. 6º, XXXIX 263
licitante se dispõe a dar desconto - oferta de doação 695
oferta de doação - licitante dispõe de desconto 695
proposta - melhor técnica - Edital, L14133, art. 35 693

Preparação
da licitação, planejamento - fase preparatória 469

Pré-qualificação 273
amostra ou prova de conceito - fornecimento de bens, L14133, art. 41, II 785
antecipa a habilitação - vantagem ... 273
conceito - futuro licitante 273
conceito, L14133, art. 6º, XLIV 271
procedimento, L14133, art. 6º, XLIV 271
vantagem - qualificação 273

Pré-seleção

de licitantes - critérios previsto no edital - diálogo competitivo, L14133, art. 32, § 1º, II 675
licitante - diálogo competitivo - registro em ata e recursos tecnológicos, L14133, art. 32, § 1º, VI 675

Presencial
e eletrônica, formas de licitação, L14133, art. 17, § 2º 455
leilão - inviabilidade técnica ou desvantagem à administração - comprovação, L14133, art. 31, § 2º, IV 666
licitação, exceção - sessão pública, proposta gravada, L14133, art. 17, § 5º 464

Prestação
de serviço associado e fornecimento - conceito, L14133, art. 6º, XXXIV .. 251
de serviços e fornecimento de mão de obra - distinção 191

Prestação de contas
documento público - princípio da transparência 135

Princípio(s)
atendimento - planejamento das compras, L14133, art. 40, V 770
atividades - serviços de engenharia . 218
atribuições de profissionais - serviços de engenharia 218
básicos - aplicáveis à licitação, L14133, art. 5º 123
básicos - contratação em repartições no exterior, L14133, art. 1º, § 2º 62
celeridade, L14133, art. 5º 123
competitividade, L14133, art. 5º 123
constitucionais, empréstimo ou doação - normas e procedimentos das agências, L14133, art. 1º, § 3º, II, b 64
correlatos - aplicação, L14133, art. 5º 123
da administração pública, responsabilidade - governança das contratações 390

da celeridade - agilidade nas licitações 158
da competitividade - licitantes concorrentes....................................... 155
da economicidade - aspecto econômico da eficiência.. 160
da igualdade - isonomia na licitação 140
da impessoalidade - agente de contratação, substituição pela comissão de contratação................................ 350
da isonomia e segurança jurídica - matriz de riscos, transparência - contratos administrativos 237
da licitação - administração pública, CF, art. 37 44
da moralidade - regra moral, ação administrativa.................................... 130
da motivação - decisões administrativas 146
da motivação, regime de contratação adotado - RDC, L12462, art. 8º, § 2º 555
da probidade administrativa - regra moral, ação administrativa.............. 130
da proporcionalidade - aplicação constante, sem variações................. 156
da publicidade - atos do processo licitatório - preferencialmente digitais, L14133, art. 12, VI 401
da publicidade - divulgação............. 134
da publicidade - transparência dos atos formais - procedimento licitatório, L14133, art. 13................................ 409
da razoabilidade - administração cautelosa... 153
da segregação de funções - autoridade - agente público - evita fraude na contratação, L14133, art. 7º, § 1º .. 332
da segregação de funções - ETP, parecer conclusivo.. 502
da segregação de funções - gestão pública.. 145
da segregação de funções, gestão por competência - agente público, poder de decisão 319

da segurança jurídica - certeza e possibilidade de atuação 152
da transparência - no âmbito da administração pública 134
da vinculação ao edital - regras estabelecidas 148
da vinculação das partes - minuta do contrato, anexo do edital 480
do desenvolvimento nacional sustentável - Política Nacional do Meio Ambiente.. 161
do julgamento objetivo - características subjetivas.. 150
do parcelamento - inaplicabilidade nos contratos de eficientização 747
do parcelamento ou não da contratação - elementos do ETP 498
do planejamento - ciência da administração 143
economicidade - manutenção 160
economicidade, L14133, art. 5º...... 123
eficiência, efetividade e eficácia - qualificação, exigências formais 396
eficiência, L14133, art. 5º 123
gerais da licitação, L14133, art. 5º.. 123
igualdade, L14133, art. 5º............... 123
impessoalidade - administração, conduta pessoal 128
impessoalidade - atos discricionário, autorização de uso 94
impessoalidade, L14133, art. 5º 123
impossibilidade de punição por descumprimento - LIA 125
interpretação *contra legem* 125
isonomia - medida de compensação - favorecimento de órgão ou entidade pública, L14133, art. 26, § 6º 620
isonomia entre os licitantes - justa competição, objetivos...................... 382
julgamento objetivo - obriga a Administração à aferição editalícia. 151
julgamento objetivo, L14133, art. 5º 123
legalidade - agentes da administração 126

legalidade - interpretação, segurança jurídica.. 127
legalidade, L14133, art. 5º.............. 123
licitatórios - licença ambiental de obras e serviços de engenharia, L14133, art. 25, § 6º.. 600
licitatórios aplicáveis aos serviços em geral, L14133, art. 47...................... 871
moralidade, L14133, art. 5º............ 123
motivação, L14133, art. 5º 123
norma que interpreta - conceito..... 123
padronização - compras, L14133, art. 40, V, a..................................... 770
padronização - elaboração do Edital pelo órgão.. 478
padronização de serviços, L14133, art. 47, I 871
padronização, L8666, art.15, I 757
parcelamento - compras, L14133, art. 40, V, b 770
parcelamento - regras para compras, L14133, art. 40, § 2º....................... 779
parcelamento, L8666, art. 15, IV 770
planejamento, L14133, art. 5º........ 123
planejamento, órgão responsável - processo licitatório........................ 405
princípio da vedação ao enriquecimento ilícito - contrato de permissão, indenização 90
probidade administrativa, L14133, art. 5º 123
proporcionalidade, L14133, art. 5º 123
publicidade - alcance do princípio.. 135
publicidade - comunicação ao público em geral.. 135
publicidade - controle, fundamento jurídico... 135
publicidade - dar ciência ao interessado 135
publicidade - divulgação de informações 135
publicidade - processo da TCE 135
publicidade - realização de despesa. 135
publicidade - renúncia de receita.... 135
publicidade e contraditório - conformidade da proposta vencedora e amostras.. 461
publicidade, L14133, art. 5º 123
que regem a Administração Pública, CF/88, art. 37 75
razoabilidade - L14133, art. 5º........ 123
responsabilidade fiscal - despesa estimada/prevista - compras, L14133, art. 40, V, c... 770
segregação das funções, L14133, art. 5º 123
segregação das funções, projeto básico - elaboração.. 227
segregação de funções - servidor efetivo ou empregado público 343
segregação de funções, consultoria e assessoria - serviços técnicos profissionais especializados 204
segregação de funções, documentação - local de realização............................ 393
segurança jurídica - princípios, L14133, art. 5º... 123
sustentabilidade - promoção - licitação, L14133, art. 5º 123
transparência, L14133, art. 5º 123
vinculação ao edital- lei interna de cada licitação... 149
vinculação ao edital, L14133, art. 5º 123

Probidade administrativa
princípio - regra moral, ação administrativa................................. 131

Probidade Administrativa
princípio de observância obrigatória, L14133, art. 5º 123

Problema
evidenciação - estudos técnicos preliminares - processo licitatório - instrução, L14133, art. 18, § 1º...... 488
viabilidade técnica e econômica da solução - estudo preliminar - processo licitatório - instrução, L14133, art. 18, § 1º... 488

Procedimento(s) ....v. **também ato e processo**
adicional, sessão presencial - forma eletrônica, preferência 456
ato administrativo formal, L14133, art. 13 409
auxiliares - competitividade e transparência 630
auxiliares do art. 77 pela Administração - licitação, L14133, art. 28, § 1º 627
centralização das aquisições e contratação de bens e serviços - atividade do órgão da administração, L14133, art. 19, I 505
centralização, órgãos - aquisição e contratação de bens e serviços 507
competência legislativa - alienação de bens 75
condenação do servidor - advocacia pública, ato baseado em parecer jurídico 372
considerações mercadológicas - planejamento da licitação - fase preparatória 471
da licitação e documentação - catálogo eletrônico, critérios de julgamento, L14133, art. 19, § 1º 514
de organismos financeiros multilaterais, L14133, art. 1º, § 3º 64
de pré-qualificação - amostra ou prova de conceito de bens, L14133, art. 41, II 785
diálogo competitivo, L14133, art. 32, § 1º 675
e andamento - atividades da licitação - agente de contratação, L14133, art. 6º, LX 311
e decisões - agente de contratação, atividades licitatórias, L14133, art. 8º 339
e documentos licitatórios - agentes públicos - comissão de contratação, L14133, art. 6º, L 281
e gerenciamento para registro de preços - administração pública - órgão ou entidade gerenciadora, L14133, art. 6º, XLVII 278
e normas das agências - contratação e seleção, empréstimo ou doação, L14133, art. 1º, § 3º, II 64
eletrônico - atos dos licitantes - condição de validade, L14133, art. 17, § 4º ... 463
especial, administração pública flexível - concurso 646
expropriatório..........ver Desapropriação
fase interna, audiência pública - intenção de licitar............................... 529
início, L14133, art. 18 469
interesse público p/ rescisão deve ser justificado, L8666, art. 22, § 7º 627
licenciamento ambiental - compensação - obra e serviços de engenharia, L14133, art. 45, II 827
licitatório - acompanhamento, L14133, art. 13 409
licitatório - atos públicos, L14133, art. 13 409
licitatório - audiência pública - hipóteses de obrigatoriedade, L8666, art.39 .. 529
licitatório - conceito, L14133, art. 13. 409
licitatório - definição pelas unidades federadas 55
licitatório - do tipo melhor técnica, L14133, art. 35 693
licitatório - do tipo técnica e preço, L14133, art. 36, § 1º 701
licitatório - instrução do processo, L14133, art. 18 469
licitatório - original do edital deve ser juntado, L8666, art.40, § 1º 595
licitatório 0 acompanhamento - prerrogativas do cidadão, L14133, art. 13 409
licitatório ou critérios - contratação pela administração de leiloeiro 657
melhor técnica - administração pública define objeto, proposta técnica 695
modalidades, etapa de julgamento - modo de disputa 637

requisitos, L14133, art. 18............. 469
similar - inversão de fases, pregão e concorrência................................... 636
vedações - tratamento diferenciado 361

Processo Produtivo Básico ....v. também PPB

Processo(s)

administrativo - chamamento público - credenciamento, L14133, art. 6º, XLIII 270
administrativo - vedação de marca ou produto, L14133, art. 41, III 785
alienação ou oneração - cooperativa, funcionamento e constituição 447
atos ilícitos de servidor/autoridade - defesa pública incabível, L14133, art. 10, § 1º, II 369
da licitação - qualificação, exigências formais... 396
de fabricação - prova de conformidade - produto similar, L14133, art. 42, III 801
de gestão - soluções de *software* - regulamento, L14133, art. 43, § 2º 816
de padronização - aproveitamento entre órgãos/entidades - níveis, L14133, art. 43, § 1º..................................... 814
de padronização - elementos obrigatórios, L14133, art. 43 809
gestão, vedação - resistência injustificada.. 363
inovação e desenvolvimento nacional sustentável - objetivo do processo licitatório 385
integrado e tecnologia - obras e serviços de engenharia - modelos digitais - dever da administração, L14133, art. 19, V 505
integrado e tecnologia ou, preferencialmente BIM para obras e serviços de engenharia e arquitetura, L14133, art. 19, § 3º...................... 515
licitação presencial, documentação - local de realização........................... 392

licitatório - bens e serviços - contratação - balizamento de preços, L14133, art. 23, § 1º 550
licitatório - desatendimento das exigências formais - qualificação do licitante, L14133, art. 12, III 395
licitatório - fase preparatória, L14133, art. 18.. 469
licitatório - fases, L14133, art. 17 ... 451
licitatório - juntada - declaração de conclusão e registros - diálogo competitivo, L14133, art. 32, § 1º, VIII 675
licitatório - justificativa - não utilização do catálogo eletrônico, padronização e modelos de minuta, L14133, art. 19, § 2º... 514
licitatório - normas, L14133, art. 18 469
licitatório - objetivos, L14133, art. 11 375
licitatório - obras e serviços de engenharia - percentual de BDI e ES - balizamento de preços, L14133, art. 23, § 2º... 554
licitatório - previsão - margem de preferência, L14133, art. 26 609
licitatório - reconhecimento de firma - dúvida na autenticidade, L14133, art. 12, V... 401
licitatório - regime de execução integrada e semi-integrada - balizamento de preços, L14133, art. 23, § 5º...... 561
licitatório, abrange o licitante 182
licitatório, habilitação técnica - empresa substituída no consórcio, L14133, art. 15, § 5º.. 440
licitatório, pessoa física ou jurídica - licitante - conceito, L14133, art. 6º, IX 182
licitatório, planejamento - fase preparatória 469
monitoramento, L14133, art. 11, p.ú. 386

padronização - não parcelamento de compras, L14133, art. 40, § 3º, III. 781
pedido de abertura - resistência injustificada 364
preferências para fornecedores ou tipos de bens, L12462, art. 38 609
resistência injustificada - vedação, L14133, art. 9º, III 363
responsabilidade, notória especialização - satisfação do objeto do contrato... 214

Produtividade
mensuração - soluções - edital de licitação - critério de julgamento técnica e preço, L14133, art. 36, § 1º, V 701

Produto(s)
baixo consumo de energia e recursos naturais - obra e serviços de engenharia, L14133, art. 45, III 827
comercialização, vedações - tratamento diferenciado 362
entrega e recebimento - termo de referência - compras, L14133, art. 40, § 1º, II 774
manufaturado nacional - conceito, L14133, art. 6º, XXXVII 257
manufaturado que atenda normas - margem de preferência, L14133, art. 26, I 609
manufaturado que atenda normas - margem de preferência, L8666, art. 3º, § 4º, I 609
manufaturados - Mercosul - margem de preferência - possibilidade, L14133, art. 26, § 1º, III 615
ou marca que não atende a necessidade - vedação justificada - possibilidade, L14133, art. 41, III 785
para pesquisa e desenvolvimento - conceito, L14133, art. 6º, LV 297
parecer técnico - processo de padronização, L14133, art. 43, I 809
similar - marca indicada no edital - meio de prova de qualidade, L14133, art. 42 801
similar - prova de conformidade, L14133, art. 42, III 801
similar - prova de qualidade - órgão/entidade que adquiriu o produto, L14133, art. 42, II 801
similiar - prova por norma técnica da ABNT ou Inmetro, L14133, art. 42, I 801

Professor .... **v. também curso e treinamento**

Profissional
assessoria técnica à comissão de contratação - diálogo competitivo, L14133, art. 32, § 1º, XI 676
capacidade técnica - pontuação - execução direta, L14133, art. 38 727
contratado para banca de julgamento - técnica e preço ou melhor técnica - quesitos no edital, L14133, art. 37, § 1º, II 722
especializado, serviço técnico - controle de qualidade e tecnológico, L14133, art. 6º, XVIII, h 209
organizado em cooperativa - participação em licitação - requisitos, L14133, art. 16 443
ou empresa - assessoramento de agente/comissão de contratação - prazo determinado - bens e serviços especiais, L14133, art. 8º, § 4º 353
ou empresa qualificado - notória especialização - conceito, L14133, art. 6º, XIX 212
substituição - possibilidade - analogia com art. 67 730
substituição - quando pode ser dispensada 730
técnico - assessoria no diálogo competitivo - termo de confidencialidade, L14133, art. 32, § 2º 676

Profissional(is)
arquiteto, engenheiro ou técnicos - serviço de engenharia 216

atribuições, princípio - serviços de engenharia 218
atuação na licitação - vedação a terceiros 367
auxílio da gestão - conformidade da proposta vencedora e amostras 463
certificado, agente público - qualificação, pregoeiro 322
competência, técnico grau médio - serviços de engenharia 218
consultoria e assessoria - serviços técnicos profissionais especializados 204
controle de qualidade e tecnológico - serviço técnico profissional especializado 210
especializado, atuação na licitação - auxílio de terceiros 368
habilitado, orçamento detalhado da obra - elemento do projeto básico .. 231
notória especialização - satisfação do objeto do contrato 212
ou empresa ou para assessoramento do agente público - bens e serviços especiais 353
parecer - serviço técnico especializado 203

Programa(s)
cooperação estrangeira - licitação - não participação, L14133, art. 14, § 5º. 431
de integridade - implantação obrigatória - obras, serviços e fornecimento de grande vulto - edital - prazo, L14133, art. 25, § 4º 596
de necessidade - anteprojeto - elementos mínimos, L14133, art. 6º, XXIV, a 224

Projeto
básico, obras e serviços - instrumento de escolha 223
conteúdo - bens e serviços especiais 189
elaboração, concurso - direitos patrimoniais 650

Projeto básico
alteração a pedido do contratado - requisitos, L14133, art. 46, § 5º 862
anteprojeto ou termo de referência - futura contratação, estudos técnico preliminar, L14133, art. 6º, XX 214
autores, vedação - participação na execução de obras 420
certificação acreditada - Inmetro, L14133, art. 17, § 6º, I 465
conceito legal, L14133, art.6º, XXV 225
conceito, L14133, art. 6º, XXV 225
detalhamento - projeto executivo - observância, L14133, art. 6º, XXVI 231
dispensa de elaboração - contratação integrada de obra e serviços de engenharia, L14133, art. 46, § 2º... 852
e projeto executivo, elaboração pelo contratado - contratação integrada . 245
elaborado pelo contratado - contratação integrada, L14133, art. 46, § 3º 855
elementos, L14133, art. 6º, XXV 226
encargo do contratado de obra/serviço, L14133, art. 14, § 4º 430
escolha do contratado - fato superveniente à contratação integrada ou semi-integrada - previsão na matriz de alocação de riscos, L14133, art. 22, § 4º 545
inovação e desenvolvimento nacional sustentável - objetivo do processo licitatório 386
justificativa de vedação - participação em consórcio 434
obras ou serviços, L14133, art. 6º, XXV 225
participação do autor na licitação, L14133, art.14, I 417
projeto executivo - elemento necessário à execução - 232
regras, vedações impostas em licitações - agente público 358
requisito de instauração da licitação, L14133, art. 6º, XXV 225
requisitos legais - planejamento, etapas 227
requisitos legais, L14133, art. 6º, XXV 225

requisitos, L14133, art. 6º, XXV, c 226
serviços técnicos profissionais e especializados, L14133, art. 6º, XVIII, a 201
subsídios - anteprojeto - conceito, L14133, art. 6º, XXIV 224
vedações do autor, L14133, art.14, I 417

Projeto executivo
autores, vedação - participação na execução de obras 420
certificação acreditada - Inmetro, L14133, art. 17, § 6º, I 465
contratação semi-integrada, contratado responsável, L14133, art. 6º, XXXIII 247
determinação legal - empreitada por preço global 238
e projeto básico, elaboração pelo contratado - contratação integrada . 245
elemento necessário à execução - projeto básico 232
empresa pela elaboração - participação em licitação, L14133, art. 14, II 420
encargo do contratado de obra/serviço, L14133, art. 14, § 4º 430
obra e serviços de engenharia - obrigatório, L14133, art. 46, § 1º... 850
obras e montagem - projeto básico, elementos mínimos, L14133, art. 6º, XXV, b... 226
serviços técnicos profissionais e especializados, L14133, art. 6º, XVIII, a 201
vedações do autor, L14133, art.14, I 417

Projeto(s)
anexo do edital, L14133, art. 6º, XXVI 231
anteriores ou estudos preliminares - anteprojeto, elementos mínimos, L14133, art. 6º, XXIV, g 224
arquitetônico - anteprojeto - elementos mínimos, L14133, art. 6º, XXIV, d 224

artístico - tipos de licitação, L14133, art. 35, p.ú... 693
autor - impedimento e permissões, L14133, art.14, I 417
autorização p/ execução, L8666, art.52, § 2º 653
básico - estudo técnico preliminar, documento para planejamento 215
conceito, L14133, art. 6º, XXVI 231
contratação integrada - elaboração - responsabilidade, L14133, art. 6º, XXXII.. 241
cooperação estrangeira - limites à participação - sanções, L14133, art. 14, § 5º 431
elaboração por concurso - autorização p/ execução, L14133, art. 30, p.ú. . 643
método construtivo - informação p/ definição - elemento, L14133, art. 6º, XXV, d 226
obras, L14133, art. 6º, XXVI 231
serviço comum de engenharia - dispensa - instrução, L14133, art. 18, § 3º 489

Prolação
de termo aditivo - matriz de riscos, informação mínima, L14133, art. 6º, XXVII, a.. 232

Propaganda............ ....v. também divulgação

Proporcionalidade
princípio - aplicação constante, sem variações 156
princípios - L14133, art. 5º 123

Proposta(s)
apta à contratação mais vantajosa - processo licitatório - objetivos, L14133, art. 11, I.. 375
conceção da obra - anteprojeto, elementos mínimos, L14133, art. 6º, XXIV, f... 224
conformidade, homologação de amostras - previsão no edital de licitação, L14133, art. 17, § 3º........ 460

contratação direta - abrange o licitante 182
critérios do edital - processo licitatório - instrução, L14133, art. 18, VIII 483
de preços - % sobre a economia - julgamento por maior retorno econômico, L14133, art. 39, § 1º, II 735
diálogo competitivo - elementos, L14133, art. 32, § 1º, VIII 675
direito do licitante - mesmo no orçamento sigiloso 583
e edital de licitação registradas - contratação futura - ARP, L14133, art. 6º, XLVI 277
e habilitação, prazo no edital - regras de convocação 589
elementos obrigatórios - critério de julgamento - maior retorno econômico, L14133, art. 39, § 1º, I 735
esclarecimento ou ajuste - administração - diálogo competitivo, L14133, art. 32, § 1º, IX 675
final - licitante - modalidade de licitação - diálogo competitivo, L14133, art. 6º, XLII 268
gravada, sessão pública - licitação presencial, exceção, L14133, art. 17, § 5º 464
instrução do processo, L14133, art. 17, III 451
inversão de fases - processo licitatório 452
julgamento - agente de contratação, margem de preferência 615
julgamento - amostra do licitante - exigência do edital, L14133, art. 42, § 2º 806
julgamento - amostra ou prova de conceito de bens, L14133, art. 41, II 785
julgamento - critérios, L14133, art. 33 677
julgamento - maior retorno econômico - equação, L14133, art. 39, § 3º 749

julgamento, isonomia entre os licitantes - justa competição, objetivos 382
licitação internacional - regras, L14133, art. 52, § 5º 911
mais vantajosa - ciclo de vida do objeto - edital, L14133, art. 18, VIII 483
mais vantajosa - combinação de parâmetros, adequação e eficiência - edital, L14133, art. 18, VIII 483
mais vantajosa - prazo no edital - diálogo competitivo, L14133, art. 32, § 1º, VIII 675
mais vantajosa - programa de integridade, edital de licitação 597
mais vantajosa, economicidade - ETP, elementos 498
obra ou serviço de engenharia - anteprojeto, elementos mínimos, L14133, art. 6º, XXIV, f 224
publicidade diferida - até abertura - processo licitatório, L14133, art. 13, p.ú., I 409
sem sobrepreço/preço inexequível/superfaturado - objetivo do processo licitatório 383
serviços intelectuais técnicos especializados - proporção da valoração técnica, L14133, art. 37, § 2º, I 723
sigilosa, transparência dos atos formais - procedimento licitatório 413
soluções ou informações sigilosas ao licitante, vedado à administração - diálogo competitivo, L14133, art. 32, § 1º, IV 675
técnica e preços - ordem e proporção máxima, L14133, art. 36, § 2º 710, 714
técnica, administração pública define objeto - procedimento da melhor técnica 695
vencedora pelo resultado - critérios no edital - diálogo competitivo, L14133, art. 32, § 1º, X 676
vencedora, consórcio de empresa - registro 435

Prorrogação

contrato, responsabilidade - governança das contratações 389
e prazo do contrato - termo de referência, definição do objeto, L14133, art. 6º, XXIII, a................................. 221
injustificada, alterações nas cláusulas - situações de superfaturamento, L14133, art. 6º, LVII, d 301
serviços por escopo - contrato 196

Protótipo
conceito - indicação de marca 793
da Administração - exigência de amostra para julgamento das propostas - edital, L14133, art. 42, § 2º 806
verificação de compatibilidade - amostra 807

Prova(s)
de conceito ou amostra - exigência - exceção, L14133, art. 41, II 785
de qualidade - similar à marca indicada no edital - meios, L14133, art. 42 .. 801

Publicação
convocação dos interessados - anexos do edital 595
internet - data e hora - pesquisa para obras e serviços de engenharia, L14133, art. 23, § 2º, II................................... 554
na internet, data e hora de acesso, pesquisa - contratação, balizamento de preços, L14133, art. 23, § 1º, III 551
notória especialização - satisfação do objeto do contrato 213
plano anual de contratações - disponível em sítio eletrônico oficial 406
sem pedido - resistência injustificada 364
transparência dos atos formais - procedimento licitatório 411

Publicidade................v. também diário oficial e divulgação, Ver Princípio da publicidade
audiência pública - divulgação do edital 531
audiência pública, L8666, art. 39 ... 529

consulta pública - aberto ao público 530
continua regida pela Lei 12.232/2010 107
da proposta - diferida - até sua abertura, L14133, art. 13, p.ú., I 409
diferida - atos do processo licitatório, L14133, art. 13, p.ú. 409
diferida - orçamento sigiloso, L14133, art. 13, p.ú., II 409
divulgação - adesão à padronização de outro órgão, L14133, art. 43, § 1º .. 814
favorecimento - divulgação na internet, L14133, art. 27 625
justificativa de padrão e descrição - processo de padronização, L14133, art. 43, III 809
leilão - ampla divulgação - competividade, L14133, art. 31, § 3º 668
licitação, L14133, art. 5º 123
plano anual de contratação - internet, L14133, art. 12, § 1º 406
princípio - divulgação 134
princípio constitucional - aplicação, CF/88, art. 37 75
princípio de observância obrigatória, L14133, art. 5º 123
princípios - conformidade da proposta vencedora e amostras 461
sigilo - ressalva, L14133, art. 13 409
sítio eletrônico oficial, L14133, art. 6º, LII 287

Qualidade
atribuição de notas a quesitos - técnica e preço ou melhor técnica, limites no edital, L14133, art. 37, II 719
bem - requisitos - especificação do produto, L14133, art. 40, § 1º, I 774
comum - itens de consumo - Administração pública, L14133, art. 20 521
comum, discriminação ou especificação - itens de consumo 524
conceito - itens de consumo 524

e desempenho - definição objetetiva do objeto - pregão, L14133, art. 29 633
e tecnológico, controle - serviço técnico profissional especializado, L14133, art. 6º, XVIII, h........................ 209
mensuração - soluções - edital de licitação - critério de julgamento técnica e preço, L14133, art. 36, § 1º, V 701
no uso do pregão - bem ou serviço comum 188
padronização - bens móveis e imóveis - serviço comum de engenharia, L14133, art. 6º, XXI, a.................................. 216
parâmetros mínimos - edital - menor preço ou maior desconto, L14133, art. 34.. 685
parcelamento de compras - aproveitamento do mercado local, L14133, art. 40, § 2º, II 779
pode ser definida no pregão - bem ou serviço comum 188
prova - produto similar - certificação, certificado, laudo, L14133, art. 42, III 801
prova - produto similar - marca indicada no edital - meios, L14133, art. 42 .. 801
redução - situações de superfaturamento, L14133, art. 6º, LVII, b.. 301
técnica - avaliação e a ponderação propostas - técnica e preço, L14133, art. 36, § 1º 701

Qualificação
atestada ou formação compatível - atribuições - licitações e contratos - agentes públicos, L14133, art. 7º, II 321
contratação para controle de qualidade e tecnológico - serviço técnico profissional especializado............... 210
cooperado - indicação nominal pela administração, vedação, L14133, art. 16, III 448
de vagas de trabalho - política pública 606

do licitante - desatendimento das exigências formais - processo licitatório, L14133, art. 12, III................. 395
documentação, vedações - tratamento diferenciado.......................... 362
equipe técnica - quesitos - técnica e preço - limites no edital, L14133, art. 37, II 719
licitante - excesso de rigor formal é incabível, L14133, art. 12, III 395
profissional ou empresa - notória especialização - conceito, L14133, art. 6º, XIX 212
técnica - quando pode ser dispensada a substituição.................................. 730
técnica, alteração - rescisão............. 729
técnica, atividades - serviços de engenharia 218
técnica, inversão de fases - processo licitatório 454
técnica, justificativa - motivação no edital - processo licitatório - instrução, L14133, art. 18, IX.................. 484

Quantidade
demandáveis - empreitada por preço unitário.. 238
medição irregular - superfaturamento, L14133, art. 6º, LVII, a................. 301
preços - valor estimado da contratação, L14133, art. 23................... 547, 550

Quantitativo
contratados - empreitada por preço global.. 238
orçamento detalhado da obra - elemento do projeto básico............ 229

Ratificação
uso de normas de organismos internacionais, L14133, art. 1º, § 3º 64

Razoabilidade
princípio - administração cautelosa 153
princípios - L14133, art. 5º 123

RDC
contrato - locação sob medida 85

RDC

Lei nº 12.462/2011, ementa 41

Reajustamento
em sentido estrito - conceito, L14133, art. 6º, LVIII 303

Reajuste(s) .... v. também acordo coletivo, alteração contratual, atualização monetária, pagamento, reequilíbrio econômico-financeiro, repactuação, atualização de preços, correção monetária
critério - serviço contínuo - prazo - previsão no edital, L14133, art. 25, § 8º 601
do preço vinculado ao orçamento estimado - previsão editalícia obrigatória, L14133, art. 25, § 7º ... 601
irregular de preço - situações de superfaturamento, L14133, art. 6º, LVII, d... 301
prazo - duração do contrato 602
previsão de índices - regime de dedicação exclusiva de mão de obra, L14133, art. 25, § 8º, I 601

Recebimento
condições - definição - fase preparatória, L14133, art. 18, III 476
e entrega do produto - termo de referência - compras, L14133, art. 40, § 1º, II... 774
provisório e definitivo - regras - TR - compras, L14133, art. 40, § 1º, II .. 774

Receita(s)
e despesas - cooperativa - demonstração da repartição, L14133, art. 16, II ... 448

Recibo
de férias - obrigações trabalhistas - exigência da Administração, L14133, art. 50, IV 899
de pagamento - obrigações trabalhistas - exigência da Administração, L14133, art. 50, II 899
de quitação de rescisão - obrigações trabalhistas - exigência da Adm., L14133, art. 50, V............................ 899
pagamento de vale transporte e alimentação - exigência da Administração, L14133, art. 50, VI 899

Reciprocidade
produtos do Mercosul - margem de preferência, L14133, art. 26, § 1º, III 615

Recurso(s)
estaduais e municipais - valor estimado - sistema de custos próprio, L14133, art. 23, § 3º 558
fase de - processo licitatório - instrução do processo, L14133, art. 17, VI 451
fase, vinculação do edital - qualificação, exigências formais 397
favorecimento de empresa - publicidade, L14133, art. 27 625
financeiro/orçamentário - compras, L8666, art. 14................................... 770
financeiro/orçamentário - obras ou serviços XE "Serviço(s): e obras, orçamento detalhado - obrigatoriedade, L14133, art. 6º, XXV, f ", L14133, art. 6º, XXV, f 229
humanos e materiais, sem compartilhamento, contratado - serviços contínuos com mão de obra, L14133, art. 6º, XVI, b 192
isonomia entre os licitantes - justa competição, objetivos...................... 382
locais - uso - previsão no edital - respeito à competitividade, L14133, art. 25, § 2º 592
não federais, cálculo de custo global de obra - RDC, L12462, art. 8º, § 6º ... 558
públicos, controle - novas tecnologias para serviços e obras........................ 565
regras - edital de licitação - conteúdo, L14133, art. 25.................... 585, 592
regras no edital - segurança jurídica 590
tecnológicos - forma eletrônica, preferência 456

tecnológicos - registro - diálogo competitivo, L14133, art. 32, § 1º, VI 675
União - sistema de custos próprio .. 558

Recursos humanos
melhor aproveitamento - demonstrativo - processo licitatório - instrução, L14133, art. 18, § 1º, IX 488

Reequilíbrio econômico-financeiro .... v. também acordo coletivo, alteração contratual, atualização, equilíbrio econômico-financeiro, preço e reajuste
contrato - matriz de riscos, previsão na licitação.. 235
pode evitar criminalização de conduta - matriz de risco 748

Referência
marca ou modelo - indicação admitida, L14133, art. 41, I, d...................... 785

Regime(s)
administração direta, autárquica e fundacional - CF, art. 22.................... 42
contratação integrada e semi-integrada - matriz de alocação de riscos entre o contratante e contratado no edital, L14133, art. 22, § 3º...................... 545
contratação integrada, contratado responsável - bens, serviços especiais e de engenharia e obra, L14133, art. 6º, XXXII 241
contratação semi-integrada - conceito, L14133, art. 6º, XXXIII 247
cooperado - repartição de receitas e despesas - demonstrativo, L14133, art. 16, II... 448
da lei, sem subordinação - contratação, L14133, art. 3º............................... 103
de concessão e permissão - serviços públicos 87
de contratação - matriz de riscos, previsão na licitação...................... 234
de contratação - prestação de serviço associado - conceito, L14133, art. 6º, XXXIV 251
de contratação - remuneração para composição de custo 561
de contratação por tarefa - mão de obra, L14133, art. 6º, XXXI 240
de contratação preferenciais, obras e serviços de engenharia - RDC, L12462, art. 8º, § 1º... 555
de dedicação de mão de obra - repactuação, serviço contínuo 603
de dedicação exclusiva - mão de obra - repactuação - variação de custos, L14133, art. 25, § 8º, II 601
de dedicação exclusiva de mão de obra - reajuste - previsão de índices, L14133, art. 25, § 8º, I 601
de execução - contratação por tarefa 240
de execução integrada e semi-integrada - balizamento de preços, L14133, art. 23, § 5º... 561
de execução, contratado na elaboração do projeto básico e executivo - contratação integrada 245
de execução, projeto básico - projeto executivo, elemento necessário à execução... 232
dedicação de mão de obra - obrigações trabalhistas e FGTS - cumprimento, L14133, art. 50............................... 899
empresa pública e sociedade de economia mista - CF, art. 22............. 42
jurídico - cargo público, efetivo ou comissão 173
jurídico - Lei nº 8.112/1990, servidores públicos 173
melhor proposta, inversão de fases - processo licitatório 454
monopólio - estatais, L13303/16 42
preferenciais, execução de obras e serviços de engenharia - RDC, L12462, art. 8º, § 1º... 555

Registro(s)

cadastral, transparência dos atos formais - procedimento licitatório.. 411
consórcio de empresa - anterior ao contrato, L14133, art. 15, § 3º 435
de ponto - obrigações trabalhistas - exigência da Administração, L14133, art. 50, I... 899
de preços................ ....v. também SRP
de preços - carona - licitação, órgão ou entidade não participante, L14133, art. 6º, XLIX... 280
de preços - contratação - órgão ou entidade participante, L14133, art. 6º, XLVIII 279
de preços - procedimento e gerenciamento - administração pública, órgão ou entidade gerenciadora, L14133, art. 6º, XLVII 278
e gravações da fase competitiva - diálogo competitivo, L14133, art. 32, § 1º, VIII 675
edital de licitação e propostas - contratação futura, ARP, L14133, art. 6º, XLVI 277
posse/propriedade - bem desapropriado - contratação integrada e semi-integrada, L14133, art. 46, § 4º, V 858
propriedade - bens desapropriado - contratação integrada e semi-integrada - previsão no edital/contrato, L14133, art. 46, § 4º, V................................ 858
reuniões dos pré-selecionados - diálogo competitivo, L14133, art. 32, § 1º, VI 675

Regra(s)..........v. também aplicação
administração pública - extensão e autonomia 169
agente público, vedações - tratamento diferenciado 361
de atuação - agente de contratação e equipe de apoio - regulamento próprio, L14133, art. 8º, § 3º....................... 351
de convocação - edital de licitação, conteúdo, L14133, art. 25 ...... 585, 592

de convocação - prazos no edital, proposta e habilitação 589
do edital - convocação, habilitação, recurso e punição 481
do edital - execução, recebimento e pagamento 480
edital e projeto básico, vedações impostas em licitações - agente público 357
estimativa de preços, transparência dos atos formais - procedimento licitatório 414
funcionamento e constituição da cooperativa - legislação aplicável 445
intelectual - serviço técnico profissional especializado 200
inversão de fases - processo licitatório 453
justificativa técnica - limite, consórcio de empresa 440
nomeação com qualificação na fiscalização - serviço técnico especializado 205
nomeação e vedações, agente de contratação - agente responsável é pregoeiro.. 354
responsabilidade, não cabe além da competência - agente público, poder de decisão 318
transparência dos atos formais - procedimento licitatório 412

Regulamentação
interna ....v. também Normatização

Regulamento(s)
bens de consumo - compras - prazo, L14133, art. 20, § 2º...................... 521
concurso - prazo de proposta - divulgação do edital 650
contratação - balizamento de preços, L14133, art. 23, § 1º 550
coordenado pela administração - deveres da autoridade 506
definição de limites de enquadramento - artigos de luxo e comuns, L14133, art. 20, § 1º 521

definição de norma - conselhos dos autores 57
elaboração pelo leiloeiro ou administração - edital do leilão 663
funcionamento do agente e comissão de contratação, gestores e fiscais de contratos, L14133, art. 8º, § 3º 351
menor preço, inversão de fases - processo licitatório 455
normas da administração pública - política pública 605
plano de contratação - processo licitatório, L14133, art. 12, VII 404
procedimentos operacionais do Leilão, L14133, art. 31 653
soluções de software - contratações, L14133, art. 43, § 2º 816

Regularidade..........v. também contrato - regularidade fiscal

Regularização
fundiária - bancas de jornais e revistas, concessões para antigos proprietários 76

Remanescente(s)
licitante - pessoa física ou jurídica em sanção disciplinar - limites de participação, L14133, art. 14, § 1º. 427
licitante - sem obrigação de consórcio 436
licitantes - conformidade da proposta vencedora e amostras 462

Remuneração
agente de contratação, função - servidor efetivo ou empregado público 343
composição de custo - regime de contratação 561
concurso - edital, L14133, art. 30, III 643
contratado - base de cálculo - maior retorno econômico - edital, L14133, art. 39, § 2º 744
contrato de eficiência - economia não gerada, L14133, art. 39, § 4º 751

da construtora, orçamento detalhado da obra - elemento do projeto básico 229
desconto - economia prevista não gerada - contrato de eficiência, L14133, art. 39, § 3º, I 751
do risco - regime de execução integrada e semi-integrada - balizamento de preços - contratação, L14133, art. 23, § 5º 561
matriz de risco - contratação integrada ou semi-integrada 562
percentual sobre a economia obtida, L14133, art. 39 735
proposta - melhor técnica - previsão no edital, L14133, art. 35 693
sistemáticas vedadas - regimes de execução por preço global, L14133, art. 46, § 9º 868
unidades executadas - empreitada por preço unitário 238

Rendimento(s)
bem - requisitos - especificação do produto, L14133, art. 40, § 1º, I 774
mensuração - soluções - edital de licitação - critério de julgamento técnica e preço, L14133, art. 36, § 1º, V 701

Repactuação
conceito, L14133, art. 6º, LIX 307
requisitos, L14133, art. 6º, LIX 307
serviço contínuo - regime de dedicação de mão de obra 603
variação de custos - regime de dedicação exclusiva de mão de obra, L14133, art. 25, § 8º, II 601
vedada a inclusão de benefícios não previstos 310

Representação
do consórcio perante a Administração, L14133, art. 15, II 433
judicial e extrajudicial - advocacia pública - defesa de autoridade, servidor e empregado público, L14133, art. 10 369

Requisitante(s)
projeto básico - elaboração 227

Requisito(s)
alteração do projeto básico a pedido do contratado, L14133, art. 46, § 5º ... 862
assinaturas do processo licitatório - preferencialmente digitais 402
consulta pública - aberto ao público 530
da contratação - termo de referência, L14133, art. 6º, XXIII, d 221
de contratação - estudos técnicos - processo licitatório - instrução, L14133, art. 18, § 1º, III 488
de contratação no ETP - agente de contratação 493
de dispensa, qualificação - excesso de rigor formal é incabível 398
designação - agente público - funções essenciais à licitação, L14133, art. 7º 315
do edital - conformidade da proposta vencedora e amostras 460
edital do leilão, L14133, art. 31, § 2º 666
no edital - ETP, qualidade técnica .. 706
notória especialização - satisfação do objeto do contrato 214
orçamentários - obras, serviços e fornecimento de grande vulto 220
para credenciamento - administração pública - objeto - serviços ou fornecimento de bens, L14133, art. 6º, XLIII 270
participação de profissionais em cooperativa - licitação, L14133, art. 16 443
seguro garantia - obras, serviços e fornecimento de grande vulto 221
substituição de empresa consorciada, L14133, art. 15, § 5º 440
técnicos - diálogo público, modo de disputa, aberto e fechado 674
técnicos aptos à solução - diálogo competitivo, L14133, art. 32, II, b . 674
vedação de marca ou produto, L14133, art. 41, III 785

Rescisão
contrato de trabalho de terceirizado - recibo de quitação - exigência da Administração, L14133, art. 50, V. 899
contratual, possibilidade - matriz de risco 544

Reserva(s)
internacionais - contratação e gestão - BACEN, L14133, art. 1º, § 5º 71

Resíduo(s)
sólidos - obra e serviços de engenharia, L14133, art. 45, I 827

Resolução
contratual - hipóteses - sinistro - matriz de alocação de riscos, L14133, art. 22, § 2º, II 542

Responsabilidade
administrativa, vedação - resistência injustificada 364
alta Administração - governança das contratações, L14133, art. 11, p.ú. . 386
assessor técnico da comissão de contratação - diálogo competitivo - conflito de interesse, L14133, art. 32, § 2º 676
comissão de contratação - isenção - divergência registrada em ata, L14133, art. 8º, § 2º 349
consultoria e assessoria - serviços técnicos profissionais especializados 204
contratado - contratação integrada - bens e serviços especiais e de engenharia, e obra, L14133, art. 6º, XXXII 241
contratante, contratado - matriz de riscos, previsão na licitação 235
da contrata, etapas na execução - empreitada integral 239
da contratada, matriz de riscos - vedação ao termo aditivo - contratos administrativos 236
de elaboração - matriz de riscos, previsão na licitação 236
definição no edital - agente de contratação 486

descentralização - SISNAMA, proteção ambiental... 600
direitos e deveres - cooperativa, funcionamento e constituição........ 446
do agente de contratação - auxílio da equipe de apoio................................ 348
do agente de contratação - estimativa, parâmetro da administração pública 547
do contratado - licenciamento ambiental - edital de licitação - previsão, L14133, art. 25, § 5º........................ 597
do contratado - projeto básico - contratação integrada, L14133, art. 46, § 3º 855
do contratado - projeto básico - matriz de alocação de riscos - fato superveniente à contratação integrada ou semi-integrada, L14133, art. 22, § 4º 545
do contratante - matriz de alocação de riscos - contrato, L14133, art. 22, § 1º 538
do processo, notória especialização - satisfação do objeto do contrato..... 214
documentação - local de realização. 392
fiscal - despesa estimada/prevista - princípio - compras, L14133, art. 40, V, c 770
fiscal - governança das contratações 389
individual - agente de contratação, L14133, art. 8º, § 1º........................ 346
inexperiência dos membros da CPL 325
isenção - agente de contratação, substituição pela comissão de contratação....................................... 350
isolada - agente de contratação, substituição pela comissão de contratação....................................... 350
matriz de risco - execução do contrato 537
na execução contratual - objetivos da matriz de risco 539
não cabe além da competência - agente público, poder de decisão 318

órgão - planejamento - processo licitatório, L14133, art. 12, VII 404
pagamento das indenizações - desapropriação - contratação integrada e semi-integrada, L14133, art. 46, § 4º, II 857
pregão -pregoeiro, L14133, art. 8º, § 5º 354
remuneração - agente de contratação, condução da licitação...................... 344
servidores públicos - programa de integridade, edital de licitação 596
solidária - consórcio de empresa..... 439
solidária - empresas em consórcio, L14133, art. 15, V.............................. 433
técnica - princípio do parcelamento, serviços em geral, L14133, art. 47, § 1º, I 872
vedação - resistência injustificada ... 363

Responsável
licitação - assinatura dos documentos, L14133, art. 12, I............................ 391

Responsável(is)
autor do projeto - vedações, disputa da licitação... 418
técnico do projeto - vedações, disputa da licitação....................................... 418

Ressocialização
percentual da mão de obra 604

Restauração
obra de arte, L14133, art. 6º, XVIII, g 207

Restrição(ões)
agente público - agente de contratação, condução da licitação...................... 342
caráter competitivo - vedação, L14133, art. 9º, I, a... 357

Resultado(s)
contratação mais vantajosa - diálogo competitivo, L14133, art. 32, § 1º, X 676
da contratação - definição no TR, L14133, art. 6º, XXIII, e 221

melhor - obra e serviço projeto básico, L14133, art. 6º, XXV, c 226
obrigações - matriz de riscos, informação mínima, L14133, art. 6º, XXVII, b 232
pretendidos - demonstrativo - economicidade - processo licitatório - instrução, L14133, art. 18, § 1º, IX 488
revisões e análises, L8666, art. 3º, § 6º, V 617

Retorno
econômico - equação - julgamento da proposta, L14133, art. 39, § 3º 749
econômico maior - critério de julgamento - propostas, L14133, art. 33, VI 677

Retrofit ....v. também locação sob medida

Revendedor
carta de solidariedade do fabricante - prova de qualidade, L14133, art. 41, IV 785

Revogação
outorga de utilização privativa do bem público 89

Risco(s)
adesão à padronização de outro órgão - ato motivado, L14133, art. 43, § 1º 814
análise - licitação e contratos - instrução - processo licitatório, L14133, art. 18, X 486
matriz de alocação - contrato deve espelhar, L14133, art. 22, § 2º 541
remuneração - regime de execução integrada e semi-integrada - balizamento de preços, L14133, art. 23, § 5º 561
taxa compatível com as contingências atribuídas ao contratado, contratação integrada - RDC, L12462, art. 9º, § 5º 534
taxa compatível com o objeto da licitação, contratação integrada - RDC, L12462, art. 9º, § 5º 534

variação de custos - desapropriação - contratação integrada e semi-integrada, L14133, art. 46, § 4º, IV 858

Salário
inferior ao definido em ato normativo - vedação - terceirização de serviços, L14133, art. 48, II 884

Sanção(ões)
disciplinar - licitante remanescente - pessoa física ou jurídica - limites de participação da licitação, L14133, art. 14, § 1º 427
disciplinar, pessoa física ou jurídica - limites de participação da licitação, L14133, art. 14, III 421
economia contratada não alcançada - limite contratual, L14133, art. 39, § 3º, II 751
restrição à participação em licitação com financeiro estrangeiro, L14133, art. 14, § 5º 431

SBM
leilão - preferência de venda 664

Segregação de funções
princípio - gestão pública 145
princípio - servidor efetivo ou empregado público 343
princípios - L14133, art. 5º 123
princípios, gestão por competência - agente público, poder de decisão.... 319

Segurança
bem - requisitos - especificação do produto, L14133, art. 40, § 1º, I 774
jurídica e princípio da isonomia - matriz de riscos, transparência - contratos administrativos 237
jurídica, interpretação - princípio da legalidade 127
jurídica, princípio - certeza e possibilidade de atuação 152
jurídica, princípios - L14133, art. 5º 123
obra e serviço projeto básico, L14133, art. 6º, XXV, c 226

solidez e durabilidade - anteprojeto, elementos mínimos, L14133, art. 6º, XXIV, b 224

Seguro(s).......v. também apólice e garantia
obrigatório - valor embutido no preço ofertado - matriz de alocação de riscos, L14133, art. 22, § 2º, III 542

Seguro-garantia
conceito, L14133, art. 6º, LIV 294
requisitos - obras, serviços e fornecimento de grande vulto 221

Seleção
e contratação, empréstimo ou doação - normas e procedimentos das agências, L14133, art. 1º, § 3º, II 64

Semi-integrada
contratação - matriz de riscos, previsão na licitação 234
e integrada - regime de contratação - matriz de alocação de riscos entre o contratante e contratado no edital, L14133, art. 22, § 3º 545
ou integrada, fato superveniente à contratação - matriz de alocação de riscos, projeto básico responsabilidade do contratado, L14133, art. 22, § 4º 545

Senado Federal
documentação - autorização de empréstimo, L14133, art. 1º, § 4º 67

Sentença
judicial condenatória - pessoa física ou jurídica - limites de participação da licitação, L14133, art. 14, VI 425

Serviço(s)
advocatício............v. também advocacia
associado - fornecimento - execução indireta - obra e serviços de engenharia, L14133, art. 46, VII 845
associado, prestação e fornecimento - conceito, L14133, art. 6º, XXXIV .. 251
baixo consumo de energia e recursos naturais - obra e serviços de engenharia, L14133, art. 45, III 827
comum de engenharia - ações padronizáveis - objeto de bens móveis e imóveis, L14133, art. 6º, XXI, a 216
comuns de engenharia - estudo técnico - processo licitatório - instrução, L14133, art. 18, § 3º 489
comuns de engenharia e obras - ETP, elementos 503
comuns e bem - conceito 187
comuns e bens - aquisição - modalidade de licitação - pregão, L14133, art. 6º, XLI 266
comuns e bens - conceito - especificações de mercado, edital de licitação, L14133, art. 6º, XIII 187
conceito - interesse da administração 186
conceito, L14133, art. 6º, XI 184
conceito, L8666, art. 6º, II 184
contínuo - critério de reajuste - prazo - previsão editalícia, L14133, art. 25, § 8º 601
contínuo, repactuação - regime de dedicação de mão de obra 603
contínuos - dedicação exclusiva de mão de obra - conceito, L14133, art. 6º, XVI 191
contínuos com mão de obra - contratado à disposição, L14133, art. 6º, XVI, a 191
contínuos com mão de obra - contratado com fiscalização do contratante, L14133, art. 6º, XVI, c 192
contínuos com mão de obra - contratado sem compartilhamento dos recursos humanos e materiais, L14133, art. 6º, XVI, b 192
contínuos, mão de obra - repactuação, L14133, art. 6º, LIX 307
contratação - análise de economicidade e estatuto comparativo de viabilidade 100

contratação - matriz de riscos, previsão na licitação 234
de arquitetura - decorrente da CF, art. 37, XXI 98
de arquitetura e engenharia - sujeição a esta lei, L14133, art. 2º, VI 97
de engenharia..............v. também engenharia
de engenharia - conceito - atividade, L14133, art. 6º, XXI....................... 216
de engenharia - contratação integrada - projeto básico do contratado, L14133, art. 46, § 3º....................................... 855
de engenharia - projeto executivo obrigatório, L14133, art. 46, § 1º... 850
de engenharia diferente de serviço especial - atividade.......................... 216
de engenharia e arquitetura e obras - licitação por BIM ou tecnologia e processos integrados - atividades do órgão da administração, L14133, art. 19, § 3º.. 515
de engenharia e obras - licença ambiental - SISNAMA - prioridade na tramitação, L14133, art. 25, § 6º ... 600
de engenharia e obras - modelo digital - dever da administração - processo integrado e tecnologia, L14133, art. 19, V 505
de engenharia e obras - obediência às normas, L14133, art. 45 827
de engenharia e obras - percentual de BDI e ES - balizamento de preços, L14133, art. 23, § 2º...................... 554
de engenharia e obras - regime de execução, contratação integrada e semi-integrada.. 482
de engenharia e obras, contratação, item superior à receita - ME/EPP, não aplicação do benefício, L14133, art. 4º, § 1º, II.. 117
de engenharia e obras, execução - situações de superfaturamento, L14133, art. 6º, LVII, b 301
de engenharia ou obra - proposta - anteprojeto, elementos mínimos, L14133, art. 6º, XXIV, f................... 224
de engenharia, atividade - profissional privativo... 216
de engenharia, contratação para controle de qualidade e tecnológico - serviço técnico profissional especializado................................... 211
de engenharia, regimes preferencial - RDC, L12462, art. 8º, § 1º............. 555
de grande vulto - conceito, L14133, art. 6º, XXII.. 219
de grande vulto - programa de integridade obrigatório - edital de licitação - previsão, L14133, art. 25, § 4º 596
de grande vulto e obra(s) - matriz de risco, obrigatoriedade...................... 545
de grande vulto e obras, contratação - integrada e semi-integrada - matriz de alocação de riscos entre o contratante e contratado no edital, L14133, art. 22, § 3º.. 545
de informática - tecnologia nacional - preferência nas licitações, L14133, art. 26, § 7º... 622
de manutenção predial, contratação - metodologia BIM 576
de manutenção, patrimônio da administração pública - metodologia BIM... 576
dependente de tecnologia - contratação por atestado de qualificação - critério de julgamento técnica e preço, L14133, art. 36, § 1º, II................................. 701
e bens - processo licitatório - balizamento de preços, L14133, art. 23, § 1º... 550
e bens manufaturados, contratação - agente de contratação, margem de preferência....................................... 619
e bens, contratação - termo de referência, L14133, art. 6º, XXIII ... 221

e fornecimentos contínuos - conceito - manutenção de atividades, L14133, art. 6º, XV 190
e fornecimentos contínuos - conceito, vigência.. 190
e obras - matriz de risco, anexo do edital 535
e obras de engenharia, alterações no orçamento - situações de superfaturamento, L14133, art. 6º, LVII, c 301
e obras projeto - segurança é requisito, L14133, art. 6º, XXV, c 226
e obras, novas tecnologias - administração pública..................... 565
e obras, orçamento detalhado - obrigatoriedade, L14133, art. 6º, XXV, f.. 229
e obras, projeto básico - projeto executivo, elemento necessário à execução 232
economia estimada pelo licitante - julgamento por maior retorno econômico, L14133, art. 39, § 1º, I, b 735
edital pode exigir mão de obra de egresso 604
elaboração do ETP - sistema digital 472
em geral - licitação - princípios, L14133, art. 47 871
em geral - parcelamento - viabilidade e economicidade, L14133, art. 47, II 871
em geral - requisitos para parcelamento, L14133, art. 467, § 1º 872
especiais - comissão de contratação, L14133, art. 8º, § 2º........................ 349
especiais de engenharia - contratação - critério de julgamento - técnica e preço, L14133, art. 31, § 1º, IV 701
especiais e bens - agente de contratação, substituição pela comissão de contratação 350
especiais e bens - conceito - contratante, justificativa, L14133, art. 6º, XIV ... 188

especiais e bens de licitação - empresa ou profissional para assessoramento do agente público, prazo determinado, L14133, art. 8º, § 4º 353
especiais e de engenharia, bens e obra - contratado responsável, contratação integrada, L14133, art. 6º, XXXII ... 241
especial de engenharia - alta heterogeneidade ou complexidade, L14133, art. 6º, XXI, b 216
estudo técnico preliminar - documento para planejamento........................... 215
execução - mão-de-obra ociosa e tempo necessário... 513
execução simultânea - controle individualizado - Administração, L14133, art. 49, p.ú. 893
nacionais inovação tecnológica - margem de preferência - 20%, L14133, art. 26, § 2º.. 617
nacional - conceito, L14133, art. 6º, XXXVI 254
nacional - que atenda normas - margem de preferência, L14133, art. 26, I ... 609
nacional - que atenda normas, margem de preferência, L8666, art. 3º, § 4º, I 609
não contínuos ou por escopo - conceito - contratado - período predeterminado, L14133, art. 6º, XVII 195
natureza contínua - identificadores 190
notória especialização - satisfação do objeto do contrato........................... 212
obra e material - atividades de administração - órgão - deveres, L14133, art. 19.. 505
obra ou bens, vedações - disputa da licitação.. 417
obras e compras - catálogo eletrônico de padronização - dever da administração, L14133, art. 19, II 505
obras e compras - contratação - modalidade de licitação - diálogo competitivo, L14133, art. 6º, XLII . 268

obras e compras - padronização - catálogo eletrônico - conceito, L14133, art. 6º, LI 281
obras e fornecimento de grande vulto - valor orçamentário 221
obras e instalações, etapas na execução - empreitada integral 239
obras, compras por padronização - catálogo elerônico 507
orçamento detalhado da obra - elemento do projeto básico 229
ou bem(ns), contratação, item superior à receita - ME/EPP, não aplicação do benefício, L14133, art. 4º, § 1º, I ... 111
ou fornecedores - preferências, L12462, art. 38 609
ou fornecimento de bens - objeto - administração pública - requisitos para credenciamento, L14133, art. 6º, XLIII 270
ou obras - projeto básico, L14133, art. 6º, XXV 225
ou obras, preço certo - empreitada por preço unitário................................... 238
padronização, L14133, art. 47, I 871
prazos proposto pelo licitante - julgamento por maior retorno econômico, L14133, art. 39, § 1º, I, a 735
prestação - decorrente da CF, art. 37, XXI 97
prestados, cooperativa - funcionamento e constituição 446
prestados, obras e fornecimento de bens - contrato de eficiência, L14133, art. 6º, LIII... 292
profissionais especializados - cabimento de regulação...................................97
público, usuário - administração, contratante 179
públicos - regime de concessão e permissão..87
públicos, princípio da segregação de funções - fraude na contratação...... 332

regime de prestação - economia de escala - processo licitatório, instrução, L14133, art. 18, VII 481
regime de prestação - execução parcelada ou não 482
sujeição à licitação, L14133, art. 2º, V 96
técnico - contratação - critério de julgamento - técnica e preço, L14133, art. 36, § 1º, I 701
técnico especializado - assessoramento ao agente/comissão de contratações - bens e serviços especiais, L14133, art. 8º, § 4º... 353
técnico especializado intelectual, de engenharia, arquitetura e obras - pregão inaplicável, L14133, art. 29, p.ú. 633
técnico profissional especializado - caracterização, L14133, art. 6º, XVIII 198
técnico profissional especializado - conceito, L14133, art. 6º, XVIII 198
técnico profissional especializado - controle de qualidade e tecnológico, L14133, art. 6º, XVIII, h................. 209
técnico profissional especializado - elenco legal, L14133, art. 6º, XVIII 198
técnico profissional especializado - intelectual, regras 200
técnico profissional especializado, registro - conceito 198
técnico-profissionais especializados - sujeição à licitação, L14133, art. 2º, V 96
técnicos especializados - valor superior a R$ 300 mil - julgamento, L14133, art. 37, § 2º 723
técnicos especializados, contratação - não aplicabilidade do pregão 634
tecnologia da informação e comunicação - ETP, técnica e preço 708
termo de referência e projeto básico - instrumento de escolha 223

Servidor(es)

aposentado/exonerado - defesa por ato anterior com base em parecer, L14133, art. 10, § 2º...................................... 369
atos praticados - advocacia pública, ato baseado em parecer jurídico........... 370
comissão de contratação - diálogo competitivo, L14133, art. 32, § 1º, XI 676
condenação, procedimento - advocacia pública, ato baseado em parecer jurídico....................................... 372
defesa - advocacia pública - ato baseado em parecer jurídico, L14133, art. 10 369
efetivo ou empregado público - agente de contratação, L14133, art. 6º, LX 311
efetivo ou empregado público - banca - técnica e preço ou melhor técnica, L14133, art. 37, § 1º, I 722
efetivo ou empregado público - designação - licitações e contratos, L14133, art. 7º, I............................. 320
públicos, funcionário público - cargos e empregados públicos...................... 172
públicos, Lei nº 8.112/1990 - regime jurídico... 173

Sessão
presencial, diretrizes - sessão pública de licitação.. 457
pública, proposta gravada - licitação presencial, exceção, L14133, art. 17, § 5º 464

Setor
privado, condições de aquisição e pagamento - parâmetro para compras públicas, L14133, art. 40, I............. 757

Sicro..........v. também Sistema de Custos Referenciais de Obras
custo global de obras - RDC, L12462, art. 8º, § 3º.. 555
e SINAPI, justificativa do preço - edital reformulado pelo TCU................... 556
orçamento detalhado da obra - elemento do projeto básico 230

ou Sinapi - composição de custos - obras e serviços de engenharia/infraestrutura, L14133, art. 23, § 2º, I.................... 554
sistema de gestão pública - órgãos de controle... 556

Sigilo
do preço, divulgação - órgãos correspondentes 582
dos preços - divulgação, argumentos 580
estimativa da contratação - não aplicável aos órgãos de controle, L14133, art. 24, I.. 579
informações ou soluções propostas pelo licitante - diálogo competitivo, L14133, art. 32, § 1º, IV............................... 675
não abrange a informação de quantitativos.................................... 584
orçamento - justificativa - estimativa da contratação, L14133, art. 24............ 579
orçamento estimativo - divulgação, argumentos.. 581
orçamento, acesso estrito aos órgãos de controle - RDC, L12462, art. 6º, § 3º 579
órgãos de controle interno e externo - transparência dos atos formais - procedimento licitatório 415
preço estimado para contratação - processo licitatório - instrução, L14133, art. 18, § 1º, VI............................... 488
transparência dos atos formais - procedimento licitatório 413

Simplificação
autenticidade dos documentos - processo licitatório, L14133, art. 12, IV 399

Sinapi..........v. também Sistema Nacional de Pesquisa de Custos e Índices de Construção Civil
custo global de obras - RDC, L12462, art. 8º, § 3º.. 555
orçamento detalhado da obra - elemento do projeto básico............. 230

ou Sicro, composição de custos - obras de engenharia e infraestrutura - balizamento, L14133, art. 23, § 2º, I 554

SINAPI
cálculo de composição - materiais e serviços de construção civil 570
coleta de dados pelo IBGE e CEF - níveis de custos................................ 567
composição - referências técnicas ... 567
composição de elementos - materiais e serviços de construção civil 570
e SICRO, justificativa do preço - edital reformulado pelo TCU 556
equipe técnica na composição - materiais e serviços de construção civil 569
ferramenta de preços - materiais e serviços de construção civil 566
preços tabelados - manual de metodologias 513
preços unitários, pesquisa de mercado - materiais e serviços de construção civil 571
sistema de gestão pública - órgãos de controle 556

Sinistro
mecanismos para evitar - previsão - matriz de alocação de riscos, L14133, art. 22, § 1º....................................... 539
resolução contratual - hipóteses -matriz de alocação de riscos, L14133, art. 22, § 2º, II.. 542

SISNAMA............v. também Sistema Nacional de Meio Ambiente
licenciamento ambiental - obras e serviços de engenharia - prioridade na tramitação - princípios licitatórios, L14133, art. 25, § 6º......................... 600
proteção ambiental - descentralização de responsabilidade 600

Sistema de Custos Referenciais de Obras................v. também Sicro

Sistema de Registro de preços.....v. também SRP

Sistema Nacional de Meio Ambiente..........v. também SISNAMA

Sistema Único de Saúde ....v. também SUS

Sistema(s)
de custo próprio, entes federativos - estimativa de preços possibilidade, L14133, art. 23, § 3º....................... 558
informatizado, acompanhamento de obras - recursos de imagem e vídeos - dever da administração, L14133, art. 19, III... 505
prisional - egresso - mão de obra 604

Sistemática
de medição e pagamento - por preço global - execução de obras e serviços, L14133, art. 46, § 9º....................... 868

Sítio
eletrônico oficial - conceito, L14133, art. 6º, LII...................................... 287
eletrônico oficial - internet - plano anual de contratação - processo licitatório, L14133, art. 12, § 1º........................ 406

Sobrepreço..............v. também superfaturamento
conceito, L14133, art. 6º, LVI........ 299
nos contratos - objetivos do processo licitatório - evitar, L14133, art. 11, III 382
ocorrência informada pelo TCU - itens unitários para administração pública 563

Sociedade de Economia Mista ....v. também SEM

Software
processo de gestão estratégica contratações em regulamento, L14133, art. 43, § 2º....................................... 816

Solidez

segurança e durabilidade - anteprojeto, elementos mínimos, L14133, art. 6º, XXIV, b 224

Solução(ões)
adaptada - contratação - diálogo competitivo, L14133, art. 32, I, b .. 673
descrição da - objeto - ciclo de vida - TR, L14133, art. 6º, XXIII, c 221
detalhamento - projeto executivo, L14133, art. 6º, XXVI 231
específica/alternativa - edital de licitação - critério de julgamento técnica e preço, L14133, art. 36, § 1º, V 701
identificação - tempo necessário - fundamentação - diálogo competitivo, L14133, art. 32, § 1º, V 675
metodológicas e tecnológicas - frações do objeto - imutabilidade - obrigação de meio - PB, L14133, art. 6º, XXVII, c 233
metodológicas e tecnológicas - frações do objeto - liberdade - informação mínima, L14133, art. 6º, XXVII, b 233
proposta - informações sigilosas do licitante - diálogo competitivo, L14133, art. 32, § 1º, IV 675
técnica - global e local - projeto básico - elementos mínimos, L14133, art. 6º, XXV, b 226
técnica mais adequada - diálogo competitivo, L14133, art. 32, II, a . 674

Sondagem
parecer - anteprojeto, elementos mínimos, L14133, art. 6º, XXIV, i . 224
projeto básico - elemento mínimo, L14133, art. 6º, XXV, a 226

SPE
individualmente - vedação de participação 424
licitação - consórcio 181

SRP.....v. também Sistema de Registro de preços
compras - preferência, L14133, art. 40, II 757

compras, L8666, art. 15, II 757
conceito, L14133, art. 6º, XLV 274
maior desconto - alcance do menor de preço 691
pesquisa de preços - período - balizamento para novas contratações, L14133, art. 23, § 1º, II 551

STF
ADI, direitos do consumidor - habilitação licitatória 54
tratamento diferenciado - CF, art. 173, § 1º, estatais 42

Subcontratação
execução - seleção por melhor técnica ou técnica e preço - vedação, L14133, art. 38 727
projeto e anteprojeto - vedações, disputa da licitação 419

Subordinação
não ao regime da lei - contratação, L14133, art. 3º 103
vínculo de - Administração/funcionário terceirizado - vedação, L14133, art. 48, III 884

Subsidiárias
empresa pública - licitação - Lei 13.303/2016, L14133, art. 1º, § 1º .. 61

Subsídio(s)
ao projeto básico - anteprojeto - conceito, L14133, art. 6º, XXIV 224
para montagem - plano de licitação e gestão de obra - projeto básico - elementos mínimos, L14133, art. 6º, XXV, e 228

Substituição
empresa consorciada - requisitos, L14133, art. 15, § 5º 440

Súmula - TCU .... ver TCU

Superfaturamento.......v. também sobrepreço
alteração irregular de cláusulas financeiras ou prazo, L14133, art. 6º, LVII, d 301

alterações no orçamento em favor do contratado, L14133, art. 6º, LVII, c301
conceito, L14133, art. 6º, LVII 301
deficiência na execução, L14133, art. 6º, LVII, b 301
exemplo, L14133, art. 6º, LVII 301
medição de quantidade superior à executada, L14133, art. 6º, LVII, a 301
objetivo do processo licitatório é evitar, , L14133, art. 11, III 382

Superior......v.   também
Superfaturamento
hierárquico, competência da autoridade - agente público, poder de decisão.. 317
hierárquico, responsabilidade - agente público, poder de decisão 318
preço de mercado - sobrepreço, L14133, art. 6º, LVI 299

Superveniente
fato à contratação integrada ou semi-integrada - matriz de alocação de riscos, projeto básico responsabilidade do contratado, L14133, art. 22, § 4º ... 545

Supervisão
de obra - serviço técnico especializado, L14133, art. 6º, XVIII, d 205
profissional contratado para banca de julgamento - técnica e preço ou melhor técnica, L14133, art. 37, § 1º, II..... 722

SUS......v. também Sistema Único de Saúde

Suspensão
de penalidades e declaração de inidoneidade - órgão, sanções 167
do direito de licitar e contratar - se restringe ao órgão............................ 279

Sustentabilidade
be reciclados, recicláveis ou biodegradáveis - margem de preferência, L14133, art. 26, II........................ 609
compensação ambiental - obra e serviços de engenharia, L14133, art. 45, II.. 827

disposição de resíduos sólidos - obra e serviços de engenharia, L14133, art. 45, I.. 827
estudo técnico - processo licitatório - instrução, L14133, art. 18, § 1º, XII 489
inovação e desenvolvimento nacional - objetivo do processo licitatório, L14133, art. 11, IV...................... 384
parâmetros no edital, contratação integrada - RDC, L12462, art. 9º, § 2º, I, d.. 561
promoção - licitação, L14133, art. 5º 123
redução do consumo de energia/recursos naturais - obra e serviços de engenharia, L14133, art. 45, III.. 827

Tabela de referência
aprovação governamental - preços - obras e serviços de engenharia, L14133, art. 23, § 2º, II................................ 554

Tarefa
contratação - conceito, L14133, art. 6º, XXXI.. 240
contratação - empreitada integral - execução indireta - obra e serviço de engenharia, L14133, art. 46, IV 845
divergente - objeto do contrato de terceirização - vedação , L14133, art. 48, V 884
execução indireta de obras e serviço de engenharia, L14133, art. 46............ 845
executiva, gestão por competência - agente público, poder de decisão.... 319

Taxa(s)..............v.   também
emolumentos
de risco compatível c/ o objeto da licitação - valor estimado - edital, matriz de alocação de riscos, L14133, art. 22 533
de risco na matriz de risco, estimativa - objeto da licitação 537

TCU

edital reformulado - SINAPI e SICRO, justificativa do preço 556
margem de preferência - regime federativo... 612
ocorrência de sobrepreços - itens unitários para administração pública 563

Técnica e preço
contratação de serviços técnicos especializados intelectuais acima de R$300mil, L14133, art. 37, § 2º, I. 723
critério de julgamento - propostas, L14133, art. 33, IV 677
critério de julgamento - serviço de natureza predominantemente intelectual.. 707
diferença de maior retorno econômico - contrato de eficiência...................... 740
ETP - serviço de tecnologia da informação e comunicação 708
justificativa - planejamento da licitação 710
ou melhor técnica, critério de julgamento - banca designada, atribuição de notas........................ 721
ou melhor técnica, critério de julgamento - procedimento, L14133, art. 37 719
pontuação - participação direta do profissional na execução, L14133, art. 38 727
projeto básico - elaboração 227
tipos de licitação, projeto básico - projeto executivo, elemento necessário à execução 232

Técnica(s)
quantitativa - determinação de quantidades - compras, L14133, art. 40, III 757

Tecnologia(s)
da informação e comunicação, contratação - sujeição à licitação, L14133, art. 2º, VII..............................99
desenvolvida no país - licitação restrita, L14133, art.26, § 7º 622
desenvolvida no país - licitação restrita, L8666, art. 3º, § 12 622
desenvolvida no país - preferência nas licitações, L14133, art. 26, § 7º 622
e qualidade, controle - serviço técnico profissional especializado, L14133, art. 6º, XVIII, h............................... 209
ou soluções metodológicas - matriz de riscos - informação mínima, L14133, art. 6º, XXVII, b 233
processo integrado - modelos digitais para obras e serviços de engenharia - dever da administração, L14133, art. 19, V 505
serviço dependente - contratação por atestado de qualificação - critério de julgamento técnica e preço, L14133, art. 36, § 1º, II 701

Tempo
divulgação do orçamento da licitação - motivação - processo licitatório - instrução, L14133, art. 18, XI 487

Terceirização
agente de contração - vínculos, vedações 327
atuação na licitação - auxílio de terceiros 367
cessão de mão de obra - distinção ... 191
conceito, contratos 192
contrato - vedação............................ 194
de mão de obra - vedações, L14133, art. 48 883
dedicação exclusiva de mão de obra 193
defesa do servidor - advocacia pública, ato baseado em parecer jurídico 372
jurídica, com exceção - serviço técnico especializado 206
objeto de contratação - domínio da administração 193
projeto básico - elaboração 227
repactuação - vedada a inclusão de benefícios não previstos 310
serviços de natureza contínua - identificadores 190

Terceiro(s)

integrante da equipe de apoio - vedações da Lei de Licitações, L14133, art. 9º, § 2º 367
projeto básico - projeto executivo, elemento necessário à execução 232

Termo(s)
aditivo - maior desconto - extensão, L14133, art. 34, § 2º 685
aditivo - prolação - matriz de riscos, informação mínima, L14133, art. 6º, XXVII, a 232
aditivo, vedação - responsabilidade da contratada, matriz de riscos - contratos administrativos 236
de avaliação - imóvel para locação, L14133, art. 51 907
de confidencialidade, profissional contratado - conflito de interesse, diálogo competitivo, L14133, art. 32, § 2º 676
de referência - anteprojeto ou projeto básico - futura contratação - estudos técnico preliminar, L14133, art. 6º, XX 214
de referência - conceito, L14133, art. 6º, XXIII 221
de referência - contratação, bens e serviços, L14133, art. 6º, XXIII 221
de referência - critérios de medição e pagamento, L14133, art. 6º, XXIII, g 221
de referência - elementos e informações - compras - planejamento, L14133, art. 40, § 1º 774
de referência - especificaçãoda garantia, manutenção e assistência técnica - compras, L14133, art. 40, § 1º, III. 775
de referência - estimativa - valor da contratação - preços unitários, L14133, art. 6º, XXIII, i 222
de referência - estudo técnico preliminar - conceito, L14133, art. 6º, XX 214
de referência - estudo técnico preliminar, documento para planejamento 215
de referência - requisitos da contratação, L14133, art. 6º, XXIII, d 221
de referência, bens e serviços - instrumento de escolha 223
de referência, compras - elementos previstos 223
de referência, definição do objeto - prazo e prorrogação do contrato, L14133, art. 6º, XXIII, a 221
de referência, descrição da solução - objeto - ciclo de vida, L14133, art. 6º, XXIII, c 221
de referência, forma e critérios - seleção do fornecedor, L14133, art. 6º, XXIII, h 222
de referência, fundamentação da contratação - estudo técnico - divulgação, L14133, art. 6º, XXIII, b 221
de referência, inovação e desenvolvimento nacional sustentável - objetivo do processo licitatório 386
de referência, justificativa de vedação - participação em consórcio 434
de referência, modelo de execução do objeto - definição do contrato, L14133, art. 6º, XXIII, e 221
de referência, modelo de gestão do contrato - execução do objeto, acompanhada e fiscalizada, L14133, art. 6º, XXIII, f 221
de referência, padronização - órgãos jurídico e controle interno 513
ou contrato - cessão de uso, esfera federal 79

Território(s)
nacional - licitação internacional, L14133, art. 6º, XXXV 253
Poder Executivo federal - serviço nacional, L14133, art. 6º, XXXVI .. 254

Teste(s)

amostras - previsão no edital - conformidade da proposta vencedora, L14133, art. 17, § 3º 460
contratação integrada, L14133, art. 6º, XXXII 241
contratação semi-integrada, L14133, art. 6º, XXXIII 247
TI .... v. também Tecnologia
TIC .... v. também tecnologia da informação
Tipo(s)
de conduta - condenação judicial, limites de participação da licitação. 427
de execução de contrato - empreitada integral 239
de licitação, projeto básico - elaboração 227
de licitação, projeto básico - projeto executivo, elemento necessário à execução 232
Tomada de Preços
previsão legal, L8666, art. 22, II 627
Trabalho(s)
artístico - tipo de licitação indicado, L14133, art. 35, p.ú. 693
técnico, científico ou artístico - obras e serviços - tipos de licitação, L14133, art. 35, p.ú. 693
Tramitação
licença ambiental - prioridade - SISNAMA - obras e serviços de engenharia, L14133, art. 25, § 6º ... 600
Transferência(s)
posse - alienação de bens públicos 75
voluntárias - planejamento sistema digital ETP 472
Transparência
adesão à padronização de outro órgão, L14133, art. 43, § 1º 814
atos do processo licitatório - preferencialmente digitais, L14133, art. 12, VI 401
atos formais - procedimento licitatório, L14133, art. 13 409
compras públicas - metodologia BIM 576
justificativa de padrão e descrição - processo de padronização, L14133, art. 43, III 809
matriz de riscos - princípio da isonomia e segurança jurídica - contratos administrativos 237
PCA, planejamento da licitação - fase preparatória 470
plano anual de contratação - internet, L14133, art. 12, § 1º 406
princípio - no âmbito da administração pública 134
princípios - L14133, art. 5º 123
princípios para planejamento, órgão responsável - processo licitatório..... 405
sítio eletrônico oficial, L14133, art. 6º, LII 287
Tratamento
diferenciado, ME/EPP - prazo de vigência, contrato, L14133, art. 4º, § 3º 120
diferenciado, regra de aplicação - funções legislativa e judiciária 56
Treinamento(s) .... v. também curso, edital, instrutor, PNDP e professor
contratação do agente público - qualificação, pregoeiro 323
pedido sem decisão - resistência injustificada 364
serviço técnico especializado, L14133, art. 6º, XVIII, f 207
Tribunal de Contas
abrangência das normas gerais de licitação e contratos 57
aceitação, sistema de custos, obras - RDC, L12462, art. 8º, § 6º 558
Tributo(s)
licitação internacional - estimativa média, L14133, art. 52, § 4º 911
Tutorial
procedimento eletrônico - licitantes, condição de validade 464

União
competência para licitar - alienação de bens públicos..........75
princípios a que está sujeita, CF/88, art. 37..........75
proteção a bens de valor histórico - obras de arte..........208
recursos - sistema de custos próprio 559
recursos diversos - estimativa de custo da contratação- sistema próprio do ente federativo, L14133, art. 23, § 3º..... 558

Vale alimentação
recibo de pagamento - terceirizados - exigência da Administração, L14133, art. 50, VI..........899

Vale transporte
recibo de pagamento - terceirizados - exigência da Administração, L14133, art. 50, VI..........899

Valor(es)
da contratação - preços unitários - TR - estimativa, L14133, art. 6º, XXIII, i 222
da indenização - estimativa - contratação integrada e semi-integrada, L14133, art. 46, § 4º, III..........857
estimado - preços unitários para contratação - estudos técnicos - processo licitatório - instrução, L14133, art. 18, § 1º, VI..........488
estimado - regulamento - contratação - balizamento de preços, L14133, art. 23, § 1º..........550
estimado da contratação - taxa de risco compatível ao objeto da licitação - edital - matriz de alocação de riscos, L14133, art. 22..........533
estimado do objeto - inexigibilidade ou dispensa, L14133, art. 23, § 4º....... 559
estimado sem recursos da União - contratação - balizamento de preços, L14133, art. 23, § 3º..........558
item superior à receita, obras e serviços de engenharia - ME/EPP, não aplicação do benefício, L14133, art. 4º, § 1º, II..........117

moeda corrente nacional - é obrigatória..........395
objeto de grande vulto, L14133, art. 6º, XXII..........219
orçamentários - obras, serviços e fornecimento de grande vulto........ 221
unitário - da contratação - termo de referência - estimativa, L14133, art. 6º, XXIII, i..........222

Vantagem(ns)
ao licitante - vedação - divulgação de informações - diálogo competitivo, L14133, art. 32, § 1º, III..........675
ciclo de vida do objeto, L14133, art. 11, I..........375
contratação - proposta apta - objetivo do processo licitatório, L14133, art. 11, I..........375
contratação pelo resultado - diálogo competitivo, L14133, art. 32, § 1º, X..........676
custo-benefício - compra ou locação de bens, L14133, art. 44..........819
inversão de fases - processo licitatório..........454
na contratação - mesmo fornecedor - não parcelamento de compras, L14133, art. 40, § 3º, I..........781
preços estimados - transparência dos atos formais - procedimento licitatório..........415

Vedação(ões)
à marca ou produto - possibilidade justificada, L14133, art. 41, III....... 785
acréscimo - consórcio de microempresa, L14133, art. 15, § 2º..........435
administração - indicação nominal - cooperado, L14133, art. 16, III......448
agente público - agente de contratação, condução da licitação..........342
agente/comissão de contratação e equipe de apoio, L14133, art. 9º....357
ajuste de proposta - distorção da concorrrência, L14133, art. 32, § 1º, IX..........675

ao termo aditivo - responsabilidade da contratada, matriz de riscos - contratos administrativos 236
artigos de luxo - administração pública, itens de consumo, L14133, art. 20. 521
barreira de acesso a licitante estrangeiro - licitação internacional, L14133, art. 52, § 6º 911
contratação de pessoas - contrato de terceirização, L14133, art. 48, p.ú. .. 891
contratação de serviço terceirizado, L14133, art. 48 883
de atuação, regulamento próprio - agente de contratação e equipe de apoio - regulamento próprio 352
justificativa da administração - participação em consórcio 434
justificativa técnica - limite, consórcio de empresa 440
lei de licitações - extensão a terceiros - hipóteses, L14133, art. 9º, § 2º 367
não incidência em processo trabalhista - condenação judicial, limites de participação da licitação 426
obra e serviços de engenharia sem projeto executivo, L14133, art. 46, § 1º 850
obras, serviços ou bens - disputa da licitação 417
participação concorrente entre empresa controladora, controlada ou coligada, L14133, art. 14, V 424
participação de leiloeiro - serviço comum ou prestação de serviços 661
remuneração referenciada pela execução de quantidades de itens unitários - regimes de execução, L14133, art. 46, § 9º 868
sistemática de remuneração orientada por preços unitários - regimes de execução, L14133, art. 46, § 9º 868
terceirização de atividades, L14133, art. 48 883

tratamento diferenciado - profissional organizado em cooperativa - participação em licitação 444
vantagem a licitante - divulgação de informações - diálogo competitivo, L14133, art. 32, § 1º, III 675
vínculos - agente de contração 327
vínculos entre licitante/contratado e autoridades/agentes de contratação, L14133, art. 7º, III 326

Vencedor

concurso - prêmio - condições - edital, L14133, art. 30, III 643
licitante - amostra ou prova de conceito - exigência, L14133, art. 41, p.ú. 785
proposta, critérios divulgados pela administração - diálogo competitivo, L14133, art. 32, § 1º, X 676
seleção da proposta - processo licitatório 378

Vigência

contrato - serviços e fornecimentos contínuos 190
do contrato - amostra ou prova de conceito de bens - previsão no edital, L14133, art. 41, II 785
municípios, competência - servidor efetivo ou empregado público 341
prazo, contrato - ME/EPP, tratamento diferenciado, L14133, art. 4º, § 3º . 120
serviços por escopo - prazo 195

Vinculação ao edital

L14133, art. 5º 123
princípio de observância obrigatória, L14133, art. 5º 123

Vínculo(s)

de subordinação - Administração/funcionário terceirizado - vedação, L14133, art. 48, III 884
entre licitante e agente/servidor - vedações em participar de licitação, L14133, art. 14, IV 423

entre licitante/contratado e autoridades/agentes de contratação - vedações, L14133, art. 7º, III.......... 326
natureza técnica, comercial, econômica, financeira trabalhista ou civil, vedação - limites de participação da licitação. 423
parentesco - agente de contratação, vedações.. 330

técnico, comercial, econômico, financeira, trabalhista e civil -agente de contração, vedações......................... 330

Vistoria(s)
do local - sessão presencial ou forma eletrônica, preferência..................... 458

Esta obra foi composta em fonte *Goudy Old Style* 11,5.
Miolo em papel Offset 63g e capa dura em cartonagem com sobrecapa em Couche Fosco 230g.

Impresso em Belo Horizonte/MG.